장봉환 · 고길섶 지음

J&J 미디어

책을 내면서

논술을 가르치면서 희망보다는 절망에 빠질 때가 더 많았습니다. 8년여의 세월 동안, 주로 고3 학생들이 써 온 논술문을 일 년에 천 장 이상을 직접 읽고 학생과 함께 검토해 오면서, 학생들이 마치 초등학교 5학년 수준에서 사고력이 더는 성장하지 않고 멈춰버린 것은 아닌가 하는 의구심이 들 때가 한두 번이 아니었습니다. 어디서부터 어떻게 손을 써야 할지 난감할 때가 한두 번이 아니었습니다.

우선, 학생들은 출제자가 무엇을 묻는지, 질문의 의도를 제대로 파악하지 못합니다. 제 경험에 의하면 7~80% 이상의 학생들이 출제자의 질문에서 벗어난 대답을 합니다. 아니나 다를까 2006년 6월에 치러진 고려대학교 논술 모의고사에서 채점을 담당한 교수는 '대략 90% 이상의 학생들이 논제의 요구를 정확히 파악하는 데 실패했다.'고 밝혔습니다. 논제가 '인간과 환경과의 관계'라는 비교적 익숙한 주제였음에도 불구하고 이 주제와 관련하여 논술한 수험생은 '거의 눈에 띄지 않았다.'고 합니다. 90% 이상이라는 말이 다소 의아하기는 했지만, 저는 이해할 수 있었습니다.

그리고 학생들은 제시문을 제대로 독해하지 못합니다. 8년 동안의 제 경험에 의하면 제시문을 제대로 분석해 오는 학생은 '거의 눈에 띄지 않았습니다.' 오지선다형 객관식 문제에서는 처음 보는 글의 주제와 요지를 잘도 찍어내면서, 스스로, 출제자가 요구하는 의도에 맞게 제시문을 분석해 내지는 못하는, 이 기막힌 이율배반을 어떻게 해석해야 할지 난감하기만 합니다.

더 심각한 것은 비현실적인 공허한 관념이 학생들의 사고를 지배하고 있다는 사실입니다. 예를 들어, 공익과 사익이 충돌하는 딜레마 상황에서 선택을 하라고 하면, 학생들은 주저없이, 무조건, '공익' 쪽을 선택합니다. '전체'를 위한 '개인의 희생'을 당연시하고 절대시합니다. 그런데 실제 그들의 삶은 그 반대의 논리, 즉 개인주의의 논리에 따라 움직이고 있으면서 말입니다. 삶과 논리가 따로 노는 이 자아분열의 책임은 도대체 누구에게 물어야 할까요?

학교 이야기는 삼가고 싶었지만 그래도 해야겠습니다. 지금 우리가 목격하는 학교의 문제는 교사의 문제가 아니라고 믿기 때문입니다. 지금 고등학교 교실에서는 학생들의 자기 표현을 금기시하고 있습니다. 수업 중 학생들에게 '저는 이렇게 생각합니다.' 라고 말할 기회를 주지 않습니다. 교과서에서 배우는 지식과 이론을 '지금-여기' 의 현실과 관련지어 생각하는 것도 금물입니다. 끊임없이 객관적인 '정답' 을 찾아 외워야 하는 현실에서, 복잡다단하고 역동적이며 뭐라고 한 마디로 규정할 수 없는, 살아 있는 현실은 오히려 학생들의 사고를 혼란시킬 뿐입니다. 교실에서는 지식과 삶이 분리되어야 하고, 한때 세상에 대한 의문투성이로 끊임없이 질문하던 자아는 거추장스러운 짐이 될 뿐입니다. '객관적인 정답' 의 도그마에 갇혀 자아는 질식하고, 살아 움직이는 세계는 함부로 규정되어 암기의 대상으로 전락하고 맙니다.

논술은 이 모든 모순 속에서 또 하나의 모순으로 남을 것인지, 아니면 이 모든 모순을 뚫고 교육의 새로운 지평을 여는 열쇠가 될 것인지, 논술을 담당하는 모든 사람은 함께 고민해 봐야 할 것입니다. 이 책은 이 두 가지 고민 속에서 만들어졌다는 것을 솔직히 고백합니다. 현실의 필요와 설레는 지향이 이 책속에 함께 담겨 있습니다.

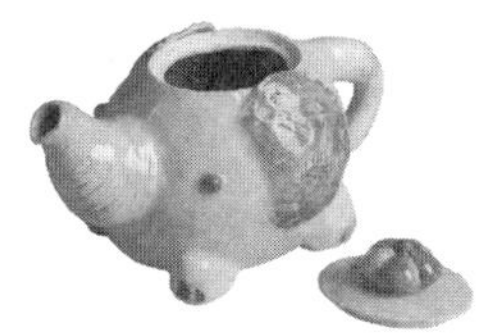

이 책은 대입 논술에 대비하기 위한 단기 전략으로 기획되었습니다. 논술에 대한 장기 전략은 '많이 읽고 많이 생각하고 많이 써 보는', 이 길이 정도(正道)입니다. 함께 읽고 함께 생각해 보는 것도 좋은 방법이겠지요. 따라서 논술에 대한 장기적인 준비는 학교에서 오히려 더 잘 할 수 있다고 믿습니다. 일찍부터 논술을 배워두려고 학원을 찾는 학생들은 대체로 머리를 텅 비우고 와서는, 그 빈 공간에 무엇인가 가득 채워주기를 바라는 동기가 앞서는 경우를 많이 보아왔기 때문입니다. 논술은 스스로 읽고, 스스로 생각하고, 스스로 써보는 과정이 필수적입니다.

이 책은 입시가 임박한 고3 수준의 학생들이 1년 정도의 시간을 두고, 다양한 질문과 다양한 제시문으로 구성된 다양한 문제들을 접하면서 논술 문제에 등장할 만한 주제, 즉 우리 삶의 여러 문제들에 대해 다각도로 깊이 있게 성찰해 볼 수 있도록 구성되었습니다.

이 책에는 모두 백여덟 문제의 논술 문제가 실려 있고, 그에 대한 해설을 곁들였습니다. 모든 문제는 기출 문제이거나 또는 기출 문제를 응용한 것들입니다. 기출 문제는 최신 문제와 난이도가 높은 문제를 우선했습니다. 이 책에서는 이 문제들을 질문 유형에 따라 나누고, 다시 주제 유형에 따라 나누어 수험생들이 체계적으로 논술에 접근하도록 배려하였습니다. 그리고 필요한 경우, 요즘 변화되고 있는 새로운 경향에 맞게 기출 문제들을 재구성하기도 했습니다. 논술 공부의 단기 전략에서는 기출 문제만큼 좋은 공부 재료가 없습니다. 8년 전에 어느 대학에서 출제된 문제가 다른 대학의 2008학년도 논술 예시 문항에 등장하기도 했습니다. 이런 예는 수없이 많습니다. 논술 주제는 끊임없이 변주되면서 그리고 조금씩 변화해 왔습니다.

감히 한 가지 자랑하고 싶은 것은 이 책이, 이 책에 실린 백여덟 문제 하나하나에 대해 깊이 있고 참신한 관점으로 접근하려고 노력했다는 점입니다. 상투적이고 안이한 접근은 오히려 수험생들의 사고를 고착화시키는 위험을 잘 알고 있기 때문입니다.

단, 이 책에서는 수리 논술과 과학 논술은 다루지 않았습니다. 요즘 새롭게 등장한 수리 논술의 경우, 독립적인 문제로 등장하기도 하지만, 전체 문제의 한 부분으로 출제되고 있는 경우도 있습니다. 후자의 경우 전체 문제는 일반적인 논술의 주제에서 벗어나지 않으므로 이 책에서 도움을 받을 수 있을 것입니다.

***

    논술 공부는 우선은 대학 입시를 위해서 하는 것이지만, 그 이상의 의미가 있기 때문에 매우 중요합니다. 고등학교까지 12년 동안의 학교 공부가 대체로 빈 저금통에 저금하듯 지식들을 차곡차곡 쌓아온, 즉 '은행저금식' 공부였다면, 논술 공부는 '나는 누구인가' 라는 질문의 바탕 위에서 그동안 배운 지식과 이론을 '지금-여기' 우리의 삶속에서 통찰하며 '나' 를 새롭게 생성해 나가는 공부입니다. 내 속의 잠자고 있던 에너지를 '세계 내' 에서 마음껏 활동하게 하는 공부이지요. 논술을 가르치면서 수없이 절망에 빠지기도 하지만, 논술의 이런 소중한 의미를 생각하며 나는 여러분들과 함께 다시 희망을 꿈꾸고 싶은 것입니다.

    마지막으로 한 가지 사족을 덧붙여야겠습니다. 논술에는 높은 윤리성이 요구된다는 점입니다. 우리는 짧은 현대사에서 많은 지식인들이 논리와 지식을 무기로 대중을 기만하고 조종해 온 사실을 알고 있습니다. 지금도 지식인들에 의한 대중 조작은 변함없이 계속되고 있지요. 우리는 그런 기술을 익히기 위해서 논술을 공부하는 것이 아닙니다. 나는 여러분들이 이 책을 통해서 익힌 논술 능력을 자기를 기만하면서 남을 조종하는 기술로 이용하지 말고, 참된 삶의 가치를 실현하는 데 보탬이 되도록 사용해 주었으면 좋겠습니다. 수험생 여러분들의 건투를 빕니다.

2006년 10월

차례

제 1 장 논술에 대한 오해와 이해

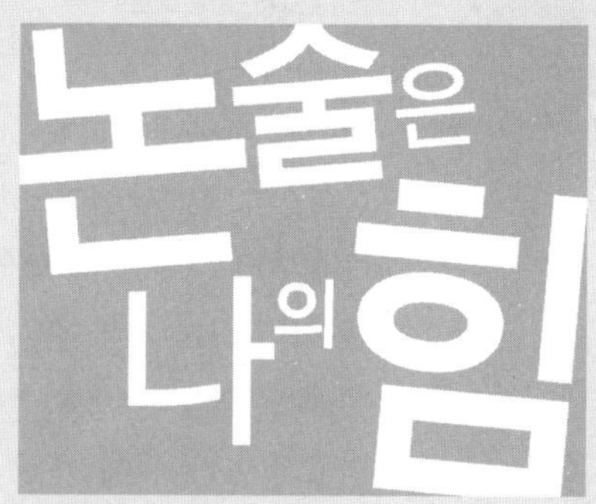

논술을 가르치면서 학생들로
부터 많은 질문을 받는다.

그 질문들 중에는 제법 깊이 있는 것들도 없지는 않
지만, 대부분은 논술의 본질과는 별로 관련이 없는 사
소한 것들이다. 논술의 핵심은 논제의 구성 조건을 정
확히 파악하고 제시문을 올바로 이해한 바탕 위에서
자신의 관점에 따라 주어진 문제를 다각도로 깊이 있
게 분석하는 것이다. 그런데 학생들이 쏟아 내는 질문
의 내용은 대부분이 형식 논리에 국한된 것이다. '논
술에서는 ~해서는 안 된다.'라는 유의 온갖 지엽말단
적인 형식 논리들이 당위를 가장하여 학생들의 사고
를 옥죄고 있는 것이다. 물론 논술에서 형식 논리는
필요하다. 그러나 형식 논리의 함정에 빠져서는 살아
있는 논술을 쓸 수 없다. 이 장에서는 논술에 대한 본
격적인 훈련에 들어가기 전에 먼저 학생들이 갖고 있
는, 논술에 대한 오해를 풀어주어 올바른 방향 감각을
가지고 논술에 임할 수 있도록 도와줄 것이다.

질문 1 논술에서 '나'라는 말을 쓰면 안 되는가?

가장 많이 받는 질문이다. 거의 대부분의 학생들이 논술에서는 '나'라는 말을 '절대' 써서는 안 된다고 믿고 있다. 단언하건대 이것은 잘못된 것이다. 기본적으로 논술은 주장하는 글이다. 논술 문제는 대부분 '이러이러한 문제에 대한 자신의 견해를 쓰시오.'라고 되어 있지 않은가. '자신의 견해'는 곧 논술자의 주장이다. 내가 나의 주장을 펼치는 글에서 '나'라는 말을 절대 써서는 안 된다는 논리는 있을 수 없다. 도대체 논술에서 '나'라는 말을 쓰면 안 된다는 이런 황당한 논리가 어느 외계에서 온 논리인지 모르겠다.

언젠가 서울대학교에 수석 입학한 학생은 다짜고짜 논술의 첫 문장을 **'나는 필자의 견해에 반대한다.'**라고 시작했다고 한다.* 자신감있는 화두의 시작이다. 내가 채점자라고 해도 우선 첫문장에서부터 눈이 번쩍 띄었을 것이다. 그리고 그는 '서론–본론–결론'이라는 논술의 상투적인 형식 논리도 거부했다. 어리석은 가정이지만, 그가 '나'라는 말을 썼다고 해서 감점을 당했다면 과연 서울대 전체 수석을 할 수 있었겠는가?

다음은 2000년에 서울대학교에서 주최한 제1회 논술경시대회에서 금상을 수상한 학생의 논술문 일부이다.

"글쓴이는 개인주의를 이기주의와 동일시하고 이타주의는 집단주의로 동일시하는 행위를 낭만주의적 관념의 영향을 받은, 허구적인 역사의 의미를 찾는 행위라 하였다. 또한, 이러한 생각은 다원화된 사회 속에서 각 개인의 자아를 실현하는 데 방해가 된다고 하였다. 그리고 사회적 가치를 지닌, 역사적 사명을 띤 희생은 극소수만이 가치를 지닌 미심쩍은 도덕률이라 하였는데, 과연 그런가.

나는 그렇게 생각하지 않는다. 모든 희생이 사회적 요구에 의해 이루어졌다는 것은 논리적 비약이다. **나는 유관순이 사회적인 요구와 칭찬 때문에 아우내에서 일본 헌병 경찰 앞에 태극기를 흔들었다고 생각하지 않는다.** 극소수만이 획득할 수 있는 역사적 명성은 도저히 정의로울 수 없다는 글쓴이의 말은 숭고한 정신과 희생으로 돌아가신 수많은 순국 선열들에게 크나큰 모독과 실례가 된다고 생각한다. **나는 그 분들이 타인과의 관계 속에서 자신의 고유한 중요성을 '희생'이라는 의미로 발견했고, 그에 따라 행동하였을 뿐 어떠한 사회적 칭찬과 비난에 따른 행동이 아님을 믿는다.** 글쓴이는 또 희생을 통해 그에 걸맞는 명성을 얻게 되신 많은 조상을 '역사교과서에 한 자리 차지하려 하는' 정치적 귀족이나 지적 귀족이라고 매도하고 있다. 그것은 비정상적이었던, 과거 암울했던 한 때의 역사를 부정하고픈 글쓴이의 아집

---

* 장승수 지음, 『공부가 가장 쉬웠어요』 참조.

> 이자 편견이다. 개인주의가 이기주의였고, 이타주의가 집단주의였던 과거가 우리의 역사 속에는 분명히 있었다. 과거 일제 치하가 그랬다. 하지만 **나는 단 한 번도 그분들이 후대의 역사 교과서에 자신들의 이름 석 자가 쓰여지길 바라고 자신을 희생했다고 생각하지 않는다. 말도 안 된다.**"

이 학생은 한 단락 안에서 '나는' 이라는 말을 무려 네 번이나 사용했다. 그런데도 전혀 어색하지가 않다. 오히려 논술자의 강렬한 신념이 온 몸으로 전해 온다. 나는 평소 논술은 '몸' 으로 쓰는 것이라고 학생들에게 강조해 왔다. 이 학생의 글이야말로 온 몸으로 쓴 글이다. 그렇게 느껴진다. 논술자의 열정과 패기가 나의 몸에 전율처럼 전해 온다. 이것이 바로 논술이다. 아마 나의 생각과 심사관의 생각이 일치했나 보다. 그렇지 않고서야 어찌 그렇게도 쓰지 말라고 강요당했던 '나' 라는 말을 한 단락 안에서 네 번이나 쓰고도 금상을 수상할 수 있었겠는가.

이 학생의 글에 대한 심사평의 일부를 보자.

> **"이 글의 첫 번째 장점은 자기 목소리를 가지고 있다는 것이다.** 논자는 제시문의 논지를 개인주의를 옹호하고 집단을 위한 희생을 배격하는 것으로 파악하면서 그것을 정면에서 반박하고 있다. 논자가 지문의 논지를 얼마나 정확하게 파악했느냐에 상관없이 **논자의 도전적이고 주체적인 사유 태도를 높이 사고 싶다.**"

물론 이 학생의 글에는 '**말도 안 된다.**' 와 같은 표현에서 보듯이 감정이 고조된 부분이 더러 보인다. 이것은 바람직하지 않다. 논술문은 가능하면 대상과 적절한 거리를 두고 전개하는 것이 오히려 독자에 대한 설득력을 높일 수 있기 때문이다. 그러나 이런 결점에도 불구하고 이 작품이 금상을 수상할 수 있었던 것은 심사위원의 말처럼 '자기 목소리' 를 가지고 '도전적이고 주체적' 인 태도로 논리를 전개한 것이 이러한 결점을 충분히 상쇄할 수 있었기 때문이다.

다른 예를 몇 개 더 보자.

> **"자기를 버림으로써 도(道)를 이루되, 그 길은 극단이 아닌 상식을 따라야 한다는 것이 나의 생각이다.**"(2003학년도 건국대학교 정시 논술 문제에서 출제 교수가 직접 작성한 예시 답안의 결론 부분)

> **"나는 글 잘 쓰는 것이 목수 노릇 잘하는 것보다 우월하다는 지능 측정 개념상의 전제가 타당하지 않다고 본다. [……] 한편, 나는 능력의 구분에 따라 사람을 차별하는 것이 정의롭지도 못하다고 본다.**"(2002학년도 중앙대학교 수시1학기 학업적성평가 문제에서 출제 교수가 직접 작성한 예시 답안에서)

이와 같은 사례에서 보듯이 논술에서 '나' 라는 말을 써서는 안 된다는 논리는 어불성설이다. 왜, 어째서 이런 황당한 논술 지침이 횡행하고 있는지 모를 일이다.

물론 이런 점은 있다. 논술에서는 어디까지나 대상과 객관적인 거리를 유지하면서 자신의 주장을 논리적으로 전개해야 하는데, **'나' 라는 말을 사용할 경우, 자칫 수필 같은 글이 될 가능성이 많다**는 점이다. 이렇게 될 경우 논술은 대상과의 거리를 상실하면서 설득력이 떨어지게 된다. **논술은 신변잡기를 열거하는 것이 아니다.** 이런 점에서 '나' 라는 말은 매우 신중하게 사용해야 한다. 그러나 논리를 힘있게 전개해 나가다가 '나' 라는 말을 써야 할 상황이 생기면 그것을 굳이 피할 필요는 없다는 것이다.

그런데, 오랫동안 정답 아니면 오답 식의 흑백논리에 익숙해진 학생들은 나의 이런 충고를 또 흑백논리로 받아들이는 경향이 많다. 즉, '전에는 '나' 라는 말을 쓰면 오답, 안 쓰면 정답으로 알고 있었는데, 아, 이제는 반대구나. '나' 라는 말을 쓰는 것이 정답이구나.' 라고 말이다. 이렇게 생각하는 학생들이 부지기수다. '나' 라는 말을 써도 괜찮다.' 라고 하면, 다음부터는 '자랑스럽게' 여기저기 '나' 라는 말을 삽입해 오는 것이다. 논술을 가르치면서 가장 어려운 것이 바로 이런 부분이다. 학생들에게 '논술은 이러이러하게 쓰는 것이 좋다.' 라고 이야기하면, 학생들은 그것을 바로 절대적인 지식 즉, 정답으로 이해하고 주어진 문제와 글의 맥락과는 관계없이 억지로 적용해 보려고 애를 쓰는 것이다. 참으로 못말리는 대한민국 고3들이다.

그래서 마지막으로 강조해야겠다. 논술에서 '나' 라는 말을 사용해서는 안 된다는 논리는 분명 잘못된 것이다. 그러나 '나' 라는 말을 누구나 함부로 사용할 수 있는 것은 아니다. **웅변대회에서 웅변하듯 확신에 찬 '나' 를 드러내는 게 아니라, 정확히 자신의 견해임을 밝히는 차원에서 제한적으로 '나' 라는 말을 사용할 수 있다는 점을 명심하자.** '사용해야 된다.' 가 아니라, '사용할 수 있다.' 는 말에 밑줄을 쫙 쳐주기 바란다.

그리고 요즘 새로 등장한 짧은 논술에서는 '나' 라는 말을 사용할 여지가 거의 없는 문제도 있다는 점을 함께 명심하자. 예를 들면, 다음 논제들이다.

1. (가)의 입장에서 (나)의 관점에 대한 반론을 150~200자 사이로 전개하시오.(중앙대 2006학년도 수시2학기 논술 문제에서)
2. (마)에서, 개발도상국 정부는 치료되는 환자 수를 기준으로 삼아 협상안 수용 여부를 결정하려고 한다. 정부가 (라)의 관점을 취할 경우 어떤 결론에 이르게 되는가에 대하여 논술하시오.(고려대 2007학년도 수시1학기 논술 문제에서)

이런 문제들은 논술자의 견해를 묻는 것이 아니라, 제시문에 대한 이해력, 분석력, 적용력을 평가하기 위한 것이다. 이런 논술에서는 '나' 라는 말을 써서는 안 된다. 이런 문제에서는 제시문의 관점을 정확히 이해하여 올바로 적용하는 것이 좋은 점수를 받는 관건이 된다. 요즘 몇몇

대학들은 이런 짧은 논술 몇 문제와 긴 논술 한 문제 정도로 구성된 논술 문제를 출제하고 있다. 긴 논술의 경우는 대부분 자신의 견해를 쓰는 문제이지만, 150자에서 600자 정도로 쓰는 짧은 논술 문제의 경우에는 자신의 견해를 반영해서는 안 되는 문제도 있고 또 자신의 견해를 반영해야 하는 문제도 물론 있다. 주어진 논제를 꼼꼼하게 읽어보고 학생들은 이것을 잘 구분해야 할 것이다.

질문 2 주장은 반드시 '단정적'으로 해야 하는가?

물론 **주장은 단정적으로 하는 것이 좋다.** 채점자의 입장에서 볼 때 이도저도 아닌 흐리멍텅한 논술은 감점 대상 1호이다. 좀 미안한 말이지만, 사실 요즘 고등학생들은 대부분 오지선다형 객관식 문제는 잘 푸는지 몰라도 자기 주장이 뚜렷하지 않은 것이 사실이다. 논술 문제에 등장하는 주제에 대해 그것을 자기 문제로 고민해 본 적이 거의 없기 때문이다. 이런 상황에서 주어진 주제에 대해 단정적으로 주장을 하자니 많은 무리가 따른다. 자기 생각 자체가 없는데, 마치 신념이 뚜렷한 학생처럼 보이자니 때로는 횡설수설하거나 상투적인 논리를 마치 대단한 논리인 것처럼 과장하여 표현하는 경우가 많은 것이다.

그런데 문제는 다른 데에 있다. 적지 않은 학생들이 '논술에서는 표현을 '단정적'으로 해야 한다.'는 명제를 절대화해서 **아무데서나 단정적으로 표현하는 경우가 많다**는 것이다.

다음은 학생들이 쓴 논술문에서 흔히 볼 수 있는 예이다.

① 요즘 길거리에 나가보면 온통 외래어 간판 투성이다.
② 현대인들은 이기적이다.

①은 과장이 심하거나 현실을 지나치게 단순하게 보고 있는 경우이다. 실제 내가 사는 동네에서는 '시골 여행', '들길 따라서', '예나지나'와 같은 정겨운 우리말 간판들이 많다. 학생들에게 묻는다. "이렇게 우리말 간판이 많은데, '온통 외래어 간판 투성이'라니? 말이 되나? 엉?" 학생은 '잘못했습니다.'라는 표정으로 마냥 고개만 숙이고 있다. 문제를 좀 깊이 들여다 보자. 외래어 간판은 주로 어떤 곳에 많은가. 조금만 주의해서 살펴보면, 주로 젊은층이나 상류층이 많이 모이는 길거리에 외래어 간판이 상대적으로 더 많음을 발견할 수 있을 것이다. 서울의 압구정동 로데오거리나 홍대 앞 카페 거리 같은 곳 말이다. 이렇게 우리 현실을 조금만 더 세밀하게 관찰해 보면 '온통 외래어 간판 투성이다.'라고 전제하고 쓴 글과는 전혀 다른 깊이 있는 글을

쓸 수가 있다. 그런데도 많은 학생들은 이러한 깊이 있는 관찰을 포기하고 그냥 관습적으로 상투화된 사고 속에 안주하면서 함부로 단정하고 있는 것이다. 문제는 바로 이것이다.

②의 경우를 보자. 역시 함부로 단정하고 있는 경우이다. '현대인들은 이기적이다.' 라는 명제는 논리학에서는 전칭(全稱) 명제라고 한다. 즉, 이 명제는 '모든 현대인은 이기적이다.' 라는 의미를 담고 있다. 정말 그런가? 정말 모든 현대인들은 예외없이 이기적인가? 택도 없는 소리다. 이기적이지 않은 현대인들도 있다. 그리고 인간의 이기심은 생득적인 측면도 있다.(물론 여기에 대해서는 논란이 있을 수 있다. 인간의 이기심이 타고난 것이 아니라, 제도와 구조탓이라고 주장하는 사람도 있기 때문이다.) 그러면 어떻게 표현해야 하는가? 최소한 '대다수 현대인들은 이기적이다.' 정도로 표현하든가, 아니면, '현대 사회는 인간의 이기심을 더욱 부추기는 사회이다.' 라고 해야 현실에 좀더 적합하게 될 것이다.

다음은 1998학년도 성균관대학교 논술 문제에서 출제 교수가 직접 작성한 예시 답안의 서론 부분이다.

"예시문의 내용만을 놓고 보면, 세 인물의 덕성과 그 한계는 이렇게 대별해 볼 수 있다. 백이는 청렴 결백하고 지조를 지키려는 강직한 성품을 지녔지만, 타협할 줄 모르는 독선과 독야 청청식의 은둔주의적 성향도 있**는 듯하다.** 이윤은 사회적 책임과 선구자적 계몽 의식을 지녔지만, 자아 도취적인 과대 망상의 성향도 있**는 듯하다.** 유하혜는 인화적인 조화와 관용의 덕성을 지녔지만, 무원칙의 기회주의적 성향도 있**는 듯하다.**"

짧은 단락에서 '~ 듯하다.' 라는 표현이 세 번이나 등장한다. 만약 이 글이 첨삭 지도의 대상이라면 당장 "'~ 듯하다.' 라는 표현은 삼가세요. 논술은 단정적으로 표현해야 돼요."라고 붉은 사인펜으로 커다랗게 지적될 가능성이 많다. 그런데 만약 이 부분을 단정적으로 표현하면 어떻게 되는가? '백이는 … 은둔주의자이다.' 가 될 것이다. 이렇게 되면 이것은 논리적으로 '성급한 일반화의 오류' 를 범하게 된다. 제시문에 나타난 백이의 삶의 모습은 단편적인 것이다. 몇 가지 단편적인 사실을 바탕으로 '백이는 은둔주의자이다.' 라고 단정할 수는 없다. 단지 그러할 가능성이 있을 뿐이다. 따라서 이런 경우는 예시 답안에서처럼 '~는 듯하다.' 라고 표현하는 것이 오히려 적절한 것이다. 그런데 학생들은 이런 데서도 함부로 단정을 하는 버릇이 있다. 도대체 누굴 탓해야 하나.

결론적으로, 논술에서 주장은 단정적으로 하느냐 마느냐가 관건이 되는 게 아니다. 문제는 자기 주장을 정확히 하느냐, 유보적 태도로 판단하느냐, 혹은 추정하여 판단하느냐 등인데, 이것들은 서술 내용에 따라 논술자가 신중히 결정할 일이다.

질문 3 논술에서 의문문을 사용하면 안 되는가?

이 질문은 좀 황당한 질문에 속한다. 그러나 이런 질문을 하는 학생이 의외로 많다. 나로서는 논술에서 의문문이 도대체 무슨 죄가 있다는 말인지 이해할 수 없다.

앞에서 든 금상 수상 작품의 경우를 다시 보자. 이 학생은 서론 마지막 문장에서 '과연 그런가' 라고 의문문으로 문제를 제기하고 있다. 전혀 이상할 것이 없다. 특히 단락의 첫문장을 의문문으로 시작하면 단락의 초점을 분명히 해 주는 효과도 있다. 다음 예를 보자. 역시 앞서 든 1998학년도 **성균관대 논술 문제에서 출제 교수가 직접 작성한 예시 답안**의 결론 부분이다.

"그럼 어떻게 이 화근을 뿌리뽑을 수 있을까? 과연 어떤 인물이 그 사정(司正)적 역할을 맡아야 할까? 먼저 백이와 같이 청렴하고 강직한 성품을 갖춰야 한다. 어떠한 비리와도 타협하지 않아야 하기 때문이다. 그러나 독야 청청식의 은둔적 자세를 갖지 않은, 이윤과 같이 사회적 책임감도 겸비한 인물이어야 할 것이다. 물론 자아 도취적인 선구자적 의식에 빠지는 것을 늘 경계하는 마음가짐을 가진 사람이어야 할 것이다. 민주 사회의 공직자는 정말 민주적인 의식, 곧 백성이 부여한 직분을 헤아려 실천할 뿐이라는 철저한 지사적 의식을 가져야 하기 때문이다. 그렇게 보면 원칙을 철저히 지키는 한, 유하혜와 같이 인화적인 관용과 조화의 덕목도 아울러 갖춘 인물이면 더 적격일 것이다."

단락의 첫문장과 둘째 문장을 의문문으로 시작해서 논술자가 이 단락에서 무엇을 말하고자 하는지를 선명하게 제시하고 있다. 이런 문장을 화제문 또는 제시문이라고 한다.

이렇게 적절하게 사용된 의문문은 글의 초점을 분명히 해 주거나, 특정 내용을 강조해 주는 효과가 있다. 물론 의문문에 이런 효과가 있다고 해서 여기저기서 함부로 사용해서는 안 될 것이다. 과유불급이라는 말을 명심하자. 적절한 자리에서 적절하게 사용하는 지혜가 필요하다.

질문 4 논술에서 '비유'를 사용하면 안 되는가?

비유는 주로 문학적인 글에서 사용한다. 그것은 비유가 이성보다는 감성에 호소하는 방식이기 때문이다. 따라서 이성에 호소해서 설득해야 하는 논술에서 비유는 바람직하지 않다. 그렇다고 해서 **'논술에서 비유는 절대 안 된다'** 라는 법칙은 없다. 논술은 논문과는 다르다. 논문이 엄격하게 객관적인 논증을 필요로 하는 글이라면 논술은 그보다는 다소 가벼운 글이다. 따라서 논술문의 처음이나 마무리 부분에서 짧고 적절한 비유 하나가 효과를 발휘할 때도 있다. 다음 예를 보자.

"지금 우리 사회에서 문제가 되고 있는 소통의 왜곡과 단절 현상은 이를테면 우리 몸의 동맥경화에 비유될 수 있다. 동맥경화가 우리 몸의 건강을 저해하는 것처럼 이 문제 역시 우리 사회의 건강한 발전을 가로막는다는 점에서 심각한 문제가 아닐 수 없다."

만약 이런 비유가 논술문 전체를 관통하는 핵심이 되지 않는다면, 즉 글의 한 부분에서 짧게 인용된다면 논지를 전체적으로 알기 쉽게 전달하는 효과가 있음은 분명하다. 그렇다고 하더라도 비유는 역시 감성에 호소하는 방식이므로 특별히 효과적인 비유가 아닐 경우에는 가능한 한 자제하는 것이 좋을 것이다.

그런데 비유와 비슷한 것에 유추가 있다. 이 둘은 너무 비슷해서 때로는 엄격히 구분할 수 없는 경우도 있다. 유추는 유비추리의 준말로서 귀납적 추론 방식의 하나이다. 모든 귀납추리가 그러한 것처럼 유추 역시 논리적으로 엄밀한 논증 방식은 아니지만 논술에서는 적절히 활용될 수도 있는 것이다. 다음 예문들을 보자.

예문 1

영어를 자유롭게 구사하는 일은 새 시대를 살아가는 필수 조건이다. 하지만 우리 한글을 바로 세우는 일에도 소홀해서는 절대 안 된다. 황소개구리의 황소 울음 같은 소리에 익숙해져 참개구리의 소리를 잊어서는 안 되는 것처럼.(7차 교육과정 국어교과서에서)

예문 2

언어의 습득은 인종이나 지능과 관계 없이 누구에게나 비슷한 수준으로 이루어진다. 그리고 하나의 언어를 일단 배우고 난 뒤에는 그것을 일상 생활에서 자유자재로 구사할 수 있다. 마치, 자전거나 스케이트를 한 번 배우고 나면, 그 뒤에는 별다른 신경을 쓰기 않고 탈 수 있는 것과 같다.(6차 교육과정 국어교과서에서)

예문 3

인간은 감각 기관을 통해 정보를 받아들여 머릿속에 저장하였다가 필요할 때 불러낸다. 컴퓨터도 기계적이기는 하지만 입·출력, 저장 절차가 인간과 비슷하다.

예문 1에서는 '우리말-참개구리, 외래어-황소개구리' 가, 예문 2에서는 '모국어 습득-자전거 배우기' 가, 예문 3에서는 '인간-컴퓨터' 가 모두 유추적 관계에 있다고 볼 수 있다. 그런데 이것들은 모두 비유적 관계에 있다고 해도 틀린 말은 아니다. 이처럼 비유와 유추는 때로 구별하기 힘들다. 단지 문학적인 글에서는 비유, 논리적인 글에서는 유추라고 하기도 한다.

어쨌든 비유든 유추든 이 둘은 위의 예문들에서도 확인할 수 있는 것처럼 엄밀한 논증이 아니라는 것만은 확실하다. 따라서 이러한 비유(또는 유추)는 주장을 뒷받침해 줄 수 있는 충분한 논거는 되지 못한다. 따라서 논술문에서는 이를 부분적으로만 효과적으로 이용하는 요령이 필요하다.

중요한 것은 '비유를 사용해도 되느냐, 안 되느냐' 가 아니다. 이것은 말(末)에 불과한 것이다. 정말 중요한 것은 아까 서울대 논술 경시 대회 심사관의 말처럼 자기 목소리를 가지고, 즉 주체적인 태도로 얼마나 힘있게 자기 주장을 밀고 나가는가 하는 것이다. 이것이 바로 본(本)이다. 본말(本末)을 뒤바꿔 생각하는 일은 없어야 할 것이다.

질문 5 '~에 대해 살펴 보겠다'라고 문제 제기를 하면 안 되는가?

학생들이 쓴 논술문을 보면 대부분 서론 마지막 문장에서 '~에 대해 살펴보겠다.' 또는 '~에 대해 알아보자.' 등과 같은 이른바 문제 제기 문장을 흔히 볼 수 있다. 그런데 내가 보아온 바로는 이런 문장들이 대부분 매우 어색하게 느껴진다는 것이다. 즉, 글의 앞뒤 맥락과 어울리지 못하고 허공에 뜬 문장처럼 보이는 경우가 많다. 그것은 학생들이 '서론-본론-결론' 이라는 상투적인 글의 형식에 집착하여, 마치 서론 마지막 문장에는 그런 유의 문장이 꼭 있어야 되는 것으로 생각하고 되든 안 되든 일단 그 문장을 집어놓고 보기 때문이다. 오히려 그 문장을 생략했을 때 글의 흐름이 더 매끈해지는 경우가 많다.

물론, 논술에서 이런 표현은 절대 안 된다는 법칙은 없다. 중요한 것은 이러한 표현을 과연 적절한 곳에서, 글의 맥락에 맞게, 생각의 흐름이 끊어지지 않도록 제대로 사용했는가 하는 것이다.

질문 6 논술에서 영화 이야기를 인용하면 안 되는가?

논술을 가르치면서 때로 희한한 질문을 받을 때가 있다. 이 질문도 그런 경우다. 그런데 이런 질문을 하는 학생이 더러 있다는 데 문제가 있다. 논술에서 영화 이야기를 인용했더니 앞으로는 그러지 말라고 지적을 받았다는 것이다. 이유인즉슨 영화는 대중문화에 속하기 때문에 채점 교수들이 별로 안 좋아한다나 뭐라나. 인용을 하려면 톨스토이의 '부활'이나, 하퍼 리의 '앵무새 죽이기' 같은 책을 인용해야 된다는 것이다. 물론 이것 역시 억지 주장에 불과하다. 논술에서 영화 이야기를 인용하면 안 되다니. 도대체 이런 법칙은 누가 만들었단 말인가.

한국 영화가 천만 관객 시대를 맞이하면서 영화는 이제 우리의 일상이 되었다. **논술에서 중요한 것 중의 하나는 구체적인 우리의 '일상' 속에서 인문학적, 과학적 개념과 원리를 발견할 수 있는 능력이다.** 물론 그 반대도 성립한다. **학문적 개념이나 원리를 우리의 일상에 적용할 수 있는 능력** 말이다. 이런 유의 기출 논술 문제가 수두룩하다. 그런데 영화 속에는 우리의 일상이 집약적으로, 상징적으로 담겨 있다. 논술의 주제를 영화 이야기와 관련지어 사고할 수 있다는 것 자체가 대단한 능력이다. 대부분의 학생들에게는 그 둘(일상과 이론)을 관련짓는 능력이 부족하다. 일상 따로 이론 따로 노는 경우가 허다한 것이다. 이런 현실에서 논술의 주제를 영화 이야기, 즉 일상적인 우리의 이야기와 관련지어 논술하는 것을 금기시하다니, 도대체 말이 안 된다.

물론, 논술문 전체를 특정 영화 한 편 이야기로 채웠다면 그것은 문제다. 논술에서는 다양한 방식으로 논의를 전개하는 것이 중요하기 때문이다. 다양한 경험과 개념의 제시, 다양한 인용……. 이것은 논술자의 사고의 폭과 관련된다. 영화 한 편이든, 소설 한 편이든 특정한 하나의 사례나 경험으로 논술문 전체를 가득 채우는 것은 '저는 사고의 폭이 이만큼밖에 안 됩니다.'라고 채점자에게 고백하는 것이나 다름없다. **다양한 경험을 제시하며 다양한 개념을 활용하여 논술하는 과정에서, 인용된 영화 이야기 하나는 논술을 더욱 빛나게 해 줄 것이다.**

질문 7 논술에서는 서론이 반이라던데?

언젠가 '논술, 서론만 쓰면 다 쓴다.'라는 제목의 책이 나온 적이 있다. 그 책에는 온갖 서론 쓰는 법으로 가득했다. 지극히 일부 교사나 학원 강사들 중에도 서론의 중요성을 특별히 강조하는 분들이 있다. 심지어 내가 아는 어느 학원에서는 서론에서 인용할 수 있는 온갖 인용거리를 주제별로 정리해서 학생들에게 나누어 주고 암기를 시키기도 한다. A4 용지 앞뒤로 대여섯 장 되는 그것을 학생은 무슨 보물이라도 되는 양 외우고 다닌다. 한 때 EBS 방송에서조차도 서론에 인용할 수 있는 속담과 한자 성어, 명언 등을 자막으로 계속 흘려보내기도 했다. 참으로 어리석은 짓이다.

논술에서 중요한 것은 서론이 아니다. 다시 한 번 강조하지만 **논술에서 정말 중요한 것은 출제자가 무엇을 요구하고 있는가를 정확히 파악하고, 제시문을 출제자의 의도에 맞게 정확히 독해한 바탕 위에서 그것을 다각도로 깊이 있게 논술하는 것**이다.

이렇게 서론이 중요하지 않다고 역설하는 나에게 어떤 학생은 이렇게 질문한다. "채점 교수들은 바쁘기 때문에 학생들의 논술문을 다 읽지 않고 서론만 읽고 채점한다 카던데요? 그래서 서론만 잘 쓰면 된다 카던데요?" 나는 그냥 이렇게 대답하고 만다. "글면 니는 서론만 열심히 가르치는 학원으로 가그라. 내는 책임 몬 진다."

만약 채점 교수들이 서론만 읽고 채점을 한다면 이는 수많은 수험생과 교사, 학부모들을 기만하는 국가적 중대 사태이다. 그럴 리가 없다. 아니 없을 것이다. 1993년 수능 시험이 처음 생긴 이후 논술 시험은 10년 이상 지속되어 왔다. 만약 대학에서 논술 시험을 그렇게 허술하게 관리해 왔다면 이 시험이 이렇게 오랫동안 지속되어 왔을 리가 없다. 일단 대학을 믿자. 믿지 않으면 결국 나만 손해 볼 뿐이다.

물론 논술의 처음 몇 문장이 채점자의 시선을 사로잡을 수 있다면 결코 나쁘지는 않을 것이다. 사람도 그렇듯이 논술도 첫인상이 중요하기 때문이다. 첫문장이 좋으면 그 다음도 다 좋게 보일 가능성이 전혀 없는 것은 아니다. 그러나 그렇다고 해서 거기에 매달릴 필요는 없다. 서론에 집착하다보면 글이 용두사미가 되어서 채점자를 오히려 크게 실망시킬 가능성도 있다. 논술에서 중요한 것은 서론이 아니라 본론이기 때문이다. 그리고 **서론이 중요하다는 생각은 논술을 아직도 '서론-본론-결론'이라는 상투적인 형식 논리로 접근하고 있다는 증좌이다.** 더구나 요즘 새로 등장한 짧은 논술문에서는 흥미를 유발하고 문제를 제기하는 일반적인 의미의 서론이 아예 필요가 없다. 긴 논술에서도 서론은 주제를 암시하고 문제를 제기하는 선에서 가볍게 처리하고 본론에 충실해야 한다. 때로는 출제자가 요구하는 어느 한 항목을 서론으로 삼을 수도 있다. 이 문제는 다음 장에서 자세하게 다루기로 한다.

결론적으로, **서론만 잘 써서 점수 잘 받아 보겠다는 생각은 매우 위험한 생각**이다. 장식적인 서론이 본론으로 충분히 뒷받침되지 못한다면 그것은 비유하자면 화장발에 지나지 않는 것이다. 제발 화장발로 점수 딸 생각은 버리고 맨정신, 맨얼굴로 정면으로 도전하라. 채점 교수들, 절대 그렇게 만만하지 않다. 한국의 대학들, 세계적인 경쟁력은 하위권에서 맴돌아도 입시 사정만큼은 세계 최고다. 명심하라. 더불어 한국 대학들의 논술 문제 수준 역시 세계 최고다! 결코 우습게 보지 말라.

질문 8 교과서적인 결론이 아니면 어쩐지 불안한데?

논술을 쓸 때 꼭 교과서에서 배운 관점으로만 써야 뒷맛이 개운하다는 학생들이 있다. 나름대로의 관점에서 독특한 결론을 내렸다가는 점수를 제대로 받지 못할 것이라는 불안감이 든다는 것이다. 쉬운 예를 들어보자. 가령 '남한과 북한의 통일에 대해 어떻게 생각하느냐?' 라는 논제가 나오면 내 생각과는 관계없이 교과서적으로 '통일은 꼭 이루어져야 한다.' 라고 써야만 한다는 식이다.

이건 잘못된 생각이다. 교과서적으로 써야 한다든가, 아니면 사회에서 형성되는 여론의 관점에 동의하여야 한다든가 하는 것은 일종의 강박 관념일 뿐이다. 진정 중요한 것은 학생의 생각이다. 통일을 찬성하지 않는다면 나름대로의 이유가 있을 것이다. 그 근거들을 논리적으로 제시하면 된다. 항상 뒤집어 보는 것, 그것은 고정관념을 벗어나고 새로운 삶과 가치관을 창출하기 위한 기본적인 태도이고, 독창적인 사고라는 것도 그런 것 없이는 거의 불가능하다. 또한 사회에서 통상 요구하는 도덕적인 판단에 기울어질 필요도 없다. 왜냐 하면, 도덕이라는 것도 보편적인 게 아니라 사회·문화적 조건에 따라 변할 수 있기 때문이다. 가령 조선시대에 백성들은 양반들에 대해 늘상 굽실거려야 하는 것이 백성들의 도덕률이었다면, 지금 사회에서는 오히려 그것이 반도덕적인 것이 된다.

중요한 것은 새로운 사회적 조건 속에서 기존의 방식을 성찰하면서 새로운 삶의 방식을 끊임없이 모색해 보는 것이다. 물론 그 바탕에는 역사적·사회적 존재로서의 진성성이 늘 깔려 있어야 한다. 그리고 문제를 전체적인 안목에서 바라보려는 노력도 중요하다.

그런데 사실, **우리가 처한 사회·문화적 조건에 대한 진지한 성찰이 결여된 상태에서, 창의적인 결론이랍시고 엉뚱한 결론을 제시하는 학생도 많다.** 옛날 서울대 논술에서 '현대의 거대 조직 속에서 익명화되어 소외된 현대인' 에 대한 문제가 출제된 적이 있었다. 신문 보도에 의하면, 한 학생은 소외를 극복하기 위한 방법으로 '목욕탕에서 함께 대화하자' 라고 제안했다고 한다. 보도에 자세한 내막이 나오지 않아 잘 모르겠지만 채점 교수는 그 학생의 답안을 0점으로 처리했다고 한다. 왜 0점이 될 수밖에 없었는지는 학생 여러분들이 진지하게 생각해 보기 바란다.

교과서적인 사고의 틀을 벗어나서 논술을 독창적으로 쓰는 것은 중요하다. 그러나 **독창적인 논술은 우리 사회와 삶에 대한 진지한 성찰의 결과**로 나오는 것이지, 그냥 원고지 앞에서 머리를 쥐어짠다고 나오는 것은 아니다. 논술에서 교과서적인 사고나 관습적 규범에 얽매일 필요는 없다. 그러나 거기에 얽매이지 않고 자유로운 논술을 쓰기 위해서는 먼저 '지금-여기' 우리가 살고 있는 현실의 문제를 진지하게 성찰해야 보아야 한다. 이것이 논술 공부의 어려운 점이기도 하지만, 또 우리가 논술을 공부하는 진정한 의의이기도 하다.

질문 9 그러면 창의적이고 독창적인 논술은 어떻게 써야 하나?

최근 등장한 150~600자 정도로 쓰는 짧은 논술 문제 중에는 아예 논술자의 견해가 개입될 여지가 없는 문제가 있다. 이런 한두 문제를 제외하고 대부분의 논술 문제는 '자신의 의견' 을 쓸 것을 요구한다.

이런 문제에서 거의 예외 없이 **대학은 논술자의 참신하고 독창적인 사고를 중시한다.** 이는 오로지 정답과 오답만이 존재하는 획일화된 교육 풍토에서 참으로 난감한 과제이기도 하다.

참신하고 독창적인 사고란 도대체 무엇을 말하는가? 그리고 어떻게 해야 독창적인 논술을 쓸 수 있는가?

독창적인 사고라고 해서 꼭 남이 발견하지 못한 기발한 내용을 뜻하는 것은 아니다. 논술에 나올 만한 주제에 대해 진지하게 성찰해 보지 못한 학생들 중에는 독창적으로 써야 한다는 강박관념 때문에 오히려 논술을 망치는 경우도 더러 있다. 제시문을 전체적으로 보지 않고 남들이 발견하지 못한 지극히 특수하고 부분적인 쟁점을 찾아내어 그것을 확대·과장하여 쓴다든지, 평이한 결론을 피한답시고 엉뚱한 결론을 횡설수설 늘어놓는 경우가 있다. 특히 머리 좋은 학생들의 글 중에서 이런 억지가 많이 발견된다.

앞서 말했듯이 **독창적인 논술은 우리 사회와 삶에 대한 진지한 성찰의 결과로 나오는 것이다. 진지한 성찰이란 무엇인가? 그것은 문제를 다각도로 깊이 있게 살펴 보는 것이다.** 앞-뒤도 살펴보고, 아래-위도 살펴보고, 멀리서-가까이서도 살펴보고, 때로는 뒤집어 보기도 해야 한다. 관습적이고 상투적인 생각에 머물러서는 안 된다. 물론 이 모든 성찰의 과정에는 진정성이 뒷받침되어야 한다.

쉬운 예를 들어보자.

흔히 사이버 세계에서의 익명성과 자아 정체성에 대해 논하라고 하면, 대부분의 학생들은 익명성이 자아 정체성을 왜곡하거나 변질시켜 정체성의 혼란을 가져온다는 식으로 대답한다. 그러나 뒤집어 생각해 보자. 자아 정체성이라는 게 과연 고정되어 있는가. '내 속에 내가 너무 많아……' 라는 어느 노래 가사처럼 나의 정체성이란 불확정적이며 때로는 역동적으로 변화하기도 하는 것이다. 원로 탤런트이신 김혜자씨는 어느 인터뷰에서 '내가 드라마에서 맡는 다양한 배역들은 사실은 내 속에 잠재된 또 하나의 나이다. 나의 분신들이다.' 라고 말한 적이 있다. 사이버 세계에서의 아바타나 닉네임도 이와 같은 것이 아닐까. 나 역시 사이버 세계에서 다양한 닉네임을 가지고 있다. 물론 익명화된 닉네임들이다. 이렇게 다양한 닉네임을 사용하면서도 나는 전혀 내 정체성의 혼란을 느껴본 적이 없다. 오히려 사이버 세계는 드러나지 않은 나의 정체성을 새롭게 실험해 보는 장일 수도 있다. 우리가 사는 현실은 온갖 제약들로 가득차 있다. 그러나 사이버 세계는 그런 제약이 없다. 사이버 세계에서 나는 비로소 자유인이 된다. 사이버 세계에서 나는 내가 자유롭게 선택한 배역을 자유롭게 구가한다. 사이버 세계에서 나의 정체성은 새롭게 창조되며 새롭게 실험되며 새롭게 규정된다. 아니, 꼭 그렇다기보다는 '사이버 세계의 익명성과 자아 정체성'에 대해서 이렇게 뒤집어서 생각해 볼 수도 있지 않겠는가 하는 것이 내가 하고 싶은 말이다. 그럴 듯하지 않은가

　　논술 문제 중에는 이렇게 일반적인 상식이나 관습적 사고를 뒤집어 생각할 것을 요구하는 문제가 적지 않다.

　　2006년 6월에 치러진 고려대학교 논술 모의고사에서는 **'기술만능주의의 입장'**에서 **'친환경적인 입장 또는 생태주의적 입장'을 반박하라**는 문제가 출제되었다. 상식적으로 우리는 생태주의의 입장에서 기술만능주의를 비판하는 데 익숙해져 있다. 그런데 이 문제는 그 반대의 논리를 요구하고 있는 것이다.

　　2007학년도 이화여자대학교 수시1학기 논술에서는 '과도한 자기 반성은 오히려 자기 합리화나 자기 과시와 연결될 수 있다.'는 주어진 제시문의 입장에서, **윤동주의 '서시'의 화자가 보여주는 한계를 비판하라**는 문제가 출제되었다. 역시 상식을 뒤엎는 문제이다.

　　물론 이런 문제들은 논술자의 독창적 사고 능력을 평가하고자 한 것이 아니라, 이해력과 분석력, 적용력을 평가하고자 한 문제이긴 하지만, 관성과 타성에 젖은 학생들에게는 꽤나 당황스러운 문제였을 것이다.

　　연세대학교 2006학년도 정시 논술 문제에서 출제자가 의도한 논술의 주제는 **'불안의 생산성, 항존성이 어떻게 사회 문화의 역동성으로 작동하는가?'** 였다.

　　이 문제에 대한 출제자의 의도를 들어보자.

　　"[……] 본 문제는 바로 이러한 불안에 대한 인식을 토대로 수험생들에게 불안이라는 증후를 통해 사회변동의 흐름을 성찰하게 하고, 더 나아가 불안이 개인이나 역사 발전에 어떠한 에네르기로 작용할 수 있는지를 구체적 사례를 통해 자신의 의견을 정리하게 하였다. 기존의 불안에 대한 인식, 즉, 긴장과 갈등, 소외 등 병리 현상으로만 바라보는 시각을 전환시켜 우리 사회의 사회 · 문화적 현상들에 내재하는 불안의 속성과 그에 대한 인간의 '응전'을 다시 반추하게 될 기회가 되었을 것이다."

　　쉽게 요약하자면 **기존의 '불안'에 대한 부정적인 인식을 전환시켜 불안의 긍정적인 면을 생각해 보라**는 것이다. 역시 **관습적이고 상투적인 사고로는 접근하기 힘든 문제**임에 틀림없다.

　　요컨대, 논술에서 가장 경계해야 할 것은 기존의 관성이나 타성에 매몰되어 생각을 더 이상 진전시키지 않는 것이다. 늘 사물이나 사태를 다각도로 깊이 있게 성찰하되, 그 과정에서 진정성을 잃지 않도록 하자. 이것이 논술의 비결이다. 답답한 일이긴 하지만 논술 잘 하는 공식이 따

로 있는 것이 아니다.

질문 10 배경 지식은 어떻게 활용해야 하는가?

독창적 논술은 배경 지식을 적절하게 활용함으로써 가능하기도 하다. 물론 수험생들은 지식을 그저 암기하거나 정답 맞추기 식으로만 교육을 받아왔기 때문에 학교에서나 사회에서 배운 지식들을 제대로 활용할 줄을 모르는 경우가 많다. 이것이 우리 교육의 가장 심각한 맹점이기도 하다. 논술에서는 광범위한 배경 지식의 활용이 요구된다. 즉, 지금까지 배운 지식들을 하나의 통일된 주제 속에 통합적으로 활용할 수 있어야 한다.

그렇다면, 배경 지식은 어떻게 활용될 수 있는가? 다음 예문들을 보자.

예문 1

맥루한은 새로운 전자 기술이 통일과 참여를 조성한다고 보았다. 그의 말대로 인터넷은 국가 간의 지리적 경계를 허물면서 네티즌(컴퓨터 통신 사용자들)의 통일과 참여를 촉진하고 있다. 인터넷은 맥루한이 지적한 '지구촌' 이라는 말에 현실감을 바짝 불어넣었다. 지역주의와 국가주의, 편협한 인종주의는 인터넷의 범지구적 영향 아래서 과연 얼마나 끈질기게 살아남을 수 있을까? 지구촌 시대에 여전히 '지역감정' 을 불러일으키고 연고주의로 사람을 가르고 파당을 지어 자신만의 이해를 추구하는 밴댕이들을 어떻게 소탕할까? 디지털 문화는 이러한 밴댕이들을 잡는 특효약이 되어야 할 것이다.

예문 2

'언어의 감옥' 이라는 니체의 말이 있다. 그러나 그 말을 뒤집어 우리는 다시 '감옥 속에 갇힌 언어' 라고 표현할 수 있을 것 같다. 무슨 말이냐 하면, 우리 시대에 말하기라는 것이 사회적으로 제도화되는 모든 장치들(가령 학교 · 언론 · 가족 등)에 의해서 규정된다는 것이다. 그 집중화된 장치들에 의해 우리는 특정하게 말하는 법을 강요받아야 한다. 거꾸로 뒤집으면, 그 장치들은 동시에 특정한 말을 하지 못하게 한다는 점도 발견된다.

예문 3

현재 우리들의 세계관은 지금으로부터 겨우 사백여 년 전에 형성된 것이다. 그리고 그 후 끊임없이 수정되고 발전되어 그것이 영원한 진리인 것처럼 우리를 지배해왔다. 우리의 일상적 행동에까지 영향을 주고 규제를 하는 뉴턴의 기계적 관념론이 바로 그러하다. 그러나 이제 새로운 세계관이 생겨나고 있다. **뉴턴의 세계관 대신 다음 시대를 지배할 규범은 엔트로피 법칙이다.** 그것은 자유의 새로운 탈출구이다.

예문 4

'엔트로피 법칙' 은 '역사는 진보한다' 는 지금까지의 개념을 밑바닥부터 뒤흔드는 것이고, 또 과학과 테크놀로지에 의해 더욱 질서가 잡힌 세계가 이루어지리라고 기대하는 '현대의 신화' 도 깨뜨려버릴 것이다. **사실 '엔트로피 법칙' 은 중세 기독교 세계관이 뉴턴의 '우주의 기계적 체계' 로 대체되었을 때와 마찬가지로 설득력이 큰 것이라 할 수 있다.**

위의 사례들에서 배경 지식을 사용하는 방식들은 각기 다르다. 예문1은 맥루한의 미디어 이론을 그대로 수용하여 자기 주장의 근거로 삼고 있다. 예문2는 니체의 명제를 부정하지는 않되 응용하여 활용하고 있다. 즉 명제를 구성하는 항들의 관계(언어와 감옥)를 거꾸로 뒤집어 현실을 분석하는 독특한 방식을 따랐다. 예문3은 기존 뉴턴의 이론을 부정하고 새로운 이론(엔트로피 법칙)을 주장한다. 예문4는 통합 지식 활용의 좋은 본보기이다. 엔트로피 법칙에서 역사의 문제를 끄집어내고 있다. 이것은 과학–역사–테크놀로지–신화론–종교관 등 개별적 지식들을 통합하여 현대 사회의 문제를 새로운 관점에서 조명하고 있다. 이런 사례들을 염두에 두면서 알고 있는 지식의 활용도를 높이도록 하자.

질문 11 '베껴 쓰기'가 논술력 향상에 도움이 되는가?

한 마디로 도움이 된다. 좋은 글을 읽고 내용을 요약해 본 다음, 원고지에 베껴 써 보는 훈련을 꾸준히 하는 것은 **단기적으로 문장력과 구성력을 향상시키는 데 유용**하다. 학생들 중에는 베껴 쓰기 과제를 내주면, 귀찮아 하거나 '뭐 이런 초딩 같은 숙제를 다 내주나.' 라고 은근히 불만을 표시하는 학생이 있다. 그러나 그것은 잘못된 태도이다.

소설가 신경숙은 고등학교 때 소설가가 되기로 결심하고 좋아하는 소설을 대학 노트에 빽빽하게 베꼈다고 한다. 이미 백 권이 넘는 저서를 출간한 강준만 교수는 대학 시절 글을 잘 쓰기 위해 신문 사설을 꾸준히 베꼈다고 한다. 서울대학교 논술 경시 대회에서 금상을 수상한 포항제철고등학교의 한 학생은 아침마다 한 편씩 신문 칼럼을 읽고, 마음에 드는 표현이나 참신한 문장을 골라 공책에다 베꼈다고 한다.

이렇듯 베껴쓰기는 글쓰기에 익숙하지 않은 학생들이 꼭 거쳐야 할 필수 과정이다. 그런데, 마구잡이로 베껴서는 효과가 없다. 우선 글의 핵심을 요약해 보아야 한다. 그 글의 핵심은 전체 글을 밀고 나가는 강력한 추진체이며 동력이다. 필자가 그 글에서 핵심 내용을 처음부터 끝까지 어떤 방식으로 밀고 나갔는지를 우선 파악해야 한다. 그리고 한 편의 잘 된 글에는 정교한 생각의 지도와 일관된 생각의 흐름이 담겨 있다. **글을 베낄 때는 늘 그 글 속에 담긴 생각의 흐름을 놓치지 않아야 하며 글 속에 담긴 생각의 지도를 머릿속에 재생할 수 있어야 한다.** 그런데 신문 사설들을 베껴써 보는 것은 좋은 방법이 아니다. 왜냐하면 사설들은 대개 주장으로 가득차 있기 때문이다. 그 대신에 칼럼들을 베껴쓰면서 글쓰기 훈련을 하는 것은 괜찮다. 사설에 비해 칼럼은 분석적이거나 논거들을 설득력 있게 제시하며 글 읽는 맛도 주기 때문이다. 또 이 책에 실린 학생 우수 답안을 베껴 보는 것도 좋을 것이다.

질문 12 '서론-본론-결론'만이 왕도가 아니다

'서론-본론-결론' 만이 왕도가 아니다.

논술의 과정을 본격적으로 공부하기 전에 우선 말해 주고 싶은 것이 바로 이것이다.

여러분은 논술을 '서론-본론-결론' (혹은 '기-승-전-결')이라는 형식의 틀로 완성해야한 하는 것으로 배워왔다. 그러나 꼭 그럴 필요는 없다. 오히려 그 형식적 틀은 논술을 자유롭게 하지 못하는 장애물이 되기도 한다. **형식에 얽매이다보니 진짜 자기가 하고 싶은 말들을 제대로 못하게 되는 것이다.** 글의 논리성은 형식적 논리 장치에 의해서 보장되는 것이 아니라 내용의 개념적 흐름에 의해 보장되기 때문이다. 이 말은 곧 형식에 얽매이지 말라는 것이다. '서론-본론-결론' 의 형식에 얽매일 경우 초래하는 나쁜 결과들 몇 가지를 소개하면 다음과 같다.

1) 표현이 상투적이 된다

형식적 절차를 의식하게 되면 그 절차에 맞는 표현법에 의존하게 되므로 상투적인 표현법으로 글을 쓰게 된다. 예를 들자면, "이에 대해 생각해 보기로 하겠다", "바람직한 방향을 정립해 보기로 한다" "무엇보다 중요한 일임을 명심해야 한다" "이상 살펴본 바와 같이" 따위들처럼 말이다. 글의 효과를 위하여 이러한 표현 방식은 가능한 사용하지 않는 게 좋다.

2) 성급한 주장만을 내세운다

논술에 있어서 자기 입장을 가져야 한다는 것이 반드시 주장을 강하게 해야 하는 것을 뜻하지는 않는다. 목소리를 높인다고 해서 자기 입장을 분명히 가졌다고 보지는 않는다. 오히려 감점 요소가 된다. 예를 들자면, "과학자들이 팔장을 낀 채 방관하고 있어서는 안 된다" "법의 준수가 필수적임을 알아야 한다", "선행되어야 함을 명심해야 한다" 등이다.

3) 참신한 표현법을 사용하지 못한다

논술의 맛은 언어 표현 혹은 문장 표현에 있어서 구태의연한 것들에서 벗어나 참신한 표현을 하는 데 있다. 그런데 형식적인 장치에 얽매이다 보면 참신한 표현들을 개발하기가 힘들다. 형식으로부터 이탈되지 않나 하는 불안감 때문에 말이다.

4) 독창적인 내용을 가로막는다

무엇이든지 고정된 형식에 얽매이면 내용은 억압되어 죽어버린다. 형식을 준수해야 한다는 강박관념으로 인해 내용의 독창성을 잃기 쉽다.

5) 내용들이 형식적으로 연결된다

각 단락의 내용들이 개념적 사고의 흐름에 의하지 않고 형식적으로 연결된다. 이런 경우도 경계해야 한다.

6) 개요 작성의 논리에 빠져 획일화된다

대개의 논술 학습서들은 '서론—본론—결론' 이라는 형식에 입각하여 논술에 앞서 '개요'를 작성할 것을 요구한다. 그러나 기존의 개요 작성 방식은 획일화된 논리로 빠지기 쉽다. 실제로 한 사례를 들어 설명해보자.

한 학습서는 '문화 사대주의' 에 대한 논제를 주면서 다음과 같이 '서론—본론—결론' 원칙에 따라 개요 작성을 안내해 주고 있다.

1. 서론
- 실태 제시 — 서양의 문화를 추종하는 사고가 만연되어 있다.

2. 본론
- 구체적 실태 — 문화 사대주의 현상의 심각성(외제에 대한 무조건적 선호 제시)
- 원인 분석 — 문화 사대주의의 원인(과거부터 내려온 뿌리 깊은 인습, 서구 문화에 대한 열등 의식 등)
- 해결 방안 — 문화 사대주의의 극복 방안(우리 문화에 대한 자긍심 고취, 우리 문화를 현실에 맞게 재창조하는 것)

3. 결론

• 관심 촉구 — 우리 문화에 대한 자긍심을 고취하고 우리 것에 대한 주체성을 확립하자.

서울대가 예전에 수험생들이 논술을 '암기' 하다시피해서 '획일적' 으로 작성한 것에 대해 비판하면서 모범 답안문까지 각 고등학교에 배포하게 된 근본적인 이유가 바로 여기에 있다. 이 개요 작성에서 실질적으로 수험생들이 도움을 받을 수 있는 것은 무엇일까? 획일화되고 상투적인 논리는 그대로 암기하는 것 이외에 다른 무엇이 있을까? 이 개요 작성 방식은 완전히 형식적인 논리에 얽매여 있을 뿐 아니라, 내용적으로도 구태의연한 주장들로만 가득채워졌지 독창적인 분석이나 창조적인 내용의 단초는 제공해주지 못하고 있다.

물론 '서론—본론—결론' 의 형식을 따른다 해서 모두가 다 이런 결과를 초래하는 것은 아니다. 운용하는 사람에 따라 다르게 나타날 수도 있기 때문이다. 그러나 실제로는 학생들로 하여금 획일적으로 논술하게 만드는 것도 사실이다. **글의 형식이란 깊이 있고 조리가 선 생각의 결과이지, 없는 생각을 형식적인 틀에다 갖다 맞춘다고 되는 것이 아니다.** 생각을 바르고 깊게 하면 자연스럽게 짜임새가 반듯하다는 점을 명심하자.

그렇다고해서 논술문을 일정한 형식없이 아무렇게나 써도 된다는 것은 아니다. '서론—본론—결론' 의 함정에 빠지지 않되 분석과 주장의 일관성을 갖추게 되면 완결된 글이 된다. 논술문도 하나의 글이므로 글쓰기의 일관성과 완결성을 높이는 것은 당연한 과제이다. 내가 주장하고자 하는 바는 '서론—본론—결론' 의 형식에 얽매이지 않되 완결성은 최대한 높임으로써 탄탄한 논술문을 작성해야 한다는 것이다. 특히 최근의 논술 문제 경향에 따라 논술의 구성 조건에 맞게 논술문을 작성하다 보면 그 자체가 완결된 형식을 가질 뿐만 아니라 군더더기 없이 주어진 분량에도 적합하게 된다.

논술 채점 교수들이 한결같이 지적하는 말이 있다.

수험생들의 논술이 붕어빵 수준이라는 것이다. 한 서울대 교수는 "수년 전 논술에서 '어린 왕자'의 어린 왕자와 여우의 대화를 제시하고 인간 소외에 대해 논술하게 했는데 10명 중 6명은 김춘수의 '꽃'을 인용하는 등 사실상 거의 같은 답안이었다" 고 밝혔다. 그는 이 경우 창의성이 없다고 판단해 점수를 절반 정도 깎았다고 한다. 누구나 다 할 수 있는 얘기를 늘어놓으면, 그 문제에 대한 자기 나름의 생각이 없다는 것을 증명하는 꼴이 된다. 이 장에서는 논술에 대한 잘못된 선입견을 버리고 논술의 핵심 전략을 이해한 바탕 위에서 차별화된 논술을 쓸 수 있도록 안내해 줄 것이다.

차별화 전략 : 논술에도 핵심 전략이 있다

논술을 잘 하는 학생이나 못하는 학생이나 대학입시의 마지막 관문으로 논술 시험을 통과해야만 한다. 그동안 논술 공부를 꾸준히 해온 수험생들도 있을 것이고 그렇지 않은 수험생들도 있을 것이다. 아무래도 꾸준히 준비해온 수험생들이 더 잘할 수 있는 것은 당연하다. 그러나 누구든 논술고사에 임박해서는 마무리를 잘 해야 한다. 마무리를 잘 한다는 것은 논술에 접근하는 핵심 전략을 정확히 세우는 일이다. 수험생 자신만의 논술 전략을 정리해 놓는다면 어떠한 유형으로, 어떠한 문제가 출제되어도 당황하거나 난감해 하지 않고 차분하게 잘 풀어나갈 수 있을 것이다.

이 장에서 소개하는 논술문 작성 요령 3단계 방식에 따라 훈련하다 보면 논술문에 어떻게 접근할 것인가를 저절로 터득하게 될 것이다.

3단계 접근법과 함께 차별화 전략을 위하여 다음 두 가지를 강조하고자 한다.

첫째, 논술문 구성의 문제이다. 논제가 요구하는 바대로 정확히 논술문을 구성해야 한다. 많은 학생들이 논제가 요구하는 바를 충족시키지 못하고 자기 입맛대로 써버린다. 그렇게 될 경우 기본점수도 나오기 어렵다. 어떤 학생들은 논제가 요구하는 바를 제대로 이해하지 못하는 경우도 있고, 어떤 학생들은 이해를 했어도 논술문을 작성하면서 무엇을 요구했는지 잊어버린다. 논술문은 주어진 논제가 무엇 무엇을 요구하고 있는지 그 요구 사항들을 다 충족시키도록 구성하고 작성해야 한다. 그리고 요구 사항들끼리 자연스럽고 일관되게 이어질 수 있도록 글을 구성할 수 있어야 한다. 사실 이 부분은 상당한 테크닉이 필요하지만 논술문 쓰기에 익숙할수록 자연스럽게 해결될 수 있다.

둘째, 관점에서의 차별성이 문제이다. 수험생들이 작성하는 논술문이 고득점을 받기 위해서는 논제에 접근하는 관점(시각)의 차별성이 있어야 한다. 대부분의 학생들은 비슷한 생각들을 한다. 그러다보면 자연스럽게 논술 문제를 풀어나가는 관점들이 비슷해진다. 그럴 경우 높은 점수를 받을 수 없다. 논술 문제를 접하고 나서 어떤 관점으로 풀어나갈 것인가를 고민할 때 대개의 학생들이 나와 같은 생각을 하지는 않는지 고려할 필요가 있다. 누구나 쉽게 생각할 수 있는 관점을 피하고 좀더 차별성 있는 견해가 무엇인지 고민해야 한다. 이 전략이 필요한 이유는 동일한 대학, 동일한 계열에 지원한 비슷한 수준의 수험생들끼리 경쟁하기 때문이다. 그리고 논술 답안은 어느 하나가 정답인 게 아니라 다양하게 열려 있다. 그러므로 차별성 있는 관점을 제시하는 것이 유리하다. 이 책에서는 차별화된 관점에 따른 해설과 예시 답안을 제시하려고 애썼다. 학생들은 이것을 정답으로 생각하지 말고 토론과 논쟁의 대상으로 삼아 예시 답안과 대화한다는 자세로 읽는 것이 중요하다.

논술문 3단계 작성 요령

우리가 논술문 작성에서 3단계 방법을 제시하는 것은 학생들이 논술문 작성을 주어진 논제에 근거하여 정확한 과정을 거쳐 실행할 수 있도록 하기 위해서이다.

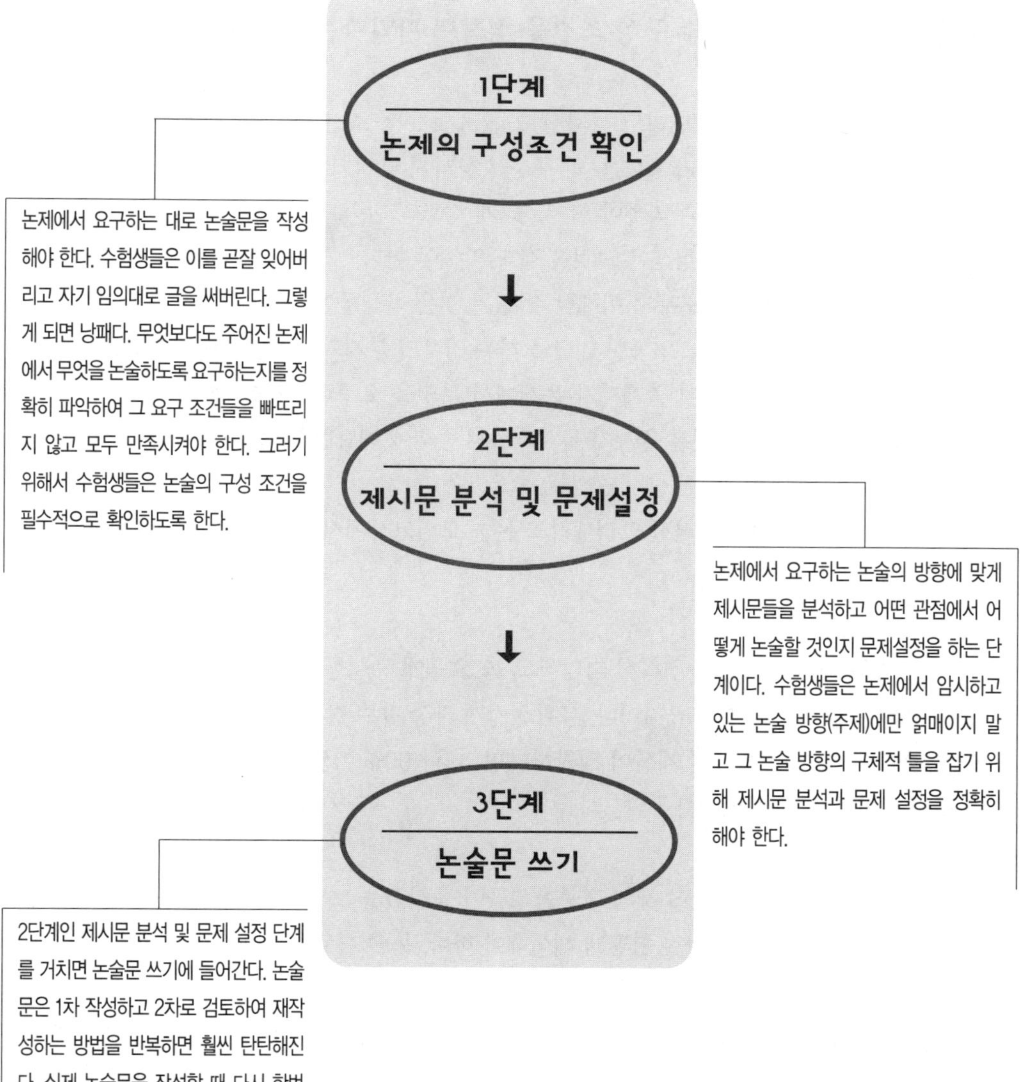

논제에서 요구하는 대로 논술문을 작성해야 한다. 수험생들은 이를 곧잘 잊어버리고 자기 임의대로 글을 써버린다. 그렇게 되면 낭패다. 무엇보다도 주어진 논제에서 무엇을 논술하도록 요구하는지를 정확히 파악하여 그 요구 조건들을 빠뜨리지 않고 모두 만족시켜야 한다. 그러기 위해서 수험생들은 논술의 구성 조건을 필수적으로 확인하도록 한다.

논제에서 요구하는 논술의 방향에 맞게 제시문들을 분석하고 어떤 관점에서 어떻게 논술할 것인지 문제설정을 하는 단계이다. 수험생들은 논제에서 암시하고 있는 논술 방향(주제)에만 얽매이지 말고 그 논술 방향의 구체적 틀을 잡기 위해 제시문 분석과 문제 설정을 정확히 해야 한다.

2단계인 제시문 분석 및 문제 설정 단계를 거치면 논술문 쓰기에 들어간다. 논술문은 1차 작성하고 2차로 검토하여 재작성하는 방법을 반복하면 훨씬 탄탄해진다. 실제 논술문을 작성할 때 다시 한번 1단계에서 정리한 논제의 구성 조건을 반드시 확인하도록 한다.

1단계 —— 논제의 구성 조건 파악하기

논술의 첫 관문은 논제의 구성 조건을 정확히 파악하는 일이다

이 단원의 제목을 '논제 파악'이라고 하지 않고 '논제의 구성 조건' 파악이라고 한 것은, 논제에는 출제자의 요구 사항뿐 아니라, 논술문의 구성 방향까지 암시되어 있기 때문이다. 즉, 논술문을 어떻게 시작해서 어떻게 마무리해야 할지, 몇 개 정도의 단락으로 구성해야 할지 논제를 분석해 보면 대강 알 수 있다. 수험생은 그것을 잘 파악해야 한다.

그런데 논술을 가르치면서 도무지 이해할 수 없는 것은 학생들이 도대체 출제자가 무엇을 묻는지를 제대로 파악하지 못하고 엉뚱한 대답을 하는 경우가 부지기수라는 점이다. 내 경험에 의하면 **70~80% 이상의 학생들이 출제자가 논제에서 무엇을 요구하는지를 제대로 파악하지 못하고 엉뚱한 대답을 한다.** 이것은 출제자 무시죄로서 중죄에 해당한다. 채점자로서는 당연히 엄벌에 처할 수밖에 없다.

다음은 2006년 6월 10일 치러진 고려대학교 논술 모의고사에서 채점 교수가 밝힌 채점 소감 중 일부이다.

> "응시생은 논제의 요구를 정확히 파악하고 그 요구에 충실한 논술문을 작성해야 한다. 이것은 모든 논술 시험의 첫째 규칙이다. 유감스럽게 가장 자주 경시되는 규칙이기도 하지만 말이다. 이번 시험에서도 **나의 계산이 정확하다면 대략 90% 이상의 학생들이 논제의 요구를 정확히 파악하는 데 실패했다.**"

90% 이상이란다. 주로 서울 소재의 고등학생들이 응시했을 모의고사에서 90% 이상의 학생이 논제 파악에 실패했다면, 이걸 어떻게 해석해야 하나. 논술 학원에서 도대체 무엇을 배웠나. 아예 논술 공부를 전혀 하지 않았다는 말인가.

내가 짐작하기에 학생들은 논제를 자세히 읽지 않지도 않고, 학원이나 학교에서 배운 문제와 개념 하나만 비슷하게 나오면 그냥 배운 대로 써 버리기 때문에 이런 현상이 발생하는 것이다. 때로는 적중 예상 문제니 적중 예상 주제니 하는 말에 학생들이 현혹된 결과일 가능성도 많다.

실제 이런 일이 있었다. 시험 전에 '정보화 사회에서의 정보 독점과 정보 소외 문제'에 대해 연습한 적이 있다. 그해 연세대학교에 응시한 한 학생은 시험 직후 부리나케 전화를 해 왔다. '선생님, 우리가 연습한 문제랑 똑같은 문제가 나왔어요.' 목소리가 다소 흥분되어 있었다. 그런데 실제 당시 연세대 문제는 '지식과 문화가 특정한 개인이나 집단에 귀속되는 현상이 오늘의 현실에 어떻게 작용하는지 구체적 사례를 들어 논술하라.'는 문제였다. 제시문 중에는 임진왜란과 일제시대에 서적, 활자, 미술품 같은 우리 문화가 일본에 의해 강탈당했다는 요지의 글도 있었다. 우리가 연습한 문제와는 전혀 다른 문제다. 정보화 사회에 국한된 문제가 아닌 것이다. 그럼에도 그 학생은 배운 문제랑 똑같은 문제라고 성급하게 판단하고 연습한 대로 썼다는 것이다. 전화상으로야 '그래, 수고했다. 기다려 보자.'라고 했지만 속으로는 '큰일 났구나.' 싶었다. 결국 그는 높은 수능 점수에도 불구하고 낙방하고 말았다. 사실 이런 사례는 수없이 많다.

논제를 파악하는 과정에서 학생들이 범하는 오류의 사례를 살펴 보자.

사례 1

영상 매체가 우리에게 미치는, 또는 미칠 수 있는 영향에 대해 논하라.

이 문제는 한참 전에 서울대학교에서 치른 모의고사 문제다. 역시 대학측이 발표한 채점 결과 보고서에 의하면 이 간단한 문제에서조차도 논제를 제대로 이해하지 못하고 엉뚱한 대답을 한 학생이 70% 이상이었다고 한다.

먼저, 영상 매체에는 텔레비전뿐만 아니라, 영화, 비디오 등도 포함된다. 텔레비전은 영상 매체라는 집합의 한 사례일 뿐이다. 그런데도 많은 학생들이 아무런 전제도 없이 '텔레비전이 우리에게 미치는 영향'에 대해서만 썼다는 것이다. 이것은 논제를 지나치게 좁게 파악한 것이다.

다음으로, '영향'에 대해서 쓰라고 했으면 영향을 다각도로 깊이 있게 분석해야 한다. 그런데도 많은 학생들이 긍정적 영향을 몇 줄 쓰고(실제 쓰다 보면 긍정적 영향에 대해서는 별로 쓸 말이 없다.), 다음 부정적 영향을 몇 줄 쓴 다음, 부정적 영향을 줄일 수 있는 대책을 장황하게 늘어놓았다는 것이다. '대책'에 대해서는 출제자가 요구한 적이 없는데도 불구하고 학생들은 관성에 따라, 문제 상황이 나오면 '저절로' '대책'을 쓰게 되어 있는 것이다. 이 경우 대책을 아무리 열심히 잘 제시했다고 해도 감점 대상이 될 뿐이다.

마지막으로, 영향과 기능을 혼동하는 학생들이 많았다고 한다. 동시성, 현상성, 신속성과 같은 것들은 특히 텔레비전의 기능일 뿐이다. 기능과 영향은 다르다. 서울대학교에 지망할 수준의 학생들이 왜 이 차이조차 모르는지 참으로 안타깝다.

사례 2

제시문의 논지를 지지하거나 반박하고, 각자의 경험에 비추어 집단 간 갈등의 문제에 대해 자신의 견해를 밝히시오.

유의 사항
① 제시문의 논지를 지지하거나 반박하는 논거를 명확히 밝힐 것.
① 집단 간 갈등의 해결이 어려운 이유를 명확히 밝힐 것.
② 집단 간 갈등의 해결책에 대해서는 쓰지 말 것.

역시 과거 서울대학교에서 출제되었던 논술 문제이다. 시험 다음날 조간 신문에는 시험을 치르고 나오는 수험생들의 반응을 바탕으로, "서울대 논술, 비교적 평이. 수험생들 한결같이 '배운 데서 나와 쉽게 쓸 수 있었다'"라고 커다랗게 제목이 달렸다. 그런데 몇 주 후 신문에 실린 채점 교수의 평은 예상을 뒤엎었다. 대부분의 수험생들이 도대체 논제가 요구하는 바를 제대로 파악하지 못하고 엉뚱한 이야기만 하더라는 것이다. 나는 직감했다. 학생들은 그야말로 '배운 대로' 즉, 공식대로, '집단 갈등의 양상과 집단 갈등이 일어나는 원인과 그 해결책'에 대해 썼을 것이 분명하다. 당시 대부분의 논술 참고서에는 이런 틀로 수험생을 안내하고 있었기 때문이다. 그러나 출제자가 요구하고 있는 '집단 간 갈등의 해결이 어려운 이유'와 '집단 갈등이 일어나는 이유'는 전혀 다르다. 그리고 분명히 해결책은 쓰지 말라고 명시 하지 않았는가. 출제자는 이렇게 수험생들의 허점을 찌른다. 조심하고 또 조심하자.

논제의 구성 조건 파악 연습

위와 같은 사례를 타산지석으로 삼으면서, 이제 본격적으로 논제의 구성 조건을 파악하는 연습을 해보자.

예제 1

제시문에 나타난 우리나라 예술 지원 정책의 문제점을 요약하고, 이것을 해결하기 위해 프랑스식과 미국식 지원 정책을 도입할 경우에 발생할 수 있는 문제점을 각각 서술하시오. (2007학년도 동국대 수시 2학기 논술 문제 1번. 300~375자)

이 논제에서 출제자가 요구하는 조건은 다음과 같다.

① 제시문에 나타난 우리나라 예술 지원 정책의 문제점을 요약,
② 이것을 해결하기 위해 프랑스식과 미국식 지원 정책을 도입할 경우에 발생할 수 있는 문제점 각각 서술

문제점을 각각 서술하라고 했으므로, 두 번째 조건은 다음과 같이 세분해서 논술해야 한다.

②-1 이것을 해결하기 위해 프랑스식 지원 정책을 도입할 경우의 문제점
②-2 이것을 해결하기 위해 미국식 지원 정책을 도입할 경우의 문제점

두 번째 요구 사항을 만족시키기 위해서는 먼저 제시문을 통해 예술에 대한 프랑스식 지원 정책이 무엇이며, 미국식 지원 정책은 무엇인지 요약해야 한다.

그리고 명심해야 할 것은 출제자가 제시하고 있는 이 논제 전체의 주제어는 '예술' 이다. 제시문에는 예술, 문화, 문화예술 등의 개념이 등장하지만, 논술문의 초점은 '예술' 에 맞춰져야 한다. 이 점은 매우 중요하다.

글자수는 300~375자이므로, 이 논제는 다음과 같은 구성을 요구하고 있다.

요구 조건	내용 및 단락 구성	논리적 단계	글자수(대략)
①	제시문에 나타난 우리나라 예술 지원 정책의 문제점 요약	문제제기	100~125자 정도
②	이 문제를 해결하기 위한 프랑스식 지원 정책의 내용 요약 + 문제점	해결방안1 제시 및 반론(문제점)	200~250자 정도
③	이 문제를 해결하기 위한 미국식 지원 정책의 내용 요약 + 문제점	해결방안2 제시 및 반론(문제점)	

출제자의 두 가지 요구 중에서 첫 번째 요구는 첫 단락에서, 두 번째 요구는 두 단락으로 나누어 쓸 수도 있지만, 글자 수에 제한이 있으므로 이 경우는 한 단락으로 쓸 수밖에 없겠다. 글자 수는 물론 유동적이지만 최소한 두 번째 요구에 대한 대답이 첫 번째 요구에 대한 대답보다는 길어야 할 것이다. 두 번째 요구가 더 중요하기 때문이다. 바람직한 지원 방안에 대해서는 쓸 필

요가 없다. 출제자가 요구하지 않았기 때문이다.

이 논술의 전체적인 논리 구조는 다음과 같이 된다.

① 문제 제기
② 해결 방안 1 제시 및 반론(문제점 지적)
③ 해결 방안 2 제시 및 반론(문제점 지적)

전체적으로 예술에 대한 국가적 지원 정책에 대한 비판을 요구하는 문제이므로, 첫 단락 첫 문장에서 예술의 국가적 중요성을 언급하면서 시작하면 좋을 것이다. 그것은 이미 제시문에 언급되어 있다. 그리고 문제점을 지적하는 부분만 논술자의 몫이고 나머지는 모두 제시문 속에 언급되어 있으므로 출제자의 요구에 맞게 제시문을 정확히 분석하는 것이 이 논술의 관건이 된다. 다음으로 논술자 자신의 관점에서 문제점을 타당하면서도 깊이 있게 분석해야 할 것이다.

이와 같은 분석에 따라 이 논제가 요구하는 논술문의 얼개를 대강 짜 보면 다음과 같이 될 것이다.

최근 정부에서는 정보화 사회에서의 예술의 중요성을 인식하고 이러이러한 지원 정책을 시행하고 있다. 그러나 이런 지원 정책은 오히려 이러이러한 부작용을 낳고 있다는 점에서 문제가 된다. 이 문제를 해결하기 위해서는 다른 나라의 경우를 참고할 필요가 있다. 우선 프랑스에선 정부가 이러이러한 방식으로 예술 활동을 지원하고 있다. 그러나 이런 방식을 우리나라에 적용할 때는 이러이러한 문제가 발생한다는 점에서 이 방식은 한계가 있다. 미국에서는 이러이러한 방식으로 예술 활동을 지원하고 있다. 그러나 이 방식 역시 우리나라에 적용하기에는 무리가 따른다. 그것은 이런 방식을 적용했을 때 이러이러한 문제가 발생할 것이 예상되기 때문이다.

제시문을 읽기 전에 논제의 구성 조건을 파악하는 단계에서 이 정도의 얼개는 짤 수 있어야 한다. 이미 논제에서 이런 얼개로 글을 전개해 줄 것을 요구하고 있기 때문이다. ‘논제 파악’이 아니라, ‘논제의 구성 조건’ 파악이라고 이 단원의 제목을 단 이유도 바로 여기에 있다.

요즘 논술은 이렇게 논제에서 이미 논술문의 구성까지 제시해 주는 경우가 많으므로, 수험생의 입장에서는 오히려 편해졌다고 해야 할 것이다. 골치 아프게 개요를 작성하고 서론에 인용할 멋진 말을 따로 찾아야 하는 수고를 하지 않아도 되기 때문이다. 그리고 통상적인 의미에서의 결론도 따로 쓸 필요가 없다.

예제 2

제시문 〈가〉와 〈나〉의 공통된 논지를 요약하고, 이를 바탕으로 〈다〉와 〈라〉에 공통적으로 나타난 현대 사회의 문제에 대해 논술하라.(1,000자 내외)

이 논제에서 출제자가 요구하는 조건은 다음 세 가지이다.

① 〈가〉와 〈나〉의 공통된 논지 요약
② 〈다〉와 〈라〉 두 글에 공통적으로 나타난 현대 사회의 문제 지적
③ 이 문제에 대해 논술하기

다시 한번 강조하자. 논술에서는 당연히 ①②③ 모두를 충족시키도록 글을 구성해야 한다. ①은 빼고 ②③만 작성한다든가, ②는 빼고 ①③만 작성한다든가, 아니면 ①② 두 요구 사항은 무시하고 ③만 작성할 경우 모두 불완전 처리되어 점수가 나오기 힘들다. 의외로 요구 조건을 빠뜨리고 쓰는 학생이 수두룩하다는 점을 명심하자.

또 한 가지 중요한 것은 ①과 ②의 경우에는 제시문 분석에 해당되므로, 자신의 주관적인 생각을 개입시켜서는 안 된다는 점이다. 자신의 의견은 ③에서 충분히 개진하면 될 것이다.

세 가지 요구 중에서 논술자의 관점이 요구되는, 가장 중요한 것은 ③이다. 논리적으로 보면 앞의 ①과 ②는 전체 글에서 각각 전제―문제 제기에 해당하며, 논술자는 결국 ③에서, 지적된 문제에 대한 자신의 견해를 밝혀야 하므로 ③이 결국 이 논제의 핵심이 되는 것이다. 따라서 ③에 대한 답변이 분량상으로도 충분히 강조되어야 한다.

이 문제의 경우, 제시문에 나타난 현대 사회의 문제를 지적하고 그 문제에 대한 자신의 견해를 밝혀야 한다. 이런 유형의 문제를 흔히 **'문제 해결형'** 이라고 한다. 자주 출제되는 유형이다. 그런데 문제는 제시문을 통해 현대 사회의 문제를 제대로 추출했다고 하더라도 그 문제에 대해 어디서부터 어떻게 손대야 할지 막막해 하는 학생들이 많다는 점이다. 출제자가, 그 문제가 발생한 원인을 분석하라든가, 또는 그 문제의 해결 방안을 제시하라든가 하는 등의 구체적인 요구가 있으면 다행인데, 이 논제의 경우는 그냥 막연히 '그 문제에 대해 논술하라' 라고만 했기 때문에 더욱 막막한 것이다.

이 문제처럼 문제 상황이 등장하면 기본적으로 다음과 같은 질문을 통해서 이 문제를 다각도로 깊이 있게 분석해 보아야 한다.

1. 이 문제가 지금 어떤 양상으로 나타나고 있는가.(양상, 실태, 현황)
2. 이 문제가 왜 문제가 되는가.(문제의 심각성)

3. 이 문제가 발생하게 된 배경, 또는 원인은 무엇인가.(배경, 원인 분석)

(원인에는 근본적 원인−부수적 원인, 직접적 원인−간접적 원인, 가까운 원인−먼 원인, 개인적 원인(의식, 인식의 문제)−사회적 원인(구조, 제도의 문제) 등이 있다는 점도 참고하자.)

4. 이 문제를 해결하기 위해서는 어떻게 해야 하는가.(해결 방안 제시)

(해결 방안은 앞서 분석한 원인들과 관련지어 제시해야 한다는 점도 명심하자. 원인 따로, 해결 방안 따로 제시해서는 곤란하다. 원인 분석을 하는 이유가 결국 바른 해결 방안을 찾기 위해서이다.)

이와 같은 점을 염두에 두고, 다시 앞의 〈예제 2〉 문제로 돌아가 보자. 출제자가 요구한 글자 수는 1,000자 내외이므로 이 문제는 대강 다음과 같은 구성을 요구하고 있다고 볼 수 있다.

요구 조건	내용 및 단락 구성		논리적 단계	글자수(대략)
①	(가)와 (나) 두 글에 나타난 공통 논지 요약하기		전제	200자 정도
②	(다)와 (라)에 공통적으로 나타난 현대 사회의 문제 지적하기		문제 제기	200자 정도
③	(가)와 (나)의 논지를 바탕으로 이 문제에 대한 견해 쓰기	3-1 : 이 문제의 양상, 심각성	문제 상황의 양상−원인−해결 방안 제시	200자 정도
		3-2 : 이 문제의 배경, 원인		200자 정도
		3-3 : 이 문제의 해결 방안		200자 정도

물론, 이 구성은 하나의 가정에 불과하다. 모든 논의는 제시문 (가)와 (나)의 논지를 바탕으로 해야 하는데, 아직 그것을 알 수 없기 때문이다. 그러나 논제를 통해서 이 정도의 구성을 미리 예상해 놓고, 제시문(가),(나)의 논지와 (다),(라)에 나타난 현대 사회의 문제를 파악한 다음, 미세 조정이 가능할 것이다. 특히 중요한 것은 세 번째 요구에 대한 답을 할 때는 제시문(가),(나)의 논지가 전체를 관통하도록 해야 한다는 점이다. 따라서 제시문(가), (나)의 논지가 무엇인가에 따라, '양상−원인−해결 방안' 이라는 기본틀은 변경될 수도 있다는 점을 염두에 두자.

그리고 글자수 역시 하나의 가정에 불과하다. 단, 첫 번째, 두 번째 요구 사항에 대한 답이 적어도 전체 분량의 1/2을 넘어서는 안 된다. 왜냐하면 그것은 전체 글의 논리적 구조에서 각각

'전제―문제제기' 에 해당하기 때문이다. 통상적인 의미의 '서론' 에 해당한다고 볼 수 있다. 서론이 1/2을 넘어서야 되겠는가. 그런데 학생들 중에는 정작 중요한 세 번째 요구 사항에 대해서는 마지막 단락에서 몇 줄만 언급하고, 첫 번째, 두 번째 요구에 대한 답으로 원고지의 대부분을 메우는 경우가 허다하다. 제발 그러지 말자. 논제의 요구 조건 중에는 덜 중요한 것도 있고 중요한 것도 있다. 모든 조건을 빠뜨리지 않고 충족시키되, 무엇이 중요하고 덜 중요한지를 잘 판단해야 한다.

그리고 이 구성안에는 통상적 의미의 서론, 결론이 없다. 그래도 충분히 통일성, 완결성을 갖춘 한 편의 글이 될 수 있다.

예제 3

다음 제시문에는 삶의 방식에 대한 서로 다른 두 가지 입장이 함께 드러나고 있다. 이 두 가지 입장은 현대를 살아가는 데에 있어서도 끊임없이 부딪치는 문제이다. 이 가운데 한 가지를 골라 1,500자 안팎으로 현대 사회의 맥락에서 정당화하시오.

이와 같은 문제를 **'양자택일형'** 문제라고 한다. 역시 논술에서 흔히 출제되는 유형이다. 요구 사항은 크게 세 가지로 볼 수 있다.

① 제시문에 나타난 두 가지 삶의 방식 추출하기
② 두 가지 방식 중에 현대 사회에 적합한 방식 선택하기
③ 그것을 현대 사회의 맥락에서 정당화하기

우선 ①의 경우를 보자. 출제자가 '이 두 가지 입장은 현대를 살아가는 데에 있어서도 끊임없이 부딪치는 문제' 라고 했으므로, 두 입장은 일단 대립 관계에 있다는 점을 알 수 있다. 그리고 이 두 입장은 과거나 현재에 두루 적용할 수 있는, 인간의 보편적인 삶의 방식이라는 점도 알 수 있다. 제시문을 분석할 때는 이 점을 염두에 두고 두 입장을 보편적인 삶의 방식으로 일반화해서 제시해야 할 것이다.

여기서 ③번, 현대 사회의 맥락에서 정당화하라는 것은 쉽게 말하면 '현대 사회가 이러이러하기 때문에 이러한 삶의 방식이 더 적합하다.' 라고 주장하라는 것이다. 따라서 이 논술에서는 현대 사회의 특징이 주장에 대한 논거로서 포함될 수밖에 없다. 현대 사회의 여러 특징들 중에 논거로서 적절한 것을 골라 활용하면 될 것이다.

따라서 이 논제에서 ②는 주장에 해당하며, ③은 이 주장에 대한 논거에 해당한다.

그런데 이와 같은 양자택일형 논술에서는 다음과 같은 질문을 던져 봄으로써 이 문제를 다각도로 깊이 있게 살펴보아야 한다.

1. 상대 입장에는 장점(긍정적 측면)이 없는가?
2. 상대 입장에는 어떤 문제점(단점, 한계, 부정적 측면)이 있는가?
3. 내는 왜 이 입장을 선택했는가?
4. 내가 선택한 입장에는 문제가 없는가?
5. 만약 내가 선택한 입장에 문제(단점, 한계)가 있다면 어떻게 할 것인가?

4번과 5번 질문은 다음과 같이 바꿔 볼 수도 있다.

4′ : 내가 선택한 입장에 대해 예상되는 반론은 어떤 것이 있는가?
5′ : 예상되는 반론에 대해서 어떻게 대응할 것인가?

이와 같은 질문에 따라 기본적으로 양자택일형 논술은 다음과 같은 얼개로 쓸 수가 있다.

① 입장A와 입장B가 있다. → 화제 제시
② 나는 두 입장 중에서 A가 더 바람직하다고 생각한다. → 주장
③ 물론, 입장B도 이러이러한 점에서 일리가 있다. → 상대 입장의 부분 인정
④ 그러나 입장B는 이러이러한 점에서 문제가 많다. → 상대 입장 비판
⑤ 따라서 나는 입장A를 지지한다. → 주장(강조)
⑥ 그 이유는 이러이러하다. → 주장에 대한 논거
⑦ 물론, 입장A에 대해 이러한 반론이 가능할 것이다. → 예상되는 반론 제시
⑧ 그러나 이러한 반론은 이러이러한 점에서 타당성이 없는 것이다. → 반론에 대한 재반박

①과 ②는 서론에 해당한다. ③~⑥까지는 이른바 본론에 포함된다. ⑦, ⑧에서 예상되는 반론을 제기하고 재반박함으로써 주장을 다시 한번 강조하며 마무리한다.

물론 이것은 그야말로 기본적인 틀에 불과하다. 논제에 따라, 또는 요구하는 글자수에 따라 다양한 응용이 가능할 것이다.

〈예제 3〉의 경우도 이런 기본틀을 적절히 활용하면서 쓰면, 깊이 있고 설득력 있는 논술이 될 수 있을 것이다.

다음은 서울대학교에서 발표한 2008학년도 논술 예시 문항 중 하나이다.

제시문 (가)와 (나)에서 학생이 회사의 사장 혹은 국방부의 정책 결정자라고 했을 때, 진행 중인 사업을 계속할지 여부에 대하여 판단하고 그 근거를 제시하시오.

이 문제 역시 양자택일형이다. 사업을 계속해야 한다고 주장하든가 사업을 중단해야 한다고 주장하든가 둘 중 하나를 선택해야 한다. 이 문제는 글자수가 제한되어 있지 않아서 도대체 몇 글자 정도로 써야 할지 알 수가 없다. 만약 300자 정도의 짧은 논술로 쓴다면 '주장+근거' 의 구조로 한 단락 정도만 쓰면 될 것이다. 좀더 길게 쓴다면 위에서 말한 기본틀 중의 일부를 활용할 수 있을 것이다. 이 문제에서 정말 중요한 것은 어떤 주장을 하든지 근거를 얼마나 다각도로 깊이 있게, 즉 설득력 있게 제시하느냐 하는 것이다.

예제 4

다음 문제는 2006년 6월에 실시한 고려대학교 논술 모의고사 문제 중 하나이다.

위 제시문들은 인간과 환경의 관계에 관한 것이다. (다)의 요지를 밝히고(200자 이내), (다)의 관점에서 (나)와 (바)의 견해에 대해 각각 반론을 제기하고, 이에 관한 자신의 생각을 논술하시오.(1,400자±100자)

이 문제의 요구 조건은 세 가지이다.

① (다)의 요지를 밝힐 것(200자 이내)
② (다)의 관점에서 (나)와 (바)의 견해에 대해 각각 반론을 제기할 것
③ 이 문제에 관한 자신의 생각을 논술할 것

그런데, 이 논술에서 주목해야 할 점은 바로 첫문장이다. 출제자는 이 논술의 주제의 범위를 이미 정해주고 있다. 즉 이 논술은 '인간과 환경의 관계' 에 관해 쓰라는 것이다. 제시문에 혹 원자력발전소에 대한 이야기가 나왔다면 그것은 출제자가 이미 제시한 '인간과 환경과의 관계' 라는 큰 주제의 한 사례에 불과한 것이다. 따라서 원자력 발전소에 대한 제시문의 논의는 '인간과 환경과의 관계' 라는 주제의 한 사례로서 다루어져야 한다. 그런데 채점 교수의 소감에 의하면 대부분의 학생들이 이 큰 주제를 보지 못하고 지엽적인 문제를 물고 늘어졌다는 것이다.

이와 비슷한 다른 문제를 하나 더 보자.(가톨릭대학교 2005학년도 수시1학기 논술 문제)

(가), (나)를 참조하여 대중문화에 대한 자신의 입장을 밝히고, 이를 바탕으로 (다)의 밑줄 친 역사적 권위의 해체 현상에 대한 자신의 견해를 논술하시오

이 논제에서 출제자가 제시한 주제는 '대중문화'이다. 즉, 이 문제는 뒤가 어떻게 되었던 '대중문화'에 대한 견해를 써야 하는 문제이다. 그런데 제시문(가)의 요지를 보면, '모짜르트의 음악은 몸에 좋고, 헤비메탈은 몸에 좋지 않다는 것이 과학적으로 밝혀졌다.'는 것이다. 그렇다면 헤비메탈은 대중문화의 한 사례로서 논술에 인용되어야 한다. 그런데 이 문제로 연습을 한 학생들 중에는 이렇게 출제자가 요구한 주제의 범위에 맞게 인용한 학생이 극히 드물었다. 헤비메탈은 대중음악의 한 사례이며, 대중음악은 대중문화에 속한다. 그렇다면 이것은 다음과 같이 여러 층위로 일반화(추상화, 개념화)될 수 있다.

- **헤비메탈**은 몸에 좋지 않다.

  ↓

- **대중음악**은 건강을 해칠 수 있다.('해칠 수 있다'라고 한 것은 헤비메탈이 몸에 좋지 않다고 해서 모든 대중음악이 그렇다고 단정할 수는 없기 때문이다.)

  ↓

- **대중문화**는 우리에게 부정적 영향을 끼칠 수 있다.

따라서 실제 논술에서 인용할 때는 **'제시문(가)에서는 헤비메탈을 예로 들어, 대중문화가 우리에게 부정적인 영향을 끼칠 수 있음을 시사하고 있다.'** 정도로 해야 할 것이다.

다시 고려대학교 모의고사 문제인 〈예제4〉로 돌아가 보자.

이 예제의 경우에는 채점 교수의 심사 소감을 실음으로써 해설을 대신하고자 한다. 실제 채점을 담당한 교수의 소감이므로 귀담아 들을 필요가 있겠다.

심사 소감

[……]

위의 논제가 요구하고 있는 것은 크게 세 가지로 구분하여 각각을 논술하되 위의 순서에 따라 작성하도록 하는 것이다. 따라서 수험생은 우선 세 가지 내용을 빠짐없이 논술해야 할 것이며, 다음으로는 논제에서 제시한 순서에 따라 작성해야 할 것이다. 그리고 분량에 대해서는 ①의 항목에만 주어지고 나머지는 주어지지 않았으므로 이에 대한 적절한 안배를 하는 것도 유념해야 할 것이다. 반론과 자신의 견해를 나타내는 형식의 글에서는 그 비율이 일대일 정도는 되어야 할 것이므로 요지를 밝히는 부분 200자를 제외한 나머지 1,200자를 반론 600자, 자신의

견해 600자 정도로 배분하면 (나)와 (바)의 반론은 각각 300자 정도로 정해서 논술하면 적당할 것이다.

실제로 채점을 하다 보면, 논제의 요구를 충족시키지 못한 예가 보인다.

첫째, 논제에서 이미 답안의 순서를 명시해 주고 있음에도 불구하고, 수험생이 아예 이를 무시하고 일반적인 논술문의 서론-본론-결론 또는 기-승-전-결의 형식을 취하여 답안을 작성하였다.

둘째, 논제의 세 가지 요구 사항 중의 한 가지를 빠뜨리고 답안을 작성하였다.

셋째, ①의 분량을 맞추지 않거나 ②와 ③의 분량을 적절히 배분하지 못하였다. 특히, ②의 반론 항목에 분량을 과다하게 할애함으로 인해, 정작 ③의 자신의 견해를 논술하는 부분에 있어서는 자기의 생각을 제대로 피력하지 못하였다.

논제에서 첫 번째로 요구하는 것은 ①의 항목이므로 논술은 곧바로 이에 대한 요지를 밝히는 것으로 시작해야 할 것이다. 이것은 특정 주제에 대한 한 편의 글을 완성하는 것과는 성격이 다르므로 일반 논술의 형식에서 요구하는 도입 부분의 서술을 할 필요는 없다. 따라서 이 부분에서는 (다)의 요지를 주어진 분량에(200자 이내) 맞게 밝히면 그만이다. 이때에는 (다)의 내용에 대하여 자신이 충분히 소화한 바를 자신의 표현 방식으로 서술하는 것이 중요하다. 여기에서 주의할 점은 자신의 표현 방식으로 요지를 밝힌다고 하여 자신의 생각을 삽입해서는 안 된다는 것이다. (다)의 제시문에서 중요한 대목이나 문장을 단순히 조각조각 떼어내서 주어진 분량으로 줄여 연결하는 방식은 감점의 요인이 된다.

수험생의 답안에는 쓸데없이 도입 부분을 설정하여 시작한 것도 있고, 요지를 밝히는 대목에서 자신의 생각을 섞어 넣은 것도 있으며, 제시문에 있는 표현을 그대로 따다 붙이는 것이 상당 수 있었다.

논제에서 두 번째로 요구하는 ②의 항목에서는 (나)와 (바)에 대한 각각의 반론이 중심이 되어야 하므로 (나)와 (바)에 대한 요지를 최소로 하고 그것에 대한 반론을 최대로 해야 할 것이다. 여기에서 (나)와 (바)의 견해에 대해 각각 반론을 제기하라고 하였으므로 서술 구성은 먼저 (나)의 간단한 요지와 함께 구체적인 반론을 제기하고 다음으로 (바)의 간단한 요지와 함께 구체적인 반론을 제기해야 할 것이다. 따라서 (나)와 (바)의 견해를 한 곳에서 간단히 요약하고 이 (나)와 (바)에 대한 반론을 한 곳에서 모아 서술하는 방식은 피해야 할 것이다. 그리고 반론은 반드시 근거를 제시해야 하므로 단순히 비판하는 것은 올바른 태도가 아니다. 따라서 구체적인 반증 사례를 들어 (나)와 (바)의 견해에 대하여 문제점이 있음을 지적하되 반론 근거를 주어진 제시문(가~바) 가운데에서만 찾지 말고 가능한 한 제시문에서 암시하는 것 이외의 사례를 찾아내어 반론을 펴야 할 것이다.

수험생의 답안에는 (나)와 (바)에 대한 견해를 한꺼번에 묶어서 요약하고 그것들에 대한 반론을 한꺼번에 묶어서 제시하는 것이 일부 있고, 반론의 근거가 빈약하거나 제시하지 않은 것이

상당수 있었다.

　논제에서 세 번째로 요구하는 ③의 항목은 자신의 생각을 논술하는 것이므로 이곳에서는 앞의 항목에서 언급되는 내용의 중복을 가능한 한 피하면서 논술하는 것이 중요하다. 그러므로 이 부분에서는 자신의 생각과 같은 제시문의 내용을 단순히 따라갈 것이 아니라 그와는 구분되는 자신의 생각을 분명히 드러내도록 작성해야 할 것이다. 주어진 제시문은 크게 보아 '인간과 환경의 관계'에 관한 것이므로 이 점을 염두에 두고 자신의 생각을 펼쳐야 할 것이다. 이때 수험생은 (다)의 견해에 동의할 수도 있고 (나) 또는 (바)의 견해에 동의할 수도 있을 것이므로 어느 쪽에 동의하든 그것은 크게 문제가 되지 않는다. 문제는 자신이 생각하는 견해를 논술하는 것이므로 (다)의 견해에 동의한다면 (다)와 같은 견해를 유지한 채 (다)와는 내용이 다른 자신만의 새로운 글을 써야 할 것이며, (나) 또는 (바)의 견해에 동의한다면 (나) 또는 (바)와 같은 견해를 유지한 채로 (나) 또는 (바)와는 내용이 다른 자신만의 새로운 글을 써야 할 것이다. (다)의 견해에도 동의하지 못하고 (나) 또는 (바)의 견해에도 동의하지 못한다면 제3의 관점에서 자신의 글을 써나가면 될 것이다. 따라서 (다)나 (나) 또는 (바)의 제시문에 있는 문구를 자신의 글에 옮기는 것은 감점의 요인이 된다.

　채점을 한 결과, 수험생이 제시문들의 공통 주제인 '인간과 환경의 관계'와 관련지어 자신의 견해를 논술한 답안은 거의 눈에 띄지 않았다. 수험생의 답안에는 앞의 반론에서 제시되었던 내용을 다시 반복하거나 요약하는 것이 많고, 자신만의 새로운 글을 작성한 것은 매우 드물었다. 그리고 자신의 견해를 분명히 드러내지 못하고 중언부언하는 것도 있었다.

　논제에서 말하는 '(다)의 관점'과 '(나)와 (바)의 견해'는 단순히 이 제시문들에서 말하는 내용만을 가리키는 것이 아니라 제시문들이 뜻하는 바를 의미한다. 예를 들어 '(나)'는 원자력 개발 내지 핵발전의 경제적 측면의 효율성과 핵폐기물의 위험성과 처리상의 문제를 내용으로 하고 있는데, 작자는 이 글을 통해서 기술 개발의 고비용과 기술 개발에 따라 발생하는 환경 문제를 근거로 하여 기술중심적 시각을 비판하고 있다. 그리고 '(바)'는 화학적 방제의 부작용과 생물학적 방제의 효율성을 예로 들면서 화학살충제가 인류에게 커다란 불행을 가져다줄 무기가 될 것이라는 것을 내용으로 하고 있는데, 이 글에서 작자는 생태중심적 입장에서 인간의 기술이 가지고 있는 한계와 위험성을 환경 문제와 관련시켜 비판하고 있다.

　수험생은 '반론'을 전개하거나 '자신의 생각'을 논술할 때 '관점' 또는 '견해'에 근거해야 한다. 그러나 수험생의 답안을 보면, 대부분의 경우 제시문의 예나 내용에 초점을 맞추어 답안을 작성하였으며, 제시문 작자의 관점이나 견해 또는 입장을 파악하고 그에 근거하여 반론을 전개하거나 자신의 생각을 논술한 답안은 매우 드물었다. [······]

2단계 —— 제시문 분석과 문제 설정

1. 제시문 분석

논술 문제는 거의 몇 개의 제시문들을 제시해주고 논제에 따라 논술하도록 요구한다. 따라서 **제시문 분석을 정확하게 할 수 있는 능력은 매우 중요하다.**

제시문 분석 과정에서 1) 논지 요약, 2) 의미 파악, 3) 쟁점 분석을 할 수 있어야 한다. 이것들을 제대로 정확히 할 수 있어야 논지 요약이건 공통점 추출이건 의견 개진이건 잘 할 수 있다. **실제로 1단계의 '논제의 구성 조건 파악'과 2단계의 '제시문 분석' 단계에서 논술 점수는 거의 결정된다고 해도 과언이 아니다.** 그만큼 제시문 분석은 중요하므로 수없이 많은 제시문을 요구에 맞게 분석하는 연습을 꾸준히 해야 할 것이다. 이 책의 제3장에서는 제시문 분석 연습을 할 수 있도록 다양한 제시문을 다양한 질문 유형에 따라 배치해 놓았다. 긴 말이 필요 없다. 한 문제도 빠뜨림없이 연습해 보기 바란다.

1) 논지 요약

논지 요약은 국어 시간에 배우는 식의 요약을 말하는 게 아니다. 제시문 필자의 입장/관점이 무엇인지 읽어내어 그 논지를 요약하여 재구성할 수 있어야 한다. 따라서 제시문을 어떻게 읽느냐에 따라 그 논지 파악도 달라질 수 있다. 제시문에는 하나의 문제 설정만이 존재하는 게 아니라 다양하게 접근할 수 있는 길이 열려 있을 수도 있어 유일한 정답이 존재하는 것은 아니기 때문이다. 특히 두 개 이상의 제시문을 비교하여 공통된 논지를 추출해낼 때는 다양한 가능성이 더 있다는 점도 유의하자.

논지를 요약하거나 제시문에 근거하여 논술문을 작성하라고 할 때 제시문의 문장을 그대로 옮기지 말라고 주문하는 경우가 있는데, 그것은 제시문 필자의 논지를 파악하여 그 취지에 맞게 재구성하여 논술자 자신의 언어로 표현하라는 것이다.

그런데 제시문의 논지를 요약할 수 있었다고 해서 논술문 작성시 그 요약된 부분만 참고해서는 안 된다. 수시로 제시문 전체를 숙독하면서 필요한 부분(개념, 용어, 구절 등)이나 패러디하여 표현할 부분이 있으면 표시해두면서 활용할 수 있어야 한다. 제시문들은 논술자가 제시문의 입장에 동의를 하건 안하건 관계없이 사고를 확장하는 데 상당한 도움을 주는 경우가 많다. 제시문에는 많은 힌트들이 들어 있는 것이다. 그것을 잘 활용하는 요령이 필요하다.

2) 의미 파악

제시문에 대한 의미 파악은 논제에서 직접 묻지 않더라도 논술자로서는 기본적으로 해야 할 일이다. 왜냐하면 **논술은 주어진 주제나 논술자 자신이 설정한 주제를 자신의 개념으로 내재화하여 표현해야** 하기 때문이다. 이 자기 개념화가 바로 자신의 견해이다. 어떤 핵심 개념어가 나올 때도 그 개념어에 대한 논술자 자신이 설정하는 논지에 맞게 정의를 내리고 또 그것을 표현할 수 있어야 온전한 자기 생각이 되는 것이다. 자신감을 가지고 자기 개념을 창출하기 바란다.

3) 쟁점 분석

논술은 어떤 문제로 출제된다 하더라도 거의 현대 사회의 문제점들과 그 쟁점에 대한 진술로 집약된다. 따라서 수험생들은 평소에 현대 사회의 이슈들을 갈무리하는 것이 필요하며, **제시문의 내용 속에서 쟁점을 파악할 수 있는 분석력 역시 필수적**으로 갖추어야 한다. 제시문의 쟁점을 명확히 분석하지 하지 않고서는 논술하기가 어려운 경우가 많다. **쟁점 분석을 할 때 그 쟁점과 대비되는 또 다른 주장의 가능성을 염두에 두면서 분석하면 쟁점의 내용이 더 분명해진다.** 예를 들어 어떤 제시문이 직접민주주의에 대한 내용을 다루고 있다고 하자. 그럴 경우 그 제시문에 언급이 안 되어 있다 하더라도 직접민주주의의 대립물인 대의민주주의의 특성과 대비해 가며 생각을 진전시킨다면 직접민주주의에 대한 논점을 더 명확히 세워나갈 수 있다.

2. 문제설정

문제 설정이라는 게 도대체 뭘까? 말 그대로 '문제'를 '설정' 하는 것이다.

첫째, 무엇을 문제로 삼을 것인가를 결정하는 것이다. 다시 말해 문제 제기*를 하는 것이다. 논술에서는 문제를 제기할 수 있는 능력을 요구한다. 문제 제기 없이는 아무 것도 쓸 수 없다.

---

* 여기서 '문제 제기' 란 흔히 서론의 역할 중 하나인 '문제 제기' 와는 다르다. 이 주제와 관련하여 무엇을 문제화해서 쓸 것인가를 결정하는 것, 이것이 문제 제기다.

논술은 문제를 제기할 줄 아는 능력을 묻는 것이다. 여기서 문제 제기의 능력이란 좀더 새롭고 참신한 사고를 통해 일반적으로 발견해내지 못하는 것을 새롭게 발견해 내는 능력을 말한다. 무조건 자기 주장만을 나열하려 하지 말고 사안을 정확히 분석하여 새로운 문제를 발견하는 데 집중하라. (덧붙여 한 가지 강조하고 싶은 것은 '제시문의 문제 설정'과 '그 제시문에 대한 논술자의 문제 설정'의 차이를 분명히 인식해야 한다는 점이다. 논술 문제는 제시문의 입장(문제 설정)을 밝히라고 하는 경우도 있고, 그 제시문의 입장을 밝히고 그에 대한 자신의 견해를 밝히라고 하는 경우도 있다. 따라서 제시문의 입장과 논술자의 입장을 동일시하거나 혼동하지 말고 그 차이를 분명히 인식해야 할 것이다.)

둘째, 제기하는 문제를 분석하는 과정이다. 문제 제기만으로는 불충분하다. 왜 그러한 문제가 제기되는지, 또는 그러한 문제를 둘러싸고 빚어지고 있는 현실적 상황이 무엇인지, 사회 · 문화 · 정치 · 경제 등의 맥락에서 복합적으로 깊이 있게 분석하도록 한다. 이 분석 과정이 바로 자기 주장의 핵심이다. 분석한다는 것은 제기한 문제를 중심으로 자기 사고의 지도를 그린다는 것이기도 하다. 사안(논제)을 어떻게 파악하고 쟁점화할 것이냐는 지도를 어떻게 그리느냐에 따라 달라진다.

셋째, 제기한 문제의 분석 결과를 가지고 그에 대한 해결의 방안을 마련하는 것이다. 문제를 제기한다는 것은 문제만 제기하는 것이 아니라 그것의 해결 방안을 제시하는 것까지 포괄한다. 가령 여러분들이 공부를 안 하고 저녁 늦게까지 친구들하고 어울려 놀다가 늦게 귀가를 했을 경우 엄마가 "일찍일찍 들어오지, 뭐하고 이렇게 싸돌아 다니니?"라고 야단을 칠 때, 엄마의 야단(물음의 형식을 빈 야단)은 "학생들은 밤늦게 돌아다니면 안 된다" 혹은 "학생들은 공부에 충실해야 한다"는 대답까지 포함하고 있는 것이다. 즉 문제를 제기한다는 것은 주어진 상황을 특정한 방향으로 의미화하여 그에 따라 일정한 해결 방안을 새롭게 구성함을 뜻한다.

넷째, 이처럼 문제 설정은 질문과 응답까지도 포함한다. 즉 문제 설정이라는 개념은 문제 제기만을 의미하는 게 아니고 제기되는 문제에 대한 해결의 방안까지도 제시하는 전체적 과정이라는 것이다. 그리하여 문제 설정은 스스로 진행하는 질문과 응답의 풍부한 과정을 통하여 구체적이고 깊이 있는 사고를 가능하도록 도와준다.

결국 문제설정이란 (삶의) 문제를 새롭게 제기하고 구성할 수 있는 능력이다. 문제의 새로운 발견이 갖는 중요성은 삶의 창조적 능력과 결부된다.

올바르게 설정된 문제는 전체글을 처음부터 끝까지 밀고 나가는 강력한 추진체가 된다. 올바르게 설정된 문제는 내부의 강렬한 에네르기가 되어 글을 끝까지 밀고 나가는 동력이 되는 것이다. 우리의 삶도 마찬가지이다.

문제 설정의 기초 연습 1

문제 설정 개념을 좀더 확실하게 이해하기 위하여 그 기초 연습을 해보자. 문제 설정은 우선 주어지는 '정보'에 기초하여 이루어진다. 다음의 주어진 정보를 가지고 문제 설정 연습을 해보자.

<hr>

〈사건 정보〉
길거리에서 동사무소 단속반원이 "불법"이라면서 노점상을 단속하고 있으며, 노점상은 이에 대해 "우리도 먹고 살자"라면서 항의하고 있다.

<hr>

이 정보는 하나의 사태 또는 사건을 제공해주고 있다. 그 사태란 단속반원과 노점상의 대립이다. 그렇다면 그 양자는 각기 어떠한 문제 설정을 하고 있는가를 추적해보도록 하자. 여기서는 우선 양자의 입장에 따라 문제 설정이 두 가지로 대립되어 나타난다. 두 문제 설정을 대조해보면 다음과 같다.

단속반원	문제 설정 단계	노점상
노점상 단속	1. 사태의 발생	단속에 항의
도로교통법 위반 불법 행위	2. 문제의 발견 문제의 제기	먹고 살 수 있는 조건 확보 정당 행위
법 질서 준수	3. 문제의 분석	생존권 보장
법적 강제(단속)	4. 문제의 해결	생존권 투쟁
노점상 행위는 도로교통법 위반이라는 불법행위에 해당되므로 국가 기관에서 단속을 하여 준법 질서를 확립한다.	5. 정리	노점상 단속은 아무런 대책 없이 생존권을 파괴하고 있으므로 생존권 보장을 위해 노점상들이 투쟁하는 것은 정당하다.

이 상황에서는 두 개의 문제 설정이 대립되어 나타난다는 점이 특징이다. 단속반원은 '노점상 행위는 불법 행위이므로 단속해야 한다.'는 게 문제 설정이고, 노점상은 '생존권 보장을 위해서 단속에 항의하고 투쟁해야 한다'는 게 문제 설정이다. 두 문제 설정은 서로를 전혀 인정하지 않는다. 여기서 알 수 있는 것은 첫째, 문제를 어떻게 설정하느냐에 따라 그 해결의 방법이나 대답이 전혀 달라진다는 것이다. 그러므로 둘째, 문제를 어떻게 설정하느냐에 따라 다른 종류의

대답은 '대답'이 될 수 없다는 것이다. 즉 '불법 행위'의 문제 설정에서 '생존권 보장'이라는 대답이 나올 수 없다는 것이다.

문제 설정이란 바로 이런 것이다. 발생하고 있는 사태에서 무엇을 문제로 제기할 것인지를 정하고, 그에 따른 해결 방안을 제시하는 것이다. 따라서 문제 설정만 제대로 하게 되면 논술의 반은 해결된 셈이다.

그러나 반드시 두 입장으로만 나타나지 않고 좀더 근본적인 수준에서 제3의 문제 설정도 얼마든지 가능하다는 것을 기억해두자.

문제 설정의 기초 연습 2

> 〈사건 정보〉
> 한 프로 야구 구단에서 경기 뒤 성적 부진을 이유로 감독이 선수들에게 "매질을 하겠다."고 하자 선수들이 이에 반발해 집단 이탈을 하였다. 이에 대해 구단 측은 선수들을 임의 탈퇴 선수로 고시하고 주동자급 5명은 계약 종료일까지 활동을 정지시켰으며, 나머지에 대해서는 연봉을 깎았다.

문제 설정 1

〈쟁점 : 감독의 체벌 행위〉

감독의 체벌 행위는 비민주적인 군사 문화의 영향으로부터 비롯된 것이고, 따라서 군사 문화의 영향인 폭력성을 제거하여 민주적인 야구 구단으로 전환시켜야 한다.

질문 — 응답

→ 프로야구 구단에서 감독이 체벌하려 했고 선수들이 반발해 집단 이탈을 하였다.

→ 왜 감독이 체벌하려 했는가?

→ 성적 부진 때문이다.

→ 그렇다고 감독의 체벌 행위가 정당한가?

→ 정당하지 않다.

→ 체벌이 우연적이었는가? 항상적인 일인가?

→ 항상적이다.

→ 그러면 왜 정당하지 못한 체벌 행위가 항상적으로 일어나는가?

→ 그것은 프로 야구, 나아가 체육계 전반에 걸쳐 있는 군사 문화의 영향이다.

→ 군사 문화란 어떤 것인가?

→ 비민주적이다. 폭력은 바로 여기서 비롯된다.

→ 근본적으로 문제는 여기에 있다.

→ 따라서 해결 방안은 야구 구단의 민주화에 있다.

문제 설정 2

〈쟁점 : 선수들의 집단 행위〉

감독의 체벌 행위에 반발하면서 선수들이 집단 이탈을 하였으나 결국 부당한 처벌을 당한 것은 선수들뿐이다. 선수들의 권익 옹호를 위한 조직, 즉 선수 노동조합이 만들어져야 한다.

질문－응답

→ 감독이 체벌하려 하자 선수들이 집단 반발을 하였다.

→ 왜 집단 반발을 하였는가?

→ 그러면 선수들의 집단 행동은 정당한가?

→ 폭력성을 거부하기 때문에 정당하다.

→ 구단 측에서는 어떤 입장을 보였는가?

→ 계약에 위반되는 '임의 탈퇴' 이므로 처벌 방침을 결정하였다.

→ 그러면 정당 행위가 처벌받아야 하므로 모순되지 않는가?

→ 선수들은 이에 대해 어떤 주장도 할 수 없는가?

→ 선수들이 부당함에 대해 이의 제기를 할 수 있는 제도적 장치가 없다. 선수들도 자신들의 권리와 이익을 위해서 어떤 조직이 필요하다.

→ 선수들도 전문직업직 노동자이다. 따라서 '선수 노동조합' 이 필요하다.

→ 따라서 해결 방안은 감독의 폭력성이나 구단 측의 부당한 처우에 대해 대응하며 선수들이 권익 옹호를 할 수 있도록 선수 노동조합을 만들어야 한다.

문제 설정 실전 연습 1

다음 논제를 가지고 문제 설정 연습을 해 보도록 하자

논제

다음은 어느 일간지 기사를 전재한 것이다. 다음 기사를 읽고 '사회와 청소년 폭력'을 논제로 논술하라.

"중학교 2학년에 올라 오면서 '무시당하지 않고 멋있게 보이려고' 주먹 써클인 일진회에 들어갔지요. 그때부터 애들을 때리고 돈도 많이 빼앗자 모두들 나를 무서워 했어요. 잘 나간다는 소문이 퍼지니까 여자애들한테서도 자주 연락이 왔고……. 너무 재미 있고 신이 나 더 많이 놀고 싶어 6월에는 자퇴서를 내버렸지요."

서울 H중학교 3학년에 재학 중인 이정수(15. 가명)군. 한 살 때 어머니가 가출하고 어머니를 찾는다며 아버지마저 집을 나가 고모집에서 살고 있는 이군은 KBS 주최, 내무부 · 교육부 · 문화체육부 후원인 제1회 청소년 사랑 만들기 대축제에서 학원 폭력 수기 부문 금상 수상자다.

자퇴했던 탓에 지금은 한 살 아래 후배들과 고교 진학을 위해 비지땀을 흘리지만 지난해까지 세간을 떠들썩하게 했던 학원 폭력조직 '일진회' 멤버였다. 자퇴 후 비로소 교복의 고마움을 알게 된 이군은 이듬해 3월 복학하고 몇번이나 조직에서 발을 빼려 했지만 그때마다 선배들로부터 매타작 당하기 일쑤였다. 이 때문에 본드 흡입 등 오히려 더 깊이 빠져 버렸다.

"학생들에게 돈을 빼앗아 그 돈으로 본드를 불었어요. 본드 부는 시간만은 그렇게 행복할 수 없었어요. 밥은 안 먹어도 본드는 불었으니까요."

후회를 거듭하던 일진회원들은 마침내 지난해 9월 17일 동료인 S군의 전학을 계기로 본드를 끊기로 맹세하고 그동안 자신들을 괴롭혀 온 일진회 리더인 H군을 불러내 집단 폭행으로 분풀이를 한다. 밤 11시쯤 이태원 시장 공터에서 H군은 어디서 구했는지 흉기로 S군을 찔러 숨지게 하고 말았다.

"H는 본드를 분 상태였어요. 친한 친구를 그렇게 잃을 줄 정말 몰랐어요. 이름 부르면 대답할 것 같았는데……."

그 일로 H군은 징역 8년형을 받게 되고 이군 등은 학교에서 무기정학 당했다. 지금 이군은 같은 반 아이들과 친하게 지내고 있다. 오히려 이군이 자신을 꺼리는 친구들을 이해하기도 한다.

"공부 잘하는 아이들만 감싸면 우리 같은 아이들은 이유도 없이 단순히 관심을 끌고 싶어 나쁜 짓에 손을 댑니다. 학교든 가정이든 아이들에게 좀더 사랑을 갖고 관심을 기울이면 인생을 망치는 친구들이 없어질 거예요."

초등학교 때 깨끗하게 청소하는 것이 좋아 환경미화원이 되고 싶었지만 지금은 탤런트로 진로를 수정, 방과 후에는 거울 앞에서 표정 연습도 열심히 한다.

"지금 이 시간에도 주먹을 휘두르고 본드를 부는 친구들이 있다면, 이젠 그만 두세요. 당장은 멋있게 보일지 모르지만 반드시 후회하게 됩니다. 그땐 나도 그랬었지만."

■ 작성 요령
1. 어떤 관점을 가지고 써도 평가에는 전혀 문제 삼지 않는다.
2. 주장보다도 분석 중심으로 논술하되 위 기사를 토대로 하라.
3. 제목을 반드시 붙여라.
4. 띄어쓰기 포함하여 1,500 내외로 써라.

출제된 문제의 환경 파악하기

무엇보다도 '주장보다는 분석 중심으로 논술하라' 는 게 눈에 띈다. 이런 제시문일 경우 대개 대동소이한 주장들을 할 것이다. 즉, '탈선 행위와 학원 폭력은 나쁜 것이니 즉흥적인 쾌락에 빠지지 말고 자신의 미래를 위해 착실하게 공부 열심히 하는 학생이 되자.' 라는 식으로 말이다. 그런 식의 논조는 사실 불필요하다. 신문 사설에서나 할 일이다. 논술은 도덕 재무장의 장소가 아니기 때문이다. 사회적 현상에 대한 분석력을 요구하는 것이 논술이다. 논제를 '사회와 청소년 폭력' 이라고 잡아주고 있는 데서도 그러한 의도를 잘 읽을 수 있다. 더군다나 어떠한 관점이든지 문제 삼지 않겠다고 하는 것은 도덕성의 문제에 연연해 하지 말고 사회적 현상을 좀더 정확하고 독특하게 볼 수 있는 시선을 발견해보라는 데 있다.

또한 문제 환경에서 '위 기사를 토대로' 쓰라고 한 점에 유의한다. 이 요구 사항은 다른 문제들에서처럼 단지 참조하라는 게 아니고 제시문의 기사 자체를 소재로 분석하라는 것이다. 물론 다른 예들도 끄집어 들여와 글을 풍부하게 하는 것은 바람직한 분석 태도이다.

문제 설정 하기

제시문은 아주 쉬운 내용이다. 특히 수험생들 세대와 직접적으로 관련되는 내용이므로 여유 있게 논술할 수 있는 소재이다. 그러나 여기에 함정이 있을 수 있다. 누구나 다 체험으로 인식하는 것들에 대해서는 누구나 다 잘 쓸 수 있다는 점에 주의하여야 한다. 그러나 비슷한 목소리로 쓰면 평가에 변별성이 없어진다. 쉬운 소재이지만 그 속에서 누가 더 참신한 문제의 발견과 분석을 하느냐가 관건이다. 참신성은 문제 설정의 수준에 달려 있다.

문제 설정 1

이 제시문의 보도 기사는 무엇을 문제 설정으로 하고 있을까? 기사의 요지는 학원 폭력 조직원으로 활동한 한 중학생의 반성적인 메시지이다. 이에 따른 문제 설정은 '멋있게 보이려고 하는 폭력 행위들은 부질없는 짓들이므로 학생 신분에 맞게 공부에 전념하자'는 것이다.

기자가 기사를 쓰기 위해 문제를 이렇게 설정했더라도 논술자는 여기에 얽매일 필요가 없다. 논제가 '사회와 청소년 폭력'이라고 명시되어 있고, 또한 작성 요령에서 '주장이 아니라 분석 중심으로' 그리고 '기사를 토대로' 쓰라고 주문한 것을 종합해 볼 때, 집중적으로 따져보아야 할 것은 기사의 내용에 흩어진 여러 자료들이다. 이 자료들이 논술자가 분석을 해낼 수 있는 중요한 정보가 된다. 문제 설정을 구체화하는 과정에서 주어진 정보를 분석하고 그에 대해 대응해야 한다고 했는데, 이 문제의 경우 주어진 정보에 대한 세심한 분석을 필요로 한다. 그리고 그 세심한 분석들에는 집약된 개념적 사고가 흐르도록 한다.

그러면 무엇을 기사 속에서 찾아낼 것인가? 우선 논제의 성격에 부합되는 내용을 찾는다. 즉, 청소년 개개인들이 '어떠한' 맥락에서 폭력 행위를 하게 되는가에 주시한다. 그리고 그것은 사회적 구조와 어떠한 연관을 갖는지 따져본다. 이러한 분석은 질문과 응답의 과정을 거치게 되면서 문제 설정이 구체화된다. 또한 제시문의 정보에만 한정하지 말고 사회적인 현실이나 환경들을 함께 고려하도록 한다. 이에 착안하여 기사 속에서 발견해 낼 수 있는 중요한 정보들은 다음과 같다 (논술자의 경우는 일일이 따로 적을 필요 없이 제시문 원문 위에 동그라미 등으로 표시한다).

1. 폭력 조직에 가입 이유: 무시당하지 않고 멋있게 보이려고.
2. 때리고 돈 뺏는 행위들에서 재미를 만끽함.
3. 본드 불기: 최고의 행복 시간
4. 나쁜 짓의 동기: 다른 사람들의 관심을 불러 일으키기 위해.
5. 탈선의 방지: 사랑과 관심
6. 이군: 가입한 폭력 조직에서 탈퇴, 탈선 행위들이 멋있어 보이지만 후회할 것이라고 동료들에게 경고. 환경미화원에서 탤런트로 진로 수정.

문제 설정 2

〈문제 설정 1〉의 정보를 토대로 나의 입장에서 다시 문제 설정을 해보자.

무시당하지 않고 멋있게 보이려고 폭력 행위를 한다는 것은 말 그대로 '위세' 행위라 할 수 있다. 위세는 청소년들의 폭력성에서만 발견되는 게 아니고 사회적 관계에서 여러 가지 양상으로 드러난다. 사회적인 권력, 부, 지위 등이 위세의 양상으로 나타나며 거기에는 비리와 부정 등을 수반하는 폭력적인 양상마저 띤다. 요컨대 청소년 폭력은 강경 대응이나 그들을 회개시키는 데서 해결되는 게 아니라, 사회구조 전체에서 위세를 폭력적으로 행사하는 방식들을 진정으로 제거하도록 해야 한다는 것이다.

앞의 문제 설정을 구체적으로 도표화하면 다음과 같다.

문제 설정 1 (제시문)	문제 설정 2 (논술자)
〈문제 설정 1〉 멋있게 보이려고 하는 일탈 행위들은 부질없는 짓들이므로 학생 신분에 맞게 공부에 전념하자 〈분석 자료〉 1. 폭력 조직에 가입 이유 : 무시당하지 않고 멋있게 보이려고. 2. 때리고 돈 뺏는 행위들에서 재미를 만끽함. 3. 본드 불기 : 최고의 행복 시간 4. 나쁜 짓의 동기 : 다른 사람들의 관심을 불러 일으키기 위해. 5. 탈선의 방지 : 사랑과 관심 6. 이군 : 가입한 폭력 조직에서 탈퇴, 탈선 행위들이 멋있어 보이지만 후회할 것이라고 동료들에게 경고. 환경미화원에서 탤런트로 진로 수정.	〈분석 과정〉 1. 학원 폭력에 대한 언론의 현장 고발과 정부의 강경 대응 및 근절 대책 발표들? → 근본적인 치유책 없음. 2. 한 중학생 가담자의 폭력 행위 원인 고백 → 무시당하지 않고 멋있게 보이려고. 3. '무시당하지 않고 멋있게 보이기' 란? → 말그대로 '위세' 의 행사다. 4. 위세란 청소년들만이 가지고 있는 것인가? → 아니다. 기성세대들에게도 존재하고 어느 사회에서나 볼 수 있지 않는가? → 위세는 사회적 논리이다. 5. 그렇다면 문제가 무엇인가? → 위세의 폭력적 행사 방식에 있다. 기성세대들은 오히려 더 한다. → 사회적 구조에서 권력이나 경제적 부, 사회적 지위가 때로는 폭력적인 위세의 행사로 나타나기도 한다. → 청소년의 폭력성은 기성세대의 그것을 닮아 있다. 〈해결책은?〉 → 청소년 폭력자들에 강경 대응하거나 회개하는 반성자들로 만드는 것은 기성세대의 기만일 수 있다. → 청소년들에게 사랑과 관심을 보이는 것도 위세를 폭력화시키는 사회적 논리를 뒤엎을 수는 없다. → 사회에서 위세를 폭력적으로 행사하는 방식과 구조들을 제거하는 진정한 노력이 필요하다.

지금까지 문제 설정한 것을 그림으로 그려보면 다음과 같다.

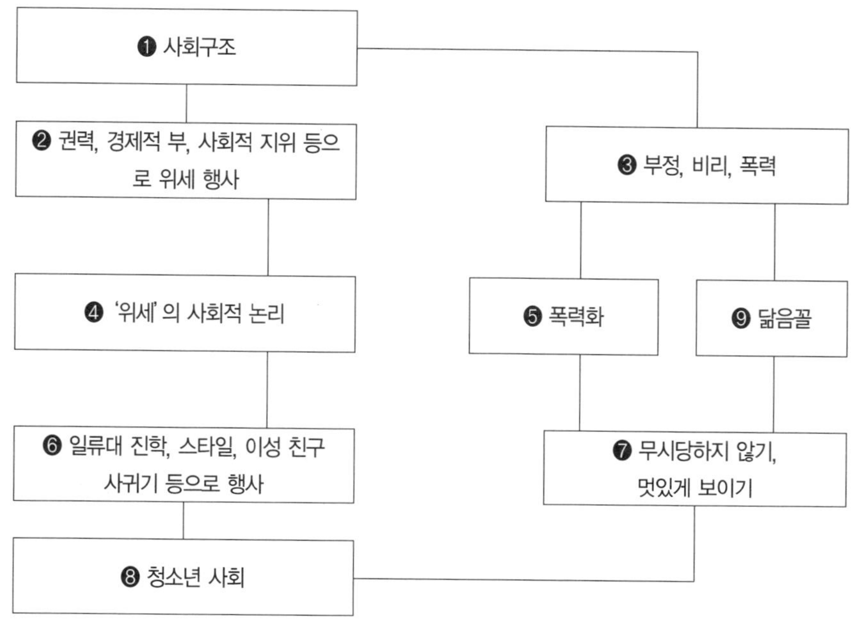

이 그림 역시 글쓰기 순서를 여러 가지 경우수로 선택할 수 있다. 그 경우의 수들을 단순화하면 다음과 같다.

경우의 수 1: ❼❺ → ❹ - ❶❷❸ - ❻❽ → ❾
경우의 수 2: ❶❷ → ❹ - ❸❺ - ❽❻❼ → ❾
경우의 수 3: ❻❽ → ❹ - ❺❼ - ❶❷ - ❸ → ❾
경우의 수 4: ❶❽ - ❺❾ → ❷❸ - ❻❼ → ❹
경우의 수 5: ❹❺ → ❶❽ - ❾ - ❷❸ - ❻❼ → (❹❺ - ❶❽)

어떠한 경우의 수를 선택하더라도 문제 설정의 흐름에 따라 글을 구체적으로 전개하도록 한다. 여기서 중요한 것은 항상 글 전체에 흐르도록 해야 하는 개념적 사고라는 점이다. 이 문제 설정에서의 핵심 개념은 '위세' 와 '폭력화' 라 할 수 있다. 이 두 개의 개념이 하나의 흐름 속으로 통합되면서 글 전체를 통제하고 논리화하는 분석의 수단으로 사용되어야 하는 것이다.

여기서는 글의 순서를 경우의 수 1로 선택한다.

완성된 논술문

제목: '위세' 와 폭력, 혹은 사회 구조와 청소년 폭력

무시당하지 않고 멋있게 보이려고 주먹질을 한다? 폭력 조직원 경험을 한 바 있는 한 중학생의 고백에 의하면, 이것이 바로 최근 우리 사회를 시끄럽게 하고 있는 학원 폭력의 '원인' 이라고 한다. 언론들이 앞다투어 폭력 현장을 고발하는 것은 그 폭력성일 뿐이며, 정부가 근절하겠다는 것도 근본적인 치유책이 없는 강경 대응 요법에 불과하다면, 나는 바로 그 중학생이 고백하는 바대로 '무시당하지 않고' 또한 '멋있게 보이려고 하는', 그리하여 '주먹질' 이 나온다는 점에 주목하고자 한다.

그의 말을 다른 식으로 표현하면 '위세' 라고도 할 수 있을 것이다. 위세는 우리 같은 청소년 층에만 해당되는 것이 아니다. 기성세대들에게서 오히려 더욱 두드러진다. 어떤 원주민들은 위세를 세우느라고 상대방이 흉내낼 수 없는 엄청난 규모의 선물을 의도적으로 주기도 한다고 한다. 이렇게 보면 위세라는 것은 세대나 민족을 불문하고 나타나는 하나의 문화적 양상이 아닌가 한다. 그렇다면 별 문제가 아닐 수도 있겠다. 그러나 위세는 '허세' 나 '낭비' 로 나타나기도 한다는 점에서 문제일 수도 있다. 그러나 더 큰 문제는 그 위세의 '폭력적 양상' 이다.

청소년층들도 위세를 행사하는 방식들이 다양하다. 공부를 열심히 해서 일류대에 진학함으로써 위세를 보여주려고 하는가 하면, 이른바 '날라리' 류의 독특한 옷차림이나 스타일에 의해서 그렇게 하려고 한다. 또는 이성 친구를 많이 사귀어서 뽐내려고 하기도 한다. 혹은 돈으로도 그렇게 한다. '폭력' 도 이러한 맥락의 하나로 행사된다. 그렇기 때문에 때리고 돈을 뺏는 행위들에서 '재미' 라는 것을 느끼고 여자애들의 환심을 산다. 그것은 위세의 결과이면서도 위세를 존속시키는 요소들이다. 그런데 여기서 한 가지 사실에 시선을 던져보자. 앞의 중학생은 위세 행사를 위해 폭력 조직에 가담했다. 그러나 어떤 반성 때문에 그 조직을 탈퇴했다. 그러는 와중에 그는 초등학생 때 희망이었던 '환경미화원' 이 '탤런트' 로 바뀌었다. 이것은 그가 위세 행사의 방식을 바꾼 것이지 위세 자체를 포기한 것이 아님을 말해 준다. '폭력' 이라는 것에서 '연예' 라는 고급스러운 위세에로의 이동 말이다. 이것을 과연 우리는 어떻게 보아야 할까?

우리 사회에서의 권력, 경제적 부, 사회적 지위 따위들은 위세를 행사하는 방식으로 나타난다. 그러한 것들 중에는 '비리' 나 '부정' 의 요소들이 상당히 많은 것으로 보도되곤 한다. 심지어는 나라의 운명을 책임지는 대통령들까지도 그러했음이 낱낱이 밝혀진 것을 보면, 그런 것들은 청소년 몇몇의 폭력적 행위보다 덜하다는 생각은 결코 들지 않는다. 청소년들의 폭력성은 기성세대들의 그것을 닮아가고 있다. 아니 꼭 기성세대에만 책임을 전가하려는 것은 아니다. 위세를 폭력적으로 행사하게끔 하는 사회 구조의 모순들, 거기에서 청소년들의 폭력성을 봐야 하지 않을까 한다.

이러한 이유에서, 청소년 폭력자들을 회개하는 반성자로 만듦으로서 미소를 짓는 기성세대의 기만이 아니라, 사회적 관계에서 위세를 폭력적으로 행사하는 방식과 구조들을 제거하고자 하는 진정한 해결의 노력이 있어야 한다. 또한 가정에서나 학교에서 '사랑과 관심'을 표방한다고 해서 폭력화되는 위세의 논리를 얼마나 제거할 수 있을는지 의문이다.

문제 설정 실전 연습 2

다음 논제를 가지고 문제 설정 연습을 한 번 더 해 보도록 하자

논제

사람들은 흔히 자기 생의 참된 가치를 실현하기 위해 자신의 이웃과 사회에 대한 사랑의 실천이 중요하다고 말한다. 아래의 대화에서 드러난 사랑의 특성과 문제점을 분석하고, 이를 논의의 근거로 삼아 자신이 생각하는 실천적 사랑의 모습과 그 실현 방안에 대하여 구체적으로 논술하시오.(1,500자 내외)

"실천적 사랑이라구요? 이건 또 하나 어려운 문제가 생긴 셈이군요! 암, 어렵고 말고요. 장로님께서 믿어 주실지 모르겠지만 저는 가끔 모든 것을 내버리고 차라리 간호사가 되어 버릴까 하는 생각을 한답니다. 눈을 감고 그런 공상을 하고 있노라면 어떤 억제할 수 없는 새로운 힘이 솟구쳐 오르지요. 그 어떤 끔찍한 상처나 종기도 전혀 두렵지 않아요. 저는 기꺼이 제 손으로 고름을 닦아주고 붕대를 감아줄 용의가 있으니까요. 그리고 고통에 신음하는 사람들 곁에서 정성껏 그들을 간호해 주고 싶어요. 전 얼마든지 그들의 상처에 입을 맞출 수가 있을 것 같아요."

"공상이라고는 하지만 그런 공상을 한다는 것 자체가 이미 착한 일입니다. 그런 공상을 자꾸 하노라면 정말로 선행을 쌓을 기회가 오게 되는 법이지요".

"하지만 제가 그런 생활을 과연 얼마나 견디어 낼 수 있을까요" 하고 부인은 거의 발작적으로 말을 계속했다.

"그것이 제일 중요한 문제예요! 여러 가지 생각 중에서도 이 문제가 가장 저를 괴롭힌답니다. 저는 눈을 감고 스스로 이렇게 물어 보지요. 너는 그런 생활을 오래 견디어 낼 자신이 있느냐? 네가 일껏 상처를 씻어 준 그 병자가 감사의 뜻을 표시하지 않는다면, 아니 감사는 커녕 인류애에서 우러난 너의 봉사 활동에 대하여 오히려 짜증과 욕설로 대하고 나아가 무리한 요구를 한다

거나 윗사람에게 너에 대한 불평을 호소한다면(사실 심한 고통을 당하는 사람들은 가끔 그럴 수도 있으니까), 그때 너는 과연 어떤 태도를 취할 것 같으냐? 그런 상태에서도 과연 너의 사랑이 계속된다고 단언할 수 있느냐? …… 그런데 말씀이죠, 저는 이러한 물 음에 대한 제 자신의 대답을 듣고는 무서움에 부르르 떨었지요. 정말 아무리 실천적인 사랑도 배은망덕이라는 것 앞에서는 싸늘하게 식어져 버리고 말 거예요. 요컨대 저는 마치 보수를 바라고 일하는 노동자들이나 마찬가지죠. 저는 즉각적인 보상을 즉 저에 대한 찬사와 사랑이라는 보상을 바라고 있으니까요. 그러한 보답없이는 저는 누구도 사랑할 수 없는 사람이거든요!".

부인은 자기 자신을 힐책 발작적인 기분에 들뜬 채로 이렇게 말을 맺고는 도전적이고도 결연한 태도로 장로를 쳐다보았다.

"어떤 의사 한 분이 그와 비슷한 얘기를 들려준 적이 있습니다. 하기는 퍽 오래전의 일입니다만"하고 장로는 말했다.

"그 의사는 나이도 지긋하고 누가 보아도 현명한 사람이었는데 지금 그와 비슷한 말을 들려주었지요. 물론 그것은 농담삼아 한 말이었지만 그냥 단순한 농담이라기엔 너무나 서글픈 얘기였지요. 그는 이렇게 말했습니다. '나는 인류를 사랑한다. 그런데 스스로도 놀란 일은 내가 인류 전체를 사랑할수록 인간 하나하나에 대한 사랑은 오히려 점점 더 적어져 간다는 사실이다. 공상 속에서는 지극히 열정적으로 인류에 대한 봉사를 꿈꾸어 보기도 하고 또 필요에 따라서는 실제로 인류를 위해 십자가에 박힐 수도 있을 것같은 심정이지만 그러면서도 나는 그 어떤 사람과도 단 이틀 동안을 같은 방에서 지낼 자신이 없는 것이다. 이건 실제로 경험해 보아 잘 아는 일이지만 누군가 내 옆에 접근하기만 하면 이내 그 사람의 존재가 나의 신경을 건드리고 자유를 속박한다. 나는 상대가 누구든 간에 하루 동안만 같이 있으면 그가 미워서 견딜 수 없게 된다. 그가 아무리 훌륭한 사람이라고 할지라도 그것은 가령 그 사람이 식사를 너무 오래 한다든가 감기에 걸려 연방 코를 훌쩍거린다든가 하는 하찮은 이유 때문이지만 그래도 나는 누가 조금이라도 나를 건드리기만 하면 그 사람과 당장에 적이 되고 마는 것이다. 그럼에도 불구하고 하나하나의 인간을 증오하면 할수록 인류 전체에 대한 사랑은 더욱 뜨겁게 타오르곤 한다.' 대강 이런 뜻의 이야기였지요".

"그럼 어떻게 해야 할까요? 그런 경우엔 정말 어떻게 해야 좋지요? 결국 절망 속에 빠지는 수밖에 없지 않겠어요?"

—— 도스프에프스키, 「카리마조프가의 형제들」 중에서 조시마 장로와 호훌라코비 부인의 대화

논제의 구성 조건 확인

이 논제의 구성 조건은 다음과 같다.

①사람들은 흔히 자기 생의 참된 가치를 실현하기 위해 자신의 이웃과 사회에 대한 사랑의 실

천이 중요하다고 말한다. ②아래의 대화에서 드러난 ③사랑의 특성과 문제점을 분석하고, ④이를 논의의 근거로 삼아 ⑤자신이 생각하는 실천적 사랑의 모습과 그 실현 방안에 대하여 ⑥구체적으로 논술하시오.

여기서 ① "사람들은 흔히 자기 생의 참된 가치를 실현하기 위해 자신의 이웃과 사회에 대한 사랑의 실천이 중요하다고 말한다."는 진술은 이 논술의 전제에 해당한다. 출제자가 제시한 기본적인 관점이므로 유의해야 한다. 즉 이 논술은 '이웃과 사회에 대한 사랑의 실천'에 대해 써야 한다. 다음으로 ② "아래의 대화"는 매우 중요한 것이다. **제시문에서 주어진 내용을 분석하여 그에 근거하여 자기 생각을 밝혀야 하기 때문이다.**

그러기 위해서 먼저 제시문의 예화에서 드러나고 있는 ③ "사랑의 특성과 문제점을 분석"해야 한다. 그런데 예화는 두 사람이 대화를 나누고 있는데, 누가 말하는 사람의 사랑의 특성과 문제를 분석하느냐가 아니라, 즉 부인의 말에서인가 장로의 말에서인가가 아니라, 두 사람 모두의 말에서 추출해내야 한다는 것이다. 그렇기 때문에 '분석'이라는 방법을 사용하도록 요구하고 있다. 분석이란 말하는 바를 분해하면서 따져보는 것이다. 그리하여 분석이 완료되면 그것을 ④ "논의의 근거로 삼아" ⑤ "자신이 생각하는 실천적 사랑의 모습과 그 실현 방안에 대하여" 논술하도록 한다. 그런데 ⑥ "구체적으로" 논술한다는 것은 사례들을 들으라고 하는 것이 아니라 논의 자체를 추상적으로 하지 말고 구체적으로 하라는 것이다. 즉 논술자의 분석과 자기 견해를 명료히 하라는 주문이다.

제시문 분석하기

먼저 제시문을 분석해 보자. 예화에서는 **'실천적 사랑'**이라는 주제로부터 이야기가 시작되고 있다. 이 실천적 사랑이라는 것이 예화에서 두 사람이 합의하는 사랑의 특성이다. 이에 힘입어 부인은 간호사로서의 실천적 사랑을 할 수 있다고 단언한다. 그러나 부인에 있어서 실천적 사랑의 문제점이 나타난다. 그것은 다음 대화에서 분석해낼 수 있겠다.

〈부인의 대화에서〉

❶ "하지만 제가 그런 생활을 과연 얼마나 견디어 낼 수 있을까요"

❷ "저는 즉각적인 보상을 즉 저에 대한 찬사와 사랑이라는 보상을 바라고 있으니까요. 그러한 보답없이는 저는 누구도 사랑할 수 없는 사람이거든요!"

〈장로의 대화에서〉

❸ "나는 인류를 사랑한다. 그런데 스스로도 놀란 일은 내가 인류 전체를 사랑할수록 인간 하나하나에 대한 사랑은 오히려 점점 더 적어져 간다는 사실이다."

❹ "하나하나의 인간을 증오하면 할수록 인류 전체에 대한 사랑은 더욱 뜨겁게 타오르곤 한다."

위의 대화를 간결하게 정리하면 다음과 같다.

〈부인〉
❶ 실천적 사랑의 지속성의 문제
❷ 실천적 사랑의 보답 심리의 문제
〈장로〉
❸ 인류는 사랑하지만 개인들은 사랑하지 않는 것의 문제
❹ 개인을 증오할수록 인류애가 절정에 달하는 것의 문제

장로의 말에서 ❸과 ❹는 같은 말이다. 그런데 이 분석에서 문제는 부인이 고백한 실천적 사랑의 문제들하고 장로가 남의 말을 인용하여 환기시켜주는 문제하고의 관계이다. 장로의 말로는 부인이 고백하는 바와 자신이 인용하는 바가 유사하다고 전제하였다. 그러나 유사하다고 말하는 것은 장로의 말일 뿐이며, 장로가 인용하는 말은 사람들에 따라 달리 해석할 수 있다. 가령 부인이 고백하는 실천적 사랑의 문제들은 부인 자신이 구체적으로 실천할 때 부딪치는 난점에 해당한다면, 장로가 인용하는 말은 '실천적 사랑'이기보다 또다른 사람에게서 체험된 **'사랑'이 작용하는 방식의 모순**이라 할 수 있다. '사랑이 작용하는 방식의 모순'이라는 것은 인류는 사랑하면서도 인류의 성분인 각각의 개인들은 증오하는 것, 즉 **'인류:개인=사랑:증오'**라는 모순된 함수를 말한다. 이것은 사랑의 '문제'라기보다 '모순'의 성격을 갖는다는 것이다. 쉽게 말하자면 내가 어떤 한 사람을 사랑하면서도 또다시 다른 사람을 사랑하려는 심리와 같은 것 말이다.

그런데 여기서 우리가 깊은 분석을 하려 한다면 놓치지 말아야 할 것이 있다. 왜 장로는 부인의 말을 위로해 주거나 명확하게 해결해 주려는 상담의 말보다도 부인이 고백하는 실천적 사랑의 결함들과 유사한 말을 해 주는가? 그러면서 부인은 **'절망'** 속에 빠져버리는 것 같다. 왜 장로는 절망의 언어를 부인에게 던졌는가? 그런데, 달리 생각하여, 장로의 말이 반드시 부인에게 절망을 던져주는 언어일까? 이에 대한 대답이 실천적 사랑이 야기하는 문제들을 풀어나가는 하나의 관건이 될 수 있다. **그러나, 좀 어렵기는 하지만, 이런 질문을 던지고 이에 대해서 여러분들이 답을 해나갈 때 독특한 사고를 하는 길이 열리게 된다! 독특한 사고는 묻는 자에게만 주어진다!**

문제 설정하기

앞의 분석을 정리해보자.

●사랑의 특성 → 실천적 사랑
●실천적 사랑의 문제 → 1) 지속성, 보답 심리
　　　　　　　　　　　2) 인류 : 개인 = 사랑 : 증오

하나의 예시 답안

먼저 예화를 분석해보자. 예화에서는 '실천적 사랑' 이라는 주제로부터 이야기가 시작되고 있다. 이 실천적 사랑이라는 것이 예화에서 두 사람이 합의하고 있는 사랑의 특성이다. 이에 힘입어 부인은 간호사로서의 실천적 사랑을 할 수 있다고 단언한다. 그러나 부인은 스스로 자신이 안고 있는 실천적 사랑의 문제점을 고백한다. 그 하나가 실천적 사랑의 '지속성' 이고, 다른 하나는 실천적 사랑에 대한 '보답 심리' 이다. 부인의 고백을 듣는 장로는 유사해 보이는, 그러나 또 다른 문제를 제기한다. 인류애와 개개인에 대한 감정의 '극단적 대립' ("내가 인류 전체를 사랑할수록 인간 하나하나에 대한 사랑은 오히려 점점 더 적어져 간다는 사실이다." "하나하나의 인간을 증오하면 할수록 인류전체에 대한 사랑은 더욱 뜨겁게 타오르곤 한다.")이 바로 그것이다.

실천적 사랑이란 무엇인가? 그것을 나는 일상 생활에서 체험하되 사람들과의 관계를 변화시키는 구체적인 사랑이라고 정의하고자 한다. 즉 막연한 인간애나 인류애와는 좀 다르다고 볼 수 있다. 그리고 이 정의에서 주목되는 것은 '사람들과의 관계를 변화시키는 사랑의 실천' 이라는 점이다. 실천적 사랑이란 단지 내가 타자에게, 나보다 불우한 사람들에게 베푸는 사랑이 아니다. 그건 동정에 불과하지 사랑이 아니다. 사랑과 동정은 구별되어야 한다. 동정은 측은지심에 그친다. 하지만 실천적 사랑은 상대방과의 관계를 변화시키고 상대방의 사회적 관계나 위치를 변화시키는 것으로 승화되어야 한다. 왜냐하면 '실천적' 이란 '변화' 이기 때문이다. 상대를 변화시킴으로 해서 상대에게 삶의 힘을 키워주고 세상을 다른 방식으로 살아가게 하는 것이다. 그리고 동시에 실천적 사랑을 하는 '나' 도 변해야 한다. 즉 타자와의 사랑이자 나 자신과의 사랑이기도 하다는 것이다.

요컨대 실천적 사랑을, 인간의 심리에 내재해 있는 보답적 심리를 '속물적 근성' 이라 하여 숨기면서 양심의 가책을 받거나 어거지로 순수해지자고 하느니 차라리 서로간의 관계를 변화시키고 상호 작용을 하는 사회적 실천으로 정의하는 것이 더 바람직하다는 것이다. 제시문에서 부인이 죄책감을 느끼는 것은 실천적 사랑에 대한 잘못된 인식때문이다. 실천적 사랑이라 해도 '보답' 을 받으려고 하는 것은 많은 사람들의 심리일 터이고 그렇다면 차라리 실천적 사랑을 '보답' 이 있는 것으로 정의하자는 것이다. 그러나 다만 '보답' 이라는 것을 속물적 보답이 아닌 실천적 사랑을 하는 나에게도 어떤 변화를 유발시키는 실천 효과, 상호 관계로서의 실천 효과로 정의해야 할 것이다. 이렇게 된다면 실천적 사랑을 하는 주체는 자신의 삶에 새로운 활력을 넣어주므로 지속적인 사랑이 가능해질는지도 모른다.

실천적 사랑을 하고자 하는 것은 모든 인간이 자유롭고 평화롭고 평등하고 민주적으로 살아가는 세상을 만들기 위해서이다. 고통받지 않고 억압당하지 않고 착취당하지 않는 해방된 세상을 만들어나가는 과정이 실천적 사랑의 목표일 터이다. 그러므로 그것은 단지 개개인에 대한 사랑의 문제만이 아니라 우리 사회의 현실에 대한 실천의 문제일 수밖에 없다. 그러므로 실천적 사랑을 받는 사람은 특별하게 따로 있는 게 아니라 나를 포함한 우리 모두에게, 우리 사회의 곳곳에 존재하고 있다. 이웃과 사회에 대한 실천적 사랑이란 바로 이런 것이다. 그리고 이것이 바로 삶의 참된 가치를 실현하는 길이기도 한 것이다.

참고 자료

다음은 유행에 관해서 쓴 두 학생의 글이다.
두 학생의 문제 설정이 무엇인지, 어떻게 다른지 각자 분석해 보자.

문제 설정 1

인간의 역사는 노동을 통해 재화와 용역의 생산량을 증가시키면서 발전했다. 오늘날 우리는 과학 기술에 힘입어 생산량을 극대화시키고 있다. 그에 따라 상품은 소비자에게 팔리기 위해 심리적인 외형을 갖게 되었고, 이는 주기적으로 변동한다. 이렇게 형성된 유행은 기업의 입장에서는 수요의 창출, 소비자에게는 심리적 만족감을 가져왔다.

그러나 유행은 위와 같은 긍정적 효과만을 가져오지 않았다. 유행은 경제 · 사회 · 문화 등의 다방면에 긍정적 영향보다 더 많은 악영향을 가져왔다. 따라서 유행에 대한 사회적 인식의 재고가 필요한 실정이다. 유행이 사회에 끼치는 영향은 경제적 · 사회적 · 문화적 측면으로 나눠 생각할 수 있다.

먼저, 경제적 측면에서 유행은 가치관이 반영되지 않은 수요에 막대한 영향을 끼친다. 따라서 유행은 필요 이상의 과다한 수요를 창출하게 되고, 이것은 다시 사치와 과소비를 야기시킨다. 또한 유행의 변화에 따라 새로운 상품을 만드는 엄청난 비용과 유행이 지난 재고품의 처리와 같은 자원의 비효율적 사용을 야기시킨다. 소비자의 주체적이고 경제적인 소비 의식이 형성되지 않은 사회에서 유행은 그 사회의 경제 질서를 무너뜨릴 수 있다.

다음으로 유행이 심미적인 것을 추구함으로 인한 사회적 문제가 있다. 유행은 시장 경제에서 살아남기 위해, 즉 팔리기 위해 심미적인 외형을 가지고 있다. 이것은 상품의 교환 가치를 사용 가치보다 우선시하는 사회적 경향을 가져온다. 이런 경향은 인간의 노동 시장에 그대로 반영되어 인간이 자신을 팔기 위해 내면적 가치보다 외형적 가치를 중요시 하는, 인간의 상품화 현상을 야기시킨다. 그리고 인간의 상품화 현상은 인간 소외를 야기시킨다. 이와 같이 교환 가치를 중요시하는 유행은 인간 소외 현상을 가져올 수 있다.

또한, 유행은 문화적 측면에도 많은 영향을 끼친다. 요즘 X세대, 신세대라는 용어는 보편화되어 있다. 이 X세대, 신세대는 70~80년대의 물질적 풍요와 사회의 민주화 과정에서 자란 이들을 가리키는 용어다. 그런데 모회사 화장품 광고는 X세대, 신세대란 용어를 TV에 등장시켜 이들의 문화 행태를 가시화시켰다. 그러나 이 용어의 등장 배경이 상업화된 자본에 의한 것이었기 때문에 용어가 지닌 본래적 의미를 상실하고, 개성을 위해 소비만을 부추기는 문화 행태를 유행시켰다. 이같은 유행은 급속도로 번져나가 우리 사회에 왜곡된 의미의 신세대 문화를 정착시켰다.

이와 같이 유행은 문화의 본질 자체를 왜곡시킬 수도 있다. 유행은 인간의 필요를 넘어서 욕망을 부추기는 형태의 문화 양상이다. 요즘 경제 성장률의 저하, 경상수지 적자, 과소비의 만연 등의 사회적 병폐를 야기시킨 주원인 중 하나가 유행이다. 이와 같은 현실에서 개성을 위한다는 이유로, 그리고 다른 사람들에게 뒤떨어진다는 이유로 유행을 따른다는 것은 근시안적인 생각이다. 참된 유행의 본질은 사회 정의를 실현시킬 수 있어야 하며 생산을 재창출할 수 있는 것이어야 한다.

문제 설정 2

인간은 끊임없이 변화를 추구한다. 인간이 행하는 모든 행위는 각 분야 나름대로의 성격에 알맞게 변증법적으로 변화하고 있으며, 우리는 이런 변화의 일관된 흐름을 유행이라고 부른다. 따라서 인간이 사회에 속해 있는 한 유행의 영향을 받지 않을 수 없다. 문제는 이러한 유행에 의하여 야기되는 변화가 과연 인간 생활 각 분야에 어떠한 영향을 끼치느냐 하는 것이다. 나는 여기서 유행이 사회 각 분야에 끼치는 긍정적 영향에 대해 논술하겠다.

우리나라는 유교문화권 국가이다. 어려서부터 자기 자신의 개성보다는 남의 시선과 사회의 일반적인 시각에 맞추어 생활해왔다. 그리하여 자신이 자신과 비슷한 대중 속에 위치하고 있을 때에 심리적 안정감을 느낀다. 이런 우리 사회의 특수성을 고려해 볼 때 유행이야말로 대중사회에 안정감을 제공할 수 있는 사회적 역할을 수행한다. 예를 들어 서양의 경우에는 남보다는 자신을 중요시하여 개성을 드러낼 수 있는 개인적 유행이 흔한 반면, 우리나라에서는 유행을 따르더라도 대중의 일반적 흐름과 일치해야 한다는 생각에서 비롯되는 '대중적 유행'이 흔한 현상임을 볼 수 있다.

우리 사회는 '선성장 후분배' 정책의 일관된 추진으로 단기간에 효과적인 경제성장을 이룰 수 있었다. 하지만 선진국 진입에 다다른 시점에서 이제는 생산 못지않게 소비의 중요성이 인식되고 있다. 생활수준의 향상으로 소비자의 취향이 다양해지고 있다. 이제는 소비자가 상품에 적응해야 하는 경제가 아닌 상품이 소비자의 기호에 적응하고 요구를 수용해야 하는 경제체제가 성립된 것이다. 이 시점에서 기업은 수많은 소비자의 요구를 골고루 수렴해야 하는 어려움을 안게 되었다. 이러한 상황에서 유행은 기업의 생산지표로서 활용된다. 가령 컴퓨터를 만드는 회사에서 XT부터 펜티엄까지를 모두 생산해 적자를 보고 있다면 이 회사에서는 소비자들의 유행 구매 모델을 선택해 이 제품에 집중 투자함으로써 기업의 이윤을 볼 수 있는 것이다.

60년대부터 문민 정부 직전까지 실시되었던 군사 독재로 우리 문화는 획일적 가치를 추구해 왔다. 힘과 권위에 억눌려서 진정한 가치를 추구하고자 하는 기본적 자세마저 무감각해진 현상에서 유행은 좀 더 자유로운 문화를 표현하고자 했던 대중의 감성을 재생시킨다. 그래서 한때는 표현하지 못하고 억눌렸던 문화의 자유를 대중에게 되돌릴 수 있는 실마리를 유행은 제공할 수 있는 것이다. 무시되었던 노동자들의 권리, 장발, 미니스커트 등의 표현의 자유 등은 좋은 예가 될 수 있을 것이다.

유행은 사회 변화의 특정한 흐름이며, 그 영향은 사회·경제·문화 등 인간의 활동 영역에 큰 영향을 끼친다. 물론 이런 변화가 부정적인 영향을 끼치는 면도 있을 것이다. 그러나 인간의 모든 변화는 변증법적으로 발전하게 마련이다. 정에서 시작된 변화를 얼마나 반을 줄이고 합으로 발전시키느냐에 우리는 관심을 두어야지 그 변화 자체를 무시해서는 안 된다. 이러한 작업의 몫은 우리 모두의 것이 아닐까 생각해본다.

3단계 ― 논술문 작성하기

최종적으로 논술문 작성이 문제이다. 특히 다음 네 가지에 주의하기 바란다.

1. 논제의 구성 조건 및 유의 사항 다시 한번 확인하기

논술문을 써나가기에 앞서, 그리고 반드시, 써나가는 도중에도 논제의 구성 조건 및 유의 사항을 재차 확인하는 자세가 필요하다. 논술문을 작성하는 과정에서 자기 자신도 모르게 애초 자신의 계획에서 이탈하여 삼천포로 빠지는 경우가 많다. 그러므로 항상 확인이 필요하다. 그리고 마찬가지 이유에서, 그때그때 자신이 진술해왔던 앞의 내용을 자주 검토해야 한다.

2. 서론―본론―결론 형식을 버리기

논술은 대개 서론―본론―결론 형식에 맞춰 써야한다고 하지만 대부분의 경우 옳지 않다. 2007년도 각 대학의 예시 논술 문제나 수시 논술 문제를 보면 400~500자의 짤막한 문제 서너 개와 1200~1600자 정도의 긴 논술 문제 한 문제로 구성되어 있다. 400자나 500자로 작성하라고 요구했는데도 서론과 본론과 결론을 다 갖춰 써야 한다면 참으로 난감할 일이다. 서론―본론―결론 형식에 맞추지 않더라도 글의 완결성만 유지하면 훌륭한 논술문이 된다는 점에 유의하자.

3. 개요 작성은 논제의 구성 조건에 따라

앞서 1단계 '논제의 구성 조건 파악'에서 상세히 설명했듯이, 개요는 논제가 요구하는 순서대로 짜면 될 일이다. 논제 속에는 이미 논술문의 구성까지 암시되어 있기 때문이다. 많은 학생들이 논술 문제를 받으면 일단 연습장에다 '서~ 본~ 결~'이라고 써놓고, '서론에서는 뭘 쓰지?' 하고 연필을 굴리면서 고민한다. 개요 작성은 이렇게 하는 것이 아니다. 논제의 요구 조건을 차례로 적어놓고, 하나하나 순서대로 내용을 채워나가면 될 일이다. 구질구질한 서론이나 중언부언에 지나지 않는 결론은 과감하게 버려라.

4. 개념화, 쟁점화, 구체화, 초점화, 구조화에 유의하라.

개념화

개념화란 구체적이고 특수한 사실이나 현상들을 한 마디로 묶어서 진술하는 것이다. 일반화나 추상화와 비슷한 개념이다. 소설이나 신화 같은 이야기가 제시문으로 나오면 개념화는 필수적이다. 이런 제시문에는 인물들의 구체적인 행동이 등장하기 때문에 이를 논제가 요구하는 방향에 맞게 일반화해서 정리해야 한다.

쟁점화

쟁점화란 쉽게 말해서 '이것이냐, 저것이냐'의 문제로 논점을 압축시키는 것이다. 쟁점화에서 중요한 것은 개념을 대비시켜 보는 일이다. 직접민주주의에 대한 글이라면 그와 대비되는 대의민주주의의 개념과 대비시켜 보라. 영웅적 삶–서민적 삶, 수직적 인간 관계–수평적 인간 관계, 열린 사회–닫힌 사회, 개인적 차원–사회적 차원, 본질–현상, 원칙주의–현실주의, 대중문화–엘리트 문화, 개방적 민족주의–폐쇄적 민족주의 등과 같이 개념을 대비해 가면서 쓰게 되면 훨씬 입체적인 글이 될 수 있으며 설득력도 높아진다. 물론 쟁점화를 필요로 하지 않는 문제도 있다는 점에도 유의하면서 적절하게 활용하되, 무리한 대비는 삼가야겠다.

구체화

구체화란 설득력을 높이기 위해서 다양한 방식으로, 주장을 뒷받침해 주는 것을 말한다. 정교화라고도 한다. 구체화의 방식에는 예시, 인용, 이유 제시, 상세화 등이 있다. 특정한 한 가지 방식으로 구체화할 것이 아니라 다양한 방식으로 하는 것이 중요하다.

특히 예를 들 때는 다음과 같은 질문을 차례로 해 보라.

1. 이 사례가 이 주제를 뒷받침하기에 적절한가? → 적절성
2. 이 사례가 이 주제와 관련하여 대표성이 있는가, 즉 지엽적인 사례에 지나지 않는 것은 아닌가? → 대표성(전형성)
3. 이 사례가 진부하지는 않은가? → 참신성
4. 이 사례가 앞서 들었던 사례와 구조적인 연관성이 있는가? → 연관성
5. 반대 사례는 없는가? → 사례의 쟁점화

초점화

초점화란 글의 중심을 분명히 하는 것을 말한다. 단락이든 한 편의 글 전체든 초점이 분명해야 한다. 이것은 곧 단락이나 글이 통일성, 완결성, 일관성을 갖추어야 한다는 말이기도 하다.

다음 단락을 보자.

> 철학의 가장 큰 세 기본 말들은 서양 철학의 로고스와 인도 철학의 브라만과 동양 철학의 도라고 한다. 서양 철학의 로고스가 '이성' 또는 '말'이라는 뜻을 가졌기 때문에 서양 철학은 처음부터 이성적이고 분명한 개념 철학이었다. 곧 서양 철학은 합리적이고 비판된 확실한 개념에 의존하는 철학이다. 인도 철학의 브라만은 우주와 자아의 근원이라는 뜻을 가졌으며, 따라서 인도 철학은 자아의 깊은 밑바닥과 우주가 통하는 형이상학적 성격을 가졌다. 동양 철학의 도는 자신과 인생을 함께 꿰뚫고 가는 본원적인 길을 뜻하는 것이어서 그것은 처음부터 자연과 인생의 조화를 이상으로 하는 수양의 철학이다. 이렇게, 철학의 기본 말의 성격은 그 철학의 본질을 규정한다.

이 단락에서 단락 전체를 대표하는 중심 문장은 마지막 문장이다. 첫 문장은 제시문(화제문, 도입 문장이라고도 한다.)에 해당되며 가운데 문장들은 중심 문장을 뒷받침하는 문장들로서 '상세화'에 해당된다. 이 단락은 마지막 문장을 중심으로 군더더기 없이 통일성과 완결성, 일관성을 완벽하게 갖춘 글이다. 논술에서도 이렇게 초점이 분명한 단락을 쓸 수 있어야 한다.

물론 전체글의 초점도 분명해야 한다. **전체글의 초점을 분명히 하려면, 전체글을 꿰뚫는 핵심 개념이 있어야 한다. 한편의 잘 된 글은 그 핵심 개념을 중심으로 정교하게 그려진 지도와 같다.** 그리고 글을 구성하고 있는 각 단락과 문장들은 핵심 개념을 벼리로 하여 구체와 추상 사이를 오가면서 진동한다. 그 진동의 폭이 곧 사고의 폭이며 사고의 깊이이기도 하다. 그 핵심 개념을 높이서 즉, 추상의 위치에서 바라보기도 하고(개념화, 일반화), 낮은 데서, 즉 구체적인 위치에서 바라보기도 해야 한다(구체화, 정교화). 그래야 그 핵심을 다각도로 깊이 있게 분석할 수 있다.

구조화

구조화란 전체를 구성하고 있는 요소들을 유기적으로 관련시키는 것이다. 초점화와 비슷하다. **구조화에서 특히 중요한 것은 각 항목들이 내용상 서로 관련되도록 하는 것이다.** 특히 글의 첫머리와 마무리 부분이 잘 관련되도록 하면 글의 통일성을 높일 수 있어서 좋다. 그리고 원인-해결책, 의의-한계 등은 사실 동전의 앞뒤와 같다. 의의를 뒤집으면 한계가 되기도 한다. 서로 어긋나지 않도록 해야 할 것이다. 그러나 기계적인 연관은 금물이다. 기계적으로 앞뒤를 연관시키다 보면 글의 내용이 전진하지 못하고 제자리에서 맴도는 경우가 많다. 주의해야 한다. 논술에서는 항상 유연한 사고가 중요하다.

또하나, 작은 문제이지만 짚고 넘어가자. 논술을 하다 보면 항목을 나열해야 할 경우가 많다. 이때 '첫째, 둘째, 셋째…' 이런 식으로 나열하면 딱딱하고 단조롭다. 이럴 때는 나열할 항목 중에서 주제와 관련하여 중요한 한 항목을 선택하고 그것을 마지막에서 강조해 줄 필요가 있다. 이를테면, '먼저, 다음으로, 그러나 이보다 더 중요한 것은…' 이렇게 말이다. 이렇게 되면 각 항목들이 구조화되어 초점이 강조되는 효과가 있다. 조금만 유의하면 누구나 활용할 수 있으므로 꼭 기억해 두자.

제 3 장 질문 유형에 따른 짧은 논술 쓰기 훈련

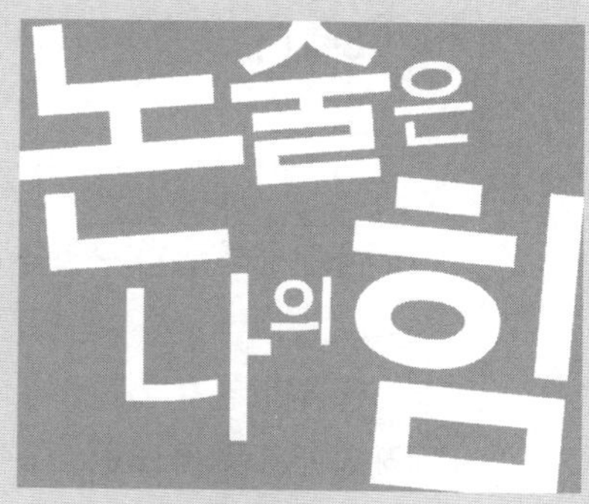

논술 지침서 중에는 무슨 수학 공식 같은 걸 '비법'이라고 내세우는 경우가 있다.

한 마디로 함정이다. 그리고 '10일만에 끝내는 논술' 어쩌고 하는 광고도 가끔 보인다. 역시 함정이다. 주의해야 한다. 하기야 논술 잘 하는 비법이나 공식이 있으면 얼마나 좋겠는가. 10일만에 논술을 끝낼 수 있다면 얼마나 좋겠는가. 그러나 논술은 수험생의 땀을 요구한다. 땀 흘리지 않고, 노력하지 않고 쉽게 되는 논술은 없다. 이 장부터는 그야말로 수험생 여러분들의 각고의 노력이 필요하다. 다양한 유형의, 다양한 제시문을 문제가 요구하는 조건에 부합되도록 분석하는 연습은 논술에서 필수적이다. 어느 대학에서 출제된 제시문인가를 따지지 말고, 한 문제 한 문제 정성 들여 풀어보기를 권한다. 이 장에 실린 제시문들은 모두 기출문제에서 엄선한 것들이다. 출제 교수들이 직접 뽑은 제시문들이야말로 가장 좋은 공부 재료임에 틀림없다.

1. 요약을 위한 기초 연습 ─ 글의 논리 구조 분석

예제 1

> 다음 글의 논리 구조를 분석하고 요약해 보자.
>
> ⓐ 만장일치의 규칙에 의해 움직이는 직접 민주제는 실현되기가 어렵다. ⓑ 모든 안건에 행해진 투표를 계산하는 데 필요한 방대한 관료 조직과 효율적 기술을 유지하는 데에는 엄청난 비용이 들고 번거롭다. ⓒ 뿐만 아니라 문제 안건들이 더욱 복잡해짐에 따라 정치 문제에 모든 시간을 할애하여 전담할 수 있는 사람들의 집단이 필요하게 될 것이다. ⓓ 끝으로 만장일치의 규칙에 의해 지배되는 국가는 사실상 비효율적인 국가가 될 것이다. ⓔ 어떤 정책이 획득한 지지율에 관계없이 단 하나의 반대 목소리도 그것을 저지시키기에 충분할 것이기 때문이다.

윗글에서 주장에 해당하는 문장은 ⓐ이다. ⓑⓒⓓ는 그 근거다. 세 가지 근거가 '뿐만 아니라', '끝으로' 등의 문단 기능어*에서 보듯이, 대등적으로 연결되어 있다. 마지막 문장 ⓔ는 ⓓ의 근거가 된다.

이 글의 논리 구조를 도식화하면 다음과 같이 된다.

---

* 문단 기능어 : 문장이나 단락을 이을 때 사용하는 기능어로서 다음과 같은 종류가 있다 ; 그리고, 더구나, 게다가, 뿐만 아니라, 덧붙여 말하면 등(첨가나 보충), 이에 비하면, 이와는 달리, 그러나, 하지만, 반면, 이에 반해 등(대조), 그런데, 한편 등(화제 전환), 말하자면, 예컨대, 예를 들면, 이를테면 등(예시나 비유), 곧, 다시 말하면, 바꿔 말하면 등(의미의 반복, 상세화), 요컨대, 이와 같이, 아무튼, 이런 점으로 보면 등(마무리), 그러므로, 그래서, 따라서, 그러니, 그러니까 등(원인과 결과), 그럼에도 불구하고, 그렇다고 해도, 비록 ~할지라도 등(양보). **글을 다각도로 깊이 있게 쓰려면 다양한 문단 기능어를 구사할 수 있어야 한다. 물론 남용은 금물이다.** '~지만, ~에도 불구하고, ~므로' 등과 같은 연결어미로 대체하거나 적절하게 생략할 줄 아는 요령도 필요하다.

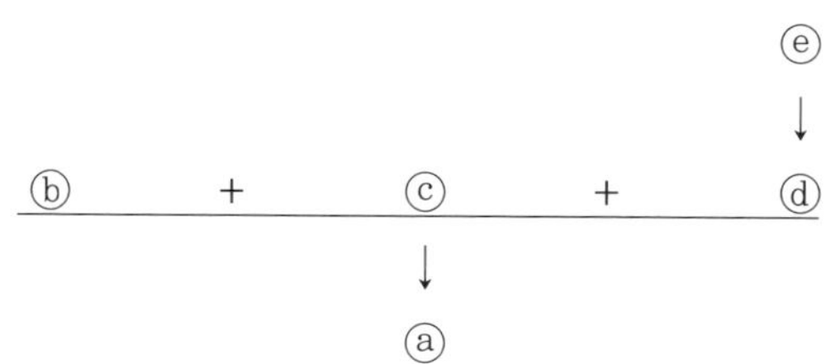

이런 논리 구조에 따라 이글을 다음과 같이 재구성할 수 있다.

> 만장일치제를 원칙으로 하는 직접 민주제는 그 제도를 관리할 방대한 조직과 전담 인력이 필요하고 엄청난 비용이 든다는 점에서, 그리고 단 한 명의 반대로 다수가 지지하는 정책이 무산될 수 있다는 점에서 매우 비효율적이다. 따라서 이 제도는 실현되기가 어렵다.

ⓒ에서 이야기하고 있는 '전담 인력'의 필요성은 ⓑ에서 언급한 '방대한 조직'과 관련된다. 또 ⓑ에서 든 '방대한 조직과 엄청난 비용' 등도 결국 이 제도의 비효율성이라고 볼 수 있다는 점에서 이 글의 표면상의 논리 구조에는 문제가 있다. 따라서 이 요약문에서는 '비효율성'을 핵심 근거로 해서 글을 다시 구성했다.

예제 2

> 다음 글의 논리 구조를 분석해 보자.
>
> 초목과 짐승 따위의 자연물도 자연에 변화를 가져온다. 초목은 산소를 뿜어내고 새나 짐승은 나무 위에 둥지를 틀거나 땅에 굴을 파는 등 자연에 변화를 가져온다. ⓐ 그러나 초목이나 금수가 만들어내는 것은 여전히 자연물이며, 그것들이 자연물 아닌 무엇을 자연 위에 추가하는 일은 없다. ⓑ 까치집도 자연물이고 너구리굴도 자연물이다. ⓒ 한편 인간만은 자연물 아닌 것을 만들어 내는 능력을 가졌다. ⓓ 인간이 짓는 건축물은 자연이 아니며, 인간이 파는 터널도 자연물이 아니다. ⓔ 인간이 제조하는 기계나 약품은 더욱 자연으로부터 멀리 떨어진 물건이다.

ⓓ는 ⓒ의 예시에 해당한다. 논리적으로는 ⓒ의 논거가 되겠다. ⓓ와 ⓔ는 대등하게 연결되어 있으며 모두 ⓒ의 예시(논거)가 된다. 이 글에서는 ⓐ와 ⓒ가 서로 대립 관계에 있지만 뒤에

위치한 ⓒ가 더 중요하다. 즉 ⓒ가 이 글 전체를 대표하는 문장이다. ⓐ와 ⓒ 두 문장을 이어서 하나의 문장을 만들면 다음과 같이 된다.

초목이나 금수가 만들어내는 것은 자연물이지만, 인간만은 자연물 아닌 것을 만들어내는 능력을 가졌다.

즉 이 글은 인간만이 자연물이 아닌 것을 만들어내는 능력을 가졌다는 것을 초목이나 금수와 대비해서 강조하고 있는 것이다. 한 편의 글을 요약할 때는 이렇게 대비되는 개념이나 진술을 잘 찾아서 활용하면 논지를 강조할 수 있다.

이 글의 논리 구조를 도식화하면 다음과 같이 된다.

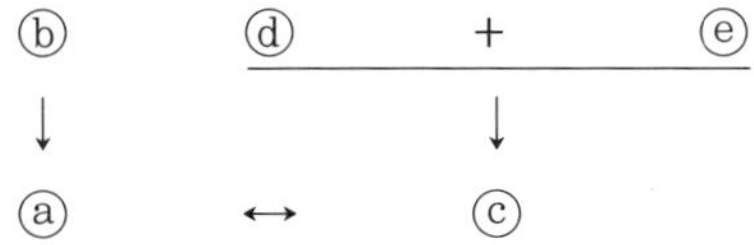

연습 문제 1

해설 및 예시 답안 → 4쪽

다음 글의 논리적 구조를 도식화하고 주장과 논거를 중심으로 간단히 요약해 보자.

ⓐ 건전한 민주시민의 교육은 단편적인 지식의 맹목적인 암기보다는 그러한 지식에 이르게 되는 과정 또는 절차에 주안점을 둘 때 비로소 가능하다. ⓑ 교사는 학생에게 일방적으로 지식을 전달하고 학생은 그것을 맹목적 또는 무비판적으로 받아들일 수밖에 없는 교육 풍토에서는 학생이 흑백논리적 사고를 기르기 쉽다. ⓒ 흑백논리적 사고에 젖어 있는 학생은 자신의 생각뿐만 아니라 타인의 생각에 대하여 비판적으로 음미할 줄 아는 능력이 부족하기 때문에 일단 자기의 입장이 옳다고 생각하면 그것에 이르게 되는 과정이야 어떻든 간에 절대적으로 옳다고 고집하고 상대방의 입장을 무조건 배척해 버리는 반민주적인 행동을 하게 된다. ⓓ 탐구식 또는 토론식 교육을 통하여 어떤 문제를 합리적으로 풀어나가는 절차 또는 과정을 중요시해야만 타협과 양보를 할 줄 아는 건전한 민주시민이 길러질 수 있다.

— 조성민, 「권위주의와 과잉간섭주의」에서

연습 문제 2

해설 및 예시 답안 → 5쪽

다음 글의 논리적 구조를 도식화하고 주장과 논거를 중심으로 간단히 요약해 보자.

ⓐ 어떤 의견을 발표하지 못하게 함으로써 생기는 특별한 손실은, 그것이 전 인류에게 ——현존하는 세대뿐만 아니라 후대에게도, 또한 그러한 의견을 품고 있는 사람들 이상으로 그러한 의견에 반대 의사를 품고 있는 사람들에게도——수많은 가치 있는 것을 상실하게 한다는 점에 있다. ⓑ 만일 그 의견이 옳다고 한다면 그들은 자기의 잘못을 버리고 진리를 행할 기회를 잃어버리고 만다. ⓒ 또한 그 의견이 잘못되어 있다고 하더라도 그들은 전자의 경우와 마찬가지로 커다란 이익을 상실하게 되는 것이다. 즉 진리 그 자체와 오류의 충돌로써 생겨나는 진리에 대한 보다 더 명확한 인식과 뚜렷한 인상을 잃어버리게 되는 것이다.

— 존 스튜어트 밀, 「자유론」에서

연습 문제 3

해설 및 예시 답안 → 5쪽

다음 글의 논리적 구조를 도식화하고 주장과 논거를 중심으로 간단히 요약해 보자.

ⓐ 과학이 발달하면 기술도 따라 발달하고, 이어 산업도 앞서갈 것이라는 믿음은 잘못된 생각이 돼버렸다. ⓑ 첨단 기술의 발전이 기초 연구를 유도해 과학의 발전을 초래하는 경우가 흔해졌기 때문이다. ⓒ 일본의 과학 수준은 얼마 전까지만 하더라도 미국에 비할 바가 못 되었다. 그러나 일본은 첨단 기술의 발전에 많은 힘을 쏟았으며, 그 결과 일본의 과학 수준도 상당히 미국을 따라잡고 있다.

—— 공성진, 『도전과 선택』에서

연습 문제 4

해설 및 예시 답안 → 6쪽

다음 글의 논리적 구조를 도식화하고 주장과 논거를 중심으로 간단히 요약해 보자.

ⓐ 항산(恒産)이 없더라도 항심(恒心)을 갖는 것은 오직 선비만이 그렇게 할 수 있습니다. ⓑ 일반 인민들에게 이르러서는 항산이 없으면 그 때문에 항심을 못 가지는 것입니다. ⓒ 만일 항심이 없어 바깥 유혹에 마음이 흔들린다면 방탕, 편벽, 사악, 사치 등 못할 짓이 없습니다. ⓓ 그러니, 이러한 일반 인민들이 죄에 빠진 연후에 뒤따라가서 처벌한다면 그것은 인민들을 그물 쳐서 잡는 것입니다. 어찌 어진 사람이 임금의 자리에 있으면서 인민들을 그물 쳐서 잡는 일을 할 수 있겠습니까.

—— 맹자

연습 문제 5

해설 및 예시 답안 ➔ 6쪽

다음 글의 논리적 구조를 도식화하고 주장과 논거를 중심으로 간단히 요약해 보자.

ⓐ 인간의 본성은 전적으로 이기적이라는 홉스의 견해를 따른다 할지라도 그는 여전히 심각한 난점에 부딪힌다. ⓑ 만일 인간의 모든 행위가 이기적이라면 홉스적인 국가 자체도 성립 불가능하기 때문이다. ⓒ 주권자가 홉스가 부여한 것과 같은 절대 권력을 가지게 되면 그는 강한 경찰력이나 군대와 같은 강력한 강제 기구를 장악할 수밖에 없다. ⓓ 그러나 홉스의 심리학에 따르면 경찰과 군인은 자신의 이익이 주권자의 그것과 충돌할 경우 자신의 이익을 위해 행위할 것이다. 즉 주권자와 그 하위 집행자는 서로 간에 자연 상태 하에 놓이게 되며 법과 질서를 유지시키게 되어 있는 강제 기구 자체의 와해를 초래하게 된다.

── N. 보위와 R. 사이몬, 『사회 정치철학 입문』에서

연습 문제 6

해설 및 예시 답안 ➔ 7쪽

다음 글의 논리적 구조를 도식화하고 주장과 논거를 중심으로 간단히 요약해 보자.

ⓐ 대중매체는 그것을 수용하는 대상이 없이는 성립될 수도 존재할 수도 없을 것이다. ⓑ 따라서 대중매체는 수용자와의 상호 관계 속에서만 존재할 수 있으며, ⓒ 그 중에서 특히 방송은 수용자와 밀접한 관계를 맺는다고 할 수 있겠다. ⓓ 방송은 가장 광범위하고 폭넓은 영향을 가진 대중매체인 동시에 국민들의 일상 문화로서 마치 현대 사회의 신경 조직과 같은 기능을 하고 있다. 그리고 ⓔ 방송에 있어서 송신자와 수신자, 즉 방송국과 시청자의 관계는 단순한 송·수신자의 관계를 넘어서 상호 전달 관계로 인식되고 있다. 이렇게 말할 수 있는 근거는 ⓕ 방송에 대한 시청자의 반응이 민감하고, 반응 방법이 용이하며, 반응의 속도나 파급 효과가 어느 매체보다도 크다는 점이 아닐까 한다. 또한 ⓖ 방송 프로그램 구성 자체가 어떤 식으로든 간에 시청자의 직접 또는 간접 참여로 진행되기 때문이라는 것도 빼놓을 수 없을 것이다.

── 어느 학생의 논술문 중에서

연습 문제 7

해설 및 예시 답안 → 8쪽

다음 글의 논리적 구조를 도식화하고 간단히 요약해 보자.

　윤리적 문제들 중에는 개인적 성격이 짙은 것들이 있고, 이와는 달리 사회적 성격이 지배적인 것들이 있다. ⓐ 그러나 따지고 보면 거의 모든 윤리적 문제들이 개인적 측면과 사회적 측면을 동시에 가지고 있다. ⓑ 예컨대 특정한 미혼 남자와 미혼 여자의 애정 관계는 당사자들에게만 국한된 개인 윤리적 문제로만 생각되기 쉽다. 그러나 이 문제 역시 중요한 사회적 측면을 가지고 있다. ⓒ 왜냐하면 남녀의 애정은 그들이 속한 사회의 상황과 여건의 영향을 현저하게 받기 때문이다. ⓓ 산업사회에서의 남녀의 애정은 분명히 농업사회에서의 그것과는 다르다. ⓔ 이렇게 볼 때 개인 윤리와 사회 윤리를 영역적으로 구별하려는 상식적 입장은 매우 제한된 타당성밖에 가지지 못한다.　　　　　　　　　　　　　　— 고범서, 『사회윤리와 시민윤리』에서

2. 요약하기

예제

> 다음 제시문을 200자 정도로 요약하시오.
>
> 지구는 하나의 마을이 되었다. 그러나 그것은 잠재적으로 그러하다. 왜냐하면 인류 역사상 지구 전체가 국경으로 분할된 수많은 나라들로 이처럼 잘게 쪼개진 적이 없기 때문이다. 여기에서 이러한 모순에 대해 논하고자 한다.
>
> 어떻게 세계화의 경향과 민족주의의 부활이 공존할 수 있는가? 왜 새로운 국가의 출현은 멈추지 않는가? 우리의 세계에는 약 3,000개의 민족적·문학적·언어적 단위가 살고 있다고 말하는데, 과연 어떤 원리로 민족국가를 지향하고자 하는 의지에 맞설 수 있을까? 아니면 우리가 몇몇 제국주의를 중심으로 한 세계의 재구성을 향해 나아갈 것인가? 세계화 또는 민족주의화, 민주적 자본주의를 중심으로 한 이념적 통일 또는 새로운 이념을 중심으로 한 소국분열주의로 나아갈 것인가? 우리는 이러한 변화들을 동시에 겪고 있다.
>
> 베를린 장벽의 붕괴는 유럽에 새로운 질서를 만들었다. 자유 보편주의는 집단적 행복이라는 경쟁 이데올로기를 쓰러뜨렸다. 그러나 역사는 거기에서 끝나지 않았다. 베를린 장벽이 붕괴되자, 많은 정치 해설가들은 모든 이데올로기적인 장벽이 사라지고 맥몽드(McMonde: 매킨토시와 맥도널드의 머리 부분을 따서 만들어진 프랑스어와 영어의 합성어로서, 기 소르망은 미국 중심의 세계화를 가리키는 말로 사용함)로의 전세계적인 통합이 진행될 것으로 예상했다. 그러나 예측과는 달리 하나의 세계로의 통합보다는 민족국가 중심의 세계 질서가 형성되고 있다.
>
> 뉴욕은 세계의 다양한 인종들을 거의 동시에 접할 수 있는 곳으로서, 세계화의 단면을 관찰할 수 있는 곳이다. 이곳에서는 미국인들과 함께 있다가 이탈리아인들을 만나고, 푸에르토리코인들과 헤어져 한국 사람들을 만나러 갈 수 있다. 맥몽드의 수도는 우리의 미래 모습일까?
>
> 서구의 모든 대도시들은 뉴욕에서 미래의 모습을 본다. 맥몽드로 이주해온 이민자들은 자신의 문화를 타문화와 융합시키는 대신 개별적으로 유지해나간다. 이렇게 해서 각 국가의 문화,

맥몽드의 코스모폴리탄적인 문화, 그리고 수입된 민족문화들이 공존한다. 이러한 공존은 평화롭게 이루어질 수도 있고 그렇지 않을 수도 있다. 뉴욕의 경우 유대인과 흑인들 간의 갈등은 평화롭지 못한 공존의 예다.

우리에게는 미국화에 대한 두려움이 존재한다. 이탈리아인 또는 독일인이 미국적 민주주의를 대신하거나 보완할 모델을 만들 거라고 기대하는 사람은 없다. 러시아나 중국에게 그러한 것을 기대하는 사람도 없다. '아시아적 가치'라고 말해지는 이념은 실속이 없을 뿐 아니라 그것은 단지 중국화된 엘리트에게만 호소력이 있다. 한편 이슬람교주의자들의 이념은 이슬람교주의자들 이외의 사람들이 포괄되는 것을 원하지 않는다. 그리하여 이제는 언어와 경제적 힘이라는 커다란 이점을 가지고 세계화를 열망하는 프랑스인들과 미국인들만이 남게 되었다.

드골주의의 탄생 이래, 미국이라는 거대한 골리앗에 대적할 수 있는 프랑스의 전략은 반론의 원칙이다. 미국 혼자만이 옳을 수는 없다. 우리에게 필요한 것은 미국에 대한 거부를 정당화할 프로젝트다. 그러나 그것은 종래의 프랑스식 모델이 아니다. 그러기에는 프랑스 모델도 너무 진부하다. 우리에게 필요한 것은 새로운 자유주의적 민주주의 안에서 각자의 개성을 포기하지 않고 세계에 뒤떨어지지 않는 새로운 삶의 방식이다. 오늘날 세계는 서구에서 비롯된 시장경제, 민주주의, 인권에 대한 수호원리 등을 기본 원리로 받아들이고 있다. 그리고 미국은 자신의 이데올로기를 다른 민족들에게 끊임없이 정당화하고자 하였으며, 다른 민족의 다양성을 무시함으로써, 다른 민족 및 국가의 신뢰를 잃게 되었다. 그러나 프랑스는 타문화들의 다양성을 중요시함으로써, 문화적 차이에 보다 주의를 기울이는 듯이 보인다.

── 기 소르망, 『열린 세계와 문명창조』에서

해설

이 글은 모두 일곱 개의 단락으로 되어 있다. 일단 각 단락 앞에 번호를 붙여놓고 함께 요약해 보자. 일단 이 글은 논리적으로 치밀하게 구성된 글이 아니라는 점을 염두에 두고 이 글의 논리 구조를 재구성할 수 있어야 할 것이다.

필자의 현실 인식 : 세계화로 인해 지구촌이 되어 가고 있는 이면에는 수많이 민족국가의 출현이라는 모순된 현실이 존재하고 있다.(①번 단락)

문제 제기 : 과연 세계화의 경향과 민족주의의 부활은 공존할 수 있는가?(②번 단락)

주장 1 : 현재 진행되는 세계화의 방식으로는 이 둘은 공존할 수 없다.

주장1의 논거 : 현재 진행되고 있는 세계화는 한 마디로 미국화이며(③번 단락), 미국은 자신의 이데올로기를 다른 민족들에게 끊임없이 정당화하고 있으며, 다른 민족의 다양성을 무시함으로써 신뢰를 잃고 있다(⑦번 단락). 이는 거대한 제국주의의 탄생을 예고하고 있다는 점에서(②번 단락의 일부 내용 응용) 각 민족국가들의 존재를 위협하고 있다.

주장 2 : 세계화와 민족국가가 공존하기 위한 역할을 프랑스가 담당할 수 있다.

주장 2의 논거 : 이탈리아, 독일, 러시아, 중국 등은 이러한 미국화에 저항하기 힘들다. '아시아적 가치'도 '이슬람의 이념'도 대안이 되기 힘들다.(⑥번 단락) 프랑스만이 이러한 미국화에 저항할 수 있다. 그것은 프랑스가 언어와 경제적 힘이라는 커다란 이점을 가지고 있기 때문이다(⑥번 단락 마지막 문장).

주장2의 실현 방안 : 미국화의 거부를 정당화할 프로젝트를 마련해야 한다. 그 프로젝트의 내용은 종래의 프랑스식 모델이 아니다. 그것은 '새로운 자유주의적 민주주의 안에서 각자의 개성을 포기하지 않고 세계에 뒤떨어지지 않는 새로운 삶의 방식'이 되어야 한다. 다시 말해 '각각의 민족문화가 가지고 있는 다양성을 중요시하면서 문화적 차이를 존중해야 한다'는 것이다. 프랑스는 이러한 일을 할 수 있다.

결국 이 글의 핵심은, 현재 진행되고 있는 세계화는 한 마디로 미국화일 뿐이며 그것이 민족국가의 존재를 위협하고 있다는 현실 인식 하에서, 각 민족들이 가진 문화의 다양성과 차이를 인정하는 새로운 세계화가 필요하며 그 역할을 프랑스가 할 수 있고 해야 한다는 것이다.

전체글의 주제는 '세계화'이며, 핵심 개념은 '다양성과 차이'이다. 이는 '미국화(미국식으로의 획일화)'에 대한 대립 개념이다.

▪▪ 이러한 분석에 따라 이 글을 요약해 보자.

세계화로 인해 지구촌이 되어 가고 있는 이면에는 수많은 민족국가의 출현이라는 모순된 현실이 존재하고 있다. 과연 이 둘은 공존할 수 있는가? 현재 진행되는 방식의 세계화로는 공존은 커녕 거대한 제국주의의 탄생을 예고하고 있을 뿐이다. 현재 진행되는 세계화는 한 마디로 '미국화'이기 때문이다. 미국은 '세계화'라는 이름으로 자신들의 이데올로기를 다른 민족들에게 강요하고 있으며 다양성을 무시하고 있다. 그렇다면 어떻게 해야 할 것인가. 미국화를 거부할 새로운 프로젝트가 필요하다. 그 프로젝트의 핵심 내용은 자유주의적 민주주의를 전제로 하되, 각 민족 문화의 다양성과 차이를 존중하는 방향이 되어야 한다. 그래야만 지구촌 안에서 각 민족국가들이 평화롭게 공존할 수 있다.(374자)

2단계로 더 간단히 요약해 보자.

현재 진행되는 세계화는 한 마디로 '미국화' 이다. 미국은 '세계화' 라는 이름으로 자신들의 이데올로기를 다른 민족들에게 강요하고 있으며 다양성을 무시하고 있다. 지구촌 안에서 각 민족들이 공존하기 위해서는 미국화를 거부할 새로운 세계화가 요구된다. 그것은 자유주의적 민주주의를 전제로 하되, 각 민족 문화의 다양성과 차이를 존중하는 것이다.(189자)

3단계로 더 간단히 요약해 보자.

지금 지구촌은 세계화라는 이름으로 온통 '미국화' 되어 가고 있다. 이것은 각 민족국가의 존재를 위협하는 것이다. 각 민족들이 가진 문화의 다양성과 차이를 존중하는 새로운 세계화가 요구된다.(105자)

4단계로 더 간단히 요약해 보자.

미국화를 거부하고 다양성과 차이를 존중하는 새로운 세계화가 요구된다.(38자)

어떤 경우에도 '세계화' 라는 주제어, '다양성과 차이' 라는 핵심 개념이 중심이 되어 있다. 이렇게 그 글의 전체 주제와 핵심 개념을 올바로 파악하는 것이 요약의 관건이 됨을 알 수 있을 것이다.

연습 문제 1

난이도 ★★★☆☆ 해설 및 예시 답안 ➜ 8쪽

다음 글을 150자 내외로 요약하시오.

인간의 가치 관념은 대개의 경우 어떤 비판적이고 합리적인 절차를 따라 스스로 검토하여 마련한 것이 아니라, 비판적–합리적 사고 능력이 미처 갖추어지지 않은 성장기에 거의 일방적으로 주입된다. 이것이 효과적으로 주입되면 될수록 심리적 성향 속에 깊숙이 융합되어 내면적인 성품을 형성하게 된다. 그리고 일단 인간의 내면에 깊숙이 자리잡은 가치 관념은 좀처럼 의식적인 비판의 대상이 되지 않고 일생 동안 가치 판단의 기준으로 작용한다.

비교적 행동 반경이 좁고 사고 기능이 단순한 유년기에는, 선과 악이라는 이분법적 관념이 행위의 지침을 위하여 대단히 유용하며 효과적이다. 이러한 지침은 구체적인 행위 하나 하나에 선과 악의 구분을 제시하게 되는데, 아직 미숙한 행위의 주체자는 심성의 발달 과정에서 그것을 자기의 성품 속에 융합시켜 나가게 된다. 그리고 이 행위 지침은 대부분의 경우 인간이 지닌 본능적인 행위 성향, 특히 이기적인 행위 성향에 수정을 가하여 더 폭넓은 사회 생활에 적합하도록 성품을 개조시켜 나간다. 이렇게 형성된 선과 악의 관념은 지능이 성숙해지는 성장기 말기에 가서 다소 주체적인 반성 과정을 거치기는 하지만 대체로 큰 수정 없이 일생을 지배하게 된다.

이러한 선과 악의 관념에 비하여, 우리 편과 상대 편으로 나누어 생각하는 구획 관념은 더 깊숙이, 인간의 본능 속에 그 기반을 두고 있다. 인간의 조상이 다른 동물들, 특히 맹수들과의 경쟁 속에서 성공적으로 생존을 유지해 온 진화 과정을 생각해 보면, 우리 편과 상대 편의 철저한 구분 의식이 대단히 유용한 역할을 했으리라는 점이 쉽게 짐작된다. 외부의 적과 대결하는 데에 집단적인 협동을 중요한 무기로 사용해 온 인류의 조상은 이러한 집단 구획 의식을 본능 속에 간직하지 않을 수 없었을 것이다. 그리고 일단 본능 속에 새겨진 이러한 성향은 비교적 짧은 문화 발전의 과정에서는 특별한 수정을 받기가 어려웠을 것이다. 그뿐 아니라 현대 이전에는 특히 민족의 생존을 위하여 이것이 유용한 방향의 기능을 해 왔다. 그러나 이러한 성향은 현대에 접어들어 제국주의의 팽창이나 민족간 갈등의 심화와 같은 역기능을 나타내기도 하였다.

인간의 성장 과정에서 보면 집단 구획 의식은 비교적 이른 유년기에 이미 발견되기 시작하며, 이것이 곧 선과 악의 관념과 결합하여 좋은 편과 나쁜 편을 구분하는 사회 의식으로 발전한다. 이 의식은 크고 작은 사회 집단 사이에 대립과 갈등을 낳고, 나아가 민족간–국가 간의 갈등까지도 빚어내게 된다고 할 수 있다. 좋은 편과 나쁜 편을 구분하는 이러한 사회 의식은 근본적으로 그 바탕에 깔린 본능적 구획 성향과 함께 일생 동안 인간의 사고 및 행위 양식을 지배하게 된다.

연습 문제 2

난이도 ★★★☆☆   해설 및 예시 답안 → 9쪽

다음 글을 200자 정도로 요약하시오.

많은 사람들은 아직도 개인주의를 이기주의와 동일시하고, 이타주의는 집단주의와 동일시하는데, 이것은 낭만주의적 관념의 영향이다.

그러나 이런 생각은 인간이 타인들과의 관계 속에서 자신의 고유한 중요성을 어떻게 잘 드러낼 수 있을 것인가 하는 주요한 문제를 명확하게 인식하는 데에 방해가 된다. 우리는 흔히 우리 자신을 넘어선 어떤 것, 우리가 헌신할 수 있는 어떤 것, 우리가 그것을 위해 희생해도 될 어떤 목적을 지향해야만 한다고 여기는 것을 당연하게 받아들인다. 따라서 그와 같은 어떤 것은 바로 '역사적 사명' 을 가지고 임해야 할 집단적인 것임에 틀림없다고 결론을 내린다. 그렇기 때문에 우리는 희생하라는 말을 듣게 되며, 동시에 그렇게 하면 훌륭한 거래를 한 것이라고 확신한다. 희생을 한다 하더라도 그 결과 명예와 명성을 얻게 된다는 말을 우리는 자주 듣는다. 우리는 역사의 무대에 등장하는 영웅, 곧 역사의 '주역(主役)' 이 될 것이요, 작은 위험을 무릅쓴 대가로 큰 보상을 얻게 된다는 것이다.

이것은 극소수 사람들만의 가치가 인정되고 평범한 사람들은 버림받은 시대의 미심쩍은 도덕률이요, 역사 교과서에 한 자리 차지할 기회를 가진 정치적 귀족이나 지적 귀족들의 도덕률이라 하지 않을 수 없다. 그것은 도저히 정의와 평등주의를 찬성하는 사람들의 도덕률일 수가 없다. 역사적 명성이란 정의로운 것일 수 없는 것이요, 극소수의 사람들만이 획득할 수 있는 것이기 때문이다. 그들 못지 않게 존귀한 무수한 사람들은 언제나 잊혀지게 될 것이다.

한층 고차적인 보상은 후대만이 줄 수 있다는 윤리적 교설이 눈앞의 보상을 찾으라고 가르치는 교설보다 아마 어떤 면에서 조금 우월하리라는 것은 인정해야 마땅할지도 모른다. 그러나 그 교설은 지금 우리에게 요구되는 것은 아니다. 우리에게는 성공과 보상을 거부하는 윤리가 필요하다. 그리고 이런 윤리는 굳이 창안해 낼 필요도 없다. 그것은 새로운 것이 아니고, 이미 기독교가 가르쳤던 것이다. 적어도 초창기 기독교는 그러했다. 그것은 다시 우리 시대에 와서 산업에서의 협업뿐만 아니라 학문 활동에서의 협업이 가르치는 바이기도 하다. 다행스럽게도 낭만적인 역사주의적 명성의 도덕률은 이제 쇠퇴의 길에 접어든 것으로 보인다. 무명 용사가 그것을 보여준다. 희생은 익명으로 이루어졌을 때 더 소중할 수 있다는 것을 우리는 깨닫기 시작했다. 우리의 윤리 교육도 이 길을 따라야만 한다.

우리는 자기의 일을 행하도록 배워야만 하고, 우리가 자신을 희생할 때는 그 일 자체를 위해서 해야 하며, 허구적인 '역사의 의미' 에서 찾으려 해서는 안 된다. 우리의 정당성은 우리의 일에서, 말하자면 우리가 하고 있는 일 자체에서 찾아야 마땅하며, 허구적인 '역사의 의미' 에서 찾으려 해서는 안 된다. — 포퍼(K. R. Popper, 1902~1994)의 『열린 사회와 그 적들』에서

연습 문제 3

난이도 ★★★★☆　해설 및 예시 답안 → 11쪽

다음 글을 요약하시오.(200자, 100자, 50자)

　공리성 또는 최대 행복의 원리를 도덕의 기초로 받아들이는 신조는, 행위가 행복의 촉진을 돕는 것에 비례해서 바르고, 행복의 반대를 낳는 것에 비례해서 그르다고 여긴다. 행복은 쾌락과 고통의 결여를 의미하고, 불행은 고통과 쾌락의 상실을 의미한다. 그런데 이러한 공리주의의 원리는 많은 사람들에게, 특히 가장 존경되어야 할 사람들에게 반발과 뿌리 깊은 혐오를 불러일으킨다. 그들은 삶이 쾌락보다 높은 어떠한 목적도 가지지 않는다는 생각을 전적으로 천하고 야비하다고 보고, 돼지에게 어울리는 학설이라고 비판한다. 에피쿠르스의 후계자들은 처음부터 그러한 돼지에 비유되며 경멸되었다.

　이렇게 공격되었을 때, 에피쿠르스 학파는 언제나 다음과 같이 대답하였다. 즉 인간의 품위를 떨어뜨리는 관점에서 인간성을 파악하는 것은 그들 자신이 아니라 그들을 비난하는 사람들이다. 왜냐하면 이러한 비난은, 인간 존재는 돼지가 갖고 있는 쾌락 이상의 어떠한 쾌락도 누릴 수 없다고 여기고 있기 때문이다. 실로 쾌락의 원천이 인간 존재에서나 돼지에서 정확히 같은 것이라면, 인간 존재에게 십분 좋은 생활 규칙은 돼지에 대해서도 충분히 훌륭한 것이다. 에피쿠르스적 삶을 동물의 삶과 동일시하며 비판하는 것이 그릇된 명확한 이유는 동물의 쾌락이 인간 존재의 행복 개념을 만족시키지 않는다는 사실에 있다. 인간 존재는 동물적 욕구보다 더 높은 여러 능력을 가지고 있으며, 그 능력을 만족시키지 않는 한, 어떠한 것도 행복으로 간주하지 않는다. 에피쿠르스적 삶의 이론으로 알려진 모든 이론은 지성의 쾌락, 상상력의 쾌락, 도덕적 감성의 쾌락을 단순한 감각의 쾌락보다 훨씬 더 높은 쾌락으로서 그 가치를 인정하고 있다.

　쾌락에서 질의 차이란 무엇을 의미하는가? 하나의 쾌락을 다른 쾌락보다 더 가치 있게 하는 것은 무엇인가? 이에 대해 가능한 답은 하나밖에 없다. 즉 어떤 두 가지 쾌락을 경험한 사람이, 그 후에 그 중 하나를 선택해야 할 상황에서, 주저없이 하나의 쾌락을 선택한다면, 바로 그것이 명백히 더 높은 쾌락이다.

　그런데 두 가지 쾌락을 다 같이 잘 알아서 평가하고 향유할 수 있는 사람들은 보다 높은 능력을 행사할 때 얻어지는 쾌락에 더 많은 가치를 주리라는 것은 의문의 여지가 없다. 아마 어느 누구도 동물적 쾌락을 완전히 만끽하기 위해서 자기를 하찮은 동물로 변신시키는 것에 동의하지 않을 것이다. 고급의 능력을 가지고 있는 존재는 행복하게 되기 위해서 하급형 존재보다 더 많은 것을 필요로 한다. 아마도 고급의 능력을 가진 자는 그것을 만족시키는 과정에서 더 강한 고통을 받을 수 있다. 그러나 이러한 경향에도 불구하고 그들은 자기보다 미천한 삶으로 전락하려 하지 않을 것이다. 그 이유는 그들이 자신의 존엄성을 지키려고 하기 때문이다. 자신을 존엄하게 여기는 마음, 즉 자존심이 강한 사람들에 있어서는 그 자존심이 그들 행복의 본질을 이루고 있기 때문에, 그것에 배치되는 어느 것도 그들의 욕망의 대상이 될 수 없다. 쾌락을 누릴 수 있는 능력이 낮은 사람은 그 능력을 십분 만족시킬 수 있는 최대의 기회를 가지는 반면, 고도의 능력을 갖춘 사람은 기대할 수 있는 모든 행복을 언제나 불완전하게 느낄 것이다. 그러나 그는 이 행복의 불완전성을 극복하는 것을 배울 수 있다. 그리고 그는 이러한 행복의 불완전성 때문에 그것을 선이라고 인정할 줄 모르는 사람을 선망하지는 않을 것이다. 만족한 돼지보다는 불만 가지는 인간으로 있는 것이 낫다. 만족한 사람보다는 불만족스러운 소크라테스가 낫다.

— 존 스튜어트 밀의 『공리주의』에서

연습 문제 4

다음의 제시문은 플라톤의 『국가』에서 발췌한 것이다. 이 글에서 화자(話者)는 소크라테스의 생각을 비판하면서 '올바른 것'에 대한 나름의 주장을 개진하고 있다. 그 논지와 논거를 요약하시오.(300~600자)

선생께서는 양이나 소를 치는 이들이 양이나 소에게 좋은 것을 생각하면서 살찌게 돌보는 것은 주인과 자신에게 좋은 것이 아닌 어떤 것을 염두에 두어서라고 생각하시니까 그렇게 말씀하시는 것입니다. 더구나 선생께서는 참된 의미의 통치를 하는 이들이 다스림을 받는 이들에 대해서 마음쓰는 것은 사람들이 양들을 대할 때와는 어떻게든 다른 데가 있다고 생각하시는데, 그것은 통치자들이 자신의 이득을 보게 될 것과는 그래도 다른 어떤 것을 밤낮으로 생각하고 있다고 믿고 계시기 때문입니다. 그래서 선생께선 올바른 것과 올바름, 올바르지 못한 것과 올바르지 못함에 관해서도 그토록 캄캄하셔서 다음과 같은 사실조차도 모르고 계실 정도입니다. 말하자면 올바름과 올바른 것이란 실은 '남에게 좋은 것', 즉 더 강한 자와 통치자에게 편익인 것이지만 복종하며 섬기는 자에게는 '자신에게 해가 되는 것'인 반면에, '올바르지 못함'은 그 반대의 것입니다. 그래서 사실은, 다스림을 받는 사람들은 강한 자에게 편익인 것을 행하여 그를 섬기며 행복하게 만들지언정 결코 자신들을 행복하게 만들지는 못합니다.

그러니까 지극히도 순진하신 소크라테스 선생이시여, 이에 대해서는 이렇게, 즉 올바른 이는 올바르지 못한 자보다 어떤 경우에나 '덜 가진다'고 생각하셔야만 합니다. 첫째로, 상호간에 계약 관계를 맺고 협력하다가 그 관계를 해지할 경우에, 올바른 이가 올바르지 못한 자보다 '더 많이 차지하는' 걸 선생께서 목격하실 경우는 전혀 없을 것이지만 '덜 차지하는' 걸 목격하실 경우는 있을 것입니다. 다음으로, 나라에 세금을 낼 일이 있을 때에 같은 재산을 근거로 해서도 올바른 사람은 더 많이 내지만 올바르지 못한 사람은 덜 내거니와, 나라에서 받을 것이 있을 때에는 한쪽은 아무 이득도 못 보지만 다른 쪽은 많은 이득을 봅니다. 더 나아가, 이들이 저마다 어떤 관직을 맡고 있을 때에도, 올바른 사람의 경우에는 오히려 제 집안 일을 소홀히 함으로써 집안형편을 한결 더 어렵게 만들지언정 그의 올바름 때문에 국고에서 이득을 보는 것이라곤 전혀 없습니다. 게다가 친척들이나 친지들을 부당하게 도와주려고 하는 일이 전혀 없고 보면, 이들에게서 미움마저 사는 일이 있을 수도 있습니다.

하지만 올바르지 못한 사람의 경우에는 모든 것이 이와 정반대일 수가 있습니다. 제가 말하려는 사람은 방금 말한 사람, 즉 남들보다 크게 '더 많이 차지할' 수 있는 사람입니다. 그러니 만약에 선생께서 올바름보다 올바르지 못함이 개인적으로는 자신에게 얼마나 더 이로운지를 진정으로 알고 싶으시다면, 그런 사람을 생각해 보세요. 그런데 선생께서 무엇보다도 제일 쉽게 이를 이해하시게 되는 것은 가장 완벽한 상태의 올바르지 못함을 생각해 보시는 경우입니다. 그건 올바르지 못한 짓을 한 자를 가장 행복하도록 만들지만, 반면에 그걸 당한 이들이나 그런 짓이라곤 아예 하려고 하지 않는 이들을 정말 비참하게끔 만드는 경우입니다. 참주(僭主) 정치가의 경우인데, 이는 남의 것을 신성한 것이건 세속의 것이건 개인의 것이건 공공의 것이건 간에, 몰래 그리고 강제로 빼앗기를 조금씩 조금씩 하는 게 아니라 단번에 깡그리 하죠. 이런 올바르지 못한 행위들의 일부를 어떤 사람이 몰래 해내지 못할 때, 그는 처벌을 받고 큰 비난을 받습니다. 사람들이 신전(神殿) 절도범, 납치범, 가택 침입 강도, 사기꾼, 도둑이라 불리는 것은 이와 같은 못된 짓들과 관련하여 부분적으로 올바르지 못한 짓을 했기 때문입니다. 그러나 어떤 사람이 시민들의 재물뿐만 아니라 그들 자신마저 납치하여 노예로 만들게 될 땐, 그런 부끄러운 호칭 대신에 행복한 사람이라거나 축복받은 사람이라 불리지요. 비단 자기 나라의 시민들에게서만이 아니라, 이 사람이 전면적인 불의를 저질렀다는 소식을 들은 다른 모든 사람에게서도 말입니다. 올바르지 못함을 비난하는 사람들이 막상 그걸 비난하는 것은 스스로 올바르지 못한 짓을 행하는 것을 꺼려해서가 아니라 그 피해를 당하는 것이 두려워서니까요.

소크라테스 선생, 이처럼 올바르지 못한 짓이 큰 규모로 저질러지는 경우에는, 그것은 올바름보다도 더 강하고 자유로우며 전횡적인 것입니다. 그러니 제가 처음부터 말씀드렸듯이, 올바른 것은 더 강한 자의 편익이지만 올바르지 못한 것은 자신을 위한 이득이며 편익입니다.

연습 문제 5

난이도 ★★★☆☆　해설 및 예시 답안 → 14쪽

다음 글을 요약하시오.(500자, 100자)

　우리의 윤리적 현실은 권위나 연고에 의거한 도덕의 단계에 머물러 있는 것으로 생각된다. 가부장적인 봉건 질서에 바탕을 둔 유교의 윤리가 권위를 중심으로 한 가족주의적 윤리를 조장해 온 것은 부인할 수 없는 사실이다. 삼강(三綱)의 윤리는 더 말할 나위도 없고 오륜도 원래는 도덕적 관계를 맺는 당사자간의 상호 의무를 전제하는 쌍무도덕이 그 기본 정신이었으나 가부장적인 봉건 질서의 토양 속에서 일방적이고 권위주의적인 것으로 변질되었다. 즉 상급자의 하급자에 대한 의무보다 하급자의 상급자에 대한 의무가 일방적으로 강조되어 왔던 것이다. 이러한 도덕의 그물망에서 오랜 단련을 받아 오는 가운데 우리는 부지불식간에 권위주의적인 가족주의 도덕에 길들어 오게 된 것이다.

　전통적 유교 윤리가 공맹(孔孟)의 기본 덕목인 인(仁)과 의(義)의 기본 정신에 있어서는 지극히 보편적이고 개방적이며 자유적인 성격의 것이었으나 이러한 보편적인 사랑을 실천할 때 개인에서 가정, 가정에서 국가, 국가에서 세계에로의 확대되는 동심원적 단계를 설정하는 방식으로 인해 원래의 기본 정신이 왜곡되고 곡해되는 성향을 본질적으로 지니게 되었다. 더욱이 사랑의 구체적인 실현 과정에 있어, 인간이 지닌 사랑할 수 있는 역량의 한계로 인해 사랑이 개인에게 머물면 이기주의가, 가족에게 머물면 가족주의가, 국가에서 머물면 국가주의가 생기게 된다. 그리고 사랑이 일정한 단계에서 정지할 경우 그 동심원밖에 있는 타자에 대해서는 지극히 배타적인 성향을 보이게 됨으로써 타인에 대한 이기주의적 배타성이, 다른 가족에 대해서는 가족주의적 배타성이, 타민족이나 국가에 대해서는 민족주의적 국가주의적 배타성이 양산될 가능성이 있다.

　또한 일반적으로 우리에게는 '줄서기' 의식이 부족하다고들 한다. 서서 자기 차례를 기다리는 정신 속에는 평등 의식과 공정한 정신이 내포되어 있다. 물론 이것은 인내에 대한 보상이 약속되는 전제 아래 가능하다. 정직하게 줄을 서서 기다리는 자가 남들의 새치기와 기만에 의해 자신의 정직이 배신당할 경우, 누가 그런 인내를 감수할 것인가? 우리의 경우 지금까지 성실이 배신되고 정직한 기대가 좌절되어 온 기억들이 대부분이다. 그러나 사실상 이러한 배신을 하고 이러한 좌절을 안겨 준 사람 또한 우리 스스로라는 점을 깊이 자각하지 않으면 안된다. 우리 스스로 배신의 가해자요 피해자였으며 우리 스스로가 좌절시키고 좌절당해 온 것임을 알아야 한다. 결국 우리가 한 일의 결과가 우리 스스로에게 돌아왔다는 부메랑 현상에 눈을 떠야 한다.

　우리는 줄서기에는 낙제인 데 비해 '줄타기' 에는 명수다. 출세를 위해서는 고지식하게 줄을 서서 기다리기보다는 줄타기를 하는 것이 훨씬 손쉽고 효과적인 방편이 된 사회에서 살아왔기 때문이다. 사회의 곳곳에 계층적 상승을 위해 드리워진 줄들이 우리를 기다리고 있다. 곳곳에 줄은 있으나 그것을 아무나 탈 수 있는 것은 아니다. 설사 실력을 갖추고 있다 할지라도 줄이 닿지 않으면 힘을 쓰기 어렵다. 진정한 실력과 줄타는 실력 양자를 갖추어야 제격이다. 그런데 전자의 실력은 개인의 노력에 좌우될 수 있으나 후자의 실력은 개인의 노력과는 전혀 무관하게 결정되며 그런 의미에서 후자는 우연적이고 운명적이라 할 수 있다.

대체로 말해서 우리 사회는 아직도 권위와 연고가 힘을 쓰는 사회이다. 그래서 아직도 갖가지 독재와 독선이 서식할 수 있는 토양이 있으며 지방색과 지역 감정이 뿌리를 내릴 수 있다. 그런데 혹자는 오늘날 한국 사회에 윤리의 기강이 무너졌다고 개탄한다. 그러나 이 말은 우리가 반드시 부정적으로만 받아들일 필요는 없으며 경우에 따라서는 긍정적인 측면도 없지 않다. 만일 땅에 떨어진 윤리와 기강이 권위와 도덕, 연고에 의한 윤리라면 그 위기는 오히려 새로운, 이성에 의한 자율적 도덕에로 나아가는 과도적인 전기일 수도 있기 때문이다. 권위와 연고에 의해 지탱되던 질서 체제가 권위가 힘을 잃고 연고의 줄이 끊길 경우에 잠정적인 무질서와 도덕적 무정부 상태는 불가피한 일이다. 중세가 무너지고 근세가 대두할 때 서구인이 체험한 것은 바로 그런 권위의 붕괴와 연고의 무력화인 것이다. 그러나 여하튼 이와 같은 윤리와 질서의 공백 상태를 극복할 새로운 가치 체계와 윤리관을 구상하지 않으면 안된다. 이러한 무질서를 두려워해서 전통 윤리에로의 손쉬운 퇴행을 한다는 것은 금물이다. 그것은 바람직하지도 않을 뿐만 아니라 가능하지도 않으며 시대착오적인 망상에 불과하다.

우리보다 앞서 이러한 전환기를 경험한 서구인의 역사는 우리에게 귀중한 타산지석이 아닐 수 없다. 중세적 질서 체계가 붕괴된 윤리적 공백기에서 그들이 세운 질서는 시민사회의 그것이었다. 그것은 일단 갖가지 권위와 우연적 연고로부터의 해방을 약속했다는 점에서 바람직한 길이었다. 그것은 인간에게 자유와 평등을 약속하였고 적어도 정치적인 면에 있어서는 이러한 약속이 어느 정도 이행된 것도 사실이었다. 그러나 그것은 인간의 진정한 해방도, 인간의 참다운 자기 실현도 가져오지 못했으며 따라서 시민사회는 그것이 비춘 빛에 못지 않게 드리운 그림자 또한 긴 것이었다. 형식적인 자유와 실속 없는 평등과 이익만을 추구하는 상업주의적 풍토 속에서 인간은 서로로부터 고립되고 자신에게까지 낯선 존재가 되고 말았다. 시민사회의 연장선상에서 전개된 대중적 산업 사회의 적막함과 황량함 속에서 서양 사람들은 시민사회를 대체하거나 보완할 수 있는 새로운 질서를 갈구하고 모색하고 있다. 우리가 서 있는 역사적 좌표는 바로 이 지점이다. 중세적 봉건 질서의 멍에에서 벗어나는 일과 근세적 시민 질서의 허상을 자각하는 일에서 시작해야 하는 이중의 과제가 우리를 기다리고 있다.

연습 문제 6

난이도 ★★☆☆☆   해설 및 예시 답안 → 15쪽

다음 글에 나타난 창조와 상상력과의 관계에 대한 글쓴이의 생각을 정리하고, '이연연상二連聯想'의 개념을 예시의 방법으로 설명하시오.(500~600자)

순수 예술 분야에 있어서의 창조는 상상력이 가장 순수하게 발휘된 결과이다. 베토벤의 음악이 그렇고, 칸딘스키의 미술이 그렇다. 그들은 아름다움을 창조하기 위하여 상상력을 종횡무진으로 발휘할 것이다. 상상력은 퀴리 부부가 라듐을 발견할 때에도 결정적인 역할을 했다. 퀴리 부부는 피취블랜드 광석 속에 있는 우라늄의 산화물로부터 라듐을 분리해 내기 위해 4년 동안 실험을 계속하였다. 그들은 무려 5,677회의 실험 끝에 라듐이 녹아 있을 것으로 믿어지는 용액이 담긴 그릇에서 액체가 증발한 후 라듐의 결정이 나타나기를 기다리고 있었다. 그러나 액체가 다 증발한 후에도 그릇 속에는 아무 것도 남아 있지 않았다. 퀴리 부부는 낙망 속에 그날 밤을 지샜다. 그러다가 잠을 자다가 퀴리 부인이 문득 "라듐의 양이 아주 적다면 그릇 밑바닥에 눈에 보이지 않을 만큼이라도 라듐이 깔려 있을지도 모른다"는 생각을 해냈다. 이 생각이 떠오르자 퀴리 부인은 곧장 실험실로 달려가 그 빈 그릇을 찾았다. 그녀는 한밤의 어둠 속에서 빈 그릇의 밑바닥에서 푸른 빛을 발견했다. 라듐의 존재를 예언한 지 45개월 후의 일이었다. 이미 존재하고 있는 진실을 찾아내는 데 있어서도 상상력은 그렇게 중요했다.

어려서부터 신동으로 이름난 모차르트는 5세 때 이미 훌륭한 하프시코드 곡을 작곡했다고 한다. 실로 그 천재성은 신비롭다. 그렇다면 창조의 원천인 상상력은 일부 천재들만의 전유물일까? 문학·예술·수학·과학 등 여러 분야에서 우리는 천재들의 업적을 많이 접하게 된다. 그러나 산업의 역사를 훑어보면 대개의 창조적인 업적들이 천재성이 아닌 평범성을 바탕으로 하고 있음에 놀라게 된다. 예컨대 어느 식품 회사에서 용기면을 개발할 때, 용기면에 더운물을 붓고 기다려야 하는 3, 4분을 소비자에게 좀더 유용한 시간으로 만들어 주기 위해 용기면 덮개에 숨은 그림찾기나 생활 영어를 수록한 발상은 가히 일품이다. 그러나 그것을 생각해내는 일은 신비로운 천재성을 필요로 하지는 않을 것이다.

상상력이 활발한 사람에 관한 많은 심리학 연구의 결과들도 (1)열의, (2)몰두, (3)독립심, (4)성취감 등으로 그들의 특징을 규정하고 있지 어떤 천재적 능력을 꼽지는 않고 있다. 단, 상상력이 창조로 연결되는 길목에 신비로운 요소의 개입이 있다고 한다면 그것은 이연연상(二連聯想)의 작용이라고 할 수 있다. 『창조적 행동』의 저자인 심리학자 아서 쾨스틀러는 이연연상이라는 개념으로 상상력이 창조에 연결되는 하나의 과정을 설명하고 있다. 그에 의하면 창조적 역량을 지닌 사람들은 해결하고 싶은 어떤 문제에 부딪치면 모든 열정과 정열을 거기에 쏟아 붓는다. 그러나 열정과 정열만으로 문제가 해결되는 것은 아니다. 문제가 해결되지 않아 좌절감과 곤경에 빠져 있을 때 그들은 방황하고 고민에 잠긴다. 그러는 중에 그때까지는 서로 관계가 없었던 어느 경험과 또 다른 경험이 어떤 순간 서로 관계를 맺게 되는 순간적 신호를 얻게 된다고 한다. 그동안 모호했던 생각이 적절하고 우아한 개념의 형태로 그의 머릿속에 번쩍이게 되는 것이다.

오랫동안 대중의 사랑을 받아 오고 있는 스낵인 '○○깡'의 상품명을 지을 때 있었던 일이다. 담당자는 제품에 붙일 적절한 이름이 생각나지 않아 고민하고 있었다. 그러다가 하루는 세 살 난 어린아이가 '아리랑' 노래를 부르는데 '랑' 자의 발음이 어려웠던지 '아리깡 아리깡' 하고 발음을 하는 것이었다. 여기서 '깡'이라는 음이 말을 배우기 시작하는 어린아이조차 쉽게 발음할 수 있는 음성적 특성을 지니고 있다는 착상을 하게 되었다. 여기서의 이연연상도 결국 열의와 몰입과 같은 자세와 의지의 산물이었지 천재성에 말미암은 결과는 아니었다. '깡' 자 하나 생각해 내는데 천재성이 필요하다고 주장할 수 없기 때문이다. 상상력이 창조로 연결되는 세계는 분명히 목표 의식과 줄기찬 노력이 계속되는 곳이다.

연습 문제 7

난이도 ★★★☆☆ 해설 및 예시 답안 → 16쪽

다음 글을 읽고 밑줄 친 '원숭이 정서' 라는 개념에 초점을 맞추어 이내로 요약하시오.

한 사람의 독자로서 송강을 생각할 때 그의 가사와 시조는 무엇보다 한글로 씌어져 있고, 자신의 심성을 자신의 흥과 목소리로 노래했다는 점에서 큰 매력을 느낀다. 그의 시가 「사미인곡」처럼 봉건 사회의 이데올로기에 얽매인 모습에서는 어쩔 수 없는 답답함을 느끼지만 「장진주사」에 이르러서는 호쾌한 낭만과 분출하는 정서의 발산으로 인하여 밉지 않은 허무적 도피라는 생각도 든다. '한 잔 먹세그려, 또 한 잔 먹세그려 / 꽃 꺾어 셈하면서 무진무진 먹세그려' 로 시작하는 '장진주사' 에는 자연의 움직임을 받아들이고 그 생동감에 동참하는 분방함이 잘 드러나 있다. 이 분방함이야말로 바로 우리를 괴로움도 쓸쓸함도 없는 세계로 깊숙이 빠져들게 하는 풍류이다.

이러한 낭만과 호기라면 한 번쯤 가져 볼 만하지 않겠는가. 그렇다 하더라도 나는 '장진주사' 를 무작정 좋아만 하지는 않는다. 내게는 그럴 만한 풍류도 허무도 없기 때문이다. 특히 마지막 구절 '쌀쌀한 바람 불 때 / 누가 한 잔 먹자 할꼬 / 하물며 무덤 위에 원숭이 휘파람 불 때 뉘우친들 무엇하리' 에서의 '원숭이 휘파람' 이라는 표현은 아주 못마땅하다. 송강은 원숭이를 본 적도 없었을 뿐더러 동시대 독자인들 그런 이국의 짐승을 알 리 만무한데 왜, 그것도 마지막 구절에 집어넣었는가? 만약에 '송장메뚜기 뛰놀 때' 라고 했으면 확연히 그 의미가 살아나는 것이 아닐까.

나는 여기에서 송강과 송강 시대 지식인의 한 단편을 본다. 모든 것을 자기 정서에 내맡기지 못하는 불안감, 뭔가 남모를 유식한 끼가 있어야 차원이 높아 보이고, 이국적인 냄새도 약간 풍겨야 촌스러움을 벗어날 것 같은 착각이 일어나는 자신감의 상실증인 것이다.

나는 송강의 이 허구성을 우리 시대의 민족 문학, 민족 예술에서도 수없이 보아 왔다. 평론, 시, 그림, 음악 연극 모든 분양에서 부질없이 유식한 체하기도 하고 모더니즘 냄새를 풍기고 인용하지 않아도 좋을 명저의 구절을 인용하고 [……], 이것은 또한 1950년대와 1960년대 지식인들이 해외를 경험하지도 않고 서구의 모더니즘을 받아들인다는 것을 왠지 지적으로 불안해했던 현상과 같다. 그래서 당시의 지식인들은 해외를 경험하지 못했을 때, 열등감 아니면 최소한 불안감을 지녔던 것이다.

그러나 세계 어느 나라 역사를 보아도 문화에는 기복이 있어 왔다. 침체, 새로운 준비, 새로운 일깨움, 찬란한 창조, 매너리즘과 과소비 현상, 문화적 가치의 대혼란, 그리하여 다시 침체, 새로운 준비로 흘러가는 문화의 생장과 소멸이라는 도도한 흐름이 있어 온 것이다. 우리 역사 속에도 문화적 열등감이 깊이 침윤되어 있던 시기도 있었고, 문화적 자신감을 당당히 표출하며 찬란한 창조를 이룩하던 시기도 있었다.

　역사를 거슬러 올라가 보면 7세기 전반기, 진평왕과 선덕여왕 시절의 신라 문화는 송강 시대의 문화와는 다른 모습을 보여 준다. 그 시기의 문화는 모든 것을 남이 아니라 자신의 입장에서 창조하고 소비할 수 있는 자신감에 충만한 것이었다. 인근 지역, 백제, 고구려, 중국의 문화를 적극 받아들이면서 그것을 주체적으로 소화해 낼 수 있는 능력이 있었던 것이다. 익히 아는 바와 같이 원효 대사는 당나라 유학을 중도에 포기하고 스스로 一宗(일종)을 이루어 내었다, 다시 말해서 이제는 굳이 유학하지 않아도 알 것은 다 알 수 있다는 문화적 자신감이 그 시대에 형성되었다는 것을 말해 준다. 이것은 외래 문화를 배척하는 것이 아니라, 주체적으로 수용할 수 있을 만큼 문화적으로 성숙하였음을 의미한다. 1980년대와 1990년대에 우리 사회에서 외국 유학을 결코 필수나 만능으로 생각하지 않게 된 것도 같은 맥락에서 볼 수 있다. 자국의 현실 속에서 부딪치며 현실을 영원한 스승으로 삼아 자신의 삶과 학문을 실천적으로 구현하는 것이 올바른 길이라고 말할 수 있게 된 것이다.

　이런 점에서 나는 송강이 성리학의 세계관에 입각해서 사물을 인식한 것은 당시의 그가 넘기에는 너무 어려운 성벽 안쪽의 일이었음을 용인하지만, 아무리 그래도 그의 '원숭이 정서' 만은 받아들이기 어렵다.

3. 비교—대조하기

예제

> 다음 두 글에 나타난 공통적인 문제 의식은 무엇인지 설명하고, 두 글의 주장을 비교·대조하며 설명하시오.(300~600자)

(가) 이러한 자본주의의 새로운 단계는 성공을 거두는 바로 그 순간부터 제 무덤을 파기 시작한다. 문화 영역에 그나마 온전히 남아있던 것을 해체하고 재가공하고 포장하고 판매하여 인간 활동의 거의 모든 내용을 상품화된 체험으로 바꾸는 데 성공을 거둔다 하더라도 앞으로 살펴볼 모든 이유들 때문에 그 승리는 일시적일 수밖에 없다. 시장과 네트워크는 독자적으로 존립할 수 없다. 다시 한번 강조하지만 시장과 네트워크는 사회적 신뢰감과 공감대가 형성된 강력한 사회 공동체가 먼저 존재하고 나서 부수적으로 나타나는 파생물이다.

경제는 또 다른 의미에서 파생적이다. 문화 생산은 언제나 문화 영역에서 빌려오는 것이다. 문화 생산이 상업 영역에서 시작되는 법은 절대로 없다. 산업 생산이 자연에서 나오는 원료에 의존하는 것처럼 문화 생산은 문화 영역이 제공하는 재료에 의존한다고 말할 수 있다. 산업 생산이든 문화 생산이든 기본적으로 뽑아서 쓰는 것이다. 자연처럼 문화도 자꾸 캐내면 고갈되기 마련이다. 언제까지나 시장을 위해 황금 달걀을 척척 낳아주는 문화는 있을 수 없다. 그래서 생명의 다양성이 중요한 것처럼 문화의 다양성도 중요하다는 말이 나오는 것이다. 전세계에 존재하는 풍부하고 다양한 인간의 경험을 상업 영역이 근시안적 영리 추구를 위해 착취하기만 하고 순환이나 재충전의 기회를 주지 않는다면, 경제는 결국 문화 생산의 재료가 되는 인간 경험의 방대한 수원지를 잃게 될 것이다. [……]

문화를 소생시켜야 하는 까닭은 그것이 문화를 생산하는 데 원료가 되기 때문이어서만도 아니고 시장이 제대로 기능하는 데 반드시 필요한 사회적 신뢰와 공감을 문화가 만들어내기 때문만도 아니다. 문화는 다른 이유를 모두 접어두고서라도 그 자체가 중요하기 때문에 소생되어야 한다. 인간의 가치를 낳는 유일한 원천이 문화이기 때문이다. 문화가 소생하면 시장도 분명히

득을 보겠지만 문화가 단순히 시장의 원료로 사용되는 것을 방치해서는 곤란하다. 그것은 문화에서 흘러나와서 인간성을 창조하는, 인간과 인간이 공유하는 의미를 평가 절하하는 것이고, 개인적 오락과 치유의 형식으로 체험을 상품화하는 초라한 목적을 이루기 위한 방편으로 문화를 격하시키는 발상이다.

철저한 가공과 순수한 시간성이 지배하는 네트워크 세계에서 지리는 더욱 각별한 뜻을 갖는다. 인간과 인간의 교류는 컴퓨터 전송과 수신, 컴퓨터 인터페이스만으로는 완성되지 않는다. 가장 깊은 인간의 교류는 언제나 지리적 공간에서 일어난다. 문화 체험은 방송 매체와 사이버스페이스를 통해 다른 지역으로 전달될 수 있지만 원산지에서 멀어지면 멀어질수록 진정한 의미의 공유를 표현할 수 있는 길은 줄어든다. 가령 아일랜드의 마을에서 공연되는 전통 무용은 춤추는 사람들이 공유하는 의미를 실감나게 전달한다. 그러나 똑같은 무용이 무대에서 공연되거나 텔레비전을 통해 이역 만리의 시청자에게 전달될 때는 단순한 눈요기감 이상의 의미를 갖지 못한다. 지리적 맥락을 박탈당한 문화 표현은 총체적 체험의 그림자일 뿐이다. 물론 그림자도 엄연한 감상의 대상이 될 수 있고 즐거움도 줄 수 있지만 원래의 무용이 전달하려고 했던 대지와의 깊은 일체감은 맛볼 길이 없다.

모든 현실 문화는 지리적 공간에 뿌리를 두고 있다. 친밀감은 지리적 공간에서 움트기 때문이다. 그리고 친밀감이 없으면 사회적 신뢰망을 구축하기도 어렵고 진정한 공감대를 형성하기도 어렵다. 그러므로 문화를 소생시키고 부활시키려면 적어도 사이버스페이스에 쏟아 붓는 만큼의 관심을 지리적 공간에도 보여야 하고 채팅방에 들이는 만큼의 정성을 현실 공동체에도 기울여야 한다. ── 리프킨, 『소유의 종말』에서

(나) 네팔 왕국의 수도 카트만두는 옛날에 산으로 둘러싸인 해발 1,400여 미터의 산상호수였습니다. 만주슈리가 큰 칼로 산허리를 잘라 물을 흘려보내고 사람들이 살 수 있는 땅으로 만들었습니다. 이처럼 신(神)이 호수를 마을로 만들어 주었다고 구전되어 오듯이 막상 카트만두에서 가장 먼저 만나는 것이 바로 신입니다.

사원이나 탑에 신상이 있는 것은 물론이고 골목에도 있고, 시장거리에도 있고, 지붕에도 있고, 처마밑에도 있습니다. 심지어는 연못 속에도 있습니다. 그러나 그 많은 신상들의 모습은 가난한 네팔 사람들의 차림새와 별로 다를 것이 없습니다. 공포의 시바신이 그의 처 파르바티와 함께 듀버 광장을 내려다보고 있는 모습은 마치 창문을 열고 바깥을 구경하는 여염집 부부 같습니다. 네팔의 신은 근엄하거나 숭고하지 않습니다. 쿠마리라는 살아 있는 여신이 있지만 이 여신은 어린 소녀입니다. 그리고 여신의 역할이 끝난 뒤에는 보통 사람들 속으로 돌아와서 대체로 보통 사람들보다 못한 삶을 살게 됩니다. 당신이 카트만두에 오면 가장 먼저 수많은 신을 만나게 됩니다. 신은 신이되 사람들과 가까운 자리에 내려와 있는 신을 만나게 됩니다. 그리고 그 다음으로 만나는 것은 사람들의 손길입니다. 오랜 세월과 풍상에 젖어 갈색을 띠고 있는 목조의

사원이나 궁궐 건물에 배어 있는 사람들의 손길을 보게 됩니다. 아무리 허술한 건물에도 창틀과 기둥에는 어김없이 정교하게 조각된 갖가지 문양들이 사람들의 정성스런 손길을 보여주고 있습니다. 노점의 좌판 위에서 햇볕에 따뜻이 익은 자잘한 기념품들에서도 구석구석 사람들의 손길을 느끼게 됩니다.

그리고 그 다음으로 사람들을 만나게 됩니다. 아마 신상이나 손길보다 먼저 사람들을 만날지도 모릅니다. 사람들의 순박한 얼굴을 만나게 됩니다. 수줍고 어색해 하는 사람들의 눈길과 마주치게 됩니다. 이 순박한 눈길은 험악하게 변해 버린 우리들의 얼굴을 반성하게 합니다. 이처럼 카트만두에서 만나는 것은 신상과 사람, 물건과 사람들의 손길이 혼연히 무르녹아 있는 다정한 분위기입니다. 그리고 이 다정함이 사람들의 표정과 마음으로 완성되고 있음을 발견하게 됩니다. 그래서 카트만두의 타멜 거리에서는 유년 시절을 만난다고 합니다. 비단 타멜 거리뿐만 아닙니다. 카트만두의 곳곳에서 우리들의 지나간 유년 시절을 만날 수 있습니다. 아산 광장에서 어느 골목을 접어들더라도 그 좁은 골목을 걸어가고 있는 사람들의 뒷모습에서 우리는 유년 시절을 만나게 됩니다. 그리고 가난했던 어린 시절의 추억이기도 하고 산업화되기 이전의 우리의 삶의 모습이기도 합니다. 시간을 숫자로 계산하며 직선과 격식에 갇혀 있던 심신이 그 틀에서 해방되어 맨발과 땅의 접촉에서 건져올리는 편안함, 그것이 바로 우리의 과거이고 우리의 유년 시절이라 할 수 있습니다.

이 곳 카트만두의 분지에 괴어 있는 유적과 사람들은 이처럼 커다란 거울이 되어 잃어버린 우리의 유년 시절을 보여줍니다. 카트만두가 호수였다는 사실을 다시 떠올리게 됩니다. 비단 유년 시절뿐만이 아닙니다. 카트만두에는 도처에 삶의 원형을 보여주는 거울이 있습니다. 파슈파티나트의 화장터 풍경이 그렇습니다. 장작더미 위에서 타고 있는 시체나 그 시체를 뒤적여 고루 태우는 사람이나 그 광경을 지켜보고 있는 가족이나 그리고 임종을 그 곳에서 기다리고 있는 사람이나 어느 한 사람 슬퍼하는 이가 없습니다. 바로 그 밑을 흐르는 강가에서는 빨래하고, 물 긷고, 식기를 닦고, 머리를 감는 일상이 태연히 진행되고 있습니다. 관광객들만이 이 태연한 광경으로부터 충격을 받고 있을 뿐입니다. 삶과 죽음의 경계를 무너뜨리면서 삶의 찰나성과 삶의 영원성을 동시에 보여줍니다. 다신카리 사원에서 보는 암흑의 여신 칼리에게 바치는 번제(燔祭)도 그렇습니다. 짐승을 산 채로 목을 베고 솟아나는 피를 신상(神像)에 바르고 자기의 얼굴에도 바릅니다. 짐승의 체온과 비명소리가 채 가시지 않은 피와 그 피로써 행하는 제의(祭儀)는 보는 사람을 당황하게 합니다. 은은한 파이프 오르간의 성가 속에서 보았던 성체미사의 포도주와는 극명한 대조를 보입니다. 그 적나라한 원시성이 우리의 생각을 압도합니다.

나는 카트만두에서 만나는 이 모든 것이 한마디로 '문화의 원형'이라고 생각되었습니다. 오늘날의 문화가 치장하고 있는 복잡한 장식을 하나하나 제거해 갔을 때 최후로 남는 가장 원시적인 문화의 모습이라고 생각되었습니다. 이것은 사람의 삶과 그 삶에 필요한 최소한의 것으로 구성되어 있는 '문화의 자연'(Nature of Culture)이라고 생각합니다. 문화산업(Cultural Industry)

이라는 말이 있지만 문화란 그 본질에 있어서 공산품이 아니라 농작물입니다. 우리가 이룩해 내는 모든 문화의 본질은 대지에 심고 손으로 가꾸어 가는 것. 그리고 최종적으로는 사람에게서 결실되는 것입니다. 문화가 농작물이라는 사실이 네팔에서처럼 분명하게 확인되는 곳도 드물다고 생각됩니다. 오늘날 잘 사는 나라에서 이 곳을 찾아 온 수많은 관광객들이 카트만두의 골목을 거닐며 네팔의 나지막한 삶을 싼값으로 구경하며 부담 없이 지나갑니다. 그러나 걱정되는 것은 혹시나 그들이 네팔에서 문화의 원형을 만나고, 그 문화의 원형에 비추어 그들 자신의 문화를 반성하는 대신에 네팔의 나지막한 삶을 업신여기지나 않을까 하는 우려입니다.

우리가 문화의 원형을 만난다는 것은 매우 뜻깊은 일이라고 생각합니다. 근대 이후의 산업화의 과정은 한 마디로 탈신화(脫神話)와 물신화(物神化)의 과정이었습니다. 인간의 내부에 있는 '자연'을 파괴하는 과정이었으며 동시에 외부의 자연을 허물고 그 자리에 '과자로 된 산'을 쌓아온 과정이었다고 할 수 있습니다. 더구나 앞으로 예상되는 영상문화와 가상문화(Cyber Culture)에 이르면 문화란 과연 무엇이며 이러한 문화가 앞으로 우리의 삶과 사람에게 무엇이 될 것인가를 심각하게 묻지 않을 수 없게 됩니다. 진정한 문화란 사람들의 바깥에 쌓는 것이 아니라 사람들의 심성 속에 씨를 뿌리고 사람들의 관계 속에서 성숙해 가는 것이라 믿습니다. 바로 이러한 이유 때문에 나는 네팔에서 만나는 유년 시절을 통하여 지나간 과거를 만나고, 사람을 만나고, 다가올 미래를 생각하는 일이 어느 때보다 깊은 의미를 갖는다고 생각합니다.

— 신영복, 『더불어숲』에서

해설

먼저 (가)글부터 분석해 보자.

필자의 문제 의식과 핵심적인 내용을 추출해 보면 다음과 같다.

① 자본주의의 새로운 단계는 성공을 거둠과 동시에 제 무덤을 파기 시작한다. 문화를 상품화 논리로 착취하기 때문이다.

② 전세계에 존재하는 풍부하고 다양한 인간의 경험을 상업 영역이 근시안적 영리 추구를 위해 착취하기만 하고 순환이나 재충전의 기회를 주지 않는다면, 경제는 결국 문화 생산의 재료가 되는 인간 경험의 방대한 수원지를 잃게 될 것이다.

③ 문화를 소생시켜야 하는 까닭은 그것이 문화를 생산하는 데 원료가 되기 때문이어서만도 아니고 시장이 제대로 기능하는 데 반드시 필요한 사회적 신뢰와 공감을 문화가 만들어내

기 때문만도 아니다. 문화는 다른 이유를 모두 접어두고서라도 그 자체가 중요하기 때문에 소생되어야 한다. 인간의 가치를 낳는 유일한 원천이 문화이기 때문이다.

④ 문화에서 지리적 공간은 매우 중요하다. 철저한 가공과 순수한 시간성이 지배하는 네트워크 세계에서 지리는 더욱 각별한 뜻을 갖는다. 가장 깊은 인간의 교류는 언제나 지리적 공간에서 일어난다. 모든 현실 문화는 지리적 공간에 뿌리를 두고 있다. 친밀감은 지리적 공간에서 움트기 때문이다.

⑤ 친밀감이 없으면 사회적 신뢰망을 구축하기도 어렵고 진정한 공감대를 형성하기도 어렵다. 그러므로 문화를 소생시키고 부활시키려면 적어도 사이버스페이스에 쏟아 붓는 만큼의 관심을 지리적 공간에도 보여야 하고 채팅방에 들이는 만큼의 정성을 현실 공동체에도 기울여야 한다."

결국 글(가)는 자본주의 사회에서 인간의 다양한 경험을 토대로 하는 문화를 상품화 논리로 착취하는 것을 비판하면서 문화의 중요성을 주창하고 있다. 문화는 인간의 가치를 낳는 유일한 원천이기 때문에 그 자체로서 중요하며, 경제에 앞선다는 것이다. 특히 인간의 경험이 구체화되고 친밀감이 형성되는 지리적 공간의 문제는 문화에서 더욱 중요하다는 것이다.

글(나)는 네팔 왕국의 수도인 카트만두를 여행하면서 사색한 내용이다. 카트만두에서 '문화의 원형'을 만났다는 것이 핵심이다. 그리고 마지막 단락에 현대사회와 관련하여 필자가 말하고자 하는 핵심이 담겨 있다. 다시 한번 보자.

"우리가 문화의 원형을 만난다는 것은 매우 뜻깊은 일이라고 생각합니다. 근대 이후의 산업화의 과정은 한 마디로 탈신화(脫神話)와 물신화(物神化)의 과정이었습니다. 인간의 내부에 있는 '자연'을 파괴하는 과정이었으며 동시에 외부의 자연을 허물고 그 자리에 '과자로 된 산'을 쌓아온 과정이었다고 할 수 있습니다. 더구나 앞으로 예상되는 영상문화와 가상문화(Cyber Culture)에 이르면 문화란 과연 무엇이며 이러한 문화가 앞으로 우리의 삶과 사람에게 무엇이 될 것인가를 심각하게 묻지 않을 수 없게 됩니다. 진정한 문화란 사람들의 바깥에 쌓는 것이 아니라 사람들의 심성 속에 씨를 뿌리고 사람들의 관계 속에서 성숙해 가는 것이라 믿습니다."

(나)는 근대의 산업화 과정이 빚은 문화 파괴에 대해 비판적 문제 의식을 가지면서 네팔이라는 구체적인 지리적 공간에서 마주친 '문화의 원형'을 통해 문화가 앞으로 우리의 삶과 사람에게 무엇이 될 것인지를 진지하게 성찰하고 있다. 필자는 산업화 과정을 '인간의 내부에 있는 자연을 파괴하는 과정'이자 '외부의 자연을 허문 자리에 과자로 된 산을 쌓아온 과정'으로 정의하는데, 정곡을 찌르는 문제 의식이다.

예시 답안

두 글의 공통된 문제 의식은 자본주의 사회 및 근대 산업사회에서 파괴된 문화의 중요성을 제기하는 데 있다. (가)는 자본주의 사회에서 인간의 다양한 경험을 토대로 하는 문화를 상품화 논리로 착취하는 것을 비판하면서 문화의 중요성을 주창하고 있다. 문화는 인간의 가치를 낳는 유일한 원천이기 때문에 그 자체로서 중요하며, 경제에 앞선다는 것이다. 특히 인간의 경험이 구체화되고 친밀감이 형성되는 지리적 공간의 문제는 문화에서 더욱 중요하다는 것이다. (나) 역시 (가)와 같은 문제 의식을 보여주고 있다. 특히 (가)가 지리적 공간에서의 문화의 형성에 대해 주목하고 있는 데 비해, (나)는 바로 네팔에서의 구체적 경험을 토대로 '문화의 원형' 론으로 이어간다. (나)는 근대의 산업화 과정이 빚은 문화 파괴에 대해 비판적 문제 의식을 가지면서 네팔이라는 구체적인 지리적 공간에서 마주친 '문화의 원형' 을 통해 문화가 앞으로 우리의 삶과 사람에게 무엇이 될 것지를 진지하게 성찰하고 있다. 필자는 산업화 과정을 '인간의 내부에 있는 자연을 파괴하는 과정' 이자 '외부의 자연을 허문 자리에 과자로 된 산을 쌓아온 과정' 이라며 정곡을 찌르는 문제 의식을 보여준다.

연습 문제 1

난이도 ★★☆☆☆　　해설 및 예시 답안 → 17쪽

다음 제시문 (가), (나), (다)에는 죽음에 대한 서로 다른 태도가 드러나 있다. 이들의 다른 점을 설명하시오.(300~600자)

(가) "오오 나의 벗이여."라고 소크라테스가 말씀하셨습니다. "이것이 진리라고 하면, 이제 인생의 여로의 마지막에 이르러 지금 내가 가고자 하는 곳으로 감에 있어, 일생 동안 추구해 온 것에 도달하리라는 희망을 품을 충분한 이유가 있네. 그러므로 나는 큰 기쁨을 가지고 내 갈 길을 가는 걸세. 나뿐만 아니라, 마음에 각오가 되어 있고 마음이 정화되었다고 믿는 사람이면 누구나 기쁜 마음으로 이 길을 갈 걸세."

"아주 옳은 말씀이외다."라고 심미아스가 말했습니다.

"그런데 지금까지 내가 말한 바와 같이 정화란 육체로부터 영혼이 분리되는 것이 아니고 무엇이겠는가. 즉, 영혼이 모든 방면에서 육체로부터 떠나 자기 자신을 수습하고 저 세상에서와 마찬가지로 이 세상에서도, 될 수 있는 대로 자기만으로 사는 습관을 붙이는 것이 아니고 무엇이겠는가. 다시 말하면 육체의 쇠사슬로부터 영혼이 해탈하는 것이 아니고 무엇이겠는가?"

"사실 그렇습니다."

"육체로부터 영혼이 분리되고 해방되는 것을 죽음이라고 하는 것이 아닌가?"

"그렇지요."

"참 철학자들만이 오로지 영혼을 이와 같이 해방시키려 하는 거야. 육체로부터의 영혼의 분리와 해방이야말로 철학자들이 특별히 마음을 쓰는 것이 아닌가?"

"확실히 그렇습니다."

"그리고 내가 처음에 말한 것처럼 될 수 있는 대로 죽음의 상태에 가깝게 살려고 애쓰던 사람이, 막상 죽음에 당면해서 마다하는 것은 우스운 일이 아닌가?"

"그렇지요."

"오오 심미아스, 참 철인(哲人)은 늘 죽는 일에 마음을 쓰고, 따라서 모든 사람 가운데 죽음을 가장 덜 무서워하는 자일세. 이렇게 생각해 보세. 그들이 늘 육체와 싸우고, 영혼과 더불어 순수하게 되기를 원했다면 말일세. 그들의 소원이 성취되어 하데스〔死後 世界〕에 도착하면 그들이 이 세상에서 바라던 지혜를 얻게 될 희망이 있고 동시에 그들의 원수와 함께 있지 않게 될 걸세. 그런 곳으로 떠나려 할 즈음에 기뻐하지 않고 도리어 떨고 싫어하는 것처럼 모순된 일이 또 어디 있겠는가? 많은 사람이 거기에 가면 지상에서 사랑하던 이나 아내나 자식을 만나 그들과 함께 지내게 되리라는 희망에서 죽기를 원했던 것이 사실이야. 그렇다면 참으로 지혜를 사랑하는 이로서, 그리고 저 하데스에서만 지혜를 보람 있게 향유할 수 있다고 확신하는 사람으로서 어떻게 죽음을 싫어하겠는가? 오히려 큰 환희 속에 저승으로 떠날 것이 아니겠는가? 오오 나의 벗이여, 만일 그가 참 철학자라고 하면 그럴 것일세. 그는 저 세상에서, 그리고 거기에서만 순수하게 지혜를 발견할 수 있다는 굳은 확신을 가지고 있으니 말일세. 사리가 이렇다고 하면, 내가 말한 것처럼, 그가 죽음을 두려워한다는 것은 당치 않은 소리일 거야." [……] 소크라테스가 다시 말씀하셨습니다. "오오 크리톤, 자네가 말하는 그 사람들에게는 그렇게 하는 것이 당연한 일일 걸세. 그들은 그렇게 함으로써 이득이 있다고 생각하니 말이야. 그러나 나에게는 그렇게 하지 않는 것이 당연한 일이야. 나는 독약을 좀 늦게 마신다고 해서 무슨 이득이 있다고는 생각하지 않네. 이미 죽을 목숨을 좀 연장시키고 거기 매달린다는 것은 내 자신이 보기에도 웃음거리밖에 되지 않네. 그러니 내가 말하는 대로 해 주게. "

크리톤은 곁에 서 있던 사환아이에게 눈짓했습니다. 그러자 그 사환아이가 밖으로 나갔는데 한참만에 독약을 내어 주는 사람과 함께 들어왔습니다. 그 사람은 갈아 놓은 독약을 들고 있더군요. 소크라테스는 그 사람을 보고 말씀하셨습니다. "당신은 이런 일에 밝을 테니 어떻게 하면 좋을지 일러 주시오."

그 사람이 말했습니다. "다리가 무거워질 때까지 그저 걷기만 하면 됩니다. 다리가 무거워지면 누우세요. 그러면 약 기운이 돌 겁니다." 이렇게 말하면서 그는 잔을 소크라테스에게 내밀었습니다. 오오 에케크라테스, 소크라테스는 아주 태연히 조금도 떨지 않고 또 안색이 조금도 변하지 않고 평상시와 조금도 다름없이 그 사람을 물끄러미 바라보면서 잔을 들고 이렇게 말했습니다. "신에게 드리는 뜻으로 한 방울 떨어뜨려도 되나요? 안 되나요? 어떻습니까?"

그러자 그 사람은 이렇게 대답하더군요. "오오 소크라테스, 여기서는 마실 만큼밖에 갈지 않습니다."

"알았소. 그러나 저 세상에 가는 여행을 잘 하도록 내가 기도드릴 수는 있을 테지. 또 드려야만 되고. 내 기도대로 이루어지이다." 이렇게 말하면서 그는 잔을 입술에 대고 조용히 기쁜 낯으로 그 약을 마셨습니다. 그때까지만 해도 우리들은 슬픔을 억제할 수 있었습니다만, 이제 그 약을 다 들이키는 것을 보고는 더 참을 수가 없었습니다. 저는 그만 울음을 터뜨렸어요. 그래서 얼굴을 가리고 울었는데, 이것은 그를 위해서가 아니라 이제 그러한 벗을 여의게 된 제 자신의 불행을 생각한 때문이었습니다. 제가 먼저 운 건 아니지요. 저보다 먼저 크리톤은 울음을 참지 못하고 밖으로 나가려고 일어서더군요. 아폴로도로스는 벌써부터 줄곧 울고 있었는데, 이때에는 큰 소리로 흐느껴 울어 우리들 모두의 가슴이 메어졌습니다. 소크라테스만이 여전히 조용했어요.

"그게 무슨 꼴인가."라고 소크라테스가 말씀하셨습니다. "이상한 사람들 다 보겠네. 내가 아낙네들을 내보낸 것은 그들이 이런 창피스런 꼴을 보일까 봐 그런 거야. 사람은 모름지기 조용히 죽어야 한다고 들어 왔어. 조용히, 그리고 꿋꿋하게 행동하게."

이 말을 듣고 우리는 부끄러운 생각이 들어 눈물을 삼켰습니다. 그는 이리저리 걷더니 한참만에 다리가 무겁다고 말하고는 반듯이 드러눕더군요. 이건 그에게 약을 준 사람이 그렇게 하라한 거지요. 소크라테스가 누우니까 그 사람은 소크라테스의 다리와 발을 살펴보더군요. 그리고 한참 있다가 발을 세게 누르면서 감각이 있느냐고 묻더군요. 소크라테스가 "없다."고 하니까, 그 다음엔 다리를 눌러 보고는 우리에게 몸이 차가워지고 굳어진다고 하더군요. 그리고는 다시 우리에게 말하기를, "독이 심장에까지 미치면 마지막입니다."라고 하더군요. 하반신이 거의 다 차가워졌을 때에 그 분은 얼굴에 덮었던 것을 벗고 이렇게 말했습니다. 그리고 이것은 그의 최후의 말이었습니다. "오오 크리톤, 아스클레피오스(의학의 신: 병이 나으면 감사하는 뜻에서 이 신에게 닭을 바치는 것이 관례였음)에게 내가 닭 한 마리를 빚지고 있네. 기억해 두었다가 갚아 주게."

— 플라톤, 『파이돈』에서

　(나) ① 노자가 죽었을 때 진일은 문상을 가서 형식적인 곡(哭) 세 번만 하고 나와 버렸다. 제자가 이상하게 생각하고 물었다. "그분은 선생의 벗이 아닙니까?" 진일은 대답했다. "그렇지." "그렇다면 그런 문상으로 괜찮을까요?" "괜찮아. 처음 나는 그를 인물이라고 보았네만 지금은 달라. 아까 내가 들어가 문상할 때, 늙은이는 제 자식을 잃은 듯이 곡을 하고 있고, 젊은이는 제 어버이를 잃은 듯이 곡을 하고 있더군. 사람들이 모인 것은 그가 반드시 요구하지는 않았더라도 슬픔을 말하고 곡을 하도록 은연중 시킨 바가 있기 때문이지. 이것은 생사(生死)라는 자연의 도리에서 벗어나 진실을 거역하고 하늘로부터 받은 본분을 잊음이야. 옛날 사람은 이것을 '하늘을 도피한 벌'이라고 했지. 그가 어쩌다 이 세상에 태어난 것은 태어날 때를 만났기 때문이며, 그가 어쩌다 이 세상을 떠난 것도 죽을 운명을 따랐을 뿐이야. 그 때를 편안히 여기고 자연의 도리를 따라간다면 기쁨이나 슬픔 따위 감정이 끼어들 여지가 없을 걸세. 이런 경지를 옛날 사람은 '하늘의 속박에서 벗어남'이라고 불렀다네."

　② 장자의 아내가 죽어서 혜자가 문상을 갔다. 장자는 마침 두 다리를 뻗고 앉아 질그릇을 두들기며 노래를 부르고 있었다. 혜자가 "아내와 함께 살고 자식을 키워 함께 늙은 처지에 이제 그 아내가 죽었는데 곡조차 하지 않는다면 그것도 무정하다 하겠는데, 하물며 질그릇을 두들기고 노래를 하다니 이거 심하지 않소!" 하고 말했다. 그러자 장자가 대답했다. "아니, 그렇지가 않소. 아내가 죽은 당초에는 나라고 어찌 슬퍼하는 마음이 없었겠소. 그러나 그 태어나기 이전의 근원을 살펴보면 본래 삶이란 없었던 거요. 그저 삶이란 없었을 뿐만 아니라 본래 형체도 없었소. 비단 형체가 없었을 뿐만 아니라 본시 기(氣)도 없었소. 그저 흐릿하고 어두운 속에 섞여 있다가 변해서 기가 생기고, 기가 변해서 형체가 생기며, 형체가 변해서 삶을 갖추게 된 거요. 이제 다시 변해서 죽어가는 거요. 이는 춘하추동이 되풀이하여 운행함과 같소. 아내는 지금 천지라는 커다란 방에 편안히 누워 있소. 그런데 내가 소리를 질러 따라 울고불고 한다면 하늘의 운명을 모르는 거라 생각되어 곡(哭)을 그쳤단 말이오."

　③ 갑자기 이번에는 자래가 병이 났다. 숨이 차서 헐떡거리며 곧 죽을 것 같았다. 그 아내와 자식들이 둘러싸고 울고 있었다. 자려가 문병을 가서 그 꼴을 보고 말했다. "쉬이, 저리들 가요.

죽는 사람을 놀라게 하지 말아요." 가족을 물리치자 그는 문가에 기대 서서 자래에게 말했다. "위대하구나, 조화(造化)의 힘은 또 자네를 무엇으로 만들고 어디로 데려가려는 것일까. 자네를 쥐의 간(肝)으로 만들려나, 아니면 벌레의 팔뚝으로 만들려는가."

자래가 대답했다. "부모는 자식에 대해 동서남북 어디든 그 명령을 따르게 만들지. 자연의 변화가 사람을 따르게 함은 부모가 자식을 대하는 정도의 것이 아닐세. 조화가 내 죽음을 바라는데 내가 듣지 않으면 나는 곧 순종하지 않는 셈이 되네. 그러니 그 조화에 무슨 죄가 있겠는가. 자연은 내게 형체를 주었지. 그리고 삶으로 나를 수고롭게 하고, 늙음으로 나를 편하게 하며, 죽음으로 나를 쉬게 해 주네. 그러므로 삶과 죽음이란 이렇듯 하나로 이어진 것이니, 내 삶을 좋다 함은 바로 내 죽음도 좋다고 하는 게 된다네."

— 『장자』에서

(다) 눈을 뜨니 낯선 방이었다. 옆에서 손자가 곤히 자고 있었다. 꿈이었으면 하는 몽롱한 착각을 즐길 새도 없이 아들이 이 세상에 존재하지 않는다는 사실이 무서운 괴물처럼 가차없이 육박해왔다. 집에서 같으면 설마 꿈이겠지 하고 현실감을 피할 수 있는 시간이 꽤 길었으련만.

아쉬운 건 그뿐이 아니었다. 아들이 이 세상에 살아 있지 않다는 걸 인정하게 되면 그 다음은 가슴을 쥐어뜯으며 미친 듯이 몸을 솟구치면서 울부짖을 차례였다. 그 일이 나에게 얼마나 중요한 의식인지 아무도 모른다. 목청껏 아들의 이름을 부르면서 통곡하면 소리와 함께 고통이 발산되면서 곧 환장을 하거나 무당 같은 게 되어서 죽은 영혼과 교감할 수 있을 것 같은 예감에 사로잡히곤 했다. 그러나 한 번도 실지로 그런 경지까지 도달한 적은 없다. 번번이 그 직전까지 갔다가 되돌아오곤 했다. 환장은 아무나 하는 게 아니었다. 나는 미치는 것조차 여의치 않은 내 강철 같은 신경이 싫고 창피스럽다. [……]

원태야, 원태야, 우리 원태야, 내 아들아. 이 세상에 네가 없다니 그게 정말이냐? 하느님도 너무하십니다. 그 아이는 이 세상에 태어난 지 25년 5개월밖에 안 됐습니다. 병 한 번 치른 적이 없고, 청동기처럼 단단한 다리와 매달리고 싶은 든든한 어깨와 짙은 눈썹과 우뚝한 코와 익살부리는 입을 가진 준수한 청년입니다. 걔는 또 앞으로 할 일이 많은 젊은 의사였습니다. 그 아이를 데려가시다니요. 하느님 당신도 실수를 하는군요. 그럼 하느님도 아니지요. [……]

창창한 나이에 죽임을 당하는 건 가장 잔인한 최악의 벌이거늘 그애가 무슨 죄가 있다고 그런 벌을 받는단 말인가. 이 에미에게 죽음보다 무서운 벌을 주는 데 이용하려고 그 아이를 그토록 준수하고 사랑 깊은 아이로 점지하셨더란 말인가. 하느님이란 그럴 수도 있는 분인가. 사랑 그 자체라는 하느님이 그것밖에 안 되는 분이라니. 차라리 없는 게 낫다. 아니 없는 것과 마찬가지다. 다시금 맹렬한 포악이 치밀었다. 신은 죽여도 죽여도 가장 큰 문젯거리로 되살아난다. 사생결단 죽이고 또 죽여 골백번 고쳐 죽여도 아직 다 죽일 여지가 남아 있는 신, 증오의 최대의 극치인 살의(殺意), 나의 살의를 위해서도 당신은 있어야 돼. 암 있어야 하구말구.

— 박완서, 『한 말씀만 하소서』에서

연습 문제 2

난이도 ★★★☆☆   해설 및 예시 답안 → 19쪽

아래 제시문에 나타난 세 인물(기자 랑베르, 신부 파늘루, 의사 리유)이 상황에 대처하는 방식의 차이를 설명하시오.(300~600자)

(A) 며칠이 지나자 사태는 점점 더 심각해졌다. 죽은 쥐들의 수는 날로 늘어만 갔다. 나흘째 되는 날부터 쥐들은 떼를 지어 거리에 나와 죽었다. 집안의 구석진 곳으로부터, 지하실로부터, 지하 창고로부터, 수챗구멍으로부터 쥐들은 떼를 지어 비틀거리면서 기어 나와서는 햇빛을 보면 어지러운지 휘청거리고, 제자리에서 맴을 돌다가 사람들 곁에 와서 죽어 버리는 것이었다. 밤이면 복도나 골목길에서 그놈들이 찍찍거리는 마지막 작은 소리가 들려오곤 했다. [……] 마치 건강한 사람의 짙은 피가 돌연 역류하기 시작하는 것처럼, 여지껏 그렇게도 고요하기만 했다가 불과 며칠 사이에 발칵 뒤집혀 버린 이 자그마한 도시의 아연실색함이 어느 정도일 것인가를 상상만이라도 해보라! [……]

갑자기 병이 급속도로 퍼져 나가기 시작했다. 사망자의 수가 다시 30명으로 늘어난 날, 리유는 전보 공문을 받았다. 전보에는 '페스트 사태를 선포하고 도시를 폐쇄하라.' 라고 적혀 있었다.

그 때부터 페스트는 우리들 전체의 문제가 되었다. 그때까지는 그 이상한 사건들로 인한 충격과 불안에도 불구하고, 오랑 시민들은 각자가 평소와 마찬가지로 맡은 자리에서 그럭저럭 일을 계속하고 있었다. 그리고 아마 그 상태는 그대로 이어질 것이었다. 그러나 오랑 시의 문들이 폐쇄되자 그들은 한 독 안에든 쥐가 되었으며 거기에 그냥 적응하지 않을 수 없게 되었다. 그래서 가령 사랑하는 사람과의 이별 같은 개인적인 감정도 처음 몇 주일부터 당장 모든 사람들 전체의 감정이 되었고, 공포심이 가세하면서 저 오랜 귀양살이 시절의 주된 고통거리가 되었다.

(가) 랑베르는 몹시 흥분해서 말했다. 그는 파리에 아내를 두고 온 것이었다. 정식 아내는 아니었지만 아내나 마찬가지였다. 시가 폐쇄되자 그는 곧 아내에게 전보를 쳤다. 처음에는 그저 일시적인 것이려니 하고 편지 왕래나 할 방도를 궁리하고 있었던 것이다. 오랑의 동료 기자들은 자기들로서는 아무 방도가 없다고 말했고, 우체국에서는 상대도 하지 않았고, 도청의 한 여자 서기는 그에게 콧방귀를 뀌었다. 마침내 그는 두 시간이나 줄을 서서 기다린 끝에 '만사 순조로움. 곧 다시 봅시다.' 라고 쓴 전보를 한 장 접수시킬 수 있었다.

그러나 아침에 잠자리에서 일어났을 때, 얼마 동안이나 이 사태가 계속될는지 알 수 없다는 생각이 문득 머리에 떠올랐다. 그는 떠나기로 결심했다. 그는 소개장을 갖고 있었으므로 도청의 비서실장과 접촉할 수 있었다(직업이 기자이고 보니 여러가지 편의가 있었다). 자기는 오랑과는 아무런 관계도 없으며, 여기에 머물러 있을 일도 없고, 우연히 자기는 여기에 있게 되었고, 일단

나가서 격리 수용되는 한이 있더라도 어쨌든 퇴거를 허가해 주는 일이 마땅하리라고 그에게 말했다. 비서실장은 이에 대해서, 잘 알아듣겠으나 예외를 만들 수는 없다, 검토는 해 보겠지만 요는 사태가 중대한 만큼 선뜻 어떤 결정도 내릴 수는 없다고 대답했다는 것이다.

"그러나 어쨌든," 랑베르는 말했다. "나는 이 도시와 아무 상관이 없습니다."

"아마 그렇겠죠. 그러나 어쨌든 전염병이 오래 가지 않기를 피차에 바랄 뿐입니다"

결국 그는 랑베르를 위로하면서, 오랑에서 흥미있는 기사거리를 얻게 될지도 모르는 일이고, 무슨 일이건 간에 잘 살펴보면 반드시 좋은 면이 있는 법이라고 말해 주었다. 랑베르는 어깨를 으쓱 치켜 올렸다. 그들은 시가의 중심지에 도착했다.

"어리석은 일입니다, 선생님. 저는 기사를 쓰려고 세상에 태어난 게 아닙니다. 그보다는 오히려 어떤 여자하고 살기 위해서 세상에 태어난 것 같습니다. 그 쪽이 더 어울리는 얘기가 아닙니까?"

어쨌든 그 쪽이 더 이치에 맞을 것 같아 보인다고 리유는 말했다. [……]

"이건 그야말로 인도적인 문제입니다. 서로 마음이 잘 맞아서 살고 있는 두 사람에게 이러한 이별이 어떤 건지를 아마 선생님께서는 이해하지 못하실 겁니다."

리유는 금방 대답하지는 않았다. 그러다가 그는, 자기도 그걸 잘 이해하고 있다고 말했다. 그는 랑베르가 아내와 다시 만나게 되고, 서로 사랑하는 사람들 모두가 다시 결합하게 되기를 진심으로 원하는 바이지만, 포고와 법률이 있고 페스트가 있으니, 자기의 역할은 마땅히 해야 할 일을 완수하는 것이라고 말했다.

"아니지요." 입맛이 쓰다는 듯이 랑베르는 말했다. "선생은 이해하지 못해요. 선생님 말씀은 이성에서 나오는 것이지요. 선생님은 추상적이십니다." [……]

"아! 알겠어요." 랑베르가 말했다. "공적인 일이라는 말씀이시죠. 그러나 공공 복지도 개개인의 행복으로 성립되는 것입니다."

(나) 그 달 말경에, 우리 시의 고위 성직자 측에서는 집단 기도 주간을 설정함으로써 그들 특유의 방법으로 페스트와 싸우기로 결정했다. 대중 신앙심의 표시가 담긴 이 행사는 일요일에 페스트에 걸렸던 성(聖) 루가에게 드리는 장엄한 미사로 끝맺기로 되어 있었다. 그 기회에 파늘루 신부는 강론을 위촉받았던 것이다. [……]

"오늘 페스트가 우리에게 닥쳐온 것은 반성할 때가 왔기 때문입니다. 올바른 사람들은 그것을 두려워 할 필요가 조금도 없습니다. 그러나 사악한 사람들이 벌벌 떠는 것은 당연한 일입니다. 우주라는 거대한 곳간 속에서 가차없는 재앙은 짚과 낟알을 가리기 위해서 인류라는 밀을 타작할 것입니다. 낟알보다는 짚이 더 많을 것이며, 선민들보다는 버림받는 사람들이 더 많을 것입니다. 그런데 이 불행은 하느님이 원하신 것은 아닙니다. 너무나 오랫동안 이 세상은 악과 타협해 왔습니다. 너무나 오랫동안 이 세상은 성스러운 자비 위에서 안식하고 있었습니다. 회개하는 것으로써 충분했고 모든 것은 허용되었습니다. 그리고 회개라면 모든 사람들이 다 자신 있다고 생각했습니다. 때가 오면, 사람들은 틀림없이 회개를 하고 싶은 심정이 될 것이기 때문입니다. 그때가 오기 전에는 가장 쉬운 길은 그냥 제멋대로 살아가는 것이요, 그 밖의 것은 하느님의 자비로 해결될 것이었습니다. 그런데 말입니다! 그런 식으로 오래 계속될 수는 없었습니다. 참으로 오랫동안 이 도시의 사람들에게 그 연민의 얼굴을 보여 주시던 하느님께서도, 기다림에 지치고 실망하시어, 마침내 외면하신 것입니다. 하느님의 광명을 잃고 우리는 바야흐로 오랫동안 페스트의 암흑 속에 빠지고야 말았습니다!" [……]

"그렇습니다. 반성할 때가 온 것입니다. 여러분은 주일에 하느님을 찾아뵙기만 하면 나머지 시간은 자유라고 생각했던 것입니다. 서너 번 무릎을 꿇는 것으로 여러분의 그 죄스러운 무관심에 대한 대가를 하느님께 갚은 것이라고 생각했던 것입니다. 그러나 하느님은 미지근하지는 않으십니다. 그처럼 드문드문 찾아뵙는 관계 정도로는 하느님의 넘쳐흐르는 애정을 만족시킬 수 없었던 것입니다. 하느님은 여러분을 더 오래 보고 싶으셨던 것입니다. 그것이 여러분을 사랑하시는 하느님의 방식이며, 그것만이 유일한 사랑의 방식입니다. 이리하여, 여러분이 찾아뵙는 것을 기다리다가 지치신 하느님은, 인류가 역사를 가진 이래 재앙이 죄 많은 모든 도시를 찾아들었듯이, 여러분에게도 찾아들게 하신 것입니다. 카인과 그 자손들이, 노아의 대홍수 이전의 사람들이, 소돔과 고모라의 사람들이, 애굽의 왕과 욥, 그리고 또한 모든 저주받은 사람들이 그것을 알았듯이, 이제 여러분은 죄가 어떤 것인가를 알 것입니다. 그리고 이 도시가 여러분과 재앙을 벽으로 둘러싸고 가두어 버린 그 날부터, 여러분은 그네들이 모두 그러했듯이, 새로운 눈으로 모든 존재와 사물들을 바라보고 있는 것입니다. 여러분은 이제야, 마침내 근본적인 것에로 돌아와야 한다는 사실을 알게 된 것입니다." [……]

"우리가 좀더 깊은 통찰력을 가지고 본다면 그것은 모든 고민 속에 가로놓인 저 영생의 황홀한 빛을 보여 주고 있다는 것을 알 수 있습니다. 그것은 확고하게 악을 선으로 변화시키는 신의 뜻을 말해 주는 것입니다. 오늘도 또 다시, 죽음과 고뇌와 아우성의 길을 통해서, 그 빛은 우리들을 본질적인 침묵으로 이끌어 가며, 모든 생명의 원천으로 이끌어 가고 있습니다. 여러분, 이것이야말로 광대무변한 위안입니다. 이 위안을 여러분에게 가져다 주고자 합니다. 부디 여러분은 이 자리에서 응징의 언사를 듣고 돌아가시는 데에 그치지 말고 여러분을 진정시키는 '말씀'도 잘 듣고 가시기 바랍니다."

(다) "그래도 선생님은 파늘루 신부처럼 페스트에도 그것대로의 유익한 점이 있어서 사람의 눈을 뜨게 하고, 사람으로 하여금 생각을 하게 한다고 여기고 계시겠죠!"

리유는 답답해서 머리를 흔들었다.

"이 세상의 모든 병이 다 그렇죠. 그러나 이 세상의 모든 고통에 있는 것은 페스트에도 역시 있습니다. 하기야 몇몇 사람들을 위대하게 만드는 구실도 하겠죠. 그러나 그 병으로 해서 겪는 참상과 고통을 볼 때, 체념하고서 페스트를 용인한다는 것은 미친 사람이나 눈먼 사람이나 비겁한 사람의 태도일 수밖에 없습니다."

리유는 어조를 높였다고 할 수도 없었다. 그러나 타루는 그를 진정시키려는 듯이 손을 저었다. 그는 미소를 짓고 있었다.

"좋습니다." 어깨를 으쓱하면서 리유가 말했다. "한데, 내가 아까 한 말에 대해 아직 대답을 안 하였습니다. 잘 생각해 보셨나요?"

타루는 안락의자에서 좀 편안하게 고쳐 앉으면서 머리를 불빛 속으로 내밀었다.

"선생님은 신을 믿으시나요?"

질문은 역시 자연스럽게 나왔다. 그러나 이번에는 리유가 망설였다.

"믿지 않습니다. 그러나 그것은 무엇을 의미하는 것일까요? 나는 어둠 속에 있고, 거기서 뚜렷이 보려고 애쓴다는 뜻입니다. 그러는 것이 유별나다고 생각하지 않게 된 지가 벌써 오래됩니다."

"좋아요." 타루가 말했다. "선생님 자신은 신도 믿지 않으시면서 왜 그렇게까지 헌신적이십니까? 선생님의 답변이 제가 대답하는 데 도움이 될 것입니다."

그늘에서 얼굴을 내밀지도 않은 채 의사는, 그 대답은 이미 했으며, 만약 어떤 전능한 신을 믿는다면 자기는 사람들의 병을 고치는 것을 그만두고 그런 수고는 신에게 맡겨 버리겠다고 말했다. 그러나 이 세상 어느 누구도, 심지어는 신을 믿는다고 생각하고 있는 파늘루까지도 그런 식으로 신을 믿는 이는 없는데, 그 이유는 전적으로 자기를 포기하고 마는 사람은 없기 때문이며, 적어도 그 점에 있어서는 리유 자신도 이미 창조되어 있는 그대로의 세계를 거부하며 투쟁함으로써 진리의 길을 걸어가고 있다고 생각한다고 말했다.

"아!" 타루가 말했다. "그러면 선생님은 자신의 직업을 그렇게 보고 계시는군요?"

"대충은 그렇습니다." 의사는 다시 밝은 쪽으로 몸을 내밀면서 말했다.

타루는 나직이 휘파람을 불었고 의사는 그를 보았다.

"그럼요." 그는 말했다. "아마 자존심이 대단하다고 생각하시겠죠. 그러나 나는 최소한의 자존심밖에는 없습니다. 정말이에요. 앞으로 무엇이 나를 기다리고 있는지, 이 일들이 모두 끝난 다음에는 무엇이 올 것인지 나는 모릅니다. 당장에는 환자들이 있으니 그들을 치료해야 합니다. 그런 다음에 그들은 반성할 것이고, 또 나도 반성할 것입니다. 그러나 가장 긴급한 일은 그들을 치료하는 것입니다. 나는 힘이 미치는 데까지 그들을 보호해 줄 것입니다. 그뿐이지요." [······]

"내가 이 직업에 발을 들여놓았을 때, 나는 말하자면 그냥 막연히 택했지요. 직업이 필요했었고, 딴 직업이나 마찬가지로 괜찮은 직업이었고, 젊은 사람이 한 번 해볼 만한 일이었기 때문이죠. 또 어쩌면 나 같은 노동자의 자식으로서는 특별히 어려운 일이었기 때문이었는지도 모릅니다. 택하고 났더니 죽는 장면을 보아야만 했지요. 죽기를 거부하는 사람이 있는 것을 아시나요? 어떤 여자가 죽는 순간에 '안돼!' 하고 외치는 것을 들은 일이 있나요? 나는 있어요. 그때 나는 절대로 그런 것에 익숙해질 수 없다는 것을 깨달았지요. 그때는 나도 젊었고, 해서 나의 혐오감은 세계의 질서 그 자체에 대하여 솟구치는 것이라고 생각했었죠. 그 후 나는 한층 더 겸허해졌어요. 다만, 죽는 것을 보는 일에는 여전히 길들여지지 못한 채로요. 그 이상은 아무 것도 모릅니다. 그러나 결국……"

리유는 입을 다물고 다시 자리에 앉았다. 입안이 마른 듯싶었다.

"결국은요?" 하고 타루가 나직하게 물었다.

"결국……" 의사는 말을 계속하려다가 타루를 물끄러미 보면서 또 주저했다.

"당신 같은 사람이면 이해할 수 있는 일이라고 생각하는데, 어떠세요? 그러나 세계의 질서는 죽음에 의해 좌우되는 것이니 만큼, 아마 신으로서도 사람들이 자기를 믿어 주지 않는 편이 더 낫고, 신이 그렇게 침묵하고 있는 하늘만을 쳐다볼 것이 아니라 있는 힘을 다해서 죽음과 싸워 주기를 더 바랄지도 모릅니다.

연습 문제 3

난이도 ★★★☆☆　해설 및 예시 답안 → 21쪽

제시문 (가)와 (나)에 나타난 '인간의 생명'에 대한 태도를 비교·대조하여 설명하시오.

(가) 스티븐 스필버그의 영화 「A.I.」는 양부모에게 버림받고 인간이 되기 위해 몸부림치는 어린 로봇 데이비드의 이야기입니다. "He has brown hair, he has blue eyes. His love is real, but he is not real."이라는 광고 카피가 진한 여운을 주는 이 영화에서 우리는 사람보다 더 사람 같은 로봇을 볼 수 있었습니다.

우리는 여기서 질문을 던질 수 있습니다. 지능을 가지고, 사랑을 갈구하도록 만들어진 이 로봇은 과연 '살아 있는' 걸까요? 만약 산 것이 아니라면, 사랑하고 싶어하고 사랑받고 싶어하는 그 로봇의 모든 행동은 그저 좀 잘 만들어진 컴퓨터 수준에 불과한 것일까요? 반대로 그 존재가 살아 있는 것이라면, 왜 로봇은 그토록 인간이 되고 싶어하는 걸까요?

제가 이토록 여러 가지 이야기들을 늘어놓은 이유는 바로 우리가 쉽게 생각하는 '생명'이라는 개념이 과연 어디까지인지 생각해 볼 필요가 있기 때문입니다. 우리는 지금껏 '살아 있는 것 = 생물 = 귀하고 소중한 것'과 '살아 있지 않은 것 = 무생물 = 가치가 덜한 것'이라는 공식에 아주 익숙한 편입니다. 생명은 귀중히 여겨야 한다고 배웠고, 살아 있는 것은 그렇지 않은 것에 대해 우월한 가치를 지닌다고 생각해 왔죠. 그중에서도 인간의 생명은 가장 우선하는 가치라고 배웠습니다.

그러나 그 개념이 틀린 것이 아니라고 생각한다면, 먼저 '생명'의 범위부터 다시 규정지어야 할 필요성이 생깁니다. 시간이 갈수록 어떤 게 진짜 살아 있는 것이고, 어떤 게 진짜 살아 있지 않은지를 구별하는 것이 점점 더 어려워지고 있거든요. 오시이 마모루의 「공각 기동대」의 주인공 구사나기는 뇌를 제외한 온몸이 기계로 대체된 사이보그입니다. 구사나기는 시간만 나면 홀로 호수 속으로 들어갑니다. 기계인 몸은 무거워서 한없이 가라앉고 자칫 물이 스며들어 고장이 나면 다시는 떠오르지 못할 위험을 감수하면서도 구사나기는 그렇게 물 속 깊은 곳으로 침전합니다. 과연 나는 진짜 살아 있는 인간인지, 사실 몸의 다른 부분들처럼 뇌 역시 기억을 이식한 컴퓨터 칩으로 바뀌었는데 자신만 모르는 것은 아닌지, 그렇다면 기계인 내가 왜 실존과 고독의 근원을 고민하는지를 자신에게 끊임없이 반문하면서 말이죠.

그 장면을 보면서 저는 구사나기가 겪고 있는 가치관의 혼란은 생물과 무생물을 가르는 기존 (旣存)의 기준이 더 이상 들어맞지 않는 세계에 살고 있기 때문에 생긴 것이 아닐까 하는 생각을 했습니다. 우리는 지금껏 탄소 화합물로 이루어져 있고, 탄생과 성장과 죽음을 거치며, 생식을 통해 후손을 남기고, 대사 활동을 하는 것들만을 생명이라고 불러왔습니다.

— 이은희, 「하리하라의 생물학 카페」에서

(나) 우선 일반인들도 이해할 수 있는 것으로부터 시작하겠습니다. 복제 양 '돌리' 라는 온전한 존재가 태어나기 위해서는 세 명의 어머니가 필요했습니다. 우선 유전자상의 어머니입니다. 이 어머니의 유선(乳腺) 조직 세포를 떼어 내어, 그 유전자로 하여금 완전히 새로 태어날 양(羊)의 조직 형성을 조절하도록 만듭니다. 두 번째는 수정란상의 어머니입니다. 거기에서 수정란 세포를 떼어 내어 그 각각의 세포에서 유전자를 빨아냅니다. 그리고 전기적 충격의 도움을 받아 이제 핵이 빠져 버린 수정란 세포와 유선 조직의 세포를 융합시킵니다. 그러면 유전자상의 어머니의 유전 형질만이 수정란 세포에 명령을 내릴 수 있게 됩니다. 이제는 세 번째의 대리모(代理母)인 양이 필요합니다. 자라나는 배아를 대리모의 자궁에 이식시킵니다. 그러면 통상적인 임신 기간이 지나고 난 후에 그의 유전자상의 어머니와 동일한 우리의 '돌리' 가 태어나는 것입니다. 남성으로부터는 아무런 성분도 받을 필요가 없게 되는데, 센세이션을 일으키는 것은 바로 이 점 때문인 것입니다.

이것이 전부입니다. 그러나 제가 옳게 본 것이라면, 선생님은 남성적 몫에 대한 포기 때문에 전전긍긍하시는 겁니다. 선생님이 두려워하시는 이유는 처음에는 양에게서, 그리고 다음에는 돼지에게서, 그리고 마침내 원숭이에게서 성과를 거두게 될, 아버지가 전혀 필요 없는 유전자 조작이 조만간에 인간에게도, 더 좁혀서 말하자면 여성들에게 적용될 것이라는 점 때문입니다. 사실상 그 점은 배제할 수가 없습니다. 도처에서 사람들은 희망과 동시에 두려움을 가지고서 상상에 그치지는 않을 집짓기 방식이 확장되어 가는 것을 바라보고 있습니다. 말하자면 '돌리' 의 '정신적 아버지' 라고 할 수 있는 빌머트 박사는 유전자상의 어머니, 수정란상의 어머니, 그리고 대리모로 자신을 제공하겠다며 벌써부터 지대한 관심을 보이는 여성들이 있다는 것을 알려주었습니다.

그렇습니다, 선생님. 이 모든 것은 당분간은 사변적인 수준에 머물러 있을 것입니다. 하지만 노벨상 수상자이자 공로가 많은 유전자 연구가인 제임스 왓슨은 이미 1970년대 초반에 특출한 인물들, 이를테면 아인슈타인이라든지 칼라스라든지 피카소 같은 인물들을 만들어 내기 위해 인간을 인공 배양할 수 있다는 점을 예언했을 뿐만 아니라 공공연하게 촉구하기까지 했던 것입니다.

선생님, 우리에게 지금 필요한 것은 학문적으로 뒷받침된 생명 윤리학입니다. 생명 윤리학이 시대에 뒤떨어진 도덕 관념보다도 훨씬 효과적이 되려면, 먼저 광범위하게 퍼진 불안감의 확산을 저지해야 합니다. 그리고 머지않은 날에 옛 방식대로 생겨난 인간 세대와 나란히 성장하게 될 복제 인간 세대에 새로운 사회 질서를 부여할 수 있는 권위를 갖추어야 할 것입니다.

— 후베르투스 폰데어브뤼게가 귄터 그라스에게 보낸 편지, 귄터 그라스의 『나의 세기』에서

연습 문제 4

난이도 ★★★☆☆   해설 및 예시 답안 → 22쪽

다음 두 글에 제시된 삶의 방식을 비교·대조하여 설명하시오.

〈가〉

　지난 겨울부터 산 아래 마을에서는 집집마다 기름 보일러를 장작이나 연탄 보일러로 개조하는 작업이 한창이다. 어려운 경제사정은 산촌이라고 해서 예외가 아니다. 어제 장터에서 만난 김씨는 보일러를 고치고 나니 기름 값에 쫓기던 마음이 한결 놓인다고 하면서, 장작 타는 냄새에 옛 정취를 느끼게 되더라고 했다.

　우리가 지금 겪고 있는 이 시련은, 인과관계로 이어지는 전체적인 흐름으로 볼 때 고갈되고 탕진된 민족의 에너지를 재충전하라는 뜻으로 받아들여야 할 것 같다. 어떤 고난도 그 뜻을 이해하면 능히 이겨낼 수 있는 지혜와 힘이 생긴다.

　복진타락(福盡墮落). 복이 다하면 굴러 떨어진다는 옛말이 있듯이, 우리는 경제성장의 흐름을 타고 소중하고 귀한 것을 등진 채 함부로 버리면서 잘못 살아왔다. 가진 것이 늘어 편리해진 반면 인간의 정신과 덕성은 말할 수 없이 피폐되었다. 전통적인 우리들의 아름다운 인정과 풍습이 사라지고 민족의 기상도 나약해질 대로 나약해졌다. 안으로 자율적인 능력을 잃으면 밖에서 타율적인 제재가 가해지는 것이 우주의 흐름이다. 이래서 재충전의 기회가 온 것이라고 생각된다.

　일자리를 잃으면 일거리를 찾아야 한다. 일하는 사람은 늙지 않는다. 삶이 권태롭거나 무료하지 않다. 꿈과 희망의 자리에 한탄과 원망과 후회가 들어설 때 우리는 늙고 병든다. 체면이나 일의 대가를 따지지 않는다면 일거리는 우리 주변에 얼마든지 있다. 보다 직설적으로 말한다면 일자리가 있고 나서 일거리가 생기는 것이 아니라 하루하루 살아가는 삶의 과정에서 일거리를 찾아낸다면 바로 그것이 내 일자리 아니겠는가.

　생각을 돌이켜보자. 이 세상에 태어날 때 빈손으로 왔으니 가난한들 무슨 손해가 있으며, 죽을 때 아무 것도 가지고 갈 수 없으니 부유한들 무슨 이익이 되겠는가.

　우리는 벌어들이는 수입 안에서 살면 된다. 할 수 있다면 얻는 것보다 덜 써야 한다. 절약하지 않으면 가득 차 있어도 반드시 고갈되고, 절약하면 텅 비어 있어도 언젠가는 차게 된다. 덜 갖고도 우리는 얼마든지 행복하게 살 수 있다. 덜 갖고도 우리는 얼마든지 더 많이 존재할 수 있다.

　오늘과 같은 경제난국에서 우리가 크게 각성할 일은 그 동안 소유와 소비 지향적인 삶의 방식에서 존재 지향적인 생활태도로 바뀌어야 한다는 것이다. 우리 인생에서 참으로 중요한 것은 우리들의 직위나 신분, 소유물이 아니라 우리들 자신이 누구인지를 아는 일이다.

　우리들의 직위나 돈이나 재능이 중요한 것이 아니라 그것으로 우리가 어떤 일을 하며 어떻게 살고 있느냐에 따라 삶의 가치는 결정된다.

현실이 곧 우리의 스승이라는 말이 있다. 우리에게 오늘과 같은 시련이 없다면 우리 미래는 어떻게 될 것인지를 곰곰이 생각할 때, 우리 자신과 후손들의 건전한 삶을 위해서라도 마땅히 거쳐가야 할 관문이라고 여겨진다.

소욕지족(少欲知足). 작은 것과 적은 것으로 만족할 줄 알아야 한다. 우리가 누리는 행복은 크고 많은 것에서보다 작은 것과 적은 것 속에 있다. 크고 많은 것만을 원하면 그 욕망을 채울 길이 없다. 작은 것과 적은 것 속에 삶의 향기인 아름다움과 고마움이 스며 있다.

시작이 있는 것은 반드시 그 끝이 있다. 오늘의 어려움을 재충전의 뜻으로 받아들인다면, 우리는 우리가 지닌 무한한 잠재력을 일깨울 수 있다. 오르막이 있으면 반드시 내리막이 있는 법이고 낡은 문이 닫히면 새 문이 열리게 마련이다. 얼어붙은 대지에 봄이 움트듯이 좌절하지 말고 희망의 씨를 뿌리자.

— 법정, 『가난을 건너는 법』에서

〈나〉

우리는 모든 일들에서 원칙을 벗어나지 않으려고 애썼다. 우리가 처음에 십 년 계획을 세우면서 가장 중요하게 여긴, 우리 삶의 중심 원칙들은 다음과 같은 것들이다.

하나, 우리가 먹고사는 데 필요한 것을 절반쯤은 자급 자족할 수 있게 되기를 바란다. 우리를 에워싸고 있는 이윤 추구의 경제에서 할 수 있는 한은 벗어나기를 희망한다.

대공황은 몇백만이 넘는 가장들을 위기에 몰아넣었다. 사실 이것은 시장에서 생필품을 사다 쓰는 사람들을 늘 위협하고 있는 문제였다. 일당이나 월급을 받는 직장인들은 스스로의 일을 갖고 있지 못하다. 자기들과 상관없이 경제 정책이 결정되고, 정책을 수행하는 사람을 자기 손으로 뽑지도 못한다. 다시 말해 이 때의 수많은 실업자들은 자기 잘못으로 일자리를 잃은 것이 아니었다.

어쨌든 모든 생필품과 살림살이들을 돈 주고 사야만 하는 경제 구조 속에서 그이들은 직장을 잃은 것이다. 수입은 끊겼지만 먹고 입고 자는 문제를 해결하다 보니 모아놓은 돈은 바닥났고, 결국 그이들은 빚더미에 올라앉았다. 이렇듯 이윤을 추구하는 경제 구조 속에서 계속 살아가야 하기 때문에 우리는 앞으로 다가올 그 두려운 일들을 받아들이거나, 아니면 실현할 수 있는 대안을 찾아내야만 했다. 우리가 생각해 낸 대안은 절반쯤은 자급 자족하는 생활이었다.

둘, 우리는 돈을 벌 생각이 없다. 또한 남이 주는 월급을 받거나 무언가를 팔아 이윤을 남기기를 바라지 않는다. 오히려 우리의 바람은 필요한 것들을 될 수 있는 대로 손수 생산하는 것이고, 그럼으로써 먹고사는 일을 해결하는 것이 일차 목적이다. 한 해를 살기에 충분할 만큼 노동을 하고 양식을 모았다면 그 다음 수확기까지 돈 버는 일을 하지 않을 것이다.

'돈을 번다' 거나 '부자가 된다' 는 생각은 사람들에게 매우 그릇된 경제관을 심어 주었다. 우리가 경제 활동을 하는 목적은 돈을 벌려는 것이 아니라 먹고살기 위한 것이다. 돈을 먹고 살 수는 없으며, 돈을 입을 수도 없고, 돈을 덮고 잘 수도 없다. 돈은 어디까지나 교환 수단일 뿐이다.

식의주(食衣住)에 필요한 물건을 얻는 매개체이다. 중요한 것은 우리가 먹고 마시고 입는 것들이지 그것과 맞바꿀 수 있는 돈이 아니다.

우리는 반드시 필요한 현금에 맞추어 돈을 벌려고 했다. 필요한 것이 마련되었다고 판단되면, 그 해의 남은 시간 동안에는 더 이상 농사를 짓지도 않았고 돈을 더 벌지도 않았다. 한 마디로, 먹고사는 것만 해결하고자 했으며, 이렇게 일단 기본 생활 수단이 마련되면 다른 일들에 관심을 돌려 열중했다. 우리가 관심을 가진 것은 사회 활동, 그리고 독서와 글쓰기와 작곡 같은 취미 생활이었다.

셋, 우리는 모든 일에 들어가는 비용을 우리가 가진 돈만으로 치를 것이다. 은행에서는 절대로 돈을 빌리지 않을 것이다. 땅이나 집을 담보로 넣어 융자를 얻은 뒤 이자를 갚느라 허덕이는 일은 결코 하지 않을 것이다.

어떤 경제 구조에서도 돈을 빌려주는 사람들은 배를 두드리며 편히 산다. 개인이든 은행 같은 기관이든, 돈을 빌려주고 담보를 잡으며, 이자와 경매 처분으로 얻는 수익금으로 살을 찌운다. 돈을 빌려주는 사람들은 무엇을 생산하는 일에는 손가락 하나 움직이지 않으면서 안락하고 사치스러운 생활을 즐길 수 있다. 한편 돈을 빌려다 쓰는 생산자들은 이자를 꼬박꼬박 내야 하며, 그렇게 하지 못하면 자기의 모든 재산을 잃는다. 대공황 때 몇천 명에 이르는 농부들과 가장들이 자기들이 가진 모든 것을 잃었다.

우리는 어느 순간이나, 어느 날이나, 어느 달이나, 어느 해나 잘 쓰고 잘 보냈다. 우리가 할 일을 했고, 그 일을 즐겼다. 충분한 자유시간을 가졌으며, 그 시간을 누리고 즐겼다. 먹고살기 위한 노동을 할 때는 비지땀을 흘리며 열심히 일했다. 그러나 결코 죽기 살기로 일하지는 않았다. 그리고 더 많이 일했다고 기뻐하지도 않았다. 사람에게 노동은 뜻 있는 행위이며, 마음에서 우러나서 하는 일이고, 무엇을 건설하는 것이고, 따라서 매우 기쁨을 주는 것이기 때문이다.

일요일이 되면 평소와는 달리 먹고살기 위한 아무 노동도 하지 않고 아무 계획도 없이 하루를 보냈다. 일요일 아침에는 대개 음악을 감상했다. 그리고 저녁에는 종종 함께 모여 토론을 벌였다. 누군가 소리내어 책을 읽기도 했는데 그러는 동안 다른 사람들은 나무 열매를 쪼개거나 콩 껍질을 벗겼으며, 바느질이나 뜨개질 같은 자질구레한 자기 일을 하기도 했다.

— 헬렌 니어링, 스코트 니어링, 『조화로운 삶』에서

연습 문제 5

난이도 ★★★★★   해설 및 예시 답안 → 22쪽

다음 제시문에서 다루고 있는 문제 의식은 무엇인지 밝히고, 각 제시문의 견해를 비교·대조하며 설명하시오.(300~600자)

[가] 모든 감성에 있어서 각기 거기에 대응하는 쾌락이 생길 수 있음은 분명한 일이다.(우리는 보는 것이나 듣는 것에 대해서 즐겁다고 말한다.) 또한 감성이 최선의 상태에 있으면서 최선의 대상에 대해서 활동할 때에 두드러지게 쾌락이 생긴다는 것도 분명한 일이다. 대상과 지각자가 모두 최선의 상태에 있을 때에는 언제나 쾌락이 있는 법이다. 거기엔 쾌락의 주체와 객체가 모두 있으니 말이다. 쾌락이 활동을 완전하게 하는 것은 활동의 주체에 내재하는 상태가 그렇게 하는 것과는 다르다. 오히려 쾌락은 마치 한창 나이의 왕성한 기력을 가지고 있는 사람들에게 따르는 꽃다운 청춘과 같은, 부가적인 하나의 목적으로서 활동을 완전케 한다. 그러므로 지적 대상 혹은 감성적 대상과, 식별하는 능력 혹은 관조하는 능력이 다 같이 마땅히 있어야 할 상태에 있는 한 그 활동에는 언제나 쾌락이 있을 것이다. 주체와 객체가 다 같이 불변하고 또 같은 방식으로 서로 관계하고 있을 때에는 같은 결과가 자연히 따를 것이기 때문이다.

그러면 아무도 계속해서 즐거워할 수 없음은 무슨 까닭인가? 우리가 피로해지기 때문에 그러한 것인가? 사실 모든 사람은 계속적으로 활동할 수 없다. 그러므로 쾌락 역시 계속적일 수 없다. 쾌락은 활동에 수반하는 것이니 말이다. 어떤 일들이 새로운 것일 때 우리를 즐겁게 해주지만, 얼마 있으면 처음만큼 즐겁게 해주지 않는 것도 같은 이유에서다. 이것은 마치 어떤 물건을 우리가 응시할 때에 우리의 시각이 그렇듯이 처음에는 정신이 자극을 받아 그런 일들에 대해서 강렬히 활동하지만, 얼마 후에는 우리의 활동이 이완되기 때문이다. 이런 까닭에 또한 쾌락도 힘을 잃게 되는 것이다.

누구나 살기를 희구하는 까닭에 또한 쾌락을 욕구한다고 말할 수 있을 것이다. 산다는 것은 활동이요 또 사람마다 자기가 가장 사랑하는 것에 관해서 자기가 가장 사랑하는 능력을 가지고 활동한다. 가령 음악가는 여러 가지 음률에 관해서 청각으로 활동하고, 학문을 사랑하는 사람은 이론적인 문제에 관하여 이지(理智)로 활동한다. 그런데 쾌락은 이러한 활동들을 완전케 하며, 따라서 사람들이 욕구하는 삶도 완전케 한다. 그러므로 사람들이 쾌락을 찾는 것도 당연한 일이다. [……] 사실 활동이 없으면 쾌락이 생기지 않으며, 또 모든 활동은 거기에 따르는 쾌락으로 말미암아 완전하게 되는 것이다.

— 아리스토텔레스, 『니코마코스 윤리학』에서

[나] 쾌락이란 무엇인가? 이 말이 여러 가지로 쓰이고 있긴 하지만 가장 많이 쓰이는 용례로 볼 때 (살아 있다는 의미에서의) 능동성의 충족과는 무관한 욕망의 충족이라고 정의되기가 더

쉬울 것이다. 그런 쾌락은 강도가 높은 것일 수도 있다. 사회적 성공을 거둠으로써 느끼는 쾌락, 돈을 많이 버는 데서 느끼는 쾌락, 복권이 당첨됨으로써 느끼는 쾌락, 보통 말하는 성적 쾌락, 맘껏 먹는 데서 느끼는 쾌락, 경주에서 이기는 쾌락, 음주 · 환각 · 약품 등에 의해 고양된 상태, 혹은 살아 있는 것을 죽이거나 난도질하려는 격정을 충족시키는 데서 느끼는 쾌락 등이 예거될 수 있다. 물론 우리가 부유해지거나 유명해지기 위해서는 바쁘다는 의미로 매우 활동적이어야 하지만 '내적 탄생'(birth within)이라는 의미에서는 그렇지 않다. 그 목표를 성취했을 때 그들은 '스릴'을 느끼고 '아주 만족하며' '절정'에 도달했다고 느낄는지 모른다. 그러나 어떤 절정인가? 아마 흥분의 절정, 만족의 절정, 환각적, 광란적 상태의 절정일 것이다. 이런 상태에 도달하도록 하는 것은 그들의 열정이다. 그러나 이 열정은 인간적인 것이긴 하지만, 그것이 본질적으로 인간 조건의 적절한 해결을 향하지 않는 한 병적인 것이다. 그러한 열정은 더욱 위대한 인간의 성장이나 힘을 낳는 것이 아니라 오히려 인간을 불구로 만든다. 극단적 쾌락주의자의 쾌락, 항상 새로운 물욕(物慾)의 충족, 현 사회의 쾌락 등은 정도가 서로 다른 '흥분'을 일으키지만 '기쁨'을 갖다주지는 못한다. 실상 기쁨이 없기 때문에 항상 새롭고 한층 더 자극적인 쾌락을 추구하게 되는 것이다.

이런 점에서 현대 사회는 3천 년 전에 헤브루 인들이 처했던 상황과 똑같은 상황에 처해 있다. 모세는 이스라엘 민족에게 가장 사악한 죄악 중의 하나에 대하여 다음과 같이 말했다. "너희들은 모든 사물의 충만함 가운데서 마음 속의 '기쁨'과 '즐거움'으로 주 하느님을 섬기지 않았다."(「신명기」, 28: 47) 기쁨은 생산 행위에 따른 부수물이다. 그것은 절정에 이르렀다가 급작스레 끝나 버리는 '절정 경험'(peak experience)이 아니고 오히려 사람의 본질적인 능력의 생산적 표현을 동반하는 지속적 감정 상태이다. 기쁨은 순간적인 몰아(沒我)의 불꽃이 아니다. 기쁨은 존재와 함께 오는 빛이다.

쾌락과 스릴은 소위 절정에 도달하고 난 후에는 슬픔을 낳는다. 왜냐하면 스릴은 경험했지만 그 용기(容器)가 커지지는 않았기 때문이다. 그의 내적 힘은 증가되지 않은 것이다. 그는 비생산적 활동의 권태를 돌파하려고 시도하였고 잠시 동안 이성과 사랑을 제외한 그의 모든 에너지를 결합하였다. 그는 인간의 힘을 벗어나 초인(超人)이 되려는 시도를 한 것이다. 그는 승리의 순간에 도달한 것 같이 느끼지만 그 승리에는 깊은 슬픔이 뒤따른다. 그의 내부에 아무런 변화도 일어나지 않았기 때문이다.

— 에리히 프롬, 『소유냐 존재냐』에서

[다] 비에 젖어 흙투성이가 된 채 피로에 지쳐 집으로 돌아왔으나, 그날부터 그녀의 마음속에는 어떤 변화가 일어나서 그 결과 지금 같은 타락의 세계로 들어가 버린 것이다. 그 무서운 비바람 치던 밤 이후, 그녀는 신(神)도 선(善)도 믿지 않게 되었다. 그때까지 그녀는 자신도 신을 믿고 있고 다른 사람들도 신을 믿고 있다고 생각했었다. 그러나 그날 밤부터 아무도 신을 믿지 않으며, 사람들이 신에 대하여 또는 신의 계율에 대하여 말하는 것은 모두가 거짓이며 엉터리라고

생각하게 되었다. 자기가 사랑했고 또 자기를 사랑했던 네흘류도프는 한번 그녀를 농락한 후 그녀를 버리고 가버렸다. 그렇지만 그는 자기가 알고 있는 모든 사람 중에서 가장 뛰어난 사람이었다. 그 밖의 사람들은 모두 그에 못 미쳤다. 자기 자신에게 일어난 모든 일이 그것을 증명해 주었다. 그의 고모들, 그렇게 신앙심이 깊은 노부인들조차도 그녀가 전처럼 일을 잘 못하니까 쫓아내고 말았다. 그녀가 만난 여자들은 모두 다 그녀를 보고 돈벌이할 궁리만 했고 또한 남자들은 그 늙은 경찰서장을 비롯해서 감옥의 간수에 이르기까지 그녀를 한낱 육체적 쾌락의 도구로만 생각했다.

이 세상에서는 모두들 쾌락만 찾는다. 이러한 확신은 그녀가 자유로운 생활을 시작한 지 3년째 되던 해에 만난 늙은 소설가에 의해서 더욱 굳어졌다. 그는 모든 행복은 쾌락에 있다고 단언하며, 이것을 소위 시(詩)나 미(美)라고 불렀다.

사람은 그 누구나 자기만을 위해서, 자기의 쾌락만을 위해서 살고 있으므로 그들이 신이나 선에 관해서 말을 하는 것이 모두 거짓이었다. 무엇 때문에 이 세상은 모든 사람들이 그렇게 나쁜 짓을 하고 고민하도록 혼란스럽게 이루어진 것일까 하는 따위의 의문이 생겼을 때는 일체 그런 일은 생각지 않도록 해야만 했다. 따분해질 때면 담배를 피우거나 술을 마시거나, 아니 무엇보다도 좋은 것은 남자들과 재미를 보는 것이었다.　　　　　― 톨스토이,「부활」에서

[라] 관능의 숭배는, 극히 당연한 일이지만, 이따금 비난받아 왔다. 그것은 인간이 그 자신보다도 더 강하다고 여기는 정열과 감정에 대해 자연스럽고 본능적인 공포를 느끼고, 또한 인간만큼 고도로 조직화되지 않은 존재 형태를 가진 것에도 관능이 있다고 의식했기 때문이다. 하지만 세상 사람들이 관능의 참다운 본질을 제대로 이해하지 못하면서 그것을 야만적이고 동물적인 것으로 여기는 것은, 그들이 아름다움에 대한 섬세한 본능을 그 지배적인 성격으로 하는 새로운 영성(靈性)의 요소로 관능을 승화시키지 못하고 굶주림과 고통으로 그것을 억제하고 말살하려 해 왔기 때문이라고 도리언 그레이는 생각했다. '역사' 속의 인간을 되돌아보았을 때, 그는 일종의 상실감에 사로잡혔다. 얼마나 많은 것들이 포기되어 왔던가! 더구나 아무런 의미도 없이! 거기엔 격렬하고도 완고한 거부(拒否), 기이한 형태의 자기 학대와 자기 부정이 있었다. 그리고 그 원인은 공포심이며, 그 결과는 인간이 무식하기 때문에 거기서 벗어나려고 애써 온 그 상상적인 타락보다도 훨씬 더 무서운 타락이었다.

[……]

우리 시대에 야릇한 부흥을 보이고 있는 가혹하고 꼴사나운 청교도주의(淸敎徒主義)로부터 인생을 구할 새로운 '쾌락주의'가 일어나야만 한다. 그것은 틀림없이 지성(知性)에도 도움을 주어야만 한다. 하지만 그것은 어떠한 형태의 것일지라도 정열적인 체험을 희생으로 하는 이론이나 체계를 결코 받아들여서는 안 된다. 실제로, 쾌락주의의 목적은 체험 그 자체여야 하는 것이지, 체험이 달든 쓰든 간에 그 결과여서는 안 된다. 관능을 죽이는 금욕주의에 대해서는, 역시

관능을 무디게 하는 저속한 방탕에 대해서와 마찬가지로, 새로운 쾌락주의가 전혀 관여할 바가 아니다. 하지만 쾌락주의는 그 자체가 순간에 불과한 인생의 모든 순간에 자기를 집중하게 하는 것을 인간에게 가르쳐야만 한다.

[……]

우리는 그만두었던 곳에서부터 다시 시작하지 않으면 안 되고, 그렇게 되면 판에 박은 듯한 습관이 똑같이 지루하게 되풀이되는 속에서 힘을 지속시켜 나갈 필요가 있다는 두려운 느낌에 어느새 사로잡히게 된다. 어쩌면, 어느 날 아침에 눈을 뜨면 밤의 어둠 속에서 우리의 쾌락을 위해 새로이 개조된 세계, 모든 사물이 신선한 형태와 색채를 드러내어 일변하거나 그 전과는 다른 비밀을 간직한 세계, 과거는 거의 존재하지 않거나, 적어도 의무라든가 후회라든가 하는 의식적인 형태로는 남아 있지 않은 희열의 회상에까지도 쓰라림이 따르고, 쾌락의 기억에도 고통이 있으므로 그와 같은 세계가 찾아오기를 열광적으로 동경하게 될지도 모른다.

도리언 그레이에게 있어선 그와 같은 세계의 창조야말로 인생의 참다운 목적이거나 적어도 참다운 목적 중의 하나인 것같이 여겨졌다. 그리고 새로우면서도 즐겁고, 더욱이 로맨스에는 없어서는 안 될 그 이상한 요소를 가진 온갖 감각들을 추구함에 있어서, 그는 때때로 그의 천성에 전혀 어울리지 않는다는 것을 알고 있는 어떤 사고 방식을 받아들여, 그 미묘한 영향력에 몸을 맡기고, 그렇게 함으로써 이를테면 그 색조를 포착하여 자신의 지적 호기심을 만족시켰다.

— 오스카 와일드, 『도리언 그레이의 초상』에서

4. 공통 논지 파악하기

예제

제시문 (가)~(다)에서 공통적으로 다루고 있는 문제 의식은 무엇인지 설명하시오.(300~ 600자)

[가] 지난 몇 십 년 사이에 고객의 위상에 상당한 변화가 생겼다. 소매 상점에서는 찾아오는 고객을 개인적으로 친절하게 대했다. 고객은 중요한 사람으로 대접받았고, 그의 일상까지도 상점의 주인과 함께 의논할 수 있었다. 물건을 사는 행위 그 자체에서 고객은 자기의 중요함과 품위를 느낄 수 있었다.

오늘날 백화점의 경우, 고객은 우선 거대한 건물과 수많은 점원들과 잔뜩 진열된 상품에 의해 압도된다. 이 모든 것에 비해 그는 자기가 얼마나 보잘 것 없는 존재인가를 느끼게 된다. 백화점의 입장에서 보면, 인간으로서의 그는 아무런 중요성을 갖고 있지 않으며, 단지 '한 사람'의 고객일 뿐이다. 백화점은 고객을 놓치지 않으려고 하지만, 그는 단지 추상적인 고객으로서 대접받을 뿐이지 구체적인 고객으로서 중요시되지 않는다.

이런 상태는 현대의 광고 방법에도 잘 드러난다. 거대한 현대 광고는 상품의 효용성을 강조하여 합리적으로 소비자를 설득하기보다는 감성에 호소하거나 호기심을 자극한다. 즉 같은 일을 몇 번이고 반복하거나, 사교계의 부인과 유명한 권투선수에게 특정 상표의 담배를 붙여 물게 함으로써 권위 있는 이미지를 생기게 한다든가, 아름다운 소녀의 성적인 자극을 내세워 비판력을 마비시키려고 한다든가, 어떤 셔츠나 비누를 삼으로써 뭔가 전 생애가 갑자기 변화하는 듯한 그런 공상을 자극하기도 한다.

[나] 지나간 두 세기 동안 기계적인 생활 수단이 전 세계적 규모로 보급되었다. 그러나 이로 인해 내면 생활이 풍요로워지거나 예술 창작과 향유에 쓰여지는 시간적 여유가 많아지기는커녕 우리는 우리 자신이 기계화의 과정에 더욱 깊이 빠져 있는 것을 발견하게 된다. 심지어 우리의 상상력까지도 그 대부분이 내발적(內發的)인 것이 되지 못한다. 우리의 상상력은 기계에 비

끄러매이거나, 라디오나 텔레비전의 도움 없이는 자체적 실재성을 보유할 아무런 힘도, 생존 능력도 갖지 못한다. 우리의 현재 상황을 17세기, 즉 기술 면에서 비교적 원시적이던 그 시대의 상황과 비교해 보라. 그 당시 평범한 런던 시민들은 심지어 하인들을 뽑을 때에도 그가 저녁 시간에 벌어지는 가족음악회에 한몫 낄 수 있을 만한 목소리를 가지고 있느냐를 고려하기도 했다. 오늘날 우리는, 야외에서 기계의 도움 없이도 스스로 자유롭게 노래부를 수 있다는 생각은 하지도 못하며, 휴대용 음향기기에서 흘러나오는 음악에 귀를 기울이면서 강변을 거니는 사람들을 자주 본다.

[다] 우리는 복도에서 헤어져서 사환이 지적해 준, 나란히 붙은 방 세 개에 각각 한 사람씩 들어갔다.

"화투라도 사다가 놉시다." 헤어지기 전에 내가 말했지만

"난 아주 피곤합니다. 하시고 싶으면 두 분이나 하세요."라고 안은 말하고 나서 자기의 방으로 들어가 버렸다.

"나도 피곤해 죽겠습니다. 안녕히 주무세요."라고 나는 아저씨에게 말하고 나서 내 방으로 들어갔다. 숙박계엔 거짓 이름, 거짓 주소, 거짓 나이, 거짓 직업을 쓰고 나서 사환이 가져다 놓은 자리끼를 마시고 나는 이불을 뒤집어썼다. 나는 꿈도 안 꾸고 잘 잤다.

다음 날 아침 일찍이 안이 나를 불렀다.

"그 양반 역시 죽어 버렸습니다." 안이 내 귀에 입을 대고 그렇게 속삭였다.

"예?" 나는 잠이 깨끗이 깨어 버렸다.

"방금 그 방에 들어가 보았는데 역시 죽어 버렸습니다."

"역시……." 나는 말했다. "사람들이 알고 있습니까?"

"아직까진 아무도 모르는 것 같습니다. 우린 빨리 도망해 버리는 게 시끄럽지 않을 것 같습니다."

"자살이지요?"

"물론 그것이겠죠."

나는 급하게 옷을 주워 입었다. 개미 한 마리가 방바닥을 내 발이 있는 쪽으로 기어오고 있었다. 그 개미가 내 발을 붙잡으려고 하는 것 같은 느낌이 들어서 나는 얼른 자리를 옮겨 디디었다.

밖의 이른 아침에는 싸락눈이 내리고 있었다. 우리는 할 수 있는 한 빠른 걸음으로 여관에서 떨어져 갔다.

"난 그 사람이 죽으리라는 걸 알고 있었습니다." 안이 말했다.

"난 짐작도 못 했습니다."라고 나는 사실대로 얘기했다.

"난 짐작하고 있었습니다." 그는 코트의 깃을 세우며 말했다. "그렇지만 어떻게 합니까?"

"그렇지요. 할 수 없지요. 난 짐작도 못 했는데……." 내가 말했다.

"짐작했다고 하면 어떻게 하겠어요?" 그가 내게 물었다.

"씨팔 것, 어떻게 합니까? 그 양반 우리더러 어떡하라는 건지……."

"그러게 말입니다. 혼자 놓아두면 죽지 않을 줄 알았습니다. 그게 내가 생각해 본 최선의 그리고 유일한 방법이었습니다."

"난 그 양반이 죽으리라고는 짐작도 못 했다니까요. 씨팔 것, 약을 호주머니에 넣고 다녔던 모양이군요."

안은 눈을 맞고 있는 어느 앙상한 가로수 밑에서 멈췄다. 나도 그를 따라서 멈췄다. 그가 이상하다는 얼굴로 나에게 물었다.

"김형, 우리는 분명히 스물다섯 살짜리죠?"

"난 분명히 그렇습니다."

"나두 그건 분명합니다." 그는 고개를 한번 기웃했다.

"두려워집니다."

"뭐가요?" 내가 물었다.

"그 뭔가가, 그러니까……." 그가 한숨 같은 음성으로 말했다. "우리가 너무 늙어 버린 것 같지 않습니까?"

"우린 이제 겨우 스물다섯 살입니다." 나는 말했다.

"하여튼……."하고 그가 내게 손을 내밀며 말했다.

"자, 여기서 헤어집시다. 재미 많이 보세요."하고 나도 그의 손을 잡으며 말했다. 우리는 헤어졌다. 나는 마침 버스가 막 도착한 길 건너편의 버스 정류장으로 달려갔다. 버스에 올라서 창으로 내어다보니 안은 앙상한 나뭇가지 사이로 내리는 눈을 맞으며 무언지 곰곰이 생각하고 서 있었다.

해설

먼저, 각 글의 요지를 정리해 보자.

[가]

[가]는 백화점이나 광고 등에서 나타나는 오늘날의 소비자(고객)의 위상에 대해 비판적으로 문제를 제기하고 있다. 백화점이나 광고가 소비자들을 구체적인 고객으로서가 아니라 추상적인 고객으로 대할 뿐이며 이미지 소비에 주력하고 있음을 보여준다. 이는 소비자들을 소비 주체로 끊임없이 호출은 하더라도 수동적인 존재로 전락시키고 있음을 보여준다.

[나]

[나]는 전세계적 규모로 보급되고 있는 기계적 생활 양식의 추세에 대해 비판하고 있다. 인간의 기계화를 문제 삼고 있다.

[다]

주어진 지문만으로 제시문의 내용을 해석해 보면 다음과 같다. 아마도 우연히 만났을 세 사람이 동행 길에 나섰으나 그 중에 한 사람이 여관에서 말없이 자살을 하자 두 사람은 그 자리를 피해버린다. 자신들의 신상에 방해가 되지 않을까 하는 우려 때문이었을 것이다. 자신의 신상에 일어날지도 모르는 불이익을 생각하여 타인에게 무관심하고 적극적으로 행동하지 못하는 회피적인 현대인의 삶의 태도를 문제 삼고 있다고 볼 수 있다.

■ 공통의 문제 의식

세 글이 갖는 공통된 문제 의식은 수동적, 기계적, 회피적 삶의 태도로 나타나는 현대인의 주체성 상실 문제이다.

■ 하나의 예시 답안

[가]는 백화점이나 광고 등에서 나타나는 오늘날의 소비자(고객)의 위상에 대해 비판적으로 문제를 제기하고 있다. 백화점이나 광고는 소비자들을 구체적인 고객으로서가 아니라 추상적인 고객으로 대할 뿐이며 이미지 소비에 주력할 뿐이다. 이는 소비자들을 소비 주체로 끊임없이 호출은 하더라도 수동적인 주체로 전락시키고 있음을 보여준다. [나]는 전세계적 규모로 보급되고 있는 기계적 생활 양식의 추세에 대해 비판적으로 분석하고 있다. 인간의 기계화를 문제 삼고 있는 것이다. [다]는 자신의 신상에 있을지 모를 불이익을 생각하여 타인에게 무관심하고 적극적으로 나서지 못하는 회피적인 삶의 태도에 대한 문제를 제기하고 있다. 요컨대, 세 글이 갖는 공통된 문제 의식은 수동적, 기계적, 회피적 삶의 태도로 나타나는 현대인들의 주체성 상실이라고 볼 수 있다.

연습 문제 1

난이도 ★★★★★　해설 및 예시 답안 ➜ 24쪽

다음 제시문 (가), (나), (다)를 각각 요약하고, 제시문 (가), (나), (다)에 공통적으로 드러난 문제 의식은 무엇인지 설명하시오.(300~600자)

(가) 몇 년 전, 패스트푸드 체인 맥도날드는 "우리는 당신을 위해 모든 일을 해드립니다"라는 슬로건을 들고 나왔다. 하지만 실제로 맥도날드에서는 우리가 그들을 위해 모든 일을 한다. 줄을 서서 기다리다가, 음식이 나오면 식탁으로 가져가고, 식사가 끝나면 쓰레기를 휴지통에 버리고, 빈 식판을 제자리에 쌓아 놓는다. 노동비용이 올라가고 기술이 발전할수록 소비자는 종종 더 많은 일을 한다.

샐러드바는 소비자를 부려먹는 전형적인 사례이다. 고객은 빈 접시를 산 다음, 샐러드바 주위를 천천히 돌면서 그날 제공되는 여러 야채와 음식을 접시에 담는다. 이것의 장점을 재빨리 간파한 슈퍼마켓들은 매장 내에 소비자들이 이용할 수 있는 다양한 음식들을 세심하게 진열한 샐러드바를 설치했다. 이제 샐러드 애호가들은 샐러드 요리사가 되어 점심 시간에는 패스트푸드점에서 일하고 저녁 시간에는 슈퍼마켓에서 일한다. 이러한 모든 것은 패스트푸드점과 슈퍼마켓의 입장에서는 아주 효율적인데, 여러 진열칸에 음식이 떨어지지 않도록 신경쓰는 종업원 한둘만 있으면 되기 때문이다.

많은 패스트푸드점에서는 소비자들이 버거빵을 가지고 차림대에 가서 양상추, 토마토, 양파 따위를 넣도록 되어 있다. 이러한 경우, 소비자들은 통상 일주일에 몇 분 동안은 샌드위치를 만드는 사람으로 일하게 되는 셈이다. 최근 버거킹을 비롯한 몇몇 프랜차이즈에서는 고객들로 하여금 빈 컵을 들고 손수 얼음과 음료수를 채우게 하는 혁신적 방식을 도입하였다. 이로써 고객들은 잠시 '음료수 판매원'으로도 일하는 것이다. 일부 초현대식 패스트푸드점에서는 고객이 컴퓨터 화면에 주문 내용을 입력해야 한다. 이렇듯 패스트푸드점은 고객들을 부려먹음으로써 효율성을 제고해 왔다.　　　　　　　　　　— 조지 리처의 『맥도날드 그리고 맥도날드화』에서

(나) 만화영화는 합리주의에 대항하는 상상력의 대변자 역할을 한 적이 있었다. 만화영화에서는 기술적으로 동물이나 사물을 변형시키고, 거기에 나름의 가치나 역할을 부여함으로써 제2의 생명을 탄생시키는 것을 당연하게 여겨 왔다. 그러나 오늘날의 만화영화는 다만 '진리에 대한 기술적 이성의 승리'를 확인시켜 주고 있을 따름이다. 몇 년 전까지만 해도 만화영화는 마지막 순간에 가서야 뒤엉킨 줄거리가 풀리게 되는 일관된 플롯을 가지고 있었다. 그런 점에서 옛날의 광대극과 흡사했다. 그러나 이제 시간의 연관 구조는 달라졌다. 첫 장면부터 모티프가 주어지고, 그것은 이야기가 진행되는 동안 내내 파괴적 장면의 근거로 작용한다. 따라서 주인공은

그 이야기를 좇아가는 관객과 함께 무자비한 폭력의 제물이 된다. 즐거움을 위해 폭력 장면을 늘린 결과 작품 전체는 잔혹극으로 전환되는 것이다. 영화산업이 스스로 선정한 검열관들(이들과 영화산업은 친근한 관계를 유지하고 있다)은 사냥놀이처럼 장황하고 적나라하게 전개되는 범죄 장면을 지켜보고만 있다. 포옹 장면을 볼 때 느꼈던 즐거움은 단순한 웃음거리로 대체되고, 진정한 민족은 대량학살의 순간까지 연기된다. 만화영화에 우리의 감각을 새로운 템포에 익숙하게 하는 것 이상의 역할이 있다면, 그것은 끊임없는 갈등을 희석시키고 모든 개인적 저항을 좌절시키는 것이 이 사회의 삶의 조건이라는 해묵은 교훈을 모든 사람들의 머리에 주입시키는 것이다. 만화영화 속의 도날드덕은 현실 속의 불행한 사람들처럼 채찍질 당하고, 그 결과 관객들은 자신에게 가해지는 처벌을 받아들이는 법을 배우게 된다.

영화 속의 주인공이 겪는 폭력에서 느끼는 재미는 관객에 대한 폭력으로 전환되며, 기분전환은 중노동이 된다. 관객들은 아무리 눈이 피로해도 전문가가 자극제로 고안해낸 것을 하나라도 놓쳐서는 안되며, 교묘한 속임수 장치들 앞에서 한 순간도 멍청한 모습을 보여서는 안 된다. 관객들은 장면들을 하나하나 따라가면서 영화가 보여주고 권장하는 그럴듯한 반응들을 재빨리 연출하기까지 해야 한다. 이런 점이 문화산업 스스로가 그토록 떠들며 자랑하는 긴장 이완의 기능을 제대로 수행하고 있는지 의문을 제기하게 한다. 라디오 방송국이나 영화관이 대부분 문을 닫는다고 하더라도 아마 소비자들은 별로 아쉬워하지 않을 것이다. 거리에서 영화관으로 걸어 들어가는 것은 더 이상 꿈의 세계로 들어가는 것을 의미하지 않는다. 단순히 이러한 제도가 있다는 사실 자체가 그것의 이용을 의무화하지 않는 한, 그것을 굳이 이용해야 할 이유는 없다. 이렇게 문을 닫는 것이 반동적인 기계파괴운동은 아닐 것이다. 그렇게 되면, 실망하는 사람들은 열광자들보다는 모든 것으로부터 고통을 받기 마련인 우둔한 사람들일 것이다. 영화는 관객이 몰입하기를 바라지만, 관객인 가정주부는, 조용한 저녁 시간에 휴식을 취하며 창 밖을 내다보듯이, 몇 시간 동안이나마 아무에게도 방해받지 않는 도피처로 극장을 이용한다. 대도시의 실업자는 온도조절이 된 이 공간에서 여름에는 시원함, 겨울에는 따뜻함을 즐길 수 있다. 이런 기능을 제외한다면 잔뜩 비대해진 이 쾌락기구는 인간이 인간답게 사는 데 별로 보탬이 안 된다. 심미적 대량소비를 위해 이용 가능한 기술적 자원과 장치들을 '최대한 활용해야' 한다는 생각은 경제체제의 일부에 속한다. 그런데 그 경제체제는 기아추방을 위해 자원을 활용하려고 하지는 않는다.
— 호르크하이머와 아도르노의 「계몽의 변증법」에서

(다) 우리 문화의 대부분은 개인생활과 사회생활의 모든 기본적 문제에 대해서, 그리고 심리적, 경제적, 정치적, 도덕적 문제들에 대해서 그 쟁점을 흐리게 연막치는 기능을 수행한다. 그 연막 중의 하나는 그러한 문제들이 너무나 복잡해서 평범한 개인은 파악할 수 없다는 주장이다. 이와 반대로 개인생활과 사회생활의 기본적 문제들은 대부분 너무나 단순하여 누구라도 쉽게 이해할 수 있다고 여겨지기도 한다. 그런데 그런 문제들은 대단히 복잡해서 오직 '전문가' 만이,

그것도 그 자신의 제한된 영역에서만 이해할 수 있는 것처럼 제시된다. 이러한 현상은 실제로, 때로는 의도적으로, 사람들로 하여금 정말 중요한 문제들에 대해서 자기 자신이 스스로 생각할 수 있는 능력이 있다는 것을 불신하게 만드는 경향이 있다. 개인은 혼란스러운 자료더미 속에 무기력하게 갇혀서 무엇을 할 것인지 어디로 가야 하는지를 전문가들이 찾아줄 때까지 인내심을 갖고 애처롭게 기다릴 뿐이다.

[……]

비판적 사고 능력을 마비시키는 또 다른 방식은 모든 형태의 체계적 세계상을 파괴하는 것이다. 개개의 사실은 그것이 구조화된 전체의 부분일 때 가질 수 있는 특수한 성질을 상실하고, 단순히 추상적이고 양적인 의미만을 갖는다. 각각의 사실은 단지 또 다른 사실일 따름이고, 오로지 얼마나 많이 알고 있는가만이 관심의 대상이 된다. 라디오, 영화, 신문 등은 이런 문제에 대해서 파괴적인 효과를 갖는다. 어떤 도시에 대한 폭격과 수백 명에 이르는 사람들이 죽었다는 발표에 이어 거리낌없이 비누와 술의 광고가 나온다. 많은 것을 시사해주는 매력적이고 신뢰감 있는 목소리로 중대한 정치적 상황에 대해서 우리에게 깊은 인상을 남긴 바로 그 아나운서가, 이번에는 그 뉴스방송을 위해 돈을 지불한 특정 회사의 비누 품질이 좋다는 것을 청취자들에게 선전한다. 뉴스 영화에서는 어뢰정(魚雷艇) 화면에 뒤이어 패션쇼 화면이 나타난다. 신문은 신인 여배우의 진부한 생각이나 아침식사 버릇을 과학계나 예술계의 중대 사건을 보도할 때와 똑같은 비중으로 진지하게 전달한다. 이로 인해 우리는 자신이 들은 것과 제대로 관계를 맺지 못한다. 그리하여 우리는 둔감해지고 우리의 감정과 비판적 판단은 방해를 받으며, 결국 세상에서 벌어지고 있는 일들에 대해 밋밋하고 무관심한 태도를 갖게 된다. '자유'라는 이름 아래 삶은 모든 구조를 상실한다. 삶은 무수한 단편(斷片)들로 이루어진 것인데, 각각의 단편들은 서로 분리되어 전체로서의 의미를 갖지 못한다. 퍼즐을 풀어야 하는 어린아이처럼 개인은 단편들 속에 외롭게 남아 있다. 그러나 둘의 차이는, 어린아이는 집이 무엇인지를 알고 있어서 자기가 가지고 놀고 있는 작은 조각들에서 집의 각 부분들을 찾아낼 수 있지만, 어른은 단편들을 손에 쥐고 있으면서도 그 '전체'의 의미를 알지 못한다는 데 있다. 그는 당혹스럽고 두려워서 자기 앞에 놓인 작고 무의미한 단편들을 바라보고만 있을 뿐이다.

— 에리히 프롬의 『자유에서의 도피』에서

연습 문제 2

난이도 ★★★★★ 해설 및 예시 답안 → 26쪽

아래 제시문들에 공통적으로 나타난 문제 의식은 무엇인지 설명하시오.(각각의 제시문을 먼저 요약할 것.)(600~800자)

(1) 하이네는 철도를 화약과 인쇄술 이래로 "인류에게 커다란 변화를 가져오고, 삶의 색채와 형태를 바꾸어 놓은 숙명적인 사건"이라고 불렀다. 나아가 다음과 같이 적고 있다. "이제 우리의 직관 방식과 우리의 표상에 어떤 변화가 생길 것임에 틀림없다. 심지어 시간과 공간에 대한 기본적인 개념들도 흔들리게 되었다. 철도를 통해서 공간은 살해당했다. 그리고 우리에게 남아 있는 것이라고는 시간밖에 없다. …… 이제 사람들은 세 시간 반 내에 오를레앙까지, 그리고 같은 시간 내에 루앙까지 여행한다. 이 노선들이 벨기에와 독일까지 연결되고 또 그곳의 철도들과 연결된다면 어떤 일이 초래될 것인가! 내게는 모든 나라에 있는 산과 숲이 파리로 다가오고 있는 듯하다. 나는 이미 독일 보리수의 향내를 맡고 있다. 내 문 앞에는 북해의 파도가 부서지고 있다."

여기서 우리는 동일한 하나의 변화가 지니는 두 가지 모순적인 측면을 발견하게 된다. 철도는 한편으로 이제까지 마음대로 할 수 없었던 새로운 공간을 열어 놓았지만, 다른 한편으로 그 사이의 공간을 없앴다는 점이다. [……] 슈테른베르거는 다음과 같이 말한다. "유럽의 창을 통해 보이는 전망은 그것이 지닌 심층적인 차원을 완전히 상실했다. 그것은 빙 둘러 서 있으며, 어디나 채색된 평면뿐인 하나의 동일한 파노라마 세계의 일부가 되어버렸다." [……] 산업화 이전 시대에 시각적 인식에 존재하던 초점심도(焦點深度)는 속도로 인해 가까이 놓여 있는 대상들이 사라져가면서 완전히 상실되어버렸다. 이는 전경(前景)의 종말, 즉 산업화 이전 시기에 여행의 본질적인 경험을 이루던 공간 차원의 종말을 의미한다.

전경을 통해서 여행자는 스스로를 자신이 지나치고 있는 풍광과 연관지었고, 자신을 이 전경의 일부분으로 인식하였다. 이러한 의식은 그를 그 지역의 풍광과 일치시켰고, 여행자는 이 풍경이 펼쳐질 수 있는 경계 내에 존재했다. 속도로 인해 전경이 해체되면서, 여행자는 이러한 공간 차원을 잃게 되었다.

—— 볼프강 슈벨부쉬(박진희 역), 『철도여행의 역사』에서

(2) 수백만에 달하는 사람들이 매일 한 건물(가정)에서 다른 건물(사무실)로 무리지어 옮겨다니고, 저녁마다 이 과정을 거꾸로 되풀이했다는 사실이 50년 후에는 신기하게 여겨질 것이다. 출퇴근을 위해서는 하루 두 번 이동량이 가장 많은 시간에 맞게 구축된 수송망이 필요하다. 도로는 가장 혼잡할 때의 교통량의 하중을 수용해야 하며, 통근열차와 버스는 최대한의 승객을 수용해야 한다. 출퇴근은 시간과 건물의 수용 능력을 낭비한다. 한 건물(가정)은 흔히 낮 동안 비

어 있고, 다른 건물(번화가의 가장 비싼 곳에 위치한 사무실)은 대개 밤 시간에 비어있다. 이러한 모습은 우리의 후세들에게 이상하게 보일런지 모른다.

— 프랜시스 케언크로스(홍석기 역), 『거리의 소멸―디지털 혁명』에서

(3) 우리는 이러한 시간구조의 재편성이 사회에 미치는 영향을 이제야 겨우 느끼기 시작하고 있다. 예를 들어, 시간패턴의 개별화가 촉진되면 노동의 지루함이 감소할 수도 있지만 동시에 고독감과 사회적 고립이 증대할 수도 있다. 만약 친구나 애인 또는 가족 모두가 각기 다른 시간에 일을 하게 될 경우 각자의 스케줄을 조정하는 데 도움을 주는 새로운 서비스 기능이 생기지 않는다면, 서로가 얼굴을 마주하는 사회적 접촉은 더 어렵게 될 것이다. 동네의 선술집, 교회 모임, 학교 무도회 등 전통적인 사교의 공간은 이제 그것이 지닌 본래의 의미를 상실해 가고 있다.

— 앨빈 토플러(이규행 역), 『제3의 물결』에서

(4) 속도는 기술 혁명이 인간에게 선사한 엑스터시의 형태이다. 오토바이를 타고 가는 사람과는 달리 뛰어가는 사람은 언제나 자신의 육체 속에 있으며, 끊임없이 발바닥의 물집, 가쁜 호흡을 생각할 수밖에 없다. 뛰고 있을 때 그는 자신의 체중, 자신의 나이를 느끼며, 그 어느 때보다도 더 자신과 자기 인생의 시간을 의식한다. 인간이 기계에 속도의 능력을 위임하고 나자 모든 것이 변한다. 이때부터 그의 고유한 육체는 관심 밖에 있게 되고, 그는 비신체적·비물질적 속도, 순수한 속도, 속도 그 자체, 속도 엑스터시에 몰입한다. [……]

어찌하여 느림의 즐거움은 사라져버렸는가? 아, 어디에 있는가, 옛날의 그 한량들은? 민요들 속의 그 게으른 주인공들, 이 방앗간 저 방앗간을 어슬렁거리며 총총한 별 아래 잠자던 그 방랑객들은? 시골길, 초원, 숲 속의 빈터, 자연과 더불어 사라져버렸는가? 한 체코 격언은 그들의 그 고요한 한가로움을 하나의 은유로써 이렇게 표현하고 있다. "그들은 신의 창(窓)을 관조하고 있다"고. 신의 창을 관조하는 자는 따분하지 않다. 그는 행복하다. 우리세계에서 이 한가로움은 빈둥거림으로 변질되었는데, 이는 성격이 전혀 다른 것이다. 빈둥거리는 자는 낙심한 자요, 따분해하며 자기에게 결여된 움직임을 끊임없이 찾고 있는 사람이다.

— 밀란 쿤데라(김병욱 역), 『느림』에서

(5) 깁슨은 사이버 스페이스를 '무한한 감옥'이라고 표현했다. 우리는 아무 제약도 받지 않는 사이버 스페이스 안에서 끝없이 여행을 할 수 있다. 왜냐하면 사이버 스페이스는 전자기술적으로 설정된 공간이며, 그 속에서 우리는 현실의 물리적 우주뿐만 아니라 가능세계와 상상의 세계까지도 전자기술적으로 표상할 수 있기 때문이다. 그러나 유한한 육체를 지닌 존재에게 그러한 무한성은 비물리적인 이차적 영역 속에 우리를 감금하는 감옥과 같다.

가상현실(virtual reality) 시스템은 물리적 공간을 표상할 뿐만 아니라 우리로 하여금 화성

이나 깊은 바다의 광경 속으로 빠져들어가 원격현전(遠隔現前:telepresence)을 느낄 수 있도록 사이버 스페이스를 사용하기도 한다. 그러나 사이버 세계의 자료를 구축하는 일은 본래의 신체를 움직이고 있는 내적 생체에너지로부터 사용자를 멀리 떼어놓는다.

— 마이클 하임(여명숙 역), 『가상현실의 철학적 의미』에서

연습 문제 3

난이도 ★★★☆☆ 해설 및 예시 답안 → 28쪽

아래 제시문 (가) (나) (다)에 나타난 공통된 문제 의식은 무엇인지 설명하시오.(각각의 제시문을 먼저 요약할 것)(600~800자)

(가) 바다에 나갈 때 나는 한낱 선원으로서 나간다. 그래서 돛대 앞이나 갑판 아래, 또는 제일 높은 마스트의 꼭대기에서 궂은 일을 도맡아 한다. 물론 무슨 일이든지 명령을 받아야 하는 신세이니, 5월의 초원에 뛰노는 메뚜기처럼 이 마스트에서 저 마스트로 바삐 뛰어다녀야만 한다. 이것은 확실히 괴로운 일이다. 특히 지방 명문가에서 태어난 사람이라면 더욱 자존심이 상할 것이다. 배를 타는 일로 생계를 유지하기 직전까지 어느 시골 학교에서 교사로 으쓱대며 아무리 몸집 큰 학생이라도 두려워 쩔쩔매도록 한 경험이 있다면 교사에서 선원으로의 변신은 참으로 참담하기 그지없으리라. 세네카나 스토아학파 식의 높은 수양을 쌓지 않고선 적당히 코웃음을 치며 참는다는 것은 불가능한 일이라고 나는 경고하련다. 그러나 시간이 지나면 이런 마음도 차츰 사그라든다.

시골뜨기 늙은 선장이 내게 비를 들고 갑판을 청소하라는 명령을 내린들 어찌겠는가? 신약성서에 비추어 보면 이 정도의 굴욕이 무슨 대수란 말인가? 노예 아닌 사람이 이 세상에 존재하느냐고 나는 묻고 싶다. 늙은 선장이 아무리 나를 혹사하고 괴롭힌다고 해도, 나는 다른 사람들도 나름대로 육체적 또는 정신적인 의미에서는 노예라고 자위하면서 스스로 만족해 한다. 결국 온 세상이 서로에게 주먹질을 하고 있으니 각자는 서로 어깨를 다독거리며 만족하는 수밖에 없다.

다시 한번 말하지만 나는 언제나 일반 선원의 자격으로 바다에 나간다. 선원 일은 나의 노고에 대해 대가를 지불해 주기 때문이다. 동전 한 푼이라도 승객에게 돈을 지불한 예는 없다. 반대로 지불하는 쪽은 오히려 승객이다. 돈을 지불한다는 것과 돈을 받는다는 것은 이 세상에서 얼마나 큰 차이인가? 돈을 받는다는 것, 이를 무엇에 비할 수 있겠는가? 돈은 지상의 온갖 악의 근원이므로 돈을 가진 사람은 절대로 천국에 들어가지 못한다는 우리의 뿌리 깊은 믿음을 생각하면 사람이 돈을 받기 위해 행하는 갸륵한 수고야말로 참으로 놀라운 일이 아니겠는가? 아아, 얼마나 즐겁게 우리는 그 파멸에 몸을 맡기고 있단 말인가?　　　　　　　── 허먼 멜빌, 『모비 딕』에서

(나) 가난은 일정한 화폐경제 단계에서만 지극히 순수하고 특수한 형태로 나타난다. 아직 화폐경제에 의해 매개되지 않은 자연적인 조건 하에서 그리고 농업생산물이 상품으로 등장하지 않는 경우에는 개인의 절대적인 궁핍이라고 하는 것은 매우 드물다. 20세기 초까지만 해도 러시아는 화폐경제의 영향이 미약한 지역에서는 개인적인 궁핍이 존재하지 않는다고 자랑스럽게 말하였다. 가난은 하나의 일반적인 현상으로서, 사람들은 화폐에 의존하지 않고서도 최소한의

필수품을 쉽게 얻을 수 있었기 때문이다.

가난이 도덕적인 이상으로 나타나게 되면 그에 상응하여 화폐의 취득은 가장 위험한 유혹, 진정한 악(惡)으로서 혐오의 대상이 된다. 영혼의 구원이 최종 목표로 간주될 때 많은 교리에서는 가난이 긍정적이며 필수적인 수단으로 해석되고 왕왕 수단으로서의 지위를 넘어 그 자체가 중요하고 타당한 가치로서의 권위를 가지게 된다. 가난을 절대적인 가치로까지 고양시켰던 그러한 내적인 마음자세는 초기 프란시스코파 수도사들에게서 가장 열렬하고 명확하게 나타난다. 그들에게 가난은 독립적인 가치 혹은 심원한 내적 요구의 상관 개념이었다. 이 교단의 초기에 정통한 한 역사가는 이렇게 쓰고 있다. "프란시스코파 수도사들은 가난 가운데서 안전과 사랑, 자유를 발견하였다. 이 새로운 사도들이 필사의 노력을 다해 이 귀중한 보배를 보전하려고 했다는 것은 이상한 일이 아니다. 가난에 대한 그들의 숭배심은 거의 무한한 것이었다. 그들은 불타는 열정으로 그들의 애인에게 날마다 새로이 구혼했던 것이다."

이와 같이 가난은 적극적인 소유물이 되었다. 가난은 영혼의 구원이라는 신성한 재화의 획득을 매개했고 다른 한편으로 경멸적이고 세속적인 재화를 얻기 위해 돈이 수행하는 것과 똑같은 역할을 수행했다. 돈과 마찬가지로 가난은 실제적인 일련의 가치가 흘러들어가고 다시 풍성하게 되어 흘러나오는 저수지였다. 가난은 지고한 의미에서 '세계는 모든 것을 포기하는 사람에게 속한다'는 사실의 표현인 것이다. 돈을 포기하는 사람은 모든 것을 상실하는 것이 아니라 오히려 가난 속에서——마치 탐욕스러운 사람에게 돈이 그러한 것과 마찬가지로——모든 사물 중에 가장 순수하고 정묘한 것을 소유하게 되는 것이다. 프란시스코파 수도사들은 '아무 것도 갖고 있지 않으나 모든 것을 소유한 사람'이라고 불리어졌다.

— 게오르그 짐멜, 『돈의 철학』에서

(다) 부유하지 못한 사람들은 스스로를 위로하기 위해 부(富)가 가져오는 불행에 대하여 터무니없는 이야기를 꾸며낸다. 마이다스는 자신의 딸을 황금으로 변하게 했고, 모든 것이 손대는 족족 황금으로 바뀌는 바람에 음식조차 먹지 못했다고 하면서 말이다. 그러나 부자가 불행하지 않다는 사실을 사람들은 본능적으로 알고 있고 그것은 최근의 사회과학적 조사에서도 확인되고 있다. 부유해질수록 그만큼 행복해진다는 것이다.

부는 많은 소비재를 구매할 능력을 부여하지만, 오히려 그보다 훨씬 더 중요한 사실은 사람들에게 하고자 하는 일을 할 수 있는 능력을 제공해 준다는 점이다. 부유한 사람은 다른 사람을 고용하거나 해고하고, 승진시키거나 좌천시킬 수 있으며, 사업을 시작하거나 그만둘 수도 있고, 사업체를 이 곳에서 저 곳으로 옮길 수도 있다. 부유한 사람은 주위의 물적·인적 환경을 통제할 수 있다. 반면에 부유하지 못한 사람은 주위의 환경에 순응해야 한다.

부유한 사람은 정치적 영향력 역시 아무도 모르게 돈으로 살 수 있다. 선거 기부금을 통해 한 표 이상의 영향력을 행사할 수 있다. 직접적으로 정치 권력을 손에 넣을 수도 있다. 미국 상원의 원의 반수 이상이 인구의 상위 1% 이내의 부유층이며, 저명한 상원의원과 주지사들 다수가 엄청난 부의 소유자들이다. 선거 자금의 필요성으로 말미암아 부를 소유하지 못한 정치가가 부패할 수밖에 없는 시대에는 부자가 유일하게 정직한 사람들이다. 그들은 자신의 선거 자금을 마련하기 위해 영혼을 팔 필요가 없기 때문이다.

　개인의 사회적 서열을 매기는 중요한 척도 중 하나였던 부는 시간이 흐르면서 개인의 가치를 재는 거의 유일한 척도가 되었다. 부는 자신의 패기를 입증하고 싶어하는 사람이 달려들 만한 유일한 게임이다. 부는 치열한 경합장이다. 그 곳에서 시합을 하지 못하는 사람은 2류로 규정된다.

— 레스터 C. 서로우, 『부의 구축(構築)』에서

연습 문제 4

난이도 ★★★★☆ 해설 및 예시 답안 ➜ 30쪽

제시문 (가)와 (나)는 모두 정보화 사회에서 발생할 수 있는 어떤 문제가 암시되어 있다고 볼 수 있다. 어떤 문제가 암시되어 있는지 밝히시오.

(가) 인간 세계에서는 한정되고 편협한 자신의 가치관만으로 좋고 나쁨을 구별하기 일쑤이다. 그 편협한 가치관을 식물에 대해 강요한 것이 바로 작물이다. 사람들은 보다 수확량이 많고 맛있어야 한다는 등의 기준 아래 월등한 것만을 선별하여, 그 형질이 가능한 한 균일하게 되도록 인위적인 선택을 계속해 왔다. 그 결과, 인위적으로 선발된 이 작물은 생산 관리의 효율성과 높은 산출량을 자랑하게 되었지만, 그럼에도 제한된 기준에 의해 선발된 이 개성 약한 붕어빵 집단은 예상치 못한 환경 변화에 극단적으로 약하다. 예를 들어 어떤 병에 약한 약점이 있으면 모두 눈 깜짝할 사이에 전멸하는 일이 벌어진다.

1840년 아일랜드에서는 갑자기 감자에 돌림병이 퍼져 기록적인 기근이 발생했다. 2백만 명 이상이 굶어 죽었고, 국외로 탈출하는 사람이 끊이지 않았다. 이 때 신대륙 아메리카로 이주하는 사람도 급증했는데, 나중에 이들이 미국이 번영하는 데 한 몫을 했다는 이야기도 있다. 감자 하나가 역사를 바꾼 대 사건이 아닐 수 없다. 이 기근의 원인은 자명하다. 아일랜드에서는 한 가지 품종의 감자만을 전국적으로 재배하고 있었다. 그 때문에 한 가지 병에 대해 모든 감자가 한꺼번에 해를 입는 사태가 일어난 것이다.

하지만 다양성이 존재하는 잡초의 집단에서는 앞서 본 감자의 경우와 같은 일은 일어나지 않는다. 잡초는 같은 종자라 해도 크기, 무게, 형질이 획일적이지 않고 천차만별이어서 어떤 환경의 변화에도 대응할 수 있는 준비가 되어있다. 뿐만 아니라 잡초는 환경의 위험스러운 변화를 오히려 번식의 계기로 삼기도 한다. 이 경우 땅속으로 줄기를 뻗는 땅속줄기라는 기관이 재생에 중요한 역할을 한다. 사람들은 흔히 땅 위에 있는 것이 줄기이고, 땅 속에 있는 것은 뿌리라고 생각하기 쉽지만, 꼭 그런 것만은 아니다. 번성하면 몹시 성가신 잡초의 대표격인 향부자는, 땅속으로 줄기를 뻗어가면서 계속 싹을 틔운다. 정원 나무에 휘감기는 덩굴성 잡초나 땅으로 줄기를 이어가면서 퍼지는 잡초들은 제초 작업에 의해 줄기가 절단된다 해도 재생할 수 있다. 밭을 갈면 갈기갈기 찢겨나가지만, 그 절단된 하나 하나가 모두 재생된다. 결국 제초작업이나 경작이 잡초를 번성하게 만드는 꼴이 되는 것이다.

심지어 어떤 잡초들은 땅속줄기가 찢어지기 쉬운 구조로 되어 있다. 무섭게 돌아가는 트랙터의 하단 회전 부분에 땅속줄기를 얽히게 해서 이 밭에서 저 밭으로 교묘하게 분포를 넓혀 가는 것도 잡초의 탁월한 생존 전략 중 하나다. 이렇게 밭에서 자라는 잡초는 경작이라는 엄청난 역경을 극복하고, 게다가 이를 이용하고 있는 것이다.

(나) 1996년 여름, 미국의 로키산맥과 태평양 사이에 있는, 전기에 의해 가동되는 모든 기계들이 갑자기 정지했다. 덴버에서는 오후의 온도가 37도 이상까지 치솟았고, 수백 명의 사무실 직원들이 에어컨이 꺼진 무더운 사무실을 피해 자동차 에어컨이 있는 곳을 향해 줄달음치고 있었다. 연료와 얼음을 얻기 위해 주유소에 길게 줄을 섰고, 교통 신호등은 꺼졌으며, 병원과 항공 관제소는 단지 응급 체제로만 가동되고 있었고, 승강기에 갇힌 사람들은 헛되이 비상벨만 눌러 대었다. 한 사무실 직원은 '그 무더웠던 날에, 사무실 빌딩이 사방이 꽉 막힌 인큐베이터처럼 변하는 데에는 시간이 전혀 걸리지 않았다'고 증언했다. '통풍구도 전혀 없었고, 그리고 어떠한 창문조차도 열 수 없었다.'

해가 갈수록 국가의 전기 의존도는 높아지고 있다. 그에 따라 공공 사업체들은 서로 시설을 공유하고 지원함으로써 효율성을 증대시키고 비용을 절감하는 방법을 찾게 되었다. 그 결과 개개의 시스템들은 지구상에서 가장 큰 인공 구조물을 만들고, 달에 갔다가 돌아올 수 있을 만큼의 충분한 전선을 가설하면서 서로 연결되기 시작했다.

이 거대하고 통합된 시스템은 수백 만 마일의 선로와 십 억 이상의 부하가 걸리는 수천 개의 발전기를 가지고 상호 연결되어 의존하게 되면서 이전보다 더욱 민감하게 반응함으로써 어떤 하나의 문제도 수천 마일 밖에서 감지할 수 있게 된 것이다. 그러나 1996년의 정전은 이 방대한 시스템에 결정적인 약점이 있음을 보여주었다. 실제로 우리는 서로 연결된 시스템을 통해 천연 자원의 효율성을 더욱 높이고 지속적인 비용 절감 효과를 얻을 수 있었다. 그러나 동시에 이것은 무언가 치명적인 오류가 발생할 때, 전체 시스템을 파괴시킬 수 있다는 것을 의미한다. 우리는 15억 달러 이상의 손해와 생산성 손실을 입힌 1996년의 정전 사태를 통해 서로 연결된 통합 시스템의 아킬레스근(약점)을 명백히 알게 되었다. 우리는 그것을 간과하고 있었던 것이다.

연습 문제 5

난이도 ★★★☆☆ 해설 및 예시 답안 → 32쪽

제시문 (가)와 (나)에서 **공통적으로 다루고 있는 문제 의식**은 무엇인지 설명하시오.

(가) 내가 시골을 떠나 북경(北京)으로 온 지가 어느새 6년이 지났다. 그동안 귀로 듣고 눈으로 본 국가의 대사를 헤아려 보면 무척이나 많다. 그러나 그것들은 내 마음 속에 아무런 흔적도 남기고 있지 않다. 만약 그런 사건의 영향을 찾아내 보라고 한다면, 나로서는 단지 내 신경질만 늘게 하였을 뿐이라고 말할 것이다. 솔직히 말하면, 날이 갈수록 나 자신과 남을 무시하는 인간으로 만든 것뿐이라고 말할 수밖에 없다.

단지, 하나의 작은 사건만이 나에게 의의가 있고, 나를 신경질에서 멀어지게 해 주었다. 나는 지금도 그 일을 잊을 수 없다.

그것은 1917년 겨울, 심한 북풍이 몰아치던 날의 일이었다. 나는 생계를 위한 일로 아침 일찍 외출하지 않으면 안 되었다. 거리에는 거의 사람의 그림자 하나 보이지 않았다. 간신히 인력거 한 대를 붙들어 S문까지 가자고 하였다. 조금 있자 북풍의 기세는 어느 정도 수그러졌다. 길거리의 티끌이 말끔히 바람에 날려가 한 줄기 깨끗한 대로(大路)만 보였다. 인력거꾼의 발걸음도 차차 가벼워졌다. 이윽고 S문에 거의 다다른 지점에서 갑자기 인력거 채에 누군가가 걸려 천천히 넘어졌다.

넘어진 것은 한 노파였다. 머리에는 백발이 희끗희끗하였고, 옷은 남루하였다. 그녀는 길가에서 갑자기 인력거 앞을 가로질러 가려 했던 것이다. 인력거꾼은 급히 방향을 돌렸으나, 솜이 삐져나와 있는 그녀의 저고리 단추가 채워져 있지 않았기 때문에 그녀의 저고리 자락이 바람에 펄럭이면서 인력거 채에 걸렸던 것이다. 인력거꾼이 얼른 걸음을 늦추었기에 망정이지 그렇지 않았더라면 그녀는 틀림없이 거꾸로 넘어져서 머리를 다쳐 피를 흘렸을지도 몰랐다.

그녀는 땅바닥에 엎드린 채 있었다. 인력거꾼은 인력거를 멈추었다. 나는 그 노파가 별로 다치지 않았으리라고 생각하였다. 게다가 아무도 보고 있는 사람이 없었다. 그래서 나는 인력거꾼을 쓸데없는 짓을 하는 녀석이라 생각하였다. 일부러 제가 일을 만들어 나까지 예정을 어긋나게 하다니…….

그래서 나는 그에게 말했다.

"아무 일도 아니야. 그냥 가."

인력거꾼은 들은 척도 하지 않고 혹은 귀에 들리지도 않았는지 모르겠다. 인력거 채를 내려놓고 노파에게 손을 내밀어 천천히 부축해 일어서게 해 주었다. 그리고 물었다.

"어찌 됐어요?"

"부딪혀서 넘어졌단 말이야."

나는 속으로 생각하였다. 당신이 천천히 넘어지는 걸 내 눈으로 똑똑히 보았소. 다치기는 어디를 다쳐요. 미친 수작임에 틀림없어. 정말 밉살스러운데. 인력거꾼은 인력거꾼대로 또 쓸데없는 참견만 하려고 들어. 스스로 즐겨 난처한 꼴을 당하고 싶거들랑 마음대로 그래 봐.

인력거꾼은 노파의 말을 듣자, 조금도 주저하지 않고 그 팔을 부축한 채로 한 발 한 발 맞은편 쪽으로 걷기 시작하였다. 내가 이상히 생각하여 그쪽을 보니 거기에는 파출소가 있었다. 세찬 바람이 분 뒤라 파출소 문 밖에는 아무도 서 있지 않았다. 인력거꾼은 노파를 부축하면서 그 파출소 정문을 향하여 걸어가는 것이었다.

나는 이 순간 갑자기 일종의 야릇한 감정에 사로잡혔다. 먼지투성이의 그의 뒷모습이 갑자기 커다랗게 느껴졌다. 그리고 멀어져감에 따라 더욱더 커져서 우러러보지 않으면 보이지 않을 것같이 느껴졌다. 더구나 그는 나에게 차차 일종의 위압적인 존재로 변해갔다. 그리고는 마침내 털가죽으로 안을 댄 내 저고리 속에 감추어져 있는 '비소(卑小)'를 쥐어짜 낼 듯한 기세였다.

이때 나는 잠시 얼어 붙어버린 듯한 느낌이 들었다. 인력거에 탄 채로 꼼짝도 하지 않고, 아무 것도 생각할 수 없었다. 이윽고 파출소에서 순경이 나오는 것을 보고 나는 비로소 인력거에서 내렸다.

순경은 내가 있는 데까지 오더니 말했다.

"다른 인력거를 타시죠. 저 인력거꾼은 인력거를 끌지 못하게 되었습니다."

나는 생각할 겨를도 없이, 외투 주머니에서 한 움큼의 동전을 꺼내어 순경에게 건네며 말했다.

"이걸 인력거꾼에게……."

바람은 완전히 그쳐 있었다. 길거리는 여전히 조용하기만 하였다. 나는 걸으면서 생각하였다. 그러나 그 생각이 나 자신에게 미치게 되는 것을 스스로 몹시 두려워하고 있는 것같이 느껴졌다. 그 전 일은 덮어둔다 해도 도대체 저 한 움큼의 동전은 무슨 뜻이었을까? 그에게 주는 상금? 내가 인력거꾼을 심판할 수 있단 말인가? 나는 자신에게 대답할 수 없었다.

이 사건은 지금에 와서도 끊임없이 내 마음 속에 떠오른다. 이 일로 인해 나는 끊임없이 고통을 참으며 나 자신에게로 생각의 방향을 돌리려고 노력하게 되었다. 지난 몇 해 동안의 문치(文治)나 무력(武力)도 나에게는 어렸을 때 읽었던 "자왈(子曰), 시(詩)에 이르기를……." 하는 식과 마찬가지로, 한 구절도 기억에 남아 있지 않다. 다만, 이 작은 사건만이 언제나 나의 뇌리에서 사라지지 않고, 때로는 전보다 더욱 선명하게 나타나, 나를 부끄럽게 만들고, 나를 격려하며, 나아가서 나의 용기와 희망을 북돋아 주는 것이었다.

(나) 인간의 마음 속에 있는 이상적인 의욕 중에서 공적(公的)으로 나타나는 행동은 언제나 매우 작은 부분에 불과하다. 나머지 모든 부분은 눈에 띄지 않는 가운데 다양하게 실현되어, 실제로 사람들의 주목을 끄는 것보다 수천 배 이상의 가치를 나타낸다. 눈에 보이지 않는 부분과

눈에 보이는 부분의 관계는 깊은 바다와 그 표면에서 일어나는 파도의 관계와도 같다. 봉사(奉仕)를 일생의 업으로 삼을 수 없는 사람들은 봉사를 부차적인 일로 행하는데, 그것은 눈에 보이지 않는 선(善)의 힘이 작용한 것이다. 대부분의 사람들은 생계 유지를 위하여, 또는 사회에서의 역할을 다하기 위하여 따분한 일을 직업으로 가져야 한다. 이것이 대부분의 사람들이 처해 있는 운명이다. 이들은 자기 안에 있는 인간성을 풍부하게 발휘할 수 없을 뿐만 아니라 그것을 발휘하는 일 자체가 불가능하다. 기계에 가까울 정도로 일을 해야 하기 때문이다.

그러나 자기를 인간으로 내세울 기회를 전혀 갖지 못하는 사람은 없다. 업무가 조직화 · 전문화 · 기계화됨에 따라 새로운 문제가 발생하는데, 이 문제가 인간의 인격을 해치는 것이라면 그대로 받아들여서는 안 된다. 가능한 한 인간의 인격을 옹호하는 쪽으로 이 문제를 해결하도록 해야 한다. 가장 중요한 것은 자기 운명에 복종할 뿐 아니라, 불우한 환경에 처해 있더라도 온 정력을 다하여 인격체로서의 자기를 주장하려고 노력하는 일이다.

비록 보잘것없는 일에서도, 우리는 도움을 필요로 하는 사람들을 인격체로 대하지 않으면 안 된다. 여기에서 우리는 진정한 인간이 되는 것이다. 이러한 기회를 놓치지 않을 때, 우리는 직업 생활과는 다른 인간 생활을 누릴 수 있게 된다. 이와 같이 할 때 인간은 정신적이고 선한 것에 봉사하게 된다. 여하한 운명에 처한 사람이라도 이러한 봉사라면 누구나 부업으로 해낼 수 있다. 그럼에도 불구하고 이런 일들이 실제로 많이 실현되지 못하고 있는 것은 사람들이 그 기회를 소홀히 하고 있기 때문이다. 어떠한 환경에 처하여 있더라도 모두가 인간을 진정한 인간성으로 대하려고 노력하는 것, 바로 여기에 인류의 장래가 달려 있다.

큰 가치가 순간순간 우리들의 소홀함으로 말미암아 나타나지 못하고 있다. 그런 가운데서도 의지나 행위로 나타나는 것은 결코 가볍게 봐서는 안 될 재산이다. 우리의 인간성이란, 사람들이 어리석게 늘 떠드는 것처럼 그렇게 물질적인 것은 아니다. 나는 인간의 마음 속에는 표면에 나타나는 것보다는 훨씬 더 많은 이상적인 의욕이 있다고 확신한다. 땅속을 흘러가는 물이 눈에 보이는 흐름보다 많은 것처럼, 인간의 마음 속에 갇혀 있거나 간신히 해방되어 있는 이상적인 의욕은 세상에 나타나 보이는 것보다 훨씬 더 많은 것이다. 이처럼 인간의 마음 속에 갇혀 있는 이상적인 의욕을 해방시키는 일, 땅 속 깊이 있는 물을 표면으로 끌어내는 일, 이 일을 해낼 수 있는 사람을 인류는 갈망하고 있다.

5. 이론을 현실에 적용하기

예제

〈제시문 가〉와 〈제시문 나〉는 도덕의 기원에 관한 두 견해이다. 두 견해의 차이점을 설명하고, 그 중 하나를 근거로 하여 〈제시문 다〉에 나타난 행위의 동기에 대하여 자신의 생각을 논술하시오.

〈제시문 가〉

우리는 응당 최고선의 촉진을 추구해야 한다. (최고선은 그러므로 역시 가능할 수밖에 없다.) 그러므로 또한 이 연관의 근거, 곧 행복과 윤리성 사이의 정확한 합치의 근거를 함유할, 자연과는 구별되는 전체 자연의 원인의 현존이 요청된다. [……] 그러므로 도덕적 마음씨에 적합한 인과성을 갖는, 자연의 최상 원인이 전제되는 한에서만, 이 세계에서 최고선은 가능하다. 무릇 법칙의 표상에 따라 행위할 수 있는 존재자는 예지자(이성적 존재자)요, 이 법칙 표상에 따르는 그런 존재자의 원인성은 그 존재자의 의지다. [……] 이렇게 해서 도덕법칙은 순수 실천이성의 객관이자 궁극 목적인 최고선의 개념을 통해 종교에, 다시 말해 모든 의무들을 신의 명령들로 인식하는 데에 이른다. (도덕 법칙은 의무들을 곧) 남의 의지의 제재(制裁), 다시 말해 임의적인, 그 자신 우연적인 지령들로서가 아니라, 각자의 자유로운 의지 자신의 본질적인 법칙들로 인식하는 데에 이른다. 그럼에도 이 법칙들은 최고존재자의 명령들로 보아져야만 한다. 왜냐하면, 우리는 오직 도덕적으로 완전한(성스럽고 선량한), 동시에 전능한 의지에 의해서만 최고선을 희망할 수 있고, 그러므로 이 의지에 합치함으로써 최고선에 이르는 것을 기대할 수 있기 때문이다.

— 칸트, 『실천이성비판』

〈제시문 나〉

나-1

뇌에는 우리의 윤리적 전제들에 심층적이고도 무의식적으로 영향을 미치는 선천적인 감지기와 작동기가 있다. 윤리는 이 근원에서 나와 본능으로 진화했다. [……] 인간의 감정적 반응들,

그리고 그것에 바탕을 둔 더 일반적인 윤리적 실천행위들은 수천 세대 동안 자연선택을 거치면서 상당한 수준까지 프로그램 되어 왔다.　　　　　　— 에드워드 윌슨, 『인간본성에 대하여』에서

나-2

　[……] 도덕 감정은 예측할 수 없는 장래에 기회를 열어주기 때문에 가치가 있다는 것이다. 예컨대, 투표를 하고(투표하는 사람의 한 표가 선거 결과에 영향을 미칠 확률을 생각한다면 투표를 한다는 것은 비합리적인 행위이다), 다시는 방문하지 않을 레스토랑의 웨이터에게 팁을 주고, 자선 기관에 익명의 기부를 하고, 르완다로 날아가 수용소의 병든 고아들을 목욕시키는 행위는 장기적인 관점에서도 결코 이기적이거나 합리적이지 않다. 그런 행위를 하는 인간은 다른 목적, 즉 이타주의의 능력을 보임으로써 신뢰를 이끌어내려는 목적을 위해 설계된 감성의 노예일 뿐이다. [……] 덕은 진정으로 은총이며, 은총이라는 단어의 아우구스티누스적인 냄새를 제거해 현대적 용어로 대치한다면 덕은 진정으로 본능이다. 우리는 덕을 당연한 것으로 받아들이고 그것에 의존하고 그것을 소중히 간직해야 한다. 덕은 우리가 인간 본성의 기질에 역행하면서 억지로 쟁취해야 하는 어떤 것이 아니다. 기름을 쳐야 할 사회라는 기계를 갖고 있지 못한 비둘기나 생쥐였다면 그렇게 해야 할 것이다. 덕은 우리 본성의 일부이고 본능이며 아주 유용한 윤활제이다.　　　　　　　　　　　　　　　— 매트 리들리, 『덕의 기원』에서

〈제시문 다〉

　지난 21일 오후 불우이웃돕기 성금을 모금하는 사회복지공동모금회의 관악구청 창구. 한 20대 여성이 "미신고 사회복지시설에 쌀, 된장 등 생필품 2000만 원어치를 보내고 싶은데 시설명단을 보내줄 수 있느냐"는 전화를 걸어왔다. 그녀는 "제가 모시고 있는 분이 기부를 하려 하는데 이름을 밝히기 원하지 않는다"며 기부자의 신상공개를 거부했다. 회사 이름이라도 알려달라는 모금회 측 요청에 그녀는 "그분께서 개인명의로 보내는 것이니 회사 이름도 밝히지 마라는 지시를 내렸다"며 "계속 이렇게 나오면 기부하지 않겠다"고 짜증을 냈다. 모금회 측은 더 이상 묻기를 포기해야 했다. 다만 발신자 전화로 미루어 기부자가 굴지의 대기업 직원이라는 것만 알 수 있었다. 불황에도 불구하고 익명의 기부자는 오히려 늘고 있다. 주머니는 얇아졌지만 남 몰래 이웃을 도우려는 마음은 뜨거워지고 있는 것이다.　　　　— 『중앙일보』, 2004년 12월 24일자

해설

■ 〈가〉와 〈나-1〉/〈나-2〉에 나타난 견해의 차이점을 도출하기 위해 각 글의 논지를 요약해 보자.

〈가〉: 도덕 법칙은 각자 자유로운 의지의 본질적인 법칙들로 인식될 수 있고, 그 법칙은 최고 존재자(이성적 존재자)의 명령으로 보아야 하는 바 그것은 도덕적으로 완전하고 전지전능한 의지에 의해서만 최고선을 희망할 수 있고 도달할 수 있기 때문이다.

〈나-1〉: 윤리는 뇌의 근원으로부터 나와 본능으로 진화했다. 그리고 더 일반적인 윤리적 실천 행위들은 오랜 세대 동안 자연 선택되면서 상당한 수준까지 프로그램되어 왔다.

〈나-2〉: 도덕 감정은 예측할 수 없는 장래에 기회를 열어주기 때문에 가치가 있으며, 덕은 우리 본성의 일부이고 본능이며 아주 유용한 윤활제이다.

요컨대 〈가〉는 도덕은 인간의 자유로운 의지의 본질적인 법칙으로 인식하고 있는 반면, 〈나-1〉 〈나-2〉는 인간의 본능으로 인식한다. 여기서 〈가〉와 〈나〉는 도덕의 기원에 대해 상이한 견해를 갖는다는 것을 알 수 있다.

■ 〈다〉의 행위 동기 분석

도덕을 인간 자유 의지의 본질적인 법칙(〈가〉)으로 볼 것이냐, 인간의 본능(〈나〉)으로 볼 것이냐에 대한 선택이 먼저 있어야겠다. 논술자 자신의 평소 생각과 가장 부합한 입장을 선택하는 게 좋겠다. 어떤 입장을 취하느냐에 따라 도덕 행위자의 행위 동기를 전혀 다르게 해석할 수도 있다.

익명의 대기업 직원이 불우 이웃 돕기 물품을 냈다. 그는 자신의 신분 노출을 꺼렸다. 이 행위의 동기를 해석해보자. 이 기업가의 행위에서 나타난 몇 가지 지표들을 읽어보자. 우선 이 기부자는 2000만원어치의 생필품을 기부했다. 그는 20만원을 낼 수도 있었고 200만원을 낼 수도 있었으나 2000만원어치를 선택했다. 2000만원어치라면 상당한 액수에 해당한다. 액수에 상관없이 불우 이웃을 돕겠다고 발상한 자체에서는 인간의 본능이라고 볼 수도 있으나 액수의 문제에 있어서는 기부자의 조건 등 고려해야 할 사정이 복잡하게 얽혀있다. 그런 점에서 불우 이웃 돕기 기부 행위는 인간의 본능으로 규명되기보다 의지의 차원에서 규명되어야 될 일이 아닌가 싶다. 더구나 기명이 아니라 익명을 고집했다는 점에서도 마찬가지다. 도덕이 의지의 산물이냐, 본능적인 행위이냐 하는 문제는 여전히 논란이 될 수 있으나 구체적인 사례로 들어가게 되면 좀 더 분명하게 밝혀질 수도 있다. 추상적인 수준에서의 논의를 떠나 이 문제를 어느 익명 기부자의 도덕 행위라는 구체적인 사례에서 보게 되면 그 기부자의 의지가 더 크게 작용하지 않았나

싶다. 그러나 막상 경제 여건상 돕지는 못할지언정 인지상정으로 돕고 싶은 마음이 드는 것 자체는 인간의 본능일 수도 있겠다.

■ 하나의 예시 답안

먼저, 제시문 〈가〉와 〈나-1〉/〈나-2〉에서 도덕의 기원에 대한 견해의 차이점을 도출해보자. 〈가〉는 도덕 법칙은 인간이 가진 자유로운 의지에서 비롯된다고 말한다. 〈나-1〉는 윤리는 뇌의 근원으로부터 나와 본능으로 진화했으며, 더 일반적인 윤리적 실천 행위들은 오랜 세대 동안 자연 선택되면서 상당한 수준까지 프로그램되어 왔다고 말한다. 〈나-2〉는 덕은 우리 본성의 일부이고 본능이며 아주 유용한 윤활제라고 말한다. 요컨대 도덕에 대해 〈가〉는 인간의 자유로운 의지로부터 기원한다는 점을 밝히고 있고, 반면에 〈나-1〉 〈나-2〉는 공히 인간의 본능으로부터 기원한다고 밝힌다.

그런데 하나의 도덕적 사태가 발생했다. 익명의 대기업 직원이 불우 이웃 돕기 물품을 낸 것이다. 그는 자신의 신분 노출을 꺼렸다. 이 신원 미상 직원의 행위에서 나타난 몇 가지 지표들에 착안하여 이 행위의 동기를 해석해 보자. 우선 이 기부자는 2000만 원어치의 생필품을 기부했다. 그는 20만원을 낼 수도 있었고 200만원을 낼 수도 있었으나 2000만 원어치를 선택했다. 2000만 원어치라면 상당한 액수에 해당한다. 액수에 상관없이 불우 이웃을 돕겠다고 발상한 자체에서는 인간의 본능이라고 볼 수도 있으나 액수의 문제에 있어서는 기부자의 경제 능력 등 고려해야 할 사정이 복잡하게 얽혀있다. 그런 점에서 불우 이웃 돕기에 기부한 행위는 인간의 본능으로 설명하기보다 의지의 차원에서 설명될 일이 아닌가 싶다. 더구나 기명이 아니라 익명을 고집했다는 점에서도 마찬가지다.

그런데 불우 이웃을 돕는 행위가 서로 돕고 사는 행위라 할 수는 있어도 도덕적 행위라 할 수 있을까 하는 질문도 생긴다. 거꾸로 기부 행위를 하지 않는 더 많은 사람들은 도덕적이지 못한가 하고 질문할 수 있다. 또한, 사례 〈다〉를 두고 이런 질문도 가능하다. 물품으로 기부하려면 접수처에 전화를 하지 않고 익명으로 물품만 보내도 될 텐데, 굳이 전화를 한 동기는 무엇일까. 만일 다른 총체적인 측면에서는 부도덕한 측면이 큰 데도 고액의 기부 행위를 했다고 해서 그가 곧 도덕적 인간이라 불릴 수 있는가. 오히려 위선자라 불러야 할 것이다. 이렇게 자신의 부도덕을 포장하기 위한 기부 행위도 충분히 있을 수 있다. 이 경우 역시 차원은 좀 다르지만 본능이 아니라 의지의 산물이라고 봐야 할 것이다. 자신의 부도덕에 대한 사회적 책임을 회피하려는 의지 말이다.

사실 인간의 도덕성은 이렇게 모순된 지점들 때문에 균열이 생기고 논란이 생기기도 한다. 도덕의 기원 문제는 단순히 인간의 본능이냐 의지냐의 문제로 규명할 게 아니다. 다른 여러 가지 사회적 행위들과 관련지어 판단할 일이다.

연습 문제 1

난이도 ★★☆☆☆   해설 및 예시 답안 → 33쪽

지문 (가)는 최근의 사회 문제에 관한 글이다. 지문 (나)의 관점에 따라 지문 (가)에 제시된 사례들의 원인을 분석하시오.

(가) 현재 우리 사회에서 빈번한 자살이 문제가 되고 있다. 경찰청 통계에 따르면 지난 해 자살 건수는 1만 3055건으로 2001년의 1만 2277건에 비해 6.3% 늘었다. 하루 평균 36명이 스스로 세상을 등지는 셈이다. 최근 몇 년 사이의 추이를 살펴보면 1999년 1만 1713건, 2000년 1만 1794건 등 매년 증가하는 추세다.

자살하는 사람들의 연령과 계층의 분포도 과거와 다르다. 10대의 자살은 1998년에 이미 10만 명당 6.2명으로 이들의 사망 원인 가운데 둘째를 차지한다. 또한 기업 총수에서 서민에 이르기까지 자살이 전 계층으로 확산되고 있다. 인터넷의 자살 사이트도 자살을 부추기고 있다. 경찰의 통계에 따르면 2000년 81개였던 국내 자살 사이트 가운데 50개 가량은 스스로 폐쇄했고 10여 개는 정보통신 윤리위원회의 권고에 따라 폐쇄했지만, 자살 사이트는 음성적으로 끊임없이 만들어지고 있다고 한다. 한 대학의 조사에 의하면 무작위로 추출된 수도권 지역 중고생 912명 중 8%가 자살 사이트 접속 경험이 있으며 이 가운데 남학생 7%, 여학생 3.5%가 검색 뒤 자살 충동을 느꼈다고 답했다.

최근에 발생한 몇몇 자살 사례는 자살 유형의 전형적인 모습을 담고 있다. 최근 여대생 2명이 극약을 먹고 자살하였다. 경찰 조사 결과 죽기 불과 닷새 전 인터넷 자살 사이트를 통해 알게 된 이들은 죽기 전날 밤 처음 만나 민박집에서 극약을 탄 소주를 함께 마신 것으로 밝혀졌다. 한 가장은 카드빚 등으로 생활고에 시달리자 가족을 동반하고 자살하였다. 이 가장은 자신의 아내와 아이들을 태운 승용차를 몰고 그대로 호수로 돌진하였다. 한 회사원은 회사 공금 수억 원을 빼돌려 도박으로 모두 잃고 극약을 마시고 스스로 목숨을 끊었다. 한 농민 운동가는 WTO 협상을 반대하며 시위 도중 자신의 왼쪽 가슴을 흉기로 찔렀다. 그는 세계 여러 나라에서 온 1만 여명의 시위대와 함께 WTO 각료회의 회의장 진입을 시도하다가 자살하였다.

(나) 프랑스의 사회학자 뒤르켐은 자살률을 연구하면서 사회적 사실들이 갖는 중요성에 주목했다. 여기서 사회적 사실들이란 '개인에게 외부적으로 제약을 가할 수 있는 모든 형식의 행동'으로 이해된다. 사회적 사실은 다음 두 가지 의미에서 개인에게 '외부적'이다. 첫째, 모든 사람은 이미 확실한 조직과 구조를 가지고 진행 중인 사회에 태어나며, 사회는 개인의 성격을 조건화한다. 둘째, 사회적 사실은 어떤 개인도 단지 사회를 구성하는 전체 관계 속의 한 요소일 뿐이라는 의미에서 개인에게 '외부적'이다. 이러한 관계는 단지 한 개인이 만들어 내는 것이 아니라,

개인들 간의 수많은 상호 작용으로 구성된다.

자살과 사회적 통합 사이에는 어떤 관련성이 있는데, 이는 자살이 사회적 사실들과 긴밀하게 관련함을 의미한다. 자살은 각 개인을 구성원으로 하는 사회 집단의 통합 정도에 반비례하여 달라진다는 것이다. 그래서 이런 종류의 자살을 '자기중심적 자살'이라고 부르는데, 이것은 개인의 자아가 사회적 자아와 맞서서 자신을 희생하면서까지 과도하게 자기를 고집하는 상태에서 발생한다.

두 번째 유형의 자살은 도덕적 해이 상태나 아노미적 상태에서 발생한다. 자살률은 경제 침체기에 눈에 띄게 증가한다. 그러나 또한 경제가 번영을 누릴 때도 역시 같은 정도로 증가한다. 경제적 사이클이 갑작스럽게 상승하거나 하강할 때, 이런 변화는 변화는 익숙한 생활 양식을 뒤흔드는 효과를 가지고, '아노미적 자살'을 초래한다.

세 번째 유형인 '이타적 자살'에는 두 가지 종류가 있는데 그것은 '의무적인 것'과 '부가적인 것'이다. 전통적 사회에서, 개인은 특정한 상황 하에서, 자살을 해야 하는 의무 때문에 스스로 목숨을 끊는다. 이것은 의무적 자살이라고 불린다. 부가적 자살이란 현대 사회에서 조장되고 있는 명예와 위신이라는 분명한 코드와 종종 연관이 있다. 두 가지 모두 하나의 강력한 집단적 가치가 존재하고 있는 경우에 발생하며 그에 의존하고 있다.

연습 문제 2

난이도 ★★★☆☆   해설 및 예시 답안 → 35쪽

문제 1. 다음 제시문에서 다루고 있는 쟁점은 무엇인지 밝히고, 필자의 주장과 논거를 요약하시오.

문제 2. 제시문의 이론을 토대로, 자녀가 여럿 있을 경우 누가 부모를 모셔야 하는가에 대한 해결 방안을 제시하시오.

〈제시문〉

어떻게 하면 사람들이 원하는 것을 공정하게 나누어 가질 수 있을까? 부부가 이혼할 경우, 이들이 함께 살던 집은 누가 가져야 할까? 대도시의 환경오염을 분담해서 책임질 경우, 누가 얼마나 부담해야 하는가? 공해에 위치한 대륙붕에서 광물자원이 발견된다면, 어느 나라가 개발 권리를 주장할 수 있을까? 매우 다른 듯이 보여도 이들은 모두 공정한 분배·분담 원칙이 있어야 해결이 가능한 문제이다.

예전부터 공정한 분배·분담은 매우 중요한 관심사였다. 우리는 솔로몬 왕의 일화를 통해 공정성에 대한 그의 지혜를 엿볼 수 있다. 어느 날 솔로몬 왕 앞에 두 여인이 나타나 한 아이를 두고 제각기 자기가 아이의 엄마라고 주장한다. 솔로몬은 아이를 반으로 잘라서 나누어주라고 명령한다. 그러자 그의 예상대로, 가짜 엄마는 솔로몬의 제안에 선뜻 동의함으로써 자신이 아이에게 매우 작은 가치를 부여하고 있음을 드러낸다. 반면, 진짜 엄마는 아이의 목숨을 구하기 위해 즉시 자신의 주장을 철회함으로써 아이를 얼마나 아끼는지 짐작할 수 있게 한다. 솔로몬은 진짜 엄마에게 아이를 돌려주도록 명한다.

이 일화를 접하면 우리는 솔로몬의 기지에 감탄한다. 사람들은 대체로 자신이 원하는 것만을 표현하기 때문에 솔로몬 식의 계책이 아니면, 대개는 어떤 이유에서 얼마나 원하는지 가려내기 어렵기 때문이다. 그러나 솔로몬의 일화는 우리에게 또 다른 교훈을 준다. 솔로몬은 진짜와 가짜의 구별 기준을 아이에 대한 엄마의 애착심에서 찾았다. 이는 가치가 원하는 사람의 선호나 욕구와 무관하지 않다는 사실과 동일한 재화라고 하더라도 모두에게 똑같이 가치 있는 것은 아니라는 사실을 가르쳐 준다. 많은 학자들이 솔로몬의 지혜를 학문적으로 정립하려고 노력했다. 그러나 최근까지도 공정한 분배·분담 원칙의 모델은 주로 이론적인 차원에서만 논의되어 현실 생활에 적용할 수 없었다. 그런데 일부 학자들이 '케이크 자르기'라 부르는 매우 단순하지만 함축적인 모델을 개발하여 제한적으로나마 실제 상황에 적용하기 시작했다. '케이크 자르기'는 다음과 같은 절차로 이루어진 모델이다.

먼저 두 사람이 케이크를 나누어 가지려 한다고 가정하자. 이 경우, 공정한 분배 방식은 먼저 한 사람이 케이크를 자르고 이어서 다른 사람이 자기 몫을 선택하도록 하는 것이다. 이때 첫 번째 사람은 자기가 원하는 방식으로 케이크를 자름으로써 자신이 원하는 바를 반영할 수 있다. 예를 들어, 그가 케이크의 양보다 초콜릿과 같은 첨가물에 더 큰 가치를 둔다면, 그는 상대방의 기호를 추정한 후, 초콜릿과 케이크의 양을 감안하여 나눌 것이다. 반면 두 번째 사람은 상대방을 고려할 필요 없이 두 조각 중 하나를 택하면 된다. 이렇게 분배할 경우, 두 사람 모두 만족할 수 있다. 두 사람 모두 나름대로 분배방식에 참여하는 과정을 통해, 모두가 자신이 원하는 것 또는 원하지 않더라도 일방적으로 불리하지 않은 것을 얻을 수 있기 때문이다.

케이크 자르기 모델은, 약간 더 복잡하기는 하지만, 세 사람이 나누어 갖는 경우에도 적용할 수 있다. 이 경우 첫 번째 사람은 먼저 두 사람이 나눌 때와 마찬가지로 케이크를 마음대로 나눈다. 물론 세 조각이 만들어지도록 해야 한다. 이어서 두 번째 사람은 자신이 원하는 방식으로 초콜릿이나 여타의 첨가물을 이미 나누어진 케이크 조각 위에 배분한다. 그런 후에 마지막으로 세 번째 사람이 먼저 케이크 조각을 선택한다. 두 사람이 나누어 갖는 경우와 마찬가지로 세 사람이 나누어 갖는 절차 역시 공평하다. 첫 번째와 두 번째 사람은 분배되어질 케이크 조각에 각각 자신의 의사를 반영했기 때문에, 그리고 세 번째 사람은 가장 먼저 선택권을 사용했기 때문에 분쟁의 소지가 없다.

케이크 자르기 모델은 이처럼 소수가 제한된 재화를 나누어 갖는 경우 매우 유용하다. 그러나 네 사람 이상의 경우에는 더 이상 적용할 수 없었다. 그래서 다수가 참여하는 경우에도 공정한 분배·분담을 보장할 수 있는 절차가 고안되었다. 일종의 경매 방식을 원용한 이 모델은 분배·분담에 참가한 모두에게 동일한 구매력을 부여한 후, 각자가 원하는 재화가 모두 낙찰될 때까지 경매절차를 통해 분배한다. 예를 들어 이혼한 부부가 예전에 공동으로 소유한 물품을 나누어 갖는 경우를 생각해보자. 우선 당사자들이 동일한 구매력을 보유토록 하기 위해 각자에게 100환이라는 가상 화폐를 지급한다. 그리고 이들이 나누어 가질 공동 소유물에 하나씩 번호를 붙인다. 만약 모두 10개의 물품이 있다면, 부부는 각자 나름대로 10개의 물품에 대한 선호도에 따라 입찰할 금액을 배정할 것이다. 일례로 집이 입찰 대상인데 만약 남편이 집에 대해 50환의 가치를 부여하고 부인은 40환의 가치를 부여했다면, 집은 남편에게 낙찰된다.

결과는 모두에게 만족스럽다. 남편은 원하던 것을 얻었으니 만족할 것이고 부인은 원하던 것을 얻지 못했지만 대신 나머지 물품의 경매에서 상대적으로 유리한 입지를 확보할 수 있기 때문이다. 자동차를 비롯한 나머지 물품도 같은 방식으로 분배할 수 있다. 중요한 것은 누가 무엇을 갖는지가 아니라 부부 모두가 절차의 공정성을 인정하고 결과에 승복할 수 있다는 것이다. 때에 따라서는 좋아하는 것만이 아니라 싫어하는 것도 나누어 가져야 할 경우가 있다. 이혼한 부부의 경우, 집이나 자동차는 가지면 득이 되지만 부채나 양육비는 떠맡을수록 부담이 된다. 그러나 싫어하는 것도 공정하게만 분담한다면 크게 문제될 것이 없다. 싫어하는 것을 분담하는 방식도 좋아하는 것을 나누어 갖는 방식과 동일하다. 가장 싫어하는 일에 가장 적은 가치를, 상대적으로 덜 싫어하는 일에는 더 큰 가치를 부여하게 하는 것이다.

이와 같이 경매 모델은 당사자 모두가 스스로 가치를 부여하도록 함으로써 각자의 선호와 욕구가 분배·분담에 반영될 수 있도록 하며, 동시에 모두에게 대등한 기회를 부여함으로써 절차상 제기될 수 있는 분쟁의 소지를 제거한다. 경매 모델은, 충분히 개발할 경우, 재산분배문제에서 환경오염에 대한 비용분담문제에 이르기까지 다양한 경우에 적용할 수 있을 것이다.

연습 문제 3

난이도 ★★★☆☆ 해설 및 예시 답안 → 37쪽

제시문 (가)의 논지를 요약하고, 이를 바탕으로 (나)에 나타난 세 인물의 행동 양상을 비판하시오.(300~600자)

(가)

사랑은 그것이 '소유' 양식에서 이야기되느냐, 아니면 '존재' 양식에서 이야기되느냐에 따라 두 가지 의미를 갖는다. 우리는 사랑을 소유할 수 있는가? 만약 가능하다면 사랑은 하나의 사물이어야 하며, 우리가 갖고, 점유하고, 소유할 수 있는 실체이어야 한다. 그런데 사실은 '사랑'이라고 하는 사물은 없다. 사랑이란 추상 개념이며, 아마도 여신이며, 이방인(異邦人)일 것이다. 그러나 이 여신을 본 사람은 없다. 실제로 '사랑한다는 행위'만이 존재한다. 사랑하는 것은 생산적인 능동성과 관련된다. 그것은 인물, 나무, 그림, 관념을 존중하고 알며, 반응하고 확인하고 향유하는 것을 뜻한다. 그것은 생명을 주는 것을 의미하며, 그의(그녀의, 그것의) 생명력을 증대시키는 것을 의미한다. 그것은 자신을 갱신하고 자신을 증대시키는 하나의 과정이다.

사랑이 소유양식에서 경험될 때 그것은 자기가 '사랑하는' 대상을 구속하고, 감금하고, 또는 지배하는 것을 의미한다. 그것은 생명을 주는 것이 아니라, 압박하고, 약화시키고, 질식시켜 죽이는 행위이다. 사람들이 사랑이라 부르는 것은 대개가 그들이 사랑하고 있지 않다는 현실을 숨기기 위한 말의 오용(誤用)이다.   — 에리히 프롬, 『소유냐 존재냐』에서

(나) 맏아들이 고등학교 2학년이 되자 차츰 대학 입시 준비를 시켜야겠다고 벼르는데 느닷없이 이 녀석이 미술대학을 가겠노라고 하는게 아닌가? 남편은 한마디로 어처구니 없어 했다.

"너는 상대를 가야 해. 그래야 은행이나 큰 기업체 취직을 바라보지. 뭐니 뭐니해도 생활안정이 제일이니라. 봐라. 지금의 네 애비를. 뭐 그릴 게 있나. 뭐 걱정인가. 장차 버둥다리 치고 먹고 살려고 하는 고생인데 그래 그게 싫어 뭐 미술대학이나 가겠어? 이런 못난 놈."

남편은 말끝마다 자기 스스로를 예로 들어가며 안정된 생활의 행복을 찬양하고 또 찬양하며 아들을 재촉했다.

"봐라. 지금의 네 애비를. 뭐 그릴게 있나." 이 말을 할 때마다 남편의 입가에 떠오르는 득의와 회심의 미소가 나는 싫고 징그러워, 남편의 그런 미소가 형편없이 구겨질 일이 일어나기를 나는 옆에서 간절히 바랐다. 그러나 끝내 부자간에는 아무일도 일어나지 않았다. 아들은 다소곳이 아버지의 말을 경청하더니 열심히 과외공부를 해보겠다고 했다.

그러나 내 내부에서 별안간 힘찬 반란이 일어났다. '그것만은 안돼. 그것만은 참을 수 없어. 그럴 수는 없어.'

일찍 들어와서 따뜻한 아랫목에 누워 연속극을 보면서 조청을 맛있게 먹는 게 남편인 건 어쩔 수 없다손 치더라도 그게 장차의 내 아들인 것은 도저히 참을 수 없는 일로 여겨졌다.

나는 그 후에도 심심하면 '그럴 수는 없다' 라고 혼자 도리질까지 해가며 중얼거리는 일이 잦아졌다.

── 박완서, 『지렁이 울음소리』에서

연습 문제 4

난이도 ★★★★★   해설 및 예시 답안 ➔ 39쪽

〈제시문1〉의 논지를 근거로, 〈제시문2〉에 나타난 현상의 원인을 분석하시오.(300~600자)

〈제시문 1〉

우리들 각자는 자기 자신에게 속하는 만큼 사회에도 속한다. 각자의 의식은 마음의 심층으로 내려감에 따라 점점 더 원래의 자기 자신이 되어 다른 사람들의 인격과 비교할 수도 없고 말로도 표현할 수 없는 본래의 인격을 드러낸다. 그리고 우리들 자신의 표층에서는 다른 사람들과 서로 연결되어 있다. 우리들은 다른 사람들과 유사하며 그들과 우리들 사이에 상호 의존 관계를 형성하는 행위의 원칙들에 의해 서로 연결되어 있다. 그런데 우리 자아가 우리 자신의 사회화된 부분 안에 자라잡는 것만이 확고한 어떤 것에 매달리는 유일한 방법인가? 만약에 우리가 충동과 변덕스러움 그리고 후회의 삶에서 달리 빠져 나올 수가 없다면, 그렇다면 그것만이 유일한 방법일 것이다. 그러나 우리가 가장 깊은 자아 속에서 그 방법을 찾을 수 있다면 아마도 우리는 표층에서의 안정보다 한층 더 바람직한 다른 종류의 안정을 얻을 지도 모른다. 물 위에 떠 있는 수생 식물들은 끊임없이 물결에 흔들린다. 그런데도 그 잎들은 수면위에서 서로 결합하고 얽힘으로써 서로에게 안정을 준다. 반면에 땅속에 든든하게 뿌리내려 이들을 지탱하고 있는 뿌리들은 더욱 안정되어 있다. 그렇지만 자신의 마음의 심층에까지 파고들어가는 것이 매우 어려운 일이므로 이는 소수의 예외자만이 할 수 있는 일이다. 그러므로 우리의 자아가 매달리는 곳은 일반적으로 표층 즉 다른 외변화(사회화)된 인격체들로 구성된 조직 안에 들어가는 지점이다. 그 지점의 견고성은 상호 연대성의 정도에 달려 있다. 그리고 자아가 매달리는 지점에 우리의 사회화된 자아가 있다. 인간들 사이를 연결하는 끈으로 비유되는 의무는 우리들 각자를 사회화된 우리 자신에 연결시키고 있다.

[······]

이론적으로 볼 때 우리는 다른 사람들에 대해서만 의무감을 갖는 것 같지만 실제로는 우리들 자신에 대해서도 의무감을 갖는다. 왜냐하면 사회적인 연대성이란 사회적 자아가 우리들 각자의 마음속에서 개인적 자아에 덧붙여지는 순간에만 존재하기 때문이다. 이러한 사회적 자아를 개발하는 것이 사회에 대한 우리 의무의 본질이다. 우리의 마음 안에 사회적인 어떤 것이 없다면, 사회는 우리들에 대한 어떠한 지배력도 가지지 못할 것이다.

— 앙리 베르그송, 『도덕과 종교의 두 원천』(Henri Bergson, *Les deux Sources de la Morale et de la Religion*)에서

〈제시문 2〉

베블런(Veblen, 역주: 미국 경제학자)은 '현시적(顯示的) 여가(conspicuous leisure)' 뿐만 아니라 '현시적 소비(conspicuous consumption)'에 대해서도 부정적인 견해를 피력하였다. 현대 사회에는 현시적 소비자들이 많다. 얼마 전만 해도 옷의 상표는 언제나 옷 안에 감춰져 있었다. 그러나 오늘날 디자이너의 이름은 셔츠, 넥타이, 블라우스, 바지 등의 바깥쪽에 보란 듯이 표시되어 있다. 이는 소비자들이 광고를 해주는 것은 물론 자기도 모르는 사이에 광고비까지도 지불해 주고 있는 셈이다. '랄프 로렌(Ralph Lauren)' 상표의 옷을 입은 사람은 자신이 부자라는 사실을 은연중 과시하고 있다. 영화 '백 투 더 퓨쳐(Back to the Future)'에서는 1950년대의 한 소녀가 미래에서 온 소년의 이름을 그가 입고 있는 청바지 상표 '캘빈 클라인(Calvin Klein)' 때문에 '캘빈'으로 생각하는 장면이 나온다. 자동차의 경우도 예외는 아니다. '캐딜락(Cadillac)'은 미국 전역에서 고급차로 알려져 있으나 미국의 고급 주택가 '비벌리 힐즈(Beverly Hills)'의 주민들이라면 누구나 '메르세데스 벤츠(Mercedes-Benz)'를 가지고 있다. 그들에게 캐딜락은 수치요 모욕이다. 자기 집 앞 도로에 캐딜락이 세워져 있을 경우 그 집 주인의 반응을 우리는 충분히 예상할 수 있다.

"저건 내 차가 아냐. 누구것인지 모르겠는데……. 천박한 이웃집 차일지도 모르지. 누군가 간밤에 세워둔 모양이군. 당장 청소부를 불러 치우라고 해야지."

[……]

베블런에 따르면 특정 재화(財貨)의 수요는 소비자가 얼마를 지불했을 것이라고 다른 사람이 생각하는 가격(현시적 가격)에 비례해서 결정된다. 만약 '구찌(Gucci)' 핸드백의 가격이 떨어져 흔하게 될 경우 수요는 증가하지 않고 오히려 감소할 것이다. 왜냐하면 베블린식의 현시적 매력을 상실했기 때문이다. 컨트리 클럽(역주: 고급사교장)에 무명 상표의 옷을 입고 나타난다면 아무도 상대해 주지 않을 것이다.

— 토드 부크홀츠, 『죽은 경제학자들의 살아있는 아이디어』(Todd G. Buchholz, *New Ideas from Dead Economists*)에서

연습 문제 5

난이도 ★★★☆☆   해설 및 예시 답안 → 40쪽

[가]에 제시된 '정치적 올바름'의 정신을 바탕으로 제시문 [나], [다], [라]의 사례를 각각 평가하시오.

[가] 차별적, 혐오적인 언어로 소수그룹을 모욕하는 것을 막자는 취지에서 생겨난 '정치적 올바름(Political Correctness)'은 성차별적이거나 특정 인종, 민족, 또는 장애인 등을 비하하는 표현을 지양하고 공공에 널리 받아들여질 수 있는 적절한 언어사용을 주장한다. 이 주장은 일면 언어의 문법구조가 그 언어를 구사하는 인간의 사고에 영향을 준다는 사피어-워프 가설과 관련되어 있다. 예를 들어 'fireman'이라고 하면 무의식중에 소방관은 늘 남성이라는 생각을 가질 수 있게 되는 것처럼, 어떤 종류의 말과 용어를 쓰느냐가 인간의 사고에 큰 영향을 줄 수 있다. 곧 성차별적인 어휘를 쓰다보면 성차별주의자가 된다고 주장할 수 있는 것이다. 따라서 'fireman'은 'firefighter'로, 'black'(미국 흑인)은 'African American'으로 중성적이거나 차별성이 적은 용어로 대체하는 것이 정치적 올바름의 기본 정신이다. 정치적 올바름은 차별적 언어를 순화하여 극단적 감정을 억제시킨다는 측면에서 지지를 받고 있지만, 지나친 강조로 인하여 오히려 본래의 의미를 왜곡하는 부작용을 낳는 동시에 표현의 자유를 침해한다는 의견이 제기되기도 한다. 예를 들면, 땅콩을 '건강에 좋은' 식품이라고 표현할 때 땅콩에 알레르기 반응이 있는 학생들에게는 편파적이라는 이유로 이러한 표현을 삭제해야 한다고 주장하는 경우이다.

[나] 감독 겸 배우 멜 깁슨(50)이 취중에 내뱉은 반유대인 발언 때문에 일생 최대의 위기를 맞고 있다. 깁슨은 지난달 28일 로스앤젤레스 말리부 해안도로에서 과속 및 음주운전으로 체포된 후 조사를 받던 중 "세상의 전쟁은 모두 같은 유태인들 때문이다"라고 말한 것으로 보도되면서 그 파문이 거세지고 있다. [……] 할리우드와 미국의 미디어산업이 유대인 '큰손'들에 의해 지배되고 있는 것은 주지의 사실. 게다가 깁슨의 경우, 지난 2004년 자신이 제작, 감독한 영화「패션 오브 크라이스트」의 내용이 반유대주의적이라는 비판을 받은 경력이 있어 더욱 곱지 않은 시선을 받고 있다. 할리우드내의 파워 단체인 반유대인 명예훼손리그(ADL)는 성명을 즉각 발표하여 "깁슨이 마침내 자신의 진정한 모습을 드러냈으며, 자신의 영화를 둘러싼 논쟁 중 자신이 포용력 있고 폭넓은 사랑을 지닌 사람이라고 한 말이 속임수임이 드러났다"고 맹비난했다. [……] 사태가 악화일로로 치닫자 깁슨은 1일 성명을 발표, 유대인 사회에 용서를 구했으며, 그의 사과를 유대인 사회 및 할리우드가 어떻게 받아들일지 주목된다.

—— "반유대 발언 멜 깁슨, 할리우드에서 '왕따'", 『연합뉴스』, 2006. 8. 2.

[다] 요즘 미국 학교에서는 빨간색 잉크 사용이 금지되어 있는 경우가 많다. 언행을 조심하는 '정치적 올바름'의 관례를 흉내 내려는 듯 교육계에서도 웃지 못할 현상이 벌어지고 있는 것이다. 즉 답안 채점 과정에서 틀린 답에 빨간색으로 'X' 마크를 하면, 스트레스와 모욕감 등 학생들의 마음에 상처를 준다고 믿고 있기 때문에 교사들은 보다 부드러운 색을 사용하라는 지시를 받고 있다. 이는 어른, 특히 교사들이 학생들을 '가련한 온실의 꽃'으로 생각하고 실망과 좌절로부터 보호해야만 된다는 생각에 빠져 있다는 또 하나의 예이다. 또한 교정에서 '피구(避球)' 뿐만 아니라 술래잡기도 금지되고 있다. 한 초등학교 교장이 학부모들에게 보낸 편지에서 설명했듯이, "이 게임에는 '희생자'가 있게 마련인데, 이것은 학생들의 자존심을 상할 염려가 있다"는 것이다. 모든 경쟁적인 스포츠를 폐지하고 혼자 하는 운동으로 대체하자는 교육자들도 있다. 이런 난센스는 누구에게도 도움이 되지 않는다. 오늘날 교육 당국자들이 가장 내세우는 가치가 자존심인 것 같은데, 강한 자존심이 성공과 관계가 없다는 것은 여러 연구를 통해 증명된 바 있다. 중국이나 인도같이 미국에 도전하고 있는 나라들의 학교 교실들은 치열한 경쟁이 벌어지는 곳으로 교사들이 빨간 펜을 주저 없이 사용하고 있다. 성장발전하기 위해서 젊은이들은 경쟁과 비판, 실패의 경험이 필요하다. 학생들은 빨간 펜, 줄다리기, 피구 모두를 감당해낼 수 있다. '술래'가 되어도 미동도 하지 않는다.

— "…학교 방침 재고해야", 『매경』 USA Briefing, 2005. 6. 17.

[라] 농촌봉사활동(농활)을 떠난 일부 대학 학생들이 농민들의 성희롱성 발언을 이유로 중도 철수하는 사태가 잇따르고 있다. '아줌마', '아가씨' 등 농민들에게는 통상적인 발언이 여대생들에게는 성희롱 발언으로 받아들여지는 인식 차 때문이다. 서울 모 대학의 한 농활대는 마을잔치에서 농민들이 여학생을 '아줌마'로 지칭하고 다른 농민과 이야기하는 여학생에게 '지금 둘이서 사귀냐'고 말하는 등의 상황을 접했다. 학생들은 이를 '언어적, 정황적 성폭력'이라고 규정한 뒤 자신들의 입장을 농민들에게 설명했다. 사과는 받아냈지만 학생들은 농활을 계속하는 것이 어렵다고 판단해 철수했다. 이에 해당 대학 총학생회는 아예 농활을 폐지하는 방안까지 논의 중이다. [……] 농활 철수에 대해 일부 대학가에서는 비판적 시각이 나오고 있기도 하다. 서울 모 대학 학생회장 류모씨는 "농민들이 고의적으로 그런 발언을 한 것이 아니라 그런 발언이 성폭력일 수 있다는 점에 대한 인식이 부족할 뿐"이라고 지적했다. 농활에 참가했던 한 학생도 "인식의 차이를 극복·해결하는 것도 농활의 한 과정으로 이해하는 자세가 필요하다"고 강조했다.

— "'성희롱' 논란 휩싸인 농활", 『경향신문』, 2004. 7. 7.

6. 이야기에서 삶의 문제 유추하기

예제

아래 제시문에 나타난 문제 의식은 무엇인지, 오늘날 우리 사회의 문제와 관련지어 설명하시오.(300–600자)

제시문

전설에 의하면 귀고스(Gygos)는 양치기로서 리디아 왕을 섬기고 있었습니다. 그가 양들에게 풀을 먹이고 있는데, 하루는 폭우가 내리고 지진이 일어나 땅이 온통 갈라졌습니다. 그리하여 양들이 풀을 뜯고 있던 곳에 큰 구멍이 뚫렸습니다. 그는 이것을 보자 깜짝 놀라 그 구멍 속으로 들어갔는데, 거기서 여러 가지 신기한 광경을 목격하게 되었습니다.

특히 눈에 뜨인 것은 청동으로 된 말이었습니다. 그 말은 안이 비어 있고 작은 창문이 달려 있었습니다. 귀고스가 몸을 굽혀 그 창을 들여다보았더니, 거기에는 엄청나게 키가 큰 사람의 시체가 놓여 있었습니다. 그 시체는 손에 금가락지를 끼고 있을 뿐 몸에는 아무 것도 걸치지 않았다고 합니다. 그는 이 금가락지를 빼 가지고 그 구멍에서 나왔습니다.

그 후에 달마다 있는 양치기 모임에서 양치기들은 왕에게 양떼들의 현황을 보고하게 되었습니다. 귀고스도 다른 양치기들과 함께 이 모임에 참석하였습니다. 그는 손가락에 그 가락지를 끼고 다른 양치기들과 함께 앉아 있다가 무심코 가락지의 구슬이 자신을 향하도록 돌렸습니다. 그러자 갑자기 그의 모습이 남의 눈에 보이지 않게 되었습니다. 옆에 앉아있던 친구들은 귀고스가 어디로 갔는지 보이지 않는다고 하면서 두리번거리는 것이었습니다. 그는 깜짝 놀라 그 가락지의 구슬을 다시 바깥쪽으로 향하도록 돌려보았더니 그의 모습이 다시 나타나게 되었습니다.

그는 가락지에 과연 그런 능력이 있는가를 다시 시험해 보았습니다. 결과는 역시 마찬가지였습니다. 구슬을 안쪽으로 돌리면 자기 모습이 남의 눈에 뜨이지 않게 되고, 바깥 쪽으로 돌리면 자기 모습이 드러나는 것이었습니다. 그는 이러한 사실을 확인하고 나서, 왕에게 보고하러 가는 사자(使者)의 한 사람으로서 자기도 함께 참가하도록 일을 꾸몄습니다. 궁성에 도착한 그는 우선 왕비와 정을 통한 후에, 그녀와 공모하여 왕을 죽여 버리고 왕좌에 올랐다는 것입니다.

그런데 여기 그런 가락지가 두 개 있었다면 어떻게 되겠습니까? 하나는 선량한 사람이 끼고 또 하나는 불량한 사람이 끼었다고 합시다. 이 때 아무리 마음씨가 착한 사람이라도 강철같이 굳은 지조를 가지고 정의의 편에 서서 남의 물건에 전혀 손을 대지 않을 수 있다고 보장할 수 있을까요? 그런 사람은 아마 한 사람도 없을 것입니다. 시장에 가서 자기가 갖고 싶은 물건을 아무도 몰래 손에 넣을 수도 있고, 어떤 집에든지 들어가 자기 마음에 맞는 사람과 동침할 수도 있으며, 또 죽이고 싶은 자가 있으면 죽일 수도 있고, 결박된 자를 얼마든지 풀어 줄 수도 있을 것입니다. 이 경우에 선량한 사람이건 불량한 사람이건 다 비슷한 행동을 취할 것은 불문가지입니다.

그리하여 사람들은 누구나 자발적으로 정의로운 사람이 되는 것은 아니며, 단지 그렇게 강제될 뿐이라는 것을 알게 될 것입니다. 왜냐하면 부정을 저지르고서도 발각되지 않을 수만 있다면, 인간은 어디서나 불의를 행하게 되니까요. 누구나 불의가 정의보다 자기에게 훨씬 더 이익을 가져다 준다고 생각하는 것이 사실임을 알 수 있습니다.

해설

먼저 제시문을 요약해 보자.

제시문은 어느 양치기의 이야기를 소개하고 있다. 이를 통해 다음과 같은 문제 의식을 발견할 수 있다.

"그리하여 사람들은 누구나 자발적으로 정의로운 사람이 되는 것은 아니며, 단지 그렇게 강제될 뿐이라는 것을 알게 될 것입니다. 왜냐하면 부정을 저지르고서도 발각되지 않을 수만 있다면, 인간은 어디서나 불의를 행하게 되니까요. 누구나 불의가 정의보다 자기에게 훨씬 더 이익을 가져다 준다고 생각하는 것이 사실임을 알 수 있습니다."

결국, 정의란 사회적으로 강제될 뿐이지 자발적으로 본디 가지고 있는 것이 아님을 말하고 있다. 따라서 제시문은 성악설의 입장에 있는 셈이다.

하나의 예시 답안

제시문은 인간은 본디 정의로운 사람이 될 수 없음을 문제로 제기하고 있다. 정의란 강제될 뿐이라는 것이다. 자신의 신분이 노출되지 않는다면 불의를 행하여 이득을 얻고자 하는 욕망이 누구에게나 다 있다는 것이다.

오늘날 우리 사회에서 '정의' 냐 '불의' 냐의 문제는 그다지 중요하지 않은 문제가 되어버렸다. 어떤 면에서 보면 제시문의 문제 의식이 통용되는 사회라고 볼 수 있다. 대부분의 사람들이 사회적으로 정의를 외치는 목소리보다 정의든 불의든 실용적인 가치를 더 중시하기 때문이다. 정의를 실현하고 감시해야 할 법이나 언론마저도 정의 실현이 아니라 실용적인 가치를 더 중시하고 있다.

하나의 사례로 공직선거법을 보자면, 법적 선거 운동 기간에 사회적으로 물의를 일으킨 부도덕한 후보에 대해서 반대 의견을 개진할 수는 있어도 그 후보가 행한 부정의한 행보를 강도 높게 비판할 수는 없게 되어 있다. 자칫 비방으로 규정되어 처벌받을 수 있기 때문이다. 공직선거법은 불의한 자에 대한 사회적 심판을 불가능하게 만들고 있다. 우리 사회의 언론이 대재벌인 삼성의 영향력에서 자유롭지 못하다는 것 또한 이런 사실을 뒷받침해 준다. 언론이 자기 생존을 위해 광고주의 논리에 서려 할 뿐 사회 정의의 실현에는 큰 관심이 없는 것이다.

정의를 내세우고자 하는 사람은 '웃음거리로 회자될 바보'가 될 수 있는 '용기'를 가져야 하는 것이 우리의 현실이다. 그나마 '실용적 가치'에 파묻힌 사회에서 정의를 실현하려는 소수의 용기 있는 사람들이 있기 때문에 '사회적 양심'이라는 것이 존재하고 있다.

연습 문제 1

난이도 ★★★★☆　해설 및 예시 답안 → 42쪽

아래 제시문에 나타난 문제 의식은 무엇인지, 오늘날 우리 사회와 관련지어 설명하시오.(300~600자)

원스턴의 생활 중에 가장 즐거움을 느낄 때는 일할 때다. 일의 대부분은 지루한 것들이지만 때로는 굉장히 어렵고 복잡해서 마치 수학문제를 풀 때처럼 자신을 잊어버리게끔 하는 일에 걸려들기도 하는데, 그게 '영사(INGSOC ; England Socialism. '영국 사회주의'의 새로운 약어 — 역주)'의 강령에 대한 지식과 당이 자기에게 요구하리라고 생각되는 것을 추리한 결과만으로 위조를 해야 하는 미묘한 일이다. 원스턴은 이런 일에 능숙했는데, 가끔 순전히 신어(新語)로 씌어진 「타임스」의 사설을 수정하라는 위촉까지 받았다. 그는 아까 한쪽 옆에 놔 두었던 메시지를 펼쳤다. 그것은 다음과 같았다.

「타임스 83. 12. 3 대형(大兄 ; Big Brother) 일일 명령 극불량 무인(無人) 언급 충분 재기(再記) 사전 제출」

이것은 고어(古語), 즉 표준어로는 다음과 같이 될 것이다.

「「타임스」지 1983년 12월 3일자에 보도된 대형의 일일명령(一日命令)에 관한 기사는 극히 불만이며 존재하지 않는 사람에 대한 언급이 있다. 이것을 완전히 다시 써서 그 원고를 철하기 전에 고위당국에 제출하라」 [……]

"사전은 어떻게 돼가나?" 원스턴이 소리를 높여 말했다.
"그럭저럭. 난 형용사를 맡았는데 무척 재미있어" 사임이 말했다.
그는 신어(新語) 이야기가 나오자 얼굴이 즉시 밝아졌다. 그는 스튜 접시를 밀어놓더니 섬세하게 생긴 손으로 한 쪽은 빵덩이를, 다른 쪽은 치즈를 들고 소리가 잘 들리도록 몸을 식탁 쪽으로 기울이고 말했다.
"제11판이 결정판이지. 지금 이 신어를 마지막으로 손대고 있는데 그러면 다른 말을 쓰지 않아도 돼. 이 일이 다 끝나면 자네같은 사람들은 처음부터 다시 배워야지. 감히 말하네만 자네는 우리의 주된 업무가 새로운 단어를 만들어내는 거라고 생각하겠지. 천만에! 우리말을, 하루 수십, 수백 마디 어휘를 없애고 있다네. 뼈만 남도록 잘라내는 셈이지. 제11판에는 2050년도 전에 없어질 말들은 하나도 수록하지 않네"

그는 허기진 듯 빵덩이를 덥석 물고 두어 번 삼키더니 다시 현학적인 정열로 말을 계속했다. 마르고 시커먼 얼굴에는 생기가 돌고 눈에는 비웃는 표정이 없어지고 거의 꿈꾸는 듯 빛나기 시작했다.

"말을 없앤다는 건 멋있는 일이야. 물론 버려야 할 말은 동사와 형용사에 많지만 명사도 수백 어(語)는 되지. 없애는 건 동의어뿐 아니지. 반대어도 있어. 도대체 단어란 게 단순히 다른 말의 반대어라면 무슨 의미가 있겠는가? 한 낱말에는 그 자체 내에 반대어를 포함하고 있네. 예를 들어 '좋다(good)' 라는 말을 생각해 보게. '좋다' 라는 말이 있으면 구태여 '나쁘다(bad)' 는 말이 필요하겠나? '안 좋다(ungood)' 로 충분하지. 아니 오히려 그게 다른 말보다 더 정확한 반대어라 할 수 있지. '좋다' 는 것을 강조하고 싶을 때 '훌륭하다(excellent)' 느니 '멋있다(splendid)' 느니 하는 따위의 말들이 필요할까? '더 좋다(plusgood)' 라는 말이면 충분하고 그걸 더욱 강조하고 싶으면 '더욱 더 좋다(double plus good)' 로 하면 되지. 물론 이런 형태의 단어를 이미 쓰고는 있지만 신어 사전 최종판에서는 이 말 한 마디만 남을 걸세. 결국 좋다는 것과 나쁘다는 것에 대한 모든 개념은 다만 여섯 개의 낱말로, 실제로는 단 하나의 말로 표현되는 거지. 멋있지 않나. 윈스턴? 물론 이건 애초에 대형(大兄)의 아이디어야" [……]

사임은 흑빵을 한입 뜯어 씹고는 말을 계속했다.

"신어의 목적이 사고의 폭을 줄이는 것이란 걸 알고 있나? 결국 우리는 '사상죄(思想罪)' 도 문자 그대로 불가능하게 만들 거야. 왜냐하면 그걸 표현할 말이 없어질 테니까? 필요한 개념은 단 한 마디 말로 표현되며 그 말은 정확히 정의되어 다른 곁뜻은 없어져 버리고 말지. 제11판에서 우리는 벌써 그 정도로 해놓았어. 그러나 그 과정은 자네나 내가 죽고 난 뒤에도 계속될 거야. 한 해 한 해 어휘는 줄어들고 그럴수록 의식의 한계도 좁아지겠지. 물론 지금에도 사상죄에 대한 이유나 구실이 있을 수 없지. 그것은 단순히 자기 훈련이나 현실 통제를 못하기 때문이야. 그러나 결국 그나마 필요없게 돼. 혁명은 언어가 완성될 때 완성돼. 신어는 영사고 영사는 신어야" 그는 은근히 만족한다는 듯 덧붙였다. "늦어도 2050년까지 지금 우리가 사용하는 말을 이해할 수 있는 사람이 있을 것 같은가?" [……]

"2050년까지는, 아마 그 전이 되겠지만, 구어(舊語)에 대한 지식은 모두 사라질 걸세. 모든 과거의 문학도 없어지고 초서, 셰익스피어, 밀턴, 바이런, 이들은 다만 신어역(新語譯)으로만 남을 거네. 그것도 다른 말로 바뀐다는 정도를 지나 원래의 의미와 반대되는 것으로 변할 거야. 당의 문학까지 변할거야. 슬로건까지 변할 거야. 자유의 개념이 없어졌는데 '자유는 예속' 이란 슬로건이 있을 수 있겠나? 모든 사상적 분위기도 변할 걸세. 실상, 우리가 이해하고 있는 것 같은 생각이란 없어져 버릴 걸세. 정통주의는 생각하는 것, 생각을 필요로 하는 것이 아니야. 무의식 바로 그거야"

— 조지 오웰(George Orwell, 1903~1950)의 소설 「1984년」에서

연습 문제 2

난이도 ★★★★☆　　해설 및 예시 답안 → 43쪽

다음 제시문은 루쉰(魯迅)의 『아Q정전(阿Q正傳)』에서 발췌한 것이다. 주인공의 사고와 행동에서 드러나는 모순을 설명하시오.(300~600자)

제시문

(가) 아Q가 마음 속으로 생각한 것을 나중에 하나하나 다 입 밖으로 말했기 때문에 아Q를 놀리던 사람들은 그에게 일종의 정신적인 승리법이 있다는 것을 거의 다 알게 되었고, 그 뒤로는 그의 노란 변발을 잡아챌 때마다 사람들이 먼저 그에게 이렇게 말했다.

"아Q, 이건 자식이 애비를 때리는게 아니라 사람이 짐승을 때리는 거다 네 입으로 말해봐. 사람이 짐승을 때린다고!"

아Q는 두 손으로 자신의 변발 밑동을 움켜잡고 머리를 비틀면서 말했다. "벌레를 때린다. 됐지? 나는 벌레 같은 놈이다. …… 이제 놔 줘!"

벌레가 되었어도 건달들은 놓아주지 않았다. 전과 똑같이 가까운 아무데나 그의 머리를 대여섯 번 소리나게 짓찧었고, 그런 뒤에야 만족해하며 의기양양하게 돌아갔다. 그들은 이번에는 아Q도 꼼짝하지 못할 거라고 생각했다. 그러나 십초도 지나지 않아 아Q도 만족해 하며 의기양양하게 돌아갔다. 그는 자기가 자기 경멸을 잘하는 제일인자라고 생각했다. '자기 경멸'이라는 말을 빼고 나면 남는 것은 '제일인자'이다. 장원(壯元)도 '제일인자'가 아닌가?

"네까짓 것들이 뭐가 잘났냐!?"

아Q는 이처럼 여러 가지 묘법을 써서 적을 극복한 뒤에는 유쾌하게 술집으로 달려가 술을 몇 잔 마시고 또 다른 사람들과 한바탕 시시덕거리고 한바탕 입씨름을 하여 또 승리를 얻고, 유쾌하게 사당으로 돌아와 머리를 거꾸로 처박고 잠이 들었다. 돈이 생기면 그는 야바위 노름을 하러 갔다. 한 무리의 사람들이 땅바닥에 쭈그리고 앉아 있는데, 아Q는 얼굴에 땀을 뻘뻘 흘리며 그 속으로 끼어 들었다. 목소리는 그가 제일 컸다.

"청룡(靑龍)에 사백!"

"자— 열어요— 얏!" 물주가 상자 뚜껑을 열고서 역시 얼굴에 땀을 뻘뻘 흘리며 노래를 읊어 댔다. "천문(天門)이군요— 각(角)은 텄고요— 인(人)이랑 천당(穿堂)은 아무도 안 걸었고요! 아Q 돈은 가져오고요!"

"천당에 백— 백오십!"

아Q의 돈은 이렇게 노래를 읊는 사이에 얼굴에 땀을 뻘뻘 흘리는 다른 사람의 허리춤으로 점점 옮겨갔다. 그는 결국 거기서 밀려날 수밖에 없었다. 뒤쪽에 서서 구경하며 자리가 파할 때까지 다른 사람들을 위해 애를 태우고 그런 뒤에 못내 아쉬워하며 사당으로 돌아갔고, 다음날에는 눈이 부은 채 일하러 갔다.

그러나 참으로 '인간 만사는 새옹지마' 인 것인지, 아Q는 불행히도 딱 한번 이기기는 했는데 도리어 더 낭패를 보았다.

그것은 웨이주앙(未莊)에서 마을 제사를 지내는 날 밤이었다. 그날 밤에는 관례대로 연극을 했는데, 무대 왼쪽에서는 여느 때나 마찬가지로 노름판이 잔뜩 벌어졌다. 연극판의 징소리와 북 소리가 아Q의 귀에는 십리 바깥에서 나는 것 같았고 아Q에게 들리는 것은 오직 물주의 노랫소리 뿐이었다. 그는 따고 또 땄다. 동전이 작은 은전으로 바뀌었고, 작은 은전이 큰 은전으로 바뀌었으며, 나중에는 큰 은전이 두둑이 쌓였다.

그는 대단히 신바람이 났다.

"천문에 두 냥!"

누가 누구와 무엇 때문에 싸움을 시작했는지 그는 몰랐다. 욕하는 소리, 때리는 소리, 발걸음 소리, 뭐가 뭔지 알 수 없는 한바탕 소란이 지나고 그가 간신히 일어나 보니 노름판도 보이지 않았고 사람들도 보이지 않았으며, 몸이 여기저기 아픈 걸로 보아 주먹질이나 발길질을 몇 번 당한 것 같았다. 몇몇 사람들이 이상스러워 하며 그를 쳐다 보았다. 그는 넋을 잃고 사당으로 돌아 왔는데 정신을 차리자마자 자기의 은전 뭉치가 없어졌다는 걸 알아차렸다. 제삿날 벌어지는 노름판은 대부분 이 마을 사람들이 아니니 어디 가서 재산을 찾는단 말인가?

하얗게 반짝이는 은전더미! 더구나 자기 것이었는데, 지금은 없어져 버린 것이다! 자식이 가져간 셈치자고 해도 여전히 마음이 개운치 않았다. 자기를 벌레라고 해 보아도 역시 마음이 개운치 않았다. 그는 이번에도 실패의 고통을 조금 느꼈다.

그러나 그는 금세 패배를 승리로 바꾸어 놓았다. 그는 오른손을 들어 자기 뺨을 힘껏 연달아 두 번 때렸다. 얼얼하게 아팠다. 때리고 나서 마음을 가라앉히자 때린 것이 자기라면 맞은 것은 또 하나의 자기인 것 같았고, 잠시 후에는 자기가 남을 때린 것 같았으므로 — 비록 아직도 얼얼하기는 했지만 — 만족해 하며 의기양양하게 드러누웠다.

그는 잠이 들었다.

(나) 아Q의 귀에도 혁명당이라는 말은 진작부터 들려오던 터였고, 올해는 혁명당을 죽이는 것을 제 눈으로 구경하기도 했었다. 그런데 그는 어디에서 비롯된 것인지는 몰라도 혁명당은 곧 반역이며 반역은 곧 자기를 곤란하게 만드는 것이라는 견해를 가지고 있었기 때문에 이제껏 '깊이 증오하고 극히 원통' 해했다. 그런데 뜻밖에도 그것이 백리 사방에 이름이 높은 거인(擧人) 어른을 그토록 겁먹게 하였으니, 그는 자기도 모르게 '동경' 을 품게 되었고, 더구나 웨이주앙 사람들의 당황한 표정에 아Q는 더욱 유쾌해졌다.

"혁명도 좋은 거구나."라고 아Q는 생각했다. "그 개같은 놈들을 혁명해 버리자. 혐오스러운 놈들! 가증스러운 놈들! …… 그래, 나도 혁명당에 항복해야지."

아Q는 요즈음 돈이 궁해서 아마 다소 불만이 있었을 것이다. 더구나 빈 속에 낮술을 두 잔 마셨는지라 더욱 빨리 취해서 한편으로 생각하고 한편으로 걷다 보니 다시 기분이 들뜨기 시작했다. 어찌 된 것인지 갑자기 자기가 혁명당이고 웨이주앙 사람들은 모두 자기의 포로인 것 같았다. 그는 득의한 나머지 자기도 모르게 큰 소리로 떠들었다.

"반역이다! 반역이다!"

웨이주앙 사람들은 모두 두려워하는 눈빛으로 그를 바라보았다. 그 불쌍한 눈빛은 아Q가 이제껏 본 적이 없는 것이었는데 그것을 보자 그는 유월에 빙수를 마신 것처럼 속이 시원해졌다. 그는 더욱 신이 나서 걸어가면서 고함을 질렀다.

"좋아, …… 원하는 것은 전부 다 내 것, 마음에 드는 여자도 전부 다 내 것.

뚜뚜, 창창!

후회한들 어쩌리, 술김에 잘못 알고 쩡 아우들 목을 쳤네.

후회한들 어쩌리, 아아아……

뚜뚜, 창창, 뚜, 챙그랑창!

내 손은 쇠채찍을 들어 너를 때린다……"

짜오 씨 댁의 남자 두 분과 두 사람의 친척이 대문 앞에 서서 혁명을 논하고 있었는데 아Q는 그것도 보지 못하고 머리를 꼿꼿이 쳐든 채 노래를 하면서 지나쳐갔다.

"뚜뚜……"

"라오Q(老Q)" 짜오 노어른이 겁먹은 태도로 맞이하면서 낮은 소리로 불렀다.

"창창," 아Q는 자기 이름에 '라오(老)' 자가 붙으리라고는 꿈에도 생각지 못했으므로 자기하고는 무관한 어른 말이려니 여기고 노래만 불렀다.

"뚜, 창. 챙그랑창, 창!"

"라오Q"

"후회한들 어쩌리……"

"아Q!" 수재가 할 수 없이 직접 그의 이름을 불렀다.

아Q는 그제야 멈춰서서 고개를 돌리며 물었다. "뭐요?"

"라오Q, …… 요즘……" 짜오 노어른은 더 이상 할말이 없었다.

"요즘, …… 벌이가 좋은가?"

"벌이가 좋냐구요? 물론이죠. 원하는 것은 전부……"

"아…… Q형, 우리같이 가난한 동무들은 괜찮겠죠……" 짜오바이옌이 조심스럽게 말했는데. 혁명당의 속셈을 떠보려는 것 같았다.

"가난한 동무들? 당신은 나보다 돈이 많잖아."라고 말하면서 아Q는 가 버렸다.

사람들은 낙심하여 아무 말도 하지 않았다. 짜오 노어른 부자는 집으로 돌아가 밤에 등불을 켤 때까지 의논했다. 자오바이옌은 집으로 돌아가 허리춤에서 전대를 끌러내려 자기 처에게 주면서 상자 밑에 숨겨 놓으라고 했다.

(다) "반역이라? 재미있구나, …… 하얀 투구에 하얀 갑옷의 혁명당이 온다. 청룡도에 쇠채찍, 폭탄, 총, 삼첨양인도(三尖兩刃刀), 구겸창(鉤鎌槍)을 들고서 사당 앞을 지나가며 부른다. '아Q' 같이 가세 같이 가! 그래서 같이 간다……

그때가 되면 웨이주앙 사람들은 꼴 좋겠지. 무릎을 꿇고 부르겠지, '아Q, 살려줘!' 누가 들어 준대? 제일 먼저 죽여야 하는건 샤오디와짜오 노어른이야, 그리고 수재도, 그리고 가짜 양놈도, …… 몇 놈이나 남겨둘까? 왕 털보는 원래 남겨둬도 되겠지만 그래도 안돼……

물건은, …… 곧장 들어가서 상자를 열면 원보(元寶: 은으로 말굽 모양같이 만든화폐)에 은화, 옥양목 셔츠, …… 수재 마누라의 영파(寧波)침대부터 사당으로 옮기고, 그밖에 치앤씨 댁의 탁 자랑 의자를 놓고…… 아니 짜오씨 댁 것을 쓰자. 나는 손대지 말고 샤오디를 시켜 옮기자, 빨리 옮겨야지 안 그러면 따귀를 때릴 테다...

짜오쓰천의 누이동생은 너무 못생겼어. 쪼우치댁의 딸은 젖비린내 나고. 가짜 양놈의 마누라 는 변발도 없는 남자랑 잤으니. 흥, 좋은 물건이 아냐! 수재 마누라는 눈까풀에 흉터가 있지…… 우마는 못본지 오래 됐는데, 어디 있나 몰라. 아깝게도 발이 너무 크지."

아Q는 미처 생각을 매듭짓기도 전에 벌써 코를 골았다. 넉 냥짜리 초는 아직 반치도 채 타지 않았고 붉은 빛이 그의 벌려진 입을 비추었다.

"어어!" 아Q는 갑자기 큰소리를 지르고 머리를 들어 황망히 사방을 둘러보더니 넉냥자리 초 가 보이자 다시 머리를 처박고서 잠들어 버렸다.

다음날 그가 느지막하게 일어나서 거리로 나가 살펴보니 모든 것이 다 전과 똑같았다. 그는 여전히 배가 고팠고, 생각해보려 해도 아무 것도 생각나지 않았다. 하지만 그는 갑자기 뭔가 생 각이 떠오르는 것 같았고, 느릿느릿 걸음을 옮기다 보니 자기도 모르게 정수암(靜修庵)에 도착 했다.

암자는 봄에도 그랬던 것처럼 고요했으며 흰 벽에 검은 문이었다. 그가 잠시 생각해보다가 다 가가서 문을 두드리자 개가 안에서 짖었다. 그는 급히 벽돌 조각을 몇 개 집어들고서 다시 좀더 힘껏 두드렸다. 검은 문에 곰보 자국이 숱하게 생기고 나서야 누군가 문을 열기 위해 나오는 소 리가 들렸다.

아Q는 얼른 벽돌 조각을 움켜쥐고 다리를 떡 벌리고 서서 검은 개와 싸울 준비를 했다. 그러 나 암자 문이 빠끔이 열렸을 뿐 검은 개는 뛰쳐나오지 않았다. 들여다보니 늙은 비구니 한 사람 만 있었다.

"자네 왜 또 왔나?" 그녀는 크게 놀라며 말했다.

"혁명하려고요…… 알아요?……" 아Q는 아주 모호하게 말했다.

"혁명 혁명, 벌써 혁명했잖아…… 자네들이 우리를 어떻게 혁명한다는거야?" 늙은 비구니가 두 눈을 붉히며 말했다.

"뭐라고요? ……" 아Q는 의아했다.

"그 수재하고 가짜 양놈이!"

아Q는 너무 뜻밖이어서 자기도 모르게 대경실색을 했다. 늙은 비구니는 그의 예기(銳氣)가 사라진 것을 보자 날쌔게 문을 닫았다. 아Q가 다시 밀어보았지만 꿈쩍도 하지 않았고, 다시 두드려보았지만 아무 대답이 없었다.

연습 문제 3

난이도 ★★☆☆☆   해설 및 예시 답안 → 45쪽

다음 글은 어떤 부족의 삶의 모습을 보여주고 있다. 제시문에 근거하여, 이러한 삶이 초래 하는 문제점이 무엇인지 지적하고, 이러한 문제가 초래된 원인을 분석하시오.(300~600자)

옛날 아라비아에 트로글로다이트라고 하는 작은 부족이 있었다. 역사가들의 말에 따르면 이 부족은 인간보다는 동물에 더 가까웠던 이전 시대 트로글로다이트의 후손들이라고 한다. 그러나 내가 지금 말하는 이 부족은 그들의 선조들처럼 그렇게 이상하게 생기지도 않았고 곰처럼 털이 나지도 않았다. 그들은 끽끽거리지도 않았으며 눈도 둘이 달려 있었다. 하지만 그들은 아주 사악하고 잔인하여 자기들 사이에 어떤 공정성이나 정의의 원칙도 없었다.

그들에게는 외국 태생의 왕이 있었다. 왕은 부족의 타고난 사악함을 고치기 위하여 사람들을 엄하게 다스렸다. 그러자 사람들은 음모를 꾸미며서 왕을 죽이고 왕족들까지도 모두 없애버렸다. 그리고 나서 그들은 통치 기구를 만들기 위해 모임을 가졌고, 많은 의견 다툼을 한 뒤에 행정관들을 뽑았다. 얼마 지나지 않아 사람들은 행정관들을 부담스러워 하여 참을 수가 없게 되었다. 그리하여 새로 뽑힌 행정관들마저 죽임을 당하고 말았다. 새로운 통제로부터 벗어나자 이 부족 국가는 타고난 사악함만이 지배하는 나라가 되었다. 이제 사람들은 각기 어느 누구의 말도 따르지 않을 것이며, 자신의 이해만을 돌볼 뿐 다른 사람에 대해서는 상관하지 않기로 합의했다. 이 만장일치의 결정은 부족 구성원 각자의 마음에 꼭 드는 것이었다. 그들은 이렇게 말했다.

"나와 아무 상관없는 사람들을 위해 죽도록 일할 이유가 무엇인가? 이제 나는 나만을 생각할 것이다. 나만 행복하면 되지 다른 사람이 어떻게 사는지 나와 무슨 상관이란 말인가? 나에게 필요한 것을 모두 가질 수 있다면, 다른 사람들이 불행하다고 해도 내가 상관할 바가 아니다."

때는 바야흐로 곡식을 수확해야 하는 계절이었다. 마른 산악지대의 경작지가 있는가 하면, 수로(水路)가 잘 갖추어진 낮은 경작지도 있었다. 그 해는 몹시 가물어서 높은 지대의 농사는 완전히 실패한 반면 물 공급이 잘 된 낮은 땅은 큰 풍년이 들었다. 많은 수확을 거둔 사람들이 추수한 곡식을 나누기를 거부했기 때문에 많은 산악지대 거주자들이 굶어 죽었다. 다음 해에는 비가 많이 내렸다. 높은 지대의 땅은 이례적으로 비옥해졌고 낮은 지역은 홍수가 났다. 또 다시 인구의 반이 굶주림으로 아우성쳤지만 작년에 홀대를 받았던 사람들이 이번에는 굶주린 사람들을 거들떠보지도 않았다.

지도적 위치에 있었던 한 시민에게 아름다운 부인이 있었다. 그의 이웃이 그 부인을 사모한 나머지 그녀를 납치해 갔다. 두 사람 사이에 큰 싸움이 벌어졌고 서로 모욕적 언사와 주먹다짐을 주고받은 뒤에, 두 사람은 이전의 공화국에서 영향력을 가졌던 어떤 사람의 결정에 따르기로 합의했다. 두 사람은 그에게로 가서 각자의 사정을 이야기했다. 그러나 그는

"이 여자가 누구에게 속하든 나와 무슨 상관이란 말입니까? 내게는 경작해야 할 땅이 있는데 당신네 싸움치레 하느라 내 일도 못하는 건 싫소. 나를 그냥 놓아두고 귀찮게 하지 마시오"
라고 말하고는 자리에서 일어나 자기 밭으로 일하러 나갔다. 힘이 센 납치자는 죽어도 여자를 내주지 않겠다고 다짐을 했고, 부인을 빼앗긴 사람은 이웃의 불의와 심판관의 냉담함으로 인해 절망에 차서 집으로 향했다. 도중에 그는 산에서 내려오는 아름다운 젊은 여자와 만나게 되었는데, 아내마저 잃은 처지에서 그는 그녀에게 끌렸고, 그녀가 아까 냉담했던 심판관의 부인임을 알고는 한층 더 마음이 끌렸다. 그는 그녀를 잡아채서 자기 집으로 데리고 갔다.

비옥한 땅을 갖고 부지런히 경작했던 한 사람이 있었다. 두 이웃이 결탁을 해서 그를 집에서 내쫓고 땅을 가로챘다. 두 사람은 혹시 있을지도 모를 또 다른 강탈자를 막기 위해 상호 연맹 관계를 맺었고, 여러 달 동안 실제로 서로를 보호해 주었다. 그러나 혼자 차지할 수 있는 것을 나누기가 아까웠던 동업자 중 하나가 다른 하나를 죽이고는 땅을 독차지했다. 그러나 그의 소유 기간은 그리 길지 않았다. 또 다른 두사람이 와서 공격을 했고, 혼자서 두 사람을 방어하기에는 힘이 너무 약했기 때문에 죽임을 당하고 말았던 것이다.

입을 것이 없었던 한 사람이 상인이 팔려고 내놓은 양털을 보았다. 가격을 물어보니 상인은
"보통은 밀 두 되 값만 받는데 지금은 여덟 되를 사야겠으니 네 배를 쳐서 받아야겠소"
하고 말했다. 다른 방도가 없었기에 그는 달라는 대로 값을 지불했다. 상인은 돈을 받아 챙기면서 말했다.

"좋아요. 이제는 밀을 좀 사야겠군요."

양털을 샀던 사람이 말했다.

"지금 뭐라고 했습니까? 밀이 필요하다구요? 내게 팔 것이 조금 있는데, 다만 한 가지 걱정되는 것이 값입니다마는, 밀 값이 아주 비싸다는 것은 아셔야 합니다. 굶어 죽는다고 온 데서 난리입니다. 하지만 아까 받았던 제 돈을 다시 주시면 밀 한되를 드리지요. 당신이 굶어 죽는다 해도 그 값 아래로는 못 팝니다."

그러는 동안 이 지역에 몹쓸 병이 창궐했다. 이웃 나라에서 유능한 의사가 와서 그에게 오는 모든 환자들의 병을 치료해 주었다. 병이 다 지나간 뒤에 의사는 환자들 집을 돌며 치료비를 요구했지만 모두에게서 거절 당했다. 의사는 오랜 여독에 지쳐 빈손으로 자기 나라로 돌아갔다. 오래지 않아 같은 병이 전보다 더한 기세로 그 지역을 휩쓸었다. 이번에는 트로글로다이트 부족 사람들이 직접 그에게로 와서 병을 고쳐 주기를 빌었다. 그러나 의사는 냉정하게 대답했다.

"돌아들 가시오. 당신들은 정의롭지 못합니다. 당신들의 영혼 안에는 당신들이 치유받고자 하는 병보다 더한 독이 있습니다. 당신들에게는 아무런 인간성도 없고 공정한 규칙도 없기 때문에 이 세상에 살 자격이 없습니다. 당신들을 벌하고 있는 신의 정당한 분노를 어기고 당신들을 치료한다면 나는 신을 거역하는 일을 하게 될 것입니다." ── 몽테스키외, 『페르시아인의 편지』에서

연습 문제 4

난이도 ★★★☆☆   해설 및 예시 답안 → 46쪽

다음 제시문은 그리스 신화에 나오는 피그말리온 이야기이다. 현대인의 삶에 비추어 볼 때 피그말리온 신화는 여러 가지 상징적 의미를 지닌다. 이 신화가 현대 사회에서 시사하는 바를 분석하시오.(300~600자)

피그말리온은 여자의 결점을 너무나도 많이 본 나머지 마침내 여성을 혐오하게 되어 평생 결혼하지 않고 지내기로 작정하였다. 그는 조각가였다. 어느 날 빼어난 솜씨로 상아 조각상을 만들었는데, 그 작품이 얼마나 아름다웠던지 살아 있는 어떤 여자도 따라 갈 수 없을 정도였다. 이 조각상은 부끄러워서 움직이지 않을 뿐이지 정말 살아 있다고 여겨질 만큼 완벽한 처녀의 모습이었다. 그의 기술이 완벽했기 때문에 그 조각상은 사람의 손으로 만든 것이 아니라, 자연이 만든 것처럼 보였다. 피그말리온은 자신의 작품에 감탄하여 자연의 창조물 같은 이 조각상과 사랑에 빠졌다. 그는 조각상이 살아 있는 것인지 아닌지를 확인이라도 하려는 듯 때때로 그 위에 손을 얹어 보기도 하였다. 그럴 때면 조각상이 단지 상아에 불과하다는 것이 믿어지지 않았다. 그는 조각상을 끌어안기도 하고, 반짝이는 조개껍질이라든가 반들반들한 돌, 또는 조그만 새나 갖가지 꽃, 구슬과 호박 등 젊은 처녀들이 좋아할 만한 것들을 선물로 가져다 주기도 하였다.

그는 조각상에 옷을 입히고, 손가락에는 보석을 끼우고, 목에는 목걸이를 걸어주었으며, 귀에는 귀걸이를 달아주고, 가슴에는 진주타래를 늘어뜨려 주었다. 옷은 조각상에 참 잘 어울렸으며, 옷을 입은 맵시는 옷을 입지 않았을 때나 매한가지로 매력이 있었다. 그는 그녀를 뮈로스 지방에서 나는 염료로 물들인 천을 덮은 침상위에 눕히고, 그녀를 자기의 아내라고 불렀다. 그리고는 그녀가 마치 깃털의 부드러움을 마음껏 즐길 수 있기라도 하듯, 그녀의 머리를 가장 보드라운 깃털을 넣어 만든 베개 위에 뉘었다.

아프로디테의 제전이 다가왔다. 이 제전은 키프로스 섬에서 굉장히 호화롭게 거행되었다. 제물이 바쳐지고, 제단에서는 향을 피워 향내음이 대기에 가득했다. 피그말리온은 이 제전에서 자기가 맡은 일을 끝내고 난 뒤에, 제단앞에 서서 머뭇거리며 말했다.

"전능하신 신들이시여, 바라옵건대 제게 상아 처녀와 같은 여인을——그는 '저의 상아 처녀를' 이라고는 감히 말하지 못했다——아내로 점지해 주소서."

제전에 참석해 있던 아프로디테는 그 말을 듣고 그가 말하려고 한 참뜻을 알아차렸다. 그래서 그의 소원을 들어주겠다는 표시로 제단에서 타오르고 있는 불꽃을 공중으로 힘차게 세 번 솟아오르게 하였다. 집에 돌아온 피그말리온은 자신의 조각상을 보러 갔다. 침상 위로 몸을 기울여 조각상에 입맞추니 조각상의 입술에 온기가 있는 듯 여겨졌다. 다시금 조각상의 입술에 입맞추고 팔다리에 손을 얹어보았더니 상아가 부드럽게 느껴졌다. 손가락으로 눌러보니 마치 히메토스

지방에서 나는 밀초처럼 들어갔다. 피그말리온은 자기가 혹시 잘못 안 것은 아닐까 의심하고 걱정하면서도, 기쁨과 놀라움 속에서 그의 희망인 조각상을 사람의 열정으로 거듭 만져 보았다.

조각상은 정말 살아 있었다! 손가락으로 핏줄을 가만히 누르니 들어가고, 손을 떼자 부드럽게 원상태로 다시 돌아왔다. 그리고 나서야 마침내 아프로디테의 숭배자인 피그말리온은 여신에게 감사의 말을 드리고, 살아 있는 처녀의 입술에 입맞추었다. 입맞춤을 받자 처녀는 얼굴을 붉혔다. 그리고 수줍은 듯이 눈을 뜨고는 사랑하는 이에게서 눈을 떼지 않았다. 아프로디테는 자신이 맺어준 이 한 쌍에게 축복을 내려주었다. 이들로부터 아들 파포스가 태어났는데, 아프로디테에게 바쳐진 도시 파포스의 이름은 여기에서 유래하였다.

연습 문제 5

난이도 ★★★☆☆ 해설 및 예시 답안 → 47쪽

아래 두 제시문에서 석저와 자베르가 처한 문제 상황을 분석하시오.

〈가〉 형(荊)나라 소왕(昭王) 때, 석저(石渚)라는 선비가 있었다. 사람됨이 공정하고 사사로운 정(情)이란 것을 몰랐기 때문에 왕이 치안관으로 일을 보게 했다. 어느 날 길에서 사람이 죽은 사건이 생기자, 석저는 범인의 뒤를 밟게 되었다. 그런데 뜻밖에도 범인이 자기 아버지였다. 석저는 그대로 수레를 돌려 왕궁으로 나아갔다.

"살인범은 저의 아버지였습니다. 아버지를 제 손으로 잡는다는 것은 자식된 도리로 차마 할 수 없었습니다. 하지만 범인에게 사사로운 정을 두는 것은 국법을 어기는 것으로 불가(不可)한 일입니다. 법을 범한 이상 벌을 받는 것이 신하된 자의 도리입니다."

석저는 이렇게 말하고 형틀에 엎드려 왕에게 죽기를 청하였다. 그러자 왕이 말하였다.

"뒤를 좇았으나 잡지 못한 것뿐이니 어찌 반드시 벌을 받아야 할 것인가. 계속해서 맡은 일에 충실하도록 하라."

하지만 석저는 사양하며 말하기를,

"아비에게 정을 두지 않으면 효자라고 할 수 없고, 임금을 섬기며 법을 굽힌다면 충신이라고 할 수 없습니다. 임금께서 그것을 용서하시는 것은 은혜로운 일이지만, 감히 국법을 어길 수 없는 것이 신하의 도리입니다."

하고 형틀에서 스스로 목숨을 끊었다.
— 『여씨춘추(呂氏春秋)』에서

〈나〉 몇 시간 전부터 자베르는 아주 간단한 일도 뚜렷하게 결론을 짓지 못하고 있었다. 그의 마음은 혼란에 빠져 있었다. 아무리 곤란한 일에 부딪혀도 그토록 단순하고 명쾌하던 그의 두뇌가 혼란에 빠진 것이다. 수정과 같은 맑은 머리에 먹구름이 낀 것이다. 자베르는 자신의 확고한 의무감이 산산조각이 난 것을 느꼈고, 자기 자신한테 이 사실을 속일 수가 없었다. 뜻밖에도 센 강변에서 장 발장과 우연히 마주쳤을 때, 그의 마음은 사냥감을 찾은 늑대와 같은 기분과, 주인과 다시 만난 사냥개와 같은 기분을 맛보았던 것이다.

그의 입장은 말로는 표현하기 어려운 것이었다. 악인에게 목숨을 구출받고, 그 빚을 갚는다. 본의 아니게도 범죄자와 동등한 입장이 되어서, "가라!"고 말해 주었던 자에게 이번에는 자기 쪽에서 그 은혜에 대한 답례로 "도망쳐라!"고 말하게 된 것이다. 자기의 양심에 충실하려고 한 것이 사회를 배신해 버린 것이다. 이런 부조리한 일이 모두 현실이 되어 그를 내리눌렀다.

이제 방금 자기가 저지른 일을 생각하면서 그는 몸서리쳤다. 명색이 자베르라는 이름의 그가 경찰의 모든 법규와 모든 사회적 및 법률적인 조직과 법률 조항을 완전히 어기고, 한 죄인을 자신의 의사에 따라 석방해 버린 것이다. 어처구니없는 일이었다. 어떻게 하면 좋은가? 남은 해결책은 단 한 가지, 급히 롬 아르메 거리로 되돌아가서 장 발장을 체포하는 일뿐이었다. 그러나 그렇게 할 수가 없었다. 무언가가 그의 길을 가로막고 서서 방해했다.

장 발장은 그를 당황하게 만들었다. 그의 일생의 지주(支柱)가 되어 있던 공리(公理)가 하나도 남김 없이 이 사나이 앞에서 무너져 버린 것이다. 여러 가지 다른 사실을 상기해 보니, 전에는 거짓말이나 미친 짓이라고 생각했던 일들이, 지금은 진실같이만 생각되었다. 마들렌 씨의 모습이 다시 장 발장의 등 뒤에 나타나, 두 모습이 서로 겹쳐져 단 하나의 존경해야 할 모습으로 바뀌어 버렸다. 자베르는 무언가 무서운 것이 영혼 속에 스며드는 것을 느꼈다. 그것은 범죄자를 존경하는 감정이었다. 범죄자에 대한 존경, 그런 것이 있을 수 있을까? 그렇게 생각되자 몸이 떨렸다.

그의 가장 큰 괴로움은 확신을 갖지 못하게 된 일이었다. 왠지 모르게 뿌리째 뽑혀 버린 것 같은 느낌이었다. 그가 지금까지 의존해 왔던 법전(法典)도 이제 산산조각 난 파편이 되어 남아 있을 뿐이었다. 그리고 지금까지 느껴 본 적이 없는 불안한 기분에 사로잡혀 있었다. 지금까지 그의 단 하나의 척도였던 법률적인 확신과는 전혀 다른 감정적인 계시가 마음속에 끓어올랐다. 하나의 새로운 세계의 모습이 훤히 그의 영혼에 보였다. 즉, 그가 받은 자비를 갚아야 한다는 것, 헌신·연민·관용·동정이 미치는 격렬한 힘에는 위엄조차도 무너져 버린다는 것, 인간을 존중하는 것, 결정적으로 사람을 심판해서는 안 된다는 것, 인간의 정의(正義)와는 반대로 나아가는 신(神)의 정의 같은 것이 존재한다는 것을 깨달았다. 그는 어둠 속에서 미지의 도덕이라는 무서운 해돋이를 보았다. 그 해돋이가 무서워져서 눈이 아찔했다. 억지로 독수리의 눈을 갖게 된 올빼미처럼.

[……]

자베르는 암흑의 입구를 뚫어지게 응시하면서, 얼마 동안 꼼짝도 않고 있었다. 마음을 집중시키는 것처럼, 뚫어지게 보이지 않는 것을 바라보고 있었다. 물은 찰싹 찰싹 소리를 내고 있었다. 이윽고 그는 모자를 벗어 난간 언저리에 놓았다. 다음 순간, 검고 키 큰 사람 그림자가 난간 위에 똑바로 서서, 강물 쪽으로 몸을 구부렸다가 이내 다시 일어난 후에 어둠을 향해 똑바로 떨어졌다. 이어 희미하게 물이 튀는 소리가 들렸다. 그러나 물 속으로 사라진 이 희미한 그림자의 충동적인 행위의 비밀을 알고 있었던 것은 암흑뿐이었다.　　　— 빅토르 위고, 『레 미제라블』에서

7. A의 관점에서 B의 관점 비판하기

예제

다음 세 제시문을 읽고 각 제시문에 나타난 특징적인 '자아'의 모습을 서술하고, [나]의 관점에서 [다]의 관점을, [다]의 관점에서 [나]의 관점을 비판하는 논의를 전개하라.

[가] 원시인에게는 낯익은 것과 낯선 것, 내부 세계와 외부 세계, 삶과 죽음, 혼령과 신체 등을 엄격히 분리하는 도식이 존재하지 않았다. 그에게는 영혼이나 몸이나 모두 분명한 경계선을 가진 어떤 특정한 영역으로 보이지 않았다. 원시인은 자기 자신과 자기 주변에서 낯선 다른 힘의 세계를 경험했다. 괴상하게 생긴 바위나 사람의 발길이 닿아본 적이 없는 대초원의 삭막함 등 예외적이고 놀라운 것은 모두 그와 같은 힘의 현존을 뜻할 수 있었다. 영혼 자체도 그런 힘으로 경험되었다. 호흡도 인간이 이해할 수 없는 어떤 신비스러운 힘의 존재를 보게 한다. 상처받은 몸에서 나오는 검붉은 피, 머리카락, 아무런 표정이 없는 가면의 신비, 소름이 끼칠 정도로 뻣뻣한 시체 등을 모두 낯선 힘의 현존으로 여겼다. [……]

원시사회 속에서 인간은 자기 홀로 있는 것만으로는 아직 '완성된 존재'가 아니었다. 인간은 그가 살고 있는 사회 구조와 뗄 수 없고, 비로소 그 안에서 자기 자신이 된다. 만일 사회의 구성원 중 한 사람이 죽을 때, 애곡하는 것은 그의 죽음을 슬퍼하기 때문이 아니라, 그의 죽음으로 사회 구조가 혼란을 받게 된 것을 슬퍼하기 때문일 수도 있다. 사실 '나'라는 말은 어떤 관계(가령 가족 관계)에서만 사용되기 때문에 단지 '나－아버지', '나－삼촌' 등의 형식으로만 나타난다. 개인은 친족 관계와 집단 관계에서 비로소 자기 자신을 발견하게 된다. 그러므로 한 인격은 여기저기 확산되고, 보다 넓은 관계의 장에서 그가 담당해야 하는 역할과 떨어질 수 없다. 이 관계가 없이, 곧 개인으로서는 아무 것도 아니다. 그의 행동거지는 사회적·신화적 공간 안에서 결정된다. 그러므로 여기서는 내부 세계와 외부 세계, 몸과 영혼을 그렇게 엄격하게 구별해 놓을 수 없다.

— 반 퍼슨, 『몸·영혼·정신』에서

[나] 나는 오직 진리 탐구에 전념하려고 하므로, 조금이라도 의심할 수 있는 것은 모두 전적으로 거짓된 것으로 던져 버리고, 이렇게 한 후에도 전혀 의심할 수 없는 것이 내 신념 속에 남아 있는지를 살펴보아야 한다고 생각했다. 그러므로 우리 감각은 종종 우리를 기만하므로, 감각이 우리 마음속에 그리는 대로 있는 것은 아무것도 없다고 가정했다. 그리고 아주 단순한 기하학적 문제에 있어서조차 추리를 잘못하여 오류 추리를 범하는 사람이 있으므로, 나 역시 다른 사람들과 마찬가지로 잘못을 저지를 수 있다고 판단하고, 전에 증명으로 인정했던 모든 근거를 거짓된 것으로 던져 버렸다. 끝으로, 우리가 깨어 있을 때에 갖고 있는 모든 생각은 잠들어 있을 때에도 그대로 나타날 수 있고, 이때 참된 것은 아무것도 없음을 알았기 때문에, 지금까지 정신 속에 들어온 것 중에서 내 꿈의 환영보다 더 참된 것은 아무것도 없다고 생각하기로 결심했다. 그러나 이런 식으로 모든 것이 거짓이라고 생각하고 있는 동안에도, 이렇게 생각하는 나는 반드시 어떤 것이어야 한다는 것을 알게 되었다. 그리고 “나는 생각한다. 그러므로 나는 존재한다”라는 이 진리는 아주 확고하고 확실한 것이고, 회의론자들이 제기하는 가당치 않은 억측으로도 흔들리지 않는 것임을 주목하고서, 이것을 내가 찾고 있던 철학의 제1원리로 거리낌 없이 받아들일 수 있다고 판단했다. 그런 다음에, 내가 무엇인지를 주의 깊게 고찰했으며, 이때 다음과 같은 것을 알게 되었다. 즉, 나는 신체를 갖고 있지 않으며, 세계도 없으며, 내가 있는 장소도 없다고 상상할 수 있지만, 그렇다고 해서 내가 전혀 존재하지 않는다고 생각할 수는 없고, 오히려 반대로 내가 다른 것의 진리성을 의심하려고 생각하고 있다는 사실 자체에서 내가 존재한다는 것이 아주 명백하고 확실하게 귀결되고 있음을 알게 되었다. 그러나 내가 그때까지 상상했던 나머지 다른 것들이 설령 참이라고 하더라도, 내가 단지 생각하는 것만 중단한다면, 내가 존재하고 있었다는 것을 믿게 할 만한 아무런 근거도 없음을 알았다. 이로부터 나는 하나의 실체이고, 그 본질 혹은 본성은 오직 생각하는 것이며, 존재하기 위해 하등의 장소도 필요 없고, 어떠한 물질적 사물에도 의존하지 않는 것임을 알게 되었다. 그래서 이 나, 즉 나를 나이게끔 해 주는 정신은 물체와는 전적으로 다른 것이며, 심지어 물체보다 더 쉽게 인식되고, 설령 물체가 존재하지 않는다고 하더라도 정신은 스스로 중단 없이 존재하는 것이다.   —— 르네 데카르트, 『방법서설』에서

[다] 접속의 시대는 새로운 유형의 인간을 몰고 온다. 바다의 신이자 변화무쌍한 모습을 가졌던 그리스 신화의 프로테우스처럼 새로운 ‘프로테우스’ 세대의 젊은이들은 전자 상거래와 사이버스페이스 세계에서 이루어지는 사업에 아무런 거부감이 없으며 그 속에서 펼쳐지는 사교 활동에도 적극적으로 참여한다. 그들은 문화 경제를 구성하는 수많은 시뮬레이션 세계에 척척 적응한다. 그들에게 익숙한 세계는 이념적 세계가 아니라 연극적 세계이다. 그들의 의식은 노동 정신보다는 유희 정신에 기울어 있다. 그들에게 접속은 이미 생활의 일부가 되었다. 재산도 중요하지만 연결된다는 것이 훨씬 더 중요하다. 21세기의 인간은 관심을 공유하는 사람들로 이루어진 네트워크의 접속점이라는 의식으로 살아갈 것이고, 다윈이 말한 적자생존의 경쟁이 치열

하게 벌어지는 세계에서 자율적으로 살아가는 주체라고 스스로를 생각할 것이다. 그들이 생각하는 개인적 자유의 의미는 소유권이라든지 남들의 간섭에서 벗어나는 능력과는 점점 거리가 멀어질 것이다. 대신 상호 관계의 그물에 포함될 수 있는 권리로서의 의미가 점점 부각될 것이다. 그들은 접속의 시대를 살아가는 첫 번째 세대이다.

인쇄기가 지난 수백 년 동안 인간의 의식을 바꾸어놓았던 것처럼 컴퓨터는 앞으로 두 세기 동안 인간의 의식에 커다란 영향을 미칠 것이다. 심리학자와 사회학자들은 이른바 '닷컴' 세대에 속하는 젊은이들의 정신 발달 과정에서 일어나는 변화에 벌써 주목하고 있다. 컴퓨터 화면 앞에서 자라면서 많은 시간을 채팅과 전자오락에 쏟아 붓는, 아직은 소수이지만 점점 그 수가 늘어나고 있는 젊은이들은 심리학에서 말하는 '다중 인격자'에 가까워지고 있다. 그들의 의식은, 특정한 시간에 자신이 몸담았던 가상 세계나 네트워크와 어울리기 위해 이용했던 짧은 토막의 파편들로 이루어져 있다. 일각에서는 이 닷컴 세대가 현실을 수시로 바꿀 수 있는 한낱 이야기들에 불과한 것으로 인식하기 시작했다고 우려한다. 주위 세계에 적응하고 주변 사람을 이해하려면 일관된 참조의 틀이 있어야 하는데 이 틀을 형성하는 데 필요한 끈끈한 인간관계의 경험과 참을성 있는 주의력이 이들에게는 부족하다는 지적도 나오고 있다.

이것을 오히려 긍정적으로 해석하는 시각도 있다. 사람들이 실제로 접하는 현실 세계는 빠르게 움직이고 정신없이 바뀌는데, 이런 현실을 제대로 수용하려면 사람의 의식도 협소한 굴레에서 벗어나 좀더 발랄하고 유연하고 심지어는 찰나적으로 변할 필요가 있지 않느냐는 것이다.

— 제러미 리프킨, 『소유의 종말』에서

해설

먼저 제시문을 분석해 보자.

[가]

원시인에게는 낯익은 것과 낯선 것, 내부 세계와 외부 세계, 삶과 죽음, 혼령과 신체 등을 구분하지 않았다. 원시인은 자기 자신과 자기 주변에서 낯선 다른 힘의 세계를 경험했다. 모든 것들은 낯선 힘의 현존이었다. 원시사회에서는 사회 구조 및 친족 관계 속에서 자기 자신의 존재를 발견하였다. 이 관계가 없이 개인으로서는 아무 것도 아니다. 개인의 행동거지는 사회적·신화적 공간 안에서 결정된다.

[나]

나는 진리 탐구에 있어서 전혀 의심할 수 없는 것만을 신념으로 확정한다. 나는 하나의 실체이고 그 본질은 오직 생각하는 것이며 존재하기 위해 장소나 물질적 사용에 전혀 의존하지 않는다. 정신은 물체와 다르며 물체가 존재하지 않는다 하더라도 정신은 스스로 중단없이 존재한다. 내가 생각하는 것만 중단한다면 내가 존재한다는 것을 믿을 수 있는 아무런 근거도 없다. '나는 생각한다. 그러므로 나는 존재한다' 는 아주 확고한 철학의 제1원리이다.

[다]

접속의 시대는 새로운 유형의 인간을 만든다. 변화무쌍한 새로운 '프로메테우스' 세대는 시뮬레이션 세계, 연극적 세계, 유희의 세계에 더 익숙하다. 21세기의 인간은 관심을 공유하는 사람들과 네트워크에 접속함으로써 존재감을 확인할 것이며, 그들이 치열한 경쟁 속에서 자율적 주체로 살아간다는 것은 소유에 대한 욕망이나 타자의 간섭에서 벗어나는 것이 아니라 상호 관계의 그물에 포함될 수 있는 권리를 의미할 것이다. 다양한 파편들로 이루어진 젊은 세대는 다중인격자에 가까워지고 있다. 이런 접속의 세대에 대해, 일각에서는 끈끈한 인간 관계와 인내심 있는 주의력이 부족하다는 비판도 나오고 있으나, 빠르게 움직이는 현실 세계에 조응하여 현실 세계의 협소한 굴레에서 벗어나 유연하고 발랄하게 변할 필요가 있다는 긍정적인 의견도 있다.

■ 각 제시문에 나타난 '자아'의 모습

각 제시문에 나타난 자아의 특성은 그 모습들이 명확히 구분되는 역사적 단계로 분석할 수 있겠다. [가]는 전근대, 즉 원시사회에서의 '통합된 자아', [나]는 근대사회에서 나타난 몸으로부터 분리된 '이성적 · 정신적 자아', [다]는 탈근대 · 정보화 사회의 '접속적 자아'에 대해 말하고 있다.

■ 하나의 예시 답안

각 제시문에 나타난 특징적인 '자아'의 모습

[가]에서 나타나는 자아의 모습은 다음 세 가지로 요약할 수 있다. 첫째, 자아는 분열된 존재가 아니라 통합된 존재이며 그 무엇의 한 부분이라는 정체성을 가진다. 그리하여 둘째, 자아와 통합된 이 모든 세계의 것들은 '낯선 힘의 현존'으로 다가왔으며, 자아는 그 '낯선 힘의 현존'들에 대해 낯설게 반응하는 존재로서의 모습이다. 셋째, 자아는 사회 구조와 친족 및 집단 관계의 관계 속에서만, 사회적, 신화적 공간 안에서만 존재할 수 있었다. 결국 원시사회에서 '자아'의 모습이란 '부재하는' 존재일 뿐이다.

[나]에 있어서 자아는 '나는 생각한다. 그러므로 나는 존재한다' 라는 명제에 명징하게 나타난

다. 이때의 자아는 나는 스스로 존재한다고 믿기 때문에 독립된 존재이고, 오로지 생각함으로써 존재하는 관념적 존재이며, 물체나 장소에 의존하지 않고서 정신으로만 존재하는 정신적 존재이다. 그리고 확신에 의해서만 성립되는 자아이고 그럴 때 자아의 정체성은 매우 충만하다. 그러나 그 자아의 세계는 이분법적이다. 몸과 주변 세계로부터 분리된 모습이다.

그리고 [다]에 나타난 자아는 접속적 자아이다. 변화무쌍한 새로운 사이버스페이스의 '프로메테우스' 세대는 시뮬레이션 세계, 연극적 세계, 유희의 세계, 가상의 세계에 익숙하며, 거기에 연결되는 것을 중시한다. 21세기의 인간은 관심을 공유하는 사람들이 네트워크에 접속함에 따라 정체성을 확인할 것이며, 개인적 자유의 의미는 소유권 따위가 아닌 상호 관계의 그물에 포함될 수 있는 권리를 의미할 것이다. 이때 자아의 모습은 접속으로서 결정되며 그 모습도 찰나적으로 변신하는 다중적 인격자로 존재한다.

[나]의 관점에서 [다]의 관점을, [다]의 관점에서 [나]의 관점을 비판하기

이렇게 파악되는 자아의 모습들은 발전된 형태로 등장하기도 하지만 서로 대립되는 양상을 펼치기도 한다. [나]의 관점과 [다]의 관점 역시 대립되고 있다.

[나]의 관점은 '나는 생각한다. 그러므로 나는 존재한다'라는 명제에서 보여주는 바처럼 물체 없이 존재할 수는 있어도 생각이라는 것 없이 '나'는 존재할 수 없다는 것이다. 이런 관점에서 볼 때 [다]에 나타난 관점은 그 정당성을 상실한다. 왜냐하면 [다]에 따르면, '나'라는 존재는 접속과 관계로서 결정되는 존재이기 때문이다. 접속이란 물리적 공간에서 일어나는 현상이지, 생각의 산물인 것은 아니다. 더군다나 [나]의 '나'는 전혀 의심하지 않는 확신에 차 있을 경우에만 자아의 정체성을 형성할 수 있으므로 안정되고 지속적인 특성을 갖는데 비해 [다]에서 설명하고 있는 자아는 다중적 접속과 파편화를 일상화하는 변화무쌍하고 찰나적인 존재라는 점에서 진정한 자아의 모습이라고 볼 수 없다.

반면에 [다]의 관점에서는 접속하고 관계하는 존재로서의 인간이 강조된다. 사이버스페이스 시대에 모든 것은 접속을 통해 관계망을 형성하고 그것이 새로운 삶의 조건이 되고 있다. 이 관점에 따르면, [나]에서 보여주고 있는 '생각하기 때문에 존재하는 인간'이라는 패러다임은 더 이상 무의미하다. 데카르트의 이 주체 철학은 여러 영역에서 근대사회를 지배해온 강력한 명제였으나 이성/정신은 몸/물체/환경과 분리될 수 없다는 점에서 비판받을 수 있다. 상호 관계의 그물에 포함되는 '접속'이 이성/정신으로부터 분리되었다는 어떤 증거도 없다. 인간은 몸과 정신이 분리된 존재가 아니다. 몸/물체/환경과 이성/정신은 다양한 방식으로 통합되면서 인간의 정체성이 형성된다. '접속'도 그 방식 중의 하나일 뿐이다. 특히 몸의 중요성이 강조되고 있는 탈근대사회의 철학적 명제에 비추어 볼 때, 모든 것을 생각/정신의 영역으로 환원하고자 하는 데카르트의 관점은 더 이상 설득력이 없다.

연습 문제 1

난이도 ★★☆☆☆   해설 및 예시 답안 → 48쪽

글 (가)에는 어떤 편향된 관점이 들어 있다. 그리고 글 (나)에는 글 (가)의 관점을 비판할 수 있는 견해가 들어 있다. 글 (가)와 (나)의 관점을 요약하고, (나)의 관점에 서서 글 (가)의 관점을 비판적으로 논술하라.

(가) 아프리카의 경우에는 우리가 가지고 있는 모든 관념에 통하는 원리, 즉 일반성의 범주를 단념하지 않으면 안 되기 때문에 아프리카 특유의 성격을 파악하기는 어렵다. 아직도 무지몽매한 상태로부터 벗어나지 못한 아프리카인은 개인으로서의 자기와 자기의 본질적 보편성과를 구별하는 단계에까지는 이르지 못하고 있다. 그러므로 그들에게는 자기에 대립하는 타자, 자기보다는 훨씬 높은 존재인 듯한 절대적 본질에 관한 지식 등은 매우 결여되어 있다. 이미 말한 바와 같이 흑인은 전적으로 야만성과 분방함 그대로의 자연인의 모습을 보여주고 있다. 그들을 정당하게 이해하기 위해서는 품위라든가 인륜이라든가 혹은 일반적으로 감정이라고 불릴 수 있는 것은 모두 버리지 않으면 안 된다. 대체로 인간성의 영향이라고 볼 수 있는 것이 그들의 성격 안에서는 발견되지 않는다. 선교사의 각종 보고가 이를 잘 뒷받침해 준다. [……]

그러나 일반적으로 인간에게 본능이라는 것이 있다고 말할 수 있을지라도, 우리 유럽에서는 식인(食人) 따위를 그러한 본능이라고 받아들이지는 않는다. 그런데 흑인에게는 그렇지 않다. 인간을 잡아먹는다는 것은 오히려 아프리카 인종의 일반적 원리에 맞는다. 감성적인 흑인에게는 인육도 단지 감성적인 것에 지나지 않으며, 고기의 하나일 뿐이다. 국왕의 죽음에 즈음해서는 실로 몇 백 명의 인간이 도살되어 먹혀 버린다. 포로는 목이 잘려 인육으로 시장에서 팔린다. 싸움에 이긴 자는 관례로서 죽은 원수의 심장을 먹는다. 마법의 세계에서는 마법사가 닥치는 대로 사람을 죽여, 그 인육을 여러 사람들에게 분배해 주는 일까지도 흔히 있다. [……]

흑인에게는 윤리 의식이 극히 희박하다. 아니, 그보다도 오히려 전혀 없다고 하는 편이 나을 것 같다. 부모는 자식을 팔고, 자식은 부모를 판다. 어느 쪽이 소유권을 가지는가에 따라서 차이가 있을 뿐이다. 이처럼 노예 제도가 철저하기 때문에 우리가 가지고 있는 인륜처럼, 그들 사회를 결속할 수 있도록 해 줄 수 있는 것은 전혀 없다. 따라서 우리들이 서로 요구해도 좋은 것이라고 여기는 것을 흑인에게서도 기대하는 것은 도저히 생각할 수 없다. 흑인의 다처주의도 한결같이 노예로 팔 수 있는 아이를 얻는 데에 그 목적을 두고 있다. [……]

흑인이 인간을 멸시하는 데 있어서의 큰 특징은 죽음을 경멸하는 것이라기보다는 오히려 생명을 존중하지 않는다는 것이다. 무서울 정도로 완강한 체력이 뒷받침하고 있는 흑인의 용감성도 결국은 그처럼 생명을 경시하는 데에서 나온다. 실제로 그들은 유럽인과의 전쟁에서 몇 천 명의 사람이 잇달아 살해되어도 굴복하지 않았다. 요컨대, 그들에게 있어서 생명이 가치를 가지는 경우는 그 생명이 어떠한 가치를 얻는 수단이 될 때로 한정된다고 말해도 좋을 것이다.

다음으로 국가 조직(헌법)의 근본 성격에 관해서 살펴보면, 전체적으로 이곳 아프리카에는 원래 그와 같은 국가 조직이 있을 수 없음을 알게 된다. 이 단계의 특성은 정력적인 의지에 의거하는 감성적인 입장이다. 왜냐 하면, 여기에서는 일체의 보편성은 단지 자의의 내면성(주관성)에 지나지 않으므로, 정신의 보편적 규정, 이를테면 가족의 인륜 따위는 아직도 행해질 수 없기 때문이다. 따라서 이들은 정치적 단결이나 자유로운 법률이 국가를 통합한다는 것을 알지 못한다. 일반적으로 개인들의 자의를 결부시키는 유대도, 그것을 구속하는 것도 존재하지 않는다. 그러므로 일시적이나마 국가를 성립시킬 수 있는 방법으로는 외적인 폭력만이 있을 뿐이다.

맨 위에 한 사람의 지배자가 서 있다. 왜냐 하면, 감성적 야만성은 오직 폭압적인 권력에 의해서만 제어될 수 있기 때문이다. 그런데 지배를 당하는 측도 똑같이 야만적인 기질을 가진 인간이기 때문에, 반대로 그들이 지배자를 억제한다.

한 추장 밑에는 몇 사람의 다른 추장이 있기 때문에 우리들이 왕이라고 부르는 이 제일 높은 지위의 추장은 그 아래의 여러 추장과 협의를 해야 하는데, 전쟁을 시작하려고 할 때나 공세(貢稅)를 부과하려 할 때 그들의 동의를 얻지 않으면 안 된다. 물론 그 경우에도 왕은 상당한 권력을 행사할 수는 있다. 경우에 따라서는 추장 중의 누구를 간계나 폭력을 써서 매장해 버릴 수도 있다. 왕은 이밖에도 어떤 종류의 특권을 소유하고 있다. 아샌티 족(Aschantees)의 경우에는 왕은 가신(家臣)의 유산 전부를 상속받을 수 있고, 또 다른 곳에서는 모든 처녀를 국왕이 소유하고 있어서 처를 맞이하려는 자는 그녀를 왕으로부터 사들이지 않으면 안 된다. 흑인은 자기들의 왕이 불만스럽게 생각될 때, 그들의 왕을 폐하여 살해해 버린다. 다호메이에서는 민중이 왕에게 만족을 느끼지 못할 때에는 그의 통치에 대한 불신임의 표지로서 그 왕에게 앵무새의 알을 보내는 풍습이 있다. 때에 따라서는 대표자를 왕에게 보내어, "통치의 무거운 짐은 귀하를 괴롭게 하였을 터이니 당분간 조용히 쉬시는 것이 좋겠소이다."라고 고하기도 한다. 그러면 왕은 신하의 호의를 고맙게 여겨, 별실로 물러가서 부녀자들에게 명하여 자기를 목매어 죽이게 한다. [……]

위에 든 사례에서 분명하게 드러나는 사실을 요약하면, 한 마디로 흑인의 성격은 자제가 결여되어 있다고 할 수 있다. 그런데 이러한 상태는 교화시킬 수 없으며, 그럴 가능성도 없다. 사실 그들은 옛날부터 계속 오늘날 우리들이 보는 바와 같은 상태에 있었다. 흑인과 유럽을 결부시키고 있었던 것으로서 오늘날까지 계속되고 있는 유일한 본질적 관계는 노예라고 하는 관계이다. [……]
　　　　　　　　　　　　　　　　　　　　　　　— 헤겔의 『역사철학강의』에서

(나) 완전한 사회란 없다. 각각의 사회는 그 사회가 주장하는 규범들과 양립할 수 없는 어떤 불순물을 본디부터 그 내부에 지니고 있다. 이 불순물은 구체적으로, 숱한 잔인과 부정, 그리고 무감각이다. 우리는 이 같은 요소들을 어떻게 평가해야만 하는가? 민족학적 조사가 이에 대한 대답을 줄 수 있다. 왜냐 하면, 어떤 적은 수의 사회를 비교하면, 서로서로가 매우 상이한 것처럼 보이지만, 조사의 영역이 확대되어 나감에 따라서 이 차이점들은 점점 감소된다. 그리하여 마침내는 어떤 인간 사회도 철저하게 선하지 않다는 점이 명백해질 것이다. 그러나 어떠한 인간

사회도 근본적으로 악한 것은 아니다. 모든 사회는 겉으로 볼 때, 어떤 일정한 수효의 불공정한 대접을 받는 일부 구성원들까지 포함한 모든 성원들에게 어떤 이점을 제공한다. 그런데 여기서의 일부 구성원이란 사회 생활에서의 어떠한 타성으로 말미암아, 사회의 모든 조직적 노력에 장애물이 되는 구성원이라고 볼 수 있다.

이 말은 여러 민족의 '야만적인' 습관을 소개한 여행 서적을 읽으면서 즐거움을 느끼는 부류의 독자들을 놀라게 해 줄 것이다. 그러나 사실들이 정확하게 해석되고, 보다 높은 차원에서 재정립되기만 한다면, 이 같은 피상적인 반응들은 즉시 제자리를 찾게 될 것이다. 야만인의 모든 관례들 가운데 우리들이 가장 끔찍하게 혐오하는 식인 풍습을 예로 들어보자. 우리는 다른 고기[처]가 모자라기 때문에 서로를 잡아먹는 경우——폴리네시아의 어떤 지역에서는 이런 사례가 있었다——는 제외시켜야만 한다. 도덕적으로 말한다면 어떤 사회도 굶주림으로부터 나오는 욕구에 대해서는 어찌할 수 없다. 우리가 나치의 학살 수용소에서 보았듯이, 사람들은 아사할 지경이 되면 문자 그대로 무엇이든지 먹게 되는 것이다.

우리는 식인 풍습의 긍정적인 형태들——그 기원이 신비적이고도 주술적인 또는 종교적인 것들이 대부분 여기에 포함될 것이다——을 고찰해 볼 필요가 있다. 조상의 신체의 일부분이나 적의 시체의 살점을 먹음으로써 식인종은 죽은 자의 덕을 획득하려 하거나 또는 그들의 힘을 중화시키고자 한다. 이러한 의식은 종종 매우 비밀스럽게 거행된다. 그들은 먹고자 하는 그 음식물을 다른 음식물과 섞거나 또는 빻아서 가루로 만든 유기물 약간을 합해 먹는다. 식인 풍습의 요소가 보다 공개적으로 인정되었다고 할지라도, 그 풍습은 비도덕적이라는 근거를 들며 그러한 풍습을 저주하기도 하지만, 그러한 생각은 시체가 물질적으로 파괴되면 어떠한 육체적 부활이 위태로워진다는 생각에 의거한 것이거나, 또는 영혼과 육체의 연결과 여기에 따르는 육체와 영혼의 이원론에 대한 확신에 의거한 것이라는 점을 인정해야만 한다. 이러한 확신들은 의식적인 식인 풍습의 의미로 시행되고 있는 것에 나타나는 것과 동일한 성격을 지니는 것이다. 그러므로 우리는 어느 편이 더 나은 것이라고 말할 수 있는 어떠한 정당한 이유도 지니고 있지 못하다. 뿐만 아니라 우리는 죽음의 신성함을 무시한다는 이유에서 식인종을 비난하지만, 이는 우리가 해부학 실습을 용인하고 있는 사실과 별반 다를 것이 없다.

그러나 무엇보다도, 만약 어떤 다른 사회의 관찰자가 우리를 조사하게 된다면, 우리와 관계된 어떤 사실이, 그에게는 우리가 비문명적이라고 여기는 식인 풍습과 비슷한 것으로 간주될 것이라는 점을 인식해야만 한다. 여기에서 나는 우리들의 재판과 형벌의 습관들에 대해 생각해 보고 싶다. 만약 우리가 외부로부터 이것들을 관찰한다면, 우리는 두 개의 상반되는 사회형을 구별해 보고 싶어질 것이다. 즉, 식인 풍습을 실행하는 사회에서는 어떤 무서운 힘을 지니고 있는 사람들을 중화시키거나 또는 그들을 자기네에게 유리하도록 변모시키는 유일한 방법은 그들을 자기네의 육체 속으로 빨아들이는 것이라고 믿는다. 한편, 우리 사회와 같은 두 번째 유형의 사회는, 소위 말하는 앙트로페미(anthrop mie : 註 - 특정인을 축출 또는 배제해 버리는 일)를 채택하는 사회이다. 즉, 동일한 문제에 직면하여 우리와 같은 사회는 정반대의 해결을 선택했던 것이다. 우리와 같은 사회는 이 끔찍한 존재들을 일정 기간 또는 영원히 고립시킴으로써 그들을 사회로부터 추방한다. 이 존재들은 특별한 목적을 위해 고안된 시설 속에서 인간성과의 모든 접촉이 거부된다. 우리가 미개하다고 여기는 대부분의 사회의 관점에서 볼 때, 우리와 같은 사회의 이 같은 관습은 극심한 공포를 불러일으킬 것이다. 그들이 오직 우리와는 대칭적인 관습들을 지니고 있다는 이유만으로 우리가 그들을 야만적이라고 간주하듯이 우리들 자신도 그들에게는 야만적으로 보이게 될 것이다.

우리에게는 잔인하게 보이는 사회도 다른 관점에서 검토해 보면 인간적이며 자애로운 마음을 지닌 곳임을 알게 될 것이다. 북아메리카 평원 지대의 인디언을 예로 들어보자. 이 예는 두 가지의 의미를 지니고 있다. 첫째로, 그들 중의 어떤 부족은 하나의 온당한 형태의 식인 풍습을 지키고 있었으며, 둘째로 그들은 하나의 조직화된 경찰력을 지니고 있던 미개인족들 중의 몇 안 되는 부족이었기 때문이다. 그들의 경찰력은 범죄인에 대한 판결도 내렸지만, 그 판결은 죄에 따라 부과되는 형벌이 사회적 유대와의 단절이라는 형태를 취할 수 있다고는 결코 상상할 수 없다. 그 부족의 법률을 위반한 인디언은 모든 그의 소유물 텐트와 말의 파괴라는 선고를 받는다. 그러나 이 선고와 동시에 인디언 경찰은 그 인디언 범죄자에게서 빚을 지게 된다. 인디언 경찰들은 그 인디언 범죄자가 입은 고통, 즉 그가 형벌을 받기 이전에 가지고 있던 소유물을 파괴한 것으로 인해 당한 고통을 보상해야 하는 의무가 주어진다. 그 손해에 대한 배상으로서 경찰과 공동체는 그 범죄자에게 증여물을 제공하는데, 이로 인해 그 범죄자는 다시 한번 집단에 대한 빚을 지게 되고 그 대가로서 또다시 일련의 증여물을 집단에 제공한다. 이렇게 경찰을 포함한 전(全) 공동체가 그가 형벌을 받았음에도 불구하고 다시 살아갈 수 있도록 도와줄 것이라는 점을 인식해야 한다. 이 같이 증여물과 그에 대한 대가로서의 증여물의 교환은 범죄와 그것에 대한 징벌에 의해서 생긴 처음의 무질서가 완화되어 질서가 되찾아질 때까지 계속되는 것이었다. 이 같은 관습은 우리들 자신의 관습들보다 더 인간적일 뿐만 아니라, 비록 우리가 이 문제를 현대 심리학의 측면에서 공식화한다고 할지라도, 더욱 조리가 서는 것이다. 형벌의 개념 속에 함축되어 있는 죄인의 '유아화(幼兒化)' 대신에 그가 어떤 종류의 보상을 할 수 있는 기회를 제공하는 것을 인정하는 것이 논리적인 것 같다. 만약 이것이 실천되지 않는다면 맨 처음의 조치는 효력을 상실해 버리고, 처음에 희망했던 것과는 정반대의 결과들을 초래할 수 있다. 이 같은 관계에서 생각한다면, 우리들이 행하고 있는 것처럼 죄인을 어린아이와 성인으로서 동시에 취급하는 것은 불합리의 극치라 하겠다. 즉, 우리는 죄인에게 형벌을 내림으로써 그를 어린아이로 취급하는 동시에, 모든 사후적인 위로를 거절한다는 점에서 그를 성인으로서 취급하는 것이다. 단지, 동료 인간들을 잡아먹는 대신에 그들을 신체적·도덕적으로 절단시킨다는 단순한 이유만으로 우리들이 하나의 '위대한 정신적 진전'을 이루었다고 믿는 것은 우스꽝스러운 짓이 아닐 수 없다.

—— 레비스트로스의 『슬픈 열대』에서

연습 문제 2

난이도 ★★☆☆☆   해설 및 예시 답안 → 50쪽

(가)의 관점에서, (나)의 견해를 반박하시오

(가) 대립자(對立者)란 것은 사고의 영역에 속하는 추상적이고 상대적인 개념이다. 어떤 하나의 개념에 주의를 집중하는 바로 그 우리의 행위 때문에 그 개념의 대립자가 생겨난다. 노자(老子)는 이르기를, "세상에서 미(美)를 모두 아름다운 것이라고만 이해할 때 추(醜)가 존재하며, 선(善)을 모두 선(善)한 것이라고만 이해할 때 선하지 않은 것(不善)이 존재한다(天下皆知美之爲美 斯惡已, 皆知善之爲善斯不善已)"고 하였다. 모든 대립적인 것이 양극적이라는 개념, 즉 광명과 암흑, 득과 실, 선과 악 등이 동일한 현상의 다른 면에 불과하다는 생각은 동양인의 생활 방식에 있어서 기본적인 원리 중 하나다. 따라서 일체의 대립적인 것은 상호의존적이기 때문에, 그것들의 투쟁은 결코 어느 한쪽의 완전한 승리로 끝날 수 없고 항상 양자간의 상호 작용을 표출한다. 그러므로 동양에서 덕이 있는 사람이란 선을 위해 분투하고 악을 소멸시키는 불가능한 과업을 떠맡는 사람이 아니라, 오히려 선과 악 사이에 역동적인 균형을 유지할 수 있는 사람이다.

(나) 실증정신은 주어진 현상의 관찰과 분류에 만족하고, 형이상학적 정신처럼 추상적인 이유나 원인을 캐려하지 않으며, 신학적 정신처럼 초월의지를 통해 드러나는 절대 진리를 추구하지도 않는다. 과학의 유일하고도 진정한 과제는 검증할 수 있는 사실과 현상들 간의 관계를 밝히고 그것을 지배하는 법칙들을 규정하는 것이다. 그러므로 실증주의는 사물의 본질에 관한 논의를 지향하는 것이 아니라, 있는 그대로의 사물에 대한 논의를 지향한다. 따라서 실증주의는 불확실하고 절대적인 어떤 것에 대한 추상적 탐구에 몰입하기보다는 확실하고 상대적인 사실을 관찰하고자 한다. 실증주의는 하나의 체계를 찾아내고자 하지만, 그 체계는 신학체계에서 중시되었던 초월적인 것도 아니며, 형이상학에서 말하는 추상적인 것도 아니다. 실증주의가 구축하고자 하는 질서는 현실적이고 구체적인 이 세상의 질서이다.

8. 쟁점 찾기

예제

아래 제시문에서 두 사람의 대화에서 드러난 쟁점이 무엇인지 설명하고, 두 사람의 주장과 논거를 요약하시오.

(가) 제도는 인간의 생식과 보호, 생계 유지와 같은 중요한 문제를 다루는 형식이다. 그것은 인간 상호간에 규칙적이고 지속적인 협력을 요구하며, 다른 한편 안정된 권력이 된다. 제도는 본래 불안정한 존재인 인간들이 서로 견뎌내고 믿을 수 있도록 하기 위하여 찾아낸 형식이다. 제도 안에서 삶의 목적이 공동으로 추구되고 우리가 무엇을 하고, 하지 말아야 되는지를 결정할 수 있도록 도움을 받으며 내적 삶의 안정을 획득한다. 그리하여 제도는 우리가 항상 격렬하게 대립해야 하는 부담과 기본적인 문제에 대하여 결정해야 하는 부담에서 벗어나게 해준다.

제도는 개인이 태어나기 전부터 이미 존재하며, 개인은 그 제도 안에 편입되어 있다. 따라서 개인은 사실상 사유재산이나 결혼과 같은 제도를 개인적 차원을 넘어선 행동양식으로 체험한다. 제도는 그 구성원이 바뀌는 것에 관계없이 오래 전부터 지금까지 존속하고 있는 것으로 개인에게 의식되며, 개인은 그런 의식을 가지고 직업, 관청, 공장과 같은 제도 안으로 들어온다. 인간이 함께 살아가고 함께 일하는 형식들 안에서 지배가 형성되고 정신적인 교류가 이루어지는데, 이러한 형식들이 결국은 그 자체로 중요성을 지닌 제도가 되고, 이 제도가 개인에 대하여 권력을 획득하는 것이다. 그러므로 우리는 사회체제 내에서 개인이 차지하는 위치가 어디인지, 또 어떤 제도에 그 개인이 편입되어 있는지를 안다면 개인의 행동을 비교적 확실하게 예측할 수 있게 된다.

—— 아놀드 겔렌, 『인간학적 연구』에서

(나) 아도르노 : 나는 이렇게 말하고 싶습니다. 인간을 지배하는 제도로부터 비롯된 이 권력은 철학의 용어로 '타율적' 이라고 불립니다. 제도는 인간과 맞닥뜨려 있는 낯설고 위협적인 권력입니다. 당신은 불안정한 인간의 본성 때문에 그와 같은 불행을 운명적인 것으로 받아들이는 것

같습니다. 그러나 우리 인간들이 서로를 믿지 못하여 제도의 권력을 용납하게 된 것은 비판되어야 합니다. 그리고 제도가 변경될 수 있는 것인지, 아니면 인간에게 엄청난 중압이 되어 개인을 말살하는 위협적인 것이 되고 마침내는 인간의 자유로운 활동을 더 이상 용납하지 않는 것이 되는지 물어야 할 것입니다. 또한, 제도가 인간의 본성으로부터 필연적으로 생겨날 수밖에 없는 것인지, 아니면 경우에 따라서 변경될 수도 있는 역사적 발전의 산물인지 물어야 할 것입니다.

겔렌 : 동감입니다. 가족, 법, 결혼, 사유재산 등과 같은 인간의 근본적인 제도나, 경제는 역사상 다양한 모습을 보여주고 있습니다. 이러한 제도는 언젠가 해체되어버릴지도 모릅니다. 아마 계속 바뀌겠지요. 그러나 당신은 그 이상으로 묻고 있습니다. "왜 겔렌은 제도를 옹호하느냐"라고 말이죠.

아도르노 : 오해하지 마십시오. 나 역시 어떤 점에서는 제도를 옹호합니다. 오늘의 상황에서 우리가 당면한 문제 해결의 열쇠는 인간을 지배하는 제도라고 믿기 때문입니다. 그러나 우리는 서로 다른 결론에 도달하는 것 같습니다.

겔렌 : 좋습니다. 어디 봅시다. 우리는 어쨌든 논쟁점을 찾아야 합니다. 나는 아리스토텔레스와 마찬가지로 안전의 관점을 중요시하는 편입니다. 제도는 인간이 스스로 멸망할 수도 있는 것을 막고 인간이 서로 해치는 것으로부터 보호해 주는 장치라고 생각합니다. 물론 자유는 제한되지요. 그러나 혁명가들은 계속 있었습니다.

아도르노 : 당신이 강조하는 것처럼, 인간이 제도 아래에서 갖는 책임이란 순응과 복종의 형태를 띨 수도 있습니다. 그러나 내가 강조하듯이, 인간이 자기 실현의 가능성에 따라 살아가는 것이 책임이 될 수도 있습니다. 달리 말하면, 잠재해 있는 인간 실현의 가능성을 방해하는 것에 맞서는 것이 책임일 수도 있습니다. 오늘날 제도에 대한 순응은 인간을 심각하게 기형화하는 결과를 초래하고 있지요. 인간의 잠재력은 제도에 의해서 억압되고 불구가 되었다고 말할 수 있습니다.

겔렌 : 나는 그렇게 생각하지 않습니다. 우리는 비슷한 연배이고, 다같이 네 번의 정부 형태, 세 번의 혁명, 두 번의 전쟁을 겪었지요. 그 동안 많은 제도가 무너지고 없어졌습니다. 그 결과는 인간의 전반적인 내적 불안정입니다. 내적인 동요지요. 이 사실은 이제 명백하고 공개적인 것이 되었지요. 제도를 보존해야 한다는 것에 나는 찬성입니다. 인간은 제도를 어느 정도 개선할 수는 있지만 새로 시작할 수는 없다는 것을 누구나 알 수 있습니다. 우리는 제도 안으로 들어가지 않으면 안되고, 그 대가로 상당히 많은 제약을 감수하지 않으면 안됩니다.

아도르노 : 그건 나도 인정합니다. 내 견해는 다만 그로부터 얻은 성과가 별로 없다는 것입니다. 인간은 오늘날 기계 장치의 한 부속품이지 자신을 지배하는 주체가 아닙니다. 제가 원하는 것은 인간이 더 이상 쓸모 없는 부속품이 되지 않도록 세계가 이루어지고, 인간을 위해서 제도가 존재하고, 인간이 만든 제도를 위해서 인간이 존재하지 않도록 하는 것입니다. 제도가 인간 본성을 반영하고 있다는 말만으로는 별로 위안이 되지 않습니다.

겔렌 : 엄마의 앞치마에 몸을 숨기는 아이는 불안과 동시에 다소간의 안전을 느낍니다. 당신은 물론 성숙의 문제를 논하려 하겠지요. 우리가 자유롭기 위해, 당신은 기본적 문제에 대한 결정을 제도에 맡기기보다 인간 스스로 하게 하고, 그로 인해 불가피하게 제기되는 시행 착오와 삶의 과오를 감수하도록 모든 인간에게 요구해야 한다고 생각합니까?

아도르노 : 그렇습니다. 나는 객관적인 행복과 객관적인 절망에 대한 생각을 갖고 있습니다. 인간이 스스로 결정하고 그에 대한 책임을 지지 않는 한, 이 세계 내에서의 안녕과 행복은 하나의 허상임을 나는 말하고 싶습니다. 이것이 깨어질 때는 심각한 결과가 초래될 것입니다.

겔렌 : 이제 우리는 분명히 당신은 '예', 나는 '아니오' 라고 말하는 지점에 도달했습니다. 지금까지 말한 것에 비추어 보면 당신은 인간 중심적이며 이상주의적입니다.

아도르노 : 나는 그렇게 이상주의적이지 못합니다. 인간이 처한 곤경은 제도에 의해서 지워진 부담입니다. 이것이 오늘날 인류의 근원적인 문제로 보입니다. 인간은 그들에게 재앙을 가져온 바로 그 권력의 품안으로 도망치려 합니다. 심층 심리학의 표현을 빌린다면, 자기 자신을 '공격자와 동일화하는 것' 이라고 말할 수 있습니다. 당신은 모든 사람과 마찬가지로, 당신 자신도 두려워하는 바로 그 권력과 자신을 동일화하고 있습니다.

겔렌 : 나는 반대 견해를 피력하고자 합니다. 당신은 아직 인간의 손에 남아 있는 약간의 것마저도 인간으로 하여금 불만스럽게 여기도록 만들고 싶어합니다. 그것은 위험한 일입니다.

아도르노 : 그렇다면 그것에 대하여 바로 이런 말을 인용하고 싶습니다. "오직 절망만이 우리를 구원할 수 있다".

— 프리드리히 그렌츠, 『아도르노의 철학』 중 A.겔렌과 T. 아도르노의 논쟁에서

해설

■ 먼저 제시문을 분석해 보자.

대화에 나타난 두 사람의 주장을 요약하면 다음과 같다.

〈겔렌〉

제도는 인간의 생식과 보호, 생계 유지와 같은 중요한 문제를 다루는 형식이다. 그것은 인간 상호 간에 규칙적이고 지속적인 협력을 요구하며, 그럼으로써 안정된 권력이 된다. 제도는 본래 불안정한 존재인 인간들이 서로 견뎌내고 믿을 수 있도록 하기 위하여 찾아낸 형식이다. 제도 안에서 삶의 목적이 공동으로 추구되고 우리가 무엇을 하고, 하지 말아야 되는지를 결정할 수

있도록 도움을 받으며 내적 삶의 안정을 획득한다. 그리하여 제도는 우리가 항상 서로 격렬하게 대립해야 하는 부담과 기본적인 문제에 대하여 결정해야 하는 부담에서 벗어나게 해준다.

제도는 개인이 태어나기 전부터 이미 존재하며, 개인은 그 제도 안에 편입되어 있다. 제도는 인간이 스스로 멸망할 수도 있는 것을 막고 인간이 서로 해치는 것으로부터 보호해 주는 안전장치다. 물론 제도 안에서 자유는 제한된다. 그래도 우리는 제도 안으로 들어가지 않으면 안 되고, 그 대가로 상당히 많은 제약을 감수하지 않으면 안 된다.

〈아도르노〉

인간을 지배하는 제도로부터 비롯된 이 권력은 기본적으로 타율적인 것이다. 제도는 인간과 맞닥뜨려 있는 낯설고 위협적인 권력이다. 우리 인간들이 서로를 믿지 못하여 제도의 권력을 용납하게 된 것은 비판되어야 한다. 그리고 제도가 변경될 수 있는 것인지, 아니면 인간에게 엄청난 중압이 되어 개인을 말살하는 위협적인 것이 되고 마침내는 인간의 자유로운 활동을 용납하지 않는 것이 되는지 물어야 한다.

나 역시 어떤 점에서는 제도를 옹호한다. 오늘의 상황에서 우리가 당면한 문제 해결의 열쇠는 인간을 지배하는 제도라고 믿기 때문이다. 그러나 인간이 제도 아래에서 갖는 책임이란 순응과 복종의 형태를 띨 수도 있다. 그래서 인간은 잠재해 있는 가능성의 실현을 방해하는 제도에 맞서야 할 책임이 있다. 오늘날 제도에 대한 순응은 인간을 심각하게 기형화하는 결과를 초래하고 있다. 인간의 잠재력은 제도에 의해서 억압되고 불구가 되었다고 말할 수 있다.

내가 원하는 것은 인간이 더 이상 쓸모없는 부속품이 되지 않도록 세계가 이루어지고, 인간을 위해서 제도가 존재하고, 인간이 만든 제도를 위해서 인간이 존재하지 않도록 하는 것이다. 인간이 처한 곤경은 제도가 부여한 부담이고, 이것이 오늘날 인류의 근원적인 문제다. 인간은 그들에게 재앙을 가져온 바로 그 권력(제도)의 품 안으로 도망치려 한다.

대화의 쟁점

두 사람의 대화에서 나타나고 있는 쟁점은 제도의 기능 및 그 효과 문제이다. 쟁점을 도출하면서 제도의 '기능 및 그 효과' 문제임을 발견해내는 분석력이 요구된다. 다시 말해 두 사람은 제도가 인간의 역사와 사회에 어떤 역할을 하고 있는지, 그리고 결과적으로 제도의 의미가 무엇인지, 왜 제도를 둘러싼 문제가 제기되고 있는지에 대해 격론을 벌이고 있는 것이다.

겔렌은 제도가 삶의 목적을 공동으로 추구하게 하고 삶의 안정과 인간의 존속을 보호해주는 안전 장치로서의 역할을 한다고 설명하고 있으며, 개인보다 제도가 우선되므로 자유의 제한을 감수해야 하다고 주장한다. 이에 반해 아도르노는 제도는 인간의 자유로운 활동을 위협하는 권력이며 인간을 타율적인 존재로 만들어 제도에 순응하게 만듦으로써 인간의 잠재력이 억압되고 그에 따라 결국 인간은 불구가 된다고 주장한다. 인간을 위해서 제도가 존재하는 게 아니라 제도를 위해서 인간이 존재하는 상황이 되어버린 오늘날 인간의 재앙을 가져온 제도/권력의 문제는 인류의 근원적인 문제라는 것이다.

.:: 하나의 예시 답안

두 사람의 대화에서 나타나고 있는 쟁점은 제도의 기능 및 그 효과 문제이다. 다시 말해 제도가 인간의 역사와 사회에 어떤 역할을 하고 있는지, 두 사람은 제도의 의미가 무엇인지, 왜 제도를 둘러싸고 문제가 제기되고 있는지에 대해 격론을 하고 있는 것이다. 겔렌은 제도가 삶의 목적을 공동으로 추구하게 하고 삶의 안정과 인간의 존속을 보호해주는 안전 장치로서의 역할을 한다고 설명하고 있으며, 개인보다 제도가 우선되므로 자유의 제한을 감수해야 하다고 주장한다. 그에 따르면, 제도는 인간의 생식, 보호, 생계 유지 등의 중요한 문제를 다루는 형식이기 때문이다. 이에 반해 아도르노는 제도는 인간의 자유로운 활동을 위협하는 권력이며 인간을 타율적 존재로 전락시켜 제도에 순응하게 만듦으로써 인간의 잠재력이 억압되고 결국 인간은 제도로 인해 불구가 된다고 주장한다. 그는 제도를 공격적으로 비판한다. 인간을 위해서 제도가 존재하는 게 아니라 제도를 위해서 인간이 존재하는 상황이 되어버린 오늘날, 인간이 당면한 문제 해결의 열쇠는 인간을 지배하는 제도에 있다고 보기 때문에 인간의 재앙을 가져온 제도/권력의 문제는 인류의 근원적인 문제라는 것이다. 그에 따르면, 인간은 잠재해 있는 가능성의 실현을 방해하는 제도에 맞서야 할 책임이 있다는 것이다.

연습 문제 1

난이도 ★★★★☆ 해설 및 예시 답안 → 30쪽

다음 대화는 하이젠베르크의 「부분과 전체」에서 발췌한 것이다. 이 글의 논점(쟁점)을 찾고, (가)와 (나) 두 사람의 주장과 논거를 요약하시오.

가 : 당신의 견해에 따르면, 옛것을 변화시키려는 시도는 잘못된 것입니다. 당신 말씀대로라면, 이 세상에서 새로운 일이란 절대로 일어날 수 없을 것입니다. 그런데 당신은 어떻게 당신의 학문 분야에서 새로운 혁명적인 이론을 시작하실 수 있었습니까? 도대체 무슨 권리로 말입니까? 상대성 이론이나 양자 이론은 철저하게도 이전의 모든 것을 단절하고 있는데요.

나 : 우리가 과학에서의 혁명을 말할 때에는 정확하게 살펴보는 일이 매우 중요합니다. 예를 들어 플랑크의 양자이론을 생각해봅시다. 플랑크는 애초부터 기존의 물리학을 변화시키려는 생각이 추호도 없었던 아주 보수적인 정신의 소유자였다는 사실을 잘 알고 있을 것입니다. 그는 다만 극히 제한된 특정한 문제 해결에 집착했던 것입니다. 그래서 그는 열복사의 스펙트럼을 이해하고자 했습니다. 물론 그는 이전 물리학의 모든 법칙을 총동원해서 이를 해결하려고 시도했습니다. 그러나 이전의 것을 가지고는 불가능하다는 것을 알게 되기까지 여러 해가 필요했습니다. 그 때에야 비로소 그는 이전의 물리학 테두리를 벗어나는 하나의 가설을 제안했던 것입니다. 그런 이후에도 그는 부가적 가설로써 옛 물리학을 둘러싸고 있는 벽에다 자기가 뚫은 구멍을 막아보려고 노력했습니다. 그러나 그것은 불가능한 것으로 나타났습니다. 그 후 계속된 플랑크의 가설 추구는 물리학 전체를 근본적으로 개조하기에 이르렀던 것입니다. 그렇다고 해도 역시 고전적 개념으로 완전히 파악할 수 있는 물리학의 영역 내에서는 변화한 것이 아무 것도 없습니다. 다시 말해서, 과학에서는 사람들이 가능한 한 적게 변화시키려고 노력할 때, 즉 우선 좁고 윤곽이 확실한 문제의 해결에만 한정시킬 때, 그때에만 결실 있는 혁명이 일어날 수 있습니다. 지금까지의 모든 것을 포기하고 자기 마음대로 변화시키려는 시도는 터무니없는 짓입니다. 확립되어 있는 것을 모두 뒤집어 엎으려는 짓은 자연과학에선 다만 분별력 없는 반미치광이 같은 광신자들만이——예컨대 영구기관(永久機關)을 발명할 수 있다고 주장하는 사람들——시도하고 있을 뿐입니다. 물론 그런 시도로부터 무엇이 나올 까닭이 없습니다. 나는 과학에서의 혁명이 인간 공동 생활에서의 혁명과 어떻게 비교 가능한지 잘 알지 못합니다. 그러나 역사적으로 보더라도 성공적인 혁명은 다만 좁고 범위가 한정된 문제를 해결하고, 되도록 적게 변화시키려고 노력해야 가능한 것이라고 생각합니다. 2,000년 전의 저 위대한 혁명을 생각해 봅시다. 그 혁명을 일으킨 그리스도는 "나는 율법을 폐하러 온 것이 아니라 율법을 완성하러 왔노라"고 말했습니다. 다시 한번 강조한다면, 하나의 중요한 목표에만 한정시키고 가능한 한 작은 범위에서

변화시키려는 노력이 매우 중요하다고 생각합니다. 바로 그 작은 것이 어쩔 수 없이 변화되어야만 했던 그 작은 부분이 나중에는 거의 모든 생활 양식을 자연히 변화시키고야 마는 큰 힘을 갖게 되는 것입니다.

가 : 당신은 어째서 그렇게까지 옛 형식에 집착하는 겁니까? 옛 형식들이 이미 새 시대에는 적합하지 않은데도 불구하고, 다만 일종의 타성에 의해서 어쩔 수 없이 견지되고 있는 사례가 허다하지 않습니까? 그런 경우 어째서 그러한 것을 제거해서는 안된다는 말입니까? 예를 들면 교수들이 여전히 중세적인 가운을 걸치고 대학의식 전에 나타나는 행위는 참으로 우스꽝스럽다고 생각합니다. 그러한 구습은 없애버려야 하는 무용지물에 불과합니다.

나 : 그것이 반드시 옛 형식에 집착하고 있는 것만은 아니라고 생각합니다. 내가 보기에는 형식보다 내용이 중요합니다. 이를 다시 물리학과 비교해서 설명해 보면 이렇습니다. 옛날의 경험적 지식을 표현하는 고전 물리학의 공식들은 지금까지 항상 옳았을 뿐만 아니라 앞으로도 올바른 것으로 남아 있을 것입니다. 양자 역학은 이 해박한 경험 지식에 다른 형태를 부여했을 따름입니다. 그러나 내용적으로는 진자(振子)운동, 지렛대 법칙, 행성운동 등의 물리학에서 변화된 것은 아무 것도 없습니다. 그 까닭은 이러한 현상의 세계에 아무런 변화가 없기 때문입니다. 지금 당신이 지적한 가운데 문제로 돌아가서 생각하면 이 옛 형식은 필연코 국민의 계급적 신분을 표시하는데서 유래했을 것입니다. 아마도 그 역사는 더 오래되었을 것입니다. 학식과 우수한 사고력을 지니고 어려운 문제에 봉착했을 때 적절히 조언해 줄 수 있는 훌륭한 사람들이 사회에서 매우 중요하다는 경험에서 기인했을 것입니다. 따라서 가운은 이와같은 생각을 반영하는 특수한 지위를 상징하는 것입니다. 이는 오늘날에 있어서도 수백년 전과 조금도 다를 바가 없습니다. 그러나 사람들이 가운을 고집하느냐 아니면 좀더 현대적인 형식으로 하느냐는 그다지 중요한 문제는 아닙니다. 가운에 대한 많은 비판자들이 그 속에 표현되어 있는 경험 내용 자체까지도 부정하고 싶어하는 것이 아닌가 하고 의심이 갈 때도 있습니다. 그러나 아무리 그렇다 하더라도 사실 자체는 조금도 변하지 않기 때문에 그것은 참으로 어리석은 짓이 아닐 수 없습니다.

연습 문제 2

난이도 ★★★★☆   해설 및 예시 답안 → 52쪽

다음은 베르톨트 브레히트의 희곡 「갈릴레이의 생애」에서 뽑은 글이다. 두 사람(갈릴레이와 사제)의 쟁점이 무엇인지 밝히고, 두 사람의 주장과 논거를 요약하시오.(300~600자)

(갈릴레이와 사제는 교황청의 지원 아래 천문학을 함께 연구하는 사람들이다. 목성의 위성과 금성의 위상에 관한 새로운 지식은 지구가 우주의 중심이라는 당시의 통념을 깨뜨리는 것이었다.)

사제: 갈릴레이 선생님, 사흘밤 동안 저는 한잠도 잘 수가 없었습니다. 제가 읽어온 교황청의 법령과 제 눈으로 본 목성의 위성을 어떻게 조화시켜야 할지 알 수가 없었습니다. 오늘 아침 일찍 미사를 드리고 선생님을 방문하기로 결심했지요.

갈릴레이: 목성에는 위성이 없다는 말을 전하기 위해서인가요?

사제: 아닙니다. 저는 법령의 지혜를 알아내는데 성공했습니다. 법령은 억제를 모르는 지나친 연구 안에 도사린, 인류에 대한 위험을 드러내 보여주었지요. 그래서 저는 천문학을 그만두기로 결심했습니다. 그러나 한 천문학자로 하여금 특정한 이론을 확장하는 일에서 등을 돌리게 만든 동기만은 선생님께 말씀드리고 싶습니다.

갈릴레이: 그런 동기야 나도 익히 알고 있다고 말씀드려야겠소.

사제: 선생님의 노여움은 이해합니다. 교회의 저 엄청난 권력 수단을 염두에 두고 계시는 것이겠죠.

갈릴레이: 맘놓고 고문 기구라고 말하시오.

사제: 그렇지만 저는 다른 이유들을 말씀드리고 싶습니다. 죄송하지만 제 개인 얘기를 해야겠습니다. 저는 캄파냐에 있는 농부의 아들로 자라났지요. 그 곳 농부들은 소박한 사람들입니다.그들은 올리브 나무에 관해서는 모르는 게 없지만 그 밖에는 아는 게 별로 없지요. 금성의 위상을 관측하면서 저는, 누이동생들이랑 난롯가에 앉아 치즈 요리를 먹는 저의 부모님을 눈앞에 떠올렸습니다. 수백 년 동안 연기로 새까맣게 그을린 그들 머리 위의 대들보며 밭일로 쭈글쭈글해진 그들의 손, 그 손에 쥐어진 숟가락까지 똑똑히 그릴 수 있습니다. 그들이 비록 복된 삶을 누리진 못하지만, 그들의 불행 속에도 일정한 질서가 감추어져 있습니다. 땀방울을 떨어뜨리며 바구니를 끌고 돌길을 올라가는 힘, 어린애를 낳는 힘, 그리고 먹는 기운까지, 그들은 어디서 그런 힘을 길어내는지 아십니까? 땅을 볼 때마다 새로이 푸르러지는 나무들과 작은 교회를 볼 때, 성경말씀에 귀기울일 때, 그들은 이 세계가 영원하고 필연적임을 느끼면서 힘을 얻습니다. 배려하면서 걱정스러운 듯 보살피는 하나님의 시선이 머리 위에 머물러 있다는 확신이 그들에게 있는 겁니다. 또한 그들은 세계 극장이 그들을 중심으로 세워져 있어서 크든 작든 맡을 수

있는 역할이 보장되어 있다는 것을 확신합니다.

만일 제가 그들이 서 있는 곳은 허공에서 다른 별 주위를 끊임없이 돌고 있는 한낱 작은 돌덩이 위라고, 수많은 별들 중의 하나, 실로 아무 것도 아닌 별 위라고 말한다면, 저의 가족들은 뭐라고 할까요? '그러니까 우리를 굽어보는 눈길은 없구나' 하고 그들은 말하겠지요. '우리는 무식하고 늙고 착취당한, 있는 그대로의 모습을 인정해야 한다는 말인가! 주위를 도는 별을 갖지도 못하고 전혀 홀로 서 있지 못한 작은 별 위에서 비참하고 세속적인 일 외에는 아무도 우리에게 어떤 역할을 부과하지 않았단 말인가! 우리의 곤궁에는 아무런 의미도 없다' 이렇게 말하겠지요? 제가 교황청의 법령에서 일종의 어머니 같은 고귀한 궁휼을, 위대한 자비심을 읽어낸 연유를 이제 아시겠습니까?

갈릴레이: 자비심이라! 보아하니 당신은, '그들이 가진 것은 아무 것도 없다. 포도주는 떨어졌고 그들의 입술은 말랐다' 그런데도 그들더러는 '신부의 법의에 입맞춤이나 해라' 이런 생각이시군요. 그렇다면 도대체 왜 그들에겐 아무 것도 없습니까? 왜 이 땅의 질서는 텅 빈 금고(金庫)의 질서 뿐이며, 이 땅의 필연성은 죽도록 일하는 것 뿐이오? 무성한 포도원 사이에서, 밀밭을 바로 옆에 두고서! 자비심 깊은 예수님의 대리인이 스페인과 독일에서 벌이고 있는 전쟁비용은 당신의 캄파냐 농부들이 치르고 있습니다. 왜 그 대리인이 지구를 우주의 중심점에다 갖다 놓을까요? 베드로의 교권이 지구의 중심에 있도록 하기 위해서죠. 문제는 베드로의 교권이오. 역시 당신 말도 옳아요. 문제는 별들이 아니라 캄파냐의 농부들이니까. 그런데 당신은 시대가 모금해 놓은 그럴 듯한 현상을 들고 내게 온 것이오.

진주조개가 어떻게 진주를 만드는지 아시오? 목숨을 위협하는 병을 앓으면서 참을 수 없는 이물질, 이를테면 모래알 같은 것을 점액낭 속에 품고 있으면서 진주를 만드는 것이라오. 진주가 형성되는 동안 진주조개는 거의 죽어간단 말입니다. 빌어먹을 놈의 진주 같으니라구. 나는 차라리 건강한 굴조개를 택하겠어요. 이것 보시오.

미덕이란 곤궁과 묶여있는 게 아니오. 당신의 농부들이 유복하고 행복하다면, 유복과 행복의 미덕을 펼칠 수 있을 것이오. 피폐한 자들의 이러한 미덕은 바로 황폐한 밭에서 나오는 것이지요. 나는 그런 미덕을 사양하겠소. 보시오, 내가 만들어낸 새로운 양수기가 농부들의 우스꽝스럽고 초인적인 고통보다는 더 많은 기적을 행할 수있단 말이오. 내가 당신의 농부들을 속여야 하겠소?

사제: (매우 흥분하며) 우리에게 침묵을 강요하는 더 없이 숭고한 동기가 있습니다. 그것은 불행한 자들의 영혼의 평안이지요.

갈릴레이: 벨라르민 추기경의 마부가 오늘 아침 선물로 여기에 갖다놓은 첼리니의 시계를 좀 보시겠소? 여보시오, 예를 들어 내가 당신의 선량한 부모님께 영혼의 평안을 드리는 값으로 교황청에서는 내게 포도주를 제공하고 있어요. 그것은 당신의 부모님이, 잘 아시다시피 하나님과 같은 형상대로 만들어진 그 얼굴에 땀을 흘리며 짜낸 바로 그 포도주란 말이오 . 혹시나 내가

침묵할 각오가 되어 있다면, 그것은 확실히 천박한 동기 때문일 거요. 나 자신의 안락한 생활,
박해를 받지 않는 것과 같은 이유 말이오.

　사제: 갈릴레이 선생님, 저는 성직자입니다.

　갈릴레이: 과학자이기도 하지요.

연습 문제 3

난이도 ★★★☆☆　해설 및 예시 답안 → 54쪽

다음은 아담 스미스의 『국부론』과 토마스 홉스의 『리바이어던』에서 각기 발췌한 글이다. 두 글의 공통적인 쟁점(문제 의식)이 무엇인지 밝히고, 두 사람의 주장을 비교 · 대조하며 요약하시오.(300~600자)

(가) 각 개인이 자신의 생산 활동에 도움이 되도록 자본을 투자 · 운영하는 데 최대한 노력하고, 그리하여 제품이 최대의 가치를 확보하도록 생산 활동을 운용한다면, 각 개인은 결국 사회 전체의 연간 소득을 늘리는 데 그가 할 수 있는 모든 일을 다한다고 할 수 있다. 사실 그는 공공의 이익을 증진시키려고 의도한 것도 아니고, 또한 그가 얼마나 공익의 증대에 기여하고 있는지도 모르고 있다. 남이 아니라 자기 자신의 생산 활동에 노력을 기울여 오직 자기 자신의 삶의 안정만을 보장하려 하고, 자신의 제품이 최대의 가치를 확보하도록 생산 활동을 벌임으로써 오직 자기 자신의 이윤만을 높이려 한다. 그리고 그 경우에도 다른 수많은 경우에서와 마찬가지로 그는 '보이지 않는 손'에 이끌려 자신이 전혀 의도하지 않은 공익 증진의 결과를 낳는다. 공익 증진이 그의 생산 활동에 별다른 의미를 가지지 않는다고 해서 그것이 사회 전체에 언제나 해를 끼치는 것은 아니다. 그는 공익의 증진을 의도적으로 목표로 삼을 때 보다 자기 자신만의 이익을 추구할 때 오히려 더 효과적으로 사회 전체의 이익을 도모한다.

자신의 자본을 투자할 만한 생산 활동이 무엇이며, 또 그러한 생산 활동이 어떻게 최상의 가치를 가지는 제품을 만들어낼 수 있는가 하는 문제들에 관해서는, 당사자인 개인이 다른 어느 정치인이나 국회의원보다 옳은 판단을 내릴 수 있다. 자본을 투자하고 운영하는 문제에서 정치인이 시민 개개인을 조정하고 감독하려 한다는 것은, 정치인 스스로가 전혀 불필요한 일을 하여 사서 고생하려 하는 것일 뿐만 아니라, 어느 개인에게나 어느 국가기구에도 안전하게 맡겨질 수 없는 '권위'를 정치인 자신이 가로채려 하는 것으로 해석할 수 있다. 그러한 권위를 행사할 만한 능력이 자신에게 있다고 감히 착각할 만큼 우둔하고 자만에 찬 사람의 손에 그 권위를 쥐어주는 것보다 위험스러운 일은 이 세상에 없을 것이다.

자본을 투자하고 운영하는 일에서 국가가 지시하고 감독하는 것은 거의 모든 경우에 전혀 쓸모 없거나 오히려 해로운 '규제'에 지나지 않는다. 만일 국산품이 외제품만큼 저렴한 값에 공급될 수 있다면, 이러한 규제는 불필요하며, 그 반대의 경우라면, 이러한 규제는 해로운 것이 되고 만다. 생산비용이 구매비용보다 더 높을 때는 스스로 생산하지 말라는 것이 가족의 생계를 꾸려 나가는 현명한 가장이 받들어야할 금언이라 하겠다.

(나) 인간의 본성에는 싸움을 불러일으키는 세 가지의 요소가 있음을 알 수 있다. 첫 번째는

경쟁심이고, 두 번째는 소심함이며, 세 번째는 명예욕이다. 경쟁심은 인간으로 하여금 이득을 보기 위해, 소심함은 안전을 보장받기 위해, 명예욕은 좋은 평판을 듣기 위해 남을 해치도록 유도한다. 경쟁심은 타인과 그 처, 자식과 가축을 자기 것으로 만들기 위해, 소심함은 자기 자신을 보호하고 방어하기 위해, 명예욕은 자기 자신을 직접적으로 겨냥하거나, 아니면 자신의 가족, 동료, 민족, 직업 또는 이름에 간접적으로 먹칠을 하는 말, 비웃음, 상이한 견해뿐만 아니라 경멸의 몸짓 등과 같은 하찮은 일에도, 인간으로 하여금 폭력을 사용하도록 만든다.

따라서 강력한 국가가 모든 이에게 두려움의 대상으로 존재하지 않는 상황에서 살아갈 때 인간은 '전쟁'이라고 불리는 상태에 놓일 것이 분명하다. 그러한 전쟁상태는 만인에 대한 만인의 전쟁을 의미한다. 그러한 상태에서는 노동의 결실을 누릴 수 없는 불확실성이 삶을 지배하기 때문에 노동할 이유가 없다. 그 결과 토지의 경작도, 항해의 필요성도, 해외로부터 수입되는 물건의 가치도, 널찍한 건물도, 물건을 이동시키고 옮겨 주는 운송의 수단도, 지구가 어떠한 모습인가에 대한 지식도, 시간에 대한 계산도, 예술이나 문학, 사회도 존재하지 않는다. 특히 그 무엇보다 나쁜 것은 끝이 보이지 않는 공포감이고 피비린내 나는 죽음의 위험성이다. 전쟁상태에서 인간은 고립되고 비참하고 험악하며 단명하고 짐승같은 삶을 살아갈 수밖에 없다.

국가가 등장하는 까닭이 여기에 있다. (천성적으로 자유를 사랑하는 동시에 타인을 지배하기를 좋아하는) 인간이 국가의 구속 아래 살아가고 자기 자신에게 제약과 통제를 가하는 것에 동의하게 되는 궁극적 원인이나 목적 및 동기는, 그들 자신의 생명을 보존하고 그 결과 보다 만족스러운 삶을 누리려는 인간 자신의 통찰력에 있다. 다시 말하면 인간 위에 무서운 존재로 군림하고 그들에게 처벌에 대한 공포감을 불어넣어 옭아매는 가시적 권력이 없을 때, 인간의 자연스러운 욕구와 열망에 의하여 빚어질 수밖에 없는 처참한 전쟁 상태로부터 벗어나기 위하여, 인간 자신이 국가에 의한 구속을 받아들이는 것이다. 이것은 만인으로 하여금 그들 모두의 권력과 힘을 한 사람이나 한 집단에게 양도하고 그들 모두의 의지를 다수결에 따라 그 사람이나 그 집단의 의지로 축소·대체시키는 것이다. 다시 말하면, 개개의 인간이 한 사람이나 한 집단을 지명하여 자신의 모든 권리를 송두리째 양도하고, 만인의 공동 평화와 안전에 관련되는 사안에서 그 사람이나 그 집단이 취하거나 취할 수밖에 없는 행동이 바로 개개인 자신의 행동이라는 사실을 만인이 스스로 받아들이는 것이야말로 전쟁 상태로부터 탈출하는 유일한 길인 것이다. 결국 만인은 그들 자신을 그의 의지에 복종시키고 그의 판단에 맡기는 셈이다.

이러한 행위는, 만인에 대한 만인의 계약에 의해 만들어진 단일한 권력체인 국가내로 만인을 끌어넣는 것으로, 만인의 진정한 통일을 의미한다. 마치 만인이 만인에게, "당신이 그 권력체에 당신의 권리를 포기하고 그 모든 행동과 조치를 승인한다는 조건하에서나 역시 내 자신에 대한 나의 지배권을 그 권력체에 포기하고 그 행동과 조치를 받아들일 것이다"는 식의 선언을 동시에 하는 것과 같다. 이는 저 위대한 '리바이어던'(보다 경건한 자세에서 말한다면) 인간적 신(神)인 국가가 형성되는 것을 의미한다. 만인은 불멸하는 유일신과 가호 아래 자신들의 평화와 보호를 인간적 신인 국가에 의탁하게 되는 것이다.

그러나 그 손에 무한한 권력을 쥐고 있는 사람이나 집단의 욕망과 격정에 이리저리 시달릴 신민(臣民)의 상태는 대단히 비참할 것이라는 반론을 제기할 사람이 있을지 모른다. 그러나 국가에 대해 불평하는 것은, 어떠한 형태로든 불편함 속에 존재할 수밖에 없는 것이 인간의 상황이라는 점, 국가 형태가 무엇이든 간에 그 안에서 인민에게 일어날 수 있는 최악의 해악은 내전의 현장에서 벌어지는 비참함과 가공할 재난에 비하면 별 것 아니라는 점, 그리고 약탈과 복수를 못하도록 만인의 손을 묶어두는 법과 강제력에서 벗어날 때, 그 상전 없는 인간이 처하게 되는 상태란 혼란뿐이라는 점을 고려하지 않은 것이다.

연습 문제 4

난이도 ★★★☆☆ 해설 및 예시 답안 → 55쪽

다음 제시문에는 서로 다른 종교관을 가진 『카라마조프가의 형제들』의 이반과 알료샤의 견해가 드러나 있다. 대화의 쟁점이 무엇인지 밝히고 두 사람의 주장과 논거를 요약하시오.(300~600자)

A "'어째서 저 개가 다리를 저느냐?' 하고 장군이 묻자, 이러이러한 아이가 돌팔매질을 하며 놀다가 다리에 상처를 입혔다고 어떤 하인이 대답했지. 장군은 아이를 돌아보더니 '네가 그랬구나, 이놈을 잡아 가두어라!' 하고 소리쳤어. 그래서 하인들은 그 아이를 어머니 손에서 빼앗아다가 하룻밤을 가두었지. 다음날 아침 날이 새기도 전에 사냥 채비를 갖춘 장군은 말을 타고 나타났어. 그 옆에는 식객들, 사냥개들, 개 기르는 하인들, 말을 탄 몰이꾼들이 늘어섰고, 주위에는 본때를 보여 주려고 모이게 한 남녀 농노 전원이 둘러서 있었지. 그리고 맨앞에는 그 아이의 어머니가 서 있었어. 이윽고 그 아이가 끌려 나왔어. 안개 낀 음산하고 추운 가을날이라서 사냥하기엔 아주 좋은 날씨였지. 장군은 아이의 옷을 벗기라고 명령했어. 벌거숭이가 된 아이는 공포에 질린 나머지 말도 못하고 덜덜 떨고만 있었지. '자, 저놈을 내몰아라!' 하고 장군이 명령하자, '뛰어라, 뛰어!' 하고 몰이꾼들이 아이에게 외쳐댔어. 그 아이는 달아나기 시작했어. 그러자 장군은 '달려들어!' 하고 외치며 사냥개들을 모조리 풀어 주었어! 이렇게 어머니가 보는 앞에서 개들은 무슨 짐승이라도 쫓듯이 그 아이를 쫓아가서 순식간에 갈기갈기 찢어버리고 말았다는 거야."

B "오, 알료샤! 나는 결코 신을 비방하려는 건 아니다. 만일 하늘 위와 땅 밑에 있는 것이 모두 하나의 찬가가 되어, 삶을 누리고 있는 것과 전에 삶을 누렸던 것이 모두 한 목소리로 '주여! 당신의 말씀은 옳았나이다. 이는 당신의 길이 열려 있기 때문이었습니다' 라고 부르짖을 때, 우주 전체가 얼마나 진동할 것인가 하는 것도 나는 잘 알고 있어. 그리고 그 어머니가 자기 아들을 개에게 물어뜯기게 한 폭군과 얼싸안고, 이 셋이 함께 눈물을 흘리며 한 목소리로 '주여! 당신의 말씀은 옳았나이다' 라고 외칠 때, 그때야말로 참다운 깨달음이 이루어져 모든 것이 명백하게 해명될 것이 틀림없어. 그러나 여기에는 또 하나의 장애가 있어. 나는 그것을 허용할 수가 없는 거야. 그래서 나는 이 세상에 살아 있는 동안 나 자신의 방법을 서둘러 마련해야겠어."

C "나는 용서하고 싶어. 나는 포용하고 싶은 거야. 나는 더 이상 인간이 고통받는 것을 원하지 않아. 만일 어린 아이들의 고통이 진리의 보상에 꼭 필요하다고 한다면, 나는 미리 '어떠한 진리라도 그만한 가치는 없다' 고 단언해 두겠어. 그런 대가를 지불할 바에는 개에게 아이를 물어뜯게 한 폭군을 그 아이의 어머니가 포용하지 않기를 나는 바라겠어. 어머니라고 해서 그 폭

군을 용서할 권리는 없으니까. 그래도 군이 바란다면 자기 몫만을 용서해 주면 되는 것이야. 아이 어머니로서의 한없는 고통을 용서해 주면 되는 거지. 그러나 갈기갈기 찢긴 그 아이의 고통을 용서해 줄 권리는 어머니에겐 없어. 가령 그 아이가 용서해 준다고 해도, 그 어머니에게는 폭군을 용서해 줄 권리가 없는 거야! 만일 아무도 용서해 줄 권리를 가지고 있지 않다면 도대체 그 형평은 어디에 있을까? 도대체 이 세상에 용서해 줄 자격을 가진 사람이 있는 것일까? 나는 형평 같은 것은 바라지 않아. 인류에 대한 사랑 때문에 바라지 않는 거야. 나는 차라리 보상받을 수 없는 고민으로 시종하고 싶어. 비록 내 생각이 틀렸다 하더라도 보상받을 수 없는 고뇌와 풀릴 길 없는 분노를 품은 채 남아 있겠어."

D "그것은 일종의 반역입니다." 알료샤는 눈을 내리깔며 나지막한 소리로 말했다. "반역이라고? 너한테 그런 말을 듣고 싶지는 않았는데." 이반은 정색을 하며 말했다. "반역으론 살아갈 수 없잖아? 나는 살고 싶은 거야. 그보다도 너한테 한 가지 묻겠는데, 솔직히 대답해다오. 가령 내가 세상 사람들을 행복하게 하고 평화와 안정을 줄 목적으로 운명의 탑을 쌓아 올린다고 하자.

그런데 죄 없는 어린 아이로 하여금 보상받을 길 없는 피를 흘리게 한 다음에야 이 탑을 쌓을 수 있다고 한다면, 너는 과연 그러한 조건 아래서도 그 탑을 쌓는 건축 기사가 될 것에 동의할 수 있겠니? 자, 솔직하게 대답해다오."

"아뇨, 동의하지 않을 겁니다." 알료샤는 나지막하게 대답했다.

"그리고 또 하나, 너한테서 그런 탑을 물려받은 세상 사람들이 그 조그만 희생자의 보상할 길 없는 피의 대가로 세워진 행복을 기꺼이 받아들여 영원히 행복을 누릴 수 있을 것이라는 생각을 너는 용납할 수 있겠니?"

"아뇨, 용납할 수 없습니다. 형님!" 알료샤는 갑자기 눈을 번쩍이며 말했다.

"형님은 아까 '용서할 수 있는 권리를 가진 사람이 이 세상에 있겠느냐'고 물었지요? 그렇지만 그런 분이 분명히 존재합니다. 그 분은 모든 일에 대해서 모든 인간을 용서할 수 있습니다. 왜냐하면 그 분은 모든 사람을 대신하여 스스로 자기의 무고한 피를 흘리셨으니까요. 형님은 그런 분이 존재한다는 걸 잊고 계셨군요. 바로 그분을 토대로 하여 그 탑은 세워져 있는 것입니다. 그리고 바로 그분을 향하여 우리는 '주여! 당신의 말씀은 옳았나이다. 이는 당신의 길이 열려 있기 때문이옵니다' 라고 외칠 수 있는 것입니다."

연습 문제 5

난이도 ★★★☆☆   해설 및 예시 답안 → 57쪽

다음은 서로 다른 견해를 가진 두 사람의 대화이다. 대화의 쟁점이 무엇인지 밝히고 두 사람의 주장과 논거를 요약하시오.(300~600자)

A : 한때 모든 종류의 물리 현상을 설명하는데 신을 끌어들인 시기가 있었지. 바람, 비, 행성의 운동 그 모두가 신이 일으키는 현상이라고 생각한 거야. 그러나 과학이 발달하자 자연현상을 설명하는데 더 이상 초자연적인 요인들이 필요하지 않다는 것이 밝혀졌어. 그런데도 불구하고 자네가 빅뱅(우주의 대폭발)을 설명하는 데 신에게 도움을 청하는 이유는 무엇인가?

B : 그것은 자네가 신봉하는 과학으로는 모든 것을 설명할 수 없기 때문이네. 이 세계는 신비로 가득 차 있어. 아무리 낙관적인 생물학자라 하더라도 생명의 기원을 설명하는 문제에 부딪히면 당황하지 않을 수가 없을 거야. 자네는 아주 정교하고 멋지게 만들어진 시계를 보면서 그것이 누군가에 의해 만들어지지 않았다고 생각할 수 있겠는가? 물론 자네는 신이 우주 만물을 창조했다는 것을 증명할 과학적 증거가 없다고 주장하겠지만, 그렇지 않다는 증거도 없다고 보네.

A : 물론 과학이 모든 것을 설명할 수 있다는 것은 아니네. 그러나 자네의 주장보다는 내 주장이 더 과학적이고 논리적인 것만은 분명하네. 자네와 같은 사람들은 언제나 그래왔던 것처럼 무엇인가 만족할 만한 과학적 설명이 제시되지 않으면 마치 기회를 만난 사람처럼 신의 필요성을 주장해 왔네. 그렇지만 과학의 발달은 신이 설 자리를 점차 앗아가고 있는 것이 사실이네. 자네도 이제 '과학의 빈 자리를 메워주는 신'이라는 고리타분한 생각이 기껏해야 불확실한 가설에 불과하다는 교훈을 배워야 하네.

시간이 흐를수록 신의 입지는 좁아져만 갈 것이네. 사실 과학은 생명의 기원을 포함한 어떤 자연 현상을 설명하는 데 있어서도 부족하지 않다고 보네. 과학적으로 설명할 수 없는 문제라고는 기껏해야 빅뱅밖에 남지 않은 오늘날에 이르러서도 이미 퇴물이 다 되어버린 초자연적인 개념에 여전히 의지하려는 자네를 솔직히 이해할 수 없네.

B : 이해할 수 없는 것으로 말하자면 나도 마찬가지야. 논의를 위해서 자네의 말처럼 신이 물리적 세계에 직접적으로 관여하는 것은 아니라고 가정해 보세. 과연 그렇다고 해서 이 세계의 궁극적인 기원이 존재하지 않는다고 말할 수 있겠는가? 한 번 더 양보해서 자네의 말처럼 제1원인으로서의 신의 존재를 증명하는 것이 과학적으로는 불가능하다고 가정하세. 그렇다고 해도 그것은 신의 존재를 부정할 수 있는 결정적 증거가 될 수 없네. 신의 존재를 과학적으로 설명할 수 없는 것은 어찌 보면 당연한 것일세. 신의 존재를 설명하는 것과 이미 존재하는 자연 현상을 설명하는 것은 전혀 다른 차원이 아닌가? 이 세상은 우연히 생겨난 것이라고 보기에는 너무도 오묘한 질서를 가지고 있네. 설사 현재의 과학이 설명할 수 없다고 할지라도 신이 존재한다는

사실은 분명하네. 우리가 탐구해야 하는 것은 신의 존재 여부가 아니라 과연 신은 어떤 존재일까 하는 것뿐이네.

A : 자네는 지금 신은 존재할 수밖에 없기 때문에 존재한다고 주장하고 있네. 그러나 신 자체를 떠나 신의 존재를 믿을 어떤 다른 이유도 없다면, '신이 우주를 창조했다'고 부르짖는 것은 설득력을 가질 수 없네. 그것은 아무 것도 설명하지 못하기 때문이네. 사실 그러한 주장은 무의미한 것일세. 다시 말해 자네는 신을 단지 우주를 창조한 작용 요인으로만 규정하고 있는데 그것은 마치 한 가지 수수께끼를 다른 수수께끼로 대체하는 일에 불과하네. 자네도 '오컴의 면도날'이라 불리는 원리를 잘 알고 있을 것이네, 이 원리에 따르면 현상을 설명함에 있어 아무런 기능도 하지 못하는 것은 존재하지 않는다고 보는 것이 당연하네. 자네는 신의 존재를 가정함으로써 자연과학이 설명할 수 없는 그 무엇을 과연 설명할 수 있다고 생각하나? 아무것도 없을 것이네.

B : 자네 말은 마치 우주의 기원에 대한 종교적 설명이 공허한 것이 아니냐고 묻는 것처럼 들리는구만. 그러나 그와 같은 관점에서 보자면 과학자들의 설명도 순환적이고 공허하기는 마찬가지 아닌가? 물체가 떨어지는 이유는 뭔가? 중력장이 있기 때문이라고 말하네. 그러면 왜 중력장이 존재하는가? 시공이 휘어 있기 때문이라고 말하네. 이러한 설명은 끊임없이 이어지는 것처럼 보여도 언젠가는 종착점이 있기 마련이네. 그러면 그 종착점은 어떻게 설명할 수 있겠는가? 결국 위에서 언급한 이론이 될 수밖에 없지 않은가? 자네가 말하는 과학적 설명이란 기껏해야 한 가지 기술을 다른 기술로, 점차 정교하고 심층적인 것처럼 보이지만 그 성격에 있어서는 결국 순환적일 수밖에 없는 기술로 대체시키는 것에 불과하네. 그럼에도 불구하고 과학적 설명이 믿을 만한 것이라고 주장한다면 우주의 원인에 대한 종교적 설명도 그에 못지 않은 신뢰성을 가질 수 있을 게 아닌가?

9. 글 조각 맞추기

예제

다음 네 개의 제시문은 하나의 공통된 주제와 관련된 글이다. 그 주제를 말하고, 제시문 간의 연관 관계를 설명하시오. 그리고 그 주제에 관한 자신의 생각을 논술하시오.

⑴ 원장님, 그러나 이제 탈출이 끊어진 섬은 어떻게 되어가고 있습니까. 이 섬은 이제 생명의 증거를 잃어버린 죽음의 섬으로 변해가고 있습니다.

원장님께서 섬 위에 이룩하시고자 하신 천국이 가까워오면 올수록 이 섬은 원장님의 단 하나의 명분에 일사불란하게 묶여버린 얼굴 없는 유령 집단의 섬이 되어갈 뿐입니다. 하여 점점 더 다스리기가 쉬운, 그러나 개개인의 삶을 찾을 수 없는 생기 없는 유령들의 섬이 되어갈 뿐입니다. 그리고 아마 원하기만 하신다면 원장님께서는 끝끝내 이 섬을 그렇게 만들어놓으실 수도 있으실 것입니다. 왜냐하면 원장님께서 지금까지 늘 그래오셨듯이, 앞으로도 원장님께서 원하시는 바대로 섬사람들을 설득하고 조정해나가는 것은 그리 힘든 일이 아닐 터이기 때문입니다.

섬사람들을 원장님 뜻대로 설득하고 조정해나갈 수 있다는 말씀이 맘에 들지 않으실지 모르겠습니다만, 아마 그 역시도 틀림없는 사실일 것입니다. 저의 경험에 따른다면 어떤 형태의 울타리 속에 격리된 사회의 질서란, 그 사회를 구성하고 있는 개개 성원의 의사에 의해서가 아니라 대개는 그 사회를 지배하고 대표하는 몇몇 상층부의 의사에 따라 좌우되게 마련이며, 이 섬에 관한 한 모든 원장들의 시대가 그것을 똑똑히 증명해주고 있습니다. 원장님도 대개 거기서 예외일 수가 없습니다. 그야 원장님께서는 다른 어느 분보다도 섬 살림을 이끌어오시는 데 많은 사람들의 의견을 물어오셨고, 대부분의 경우 원장님은 그 사람들의 의견에 승복하고 따라가는 형식을 취하고 계시기는 했습니다. 원장님은 먼저 장로회를 만들어 무슨 일에서나 그 장로회의 자문과 동의를 주문하시곤 했습니다. 하지만 그것은 아무래도 형식적인 절차 이상의 뜻을 지닐 수 없는 일이었습니다. 장로회에선 스스로 일을 발의한 일이 없으며, 언제나 원장님의 뜻에 따라 원장님의 계획들을 원의로 확정시켜주는 절차로 봉사하면서, 원장님의 명분을 마련해드릴 수 있었을 뿐입니다. 아니 전 지금 그렇다고 그 장로회 사람들을 나무람하려는 것은 아닙니다. 지금까지 이 섬에서 겪어온 그 사람들의 경험이나 높다란 울타리로 만족스러울 만큼 격리가 잘 이루어지고 있는 이 섬의 형편은 비록 장로회 사람들이라 하더라도 그 밖엔 다른 도리가 없었을 것입니다.

전 사실 원장님 부임 직후부터 이 섬의 선의의 지배자로서의 원장님과 그에 대한 피치자로서의 원생들과의 사이에 어느 정도까지 협의적인 지배 질서가 가능할 것인지에 대해 지극히 깊은 관심을 가져왔습니다. 하지만 전 마침내 원장님에게서마저도 저의 그런 기대가 얼마나 부질없는 환상이었는가를 확인할 수 있었을 뿐이었습니다. 도대체 어떤 절대 상황 안에 격리된 인간 집단 안에서는 그 지배자와 피지배자 사이의 협의 관계에 의한 지배 질서란 궁극적으로 그 상황의 벽을 무너뜨리는 순교자적 용기와 희생 없이는 가능할 수가 없는 것이었습니다. 다스리는 자의 선의나 정의와는 상관없이 그리고 그의 지배권이 어디에서 연유했든 그것만은 끝끝내 절대 전제가 되어 있는 한, 다스림을 받는 쪽은 항상 감당해낼 수 없는 상황 자체의 압력때문에 스스로가 무력해져버리기 때문입니다. 그리고 그런 불행한 사회의 질서란 우리가 흔히 믿고 있듯이 다중의 희망이나 기도 같은 것과는 일단 상관이 없이, 우선은 그 지배자 한 사람의 책임과 각성에 의해 좌우될 수밖에 없다는 것이 저의 슬픈 결론입니다.

(2) 무릇 음양이 어울려 만물이 생겨나지만, 같은 것이 모여 있을 때에는 발전해 나갈 수 없습니다. 서로 다른 사물끼리 서로를 보충해 균형 있게 하는 것을 화(和)라고 합니다. 그렇게 하면 만물을 풍부하게 하고 커지게 할 수 있습니다. 만약 같은 것을 같은 것에 보탠다면 더 이상 지속되지 못하고 버려질 것입니다.

그러므로 선왕(先王)은 토(土)를 금(金)·목(木)·수(水)·화(火)와 섞어서 만물을 이루게 하였습니다. 다섯 가지 맛을 조화하여 입맛에 맞게 하고, 사지(四肢)를 튼튼히 하여 몸을 건강하게 하며, 여러 가지 음악 소리를 조절하여 귀를 밝게 하고, 눈·코·입·귀 등의 일곱 구멍을 바르게 하여 마음에 맞게 쓰이게 하며, 인체의 여덟 부위를 자기 기능을 다하게 하여 온전한 사람을 만들고, 아홉 가지 장기의 기능을 잘 발휘하여 순수한 품성을 세우며, 관리들의 열 가지 등급을 살펴서 각각의 직능과 업무를 이끌어내었습니다. 이에 천(千) 가지 관직의 품계를 만들어 만(萬) 가지 국가 경영의 방략(方略)을 갖추었으며, 억(億) 가지 국가 일을 잘 헤아려 조(兆) 가지 사물들을 제자리에 있도록 하였으며, 경(京) 가지 세입(稅入)을 거두어 해(垓) 가지 행정을 펼쳤던 것입니다.

그러므로 왕은 천하의 넓은 땅을 경영하면서 수많은 세입들을 거두어들여 수많은 백성들을 먹여 살리며, 도의로 가르치고 등용하여 그 백성들이 한 집안처럼 화락하게 하였습니다. 이와 같아야 화(和)의 지극한 경지입니다.

(3) 아우구스티누스에게 수(數)는 매우 매혹적인 것이었다. 그는 『티마이오스』에 나타난 플라톤의 견해를 받아들여 수를 신의 천지창조의 근본 원리로 간주하였다. 모든 것은 수에 의존한다. 대상은 오로지 수의 속성을 통해서만 존재한다. 수는 존재와 아름다움 양자에 근본적인 것이다.

아우구스티누스는 이렇게 말했다. "가령 특정한 의도나 목적 없이 단지 즐거움을 위해 팔을 움직인다고 가정해 보라. 그것은 춤이 될 것이다. 춤의 무엇이 당신을 즐겁게 하는지를 물어 보라. 그러면 수가 이렇게 답할 것이다. '자, 나 여기 있소.' 신체 형태의 아름다움을 살펴보라. 그러면 당신은 모든 것이 수에 따라 자리 잡고 있다는 사실을 알게 될 것이다. 신체 동작의 아름다움을 살펴보라. 그러면 당신은 모든 것이 수에 따라 적절한 시간대에 놓여 있음을 알게 될 것이다."

수는 질서의 근본 원리이며, 질서는 여러 부분들을 어떤 목적에 부합하게 하나의 통합된 복합체로 배열하는 것이다. 질서 있는 모든 것은 아름답다.

(4) 자유의 적들은 인간의 질서가 누군가에 의해 만들어지고 다른 사람들은 이에 복종해야 한다는 주장을 펼친다. 그러나 경제학자들은 개인 행위의 자발적 상호 조정이 시장을 통해서 효율적으로 이루어질 수 있다고 설명한다. 개인들 사이의 상호 조정 메커니즘에 대한 이해는 그들의 행동을 제한하는 일반 준칙을 수립하기 위해 필요한 가장 중요한 지식이다.

타인의 일정한 기여에 대한 기대에 기초해서 일관성 있는 행위 계획을 실행할 수 있다는 사실은 사회질서가 있음을 확인해 준다. 사회생활에 일종의 질서, 일관성 및 지속성이 존재한다는 점은 분명하다. 만일 그것이 없다면 우리 중 어느 누구도 자기 업무를 수행할 수 없고 가장 기본적인 욕구조차 충족시키지 못할 것이다. 본질적으로 사회적 질서가 있기에, 개인은 성공적인 예측에 의해 행동하고, 자신의 지식을 효율적으로 사용하며, 더 나아가 타인으로부터 기대할 수 있는 협력이 무엇인지에 대해 보다 더 정확하게 예측할 수 있다.

상황에 따라 조정이 이루어지는 분산적 질서는 중앙의 지침에 의해 확립될 수 없다. 그것은 개인들의 상호 작용과 개인들에게 영향을 미치는 상황에 대한 대응을 통해서만 나올 수 있다. 이것이 바로 폴라니가 '다중심적 질서'의 자생적 형성이라고 부른 것이다. 개인들이 자발적으로 상호 작용함으로써 인간들 사이에 질서가 확립될 때, 우리는 이를 자생적 질서 체계라 한다. 개인들의 노력에 의해 사회적 질서의 조정이 이루어지며, 이러한 자기 조정은 공적 토대 위에서 자유를 정당화한다. 이때 개인의 행동은 자유롭다고 할 수 있다. 그것은 우월하거나 공적인 권력의 명령에 의해 결정된 것이 아니기 때문이다.

물리적 대상을 체계화하는 방법에 친숙한 사람이라면 이러한 자생적 질서 형성을 이해하기 쉽지 않을 것이다. 하지만 물리적 질서의 형성도 많은 경우 개체들 간의 자생적 조정에 의존한다. 만일 우리가 각각의 분자나 원자들을 일일이 제자리에 놓아야 한다면 복잡한 유기 화합물을 만들 수 없었을 것이다. 우리는 일정한 조건 아래에서 개별 요소들이 스스로 배열되어 특정한 속성을 지닌 구조를 이루는 것을 관찰할 수 있다.

■ 유의 사항

1. 답안에는 자신을 드러내는 표현을 쓰지 말 것.

2. 논술문의 제목은 쓰지 말 것.

3. 제시문을 단순히 요약하거나 옮겨 쓰지 말 것.

4. 분량은 띄어쓰기를 포함하여 총 1,600±100자가 되게 할 것.

해설

■ 논제의 구성 조건 확인하기

① 네 개의 제시문에 나타난 하나의 공통된 주제를 말하고
② 제시문 간의 연관 관계를 설명한 다음,
③ 그 주제에 관한 자신의 생각 논술하기

■ 제시문 분석과 문제 설정

1. 제시문 분석

(1)

제시문 (1)은 원장의 지도를 받으며 살아가는 어느 섬의 원생들의 삶에 대해 논하고 있다. 섬은 원장의 말씀 하에 천국에 가까이 다가서는 듯하지만 개개인의 삶이 생기를 잃어버린 죽음의 섬으로 변해가고 있다. 섬이 이렇게 된 것은 곧 다중(원생)의 희망이나 기도 같은 것과는 상관없이 지배자(원장) 한 사람의 책임과 각성에 의해 좌우되기 때문이다. 격리된 사회의 질서란 그 사회를 구성하고 있는 개개 성원들의 의사에 의해서가 아니라 그 사회를 지배하고 대표하는 몇몇 상층부의 의사에 따라 좌우된다. 이 제시문은 섬의 이러한 '슬픈 경험'을 문제 삼고 있다.

(2)

제시문 (2)는 왕의 화(和)의 정치를 말하고 있다. 왕은 "천하의 넓은 땅을 경영하면서 수많은 세입들을 거두어 들여 수많은 백성들을 먹여 살리며, 도의로 가르치고 등용하여 그 백성들이 한 집안처럼 화락하게 하였다." 이것이 곧 "서로 다른 사물끼리 서로를 보충해 균형 있게 하는 것" 즉 "화(和)"이다.

(3)

제시문 (3)은 아우구스티누스의 수의 원리를 소개하는 글이다. 수(數)란 "질서의 근본 원리이며, 질서는 여러 부분들을 어떤 목적에 부합되도록 하나의 통합된 복합체로 배열하는 것"이다. 질서의 근본 원리를 부분들의 합목적적인 배열로 설명하고 있다. '합목적적인 배열'에는 두 가지가 있을 수 있다. 외부자에 의한 것과 구성원 스스로의 내부적 의지에 의한 것이 그것이다. 이 두 가지 배열 방식은 완전히 대립적이다. 따라서 이 제시문에서는 합목적성이 두 가지 중 어떤 개념으로 쓰였는가를 읽어내는 일이 중요하다. 제시문을 인용하면 "질서는 여러 부분들을 어떤 목적에 부합하게 하나의 통합된 복합체로 배열하는 것"이라고 명시하고 있다. 즉 여러 부분들이 스스로 합목적적으로 배열하는 게 아니라 외부자에 의해 배열되는 것이 질서라는 것이다. 따라서 제시문에 나타난 수의 질서란 외부자에 의한 합목적적인 배열을 의미하는 것으로 읽을 수 있다.

(4)

제시문 (4)는 사회 질서는 누구에 의해서 이루어지는가에 대해 문제 삼고 있다. 사회 생활에 있어서 일종의 질서, 일관성, 지속성이 존재한다는 것은 분명하다. 그러나 그것은 중앙의 지침에 의해서가 아니라 개인들이 자발적으로 상호작용함으로써 확립되는 질서 즉 '다중심적 질서'라는 분산적 질서에 의해 이루어진다. 개인들의 노력에 의해 사회적 질서의 조정이 이루어진다.

2. 공통된 주제와 제시문 사이의 연관 관계

제시문들에 나타난 하나의 공통된 주제는 '질서의 원리'이다. 질서의 원리를 공통 주제로 하여 (1)은 고립된 섬 사회에서 질서의 원리가 지배자인 원장의 의사에 의해 좌우되는 현실을 비판하고 있는데, 곧 구성원들인 원생들의 실질적인 의사에 구성되는 질서를 갈망하고 있다. 이를 입증이라도 하듯이 (2)는 이질적 존재들을 서로 어울리고 통합하게 해주는 왕의 화(和)의 통치를 가르쳐주고 있고 (4)는 중앙(지배자)의 지침에 의해서가 아니라 사회구성원들의 상호작용에 의한 자발적인 '다중심적 질서'를 질서의 원리로 논하고 있다. 반면에 (3)의 논지는 다르다. 질서는 "여러 부분들을 어떤 목적에 부합하게 하나의 통합된 복합체로 배열하는 것"이라는 것이다. 즉 외부자에 의해 내부 부분들을 배열하는 것이므로 (3)은 (1)의 원장의 지배 원리와 유사하다.

3. 문제 설정

제시문들의 공통된 주제는 '질서의 원리'임은 앞에서 보았다. 이 질서의 원리를 어떻게 인식하고 설명할 것인가. 이에 접근하기 위해 질서의 원리에 대한 두 가지 방식을 살펴볼 필요가 있다.

하나는, 사회 질서를 중심화, 즉 수직적 · 위계적 질서 체계로 인식하고 설명하는 방식이다. 다른 하나는, 중심화를 거부하고 성원들의 의사가 중시되고 그것이 상호 작용하는 수평적 · 네트워크식 질서 체계로 인식하고 설명하는 방식이다. 제시문 (3)은 전자를, (1)과 (2), (4)는 후자의 방식을 암시하거나 주창하고 있다.

수직적-위계적 질서 체계는 지금까지 세계를 지배해온 비민주적 방식이다. 텔레비전을 예로 들어 보자. 텔레비전은 방송국의 의도에 따라 일방적으로 프로그램과 내용이 결정된다. 이것은 방송국이 언론 권력의 중심이 되고 시청자들은 거기에 따라갈 수밖에 없음을 보여준다(일방향). 그에 반해 인터넷은 쌍방향적인 특징이 강하다. 네티즌들의 적극적 참여에 의해 여론이 뒤바뀔 수 있다. 이것은 곧 자발적-수평적 네트워크에 의한 새로운 권력의 형성 가능성을 말해준다. 사회 구성원들의 다중심적 네트워크에 의해 사회적 의제의 향방이 달라질 수 있다.

지금까지 세계는 수직적-위계적 질서 체계가 지배해오면서 사회적 생산성을 높여온 것도 사실이지만 사회적 주체들의 사회 참여가 억압되어온 부정적 측면도 매우 크다. 이 문제에서는 이에 대한 한 대안으로서 다른 질서의 원리, 즉 자발적-수평적 네트워크에 의한 원리를 소개함으로서 논술자로 하여금 자기 입장을 갖도록 요구하고 있다. 논술자들은 이 대립적인 두 방식에서 하나를 선택하여 자기 입장을 펼쳐야할 것이다. 참고적으로 수직적-위계적 질서 체계와 자발적-수평적 질서 체계를 비교하여 도식화하면 다음과 같다.

	수직적-위계적 질서체계	자발적-수평적 네트워크
모델	나무모델	리좀모델
사례	나무, 정부조직, 권력조직, 가부장제, 표준어제도, 대형 마트, 텔레비전 등	잔디, 럭비공, 비권력조직, 탈가부장제, 지역어, 재래시장, 인터넷 등
원리	하나의 중심화, 획일화, 권력화, 독점화 지배자에 의한 명령적 지배	다중심화, 다양화, 차이의 중시, 권력의 분배 구성원들의 상호작용과 합의에 의한 지배
정치	대의민주주의	직접민주주의
전망	낡은 사회질서	새로운 사회질서

▪ 하나의 예시 답안

　제시문들에 나타난 하나의 공통된 주제는 '질서의 원리'이다. (1)은 고립된 섬 사회에서 지배자인 원장의 의사에 의해 질서의 원리가 좌우되는 현실을 비판하고 있는데, 화자는 이 비판을 통해 구성원들인 원생들의 실질적인 의사에 따라 섬 사회가 운영되는 질서의 원리를 갈망하고 있다. 같은 맥락에서 (2)는 이질적 존재들을 서로 어울리고 통합하게 해주는 왕의 화(和)의 통치를 가르쳐주고 있고 (4)는 중앙(지배자)의 지침에 의해서가 아니라 사회구성원들의 상호 작용에 의한 자발적인 '다중심적 질서'를 질서의 원리로 논하고 있다. 반면에 (3)의 논지는 다르다. 질서는 "여러 부분들을 어떤 목적에 부합하게 하나의 통합된 복합체로 배열하는 것"이라고 표현함으로써 해석상의 논란거리를 제공하고 있지만, 엄밀하게 문장을 읽어보면 '여러 부분들'을 '하나의 통합된 복합체'로 '배열하는 것'이라고 하였으므로 '부분들 스스로의 자기목적적 배열'을 말하는 게 아니라 '외부자에 의한 초월적 배열'을 말한다. 따라서 (3)의 입장은 다른 글들과는 대립적인 성격을 가진다.

　'질서의 원리'를 둘러싼 논란은 정치·경제적 영역에서만 문제가 되는 것이 아니다. 고대부터 논란거리가 되어온 철학의 근본 원리들이나 우주 및 과학을 둘러싼 세계관들 모두가 결국 사물과 사회의 '질서의 원리'를 어떻게 볼 것인가 하는 문제가 아니던가. 질서의 원리는 제시문들에서도 나타난 바와 같이 크게 두 가지 경향으로 인식되어 왔다. 하나는, 사물 및 사회 질서를 중심화에 의한 수직적-위계적 질서 체계로 인식하고 설명하는 방식이다. 다른 하나는, 하나의 중심화를 거부하고 사물의 부분들이나 사회의 성원들 모두가 중시되고 상호작용하는 자발적-수평적 네트워크식 질서 체계로 인식하고 설명하는 방식이다. 예를 들어 전자의 경우, 텔레비전을 들 수 있다. 텔레비전은 방송국의 의도에 따라 일방적으로 프로그램과 내용이 결정된다. 이것은 방송국이 언론 권력의 중심이 되고 시청자들은 거기에 따라갈 수밖에 없음을 보여준다(일방향). 그에 반해 후자의 경우, 인터넷을 들 수 있다. 인터넷은 네티즌들의 적극적 참여에 의해 여론이 뒤바뀔 수 있다. 이것은 곧 수평적 네트워크에 의한 새로운 욕망의 형성을 말해준다. 사회구성원들의 다중심적 네트워크에 의해 사회적 의제의 향방이 달라질 수 있다.

　근본적으로는 질서의 원리에 대한 시각차는 우리의 삶의 문제이고 우리의 느낌과 지각 방식과 행동 방식, 그리고 존재 방식과 관련된 문제이다. 왜냐하면 사물의 질서를 어떻게 파악하느냐에 따라 세계에 대한 인식과 실천의 방향이 달라지기 때문이다. 나는 지배자에 의해 존재할 것인가 나 스스로의 자발적 욕망 및 소통에 의해 존재할 것인가. 인간 사회와 관련해서 질서의 원리 문제는 사실은 욕망과 소통의 문제이기도 하다. 이는 타자들의 사회적 욕망 혹은 그 소통들을 존중해 주느냐 아니면 허용하지 않느냐와 관련된다. 전자의 경우는 사회적 주체들의 욕망과 소통 의지를 보장해 주는 자유로운 네트워크에 의한 질서의 원리이고, 후자의 경우는 사회적 주체들의 욕망과 소통 의지를 대변하는 것처럼 보이지만 사실은 그것을 억압하는 권력 구조에 의해 사회를 지배해 나가려는 질서의 원리이다. 어떤 점에서 보면 후자, 즉 중앙으로 집중화된 시스템이 생산성을 높여나가는 측면은 있지만 그것은 어느 하나 혹은 지배 집단의 이익을 위한 것이지 만인의 이익을 위한 논리는 아니다. 누구를 위한 어떤 질서인가, 이 세계를 살아가는 사람들의 여전한, 그러나 오늘날 우리가 해결해야 할 과제 중의 과제이다.

연습 문제 1

난이도 ★★★★☆ 해설 및 예시 답안 → 59쪽

네 개의 제시문을 연관시킬 수 있는 하나의 주제를 찾아내어 설명하고, 제시문들 사이의 관계를 밝히시오.

(1)

18세기 초 런던에는 3천 개가 넘는 커피하우스(coffee house)가 생겼으며 점포마다 고정적으로 출입하는 고객들이 있었다. 법률가들은 웨스트민스트 사원 근처의 커피하우스 '난도'나 '그리시언'에 모여 법이나 문학에 관해 토론하고 새로운 연극을 비평하였으며, 또한 웨스트민스트 홀에서 흘러나온 최신의 뉴스를 서로 전하기도 하였다. 사제들은 성 바울 교회 묘지에 있는 커피하우스 '트러비'나 '차일드'에서 대학의 화제와 강의에 대한 견해를 나누었으며, 군인들은 채링크로스가(街)의 커피하우스 '영맨'이나 '올드맨'에서 그들의 불만을 털어 놓기도 하였다. '게러웨이'나 '조나단'은 일반 시민들이 주로 드나드는 커피하우스였다. 그곳에서는 주식의 등락이나 보험료율과 관련된 정보들이 교환되었다. 그레이트러셀가(街)의 커피하우스에서는 연극이 끝난 후 한밤중까지 문인재사(文人才士)들의 자유롭고 열띤 논쟁이 지속되었다. 이처럼 1680년과 1730년 사이에 번창했던 커피하우스는 처음에는 문예 비평의 장이었으나 점차 정치에 관한 비판의 장으로 확대되었다. 커피하우스는 물론 살롱이나, 지식인 만찬회, 학회, 협회 등도 활성화되었다. 모임마다 구성원의 범위와 성격, 주요 관심사와 토론의 주제는 서로 달랐지만 그 모임들은 모두 사적 개인들 간에 형성된 의사소통의 장으로 자리 잡았다.

(2)

왕께서 언로(言路)를 통하게 하였다고 할 수 있으나 과연 위아래의 의견이 어긋남 없이 통하도록 했다 할 수 있겠습니까? 사방의 사정에 두루 막힘이 없다 하겠습니까? 혹시 헤아려 살펴 미치지 못하는 바가 있고 마음 씀씀이에 미덥지 못한 바가 있다면 그 다스림에 대해 신하로서 어떻게 해야 하겠습니까? 근래에 들어 왕께서는 아뢰는 이들의 말을 듣기 싫어하시어 걸핏하면 열흘이나 한 달을 끌다가 신하들을 만나 한 가지 일을 겨우 들어주실 따름입니다. 더욱이 신하들이 아뢰는 바가 지나치더라도 스스로 반성하고 뉘우쳐 깨달아야 마땅한데 그러하다는 말을 듣지 못했습니다. 그리고 으레 모든 것을 글로만 답하고 신하들과 마음을 터놓고 뜻을 나누기를 즐겨하지 않으십니다. 하여 이 땅의 선비들은 침묵을 버릇 삼고 있습니다. 나라에 그른 일들이 드러나고 있거늘 그들 중 누구 하나 쓴 약 같은 곧은 소리를 올리려고 나서지 않습니다. 왕께서는 나라가 이미 잘 다스려져 태평하므로 짚어서 문제 삼을 일이 한 가지도 없다고 생각하십니까? 신(臣)이 보건대 바른 정치가 펼쳐지지 않아서 기강이 서지 않고 풍속이 어지러우며 백성들은 곤궁한 생활을 하고 있습니다. 게다가 국경 너머에는 오랑캐들이 이 땅을 넘보고 있어 나라의 앞날이 걱정되기도 합니다. 이러한 때에, 들어서 살피고 따져서 풀어야 할 나랏일이 참으로 많다고 여겨집니다. 신은 이미 대간(大諫)으로서 왕께 곧은 의논을 펼치고 바른말을 아뢰어 결점을 메우고 막힌 데를 통하도록 하는 일을 벼슬로 삼았으나 오히려 왕께서는 신의 말을 들어주지 않고 하찮게 여기시니 하물며 다른 신하에게야 어찌 바랄 바가 있겠습니까?

(3) 의사 소통 행위는 어떤 이해에 도달하기 위한 매개체로서 언어의 사용을 전제한다. 의사 소통 과정에서 참가자들은 세계와의 연관을 통해서 서로의 생각을 수용하거나 혹은 논쟁거리를 제기하기도 한다. 이상적인 의사 소통 상황에서 개인은 자유롭게 논의에 참여하고 의문을 제기하거나 주장을 제시하고 태도와 희망 그리고 요구를 표명하는 권리를 행사한다. 이러 점에서 모든 사람에게는 내부적이고 외부적인 강압과 반대되는 자신 안에서 나오는 견해의 힘을 통해서 공정하게 의사 소통에 참여하는 동일한 기회가 허용된다. 이상적인 의사 소통의 상황에서는 모든 사람이 어떠한 강압도 받지 않는다. 그들은 언제나 이성에 기반을 둔 설득력을 통해서 자신의 주장이 정당함을 입증할 기회를 부여받는다. 그래서 이상적 의사 소통 상황의 궁극적인 목적은 합리적 사회를 달성하는 것이고 개인들 사이에서 비지배적인 관계를 위한 규범을 제공하는 것이다.

(4) 대체로 테러리즘이라는 용어가 아무렇게나 사용되는 것처럼, 미국에 대한 외부로부터의 주요한 공격은 마치 모두 테러리스트의 행위인 것처럼 보인다. 정말로 오클라호마시티 폭탄 사건과 1993년 그리고 2001년의 세계무역센터에 대한 공격은 모두 하나의 동일한 요소를 가지고 있다. 책임에 대한 어떤 주장도 나오기 전에 이것들은 모두 테러리스트의 행위라고 비난받았다. 이는 무엇이 테러리즘이고 무엇이 아닌지에 관한 분명한 경계선을 정립할 필요성을 보여준다. 만약 테러리즘이 전쟁 범죄가 아니라면 그것을 제거하기 위해 군대를 동원해서는 안 된다. 그리고 테러리스트들은 모든 법적 권리와 혜택을 부여받아야 한다. 반면에 만약 그것이 전쟁 범죄라면 경찰은 관련되어서는 안 된다. 그리고 테러리스트들은 상황에 따라서 전쟁 포로로서 혹은 전쟁 범죄자로서 대우받아야 한다. 그러나 몇몇 정부들에서는 양쪽 모두를 지속적으로 수행해 왔다. 테러리즘이라는 용어가 어떻게 사용되는지는 국제적 외교와 군사적 의사 소통에 영향을 준다. 그것은 또한 정권 교체를 불러일으키려는 의도에서 합법적 정부와 사회를 공격하는 수단으로서 작용하고 그렇게 정의를 내리는 자들의 정치적 목적과 관련된 잠재적인 갈등을 야기한다.

■ 유의 사항
분량은 띄어쓰기를 포함하여, I은 각각 110~140자, II는 총 750~850자가 되게 할 것.

연습 문제 2

난이도 ★★★★☆ 해설 및 예시 답안 → 61쪽

제시문 전체(1~5)의 공통 주제를 찾아 설명하고 제시문 간의 연관 관계를 서술하시오.

⑴

조선 시대의 과거 제도는 원칙적으로 천민이 아닌 모든 사람들에게 개방되어 있어서 양반들은 물론 일반 대중에게도 성취동기를 부여함으로써 그들을 체제 안으로 유인할 수 있었다. 이처럼 과거 제도가 원칙적으로는 천민이 아닌 평민에게 개방되어 있었지만 실제적으로는 일부 특권 양반들에게만 의미가 있었다. 왜냐하면 과거 공부를 위한 경제적 여유와 선생의 지도를 받을 수 있는 기회가 양반에게만 주어졌기 때문이다. 뿐만 아니라 이들 양반들은 과거 제도 자체를 자신들에게 유리하게 운영하였다. 이는 과거 제도의 폐단에서 잘 드러난다. 소속 파당에서 정권을 잡아 관직을 얻게 되면, 당세(黨勢)를 확장하기 위하여 과거를 자주 열어 같은 당인(黨人)의 자제들을 부정과 협잡으로 합격시켰고, 또 현명함과 어리석음을 가리지 않고 마구 등용하였다. 그런데 요직은 한정되어 있고 이를 희망하는 자는 많았기 때문에 당내에 내홍이 일어나 하나의 파당이 다시 여러 당으로 세분화되었다.

이제 반상 제도는 철폐되고 이를 바탕으로 한 전통적 신분 계층의 장벽은 무너졌다. 그러나 예부터 내려온 지식의 중요성과 이의 존중, 그리고 이 지식의 소유 계급이 행사해 온 지배권의 체제는 바뀌지 않고 단단하게 그 자리를 굳히고 있다. 지식의 내용이 유교 경전과 중국의 시문에서 다양한 근대 학문의 내용이 담긴 새 경전으로 바뀌었고, 지식 계급도 유교적인 인문 엘리트에서 과학, 기술, 경영, 군사 영역을 포함하는 다양한 엘리트 집단으로 전문화되었으며, 신분 배경에 관계없이 누구라도 지식에 접할 수 있도록 지식의 문은 열리게 되었다. 그럼에도 불구하고, 지식 계급의 엘리트 의식과 지배적 위치는 조금도 흔들리지 않고 견고하기만 하다. 오히려 지식에 의한 지배의 방식과 체제가 더욱 정교하고 효율적으로 작동하며, 지배의 정당성 또한 '과학적' 논리에 기초하고 있을 정도이다.

높은 수준의 학력을 내세우는 지식 소유 계급은 평등 이념을 한결같이 주장하고는 있지만, 동시에 그들은 오늘의 사회를 경쟁 사회, 실력 사회라고 규정한다. 나아가 그들은 세계 정황을 가리키면서 경쟁에서 싸워 이겨야만 살 수 있다며 '사회 진화론'의 추종자가 되기도 한다. 신분의 제약 때문에 사회적 상승 이동이 불가능하였던 폐쇄적 불평등의 시대는 지나가고, 신분에 상관없이 개인의 능력에 따라 사회적 상승의 사다리를 오를 수 있게 된 경쟁의 시대가 왔다는 것이다. 이러한 평등은 경쟁을 통한 차등, 경쟁을 통한 적자생존의 원리를 믿는 '불평등을 향한 평등'이라는 논리 위에 서 있는 셈이다. 이러한 평등 이념은 오늘날의 교육 제도에도 반영되고 있으며 이는 우리 사회의 오랜 가치 이념의 주요 요소와도 일치한다.

②

　장자가 산 속을 가다가 가지와 잎이 매우 무성한 큰 나무를 보았다. 그런데 벌목꾼은 그 나무를 베려 하지 않았다. 그래서 그 까닭을 물으니, "쓸모가 없습니다."라고 하였다. 이에 장자는, "이 나무는 쓸모가 없기 때문에 목숨을 부지할 수가 있구나!"라고 하였다. 장자는 산을 나와 친구의 집에서 묵었다. 친구는 기뻐하면서 시중드는 아이에게 거위를 잡아 요리를 하라고 했다. 그러자 그 아이가 묻기를, "한 놈은 잘 울고 한 놈은 울지를 않는데, 어떤 것을 잡을까요?"라고 하자, 주인은 "울지 않는 것을 잡아라."고 했다. 이튿날 제자들이 장자에게 묻기를, "어제 산 속의 나무는 쓸모가 없기 때문에 천수를 살 수 있었고, 오늘 주인집의 거위는 쓸모가 없어서 죽었으니, 선생님께서는 어느 쪽을 택하시겠습니까?"라고 하자 장자는 웃으며 말했다. "나는 쓸모가 있는 것과 쓸모가 없는 것의 중간에 처하리라. 그런데 그 중간은 도(道)와 비슷하지만 진실한 도는 아니다. 그러므로 화를 면할 수는 없다. 무릇 저 도라는 것을 타고 떠돌며 노니는 사람은 하나에 집착하는 일이 없다. 모이면 떠나가고, 명예를 이루면 비방을 받으며, 모가 지면 꺾이고, 높아지면 비평을 받으며, 하는 일이 있으면 깨어지고, 어질면 음모를 받으며, 어리석으면 속으므로, 쓸모가 있든 없든 간에 어찌 화를 면할 수 있겠는가? 그러니 슬프도다. 제자들아, 잘 기억해 두어라. 오직 도가 있을 뿐이다."

③

　자베르 경감을 당혹스럽게 한 것은 평생을 두고 장발장을 추적했던 자신이 폭도들에게 붙잡혀 죽음을 기다리고 있을 때 장발장이 그를 구해 준 일과 그 자신도 센 강변의 하수구에서 기어 나온 장발장을 용서한 일이었다. 이제 자베르의 생각은 단순하지 않았고 그의 마음은 흐트러져 있었다. 그의 단순하고 깨끗한 두뇌는 투명함을 잃고 있었고 그 수정과 같은 투명함 가운데에는 한 조각 구름이 걸려 있었다. 자베르는 자기 마음속에서 의무가 두 가닥으로 쪼개진 것을 느꼈지만 이를 감출 수 없었던 것이다. 센 강에서 뜻밖에 장발장을 만났을 때, 그는 먹이를 다시 잡은 늑대가 된 듯한 느낌과 주인을 다시 만난 개가 된 듯한 느낌이 동시에 들었다. 그는 자기 앞에 놓인 두 갈래 길을 보았다. 양쪽 다 마찬가지로 곧은 것이었으나 어쨌든 둘이었다. 생전에 오직 하나의 직선밖에 몰랐던 그는 공포심에 떨었다. 그리고 괴로움의 종국에서 그 두 길이 서로 상반되는 것을 알았다. 두 개의 직선은 서로 배척하고 있었다. 어느 편이 진실한 것일까? 지금이야말로 어떻게 해야만 할 것인가? 장발장을 넘기는 것은 나쁜 일이며, 장발장을 자유로운 몸으로 놓아두는 것도 나쁜 일이었다. 전자의 경우에 있어서는 관리가 형장의 사나이보다 아래로 떨어지는 것이고, 후자의 경우에 있어서는 죄수가 법률 위에서 법률을 발로 밟는 것이었다. 두 경우 모두 자베르에게는 불명예스러운 일이었다. 자베르는 자기가 한 일을 생각하며 몸서리를 쳤다. 그는 경찰의 온갖 규칙을 위반한 데다가 사법적 조직에 반대하고 법전 전부를 무시하면서까지 스스로 괜찮다고 판단하여 죄인을 놓아주었기 때문이다. 이제 어떤 결정을 해야 할 것인가? 지금은 오직 하나의 길만이 남아 있을 뿐이었다. 급히 돌아가 장발장을 투옥시키는 일, 그 일이야말로 분명히 그가 하지 않으면 안 될 일이었다. 그러나 그는 그렇게 할 수 없었다.

(4)

윤리적인 문제가 사냥꾼보다 농부에게 더 심각하게 여겨지는 이유는 동물과 맺는 관계의 형태가 다르기 때문이다. 사냥꾼은 동물의 특성에 대해 비범한 통찰력을 가질 수 있지만 동물과 일상적으로 생각과 느낌을 주고받을 기회는 없다. 따라서 특정 동물에게 개별적인 애착을 가질 기회가 거의 없다. 더구나 이들은 동물이 죽은 뒤에야 통제할 수 있기 때문에 동물은 자기 생각을 가진 독립된 존재로만 인식된다. 하지만 가축의 생존은 부분적으로 또는 전적으로 주인에게 달려 있으며, 가축은 기회가 주어지면 주인을 친구로 인식하고 대하는 방법을 배우게 된다. 마찬가지로 농부나 목자는 일부러 피하지 않는 한 각각의 동물들을 알게 되고 개별적인 애착을 갖게 된다. 그렇게 되면 동물에게 고통을 주는 도살이나 고의적인 학대는 개인적인 신뢰에 대한 배신이 되기 때문에 그들에게는 죄의식과 자책감이 생겨난다. 가축을 학대함으로써 이익을 얻는 농부와 목자는 이런 문제에 대처하기 위해 본질적으로는 부정직한 여러 방법을 배우곤 했다. 불행하게도 대부분의 농업 사회가 가진 공격적이고 확장 지향적인 특성으로 인해 이러한 방법은 야생 동물과 자연계 전반에도 적용되어 왔다. 좀더 전통적인 시골 환경 또는 사람과 동물이 친밀하게 접촉하면서 사는 지역에서는 양심의 갈등에서 벗어나기 위해 어느 정도 의식적인 노력이 필요하다. 동물 심리학자 콘래드 로렌츠는 이 문제의 성격을 이렇게 요약했다. "오늘 아침 나는 튀긴 빵과 소시지를 먹었다. 소시지뿐만 아니라 빵을 튀기는 데 쓴 기름도 내가 알고 있던 귀여운 새끼 돼지에게서 나온 것이다. 이것을 알고 나서 양심의 갈등을 피하기 위해 나는 그 돼지의 기억을 더 이상 떠올리지 않도록 세심한 주의를 기울였다."

(5)

일제의 침탈이 거세지는 가운데 명성황후가 시해되고 단발령이 공포되자 유인석은 1895년 11월 동지들과 함께 이에 대처할 방안을 논의했다. 이때 세 가지 방법이 제기됐다. 첫째는 자정치명(自靖致命)으로 나라를 빼앗긴 책임을 통감하고 스스로 목숨을 끊어 조선 선비의 지조를 지키자는 것이었다. 둘째는 거지수의(去之守義)로 오랑캐의 지배하에 들어간 세상을 등지고 외진 곳으로 들어가 혼자서라도 대의를 지키며 도를 후세에 전하자는 것이었다. 셋째는 거의소청(擧義掃淸)으로 의병을 일으켜 목숨을 걸고 외세를 소탕할 때까지 싸우자는 것이었다. 의견은 '거의소청' 쪽으로 모아졌다. '자정치명'에 따라 모두 목숨을 끊을 경우 도의 맥이 끊기게 될 위험이 크고, 또한 대항도 해 보지 않고 '거지수의'를 택할 수는 없다는 의견이 우세했다. 모인 사람들은 이구동성으로 유인석을 의병장으로 추대했다. 그러자 유인석은 고민에 빠졌다. 당시 그는 양모(養母)의 상중(喪中)에 있었기 때문이다. 나라가 위급하다고는 하나 선비가 모친의 상을 저버리고 거의(擧義)에 나설 수는 없는 노릇이었다.

연습 문제 3

난이도 ★★★☆☆ 해설 및 예시 답안 → 62쪽

세 개의 제시문을 연관시킬 수 있는 하나의 주제를 찾아내어 설명하고 제시문들 사이의 연관 관계를 밝히시오.

(가)

유럽인들의 남미 대륙 진출이 개시되었을 때 남부 브라질에는 언어와 문화에서 상호 관련성을 지닌 원주민들이 거주하고 있었다. 그 지역의 여러 부족들은 유럽인들의 침략에 의해 대부분 절멸되었지만 문명의 손길이 닿기 어려운 밀림 지대의 몇몇 부족들은 20세기까지 존속하였다. 1914년 경 브라질 정부는 문명생활에 적응시킨다는 목적으로 원주민들을 특정지역 내에 거주시켰다. 원주민의 부락마다 상점, 약방, 학교, 제재소 등의 시설이 마련되었다. 정기적으로 도끼, 칼, 못 등이 그곳에 보내졌고 의류와 담요도 지급되었다. 그러한 시도는 20년 후에 중지되었다. 브라질 정부는 원주민들이 독자적으로 살아 나가도록 했다. 정부는 애초에 수립한 정책을 포기하고 원주민들이 자신들의 방식대로 생활하도록 격려하는 정책을 실시했던 것이다.

짤막한 문명 체험으로부터 원주민들이 받아들인 것이라곤 옷, 도끼, 칼, 바늘, 실 정도였다. 정부가 펼친 정책은 그 이외의 측면에서 철저한 실패로 귀결되었다. 원주민들을 위해 주택이 건립되었지만 그들은 오히려 야외에서 사는 것을 더 좋아하였다. 그들을 부락 내에 거주시키려고 노력해보았으나 그들은 여전히 방랑생활을 즐겼다. 그들은 침대를 쪼개어 땔나무로 사용해 버리고, 땅바닥에서 잠자던 생활로 되돌아갔다. 정부가 보낸 소떼들은 제멋대로 나돌아 다녔다. 그들이 우유와 쇠고기를 역겨워했던 것이다. 지렛대의 원리로 작동되는 방아는 한 번도 사용되지 않은 채 썩도록 방치되었다. 그들은 여전히 손으로 가루를 빻았다.

돌아보건대 그들은 갑작스레 문명을 강요당한 '미개인들'이었다. 그들이 문명사회를 위협하는 존재가 아니라는 것이 밝혀지자 정부는 그들에 대해 더 이상 관심을 두지 않았다. 그들은 고대로부터 유래하는 전통들을 거의 그대로 유지하였다. 그럼에도 몇몇 문명의 요소들이 그들에게 선택적으로 수용되기도 하였다. 그 과정은 매우 완만하게 진행되었다. 그들은 문명의 요소들을 변형하여 나름의 독특한 문화를 이루었다.

(나)

감자와 관련된 사실과 사건을 말해보라고 했을 때 사람들은 틀림없이 감자 칩, 프렌치프라이 그리고 구운 감자들을 든다. 그런데 감자가 인류 역사상 가장 큰 비극 중 하나와 연루되었다는 사실은 거의 알려지지 않았고 가장 자주 간과되고 있는 것이다. 19세기 중반에 아일랜드에서 일어난 감자 기근은 백만 명을 죽음으로 몰아넣었고, 살아남은 사람들은 굶주림을 피해서 북미로 이민을 가게 되었다. 어떻게 이런 일이 생겼는가? 이 사건의 원인으로 전문가들은 여러 가지 요소들을 검증했지만 그들은 이구동성으로 단일 작물 재배를 가장 치명적인 요인으로 지적했다.

　단일 작물 재배와 관련된 문제점은 최대의 수확량이 예상되는 오직 단일 품종의 감자만 심었다는 것이고, 그것은 그 감자를 총체적인 수확 실패를 야기할 수 있는 질병에 대해서 몹시 취약하게 만들었다. 그리고 그 질병이 발생했다. Phytophthora라는 곰팡이 균은 감자 농사를 초토화시켰고 아일랜드 농부들은 그것을 멈추게 할 아무런 방법이 없었다. 병충해는 들판의 감자들과 저장고의 감자들을.썩어가게 했다. 대체해서 재배할만한 다른 주요 식량 자원이 없었으므로 사람들은 굶어 죽었다. 모든 것을 잃을 수도 있는 리스크를 무릅쓰고 유전적 형질이 같은 단일 품종을 모두 한 바구니에 넣는 것은 위험했다. 우리는 지금 그 비극을 돌아보며 왜 아일랜드인들은 오직 단일 품종의 감자를 고집했는지 의문을 갖지 않을 수 없다. 왜냐하면 그들은 다른 문화로부터 다양한 감자를 재배하는 법, 좁은 지역에서도 잘 자라고, 물도 적게 필요로 하고 질병에 저항력이 뛰어난 작물들이 무엇인지 배울 수 있었기 때문이다. 이러한 사례는 인류를 위해 자연적으로나 문화적으로나 더 많은 다양성이 깊은 의미가 있다는 사실을 증명한다.

　(다)

　소수 인종집단들이 인구의 다수를 차지하는 사람들의 규범, 가치, 언어를 받아들여서 결국 집단의 특이성을 상실해 가는 과정을 동화라고 부른다. 다양한 집단들이나 개인들이 자신들의 현재의 정체성을 버리고 다른 것을 받아들일 경우에 그들이나 후손들이 더 나은 삶을 영위할 전망이 있으리라는 판단에 따라 행동한 결과 수많은 동화(융합)가 생겨나게 되었다. 특히 소수 집단이 동화하려고 하는 경우엔, 그러한 동화의 동기가 비난이나 차별대우를 모면하고 싶어하기 때문이라고 짐작하는 것은 매우 타당한 이유가 있는 것이다. 하지만 우리는 그들이 동화하게끔 자극하는 상황들이 반드시 부당하다고 추정할 수만은 없는 것이다. 구성원들이 자신들의 목표를 추구할 때 불리하게 할 수도 있는 것은 실제로 제도적인 장치라기보다는 오히려 어떤 집단(가령, 그 집단의 언어)의 문화일 수도 있는 것이다. 만약 동화의 결과 어떤 언어의 사용이 중단되거나 어떤 문화적 특성이 소멸되면, 언어학자들이나 인류학자들은 유감스러워할 수도 있겠다. 그러나, 자신들(소수집단들)의 이익에 따른 스스로의 판단에 역행하여 자신의 언어나 문화적 특성을 보존하도록 그들(언어학자들이나 인류학자들)이 강요하는 것은 부적절하다.

연습 문제 4

난이도 ★★★☆☆   해설 및 예시 답안 → 63쪽

네 개의 제시문은 모두 하나의 공통된 주제와 관련된 글이다. 그 주제를 설명하고, 각 제시문의 관계를 밝히시오.

(1)

조선 중기에 이르러 향촌에 기반을 둔 사림(士林)이 중앙 정계에 대거 진출하여 정국을 주도하게 되었다. 사림 세력은 강력한 훈구 세력과 대결할 때는 단결하였으나 훈구 세력이 무너진 뒤에는 자체 분열하여 학연과 지연을 바탕으로 붕당을 형성하였고, 붕당 간에 치열한 정권 다툼이 벌어졌다. 소위 당쟁(黨爭)이라고 불리는 붕당 간의 권력 투쟁은 여러 차례의 사화(士禍)와 같은 정치적 혼란과 폐해를 낳았다.

그러나 조선시대의 붕당 경쟁을 다르게 볼 수는 없을까? 구양수(歐陽脩)는, 사사로운 이익때문에 붕당을 이루는 소인과는 달리 군자는 도를 추구하기 위하여 붕당을 이룬다고 하였다. 본래 붕당이란 성리학에서 늘 강조하는 바와 같이, 자신의 덕을 닦은 연후에 사람을 다스리라고 하는 수기치인(修己治人)의 공도(公道)를 실현하려는 정치집단이었다. 왕권의 전횡을 막고 신진 세력의 등용과 정치권력의 상호 견제 기능을 담당하였던 붕당정치는, 한정된 관직을 놓고 경쟁하던 당시의 현실에서 의미 있는 정치 형태였다. 그래서 윤휴는 "붕당은 족히 천하를 어지럽게 하지만, 붕당을 싫어하여 없애버리면 천하를 망하게 하는데 이른다"고 하였다. 양반계급이 추구하는 권력, 지위, 명예 등 한정된 가치의 재분배 과정에서 발생하는 갈등의 해결 방법으로 붕당정치는 나름대로 의의가 있다.

(2)

대개의 국가에는 서로 다른 몇몇 민족집단이 살고 있어서, 전 세계의 절반 정도의 국가에서는 그러한 집단간의 상당한 갈등을 경험해왔다. 민족의 차이는 국가내부의 대규모 갈등의 가장 큰 원인이며, 이것이 종종 국제전을 초래하기도 한다. 따라서 민족간의 화목한 관계는 세계의 대부분의 지역에서 사회적 평화를 성취하고 유지하는 데 매우 중요한 요건이다. 그러나 스스로를 다른 민족집단들의 구성원이라고 생각하는 여러 민족들을 통합할 수 있는 단일한 국가적 정체성을 창출하는 문제는 여전히 시급한 중요문제이다. 그 실례로서 남아프리카공화국을 살펴보자. 1994년에, 소수파 백인 정부가 아파트헤이트(인종분리) 정책을 종식시키고 정권을 넬슨 만델라와 과거에 금지되었던 아프리카 민족회의(ANC)의 주도하에 있는 흑인 다수파에게 정권을 이양했다. 그러나 남아프리카공화국의 흑인들은 스스로 다양한 종족간의 정체성에서 오는 갈등을 흔히 경험하고 있다. 따라서, 줄루족과 같은 대규모 종족들과 아프리카 민족회의(ANC)

의 구성원들 간의 갈등과 폭력에 대한 수많은 에피소드가 존재해왔다.

③

새로운 종교 집단들이 등장하면, 일반적으로 그들과 기존 사회 사이에는 긴장이 발생한다. 그들은 사회의 주류 밖에 이방인으로 머물 뿐만 아니라 사회의 주류로부터 저항을 불러일으킨다. 새로운 종교집단들은 주류 사회의 오래된 일처리 방식이 가장 진부하고 가장 나쁜 악이라고 생각한다. 그들의 존재 이유는 바로 주류 사회의 기존 질서에 의문을 품는데 있다. 그들은 전통적 규범들을 거부하고 전통적 권위들에 대해 의문을 제기한다.

새로운 종교 집단이 주류 사회와 갈등을 낳게 되는 하나의 사례가 크리스천 사이언스이다. 치유할 수 있는 질병에 걸린 아이들에 대해 전통적 의료 행위를 거부하는 크리스천 사이언스 신도들의, 신앙적 방식의 치유 방식에 대한 믿음이 논쟁의 중심에 있다 이러한 갈등을 심각하게 만든 것은 부모의 권리와 사회의 이해 사이의 갈등이 아니라 오히려 충돌하는 두 개의 원칙들이다. 크리스천 사이언티스트들은 의료계에서는 널리 인정받는 몸과 마음의 구별을 인정하지 않았기 때문에, 아주 사소한 진단조차도 질병을 야기할 수 있다고 주장했다. 즉 질병의 의학적 치료 효과를 인정하는 것이 크리스천 사이언스의 종교적 신념을 기반부터 흔든다는 점이 좀더 문제가 되는 것이다.

④

역사의 기록을 보면 갈등이 존재하지 않았던 시기는 없다. 갈등의 가장 폭력적 형태인 전쟁은 조직화된 무장 폭력이다. 이것은 어떤 목적을 수행하기 위하여 임의의 한 사회 집단을 겨냥한다. 전쟁은 인류 역사 전반을 통하여 존재해 왔고, 현대 세계에서도 계속되고 있다.

그러나 전쟁이 우리가 살고 있는 진보된 문명을 형성하는데 어느 정도의 역할을 했다고도 한다. 대규모의 정치 단위인 국가가 존재하기 이전에 사람들은 작은 집단을 이루어 살거나 소규모의 촌락에 거주하였다. 전쟁은 지역 집단 사이에 있는 자치의 장벽을 무너뜨렸고, 소규모 촌락들이 '군장 사회'로 알려진, 보다 규모가 큰 정치적 단위로 합병하게 하였다. 수세기에 걸친 군장사회들 간의 전쟁 행위는 국가가 형성되던 때에 최고조에 이르렀다. 잇따른 국가의 창설은 군장사회에 또 다른 의미의 사회·문화적 변화를 가져왔다. 국가가 출현하면서, 문화적으로 거대한 진보의 길이 열린 것이다. 이러한 진보는 소규모 자치 촌락의 통치 하에서는 꿈도 꿀 수 없었던 것이었다. 오직 대규모의 정치적 단위에서만 예술과 과학, 경제와 기술, 그리고 세계의 위대한 산업 문명의 핵심이라고 할 수 있는 문화의 모든 영역에서 위대한 진보가 이루어질 수 있다.

그러므로 전쟁이 어떤 의미로 보면 국가를 발생시킨 것이다. 흥미롭게도 국가의 형성이 논쟁 해법이라는 대안적 수단을 제공함으로써 사회 내의 인명 파괴적 갈등의 양을 감소시켰다.

제 4 장 주제 유형별 실전 논술 쓰기 훈련

논술의 관건은 다양한 주제에 대해 생각을 다각도로 깊이 해 보는 것이다.

이 장에서는 수많은 기출 문제들을 주제 유형별로 분류하여, 각 주제와 관련되는 대표적인 문제를 '예제'를 통해 해설하고, 뒤에 도전 문제를 실어 두었다. 수험생들은 예제 해설을 통해 관련되는 주제를 대략적으로 이해하고, 다양한 도전 문제를 스스로 풀어보아야 할 것이다. 논술 문제의 주제는 그야말로 다양하다. 흔히 학원 같은 데서 찍어주는 '적중 예상 주제' 운운하는 상술에 현혹되지 말아야 한다. 혹 비슷한 주제의 문제가 출제되었다고 하더라도 질문의 방식이나 제시문들의 배치 구조에 따라 대답을 전혀 달리 해야 하는 경우가 허다하다. 수험생들은 성급하게 〈해설·예시 답안〉을 먼저 보려고 하지 말고 문제들과 씨름해주기 바란다. 논술의 관건은 다양한 주제에 대해 생각을 다각도로 깊이 해 보는 것이기 때문이다.

1. 근대–탈근대 사회의 반성과 모색

예제

> 다음 4편의 시는 각각 시대적 변화에 따른 우리 사회의 한 단면을 함축적으로 보여 주고 있다. 시 [가][나][다][라]에 나타난 사회 발달 과정을 제시하고, 현대 문명이 인간 사회에 끼친 긍정적·부정적 영향 관계를 중심으로 바람직한 삶의 방향에 대하여 논술하시오.
>
> [가]
> 엄마야 누나야 강변 살자
> 들에는 반짝이는 금모래빛
> 뒷문밖에는 갈잎의 노래
> 엄마야 누나야 강변살자
>
>   ── 김소월, 「엄마야 누나야」
>
> [나]
> 성북동 산에 번지가 새로 생기면서
> 본래 살던 성북동
> 비둘기만이 번지가 없어졌다
> 새벽부터 돌깨는 산울림에 떨다가
> 가슴에 금이 갔다
> 그래도 성북동 비둘기는
> 하느님의 광장 같은
> 새파란 아침 하늘에
> 성북동 주민에게 축복의 메시지나 전하듯
> 성북동 하늘을 한바퀴 휘돈다

성북동 메마른 골짜기에는
조용히 앉아 콩알하나 찍어먹을
널찍한 마당은커녕 가는 데마다
채석장 포성이 메아리쳐서
피난하듯 지붕에 올라앉아
아침 구공탄 굴뚝 연기에서
향수를 느끼다가
산 1번지 채석장에 도루가서
금방 따낸 돌 온기에 입을 닦는다
예전에는 사람을 성자처럼 보고
사람 가까이
사람과 같이 사랑하고
사람과 같이 평화를 즐기던
사랑과 평화의 새
비둘기는
이제 산도 잃고 사람도 잃고
사랑과 평화의 사상까지
낳지 못하는 쫓기는 새가 되었다

— 김광섭, 「성북동 비둘기」

[다]
무뇌아를 낳고 보니 산모는
몸 안에 공장 지대가 들어선 느낌이다
젖을 짜면 흘러내리는 허연 폐수와
아이 배꼽에 매달린 비닐끈들
저 굴뚝들과 나는 간통한 게 분명해
자궁 속에 고무인형 키워온 듯
무뇌아를 낳고 산모는
머릿속에 뇌가 있는지 의심스러워
정수리 털들을 하루종일 뽑아낸다

— 최승호, 「공장지대」

[라]

나의 사유는 16비트 컴퓨터의 스위치를 올리는 순간부터 작동된다

모니터의 녹색 화면에 불이 켜지고

뇌하수체의 분비물이 허용치를 넘어 적신호가 울릴 때까지

키보드를 두드리는 나의 손은 검다

부화되지 못한 욕망과 도덕적 관점에서 비난받아 마땅할

내 개인적 삶의 흔적은

컴퓨터 파일 [삭제]키를 누르기만 하면 사라진다

나의 하루는 컴퓨터 스위치를 올리는 것

그리고 끊임없이 기록하고 기억을 저장시키는 것

세계는, 손 안에 있다

나는 컴퓨터 단말기를 통하여 지상의 모든 도시와

땅 밑의 태양 그리고 미래의 태아들까지 연결된다

나의 두 눈은 환한 불을 켜고 있는 TV

나의 심장은 거대하게 돌아가고 있는 공장의 발전실

든 것은 개인용 컴퓨터의 스위치를 올려야만 움직이기 시작한다

전기를 공급하는 것은 그러나 그대의 의지

나는, 내 몸 속으로 힘을 공급해주는 누군가에 의해 사육된다

—— 하재봉, 「비디오/퍼스널 컴퓨터」

■ 유의 사항 〈인문 · 자연계 공통〉

1. 빈칸을 포함하여 1,400자내로 논술하시오.

2. 국어정서법 원고지 사용법에 맞춰 작성하시오.

3. 예시문 속의 문장을 그대로 쓰지 마시오.

해설

논제의 구성 조건 파악

예제에서 요구하는 논술의 요구조건은 다음과 같다.

전제 : 4편의 시는 각각 시대적 변화에 따른 우리 사회의 한 단면을 함축적으로 보여 주고 있다.

① 시 [가][나][다][라]에 나타난 사회 발달 과정을 제시하고,
② 현대 문명이 인간 사회에 끼친 긍정적 · 부정적 영향 관계를 중심으로
③ 바람직한 삶의 방향에 대하여 논술하시오.

전제는 조건 ①을 분석하기 위한 단서가 된다. 각 시에 나타난 사회 발달 과정을 분석할 때, 참고하면 되겠다. 가장 중요한 조건은 ③에서 '바람직한 삶의 방향'을 제시하는 일인데, 이는 ②에서 '현대 문명이 인간 사회에 끼친 긍정적 · 부정적 영향 관계를 중심'으로 논술해야 하므로, 부정적 영향을 극복할 수 있는 삶의 방향을 제시하면 될 것이다.

이 논제의 첫단추는 각각의 시에 나타난 사회 발달 과정을 정확하게 지적하는 것이다. 첫단추를 올바로 끼어야 논점에서 벗어나지 않게 된다.

이 논제가 요구하는 논술의 구성 방향은 다음과 같다.

요구 조건	내용 및 단락 구성		논리적 단계	글자수(대략)
①	제시문 분석(네 편의 시에 나타난 사회 발달 과정)		도입	300자
②	현대 문명이 인간 사회에 끼친 긍정적 영향		전제	200자
	현대 문명이 인간 사회에 끼친 부정적 영향		문제 제기	300자
③	긍정적 영향을 극대화하고 부정적 영향을 극복할 수 있는 바람직한 삶의 삶의 방향 제시	바람직한 삶의 방향 1	해결 방안 제시	각 300자
		바람직한 삶의 방향 2		

물론, 이 구성안이 절대적인 것은 아니다. 논리적으로는 이러한 순서를 밟되, 글자수와 단락 구성은 매우 유동적일 수 있음을 명심하자. 이렇게 구체적인 구성안을 보여주는 것은 아직 논술문의 구성을 어떻게 해야 할지 감을 잡지 못하고 있는 학생들을 안내해 주기 위해서다. 처음에는 안내자의 안내에 따라 연습하고, 어느 정도 익숙해지면 자유로운 변형이 가능해질 것이다.

▪️ 제시문 분석과 문제 설정

출제자의 요구 조건에 따라 제시문을 분석해 보면 다음과 같이 될 것이다.

제시문의 시들이 '시대적 변화에 따른 우리 사회의 단면을 보여 주고 있다'고 전제할 때, 〈가〉시는 농경 사회에서 도시의 산업 사회로 이행해나가는 초기 과정에서 농촌의 가족적 정서의 상

실감과 그리움을 표현하고 있다고 볼 수 있다.

〈나〉시는 산업화가 본격적으로 진행되면서 발생한 자연의 파괴와 그에 따른 인간성 상실을 표현하고 있다고 볼 수 있다.

〈다〉시는 1970년대 이후 산업화가 급속도로 진행되면서 열악한 공장지대에서 희생되어 가는 사람들의 모습을 보여주고 있다. 이 시에서 작자는 공장 건설을 앞세운 근대화가 인간과 생명을 파괴하고 있는 산업사회의 반인간성을 고발하고 있는 것이다.

〈라〉시는 탈산업·정보화 사회의 극단적인 모습을 보여주고 있다. 오로지 컴퓨터에 접속함으로써 존재감을 느끼면서, 언제라도 '삭제' 될 수 있는 실존적 자아의 상실감을 토로하고 있다. 그리고 마지막 구절 '나는, 내 몸 속으로 힘을 공급해 주는 누군가에 의해 사육된다.' 는 표현에서 볼 수 있듯이, 삶의 주체로서의 자격을 상실하고 오로지 컴퓨터라는 기계에 의해 조종되고 있는, 소외된 자아의 모습을 자학적으로 보여주고 있다.

결국, 네 편의 시는 우리 사회가 농경 사회(〈가〉) 근대 산업 사회(〈나〉〈다〉) 탈산업·정보화 (〈라〉) 사회로 변화하는 과정에서 나타난 각 시대의 단면을 보여주고 있다.

이 논제에서 논술자 나름대로 문제 설정을 제대로 하려면 각각의 시들에 대한 시대적 배경을 읽어낼 수 있는 독해력과 평소의 사회과학적 배경 지식을 종합할 수 있는 능력이 필수적이다.

다음 예시 답안을 읽으면서, 논제의 구성 조건을 어떻게 만족시켰으며, 필자의 문제 설정은 무엇인지 분석해 보자.

▪ 하나의 예시 답안

제시된 일련의 시들은 한국 사회의 발전 과정을 단적으로 보여준다. 즉 김소월의 「엄마야 누나야」는 농촌 사회에서 도시의 산업 사회로 이행해나가는 초기에 잃어버린 농촌의 가족적 정서에 대한 그리움을, 김광섭의 「성북동 비둘기」는 본격적인 산업화가 진행되면서 나타난 인간적

사회 발달 과정

인간의 사회는 역사적으로 시간의 흐름에 따라 진보되어 왔다. 그것을 우리는 '사회 발달과정' 으로 이해할 수도 있겠다. 물론 가령 2006년이 1906년보다 반드시 더 진보적이라고 말할 수는 없다 해도 우리가 인간사회를 발달 과정으로 이해하는 것은 시기에 따른 역사적 차이들을 인간사회의 진화과정으로 파악할 수 있다는 장점을 가진다. 이런 맥락에서 특정한 시기의 인간사회를 그 전·후의 사회와 비교하여 평가하거나 설명할 수 있을 것이다. 사회 발달 과정을 파악하는 방식은 그 기준을 어떻게 설정하느냐에 따라 달라질 수 있다. 마르크스는 경제적 생산 양식을 기준하여 '원시공산제사회-노예제사회-봉건제사회-자본주의사회-공산주의사회' 로 구분한 바 있다. 사회의 지배적 생활 원리를 기준하여 '전근대사회(농경사회)-근대사회(산업사회)-탈근대사회(탈산업사회)' 로 나눌 수도 있다.

혹은 자연적 감성의 상실을, 최승호의 「공장지대」는 70년대 이후 비약적인 산업화의 과정에서 자본의 논리가 인간과 생명의 논리를 압도하고 있는 모습을, 그리고 하재봉의 「비디오/퍼스널 컴퓨터」는 정보화 사회 속에서 컴퓨터에 접속하지 않고는 아무 일도 못하게 된, 주체성을 상실한 인간의 모습을 보여주고 있다. 요컨대 이 시들은 일련의 흐름을 통해서 '농경 사회(〈가〉) 근대 산업 사회(〈나〉〈다〉) 탈산업 · 정보화 사회(〈라〉)' 라는 한국 현대 사회의 발달 과정을 압축적으로 보여주고 있다.

현대 문명은 인간의 삶의 조건을 새로운 방식으로 재편했다. 즉 전근대적 질곡에서 해방되어 풍부한 물질적 조건이 확보되었고, 더불어 과거 그 어느 때보다 자유와 평등을 구가할 수 있는 사회 · 문화적 조건이 형성되었다. 이 변화는 분명 현대 문명의 결실이기도 하다. 그러나 이 시들에서 한결같이 보여주는 것처럼 자본주의적 문명화 과정은 인간의 상실을 극대화하는 과정과 맞물리고 있다는 점에서 문제는 심각하다. 현대인이란, 물질적 풍요와 자유를 만끽하는 이면에 스스로 삶의 주체이기를 포기하고 '자본과 컴퓨터' 에 주인의 자리를 내주고 만 어리석은 존재이기도 한 것이다.

그러나 문제의 해결은 의외로 간단한지도 모른다. 인간은 욕망하는 존재이다. 인간은 끊임없이 더 행복하게 살고자 욕망한다. 전인류적인 차원에서 실험된 문명화도 따지고 보면 인간이 더 행복하게 살고자 하는 욕망에서 비롯되지 않았는가. 지금 그 문명화의 결과로 인간의 행복은 위협당하고 있다. 우리는 이미 그것을 인식하고 있고, 곳곳에서 반문명화의 새로운 욕망들이 꿈틀대고 있음을 본다. 정(正)에 대한 반(反)의 작용이다. 우리는 '내 몸 속으로 힘을 공급해주는 누군가' 에 대한 반작용으로 우리의 몸 속에서 새로운 힘이 생성되고 있음을 감지하고 있다. 아직은 미미하지만, 그 새로운 힘-욕망들은 함께 연대하고 있다. 나는 그 욕망의 연대를, 그 힘을 믿는다. 그래서 우리 사회가 문명화의 혜택을 거부하지 않으면서도 문명화의 폐해를 극복할 수 있는 새로운 합(合)으로 지양되어 갈 것임을 믿는다.

물론 난제는 많다. 신자유주의의 시장 논리가 세계를 휩쓸고 있다. 힘의 논리가 자유와 행복에 대한 인간의 욕망을 압도하는 것처럼 보이기도 한다. 그러나 인류의 양심은 결코 거기에 굴복하지 않을 것이다. 사이버 공간의 또다른 한쪽에서는 끊임없이 새로운 욕망의 연대가 이루어지고 있음을 본다. 세상을 변화시킬, 그래서 잃어버린 인간을 되찾는 진정한 힘은 누군가가 내 몸 속으로 공급해 주는 것이 아니다. 그것은 이미 내 속에서 꿈틀거리고 있다. 그 힘을 믿으며 희망의 연대를 확대하는 일, 그것이 지금 우리가 지향해야 할 올바른 삶의 방향이 아니겠는가.

도전 문제 1

난이도 ★★★★☆ 해설 및 예시 답안 → 65쪽

(가)와 (나)는 현대인의 삶의 양식의 어떤 측면들을 보여주는 글이다. 이 두 글에 비추어, (다)의 시의 화자가 희구하는 삶의 방식을 설명하고 이러한 삶의 방식에 대해 자신의 견해를 논술하시오.

(가)

1만 년이나 계속되어 온 농경사회가 한두 세기만에 일어난 산업사회에 밀려나고 바야흐로 탈산업 사회화 시대가 우리 앞에 전개되기 시작하였다. 최근 고도로 진화된 산업 사회에서는 상품과 서비스의 생산량이 15년마다 배로 늘어나고 있는데 이토록 혁명적인 변화는 일찍이 없었다. 더욱이 배증되는 데 소요되는 시간은 점차 크게 줄어들고 있다. 이런 변화는 수백만에 이르는 사람들의 습관, 신조, 생활양식 등에 폭넓은 영향을 주고 있다.

많은 사람들 가운데는 이처럼 고도로 가속화되고 있는 생활 양식에 편승하기 위하여 지금까지의 삶의 방식을 버리기까지 하는 사람들이 있으며, 생활의 페이스가 늦어지면 오히려 걱정을 하거나 언짢게 생각하는 사람들까지 나타나게 되었다. 제임스 윌슨의 조사에 의하면 유럽의 많은 우수한 과학자가 미국이나 캐나다에 이주하는 이유 중의 하나는 빠른 생활의 페이스였다. 실제로 북미로 이주한 517명의 영국의 과학자나 의사들에 대한 조사 결과, 그들이 이주를 결정하게 된 중요한 이유는 보다 많은 급료나 나은 연구 설비 때문이기도 했지만 보다 빠른 사회적 템포가 커다란 배후 요인으로 작용하였다는 것을 알 수 있었다. 그들은 다른 것보다 북미의 빠른 페이스를 선택한 것이다.

유사한 예를 최근 파리에서 개점한 미국식 트럭 스토어에서도 찾아볼 수 있다. 처음 이 가게가 개점되었을 때에는 상당한 반발이 있었다. 그러나 그때까지 옥외의 비스트로(주점)에서 1∼2시간을 소비하며 한 잔의 아페리티프를 마시던 프랑스인들이 얼마 되지 않아 트럭 스토어에서 서둘러 밀크셰이크를 마구 들이키게 되었다. 더구나 최근에는 트럭 스토어식의 가게들이 널리 퍼져 감에 따라 약 3만이나 되는 비스트로는 문을 닫게 되었다. 타임지(誌)의 말을 인용하자면 이들 가게는 '즉석 주문'의 희생이 되어버린 것이다.

어떤 히피족이 일반사회에서 뛰쳐나와 한가로운 생활을 하거나 또는 좀더 다른 생활을 찾고 있는 까닭은 기술문명의 가치에 대한 혐오감도 한 원인이 되지만 견딜 수 없는 정도의 생활의 페이스에서 무의식 중에 도피하려는 마음 때문이라고 할 수 있다.

(나)

산업 시대 개막 이래 여러 세대들은, 자연을 지배하고 물질적 풍요를 가져오며 최대 다수에게 최대 행복을 가져다주고 방해받지 않는 개인적인 자유가 보장되리라는 약속을 믿어 왔고 그 약속이 실현되리라는 희망을 가지고 있었다. 기계 에너지와 핵 에너지가 동물의 힘과 인간의 노동력을 대치하고, 컴퓨터가 인간의 두뇌를 대신하는 산업 발전이 이루어짐에 따라 우리에게 무한한 생산과 무한한 소비의 길이 열렸으며, 기술이 우리를 전능(全能)하게 하고 과학이 우리를 전지(全知)의 존재로 만들게 되었다고 믿게 되었다.

그러나 산업시대는 결국 이 위대한 약속을 이행하는데 실패하였고, 점점 많은 사람들이 새로운 사실을 인식하게 되었다. 즉 모든 욕망의 무한정한 충족은 안녕을 가져다주지 않으며 그것은 또한 행복의 길로 이끌지도 못할 뿐 아니라 최대의 쾌락으로 가는 길조차도 못된다는 사실을 깨달은 것이다. 또한 우리의 사상, 감정, 취미가 정부와 기업 그리고 이들이 지배하는 대중 매체에 의해 조종되고 있으며 우리는 모두 관료적 기계 장치 속의 톱니바퀴가 되어 버렸다는 사실에 눈이 뜨기 시작하면서 우리가 자신의 주인이 된다는 꿈은 끝나 버렸다.

이제 우리는 사유 재산, 이윤, 힘을 지주(支柱)로 삼고 있는 사회에 살게 되었다. 그리하여 취득하는 것, 소유하는 것, 이윤을 남기는 것이 산업 사회에 사는 개인의 신성하고 양도할 수 없는 권리로 인식하게 되었다. 우리가 살고 있는 사회는 재산을 획득하고 이익을 추구하는 데 전념하고 있기 때문에 우리는 좀처럼 생존의 존재 양식에 대하여 관심을 두지 않으며 대부분의 사람들은 소유 양식을 가장 당연한 생존양식으로, 심지어는 우리가 받아들일 수 있는 유일한 생활 양식으로 알고 있다.

(다)
산이 날 에워싸고
씨나 뿌리고 살아라 한다.
밭이나 갈고 살아라 한다.

어느 산자락에 집을 모아
아들 낳고 딸을 낳고
흙담 안팎에 호박 심고
들찔레처럼 살아라 한다.
쑥대밭처럼 살아라 한다.

산이 날 에워싸고
그믐달처럼 사위어지는 목숨
구름처럼 살아라 한다.
바람처럼 살아라 한다.

도전 문제 2

난이도 ★★★★☆   해설 및 예시 답안 → 67쪽

다음 (가)의 글은 현대 소비사회의 특성을 묘사하고 있다. 오늘날 (나)와 (다)의 삶의 방식이 (가)의 소비사회와 갈등을 빚는 이유와 양상을 서술하고, 그 갈등을 해소할 수 있는 방법을 자신의 관점에서 논술하시오.

(가) 소비의 시대인 오늘날에는 상품의 논리가 일반화되어 노동과정이나 물질적 생산품뿐만 아니라 문화, 섹슈얼리티, 인간관계, 심지어 환상과 개인적 욕망까지도 지배하고 있다. 모든 것이 이 논리에 종속되어 있는데, 그것은 단순히 모든 기능과 욕구가 이윤에 의해 대상화되고 조작된다고 하는 의미에서뿐만 아니라 모든 것이 진열되어 구경거리가 된다는, 즉 이미지, 기호, 소비 가능한 모델로 환기되고 유발되고 편성된다는 보다 깊은 의미에서이다.

소비과정은 기호를 흡수하고 기호에 의해 흡수되는 과정이다. 기호의 발신과 수신만이 있을 뿐이며 개인으로서의 존재는 기호의 조작과 계산속에서 소멸한다. 소비시대의 인간은 자기 노동의 생산물뿐만 아니라 자기 욕구조차도 직시하는 일이 없으며 자신의 모습과 마주 대하는 일도 없다. 그는 자신이 늘어놓은 기호들 속에 내재할 뿐이다. 초월성도 궁극성도 목적성도 더 이상 존재하지 않게 된 이 사회의 특징은 '반성'의 부재, 자신에 대한 시각의 부재이다. 현대의 질서에서는 인간이 자신의 모습과 마주하는 장소였던 거울은 사라지고, 대신 쇼 윈도만이 존재한다. 거기에서 개인은 자신을 비춰보는 것이 아니라 대량의 기호화된 사물을 응시할 따름이며, 사회적 지위 등을 의미하는 기호의 질서 속으로 흡수되어 버린다. 소비의 주체는 기호의 질서이다.

소비의 가장 아름다운 대상은 육체이다. 오늘날 육체는 광고, 패션, 대중문화 등 모든 곳에 범람하고 있다. 육체를 둘러싼 위생, 영양, 의료와 관련한 숭배의식, 젊음, 우아함, 남자다움 혹은 여자다움에 대한 강박관념, 미용, 건강, 날씬함을 위한 식이요법, 이것들 모두는 육체가 구원의 대상이 되었다는 사실을 증명한다. 육체는 영혼이 담당했던 도덕적, 이데올로기적 기능을 문자 그대로 넘겨받았다. 오늘날 육체는 주체의 자율적인 목적에 따라서가 아니라, 소비사회의 규범인 향락과 쾌락주의적 이윤창출의 원리에 따라서 다시금 만들어진다. 이제 육체는 관리의 대상이 된다. 육체는 투자를 위한 자산처럼 다루어지고, 사회적 지위를 표시하는 여러 기호 중의 하나로서 조작된다.

(나) 그는 애정을 담은 눈길로 흘러가는 강물 속을 들여다보았다. 속이 맑게 들여다보이는 초록빛 강물은 온갖 불가사의한 무늬를 만들어내며 수정처럼 빛나고 있었다. 찬연히 빛나는 진주들이 물 속 깊은 곳에서 솟아올라 물거품을 내며 거울 같은 수면 위를 헤엄쳐 다녔다. 그 물거품 속에는 하늘의 푸른빛이 고스란히 담겨 있었다. 강물은 초록색, 하얀색, 투명한 하늘색, 그런 형

형색색의 눈으로 그를 바라보고 있었다. '나는 이 강물을 얼마나 사랑하는가! 이 강물은 나를 얼마나 황홀하게 해주는가! 나는 이 강물에 얼마나 감사하고 있는가!' 그는 마음속으로부터 새로이 깨어난 음성이 자신을 향해 말하는 것을 들었다. 그 음성은 이렇게 말하고 있었다. '이 강물을 사랑하라!그 곁에 머물러라! 강물로부터 배우라!' 그는 강물의 가르침을 배우기 위해 강물이 들려주는 말에 귀를 기울이기로 했다. 강물의 비밀을 이해할 수 있다면, 더 많은 비밀, 나아가 모든 비밀까지도 이해할 수 있으리라는 생각이 들었다.

(다) 얻기를 탐내는 자는 만족함이 없으니, 모두가 사치를 좋아하는 일념 때문이다. 만약 마음이 담담하여 만족할 줄 알면 세상 재물을 구해서 어디에 쓰겠는가. 청풍명월(淸風明月)은 돈으로 사는 것이 아니요, 대 울타리 띠집에도 돈 쓸 일이 없고, 책을 읽고 도(道)를 이야기하는 데도 돈이 필요하지 않으며, 자신을 깨끗이 하고 백성을 사랑하는 데도 돈이 필요하지 않다. 다만 사람을 구제하고 만물을 이롭게 하는 데는 돈을 남기지 않는 것이다. 이처럼 마음을 가다듬고 성찰하면 세상 맛에서 초탈하게 될 것이니 탐욕스러운 마음이 또 어디로부터 나오겠는가?

섹슈얼리티
성(性)에 관한 몇 가지 관점으로서 섹스(sex), 젠더(gender), 섹슈얼리티(sexuality) 등을 이야기할 수 있다. 섹스는 생물학적 특성에 의해 구별되는 남성 및 여성의 구분을 말하며, 태어나면서부터 획득되는 정체성이다. 젠더는 섹스와 달리 사회문화적으로 결정되는 성적 정체성이다. '남성다움'이나 '여성다움'으로 차별화하여 말하는 것도 사회문화적으로 '만들어진' 편견이며, 이러한 구분 방식은 젠더적 관념에 의한 것이다. 섹슈얼리티는 욕망의 성적 구성 및 그것을 넘어 인간이 성에 대해 가지고 있는 태도, 사고, 감정, 가치관, 이해심, 환상, 성의 존재 의미 등을 말한다.

도전 문제 3

난이도 ★★☆☆☆ 해설 및 예시 답안 → 69쪽

(가)와 (나)는 현대 사회의 흐름을 진단한 글이다. (가)와 (나)에 공통적으로 나타난 현대 사회의 문제점을 찾아 요약하고, 그 해결 방안을 구체적인 예를 들어 논술하시오.(1,000자±100자 허용)

(가) 현대인의 본성이 황폐하게 된 것은 사회의 진보와 불가분의 관계에 있다. 경제적 생산성의 증가는 좀더 정의로운 세상을 만드는 데 필요한 것들을 제공하여 주었지만 다른 한편으로는 기술 장치와 이를 운용하는 집단에게 그렇지 못한 다수에 대하여 엄청난 우월감을 갖게 해 주었다. 개인은 경제 권력 앞에서 완전히 무기력해지며, 이 권력은 인간 본성에 대한 사회의 폭력을 일찍이 예견하지 못했을 정도까지 밀고 나간다. 개인은 그가 사용하는 기술 장치 앞에서 사라지지만, 그 대가로 이 장치에 의해 과거 어느 때보다도 많은 것을 제공받는다. 정의롭지 못한 상황에서 대중에게 분배되는 재화의 양이 증가할수록 대중은 무기력해지고 조종될 가능성이 커진다. 물질적으로는 괄목할 만하지만 사회적으로는 보잘것없는 대중의 생활수준 향상은 천박한 정신의 확산에서 잘 나타난다. 정신의 진정한 속성은 물신주의에 대한 부정이다. 정신이 문화 상품으로 고정되고 소비를 위한 목적으로 팔아넘겨질 때 정신은 소멸할 수밖에 없다. 지나치게 상세한 정보와 유치한 오락의 범람은 인간을 계몽하면서 동시에 바보로 만든다.

— 아도르노 · 호르크하이머, 『계몽의 변증법』

(나) 서울의 대표적인 문화 공간인 인사동이 변해 가는 모습을 보면 재개발이 도심의 문화 환경을 어떻게 파괴해 나가고 문화 터전을 허물어가고 있는가를 잘 알 수 있다. 하나 둘씩 들어서기 시작한 대형 건물들은 주변과의 조화라는 면은 아랑곳하지 않고 시위라도 하고 있는 듯하다. 이렇게 인사동에 개발의 바람이 불기 시작한 것은 역설적이게도 인사동을 보존하고 가꾸겠다는 발상에서 시작된, 주말이면 '자동차 없는 거리' 로 만드는 '행사' 가 시작된 1997년부터이다.

사람들이 몰리니까 계산 정확하고 이익에 발 빠른 사람들이 너도나도 개발에 열을 올리게 된 것이다. 하지만 이제 옛날의 정취는 그 가운데 거리에서부터 허물어지기 시작하였다. 한번 허물어지기 시작한 인사동의 자태를 다시 되돌리기는 쉽지 않을 것이다.

인사동의 골목길에 여느 거리와 마찬가지로 대형 건물과 편의점들이 들어선다면 누가 '인사동' 을 찾겠는가. '인사동' 에 사람의 발길이 이어졌던 것은 번듯한 길이 있었기 때문이 아니었다. 획일화된 도시 환경으로 말미암아 마음이 지친 사람들이 사람 사는 정이 그리워 '인사동' 의 좁은 골목길을 누볐던 것이다. 미로와 실핏줄처럼 연결되어 있는 골목길과 푸근한 느낌을 주는 낡은 한옥과 펑퍼짐한 식당 아주머니의 인심에 끌려 '인사동' 으로 발걸음을 옮기곤 했던 것이다.

골동품 가게와 통문관과 같은 전통적인 고서점들이 점차 밀려나고 카페와 노래방이 들어서는 인사동의 모습에서 나는 어찌할 수 없이 아쉬움을 느끼게 되는 것이다. 문화적인 정취가 이렇게 발 빠른 잇속에 허물어지고야 마는 것일까. 자연스럽게 형성된 작은 길이라도 그렇게 길이 생기게 된 필연성이 있을 터인데 속도와 편의성 때문에 그 필연성은 뒷전으로 물러나게 되었던 것이다.

서울의 종로통에는 '피맛골' 이라고 이름 붙어 있는 길이 있다. 이 골목의 내력에는 서민들의 비애와 지혜가 들어 있다. 조선 시대 종로의 큰길에는 영감, 대감 같은 고관대작들의 가마가 오고 가면서 '물렀거라' 라고 외쳐 대며 통행을 방해하니, 아예 고관대작들과 마주치지 않을 뒷길을 하나 더 만들어 낸 것이 지금까지 남아 있는 것이다. '피마' 란 그러니까 "똥이 무서워 피하나, 더러워 피하지"라는 속담과 더불어 태어났을지도 모르겠다.

자연히 대로에는 사람들이 오고 가지 않아도 피맛골에 사람들이 통행하게 되니 각종 음식점들이 생겨났던 것이다. 지금도 군데군데 끊기기는 했지만 이 골목길은 종로 1가에서부터 종로 5가 쪽으로 길게 이어져 있다. 이 골목길은 '대로' 로 상징되는 번듯함, 화려함, 그리고 공식 문화의 이면에 어떤 길들이 있는지 잘 보여 준다.

■ 유의 사항

① 각 문제별로 정해진 분량의 완결된 글을 쓸 것

② 각 문제별로 정해진 위치에 어문 규정과 원고지 사용법에 따라 한글로 답안을 작성할 것

③ 개요 작성이나 연습은 문제지의 여백을 활용할 것

④ 답안에 자신을 드러낼 수 있는 표현이나 표시를 하지 말 것

⑤ 필기구는 흑색 볼펜을 사용할 것(연필, 청색 펜, 수정액의 사용 금지)

⑥ 수정할 사항은 원고지 사용법에 따라 수정할 것

도전 문제 4

난이도 ★★★★★   해설 및 예시 답안 → 71쪽

다음 제시문을 읽고 물음에 답하시오(문항 1~2).

[A]

『국사』는 민족 대단결 혹은 민족에 대한 무조건적인 충성과 복종을 강요하기 위하여 '현실의 적'을 '절대 악'으로 초역사화('상상된 적')한 뒤, '민족 절멸의 공포'를 조작하는 서사 기법을 자주 활용하고 있다. 즉, 『국사』는 특정 시기의 역사를 서술할 때마다 '민족의 철천지 원수', '절멸시켜야 할 적'의 존재를 명확히 설정한 뒤, 이런 원수와 적을 물리치기 위해서는 조국과 민족에 대한 무조건적 충성과 복종, 화합과 단결이 다른 무엇보다 중요하다는 식으로 애국심이나 민족주의를 선동하고 있는데, 이런 대목에서 돋보이는 '상상 속의 적'은 역시 일본 제국주의이다. 일제와의 숭고한 투쟁을 통해서 민족사가 발전하고 대한민국이 수립될 수 있었다거나, 일제 때문에 근대화가 중단(지체)되고 민족 분단이 야기되었다는 식의 서술은, 조국과 민족의 대서사를 완성하는 데 있어서 이런 서사 기법이 얼마나 중요한 역할을 담당하고 있는가를 잘 보여준다.

『국사』가 일본 제국주의를 어떻게 신화화하였는가를 보여주는 사례는 일일이 열거하기가 어려울 정도로 무수하다. 『국사』는 '무자비' '잔인무도' '교활' '광분', 또는 '약탈' '강탈' '착취' 등의 용어를 내키는 대로 쓰면서 일제의 악마성(민족에 대한 억압과 수탈)을 논증하는 데 많은 지면을 할애하고 있다. 이런 서술 과정에서 자연스럽게 일제는 민족사 발전을 저해한 절대 악으로, 그리고 민족 대단결은 당연하고도 필연적인 민족사적 과제로 유추된다. 물론 일제의 억압과 수탈은 사실이었으며, 또 민족 대단결도 대단히 긴요한 정치적 과제 가운데 하나였다. 하지만 역사적 실재로서의 일본 제국주의를 지나치게 초역사화하여, 역사 과정의 모든 부정성을 모조리 일제 탓으로 돌리는 식의 역사 서술은 여러 가지 자가당착적인 역사 인식을 초래할 가능성이 크다. 예를 들면 조선 후기 이래의 '내재적(자생적) 근대화'가 일제의 조선 지배(식민지화)로 말미암아 완전히 중단(지체)되었다는 식의 역사 인식, 혹은 '근대화(성)'와 '식민지화(성)'를 전혀 별개의 역사 과정으로 파악하는 역사 인식 등은 그 대표적인 보기라 할 수 있다. 『국사』가 '식민지적 근대화'나 '근대 주체', 혹은 친일 세력이나 민족 개량주의 세력의 실체를 제대로 설명할 수 없었던 것도 이 같은 자가당착적인 역사 인식에서 비롯된 것이라 할 수 있다.

— 지수걸, 「'민족'과 '근대'의 이중주」

[B]

(제2차 세계대전을 배경으로 한 영화인) 「라이언 일병 구하기」는 자신의 전략적인 이해를 위해 국민에게 희생을 강요하는 국가주의에 대항하고 있는 것처럼 보이게 하면서 미국의 국민주

의를 칭송하고 있다. 그러나 그러한 휴머니즘이 체현하고 있는 미국의 국민주의를 칭송하는 일이 부조리한 죽임을 당할 수밖에 없었던 사람들의 수많은 죽음과, 공유 가능한 집단적인 기억에서 배제된 사건을 망각하고 부인함으로써 비로소 가능하게 되었음을 잊어서는 안 된다.

작품의 마지막 부분에서 영화는 50년이라는 세월을 단번에 건너뛴다. 거기에서 이야기되지 않은 사건 하나가 예컨대 베트남 전쟁이다. 영화는 1970년대 미국 사회에 엄청난 트라우마를 남긴 체험이 되었던 그 사건이 마치 그러한 일은 일어나지 않았다는 듯이 일거에 현재의 라이언의 모습을 비추어낸다. 살아남은 라이언은 베트남 전쟁 동안 어떻게 살았을까. 자신의 정의의 감각에 따라서 정의롭지 못한 것을 거부했던 라이언은 베트남 전쟁이라는 사태에 대해 어떠한 태도를 취했을까.

더욱이 영화의 마지막 장면에서 피에 젖어 나부끼는 성조기가 등장하는 것은 미국인을 위해 미국인이 흘린 피일 따름이다. 미국인으로 인해서 흘린 타자의 피, 타자의 죽음을 영화는 이야기하지 않는다. 1970년대 후반부터 1980년대에 걸쳐 빈번하게 묘사되어왔던, 미국인에 의해 살해당한 베트남 사람의 죽음이라는 사건은 여기에서는 완전히 망각되고 있다. 이러한 사태의 전개는 1991년에 발발한 걸프전 승리 이후 미국에서 일기 시작한 내셔널리즘적 언설과 궤를 같이 하고 있다. 영화 「전화(戰火)의 용기」(에드워드 즈윅 감독, 1996)에서도 또한 미국인 병사에게 폭력적 체험으로서 기억되는 것은 자기편인 미국인 사체가 방치되어 있다는 사실이다. 이라크 병사를 죽인 것은 그들 미국인 병사에게 어떠한 상처의 흔적도 남기지 않는다. 일찍이 베트남

근대사회, 근대국가, 국가주의

세계사적으로 봉건사회가 붕괴되고 자본주의가 시작되는 새로운 사회체제를 '근대사회'라고 하며, 그 근대사회를 지향하는 국가의 형성을 '근대국가'라 한다. 가령 우리나라에 있어서 조선사회가 붕괴되고 구한말 이후 불어닥친 새로운 사회적 요구는 근대사회의 건설이었다. 동학혁명이 반봉건적 성격을 띤다고 할 때 그 '반봉건'의 의미는 근대사회의 지향을 함축한다. 우리나라는 우리 민족 스스로 근대사회를 형성하지 못하고 일본 제국주의의 침탈에 의해 왜곡되었으며, 따라서 자립적 근대국가의 건설은 해방 이후에야 가능할 수 있었다. 그러나 근대국가의 건설은 정부가 수립되었다고 해서 완성되는 게 아니라 민주주의 등 근대사회에서 요구되는 사회적, 정치적 제도들이 수립되어야 비로소 완성된다. 우리 사회에 있어서 4·19혁명이나 1970년대 유신 독재정권에 대한 민주주의 투쟁은 근대국가의 완성을 위한 몸부림이었다고 볼 수 있다. 근대국가의 형성은 국민들의 삶을 근대적 사회체제에서 가능할 수 있도록 해야 하는 법적, 제도적 장치들의 국가적 제정 및 수립과 함께 한다. 따라서 근대국가는 필연적으로 국민들의 모든 삶이 국가로부터 비롯되고 통제되는 국가주의 시스템에 의해 관장된다. 어느 누구든 국가를 거부하고서는 살아가기 힘들며, 다른 나라를 여행할 때 여권이 필수적인 이유도 바로 국가주의에 기인한다. 여기서 사용하는 '근대'란 '현대' 이전의 사회를 의미하는 게 아니며, 오늘날의 삶도 근대인·근대사회로 표현된다. 근대를 달리 말하여 '현대'라 표현한다. 따라서 '탈근대'는 현대를 의미하는 게 아니다. 오늘날 근대사회가 갖는 한계를 넘어 새로운 사회적 가능성을 찾고자 하는 것이 탈근대(=탈현대) 운동이다. 근대성(근대사회적 정체성)과 탈근대는 중첩되되 서로 다른 지향성을 갖는다. 각 대학의 논술 문제 제시문에서 사용되는 '근대'/'탈근대'라는 개념은 이런 맥락에서 이해되어야지 현대 이전의 시간적 개념으로 이해해서는 안 된다.

전쟁을 묘사했던 일련의 영화에서 '타자'와 만나는 그 자체가 폭력적인 체험이라는 점이 반복적으로 그려지고 있는 사실을 고려한다면, '타자'의 존재가 빠져 있는 이들 서사는 명백히 사상적인 후퇴라고 할 수 있다. 그리고 그것은 미국의 내셔널한 욕망과 결탁하고 있는 것처럼 나에게는 생각된다.

— 오카 마리, 「기억/서사」

[C]

역사공동체를 구성하는 가장 중요한 요소는 동류의식과 역사의식을 공유하는 것이다. 고구려가 중국의 일부였는지 한국의 일부였는지를 가늠할 수 있는 가장 명확한 기준은 고구려인이 중국인이라는 자의식을 갖고 있었는지 혹은 한국인이라는 자의식을 표명한 적이 있는지를 확인하는 것이다. 또한 당시의 중국인이나 한국인이 고구려인과 동류의식을 갖고 있었는가도 중요한 기준이 될 수 있다. 그러나 그 어떠한 경우에서도 중국인과 고구려인이 동류의식을 가졌다는 증거는 발견되지 않는다. 단지 고구려가 멸망한 뒤에 중국인들이 고구려인을 가리켜 '오군삼한'(五郡三韓)인으로 지칭한 자료가 발견되는 것으로 보아, 고구려가 중국인들에게 '5군' 즉 요동(에 설치된 바 있는 요동군, 낙랑군, 현도군 등 5개 군)과 '삼한', 다시 말해서 한국의 통합 국가로 인식되었음을 확인할 수 있을 뿐이다. 또한 고구려인은 부여와 관련된 건국신화를 보유하는 한편 '기자신'(箕子神)을 설정하여 제사함으로써 (기자)조선을 계승했다는 역사의식을 표현했고, 고구려가 멸망한 뒤에는 발해인(渤海人)이 다시 고구려 계승 의식을 표명함으로써, 조선과 부여, 고구려, 발해로 이어지는 요동사적 역사의식을 형성하였다.

이처럼 고구려인은 중국인이나 한국인과 생활공간을 함께 하지 않았으며, 동류의식을 갖지도 않았고, 역사의식이나 문화양식, 언어, 역사적 경험 등을 달리했다. 그들은 요동 고유의 생활공간과 문화양식, 언어, 역사적 경험, 동류의식과 역사의식 등을 가지고 있었다. 따라서 우리는 고구려가 중국이나 한국이 아닌 요동에서 출현한 요동 국가였음을 확인할 수 있다. 단지 고구려가 평양으로 천도한 뒤에는 고구려인이 한국인과 생활공간, 문화양식과 언어, 역사적 경험과 동류의식, 역사의식 등을 부분적으로 공유했던 사실도 확인할 수 있는 만큼, 후기의 고구려가 요동과 한국을 함께 아울러 지배한 통합 국가였다는 작업가설도 하나의 역사적 사실로서 확립시킬 수 있다고 할 것이다.

— 김한규, 「요동사」

〈문항 1〉(30%)
제시문 [A]와 [B]가 공통적으로 제기하고 있는 문제가 무엇인지를 논하시오.(400~500자)

〈문항 2 〉

제시문 [A]와 제시문 [C]를 비교하여 글을 쓰려고 한다. 아래 주어진 글에 이어질 알맞은 내용을 쓰되, 반드시 다음 제시어 중 세 단어 이상을 사용하여 완성하시오.(400~500자)

(유의 사항 : 제시어 사용은 한글과 한자 모두 가능하며, 어떤 제시어를 사용했는지 답안지에 밑줄을 그어 표시하시오)

국가사(國家史), 갈등(葛藤), 관점(觀點), 일상(日常), 객관(客觀), 통일(統一), 정당화(正當化), 왜곡(歪曲), 동(東)아시아

제시문 [A]는 역사를 기술하는 특정한 관점을 비판하고 있다. 그러나 그러한 비판을 피할 수 있는 어떤 새로운 역사 기술의 방법을 구체적으로 보여주고 있지는 않다. 이런 점에서 볼 때, 제시문 [C]의 접근법은 제시문 [A]의 필자가 주장하는 『국사』기술의 문제점을 극복할 수 있는 하나의 대안이라고 생각한다. 제시문 [A]와 비교해 볼 때, 제시문 [C]는 다음과 같은 특성과 의미를 가지고 있는 것으로 보인다.

2. 세계화 · 정보화 사회의 진단과 모색

예제

[문제 1] 〈제시문 가〉를 바탕으로 〈자료 1〉과 〈자료 2〉에 담긴 현상과 의미를 설명하고, 이 경우 초래될 수 있는 문제점과 그 대응 방안을 논술하시오. (750~800자, 125점)

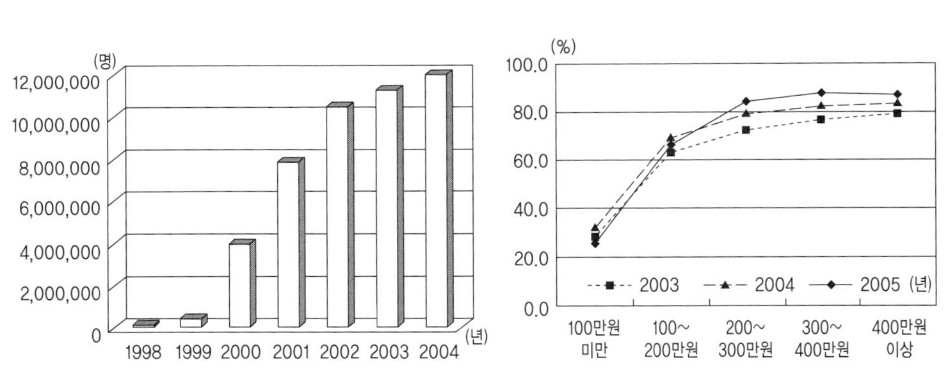

자료: 한국인터넷진흥원(2005)

[문제 2] 〈제시문 가〉와 〈제시문 나〉의 요지를 응용하여 〈제시문 다〉의 사회역사적 의미를 현대적 관점에서 논술하시오. (750~800자, 125점)

〈제시문 가〉

오늘날 정보통신기술의 비약적 발전으로 전통적 지식이 디지털 형태의 정보로 전환되고 있다. 그런데 지식이 정보로 전환될 때에는 대개 의미의 굴절이 일어난다. 이런 까닭에 지식과 그 지식을 디지털 형태로 전환한 정보를 구분할 필요가 있다. 그렇다면 지식과 정보는 어떻게 다른 것일까? 정보사회학자들의 설명을 요약하면 그 차이는 다음과 같다. '지식'은 인간이 오랜 시간 동안 사유와 실천 활동을 통해 부여한 체계적이고 복합적인 의미의 집적물이다. '정보'는 잠재적 수요자를 위해 지식에서 추출한 데이터의 기술적 가공물, 이를테면 지식을 요약한 핵심적이고 기본적인 의미의 집적물이다. 또한 지식은 체계성과 복합성이라는 그 속성상 지적 훈련을 거친 엘리트만이 접근하고 획득할 수 있는 대상이 된다. 이에 비해 디지털 형태로 전환된 정보는 대중의 접근을 수월하게 하고, 전달과 획득에 필요한 시간을 감소시켜 주며, 저장과 가공을 용이하게 한다. 예를 들어 오늘날 인터넷이 학문 발전과 산업 발전을 위한 중요한 촉매제가 된 것은 그것이 유례없이 빠른 속도의 정보교환과 상상을 초월할 정도로 광범위한 의사소통을 가능하게 해 주기 때문이다. 그러나 이렇게 편의성과 효율성이 제고된 정보사회가 반드시 장밋빛 미래를 보장하는 것은 아니다. 디지털 정보의 경우 제공자와 사용자의 익명성으로 인해 오용되거나 남용될 가능성은 언제나 존재하며, 그런 일은 실제로도 빈번히 일어나고 있다. 그리고 정보를 독점적으로 장악한 자가 특정한 목적에 이를 악용할 위험 역시 상존한다. 같은 물이라도 뱀이 마시면 독이 되고 소가 마시면 우유가 되는 것처럼, 정보의 활용에도 양면성이 있음을 잊지 말자.

〈제시문 나〉

현대를 대표하는 지성인 가운데 한 사람인 장 프랑수아 리오타르에 따르면, 플라톤 이후 과학의 정당화 문제는 권력의 정당화 문제와 불가분의 관계에 놓인다. 이를테면 "무엇이 (과학적으로) 참인가"를 결정하는 문제는 "무엇이 (도덕적으로) 옳은가"를 결정하는 문제와 더 이상 무관하지 않다. 과학과 윤리학, 과학과 정치학을 분리해서 생각할 수 없는 이유도 여기에 있다. 우리 시대의 권력은 그 어느 시대의 권력보다 더 집요하게 과학적 지식, 나아가 정보 일반을 소유하고 관리하고 싶어 한다. 특히 미국의 9·11 테러 사건 이후 이런 욕망은 더욱 강렬해지고 있다. 리오타르의 말을 빌리자면, 정보화 시대에서 '지식에 관한 물음'은 필연적으로 '지배에 관한 물음'으로 귀결된다. 요컨대 오늘날 지식과 정보가 떠안은 진리와 윤리라는 이중의 짐은 점점 더 무거워지고 있다.

'지식에 관한 물음'과 '지배에 관한 물음'

'지식에 관한 물음'은 때로는 '지배에 관한 물음'의 동의어로 작용하기도 한다. '지배에 관한 물음'을 '지식에 관한 물음'으로 바꾸어 사용하기 때문이다. 가령 정부 정책에 대하여 정부의 잘못은 인정하지 않고 국민들에 대한 홍보가 부족한 탓이라고 우기는 관료주의적 태도 역시 국민들이 잘못 알고 있지 않느냐는 지식에 대한 물음으로 귀결시키려 하지만 실은 국민들을 지배하는 방식인 것이다. 이처럼 지식은 지식 자체로 중립적으로 존재하지 않고 지배의 힘(효과)으로 작용하는 경우가 많다. 이때 지식은 이데올로기가 되고 권력 행사의 수단이 된다.

〈제시문 다〉

대통령 각하, 마침내 드레퓌스가 군사 법정에 섰습니다. 재판은 완전 비공개로 진행되었습니다. 적에게 국경을 열어 독일 황제를 노트르담 성당까지 안내한 반역자라 하더라도 이보다 더 쉬쉬하며 재판을 하지는 않았을 겁니다. 국민들은 대경실색한 채 온갖 풍문이 떠도는 이 무시무시한 드레퓌스의 배신 행위에 대해 수군거렸습니다. 물론 그들은 국가의 조치를 존중했습니다. 그들은 그 어떤 가혹한 형벌도 충분치 않다고 생각했습니다. 그런데 저 비밀의 방에서 조심조심 묻어야만 했던 그 말할 수 없는 것들, 전(全)유럽을 화염에 휩싸이게 할 수도 있다던 그 위험한 것들은 과연 진실이었을까요? 아닙니다! 기상천외한 삼류 소설을 실화로 만들기 위해 국방부는 모든 것을 날조했습니다. 군사 법정에서 낭독된 기소장을 주의 깊게 살펴보면, 이 사실은 금방 드러납니다. 아! 이 얼마나 어처구니없는 기소장인지요! 이런 기소장으로 한 인간에게 유죄 판결이 내려진다면, 그것이야말로 불의의 극치입니다. 드레퓌스는 수개 국어를 구사합니다, 유죄. 그의 방에서는 위험한 서류가 한 장도 발견되지 않았습니다, 유죄. 그는 가끔 조상의 나라를 방문합니다, 유죄. 그는 근면하며 모든 것을 알고자 할 정도로 지식욕이 강합니다, 유죄. 그는 마음의 동요를 일으키지 않습니다, 유죄. 그는 마음의 동요를 일으킵니다, 유죄. 얼마나 터무니없는 내용이며, 얼마나 황당한 주장인지요! 대통령 각하, 목하 국방부는 온갖 수단을 동원하여, 예컨대 언론 캠페인, 흑색선전을 통해 드레퓌스를 파멸로 몰아가고 있습니다. 그러나 진실은 여전히 전진하고 있고, 아무 것도 그 발걸음을 멈추게 할 수 없습니다. 사실 오늘에서야 '사건'이 진정으로 시작되는 셈인데, 왜냐하면 오늘에서야 각자의 입장이 확실해졌기 때문입니다. 한쪽에는 햇빛이 비치기를 원치 않는 범죄자들이 있고, 다른 한쪽에는 햇빛이 비칠 때까지 목숨마저도 바칠 정의의 수호자들이 있습니다. 대통령 각하, 저는 드레퓌스를 부당하게 법정에 세운 국방부 장관, 참모총장, 참모차장, 기타 사건 관련자들을 공개적으로 고발합니다. 하지만 저는 그들을 알지도 못하며, 단 한번 만난 적도 없으며, 그들에 대해 원한이나 증오를 품고 있지도 않습니다. 그들은 제게 사회악의 표본일 뿐입니다. 그리고 오늘 저의 행위는 진실과 정의의 폭발을 앞당기기 위한 한 영혼의 외침일 뿐입니다.

— 에밀 졸라, 『나는 고발한다 — 대통령 펠릭스 포르 씨에게 보내는 편지』

■ 유의 사항

1. 시험 시간은 120분임
2. 답안에 문제 번호를 쓰고 한 칸 띄우고 시작할 것.
3. 답안의 분량을 지킬 것(띄어쓰기 포함).
4. 자신을 드러내는 표시를 하지 말 것.
5. 제목을 쓰지 말 것.
6. 답안 작성은 흑색 또는 청색 펜만을 사용할 것.

해설

■ 논제의 구성 조건 확인

[문제 1]

[문제 1] 에서 요구하는 논제의 구성 조건은 다음과 같다.

① 〈제시문 가〉를 바탕으로

② 〈자료 1〉과 〈자료 2〉에 담긴 현상과 의미를 설명하고,

③ 이 경우 초래될 수 있는 문제점과 그 대응 방안을 논술하시오.

이에 따라 논술문의 구성 개요를 정리하면 다음과 같다.

1. 〈제시문 가〉 요약 : 제시문 분석(전제)

2. 〈제시문 가〉의 논지를 바탕으로 〈자료 1〉과 〈자료 2〉에 담긴 현상과 의미를 설명 자료 해석 및 분석(도입)

3. 이 경우 초래될 수 있는 문제점(문제 제기)

4. 그에 대한 대응 방안을 논술(해결 방안 제시)

단락의 구성도 이 구성안에 따르면 무난할 것이다. 4번 항목은 두 단락으로 구성할 수도 있다. 통상적인 의미의 '서론–본론–결론' 의 형식에는 맞지 않지만, 이런 구성도 충분히 통일성과 완결성을 갖춘 한 편의 글이 될 수 있다는 점을 명심하자.

[문제 2]

[문제 2]에서 요구하는 논제의 구성 조건은 다음과 같다.

①〈제시문 가〉와 〈제시문 나〉의 요지를 응용하여

②〈제시문 다〉의 사회 · 역사적 의미를 현대적 관점에서 논술하시오.

1. 〈제시문 가〉와 〈제시문 나〉의 요지 : 제시문 분석(전제)

2. 〈제시문 다〉의 요지 : 제시문 분석(문제 제기)

3. 〈제시문 가〉와 〈제시문 나〉의 요지를 응용하여, 〈제시문 다〉의 사회 · 역사적 의미를 현대적 관점에서 논술하기 : 의미 분석(주장+논거)

글의 처음을 출제자의 질문 순서에 따라 〈제시문 가〉와 〈제시문 나〉의 요지를 제시하면서 시작하면 무난하겠지만, 경우에 따라서는 〈제시문 다〉의 요지를 제시하면서 시작할 수도 있겠다.

여기서 '~를 응용하여'라는 것은 문제 의식을 공유하거나 활용하라는 뜻이다. 반드시 전체 논지의 중심이 되어야 할 이유는 없다.

⬛ 자료 및 제시문 분석과 문제 설정

1. 자료 분석

〈자료 1〉

〈자료 1〉은 1998년부터 2004년까지의 인터넷 가입자 수를 나타내고 있다. 이 표를 보면, 2000년에서 2002년 사이에 인터넷 가입자 수가 급증하였음을 알 수 있다. 이것은 인터넷의 대중화가 특정 시기에 급속하게 진행되었음을 알 수 있는데, 이것은 시대적 요청이기도 하겠으나 아마도 국가의 정보화 정책에 따른 것이기도 할 것이다. 당시 김대중 정부는 산골 곳곳에도 인터넷 이용이 가능하도록 정책적 배려를 하였고, 그에 따라 한국은 세계적인 인터넷 강국이 되었다.

〈자료 2〉

〈자료 2〉는 저소득일수록 인터넷 이용도가 현저히 낮고 중소득 수준 이상이면 큰 차이없이 인터넷 이용도가 높음을 보여주고 있다. 저소득층은 대개 먹고 사는 문제에 시간을 더 할애하고, 중소득층 이상은 인터넷 이용 자체가 소득원과 연결될 수 있는 것으로 해석할 수 있다. 또한 저소득층은 인터넷에의 접근할 수 있는 환경이 현저히 열악하기 때문일 수도 있다.

두 자료의 통합

두 자료를 통합해 보면 인터넷 가입자 수가 1천만 시대를 넘어선 지도 이미 4년이나 되었는데, 소득별 이용도를 보면 빈부에 따른 차이가 두드러지고 있음을 알 수 있다. 오늘날 사회는 인터넷에 의한 정보 통신 사회로 규정될 수 있는 바, 그리고 정보 통신 활동이 경제 활동과도 상당한 유관한 바, 빈부 격차가 인터넷 정보 통신 이용률의 차이로 이어져, 인터넷 환경 속에서 삶의 질적 차이로 재생산될 수 있음을 알 수 있다.

이에 대한 대응 방법으로서는 인터넷 빈부 격차를 극복하기 위한 정부 차원의 정책적 배려가 더 강화되어야 한다. 정부는 농어촌에 정보 마을이라 해서 컴퓨터 무상 지원 등 인터넷 환경을 선별적으로 조성해주고 있다. 이를 지속적으로 확대해주고 농어촌뿐만 아니라 도시의 저소득층에도 배려를 해주어야 한다. 그러나 인터넷은 기술적인 접근이 요구되므로 저소득층의 필요성과 의지가 선행되어야 정보화에서 소외되지 않을 것이다. 그러나 웬만큼 필요성을 절실히 느끼지 않고서는 접근이 거의 불가능한 측면도 있다.

2. 제시문 분석

〈제시문 가〉

정보 통신 시대에 접어들면서 전통적 지식은 디지털 형태의 정보로 전환되고 있다. 지식에 비해 정보는 대중적으로 더 접근이 용이한 형태로 존재한다. 디지털 형태로 전환된 정보는 전달 속도가 빠르고 광범한 의사 소통이 가능하므로 유익하다. 그러나 정보의 독점, 익명성의 사용 등의 폐해가 나타나고 있다. 이렇게 정보는 양면성을 지니고 있다.

〈제시문 나〉

과학의 정당화 문제는 권력의 정당화 문제와 불가분의 관계에 있다. 무엇이 (과학적으로) 참인가는 무엇이 (도덕적으로) 옳은가와 무관하지 않다. 정보화 시대에 있어서 '지식에 대한 물음'은 '지배에 대한 물음'으로 귀결된다. 지식과 정보의 권력화를 지적하고 있는 글이다.

〈제시문 다〉

대통령에게 보내는 호소문이다. 드레퓌스는 모든 것을 날조한 국방부에 의해 반역자로 낙인 찍혀 재판에 회부되었고 그 기소장도 황당한 것들로 되어 있다. 에밀 졸라는 진실과 정의의 폭발을 위해 정의의 수호자들과 함께 국방부장관, 참모총장, 참모차장 등을 고발한다. 드레퓌스에게 유죄 판결을 내린다면 불의의 극치이다. 이 글에는 권력의 힘으로 진실을 날조하여, 즉 정보를 독점하면서 왜곡하여 죄없는 한 사람을 처벌하려는 것에 대항해 진실과 정의를 수호하려는 의지가 담겨있다.

3. 〈제시문 다〉의 사회 · 역사적 의미

〈제시문 가/나〉의 요지 응용

정보의 독점과 악용(제시문 가), 권력의 정당화를 위한 정보의 왜곡(제시문 나) 등을 응용하도록 한다.

〈제시문 다〉의 사회 · 역사적 의미

〈제시문 다〉는 사실을 조작하여 한 군인을 반역자로 낙인찍어 처벌하려는 국방부 권력에 저항하여 진실과 정의를 지켜내자 하는 의지를 표현하고 있는 호소문이다. 이는 외국의 유명한 사례에 불과하지만, 우리나라에서도 국방부 권력은 병영에서 발생한 사건들에 대하여 정확한 정보들을 알리지 않고 독점함으로써 자신들의 잘못을 은폐하고 병사들의 인권을 무시하는 사례가 많았다. 특히 불의의 사고로 죽었을 때 진실은 규명되지 않고 '개죽음' 으로 되는 경우가 다반사였다. 영화 「실미도」는 그 사례를 여실히 보여준다. 이러한 행태는 국가 안보와 관련되어 정당화되기 일쑤였고 당사자들은 안보 이데올로기에 따라 침묵을 당해야만 했다. 그러나 〈제시문 다〉의 경우는 매우 용기 있는 태도로서 진실을 규명하고 정의를 수호함으로써 세계사적인 기록으로 남아 있는 글이다. 과학의 정당화 문제는 권력의 정당화 문제이듯이 안보 논리의 정당화는 때로는 권력의 정당화로 사용되기도 한다. 오늘날도 여전히 권력은 다양한 방식으로 표현되며 행사된다. 진실과 정의는 은폐되고 있으며 더 이상 사람들의 관심사가 아닌 것처럼 보인다. 그러나 여전히 진실과 정의는 살아 있어야 할 우리 시대의 과제이다. 우리 사회의 역사적 진보는 여전히 이 문제와 관련되어 존재한다.

▪▪ 하나의 예시 답안

[문제 1]

정보 통신 시대에 접어들면서 지식은 디지털 형태의 정보로 전환되어 대중적으로 접근이 훨씬 용이한 형태로 존재하는데, 이에 따라 인간의 생활 양식이 현저하게 바뀌었다. 우리나라의 경우는 세계 인터넷 강국이라 할 만큼 정보 통신의 대중화 시대가 열린 지 이미 오래다. 〈자료 1〉과 〈자료 2〉는 그것을 실증해 주고 있다. 〈자료 1〉은 1998년부터 2004년까지의 인터넷 가입자 수를 나타내고 있다. 이 표를 보면, 2000년에서 2002년 사이에 인터넷 가입자 수가 급증하였음을 알 수 있다. 이것은 인터넷의 대중화가 특정 시기에 급속하게 진행되었음을 알 수 있는데, 이것은 시대적 요청이기도 하겠으나 아마도 국가의 정보화 정책에 따른 것이기도 할 것이다. 그런데 〈자료 2〉는 저소득일수록 인터넷 이용도가 현저히 낮고 중소득 수준 이상이면 큰 차이 없이 인터넷 이용도가 높음을 보여주고 있다. 저소득층은 대개 먹고 사는 문제에 시간을 더 할애하고, 중소득층 이상은 인터넷 이용 자체가 소득원과 연결될 수 있는 것으로 해석할 수 있다. 또한 저소득층은 인터넷에 대한 접근성이 현저히 낮기 때문일 수도 있다. 어쨌거나 소득별 이용도를 보면 빈부 격차 현상이 두드러지고 있음을 알 수 있다. 오늘날의 사회는 인터넷에 의한 정보 통신 사회로 규정될 수 있는 바, 그리고 정보 통신 활동이 경제적-소비적 활동과도 상당히 유관한 바, 인터넷 정보통신의 빈부 격차에 따라 삶의 질의 격차가 재생산되고 있음을 알 수 있다. 이에 대한 대응 방법의 하나로서 인터넷 빈부 격차를 극복하기 위한 정부의 정책적 배려가 더 확대되어야 한다. 정부는 농어촌에 '정보 마을' 이라 해서 컴퓨터 무상 지원 등 인터넷 환경을 선별적으로 조성해주고 있다. 이를 지속적으로 확대해주고 농어촌뿐만 아니라 도시의 저소득층에까지 확대해 주어야 한다.

[문제 2]

　　〈제시문 다〉는 한 군인을, 사실을 조작하여 반역자로 낙인찍어 처벌하려는 국방부 권력에 저항하여 진실과 정의를 지켜내기 위한 의지가 담긴 호소문이다. 이는 외국의 유명한 사례에 불과하지만, 우리나라에서도 국방부 권력은 병영에서 발생한 사건들에 대하여 정확한 정보를 알리지 않고 독점함으로써 자신들의 잘못을 은폐하고 병사들의 인권을 무시하는 사례가 많았다. 특히 불의의 사고로 죽었을 때 진실은 규명되지 않고 '개죽음'으로 되는 경우가 다반사였다. 영화 「실미도」는 그 사례를 여실히 보여준다. 물론 「실미도」의 군인들은 진짜 군인이 아니다. 그렇다고 무장공비도 아니다. 그러나 그들은 국가 권력에 이용되어 혹독한 훈련을 감수했지만 그 국가 권력에 의해 억울한 죽음을 당하게 된다. 그리고 그 진실은 오랫동안 철저히 가려져왔다. 이러한 행태들은 국가 안보와 관련되어 정당화되기 일쑤였고 당사자들은 안보이데올로기에 따라 침묵을 당해야만 했다. 그러나 〈제시문 다〉의 경우는 매우 용기 있는 태도로서 진실을 규명하고 정의를 수호함으로써 세계사적인 기록으로 남아 있다. 과학의 정당화 문제는 권력의 정당화 문제이듯이 안보 논리의 정당화는 때로는 권력의 정당화로 사용되기도 한다. 오늘날도 여전히 권력은 다양한 방식으로 표현되며 행사된다. 진실과 정의는 은폐되고 있으며 더 이상 사람들의 관심사가 아닌 것처럼 보인다. 그러나 여전히 진실과 정의는 살아 있어야 할 우리 시대의 문제이다. 우리 사회의 역사적 진보는 여전히 이 문제와 관련되어 존재한다.

도전 문제 1

난이도 ★★★☆☆ | 해설 및 예시 답안 → 73쪽

〈문항 1〉 아래 두 편의 글, [가]와 [나]의 상관성을 통해 드러나는 현대사회의 문제를 요약하라. (30%, 500~600字, 띄어쓰기 포함)

[가]

구치소에서는 저 유명한 벤담의 일망 감시시설을 본뜬 원형 칸막이가 운동 공간이었다. 이 시설물은 수인 각자가 보여지기만 할 뿐 남을 볼 수는 없게 되어 있다. 벤담의 감옥은 원래 베르사유의 동물원 시설에서 착상을 얻었다고 하는데, 가장 바깥쪽에 원형의 높고 긴 담을 둘러치고 케이크나 피자를 자르듯이 부채꼴 모양으로 칸을 나누었다. 각 칸막이마다 문이 달려 있어서 수인을 안으로 밀어 넣고 문을 닫으면 그는 그냥 부채꼴의 시멘트 담 속에 혼자 갇힌다. 원형의 탑이 중앙에 있고 이것은 이층으로 되어 있다.…감시자는 계단을 통하여 위로 올라가 사방의 칸막이를 위에서 동시에 관찰할 수가 있다. 그러나 나는 감시자가 우리를 칸막이에 넣어두고 정말로 충실히 수인들을 관찰하기 위하여 탑의 가장자리를 빙글빙글 돌아다니거나 하는 꼴을 본 적이 없다. 그는 어딘가 보이지 않는 편안한 자리에 앉아 담배를 피우고 있거나 동료와 잡담을 하고 있을 것이다. 하지만 위에서는 언제라도 마음만 먹으면 고개를 쭉 빼거나 돌려서 어느 칸이나 누가 무엇을 하는지를 살필 수가 있다. 시설은 참으로 상징적이었다. 연구실의 쥐새끼들처럼 우리들의 맴도는 움직임은 적나라하다.

─ 황석영 著, 『오래된 정원』

[나]

컴퓨터 기술의 사회적 영향에 대해 연구했던 캐나다 엔지니어 캘빈 고트립(Calvin Gottlieb)은 우리가 사는 세상에 프라이버시는 더 이상 존재하지 않는다고 주장한다. 자신의 이해 관계가

일망 감시 시설

원형감시망 혹은 판옵티콘(panopticon). 원형감시망은 18세기말 영국의 공리주의자 제레미 벤담이 설계한 교도소를 말하는데, 둥근 원형으로 이루어져 있고 각 방에는 죄수가 수용되어 있다. 그 원형의 한 가운데에는 탑이 있어 감시자가 원형의 가운데서 모든 방의 죄수들을 감시할 수 있다. 방의 창문으로는 빛이 들어와 감시자는 각방의 죄수들을 볼 수 있지만, 탑은 어두워서 죄수들은 탑의 감시자를 볼 수 없다. 감시자가 자기 모습은 드러내지 않고도 모든 죄수들의 움직임을 감시할 수 있도록 하고 있으며, 죄수들은 항상 감시당하고 있는 것으로 인지되어 감시의 시선을 내면화하는 장치이다. 이를 프랑스의 사회학자 미셸 푸코는 학교, 병원, 감옥, 군대 등을 판옵티콘으로 보면서 근대사회의 권력망으로 분석하였다. 오늘날 폐쇄회로 텔레비전이나 전자정보를 통한 전자감시망이 모두 그 형태이다. 문제는 어떤 건물이나 감시 시설이 판옵티콘적이냐가 아니라 사회 자체가 거대하고 미세하게 판옵티콘화되며 감시사회를 구축해가고 있다는 데 있다.

걸려 있을 때에는 다른 사람들의 프라이버시를 고려하지 않는 경우가 너무 흔하기 때문이다. 이는 그 사람들만의 문제라고는 할 수 없는데, 많은 경우에 타인의 프라이버시는 내가 알고 싶어 하는 권리나 욕구와 상충된다. 문제는 여기서 그치지 않는다. 사람들은 약간의 편리함을 위해 프라이버시를 너무 쉽게 포기한다. 당첨될 확률이 하늘의 별따기만큼이나 어려운 경품 때문에 성명, 주소는 물론 전화번호까지 쉽게 제공한다. 적립금이나 마일리지 보너스를 위해 멤버십 카드를 만들고, 이를 위해 자세한 신상 정보를 제공한다. 공공의 안전을 보장한다는 이점 때문에 폐쇄회로 텔레비전으로 인한 프라이버시 침해에 무관심하다. 핸드폰 전화번호는 이미 자기 사무실 전화번호만큼이나 공적인 것이 되었다. 실명 등록을 권하는 국내의 어느 포털 사이트는 핸드폰 번호를 입력하지 않으면 아예 회원으로 등록할 수 없는 곳도 있다.

── 홍성욱 著, 『파놉티콘─정보사회 정보감옥』

〈문항 2〉 제시문 [라]에서 예견된 "지적 재앙"이란 말이 어떤 함축을 담을 수 있는지를 제시문 [다]를 참고하여 논하라. (30%, 500~600字, 띄어쓰기 포함)

[다]

원시적 농업시대에 곤충은 농부들에게 별로 고민거리가 아니었다. 곤충으로 인한 문제가 심각해진 것은 농업이 본격화되고 대규모 농지에 대한 작물 재배를 선호하면서부터 시작되었다. 이런 방식으로 농사를 짓게 되면 특정 곤충 개체의 수가 폭발적으로 증가할 수 있는 환경이 조성된다. 단일 작물 경작은 자연의 기본적 원칙이라기보다는 기술자들이 선호하는 방식이다. 자연은 자연계에 다양성을 선사했지만 인간은 이를 단순화하는 데 열성을 보이고 있다. 특정 영역 내의 생물에 대해 자연이 행사하는 내재적 견제(牽制)와 균형 체계를 흐트러뜨리려 애쓰는 것이다. 자연의 견제로 인해 각각의 생물들은 자신들에게 적합한 넓이의 주거지를 확보할 수 있었다. 하지만 단일 작물을 경작할 경우(예를 들어 밀과 다른 작물을 섞어 키우는 대신 밀만 재배하게 되는 경우)에는 다른 작물 때문에 널리 퍼져나갈 수 없게 된 해충이 급증하게 된다.

── 레이첼 카슨, 『침묵의 봄』

[라]

전세계 6천여 언어 중 5~10%가 다음 세기 내에 사라질 것이라고 한 언어학자는 말한다. 알래스카토착어연구소 소장 M. 크라우스 같은 학자들은 오늘날 언어의 90%가 100년 내에 운명을 다할 것이라고 진단한다. 현존하는 언어의 20~50%는 더 이상 아이들에게 가르쳐지지 않고 있다. 약 20억 9천만 명(세계 인구의 1/3이 넘는다)이 일상적으로 영어에 노출되어 있으며, D 크리스털을 비롯한 언어학자들은 수세기 내에 세계는 대체로 단일언어권이 될 것이라고 판단한다. 이것은 "지금까지 이 행성이 경험했던 것 중에서 가장 큰 지적 재앙"임이 틀림없다고 크리스틸은 말한다. 또 다른 언어학자들은 영어의 지위가 중국어나 힌두어, 스페인어 혹은 아랍어에게 넘어갈 수 있다고 말하지만, 이들 역시 현재의 언어의 풍부함은 상실될 것이라는 데 동의한다. 설령 단일언어권은 아니라 할지라도 과부족 언어의 시대가 도래할 것이다.

— 제이 그리피스, 『시계 밖의 시간』

〈문항 3〉 다음 세 편의 글 [마], [바], [사]를 동일한 사람의 글로 보고, 그 필자가 문제삼고 있는 대상(현실)은 무엇이며, 필자는 어떠한 시각과 전망에서 그러한 대상을 분석하고 있는지를 쓰되, 위와 같은 전망에 동조할 경우 위에 제시된 대안적 가능성 외에 또 어떤 다른 구체적인 가능성이 제시될 수 있는지를 논하라. (40%, 1200~1400字, 띄어쓰기 포함)

[마]

17세기 중반 과학의 제도적 기관들이 형성되고 있었을 당시에, '런던왕립학회'는 자신의 과제는 "남성적 세계관을 고양시키기 위한 것"이라고 언명하였다. 프란시스 베이컨은 "진정한 남성적 시대"의 막을 열고, 사람들을 "자연과 자연의 모든 산물들에게로 인도하여, 자연을 인간에게 봉사하도록 예속시키고, 자연을 사람의 노예로 만들어 정복하고 억누르기 위해, 즉 자연을 뿌리까지 흔들어놓기 위해서" 새로운 실험적 세계관을 이용할 것을 주창하였다. 심지어 아리스토텔레스조차도 여성적인 것을 "하나의 기형 혹은 불구"로 생각했다. 그는 '남성'과 '여성'이라는 용어를 우주에까지 확장하여, 영원불변의 하늘을 남성으로, 변화무쌍하게 생성하는 땅을 여성으로 보았다.

그러니까 서구과학의 시초부터, 여성적으로 분류된 특성들은 과학에는 무관계한 것—심지어는 위험한 것—으로 여겨졌다. 20세기 미국에서, 잡지 《과학교육》에 실린 논문들은 과학자들에게 "의도적으로 모든 감정과 욕망을 포기하고" "차갑게 생각하며" "객관적이고 냉정하게, 철저히 자기통제된 사고를 할 것을" 촉구해왔다.

우리가 우리의 인간성, 우리의 세계, 우리의 현실의 여성적 측면을 중요하게 여기지 않는다면, 우리가 느낌, 보살핌, 수용성, 협력, 직관을 무시한다면, 우리는 무엇을 놓치게 되는가? 바바라 맥클린톡은 이른바 '도약 유전자'로 알려져 있는 이동성 유전 요소들을 발견하여 1983년에 노벨상을 받았다. 이 발견은 환경이 유전인자를 변화시킬 수 있다는 사실을 증명하는 것이었다. 그런데 이것은 유전자가 유기체를 절대적으로 결정한다는 유전학의 핵심교리를 거스르는 것이었기 때문에 그녀는 거의 지원을 받지 못한 채 30년 동안이나 사실상 고립 상태에서 연구를 수행하였다.

그런데 그녀는 연구 대상으로부터 자신을 감정적으로 분리시키지 않고, 오히려 자신의 옥수수들과 밀접한 관계를 맺고 있었다. 자신의 연구를 설명할 때, 그녀가 사용하는 언어는 전투와 싸움이 아니라, 애정과 친밀함과 공감이 담겨있는 말들이었다. "나는 이 밭에 심겨져 있는 옥수

수 하나하나를 모두 식별할 수 있습니다. 나는 그것들을 아주 친밀하게 알고 있습니다만, 그렇다는 사실이 매우 기쁩니다.”

맥클린톡에게, 과학은 주체와 객체 사이의 구분에 바탕을 둔 것이 아니라, 일종의 사랑이라고 해야 할 주의집중에 기초하고 있었다. 다른 많은 유전학자들이 통계와 확률에 의존하고 있는 반면에, 맥클린톡은 식물 하나하나를 이해하고자 했다. 맥클린톡의 ‘생물에 대한 느낌’은 그녀의 연구를 손상시키거나 방해하기는커녕, 자신이 연구하고 있던 염색체들과 그녀가 더욱 가까워지도록 만들었다. 그것은 과학자로서의 그녀의 능력을 강화시켰다. 그녀는 이렇게 말했다. “나는 내가 염색체들과 함께 일하면 할수록 그 염색체들이 더 커지는 것을 발견했습니다 … 나는 염색체의 내부구조를 눈으로 볼 수 있게 되었습니다 … 나는 실제로 마치 내가 바로 거기서 그 염색체들이 마치 내 친구들인 것처럼 느껴져서 놀랐습니다 … 이런 것을 관찰하고 있으면 마침내 그것들은 내 자신의 일부가 됩니다. 그리고는 나는 자신을 잊어버리게 됩니다.”

이런 식으로 자연과 연결되면 연구 결과에 대해서도 염려하는 마음을 갖게 되는 것이다.

— 린다 진 세퍼드 著, 『과학의 여성적 얼굴』

[바]

과다경쟁의 측면에서, 속도이데올로기는 오늘날의 최대 파시스트권력인 다국적 기업의 현상 이면에 도사리고 있다. 속도가 늘 그러하고 파시즘이 늘 그러하듯이, 다국적기업은 일체의 이데올로기적 반대를 허용치 않으며, 시장의 한 선두주자가 다른 경쟁자들을 몰락시켜 궁극적으로 전지구적 지배를 추구하고 자신의 앞길에 방해가 되는 환경이나 사람들을 파괴하고 획일화를 강요하는 전체주의이다.

마리네티는 “지구를 관통하는 이상적인 화살”이라고 찬양해 마지않았던 자신의 자동차와 남자를 동격으로 놓았으며, 20세기 내내 남성들과 그들의 움직이는 바지화살의 관계는 급진전되었다. “남성들은 늘 테크놀로지 세계의 생식기관이었다.”고 M. 맥루한은 쓰기도 했다. 속도는

주체와 객체 사이의 구분

데카르트의 근대철학 이후 철학적 사유는 물론이고 과학이나 예술적 표현 방식에서 세계를 '주체'와 '객체'라는 이분법적 방식으로 분리하게 되었다. 바라보는 나와 바라봄을 당하는 대상으로 나누게 됨으로써 과학적 방법인 것처럼 간주되었다. 그러나 이러한 관찰 방식은 세계에 존재하는 나를 세계 밖으로 퇴출시키게 됨으로써 객관적 근거를 획득하는 것처럼 보이지만 관찰자의 시선 또한 세계를 구성하는 요소라는 점을 간과하게 된다. 쿤의 패러다임 이론이 말해주는 바처럼 과학적 지식도 관찰자 집단의 세계관이 개입하고 있는 것이다. 주체와 객체를 이분법적으로 구분하는 방식은 인간과 자연 사이의 관계에 있어서도 인간이 자연을 정복하고 지배하는 대상으로 바라보게 되는 관점을 가지게 되었고, 그에 따라 반생태적인 개발주의가 횡행하기에 이르렀다. 오늘날 근대철학의 방법이었던 주체와 객체 사이의 구분을 지양하고 사물들 사이의 관계론적 모색이나 생태학적 사고를 하려는 탈근대적 경향이 등장하고 있다.

남자들의 뜨거운 막대기에 가스를 충전시키면서 성적 권력의 언어로 속삭인다. 속도를 높여라. 영국의 한 고속철도 광고는 마치 그 자체가 시간의 순결한 처녀막을 뚫기라도 한 것처럼, 기차라는 남근이 시계 다이얼의 둥글고 얇은 막을 강타하며 질주하는 모습을 나타내고 있다. 1997년 미국의 핼러윈 데이에서는 세계 최초의 슈퍼 건 Q36 펌프킨 모듈레이터가 음속으로 호박을 날릴 계획이었다. 이에 관해 『옵저버』지는 "슈퍼 건을 너무 세게 발사하면 호박이 폭발할 것이고 너무 약하게 발사하면 호박이 총구 바로 앞에 떨어질 것이다"고 설명했다. 발사는 완벽했다. 그리고 1997년 10월 네바다사막에서는 영국의 초음속 차 트러스트가 759.333mph 속도로 출발하여 766.109mph로 가속하면서 음속으로 사막을 횡단했다. 음속의 단위는 위협적인 남성다움(macho)에 꼭 들어맞는 마하로 지칭되고 있다.

─── 제이 그리피스 著, 『시계 밖의 시간』

[사]

농업은 인간의 온갖 욕구 중에서 가장 기본적인 것을 충족시키며, 제3세계의 대다수 민중에게 있어서 생계의 직접적인 원천이다. 그런데도 농부의 지위가 지금처럼 낮았던 일이 없다. 국제적인 경제수뇌회의에서 농업은 그보다 더 중요한 문제들에 관한 합의를 이루는 데 그저 '장애물'로 간주되는 경향이 있다. 사실 현재의 추세가 계속된다면 소규모 농부들은 다음 세대에 소멸되어버릴 것이다. 농업에 응분의 가치를 부여하고, 직업으로서 농사의 지위를 높이도록 적극 노력함으로써 이러한 추세를 우리가 역전시키는 것보다 더 절박한 일은 없다. 탈중심화된 개발 방식은 소규모 농업에 막대한 이익을 줄 것이다. 수출용 작물보다 지역소비용 식량생산이 강조된다면, 그들의 생산물이 보조금을 받은 수송 체계를 통해 멀리에서 실려온 생산물들과 경쟁하지 않아도 된다면, 그리고 대규모 농장과 기업농에 맞는 자본집약적인 농업시설이 아니라 지역의 조건에 적합한 농업기술의 개발이 지원을 받는다면, 소규모 농부들의 형편이 더 좋아질 것이다. 그리고 살충제와 화학비료의 사용이 아니라 생태적으로 더 건전한 방법이 권장된다면 역

속도 이데올로기

현대사회에 있어서 '속도'는 하나의 이데올로기가 되어 왔다. 이를 속도이데올로기라 할 수 있다. 핸드폰을 얼마 사용하지도 않고 갈아치우는 행위나 자동차의 과속 운전의 일상화 등이 모두 속도 이데올로기와 관련된다. 속도전은 소비자들의 과잉된 행위 같아 보이지만 사실 자본의 순환 메커니즘으로 극대화되고 있다. 자본은 조금이라도 더 빨리 더 많이 이윤을 발생시켜 그것을 회수해야 하고 그 회수 속도를 높이는 것 자체가 이미 이윤의 발생 메커니즘이 되고 있다. 이러한 속도전의 흐름이 사람들의 무의식으로 작용하여 가령 꼬불꼬불한 도로가 자동차 주행에 걸림돌이 된다 하여 불필요한 직선도로를 건설하기 위해 산과 들을 파헤치는 토목사업(개발주의)이 한국의 아름다운 경치들을 훼손하는 사례가 매우 많다. 최근 유행하게 된 '느리게 사는 것의 미학'은 속도이데올로기에 따르는 자연과 인간의 삶을 광폭하게 파괴하는 것에 대한 반발이자 새로운 생활 양식을 찾고자 하는 대안적 시도라 할 수 있다.

시 농부들에게 혜택이 돌아갈 것이다.

이러한 변화가 이미 많이 진행되고 있다. 생산자와 소비자의 거리를 줄이는 농민시장이 생겨나고 있고, 전세계적으로 수많은 개인과 단체들이 이미 증명된 전통적인 농업체계의 성공에 고무되어 지역에 기초를 둔 지속가능한 대안들을 탐구하고 있다. 그러나 공식적인 지원은 아직 크게 뒤떨어져 있다. 유기농업으로의 전환이 필요하다는 것을 정부들이 인정하고 있다는 고무적인 징후가 있기는 하지만 경제적 인센티브는 여전히 생명공학과 대규모 기업농쪽에 주어지고 있다. 우리는 소규모의 다품종 농업에 대한 국가적 지원을 무엇보다 우선적으로 긴급히 시행하지 않으면 안 된다.

탈중심화된 개발 방식은 필경 여성의 지위를 강화할 것이고, 남성적 가치와 여성적 가치 사이의 균형을 회복시키는 데 기여할 것이다. 산업문화에서 권력은 거의 배타적으로 남자들에게 부여된다. 산업문화의 초석이라고 할 수 있는 과학, 기술, 경제학은 그 발단에서부터 남성들이 주도해왔다. 남자들이 임금을 받는 일자리를 찾아 도시로 떠나버림에 따라 개발을 통해 여자들은 비유적으로나 문자 그대로나 뒤처지는 결과가 되었다. 그리고 농사에 있어서도 기계화로 말미암아 전반적으로 여자들은 주변으로 밀려나버렸다. 탈중심화된 경제는 지역의 결속을 강화함으로써 여성의 목소리가 더 잘 들리도록 할 것이다. 그렇게 되면 여자들은 결정과 경제 활동의 주변부에 머물지 않고 그 중심에 있게 될 것이다.

―― 헬레나 노르베리-호지 著, 『오래된 미래』

중심화, 탈중심화

근대사회는 시장과 영토의 확장을 끊임없이 추구해오면서 그 전체를 지배하고 통제하는 중심지의 관념도 창출해왔다. 이러한 논리가 중심화라 할 수 있다. 한국사회의 교통망을 서울을 중심으로 하여 구축한다든가 사물이나 지식의 관계를 유기적으로 파악하면서 중심지를 만드는 것 역시 중심화의 원리이다. 이러한 중심화의 원리는 모든 것들을 표준화하거나 하나의 중심으로 대표하려 한다. 그러다보니 위계적이고 획일화된 문화가 삶의 지향점으로 찬양받는다든가 서울 인구의 과밀화 현상이나 서울대병 등이 생성되었을 뿐만 아니라 비중심지에 대한 중심지의 권력화가 동반되어 왔다. 나/우리가 아니면 안 된다는 발상들도 마찬가지이다. 그러나 근대적 관념에 의한 중심화가 더 이상 진리가 아니라는 인식이 커지면서 새로운 흐름으로 등장해온 것이 탈중심화이다. 한국사회를 서울을 중심으로 하여 사고하지 않겠다는 것이나 남성 중심의 가치관을 벗어나는 여성주의의 형성 등이 탈중심화의 사례들이다. 지식이나 사고를 서구화로부터 해방되고자 하는 시도들도 탈중심화(탈서구화)의 흐름이라 할 수 있다. 이러한 탈중심화의 흐름들은 다양한 장소의 다양한 가치들을 중시하며 근대적 통념들에 반기를 들기도 하므로 탈근대적 지향을 갖는다.

도전 문제 2

난이도 ★★★☆☆   해설 및 예시 답안 → 79쪽

다음 제시문 (가)에 나타난 사회 현상을 제시문 (나)와 (다)의 관점에서 비판하고 대안을 논하시오. (1,700자 안팎으로 쓰시오.)

(가) 데이터 스모그(data smog)는 단지 우리의 가정이나 전자 우편함에 날마다 배달되는 쓸데없는 광고지와 정보 쓰레기 더미뿐만이 아니다. 그것에는 우리가 상당한 돈을 지불하는 정보, 우리가 꼭 필요로 하는 정보도 포함되어 있다. 현란하게 흥미를 끄는 퀵 컷(quick-cut)의 텔레비전 광고들과 24시간 최신 뉴스 속보들, 요청한 것은 물론 요청하지 않은 팩스들, 저녁 시간 동안 잘못 걸려온 전화들, 애처롭게 호소하는 판촉 전화들, 그 시간을 전후하여 우리가 열심히 방문했던 웹 사이트, 매달 탐독하는 산더미 같은 잡지들, 자유 시간이 생길 때마다 손끝으로 돌려대는 수많은 채널들, 이 모든 것들이 데이터 스모그에 속한다. [……]

대체로 우리가 원했기 때문에, 매체들은 우리 주변 어디에나 있다. 텔레비전, 전화, 라디오, 호출기, 그리고 다른 각종 현대적 통신 도구들과 검색 보조 장치들은 이제 도로와 테니스화처럼 흔하게 되었다. 이제 인간이 가는 곳 어디에든지 다양한 형태의 매체들이 뒤따른다. 열차, 비행기, 자동차 안에서, 호텔 욕실에서, 조깅 코스나 등산길에서, 자전거나 배 위에서조차도.

정보와 오락은 이제 우리가 원하는 방향으로 따라온다. 거대한 영상스크린이 경기장을 장식하고, 극장 무대에 설치된다. 보통 크기의 텔레비전은 술집의 천장이나 공항 라운지에 걸리고, 소형 텔레비전은 최신 여객기의 개인 좌석 앞에 설치된다. 휴대폰 대화는 길거리와 건물 안 복도에 새로운 풍경을 만들어 내고, 호출기와 랩탑 컴퓨터는 집에까지 따라오며, 휴가 중에도 우리 곁에 있다. [……]

기사 형식의 광고에서 기사 내용과 상업적 메시지들 간의 경계가 교묘하게 흐려짐으로써 스모그는 더욱 짙어진다. 그래서 종종 누가 무언가를 말하려고 하는 것인지, 아니면 단지 무언가를 팔려고 하는 것인지를 판단하기 어려운 상태에 이르게 되었다. 점점 더 우리의 비어 있는 공간들 대부분이 임대되고 있다. 도시의 보도, 거리, 공원, 쓰레기차 위에 첨단 기술의 광고 판매를 기획하고 있는, 애틀란타 시의 마케팅 담당 공무원 조엘 배빗(J. Babbitt)은 "이것이 어리석은 짓인가?" 하고 묻는다. "그렇다. 그러나 대형 원형극장의 소유주뿐만 아니라 벤치에 앉아 나이키 모자를 쓰는 대가로 수백만 달러를 버는 마이클 조던(M. Jordan) 또한 광고 판매를 원한다. [……] 만약 그렇게 해서 우리 시민들에게 도움이 될 수 있는 돈이 벌린다면 무엇이 나쁘단 말인가?"

실제로 깨어 있는 모든 순간에 우리의 감각을 사로잡는 끊임없는 자극의 폭격이 어떤 점에서 해로운가? 이 문제에 대한 완전한 대답을 제공하는 것이야말로 메시지 과밀 사회에서 우리가 할

수 있는 가장 중요한 일들 중 하나이다. [……]

1975년에 밀그램(S. Milgram)은 감각의 과부하가 도시 스트레스의 근원적 원인이라는 가설을 내놓았다. [……] 밀그램의 자극 과부하 이론의 타당성이 확인됨으로써, 그의 이론은 1970년대 도시 거주자들뿐만 아니라 1997년의 데이터 스모그 희생자들에게도 적용 가능하게 되었다. 도시 거주자들이 일상적 삶 속에서 끊임없이 쏟아지는 엄청난 자극의 포화에 직면하게 됨에 따라, 이 이론은 수십 년 동안 발전해 온 정보화 시대의 특징을 잘 반영해 주고 있다.

— 데이비드 셴크, 『데이터 스모그』

(나) 말함의 본질적인 가능성의 하나인 침묵함도 동일한 실존론적 기초를 가지고 있다. 서로 함께 말하는 가운데 침묵하고 있는 사람이 끊임없이 말하는 사람보다 더 본래적으로 "이해하게끔 할" 수 있다. 다시 말해서 이해를 형성할 수 있다. 어떤 것에 대하여 말을 많이 한다고 해서 이해가 증진된다는 보장은 조금도 없다. 오히려 그 반대로 장황하게 말함은 이해된 것을 은폐하고 거짓 명료성 속으로, 다시 말해서 진부함의 몰이해로 이끈다. 그렇지만 침묵함이 벙어리로 있는 것은 아니다. 벙어리는 오히려 거꾸로 "말하려는" 경향을 가지고 있다. 벙어리는 그가 침묵할 수 있다는 것을 증명하지도 않았을 뿐만 아니라, 그에게는 애당초 그런 것을 증명할 가능성조차 없다. 그리고 천성적으로 말수가 적은 사람도, 벙어리와 마찬가지로, 그가 침묵하고 있고 침묵할 수 있음을 보여주고 있는 것이 아니다. 아무 말도 하지 않는 사람은 주어진 (결정적) 순간에 침묵할 줄도 모른다. 오직 진정한 말함에서만 본래적으로 침묵함도 가능한 것이다. 현존재는 침묵할 수 있기 위해서 무엇인가 말할 것이 있어야 한다. 다시 말해서 자기 자신에 대하여 본래적으로 풍부하게 열어 밝힐 처지에 있어야 한다. 그 때에 침묵하고 있음은 자기 자신을 드러내고 '잡담'을 눌러버린다. 침묵하고 있음은 말함의 양태로서 현존재의 이해 가능성을 근원적으로 분류 파악하여, 이 이해 가능성으로부터 진정한 들을 수 있음과 투명한 서로 함께 있음을 생기게 한다.

— 마르틴 하이데거, 『존재와 시간』

(다) 맹자(孟子)가 양(梁) 혜왕(惠王)을 만났더니, 왕이 맹자에게 말했다.

"노인께서 천리 길을 멀다 하지 않고 오셨으니, 장차 우리나라를 이롭게 하실 방도가 있으시겠지요?"

그러자, 맹자가 대답했다.

"왕께서는 하필 이익을 말씀하십니까? 오직 인의(仁義)가 있을 뿐입니다. 왕께서 '어떻게 내 나라를 이롭게 할까?' 하고 말씀하시면, 대부(大夫)들은 '어떻게 내 집안을 이롭게 할까?' 하고 생각하고, 선비와 백성들은 '어떻게 내 몸을 이롭게 할까?' 하고 생각하게 될 것입니다. 상하가 서로 자기의 이익만을 취하면 나라가 위태로워집니다."

— 『맹자』

도전 문제 3

난이도 ★★★☆☆　해설 및 예시 답안 → 81쪽

제시문 [가]와 [나]를 읽고, 접속의 시대에 나타날 수 있는 긍정적 또는 부정적 측면의 인간 관계 중에서 하나를 선택하여, 구체적 사례를 들어 논증하시오. (501~600자)

[가] 과학이 발달하기 전만 해도 이러한 것들(출제자 주: 만족과 효용)을 느끼기 위해선 대상물을 소유하는 방법밖에 없었다. 실제로 가지고 있어야 접속할 수 있고 그래야 추억과 효용을 느낄 수 있으니까 말이다. 하지만 과학이 점점 발달하면서 그 대상물을 소유하지 않고도 접속할 수 있는 기술이 발달했다. 이제 '소유의 종말'의 시대가 서서히 그러나 아주 갑작스럽게 우리 주변에 도래하고 있는 것이다. 사이버 머니 덕분에 지폐를 소유하지 않고도 물건값을 지불할 수 있고, 직접 그곳에 가지 않아도 인터넷에만 접속하면 세계 각국의 정보를 입수할 수 있게 됐다. 이러한 과학의 발전은 몰상식하게도 아예 실존하지 않아도 접속만을 통해 대리만족을 얻을 수 있게 되었다. 앞으로 우리는 어쩌면 오시이 마모루의 영화 '아바론'에서처럼 가상의 세계에서 현실 세계로 나오기를 영원히 거부할지도 모른다.

─ 김의경, 「소유하지 않아도 즐길 수 있는 시대」, 중앙일보, 2004. 02. 28

[나] 현실 공간에서 가상 공간으로, 산업 자본주의에서 문화 자본주의로, 소유에서 접속으로 이동하는 거대한 조류 앞에서 사람들은 사회 계약의 의미를 근본적으로 다시 생각하지 않을 수 없을 것이다. 배타적으로 소유할 수 있고 시장에서 교환할 수 있는 사유 재산의 관념이 산업 시대의 근간이었음을 잊어서는 안 된다. 그것은 일상 생활의 조건을 규정지었고 정치적 담론을 지배했으며 인간의 지위를 판가름하는 잣대의 노릇을 했다. 판매자와 구매자가 재산을 교환할 수 있는 장을 제공하면서 수백 년 동안 문명의 근본 패러다임으로 군림해 온 시장 체제는 서서히 허물어지고 있다. 저 멀리 지평선에서 접속의 시대가 떠오르고 있다. 접속의 시대는 상거래와 정치 참여의 방식은 물론 의식의 가장 깊은 차원에서 우리가 스스로를 바라보는 관점에도 변화를 가져올 것이다. [……]

네트워크에 기반을 둔 경제는 연결의 속도를 높이고, 지속 시간을 줄이고, 효율성을 향상시키고, 상상할 수 있는 모든 것을 서비스화함으로써 생활을 더욱 편리하게 만든다. 그러나 대부분의 관계가 상업적 관계로 변하고 모든 개인의 삶이 24시간 내내 상품의 틀에 갇혀 있을 때, 비상업적 관계, 다시 말해서 혈연, 이웃, 문화적 취향의 공유, 종교적 결사, 민족 의식, 형제애, 시민 의식에 바탕을 둔 관계는 어떻게 되는 것일까? 시간 그 자체를 사고 팔고, 삶이라는 것이 한낱 계약과 금전적 도구에 의해서 결합된 상업적 거래의 연속에 불과한 것으로 변질될 때, 애정, 사랑, 헌신에서 비롯되는 인간의 전통적 상호 관계는 어떻게 되는 것일까? [……]

접속의 시대는 새로운 유형의 인간을 몰고 온다. 바다의 신이자 변화 무쌍한 모습을 가졌던 그리스 신화의 프로테우스처럼 새로운 〈프로테우스〉 세대의 젊은이들은 전자 상거래와 사이버 스페이스 세계에서 이루어지는 사업에 아무런 거부감이 없으며 그 속에서 펼쳐지는 사교 활동에도 적극적으로 참여한다.

그들은 문화 경제를 구성하는 수많은 시뮬레이션 세계에 척척 적응한다. 그들에게 익숙한 세계는 이념적 세계가 아니라 연극적 세계이다. 그들의 의식은 노동 정신보다는 유희 정신에 기울어 있다. 그들에게 접속은 이미 생활의 일부가 되었다. 재산도 중요하지만 연결된다는 것이 훨씬 더 중요하다. 21세기의 인간은 관심을 공유하는 사람들로 이루어진 네트워크의 교점이라는 의식으로 살아갈 것이고, 다윈이 말한 적자생존의 경쟁이 치열하게 벌어지는 세계에서 자율적으로 살아가는 주체라고 스스로를 생각할 것이다. 그들이 생각하는 개인적 자유의 의미는 소유권이라든지 남들의 간섭에서 벗어나는 능력과는 점점 거리가 멀어질 것이다. 대신 상호 관계의 그물망에 포함될 수 있는 권리로서의 의미가 점점 부각될 것이다. 그들은 접속의 시대를 살아가는 첫 번째 세대이다.

— 제레미 리프킨, 『소유의 종말』

소유에서 접속으로, 접속의 시대
어떤 점에서 오늘날 인간은 소유의 욕망보다 접속의 욕망이 더 커지고 있다. 소유의 욕망은 그에 합당한 화폐를 지불하고 사적으로 나의 것으로 이전시키려는 것인 반면, 접속의 욕망은 나의 것이 아니더라도 나의 욕망과 관계하는 것이므로, 사적 소유권을 중요시하는 게 아니라 다양한 접촉과 그 접촉에 따르는 의미 있는 행위를 중요시한다. 소유는 어떤 행복의 지표이기도 한 반면 불행의 지표이기도 하다. 가령 연인 관계에서 상대에 대한 소유욕은 복잡한 갈등 관계를 야기하거나 인권의 주체로 인식되지 못할 우려가 있다. 그러나 연인 관계도 '너는 내 것이다'라는 소유의 욕망을 바탕으로 하는 것이 아니라 육체적, 정신적 접속의 관계로 맺어질 때 불필요한 구속은 사라지고 상호주관적인 관계가 형설될 수 있다. 오늘날 우리는 인터넷 접속을 통해 접속의 시대임을 실감하게 된다. 접속은 다양한 욕망들과 소통하려 하되 소유의 욕망으로 귀결시키지 않으려는 유목적 사고로 흐른다.

도전 논제 4

난이도 ★★★★☆ 해설 및 예시 답안 → 84쪽

문항 1. 가상적으로 만든 두 인물의 대화를 읽고 다음 물음에 답하시오.

甲: 그대가 담헌이나 연암과 함께 북학을 주장한다고 들었다. 북학이 도대체 무엇이냐?

乙: 일찍이 맹자는, '나는 중화(中華)의 문화 덕에 오랑캐가 변화했다는 말은 들었지만 중화가 오랑캐 덕에 변화했다는 이야기는 듣지 못하였다.'고 하였사옵니다. 초나라 출신인 진량은 주공과 공자가 가르친 도를 좋아하여 북쪽으로 가서 공부를 하였사옵니다. 그 결과 북방 학자 중에 진량만한 이가 없사옵니다.

甲: 조선도 압록강을 넘어 북쪽으로 가서 공부를 해야 한다 이 말이렷다. 중화와 오랑캐 이야기는 받아들이기 힘들구나. 조선에 작은 중화[小中華]를 자처하는 이들이 많음을 알렷다? 오랑캐에게 멸망한 명나라를 대신하여 오직 조선만이 중화의 도를 실현할 수 있다는 주장이니라. 혹자는 작은 중화가 명나라를 무조건 따르는 눈먼 충심이라고 하지만, 과인 생각은 다르니라. '소중화'란 세 글자 안에는 조선 문화가 세상 제일이라는 무한한 자긍심이 있도다. 그 자긍심을 바탕으로 더 뛰어난 시문(詩文)을 만들고 생활 규범들을 가다듬을 수 있느니라. 이런 주장에 반대하는가? 그 이유가 무엇인가?

乙: 그러하옵니다. 조선 문화는 세상 제일이 아니옵니다. 명나라가 멸망하였으니 중원에는 더 이상 제대로 된 문화가 없다는 주장은 눈먼 장님이 내뱉는 농담과 같사옵니다. 신은 작년 여름 연경(燕京)에 가서 똑똑히 보았나이다. 그곳에는 우리가 전혀 알지 못하는 새로운 지식과 물품들이 산처럼 쌓였나이다. 피부색과 머리 모양, 얼굴 모양이 제각각인 세계 여러 나라 사람들이 자유롭게 거리를 활보했사옵니다. 조선은 그 높은 문화를 진량처럼 배워야 하옵니다. 소중화란 우물 안 개구리들이 내는 자화자찬에 지나지 않사옵니다.

甲: 근래의 사대부들은 습성이 괴이하여 반드시 우리나라 규모를 벗어나고자 하며, 멀리 중국인들이 하는 것을 배우고자 하고 있어. 서책은 물론이고 평소에 쓰는 그릇과 물건 역시 모두 중국산을 사용하여 이로써 높이 올라간 것처럼 자랑스러워하지. 묵·병풍·의자·탁자·솔·술통 등 기교(奇巧)한 물건을 좌우에 늘어놓고 차를 맛보고 향을 피우며 억지로 고아한 척하는 토양을 이루 다 기록할 수 없어. 내가 깊은 궁궐에 앉아서도 오히려 들은 풍문이 낭자(狼藉)하여 폐됨은 말하지 않아도 알 수 있다는 게지. 옛사람이 말하기를, "지금 사람은 지금 옷을 입어야 한다."라고 하였으니, 이 말은 절실하여 공경할 만하니라. 이들이 우리 동방에서 태어났으면 마땅히 우리 동방의 본색을 지켜야 할 것인데, 어찌 힘을 다해 중국 사람을 모방하려 하는가? 이 역시 사치 풍조의 일단이며 말류의 폐단으로 장차 말할 수도 없고 고칠 수도 없게 될 것이니 실로 보통 근심이 아니라고 할 것이야.

乙: 옛날 영웅은 반드시 원수를 갚을 뜻이 있으면 호복 입는 것도 부끄러워하지 않았는데, 지금은 중국 법을 "배울 만하다."라고 말하면 떼를 지어 일어나서 비웃나이다. 필부가 원수를 갚고자 할 때 원수가 날카로운 칼을 찬 것을 보면 그 칼을 빼앗을 방법을 고민하는 법이옵니다. 그런데 지금은 당당한 천승(千乘)의 나라로서 천하에 대의를 펼치려고 하는데도 중국의 법 하나를 배우려고 하지 않사옵니다. 그럼으로써 우리 백성들이 고생만 숱하게 할 뿐 아무 효과도 보지 못하고, 궁핍에 찌들어 굶어 죽고 스스로 쓰러지게 했사옵니다. 그리고 백배나 이익이 될 것을 버리고 결코 행하지를 않았사옵니다. 신은 중국을 차지한 오랑캐를 물리치기는커녕 우리나라 안에 있는 오랑캐의 풍속도 다 변화시키지 못할 것이 염려되옵니다. 그러므로 오늘날 사람들이 오랑캐를 물리치고자 한다면 차라리 누가 오랑캐인지를 분간해야 하옵니다. 그리고 중국을 높이고자 하면 차라리 저들의 법을 완전히 시행함으로써 더욱 중국을 높일 수가 있을 것이옵니다. 만약 다시 명나라를 위하여 원수를 갚고 우리가 당한 치욕을 씻고자 한다면 이십 년 동안 힘써 중국을 배운 다음에 함께 논의해도 늦지 않을 것이옵니다.

甲: 과인은 어려서부터 효종 할아버지와 임경업 장군, 그리고 이완 대장을 존경하며 흠모해 왔느니라. 그분들이 염원한 북벌을 완성한 후 개가를 부르고 싶었지. 과인이 임금이 되면 그분들이 못다 이룬 꿈을 실현하리라 결심했어. 동쪽 바다의 큰 고래와 서쪽 변방의 흉악한 멧돼지를 몰아내는 꿈! 군대는 흉기이고 전쟁은 불행이라지만, 제갈공명이 연거푸 출사표를 짓고 원정을 떠났듯이, 올바름을 위해 반드시 싸워야 하는 일도 있는 법이야. 후대인들이 제갈공명을 떠받드는 것은 탁월한 지혜와 신묘한 병법 때문이기도 하지만 무엇보다도 의리와 명분을 중히 여기며 끝까지 올바름을 추구했기 때문이니라. 그 결과가 고작 오장원의 때 이른 죽음이냐고 힐난하는 이도 있지만, 과인은 그 죽음이 곧 패배를 뜻한다고 보지 않아. 출사표를 올리지 않고 좁은 촉나라에서 호의호식하는 것이 도리어 패배라면 패배이니라. 오늘 여러 선비들의 이야기를 듣고 있자니 북벌은 개 짖는 소리로 취급받고 오직 압록강 북쪽 학문을 배우고 익혀야 한다는 목소리만 높았어, 그럴 바에야 차라리 조선을 떠나 그곳으로 들어가는 것이 좋지 않겠는가?

乙: 효종 임금이나 임 장군, 이 대장은 누구나 다 존경하옵니다. 병자년에 당한 치욕을 씻고 나라다운 나라를 만들겠다는 세 분의 바람은 맑고 숭고한 것이었나이다. 선비들 대부분이 북벌과 북학 중에서 어느 하나는 옳고 어느 하나는 그르다고 하옵니다. 그러나 북벌과 북학은 만날 수 있사옵니다. 조선이 대군을 이끌고 압록강을 건너는 것은 곧 청나라와 정면으로 맞서는 것이옵니다. 과연 지금 조선이 청나라를 망하게 할 만큼 힘을 키웠사옵니까? 일부 사대부들이 중국 물품을 대국에서 몰래 들여와 방 하나를 가득 메우고 자랑하는 이들이 도성에도 꽤 많은 것으로 알고 있사옵니다. 그렇다고 해서 이 나라를 부강하게 하고 백성들 고통을 덜어 줄 새로운 학문을 익히는 것을 두려워해서는 아니 될 것이옵니다. 배우되 무조건 옳다고 믿지 않고 가려서 살핀다면 많은 이로움이 있을 것이옵니다. 청나라는 땅이 넓고 오가는 사람들이 많은 탓에 나고 드는 지식과 힘을 일일이 챙길 수 없사옵니다. 우리로서는 좋은 기회이옵니다. 북학을 주창하시는 연암 선생이 젊은 시절 북벌의 뜻을 폈고 지금도 그 둘을 함께 가져가는 까닭이 여기에 있나 이다. 조선을 부강하게 하는 길이라면, 우리말을 버리고 중국어를 사용한다 하더라도 받아들일 수 있을 것이옵니다.

甲: [①   ]

乙: 중국어는 문자의 근본이옵니다. '하늘' 같은 것은 바로 '톈[天]'이라 부르고, 다시 겹쳐서 풀이하는 간격이 없으므로 물품 명칭은 더욱 분별하기 쉽사옵니다. 비록 글을 모르는 부녀자나 어린아이라도 보통 쓰는 말이 모두 문구(文句)로 되며, 경(經)·사(史)·자(子)·집(集)의 여러 종류도 입에 말하는 대로 나오나이다. 중국은 말로 인해서 글자가 나왔고 글자를 찾아서 말을 풀이하지 않사옵니다. 그러므로 외국에서 비록 문학을 숭상하고 글 읽기를 좋아하는 것이 중국과 비슷하다 할지라도 마침내 간격이 없지 않음은, 이 언어라는 커다란 꺼풀을 벗어날 수 없기 때문이옵니다. 우리나라는 지역적으로 중국과 가깝고 성음(聲音)이 대략 같으니, 온 나라 사람이 우리말을 버린다 해도 불가할 것이 없사옵니다. 그러한 뒤에라야 오랑캐라는 말을 면할 것이며, 동쪽 수천 리 땅이 스스로 하나의 주(周)·한(漢)·당(唐)·송(宋)의 풍속으로 될 것이오니 어찌 크게 통쾌한 일이 아니겠사옵니까?

(1) 甲의 대화문 [①   ] 부분에 '중국어의 공용어화'에 대한 적합한 내용으로 200자 원고지 400자 정도의 문장들을 작성하되, 자신이 甲이 되었다고 가정하고서 자연스러운 대화문이 될 수 있도록 하시오.

(2) 甲이나 乙 가운데 한 인물을 옹호하는 입장에서 현대에서 외래문물을 수용하는 일에 대하여 논술하는 글을 작성하되, 적절한 제목을 달고 2,000자 내외로 완성된 한 편의 글이 되도록 하시오.

도전 문제 5

난이도 ★★★★☆ 해설 및 예시 답안 → 88쪽

다음 제시문을 읽고 물음에 답하시오.

(가)

스스로에게 물어보라. 자신이 과연 어떤 디지털 신인류라고 생각하는가? 자신이 알고 있는 디지털 신인류의 유형은 어떤 것이 있는가? 과연 디지털 신인류이자 디지털 세대인 자신을 제대로 이해하고 있는가? 디지털 신인류는 디지털 시대를 살아가고 있는 우리 자신의 이야기이지만 막상 우리들 자신이 디지털 신인류를 제대로 이해하고 있다고는 보기 어렵다. 이해하기가 어려워서 그런 것은 절대 아니다. 다만 디지털 신인류에 대해 체계적으로 분류하고 정리하여, 디지털 신인류의 특성과 행태를 제대로 파악해 볼 기회를 가져보지 못해서일 것이다.

기업의 입장에선 소비자가 곧 디지털 신인류이고, 매체의 입장에선 독자가 디지털 신인류이다. 정부의 입장에선 국민이 디지털 신인류이고 심지어 종교 단체의 입장에서 보면 신도들이 디지털 신인류인 셈이다. 이렇듯 사회 모든 분야의 모든 사람들이 디지털 시대에 점점 적응하고 익숙해지는 디지털 세대이자 디지털 신인류라는 것을 부정할 이는 아무도 없을 것이다. 그렇다면 과제는 이들을 제대로 이해하고 대응책을 마련하는 것이다. 기업은 소비자를 파악하고 대처하기 위해, 정부는 국민을 파악하고 선도하기 위해 디지털 신인류에 대한 이해가 필수적이다. 어떤 분야에서도, 그리고 다른 목적을 가진 사람들 사이에서도 디지털 신인류에 대한 이해만큼은 공통적인 미션이다.

디지털 신인류는 우리의 현재와 미래를 가늠할 척도로서 기능한다. 디지털 신인류는 현재와 미래의 원동력이기도 하지만, 현실의 그림자이자 미래의 위험 요소이기도 하다. 디지털 신인류를 이해함으로써 미래의 성장 동력을 더욱 키워내면서 미래의 위험을 미연에 방지할 수 있다. 기술이 문명을 발전시키지만, 그 기술을 발전시키는 것은 역시 사람이고, 그 사람에게 영향을 주는 것은 사회문화적 환경과 나 이외의 모든 사람이다. 디지털 시대를 이끌고 진화시켜 나가는 원동력은 기술이 아닌 사람이며, 바로 그 사람이 디지털 신인류로 대표되는 것이다.

—— 김용섭 지음, 『디지털 신인류』

(나)

현대 사회에서 우리는 지금까지 전례가 없었던 또 다른 종류의 선택의 자유를 갖는다. 우리는 우리의 정체성을 선택할 수 있다. 각각의 개인들은 세상에 나올 때 조상에게서 물려받은 짐을 갖고 나온다. 이를테면 인종, 민족, 국적, 종교, 그리고 사회적 혹은 경제적 계급 등이다. 이 모든 짐은 우리가 누구인지에 대해 많은 것을 결정했다.

하지만 이제는 물려받은 사회적, 경제적 계급을 초월하는 더 큰 가능성들이 있다. 많은 사람들은 태어날 때 물려받은 종교를 벗어던질 수 있으며, 인종적 유산을 포기하거나 수용할 수 있다. 국적을 예찬하거나 무시할 수 있다. 그리고 (미국 사회의 특징 가운데 하나인) 인종도 이제는 더 유동적인 것이 되었다. 인종간 결혼이 보다 일반화되면서 그들 사이에서 태어난 자식들은 다양한 피부색과 얼굴 모양을 보여주며, 그 결과 '외적인' 인종적 특성을 구분하기가 훨씬 어려워졌다. 그리고 사회의 포용성이 커지면서 사람들의 '내적인' 인종적 특성도 보다 탄력적이 되었다.

뿐만 아니라 대부분의 사람들은 다수의 정체성을 갖고 있기 때문에, 상황에 따라 어떤 정체성을 감추거나 강조할 수 있다. 뉴욕에 사는 멕시코 출신의 젊은 이민자 여성은 대학에서 현대 문학 강의를 듣는 동안 자신의 정체성을 중남미인, 멕시코인, 여성, 이민자, 혹은 십대 소녀 중에서 어느 것을 선택할 것인지 고민할 수 있다. 나는 일터에서 유태인인 미국인일 수 있고, 시나고그(유태인 회당—옮긴이)에서 미국인인 유태인일 수 있다. 정체성은 과거에 비해 '물려받은' 특성이 줄어들고 있다. 이제는 정체성도 선택의 대상이다.

아마르티아 센은 사람들은 늘 정체성을 선택할 수 있었음을 지적한다. 우리에게 주어진 정체성의 일부를 거부하는 것은 비록 그 결과가 힘들다 해도 늘 가능한 것이었다. 결혼의 선택과 같이 정체성의 선택은 자동 선택이 너무 강력하고 심리적으로 선택의 의미가 없는 상태에서 선택의 중요성과 의미가 아주 커지는 상태로 이동하고 있다. 지금까지 얘기한 그 모든 선택의 문제들에서 그랬듯이, 개인의 정체성에 대한 선택의 변화는 좋은 소식이기도 하고 나쁜 소식이기도 하다. 우리를 해방시킨다는 점에서는 좋은 소식이고 우리에게 선택의 책임을 부과한다는 점에서는 나쁜 소식이다.　　　　　　　　　　　　　　　— 배리 슈워츠, 『선택의 패러독스』

(다)

1960년대 말에 프린스턴 대학교의 '윌슨(Woodrow Wilson) 공공 및 국제대학원'에서 공공 문제를 전공하는 여러 명의 대학원생들이 어떤 경제학 교수에게 다국적기업에 관한 과목의 개설을 요청하였다. 1960년대에는 이들 거대기업(그 당시에는 대부분이 미국 기업)의 급속한 해외 확장과 중요성의 증대로 다국적기업 등이 공공의 관심을 사로잡았으며, 또한 더욱 더 치열한 논쟁거리가 되었다. 버논(Raymond Vernon)과 다른 학자들은 이들 기업이 세계적 희소자원의 효율적 이용을 매우 수월하게 하여 전지구의 경제 발전을 가속화시킬 것이라고 믿었다. 그러나 하이머(Stephen Hymer)와 같은 비판자들은 이러한 강력한 기업이 전 세계 국가를 착취하고 있는 미국의 자본주의적 제국주의를 팽창시키는 수단에 지나지 않는다고 보고 있다. 이 대학원생들은 다국적기업을 기이하고 중요한 현상으로 생각하여, 이것이 대학의 중요한 경제학 과정에서 최소한 한 과목의 대상이 되어야 한다고 믿었다.

대학원생들은 '다국적기업은 존재하지 않는다'는 교수의 대답에 크게 낙담하였다. "기업이 존재하지만 다른 기업과 다르게 행동하는 분명한 다국적기업과 같은 것은 없다"라고 그 경제학자는 말했다. 모든 기업은 국적이나 활동 범위에 관계없이 다른 모든 기업과 똑같이 행동한다. 모든 기업의 대표는 이윤 극대화를 위해 시장 신호에 맞추어 의사 결정을 한다(또는 경제학자가 학생에게 말했듯이, 우체부의 목적은 제복의 색깔에 관계없이 편지를 배달하는 것이다). 경제학자는 대체로 기업의 국적이 미국이나 유럽 또는 일본이든 간에 기업은 주어진 제약 내에서 최적화하여야 하며, 고도로 경쟁적인 시장에서 시장 기회에 효과적으로 대응해야지 그렇지 않으면 파산한다고 믿고 있다. 어떤 기업이 우연히 어떤 특정한 국적을 가지고 해외지사를 설립하여 세계 시장에서 경쟁한다는 사실 때문에 문제가 크게 달라지지 않는다. 마르크스주의자나 현실주의자가 사용하는 언어로 표현하자면, 생산수단의 소유와 기업의 국적은 전적으로 관련이 없다.

―― 로버트 질핀, 『세계정치경제론』

제시문 (가), (나), (다)에 나타난 각각의 주장이 '나'의 일상생활에 직접적으로 연계되어 있음을 구체적인 사례를 들어 논하시오. (800~900자, 띄어쓰기 포함)

도전 문제 6

난이도 ★★★★☆ 해설 및 예시 답안 → 89쪽

〈문항 1〉 제시문 [A]와 제시문 [B]는 오늘날 기업이 직면하고 있는 어떤 공통된 경영 활동의 주제를 다루고 있다. 제시문 [B]의 사례에 나타난 맥도날드사가 1990년대 초반까지 지속적으로 발전할 수 있었던 성공 요인이 무엇이었는지 제시문 [A]에 기초하여 구체적으로 서술하시오. (30%, 500~600字, 띄어쓰기 포함)

〈문항 2〉 제시문 [B]의 사례에 나타난 맥도날드사가 현재 직면하고 있는 문제는 다른 산업 분야에서도 동일하게 나타날 수 있음을 고려할 때, '한국의 영화 산업'은 이 문제를 어떻게 해결할 수 있을지 구체적인 방안을 제시하시오. (30%, 500~600字, 띄어쓰기 포함)

[A]

현재까지의 글로벌화(globalization)는 국가 간의 무역 장벽이 철폐되고, 시장 개방이 가속화되면서 각 국의 소비자 기호가 유사해지므로, 세계 시장이 하나의 시장처럼 표준화된다는 세계화로 대표되어 논의되고 있다. 표준화를 지지하는 학자들은 교통과 통신의 급격한 발달이 지리적, 문화적 국경을 초월하여 소비자와 시장의 동질화를 촉진하는 것을 강조한다. 전 세계 소비자의 취향과 요구가 동질화됨에 따라 기업들은 글로벌화 전략을 사용하여 규모의 경제와 비용 절감을 달성한다는 것이다. 하지만 현지화(localization)를 지지하는 학자들은 반대로 각 국의 물리적 환경, 정치적 시스템, 문화, 제품의 사용 상황, 경제 발전 등의 차이점과 각 소비자와 시장의 이질성을 강조한다. 또한 각 현지국 시장 사이에는 소비자 태도나 행동의 기반이 되는 보다 근본적인 차이가 존재하며 이 때문에 기업의 활동을 표준화하는 것은 바람직하지 않으며 심지어 불가능하다고 주장한다.

일반적으로 글로벌화는 소비자들로 하여금 서구화를 우선적으로 떠오르게 한다. 그러나 글로벌화의 접근은 역사적, 지리적, 문화적 연구에서 시작되어야 하며, 현재의 국제 상황을 새로운 글로벌화(re-globalization)라 정의할 필요가 있다. 왜냐하면 글로벌화는 전혀 새로운 개념이 아니며, 역사적으로 이미 서양 강대국을 중심으로 16세기 무렵부터 시작된 식민지 정책에서 비롯된 것과 구분해야 하기 때문이다. 초기 글로벌화는 이를 수용해야 하는 대부분의 나라에서 거부했음에도 불구하고, 부와 힘으로 대표되는 강자를 중심으로 크게 경제, 정치, 문화 세 분야를 중심으로 이루어져 왔다. 이에 따라 자본과 시스템(system), 그리고 노동력이 해외로 함께 이동하면서 강대국으로부터 부와 시스템이 유입되어 새로운 문화를 형성해 갔다.

그런데 부를 중심으로 이루어지는 결속과 추종 과정에서 경제와 정치, 그리고 시스템에 대한 수용은 적극적으로 이루어질 수 있는 현실적 여건을 갖춘 상황이었다고 볼 수 있지만, 문화의 경우는 좀 다르다. 그 수용 여부가 반드시 부의 획득과 상관 관계를 보이지도 않을 뿐더러, 개인별 특성이나 기호, 취향에 따른 선택 요소이기 때문이다.

동양과 서양의 극명하게 대조를 이루는 사고 체계는 과거 수천 년 간 계속되어 왔고 지금도 그 차이가 유지되고 있다. 즉, 원리를 중시하던 전략가인 아리스토텔레스 사상으로 대표되는 고대 그리스의 지적 전통을 물려받은 서양인과 윤리를 중시하던 공자 사상을 근거로 한 고대 중국의 지적 전통을 물려받은 동양인은 철학, 문명 뿐 아니라 중요한 것에 대한 인식과 그 인식의 과정이 다르기 때문에 설령 결과가 같은 것이라 할지라도 그 내부에는 커다란 차이가 존재한다는 것이다.

동양과 서양의 자기 개념의 차이는 자신을 얼마나 독특한 존재로 보는가 하는 문제에서도 발견된다. 마르쿠스(Markus)는 사람들에게 여러 대상의 그림을 보여주고 그 중 한 사물을 선택하게 하는 연구를 실시하였다. 그 결과 미국인들은 가장 희귀한 것을 골랐고 한국인들은 가장 보편적인 것을 골랐다고 한다. 같은 연구에서 볼펜들을 선물로 주면서 고르게 했더니 미국인들은 가장 특이한 색의 볼펜을 골랐다. 미국인들은 항상 남의 눈에 띄고 싶어 하나 한국인들은 늘 남들 정도만 되고 싶어 하는 것이다.

[B]

모스크바나 매사추세츠나 어디에서든지, 전 세계 12,611개의 맥도날드 패스트푸드 레스토랑은 동일한 방식으로 고객을 맞이한다. 도쿄, 비엔나, 호주에 있는 어느 맥도날드 매장에서든 동일한 제품을 먹을 수 있다. 맥도날드는 전 점포에 걸친 일관성을 통해 패스트푸드 산업에서 독보적인 존재가 되어왔다. 경쟁자들과 고객들에게 모든 레스토랑을 장식하는 기업 상징물인 골든 아치(Golden Arches)는 즐거움, 빠른 서비스와 맛, 저가격의 상징이 되었다.

미국에서만 매일 2천만 명 이상의 고객들이 맥도날드를 찾는다. 그러한 수는 맥도날드 체인점의 성공을 증거하고, 그것은 또한 관리상의 애로점이 발생되고 있다는 것을 말해준다. 맥도날드는 1965년부터 1991년까지 25.2%의 연간 평균 자본수익률과 24.1%의 연간 평균 이익신장률을 창출함으로써 재계와 경쟁자들을 놀라게 하는 전설적인 운영 시스템으로 기업의 성공을 일구었다.

그동안 맥도날드는 전 세계의 모든 매장을 동일하고 일관성 있게 유지하는 그들의 운영시스템을 설계하였다. 운영 절차는 고객들이 어느 매장을 방문하거나, 언제든지 다시 오더라도 동일한 품질의 음식과 서비스 제공을 보장한다. 예를 들어, 모든 햄버거는 정확하게 동일한 방식으로 만들어 진다. 먼저 겨자 그다음 케첩, 양파, 그리고 두 개의 피클 순이다. 맥도날드는 메뉴를 열 가지 품목으로 한정하였기 때문에 완벽한 운영시스템을 구축하는데 충분한 시간과 노력을 기울일 수 있었다. 1960년대와 1970년대의 대다수 레스토랑들은 다양한 메뉴를 제공하였다.

맥도날드는 1957년 첫 운영지침서를 개발하였으며 1991년에는 그것이 750쪽에 달하게 되었다. 이 지침서에는 운영자들이 어떻게 밀크쉐이크를 만들고, 햄버거를 그릴에 굽고, 감자를 튀기는지에 대한 설명이 담겨져 있다. 이것은 모든 음식에 대한 정확한 조리 시간, 적정한 온도, 그리고 정확한 비율을 서술하고 있다. 심지어는 모든 햄버거에 1/4온스의 양파가 들어가고 치즈 1파운드로부터 32개의 슬라이스를 얻을 수 있다는 것까지 설명하고 있다. 프랜치 프라이는 품질과 맛을 위해 9/32인치가 되어야하고, 운반 용기에 10분 이상 제품을 담아두지 말아야 한다. 또한 전 세계 매장에서 판매하는 프랜치 프라이의 색상과 바삭거림을 균일하게 하기 위해 21%의 전분을 가지는 아이다호 러셋 감자만을 사용하도록 고집했다.

그러나 1991년 이후에 점포당 매출액은 낮아졌고, 이것은 경영자들로 하여금 모든 맥도날드 매장에서 동일한 품질과 서비스를 보장하는데 활력소가 된 지금까지의 운영시스템이 기업이 직면한 새로운 환경에 적절한지에 대해 의구심을 갖게 하는 계기가 되었다.

〈문항 3〉 다음 두 편의 글, [C]와 [D]를 토대로 언어의 단일화가 초래할 위험성이 어떤 것인지 우리의 생활에서 쉽게 경험할 수 있는 사례를 예시로 들어 구체적으로 논하라. (40%, 1,200~1,400자, 띄어쓰기 포함)

[C]

아이누어는 고립 언어로, 다시 말해 그 어떤 언어와도 친족관계를 증명할 수가 없다. 이 언어가 문자화된 것은 단지 학술적인 목적에서일 뿐이며, 운문 서사시, 가요와 담시들이 구전으로 전해져오고 있다. 거기에는 신들과 전투행위, 그리고 영웅들의 연애 모험담 등이 이야기 소재로 즐겨 사용되고 있다. 1990년대 초에 이르자 아이누어를 사용하거나 이해할 수 있는 사람들의 수는 극소수에 불과했다. 이 언어와 그것을 사용하던 사람들이 처한 운명을 살펴볼 때, 한 문화의 멸망과 한 언어의 사멸이 서로 얼마나 밀접하게 연관되었는지, 특히 특정한 메커니즘이 언어의 사멸에 얼마나 결정적으로 작용하는지를 알 수 있다.

사멸되어가는 대다수의 언어들은 그에 앞서 다른 지배적인 언어가 미치는 상황적ㆍ기능적ㆍ위협적인 압력에 시달린다. 언젠가 그 압력이 너무 커지면 피지배적인 언어는 사라진다. 따라서 한 언어가 사멸되는 것은 언어의 갈등이 극한에 이를 때다. 피지배적인 언어가 지닌 언어 구조들은 지배적인 언어에 의해서 점차 그 형태가 바뀌어 해체되고, 그것이 지녔던 사회적 언어 기능들

글로벌화, 현지화(지역화), 글로칼리제이션

일반적으로 세계화(globalization)는 국경 개념이 허물어지는 오늘날의 세계적 현상을 지칭하고, 지역화(localization)는 세계화의 반동으로서 지역적 활동을 중시하는 추세를 반영하고 있는 말이다. 그리고 글로칼리제이션(glocalization)은 세계화(globalization)와 지역화(localization)의 합성어로서 세계화와 지역화가 병존하는 현상을 말한다.

도 하나씩 사라져간다. 그 언어를 사용하던 인구는 빠르게 감소되고, 마지막 단계에 이르면 그 언어를 마지막으로 사용하던 사람들은 지배적인 언어에 동화된다. 그들이 지배적인 언어에 동화되는 순간, 마침내 그 언어가 지녔던 지속성은 단절되고 피지배적인 언어는 사멸되는 것이다.

─ 프란츠 부케티츠 著, 『멸종, 사라진 것들』

[D]

동인도제도의 몇몇 지방에서는 달이 꽉 차는 밤들 가운데 하나는 '작은 돼지 달', 또 하나는 '큰 돼지 달' 이라고 부르지만, 서구식 캘린더라면 아마 달이 차오르는 11번째 밤과 12번째 밤이라고 부를 것이다. 이곳 사람들이 이렇게 이름 붙인 것은 그때가 되면 어미돼지, 새끼돼지 할 것 없이 달빛에 홀린 듯 흥분하여 우리를 뛰쳐나와 들판에서 날뛰고 뒹굴기 때문이다. 이윽고 달이 점점 땅딸막해지면 그 밤들은 '키 큰 나무줄기' '짧은 그루터기' 로 불린다.

시베리아 북부지방의 우고르 오스탸크 족은 어떤 달은 '잎이 진 벌거숭이 나무' 라 부르고 그 다음 달은 '도보여행' 이라 부른다(이때가 되면 사람들이 말등에 앉아서 여행하지 못하고 얼음 위를 조심조심 걸어 다녀야 하기 때문이다). 이어 '산란의 달', '까마귀의 달' (또는 바람의 달) '백목질 소나무의 달',' 백목질 자작나무의 달', '연어잡이 달' 이 차례로 온다. 전 세계 어디서나 각각의 달은 자연으로 특징지어지므로, 그 달의 이름을 듣고 그 지역의 고유한 풍경을 짐작할 수 있다.

─ 제이 그리피스 著, 『시계 밖의 시간』

도전 문제 7

난이도 ★★★★☆ 해설 및 예시 답안 → 95쪽

다음 제시문 [나]는 오늘날 기업이 직면하고 있는 어떤 공통된 경영 활동의 주제를 다루고 있다. 제시문 [나]를 근거로 하여 제시문 [가]가 담고 있는 의미를 구체적으로 서술하라.(500~600자)

[가] 스타벅스는 커피와 문화를 결합하여 커피에 관한 경험을 재창조한 회사이다. 스타벅스의 최고 경영자가 된 하워드 슐츠는 1982년 스타벅스에 합류했다가 1987년에 스타벅스를 인수했다. 그는 단순히 최고급 커피원두를 소매로 파는 가게였던 스타벅스를 '고객이 바리스타(barista)라 불리우는 매장 점원과의 교감을 바탕으로 커피를 마시면서 새로운 문화를 경험' 할 수 있는 오늘의 스타벅스를 일구어냈다. 또한 존경과 품위, 다양성의 존중, 사회와 환경에 대한 공헌 등의 원칙을 공유하는 문화를 키워나감과 동시에 직원들의 의견을 존중해 프라프치노 등 고객의 새로운 요구에 부합하는 새로운 상품을 적시에 선보였다. 그 결과 1987년 당시 6개 스토어에 100여명의 사원이 있던 수준의 회사를 10년만에 2,000여 개의 스토어에 25,000명 규모의 회사로 성장시켰다. 1992년에는 커피 판매 기업으로는 최초로 상장기업이 되었으며 2004년에는 5조 3천억 원의 매출과 6천억 원의 영업이익을 기록했다.

델은 1984년 창업과 함께 컴퓨터업계 최초로 제조업체가 제작한 컴퓨터를 최종 소비자에게 직접 판매하는 '다이렉트 판매' 방식을 도입했다. 기존의 PC 판매는 생산자 중심의 관점에서 고객의 새로운 요구에 대한 직접적인 이해 없이 생산하고 중간유통을 거치는 방식으로 이루어졌다. 델은 이러한 방식을 뛰어넘어 고객과의 직접적인 커뮤니케이션을 통해 고객이 원하는 PC를 파악하고 맞춤형 PC를 직접 판매하는 모델을 창조한 것이다. 그 결과 1994년부터 7년간 연평균 매출액 성장률 37%를 기록하며 2001년에 세계 시장 1위의 사업자로 등극했다. 2004년에 델은 42조 6천억 원의 매출과 3조 5천억 원의 영업이익을 기록했다.

— AT 커니, 매일경제 Creative Korea 팀, 『창조혁명 보고서』

[나] 인간이 자연 그대로의 자원에서 새로운 용도를 찾아내고 그것에 경제적 가치를 부여하기 전까지는 '자원' 이라고 불릴 만한 것은 없다. 경제적 가치가 생기기 전까지는 모든 식물은 식물 그 자체이고, 모든 광석은 돌덩어리일 뿐이다. 한 세기 전까지만 해도 땅에서 스며 나오는 원유도, 알루미늄 원광인 보크사이트도 자원이 아니었다. 귀찮은 존재로서 토양을 망치기만 했다. 페니실린 곰팡이도 한때는 자원이 아니라 병균일 뿐이었다. 그러나 1920년대 영국의 미생물학자인 알렉산더 플레밍이 페니실린 곰팡이 '병균' 이야말로 세균학자들이 찾던, 바로 그 박테리아를 죽이는 물질임을 확인함으로써 페니실린 곰팡이는 가치 있는 자원이 되었던 것이다. 이처럼 아무것도 아닌 것에 부를 창출하는 능력을 부여하는 것이 혁신인 것처럼 기존 자원이 갖고

있는 잠재력을 높여 더 많은 부를 창출하도록 하는 활동도 혁신이라고 할 수 있다.

프랑스 경제학자 J. B. 세이는 "기업가는 경제적 자원을 생산성과 수익성이 낮은 곳으로부터 좀더 높은 곳으로 이동시킨다"라고 말했다. 그의 말을 빌리면, 혁신은 '자원의 생산성을 높이는 활동'이라고 정의할 수 있다. 혁신은 기업가 정신의 구체적인 기능인 것이다. 똑같은 자원을 투입하고도 더 많은 양을 산출할 수 있는 활동이 곧 혁신이라는 뜻으로 공급 측면에서의 정의라고 할 수 있다. 이러한 정의에 적합한 구체적 사례를 들어보면, 제철산업의 경우 종합제철공장에서 미니밀(mini-mill: 전기로)로 이동한 것은 공급 측면에서의 혁신이다. 미니밀은 철광석을 녹이는 용광로 설비가 필요없다. 고철을 녹여 철강 빔이나 철근 같은 소비 제품을 만들어낸다. 최종 제품도, 용도도, 고객도 똑같다. 그러나 생산원가를 획기적으로 낮추었기 때문에, 즉 같은 자원을 투입하고도 더 많은 양을 산출할 수 있도록 한 혁신인 것이다.

한편 혁신을 수요 측면을 강조해 정의할 수도 있는데, 이 경우 혁신은 소비자들이 이제까지 느껴온 가치와 만족에 변화를 일으키는 활동이라고 규정할 수 있다. 아이포드(i-Pod) 또는 디지털 카메라는 기술혁신이라고도 말할 수 있지만, 소비자가 원하는 가치와 만족도를 높인 혁신 사례라고 할 수 있다. 헨리 루스가 1920년대에 『타임』, 『라이프』, 『포천』 등을 창간하여 보여준 사회적 혁신이나, 1970년대 말부터 1980년대 초에 개발된 머니마켓펀드(money market fund), 유니버설보험상품(universal life insurance product)같은 금융상품의 성공적 혁신도 공급 측면보다는 가치와 만족도라는 측면에서 훨씬 설명하기 쉽다.

— 피터 드러커, 『피터 드러커의 위대한 혁신』

3. 자유 민주주의의 현실과 지향

예제

제시문 [가]와 [나]에서 지적하는 민주주의 사회의 문제점에 대한 구체적인 예를 찾아 서술하고, 이와 관련하여 [다]와 [라]의 입장에서 '공동선'이 무엇이며, 민주주의 사회에서 '공동선'을 추구하는 것이 왜 필요한가를 논술하시오.

(가) 평등한 시대에는 모든 사람들이 자기 자신의 의견을 추구한다. 자신의 감정은 모두 자기 자신만을 향해 있다. 개인주의란 새로운 생각들이 탄생시킨 새로운 표현이다. 우리 아버지들은 이기주의(이기심)에만 익숙해있다.

이기심은 열정적이고 과장된 자기애이며 그것은 모든 사람으로 하여금 모든 것을 자기에게 연관시키고 또 세상 무엇보다 자기를 중요하게 여기도록 한다. 개인주의는 성숙하고도 평온한 감정으로, 사회의 각 구성원들이 자기를 동료라는 덩어리에서 분리시키고, 가족과 친구들에게서 떨어져 나와 자신만의 작은 원을 형성하도록 만들다. 그리고 사회는 전체로서 그 자체로 남겨둔다.

개인주의는 부패된 감정에서가 아니라 잘못된 판단에서 출발한다. 그것은 외고집만큼 정신적 결핍에서 기원한다.

이기심은 모든 미덕의 씨앗을 파괴한다. 첫째로, 개인주의가 단지 공적인 삶이라는 덕을 쇠약하게 한다. 그러나 결국엔 모든 다른 미덕을 공격하여 파괴시키며, 결국 그것들은 완전한 이기심에 흡수된다. 이기심은 이 세계만큼 오래된 악이며, 한 가지 이상의 형태의 사회에 속한다. 개인주의는 그 기원에 있어서는 민주적이며 조건의 평등과 같은 비율로 퍼질 것 같다.

(나) 집단적인 이기심은 이 사회에서 너무 널리 퍼져서 과연 우리가 법이 지배하는 나라에 살고 있는가 하는 의문이 인다. 특정 집단이 사회적으로 공통된 감정과 법에 반해서 폭력을 수단으로 하여 자신들의 요구나 다른 문제들을 해결하려 했다는 걱정스러운 사건들이 하나씩 보도

되어 왔다. 어떤 사람도 자신의 이익만을 위해 불법적, 극단적으로 거리 시위를 하고 교통을 막아 시민들에게 해를 끼치고 불편함을 줄 권리를 가지고 있지 않다. 그러나 공정하고 엄격한 법 집행만이 법을 묵묵히 따르는 정신을 해치는 부정적 사회 흐름을 멈추게 할 수 있다. 정부 당국이 정책을 투명하게 해서 공공의 지지를 얻어야 함은 물론이다. 어떤 불법적인 집단 행동이라도 사회적 질서와 정의의 확립을 위해서는 엄격히 처리되어야 한다.

(다) 사회 또는 개인 중에서 어느 것이 우선인가 하는 문제는 암탉과 달걀에 관한 문제와 같다. 이것은 논리적인 문제로 다루든 역사적인 문제로 다루든, 똑같이 일방적인 그 반대편의 의견에 의해서 틀림없이 수정될 터이므로, 여러분은 그 문제에 관해서 어느 쪽으로든 의견을 제시할 수 없을 것이다. 사회와 개인은 분리될 수 없다. 그것들은 서로에게 필수적이고 보완적인 것이지 대립적인 것이 아니다. 인간은 '함께 모이기' 이전에도 존재했다고, 또는 어떤 종류의 실체를 가지고 있다고 전제하는 것은 잘못이다. 우리가 태어나자마자 세계는 우리에게 작용하기 시작하여 우리를 단순히 생물학적인 단위로부터 사회적인 단위로 변화시킨다. 역사의 혹은 역사 이전의 모든 단계에서 인간은 누구나 한 사회 속에서 태어나고, 아주 어렸을 적부터 그 사회에 의해서 형성된다.

인류학자들은 흔히 원시인은 문명인보다 덜 개인적이며 사회에 의해서 더 완전하게 형성된다고 말한다. 여기에는 진리의 한 요소가 포함되어 있다. 보다 단순한 사회가 더 균일하다고 말하는 것은 그 사회가 더 복잡하고 더 발전한 사회에 비해서 사회적으로 필요한, 그리고 사회가 그 기회를 제공하는 개인적인 기술과 직업이 훨씬 다양하지 못하다는 의미에서이다. 심화되고 있는 개별화(individualization)는 이러한 의미에서 발전한 근대사회의 필연적인 산물이며, 그것은 저 꼭대기에서부터 밑바닥까지 그 사회의 모든 행위들을 파고든다. 그렇다고 해서 이 개별화의 과정과 증대하고 있는 사회의 힘 또는 응집력 사이에 대립항을 설정하는 것은 중대한 오류일 것이다. 사회의 발전과 개인의 발전은 병행하며, 서로를 조건 짓는다. 사실 우리가 이해하고 있는 복잡한 혹은 발전한 사회란 개인들 상호간의 의존 관계가 발전한 그리고 복잡한 형태를 취해온 사회이다.

— E. H. Carr, 『역사란 무엇인가』, 1961

(라) 우리는 정치·경제·사회 제도가 공동선(共同善: common good)을 위하여 존재한다고 생각한다. 그리고 국가 정책이 공익(公益: public interest)의 실현에 기여하고 있다고 생각한다. 그러나 과연 공동선이란 무엇인가 혹은 공익이란 무엇인가라고 물으면 그 답이 그리 간단하지 않다. 여러 가지 견해로 나뉠 수 있고 견해 간의 대립도 적지 않다. 그러나 여하튼 공동선이란 무엇인가 공익이란 무엇인가에 대하여 확실한 견해를 세우는 것은 대단히 중요하다. 왜냐하면 국가든 개인이든 공동선이나 공익의 개념에 대하여 확실한 자기 견해를 세워 두지 아니하면

다음과 같은 두 가지 어려움에 처하게 된다.

첫째는 기존의 국가 제도(정치 · 경제 · 사회 제도)가 과연 공익에 봉사하는지 그리고 기존의 국가 정책이 공동선의 실현에 기여하는지를 알 수가 없다. 판단 기준이 확실하지 않기 때문이다.

둘째는 모든 사람이 자신들의 주장이 공익 혹은 공동선을 위한 것이라고 주장하지만 분명히 그러한 주장 속에는 실제로는 사익(private interest)을 위한 것이 있을 수 있다. 결국 주장의 당부(當否)와 진위(眞僞)를 판단할 수 없다. 그렇게 되면 만인(萬人)에 대한 만인의 투쟁의 시대가 열린다.

요컨대 국가 개혁과 국정 개선의 방향을 바르게 세우기 위하여서도 그리고 민주주의의 성공을 위하여서도 우리는 공동선이란 무엇이고 공익이란 무엇인가를 정확히 알아야 한다.

— 박세일, 『공동선(공익)을 어떻게 찾아야 하는가』, 2003

■ 유의 사항

1. 띄어쓰기를 포함하여 1300자 이상 1400자 이내로 논술하시오.

2. 원고지에 제목을 쓰지 말고, 특별한 표시를 하지 마시오.

3. 제시문의 문장을 그대로 옮겨 적지 마시오.

4. 반드시 본교에서 지급한 필기도구를 사용하시오.

해설

논제의 구성 조건 확인

논제가 요구하고 있는 조건은 다음과 같다.

① 제시문 [가]와 [나]에서 지적하는 민주주의 사회의 문제점에 대한 구체적인 예를 찾아 서술하고,

② 이와 관련하여 [다]와 [라]의 입장에서 '공동선' 이 무엇이며,

③ 민주주의 사회에서 '공동선' 을 추구하는 것이 왜 필요한가를 논술하시오.

크게 세 가지를 요구하고 있지만, ①과 ②는 각각 두 가지로 세분할 수 있다.

①-1 : 제시문 [가]와 [나]에서 지적하는 민주주의 사회의 문제점 요약하기 → 제시문 분석

①-2 : 그 문제점의 구체적인 예를 우리 사회에서 찾아 서술하기 → 현실에 적용하기

②-1 : 제시문 [다]와 [라]의 입장 정리하기 → 제시문 분석

②-2 : 제시문 [다]와 [라]의 입장에서 '공동선' 의 개념 정의하기 → 이론을 응용하여 개념화
하기

이 논제에서 가장 중요한 조건은 ③이다. 따라서 ③에 대한 답변이 분량상으로도 충분히 강조되어야 할 것이다. ①과 ②는 비록 요구 조건이 많더라도 논리적 단계에서는 '문제 제기 전제' 에 해당되므로 전체 분량의 1/2이 넘지 않도록 해야겠다.

이와 같은 논제 분석을 토대로, 이 논제가 요구하는 논술문의 구성 방향을 정리하면 다음과 같다.

1. 제시문 [가]와 [나]에서 지적하는 민주주의의 문제점 요약 : 우리 현실에서 사례 찾아 제시하기(문제 제기)

2. 제시문 [다]와 [라]의 입장 정리 : '공동선' 의 개념 정의(전제)

3. 민주주의 사회에서 '공동선' 을 추구하는 것이 왜 필요한지 논술하기 : 논술자의 견해(주장 +논거)

요구 조건 ③의 경우 논술자의 주장은 이미 출제자에 의해 주어졌다. 그것은 '민주주의 사회에서 공동선을 추구하는 것이 필요하다.' 는 것이다. 출제자가 요구하는 것은 '왜 필요한지, 그 근거(논거)를 제시하라는 것이다.

■ 제시문 분석 및 문제 설정

1. [가], [나]에서 지적하는 민주주의 사회의 문제점

[가]는 민주주의 사회에서 발생하는 문제점은 이기심과 개인주의임을 지적하고 있으며, [나] 는 집단적 이기심의 문제를 지적하고 있다.

2. 민주주의 사회의 문제점과 관련하여 [다], [라]의 입장에서 '공동선' 의 정의

민주주의 사회에서 발생하는 이기심과 개인주의 혹은 집단적 이기심의 문제점을 해결하기 위하여 필요한 개념이 바로 '공동선' 이라 할 수 있다. 그러나 동시에 '공동선' 이란 과연 무엇인가 질문할 때는 어려움에 직면하지 않을 수 없다.

제시문 [다]의 입장에 의하면, 사회의 발전과 개인의 발전은 병행하며 서로를 조건 짓는다. 그러나 이기심이나 개인주의로 치닫게 되는 사회에서는 '공동선' 이라는 자율 규제 혹은 윤리적 장치를 통해 개별화로 편향되지 않게 사회적으로 조정할 필요가 있다. 이런 점에서 볼 때 즉 [다]

의 입장에서 볼 때 '공동선'은 이기심이나 개인주의로 편향되지 않게 사회적으로 조정해주는 윤리적 장치라 할 수 있다.

제시문 [라]의 입장에서 보면, '공동선'이란 공익을 실현하기 위한 정치적, 경제적, 사회적 제도들이라 할 수 있다. 그러나 그렇다고 투명하게 정의되지는 않는다. 국가 제도들이 과연 공익에 봉사하는 것인지 불분명하며, 또한 모든 사람들이 공동선을 위한 것이라고 주장들 하지만 실제로는 사익일 수 있다는 논란거리가 남아 있기 때문이다. 요컨대 [라]의 입장에서 볼 때, '공동선'이란 논란에 휩싸이는 개념의 성격을 지닌다.

3. 민주주의 사회에서 '공동선'을 추구할 필요성

통상 자본주의 사회를 민주주의 사회라고 말한다. 자본주의 사회는 크게 두 가지 관점에서 접근할 수 있겠다. 하나는 자본주의의 속성이 유감없이 발휘되는 사회라는 것이다. 사적 소유와 상품화의 논리가 정확하게 관철된다. 민주주의 사회에서 이기심이나 개인주의가 발달하는 것도 사적 소유 및 상품화의 논리가 지배하기 때문이다. 평등과 인권·복지의 개념보다도 개인의 자유를 더 중시한다는 점에서 민주주의 사회는 필연적으로 개인화된다. 개인의 자유가 더욱 중시되는 것은 그만큼 사회적 제도가 개인의 삶을 책임져주지 않기 때문이다. 거기에서는 경쟁의 원리가 극에 달한다. 최근 신자유주의가 지배하는 자본주의 상황에서 개인들은 상품화된 경쟁의 논리에서 생존 투쟁을 하며 그 과정에서 이기심과 개인주의는 더욱 심화된다.

다른 하나는 민주주의가 이상한 방식으로 관철된다는 것이다. 대의민주주의라는 민주주의 체제가 자리잡아 왔지만 사실 대의민주주의는 직접민주주의에 비쳐볼 때 많은 문제를 내포하고 있는 것도 사실이다. 대의민주주의라는 이름하에 정치적, 경제적, 사회적 제도들이 구성되고 운영되지만 대의기관이 특정 집단이나 계층의 이해 관계를 대변하는 이념적 도구로 전락했다는 비난 역시 꾸준히 제기되고 있다. 대의민주주의 체제 하에서 공동선을 추구하기가 힘든 이유가 바로 여기에 있다. 사람들의 자유로운 의사소통이나 이익 창출은 억압되거나 독점의 논리에 의

신자유주의

1980년대부터 미국과 영국에서 시작된 자본주의의 새로운 자본 축적 논리이자 세계 지배 논리를 말한다. 자본주의 사회의 자본은 끊임없이 이윤을 창출해야 자신의 생존 기반을 확보할 수 있으므로 일정한 시점에서는 새로운 시장 메커니즘의 관철을 요구하게 된다. 그에 따라 신자유주의는 세계를 무대로 움직이는 초국적 자본이 각 나라에 대하여 시장의 개방과 공기업의 민영화 등을 요구하고 그 흐름을 세계적 대세로 조작하는 세계화의 논리를 펼쳐왔다. 미국은 그 주도 국가이다. 우리나라는 1997년 이른바 'IMF위기' 이후 본격적으로 신자유주의 물결이 침투해 들어왔으며, 정부의 신자유주의 정책 결과 구조조정이나 대량해고가 대세가 되어 노동자들은 일자리를 잃게 되고 부익부빈익빈이 더욱 심화되는 사회적 모순에 빠져들고 있다. 오늘날 세계는 신자유주의로 몸살을 앓고 있으며 그에 맞서 노동자·민중의 반신자유주의 투쟁이 계속되고 있다.

해 지배당한다. 다시 말해 민주주의 사회에서 민주주의가 제대로 운영되지 못한다는 것이다. 전근대사회에서 민주주의 사회로 이행되면서 '공동선'의 문제가 제기된 것도 이미 민주주의 사회는 태생적으로 그 문제를 안고 있기 때문이다. 만인의 이해와 평화를 위한 사회적 제도란 게 어떤 측면에서는 말뿐이다. 그런 점에서 '공동선'을 주창한다는 것 자체가 허무할 수도 있다.

그러나 이러한 문제들을 안고 있는 역사적 과정 속에서 끊임없이 '공동선'을 주창하고 공익을 외치는 것은 매우 필요한 일이다. 오늘날 인간은 이기심이나 개인주의에 맞서는 것으로서 '공동선'이 필요하기도 하지만 신자유주의, 자본주의의 모순을 해결하기 위해서도 그것은 필요하다. 오늘날의 지배 구조가 되어버린 신자유주의 사회에서는 사회적—공공적 정치를 폐기해나다시피 하고 있다. 오로지 (다국적)자본의 이해 관계만 우선시될 뿐이다. 그래도 여전히 우리는 민주주의 사회라는 걸 내세운다. 그런 모순된 사회에서 존재하기 때문에 '공동선'의 개념은 논란 중일 수밖에 없다. 그러나 논란 중임에도 민주주의의 성공을 위하여 공동선과 공익에 대한 정의는 끊임없이 내려져야 한다. 그러나 논란 중이기 때문에 그것은 고정된 개념으로서가 아니라 항상 새로운 상황에 따라 변할 수 있는 개념임을 염두에 두어야 한다.

▪️ 하나의 예시 답안

유의 사항에 주의하면서 논술문을 작성한다. 특히 '제시문의 문장을 그대로 옮겨 적지 마시오'에 주의할 것.

[가]는 민주주의 사회에서 발생하는 문제점은 이기심과 개인주의임을 지적하고 있으며, [나]는 집단적 이기심의 문제를 지적하고 있다. 이는 부동산 투기 열풍이나, 의약 갈등, 혐오시설 유치 반대 시위 등 우리 주변에서 흔히 발견할 수 있다. 민주주의 사회에서 발생하는 이러한 이기심과 개인주의 혹은 집단적 이기심의 문제점을 해결하기 위하여 필요한 개념이 바로 '공동선'이라 할 수 있다.

제시문 [다]의 입장에 의하면, 사회의 발전과 개인의 발전은 병행하며 서로를 조건 짓는다. 그러나 이기심이나 개인주의로 치닫게 되는 사회에서는 '공동선'이라는 자율 규제 혹은 윤리적 장치를 통해 개인화로 편향되지 않게 사회적으로 조정할 필요가 있다. 즉 [다]의 입장에서 볼 때 '공동선'은 이기심이나 개인주의로 편향되지 않게 사회적으로 조정해주는 윤리적 장치라 할 수 있다. 제시문 [라]의 입장에서 보면, '공동선'이란 공익을 실현하기 위한 정치·경제·사회적 제도들이라 할 수 있다. 그러나 그렇다고 투명하게 정의되지는 않는다. '공동선'이라고 주장들 하지만 실제로는 사익일 수 있다는 논란거리가 남아 있기 때문이다.

그렇다면 민주주의 사회에서 '공동선'을 추구하는 것이 왜 필요할까. 통상 자본주의 사회를 민주주의 사회라고 말한다. 자본주의 사회는 크게 두 가지 관점에서 접근할 수 있겠다. 하나는 자본주의의 속성이 유감없이 발휘되는 사회라는 것이다. 사적 소유와 상품화의 논리가 정확하게 관철된다. 민주주의 사회에서 이기심이나 개인주의가 발달하는 것도 사적 소유 및 상품화의 논리가 지배하기 때문이다. 평등과 인권·복지의 관점보다도 개인의 자유가 더 중시되는 민주주의 사회는 필연적으로 개인화된다.

다른 하나는 민주주의가 이상한 방식으로 관철된다는 것이다. 대의민주주의라는 민주주의 체제가 자리잡아 왔지만 사실 대의민주주의는 끊임없이 비판받아 왔다. 대의민주주의라는 이름 하에 정치적, 경제적, 사회적 제도들이 구성되고 운영되지만 대의기관이 특정 집단이나 계층의 이해 관계를 대변하는 도구로 전락했다는 비난 역시 꾸준히 제기되고 있는 것이다. 대의민주주의 체제하에서 '공동선'이 의심을 받는 것은 바로 이러한 이유에서다. 사람들의 자유로운 의사소통이나 이익 창출은 억압되거나 독점의 논리에 의해 지배당한다.

그러나 이러한 문제들을 안고 있는 역사적 과정에서 끊임없이 '공동선'을 주창하고 공익을 외치는 것은 매우 필요한 일이다. 오늘날 인간은 이기심이나 개인주의에 맞서는 것으로서 '공동선'이 필요하기도 하지만 신자유주의의 흐름에 맞서는 대항물로서도 필요하다. 오늘날의 지배 구조가 되어버린 신자유주의 자본주의 사회에서 사회적-공공적 정치는 간과되고 있다. 그래도 여전히 우리는 민주주의 사회라는 걸 내세운다. 그런 모순된 사회에 존재하기 때문에 '공동선'의 개념은 논란 중일 수밖에 없다. 논란 중이기 때문에 그것은 고정된 개념으로서가 아니라 항상 상황에 따라 새롭게 변할 수 있는 개념인 것이다.

직접민주주의, 대의민주주의

고대에 존재했던 직접민주주의는 근대사회로 이행되어 오면서 폐기되었고 그 대신에 대의민주주의라는 정치 체제가 보편화되어 세계의 진리가 되어 왔다. 한 나라의 거대해진 영토와 인구로 볼 때 더 이상 사회구성원들이 직접 참여하는 직접민주주의는 실현 불가능한 것으로 인식되었다. 그러나 그것은 어쩌면 대리인 정치체제를 구축하고자 하는 정치인들의 기만이었거나 근대사회 조건에 맞는 직접민주제를 발명해내지 못한 무능력이었을 수도 있다. 어쨌거나 대의민주주의는 루소가 일찌감치 지적한 바처럼 선거날만 유권자들이 주권을 행사하는 쓰레기가 되면서 되레 민주주의에 역행한다는 비판에서 자유롭지 못했다. 최근 시민들의 참여가 제도화되고 쓰레기 매립장 등 이슈의 현장이 되는 지역사회에서는 지역주민들의 자기결정권이 중요하게 제기되기에 이르면서 직접민주주의의 새로운 실험이 가능해질 수 있게 되었다. 직접민주주의가 사회구성원들의 욕망을 직접적으로 정치화하는 과정으로 이해될 수 있다면 지역주민들의 권리와 요구는 이미 직접민주제적인 성격을 띠기 때문이다. 세계는 다시 대의민주주의를 비판하고 직접민주주의적 요소들을 발명해나가고 있다.

도전 문제 1

난이도 **★★★★★** 해설 및 예시 답안 → 97쪽

사례 [A], [B], [C]는 현실 사회에서 문제가 되는 경쟁의 양상을 비유적으로 보여준다. 이 세 가지 경쟁의 성격을 설명하고, 이를 바탕으로 경쟁의 공정성과 경쟁 결과의 정당성에 대해서 논술하시오. (제시문 [1]~[7]을 참고할 것)

[사례 A]

고슴도치와 토끼가 맛있는 음식을 걸고 달리기 시합을 하였다. 고슴도치는 꾀를 써서 몰래 자신과 닮은 아내를 경주의 결승점에 먼저 보냈다. 토끼가 도착하자 고슴도치 아내가 '나는 벌써 와 있다.' 하고 말하였다. 결국 고슴도치가 음식을 차지하였다.

[사례 B]

초등학교 축구 팀과 아마추어 성인 축구 팀이 축구경기를 하게 되었다. 심판은 새로운 규칙을 정하여, 초등학생 팀은 11명, 성인 팀은 6명으로 하며, 성인 팀 선수는 상대에게 태클을 할 수 없도록 하였다. 심판은 규칙의 준수 여부를 엄격히 감시하였다.

[사례 C]

새끼고양이 가운데 한 마리가 유난히 작고 허약해서 어미젖을 먹을 때도 다른 형제들에게 밀려 생존이 어렵게 보였다. 주인이 그 고양이에게 먹이를 먼저 주는 등 특별히 돌보고 사랑하여 그 고양이도 다른 고양이들과 마찬가지로 잘 성장할 수 있었다.

[제시문 1]

어떤 마을에 누구나 가축을 방목할 수 있도록 개방되어 있는 공동의 땅이 있었다. 이 마을 주민들은 각자 자신의 땅을 갖고 있지만, 이 공동의 땅에 자신의 가축을 가능한 한 많이 풀어 놓으려 한다. 자신의 특별한 비용 부담 없이 넓은 목초지에서 신선한 풀을 마음껏 먹일 수 있기 때문이다. 각 농가에서는 공유지의 신선한 풀이 자신과 다른 농가의 모든 가축들을 기르기에 충분한가 걱정하기보다는 공유지에 방목하는 자신의 가축 수를 늘리는 일에만 골몰하였다. 주민들의 이러한 행동으로 인하여 공유지는 가축들로 붐비게 되었고, 그 결과 이 마을의 공유지는 가축들이 먹을 만한 풀이 하나도 없는 황량한 땅으로 변하고 말았다.　　　　— 개릿 하딘, 『공유의 비극』

[제시문 2]

인간이 아무리 이기적이라고 할지라도 인간의 본성에는 분명 연민(憐憫)과 동정(同情)의 원리

가 존재한다. 이 원리들로 인해 우리는 인간의 운명에 관심을 가지게 되며 자기에게는 별 이익이 없어도 타인이 행복하기를 바란다. 타인의 비참함을 목격할 때 우리는 이러한 연민과 동정을 느낀다. 도덕적이거나 인간미가 풍부한 사람은 물론이고, 무도한 폭한(暴漢)이나 사회의 법률을 극렬하게 위반하는 사람도 이러한 감정을 가지고 있다.　　　── 아담 스미스, 『도덕감정론』

[제시문 3]

자본주의의 현실에서 중요한 것은 전통적 형태의 경쟁이 아니라 신상품 · 신기술 · 신공급원 · 신조직형태 등과 관련한 경쟁이다. 이 경쟁은 비용 또는 품질에서 결정적 우위를 차지하게 하는 결과를 초래하며, 기업의 이윤이나 생산량의 다과(多寡)를 좌우하는 정도에 그치지 않고 기업의 토대 및 그 생존 자체까지도 좌우한다. 이런 종류의 경쟁은 다른 경쟁보다 훨씬 더 중요하다.

어떤 사업자가 자기 분야에서 독점적 지위를 가지고 있는 경우에, 외부에서는 경쟁압력이 없을 것이라고 생각하겠지만 그는 늘 경쟁 상태에 있다고 느낀다. 예외가 없는 것은 아니지만, 그는 결국 완전경쟁 상태와 마찬가지로 행동하게 될 것이다. 따라서 경쟁이 독점보다 언제나 바람직하다는 명제는 성립하지 않는다. 이러한 관점에서 자본주의 사회에서 성공적인 혁신자가 차지하는 독점이윤은 정당하다고 할 수 있다.

── 요제프 A. 슘페터, 『자본주의 · 사회주의 · 민주주의』

[제시문 4]

오늘날 일반적으로 사회적 또는 분배적 정의라고 간주되는 것은 인위적인 질서에서만 의미를 가질 뿐이지 자생적인 질서 속에서는 전혀 의미가 없다.

자유의 제한은 특정한 목적을 달성하기 위한 것이지만, 그것 때문에 잃게 되는 것은 일반적으로 인식되지 않는다. 시장 질서에 대한 간섭의 직접적인 효과는 대부분 가시적이며 피부로 느낄 수 있으나, 간접적으로 나타나는 부정적인 효과는 대부분 알기 어렵기 때문에 무시되기 쉽다.

따라서 자유와 간섭 사이의 선택이 그때그때의 편의에 맡겨진다면, 이는 분명히 자유의 점진적인 파괴를 초래하게 될 것이다. 자유를 제한하여 야기되는 손실을 인식하지 못한다는 이유로 자유를 제한하는 것이 정당화될 수는 없다.

── 프리드리히 A. 하이에크, 『법, 입법, 그리고 자유』

[제시문 5]

사상 체계의 제1 덕목을 진리라고 한다면 정의(正義)는 사회 제도의 제1 덕목이다. 이론이 아무리 정치(精緻)하고 간명하다 할지라도 그것이 진리가 아니라면 배척되거나 수정되어야 하듯이, 법이나 제도가 아무리 효율적이고 정연한 것일지라도 그것이 정당하지 못하면 개혁되거나 폐기되어야 한다. 모든 사람은 사회 전체의 복지라는 명목으로도 유린될 수 없는 정의에 입각한 불가침성을 가진다. 그러므로 정의(正義)에 따르면 타인들이 가지게 될 더 큰 선(善)을 위하여 소수의 자유를 빼앗는 것이 정당화될 수 없다. 다수가 누릴 더 큰 이득을 위해서 소수에게 희생을 강요하는 것은 정의에 부합하지 않는다. 그러므로 정의로운 사회에서는 동등한 시민적 자유란 이미 보장된 것으로 간주되며, 따라서 정의에 의해 보장된 권리들은 어떠한 정치적 거래나 사회적 이득의 계산에도 좌우되지 않는다. 그보다 나은 이론이 없을 경우에만 결함 있는 이론이나마 따르게 되듯이 부정의(不正義)는 그보다 큰 부정의를 피하기 위해 필요한 경우에만 참을 수 있다. 인간 생활의 제1 덕목으로서 진리와 정의는 지극히 준엄한 것이다.

— 존 롤즈, 『사회정의론』

[제시문 6]

경제가 시장기능에만 의존하면 시장이 붕괴될 수 있기 때문에 국가는 경쟁정책을 수립할 필요가 있다. 기업은 경쟁질서에 반하여 행동할 때 경쟁질서를 준수할 때보다 더 큰 이윤을 얻을 수 있다고 생각하기 때문에, 경쟁질서에 반하는 행위를 하고자 하는 충동을 가지게 된다. 안정을 얻고자 하는 욕구와 권력에의 의지(意志)가 각 개인들에게 경쟁의 자유로운 흐름을 조작하고자 하는 동기를 부여한다. 한번 형성된 경제권력은 시장 자체의 힘에 의해서 자연스럽게 붕괴되기 어렵다. 그런데 강력한 경제권력은 경쟁관계를 마비시키고, 권력구조의 고착화로 인하여 경제적 비효율을 초래하며, 경제의 흐름을 왜곡하여 우수한 시장참여자에게 손해를 끼친다. 그러므로 국가는 경쟁이 그릇된 방향으로 흘러가지 않도록 경쟁을 보호할 임무가 있다. 국가는 경쟁의 원칙을 세우고 이를 관철시켜야 하며, 기업은 이러한 틀 안에서 경쟁을 통하여 제 기능을 발휘할 수 있어야 한다.

— 오토 슐레히트, 『사회적 시장경제』

이데올로기, 담론

인간의 의식·무의식에 각인되는 표상체계가 곧 이데올로기이다. 사람들을 어떻게 살아가도록 무의식적으로 길들이는 것도 이데올로기(지배적인 이데올로기)이며, 그 반대로 그 무의식에 저항하며 다른 삶을 꿈꾸도록 하는 것도 이데올로기(저항이데올로기)다. 주로 교과서적으로는 '공산주의'와 같은 이념적 표상체계를 이데올로기의 모든 것처럼 이야기하나 공산주의를 비난하는 자본주의 이념도 이미 이데올로기이다. 이데올로기란 하나의 것이 아니라 여러 가지 것들로 이루어진다. 조선사회의 봉건적 이데올로기, 남성중심적 사회의 남성주의 이데올로기, 몸을 팔고사는 성 상품화 이데올로기, 북한은 안 된다는 반공이데올로기, 일류대학에 가야만 한다는 학벌 이데올로기 등등. 이런 이데올로기가 사람들의 일상생활을 지배한다. 이러한 이데올로기들이 지배적인 위치를 차지할 때는 '지배적인 이데올로기'가 된다. 반공이데올로기처럼 국가 권력이 강요하는 것은 지배이데올로기라 말한다. 이러한 이데올로기들이 사람들의 일상적인 언어와 결합이 되어 특정한 의미 체계를 형성하는 것을 '담론'(談論)이라 한다. 따라서 담론은 주체성을 형성하는 형식이기도 하다. 영화에 대해 이야기할 때 형성되는 영화 담론은 그 안에 이미 어떤 이데올로기가 생산되며 화자의 주체성이 드러나기도 한다.

[제시문 7]

'경쟁'이라는 말은 어원적으로 '함께 추구한다'는 뜻을 내포한다. 경쟁의 논리가 기술의 진보와 생산성 향상에 크게 기여했음은 부인할 수 없다. 인간의 욕구 수준을 계속 높여감으로써 새로운 진보와 창조를 가능케 한 것이다. 정치적인 측면에서도 경쟁 심리는 민주주의 발전의 핵심적인 동인(動因)이었다. 정치적 의지를 관철시키려는 이익집단 또는 정당 간의 치열한 경쟁을 통해 민주주의가 뿌리내릴 수 있었다. 그러나 오늘날 경쟁은 어원적 의미와는 달리 변질되어 통용된다. 경쟁은 더 이상 목적을 달성하기 위한 수단들 가운데 하나가 아니다. 경쟁은 그 자체가 하나의 범세계적인 지배 이데올로기로 자리 잡았다.

경쟁 논리가 지배하는 사회에서는 승리자와 패배자가 확연히 구분된다. 물론 아무렇게나 경쟁하는 것은 아니다. '게임의 법칙'이 공정했을 때 패자도 승부의 결과를 받아들이게 된다. 그렇지만 경쟁 사회에서는 '협상'을 통해 갈등을 해소하거나 타협점을 찾을 여지가 없다. 경쟁에서 상대방을 이기면 된다는 간단한 논리만이 존재할 뿐이다. 경제적인 측면에서 살펴보면, 경쟁이란 곧 상대의 이익을 빼앗는 과정이다.　　　　　　　　　　　　　— 리스본 그룹, 『경쟁의 한계』

도전 문제 2

난이도 ★★★☆☆ 해설 및 예시 답안 → 79쪽

[문제 1] 제시문 [가]와 [나]에서 주장하는 바의 차이점을 서술하시오.(151 200자)

[문제 2] 제시문 [다]에서 강조하는 바가, [가]와 [나]에서 제시한 문제점의 해결 방안이 될 수 있는지에 대해서 자신의 입장을 밝히고, 그 근거를 논술하시오.(301 350자)

[가] 나라에서 돈을 쓰는 것은 어진 정치를 베풀기 위하여 당연한 처사지만 정부로서는 부득이한 일이기도 하다. 법률이 공평하게 시행되고 교육이 골고루 베풀어져 풍속이 순후한 나라에서는 국민들이 저마다 자기의 돈을 내서 가난한 사람을 구제하는 집을 짓기도 하고, 옷이나 음식을 나누어 서로 돕기도 한다. 그러나 정부가 이러한 풍속만 믿고 가난한 국민들을 생각하지 않으면 당연한 직분을 행하지 않는 것일 뿐만 아니라, 민간인의 개인적인 재력으로는 사정이 미치지 못해서 구제하는 방책이 때를 놓치는 적도 있으며, 때를 놓치는 염려는 없다고 하더라도 비용이 너무 많이 들어 그 임무를 감당치 못하는 경우도 있을 것이다. 그러므로 정부가 이 일을 담당하여 전국적인 세금으로 집행하고, 민간인들이 개인적으로 지은 구제소가 있으면 미풍양속을 권장하는 것도 좋다. 구제하는 대상을 들자면 부모가 없는 고아, 집이 없는 홀아비나 과부, 빌어먹는 장애자, 생계가 없는 병자 및 교육받지 못한 빈민 등이다.

이와 같이 남에게서 구제받기를 바라는 자라도 모두 폐인은 아니다. 그 가운데 힘든 일을 할 수 있는 자도 있고, 재주가 뛰어난 자도 있으며, 또 이 두 가지 일을 못하지만 가르치면 할 수 있는 자도 있다.

— 유길준, 「서유견문(西遊見聞)」

[나] 한 인간의 효율성은 그의 신체적 조건의 결과일 뿐만 아니라 그의 마음이나 의지와도 광범위하게 연관되어 나타나는 현상이다. [……] 사고와 건강을 위한 보험에 대한 파괴주의적 관점은 무엇보다도 그러한 제도가 사고와 질병을 촉진시키고 건강 회복을 방해하며 질병과 사고를 초래하는 기능적 무질서를 매우 자주 조성할 뿐 아니라 어떤 방식으로든 강화하고 장기화시킨다는 사실에 근거하고 있다. [……] 일을 잘 하고자 하는 의지를 약화시키거나 완전히 파괴해 버림으로써 사회보장제도는 질병과 일에 대한 무능력을 창출한다. 그것은 그 자체가 노이로제인 불평하는 습관이나 다른 형태의 노이로제를 생산해 낸다. [……] 그것(출제자 주: 노이로제)은 마치 사회제도처럼 사람들로 하여금 신체적·정신적으로 건강하지 못하게 하거나 최소한 질병을 증식시키고 장기화하며 강화하는 데 일조한다. 그러므로 사회보장제도는 보험에 대한 노이로제를 위험한 대중적 질병으로 만들고 있는 것이다. 질병을 확대하고 더욱 악화시키고 있음이 분명한 그 제도는 확산될 것이다. 어떠한 개혁 방안도 사람들로부터 지지를 받지 못할 것이다.

우리는 건강에 대한 의지를 약화시키거나 파괴함으로 질병에 걸리는 것이다.

— 한스헤르만 호페, 『민주주의는 실패한 신인가』

[다] 전통적 좌파에게는 핵심적인 것이 사회정의이며, 전통적 좌파가 재정 제도 또는 더 일반적으로 경제 제도를 토의할 때는 재분배와 사회정의의 기준 위에서 주로 토의한다. 그러나 전통적 좌파는 반쪽의 이론일 뿐이다. 왜냐하면 좌파는 사회정의면에서는 잘하지만 경제적 경쟁면에서는 잘못하기 때문이다. 신자유주의도 또한 반쪽의 이론일 뿐이다. 신자유주의는 경제적 경쟁면에서는 잘하지만, 반대로 사회정의는 중요하게 생각하지 않는다. 제3의 길 정치는 이 두 개를 다시 합치려고 하는 것이다. 정책 차원에서 이들을 합치는 결정적으로 중요한 길은 재정 정책의 사회적 함의를 보고 사회 정책의 재정적 함의를 보는 것이다.

구체적으로 이것은 조세 제도를 변경시킬 때, 예컨대 사회를 더 평등하게 할 것이냐의 여부와 관련시키는 것만이 아니라, 직업 창출과 다른 경제적 기준과도 관련시켜 생각한다는 것을 의미한다. 반대로 직업 창출 기회를 향상시킬 목적으로 디자인된 경제 정책을 도입할 때에는 그 정책의 사회적 영향, 즉 그 정책이 사회정의에 대해 갖는 효과를 동시에 고려해야 한다. [……]

제3의 길 정치의 핵심적 강조점은, 적어도 유럽에서는, 실업 문제에만 관심이 있었던 것을 고용 문제로 관심을 돌렸다는 점이다. 경제가 얼마나 효과적이냐를 테스트하는 더 좋은 방법은 실업률이 아니라 그 경제가 창출하는 고용률이다. 유럽에서는 이런 점에서 대단히 큰 차이가 있다. 덴마크와 네덜란드처럼 내가 언급한 일부 국가에서는 노동력의 75~78%가 직업을 가지고 있다. 그러나 고용률은 80%에까지 달하고 있다. 독일, 프랑스, 이탈리아 같은 일부 다른 유럽 국가들에서는 고용률이 단지 61%일 뿐이다. [……]

대부분의 유럽국가에서는 특히 성공적인 국가에서는, 피동적인 복지 혜택 대신 일할 복지제도, 사람들을 노동시장에 적극적으로 참여시키는 제도, 재훈련 제도 등이 실시되고 있으며, 이런 제도들은 바닥에서 불평등을 해결함에 있어 전통적인 재분배 방식보다 실제로 훨씬 더 효과적이다.

— 앤서니 기든슨, 『제3의 길 어디까지 왔나: 유민기념 강연』

도전 문제 3

난이도 ★★★☆☆　해설 및 예시 답안 → 102쪽

지문 〈가〉에 제시된 '선거'의 양상을 살펴보고, 지문 〈나〉에 제시된 '추첨'이 대안이 될 수 있는 가에 대하여 자신의 견해를 논술하시오.

〈가〉 그 다음의 순서는 희미한데 한 사람, 애국애족을 되풀이해서 들먹이는 사람이 있었다. 그 뒤에 등단한 사람이 그것을 꼬집었다.

"이제 막 말한 사람, 틀림없이 애국자입니다. 개장국 잘 먹거든요. 또 애족자인 것도 틀림없습니다. 돼지 족발 잘 잡숫거든요."

애국애족한다는 사람이 가만있을 리가 없었다. 단상에 뛰어올라 꼬집은 자의 멱살을 잡는 난장판이 벌어졌다. 뒤에 알고 보니 사돈끼리라고 했다.

그 다음 차례의 어떤 사람은 자기가 국회의원이 되기만 하면 공출을 없애고 뭣을 없애고 하며 한창 신이 나게 없애가는 통에 세금을 없애겠다고 나섰다.

"미친놈 다 보겠다."

고 내 곁에 있던 영감이 퉁명스럽게 중얼거렸다. 그러자 저편에서,

"이왕 없앨 바엔 국회도 없애 버려라."

고 고함이 터졌다. [……]

"내 기호는 10, 보시오, 위에 막대기 다섯 개 밑에도 다섯 개, 노름꾼 문자로 5땡이라는 겁니다. 열다섯 사람이 나왔는데 짓고땡이 끗수로선 내가 최고 아닙니꺼. 노름으로 치면 이긴 거나 마찬가지지요. 그런데 여러분이 표를 찍어 주건 안 찍어 주건 나는 국회에 갈랍니다. 내 기술이 목공이요. 책상 하나 걸상 하나 만들어 가지고 국회에 턱 갖다 놓고 앉아 버틸 참이오. 국회의원 노릇을 한다 이 말씀입니다. 내 아들이 작년 사범학교에 시험을 봤는데 뚝 떨어졌거든요. 그래 책상과 걸상을 만들어 아이놈에게 짊어 지우고 학교로 가서 교실 한 구석에 턱 갖다 놓고 아들 놈 보고 앉으라고 하고 나는 옆에 서 있었습니다. 선생님 보곤 동냥글 좀 배웁시다 했지요. 그랬더니 1주일 만에 보결로 입학시켜 줍디다. 시험에 떨어진 학생을 배짱으로 입학을 시키는디 백성을 돌보는 국회가 팔세를 하겠습니까. 허나 선거에 떨어진 놈이 국회에 가서 옥신각신한다면 우리 고을의 창피가 아닙니꺼. 그러니 그런 창피가 없도록 미리 내게 표를 많이 던져 주십시오. 기호는 10, 5땡이올시다……."

"그 아버지에 그 아들이라고."

하며 곁에 있는 노인이 우리더러 들으라고 씨부렸다.

"저자의 아들은 아버지가 당선되면 나라 일이 말이 아니고 아버지가 낙선되면 우리 집 일이 말이 아니라면서 돌아댕긴다오."

말이 내킨 참인지 그 노인은 또 이런 얘기도 들려 주었다. 윤또상이란 입후보자의 아들은 운동원을 트럭에 가득 싣고 거리를 돌아다니면서,

"윤또상 군을 국회에 보냅시다."

하고 선창을 한다는 것이다. 그런데 영감의 주석이 또 걸작이었다.

"국회의원도 좋지만 아들놈이 제 애비를 윤또상 군이라고 해? 후레자식 같으니……."

정견 발표회가 끝나자 나와 이광열은 그 노인을 막걸릿집으로 청했다. 거기서 별의별 우스꽝스러운 얘기를 들었다. 돈의 힘, 술의 힘, 온갖 수단이 쓰여진다는 얘기는 우울했지만 처음으로 겪는 선거라 그런 정도로 되어 가는 것도 반가운 일이라고 우리들은 웃었다.

"저렇게 해서 이루어지는 국회의 꼴이 뻔하기도 하지만."

하면서도 이광열은,

"그러나 로마는 하루 아침에 이루어지는 것은 아니니까."

하고 덧붙이길 잊지 않았다.

— 이병주, 『관부연락선』에서

〈나〉

근대국가의 크기는 추첨제도의 폐지를 설명하지 못한다. 규모가 크고 인구 밀도가 높은 국가에서도 커다란 정치 단위로부터 적은 수의 개인을 선발하기 위해 기술적으로 추첨을 사용할 수 있기 때문이다. 정치 체제의 크기와 상관없이 추첨을 통해 필요한 숫자만큼의 개인을 선발하는 것은 가능하다. 선발의 한 방법인 추첨은 실행 불가능한 것이 아니다. 실제로, 오늘날에도 배심원을 구성할 때 정기적으로 추첨을 사용하는 사법 제도가 있다. 따라서 현실적인 문제로 인해 추첨이 아닌 선거에 전적으로 의지하게 된 것은 아니다.

사실상 오늘날에는 추첨의 정치적 사용이 전혀 고려되지 않는다. 오랫동안 추첨은 근대 사회의 정치 문화에서 제대로 평가받지 못했고, 오늘날 우리는 추첨을 괴상한 관습 정도로 여기는 경향이 있다. 물론 우리는 추첨이 고대 아테네에서 사용되었다는 것을 알고 있고, 비록 놀랍다는 말투이지만, 이러한 사실을 가끔 언급하기도 한다. 실제로 아테네 사람들이 이러한 절차를 채택할 수 있었다는 것은 난해한 수수께끼처럼 보인다. 그러나 세계의 중심을 형성하는 데 일조한 현대 문화의 보편적 관점을 뒤집어 보는 것이 우리에게 도움이 될 수도 있다. 아마도 이렇게 질문해 보는 편이 훨씬 나을 것이다. "왜 우리는 추첨을 사용하지 않으면서도 우리 스스로를 민주주의자라고 부르는 것일까?" [……]

아테네 민주정은 민회(ekklesia)가 수행하지 않는 대부분의 기능을 추첨을 통해 선출된 시민들에게 위탁했다. 이 원칙은 주로 집정관(archai)들에게 적용되었다. 아테네 행정부를 구성했던 700명 가량의 행정직 중에서 600명 정도가 추첨을 통해 충원되었다. 아테네에서 제비뽑기(kleros) 방식을 통해 선임된 행정직은 대부분 협의체였으며, 임기는 1년이었다. 일생 동안 다른 행정직에 임명될 수는 있었지만, 동일한 직책을 한 번 이상 가질 수는 없었다. 복무시간표(이전

의 직책에 대한 정산과 감사를 모두 마치기 전에 새로운 직책에 취임할 수 없다는 규정)의 존재는 실질적으로 한 사람이 어떤 행정직을 2년 연임할 수 없다는 것을 의미했다. 30세 이상의 시민들(기원전 4세기에 약 2만 명 정도) 중에서 아티미아(atimia; 시민권의 박탈)라는 처벌을 받지 않은 사람은 누구든지 행정직에 취임할 수 있었다. […⋯]

그럼에도 불구하고 아테네 정치 체제는 시민들이 미숙하다거나 무능력하다고 판단한 행정관의 선출을 방지하는 제도적 장치를 가지고 있었다. 우선 행정관은 언제나 민회와 시민법정의 감시를 받았다. 임기가 끝나면 결산 보고서를 제출해야 했으며, 임기 중에도 시민들이 그들에게 책임을 물을 수 있었고 직무 정지를 요구할 수 있었다. 행정관에 대한 신임을 묻는 것은 최고회의(ekklesiai kyriai)의 필수 안건이었다. 시민이면 누구나 행정관에 대한 불신임 투표를 제안할 수 있었다. 만약 행정관이 투표에서 지면 즉각적으로 업무가 정지되고 사건은 법정에 회부되어 무죄(그 이후에는 다시 업무를 재개할 수 있었다) 혹은 유죄 판결을 받게 된다.

이러한 제도적 장치들은 상식이었기에, 모든 시민들은 행정관이 되면 직무 결산 보고서를 제출해야 한다는 것, 탄핵될 가능성이 늘 있다는 것, 소송에서 지면 처벌을 감수해야 한다는 사실 등을 사전에 알고 있었다. 이와 관련하여 특히 주목할 필요가 있는 점은, 행정관으로 선출되기를 원하는 사람의 이름만이 추첨기계(kleroteria)에 넣어졌다는 사실이다. 30세 이상의 모든 시민을 대상으로 추첨이 행해진 것이 아니라, 후보로 지원한 사람에 한해서만 추첨이 이루어졌다.

— 버나드 마넹, 『선거는 민주적인가』에서

■ 유의 사항

1. 제목은 쓰지 말고 본문부터 시작하도록 한다.

2. 답안 작성은 어문 규정과 원고지 사용 규칙을 따르되, 분량은 1,100~1,200 자로 한다.

3. 필기구는 반드시 흑색 또는 청색 펜만을 사용하여야 한다. (연필을 사용하여 작성한 답안, 흑·청색 이외의 색 필기구로 작성한 답안은 모두 0점으로 처리한다. 수정시에 적색 펜이나 수정액 등을 사용한 경우에도 0점으로 처리한다.)

4. 문제와 관계없는 불필요한 내용이나 자신의 성명 또는 신분이 드러나는 내용이 있는 답안, 낙서 또는 표식이 있는 답안 은 모두 0점으로 처리한다.

도전 문제 4

난이도 ★★★★★ 해설 및 예시 답안 → 105쪽

다음의 제시문을 읽고 아래 지시에 따라 논술하라.(총 1,600자)

(가) 제시문 (1), (2)가 공통적으로 다루고 있는 쟁점과 서로 다른 주장이 무엇인지 서술하고,

(나) 제시문 (3)의 '나'가 '옹졸'한 이유를 제시문 (1), (2)의 논지에 근거하여 두 가지 측면에서 설명한 후,

(다) '나는 얼마큼 적으냐'라는 자기 성찰이 갖는 의의와 그 한계에 대하여 논술하라.

〈제시문〉

(1)

부당한 권력은 그 부당함에 맞서기를 꺼리는 개인들의 소극적이고 이기적인 태도 때문에 유지된다. 부당한 권력에 복종하는 사람들이 여러 가지 불가피한 이유들을 나열하지만, 그것은 대부분 자신의 나약함이나 기회주의적 성격을 변명하는 것에 불과하다.

어떤 형태의 권력도 진정으로 확실한 윤리적 태도와 지성을 가진 개인을 굴복시킬 수 없는 한, 외적 상황을 탓하는 것은 옳지 못한 것이다. 개인의 사사로운 욕망과 안락함을 추구하려는 경향 때문에 개인의 지성적 판단력과 윤리적 책임 의식이 약해지는 것이야말로 인간을 나약하게 만드는 주범이다. 끊임없는 자기 성찰, 공공적 관심에의 시민적 참여만이 자신의 존엄성을 지키는 것은 물론이고 부당한 권력을 약화시키는 유일한 힘이다.

(2)

구성원들의 자유로운 의사소통과 자율적 활동이 보장되지 못한 억압적인 정치 상황 하에서 개인이 할 수 있는 일이란 매우 적다. 그런 환경속에서 개인은 스스로의 판단과 책임에 따라 행동해야 할 이유를 발견하지 못한다. 소신이라든지 창의성이라는 것은 오히려 불편함이나 손해를 가져올 경우가 많기 때문에 적당히 관행에 따라 처신하는 행동이 몸에 배게 된다. 설사 자율

권력

권력은 권력 그 자체로서 존재하기보다 행사되는 것으로 존재한다고 볼 수 있다. 권력은 국가 권력이나 자본권력이 지배체제를 존속시키기 위해 행사하는 다양한 방식으로 존재하기도 하고 사람들 사이의 관계망에서 행사되는 힘이기도 하다. 남성과 여성 사이의 관계에서 가부장적 이데올로기를 통한 남성권력적 행사, 교사와 학생 사이에 존재하는 권위주의적 권력의 행사, 힘 있는 자와 힘없는 자 사이에 존재하는 지배욕의 권력 등이 권력의 존재 방식이며, 그 존재 방식들 사이에 권력은 다양하게 행사된다.

적인 판단과 행동을 추구한다 하더라도 그 범위는 매우 좁은 개인적 일상사 또는 소시민적 활동에 국한되게 마련이다. 나약한 인간을 만드는 것은 개개인의 윤리 의식의 부족함에 있다기보다 그들을 타율적인 존재로 만드는 비민주적 환경에 있는 것이다.

(3)
왜 나는 조그마한 일에만 분개하는가
저 왕궁 대신에 왕궁의 음탕 대신에
오십 원짜리 갈비가 기름 덩어리만 나왔다고 분개하고
옹졸하게 분개하고 설렁탕집 돼지 같은 주인년한테 욕을 하고
옹졸하게 욕을 하고

한번 정정당당하게
붙잡혀간 소설가를 위해서
언론의 자유를 요구하고 월남파병에 반대하는
자유를 이행하지 못하고
이십원을 받으러 세 번씩 네 번씩
찾아오는 야경꾼들만 증오하고 있는가

옹졸한 나의 전통은 유구하고 이제 내 앞에 정서로 가로 놓여 있다.
이를테면 이런 일이 있었다.
부산에 포로 수용소의 제십사 야전병원에 있을 때
정보원이 너어스들과 스펀지를 만들고 거즈를 개키고 있는 나를 보고 포로경찰이 되지 않는다고
남자가 뭐 이런 일을 하고 있느냐고 놀린 일이 있었다.
너어스들 옆에서

지금도 내가 반항하고 있는 것은 이 스펀지 만들기와
거즈 접고 있는 일과 조금도 다름없다.
[……]
그러니까 이렇게 옹졸하게 반성한다
이발쟁이에게
땅주인에게는 못하고 이발쟁이에게
구청직원에게는 못하고 동회직원에게도 못하고

야경꾼에게 이십 원 때문에 십 원 때문에 일 원 때문에
우습지 않느냐 일 원 때문에

모래야 나는 얼마큼 적으냐
바람아 먼지야 풀아 나는 얼마큼적으냐
정말 얼마큼 적으냐……

— 김수영, 「어느 날 고궁을 나오면서」

4. 대중사회 · 대중문화 속에서 주체성 찾기

예제

다음 제시문에는 개인의 실존과 대중(군중)의 익명성에 관한 관점들이 나타나 있다. 이를 바탕으로 오늘날 한국 사회의 문제점을 구체적인 사례를 들어 비판적 관점에서 논술하라.(1,600자 내외)

[가]

현존재는 언제나 자기 자신을 그의 실존에서부터, 즉 그 자신으로 존재하거나 그 자신이 아닌 것으로 존재하거나 할 수 있는 그 자신의 한 가능성에서부터 이해한다. 현존재는 이러한 가능성들을 그 스스로 선택했던가, 아니면 그 가능성들 안으로 빠져들게 되었던가, 아니면 각기 이미 그 안에서 성장해 왔다. 실존은 장악하거나 놓치는 방식으로 오직 그때마다의 현존재에 의해서 결정된다. 실존의 문제는 언제나 오직 실존함 자체에 의해서만 처리될 수 있다. [……]

현존재는 일상적인 '서로 함께 있음' 으로서 타인들에 '예속' 되어 있다. 현존재 자신이 '존재하고' 있는 것이 아니라 타인들이 그에게서 존재를 빼앗아 버렸다. 타인들이 임의로 현존재의 일상적인 존재 가능성들을 좌우한다. 이때 이러한 타인들은 '특정한' 타인이 아니다. 오히려 그 반대로, 어느 타인이건 다 그 타인을 대표할 수 있다. 결정적인 것은 오직 '더불어 있음' 으로서의 현존재가 뜻하지 않게 떠넘겨 받은 눈에 띄지 않는 타인들의 지배일 뿐이다.

사람들 자신이 타인들에 속해 있으며 그들의 권력을 공고히 한다. 타인들에 속한 고유한 본질적인 귀속성을 은폐하기 위해서 사람들이 그들을 '남들' 이라 명명할 때의 그 '남들' 은, 곧 일상적인 '서로 함께 있음' 가운데 무엇보다도 그리고 대체적으로 '거기에 있는' 그들인 것이다. 그 '누구' 는 이 사람도 저 사람도 아니고, 사람들 자신도 아니며, 몇몇 사람들도 아니고, 모든 사람의 총계도 아니다. 그 '누구' 는 중성자[불특정 다수]로서 '그들' [세인(世人)]이다.

공공의 '주위 세계' 는 가장 가까운 주위 세계에 그때마다 이미 손 안에 있으며 함께 배려되고 있다. 대중 교통수단을 사용하든 정보매체(신문)를 이용하든 타인은 모두 같은 타인인 셈이다. 이러한 '서로 함께 있음' 은 고유한 현존재를 완전히 '타인' 들의 존재 양식 속으로 해체해 버리며 그래서 타인들의 차별성과 두드러짐이 더욱더 사라져 버리게 된다. 이러한 눈에 안 띔과 확정할 수 없음 속에서 '그들'은 그들의 본래적인 독재를 펼친다.

우리는 '그들'이 즐기는 것처럼 즐기며 좋아한다. 우리는 '그들'이 보고 판단하는 것처럼 읽고 보며 문학과 예술에 대해서 판단한다. 그런가 하면 우리는 또한 '그들'이 그렇게 하듯이 '군중'으로부터 물러서기도 한다. '그들'이 격분하는 것에는 우리도 '격분한다.' '그들'은 어떤 특정한 사람들이 아니고, 비록 총계로서는 아니더라도 모두인데, 이 '그들'이 일상성의 존재 양식을 지정해 주고 있다.

— 마르틴 하이데거, 『존재와 시간』에서

[나-1]
군중 속에서 유령처럼 나타나는 이 얼굴들,
까맣게 젖은 나뭇가지 위의 꽃잎들.

— 에즈라 파운드, 「지하철 정거장에서」

[나-2]
나는 보았다
밥벌레들이 순대 속으로 기어들어가는 것을

— 최영미, 「지하철에서 1」

[다]
그 시절에는 덕목과 덕목 사이에도 대립이 있었고, 싸움이 있었습니다. 미와 선의 대립은 일상으로 있는 것이고, 충과 효, 정의와 정직도 일치되지 않는 경우가 보통으로 있는 일이었습니다. 일례로, 정의의 대열에 끼어있는 사람이 어떤 경우 정직하게 움직이면 그 대열에 해가 되는 수가 있습니다. 그렇다고 해서 부정직하게 움직인다면 그 부정직은 정의와 배치되는 것이기 때문에, 정의와 배치되는 것을 가지고 정의를 위한다는 것은 성립되지 않는 일이어야 할 것입니다.

현존재

다자인(Dasein)은 18세기 이후의 철학에서 에크시스텐티아(existentia)의 역어로 사용되어, 어떤 것의 일반적 본성을 가리키는 '본질'에 대해, 개별적인 것 그 자체가 여하간 '거기에(da) 있다(sein)'고 하는, 그 자체의 '존재'를 가리키는 철학 용어였다. 그러나 인간의 일반적인 본질보다도 개개의 인간 존재를 중시하는 독일의 실존철학(實存哲學)에서 현존재는 특히 인간의 존재에 대한 술어로 사용된다. 예컨대 하이데거는 인간이 자기의 존재(실존)를 묻는 유일한 존재자라는 점에서 현존재라 하였고, 야스퍼스는 좁은 의미에서 인간의 생명적 · 생물적 존재 양식을 현존재라고 하여, 이것을 초월자(超越者)와 대면하는 본래적 인간의 존재 양식인 실존과 구별하였다. — 네이버 백과사전 그런데도 정의를 위해서 부정직하게 움직인 그 행위는 대의를 위해서 소의를 죽인 것이라 해서, 정직하게 움직이느라고 정의를 위하지 못한 사람은 미련하고 비겁하다는 낙인이 찍히는 것이니 더 말할 것도 없지만, 정직하게 정의를 위한 사람보다도 더 급수가 높은 훈장을 받는 것입니다. 훈장이란 대부분의 경우 이런 범죄의 대명사이고, 따라서 열을 가하면 보잘 것 없는 쇠붙이가 되어 버리는 것입니다. 인간 역사를 타락시킨 한 원인은 이런 훈장의 시위에도 있는 것입니다.

그들의 교과서는 그런 훈장의 시위로 가득 차 있는 것입니다. 그러면서 한편으로는 또 정직을 소리 높여 외치고 있는 것입니다. 그들의 가치관은 그런 비빔밥이었습니다.

그 비빔밥은 다수결에서 온 것입니다. 그는 정의를 위해서가 아니라, 대열이라는 다수를 위해서 부정직을 행한 것입니다. 대의(大義)의 '대' 는 '대'(大)가 아니라 '다'(多)였고, 소의(小義)의 '소' 는 '소'(小)가 아니라 '소'(少)였던 것입니다. '다'(多)를 '대'(大)로 바꾸어 놓는 환골이랄까 사기랄까, 이것이 그들의 윤리인 것입니다. 나아가서는 최대다수의 행복이 선이라고 공언하기에 이른 것입니다.

—— 장용학, 「원형의 전설」에서

[라]

아래로부터의 정치 참여를 유도하는 대중독재의 실험성은 고정된 권력 체제가 아닌 움직이는 정치적 과정으로서 대중독재를 이해할 때 비로소 포착된다. 대중독재의 정치적 실험은 물론 대중의 다양성을 인정하는 것과는 거리가 멀다. 대중의 자발적 정치 참여는 이질적이고 다양한 대중을 단일하고 규율화된 집단으로 만들려는 권력의 욕구를 충족시키는 한에서만 인정된다.

그 틀을 벗어나는 대중은 '민족의 적', '인민의 적'이라는 이름으로 재단되며 참여의 기회를 박탈당한다. 대중독재 체제의 뚜렷한 특징인 억압과 테러는 사실상 정치 참여의 기회를 박탈당하고 배제된 이들 소수의 '아웃사이더'에 대한 주류 다수의 동의에 입각한 것이었다. 1930년대 대중독재 체제에 대한 동시대인들의 증언에서 폭력이나 테러보다는 파시스트 정치의 종교적 차원이 더 자주 운위된다는 사실은 이 점에서 매우 흥미롭다.

동시대인들이 더 절실하게 체감한 것은 폭력과 억압이 아니라, 국가, 민족, 인종, 프롤레타리

대중독재

독재 체제의 프로젝트에 대한 대중의 자발적 참여와 동원의 메커니즘을 포착하기 위해 고안된 개념. 폭력과 테러를 동원하여 억압하는 독재 체제와 이에 저항하는 대중이라는 도식적이고 일방적인 통념을 거부하고 한편으로는 독재 체제에 적극적으로 저항하는 대중에서부터 그것과 타협하는 대중, 나아가 체제에 열정적으로 환호를 보내는 대중에 이르기까지, 또한 무자비한 탄압을 자행하는 독재체제에서부터 선전과 선동으로 대중을 기만하는 독재 체제, 나아가 다양한 매체와 상징을 활용하여 대중의 마음 깊숙이 침투하여 내면화되는 독재 체제에 이르기까지 독재체제와 대중 사이의 관계를 다각도로 파악하기 위해 고안된 개념이다. ——야후 백과사전

아의 신성화, 상징과 집단적 의례의 체계적 사용, 집단에 대한 광신적 헌신과 적에 대한 무자비한 증오, 대중의 열광과 갈채, 지도자 숭배와 같은 정치종교적 특징들이었다. 정책적 차원에서의 공조와 타협에도 불구하고 대중독재가 기본적으로 전통 종교와 불화할 수밖에 없었던 이유도 여기에 있다.

대중독재의 정치종교적 성격은 기본적으로 근대의 산물이다. 그것은 정치가 전통 종교로부터 자율성을 획득할 때 나타나는 것으로, 전통 종교의 정치화와는 확연히 구분된다. 국가와 민족, 인종 등 집단적인 세속적 실재가 신성화되고 신성화된 세속적 실재를 숭배하는 정치적 의례에 대중이 집단적으로 참여할 때, '정치의 신성화', 즉 정치종교가 탄생하게 되는 것이다.

'우연한 군중'은 이렇게 정치종교의 성찬식에 참가함으로써 단일한 의지와 목표를 지향하는 대중으로 전화된다. 후에 나치즘의 가장 통렬한 비판자가 된 열한 살짜리 어린 소녀에게 가장 행복한 추억으로 느껴졌던 뉘른베르크의 나치 당 대회나 새로운 신화와 숭배 의식을 지닌 새로운 정치 형식을 고민했던 무솔리니의 회고는 정치종교로서의 대중독재가 갖는 호소력을 잘 드러낸다.

'우연한 군중'을 같은 믿음의 단일한 집합적 대중으로 만드는 정치종교의 메커니즘은 정통파와 이교도라는 수사를 통해 배제와 포섭, 적과 동지의 이분법을 정당화하고 강화한다. 대중민주주의의 장치들이 아래로부터의 자발적 동의를 견인해 내고, 결국에는 대중독재를 정당화하는 지배 장치로 변화하는 것도 이러한 맥락에서다.

— 임지현, 『대중독재의 지형도 그리기』에서

[마]

군중 내부에서 일어나는 가장 중요한 사건은 '방전'(구속 상태로부터의 해방, 에너지의 폭발과 방출)이다. 방전이 일어나기 전의 군중은 본질적으로 군중이 아니다. 방전이 있어야만 비로소 군중이 생성된다. 방전의 순간에 군중의 모든 구성은 그들 사이의 차이를 제거하고 평등을 느끼게 된다.

여기서 차이란 주로 외부로부터 주어진 것들, 즉 계급, 신분, 재산 따위의 차이를 말한다. 개별적 존재로서의 인간은 항상 이런 차이를 의식한다. 이 차이는 개개인들에게 중압감을 주고 그들이 상호 고립되도록 강요한다. 인간은 일정하고 안전한 위치에 고고하게 선 채, 온갖 몸짓으로 마치 자신이 남들과 거리를 유지할 권리를 가진 것처럼 주장한다.

인간은 광활한 평원 위에 우뚝 서 인상적으로 움직이는 풍차와도 같다. 그리고 이때 그 풍차와 이웃 풍차 사이에는 간격이 있을 뿐, 다른 것은 아무것도 없다. 모든 삶이 이 간격 속에서 펼쳐진다. 인간이 자기 자신과 재산을 넣어두는 집, 그가 차지한 지위, 그가 바라는 계급, 이 모든 것들이 간격을 만들고, 확고하게 하며, 확대시킨다.

인간은 함께 모임으로써만 이러한 간격의 질곡에서 해방될 수 있는데, 이것이 바로 군중 속에서 일어난다. 방전을 통해 온갖 괴리가 사라지고 모든 구성원이 평등감을 느끼게 된다. 몸과 몸이 밀고 밀리는, 틈이라고 거의 없는 밀집 상태 속에서 각 구성원은 상대를 자기 자신만큼이나 가깝게 느끼게 되며, 결국 커다란 안도감을 느끼게 된다. 아무도 남보다 위대할 것도 나을 것도 없는, 이 축복의 순간을 맛보기 위해 인간은 군중을 형성하는 것이다.

그러나 그토록 염원하였고 그토록 행복한 이 방전의 순간은 자체 내에 위험성을 안고 있다. 방전의 순간은 근본적으로 환상에서 비롯된 것이다. 사람들은 갑자기 평등감을 느끼지만 그들이 실제로 평등한 것은 아닐뿐더러 영원히 평등해질 수도 없다. 그들은 결국 각자의 집으로 돌아가 각자의 침대에 누울 것이며, 각자의 소유물을 지니며, 자신의 이름을 결코 버리려 하지 않을 것이다. 그들은 자신들에게 딸려 있는 권속을 버리지 않는다. 그들은 가족을 이탈하지 않는다.

— 엘리아스 카네티, 『군중과 권력』에서

해설

논제의 구성 조건 확인

이 논제에서 요구하는 조건은 다음과 같다.

① 다음 제시문에는 개인의 실존과 대중(군중)의 익명성에 관한 관점들이 나타나 있다.
② 이를 바탕으로 오늘날 한국 사회의 문제점을 구체적인 사례를 들어 비판적 관점에서 논술하라.

①에서 출제자는 이 논술의 전체 주제를 제시해 주고 있다. 즉, 이 문제는 전체적으로 '개인의 실존과 대중의 익명성'에 관한 글을 쓰라는 요구이다. 출제자가 제시해준 이 주제의 범위를 넘어서서도 안 되며, 이 범위에 미치지 못해서도 안 될 것이다. 글을 시작할 때부터 마무리할 때까지 늘 염두에 두어야 한다. 제시문을 분석할 때도 이 주제의 요구에 맞게 해야 한다.

이 논제가 요구하는 논술문의 구성 방향은 다음과 같이 될 것이다.

1. 제시문에 나타난 '개인의 실존과 대중의 익명성에 관한 관점' 분석하기 : 제시문 분석(전제)
2. '개인의 실존과 대중의 익명성'과 관련한 오늘날 한국 사회의 문제점을 사례를 들어 제시하기 : 현실에서 문제 찾기(문제 제기)
3. 2에서 제시한 문제점에 대해 비판적 관점에서 논술하기(논술자의 주장+논거)

'비판적 관점'이라는 것은 꼭 부정적 측면만 분석하라는 것은 아니다. '비판적'이라는 말의 의미는 '옳고 그름을 따지는 일'을 뜻한다. 이 점을 주의하면서 문제점을 다각도로 깊이 있게 분석하는 것이 이 논술의 핵심이 되겠다. 일단 이 문제는 '문제해결형' 논술에 해당하므로 '문제의 양상-배경, 원인-해결책'이라는 기본틀에 따라 쓸 수도 있고, 익명성의 긍정적 측면과 부정적 측면을 다각도로 분석하는 방식으로 써도 될 것이다. 후자의 경우에는 마무리 부분에서 부정적 측면을 해소할 수 있는 대안·방향을 제시할 수도 있을 것이다.

■ 제시문 분석 및 문제 설정하기

1. 제시문 분석

먼저, 각각의 제시문 속에 개인의 실존과 대중(군중)의 익명성에 관한 관점들이 어떻게 나타나고 있는지를 분석한다. 특히 이때에는 각 제시문의 출처를 참조하면 독해하는데 더 유리할 수 있다.

[가]

이 글에서 필자는 '현존재'의 위기를 진단하고 있다. 즉 우리의 '현존재'는 타인들에 예속되어 실존적 자아의 고유성을 상실하게 되었다는 것이다. 이 때 타인들은 특정한 사람이 아니라 불특정한 사람들 즉, '군중' 또는 대중들이다. 개인들이 군중들 속에 섞어 '서로 함께 있다는 것'은 자신의 고유성을 군중들의 존재 양식 속으로 해체해 버림으로써 자신의 고유성을 잃게 된다는 것을 의미한다. '나'는 군중들이 즐기는 것을 즐기며 군중들이 보고 판단하는 것처럼 판단한다. 즉 현대 사회 속에서 개인들의 존재 양식은 군중들에 의해 규정된다는 것이다. 군중 속에 매몰되어 실존적 자아를 상실하고 있는 현대인의 위기를 보여주고 있다.

[나-1]

시의 한 단락이다. 이 시의 제목이 '지하철 정거장에서'이므로 지하철의 사람들을 보고 착상한 시라는 점을 유의하자. 즉 지하철이라는 군중의 이동 공간에 유령처럼 나타나는 익명성의 얼굴들을 표현하고 있다. 익명의 군중들이 나를 에워싸고 어디에선가 와서 어딘가로 떠나가고 있다. 유령이다. 유령은 곧 익명성의 얼굴이다.

[나-2]

역시 시 한구절로서 지하철의 풍경을 표현하고 있다. '순대'는 지하철이다. '밥벌레들'은 사람들이다. 그런데 왜 하필 '밥벌레'라고 표현했을까? 아마 먹고사는 데 허덕이는, 문화적 자유를 만끽하기보다 하루의 노동에 시달려 입에 풀칠해야 하는 지친 일상을 표현한 게 아닐까? 벌레는 이름없는 생명체라고 볼 때 익명화된 현대인을 은유하고 있다고 볼 수 있다. 노동에 시달리며 지하철에 몸을 떠맡겨야 하는 익명적 존재, 그 익명적 존재는 밥벌레가 되어 순대 속으로 기어들어가야 한다. 이 시에서는 노동의 일상적 반복과 그 일상적 반복을 위해 지하철로 출퇴근하며 밥벌레가 되고 또한 그 스스로가 먹이가 되는 대중의 익명적 특성이라는 관점에서 포착할 수 있겠다.

[다]

[다]는 맨 마지막 단락에서 힌트를 얻어 보자. 현대 민주주의 사회는 다수결의 원칙으로 표현된다. 그러나 그 다수결이 원칙이 과연 정당한가. 다수결의 원칙은 항상 대의(大義)를 위해 소(少)를 희생시킨다. 결국 "대의(大義)의 '대'는 '대'(大)가 아니라 '다'(多)였고, 소의(小義)의 '소'는 '소'(小)가 아니라 '소'(少)였던 것입니다. '다'(多)를 '대'(大)로 바꾸어 놓는 환골이랄까 사기랄까, 이것이 그들의 윤리인 것입니다. 나아가서는 최대다수의 행복이 선이라고 공언하기에 이른 것입니다." 요컨대 '대의'라는 명분은 익명화된 '다수'로 바꿔치기 되며 구체적인 누구누구의 소수 의견은 무시되어 버린다. 결국 이 글은 대의가 다수결이라는 원칙에 의해 익명성으로 바꿔치기 되는 폐해에 대해 이야기하고 있다.

[라]

[라] 역시 대중의 익명성이 어떻게 대중 독재의 정치적 실험으로 나타나는지를 비판하고 있다. 익명성의 원리들은 폭력이나 테러보다는 파시스트 정치의 종교적 차원에서 더 운위된다. 국가, 민족, 인종, 프롤레타리아의 신성화, 상징과 집단적 의례의 체계적 사용, 집단에 대한 광신적 헌신과 적에 대한 무자비한 증오, 대중의 열광과 갈채, 지도자 숭배와 같은 정치 · 종교적 특징들, 이것들은 모두 집단적으로 참여하는 대중적 익명성에 기반한 게 아닌가. 따라서 익명성(획일화)에 기반한 대중 독재의 정치적 실험은 대중의 다양성을 인정하는 것과는 거리가 멀다. 대중민주주의의 장치들은 오히려 아래로부터의 자발적인 동의를 견인해내고 대중독재를 정당화하는 지배 장치로 기능한다. 이 제시문이 대중의 익명성을 직접 거론하는 것은 아니지만 현대 사회에서 집단적인 대중적 익명성의 정치가 보여주는 대중 독재의 실험성/폐해성을 읽어내도록 논제가 요구하고 있다.

[마]

[마]는 사람들이 군중이라는 이름으로 행동할 때 해방감과 평등함을 방출할 수 있으며 바로 그때 비로소 군중으로 존재할 수 있음을 논하고 있다. "인간은 함께 모임으로써만 이러한 간격의 질곡에서 해방될 수 있는데, 이것이 바로 군중 속에서 일어난다. 방전을 통해 온갖 괴리가 사라지고 모든 구성원이 평등감을 느끼게 된다. …… 결국 커다란 안도감을 느끼게 된다. 아무도

남보다 위대할 것도 나을 것도 없는, 이 축복의 순간을 맛보기 위해 인간은 군중을 형성하는 것이다.” 이것은 군중이라는 집단성 그리고 익명성이 주는 정치적 효과이다. 그러나 필자는 다시, 군중이 익명성을 해체하고 각자의 삶으로 돌아갈 때 구체적으로 자신의 이름(익명성과는 반대되는 기명성)과 연루된 가족, 권속, 소유물 등은 버리지 않는다는 것이다. 따라서 축복의 순간인 군중적 방출의 시간은 환상에서 비롯된 것이고 그 순간 평등감을 느껴도 그것이 진정한 평등은 아니라는 것이다. 이 글은 익명적 군중성으로 집합화되는 집단 행위의 효과가 환상임을 지적하고 결국 삶의 실제 과정은 자신의 이름이 등재되는 기명적 관계에서 비롯됨을 논하고 있다.

2. 제시문 요약

다시 각각의 제시문의 논지를 간략히 요약하면 다음과 같다.

[가] : 실존적 자아의 존재 양식마저 익면화된 군중 속에서 규정되고 있는 현대인의 정체성

[나-1] : 유령의 얼굴로 나타나는 군중=익명성

[나-2] : 노동의 순환구조에서 반복되는 밥법레-밥먹이 존재로서의 군중=익명성

[다] : 대의가 다수결이라는 익명성으로 대체되는 현대사회의 병폐

[라] : 대중의 다양성과 자발성을 질곡시키는 대중적 익명성 및 대중독재의 폐해

[마] : 사람들은 군중(익명성)으로 출현할 때 해방되고 평등해보이지만 그것은 환상에 불과하며, 그들이 군중에서 각자의 삶으로 돌아갈 때, 결국 각자의 이름과 결부된 불평등한 기명적 관계들로 되돌아간다.

∷ 하나의 예시 답안

논술문을 작성할 때는 다시 한번 문항에서 제시하는 논술의 요구 조건을 확인하고, 답안 작성시 주의사항도 반드시 확인한다. 이 문제에서는 ±160자가 허용된 1,600자 내외인 점, 제목은 쓰지 말고 본문부터 시작하라고 한 점, 완성문으로 작성하게 한 점, 어문 규범을 지키라고 한 점 등에 유의한다.

특히 각 제시문들에서 나타나고 있는 익명성에 대한 다양한 접근 방법들과 관점들을 참조하여 논술문을 풍부하게 작성하도록 한다. 다음 예시 답안을 보자.

현대사회는 익명성의 사회라고들 한다. 익명성이란 사회가 거대하게 집단화되는 과정에서 나타나는 한 속성이다. 다수의 사람들이 하나의 공간 혹은 그 연결된 복수의 공간들에서 공존하되 각각의 고유한 이름으로 마주치기보다 이름이 감춰진 채 이름없는 얼굴들로 혹은 얼굴들조차 감춰진 일종의 ‘유령’으로 마주친다. 개인은 그 거대한 흐름들 위에 실존한다. 그러나 문제는 개인이 단순히 익명화된 다수로 집합화되느냐 아니냐가 아니라, 그 익명성이 산출하는 사회적 존

재 양식이 개인과 사회의 정체성을 어떻게 결정하느냐에 있다.

오늘날의 한국 사회 역시 매우 빠르게 익명성의 사회로 이동하고 있으며, 그에 따른 여러 가지 문제들도 노출되고 있다. 농어촌 마을과 같은 전통 사회조차도 점점 다양해지고 새로 유입되는 인구들로 구성되면서 일상적 시간이나 활동 공간이 각자 달라지면서 익명성의 사회로 전환되고 있다. 익명성이란 것이 행위나 접촉의 주체가 누군지 모르는 차원을 넘어 한 공간에 살아도 서로 다른 일을 하다 보니 관심도나 관여도가 적어진다는 특성이 있다. 도시 공간이 익명성의 사회로 특성화되는 것은 서로 다른 삶의 시간들로 복잡화되고 있기 때문이다. 한국 사회가 익명성의 사회로 급속히 변화하면서 함께 나타난 현상 중 하나는 생활 정치의 참여도가 현저히 떨어진다는 점이다. 지방 선거에서 농어촌보다 도시의 투표율이 현저히 낮은 것도 그 하나의 사례이다.

하지만 익명 사회보다 기명 사회일 때 공론화의 과정을 통한 참여도는 오히려 더 현저히 떨어진다. 언론은 기명 사회에서는 거의 불필요하다. 개개인들의 친밀한 관계에 의해 모든 언로가 네트워킹되기 때문이다. 공적 영역과 사적 영역의 구분도 모호해진다. 그러다보면 현안 문제들이 발생할 때 공적 공론장을 통해 문제가 제기되고 해결되기보다 사적인 인맥을 타고 주로 조정된다. 그러다보면 문제가 이해관계나 힘있는 자들의 개입에 따라 좌우될 수 있다. 따라서 익명성은 공적 공론장을 형성하는 긍정적 측면도 있다.

그러나 익명성에 따르는 사회구성원들의 대중화는 '보이지 않는 얼굴' 혹은 유령화된 집단성으로 나타나는 문제를 안고 있다. 지난 겨울 발생한 황우석 사태는 여러 가지 복잡한 문제들로 얽혀 있으나 무엇보다도 사회구성원들의 대중적 익명성이 집단적 광기의 표출로 나타난 대표적 사례이다. 그 사례는 진실에 근거한 집합적 행위가 아니라, 허위를 진실로 믿게 한 맹목적 애국주의와 결합한 집단적 광기이다. 이러한 익명성의 대중 정치는 사회적 대의(大義)를 군중적 다수(多數)의 이데올로기로 왜곡하며 소수의 의견을 무시해버린다. 심지어는 무시되는 정도가 아니라 진실 규명을 위한 소수의 노력조차 사회적 악으로 처분하는 광기의 유령이다.

최근 한국 사회에서 새로운 뉴미디어로 급성장한 인터넷은 그 발언자들의 익명적 특성으로 말미암아 특정인에 대해 때로는 댓글 등의 형태로 무자비한 언어 폭력이나 명예 훼손이 행사되는 것은 물론 집단적으로 매도되는 일이 발생되고 있다. 이러한 행태는 사태의 정확한 규명은 사라지고 편견에 의해 획일화된 판단으로 여론을 몰고 간다. 따라서 익명성이 집단적 사회 참여로 이어질 때 획일화된 '대중 독재'로 폭력화되어 대중의 자발성 및 다양성을 질곡시키기도 한다.

오늘날 현대사회는 그 사회적 복잡성으로 인해 익명성이 더욱 증대되지 않을 수 없다. 그렇다고 가령 인터넷 실명제를 전면 도입할 수는 없는 노릇이다. 인터넷 실명제의 경우 익명성의 폐해를 해결할 수 있는 여지는 있으나 개인의 또다른 사회적 권리들이 침해될 우려가 크다. 현대 사회에서 개인의 실존 및 그 정체성은 익명성과 동시에 기명성이라는 사회적 환경 속에서 존재할 수밖에 없다. 어쩌면 그 타협의 이름으로 등장한 것이 인터넷에서의 아이디가 아닐까.

도전 문제 1

난이도 ★★★★★ 해설 및 예시 답안 ➜ 108쪽

1. 〈제시문 1·2〉와 〈제시문 3·4〉는 대중의 속성에 관한 상반된 두 견해를 담고 있다. 그 두 견해의 내용을 각각 요약하시오.

〈제시문 1〉

개인들이 모일 때마다 곧바로 군중이 나타나는 것을 보게 된다. 그들은 서로 뒤섞이고 합해져서 변모한다. 그들은 자신의 성질을 억누르는 공통된 성질을 획득하며, 자신들의 개별적인 의지를 침묵시키는 집단의지에 복종하게 된다. 이러한 압력은 실제적인 위협을 나타내는데, 많은 사람들은 자신들이 무엇인가에 휩쓸리고 있다고 느낀다.

구체적인 모습으로 나타나고 항상 움직이며 우글거리는 이 사회적 동물을 볼 때, 어떤 사람들은 그 속에 무턱대고 자신을 던지기 전에 뒤로 살짝 물러서려고 하고, 또 어떤 사람들은 진짜 공포증을 느낀다. 이러한 반응들은 군중의 힘과 그것이 일으키는 육체적인 반향(反響) 그리고 그 반향을 통해서 사람들이 군중에게 있다고 추정하는 효과를 증명한다. 모파상(Maupassant)은 필적할 만한 학자가 별로 없을 정도로 정확하게 그 효과를 훌륭하게 묘사하였다. 그는 다음과 같이 쓰고 있다.

"게다가 또 하나의 다른 이유에서 나는 군중을 싫어한다. 나는 극장에 들어갈 수도 공적인 축제에 참가할 수도 없다. 그곳에서 나는 곧 마치 저항할 수 없는 신비한 영향력과 전력을 다해 싸우는 것처럼 괴상하고 참을 수 없는 불편함과 굉장한 신경질을 느낀다. 그리고 사실 나는 나의 마음속에 파고들려고 하는 군중의 혼과 싸운다. 나는 사람이 혼자서 살 때는 지성이 강해지고 향상되지만, 다른 사람들과 섞이면 지성이 약해지고 쇠퇴하는 것을 여러 번 확인하였다. 사람들과의 접촉, 널리 퍼져 있는 관념, 사람들이 말하는 모든 것, 듣고 들리며 또 대답할 수밖에 없는 모든 것은 사고에 영향을 준다. 여러 관념들이 머리에서 머리로, 집에서 집으로, 거리에서 거리로, 도시에서 도시로, 민중에서 민중으로 밀려왔다가 사라지면서 어떤 수준이 확립되는데, 그것은 수많은 개인의 집합체 전체가 만들어 낸 지성의 평균이다. 사람이 혼자 있을 때 갖고 있는 자질, 즉 지적인 창의력, 자유의지, 분별 있는 성찰력, 심지어는 통찰력 등의 자질이 그가 많은 사람들 속에 섞이면 일반적으로 곧 사라진다."

〈제시문 2〉

"그렇다면 참주(僭主: 비합법적 수단으로 독재적 지위에 오른 지배자) 정체(僭主政體)는 아마도 민주 정체(民主政體) 이외의 다른 어떤 정체에서도 조성되어 나오지 않을 것이라고, 즉 극단적인 자유에서 가장 심하고 야만스런 예속이 조성되어 나올 것이라고 나는 생각하네."라고 내

가 말했더니

"그건 이치에 맞습니다."라고 그가 말했다네.

"그렇지만 자네가 물었던 것은 이게 아니라, 어떤 병이 과두 정체(寡頭政體)에서 그리고 민주 정체에서 똑같이 커져서 민주 정체를 예속화하였는지를 물은 것이라 나는 생각하네."라고 내가 말했더니,

"정말입니다."라고 그가 말했다네.

[……]

"어떻게 말씀입니까?"

"민주 정체의 나라를, 지금도 사실상 그렇듯, 논의에서 세 부류로 갈라 세우도록 해 보세나. 방금 말한 그런 한 부류(가장 사나운 무리)가 이 나라에서는 '멋대로 할 수 있는 자유'로 인해서, 과두 정체의 나라에 못지않게, 분명히 자라나게 되네."

"그렇습니다."

"하지만 이 부류는 과두 정체의 나라에서보다 이 나라에서 한결 더 사납다네."

"어째서죠?"

"거기서는 이 부류가 존중되지 않고 관직에서 배제됨으로써 단련을 받지 못해서 강건해지지 못한다네. 그러나 민주 정체에서는 이 부류가, 소수를 제외하고는, 분명히 이 정체의 앞장서는 부류이며, 이들 중에서도 제일 사나운 무리가 말을 하고 행동을 하는데, 나머지는 연단 주위에 가까이 앉아서는 웅성거리거니와, 다른 말 하는 사람들을 그냥 두지 못하네. 그리하여 이런 정체에서는 모든 것이, 소수의 경우를 제외하고는, 이런 부류에 의해서 조종되네."라고 말했더니,

"물론입니다."라고 그가 말했다네.

"더 나아가 대중과 언제나 구별되는 이런 한 부류가 있다네."

"어떤 부류인가요?"

"모두가 돈벌이를 할 경우에, 성향 상 가장 알뜰한 사람들이 아마도 대개는 가장 부유한 자들로 될 걸세."

"그럴 것 같습니다."

"나는 수벌들(가장 사나운 무리)이 가장 많은 꿀(재산)을 가장 쉽게 얻게 되는 것은 이들한테서 라고 생각하네."라고 말했더니,

"누군들 적게 가진 자들한테서 꿀을 얻을 수 있겠습니까?"라고 그가 말했다네. 또,

"나는 이런 부자들이야말로 수벌들의 먹이라 불린다고 생각하네."라 말했더니

"거의 그렇죠."라고 그가 말했다네.

"대중은 셋째 부류이겠는데, 이들은 손수 일을 하고 정치에는 관여하지 않으며 재산도 그다지 많이 갖지 못한 모든 사람일세. 이들이 집회라도 갖게 될 땐, 민주 정체에 있어서는 이들이 최대 다수이며 주도권을 갖는 부류가 되네."라고 말했더니,

"실상 그렇습니다. 그러나 이 부류는 꿀의 한 몫을 얻지 못한다면, 자주 집회를 가지려 하지 않습니다."라고 그가 말했다네.

"따라서 이들은 언제나 한 몫을 얻기는 하나, 앞장서는 자들이 가진 자들한테서 재산을 빼앗아서 대중한테 나누어 주되 대부분은 자신들이 차지할 수 있는, 그 한도 내에서라네."라고 내가 말했더니,

"아닌 게 아니라 그 정도 몫을 얻습니다."라고 그가 말했다네.

[……]

"그런데 대중은 언제나 어떤 한 사람을 앞장 세워, 이 사람을 보살피고 키워 주는 버릇이 있지 않은가?"

"그들에겐 그러는 버릇이 있죠."

"그러므로, 참주가 자라나게 될 때는, [대중의] 선도자 격(格)인 뿌리 이외의 다른 어떤 것에서도 그 싹이 트지 않는다는 것은 명백하네."라고 말했다네.

〈제시문 3〉

노동의 생산물은 노동의 대상과 사용된 재료에 노동이 첨가된 것이다. 이 생산물 가치의 대소(大小)에 비례해서 고용주의 이윤이 크거나 작을 것이다. 그러나 어떤 사람이 자신의 자본을 사용해서 노동을 유지하는 것은 이윤을 얻기 위해서다. 따라서 그는 그 생산물이 가장 큰 가치를 가질 수 있게 하는 노동, 즉 그 생산물이 가장 큰 양의 화폐나 다른 재화와 교환될 수 있게 하는 노동에 자기의 자본을 사용하려고 힘쓸 것이다.

그러나 한 사회의 연간 수입은 그 사회의 노동의 연간 총생산물의 교환가치와 정확하게 같다. 또는 오히려 그것의 교환가치와 정확하게 동일한 것이다. 따라서 각 개인이 최선을 다해 자기 자본을 본국 노동의 유지에 사용하고, 노동생산물이 최대의 가치를 갖도록 노동을 이끈다면, 각 개인은 필연적으로 사회의 연간 수입이 가능한 한 최대의 가치를 갖도록 노력하는 것이 된다. 사실 그는, 일반적으로 말해서, 공공의 이익을 증진시키려고 의도하지도 않고, 공공의 이익을 그가 얼마나 촉진하는지도 모른다. 외국 노동보다 본국 노동의 유지를 선호하는 것은 오로지 자기 자신의 안전을 위해서였고, 노동생산물이 최대의 가치를 갖도록 그 노동을 이끈 것은 오로지 자기 자신의 이익을 위해서였다. 이 경우 그는, 다른 많은 경우처럼, 보이지 않는 손(an invisible hand)에 이끌려서 그가 전혀 의도하지 않았던 목적을 달성하게 된다. 그가 의도하지 않았던 것이라고 해서 반드시 사회에 좋지 않은 것은 아니다. 그가 자기 자신의 이익을 추구함으로써 흔히, 그 자신이 진실로 사회의 이익을 증진시키려고 의도하는 경우보다, 더욱 효과적으로 그것을 증진시킨다. 나는 공공이익을 위해 사업한다고 떠드는 사람들이 좋은 일을 많이 한 것을 본 적이 없다. 사실 상인들 사이에 이러한 허풍은 일반적인 것도 아니며, 상인들은 말 몇 마디만 해도 그런 허풍을 떨지 않는다.

각 개인은 자기의 자본을 국내산업의 어느 분야에 투자하면 좋은지, 그리고 어느 산업분야의 생산물이 가장 큰 가치를 가지는지에 대해, 자신의 현지 상황에 근거해서 어떠한 정치가나 입법자보다도 훨씬 더 잘 판단할 수 있다는 것은 명백하다.

〈제시문 4〉

(A) 사람을 제대로 아는 방법과 사람을 쓰는 술책은, 다른 사람들이 보고 들은 것을 따라 널리 찾고 널리 검증하고 시험하여, 자신이 직접 보고 들은 것을 가지고 절충(折衷)하고 취하고 버린다면, 그 인품(人品)과 맡길 직책을 대략 알게 될 것이다. 그러나 하늘이 정해주신 사물의 품등(品等)도 오히려 잘못 보고 잘못 들을 수 있는데, 하물며 사람이 사람을 보는 데 이 외에 좋아하고 싫어하며, 공적인 것과 사적인 것이 있음에야!

다른 사람이 보고 들은 것을 전해 듣고 사람을 쓸 경우, 한 사람에게만 듣는 것이 두 사람에게 각각 듣는 것만 못하고, 두 사람에게 각각 듣는 것은 각각 세 사람에게 듣는 것만 못하다. 세 사람이 전하는 말을 차례로 들어 신기(神氣)를 소통하면, 이리저리 참작(參酌)하여 간혹 세 사람이 미처 보지 못한 것까지 보게 될 것이다.

(B) "좌우의 신하가 다 어질다고 말하여도 뇌물에 의한 것일까 두려워하며 믿지 말고, 여러 대부(大夫)가 다 어질다고 말하여도 붕당에 관계가 있을까 두려워하며 믿지 말고, 온 나라 사람이 다 어질다고 말하면 그 이후에 그 말을 따라 살펴서 그 어진 실상을 보고 의심이 없어야 합니다. 그 이후에 써서 높고 친한 반열에 두고 맡기는 것을 무겁게 하고 바꾸지 말아야 합니다. 좌우의 신하가 다 옳지 않다고 말하여도 일부러 배척하는가 두려워하며 듣지 말고, 여러 대부가 다 옳지 않다고 말하여도 사사로운 훼방에서 나온 것인가 두려워하며 듣지 말고, 온 나라 사람이 다 옳지 않다고 말한 이후에 따라 살펴서 옳지 않음을 본 이후에 버려야 합니다.

좌우의 신하가 다 죽여야 한다고 말하여도 사사로운 분노가 있기 때문인가 두려워하며 듣지 말고, 여러 대부가 다 죽여야 한다고 말하여도 사사로운 원망이 있기 때문인가 두려워하며 듣지 말고, 나라 사람이 다 죽여야 한다고 말하면 혹 죄주어 마땅할 것입니다. 그러나 그것을 따라 살펴서 반드시 죽일 만한 것을 본 이후에 죽여야 합니다. 그렇게 하면 죽인 것이 한 사람의 사사로운 것이 아니라 공론에서 나왔기 때문에 임금이 죽인 것이 아니라 온 나라 사람이 죽인 것이라 말할 수 있을 것입니다. 이와 같이 한 이후에 백성의 부모가 될 수 있습니다."

2. 아래 〈도표 1〉·〈도표 2〉는 위의 〈제시문〉들이 담고 있는 두 견해 중 하나를 지지하고, 〈도표 3〉·〈도표 4〉는 다른 하나를 지지한다고 볼 수 있다. 그 이유를 상세하게 설명하시오.

〈도표 1〉 주식 투자자들이 순매수* 한 상위 10개 종목의 평균 수익률 현황

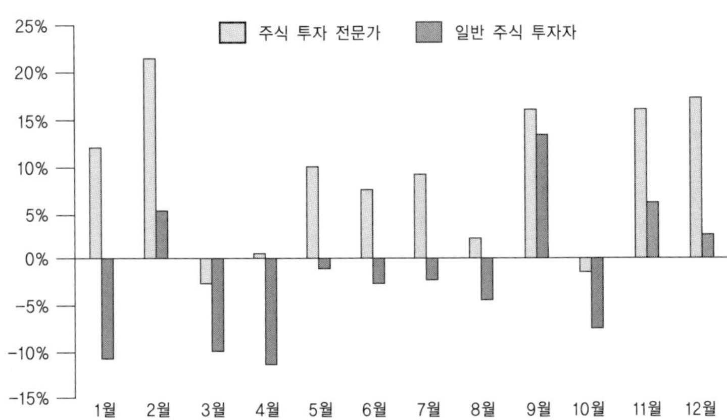

참고: 수익률 = 월별 누적 순매수 상위 10개 종목의(월말주가/월초주가) − 1의 평균

　*순매수: 판 금액보다 산 금액이 많은 경우

〈도표 2〉 주식 투자자들이 순매도** 한 상위 10개 종목의 평균 수익률 현황

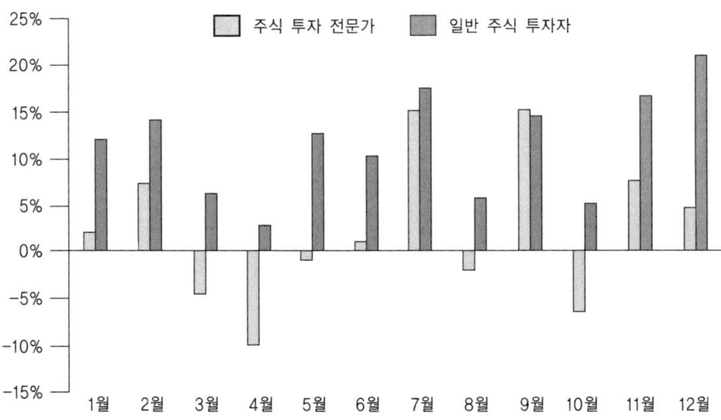

참고: 수익률 = 월별 누적 순매수 상위 10개 종목의(월말주가/월초주가) − 1의 평균

**순매도: 산 금액보다 판 금액이 많은 경우

〈도표 3〉 어떤 상자 안의 구슬 수 예측 실험에서 예측 정확도와 예측자 수

예측의 상대적 정확도*	예측자의 수
2	2
4	8
10	50
40	800
100	5000

*수가 클수록 정확도가 높아짐.

〈도표 4〉 미로 찾기에서 개별 결정의 경우(가)와 집단 결정의 경우(나)

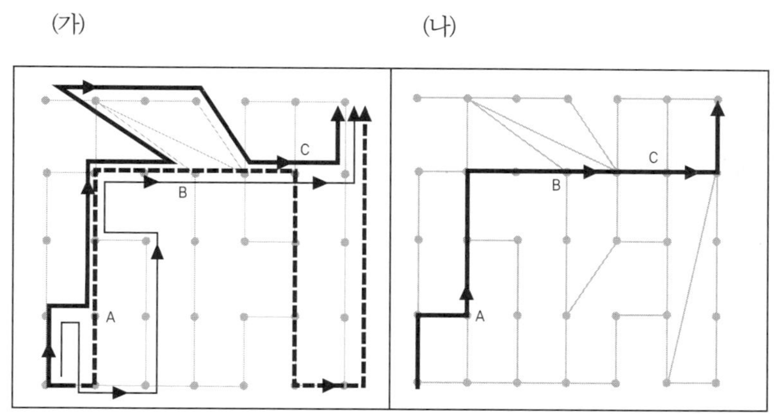

*(가)는 A(점 선), B(가는 선), C(굵은 선) 각자가 간 경로들을, (나)는 각 구간에서 다수결에 의해 선택된 경로를 나타냄.

3. 아래 〈사례 1〉과 〈사례 2〉를 위의 제시문들이 담고 있는 두 견해와 연결시켜 설명하시오.

〈사례 1〉

외국의 한 도시는 매우 심각한 도심 교통난을 겪고 있었다. 이 교통난을 해결하기 위해 시 정부는 특정한 요일에 특정한 끝 번호를 가진 차량의 도심 출입을 제한하는 차량 요일제를 실시하였다. 그러나 그 효과는 아주 미미했다. 그래서 시 정부는 강제성을 지닌 그 제도를 폐지하고,

원하는 운전자는 누구든 자신의 의사에 따라 일정한 통행료를 내고 언제든 자유롭게 도심으로 진입할 수 있도록 하는, 이른바 혼잡통행료 제도를 시행하였다. 그 결과는 매우 성공적이었다.

〈사례 2〉

미국의 한 대학 교통 연구소에서는 시내 근처의 다리에 실험용 차량을 내 보내 아주 느린 속도로 운행하게 했다. 이 차량이 투입되기 전 다리 주변은 출퇴근 시간이 거의 끝나가고 있어서 차량 흐름이 원활한 편이었다. 다리 길이는 약 4km였고 편도 2차선이었으며, 중간에 진입로나 진출로가 없는 구조였다. 그런데 그 실험용 차를 투입한 이후 곧바로 문제가 생겼다. 차선 변경이 매우 빈번하게 발생했고, 한참 뒤쪽에 있는 고속도로까지 정체가 일어나는 등 전반적인 교통 흐름이 현저하게 나빠졌다.

4. 위의 〈제시문〉들이 담고 있는 두 견해 중 하나를 선택하여, 현재 우리 사회가 안고 있는 한 문제와 연결시켜 논제로 삼아 그 해결 방안을 논술하시오.(단 〈사례 1〉과 〈사례 2〉는 활용하지 말 것)

■ 유의 사항
1. 1부터 4까지 문제의 번호를 쓰고 순서대로 답할 것(문제당 배점은 동일함).
2. 연필을 사용하지 말고, 흑색이나 청색 필기구를 사용할 것.
3. 인적사항과 관련된 표현을 쓰지 말 것.

도전 문제 2

난이도 ★★★★☆　해설 및 예시 답안 → 114쪽

'서울 주택가 지하에 비밀 공장을 차려 놓고 대량으로 가짜 해외 명품을 만들어 팔아온 제조업자와 유통업자들이 얼마 전 무더기로 경찰에 붙잡혔다. 정품이라면 1000억 원 대에 이르는 물량이라고 한다. 가짜를 진짜처럼 똑같이 만들어 팔아 오며 유통질서를 어지럽히고 대한민국을 가짜 천국이라는 오명을 쓰게 만든 이들에게 물론 일차적인 책임이 있다. 그러나 이들로 하여금 수십만 개에 이르는 가짜 명품을 만들게 한 것은 바로 가짜를 사들이는 소비자라고 할 수 있다. 살 사람이 없는 물건을 불법을 저지르면서까지 만드는 속없는 장사꾼이 있을 리 만무하다.' (○○신문, 2005. 12. 9)

위 기사는 최근 우리 사회에서 이른바 '짝퉁'이라는 말로 대표되는 모조품 소비 현상이 얼마나 심각한지를 보여준다. 이러한 현상과 관련하여 아래의 제시문들을 읽고 물음에 답하시오.

Ⅰ. 〈제시문 1〉과 〈제시문 2〉의 논지를 각각 밝히고, 이 두 논지 모두를 근거로 모조품 소비 현상이 발생하게 된 원인을 분석하여 설명하시오.

Ⅱ. 〈제시문 3〉과 〈제시문 4〉를 고려하여 모조품 소비 현상의 문화적 함의를 논술하시오.

■ 유의 사항
1. 문제의 번호를 쓰고 순서대로 답할 것.(문제당 배점은 동일함)
2. 연필을 사용하지 말고, 흑색이나 청색 필기구를 사용할 것.
3. 인적사항과 관련된 표현을 일절 쓰지 말 것.

〈제시문 1〉
　사람들은 자신에 대해서 좋은 이미지를 유지하고 싶어 하기 때문에 자기가 생각하고 행동하는 방식대로 다른 사람들도 생각하고 행동한다고 믿는다. 이러한 현상을 '거짓 합치 효과'(false consensus effect)라고 부른다. 우리가 헌법 개정에 찬성하거나 특정 정당을 지지한다면, 다른 사람들도 우리처럼 생각한다고 믿는다. 어떤 일을 망치거나 바람직하지 못한 행동을 할 때, 다른 사람들 역시 마찬가지일 것이라고 생각함으로써 위안을 삼는다. 누군가에게 거짓말을 한 다음에는 자신이 속인 그 사람도 정직하지 못한 사람이라고 생각해 버린다. 탈세를 하거나 담배를 피우는 사람들은 다른 사람들 역시 탈세하고 담배를 피운다고 믿음으로써 자신의 이미지를 보호한다. 특정 인종에 대해서 부정적 생각을 가진 사람은 자신뿐만 아니라 다른 사람들도 그 집단에 대해서 좋지 않은 생각을 갖고 있다고 믿는다. 결국 다른 사람들이 어떻게 생각하는지 헤아리는 것은 실제로는 우리 자신이 어떻게 생각하는지 스스로 확인하는 것이라고 할 수 있다.

〈제시문 2〉

자동차를 사용하는 사람들 개개인 모두가 온실효과에 대해서 책임이 있지만, 너무 많은 사람들이 이 문제에 연루되어있기 때문에 개인의 잘못이나 책임은 종종 간과된다. 생태학자인 개렛 하딘(Garrett Hardin)은 '목초지의 비극(tragedy of the commons)' 이라는 용어로 이러한 사회적 딜레마 상황을 표현했다. 이 용어는 옛날 영국에서 흔히 발견되는 마을 공동 목초지에 기원을 두지만, 굳이 목초지가 아니더라도 공기, 물, 고래, 삼림 등처럼 여러 사람이 공유하고 있지만 그 양이 제한된 자원을 가리키는 데에도 사용된다. 만약 모든 사람들이 자원 사용을 절제한다면, 자원을 재충전하는데 걸리는 시간도 단축되고 궁극적으로는 자원의 고갈을 막을 수 있다.

한 마을에 100마리의 젖소를 먹일 수 있는 크기의 공동 목초지가 있고, 이 공동 목초지를 100명의 농부가 공유하고 있다고 가정해 보라. 이 경우 목초지를 가장 효율적으로 사용하는 방법은 농부 한 사람당 한 마리의 젖소만 방목하는 것이다. 그런데 어느 날 한 농부가 '내가 가진 젖소 두 마리를 목초지에 내보내면 나의 우유생산량은 두 배로 느는 반면, 그로 인해서 목초지가 입는 피해는 단 1%에 불과하다' 는 생각을 한다. 그래서 이 농부는 한 마리가 아닌 두 마리의 젖소를 목초지에 내보낸다. 문제는 같은 생각을 다른 농부들도 한다는 것이다.

〈제시문 3〉

우리가 살고 있는 과학과 기술 그리고 정보의 시대는 어떤 의미에서 '짝퉁의 시대' 라고 할 수 있다. 그래도 아날로그 시대는 원형과 복제의 차이를 쉽게 알아낼 수 있는데 디지털 시대에 와서는 이 둘 사이의 차이가 사라졌기 때문에 문제는 더 복잡해지고 있다. 복사기로 책을 복사하다 보면 그래도 복사본과 원본의 차이를 구별할 수 있는데 디지털 카메라로 잡은 사진은 원본과 복사를 아예 구별할 수 없게 되어 있다.

일찍이 '기술적 복제시대의 예술 작품' 이라는 저서 속에서 발터 벤야민(W Benjamin · 1892~1940)은 예술 작품이 바로 그 일회성(一回性)으로 인해 공간과 역사 속에 뿌리를 내리고 있다고 지적하면서 '비록 가까이 있는 것처럼 보여도 먼 곳에 있는' 유일무이한 '숨결(Aura)' 이 깃든 것이 예술 작품이라고 정의했다. 그러나 기술복제 시대에 이르러 '이곳에서 그리고 지금' 숨쉬는 진정성의 의미는 계속 퇴색되었으며 아무 곳에서나 또 아무 때나 이루어지는 복제는 그저 '흔적(Spur)' 만을 남길 뿐이라고 그는 지적했다. (이러한) 흔적' 은 '숨결' 과는 반대로 '멀리 있는 것처럼 보여도 실은 가까이 있는 환영(幻影)' 일 뿐이라고 그는 덧붙였다.

그렇다면 '짝퉁의 시대' 에는 살아 있는 '숨결' 대신에 죽은 '흔적' 만이 남아 있는 것은 아닌지. 살아 숨쉬는 '원형'에 대한 갈증이나 갈망은 사라지고 너나 할 것 없이 진짜처럼 보이는 '짝퉁'으로 요란스럽게 온몸을 휘감고 있지는 않은지. 진짜와 가짜를 구별할 수 없도록 만들고 있는 이 디지털 시대에 인간의 원형과 그의 숨결마저도 사라지는 그러한 황량한 시대를 우리 모두 함께 보내고 있지는 않은지, 우리 모두 한번 돌이켜볼 때다.

〈제시문 4〉

주먹을 쥔 표범이 도약한다. 한쪽엔 또 다른 표범이 나동그라져 있다. 원조 푸마를 때려잡는 건 더 센 푸마가 아니라 '임마(IMMA)'다. 홑겹 면티 하나가 시대를 담고 있다. 기존의 상표를 비튼 문양을 새겨넣은, 이름하여 '패러디 면티'다. 패러디된 상표는 높은 가격으로 일반의 접근을 제한하는 브랜드 권력을 조롱하며 새로운 대항적 이미지를 형성한다. '짝퉁'들의 이런 유쾌 발랄한 반란은 최근 한국사회 패러디 문화가 지닌 폭발력과 변화무쌍함을 상징한다.

처음으로 인터넷 대량 거래를 시작했다는 한 업체는 첫 달에만 하루 4천여장씩을 팔았다. 이후 후발 업체가 경쟁적으로 생기면서 한달 사이 동종업체수는 10배 이상으로 늘어났다. 인기 비결은 자명하다. 뒤틀리고 망가진 고가 브랜드가 '피식' 대는 코웃음부터 통쾌한 폭소, 심지어 아랫배 뜨거워지는 애잔함까지 불러일으키기 때문이다. 2002년 월드컵 때 안정환 선수가 모델인 덕에 엄청난 판매고를 올린 '푸마'는 오늘날 배가 불룩 나온 비만 푸마나, 머리를 한껏 말아 올

기술 복제 시대와 예술 작품

독일의 문예이론가 발터 벤야민은 오래전 전통적 예술 양식과 새로운 예술 발전의 경향이 나타나고 있다고 파악하여 새로운 예술 발전 경향은 '기술적 복제'의 특징이 있다고 하면서 기술복제시대를 분석하였다. 주조(鑄造)와 각인(刻印), 목각판화, 석판 인쇄를 거쳐 사진술이 나오면서 손이 담당해 왔던 예술적 의무를 이제는 렌즈를 투시하는 눈이 혼자 담당하게 되는 혁명적 변화가 이루어졌고, 뒤이어 유성필름이 등장함으로써 전래적인 예술작품 전체를 복제의 대상으로 만들었고, 또 이러한 영향을 통하여 예술에 깊은 변화를 끼치기 시작했을 뿐만 아니라 여러 예술적 처리 과정 속에서도 그 자체의 독자적 위치를 차지하는 바가 되었다는 것이다. 예술 작품이 본래 마술적 의식에, 다음으로 종교적 의식에 봉사하기 위해 생겨났다고 보는 벤야민은 대상을 감싸고 있는 껍질인 아우라를 가진 전통 예술 작품이 이런 종교적 의식의 산물로 남아있는 것이라고 파악한다. 반면, 기술복제시대의 예술 작품에서는 아우라가 제거됨으로써 세계역사상 처음으로 예술작품으로 하여금 지금까지 종교적 의식 속에서 살아온 기생적 삶의 방식으로부터 벗어나도록 하였다고 주장한다. 벤야민은 주로 영화를 다루면서 기술복제시대의 예술품의 특징을 제시하였다. 그 과정에서 가장 큰 비중을 차지하는 것이 수용자, 곧 대중의 역할이다. "예술 작품의 기술적 복제가능성은 예술을 대하는 대중의 태도를 변화시켰다. 이를테면 피카소와 같은 회화에 대해서 가졌던 보수적 태도가 채플린과 같은 영화에 대해 갖는 진보적 태도로 바뀌어진 것이다. 그런데 이러한 진보적 태도의 특징이 있다면 그것은 바라보고 체험하는 데 대한 즐거움이 전문적인 비평가의 태도와 긴밀하게 서로 연결되고 있다는 점이다. 이러한 연결은 매우 중요한 사회적 의미를 갖는다. 다시 말해 어떤 예술 형식의 사회적 중요성이 줄어들면 들수록 수용자의 비평적 태도와 감상적 태도는 점점 더 분리된다. 관습적인 것이 아무런 비판 없이 향수된다면, 새로운 것은 혐오감을 가지고 비판된다. 그러나 영화관에서는 관중의 비판적 태도와 감상적 태도는 일치한다."

린 '파마' 등으로 재탄생을 거듭한다. 이들 패러디 푸마들은 '임마' 처럼 하나같이 원조 푸마를 놀리고 거부한다. 나아가 포털사이트 다음이 '싸움(Ssaum)' 으로, 프라다가 '구라다(9RADA)' 즉, 거짓말이다로, 빈폴이 리어카를 끌고 가는 모양의 '빈곤' 으로, 폴로(POLO)가 말 탄 귀족에게 채찍을 맞는 '포로(Poro)' 로 뒤틀릴 때는 사회적 경락을 찌르는 듯한 비판 정신이 담긴다.

용어 설명

* 패러디(parody): 어떤 작품을 모방하여 그것을 익살스럽게 표현하는 수법 또는 그런 작품.
* 경락(經絡): 몸 안의 경맥과 난맥. 이 자리를 침 · 뜸으로 자극하면 관계된 장부의 병이 낫게 됨.

도전 문제 3

난이도 ★★★★☆ 해설 및 예시 답안 → 116쪽

■ 유의 사항

1. 각 문제별로 답안을 구분하여 순서대로 작성할 것(문제당 배점은 동일함).

2. 자신의 인적사항에 관련된 표현을 일절 쓰지 말 것.

3. 연필을 사용하지 말고 흑색이나 청색 필기구를 사용할 것.

1. [제시문 1]은 한 학자가 문화와 관련하여 음악에 대해 쓴 글이다. 이 글의 논지를 요약하시오. (150자 내외)

[제시문 1]

호르크하이머와 아도르노가 강조했듯이, 문화 산업의 본질적 특성은 반복이다. 아도르노는 '대중적' 음악과 '순수한' 음악을 대비시켜 이것을 설명한다. 아도르노는 1936년에 발표한 그의 초기 논문 '재즈에 대하여'에서 대중음악의 본질적 특성을 '표준화'라고 주장했다. 1941년 씌어진 '대중음악에 대해여'에서 이 점을 반복해서 말하고 있다. "대중음악의 전체 구조는 표준화를 회피하려는 시도가 이루어지는 곳에서조차 표준화되어 있다. 표준화는 가장 일반적인 작품에서부터 가장 독특한 작품에까지 확장되어 있다." 표준화는 부분적인 것들의 교환 가능성, 즉 대체 가능성을 의미한다.

대조적으로 아도르노에게 있어 '순수음악(고전음악)'은 '구체적 전체성'이다. 그것에 따라 "모든 세부적인 것이 곡의 구체적인 전체성으로부터 음악적 감각을 이끌어 낸다." 이것은 변증법적 관계로, 그에 따라 전체성은 특수한 것들의 유기적 상관 관계로 구성된다. 순수음악의 경우 교환 가능성은 없다. 하나의 세부 사항이 빠져도 "모든 것을 잃는다."

대체 가능한 에피소드를 가진 연속극, 정형화된 틀을 가진 공포 영화 등과 같은 다른 사례들을 들 수 있을 것이다. 이러한 반복은 독점 자본주의 산업의 표준화되고 반복된 과정들이 문화적 생산의 영역에서 반영되기 때문이다. 후기 자본주의 하에서는 사람들이 여가 시간에 그러한 반복에 몰입함으로써 공장이나 사무실에서 근무 중에 일어나는 일로부터 벗어날 수 있을 뿐이다. 이것이 문화적 생산품들을 위한 조건을 확정한다. "청중에게 어떠한 독립된 사고를 기대하지 않아야 하고." 그 대신에 "제품은 모든 반응을 규정한다." 문화 상품의 표준화는 청중의 표준화를 낳는다. "문화 산업에 의한 종(種)으로서의 인간이 사실로 되었다. 이제 어떤 사람도 다른 어떤 사람과 대체될 수 있는 그러한 부속물일 뿐임을 의미한다." 아도르노가 말하길, "표준화는 청취자에게 자발성을 박탈하고 조건 반사를 촉진한다." 이러한 점에서 그 주장은 '대중 문화와 그 청중이 모두 후기 자본주의 하에서는 급격한 의미의 상실을 겪는다.'는 것을 의미한다.

2. [제시문 2]는 다른 학자가 문화와 관련하여 음악에 대해 쓴 글이다. 이 글의 논지를 요약하시오.(150자 내외)

[제시문 2]

Hall과 Whannel은 대중 음악과 그 관련 상품들(잡지, 콘서트, 포스터, 영화 등등)은 정체성에 대한 의식(일체감)을 탐구하고 확립하고자 선택된다고 주장한다. 그러므로 상업적 대중 음악은 십대들에게 처리하기 어려운 정서적이고 성적인 충동을 해결하려고 할 때 가치 있는 원천들(길잡이가 되는 허구들)을 제공한다. 그러므로 십대들은 단순히 음반 산업이 제공하는 것을 구매하는 것만이 아니다. 참으로, 출시된 모든 음반의 10%만이 실제로 음반 산업을 위한 이윤을 창출한다.(이것은 제공된 음반이 대규모로 거부되고 있음을 시사한다)

이러한 접근은 하위 문화에 대한 연구 속에서 전개되었다. 이 연구에서는 대중문화가 '부모' 문화의 가치와 태도에 대한 하위의 또는 소수 집단의 저항의 수단으로 사용된다는 것을 강조한다. 특정한 형식의 대중음악은 하위문화 집단이 그것으로 자기 정체성을 확인하는 일련의 문화적 가치들을 반영하는 요소들 중의 하나로 선택될 것이다. 그러면 그 선택은 임의적이거나 우연적으로 이루어진 것이 아니다. 그 음악은 의미를 지니게 된다. 폭주족의 문화에 대한 Willis의 분석이 이를 설명해주고 있다. 1950년대의 고전적인 록음악은 의미가 있는데, 왜냐하면 그것은 역사적으로 통합하여 묶어 놓은 음악으로서 일시적인 대중음악과 쉽게 대비된다. 그래서 폭주족은 더 이상 대중음악의 소비자가 아니다. 고전적인 로큰롤(예를 들면 엘비스 프레슬리와 버디 홀리에 의한)은 남성적인 가치를 나타내고 있다. 결국, 정력적인 남성적 리듬은 활동적인 삶을 나타내고 있다.(그래서 음악은 폭주하는 오토바이를 타는 것 그 자체에 상상의 사운드 트랙을 제공한다.)

3. 아래 표는 어떤 국가에서 지난 일 년 동안 고전음악과 대중음악 연주회에 참석한 사람들의 특성을 비교한 자료이다. 위의 [제시문 1]과 [제시문 2]의 입장 중 하나를 선택하여 이 자료를 해석하시오. (표에 나타난 특성 중 논의 전개에 적합한 일부만을 사용해도 무방함) (400자 내외)

특 성	고전음악 연주회 참석률(%)	대중음악 연주회 참석률(%)	전체인구 중 비율(%)
연령			
15–24	15	25	18
25–34	12	21	18
35–44	19	22	20
45–54	25	17	17
55–64	14	9	12
65 이상	15	5	14
합계	100	100	100
교육수준			
중등교육 미만	12	18	25
중등교육	24	27	26
고등교육 이상	64	55	49
합계	100	100	100
거주지역			
도시	82	73	71
도시 근교	5	7	7
농촌	13	20	22
합계	100	100	100
성별			
남	44	49	49
여	56	51	51
합계	100	100	100

4. 아래 [제시문 3]은 근래에 음악계에서 일고 있는 현상을 보고한 글이다. 이 현상이 문화 발전에 대해 시사하는 바를 위의 표 해석을 바탕으로 논술하시오.(500자 내외)

[제시문 3]

클래식과 대중음악은 그 동안 서로의 영역을 침범하지 않고자 노력해 왔다. 그러나 20세기의 후반부에 들면서 이러한 장벽은 깨어질 수밖에 없었다. 그 단초가 '크로스오버(Crossover) 음악'이란 형태로 나타났다.

크로스오버 음악의 위상을 제대로 세운 사람으로는 뭐니 뭐니 해도 클로드 볼링을 빠뜨릴 수 없다. 그는 클래식에서 출발하여 재즈를 거쳐, 영화 음악과 크로스오버 음악으로 나아갔다. 1976년에 장 피에르 랑팔과의 공동 작업으로 발표한 음반 '플루트와 재즈피아노 트리오를 위한 모음곡'은 미국 빌보드 차트에서 무려 530주 동안이나 머무는 경이적인 기록을 남겼다. 이 행복한 클래식과 재즈의 만남은 많은 후예들을 탄생시켰는데, 바이올린의 피커스 주커만, 첼로의 요요 마, 클래식기타의 알렉산드르 라고야, 트럼펫의 모리스 앙드레, 피아노의 엠마누엘 엑스 등 현역 명연주자들이 각각 자신의 악기와 볼링의 재즈피아노를 결합한 음반을 취입했다. 볼링의 음반 작업이 크로스오버 운동에 끼친 공로는 이전까지의 크로스오버 음악이 기존의 팝이나 클래식 곡에 대한 편곡 위주로 진행되어 왔는데 비해, 크로스오버를 위한 고유의 곡을 작곡했고, 이를 정상급 클래식 연주자들로 참여하게 만들어 크로스오버 음악의 질적 평가와 권위를 높여주었다는 점에 있다.

볼링의 성공 이후에 나타난 또 하나의 분수령은 테너 플라치도 도밍고였다. 1982년 그가 존 덴버와 함께 〈퍼햅스 러브〉 음반을 발매할 당시만 해도 미국의 음악계가 시끌벅적할 정도였다. 마치 이후 우리나라에서 테너 박인수와 대중가수 이동원이 정지용의 시를 바탕으로 한 노래 〈향수〉를 불러 레코드로 발매할 때의 시끄러움과 같은 것이었다. 그러나 결과적으로 도밍고의 시도는 성공을 거두었다. 굳이 따지자면 크로스오버 음악이 하나의 움직임으로 정착된 것은 이즈음부터라고 해야 할 것이다. 이 시기부터 수많은 크로스오버 음반들이 줄을 이었다.

도전 논제 4

난이도 ★★★☆☆　해설 및 예시 답안 → 119쪽

다음 글에 나타난 사회 현상을 분석하고, 우리 현실에서 볼 수 있는 유사한 사례를 들어 대중 사회의 '소비 주체'들이 어떤 태도를 지녀야 하는지 논술하시오. (1,300자 내외)

영국에 튤립이 수입된 것은 1600년이었다. 1634년경에는 인기가 아주 많아 여유 있는 사람이 튤립을 키우지 않으면 교양이 없다는 말을 들을 정도였다. 당대의 많은 지식인들이 튤립 키우기에 빠져들었다. 네덜란드에서는 상인을 비롯한 중산층에도 튤립 재배 열풍이 번졌고, 그다지 넉넉하지 않은 사람들도 터무니없는 가격에 튤립을 사느라 야단법석이었다. 하알라엠 시의 한 상인은 전 재산의 반을 털어 튤립 한 뿌리를 샀는데, 차익을 남겨 팔기 위해서가 아니라 친구들에게 자랑하고 싶어서였다.

네덜란드인처럼 신중한 사람들도 튤립을 열심히 사들인 것을 보면 '이 꽃에 뭔가 대단한 것이 있지 않을까' 하고 생각할 것이다. 하지만 튤립은 예쁘지도 않고 장미같이 향기롭지도 않으며 꽃이 오래 가지도 않는다. 그런데도 당대의 시인 카울리(Abraham Cowley)는 요란스럽게 튤립을 찬양했다.

그 다음 튤립이 나타났네.
자신만만한 모습으로 사람을 즐겁게 하며,
이보다 아름다운 색조는 세상에 없으리.
그녀는 얼굴을 다양하게 바꿀 수도 있고,
자줏빛과 황금빛을 띠기도 하네.
그녀는 가장 정교한 수를 놓은 옷을 입을 만하네.
그녀는 사람의 눈을 즐겁게 하고,
다른 모든 꽃보다 돋보이네.

베크만(Beckmann)은 『발명의 역사(History of Inventions)』에서 튤립을 다음과 같이 묘사했다.

튤립처럼 다양한 색깔을 띠는 식물도 드물다. 자연 상태에서는 단색으로 잎이 크고 줄기가 매우 길다. 재배하면 색깔이 좀더 보기 좋다. 꽃잎은 좀더 또렷해지고 작아지며 색조도 다양해진다. 잎은 연두색을 띤다. 그러나 재배한 튤립은 너무 약하므로 이식하면 죽기 쉽다.

사람들은 손이 많이 가는 이 식물을 재배하는 데 열중했다. 어머니가 건강한 자식보다는 병약한 아이에게 신경을 더 쓰는 것과 비슷했다. 튤립에 대한 근거 없는 찬양도 점점 더해갔다. 1634년 튤립을 소유하려는 네덜란드인들의 열망이 도를 넘어, 다른 산업은 팽개치고 모든 사람이 튤립 거래에 나섰다. 이러한 광기(狂氣)가 지속되면서 값은 계속 올랐고, 1635년에는 튤립 40뿌리에 10만 플로린을 주고 산 사람도 많았다. 10만 플로린이면 당시 네덜란드에서는 황소 830마리 정도를 살 수 있었다. 이렇게 고가가 되고 보니 곡식 알갱이보다 가벼운 페릿이란 중량 단위로 튤립을 사고 팔 필요가 생겼다. 1636년에 이르러 진귀한 튤립 품종에 대한 수요가 더욱 커져, 튤립 거래 시장이 암스테르담 주식 시장과 로테르담 그리고 하알라엠에 세워졌다.

드디어 도박 현상이 나타났다. 투기를 노리는 주식 중개인들이 튤립 거래에 나섰고 가격 변동을 심하게 유도했다. 처음에는 누구나 가격이 오를 것을 자신했고 모두 큰 이익을 얻었다. 튤립 거래 중개인들은 가격의 급격한 등락 속에서 큰 이득을 보았다. 벼락부자가 된 사람이 한둘이 아니었다. 황금이 눈에 어른거렸고, 파리가 꿀단지에 모여들 듯 사람들은 튤립 투기에 뛰어들었다. 모두가 튤립 호황이 영원할 것으로 착각했고, 전 세계의 부(富)가 네덜란드로 몰려드는 듯했다. 귀족, 도시민, 농장주, 기계공, 선원, 심지어 굴뚝 청소부까지 튤립 투기에 나섰다. 사람들은 집과 토지를 헐값에 처분하고 튤립을 샀다. 외국인들도 투기 열풍에 휩싸여 네덜란드에 와서 돈을 퍼부었다. 튤립 이외의 생필품들도 서서히 가격이 올랐다.

어떤 사람들은 이 광기가 오래 가지 못할 것을 감지했다. 일부 부유층은 자신들의 정원에 있는 튤립을 적은 이윤을 남기고 팔기 시작했다. 크게 손해 볼지 모른다는 인식이 널리 퍼졌다. 그러자 튤립 값은 떨어지고 다시 오르지 않았다. 튤립 거래자들은 공황 상태에 빠졌다. 구매를 계약한 사람들은 대금 인도일이 되자 몇 분의 일로 가격이 떨어진 튤립의 인수를 거절했다. 네덜란드 전국에 한숨이 울려 퍼졌다. 부자가 된 일부 사람들은 재산을 숨기고 영국에 투자했다. 많은 상인들은 무일푼이 되었고 채무자로 전락하는 귀족들이 속출했다.

사태가 여기에 이르자 몇몇 도시의 튤립 보유자들이 회의를 열고 대책을 논의했다. 대표를 뽑아 정부와 협상하자는 결론이 났다. 하지만 정부는 개입을 거절하고 당사자들이 방안을 마련하라고 권고했다. 회의가 여러 차례 열렸으나 다툼만 심해졌다. 결국 튤립 투기가 절정이던 1636년 11월 이전의 계약은 모두 무효로 하고 그 후에 체결된 계약은 대금의 10퍼센트만 판매자에게 주기로 합의했다. 그러나 이러한 합의는 어느 쪽도 만족시킬 수 없었다.

사태는 그럭저럭 진정되었다. 완전한 해결책을 찾는 것은 정부로서도 불가능한 일이었다. 파산자도 많았고 큰 이익을 본 사람도 적지 않았다. 하지만 네덜란드의 상업은 큰 타격을 입었고, 회복되는 데 오랜 시간이 걸렸다.

5. 언어 · 문화 · 예술의 본질 탐구

예제

사회 공동체에서 언어는 의사를 표현하고 전달하는 도구 이상의 역할을 한다. 아래 지문들의 내용에 근거하여, 언어가 어떤 방식으로 사회 공동체에 영향을 미치는지 자신의 관점에서 논술하시오.

(가) 인간이 벌이나 다른 군서(群棲) 동물들과는 전혀 다른 의미에서 정치적 동물이라는 것은 명백하다. 자연은 그 어떠한 것도 헛되이 만드는 법이 없다. 자연은 모든 동물들 중에서 유일하게 인간에게만 언어 능력을 부여했다. 언어는 발성 능력과 다르다. 다른 동물들도 소리는 낼 수 있으나, 그들의 소리는 단지 고통스러움과 쾌적함을 표현하기 위한 것이다. 그들도 본성적으로 쾌(快)와 고(苦)를 느낄 수 있을 뿐만 아니라, 이런 느낌들을 소리를 질러 서로에게 알릴 수 있다. 그러나 인간의 언어는 좋은 것과 나쁜 것을, 그러므로 의로운 것과 의롭지 않은 것을 구분할 수 있게 한다. 인간과 다른 동물들 간의 진정한 차이는 인간만이 선과 악, 정의와 불의 등을 지각할 수 있다는 점이다. 인간은 이런 문제들에 대해 공동의 인식을 소유함으로써 가정과 국가를 구성할 수 있다.

(나) 사람은 논변에 참여할 수 있는 능력을 지니고 있다. 이 점에서 사람은 누구나 홀로 서 있으면서도 의사소통적 문맥의 구성원으로 존재한다. 이것이 '이상적인 의사소통 공동체'가 의미하는 바이다. 논변적 담론의 참여자들에게 요구되는 합의는 현실적 공동체의 경계를 넘어서야 도달할 수 있다. 그럼에도 불구하고 서로에 속하여 있음에서 오는 그들의 사회적 유대감은 이런 담론 속에서 손상되지 않고 유지된다. 담론에 의해 합의가 가능하다는 사실은 다음 두 사항에 의거한다. 하나는 예 또는 아니오를 말할 수 있는 양도불가능한 개인의 권리이고, 다른 하나는 자신의 자기중심적 관점을 극복할 수 있는 가능성이다.

비판가능한 주장에 대해 예 또는 아니오로 대응할 수 있는 개인의 불가침적인 자유가 없다면,

동의는 진정으로 보편적인 것이라고 할 수 없다. 다른 한편 각자가 서로 공감할 수 있는 감수성을 지니지 않는다면, 오랜 토론을 거치며 숙고해도 보편적 동의에 도달할 수 없을 것이다. 이처럼 개인은 양도할 수 없는 자율성을 지닌 동시에 상호주관적으로 공유되는 관계망의 구성원이다. 이 두 국면은 내적으로 연결되어 있으며, 담론을 통한 결정 절차에서는 바로 이런 연결 관계가 고려되어야 한다.

(다) 토론을 하는 사람은 의(義)로써 서로 돕고, 도(道)로써 서로 깨우치고, 선(善)을 따를 뿐 반드시 이길 것을 구하지 않으며, 의에 승복할 뿐 말이 막히는 것을 부끄럽게 여기지 않습니다. 거짓으로써 서로 미혹케 하고, 화려한 언사로써 서로 혼란스럽게 하고, 나중에 멈추는 것을 서로 자랑으로 여기며, 어떻게든 이기기만을 바라는 것은 토론을 함에서 본받을 바가 아닙니다. 무릇 소진(蘇秦)과 장의(張儀)는 제후들을 현혹시켜 대국을 망하게 하고 군주가 가지고 있는 것을 잃게 하였으니, 이들이 변설에 뛰어나지 않은 것은 아니지만 이들의 말은 나라를 어지럽히는 길이었습니다. 군자는 비속한 사람들과 더불어 군주를 섬기는 것을 꺼려하였으니, 그들이 군주의 말이라면 무조건 따르면서 어떤 일도 못하는 바가 없는 것을 걱정하였던 것입니다.

지금 당신은 바르고 의로운 말을 받아들여 경(卿) · 상(相)을 보좌해야 함에도 불구하고, 그들의 뜻에 무조건 순종하여 당장의 유리한 말만을 좋아하며 훗날의 일을 생각하지 않습니다. 당신 같은 식으로 관리 노릇을 하면 마땅히 중벌을 받게 될 것입니다.

■ 답안 작성시 유의 사항
1. 띄어쓰기를 포함하여 1500자 내외(1400~1600자)로 서술할 것.
2. 시험 시간은 150분임.
3. 제목은 쓰지 말고 본문부터 시작할 것.
4. 수험번호, 성명 등 자신의 신상에 관련된 사항을 답안지에 드러내지 말 것.
5. 반드시 검은색 펜이나 연필로 작성할 것.

관계

오늘날은 사물을 그 자체로서 정의하고 그 의미를 파악하는 것이 아니라 다른 사물과의 관계망 속에서 그 실재와 의미를 파악하려는 경향이 높아지고 있다. 사물에 대한 이름으로서의 단어도 그 자체로서 의미를 갖는 게 아니라 관계(사용) 속에서 그 의미를 정의한다. '아버지'는 결코 독립해서 존재하지 않는다. '자식'이 있어야만 '아버지'가 성립되기 때문이다. 이처럼 관계를 통해서 사물들의 세계에 접근하는 것은 사물들끼리의 접속고리를 통한 새로운 의미들을 발견할 수 있다는 장점도 있다. '아버지'는 '자식'과의 직접적인 관계에서만이 아니라 가부장제라는 관계망을 매개로 하여 이해를 하게 되면 '아버지'와 '자식' 사이의 관계를 다르게 의미화할 수 있다. 논술도 마찬가지다. 창의적인 논술이 가능해지려면 주어진 주제어(개념)에만 한정하지 말고 다른 개념들과의 연관 관계를 풀어나가며 풍부하게 접근하는 것도 한 방법이다.

해설

▪ 논술의 구성 조건 확인

먼저 이 논제의 요구 조건을 확인해보자.

① 사회 공동체에서 언어는 의사를 표현하고 전달하는 도구 이상의 역할을 한다.
② 아래 지문들의 내용에 근거하여,
③ 언어가 어떤 방식으로 사회 공동체에 영향을 미치는지
④ 자신의 관점에서 논술하시오.

① 사회 공동체에서 언어는 의사를 표현하고 전달하는 도구 이상의 역할을 한다.: 문항에서 언어의 의미를 다르게 정의할 수 있음을 암시하고 있다. 그 암시하는 내용이 논술의 방향과 논점을 잡아나가는 길잡이가 될 것이다. 언어를 '의사를 표현하고 전달하는 도구'로 보는 관점은 교과서에서 주로 배우는 관점이다. 그러나 주어진 문항은 그 이상의 역할을 언어가 할 수 있음을 암시하고 있고, 그 역할들을 지문들의 분석을 통해 포착할 수 있을 것이다. 따라서 이 논제는 교과서에서 배우는 관점을 버리고 새로운 관점을 탐구할 것을 요청하고 있는 바, 그것은 결국 지문들을 창조적으로 분석할 수 있는 능력에 달려 있다.

② 아래 지문들의 내용에 근거하여: 지문들의 내용에 근거하라고 한 것은 각 지문들을 분석하여 그 분석된 내용을 근거로 하라는 것이다.

③ 언어가 어떤 방식으로 사회 공동체에 영향을 미치는지: ②에서의 분석 내용을, 사회공동체에 영향을 미치는 언어의 사용 방식과 직접 연관시켜 논지로 설정한다.

④ 자신의 관점에서 논술하시오.: 지문들의 내용에 근거하되 자신의 관점을 세워 논술한다. 여기서 '자신의 관점'이란 각 지문들의 논지를 분석하여 근거로 설정하기는 하되 반드시 동의할 필요는 없음을 말한다. 그것은 논술자 각자의 판단이다. 그리고 또다른 견해를 추가하여 자신의 관점으로 세워 논술하면 된다. 따라서 '자신의 관점'에서라 함은 전체적인 논지의 흐름을 자신의 관점에서 문제 설정을 하되 지문들의 내용에 근거하라는 것이다.

■ 제시문 분석 및 문제 설정하기

1. 먼저, 지문 (가) (나) (다)의 논지를 정리하면 다음과 같다.

(가)

인간은 다른 동물들과 달리 정치적 동물이다. 인간만이 선과 악, 정의와 불의 등을 지각하여 공동의 인식을 소유함으로써 가정과 국가를 구성할 수 있다. 그것은 인간의 언어가 좋은 것과 나쁜 것을, 의로운 것과 의롭지 않은 것을 구분할 수 있게 해 주기 때문이다. 동물에게는 이러한 의미의 언어가 없다. 결국 인간이 정치적일 수밖에 없는 것은 인간의 언어가 갖는 속성 때문이다.

(나)

사람은 '이상적인 의사 소통 공동체'의 구성원으로 존재하는데, 그것은 한편으로는 양도할 수 없는 자율성을 지닌 동시에 다른 한편으로는 상호주관적으로 공유되는 관계망으로 존재한다. 이 두 국면은 내적으로 연결되어 있으며, 이 연결 관계를 고려하여 담론을 통한 결정 절차가 이루어진다. 이 모든 과정에 언어가 관여한다. 즉 언어의 담론 형성의 기능을 설명하고 있다. 인간은 언어를 통해서 다양한 담론을 형성한다는 것이다.

(다)

토론을 하는 사람은 의(義)·도(道)·선(善)을 따라야 하며, 화려한 언사로 미혹케 하며 말을 어지럽히는 것을 경계해야 한다. 군자는 군주의 말이라면 무조건 따르는 바를 걱정한다. 관리는 바르고 의로운 말을 받아들여 상관을 보좌해야 하지 유리한 말만 받아들여 무조건 순종하는 것은 옳지 못하다.

기호

우리가 일상적으로 접하는 사물의 이미지를 기호라 할 수 있다. 횡단보도에서 볼 수 있는 빨간불이나 파란불 따위의 표현물이 하나의 기호(sign, 記號)이다. 그러나 기호는 인위적이거나 어떤 특정한 이미지만을 지칭하지는 않고 모든 것이 다 기호가 될 수 있다. 책상 앞의 컴퓨터도, 그 컴퓨터의 '시작' 문자도 모두 어떤 의미를 갖는 기호들이다. 이런 점에서 기호는 단순히 무엇을 의미하는 하나의 요소가 아니라 복잡한 요소들로서 구성되고 표현된다. 또한 기호는 단순히 어떤 사물만을 의미하는 게 아니라 그것들에 표현되는 욕망의 문제도 개입되고 있어 현대사회는 이러한 기호들의 삶 속에서 존재하는 인간 주체성에 대한 관심이 커지고 있다.

2. 지문들에서 정리된 논지를 언어의 사회적 사용 방식과 관련하여 추론하면 다음과 같다.

(가)

인간을 선과 악, 정의와 불의 등을 지각하는 정치적 동물로 규정할 수 있다면, 인간이 사용하는 언어 또한 정치적이라 할 수 있다. 여기서 '정치적' 이라 함은 보통 말하는 정치인의 행보와 관련된 표현이 아니라, 어떤 발언이나 행위에 있어서 이해 득실이 계산되는 언어적 성향을 말한다. 예를 들어 '너 참 착한 아이구나' 라고 표현할 때조차 또다른 목적을 둔 정치적 발언일 수 있다.

언어는 순수한 상태로서의 의사 소통 도구에 그치는 것이 아니라 개인적 · 집단적 · 정치적 무의식을 표현하고 소통하는 이데올로기 기호로 작동한다. 인간이 선과 악, 정의와 불의 등을 지각하고 그것을 표현하며 소통하는 도구는 언어이다. 그러나 선과 악, 정의와 불의는 정확하게 규정되어 있지 아니하고 각자 혹은 집단에 따라, 혹은 사회공동체의 습성에 따라 정의(定義)된다. 예를 들어 우리나라 사람들이 개고기를 먹는 것은 악이라고 할 수 없지만 외국에서는 악이라고 할 수 있다. 정부는 핵발전소를 건설하는 것을 선이라고 보지만 환경 단체나 지역 주민들은 위험 사회를 가속화시키기 때문에 악이라고 본다. 그리고 그러한 관념/이데올로기들에 따라 언어의 표현 방식들이 달라진다.

이데올로기란 상상하고 의미화하고 특정화하는 일정한 성향 체계이다. 어린이 이승복이 "나는 공산당이 싫어요"라고 외치며 죽었다면 그 발언 역시 공산주의를 증오하는 어린이의 이데올로기적 표현이다. 그리고 이승복이 그런 말을 하지도 않았는데 그런 말을 한 것처럼 조작하여 국민들을 가르쳐왔다면 그 또한 반공이데올로기를 확대 재생산하기 위한 언어의 사용 방식이다.

따라서 언어는 이데올로기 기호로서 작동하기 때문에 정치적일 수밖에 없다. 다른 예를 들자면 가장 정의롭지 못한 전두환 정권이 1980년대 광주사태를 거치면서 제5공화국 정부를 만들어 '정의 사회 구현' 이라는 슬로건을 주창한 바 있는데, 이 또한 악/불의를 선/정의로 위장한 언어적 사용 방식이며 정치적인 효과를 노린 이데올로기이다. 일상 생활에서도 '여자는 여자다워야 한다' 는 표현도 여자를 여성스러움으로 길들이기 위한 이데올로기이다. 언어는 정치적이다.

(나)

언어는 담론적이다. 담론(談論)이라 함은 언어의 특정한 사용 맥락에 따라 특정한 의미와 특정한 주체성을 생산하는 것과 관련된다. 그렇기 때문에 담론은 이미 이데올로기적 표현이 언어와 결합되는 표현방식이기도 하다. 대학 입시에 대해 말하는 것, 교육에 대해 말하는 것, 논술에 대해 말하는 것, 사회적 성공에 대해 말하는 것, 사랑에 대해 말하는 것, 또는 그 말하는 것들(댓글 달기, 칼럼쓰기, 논술하기 등)을 글의 형식으로 표현하는 것들 모두가 담론이며, 여기에도 일정한 이데올로기가 관여한다.

　사람들은 사회공동체의 구성원으로 살아간다. 그런 한에서 사람은 타자들과 대화를 나누며 일정한 담론을 형성하고 상호 작용하며 살아간다. 그런 가운데 각자 언어적 자율성을 가지면서도 상호주관적인 소통망을 형성하는데, 그것이 '이상적인 의사소통 공동체' 라 불리는 것이다. 이 의사 소통 공동체는 언어의 의미를 특정한 방향으로 구성하는 담론 구성체들의 관계망이기도 하다. 따라서 의사 소통 공동체는 이데올로기적이며 정치적인 의도들이 개입하는 양상으로 드러나기도 한다. 황우석 사태를 떠올리면 쉽게 이해할 수 있을 것이다. 과학적 사실들의 조작, 은폐, 거짓말, 국민적 열광, '황빠', 맹목적 애국주의, 진실 규명 등 그와 관련된 온갖 언어적 표현들에서 다양한 이데올로기들이 충돌하고 있다. 이럴 경우는 '이상적인' 의사 소통 공동체가 아니라 '사기적인' '살벌한' 언어 공동체가 될 것이다. 따라서 이런 경우 언어 공동체는 의사 소통이 전혀 안될 수도 있다. 각자 서로 전혀 다른 상상을 하기 때문이다.

　(다)

　언어는 조작적이다. 현실 세계의 참/거짓은 언어를 통해 그대로 드러나지 않는다. 언어가 조작되기 때문이다. 언어에는 미사여구도 들어가고 가식도 들어가고 변론의 논리만이 판치기도 한다. 그러기 때문에 말하는 사람들의 표정을 읽어내고 글쓰는 사람들의 진솔성을 파악하려 한다. 언어의 참/거짓을 판단하기 위해서는 현실 세계의 실제적인 관계들을 판단할 수 있는 능력이 있어야 한다. 언어의 참/거짓을 판단하는 최종점은 실제적인 관계를 대하는 태도에서 비롯될 수 있다. 사랑이 진실인지 가식인지는 달콤한 언어유희에서가 아니라 상대의 행위를 두고 판단할 수 있다. 이 모든 게 언어가 조작적인 특성이 있기 때문이다. 언어가 조작적인 것은 결국 현실 세계를 조작하는 결과를 초래한다. 이 언어의 조작성에도 역시 이데올로기가 개입한다.

　특히 사회공동체 지도자들의 언어나 그 지도자들을 향한 관리들의 언어가 바르지 못하고 입에 발린 소리나 하며 정치를 하려는 태도는 사회공동체를 부패하게 만든다. 1980년대 5공화국 시절의 전두환 대통령은 북한이 금강산댐을 만들어 서울을 물바다로 만들 계획이라며 국민성금을 대대적으로 모금한 적이 있는데, 그것은 결국 거짓으로 드러났고, 그런 지도자의 거짓말은 자신의 부정의한 통치 위기를 '국민적 통합' 이라는 방식으로 모면해보려는 수작에 불과했다. 당시 언론들은 모두 전두환을 지지해주었다. 진실을 속인 것이다. 그것 때문에 치러야하는 국민들의 비용은 물리적으로나 정신적으로나 막대하다.

3. 위의 분석 내용을 토대로 하여 각 지문들에서 추론할 수 있는 언어의 특성 즉 사회공동체에 영향을 미치는 사회적 사용 방식을 간결하게 요약하면 다음과 같다.

> (가) 언어의 정치성 = 언어는 정치적이다
>
> +
>
> (나) 언어의 담론성 = 언어는 담론을 구성한다.
>
> +
>
> (다) 언어의 조작성 = 언어는 조작적 특성을 가진다.

> 이데올로기 기호로서의 언어

논술은 자기 생각들을 주저리주저리 쓰는 것보다 함축된 내용들을 개념화하여 문제의 핵심을 정확히 설정하는 것이 효과적이다.

▣ 하나의 예시 답안

각 제시문들은 사회 공동체에 영향을 미치는 몇 가지 언어의 사용 방식들을 함축하고 있다. (가)는 '언어는 정치적이다(언어의 정치성)'는 것을, (나)는 '인간은 언어를 통해 다양한 담론을 구성한다(언어의 담론성)'는 것을, (다)는 '언어는 조작적이다(언어의 조작성)'는 것을 함축한다. 언어의 이 세 가지 사용 방식의 양상에 대해 역순으로 논해보자.

첫째, 언어의 조작성이다. 언어는 조작된다. 특히 사회적으로 언론이 언어 조작의 대표적인 역할을 담당해왔다. 축소, 은폐, 왜곡 보도라는 비판적인 시각이 팽배해 있는 것도 이 때문이다. 통치권자가 사회 현실을 제대로 보지 못하고 국민들을 향해 자의적으로 발언하는 것이나 그 참모나 정부 관료들이 입바른 소리를 하여 정책을 올바르게 추진하도록 하기보다 통치권자의 허수아비가 되는 발언을 하는 것은 언어의 조작적 성격에 기인한다. 그리고 언어의 조작성은 단순히 참/거짓의 뒤집기에 한정되는 게 아니라 참/거짓의 문제를 떠나 현실 세계를 굴절시켜 특정한 방향으로 의미화함으로써 언어 자체가 사회적 힘으로 사용되도록 한다.

둘째, 언어의 담론성이다. 사람들은 사회공동체의 구성원으로 살아간다. 그런 한에서 사람은 타자들과의 대화를 나누며 일정한 담론을 형성하고 상호 작용하며 살아간다. 그런 가운데 각자 언어적 자율성을 가지면서도 상호주관적인 소통망을 형성하는데, 그것이 '이상적인 의사 소통 공동체'라 불리는 것이다. 이 의사 소통 공동체는 의미들을 특정한 방향으로 구성하는 담론구성체들의 관계망이기도 하다. 월드컵에 열광하거나 황우석 사태가 발생했을 때 많은 사람들이 의견을 제시하고 주장한 것도 의사 소통을 위한 담론 생산 행위라 할 수 있을 텐데, 이 담론 구성을 통해 사회공동체 구성원들이 하나의 사회적 주체로 출현한다.

셋째, 언어의 정치성이다. 언어는 개인적, 집단적 정치적 무의식을 표현한다. 따라서 선과 악, 정의와 불의는 정확하게 규정되어 있지 아니하고 각자 혹은 집단에 따라, 혹은 사회공동체의 습성에 따라 정의(定義)된다. 예를 들어 정부는 핵발전소를 건설하는 것을 선이라고 보지만 환경단체나 지역 주민들은 위험사회를 가속화시키기 때문에 악이라고 본다. 사회적 투쟁과 갈등이 반복되는 현실에서 보면 이 모든 투쟁 과정에는 언어가 정치적으로 구사됨을 알 수 있다. 언어가 정치적인 것은 어떤 단어를 선호하느냐 또는 금지하느냐를 결정하기도 한다. 노동자들은 '노동자'라는 말을 즐겨쓰지만 정부와 언론은 그 대신에 '근로자'라는 말을 쓴다.

언어의 이 세 가지 사용 방식들이 가능한 것은 사회공동체 속에서 언어가 이데올로기 기호로서 작동하는 특성을 가지기 때문이다. 다시 말해 언어는 그 내적 세계에 특정한 이데올로기적 성향을 장착하여 조작되며, 그 전체를 언어의 담론적 구성이라 할 수 있고, 그 담론 구성의 의식적–무의식적 표현 세계에는 정치적인 속성이 개입한다. 이러한 방식을 통해 언어 공동체는 특정한 사회적 주체 집단을 형성하며 사회 공동체의 향방을 갈음하는 언어 투쟁의 장이 되기도 한다. 따라서 언어 공동체속에서 의사 소통이 전혀 안될 수도 있다. 언어는 모두에게 같은 말을 하는 게 아니라 서로에게 다르게 말을 한다. 사회공동체는 그러므로 서로 다르게 상상되고 다르게 행동한다. 서로의 차이를 인정하면서 공동의 문제 해결을 위해 공통 감각을 만들어나가는 언어 정치를 생각해보자.

도전 문제 1

난이도 ★★★★☆   해설 및 예시 답안 → 121쪽

다음 제시문을 읽고 물음에 답하시오.(문항 1 · 2)

[A-1]

'민중 예술'이란 도시화 · 산업화되기 이전의 교육받지 못한 계층의 사람들이 벌이는 시, 음악, 회화 활동을 의미한다. 이러한 민중예술의 본질적인 속성 가운데 하나는 그것을 향유하고 보존하는 사람들이 바로 이러한 예술을 수용하는 주체이자 곧 그것의 창조적인 참여자가 되며, 그러면서도 일개인을 부각시킨다거나 개인적 저작권을 주장하지도 않는다는 점이다. 그에 반해서 '대중예술'은 어느 정도 교육받은 대중, 일반적으로 도시에 살며 집단 행동을 하는 경향이 있는 사람들의 요구에 의해 만들어진 예술적 또는 유사(類似)예술적 산물로 이해되고 있다. 민중 예술에서는 생산자와 소비자가 거의 구별되지 않고 이들 사이의 경계는 항상 유동적이다. 반면에 대중예술의 경우, 예술적으로 전혀 비창조적이고 완전히 수동적인 대중과 그들의 요구에 부응하여 예술품을 전문적으로 생산하는 사람들이 엄격하게 구분됨을 알 수 있다. 민중예술, 특히 민요는 그것을 향수하는 계층에서 생산되어 나타난다. 그러나 대중가요는 상위 계급의 정서에 의존하며 이 계급에 속하는 전문가로부터 생산된다. 이것은 참으로 주목할 만한 사실이다. 예술의 이 같은 두 양식 사이의 현실적으로 가장 중요한 차이는 그 예술을 향수하는 계급의 각기 다른 특성에 있다.

한편, 교육받은 자, 전문가, 감식가(鑑識家)들의 '고급예술'은 민중예술 및 대중예술과는 중대한 차이를 보인다. 삶의 문제와의 싸움, 인간 존재의 의미를 포착하려는 노력을 반드시 내포하며, 우리로 하여금 우리의 삶의 방법을 변화시키려는 요구와 부딪히게 하는 심각하고도 진정한, 그리고 책임 있는 예술은 대부분 놀이나 장식에 지나지 않는 민중예술이나 혹은 오락 아니면 시간 메우는 수단에 지나지 않는 대중예술과는 거의 공통성이 없다. …… 진정한 예술 작품에 포함된 처절한 경험을 아는 사람은 값싼 효과의 악용을 쉽게 참을 수가 없게 되고, 나눌 수 없으며 더럽혀질 수 없는 오직 하나의 예술을 고수하려고 한다. 게다가 다른 모든 것은 중요하지 않고 가치 없는 것이라고 여기게 된다.

— 아놀드 하우저, 『예술사의 철학』

[A-2]

고급문화는 창작자 지향적 문화라 할 수 있으며, 고급문화의 심미적(審美的)인 판단이나 비평적 기준은 이 창작자 지향성에 근거하고 있다. 창작자의 의도만이 결정적인 것이고 수용자의 가치는 거의 관계없다고 보는 창작자 지향의 비평은 수용자들의 압력으로부터 창작자들을 보호하는 기능을 수행하고 있으며 예술가들의 창조 활동을 더 용이하게 해주기는 하지만, 이는 모든 예술 창조자들이 어느 정도는 그들의 수용자들에게 반응하면서 창작 활동을 하고 있다는 현실을 너무 간과한 감이 없지 않다. 반면, 대중예술은 대체적으로 사용자 지향적 문화이며 수용자의 가치와 원망(願望)을 만족시키는 것으로 존재한다. 이것이 아마도 고급문화가 대중예술이나 대중문화에 대하여 갖는 적대감의 주요한 이유가 되며 대중문화 비판론이 소리를 한 옥타브 높이게 되는 이유인 것 같다.

대중문화 비판론은 오직 고급문화의 이익에만 편중한 주장인 것이다. 고급문화 옹호자도 누구나 마찬가지로 자기에게 유리한 것을 추구할 수는 있다. 그렇지만 자기 이익을 추구하기 위해 이를 마치 공중(公衆)의 이익처럼 위장할 수는 없는 것이다. 사회가 전체적으로 고급문화만의 번영을 꾀하려는 노력만으로 조직될 수는 없다.

모든 인간은 본래 심미적 충동을 가지고 있다. 즉, 그들의 소망과 공포의 상징적 표현에 대한 수용성(受容性)이라든지, 사회에 대한 지식과 소망을 성취하고자 하는 욕구, 그리고 가능하다면 일상적인 일로부터 벗어나 자유로운 시간을 보낼 수 있었으면 하는 욕망 등을 인간은 갖고 있는 것이다. 때문에, 어느 사회나 그 성원(成員)에게 예술, 오락 및 정보를 반드시 공급해 주게 마련이다. 사회 성원 각자 스스로가 예술이나 오락 및 정보를 만들어내는 창조자들일 수도 있겠고, 그러한 창조자의 기능을 일시적으로 수행하도록 사회가 어떤 사람을 뽑을 수도 있겠고, 그렇지 않으면 현대사회에서처럼 사회가 그 같은 창조적 작업만을 전담하는 사람을 전문적으로 양성할 수도 있다.

더구나 한 사회의 예술이나 오락 및 정보는 진공 상태에서 이루어지는 것이 아니라, 그 사회의 제 가치나 성원들의 필요와 성격으로 이루어지는 형식과 내용에 있어서 일정 수준에 도달한 것이어야 한다. 그렇기 때문에 어느 사회든 그 사회의 심미적 기준은 사회의 여타 부분과 서로 관계되어 있다. 그러므로 유목종족(遊牧種族)이 지니는 미(美), 예술, 여가는 금일의 공장노동자들이나 지식인들의, 미, 예술, 여가 등과는 다른 것이라는 것은 쉽게 짐작이 갈 것이다. 일반적으로 동질적인 사회일수록, 또 전근대적인 사회일수록 문화적 다양성은 적다. 이에 비해, 노동의 분화와 이질성과 다양성이 광범위하게 이루어져 있는 사회에서는 여러 종류의 심미적 기준이 있어 사람들은 이들 중에 어떤 것을 고를 기회가 공평하게 제공되어 있다. 그에 따라 사람들은 스스로에게 적절한 심미적 기준의 것을 선택할 수 있게 되어 있다.

— 허버트 갠스, 『대중문화와 고급문화』

[B]

내가 보기에 현재 우리 문화(계)가 당면한 가장 큰 문제는 상층문화(上層文化)의 부재(不在)이다. 한동안 기층문화(基層文化) 혹은 민중문화에 대해서는 많은 관심이 있어 왔다. 대학가에서 기층의 예술문화인 탈춤이나 사물놀이, 굿 등이 각광을 받은 것도 이런 맥락이었을 것이다. 그런데 그럴수록 상층문화는 외면되었다. 하지만 어떤 사회고 상층과 기층은 나름대로의 특색을 갖고 병존해야 그 문화가 건강해지는 법이다. 양층(兩層)의 문화가 음(陰)과 양(陽)처럼 서로를 보완해주기 때문이다. 기층문화가 자유분방하고 비격식적(非格式的)인 경향을 지향한다면, 상층문화는 형식에 충실하고 규범적인 경향이 짙다. 만일 상층문화만 존재한다면 그 문화는 격식에만 치우쳐 역동성이 부족하게 될 것이고, 기층문화만 존재한다면 방종적인 저급한 문화만이 양산될 것이다. 따라서 바람직한 것은 이 두 문화가 융합되면서 서로의 단점은 상쇄되고 장점은 배가(倍加)되어 격식이 있으면서도 자유분방한 문화가 형성되는 것이다.

그런데 우리나라에도 가까운 과거에 이런 문화가 있었던 적이 있다. 그것은 다름 아닌 정조대(正祖代)였다. 상층은 기층문화에 관심이 있었고, 기층은 사회적 조건의 향상으로 상층문화적인 요소를 많이 흡수할 수 있었다. 우리에게 남겨진 이 시기의 문화유산들은 그 전범(典範)을 보여준다. 그러나 정조대 이후를 지나면서 우리 문화는 탄력을 잃어버리고 만다.

이렇게 볼 때 현재의 우리나라는 이 시대에 맞는 상층문화가 없다는 게 문화적으로 가장 큰 문제가 아닐까? 현재 기층문화는 대단히 활발하게 움직이고 있다. 음악의 경우만 보더라도 전통적인 것으로는 이전의 풍물을 현대화한 사물놀이가 한국은 물론 전 세계에서 엄청난 인기를 누리고 있다. 그런가 하면 대중음악도 그 인기는 엄청나다. 대중가요 가수들의 인기도라든가 노래방의 성업 등을 통해 보면 현재의 한국인들은 이런 속악(俗樂)에만 전적으로 취해 살고 있음을 알 수 있다. 반면 더 고전적이고 규범적인 음악은 그 활동이나 문화적 확산이 그다지 활발하지 않다. 따라서 향유하는 사람들도 소수에 불과하다. 이 시대의 음악문화에 규범을 제시하고 전체의 방향을 이끌어 나가는 상위의 음악문화가 없는 것이다. 그러니 창작 국악이니 창작춤이니 하는 것들이 많이 시도되기는 하지만 일반 국민들에게 '어필'되고 호소되는 바가 거의 없다. 철저하게 소외된 예술이 행해지고 있는 것이다. 예술은 많은 사람들이 실생활 속에서 향유하지 않으면 발전하지 못한다.　　　　　　　　　　　　　　— 최준식, 『한국미, 그 자유분방함의 미학』

[C]

그러면 어떻게 해야 할까? 정확한 방향이나 확실한 대안을 제시할 수는 없다. 그러나 이 시점에서 확실한 것은 이 시대 최고의 도전은 서양문화라는 것이다. 사실 우리는 지금 문화적으로 엄청난 격변기에 있다. 우리 역사에는 정신사적으로 볼 때 두세 번의 큰 분수령이 있었는데, 앞의 두 가지는 4세기의 불교 수입과 14세기의 성리학의 수용이다. 마지막, 그러나 가장 강한 영향을 미쳤을 것으로 생각되는 것은 19세기 말 서양문화의 유입이다. 서양문화가 들어온 지 1백 년이 넘었지만 우리는 아직도 서양문화를 소화해내지 못했다. 역사의 격변기에서 식민지 경험이나 전쟁 같은 너무 큰 변화를 자주 겪다 보니 아직 서양문화를 주체적으로 해석해내지 못한 것이다. 그리고 전통문화, 특히 상층문화는 격변기를 지나오는 동안 철저하게 단절되었다. 우리 것은 끊어지고 남의 것은 소화해내지 못하고. 이게 현재 우리의 모습이다.

그러면 어떻게 해야 할까?

〈문항 1〉 (30%)

제시문 [A-1]과 [A-2]를 참고하여 제시문 [B]에서의 견해에 대하여 논술하시오.(400~500자)

〈문항 2〉 (30%)

어느 광역시의 시의회에서 멀티플렉스 영화관 등 대중 예술 공연장을 지을 것인지, 오페라하우스 등 고급 예술 공연장을 지을 것인지에 대하여 토론을 벌이고 있다. 만약 당신이 그 시의회의 일원이라면 어느 쪽 의견을 지지하겠는가? 제시문 [A-1]·[A-2]와 [B]를 참고하여 근거를 제시하면서 자신의 주장을 논리적으로 펴시오.(400~500자)

〈문항 3〉 (40%)

제시문 [B]에 이어지는 제시문 [C]를 완성하려고 한다. 알맞은 내용을 쓰되, 반드시 다음 제시어 중 네 단어 이상을 사용하여 글을 완성하시오.(400~500자)

(유의 사항 : 제시어 사용은 한글과 한자 모두 가능하며, 어떤 제시어를 사용했는지 답안지에 밑줄을 그어 표시하시오)

전통문화(傳統文化), 상층문화(上層文化), 주체(主體), 맥락(脈絡), 계승(繼承), 수용(受容), 융합(融合), 복원(復原)

■ 유의 사항

1. 제목은 쓰지 말고 본문부터 시작하시오.

2. 수험번호, 성명 등 자기의 신상에 관련된 사항을 답안에 드러내지 마시오.

3. 답안의 글자 수는 띄어쓰기 포함.

도전 문제 2

난이도 ★★★★☆ 해설 및 예시 답안 → 123쪽

(가), (나), (다)는 환상, 신화, 축제와 같은 비일상적인 것들의 의미를 기술하고 있다. 제시문 (라)에 대한 찬반의 입장을 정하여 현대사회 안에서 비일상성이나 비현실성이 지니는 기능을 논하시오.

(가) 환상문학은 문화적 질서가 의존하고 있는 토대를 제시한다. 왜냐하면 그것은 무질서, 불법적인 것, 법과 지배적 가치 체계 바깥에 놓여있는 것들을 짧은 순간 열어 보이기 때문이다. 환상적인 것은 문화의 말해지지 않은 부분, 보이지 않는 것, 즉 지금까지 침묵을 강요당하고 가려져 왔으며 은폐되고 부재하는 것으로 취급되어온 것들을 추적한다. 다시 말해 환상문학은 꺾이지 않는 욕망, 즉 이미 존재하거나 실제로 보일 수 있도록 허용된 것들과는 대립되는, 아직 존재하지 않거나 또는 존재하도록 허용된 적이 없는 것, 들어보지 못한 것, 보이지 않는 것, 상상적인 것에 관한 열망에 대해 말한다. 나아가 환상문학은 거부나 전복을 통해 급진적인 문화적 변형의 가능성을 확립하려 한다.

(나) 신화가 없다면 모든 문화는 건강하고 창조적인 자연적 능력을 잃게 된다. 신화로 둘러싸인 지평선 속에서 비로소 문화의 움직임 전체는 하나로 통일, 완결되는 것이다. 상상력과 아폴로적 꿈의 모든 힘들은 신화를 통해서야 비로소 정처없는 방랑에서 구제된다. 신화의 형상들은 보이지 않게 어디에나 존재하는 마적(魔的)인 파수꾼이어야 한다. 이 파수꾼의 비호를 받으며 젊은 영혼은 자라나게 되고, 어른은 자기 삶과 투쟁을 그 표식에 비추어 해석한다. 국가에 있어서도 신화적 토대보다 더 강력한 힘을 지닌 불문율은 없다. 왜냐하면 신화적 토대는 국가를 신

신화화, 탈신화화

신화(神話)란 사전적으로는 '여러 현실적 존재인 우주·인간·동식물, 특정의 인간 행위, 자연 현상·제도 등이 어떻게 하여 출현하였는가를 이야기하는 것'이라고 정의할 수 있다. 그러나 신화는 오늘날 문화비판적 차원에서 또 다른 의미를 가지고 있다. 프랑스의 비평가 롤랑 바르트는 『신화론』에서 대중문화를 구체적으로 분석하면서 레슬링, 에펠탑, 관광, 영화 등에 숨어 있는 의미 즉 '부르주아적 규범'을 찾아내려고 하였다. 바르트는 대중문화 속에 계급 사회의 갈등과 이데올로기가 숨겨져 있고 문화비평은 그것을 폭로해내는 일이라 하였으며, 그 방법으로서 신화론을 제시하였다. 현대사회에서 부르주아적 규범 및 자본주의 이데올로기의 의미 작용 혹은 그 허구 세계를 사람들에게 자연스럽게 받아들이게 하는 담론 체계를 신화로 본 것이다. 오늘날 신화의 숨은 힘은 가령 자본주의 사회에서 모든 것을 상품화하는 것을 거부하지 못하게 하는 것 즉 자연스럽게 사람들의 마음속에 들어가도록 하는 것이며, 그것이 곧 신화화라 할 수 있다. 반면 탈신화화는 신화화되어가는 담론 체계의 허구성을 해체하며 삶의 진실을 이야기하는 것이라 할 수 있다. 영화산업 등의 스타시스템은 스타들을 체계적으로 신화화시키며 대중들을 현혹하게 하는 바 그것들을 비판적 관점에서 해부하는 일이 곧 탈신화화라 할 수 있다. 요컨대 신화화가 현대문화에 맹목적으로 길들여지는 대중을 만들어내는 것이라면, 탈신화화는 대중들로 하여금 주체성을 갖도록 한다.

화적 표상으로부터 자라나게 하고, 국가와 종교와의 관계를 보장해 주기 때문이다.

이제 신화에 의한 이끌림이 없는 추상적 인간, 추상적 교육, 추상적 풍습, 추상적 법률, 추상적 국가를 상상해 보라. 그 어떤 고유한 신화에 의해서도 제어되지 않는 무절제한 예술적 상상력의 방황을 눈앞에 그려보라. 확고하고 신성한 근원을 갖지 못하여 자신의 모든 가능성을 고갈시키고, 그리하여 다른 문화에 기생할 수밖에 없는 어떤 문화를 상상해 보라. 이것이 오늘날의 모습으로서, 신화를 말살하려 했던 저 소크라테스주의가 초래한 결과이다. 이제 신화를 상실한 인간은 영원히 굶주리며 모든 지나간 것들 사이에 서서 자신의 뿌리를 찾아 땅을 파헤치고 있다.

(다) 중세의 엄숙성은 한편으로는 두려움, 허약함, 비하, 굴종, 거짓, 위선의 요소들로, 다른 한편으로는 폭력, 위협, 협박, 금지로 채워져 있었다. 이 엄숙성은 탄압과 강제와 금지를 통해서 권력을 대변했다. 그러한 까닭에 중세의 엄숙성은 민중의 불신을 불러일으켰다. 엄숙성은 공식적인 분위기를 담고 있었으며, 공식적인 모든 것처럼 거역할 수 없는 것으로 받아들여졌다. 그것은 억압적이었고, 두려움을 불러일으켰으며, 제약적이었고, 왜곡했으며, 위선의 마스크를 썼다. 엄숙성은 금식(禁食)의 순간에도 탐욕스러웠다. 그러나 축제의 광장과 주연(酒宴)의 식탁에서 그 가면이 벗겨지면 웃음, 바보스러움, 무례함, 욕설, 패러디, 풍자를 통해서 다른 진실이 드러났다. 모든 두려움과 거짓은 세속적이고 육체적인 축제의 원리 앞에서 스러졌다.

(라) 소설에는 세 가지 의혹된 바가 있다. 헛것을 내세우고 빈 것을 천착하며, 귀신을 논하고 꿈을 말하였으니 지은 사람이 첫 번째 의혹이요, 허황된 것을 감싸고 비루한 것을 고취시켰으니 논평한 사람이 두 번째 의혹이요, 귀중한 시간을 허비하고 경전(經典)을 등한시했으니 탐독하는 사람이 세 번째 의혹이다. 소설을 지은 것도 옳지 못한 일인데 무슨 심정으로 평론까지 붙여 놓았단 말인가? 평론한 것도 옳지 못한 것인데 『삼국지』 또는 『수호전』을 속집(續集)까지 만든 자가 있었으니, 그 비루함을 더욱 논할 나위가 없다. 슬프다! 더욱 심한 자는 음란한 더러운 일을 늘어놓고 괴벽한 설을 부연하여 보는 사람의 눈을 기쁘게 하기에 힘쓰면서 부끄러워할 줄을 모른다. 내가 일찍이 보건대, 소설들 서목(書目) 중에 연의(演義)를 개척한 것도 있는데, 비록 펼쳐 보지는 않았지만 그 명목만 보아도 너무 괴상하다.

■ 답안 작성시 유의 사항

1. 띄어쓰기를 포함하여 1500자 내외(1400~1600자)로 서술할 것.

2. 시험 시간은 150분임.

3. 제목은 쓰지 말고 본문부터 시작할 것.

4. 수험번호, 성명 등 자신의 신상에 관련된 사항을 답안지에 드러내지 말 것.

5. 반드시 흑색 연필이나 흑색 볼펜으로 작성할 것.

도전 문제 3

난이도 ★★☆☆☆　　해설 및 예시 답안 → 127쪽

　다음 글 (가)와 (나)에 비유적으로 표현된 내용을 해석하여 제시하고, 이를 바탕으로 (다)의 '윤편'의 주장에 대한 반론을 논리적으로 서술하시오.

(가) 삶의 의미와 세계의 원리 등에 대한 깨달음에 도달한다는 것은 지극히 어려운 일이다. 스스로 도달하기가 어려울 경우, 앞선 스승들의 가르침을 기록한 글에 의존할 수밖에 없다. 글과 깨달음의 관계는 종종 손가락과 달의 관계로 비유된다. 손가락을 들어서 하늘에 떠 있는 달을 가리킬 때, 만약 가리키는 달은 보지 않고 손가락 끝만 쳐다본다면 이것은 어리석은 일이다. 손가락이 달이 아니듯이 글의 내용도 깨달음 그 자체는 아니다. 하지만 손가락이 가리키는 방향에 달이 있듯이 글은 깨달음으로 이끌어 준다.

(나) 금강산을 사랑하는 사람이 금강산 그림을 널리 수집하고 자세히 살펴본 뒤에 손뼉을 치면서 말하는 내금강 · 외금강의 봉우리, 골짜기들은 생생하여 들을 만하다. 그러나 그가 한 번도 한양 밖을 나간 적이 없는 사람이라면, 그가 본 것이라곤 종이 위의 풍경이므로 기껏해야 산을 보지 못한 사람과 이야기할 수 있을 뿐이다. 만일 그가 금강산에 있는 정양사 주지를 만난다면 곧바로 뒤로 물러서고 말리라. 범부(凡夫)들이 대개 그러하다.

　그런데 그림으로만 금강산을 본 데 불과하면서도 타고난 슬기로움으로 그 속의 울긋불긋한 산길과 물길을 잘 알아보고, 지난날의 묵은 자취에 얽매이거나 다른 사람의 말에 현혹되지 않은 채 산 속의 경치를 진짜 본 것처럼 상상해 내는 사람도 있다. 비록 단발령 고개 위에서 금강산을 본 것은 아니지만 그를 선지식*으로 추켜세울 수 있을 것이다. 장유(張維)가 바로 그런 사람이다.

---

　* 선지식(善知識): 지혜와 덕망이 있고 사람들을 교화할 만한 능력이 있는 사람.

(다) 제나라 환공(桓公)이 어느 날 당(堂) 위에서 책을 읽고 있었다. 목수 윤편(輪扁)이 당 아래에서 수레바퀴를 깎고 있다가 망치와 끌을 놓고 당 위를 쳐다보며 환공에게 물었다.

　"감히 한 말씀 여쭙겠습니다만, 전하께서 읽고 계시는 책은 무슨 내용입니까?"

　환공이 대답하였다.

　"성인(聖人)의 말씀이다."

　"성인이 지금 살아 계십니까?"

　환공이 대답하였다.

"벌써 돌아가신 분이다."

"그렇다면 전하께서 읽고 계신 책은 옛사람의 찌꺼기이군요."

환공이 벌컥 화를 내면서 말하였다.

"내가 책을 읽고 있는데 바퀴 만드는 목수 따위가 감히 시비를 건단 말이냐. 합당한 설명을 한다면 괜찮겠지만 그렇지 못하다면 죽음을 면치 못할 것이다."

윤편이 말하였다.

"신(臣)의 일로 미루어 말씀드리겠습니다. 수레바퀴를 깎을 때 많이 깎으면 굴대가 헐거워서 튼튼하지 못하고 덜 깎으면 빡빡하여 굴대가 들어가지 않습니다. 더도 덜도 아니게 정확하게 깎는 것은 손짐작으로 터득하고 마음으로 느낄 수 있을 뿐, 입으로 말할 수는 없습니다. 물론 더 깎고 덜 깎는 그 어름에 정확한 치수가 있을 것입니다만, 신이 제 자식에게 깨우쳐 줄 수 없고 제 자식 역시 신으로부터 전수받을 수가 없습니다. 그래서 일흔 살 노인임에도 불구하고 손수 수레를 깎고 있는 것입니다. 옛사람도 그와 마찬가지로 가장 핵심적인 것은 책에 전하지 못하고 세상을 떠났을 것입니다. 그래서 전하께서 읽고 계신 것이 옛사람들의 찌꺼기일 뿐이라고 말씀드린 것입니다."

■ 준수 사항

1. 서론 · 본론 · 결론을 갖춘 한 편의 글을 완성할 것.
2. 1,300자 내외(±100자)로 쓸 것(600자 이하의 답안은 채점에서 제외함).
3. 어문 규정과 원고지 사용법에 따를 것.
4. 연필을 제외한 흑색이나 청색 가운데 한 색의 필기구만 사용할 것.
5. 원고지에는 제목과 이름을 쓰지 말 것.
6. 답안 내용 중에는 수험생의 신원을 나타낼 수 있는 어떠한 표시도 하지 말 것.
7. 문제나 제시문을 그대로 옮겨 적지 말 것.

도전 문제 4

난이도 ★★★★☆ | 해설 및 예시 답안 → 129쪽

최근 전세계적으로 급속하게 진행되고 있는 세계화 · 정보화의 과정 속에서 자아 및 문화적 정체성(正體性 : identity)의 확립이 중요한 시대적 과제로 떠오르고 있다. 정체성과 관련하여, 다음 설화를 읽고 아래 세 가지 추론 중 하나를 골라, 그 논거를 제시하고 타당성을 논술하시오.(단, 원님의 판결은 고려 대상에서 제외)(800자 내외)

살아서 진천 죽어서 용인[生居鎭川 死去龍仁]

옛날에 이름과 나이가 똑같은 진천 사람과 용인 사람이 우연히도 한 날 한 시에 죽었다. 그 혼들이 저승에 들어가니 저승 사자가 말했다.

"진천 사람은 몇 해 더 살 사람인데 실수로 너무 일찍 왔으니, 진천 사람은 내보내라."

진천 사람의 혼이 현세로 나와 다시 고향으로 돌아가 보니, 이미 자신의 시신을 묻은 뒤였으므로 혼이 들어갈 데가 없었다. 혼이 사방으로 돌아다니다 용인으로 가니 용인 사람의 시신은 아직 묻히지 않았기 때문에 그 시신으로 혼이 쏙 들어가서 되살아났다. 몸은 용인 사람인데 진천 사람의 혼으로 되살아나 보니 자식도 자기 자식이 아니고 집도 자기 집이 아니었다. 그래서 다시 진천 집을 찾아갔다. 그러나 진천 집 가족들은 이미 장례를 치른 뒤였으므로, 그를 자기 남편, 자기 아버지로 알아볼 리가 없었다.

"아, 이게 내 집인데. 네가 내 자식이고, 당신이 내 마누라인데 어찌 나를 이렇게 괄시하느냐?"

아무리 싸워도 안되므로 원님에게 시비를 가려 달라고 부탁했다. 원님은 "분명 진천 사람의 혼이 용인 사람의 몸을 빌려 되살아 났으니, 살아 있는 동안은 진천 가족이 아버지로 섬기고, 죽은 뒤에는 용인 가족이 시신을 찾아가거라"고 했다.

1. 되살아난 사람은 용인 사람의 몸[1]이므로 용인 사람이다.
2. 되살아난 사람은 진천 사람의 혼[2]이 들어갔으므로 진천 사람이다.
3. 되살아난 사람은 용인 사람도 진천 사람도 아닌 전혀 새로운 사람이다.

---

1) 몸은 물질, 외형, 可視的 세계로도 볼 수 있음.
2) 혼은 정신, 내적, 不可視的 세계로도 볼 수 있음.

6. 학문 · 지식인 · 삶의 태도

예제

제시문 (가)와 (나)는 지식인 사회가 당면한 문제를 진단할 때 참고가 되는 글이다. 제시문 각각의 문제의식을 분석하고 평가하시오. 이를 토대로 학문의 길로 들어서는 학생의 관점에서 한국의 지식인이 가져야 할 바람직한 탐구 자세에 대하여, 자신의 경험이나 구체적인 예를 활용하여 논술하시오. (2500자)

(가) 19세기 말부터 학문들에 대한 일반적인 평가의 전환이 나타나기 시작했다. 이로부터 우리의 논의를 시작하자. 이 평가의 전환은 학문들의 학문적 성격에 관한 것이 아니라, 오히려 '학문 일반이 인간의 現存在에 무엇을 의미하였고 무엇을 의미할수 있는가' 에 관한 것이다. 19세기 후반에는 근대인의 세계관 전체가 오로지 實證科學에 의해 규정되고 實證科學에 의해 이룩된 '繁榮' 에 전적으로 현혹되어, 진정한 인간성에 결정적 의미를 지닌 문제들에 대하여 무관심하게 되었다. 단순한 事實學은 다만 事實人을 만들 뿐이다.

특히 제1차 세계대전 이후 학문들에 대한 이와 같은 평가 전환은 불가피하였고, 그 결과 젊은 세대들 사이에서 과거 학문의 實證主義的 경향에 대한 적대적 태도가 형성되었다. 우리가 익히 들어서 알고 있듯이, 이러한 事實學은 우리 삶의 절박함에 대하여 아무 것도 말해주지 않는다. 우리가 불우한 시대의 대격변에 내몰려 있음에도 불구하고, 事實學 자체에는 인간에게 화급한 질문——이러한 인간의 現存在 전체가 의미 있는가 혹은 의미 없는가——이 원리상 배제되어 있다. 이 질문이야말로 모든 인간에 관련된 普遍的이고 必然的인 것으로, 普遍的 省察과 理性的 洞察에 기초한 답변을 요구하는 것은 아닌가?

결국 그 문제는 인간 세계나 인간 이외의 주변 세계에 대해 자유롭게 자기 태도를 취하는 자로서의 인간, 즉 자기 자신과 자신을 둘러싼 세계를 이성적으로 형성하는 가능성을 지닌 자유로운 인간에 관한 것이다. 이성이나 비이성에 대해 그리고 자유의 主體인 우리 인간에 대해 학문은 도대체 무엇을 말해야 하는가? 단순한 物質科學은 분명히 이 점에 대해 아무 것도 말하지 않으며, 더구나 주관적인 것 모두를 배제한다.

다른 한편 특수한 학문 분야와 일반적 학문 분야 모두에서 인간을 정신적 現存在로 다루는, 즉 역사성의 지평에서 인간을 고찰하는 精神科學*에 대해서 다음과 같이 말하는 사람도 있다. 精神科學이 엄밀한 학문이 되기 위해서 탐구자는 모든 평가적 태도―즉 주제가 되고 있는 인간성이나 인류의 문화적 資産들이 이성적인가 비이성적인가 하는 문제―를 철저히 배제해야 한다고. 학문적이고 객관적인 진리는 물리적 세계든 정신적 세계든 세계를 사실 그대로 파악하고 확정해야 한다고…….

그러나 만일 학문들이 이 같은 방식으로 객관적으로 확정 가능한 것만을 참이라고 간주한다면, 만일 정신적 세계의 모든 형태들, 즉 그때그때 인간의 삶을 지탱하는 모든 理想과 規範이 일시적 파도와 같이 형성되고 다시 소멸하는 것이고, 이것들은 과거에도 항상 그랬으며 앞으로도 그럴 것이고, 따라서 이성은 不條理가 되고 善行은 災殃이 될 수밖에 없다는 사실을 역사가 가르칠 뿐이라면, 세계와 그 속에 사는 인간의 現存在는 진실로 의미가 있을까? 우리는 그러한 사실에 위안을 느낄 수 있을까? 역사적 사건이 환상적 飛躍과 쓰라린 幻滅의 끊임없는 連鎖 이외에 아무 것도 아닌 세계에서 과연 우리는 살 수 있을까?

---

* 精神科學: 自然科學에 대비되는 개념으로 대체로 오늘날의 人文社會科學에 해당함.

(나) 18세기 중엽 이래 동양과 서양의 관계를 규정하는 두 가지 중요한 요소들이 있었다. 하나는 유럽에서 동양에 관한 체계적인 지식이 증대했다는 점이다. 이러한 지식은 식민지 침략에 의하여, 그리고 낯선 것과 색다른 것에 대한 폭넓은 관심에 의하여 강화되었으며, 또한 民族學, 比較解剖學, 文獻學, 歷史學과 같은 새로이 발전하는 학문들에 의해 활용되었다. 나아가 소설가들, 시인들, 번역가들, 재능 있는 여행가들이 저술한 방대한 양의 文獻이 이러한 체계적인 지식에 덧붙여졌다.

동양과 유럽의 관계에 나타난 또 다른 특징은 유럽이 支配者의 지위라고는 말할 수 없어도 언제나 강자의 지위를 차지했다고 하는 점이다. 이것을 완곡하게 표현할 방법은 없다. 밸푸어(A. J. Balfour)*가 동양 여러 문명의 '위대함'을 인정한 경우에서 볼 수 있듯이 강자와 약자의 관계를 僞裝하거나 緩和하여 표현할 수는 있다. 그러나 서양에서는 정치적, 문화적 차원에서, 나아가 종교적 차원에서조차 兩者의 본질적 관계가 어디까지나 대립하는 강자와 약자의 관계로 간주되었다.

이러한 관계는 여러 가지 용어로 표현되었다. 밸푸어와 크로머(E. B. Cromer)**가 그런 用語들을 사용한 전형적인 예다. 예컨대 동양인은 非合理的이고, 저열하고, 유치하고, '이상하다'. 그리고 유럽인은 合理的이고, 도덕적이며, 성숙하고, '정상적'이다. 동양은 異質的이긴 하나 명확하게 조직된 그 자신의 세계에 살고 있으며, 그 세계는 독자적인 민족적, 문화적, 인식론적 경계를 가지고 있고, 또 內的 整合性의 원리들을 갖추었다는 사실을 도처에서 강조함으로써 강자와 약자의 관계는 생명을 얻고 유지되었다.

그런데 동양 세계의 理解可能性(intelligibility)과 正體性은 스스로의 노력의 결과로서가 아니라, 서양이 동양을 규정하기 위하여 사용한 일련의 복잡하고 교묘한 조작을 통해서 주어진 것이다. 그리하여 내가 논의해온 문화적 관계의 두 가지 특성들은 하나로 연결된다. 곧 동양에 대한 지식은 힘을 배경으로 하여 발생한 것으로서 동양과 동양인 그리고 동양 세계를 '창조한다'고 할 수 있다. 밸푸어와 크로머의 용어에 따르면, 동양인들은 (법정에서와 같이) 판단의 대상으로 묘사되며, (교과과정에서처럼) 연구와 서술의 대상으로 묘사되며, (학교나 감옥에서처럼) 訓育의 대상으로 묘사되고, 또 (동물도감에서처럼) 圖解의 대상으로 묘사된다. 요컨대 동양인은 이런 모든 경우들에서 지배적인 틀에 의하여 '재단되며' '표상되는' 존재이다. 그렇다면 이 틀은 도대체 어디에서 오는가?

---

* 밸푸어(A. J. Balfour) : 영국의 정치가이자 철학자.

** 크로머(E. B. Cromer) : 이집트와 인도에서 활동한 영국의 식민지 행정관.

해설

논제의 구성 조건 확인

이 논제에서 요구하는 요구하는 조건은 다음과 같다.

① 제시문 각각의 문제 의식을 분석하고 평가하시오.
② 이를 토대로
③ 학문의 길로 들어서는 학생의 관점에서
④ 한국의 지식인이 가져야 할 바람직한 탐구 자세에 대하여, 자신의 경험이나 구체적인 예를 활용하여 논술하시오.

이 논제가 요구하는 논술문의 구성 방향은 다음과 같다.

1. 제시문 각각의 문제 의식 분석 : 제시문 분석(전제)
2. 제시문의 문제 의식을 토대로, 학문의 길로 들어서는 학생의 관점에서, 한국의 지식인이

가져야 할 바람직한 탐구 자세에 대하여, 자신의 경험이나 구체적인 예를 활용하여 논술하기(논술자의 주장 + 논거)

비교적 단순한 구성을 요구하고 있다. 그러나 2,500자로 써야 하므로 논술자의 다양한 경험과 배경 지식이 동원되어야 할 것이다. 한 가지 주의할 것은 '자신의 경험'을 활용하여 논술하라는 것은 꼭 자신의 직접 경험을 예로 들라는 것이 아니다. 경험에는 견문이나 독서와 같은 간접 경험도 포함된다. 많은 학생들이 이런 조건이 주어지면 자신의 신변잡기를 늘어놓는 경우를 볼 수 있다. 한국의 고등학생들이 '지식인이 가져야 할 바람직한 탐구 자세'라는 이 논술의 주제와 관련하여 무어 그리 대단한 경험을 '직접적으로' 했을 리가 있겠는가. 다양한 독서 경험과 견문을 활용하되, 직접 경험을 활용하더라도 이 주제와 관련하여 과연 보편성이 있는 경험인가를 따져보아야 한다.

▪▫ 제시문 분석과 문제 설정

1. 제시문 분석(논지 요약과 쟁점)

(가)

이 글에서 필자는 19세기 말부터 '학문이란 도대체 우리 인간에게 무엇을 의미하며 무엇을 의미할 수 있는가'라는 질문을 던지기 시작하면서 이전의 실증과학에 대한 비판과 재평가가 시작되었다고 한다. 즉 객관적으로 확정 가능한 것만을 참이라고 주장하는 실증과학이 인간의 진정한 문제를 외면해 왔다는 것이다.

진정한 학문이란 우리 삶의 절박함에 대하여, 불우한 시대의 대격변에 내몰려 있는 인간과 역사에 대하여 보편적이고 이성적인 성찰을 통해 답변할 수 있어야 한다는 것이다. 그 대안으로 필자는 정신과학(인문사회과학)을 제시하고 있다.

결국 이 글은 세계를 사실 그대로 파악하고 확정하는 데에만 관심 있고 주관적인 것은 모두 배제하는 사실학 또는 실증주의적 태도를 비판하면서 인간의 현존재의 의미, 즉 인간의 삶의 문제에 대해 질문하는, 학문에 대한 새로운 문제 의식을 쟁점으로 하고 있다.

(나)

18세기 중엽 이래 동양과 서양의 관계를 규정하는 두 가지 중요한 요소들 중 하나는 유럽에서 동양에 관한 체계적인 지식이 증대했다는 점이고, 다른 하나는 유럽이 항상 강자의 지위를 차지했다는 점이다. 이런 관계에서 동양인은 비합리적이고 저열하고 유치하고 '이상한' 부류의 사람들이고, 서양인은 합리적이고 도덕적이고 성숙하고 '정상적인' 부류의 사람들이다. 그러나 이러한 동양 세계의 이미지는 서양이 동양을 규정하기 위하여 사용한 일련의 복잡하고 교묘한 조작을 통해서 주어진 것이다. 여기서 '조작'이라는 것은 없는 사실을 있는 것처럼 꾸며댔다는 것이 아니라 사실적 자료들을 토대로 아전인수식으로 이미지화했다는 것이다. 그래서 '교묘한 조작'인 것이다. 동양인, 동양 세계는 서구의 지배적인 틀에 의해 '재단되고' '표상된' 존재이다.

이 글은 근대에 와서 형성되기 시작한 동양인과 동양 세계에 대한 지식과 이미지는 강자인 서구 세계의 식민지적 침략과 시선에 의해 재단되고 표상되어 '창조'된 것임을 폭로하고 있다.

2. 제시문에 나타난 문제 의식에 대한 평가

(가)

(가)는 학문이란 무엇이어야 하는가를 진지하게 고민하게 한다. 특히 사실학/실증주의를 비판하면서 현대사회에 있어서 인간 존재의 의미를 성찰하고 탐구하려는 대안적인 태도가 주목된다. 세계를 사실 그대로만 파악하려고 하는 사실학적 방법은 그 세계에 존재하는 인간 사회의 문제들을 제외해 버린다. 그럴 경우 학문은 소위 순수학문으로 존재하려 하고 인간 사회의 현실 문제들에 대해서는 아무런 해답도 제시하지 못한다. 학문이란 학문적 세계의 고유함이 존재하기 때문에 그것을 존중해줄 필요는 있으나 인간 존재의 의미를 외면하는 학문은 학문 스스로의 본질을 외면하는 것이다. 가령 생물학을 하면서 생물 세계 그 자체만을 실증적으로 다룰 경우, 인간의 산업 활동에 의해 생물학적 종다양성이 파괴되는 생태계의 위기와 전망에 대해서는 아무런 대답도 제시할 수 없다. 생물학은 후자의 부분까지 고려하는 실천적 위상을 가져야 한다. 학문은 의미의 세계와 연계된 실천 학문으로서 그 방법론을 재정립해야 한다. 그것은 학문이 삶의 과정에 개입할 수 있어야 한다는 것이고, 인간 존재와 삶의 여러 문제를 극복하고자 하는 노력의 일환이 되어야 한다는 것이다.

(나)

(나)의 문제의식은 서구에 비추어진 동양인과 동양 세계에 대한 지식 및 이미지는 서구에 의해 조작된 것임을 폭로하는 데 있다. 오늘날 우리가 가진 가치관이나 정치적, 경제적, 문화적 의식들은 끊임없이 우리 스스로를 부정하며 서구의 것들을 추종하는데 앞장서 왔다면 우리 스스로를 부정한 그 논리 자체도 사실은 서구의 잣대라는 것이다. 이 얼마나 웃기는 일인가. 더구나 그것이 가능했던 것은 식민지 침탈의 과정에서 강자가 우월하다는 힘의 논리가 지배해왔기 때문이다. 가령 1970년대 새마을 운동이 대대적으로 펼쳐졌을 때 온갖 마을의 풍속들은 미신이라 여겼는데, 그 배후에는 서구의 과학주의가 자리잡고 있었다. 당시 박정희 정부는 근대화를 기치로 내걸었다. 근대화란 달리 말하여 서구화인 것이다. 우리의 전통적인 정체성을 제거하고 서구의 이데올로기로 리모델링했던 것이다. 서구의 시선에 의해 조작된 지식과 이미지는 우리 스스

로를 부끄럽게 해왔다. 이제 서구적 시선으로 우리를 말하는 것이 아니라 우리 스스로의 시선으로 우리 스스로를 말해야 한다는 것을, 이 글은 시사하고 있다. 그렇게 하기 위해서는 탈식민화된 지식 생산과 담론의 구성이 긴요하다.

3. 한국의 지식인이 가져야 할 탐구 자세

논술자의 문제 설정(하나의 경우의 수)

요컨대 제시문은 두 가지 문제 의식을 제기하고 있다. 이 두 문제 의식을 통합하여 한국 지식인의 탐구자세로 연결시켜 논제에 맞게 논술자 자신의 문제 의식을 구성한다. 이를 도식화하면 다음과 같다.

제시문	필자의 문제 의식	논제에 따른 논술자의 문제 의식으로 통합 전환 (한국의 지식인이 가져야할 탐구 자세)
(가)	–학문의 실천적 접근으로의 전환, 즉 세계 내 존재로서의 인간의 현존재에 대한 의미 탐구로의 전환 (실천적 지식 생산)	–학문의 접근 방법으로서 사실학적인 태도가 아니라 인간의 현존재적 의미를 탐구하고 탈식민지적 주체성을 회복하는 실천적 지식인의 태도 필요 –학문에 대한 주체적이고 실천적인 접근 방법을 취하는 것이 한국 지식인의 바람직한 탐구 자세임
(나)	–식민화 과정에서 서구의 시선으로 조작된 동양의 지식 및 이미지 (탈식민지적 지식 생산)	–한국이라는 위상의 문제와 연결 : 서구에 의해 조작된 동양의 정체성에 길들여진 한국사회 지식인으로서의 현재적 의미 자각 –서구의 지식 체계로부터 벗어나는 탈식민지 지식인으로서의 학문적 실천
논술문	제시문의 문제 의식을 '실천적 지식 생산' 및 '탈식민지적 지식 생산'으로 정리하면서 이를 매개로 하여 논술자의 문제 의식으로 가져가면서 한국에서의 지식인의 탐구 태도를 논하도록 한다. 그래야 제시문 분석과 자신의 견해가 일관성을 가지면서 자연스럽게 이어진다.	

▪▪ 하나의 예시 답안

주어진 두 제시문은 각각 학문의 의미와 지식 생산의 문제를 비판적으로 제기함으로써 지식인의 올바른 탐구 자세를 함축하고 있다. (가)는 사실학 혹은 실증주의를 추구했던 19세기 말 이전 학문의 세계를 비판하면서 인간의 현존재의 의미를 탐구하려는 학문적 전환에 주목하고 있다. 쉽게 말하자면 우리 삶의 절박한 문제에 대해 아무 것도 말해주지 않는 사실학적 방법론을 문제 삼으면서 현실 세계와 인간의 삶의 문제에 대한 실천적인 학문의 필요성을 제기하고 있다. (나)는 근대 이후 형성된 동양인 및 동양 세계에 대한 지식과 이미지는 강자인 서구 세계의 식민지적 침략과 시선에 의해 재단되고 표상되어 조작된 것임을 폭로하고 있다. 여기서 '조작'이라는 것은 없는 사실을 있는 것처럼 꾸며댔다는 것이 아니라 사실적 자료들을 토대로 아전인수식으로 이미지화했다는 것이다. 결국 (나)는 서구 취향적인 동양을 문제 삼고 있다.

두 글은 단순히 패러다임의 전환을 넘어 실천적 지식 생산의 문제, 나아가 탈식민지적 지식 생산의 문제를 근본적으로 건드리고 있다는 점에서 의미 있는 글이라 할 수 있다. 그렇다면 '실천적 지식 생산'은 무엇이고 '탈식민지적 지식 생산'은 무엇인가. 실천적 지식 생산이란 소위 '순수학문'에 주안점을 두지 않고 현실 세계와 인간의 삶의 문제를 주제로 하여 풀어나가고자 하는 학문적 탐구 태도라 할 수 있다. 다음으로, '탈식민지적 지식 생산'이란 서구가 조작해낸 지식 담론에 빠져들지 않고 우리 스스로의 주체성을 갖는 지식 생산을 말한다. 우리의 학문 세계는 식민지적 관성에 얽혀 서구 중심으로 되어 있다는 성찰적 비판이 쏟아져 나온지 오래되었지만 여전히 그 관행에서 탈피하지 못하고 있다. 탈식민지적 지식 생산의 문제가 중요한 것은 지식생산이 구체적인 우리의 삶의 문제를 담아내야 하기 때문이다.

문제는 우선적으로 학문과 지식 생산의 주체인 지식인의 태도에 달려 있다. 물론 사회 발전 정도나 학문적 발전의 정도 등 고려해야 할 것들이 복잡하게 연루되어 있으나 지식인이 스스로의 정체성을 어디에 둘 것이냐가 더 우선적이다. 사실학적 방법을 정당화할 것이냐, 아니면 의미론적 방법을 정당화할 것이냐, 혹은 서구 이론을 추종하기만 할 것이냐, 아니면 우리에게 적합한 독특한 이론을 창발할 것이냐 하는 갈림길에서의 선택은 지식인 스스로의 문제인 것이다. 여기에는 물론 권력의 문제도 개입해 있다. 지식인들이 실천적 학문으로서가 아니라, 사실학적 방법론과 같은 순수 학문에 집착하는 것도 사실 기득권 등 지식 권력 행사에 종속된 결과이기도 하다. 서구 중심의 이론에 편향되거나 서구 이론을 그대로 베껴 먹는 태도도 크게 다르지 않다. 서구 세계를 하나의 거대한 지식 권력의 중심지로 간주하는 것이다. 지식 생산은 권력이라는 힘의 존재와도 무관하지 않다. 권력에 종속되다 보면 우리의 지식 생산 즉 탈식민지적 지식 생산 문제 역시 해결되기 어렵다. 탈식민지적 지식 생산은 창발성에 기반해야 하는데 권력에 종속되다보면 창발성은 희미해지기 때문이다. 따라서 탈식민지적 지식 생산은 창발적 지식 생산의 또 다른 표현이라 할 수 있다.

실천적 지식 생산이나 탈식민지적 지식 생산의 태도는 한국 사회의 지식인이 가져야할 주체적인 탐구 태도임에 틀림없으나 우리에게 주어진 사회 현실은 그러한 태도들을 비켜가도록 만들고 있다. 한국 사회의 지식 권력은 그러한 태도들을 쉽게 허용하지 않기 때문이다. 지식 세계만 그런 것도 아니다. 교육 환경도 그렇다. 내가 경험해본 바로도 내가 교육받은 지금까지의 과정은 실천적 지식이나 탈식민지적 지식의 문제들하고는 거의 거리가 멀었다. 오히려 그 반대였다. 학생들을 죽음으로 몰아치는 과도한 경쟁주의가 주입되는 교육 환경에서 아무도 사회적·실천적인 지식에 관심을 갖지 않는다. 주체성이 절실한 창의적인 교육이 이루어지지 않는 현실에서 탈식민지적 지식 생산이란 관념에 불과할 뿐이다. 대학에 가서 해결할 수 있다는 것도 어불성설에 가깝다. 지금 우리의 대학은 오히려 '순수학문화' 되어가고 있는 듯하며, 지식인으로서의 고민은커녕 취업 문제에 집중하도록 강요하고 지식인의 상아탑이 아니라 취업학원화되어 가고 있지 않은가. 교수들은 학문과 지식, 그리고 지식인으로서의 자질을 키우려 하기보다 취업 알선자가 되어가고 있다.

사실 이런 현실에서 한국에서 지식인의 올바른 탐구 태도에 대해 논한다는 것은, 이런 주제가 정당함에도 불구하고, 우리 같은 학생들에게는 곤혹스럽기만 하다. 시장 경쟁력이 없으면 학과도 폐지된다는 이 마당에 학문의 길에 진입하려는 우리들에게 지식인으로서의 태도를 묻는 것도 중요하지만, 대학이 그야말로 올바른 학문(실천적 지식 생산과 탈식민지적 지식 생산)의 전당이 될 수 있도록 하는 대학 환경의 조성이 더욱 시급하다. 더 근본적으로 문제 제기를 하자면, 교육 수혜를 개인적으로 풀어갈 게 아니라 공공적인 개념에 입각하여 사회적 지원으로 풀어나갈 수 있도록 한다면 그런 환경에서 교육받은 학생들은 개인의 앞날보다도 사회의 미래를 더 걱정할 수 있을 것이다. 그렇게 된다면 자연스럽게 그/그녀들은 지식인이 되어가면서도 사회공공의 실천적 지식인 나아가 탈식민지적 창발적 지식인으로 커나갈 것이다. 한국에서 지식인의 탐구 태도는 개인의 태도의 문제이기도 하지만 사회적 시스템을 통한 지향점의 조정 문제이기도 한 것이다.

도전 문제 1

난이도 ★★★★★ 해설 및 예시 답안 →136쪽

다음 글들을 읽고 물음에 답하시오.

(가) 사람들은 일반적으로 과학적 지식은 완전히 검증된 진리라고 생각하며, 어떤 과학 현상에 대하여 자신들의 견해가 서로 일치하지 않을 때 과학자의 말에 귀를 기울이기만 하면 된다고 생각한다. 즉, 사람들은, 서로의 법적 이해관계가 얽히면 그 옳고 그름을 법관이 심판해 주는 것보다 더 엄밀하게, 자신들의 과학 지식의 논쟁에 대하여 과학자가 판단해 줄 것으로 기대한다. 그런데 어떤 예측이 과학적으로 검증되었다고 해서 모두 믿을 수 있는 것은 아니라는 것을 보여 주는 사례가 종종 이야기된다. 즉, 어떤 과학자는 이것이 맞다고 하고 다른 과학자는 그것이 틀렸다고 하는 경우를 어렵지 않게 찾아 볼 수 있다는 것이다.

근년 논란거리가 되었던 환경문제에 관한 예를 들어 보자. 많은 과학자들이 이산화탄소의 방출로 지구의 기온이 올라가 이로 인해 커다란 재앙이 닥칠 것이라고 주장하는데, 그 예측의 구체적 실상이 서로 다르다. 어떤 과학자는 기후 모델을 수퍼컴퓨터로 계산하여 다음 세기 중 기온이 섭씨 5.5도 상승할 것이라고 예측하였다. 이에 대해 영국의 한 과학자는 기존 모델에서는 얼음의 냉각 효과를 고려에 넣지 않은 점을 지적하고, 이산화탄소가 다음 세기에 두 배로 증가되어도 온도는 섭씨 1.9도밖에 오르지 않을 것이라고 보고하였다. 또한 미국 국립대기연구센터의 한 연구자는 바닷물의 순환과 열흡수 기능을 고려한 결과, 온도 상승은 섭씨 1.6도에 그칠 것이라는 연구 결과를 발표하였다.

한편, 지구의 기온이 올라가도 심각한 재앙을 일으킬 만큼의 해수면 상승이 야기되지 않을 것이라는 발표도 있었다. 미국 지구물리학협회의 과학자들은 온실효과로 인한 21세기 중반의 해수면 상승이 현재 예측치의 3분의 1정도인 0.3 미터에 불과할 것이라고 밝히기도 하였다. 이들은 그린랜드의 빙원과 남극 빙산에 대한 새로운 자료를 바탕으로 이 같은 결과를 얻었다고 밝혔다. 미국 프린스턴 대학의 과학자들은 대기와 해류 순환 사이의 상관관계를 감안하여 새로운 컴퓨터 모델을 개발하고, 이를 활용하여 남극의 온도 상승은 북극의 온도 상승에 비하여 반세기 정도 뒤에 나타난다는 결론을 얻었다. 이들에 따르면 지금부터 35년 뒤에는 북극의 온도가 섭씨 2도 올라가겠지만, 남극에서 그렇게 되려면 다시 65년을 더 지나야 한다는 것이다.

(나) 우리의 상식적인 생각으로는 미(美)와 추(醜), 현(賢)과 우(愚), 선(善)과 악(惡)은 엄밀하게 구별된다. 아름다운 것은 도저히 추할 수 없고, 어진 것은 어리석은 것과 서로 조화롭지 않으며, 선과 악은 전혀 다른 것이다.

그런데 노자에 따르면, 어리석어 보이는 것을 진정으로 어리석다고만은 할 수 없고, 진정한 현자(賢者)일수록 오히려 어리석은 자로 보일 수 있다는 것이다. 우리들의 인식이나 판단은 사상(思想)의 실체보다는 외형에 영향을 받기 쉽고, 그렇기 때문에 우리들은 흔히 어리석어 보이는 것을 아주 어리석다고 보고 미워 보이는 것을 아주 밉다고 단정하게 된다는 것이다.

공자는 "아는 것을 안다고 하고 모르는 것을 모른다고 하라. 이것이 참으로 아는 것이다."라고 가르쳤는데, 공자에게 있어서 참으로 안다는 것은 자기가 알고 있는 것과 알지 못하는 것을 분명하게 구별하여 양자를 혼동하지 않는 것이다. 그런데 노자는 자기가 알고 있다고 할 때의 그 안다는 것이 도대체 무엇이며 또 참으로 알고 있다고 할 때의 그 '참으로' 란 것이 어떤 것이냐에 대해 의문을 던진다. 공자가 아는 것은 안다고 하라고 가르치는 반면, 노자는 안다고 하는 것까지를 오히려 알지 못하는 것으로 부정하는 것을 가르친다. 이와 같이 노자는 근원적인 진리가 인간의 인식을 초월하는 것이라는 것, 그 진리 앞에서는 알고 있다고 하는 것이 동시에 알지 못하는 것이 되고, 알지 못한다는 것이 동시에 알고 있는 것이라고 하는, 고차원적인 지(知), 이른바 부지지지(不知之知)를 체관(諦觀)하고 있다.

공자의 지(知)는 박학을 전제로 하는 지이다. 그러나 노자는 그 박학의 지를 부정한다. 노자에게 있어서 중요한 것은 자기의 무지를 자각하는 것이다. "너 자신을 알라."라고 설파한 소크라테스와 같이, 노자도 또한 참으로 아는 것이 아는 데 있지 않고 알지 못한다고 하는 데 있음을 지적하는 것이다.

(다) 질문은 호기심에서 나온다. 호기심이 없으면 질문도 없다. 호기심은 새로운 것에 대한 열망이며, 새로운 것에 대한 애정의 표현이다. 관심은 인식의 원동력과 같다. 질문은 인식에 대한 욕구를 나타낸다. 만일 모든 사람들이 이미 알고 있는 것을 그저 확인하는 정도에서 지적인 활동을 멈춘다면, 어떠한 지식 체계의 발전도 기대할 수 없을 것이다. 자기의 무지를 인식한다는 것은 앎을 향한 첫 발을 내딛는 것이다. 미지의 것, 새로운 것에 대한 물음만이 우리의 앎의 세계를 밝힌다.

모든 과학적인 연구에서는 답이 주어지기 전에 먼저 질문이 제기되는데, 이 때 질문은 연구자의 세상에 대한 관심의 표현이다. 학문은 관심에서 출발한다. 관심을 가짐에 따라 질문이 생기게 되는데 학문은 이러한 질문에 대한 해결안을 찾고자 하는 노력이다. 학문은 남이 만들어 준 답을 배우는 것이 아니라 스스로 끊임없이 질문을 제기하고 그 질문에 대한 답을 찾으려는 과정이다. 학문은 결과물을 그대로 받아들이는 수동적인 활동이 아니라 자기 관심에서 비롯된 질문에 대한 답을 스스로 마련해 나가는 적극적인 활동이다. 학문은 질문의 제기로부터 시작된다.

다음 (라)는 글 (가)에 제기된 문제에 대한 현대 과학 철학의 어떤 견해를 제시한 것이다.

(라) 현대의 과학 철학에서는 서로 다른 과학 이론이 대립할 때 어느 것이 맞고 어느 것이 틀렸는지, 또는 어느 것이 낫고 어느 것이 그렇지 못한지를 판단할 수 없다는 견해가 있다. 이러한 관점에서는 과학 이론도 하나의 신념 체계로 이해될 수 있다. 즉, 과학적인 지식이 시간이나 공간을 초월하여 적용될 수 있는 불변의 진리가 아니고, 믿음으로 해석될 수 있다는 것이다.

글 (라)의 이러한 견해가 글 (나)에 소개된 '앎'에 대한 이해와 어떻게 조화를 이룰 수 있는지에 대해 제목을 달고 2,000자 내외의 논술문을 작성하되, 다음 사항에 유의하시오.

(1) 글 (나)에 제시된 '무지(無知)'와 글 (다)에 언급된 '무지(無知)'가 어떻게 같고 다른지에 대한 논의가 논술문의 본론에 포함되도록 하시오.

(2) 글 (가)의 서론 다음에 제시된 사례 또는 이와 유사한 사례를 논지 전개를 위한 근거 또는 예증을 위한 실례로 활용하시오.

도전 문제 2

난이도 ★★★☆☆ 해설 및 예시 답안 → 139쪽

제시문 [가]~[마]는 인문학에 관련된 글들을 모아 놓은 것이다. 제시문 [가]~[라]에서 취하고 있는 입장을 나름대로 구분한 후, 이를 모두 활용하여 제시문 [마]에서 제기된 문제의 해결을 위한 자신의 견해를 논술하시오.

[가] 인문학은 자연과학이나 사회과학, 공학 등 그 연구 대상이 비교적 분명한 분야와는 달리 일반적으로 인간, 또는 인간이 추구해야 할 가치를 총체적으로 다루는 학문이라고 할 수 있습니다. 인문학(humanities)은 로마시대에 쓰인 'humanitas'가 그 원조격인데, '인간임' '인간다움'을 뜻하는 말로 학문적 대상이라기보다는 실천적으로 성취해야 할 목표로 다분히 이념지향적 성격을 지녔던 것이었습니다. 따라서 전근대 서구에서는 그 내용이 지배계급이 지녀야 할 덕목으로서 고전에 대한 이해와 수사학, 그것을 가능케 하는 교육 등이었고, 이 같은 점은 동양에서도 크게 다르지 않았습니다. 그 목표는, 시대적 차이가 있습니다만 어떻게 인간적인 삶, 또는 도덕적인 삶을 영위할 것인가에 두어졌다고 할 수 있습니다. 그런데 전근대사회의 지배층과 지배이데올로기에 국한되었던 인문학은 근대에 접어들어 주체가 확대되면서 그 내용에 있어서도 변화가 일지 않을 수 없었습니다. 그리고 인문학이 대학에 자리잡게 되면서 인문학은 대학과 운명을 같이 하게 됩니다. 이 같은 교육 내용과 방식의 변화에도 불구하고 변화하지 않은 것은 바로 인간적 삶을 영위할 수 있는 가치, 인간적인 삶이 구가되는 사회를 추구하고 만들어 나간다고 하는 반성적인 사고, 비판 정신이라고 생각합니다.

—— 김인걸, 대담 「인문학 위기인가」에서 발췌

[나] 칸트 이후로 서구에서는 문화적, 예술적 영역을 세속적 영역으로부터 분리시키는 것이 관행이었지만, 이제는 그것을 통합시킬 때가 되었다고 생각합니다.

1960년대 이후 지난 수십 년 동안 미국의 대학들에서는 교양교육과 기초 소양교육의 의미와 내용과 목적에 대한 논의가 활발하게 전개되어 왔습니다. 그 결과, 미국 교육의 구조와 권위와 전통이 비판의 대상이 되고, 대학에서는 그동안 전통적 학문 영역에서 쫓겨난 비순수학문 분야들이 새롭게 힘을 얻게 되었지요. 이러한 운동들이 반제국주의/반권위주의의 물결과 더불어 시작되었다는 사실은 시사하는 바가 큽니다. 그러나 그러한 새로운 변화에 대한 서구의 반응 역시 처음에는 매우 보수적이었고 저항도 만만치 않았습니다.

저는 변화를 거부하는 수구적인 태도에 반대합니다. 순수와 전통을 내세우며, 현실과 괴리된 상아탑 속에서 안주하려는 태도는 이제 더 이상 용납되지 않기 때문입니다. 변화를 거부하는 전통 수호자들은 인문학의 위기와 문학의 위기를 부르짖습니다. 그러나 문학과 학문은 이제 과감

히 세속적이 되어야 하고 현실에 오염되어야만 합니다. 이 세상에 순수문화나 신성한 학문이란 이제 더 이상 존재하지 않기 때문입니다.

— 사이드, 대담 「문화의 시대를 대표하는 비평가들」에서

[다] 가상공동체라는 새로운 공간이 우리로 하여금 수없는 정보와 지식은 물론이고 실질적인 가치를 일상 생활에서 경험하고 체험하게 함으로써 우리는 새로운 윤리적 체제와 도덕적 가치 척도를 마련할 수 있는 비판적 능력과 총체적인 철학적 판단력을 필요로 한다. 얼굴(인간)없는 정보화 사회란 또 한 번의 역사 이전의 인류 역사를 되풀이하는 결과가 될 것이고, 자연에 대한 기술적 폭력을 휘두르는 결과를 초래할 것이며, 결국 기술적 인간 의식이 자동화의 세계를 한껏 수용케 함으로써 현대사회 자체가 철저하게 총체적 관리 사회에 빠져 무한한 테러와 폭력의 전제 조건이 될 것이다.

사실 정보화 사회에 있어서 인문학의 위기론은 어제오늘의 문제가 아니다. 그러나 여기에서 중요한 것은 인문학 자체가 위기에 처했다라기보다는 인문학의 인프라가 위기에 처하였다는 사실이다. 그러나 엄밀하게 보면 인문학에 관계하는 인프라가 변화되었다는 말이고 그 지평이 바뀌었다는 말이다. 우리의 전통교육에서 학교교육은 서당교육의 위기를 불러왔으나 교육의 본질적인 내용은 '인간됨의 실현 그 자체' 로, 변화된 것이란 아무 것도 없다. 오직 학교와 서당이라고 하는 형식만 바뀌었을 따름이다. 지금까지 학교교육 역시 과학교육이었다면 정보화 사회에 있어서 학교교육이란 사이버교육으로 변화되었을 뿐 인성교육이라고 하는 내용은 전연 바뀌지 않을 것이다.

새로운 매체의 출현이 인간의 인식 방식을 바꾸어 놓을 수는 있다고 하더라도, 인간성 자체를 바꾸어 놓을 수는 없다. 설령 책의 자리에 정보라는 이름이 들어서고 독서 공간 대신에 사이버 공간이 들어서는 한이 있더라도 인문학의 본래적 가치는 사라지지 않을 것이다. 왜냐하면 인문학의 텍스트가 기호나 문자 혹은 CD롬의 영상 등이라고 하더라도, 인문학이란 본래적인 내용을 채워주고 실현시켜 주는 생의 의미와 가치의 정립을 그 불변의 목적으로 삼고 있기 때문이다.

— 백승균, 「인문학의 새로운 지평」에서

[라]

(1) 체계적인 '문화 연구' 프로그램은 곧 인문대학으로 하여금 문화 전쟁 시대, 뉴 미디어 시대, 멀티미디어 시대, 대중문화 시대 등 여러 이름으로 불리고 있는 이 '새로운 문화 패러다임 시대' 에 문화의 여러 양상에 대한 이론적이고 학문적인 연구를 통해 올바른 문화 비평을 주도해 나갈 수 있도록 해줄 것이다.

문화 연구란 정전(正典) 위주로 시행되던 종래의 인문학 연구의 범위를 확장해, 보다 더 큰 개념인 문화 연구의 차원으로까지 확대하자는 접근 방법이다. 구체적인 방법으로는 인문학 연구

와 교육에 정전 텍스트뿐만 아니라 비정전(非正典) 텍스트들과 대중문화 텍스트들도 포함시키며, 더 나아가 다른 문화 텍스트들 예컨대 음악, 미술, 영상매체, 비디오, 텔레비전, 컴퓨터, 문학지, 신문, 잡지, 광고 등 도 포함해서 문화 전반에 대한 포괄적인 이해와 비판적 성찰과 학문적 연구를 함양시킨다.   — 김성곤, 『문화연구와 인문학의 미래』에서

(2) 고문서 번역과 연구는 전통 문화의 보존과 계승에 그치지 않는다. 문화콘텐츠개발 열기에 부싯돌 역할을 하며 엄청난 부가가치를 창출하는 연금술을 발휘하기도 한다.

1,230만 관객을 동원한 국내 최고 흥행영화 「왕의 남자」가 대표 사례다. 「왕의 남자」의 원작인 연극 「이(爾)」는 궁중 공연 문화에 대한 논문과 연구에 뿌리를 두고 있다. 조선시대의 과학 수사를 다큐드라마로 재구성한 MBC의 「별순검」도 국역 도움을 톡톡히 받았다. 조선 정조부터 순조에 이르는 검안 기록이 담긴 「증수무원록」이 국역되지 않았다면 시청자들은 조선시대 형사 사건 수사의 과학적 면모를 접할 수 없었을 것이다. 영화 「혈의누」도 마찬가지다. 조선시대의 형벌을 정밀하게 재현해내는 장면은 증수무원록의 내용 등을 한글로 옮긴 자료들에 힘입은 바 크다. 중국어권 한류 열풍의 주역인 TV드라마 「대장금」도 국역된 조선왕조실록이 창작의 단초를 제공했다.

문화관광부 산하 한국문화콘텐츠진흥원은 2002년부터 '문화 원형의 디지털화 사업'을 통해 전통문화를 문화콘텐츠 소재로 탈바꿈시키고 있다. 5년간 500억원을 들여 개발한 161개의 소재는 175건의 문화콘텐츠로 활용됐다. 조선 후기 한양도성 자료의 경우 「왕의 남자」 궁궐 연희 장면에 도움을 줬고, 고구려 건국 신화와 복식에 대한 문헌은 MBC 드라마 「주몽」에 이용됐다.   — 「한국일보」, 2006년 7월 29일

[마] 지금 우리에게 일어나고 있는 변화는 너무 리얼하고 속도가 빠르다. 이전에는 상상도 할 수 없던 주제들이 연구되고 있고, 모든 것이 놀라운 속도와 놀라운 양상으로 전개되고 있는 것이다. 그 중에서도 영미식 신자유주의와 초국적 기업들의 테크노피아가 국가정체성에 대해, 민

문화 연구

문화를 연구하는 영역으로서의 문화연구는 텔레비전과 같은 대중문화 비평에서부터 삶의 방식과 의미를 연구하는 인류학적 방법 등에 이르기까지 매우 포괄적인 체계를 가진다. 문화연구는 가령 영화를 영화 자체로서 보는 게 아니라 영화 문화라는 방법으로 접근하면서 문화적 차원에서 다각도로 접근하도록 한다. 무엇보다도 다음 두 가지를 주목할 수 있겠다. 하나는 문화 연구는 비판 이론으로서 출발하였다는 것이다. 비판 이론은 자본주의 문화 혹은 현대 문화를 근본적으로 비판한다. 다른 하나는 문화 연구가 특정 영역의 학문이 아니라 통합학문적 방법을 취한다는 것이다. 따라서 문화 연구는 다양한 이론적 접목지점들을 통해 다양한 정의가 존재하고 있으며 어느 하나로 압축되지 않는다는 것이다. 한국사회에서는 1990년대 들어서 새로운 경향으로 도입되었으며, 문화비평이라는 새로운 비평 활동의 개척과도 관련되어 왔다.

주주의에 대해 드디어는 인간 자체에 대해 강도 높은 공격을 가하고 있다.

　이런 상황에서 자기 정체성을 지닌 문화를 창달하고, 나아가 21세기 '한국인'의 존속 및 '한국인의 국가 유지'를 가능케 하는 길은 오직 하나 교육의 다원화에 의한 인문학의 재정립과 발전이다.

　그런데 최근 대학에서 비인기학문과 학과들, 즉 시장성이 거의 없어져 버린 학문과 이 학문을 담고 있는 학과들이 문제로 떠오르고 있다. 시장에서 값이 없고 대학에서 수요자가 없거나 격감한다 해서 이 학문들의 연구를 중단할 것이며, 이 학문들의 학과를 폐쇄할 것인가? 더 적나라하게는 학문을 시세의 변화대로 인기나 시장 논리에 맡길 것인가? 그것이 기초학문이든 응용학문이든 시장 논리에 따라 시장의 요구에 응하게 하는 것이 학문 세계에서는 패러다임의 전기(轉機)가 되고, 대학 세계에서는 구조 개혁이 되는가? 이에 대해 지금 국가적으로는 아무런 정책이 없고, 대학에서는 아무런 대책이 없다. 오직 하나의 주장이 있다면, 그것은 '대학도 이젠 하나의 시장이다'라는 것이다.　　　　　── 송복, 『우리는 살아남을 수 있을 것인가』에서

■ 유의 사항

1. 띄어쓰기를 포함하여 1,101자~1,200자 이내로 논술하시오.

2. 제목은 쓰지 마시고 특별한 표시를 하지 마시오.

3. 예시문 속의 문장을 그대로 쓰지 마시오.

4. 반드시 본교에서 지급된 필기구를 사용하시오.

5. 본교에서 지급한 필기구를 사용하지 않았거나, 답안지에 특별한 표시를 한 경우, 원고지의 일정분량 이상을 작성하지 않은 경우에는 감점 또는 0점 처리합니다. (예: 감사합니다, 끝 등)

도전 논제 3

난이도 ★★☆☆☆ 해설 및 예시 답안 → 142쪽

아래 두 지문에 제시된 삶의 방식을 견주어 분석하고 그 의의 또는 문제점에 대하여 자신의 견해를 논술하시오. (1,101~1,200자)

〈가〉 무릇 사대부 집안의 법도는 벼슬길에 높이 올라 권세를 날릴 때에는 빨리 산비탈에 셋집을 내어 살면서 처사(處士)로서의 본색을 잃지 않아야 한다. 그러나 만약 벼슬길이 끊어지면 빨리 서울 가까이 살면서 문화(文華)의 안목을 잃지 않도록 해야 한다.

지금 내가 죄인이 되어 너희들에게 아직은 시골에 숨어서 살게 하였다만, 앞으로의 계획인즉 오직 서울의 십 리 안에서만 살게 하겠다. 만약 집안의 힘이 쇠락하여 서울 한복판으로 깊이 들어갈 수 없다면 잠시 서울 근교에 살면서 과일과 채소를 심어 생활을 유지하다가 재산이 조금 불어나면 바로 도시 복판으로 들어가도 늦지는 않다.

화와 복의 이치에 대하여 옛날 사람들도 오래도록 의심해 왔다. 충과 효를 한다 해서 꼭 화를 면하는 것도 아니고 방종하여 음란한 짓을 하는 사람이라고 꼭 박복하지만은 않다. 그러나 착한 행동을 하는 것은 복을 받을 수 있는 당연한 길이므로 군자는 애써 착하게 살아갈 뿐이다. 옛날부터 화를 당한 집안에서 살아남은 사람들은 반드시 먼 곳으로 도망가 살면서도 더 멀고 깊은 곳으로 들어가지 못했음을 걱정하곤 했다. 그리하면 마침내 노루나 산토끼처럼 문명에서 멀어진 무지렁이들이 돼버릴 뿐이다.

무릇 부하고 귀한 권세 있는 집안은 눈썹을 태울 정도의 급박한 재난을 당하여도 느긋하게 걱정없이 지내지만, 재난당할 것을 두려워하여 먼 시골 깊은 산속에 들어가 사는 몰락하여 버림받은 집안은 겉으로는 태평이 넘쳐흐르는 듯하지만 마음속에는 항상 근심을 벗어나지 못하고 살아간다는 말이 있다. 그 이유를 살펴보면 대개 그늘진 벼랑 깊숙한 골짜기에서는 햇볕을 볼 수가 없고 함께 어울려 지내는 사람은 모두 버림받은 쓸모없는 사람이라 원망하는 마음만 가득하기 때문에 그들이 가진 견문이란 실속 없고 비루한 이야기뿐이다. 그러하기 때문에 한번 멀리 떠나면 영영 다시 돌아오지 않게 된다.

진정으로 바라노니, 너희들은 항상 심기를 화평하게 하여 벼슬길에 있는 사람들과 다르게 생활하지 말거라. 자손 대에 이르러서는 과거에 응시할 수 있고 나라를 경륜하고 세상을 구제하는 일에 뜻을 두도록 해라. 천리(天理)는 돌고 도는 것이니 한번 넘어진 사람이라서 반드시 다시 일어나지 못하는 것은 아니다. 만약 하루아침의 분노를 이기지 못하여 서둘러 먼 시골로 이사가 버린다면 무식하고 천한 백성으로 일생을 끝마치고 말 뿐이다.

— 다산 정약용의 편지에서

〈나〉 어둠 속에서 짐승이 울부짖고, 수다스런 원숭이가 떠들썩하게 속세를 나무라고 있었다. 다사는 벌꿀을 찾는 일을 잊고 말았다. 호화롭게 깃털에 윤기가 반들반들 흐르는 몇 마리의 작은 새 소리에 귀를 기울이고 있자니까, 마치 작은 밀림처럼 우거진 고사리 덤불 사이에 난 발자국이 그의 눈에 띄었다. 아주 작은 오솔길이었다. 소리가 나지 않게 조심스럽게 헤치고 그 오솔길을 더듬어 가자니까 가지가 많은 나무 아래 조그만 움막 한 채가 보였다. 뾰족한 천막으로 고사리 덤불을 엮어서 만든 것이었다. 움막 옆의 땅바닥에서 한 사내가 몸을 바로 세우고 부동자세로 앉아서 가부좌한 다리 사이에 두 손을 가만히 올려놓고 있었다. 흰 머리칼과 넓은 이마 아래는 침착하면서 생기 없는 눈이 땅을 내려다보고 있었다. 눈을 뜨고는 있으나 자기의 내면을 성찰하는 눈이었다.

[……]

나무는 가지와 잎으로 호흡하면서 움직이지만 요가 수도자는 미동도 하지 않고, 신들의 조각처럼 움직이지 않고 그 자리에 앉아 있었다. 그를 본 순간부터 소년도 움직이지 않고, 땅에 박힌 듯이, 사슬에 묶인 듯이 가만히 서서 마법에 홀린 듯이 광경에 취해 있었다. 그는 선 채로 수도자를 바라보며, 햇빛 한 조각이 어깨에도, 쉬고 있는 두 손에도 비치는 것을 보았다. 그렇게 선 채로 감탄하는 동안에 햇빛도, 숲에서 들리는 새의 지저귐도, 원숭이 소리도, 명상자의 얼굴로 다가와 살갗 냄새를 맡으며 볼 위를 조금 기어 다니다가 날아가고 날아오고 하는 갈색 꿀벌도, 숲의 다양한 생활도, 이 사람과는 아무 상관도 없다는 것을 소년은 이해하기 시작하였다. 눈에 보이고 귀에 들리는 이들 모든 것은, 아름답든 흉하든, 사랑스럽든 공포감을 주든, 그 모든 것은 수도자와는 아무 상관이 없다는 것을 다사는 알았다. 비도 그에게 한기를 느끼게 하거나 불쾌하게 할 수 없으며, 불도 그를 태울 수가 없으리라.

[……]

여기는 모든 것이 옛날 그대로였다. 이곳에는 세월의 흐름도, 살인도, 고통도 없었다. 이곳에서는 시간과 생활이 수정처럼 견고하고, 멈춰 있고, 영원한 것처럼 보였다. 그는 수도자를 바라보았다. 첫눈에 보고 느끼던 감탄과 사랑과 존경이 그의 마음에 피어났다. 움막을 보고는 다음 장마철이 시작되기 전에 약간 고쳐야겠구나 하고 그는 생각하였다. 거기서 그는 겁없이 몇 걸음 조심스럽게 걸어서 움막 안으로 들어가 안에 무엇이 있는지 살펴보았다. 많지는 않았다. 거의 아무것도 없는 상태다. 나뭇잎으로 엮은 침대, 물이 조금 든 바가지, 텅 빈 삼베 자루 등이 있었다. 그는 자루를 들고 나와 숲속에서 요기할 것을 찾아, 과일과 달콤한 나무 속대 같은 것을 따오고, 바가지를 가지고 가서 샘물을 길어다 놓았다. 여기서 할 수 있는 일은 그것으로 끝이었다. 한 사람이 살아가는 데 꼭 필요한 물건만 있어도 되는 것이다. 다사는 바닥에 쪼그리고 앉아서 몽상에 빠졌다. 그는 숲속의 아늑한 고요와 꿈과 자기 자신에 만족하였고, 청년 시절에 평화와 만족과 고향 같은 안락함을 느꼈던 이곳에 그를 되돌아오게 해준 마음의 소리에 감사하였다.

── 헤르만 헤세, 『유리알 유희』에서

도전 논제 4

난이도 ★★☆☆☆ 해설 및 예시 답안 → 144쪽

다음 제시문 [가]~[마]는 17세기에서부터 20세기 초까지 서양인이 한국과 한국인에 관해 쓴 글이다. 이 글을 통해 한국인에 대한 당시 서양인의 관점과 인식을 엿볼 수 있다. 제시문의 내용을 현재 우리의 모습과 비교하여 분석하고 자신이 생각하는 바람직한 한국인 상(像)을 제시하시오. (1,101~1,200자)

[가] 조선인은 물건을 훔치고 거짓말하고 속이는 경향이 강하다. 그들을 지나치게 믿어서는 안 된다. 그들은 남에게 해를 끼치고도 그것을 부끄럽게 생각하지 않고 오히려 잘한 일이라고 여긴다. 한편 조선인은 착하고 남의 말을 곧이듣기 잘한다. 우리는 그들에게 우리가 원하는 것은 어떤 것이나 믿게 할 수 있었다. 그들은 낯선 사람에게 호감을 갖고 있고, 특히 승려들에 대하여 그러하다. 그들은 여자처럼 나약하다. 아주 오랜 옛날에 일본인들이 쳐들어와 조선의 왕을 죽이고, 마을을 불태우고 파괴했다는 것을 믿을 만한 사람들이 우리에게 이야기해 주었다. 네덜란드인 얀스 벨테브레는 우리에게 청나라가 얼음강(압록강)을 건너 이 나라를 점령했을 때, 적과 싸워 죽은 병사보다 산으로 도망가서 목매달아 죽은 병사가 더 많았다고 이야기해 주었다. 조선인들은 자살을 수치스럽게 여기지 않으며 어쩔 수 없어 그랬다는 식으로 오히려 동정한다. 조선인은 피를 보기 싫어한다. 누군가가 전투에서 쓰러지면 곧 달아나고 만다.

[나] 민족적 관점에서 볼 때 조선인은 이웃하는 중국인이나 일본인과 거의 닮지 않았다. 조선인은 틀림없이 북방의 고원으로부터 이주해 온 여러 민족들의 합성체일 것인데, 훈족과 몽골족, 타타르족, 그리고 투르크족의 피가 토착 원주민의 피와 뒤섞였다고 할 수 있다. 이와 더불어 나는 또한 알류산열도와 극지방에서 온 종족 역시 이에 가세해 조선인의 구성 요소를 이루었다고 생각한다. 페티토 신부의 『위대한 에스키모』에서 에스키모의 습속을 묘사한 대목을 보면 조선인의 그것에 너무나도 잘 부합하는 것을 느낄 수가 있다. 예를 하나 들어보자. 에스키모인은 조선인과 마찬가지로, 자기 이름을 말할 때 빙 둘러서 하며, 윗사람의 이름을 함부로 내뱉지 않는다. 그건 매우 공손하지 못한 태도라고 생각하기 때문이다. 또한 에스키모인은 자존심이 끝이 없으며, 호기심 역시 만만치가 않다. 술에 취해 웃고 떠드는 것을 좋아하며, 상한 생선 맛에 사족을 못 쓴다. 또 '강(구들)'이라 불리는 밑의 공간을 통해 가열을 한 바닥 위에서 맨몸으로 잠을 잔다.

[다] 티베트 이외에 코리아만큼 철저하게 외국인들에게 배타적인 민족은 아마 없을 것이다. 다른 민족과 연결하는 삼면이 바다로 둘러싸여 중국과 일본 사이에 다리처럼 놓여있는 이 작은 나

라는 거대하고 강력한 이웃나라보다도 더 잘 혼자 버티어 왔고, 오랫동안 그 특성을 지켜왔다.

[라] 한국과 한국인에 대해 잘못 알려진 여러 가지 외국의 소문에도 불구하고 나는 한국인들이 매우 호의적이고 예의가 바르다는 점을 다시 한번 강조하고 싶다. 한민족은 매우 훌륭한 민족이다. 어디에서 누구를 만나든지 만나는 사람마다 모두 귀족적이다. 가장 천한 신분의 사람들조차도 총명하고 자부심으로 가득 차 있으며 감성적이다. 나는 그저 놀라울 뿐이다. 한국인들에게는 일본인들의 가식적인 예의 같은 것이 없다. 일본인들의 조금은 과장된 예의는 실제 그들의 의도와 생각을 감추는 가면이라고 할 수 있다. 그리고 한국인들은 중국인들처럼 타인에게 지나치게 방해가 될 정도로 친밀감을 드러내지도 않는다. 반면에 한국인들은 서양인에 대해 궁금한 점이 있으면 기분을 상하게 하거나 실례가 되지 않도록 직접적으로 묻지 않고 우회적으로 정중하게 물어본다. 상대방을 배려하는 그들의 이러한 태도는 서양인들을 전혀 언짢게 하거나 불쾌하게 만들지 않는다.

[마] 일반적으로 한국인은 본래가 선량하고, 협조적이며, 손님을 후대하고, 부모와 자식에 대해 자상하고, 지적이며, 탁월한 언어 자질을 지니고 있다. 그러나 250년간의 실정(失政)이 한국인을 게으르고 무감각하게 만들었다. 이 시기에는 줄곧 사회정의가 부재했다. 탐욕스런 관리는 연약한 정부의 감독 소홀을 틈타서 양민들이 애써 얻은 것을 착취했다. 관리계급인 양반 밑에 굴종하는 것과 관습에 대한 완강한 집착은, 이것이 쇄국의 필연적 귀결이었던 것과 같이, 유교의 폐해이다.

한국 남자들의 나태한 기질은 노력없이 돈을 벌자는 태도와 통한다. 단시간에 번 돈을 절제하지 않고 먹고 마시는 일로 탕진한다. 현재에도 사회 전반에 팽배한 가부장제도와 매우 원시적인 귀신 숭배는 가족의 운명을 책임진 가장의 모든 행동을 통제한다. 모든 정신적 자세가 원초적 순진함(우매함) 속에 경직되어 있다. 서양문물을 가까이 접한 한국인들조차 그들의 단점과 그 타파의 필요성에 대한 인식이 부족하다. 독자적인 문화의 가치에 대한 지나친 자부심이 개선책을 모색하는 일을 어렵게 한다. 가장 호의적으로 한국인을 평가하는 사람 가운데 한 사람인 헐버트(Hulbert)는 한국인의 다양한 속성에 미친 불교의 영향을 간파하였다. 그는 신비주의, 운명결정론, 비관주의, 정적주의(靜寂主義) 등 네 가지 종교적 기반을 한국인 속에서 발견하였다. 천년에 걸친 불교의 오랜 지배와 억압받은 역사적 운명 속에서 응결된 민족성이 현재의 이러한 정신적 자세의 원인이라고 할 수 있다. 그러나 헐버트는 한국인이 중국의 합리주의와 일본의 이상주의의 아주 적절한 조화를 지니고 있다고 강조한다. 이러한 사실은 한국인이 점차 현재의 정체상태로부터 탈피할 희망이 있다는 것을 보여준다.

도전 문제 5

난이도 ★★☆☆☆   해설 및 예시 답안 → 148쪽

다음 두 제시문의 공통된 논지를 추출하고, 그 의미에 대해 논술하라.(500~600자)

[가] 한 옛날에 옷을 입을 줄도 모르고, 집에 거주할 줄도 모르고, 불을 사용할 줄도 모르는 야만족이 열대에 있는 그들의 고향을 떠나, 이른 봄부터 늦여름까지 북방으로 이동하였다. 9월이 되어 밤에는 제법 추워 오는 것을 느끼게 될 때까지 그들이 더운 고장을 떠나서 이미 추운 고장으로 와 버린 줄은 꿈에도 몰랐다. 추위는 날마다 더해 갔다. 그 까닭을 알지 못하는 그들은 이리저리 도피하기 시작했다. 그들 중에 얼마는 남쪽으로 되돌아갔다. 거기서 그들은 다시 옛 생활을 계속했다. 그리고 그들의 후예들은 오늘에 이르기까지 야만을 면하지 못하게 되었다. 다른 방향으로 흩어져 방황하던 사람들은 그들 중 극히 소수만을 제외하고는 모두 멸망했다. 살을 에는 듯한 추위를 피할 길이 없던 일부 소수는 인간의 가장 높은 기능인 의식적인 발명의 능력을 사용하게 되었다. 그들 가운데 어떤 이들은 땅을 파고 구멍을 만들어 몸 둘 곳을 삼았다. 어떤 이들은 오막살이와 잠자리를 만들기 위해 나뭇가지와 잎사귀들을 모았다. 또 어떤 이들은 그들이 잡아 죽인 짐승의 가죽으로 그들의 몸을 가렸다. 오래지 않아 이 야만인들은 문명으로 향한 가장 훌륭한 진보의 발걸음을 내딛게 되었다. [……] 이것이 진보 발전의 패러독스이다. 만일 필요가 발명의 어머니라면, 그 아버지는 고집이다. 고집이란 여러 가지 손실들을 끊어버리고 삶이 보다 편리한 데를 찾아가려는 것보다는 차라리 역경에서 견디어 이기며 살아가려는 결의이다.

— 토인비, 『역사의 연구』

[나] 1990년대의 소위 '디지털 혁명'은 두 방향으로 진행되었는데, 첫째, 기존 전자 제품이 디지털 기술을 구현한 제품으로 대체되었으며, 둘째, 인터넷 · 소프트웨어 · 통신 · 전자 · 컴퓨터들의 기술적 융합에 기반한 전혀 새로운 제품이 출현했다. 디지털 기술의 이러한 등장은 기술 비약 가설이 주장하듯 후발 주자에게는 선발주자를 추격할 수 있는 기회가 된다. 실제로 디지털 기술로의 패러다임 전환기였던 1990년대 중반에 한국의 기업들은 여러 혁신적인 디지털 제품들에서 세계적인 리더로 등장하기 시작했다. 삼성과 LG는 관련 디지털 기술 영역에서 그 기술력과 라이선스에서 세계 최고의 지위를 누리고 있다. 또한 삼성과 LG는 1990년대 후반 이래 미국 또는 영국에서 가장 큰 시장 점유율을 갖고 있다. LG전자는 1997년에 디지털 TV에 필요한 핵심 칩셋을 개발한 세계 최초의 기업이다.

그러나 패러다임 전환기를 이용하여 선도 기업을 추격하고자 하는 기업은 다음과 같은 두 가지 위험을 접하게 된다. 첫 번째는 여러 개의 출현 가능한 표준 중에서 어떤 기술 표준을 선택할 것인가와 관련된 위험이며, 두 번째는 신규 제품 생산 기술을 선택하여 생산을 한 후 어떻게 초

기 시장을 형성할 것인가 하는 위험이다. 디지털 TV와 CDMA를 개발했던 한국 기업들도 이러한 위험에서 자유로울 수 없었다. [……]

한국에서의 CDMA 셀룰러 폰 시스템 개발과 서비스 개시는 민관 합작으로 이루어진 가장 성공적인 경로 창출형 추격 또는 비약의 예이다. 한국 기업들과 정부 당국이 셀룰러 폰 시스템의 개발을 고려하고 있을 때 미국에서는 아날로그 시스템이 지배적이었고(여전히 지배적이다) 유럽에서는 TDMA 방식의 GSM 시스템이 지배적이었다. 그러나 한국 정부(정보통신부)는 주파수 사용이 효율적이고 고품질과 보안성을 겸비한 CDMA 기술에 주목했다. CDMA 시스템 개발에 대한 불확실성과 한국통신, 삼성, LG 같은 통신 서비스 제공업자 및 시스템 제조업자들의 심각한 우려 및 GSM으로 가자는 강력한 의견에도 불구하고 정보통신부와 전자통신연구소는 CDMA를 채택하기로 결정했다. 그러한 결정을 하기까지는 한국이 이미 개발되어 있는 TDMA(GSM)를 따라만 가게 되면 한국과 선발 국가 간의 격차는 줄일 수 없고 따라서 추격은 요원하다는 인식이 주요하게 작용했다. 그래서 한국은 더 위험한 길을 택했고 성공을 거두었다.

── 이근, 「과학기술의 새로운 패러다임과 경제」

7. 인간과 삶에 대한 다양한 성찰

예제

사물에 대한 올바른 인식에 어떻게 도달할 수 있는가를 논술하시오.
 * 아래의 내용을 반드시 논술문에 포함시킬 것.

1. [제시문 1]에 드러나 있는 사물의 인식 방법에 대하여 자신의 견해를 밝히고, 이에 근거하여
   [제시문 2]의 내용을 논할 것.
2. 다음 문장들을 논술에 활용하되, 그 가운데 한 문장을 반드시 직접 인용할 것.

① 큰 의심을 품지 않는 사람은 큰 깨달음이 없다. 의심나는 것을 쌓아놓고 모호하게 두는 것
   은 캐묻고 따지는 것만 못하다. (홍대용, 『담헌집』)
② 아는 것을 안다고 하고 알지 못하는 것을 알지 못한다고 하는 것, 이것이 바로 아는 것이
   다. (공자, 『논어』)
③ 사실인 것은 존재하지 않는다. 존재하는 것은 해석뿐이다. (F. W. 니체, 『권력에의 의지』)
④ 진리를 발견하는 것보다도 오류를 인식하는 편이 훨씬 쉽다. 오류는 표면에 나타나 있으
   므로 쉽게 정리할 수 있지만, 진리는 깊은 곳에 숨겨져 있으므로 그것을 탐구하는 일이 누
   구에게나 가능한 것은 아니다. (J. W. 괴테, 『잠언과 성찰』)
⑤ 어떠한 사람의 지식도 그 사람의 경험을 초월하는 것은 아니다. (J. 로크, 『인간 오성론』)

[제시문 1]

강물은 두 산 사이에서 흘러 나와 돌에 부딪혀 싸우는 듯 뒤틀린다. 그 성난 물결, 노한 물줄
기, 구슬픈 듯 굼실거리는 물갈래와 굽이쳐 돌며 뒤말리며 고함치는, 원망하는 듯한 여울은 장
성을 뒤흔들어 쳐부술 氣勢가 있다. 수만의 전차와 수만의 군사와 수만의 포대와 큰 북으로도
그 퉁탕거리며 무너져 쓰러지는 소리를 충분히 形容할 수 없을 것이다. 모래 위엔 엄청난 큰 돌

이 우뚝 솟아 있고, 강 언덕엔 버드나무가 어둡고 컴컴한 가운데 서 있어서, 마치 물귀신들이 서로 다투어 사람을 엄포하는 듯한데, 좌우의 이무기들이 솜씨를 試驗하여 사람을 붙들고 할퀴려고 애를 쓰는 듯하다.

어느 누구는 이 곳이 전쟁터였기 때문에 강물이 그렇게 운다고 말한다. 그러나 이것은 그런 때문이 아니다. 강물 소리란, 사람이 그것을 어떻게 받아들이느냐에 따라 다른 것이다. 나의 居處는 산중에 있었는데, 바로 문 앞에 큰 시내가 있었다. 해마다 여름철이 되어 큰 비가 한 번 지나가면, 시냇물이 갑자기 불어서 마냥 전차와 기마, 대포와 북소리를 듣게 되어, 그것이 이미 귀에 젖어 버렸다. 나는 옛날에, 문을 닫고 누운 채 그 소리를 區分해 본 적이 있었다. 깊은 소나무에서 나오는 바람 같은 소리, 이것은 듣는 사람이 淸雅한 까닭이며, 산이 찢어지고 언덕이 무너져 내리는 듯한 소리, 이것은 듣는 사람이 흥분한 까닭이며, 뭇 개구리들이 다투어 우는 듯한 소리, 이것은 듣는 사람이 교만한 까닭이며, 수많은 축(筑)*의 격한 가락인 듯한 소리, 이것은 듣는 사람이 노한 까닭이다. 그리고 우르릉 쾅쾅 하는 천둥과 벼락같은 소리는 듣는 사람이 놀란 까닭이고, 찻물이 보글보글 끓는 듯한 소리는 듣는 사람이 韻致 있는 性格인 까닭이고, 거문고가 궁우(宮羽)**에 맞는 듯한 소리는 듣는 사람이 슬픈 까닭이고, 종이창에 바람이 우는 듯한 소리는 듣는 사람이 疑心하고 있기 때문인 것이다. 따라서 이러한 모든 소리는, 올바른 소리가 아니라 다만 자기 흉중에 품고 있는 뜻대로 귀에 들리는 소리를 받아들인 것에 지나지 않는다.

그런데, 나는 어제 하룻밤 사이에 한 강을 아홉 번이나 건넜다. 강은 새외(塞外)로부터 나와서 장성을 뚫고 유하, 조하, 황화, 진천 등의 여러 줄기와 어울려 밀운성 밑을 지나 백하가 되었다. 내가 어제 두 번째 배로 백하를 건넜는데, 이것은 바로 이 강의 下流였다. 내가 아직 요동 땅에 들어오지 못했을 무렵, 바야흐로 한여름의 뙤약볕 밑을 지척지척 걸었는데, 홀연히 큰 강이 앞을 가로막아 붉은 물결이 산같이 일어나서 끝을 볼 수 없었다. 아마 천리 밖에서 暴雨로 洪水가 났었기 때문일 것이다. 물을 건널 때에는 사람들이 모두들 고개를 쳐들고 하늘을 우러러보고 있기에, 나는 그들이 모두 하늘을 향하여 묵도를 올리고 있으려니 생각했었다. 그러나 오랜 뒤에야 비로소 알았지만, 그 때 내 생각은 틀린 생각이었다. 물을 건너는 사람들이 힘차게 돌아 흐르는 물을 보면, 굼실거리고 으르렁거리는 물결에 몸이 거슬러 올라가는 것 같아서 갑자기 현기증이 일면서 물에 빠지기 쉽기 때문에, 그 얼굴을 젖힌 것은 하늘에 기도하는 것이 아니라 숫제 물을 피하여 보지 않기 위함이었다. 사실, 어느 겨를에 그 잠깐 동안의 목숨을 위하여 기도할 수 있었으랴!

그건 그렇고, 그 危險이 이와 같은데도, 이상스럽게 물이 성내어 울어 대진 않았다. 배에 탄 모든 사람들은 요동의 들이 넓고 평평해서 물이 크게 성내어 울어 대지 않는다고 말했다. 그러나 이것은 물을 잘 알지 못하는 까닭에서 나온 誤解인 것이다. 요하가 어찌하여 울지 않았을 것인가? 그건 밤에 건너지 않았기 때문이다. 낮에는 눈으로 물을 볼 수 있으므로 그 위험한 곳을 보고 있는 눈에만 온 정신이 팔려 오히려 눈이 있는 것을 걱정해야만 할 판에, 무슨 소리가 귀에 들어온다는 말인가? 그런데, 이젠 전과는 반대로 밤중에 물을 건너니, 눈엔 위험한 光景이 보이지 않고, 오직 귀로만 위험한 느낌이 쏠려, 귀로 듣는 것이 무서워서 견딜 수 없는 것이다.

아, 나는 이제야 道를 알았도다. 마음을 잠잠하게 하는 자는 귀와 눈이 누(累)가 되지 않는데, 귀와 눈만을 믿는 자는 보고 듣는 것이 더욱 밝아져서 큰 병이 된다는 것을 깨달았다. 이제까지 나를 시중해 주던 마부가 말한테 발을 밟혔기 때문에, 그를 뒷수레에 실어 놓고, 내가 손수 고삐를 붙들고 강 위에 떠 안장 위에 무릎을 구부리고 발을 모아 앉았는데, 한번 말에서 떨어지면 곧 물인 것이다. 거기로 떨어지는 경우에는 물로 땅을 삼고, 물로 옷을 삼고, 물로 몸을 삼고, 물로 性情을 삼을 것이라. 이러한 마음의 判斷이 한번 내려지자, 내 귓속에선 강물 소리가 마침내 그치고 말았다. 그리하여, 무려 아홉 번이나 강을 건너게 되었는데도 두려움이 없고 태연할 수 있어, 마치 방 안에서 편안히 앉아있는 것과 같았다.

옛적에 우(禹)가 강을 건너는데, 누런 용이 배를 등으로 져서 지극히 危險했다 한다. 그러나 生死의 判斷이 일단 마음속에 정해지자, 용이거나 지렁이거나, 혹은 그것이 크거나 작거나 간에 아무런 關係도 될 바가 없었다 한다. 소리와 빛은 모두 外物이다. 이 외물이 항상 사람의 耳目에 누(累)가 되어, 보고 듣는 機能을 마비시켜 버린다. 그것이 이와 같은데, 하물며 강물보다 훨씬 더 험하고 위태한 人生의 길을 건너갈 적에 보고 듣는 것이야말로 얼마나 致命的인 병이 될 것인가? 나는 또 나의 산중으로 돌아가 앞내의 물 소리를 다시 들으면서 이것을 經驗해 볼 것이려니와, 몸 가지는데 교묘하고, 스스로 총명한 것을 自信하는 자에게 이를 경계하고자 하는 것이다.

---

* 축(筑) : 거문고 비슷한 현악기.

** 궁우(宮羽) : '宮'과 '羽'는 옛날의 음계 이름.

[제시문 2]

어느 산골에 작고 깊은 우물이 하나 있었습니다. 이 우물은 흔히 볼 수 있는 우물과는 다른 모습이었어요. 우물 벽에는 구멍이 숭덩숭덩 나 있고 돌이 여기저기 삐져나와 있었습니다. 깊은 바닥 한가운데에는 진흙 웅덩이도 있었습니다. 밑바닥 쪽은 언제나 어둑하였지요. 이 우물 안에 페페, 필라, 페트라, 푸투라고 하는 개구리 네 마리가 살고 있었습니다. 좁고 어두운 곳이었지만 네 마리의 개구리가 살기에는 충분했습니다. 개구리들은 이 우물 안에서 아무런 불만도, 걱정도, 다툼도 없이 아주 행복하게 지냈습니다.

개구리들의 삶은 더할 나위 없이 편하고 단순했습니다. 우물 밑바닥에서 개구리들이 고개를 들고 위를 쳐다보면, 가끔씩 가마득히 하늘이 보였습니다. 하늘은 밝고 푸르렀으며, 작고 동그 랬습니다. 개구리들의 먹이는 여기저기 널려 있었습니다. 우물 안으로 날아든 맛 좋은 파리와 날벌레, 벽을 기어 다니는 벌레들은 모두 개구리들의 재빠른 혓바닥의 적수가 되지 못했습니다.

개구리들은 배불리 벌레들을 잡아먹고는 저희들끼리 즐겁게 놀았습니다. 우물 안 진흙 웅덩이에서 팔짝팔짝 뛰어다니기도 했고, 우물 벽을 타고 오르다가 뛰어내리기도 하였습니다. 제 자리에서 발 구르기를 하며 놀다가 싫증이 나면 솟구쳐 뛰어올라 보기도 하였지요. 우물 안으로 빗방울이 내리칠 때면 '개굴개굴' 노래도 부르며 춤을 추기도 했답니다. 그러면서 개구리들은 좁고 어두운 우물과 가마득하게 올려다 보이는 하늘이 세상의 전부라고 생각하였습니다.

어느 날이었습니다. 페페가 친구들과 떨어져서 혼자 우물 벽을 기어올랐습니다. 개구리들은 항상 우물 안에서 놀다가 가끔 벽을 타고 위로 올라가 보기도 하였지만, 캄캄한 구멍이나 불쑥 솟아나온 돌멩이를 중간에서 마주치면 오싹 겁이 나서 더 이상 위로 오르지 못하고, 오던 길로 되돌아 내려오곤 하였습니다. 그러나 페페는 늘 우물 꼭대기로 작게 보이는 하늘이 궁금하였답니다. 그래서 꼭 한번 우물 꼭대기까지 올라가 보고 싶었던 것입니다. 페페는 우물 안의 벽에 붙어 후미진 곳에서 쉬기도 하며 돌 틈을 비집고 벽을 기어오르게 되었습니다. 그리하여 우물 꼭대기 바로 아래에 튀어 나온 돌멩이에까지 도착했습니다. 여기서 페페는 크게 한 번 도약을 해서 위로 뛰어올랐습니다.

그런데 페페는 깜짝 놀랐어요. 예전에 보지 못했던 무엇인가를 보았던 것입니다. 그러나 세상이 너무도 밝아서 페페의 눈을 아프게 할 정도였습니다. 그것은 바로 태양이었습니다. 페페는 놀라서 바로 우물 안으로 황급하게 들어왔습니다. 그리고는 친구들에게로 되돌아가 소리쳤습니다.

'이봐 필라, 페트라, 푸투! 이리 좀 와 봐. 너희들에게 할 말이 있어.'

'페페, 왜 그래? 무슨 일인데?'

'페페, 너 어디 갔다가 오니? 뭐가 문젠데?'

필라와 페트라와 푸투가 뛰어오면서 물었습니다.

'내가 저 꼭대기까지 올라갔었어. 간신히……'

'무슨 소리야? 네가 혼자 어떻게?'

'그런데 저기서 아주 크고 눈부신 빛을 보았어!'

'정말로?'

필라와 페트라가 놀란 눈으로 다가섰습니다.

'그래. 그 빛나는 것을 보는 순간 나는 겁이 나서 눈을 감고 우물 안으로 뛰어 들어온 거야.'

'흥미로운 이야기지만 믿기 어려운 걸?'

페트라가 말했습니다. 필라도 눈을 치켜뜨고는 손을 내둘렀습니다.

'페페, 그건 아니야. 네가 무얼 잘못 본 거지. 우린 여기서 한평생을 살았어. 여기서 우리는 저 꼭대기의 작고 둥그스름한 푸른 하늘만을 보아 왔어. 저것이 우리들 세계의 크기이자 진실이야. 너는 정말로 눈이 멀었구나.'

'그렇지만 내 말은 사실이야.'

페페는 계속 주장했습니다.

푸투는 아무 생각도 없다는 듯이 눈만 두리번거렸습니다. 페트라는 흥미가 없다는 듯이 진흙 웅덩이로 뛰어가 버렸고, 필라도 아무 말을 하지 않고 고개를 갸웃거렸습니다. 페페는 친구들을 설득하기가 힘들다는 것을 알았어요. 그리고 친구들이 그 크고 환한 빛을 스스로 직접 보기 전에는 자신의 말을 믿지 않을 것이라는 결론에 도달했습니다.

'필라, 너도 내 말을 믿지 못하겠니? 제발 내 말을 믿어줘. 네가 직접 한번 저 꼭대기 위로 올라가보지 않을래? 저쪽 오른편 구석으로 돌아가서 돌 틈으로 기어오르면 불쑥 튀어 나온 돌멩이에 도달하게 될 거야. 그 돌멩이까지 오르는 것도 굉장한 힘이 들어. 그러나 그 돌멩이 위에 오르기만 하면 바깥세상을 보기가 쉽지. 거기서 펄쩍 한번 뛰어오르면 우물 바깥으로 나갈 수 있어. 만일 바깥으로 뛰어 나가지 못하고 우물 턱에 걸리면 너는 이 바닥으로 처박히게 될 거고. 자, 봐! 그런데 네가 그 곳에 도달하면 넌 내가 보았던 그 크고 환한 빛을 보게 될 거야! 참, 그 빛을 너무 오랫동안 쳐다보지 마. 네 눈이 상할 걸.'

페페는 흥분된 목소리로 설명했습니다.

'필라, 네가 그걸 보고 오면 페트라도 쉽게 내 말을 믿겠지.'

'그래, 좋아.'

필라가 대답했습니다.

'페페, 그건 너무 위험해. 제발 그만 둬.'

푸투는 겁을 잔뜩 먹고 있었습니다.

그날 오후, 필라는 페페의 말대로 하여도 해로울 게 없다고 결정했습니다. 팔다리 운동을 하고 목을 돌리고 무릎 운동을 하며 몸을 푼 후에, 필라는 벽을 기어올랐습니다. 우물 벽에는 여기저기 어둑한 구멍이 있고 미끈거렸지만, 그럭저럭 올라갈 수 있었습니다. 필라는 튀어 나온 돌멩이 위에 올라서서 크게 한 번 숨을 쉰 후, 힘껏 돌바닥을 박차고 위로 뛰어올랐어요. 그러나 우물 턱에 머리를 부딪치고는 돌멩이 위로 내리박히고 말았습니다. 필라는 머리통이 아팠지만 다시 한번 도전했습니다. '얏!' 하고 뛰어 올라 우물 턱을 간신히 손으로 잡았지만 몸이 다시 미끄러져 내렸습니다. 필라의 도전은 계속 되었습니다. 이 과정이 한 시간이나 되풀이되었고, 필라는 상처투성이가 되었답니다. 어느덧 저녁이 되었습니다. 사방이 어둑해지면서 앞뒤를 분간하기도 어려웠습니다. 필라는 거의 자포자기의 상태였습니다. 정확한 거리를 가늠하는 것도 불가능했고, 무엇보다도 몹시 피곤했습니다. 필라는 그 자리에 주저앉은 채 곧 잠에 빠져 버렸습니다.

필라가 잠에서 깼을 때는 이미 한밤중이었습니다. 그런데 필라는 주위가 훤하게 밝아졌음을 알고 의아해 했습니다. 우물 위로 하늘이 훤하게 트여 있었습니다. 필라는 용기를 얻어 자세를 고쳐 앉고는 다시 몸을 풀기 시작했습니다. 거리를 가늠하고, 약간 뒤로 움츠렸다가, 셋을 센 후에 뒷다리에 있는 힘을 다 주고 솟구쳐 뛰어 올랐습니다. 그리고 멋지게 우물 턱 위에 올라섰습니다.

'페페가 말했던 크고 빛나는 것이 뭐지?'

필라는 하늘을 쳐다보았습니다. 그러자 부드러우면서도 밝고 둥그런 것이 눈에 들어왔습니다. 필라는 몹시도 혼란스러워졌습니다.

'페페가 말한 것이 저건가? 눈이 멀 정도로 밝은 빛이랬는데. 저 빛은 너무도 부드럽고 곱잖아?'

필라는 달을 지긋이 쳐다보았습니다. 그리고는 둥그런 달빛의 아름다움에 도취되고 말았습니다. 한참 뒤에 필라는 사방을 두리번대다가 조심스럽게 다시 우물 안으로 들어왔습니다.

필라가 돌아오자, 페페와 페트라와 푸투는 걱정스런 눈빛으로 필라에게 달려왔습니다.

'그래, 필라야. 너도 그 환하고 강렬한 빛을 봤지?'

페페가 흥분해서 물어보았습니다.

'아니야. 강렬하다니? 무슨 소리를 하는 거야? 그것은 부드러운 느낌이었어. 난 그 빛에서 눈을 떼지 못했다니까.'

'뭐? 2초 이상 빛을 보면 눈이 멀고 만다구.'

'아냐. 그건 크고 둥글고 곱고 부드러웠어.'

'그래? 네가 뭔가 잘못 봤나보다. 그게 아닌데……'

페페가 필라의 말을 가로막았습니다.

'내가 무엇을 보았는지는 내가 알아.'

필라도 지지 않고 페페에게 말했습니다.

이때 페트라가 끼어들었습니다.

'그만들 해. 너희들이 도대체 무슨 소리를 하는지 모르겠다. 난 누구 이야기를 믿어야할지 모르겠어.'

페페는 머뭇거리고 있는 페트라에게 다가섰습니다. 페트라를 설득하는 것이 더 낫겠다고 생각하였습니다.

'페트라, 넌 내 말을 믿지? 내가 제일 먼저 저 꼭대기 위로 나가 보았잖니? 내가 개척자야. 필라는 저기까지 올라가는데 지쳐 쓰러졌었다고 하지 않았니? 정신을 제대로 차리지 못하고 하늘을 쳐다보아서 뭔가 혼동하고 있는 거야.'

페페의 말을 들은 페트라가 고개를 끄덕였습니다. 곁에서 보고 있던 필라가 큰 소리로 말했습니다.

'아냐, 페트라. 그렇지 않아. 내가 분명히 두 눈으로 보았어. 은은하게 빛을 내는 하늘의 둥근 것을 보았다니까. 넌 내 말을 믿어야 돼. 내가 페페보다 뒤에 올라가 보았으니, 내 생생한 경험이 맞지.'

필라가 힘주어 하는 말에 페트라는 둘을 번갈아 바라보면서 어쩔 줄 몰라 하였습니다. 페페와 필라는 서로 자기 말이 맞다고 야단이었습니다. 둘의 논쟁은 페트라가 질릴 때까지 계속되었습니다. 페트라는 더 이상 참지 못하겠다는 듯이 이렇게 말했습니다.

'제발 둘 다 이젠 그만해! 너희 둘 다 옳다.'

'아……'

'음……'

페페와 필라가 서로 얼굴을 바라보면서 말을 더듬었습니다.

'아니면, 둘 다 잘못 생각하고 있을지 몰라.'

페트라는 계속해서 말했습니다.

'내 생각으로는 이 문제를 해결할 수 있는 방법이 하나 있어. 우리 모두가 가서 확인해 보는 거. 우리 모두.'

페트라의 뜻밖의 제안에 둘은 손뼉을 쳤습니다.

'그래, 우리 모두 가보자. 우리 모두.'

'난 필라가 다칠까봐 내내 걱정만 했다. 나는 안 갈래. 너희들이 무얼 보았든지 그게 우리들의 삶과 무슨 상관이니?'

푸투는 그냥 진흙 웅덩이로 들어가 버렸습니다.

페페가 약간 걱정스러운 듯이 물었습니다.

'페트라, 너 정말 저기까지 가 보겠니? 너무 힘들어서 너는 못 올라 갈 거야.'

'난 할 수 있어.'

'좋아. 내 생각도 페트라는 해낼 수 있을 거라고 봐. 푸투는 언제나 저런 식으로 빠지니까 그냥 내버려 둬. 페페, 우리 둘이서 페트라를 도우면 돼.'

필라가 페트라의 손을 잡았습니다.

개구리 세 마리는 다음날 푸투가 채 일어나기도 전에 이른 새벽부터 우물 벽을 기어오르기 시작하였습니다. 처음 예상했던 대로 페트라가 자꾸 뒤처졌습니다. 어려운 등반이었습니다. 방향을 잘못 잡기도 했으며, 이끼에 미끄러지기도 했습니다. 뱀이 옆을 지나가기도 했습니다. 그러나 결코 되돌아가지 않았습니다. 페트라가 몇 번이나 돌 틈으로 미끄러져 내려가는 바람에 필라와 페페가 페트라를 붙잡아 끌어 올려야 했습니다. 우물 꼭대기 바로 아래의 돌멩이 위에 이르기까지 거의 한나절을 보냈고, 돌멩이 위에서 우물 턱으로 뛰어 오르는 데에 힘을 다 쏟았습니다. 개구리들은 끝까지 포기하지 않았습니다. 페트라가 마지막으로 우물 턱으로 뛰어 오르는 순간, 페페와 필라는 뛰어오르는 페트라의 손을 위에서 꽉 잡아 이끌었습니다. 드디어 페트라가 우물 턱 위로 올라왔습니다. 세 마리의 개구리들은 서로 힘을 합쳐 목적지에 도달할 수 있었습니다.

때는 저녁 무렵이었습니다. 해가 서쪽 지평선 위로 넘어가면서 붉게 빛나고 있었습니다. 개구리들은 이 광경을 조용히 지켜보았습니다. 페페와 필라는 아무도 먼저 말을 꺼내려 하지 않았습니다. 페페는 이것이 자신이 전에 보았던, 따가운 빛이 눈부시게 비치던 물체와 똑같은 것이라는 확신을 할 수 없었습니다. 필라 역시 자신이 밤하늘에서 보았던 것보다 이 물체가 확실하게 더 밝다는 것을 알고 있었습니다.

'저기 저게 너희들이 말한 것이니?'

페트라가 물었습니다.

'……'

페페와 필라는 선뜻 대답을 하지 못했습니다.

'여기서 좀 더 기다려보자. 무슨 일이 일어나는지.'

페트라가 제안했습니다.

'좋은 생각이야.'

필라가 대답했습니다.

개구리 세 마리는 처음으로 일몰을 보게 되었습니다. 그 광경은 정말로 장관이었습니다. 이 경험은 말로는 표현할 수 없는 것이었습니다. 잠시 후 하늘에 달과 별들이 빛나기 시작했습니다. 개구리들은 황홀경에 빠졌습니다. 개구리들은 밤을 꼬박 새우며 밤하늘을 쳐다보고 있었습니다. 그리고 다시 새벽이 되자, 빛나는 아침 해가 떠올랐습니다. 사방이 눈부시게 환해지고 나뭇잎들도 반짝거렸습니다. 필라, 페트라, 페페는 실눈을 뜨고 이 빛을 보았고, 점차로 빛에 익숙해지게 되었습니다. 개구리들은 점차로 서서히 새로 발견한 놀라움에 몰입하게 되었습니다. 사방에 나무들과 풀이 우거져 있고, 꽃 위로 나비들이 날고 있었습니다. 페트라가 말했습니다.

'봤지? 너희들 둘이 한 말이 모두 맞네. 우리가 서로 도와 여기까지 올라오기를 잘했어. 이렇게 많은 것을 다 보게 되었으니. 푸투도 같이 있었으면 좋았을텐데'

개구리들은 자신들이 살았던 우물보다 더 넓고 복잡한 새로운 세계가 무한하게 펼쳐져 있다는 것을 알게 되었습니다.

해설

논제의 구성 조건 확인

① 사물에 대한 올바른 인식에 어떻게 도달할 수 있는가를 논술하시오.

* 아래의 내용을 반드시 논술문에 포함시킬 것.

1. ② [제시문 1]에 드러나 있는 사물의 인식 방법에 대하여 자신의 견해를 밝히고, 이에 근거하여 [제시문 2]의 내용을 논할 것.

2. ③ **다음 문장들을 논술에 활용하되, 그 가운데 한 문장을 반드시 직접 인용할 것.**

> 가. 큰 의심을 품지 않는 사람은 큰 깨달음이 없다. 의심나는 것을 쌓아놓고 모호하게 두는 것은 캐묻고 따지는 것만 못하다.
>
> 나. 아는 것을 안다고 하고 알지 못하는 것을 알지 못한다고 하는 것, 이것이 바로 아는 것이다.
>
> 다. 사실인 것은 존재하지 않는다. 존재하는 것은 해석뿐이다.
>
> 라. 진리를 발견하는 것보다도 오류를 인식하는 편이 훨씬 쉽다. 오류는 표면에 나타나 있으므로 쉽게 정리할 수 있지만, 진리는 깊은 곳에 숨겨져 있으므로 그것을 탐구하는 일이 누구에게나 가능한 것은 아니다.
>
> 마. 어떠한 사람의 지식도 그 사람의 경험을 초월하는 것은 아니다.

논제가 상당히 까다롭다. 그렇다 하더라도 논제가 요구하는 조건을 모두 충족시켜야 한다. ②와 ③의 요구 사항을 논술문에 포함시키면서 ①을 논술하도록 한다.

제시문 분석과 문제 설정

1. 제시문 분석

〈제시문 1〉
〈제시문 1〉에 나타나 있는 사물의 인식 방법은 다음 표현들에 집약되어 있다.

"강물 소리란, 사람이 그것을 어떻게 받아들이느냐에 따라 다른 것이다."(a)

"나는 옛날에, 문을 닫고 누운 채 그 소리를 區分해 본 적이 있었다. 깊은 소나무에서 나오는 바람 같은 소리, 이것은 듣는 사람이 清雅한 까닭이며, 산이 찢어지고 언덕이 무너져 내리는 듯한 소리, 이것은 듣는 사람이 흥분한 까닭이며, 뭇 개구리들이 다투어 우는 듯한 소리, 이것은 듣는 사람이 교만한 까닭이며, 수많은 축(筑)*의 격한 가락인 듯한 소리, 이것은 듣는 사람이 노한 까닭이다. 그리고 우르릉 쾅쾅 하는 천둥과 벼락같은 소리는 듣는 사람이 놀란 까닭이고, 찻물이 보글보글 끓는 듯한 소리는 듣는 사람이 韻致 있는 性格인 까닭이고, 거문고가 궁우(宮羽)**에 맞는 듯한 소리는 듣는 사람이 슬픈 까닭이고, 종이창에 바람이 우는 듯한 소리는 듣는 사람이 疑心하고 있기 때문인 것이다. 따라서 이러한 모든 소리는, 올바른 소리가 아니라 다만 자기 흉중에 품고 있는 뜻대로 귀에 들리는 소리를 받아들인 것에 지나지 않는다."(b)

"아, 나는 이제야 道를 알았도다. 마음을 잠잠하게 하는 자는 귀와 눈이 누(累)가 되지 않는데, 귀와 눈만을 믿는 자는 보고 듣는 것이 더욱 밝아져서 큰 병이 된다는 것을 깨달았다…… 소리와 빛은 모두 外物이다. 이 외물이 항상 사람의 耳目에 누(累)가 되어, 보고 듣는 機能을 마비시켜 버린다. 그것이 이와 같은데, 하물며 강물보다 훨씬 더 험하고 위태한 人生의 길을 건너갈 적에 보고 듣는 것이야말로 얼마나 致命的인 병이 될 것인가?"(c)

(a)는 인식 주체의 감각 방식에 따라 사물에 대한 인식이 달라질 수 있음을 말한다. 따라서 사물의 인식방법은 사물을 바라보는 주체의 주관적 감각 의지에 따를 수 있다.

(b)는 (a)를 구체화한 것이다. 바꿔 말하자면 (b)는 (a)의 사물 인식 방식에 따라 다양한 감정을 가질 수 있음을 말하고 있다. 그러나 동일한 사태의 소리라도 어떻게 받아들이느냐에 따라 위험/위기에 처해질 수도 있고 그렇지 않을 수도 있음을 논하고 있다. 위험하게 들리는 것을 마음으로 평정하면 아무 것도 아니라는 것이다. 따라서 "이러한 모든 소리는, 올바른 소리가 아니라 다만 자기 흉중에 품고 있는 뜻대로 귀에 들리는 소리를 받아들인 것에 지나지 않는다"고 말하는 바, 하나의 사물에 대한 주관적 감각 방식은 올바른 것이 아님을 함축한다.

(c)는 소리나 빛 즉 귀와 눈만을 믿는 것은 외물이지 어떤 본질은 아니다는 것을 말한다. 사물을 외물로 판단하는 게 아니라 마음의 성정(性情)으로 다스리는 게 필요하다는 것이다. 그것이 곧 치명적인 병으로부터 해방되는 인식론임을 함축하고 있다.

〈제시문 2〉
〈제시문 2〉는 태양이 하루의 시간이 흐름에 따라 다른 이미지를 보여주고 있음을 말하고 있다. 이것이 지구상에서 볼 때 태양의 하루 시간에 따른 이미지의 변화이다. 전혀 다른 개구리들이 제각기 다른 시간에 처음으로 태양을 보았을 때 자기가 본 시간대의 태양만이 진실인양 말하며 논란을 하기도 했으나, 모두가 합의하여 태양의 하루 전체의 변화하는 이미지를 목격하고서는 시간대에 따른 태양 이미지의 변화가 맞다는 사실을 알게 된다. 결국 세계는 하나의 이미지만을 보여주는 것이 아니라 다양하게 변화되는 양상을 보여줄지라도 하나의 일관된 반복성을 갖는다는 것을 함축하고 있다. 또한 세계에 대한 각각의 경험 내용들은 부분일 뿐이다. 따라서 그 부분들을 연결하여 세계의 전체성을 파악하는 것이 필요함을 함축하고 있다.

2. 문장의 분석

가. 큰 의심을 품지 않는 사람은 큰 깨달음이 없다. 의심나는 것을 쌓아놓고 모호하게 두는 것은 캐묻고 따지는 것만 못하다.
➡ 말 그대로 의심하여 깨달음을 갖자는 것이다.

나. 아는 것을 안다고 하고 알지 못하는 것을 알지 못한다고 하는 것, 이것이 바로 아는 것이다.

➡ 알고 모르고 하는 바를 분명히 밝히는 것이 바로 아는 것이라는 것이다.

다. 사실인 것은 존재하지 않는다. 존재하는 것은 해석뿐이다.

➡ 존재 그 자체는 존재하지 않는다, 다양한 방식으로 해석하는 것만이 존재한다는 것이다. 사실이란 어떤 방식으로 해석하느냐의 문제라는 것이다.

라. 진리를 발견하는 것보다도 오류를 인식하는 편이 훨씬 쉽다. 오류는 표면에 나타나 있으므로 쉽게 정리할 수 있지만, 진리는 깊은 곳에 숨겨져 있으므로 그것을 탐구하는 일이 누구에게나 가능한 것은 아니다.

➡ 진리는 심층 세계에 존재하고 오류는 표면 세계에 다양한 현상으로 존재하므로 오류를 인식하는 것이 더 쉽다는 것이다.

마. 어떠한 사람의 지식도 그 사람의 경험을 초월하는 것은 아니다.

➡ 지식이란 경험을 통해 형성됨을 말한다.

3. 문제 설정(논술문의 구성)

논술문은 논제의 요구 조건에 맞춰 다음과 같이 구성한다.

1단락: 〈제시문 1〉에 드러난 사물의 인식 방법에 대한 논술자의 견해 밝히기
2단락: '〈제시문 1〉에 드러난 사물의 인식 방법에 대한 논술자의 견해 밝히기'에 근거하여 〈제시문 2〉의 내용을 논하기
3단락: 1단락과 2단락에서 진술한 자기 견해를 토대로 하여 '사물에 대해 올바른 인식에 도달하는 방법' 논하기

*주의: 논술 내용 중에 가~마의 문장들을 활용하고 반드시 하나의 문장은 직접 인용하도록 한다.

▪▪ 하나의 예시 답안

〈제시문 1〉에 드러나고 있는 사물의 인식 방법은 외물의 주관적 감각에 현혹되지 않고 마음의 성정(性情)을 통해 사물을 다스리는 것이 올바르다는 것이다. 인식 주체의 감각 방식에 따라

사물에 대한 인식이 달라질 수 있다. 따라서 사물의 인식 방법은 사물을 바라보는 인식 주체의 주관적 감각 의지에 따를 수 있다. 그러나 〈제시문 1〉은 하나의 사물에 대한 주관적 감각 방식은 올바른 것이 아님을 함축한다. 〈제시문 1〉의 필자는 동일한 사태의 소리라도 어떻게 받아들이느냐에 따라 위험/위기에 처해질 수도 있고 그렇지 않을 수도 있음을 논하고 있다. 위험하게 들리는 것도 마음으로 평정하면 아무 것도 아니라는 것이다. 사물을 외물의 경험으로 판단하는 게 아니라 마음의 성정(性情)으로 다스리는 게 필요하며, 그러할 때 곧 치명적인 병으로부터 해방될 수 있다는 것이다. 이러한 인식 방법은 위험 상황을 극복하는 하나의 방법은 될 수 있을 것이다. 그러나 사물의 세계를 감각하고 다양한 경험들을 표현하는 인식의 차이들에 대해서는 어떻게 설명할 수 있을지 의심스럽다. 나는 일단 사람들마다 다르게 받아들일 수 있는 것은 다르게 받아들이도록 하는 태도가 옳다고 본다.

〈제시문 2〉의 개구리 우화의 논지는, 이 세계는 부분적 경험들에 의해 서로 다르게 보이지만 하나의 전체적인 흐름으로 연관되므로 전체성을 파악할 필요가 있음을 시사하고 있다. 오늘날의 사회는 더욱 더 복잡해지고 전문화되어 이 세계의 전체성을 파악하기 힘들다. 각자의 영역에 해당되는 부분만 알고 다른 영역은 알지 못하도록 신비화되고 있는 현실이다. 로크의 말마따나 자기 경험이 곧 자기 지식의 전부일 수 있다. 이것은 전문화라는 장점도 있지만 자기 세계만을 고집할 경우 타자의 세계를 보고 인정할 줄 모르는 바보 현대인이 될 수 있다는 단점도 있다. 그러나 이 복잡한 세계에서는 전체성이라는 하나의 본질만을 아는 것도 문제가 있다. 서로 차이나게 감각의 세계를 인식할 수 있는 것은 차이를 존중해주어야 한다. 외물은 외물대로 본성을 가지되 독자성을 가진다. 사물의 세계는 다양한 경험들로 인식할 수 있고 다양한 경험들 자체가 다양한 문화로서 가치를 갖는다. 위험과 위기를 극복한다고 하여 다양한 경험과 차이를 무시하게 될 경우 마음의 성정이 아닌 마음의 파시즘으로 지배당할 수 있다. 전체성은 단일성을 의미하는 게 아니라 일관성을 가지되 차이들의 시공간적 다양성을 의미한다.

괴테는 이렇게 말한 바 있다. "진리를 발견하는 것보다도 오류를 인식하는 편이 훨씬 쉽다. 오류는 표면에 나타나 있으므로 쉽게 정리할 수 있지만, 진리는 깊은 곳에 숨겨져 있으므로 그것을 탐구하는 일이 누구에게나 가능한 것은 아니다." 이러한 괴테의 인식론은 현상과 본질이라는 이분법적 탐구로서 서구에서는 오래된 전통이며, 사물의 올바른 인식 방법으로 자리잡기도 했다. 그러나 오늘날에 있어서 사물의 이미지, 기호, 몸 등에 대한 탐구가 시작되고, 인간을 하나의 본질로서 보기보다는 다양성을 갖는 차이의 존재로 보기 시작하면서 각각의 현상이 거처하는 곳에 각각의 진실이 있음을 인식할 수 있게 되었다. 오류란 비진리가 아니라 진리 자체일 수도 있는 것이다. 더구나 사실인 것은 존재하지 않고 존재하는 것은 해석뿐이라면, 진리란 해석된 진리인 것이다. 사물에 대한 마음의 성정도 필요하지만 다양한 경험들, 차이의 경험들을 진리로 받아들이고, 그 하나하나의 진리를 진리의 전체성을 구성하는 하나로 인식하는 태도가 필요하다. 진리란 각자 독립성을 지니면서도 전체성 속에 얽혀 있기 때문이다.

도전 문제 1

난이도 ★★★★★ 해설 및 예시 답안 → 149쪽

아래 제시문의 공통된 주제를 찾아 각 제시문을 분석하면서 사회문화 현상에 적용하여 논술하시오. (1,800자 안팎. 150분. 답안지 본문에 본인을 알릴 수 있는 어떠한 표기도 하지 말 것.)

(가)

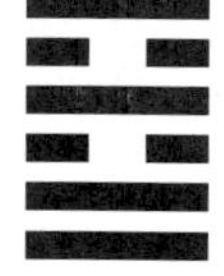
『주역』의 화택규(火澤睽) 괘는 태하리상(兌下離上)의 괘다. 상리괘(上離卦 ☲)는 불(火)이고 하태괘(下兌卦 ☱)는 연못(澤)이다. [……] 규(睽)는 노려볼 규. 등지다, 배반하다의 뜻. 곧 서로의 의견이 어긋나서 반목하다, 노려본다는 의미다. [……] 불은 위로 타오르고 물은 밑으로 흘러가니 이것은 서로의 의사가 합쳐지지 않고 반목해서 서로 배반하는 상태다. [……] 규괘를 한 개인으로 보고 해석하면 곧 그 마음이 순일(純一)하지 못해서 사욕과 도리(道理)가 갈등하므로 생각이 통일되지 못해 바른 길을 못 찾는 상태다. 이래서는 원만한 인격을 이루기 어렵다. 집단이나 한 국가로 보고 해석해도 내용은 같다. [……] 군자는 이 상(象)을 법도로 삼아, 귀결되는 바는 설사 같다 할지라도 그 하는 일은 다르다는 것을 잘 알고 선처해야 한다. [……] 사람이 행복을 구하는 뜻은 비록 같다 해도 그 행위는 모두 다르다. '같으면서 다름'(同而異)은 이런 의미다. [……] 이 우주와 인생에는 시간과 공간, 환경의 변화 때문에 동일한 것이라곤 존재할 수 없다. '하늘이 인간에게 부여한' 인성(人性)도 비록 근원은 동일할지라도 말단에 이르러서는 서로 어긋남이 생기는 것이 사실이다. 규괘는 이런 도리를 보여주고 있다. 그 어긋남을 인식하면서 화협(和協)의 도리를 찾아야 한다. [……] 규의 상태는 고금왕래(古今往來)에, 인류사회에 면면히 계속되고 있다. 「단전」에는 [……] '다르면서 같음'(異而同)의 도리를 말했으며 「대상전」에는 '같으면서 다름'(同而異)을 말했으니, 이 도리를 터득하면 인간만사에 통용되어 큰 허물을 범하지는 않으리라고 생각한다. 그러므로 성인이 "어긋남(睽)의 때의 쓰임이 위대하다"라 했다. [……]

「계사전」에서는 "나무를 굽혀 활을 만들고 나무를 깎아 화살을 만들어서 활과 화살을 이용함으로써 천하를 위협하니, 아마 이것은 규괘에서 취함이니라"고 언급하였다.

—— 남동원, 『주역 해의』에서

(나)

태초에 하나님이 인간을 창조하실 때
축복의 단지를 곁에 두시고, 말씀하시길,
"줄 수 있는 모든 것을 그에게 주겠노라,

이 세상 여기저기 흩어진 부를

이 한 줌에 다 모으리라."

그래서 먼저 힘이 길을 뚫자, 이어서 아름다움,

다음엔 지혜, 명예, 쾌락이 흘러 들어갔다.

거의 동이 날 무렵, 하나님은 잠시 멈추셨다.

모든 보물 중에 혼자만 남아,

안식이 맨 바닥에 있음을 보시고.

그리고 말씀하시기를, "만약 내가

이 보석조차 인간에게 부여한다면,

나보다도 내 선물들을 더 숭배할 것이니,

자연을 지은 하나님 대신, 자연에서 안식할 것이요,

결국 우리 둘 다 패배자가 되리라."

"그러므로 다른 축복은 누리나,

늘 목마른 불안에 젖게 하리라.

인간은 풍요롭되 피로에 시달리게 하라. 그리하여 적어도,

선(善)이 그를 인도치 못하면, 피로함이 그를

내 품에 던질 수 있도록."

— 조지 허버트, 「도르래」에서

(다)

우리는 어린아이들에게 나타나는 불안의 현상 가운데 몇 가지만을 알고 있으므로 우리의 관심을 그런 현상들에 국한시켜야 한다. 예를 들자면 그런 현상들은 아이가 혼자 있거나 어두운 곳에 있거나 또는 어머니처럼 아이가 잘 알고 있는 사람 대신 알지 못하는 사람과 함께 있을 때 나타난다. 이 세 가지 예들은 단 한 가지의 조건, 즉 아이가 좋아하고 갈망하는 누군가가 없다는 느낌에 사로잡히는 경우로 축약할 수 있다. [……] 좀 더 깊이 생각해 보면, 대상상실의 문제 외에도 더 고찰할 것이 있다. 어린아이가 어머니의 존재를 확인하고 싶어 하는 이유는 단지 어머니가 자기의 모든 욕구를 지체 없이 만족시켜 준다는 사실을 경험으로 알고 있기 때문이다. 그러므로 아이가 위험으로 느끼고 보호받고 싶어 하는 상황은 욕구로 인해 긴장이 증가하고 있지만 스스로는 아무 해결도 할 수 없는 만족스럽지 못한 상황이다. [……]

자극이 심리적으로 해소되지 못한 채 불쾌감을 유발하는 만족스럽지 못한 상황이 아이들에게는 필경 태어날 때의 경험과 유사할 것이고, 따라서 위험상황의 되풀이로 받아들여질 것이다. [……] 해소되어야 할 자극이 축적되는 것, 이것이 위험의 진정한 본질이다. 이로부터 불안의 반응이 나타난다. 불안은, 출생 시 이 반응이 체내의 자극을 해소하기 위해 폐를 활성화시켰던 것

과 마찬가지로, 어린아이 또한 축적된 자극을 호흡기관과 발성기관으로 돌려 엄마를 부르게 되는 과정을 유도한다.　　　　　　　　　— 지그문트 프로이트, 『억압, 증후 그리고 불안』에서

(라)

위대한 발견은 생각들이 서로 부딪히고 경계가 허물어지면서 생겨난다. 플람스테이드와 핼리의 실용적인 천문학 해석은 뉴턴으로 하여금 혜성의 움직임을 이론적으로 설명해내게 했고, 그 후 하늘에 있는 모든 물체들 상호간에 작용하는 만유인력 법칙을 주장하게 하였다. 혹성과 혜성들의 궤도가 공히 타원형인 이유는 이 법칙 때문이라는 것을 밝힌 것이다. 그러나 뉴턴의 이 '중력론'은 주어진 데이터에 대한 전적으로 순수과학적인 논증은 아니었다. 사뭇 신비롭게 들리는 이 '보이지 않는 인력' 개념은 유럽 전역이 유달리 불안정했던 때인 17세기 후반에 당혹스러울 정도로 자주 나타났던 혜성에 대해 우주적 신비 등을 내세워 설명하려던 미신장이들의 영향도 적지 않게 받았다.

『자연철학의 수학적 원리』의 초판에서 뉴턴은 우주의 조화와 균형이 곧 깨어질 수도 있다고 암시한 바 있다. 그 예로 최근 하늘에 나타난 일련의 놀라운 현상들, 즉 혜성의 잦은 출현을 들었다. 그리고 핼리는 1697년에 영국 왕립학회에 발표한 논문에서, "지구에 혜성과 같은 크기의 물체가 충돌할 때"의 효과를 "다시 태초의 카오스 상태로 지구가 환원될 수도 있는" 규모라고 설명했다. 특히 1680~81년 혜성은 두 사람 모두에게 중요한 사건이었다. 뉴턴도 여든 살이 넘었을 때 조카 존 컨듀잇에게 1680년에 태양을 스치듯 비껴간 혜성에 의해 지구가 거의 멸망할 뻔했다고 말했다. 그 혜성이 중력에 의해 태양으로 끌려들어갔더라면 그 결과 지구는 엄청난 화염으로 멸망했으리라는 것이다. 핼리도 같은 생각이었다. [……]

핼리와 뉴턴은 둘 다 1680년에 왔던 혜성이 다시 나타나는 미래의 어느 시점에 결국 "그 혜성의 여파"로 지구가 종말을 맞이할 것이라고 믿었다(핼리의 계산에 의하면 그 혜성이 궤도를 한 바퀴 도는 기간은 575년이었다). 컨듀잇은 뉴턴과의 대화를 다음과 같이 기록한다.

"언제 이 혜성이 태양으로 떨어질 지 알 수는 없네. 어쩌면 그 혜성이 대여섯 바퀴는 더 돌고 난 후일 수도 있지. 그게 언제이건, 혜성이 떨어진다면 태양의 열은 치솟아 지구는 다 타버리고, 생명체란 하나도 살아남지 못할 것이네."　　— 리자 자딘, 『기발한 탐구: 과학혁명의 구축과정』에서

도전 문제 2

난이도 ★★★★★ 해설 및 예시 답안 → 153쪽

I. 〈제시문 1〉과 〈제시문 2〉 각각의 핵심내용을 설명하시오.

II. 〈제시문 1〉의 입장에서 〈제시문 2〉의 입장을 비판하고, 〈제시문 2〉의 입장에서 〈제시문 1〉의 입장을 비판하시오.

III. 〈제시문 1〉과 〈제시문 2〉중 하나를 선택하고, 아래 [표 · 그림 1]과 [표 · 그림 2] 중 그와 연관성이 높다고 판단되는 것을 찾아 그 이유를 설명한 후, 그 표 · 그림이 시사하는 내용을 해석하시오.

IV. [표 · 그림 1] 과 [표 · 그림 2] 에서 공통적으로 지적된 사회적 병리현상을 치유할 수 있는 방안에 대해서 III.에서 선택한 제시문의 입장에 근거하여 자신의 견해를 논술하시오.

■ 유의 사항

1. I부터 IV까지 문제의 번호를 쓰고 순서대로 답할 것.(문제당 배점은 동일함)

2. 연필을 사용하지 말고, 흑색이나 청색 필기구를 사용할 것.

3. 인적사항과 관련된 표현을 일절 쓰지 말 것.

〈제시문 1〉

인간을 오로지 〈인간〉으로 되게 하는 것은 생명의 한 새로운 단계가 아니라, 모든 각각의 생명 일반에 대해서, 또한 인간의 생명에 대해서도 대립되어 있는 원리이며, 이 원리는 그 자체로는 전혀 〈자연적인 생명의 진화〉로 환원될 수 없다. 그리스인들은 이미 이러한 원리를 주장하였으며 이 원리를 〈이성〉이라고 불렀다. 다시 말해서 정신이라는 말이다. 정신은 자유라는 것, 다시 말해서 정신은 강제로부터, 압력으로부터, 유기적인 것의 예속으로부터, 생명으로부터, 생명에 속하는 모든 것으로부터, 따라서 또한 그 자신의 충동적인 〈지능〉으로부터 해방되어 있다는 것이다. 이 자유는 정신의 현존재의 중심체로부터의 자유이기도 하다. 그러므로 〈정신적〉 존재는 충동과 환경의 구속을 받지 않으며 〈환경으로부터 자유롭다〉. 따라서 이것을 〈세계가 열려져 있는 것〉이라고 부르기로 하자. 그러한 존재는 세계를 가지고 있다. 반면에 동물은 환경만을 가지고 있고 이 환경 속에 몰아적(沒我的)으로 몰두한다.

인간이 실행할 수 있는 정신적 활동은 동물적인 신체의 도식과 그것의 내용이 매우 단순한 보고에 그치고 마는 것과는 반대로, 제2의 차원과 단계의 반사활동에 본질적으로 결부되어 있다. 우리는 이러한 활동을 〈집중〉이라고 부르기로 하자. 그리고 이 활동과 그것의 목표, 즉 〈자기집중〉의 목표를 총괄하여 〈자기 자신에 의한 정신적 활동중심의 의식〉 또는 자기의식이라고 부르기로 하자. 동물은 식물과 달리 의식을 가지고 있지만, 아무런 자기의식도 가지고 있지 않다. 동물은 자기를 소유하지 못하며 자기를 제어할 수 없다. 그래서 동물은 자기조차도 의식하지 못한다.

집중, 자기의식 그리고 근원적 충동저항을 대상화할 수 있는 능력은, 서로 분리시킬 수 없는 하나의 유일한 구조를 구성하고 있다. 이러한 구조 자체는 오로지 인간만의 특징이다.

이와 같이 자기를 의식하게 되는 것, 즉 자기의 실존을 새롭게 반전(反轉)시키고 집중시키는 것은 정신이 가능하게 하는 것인데, 이러한 것으로 인간의 두 번째 본질적 징표가 주어진다. 우리가 〈인간〉이라고 부르는 존재는 자신의 정신에 의해 환경을 세계존재의 차원으로 확대하고 저항들을 대상화할 수 있을 뿐만 아니라 또한 그 자신의 생리적이고 심리적인 성질을 다시금 대상화할 수 있다. 또한 모든 개별적인 심리적 체험과 또 자기 생명의 기능들 자체가 갖고 있는 모든 개개의 기능을 다시금 대상화할 수 있다. 바로 그렇기 때문에 이 존재는 자기의 생명조차도 자기 자신으로부터 자유롭게 던져버릴 수 있다. 동물은 듣고 보지만, 자기가 듣고 보는 것을 알지 못한다. 동물의 심리는 기능하고 살아 있어도, 동물은 결코 심리학자와 생리학자가 될 수는 없다. 우리는 어느 정도까지 동물의 정상적인 상태 속으로 들어가 보기 위해서 인간에게서 대단히 드문 몰아적 상태 즉 의식이 희미해지는 최면에 빠졌을 때, 특정한 마약을 복용했을 때, 정신을 의식적으로(즉 이미 정신의 도움으로) 마비시키는 기술, 예컨대 모든 종류의 주술적인 예식을 생각해 보지 않을 수 없다. 동물은 또한 그의 충동적 자극을 그의 충동으로 체험하는 것이 아니라, 환경의 사물들 자체로부터 생겨나오는 역동적인 견인과 반발로 체험한다. 심지어 어떤 심적인 특성에서 보면 아직도 동물에 가까이 있는 원시인조차도, 〈나는 이러한 사물을 싫어한다〉고 말하지 못하고 〈이 사물은 타부(금기사항)〉라고 말한다. 동물의 의식에서 보면 환경의 현상물에서 나오는 이러한 유혹과 배척만이 존재할 뿐이다.

〈제시문 2〉

까뮈(A. Camus)는 진지하게 논의되어야 할 유일한 철학적 문제는 자살이라고 하였다. 그러나 이것은 그가 의도한 엄격한 뜻으로 받아들인다 해도 결코 옳은 말은 아니다.

생리학과 진화의 문제에 관심 있는 생물학자는 자의식은 뇌의 시상하부(視床下部)와 대뇌변

대상화

가령 현대철학자 메를로 퐁티는 기존의 철학이 세계를 명백하게 그 자체로, 철저하게 주체와 객체라는 이분법으로 양분시켜 놓았다고 말한다. 모든 사물을 대상화(객체화)시켜 정신과 물질, 몸과 마음, 인간과 신 사이에 건널 수 없는 간극을 만들었다는 것이다. 그는 우리가 세계를 지각한다고 할 때 그 세계를 객관적으로 독립해서 존재하는 실제로 지각하는 것이 아니라 내가 세계를 지각함과 동시에 세계라고 하는 범위 내에서 내가 지각되는, 우리와 세계와는 상호 지향적으로 얽혀있는 체험된 몸으로서의 존재로 파악하였다. 이처럼 대상화는 사유의 주체인 나를 세계와 분리해 놓으며 결국 나를 소외시킨다.

연계(大腦邊緣系)에 있는 정서중추에 의해 제어되고 형성된다는 것을 알고 있다. 이 중추들은 우리의 의식을 미움, 사랑, 죄의식, 공포 등의 모든 감정으로 채우고 있고 윤리철학자들은 이러한 감정에 의존하여 선악의 기준을 직관하고 있다. 그러면 우리는 무엇이 이 시상하부와 대뇌변연계를 만들어냈느냐 하는 의문을 제기하지 않을 수 없다. 그러나 이들은 바로 자연선택에 의해 진화되어 온 것이다. 따라서 자아의 존재나 이 자아를 종식시키는 자살은 결코 철학의 중심과제는 아닌 것이다. 시상하부와 대뇌변연계 복합체는 자연히 이러한 논리적 환원을 부인하고, 자살을 죄의식과 이타성의 감정으로 본다. 이 점에서는 진화적으로 긴 시간에 걸쳐 볼 때 개개의 생물이 거의 아무것도 아닌 것으로 알고 있는 철학자 자신의 정서적 중추가 그의 유아론자(唯我論者)로서의 자각보다 현명하다고 할 수 있겠다. 다윈주의(Darwinism)의 의미에서 볼 때 생물은 그 자신을 위해서 살고 있는 것은 아니다. 생물의 주요 기능은 결코 다른 생물을 재생산하는 것이 아니고 단지 유전자를 재생산하는 것이며, 따라서 생물은 유전자의 임시운반자로서의 역할을 하고 있다. 유성생식으로 만들어진 생물은 각기 특유의 존재로서 그 종을 구성하는 모든 유전자를 기초로 하여 우연하게 구성된 유전자 조합이라 할 수 있다.

그러면 자연선택 과정에서 어떤 유전자들을 그 다음 세대에 더 높은 비율로 물려줄 수 있는 어떤 장치가 생긴다면 그것이 어떤 장치이건 결국 그 종으로 하여금 어떤 특징을 갖도록 해줄 것이다. 그래서 어떤 부류의 장치는 개체의 수명을 연장시키는가 하면 다른 장치는 우수한 교미행동과 그 결과 생기는 자식의 보호를 촉진하기도 할 것이다. 생물의 복잡한 사회행동이 유전자들의 자기복제 기술에 첨가되면 이타성은 보다 증가되어 결국 극단적인 형태로 발전하게 될 것이다. 이 점이 바로 정의상으로 개체의 적응도를 감소시킨다고 하는 이타성이 과연 어떻게 자연선택에 의해 진화할 수 있는가 하는 사회생물학의 중심적 이론문제가 된다. 이에 대한 대답은 바로 혈연적 이유이다. 즉 이러한 이타성을 유도하는 유전자를 같은 혈통의 두 개체가 공유하고 또 그 가운데 한 개체의 이타행동이 이러한 유전자들의 그 다음 세대에 대한 공동의 공헌을 증대시킨다면 이타성의 경향은 그 유전자 푸울(gene pool)에 널리 확산될 것이다.

까뮈는 그 자신에 대한 질문, 즉 '부조리는 죽음을 명하는가?' 에 대해서 정상에 도달하기 위한 투쟁은 그 자체가 이미 인간의 마음을 충족시키는 데 충분하다고 답하고 있다. 이 무미건조한 판단은 아마 맞을지도 모르나 이 말은 진화론에 비춰 면밀히 검토되지 않는 한 어떤 의미도 거의 갖지 못할 것이다. 사람과 같이 고도로 사회성이 있는 종(種)의 시상하부–대뇌변연 복합체는 그에게 잠재해 있는 유전자들이 개체의 생존, 번식 그리고 이타성을 능률적으로 발현시키는 행동반응들로 편성될 때에만 최대로 번식할 수 있다는 것을 알거나 아니면 더 정확히 말해서 마치 아는 것처럼 행동하도록 프로그램되어 있다. 따라서 어떤 생물이 긴장으로 가득 찬 상황에 놓이게 되면 뇌의 이 중추복합체는 의식으로 하여금 그 생물을 상반감정의 공존상태로 몰아넣는다. 애정이 증오에 섞이고, 공격성은 두려움에, 확장은 후퇴에 합쳐져 이들의 혼합은 개체의 행복과 생존을 증대시키는 것이 아니고 이들 감정을 조절하는 유전자들의 전달을 최대한으로 돕게 된다.

[표 · 그림 1] 한국의 1996~2002년도 자살률 및 평균수명

연도	자살률(명) [인구10만명당]	평균수명(년)
1996	12.9	73.96
1997	13.1	74.39
1998	18.5	74.97
1999	15.2	75.55
2000	13.7	76.04
2001	14.6	76.53
2002	18.1	77.00

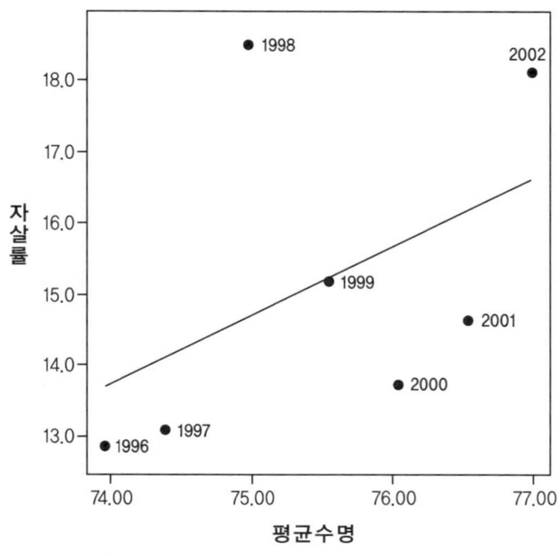

우측 그림은 좌측 표의 평균수명과 자살률을 점으로 표시한 것임.
　[예: 1999년의 평균수명은 75.55년(수평축), 자살률은 15.2명(수직축)]
　[주: 우측 그림 안의 직선은 전체적인 추세를 나타내는 선임.]

[표 · 그림 2] 미국의 1995~2002년도 자살률 및 실업률

연도	자살률(명) [인구10만명당]	실업률(%)
1995	11.9	5.6
1996	11.6	5.4
1997	11.4	4.9
1998	11.3	4.5
1999	10.7	4.2
2000	10.7	4.0
2001	10.8	4.8
2002	11.0	5.8

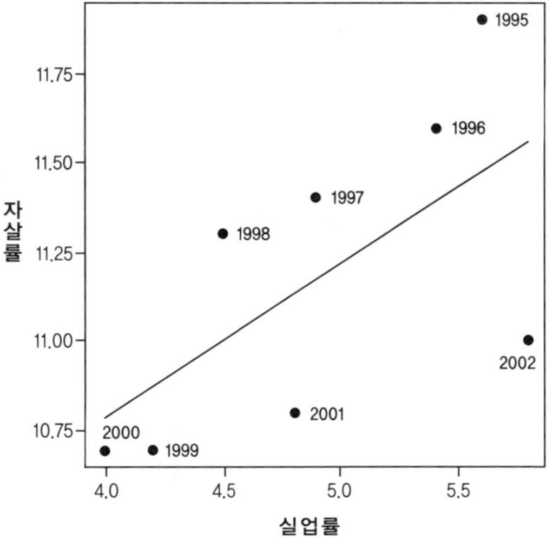

우측 그림은 좌측 표의 실업률과 자살률을 점으로 표시한 것임.
[예 : 1997년의 실업률은 4.9%(수평축), 자살률은 11.4명(수직축)]
[주 : 우측 그림 안의 직선은 전체적인 추세를 나타내는 선임.]

도전 문제 3

난이도 ★★★★☆   해설 및 예시 답안 → 157쪽

제시문 (가)~(라)를 읽고, 다음 지시에 따라 한 편의 완결된 글로 논술문을 작성하시오.

- (가)의 내용을 정리하여 논술문의 도입부로 삼고,
- (나)와 (다)의 견해가 어떻게 다른지 설명한 후 자신의 입장을 밝히고,
- (라)의 내용에 대해 (가)의 주제와 연관시켜 자신의 견해를 논술하시오.

(가) 우리는 누가 누구인지 어떻게 알아내는가? 우리는 지금 여기 있는 사람이 어제 여기 있던 그 사람인지에 대한 의문을 어떤 증거들로 해결하는가? 만약 다른 증거들이 정반대의 결론을 지지할 때 우리는 어떻게 해야 하는가? 한 가지 증거는 기억이다: 만약 당신이 어떤 일을 했음을 기억할 수 있거나, 혹은 적어도 기억하고 있는 것처럼 보인다면, 그 일을 한 사람은 아마 당신일 것이다. 또 다른 증거는 물리적인 계속성이다. 만약 그 일을 한 사람이 당신처럼 여겨진다면, 또는 만약 그 사람이 어떤 의미에서 물리적으로, 시공간적으로 당신과 연속하고 있다면 그것은 그 사람이 당신이라는 증거이다. 어느 것이 더 근본적인 것인가? 예를 들어, 기억만으로 증거를 뒷받침할 수 있는가? 아니면 그것은 삼자인, '신체적인' 증거에 반대하여 확인될 수 있는 경우에 한해서만 증거로 간주되는가?

(나) 인간은 생각할 수 있는 '정신적 존재'이며, '윤리적 존재'이다. 짐승은 필요한 만큼 먹고 마시며 과식을 하지 않으나, 인간은 과음 과식을 하여 소화불량에 걸릴 수도 있다. 짐승은 본능에 따라 욕구를 쉽게 자동 조절할 수 있으나, 인간은 그때그때마다 자기 반성, 즉 정신적 활동을 통해서 자기를 제어해야 한다. "사람이 된다."는 우리말 속에 이미 윤리성이 들어 있다. '사람다운 사람'이라는 말은 인간이 본질적으로 윤리적 존재임을 보여 주고 있다. [……] 인간은 대체로 육체적 욕구를 가진 점에서는 동물과 비슷하지만, 도덕적·정신적인 면에서는 동물의 범주를 벗어난다고 할 수 있다. 다시 말해서, 모든 동물은 본능적으로 행동하는 데 비하여, 인간은 의식적으로 행위하며, 스스로 가치를 추구하고 정신적으로 행동할 수 있다.

(다) 자연 서식지에 살고 있는 야생동물은 정상적인 상황에서는 결코 자해행위나 자위행위를 하지 않고, 어버이나 자식을 공격하지도 않으며, 위암에 걸리거나 비만에 시달리거나 동성애 관계를 맺거나 자살하지도 않는다. 그런데, 구태여 말할 필요도 없는 일이지만 도시에 거주하는 인간들 사이에서는 이런 일들이 모두 일어난다. 그렇다면 이것은 인간과 다른 동물의 근본적인

차이를 드러내는 것일까?

얼핏 보기에는 그런 것 같다. 하지만 여기에 현혹되어서는 안 된다. 다른 동물들도 좁은 곳에 갇혀있는 부자연스러운 상황에서는 이런 식으로 행동하기 때문이다. 동물원 우리 속에 갇혀있는 동물들은 인간사회에서 너무나 흔히 볼 수 있는 이런 비정상적인 행동들을 모두 보여준다. 그렇다면 도시는 콘크리트 정글이 아니라 인간 동물원인 게 분명하다.

우리는 도시 거주자와 야생동물을 비교할 게 아니라, 도시 거주자와 우리에 갇힌 동물을 비교해야 한다.

(라) 진화에 개입하려는 인류의 의지가 최근에 와서 생긴 것은 아니지만, [······] 오늘날에는 인간의 정체성을 일정한 방향으로 유도하기 위한 처치의 가능성이 좀 더 구체화되고 개별화되었다. [······] 예컨대, 성범죄자의 사회적인 위험성이 실제 수술이 가능한 뇌의 어떤 성분에서 기인한다면, 종신 감금과 재범 사이에서 선택하느니 차라리 왜 수술을 택하지 않겠는가?

[······] 정말 매력적인 것은 태어나기도 전, 심지어 수태도 되기 전에, 23쌍의 염색체가 실어 나르는 수천만 개의 유전자 중의 어떤 것들을 미리 조작할 수 있는 가능성이 점점 커지고 있다는 점이다. 그로부터 한편으로는 '멋진 신세계'에 대한 소름끼치는 비전이 생겨난다. [······] 유전자 복제를 통해 각기 특수한 임무를 만족스럽게 수행할 수 있는 인간 부류를 미리 결정하는, 그래서 모두가 행복해지는 그런 세계에 대한 비전 말이다. 또는 부모들이 자기들의 이상에 맞는 아이를 선택할 수도 있을 것이다. 다른 한편으로는, 결함 있는 유전자를 건강한 유전자로 대체하는 방법을 써서 끔찍한 유전병들을 줄여나가고, 궁극적으로는 사라지게 만든다는 목표가 등장한다.

도전 문제 4

난이도 ★★★★☆ 해설 및 예시 답안 → 159쪽

〈가〉의 그림과 설명이 의미하는 바를 요약하고, 이를 바탕으로 〈나〉에 제시된 데카르트의 논지를 구체적으로 비판한 후, 〈가〉와 〈다〉를 참고하여 미래 사회에서 새롭게 설정될 인간의 정체성 및 인간과 기계의 상호 관계에 대하여 논술하시오. (1,600~1,700자)

〈가〉

(그림 1: 소녀와 컴봇)

(그림 2: 미래의 휴머노이드)

(그림 1)은 한국에서 개발한 휴보라고 하는 초기 단계의 컴봇이다. 컴봇은 컴퓨터와 로봇을 결합한 것이다. 이렇게 하면 컴퓨터는 사람처럼 움직일 수 있는 몸을 가지게 된다. 컴봇은 인간과 비슷한 수준의 사고 능력을 가진 존재로 진화할 것이다. 사고 능력을 가진 컴봇은 학습이 가능하며, 사람과 협동하여 새로운 세상을 만들어 갈 수 있다. 소형화 기술과 컴퓨터 설계 기술의 눈부신 발전으로 컴봇은 병렬 계산을 통해 일반적인 사고를 더 빨리 처리할 수 있다. 이 점은 예를 들어 체스 시합 중에 게임의 규칙이 바뀌어도 그에 대해 유연하게 대처할 수 있다는 것을 의미한다. 오늘날 컴봇은 체스 세계 챔피언과 경쟁한다.

허버트 사이먼과 엘런 뉴웰과 같은 뛰어난 인공지능 과학자들은, 컴봇은 인간이 할 수 있는 것을 모두 다 할 수 있다고 말한다. 그들에 따르면 컴봇은 어떤 문제에 대해서도 그 나름의 해결책을 고안할 수 있고, 따라서 일반화된 사고를 할 수 있으며, 인간과 마찬가지로 끊임없이 진화를 계속할 수 있다는 것이다. 또한 그들은 이런 맥락에서 컴봇이 인간의 모든 행태를 흉내 낼 정도로 진화한다면 그것은 인간과 동등하다고 주장한다.

(그림 2)는 미래 휴머노이드의 가상적인 이미지이다. 휴머노이드란 그 모습뿐만 아니라 사고와 행동까지도 인간과 구별하기 힘들 정도로 진화된 컴봇이다. 미래의 휴머노이드는 고도로 상호작용적이고 다양한 임무를 효율적으로 수행할 것이다.

그런데 미래 우리 삶에 중요한 문제는 우리가 휴머노이드를 어떻게 바라보게 될 것인가와 인간은 무엇인가에 대한 궁극적 물음이다. 우리가 과연 휴머노이드를 존중해야 할 독립적인 사회적 존재로 생각하게 될 것인가? 또는 휴머노이드가 인간처럼 그들만의 사적인 세계를 갖게 될지, 내면적이고 주관적인 의식 상태를 즐기게 될 것인지에 대해서도 끊임없는 성찰이 필요할 것이다.

〈나〉

17세기 동물과 기계에 대한 인식의 전환을 가져온 논의의 중심에 데카르트가 있었다. 인간은 이성이 있기 때문에 동물과 다르다고 말한 그는 인간 이외의 동물을 기계로 간주했다. 데카르트는 다음과 같이 인간과 기계를 구별한다.

지금까지 나는 만약에 원숭이 또는 이성이 없는 다른 동물의 모양과 기관을 가진 기계가 있다면, 이 기계가 동물이 아니라고 말할 방법이 없다는 것을 보이려고 노력했다. 그러나 우리의 몸과 비슷한 모습을 하고, 가능한 한 우리의 행동을 모방하는 기계가 있다면, 이런 기계는 인간이 아니라는 것을 알 수 있는 두 가지 확실한 방법이 있다.

첫째, 기계는 우리가 하듯이 자신의 생각을 나타내기 위해 말이나 신호를 사용할 수 없다. 물론 말하는 기계를 만들 수도 있고, 기계에 가해진 물리적 행위에 적절한 말로 대응하게 만드는 것도 가능하다. 예를 들어 어떤 부분을 건드리면 기계는 무엇을 원하느냐고 되물을 수도 있고, 다쳤다고 울거나 그 비슷한 일을 하게 할 수도 있다. 그러나 이런 기계도 인간처럼 상황에 맞게 말을 바꾸지는 못한다.

둘째, 비록 그 기계가 인간만큼, 또는 더 잘, 많은 일을 할 수 있어도, 기계는 인간처럼 이성에 의해 움직이지 않고 내부 장치의 배치에 따라 움직인다는 것을 알게 될 것이다. 왜냐하면 이성은 모든 상황에서 사용할 수 있는 보편적인 도구인 반면에, 기계는 그런 일을 하기 위해 일에 따라 특정한 배치를 필요로 하기 때문이다. 그러므로 이성이 우리를 움직이게 하는 것과 같이, 기계가 삶에서 일어나는 모든 일에 대처할 만큼 많은 장치를 가지고 작동하리라고 생각하는 것은 사실상 불가능하다.

〈다〉

다음은 인류가 당면할 수도 있을 미래의 상황을 다룬 영화의 한 장면이다.

A: 여기 기계실엔 문제가 없으면 아무도 내려와 보지 않는다네. 사람들은 작동만 되면 원리

에는 신경을 쓰지 않지. 난 여기가 좋아. 긴박한 위기가 닥칠 때엔 항상 여기에 와보는데 우리 지하도시가 이 기계들 덕에 생존할 수 있다는 걸 상기시켜 주지. 이 기계들은 우릴 살리고, 지금 또 다른 기계들은 우리를 죽이려고 침입해 오고 있는 중이지. 흥미롭지 않나? 살리고 죽일 수 있는 힘…….

B: 그런 힘은 인간인 우리도 가지고 있지 않습니까?

A: 그렇다고 할 수 있지. 하지만 이곳에 내려와 보면 이런 생각이 든다네. 우리가 기계들에 연결되어 있다는 생각 말이야. 여기 기계들이 우리 사람들에게 에너지를 만들어 주고 있는데, 지금 침입해오고 있는 기계들은 우리를 에너지로 쓰려고 하지. 우리도 이 기계들과 다를 게 없지 않나.

B: 하지만, 이 기계들이 우리를 조종하는 것이 아니라 우리가 이것들을 조종하고 있지 않습니까?

A: 그래 맞아, 이 기계들이 어떻게 우리를……. 말도 안 되는 생각이지. 그런데 자꾸 의문이 생기는데, 조종하고 조종받는 관계는 뭘까?

B: 우리가 원한다면, 이 기계들의 스위치를 꺼버릴 수도 있습니다.

A: (웃음) 그래 틀림없는 지적이군. 바로 그렇지. 우리가 원하기만 한다면, 이 기계들을 파괴해 버릴 수도 있지. 그래. 그런데, 우리가 만약 이들을 꺼버리거나 부셔버린다면, 우리 지하도시의 빛이나, 난방, 공기…… 생존이 어떻게 되겠나?

공진화

진화는 어느 생명체의 홀로서기로 이루어지지 않고 이질적인 생명체들이 서로 관계하면서 서로 진화해나간다. 이를 '공진화'(共進化 coevolution)라고 한다. 벌은 꽃과 접촉하면서 자신을 진화시킨다. 공진화라는 말은 그 사용 폭을 넓혀 언어나 문화의 공진화와 같은 사례에서도 폭넓게 사용할 수 있다. 언어의 경우 반드시 다른 언어를 전제로 해서 공진화하는 것이 아니라 이질적이며 새로운 환경을 매개로 하여 공진화할 수 있다. 예를 들어 우리말이 인터넷 사용 환경을 통해 새로운 언어 규칙(통신 언어의 등장)으로 진화해나가고 있는 것도 언어-컴퓨터-인터넷의 상호작용의 효과이다. 이처럼 공진화는 동질적인 부류(언어-언어)끼리가 아닌 전혀 이질적인 부류(언어-기계)와의 접속에 의해서도 가능해지며, 그 공진화 과정을 통해 창조적인 의미가 생산될 수 있다.

도전 문제 5

난이도 ★★★★★　해설 및 예시 답안 → 163쪽

다음 제시문을 읽고 물음에 답하라.

[가]

인간이란 정신이다. 정신이란 무엇인가? 정신이란 자기이다. 자기란 무엇인가? 자기란 자기 자신과 관계하는 관계이다. 즉 거기에는 관계가 자기 자신과 관계하는 것들이 포함돼 있다. 자기란 단순한 관계가 아니고, 관계가 자기 자신과 관계하는 바를 의미한다.

인간은 유한성과 무한성, 시간성과 영원성, 자유와 필연의 종합이다. 요컨대 인간이란 종합이다. 종합이란 양자 사이의 관계이다. 그러나 이것만으로는 인간은 아직 아무런 자기가 아니다.

양자 사이의 관계에 있어서 관계 그 자체는 부정적 통일*로서의 제삼자이다. 그들 양자는 관계에 대해 관계하는 것이며, 그것도 관계 속에서 관계에 대해 관계하는 것이다. 예를 들면 인간이 영혼이라고 할 경우, 영혼과 육체의 관계는 그와 같은 관계이다. 이에 반해 관계가 그 자신에 대해 관계한다면, 이 관계야말로 적극적인 제삼자인 것이며, 그리고 이것이 자기인 것이다. (註 * 여기서 부정적 통일은 정반합의 변증법적 과정으로서의 종합을 의미한다.)

자기 자신과 관계하는 그와 같은 관계는 자기를 스스로 정립한 것이거나 아니면 다른 사람에 의해 정립된 것이거나 이 둘 중 하나가 아니면 안 된다.

그런데 자기 자신과 관계하는 관계가 다른 사람에 의해 정립될 경우, 물론 그 관계는 제삼자인 셈이지만 그러나 그 관계, 즉 제삼자는 다시 또 모든 관계를 정립한 것과 관계하는 관계이기도 하다.

이와 같이 도출되어 정립된 관계가 바로 인간인 자기인 것이다. 그것은 인간이 자기 자신과 관계하는 것이요, 동시에 자기 자신과 관계하는 것처럼 그렇게 타자와 관계하는 관계이다.

—— 키에르케고르, 『죽음에 이르는 병』에서

[나]

세계는 사람이 취하는 이중적인 태도에 따라서 사람에게 이중적이다. 사람의 태도는 그가 말할 수 있는 근원어의 이중성에 따라서 이중적이다. 근원어는 낱개의 말이 아니고 짝말이다. 근원어의 하나는 '나-너' 라는 짝말이다. 또 하나의 근원어는 '나-그것' 이라는 짝말이다.

[……]

'나', 그 자체란 없으며 오직 근원어 '나-너' 의 '나' 와 근원어 '나-그것' 의 '나' 가 있을 뿐이다. 사람이 '나' 라고 말할 때 그는 그 둘 중의 하나를 생각하고 있다. 그가 '나' 라고 말할 때 그가 생각하고 있는 '나'가 거기에 존재한다. 또한 그가 '너' 또는 '그것'이라고 말할 때 위의 두 근원어 중 어느 하나의 '나'가 거기에 존재한다.

　[……]

　정신이 독자적 삶 속에 작용해 들어가는 것은 결코 정신 자체가 아니며, '그것'의 세계를 변화시키는 힘에 의한 것이다. 정신이 자기에게 열려 있는 세계를 향하여 마주 나아가 그 세계에 자기를 바쳐서 세계와 그 세계에 속하여 자기를 구원할 수 있을 때, 정신은 참으로 '자기 자신'에 돌아와 있는 것이다. 이와 같은 일은 오늘날 산만하고 약화되고 변질되고 철저하게 모순에 빠진 지성이 다시 정신의 본질, 곧 '너'를 말할 수 있는 능력을 가지게 될 때 비로소 이루어진다.

　'그것'의 세계에서는 인과율이 무제한으로 지배하고 있다. 감각적으로 지각되는 모든 '물리적'인 사건만이 아니라 또한 자기 경험 안에서 이미 발견되었거나 또는 발견되는 모든 '심리적'인 사건도 필연적으로 인과의 계율로 간주된다. 그 중에서 어떤 목적 설정의 성질을 가진 것으로 간주할 수 있는 사건들까지도 역시 '그것'의 세계에 연속체를 이루는 일부로서 인과율의 지배로부터 자유롭지 않다. [……]

　인과율이 '그것'의 세계에서 무한정한 지배력을 갖는다는 것은 자연의 과학적 질서를 위해서 근본적으로 중요하다. 그러나 그것이 사람을 억압하지는 못한다. 왜냐하면 사람이란 '그것'의 세계에만 속박되어 있지 않고, 거게에서 벗어나 몇 번이고 되풀이하여 관계의 세계로 들어갈 수 있기 때문이다. 이 관계의 세계에서 '나'와 '너'는 서로 자유롭게 마주 서 있으며, 어떠한 인과율에도 얽매이지 않고 물들지 않은 상호관계에 들어선다. 이 관계의 세계 속에서 사람은 자기의 존재 및 보편적 존재의 자유가 보장되어 있음을 알게 된다. 관계를 알며 '너'의 현존을 아는 사람만이 결단할 수 있는 능력을 가지고 있다. 결단하는 사람만이 자유롭다. 왜냐하면 그는 '너'의 면전에 나아간 것이기 때문이다.

　[……]

　관계의 목적은 관계 자체, 곧 '너'와의 접촉이다. 왜냐하면 '너'와의 접촉에 의하여 '너'의 숨결, 곧 영원한 삶의 입김이 우리를 스치기 때문이다.

　관계 속에 서 있는 사람은 현실에 관여한다. 즉 그는 존재에 그저 맞닿아 있는 것도 아니고, 존재 밖에 있는 것도 아니다. 바로 존재에 관여하고 있는 것이다. 모든 현실은 하나의 작용이다. 나는 그것을 내 소유로 삼을 수는 없지만 그 작용에 관여하고 있다. 관여가 없는 곳에는 현실이 없다. 자기 독점이 이루어지는 곳에는 현실이 없다. 관여는 직접적으로 '너'와 접촉하는 것이며, 그럴수록 그만큼 더 완전하다.　　　　　　　　　　　　── 마루틴 부버, 『나와 너』에서

　[다]

　인터넷을 사용하는 두 마리 개를 그린 유명한 만화가 있다. 한 마리가 자판을 두들기며 다른 개에게 말한다. "인터넷에서는 우리가 개라는 걸 아무도 모를 거야." 여기에 이런 말도 추가할

수 있지 않을까. "우리가 어디에 있는지도 모를 거야."

뉴욕에서 도쿄까지는 대략 14시간이 걸린다. 나는 비행기 안에서 40~50개에 달하는 전자 우편물을 작성하는 데 대부분의 시간을 보낸다. 내가 호텔에 도착해서 관리인에게 이것을 팩시밀리로 보내달라고 요청하는 상황을 그려 보라. 그 정도 양이면 단체 우편물로 간주될 것이다. 그러나 전자우편으로 이것을 보내면 아주 빠르고 손쉽게 처리할 수 있다. 나는 이것을 특정 장소가 아니라 특정인에게 보낸다. 사람들은 도쿄가 아니라 나에게 메시지를 보내는 것이다.

전자우편은 당신이 어디에 있는지 몰라도 누구나 당신에게 우편물을 보낼 수 있는 이동성을 제공한다. 전자우편은 여행 중인 세일즈맨에게 아주 적합하다. 그런데 전자우편과 항상 접속되어 있도록 하는 과정은 디지털 생활에서 비트와 아톰 간의 차이에 대해 흥미로운 질문을 제기한다. [······]

거기서 나는 여러 개의 이름으로 인터넷 안으로 들어갈 수 있다. 세계 곳곳에서 인터넷과 접속하는 것은 마술이다. ── 니콜라스 네그로폰테, 「디지털이다」에서

[라]

지난 27일 프랑스 의료진은 세계 최초로 안면 이식 수술에 성공했다. 이 수술을 집도한 의사는 "수술 받은 여성이 24시간 뒤에 서서히 의식을 회복했다." 면서 "마취에서 깨어나자마자 '감사해요' 라는 첫 마디를 던졌다"고 전했다.

신원이 공개되지 않은 올해 38세의 이 여성은 지난 5월 개에게 물려 코와 입술을 잃어 제대로 말을 하거나 음식물을 씹을 수가 없는 상태여서 뇌사 상태의 여성으로부터 기증받은 피부 조직과 근육, 동맥, 정맥을 이식하는 대수술을 받았다.

코와 입술, 턱 부분이 이식된 이번 수술은 세계 최초의 사례로 기록됐고, 수술 집도의는 프랑스 남동부 리옹 소재 병원의 전문의인 장─미셸 뒤베르나르와 아미앵대학병원의 전문의 베르나르 드보셸이었다.

프랑스에서 세계 최초로 성공을 거둔 이번 안면 이식 수술은 화상이나 사고로 얼굴이 망가진 사람들에게 희망의 빛을 던져 주었지만, 이 수술로 다른 사람의 얼굴 모양을 할 수 있어 본인이나 가족, 주변 사람들에게 충격을 줄 수 있다는 논란도 있었다. ── 리옹 AP / 연합뉴스에서

[문항 01] 과학 기술의 발달에 따라 인간의 실존적 상황이 달라질 수 있다. 이와 관련한 현대사회의 특징적인 두 단면을 제시문 [다], [라]는 보여준다. 제시문 [가], [나]의 논지를 요약한 후, 이를 구체적 논거로 활용하여 [다], [라]가 시사하는 문제점 중 공통점을 중심으로 논술하라. (800~900자, 배점 60%)

앞의 제시문 [가], [나]와 다음 제시문을 읽고 물음에 답하라.

[마]

약 한 세기 전의 한국, 이 무렵 나라 곳곳에선 한센병 환자들이 상당히 늘어나 사회문제가 된 일이 있었다. 후일 정부 당국에서는 한 낙도에 한센병 환자들의 전문치료병원을 건립하고, 모든 육지의 환자들을 그 섬 안에다 강제 수용시킨다. 그러자 섬에서는 환자들의 탈출극이 빈발한다. 목숨을 걸고 섬을 탈출해 나가는 환자들이 그치질 않는다. 이럴 무렵 능력 있는 의사가 병원의 새 원장으로 부임해 온다. 그리고 거의 절대에 가까운 통치권으로 이 섬과 섬의 환자들을 관리하고 지배해 나간다.

그는 우선 호나자들의 탈출을 막는 데에 전력을 기울인다. 탈출 사고가 빈발하는 이유가 그에게는 너무도 명백하다. 그는 섬 안에 환자들의 낙원을 꾸미기를 희망한다. 환자들의 병을 잘 치료해주고, 주거환경을 개선하고, 복지시설을 늘리고, 노동량을 줄여주며, 신앙의 자유와 가족 단위의 생활 대책을 확보해 준다. 그런 식으로 그는 그 스스로 어느 정도 만족할 만한 환자들의 낙원을 꾸며 놓는다.

하지만 그래도 환자들의 탈출극은 그치지 않는다. 계속되는 탈출 사건은 원장이 꾸미려는 섬의 낙원에 대한 노골적인 야유이자 부정의 시위인 것이었다. 원장과 환자들 사이의 싸움은 끝없이 계속된다. 그리고 마침내 원장은 깨닫는다.　　　　　　　— 이청준, 『말없음표의 속말들』에서

[문항 02] 제시문 [가], [나]의 논거를 구체적으로 활용하여, 제시문 [마]에서 원장이 깨달은 바의 핵심 내용을 추론하라. (500~600자, 배점 40%)

도전 문제 6

난이도 **★★★★☆**　해설 및 예시 답안 → 171쪽

다음 제시문에 담긴 '세월이 흘러감'에 대한 생각을 '욕망'과 연관시켜 분석하고 자신의 의견을 논술하시오. (첫머리에 자신의 주장을 반영한 제목을 달 것. 1,800자 안팎)

(가)

그대들에게 묻노라.

해는 가더라도 반드시 새해가 돌아오고, 밝은 낮은 어두워져 밤이 된다. 그런데 섣달 그믐밤을 지새는 까닭은 무엇인가? 소반에 산초(山椒)를 담고 약주와 안주를 웃어른께 올리고 꽃을 바쳐 새해를 칭송하는 풍습과, 폭죽을 터뜨려 귀신을 쫓아내는 풍습은 그믐밤을 새는 것과 무슨 관련이 있는가? 침향나무를 산처럼 쌓아 놓고 불을 붙이는 화산(火山)의 풍습은 언제부터 생긴 것인가? 섣달 그믐밤에 마귀를 쫓아내는 대나(大儺)의 의식은 언제부터 시작되었는가? 함양(咸陽)의 객사에서 주사위로 놀이하던 사람은 누구인가? 여관방 쓸쓸한 등불 아래 잠 못 이룬 사람은 왜 그랬는가? 묵은 해를 보내고 새해를 맞이하는 것을 시로 탄식한 사람은 왕안석(王安石)이었고, 도소주(屠蘇酒)를 나이 순에 따라 젊은이보다 나중에 마시게 된 서러움을 노래한 사람은 소식(蘇軾)이었다. [……] 사람이 어렸을 때는 새해가 오는 것을 다투어 기뻐하지만, 나이를 먹으면 모두 서글픈 마음을 갖게 되는 것은 무엇 때문인가? 원컨대, 세월이 흘러감을 탄식하는 것에 대한 그대들의 말을 듣고 싶다.　　　　　　　　　— 이명한, 백주집 권20」, 문대(問對)에서

(나)

18세상에서 내가 수고하여 이루어 놓은 모든 것을 내 뒤에 올 사람에게 물려줄 일을 생각하면, 억울하기 그지없다. 19뒤에 올 그 사람이 슬기로운 사람일지, 어리석은 사람일지, 누가 안단 말인가? 그러면서도, 세상에서 내가 수고를 마다하지 않고 지혜를 다해서 이루어 놓은 모든 것을, 그에게 물려주어서 맡겨야 하다니, 이 수고도 헛되다. 20세상에서 애쓴 모든 수고를 생각해 보니, 내 마음에는 실망뿐이다. 21수고는 슬기롭고 똑똑하고 재능있는 사람이 하는데, 그가 받아야 할 몫을 아무 수고도 하지 않은 다른 사람이 차지하다니, 이 수고 또한 헛되고, 무엇인가 잘못된 것이다. 22사람이 세상에서 온갖 수고를 마다하지 않고 속썩이지만, 무슨 보람이 있단 말인가? 23평생에 그가 하는 일이 괴로움과 슬픔뿐이고, 밤에도 그의 마음이 편히 쉬지 못하니, 이 수고 또한 헛된 일이다.　　　　　　　　　— 『성경전서」, 「전도서」(2: 18~23)에서

(다)

노인, 즉 전성기를 지난 사람의 성격이란 젊은이의 성격과 정반대되는 것들로 이루어져 있는

법이다. 그들은 여러 해를 살았고, 사는 동안 속은 적도 많고 실수도 많이 저질렀으며, 살아온 삶을 돌이켜 보면 만사가 뒤죽박죽 별로 만족스럽지 않다. 그 결과 노인들은 그 어떤 것에 대해서도 확신이 없으며 모든 일을 끝까지 수행하지 못한다. 그들은 '생각'은 하지만 '인식'은 하지 못하고, 늘 미적거리다 보니 '아마도', '그럴 지도 모른다'는 단서를 달면서 그 어떤 것도 분명하게 주장하지 않는다. 노인들은 냉소적이다. 다시 말해서 모든 일의 가장 나쁜 점만을 보는 것이다. 게다가 노인들의 인생경험은 남들을 믿지 못하게 하고, 남을 못 믿으니 의심이 많다. 따라서 그들은 열렬히 사랑하지도 심하게 증오하지도 않으며, 편견이 이끄는 대로 언젠가는 증오할 것처럼 사랑하며 언젠가는 사랑할 것처럼 증오한다. 노인들은 인생살이 앞에 무릎을 꿇었기에 속이 좁고, 그들의 욕망은 그저 그들을 살아남게 하는 것보다 더 고매하거나 더 비범한 것을 겨냥하는 법이 없다. 노인들에게 돈은 꼭 갖고 있어야 하는 것이고 돈이란 것이 얼마나 벌기 어렵고 써버리기 쉬운지를 경험을 통해 깨달았기 때문에, 이들은 돈에 관한 한 인색하다. 노인들은 겁쟁이들이고 늘 미리 걱정하며 산다. 혈기왕성한 젊은이들과는 달리 그들의 기질은 차디차다. 노년이 비겁함에 이르는 길을 열어주니, 이들은 두려움으로 차갑게 얼어 있는 것이다. 노인들은 삶을 사랑한다. 모든 욕망의 대상이란 갖고 있지 않은 것이기 마련이고, 우리는 우리에게 가장 절박하게 필요한 것들을 갈구하는 바, 노인들은 살 날이 얼마 안 남았기에, 삶을 더욱 사랑하는 것이다.

— 아리스토텔레스, 『수사학』

(라)

[티치아노, 인간의 세 시기 (1511~12)]

(마)
나는 꿈에 지친 사람,
시냇물에 잠겨 비바람에 시달려온
대리석 트리톤*.
하루 종일 나는
이 여인의 아름다움을 바라본다.
책에서 미인 그림을 발견한 듯
눈을 맘껏 즐겁게 하며
아니면 가려듣는 귀까지도 즐겁게,
그저 지혜로움에 만족한다.
왜냐하면 사람은 나이 들면 철이 드는 법.
하지만, 하지만,
이것이 내 꿈인가, 아니면 진실인가?
아, 들끓는 젊음이 내게 있었을 때
우리가 만났었다면!
그러나 나는 꿈에 잠겨 늙어가네,
시냇물에 잠겨 비바람에 시달려온
대리석 트리톤처럼.
　　　　　── W. B. 예이츠, 「나이 들면 철이 드는 법」

---

* 그리스 신화에 나오는 해신(海神). 흔히 반인반어(半人半魚)로 묘사됨.

도전 논제 7

난이도 ★★★☆☆ 해설 및 예시 답안 → 175쪽

〈문제 I〉
다음 글을 읽고 물음에 답하시오.

〈가〉

　문화는 숙명이기에 서구의 민주주의가 동아시아에 그대로 적용될 수 없다. 유교적 가치 체계에 기반을 둔 동아시아 사회가, 총기, 마약, 폭력, 부랑인, 공공에서의 무례한 행위 등을 얼룩진 서구의 자유방임적이며 무질서한 사회보다 우월하다. 서구에서는 원하는 대로 행동하고 함부로 처신할 수 있는 개인적 권리가 확장되면서 사회는 무질서해졌다. 자유는 질서정연한 국가에서만 존재할 수 있는 것이다.

　아시아 사회는 서구 사회와 다르다. 사회와 국가에 대한 서구적 개념과 동아시아적 개념의 근본적 차이점은 동아시아 사회들에선 개인이 가족 속에 존재한다는 것이다. 가족은 도덕적 질서로 이루어져 있으며, 사회를 건설하는 밑바탕인 것이다. 정부는 개인이 필요로 하는 것을 별도로 마련하려고 노력할 필요가 없다. 개인에게 필요한 것은 그의 가족이 가장 잘 제공할 수 있기 때문이다. 수신제가치국평천하(修身齊家治國平天下)의 유교적 이념이 동아시아 문명의 기초적 개념인 것이다.

〈나〉

다음은 중국과 한국에서 공무원들을 대상으로 조사한 설문조사 결과이다.

"핵가족화가 심화되고 있으나 전통적인 가족의 가치는 지켜야한다"는 진술에 대한 의견

	한국 장년	한국 청년	중국 청년	전체
정말 그렇다	91(45.5%)	95(30.9%)	11(5.9%)	197(28.3%)
대체로 그렇다	88(44.0%)	145(47.2%)	68(36.2%)	301(43.3%)
보통이다	18(9.0%)	50(16.3%)	78(41.5%)	146(21.0%)
별로 그렇지 않다	3(1.5%)	15(4.9%)	31(16.5%)	49(7.1%)
전혀 그렇지 않다	–	2(0.7%)	–	2((0.3%)

〈다〉

"그러는 동안 세월이 갔어. 잘도 흘러가더구나. 어느 날엔가 드디어 나는 소설가가 되는 길을 완벽하게 포기했어. 그래 우선은 아이들을 잘 키우자. 그러자 마음이 편했어. 보쌈김치, 파김치, 김치도 가지가지로 담가 보고, 분리수거도 열심히 하고 동대문에 가서 감을 떠다가 아이들 방의 커튼이랑 방석도 만들어 주고, 남대문에 가서 장어도 사다가 그걸 양동이에 담아서, 전철을 타고 와서는 남편에게 고아 먹이고.

그리고 그와 동시에 술을 마시기 시작한 거야. 불안의 정체를 나도 알지 못했어. 어쨌든 남편은 늘 늦었고 늘 촬영이었고, 처음에는 그를 기다리다가 홀짝거리던 술의 양이 점점 늘었지.

어느 날부터인가 그가 말하기 시작했지. 어쩌면 그렇게 나태하니? 내가 원하는 건 좀더 꿋꿋한 여자야. 밖에 나가봐. 가정 가지고도 일 잘하고, 똑똑한 여자들이 얼마나 많은 줄 알아? 날 기다린답시고 멍청히 앉아 술을 마시지 말고 책도 좀 읽고 그래. 난 여편네들 집에 늘어져서 긴장 풀어진 눈으로 앉아 있는 거 제일 혐오스러워.

혐오스럽다니. 그는 감히 내게 그렇게 말했어. 내 공부를 포기하고 유학을 시켜준 게 누군데. 감독을 만들어 준 게 누군데. 성공을 만들어 준 게 누군데. 어떻게 내게 감히 그런 말을 할 수가 있니? 어떻게 감히 말야. 내가 말했었지. 그가 커피가 마시고 싶으면 나는 그의 커피가 되고, 그가 배고프면 난 그의 밥상이 되었다고. 그런데 이제 그가 나보고 책 좀 읽어, 하자 나는 드디어 멍청이가 되어 버린거야."

[문제 1] 글 나)에 있는 자료에 기초하여 글 가)의 논지를 답안지 350자~400자 사이로 평가하시오.

[문제 2] 글 가)의 화자(話者)와 글 다)의 화자가 만났다고 가정하자. 글 가) 화자의 논지에 대하여 글 다) 화자의 입장을 대변하고 이에 대한 대안을 제시하는 글을 답안지 350~400자 사이로 서술하시오.

〈문제 II〉
II. 다음 글을 읽고 물음에 답하시오.(40점)

2005년 12월 1일 A구청은 주민의 안전과 범죄예방을 위하여 B아파트에 CCTV의 설치를 하기로 했고, 그 다음 날 B아파트 거주자인 김과장은 구청의 CCTV설치에 반대하여 대책모임에 가입하였다. 대책모임에서는 2005년 12월 20일 오후 1시 구청 앞에서 구청의 CCTV 설치에 반대하는 시위를 개최하기로 하였다. 김과장은 회사일로 시위에 참석하지 못하였다. 당일 시위에는 많은 사람들이 참석하지 않았고, 시위에 참석한 사람들은 시위현장에서 시위에 불참한 사람들에게 벌금을 부과하기로 결의하였다. 그래서 김과장은 시위에 불참한 것을 이유로 50,000원의 벌금을 내라는 통지를 받았다.

　[문제 3] 대책모임의 벌금부과 결정이 정당하다는 입장에서 왜 그것이 정당하지를 답안지 175~200자 사이로 논술하시오.(20점)

　[문제 4] 대책모임의 벌금부과 결정이 부당하다는 입장에서 왜 그것이 부당하지를 답안지 175~200자 사이로 논술하시오.(20점)

도전 문제 8

난이도 ★★★★☆   해설 및 예시 답안 ➜ 178쪽

다음 제시문을 읽고 물음에 답하시오.

(A)

1966년, 루마니아의 공산당 서기장 자리에 오른 지 1년 후 니콜라에 차우셰스쿠는 낙태를 금지했다. '태아는 사회 전체의 재산이다.' 그는 이렇게 선언했다. '누구든 아이를 낳지 않으려고 하는 자는 국가 지속성의 법칙을 포기한 배신자다.'

그와 같은 장엄한 선언은 차우셰스쿠 정권하에서 일상적으로 벌어지는 일이었다. 새로운 사회주의적 인간형에 적합한 국가를 창조하겠다는 그의 기본 계획은 장엄하게 실행되어야 했기 때문이다. 그는 자신만의 궁전을 건설하는 반면, 자신의 국민들은 잔인하게 다루거나 아예 무시했다. 공업을 육성하기 위해 농업을 포기하고, 수많은 농촌 거주자들을 난방도 되지 않는 아파트에 강제로 이주시켰다. 그는 정부의 요직에 자기 아내인 엘레나를 포함해 40명이나 되는 친족들을 포진시켰으며, 그들을 위해 40채의 집을 비롯해 그에 상응하는 귀금속과 모피를 대주었다. 차우셰스쿠 여사는 공식적으로 '루마니아의 최고의 어머니'라는 호칭으로 불렸으나 모성애가 그다지 깊지는 않았다. '벌레들은 만족이라는 걸 몰라요. 먹이를 아무리 많이 줘도 소용없죠.' 그녀 남편의 잘못된 정책으로 인해 식량부족이 초래되었다고 불만을 토로하는 루마니아인들에게, 그녀는 이렇게 말했다. 심지어 충성심을 확인하기 위해 친자녀들을 도청하는 행위도 서슴지 않았다.

차우셰스쿠는 낙태를 금지함으로써 그의 주요 목표 중 하나를 달성하고자 했다. 인구를 늘려 루마니아의 국력을 급격히 키우려고 했던 것이다. 1966년까지 루마니아는 가장 진보적인 낙태 허용 정책을 취하고 있는 나라들 중 하나였다. 사실 루마니아에서 낙태는 인구 증가를 억제하는 주요 수단으로, 평균 다섯 차례의 임신 가운데 네 번이 낙태 시술로 이어지곤 했다. 그런데 급작스레, 말 그대로 하룻밤 사이에 낙태가 금지된 것이다. 유일한 예외는 이미 자녀가 넷 이상인 여성이나 공산당 고위 간부인 여성들뿐이었다. 동시에 모든 형태의 피임법과 성교육도 금지됐다. '월경 경찰'이라는 냉소적인 이름으로 불리는 정부관리가 일터를 돌아다니며 여성들의 임신 여부를 검사했다. 만일 어떤 여성이 거듭해서 임신에 실패하면 엄청난 '금욕세(禁慾稅)'를 부과 당했다.

차우셰스쿠의 인센티브는 기대했던 성과를 거두었다. 낙태가 금지되고 1년 만에, 루마니아의 출산율은 2배로 증가했다. 당시 이 신생아들의 조국은 차우셰스쿠의 친족이나 공산당 엘리트에 속하지 않는다면 상당히 비참한 삶을 살아야 하는 곳이었다. 더구나 이 아이들의 삶은 특히 더 비참해 질 수밖에 없는 운명이었다. 낙태가 금지된 뒤에 태어난 아이들은 1년 전에 태어난 아이들에 비해 측정 가능한 모든 분야에서 뒤처졌다. 학교 성적도 낮고, 노동시장에서도 큰 성공을 거두지 못 했으며, 게다가 범죄에 빠질 확률은 훨씬 더 높았다.

— 스티븐 레빗 · 스티븐 더브너, 『괴짜경제학』에서

(B)

환경부의 정의에 따르면 음식물 쓰레기란, '식품의 판매 · 유통 과정에서 버려지는 음식물, 가정과 식당 등 조리과정에서 식품을 다듬고 버리는 음식물, 먹고 남긴 음식물 및 식품을 보관했다가 유통기간 경과로 그냥 버려지는 농 · 축 · 수산물의 음식물류 폐기물'을 말한다.

2002년 1월 환경부가 발표한 내용을 언론매체가 앞다투어 보도한 바에 따르면, 이러한 음식물 쓰레기의 배출량이 1999년도에 483만 톤으로 전체 식품 공급량의 18.4%라 한다. 그 경제적 가치는 국가예산의 13%에 해당하는 14조 7476억원어치로서, 식량수입액(9조 5420억원)의 1.5배라 한다. 이는 자동차 수출액(14조 5600억원)과 맞먹고 반도체 수출액(24조 5700억원)의 60%에 해당하며 월드컵 축구경기장 70개를 더 지을 수 있는 돈이라 한다. 한편, 끼니를 거르는 어린이가 16만 명이나 된다고 한다. 하지만 이러한 보도에 접할 때마다 정말이지 어처구니없다는 생각만 든다.

누구나 아는 일이지만, 아무리 말끔하게 먹는 사람이라도, 생선의 가시, 닭의 뼈, 귤이나 수박의 껍데기까지 송두리째 먹어치울 수는 없다. 사과를 깎아 먹을 경우, 버릴 수밖에 없는 껍데기와 속의 질량이 대략 6분의 1, 즉 17% 정도가 된다. 이처럼 식품의 상당 비율은 원천적으로 쓰레기가 될 수밖에 없는 것이다. 식품 공급량에 대한 쓰레기의 비율이 18.4%라는 수치는 이처럼 먹을 수 없는 부분을 제외한 수치인가?

어떤 수단과 방법을 동원하더라도 음식물 쓰레기를 '제로'로 만든다는 것은 불가능한 일이다. 그럼에도 불구하고 음식물 쓰레기 '제로'를 가정한 금액을 가지고 자동차나 반도체 수출액, 월드컵 경기장 건설비와 비교한다는 것은 그야말로 공허한 숫자 놀음에 불과하지 않은가?

여하간 음식물 쓰레기의 수집, 운반, 매립, 소각, 재활용 등의 비용을 제외한 483만 톤의 가치가 14조 7476억원이라면, 톤당 300만원이 넘는다. 음식물 쓰레기의 가치가 일반 쌀값(톤당 200만원 정도)의 1.5배나 된다는 이야기이다. 납득할 수 있는가? 게다가, 우리나라 식량자급률이 30.2%라면서, 음식물 쓰레기의 가치가 식품 수입액의 1.5배에 이른다고 한다. 정말 그렇다면, 수입식품과 국산식품의 평균가격이 엇비슷하다고 가정할 경우, 음식물 쓰레기만의 가치가 전체 식량가치의 105%나 되는 셈이다. 정말이지 믿어도 되는 이야기인가?

일인당 하루의 음식물 쓰레기 발생량은 한국 250g, 미국 230g, 프랑스 220g, 독일 170g, 일본 360g이라 한다. 이 수치가 맞는다면 우리의 음식물 쓰레기 발생량이 다른 나라에 비해 유달리 많은 편은 아니다. 알뜰하기로 이름난 일본의 70% 수준에 불과하다. 일본인들은 버리는 부분까지 우리는 먹어치우는지도 모를 일이다. 더구나 채소류 쓰레기의 비율이 53%인 점을 감안한다면 우리의 음식물 쓰레기 발생량은 호들갑을 떨어야 할 수준은 아니지 않은가?

음식물 쓰레기가 반드시 부정적 의미만 수반하는 것은 아니다. 농담처럼 들릴지 모르지만 버려지는 음식물 쓰레기가 많을수록 그만큼 농·어·축산민의 소득은 물론 재활용업자의 소득증가에 기여하는 측면도 무시할 수는 없다. 우리의 음식물 쓰레기 발생량은 지난 10년 동안 50% 정도나 줄었다고 한다. 그렇다면 그동안 국민의식이 향상됐고 앞으로도 더욱 좋아질 것이다. 아직 쓰레기를 더 줄이기 위해 노력하자고 할 수는 있다. 그러나 연구기관이나 언론매체나 행정기관은 공허한 숫자놀음으로 사람들의 정신을 소모시키지는 말아야 할 것이다. 특히 국민을 어린이 취급하는 버릇은 이제 그만 버렸으면 한다.

―― 조영일, 「음식물 쓰레기 '15조원'의 허실」에서

ⓒ

1952년의 「콜리어즈, Collier's」지(紙)에 인용된 '당신 자녀의 키가 얼마까지 자랄지 곧 알 수 있습니다' 란 제목의 기사를 살펴보자. 이 기사에는 두 장의 도표가 유난히 눈에 띄게 함께 게재되어 있는데 각각 남아용과 여아용이었다. 그 도표에는 연령별로 각 연령의 어린이 키가 얼마까지 커졌는지에 대한 퍼센트 비율이 나타나 있었다. 그림 설명에는 다음과 같은 글이 친절하게 적혀 있었다.

'당신 자녀의 키가 얼마까지 자랄지 알고 싶으면 도표에서 현재의 키에 해당하는 곳을 찾아보시오.'

이 기사가 웃기는 것은, 읽어 보면 알 수 있듯이 이 기사 자체가 그 도표의 치명적인 결함이 무엇인가를 스스로 말해 준다는 것이다. 모든 어린아이들의 키가 똑같은 방식으로 성장하지는 않는다. 어떤 아이들은 처음에는 천천히 자라다가 나중에 갑자기 커질 수도 있고 다른 아이들은 얼마 동안 급작스럽게 크다가 나중에 가서야 천천히 자랄 수도 있으며 또 점진적으로 일정하게 성장하는 아이도 있으니까. 쉽게 추측할 수 있듯이 이 도표는 대규모로 실시한 측정 자료들을 토대로 얻은 평균값을 이용한 그림이다. 따라서 이 도표를 사용하면 임의로 추출한 아동 100명의 장래 평균키를 충분히 정확하게 추정하는 것은 어렵지 않다. 그러나 부모들은 자신들의 자녀, 즉 한 어린이만의 신장에만 관심을 갖고 있기 때문에 그러한 목적을 위해서는 이와 같은 도표는 전혀 쓸모가 없다. 장차 그 아이의 키가 얼마까지 자랄 수 있는지 알고 싶다면 아이의 부모와 조부모들의 키를 알아보는 것이 훨씬 더 정확한 추측을 하는 데 도움이 될 것이다. 물론 이 방법도 도표를 사용하는 것처럼 과학적이거나 정밀하다고 할 수는 없지만, 적어도 정확하기는 할 것이다.

나 개인의 경험을 말한다면, 14세 때 고등학교에서 군사훈련을 받았는데 그때 키가 제일 작은 분대 안에서도 뒷줄, 키가 작은 학생들이 서 있는 곳에 있어야만 했다. 그때 당시의 신장을 이 도표에 적용하면 내 키는 어른이 되어서도 겨우 171cm라야 하는데도 실제로 현재 나의 키는

179cm나 된다. 사람의 신장을 추측하는 데 있어 8cm의 오차는 결코 작은 것이 아니다.

—— 대럴 허프 지음, 『새빨간 거짓말 통계』에서

〈문항 2〉

위의 글들은 일반적인 믿음이나 논리에 의한 예측이 현실에서는 다른 결과로 나타날 수 있음을 구체적인 사례를 통해 보여주고 있다. 이러한 '기대와 결과의 불일치(不一致)'나 일상적으로 통용되는 '논리의 오류'가 나타나게 되는 근본적인 원인을 제시문 (A), (B), (C) 에 대한 분석적 비판을 기초로 논하시오. (500~600자, 띄어쓰기 포함)

도전 문제 9

난이도 ★★★★★   해설 및 예시 답안 → 180쪽

아래 제시문에 나타난 여러 측면의 시간 인식을 적용하여 개인적, 사회적 관점에서 시간의 의미와 기능을 논술하시오. (1,800자 안팎으로 쓰시오.)

(가) 저기 칡 캐고 있는 그대여, 하루만 못 봐도 석 달이나 지난 듯. 저기 대쑥 캐고 있는 그대여, 하루만 못 봐도 세 철이나 지난 듯. 저기 약쑥 캐고 있는 그대여, 하루만 못 봐도 세 해나 지난 듯.

　　　　　　　　　　　　　　　　　　　　　　　　　　　　　— 『시경(詩經)』에서

(나) 해와 달은 시간 측정에 가장 중요한 두 천체다. 태양의 출몰은 하루의 낮과 밤을 구분하고, 달이 차고 기우는 것은 한 달의 경과를 나타낸다. 태양이 같은 별자리를 배경으로 하늘에 나타나는 데에는 1년이 걸린다. [……] 낮과 밤의 끊임없는 변화 외에 원시인류의 마음을 맨 처음 차지한 것은 달의 이동과 변화였다. 달은 태양보다 먼저 시간 측정 도구로 이용된 것 같다. 초기 역법은 거의가 다 태음력이다. [……] 해시계와 같은 과학기구는 대부분 해와 달과 별들의 상대적 위치에 따라 시간을 측정하지만, 시간의 흐름은 천체를 고려하지 않아도 측정할 수 있다. 이 경우 시간은 간격으로 측정된다. 이 간격은 적당하다고 여겨지는 범위 안에서 길 수도 있고 짧을 수도 있지만, 일관된 방식으로 정확하게 측정되어야 한다. 예컨대 고대 바빌로니아와 이집트, 중국에서는 꾸준한 물의 흐름을 시간 측정의 기준으로 삼았다. 중세의 시간측정기로 가장 널리 알려진 것은 모래시계였다. 모래시계는 모래나 돌가루를 사용했고, 잘게 부순 달걀껍질을 사용하는 경우도 있었다. 동아시아, 특히 중국과 일본에서는 향(香)이 시간 측정 수단으로 흔히 쓰였다. 가정에서 시간을 재는 데 도움이 되도록 향의 길이는 법으로 정해져 있었다. 나중에 나온 '향시계'는 천천히 타들어가는 향의 특성을 이용했을 뿐만 아니라, 후각만으로도 시간을 알 수 있는 독창적인 시간측정기를 만들기 위해 천연향을 집어넣기도 했다. [……] 우리는 시간을 측정할 수 있지만, 그렇다고 해서 시간이 무엇이며 시간을 계량적으로 재는 것이 과연 타당한가를 제대로 이해하고 있다고 단언할 수는 없다. 성 아우구스티누스가 이 문제에 관심을 쏟기 시작했을 때는 시간에 대해 아리스토텔레스와 같은 생각을 가지고 있었던 듯하다. 그의 표현에 따르면 고정불변의 영원과는 달리, 어떤 길이를 가진 시간은 그 동일한 기간 안에서 더 이상 연장될 수 없는 "수많은 운동이 연속적으로 일어나는 동안 줄곧" 지속된다는 것이다. 이런 운동의 흐름 속에서 그는 이 운동이 과거로 바뀐다는 사실을 깨달았다. 이 고찰을 토대로 그는 숙고하기 시작한다. 영원 속에서는 모든 것이 현재인데, 시간 속에서는 과거의 모든 것이 미래에 내쫓긴 듯이 없어지고, 미래의 모든 것은 과거에 뒤이어 일어나고, 과거와 미래는 둘 다 현재에서 흘러나오니, 시간이란 참으로 묘한 현상이다. 하지만 그는 이렇게 자문한다. 과거가 더 이상 존재하

지 않고 미래가 아직 존재하지 않는다면, 과거와 미래는 어떻게 존재할 수 있는가? 그렇다면 우리에게는 영원한 현재만 남지 않겠는가?

그러나 영원한 현재는 시간이 아니라 영원성일 것이다. 그러니 결국 우리가 현재만 취한다 해도 지금 실제로 존재하는 시간은 한 달의 일부인 하루, 한 시간, 1분, 1초일 뿐인데, 그것을 과연 현재라고 말할 수 있을까? 하지만 현재의 1초를 규명하려고 애쓰는 순간, 그 1초도 그보다 훨씬 짧은 단위로 무한히 나뉠 수 있다는 사실을 아우구스티누스는 깨닫는다. 게다가 상상할 수 있는 가장 짧은 단위의 시간조차 미래에서 과거로 순식간에 넘어가 버리기 때문에 '지속성을 전혀 갖지 못하리라'는 것도 깨닫는다. 따라서 아우구스티누스가 토로했듯이, 측정 가능한 단위로 시간을 매기려는 시도는 모두 실패로 끝날 수밖에 없다. 시간은 일월성신(日月星辰)의 운행에 따라 결정된다는 주장에 대해서도 아우구스티누스는 동의하지 않는다. 천체의 운행뿐 아니라 어떤 물체의 운동도, 가령 물레의 주기적 회전도 시간 측정에 이용할 수 있지 않을까? [……] 실제로 아우구스티누스는 시간을 천체의 운행과 결부시키는 가설을 물리친 뒤, 시간은 영혼의 연장 또는 확장이라는 가설을 제시한다. [……] 시간을 체계화하면 시간을 통제하고 있다는 의식을 갖게 되고, 그리하여 일상생활과 사회의 중요한 부분을 통제한다는 느낌을 가질 수 있다. 달력은 대부분 해와 달의 운행과 같은 천문학적 주기에 바탕을 두고 있기 때문에, 인류와 우주의 연결고리를 제공함으로써 거의 신성한 지위에 도달할 수도 있다. 아무리 단순하고 소박한 달력이라도 그것이 없으면 과거를 체계적으로 기억하거나 농사, 사냥, 종교적 의무 등과 같은 장래의 일을 계획하기가 어렵다. 달력이 부정확해서 그것의 토대인 천문주기와 보조가 맞지 않으면 사회생활에 심각한 혼란을 초래할 수도 있지만, 사람들이 이미 익숙해져 있고 일상생활의 일부가 되어 있는 달력을 개혁하는 일은 엄청나게 큰 사건이다. 새로 제정한 달력이 수용되느냐 마느냐는 정치 또는 종교적 강제성과 새 달력의 사회·경제적 의미에 달려 있다. [……] 이누이트족 언어에는 시간을 가리키는 말이 없다. 적어도 서구 산업사회에서 일반적으로 이해되고 있는 조직적 의미의 시간에 해당하는 낱말은 없다. 그렇다고 해서 이누이트족이 경제 활동과 시간의 관계를 이해하지 못한다는 뜻은 아니다. 전통적인 이누이트 사회에서는 시간의 생산적 이용을 찬양했고, 시간의 활용에 따라 성과가 결정되었다. [……] 유럽문화의 요소들 가운데 오늘날의 이누이트 사회에 가장 큰 영향을 미친 것은, 기독교를 빼고는 아마도 시계일 것이다. 서양의 시간은 북극권의 이누이트 공동체에서는 문화적 변화의 상징이자 조달자였다. 평일, 수업 시간, 주말, 주일과 공휴일, 시간표에 따른 정기 항공편, 가게 문을 열고 닫는 시간, 생일, 기념일은 오늘날 이누이트족과 주변 환경의 관계나 그들 상호 간의 관계에 깊은 영향을 미치고 있다. 하지만 전래의 시간 개념도 새로운 시간 개념과 더불어 끈질기게 남아 있다.

── 움베르토 에코 외, 『시간박물관』에서

최신경향 논술 문제 탐구

서울대학교 2008학년도 논술 예시 문항 1차 (인문계)

다음 제시문을 읽고 논제에 답하시오.

[문항 1]

(가)

대지와 그것에 속하는 모든 것은 인간의 부양과 안락을 위해서 모든 인간에게 주어진 것이다. 그리고 대지에서 자연적으로 산출되는 모든 과실과 거기서 자라는 짐승들은 자연발생적인 작용에 의해서 생산되기 때문에 인류에게 공동으로 속한다. 따라서 그러한 것들에 대해서는 그것들이 자연적인 상태에 남아 있는 한, 어느 누구도 처음부터 다른 사람을 배제하는 사적인 지배권을 가지지 않았다. 하지만 사람들에게 이용하도록 주어진 이상, 그것들을 특정한 사람이 일정한 용도에 맞게 사용하거나 그것으로부터 이득을 얻기 위해서는 이러저러한 방법으로 그것들을 수취할 수 있는 수단이 있어야 마땅하다. [……]

비록 대지와 모든 열등한 피조물은 만인의 공유물이지만, 그러나 모든 사람은 자신의 인신(人身)에 대해서는 소유권을 가지고 있다. 이것에 관해서는 그 사람 자신을 제외한 어느 누구도 권리를 가지고 있지 않다. 그의 신체의 노동과 손의 작업은 당연히 그의 것이라고 말할 수 있다. 그렇다면 그가 자연이 제공하고 그 안에 놓아 둔 것을 그 상태에서 꺼내어 거기에 자신의 노동을 섞고 무언가 그 자신의 것을 보태면, 그럼으로써 그것은 그의 소유가 된다. 그것은 그에 의해서 자연이 놓아둔 공유의 상태에서 벗어나, 그의 노동이 부가한 무언가를 가지게 되며, 그 부가된 것으로 인해 그것에 대한 타인의 공통된 권리가 배제된다. [……]

이러한 견해에 대해서는 아마도 다음과 같은 반론이 제기될 법하다. 만약 대지의 도토리나 다른 과실 등을 주워 모으는 것이 그것들에 대한 권리를 준다면, 누구든지 그가 원하는 만큼 많은 양을 독점하게 될 것이라는 반론이 그것이다. 이에 대해서 나는 그렇지 않다고 답변하겠다. 우리에게 이런 수단을 통해서 소유권을 부여하는 동일한 자연법이 또한 그 소유권을 제한하기 때문이다. '하나님은 우리에게 모든 것을 풍성히 주셔서 즐기게 해주시는 분이십니다.' ('디모테오에게 보낸 첫째 편지', 6:17)라는 구절은 영감에 의해 확인된 이성의 목소리이다. 그러나 하느님은 우리에게 얼마나 주셨는가? 즐길 수 있는 만큼. 어느 누구든지 그것이 썩기 전에 삶에 이득이 되도록 사용할 수 있는 만큼 주셨다. 곧 그가 자신의 노동에 의해 자신의 소유로 확정할 수 있는 만큼 주셨던 것이다. 그것보다 많은 것은 그의 몫을 넘어서며, 다른 사람의 몫에 속한다. 하느님은 그 어떤 것도 인간이 썩히거나 파괴해버리도록 만들지는 않았다. […···]

이런 식으로 토지를 개량함으로써 그 일부를 수취하는 것은 그 밖의 다른 사람에게 아무런 피해가 되지 않는다. 왜냐하면 여전히 많은 토지가 남아 있고, 아직 토지를 가지지 못한 자가 사용할 수 있는 것보다 더 많은 토지가 남아 있기 때문이다. 그리하여 결과적으로 어떤 사람이 울타리를 치는 행위로 인해 다른 사람에게 토지가 적게 남아 있는 일이란 있을 수 없다. 왜냐하면 다른 사람이 사용할 수 있을 만큼 많이 남겨놓은 사람은 전혀 아무 것도 취하지 않은 것이나 마찬가지이기 때문이다. 어떤 사람도 다른 사람이 물을 잔뜩 퍼마셨다고 해서 피해를 입는다고 생각할 수 없다. 왜냐하면 그에게는 갈증을 충분히 만족시킬 수 있는 전과 다름없는 강물이 남아 있기 때문이다. 따라서 토지든 물이든 둘 다 충분히 남아 있는 경우라면 사정은 전적으로 동일하다.　　　　　　　　　　　　　　　　　　　　── 존 로크, 『통치론』 6장에서

(나)
정보의 특성에 대하여 다음과 같이 서술할 수 있다.
① 정보는 남에게 전하거나 판매를 해도 없어지거나 줄어들지 않고 그대로 남는다.
② 정보는 대량 생산이 필요하지 않다. 하나의 정보로써 모든 수요를 충족시킬 수 있다.
③ 정보를 다른 정보와 합치거나 그 일부를 빼거나, 형태를 바꿈으로써 얼마든지 새로운 정보로 바꿀 수 있다.　　　　　　　　　　　　　　　　── 고등학교 『도덕』에서

(다)
'카피라이트(copyright)' 는 지적 재산권이라는 뜻이다. 카피라이트 제도 하에서는 저작자, 작곡가, 기타 창작자의 동의 없이는 창작물을 복제하거나 방송할 수 없게 된다. 이 제도는 창작자의 경제적 이득을 보장해줌으로써 창조 의욕을 높이고, 그에 따라 생산되는 정보의 수준을 높이는 데 기여할 수 있다. 하지만 한편으로는 창작자에게 배타적 독점적 권리를 부여함으로써 부작용을 초래한다는 비판도 있다.

'카피레프트(copyleft)' 란 '카피라이트' 와는 정반대의 개념으로서, 저작물에 대한 권리를 모든 사람이 공유할 수 있도록 하자는 주장을 말한다. 1984년 미국 MIT 대학의 컴퓨터학자 리처드 스톨먼이 소프트웨어의 상업화에 반대해 프로그램을 자유롭게 사용하자는 운동을 펼치면서

시작되었다. 스톨먼은 인류의 지적 자산인 지식과 정보는 소수에게 독점되어서는 안 되며, 모두가 자유롭게 사용할 수 있어야 하기 때문에 저작권으로 설정된 정보의 독점을 거부하였다. 그러나 카피레프트 또한 창조 의욕 저하와 품질 하락 등의 문제를 발생시킨다는 비판도 있다.

논제 1. (가)를 읽고, 자연 상태에서 소유권은 어떻게 성립하며, 소유의 한계는 무엇인지, 그리고 사유화에는 어떤 제한이 있는지에 관한 저자의 생각을 기술하시오.

논제 2. (나)에 언급된 정보의 특성들로 인해 (가)에 제시된 재산권 정당화 논의의 조건(들) 가운데 무의미해지는 조건(들)이 있다. 그 조건(들)을 들고 그 이유를 설명하시오.

논제 3. (가)와 (나)를 토대로, (다)의 카피라이트와 카피레프트에 대한 자신의 입장을 밝히고 그 입장을 정당화하시오.

[문항 3]

(가)

시장이 항상 효율적인 자원 배분을 가져오는 것은 아니다. 독과점의 횡포, 환경오염의 피해, 공공재의 생산 부족 등이 나타날 수 있기 때문이다. 정부는 이러한 시장 실패를 해결하기 위해 민간의 경제 활동에 개입해 왔다. 환경 보호를 위한 규제, 공기업을 통한 독점 사업의 운영, 독과점과 불공정 거래에 대한 규제 등이 바로 그것이다. 또한 정부는 특정 산업 부문에서의 기업 활동에 대한 인·허가를 특정한 업자에게만 내주기도 하는데, 이는 기업 간의 과도한 경쟁 방지, 자원의 효율적 이용, 공익 증진 등을 위해서이다. 개발도상국에서는 특정한 전략 산업을 육성할 목적으로 정부가 독과점 기업이 될 수 있는 인·허가를 내주는 경우도 있다. 또한, 정부 규제는 소비자의 권익 보호와 산업의 건전한 발전이라는 목적을 가진다. 정부는 이러한 규제 활동을 통해 경제적·사회적 활동에 수반되는 부작용을 최소화하고, 국민의 생명과 재산을 보호하며, 국민의 복지를 증진시키고자 한다.　　　　　　　── 고등학교 『사회』 교과서에서

(나)

정부 규제는 본래의 취지와는 달리 여러 가지 부작용을 초래하기도 한다. 기업 경쟁력의 약화, 기업과 정부의 유착, 관료 집단의 이기주의와 부정·부패 등이 바로 그것이다. 1980년대 이후 세계 여러 나라들은 국민 생활과 기업 활동의 자율성을 보장하기 위해 규제 완화를 지속적으로 추진하고 있다. 이는 민간의 능동적 참여와 자발적 창의가 실현될 때, 지속적인 경제 성장이

가능하다는 사실을 깨달았기 때문이다. 영국의 예를 들어보자. 19세기에 세계 제일의 경제력을 보유하였던 영국은 20세기 들어 소위 '영국병' 이라 불리게 된 지속적인 생산성의 하락과 수출 시장의 축소를 경험하였다. 이러한 '영국병' 의 원인은 정부 주도의 산업 육성 정책, 공공 부문의 지나친 비대화, 강성 노조로 인한 노동 시장의 경직성 등에 있었다. 특히, 국내 총생산에 있어서 공기업 부문이 차지하는 비중은 1970년대 말의 경우 약 10%에 달하였다. 1979년 보수당 집권 이후 영국정부는 노조에 대한 강경 정책을 실시하는 한편, 민간 경제의 활성화를 위해 공기업의 민영화, 규제완화, 재정 지출 삭감, 조직 개편 등을 추진하였다. 또한 1980년대 중반 이후 영국 정부는 석유 공사, 항공 회사, 전신·전화 회사 등과 같은 주요 공기업을 민간에 매각함으로써, 경영의 효율성을 제고하고 정부 예산을 절감할 수 있었다. 한편, 영국 정부는 1980~1994년의 기간 동안 중앙 부처 공무원의 약 25%를 감축하였다. 이러한 개혁의 결과 영국 경제는 다시 건강을 회복할 수 있었다. 1960~1979년 사이에 1인당 제조업 생산 증가율은 선진국 중 11위에 불과하였으나, 1979~1994년 사이에는 2위로 부상하게 된 것이다.

── 고등학교 『사회』 교과서

(다)

　모든 개인은 그가 좌우할 수 있는 모든 자본에 대해서 가장 유리한 용도를 발견하고자 끊임없이 노력하고 있다. 물론 그의 1차 관심사는 자기 자신의 이익으로 그 사회의 이익은 아니다. 그러나 그 자신의 이익추구가 자연적으로 또는 오히려 필연적으로 그에게 가장 유리한 용도를 선호하게 유도하는 것이다. [……] 물론, 각 개인은 사회공공의 이익을 촉진하려고 직접 노력하지 않고, 실제로 자신이 어느 정도 사회공공의 이익을 촉진하고 있는지도 모른다. 그가 외국의 산업보다 국내의 산업을 도와주고 싶어 하는 것은 오로지 자기 자신의 안전을 위함이고, 그가 그 산업의 생산물이 최대의 가치를 갖게 되도록 그 산업을 운영하고자 하는 것은 그 자신의 이득을 취하기 위함이다. 그리하여 그는 이 경우에도 다른 경우와 마찬가지로 보이지 않는 손(invisible hand)에 이끌려 자신이 전혀 의도하지 않았던 목적을 추구하게 되는 셈이다. 그것이 그가 의도한 바가 아니라는 것은 반드시 사회에 대해 나쁜 것은 아니다. 그는 자기 자신의 이익을 추구함으로써 실제로 사회의 이익을 직접 추구했을 경우보다 더욱 유효하게 사회의 이익을 증진하는 수가 많은 것이다.

── 아담 스미스, 『국부론』, 고등학교 『경제』교과서

(라)

　인간과 자연 환경의 운명이 순전히 시장 메커니즘 하나에 좌우된다면, 결국 사회는 폐허가 될 것이다. 구매력의 양과 사용을 시장 메커니즘에 따라 결정하는 것도 같은 결과를 낳는다. 비록 사람들은 '노동력' 도 똑같은 상품이라고 우겨대지만, 일하라고 재촉하거나 마구 써먹거나, 심지어 사용하지 않고 내버려 두거나, 어쨌든 그 특별한 상품을 몸에 담은 인간 개개인은 반드시

영향을 입게 마련이다.

이런 체제 아래에서, 인간의 노동력을 소유자가 마음대로 처리하다 보면, 노동력이라는 꼬리표를 달고 있는 '인간' 이라는 육체적, 심리적, 도덕적 실체마저 소유자가 마음대로 처리하게 된다. 인간들은 갖가지 문화적 제도라는 보호막이 모두 벗겨진 채 사회에 알몸으로 노출되고 결국 쇠락해 간다. 그들은 악덕, 인격 파탄, 범죄, 굶주림 등을 거치면서 격동하는 사회적 혼란의 희생물이 된다. 자연은 그 구성 원소들로 환원되어 버리고, 주거지와 경관은 더럽혀진다. 또 강이 오염되며, 군사적 안보는 위협당하고 식량과 원자재를 생산하는 능력도 파괴된다. 마지막으로, 구매력의 공급을 시장 기구의 관리에 맡기게 되면 영리기업들은 주기적으로 파산하게 될 것이다. 원시 사회가 홍수나 가뭄으로 인해 피해를 입었던 것처럼, 화폐 부족이나 과잉은 경기에 엄청난 재난을 가져올 것이기 때문이다.

노동시장, 토지 시장, 화폐 시장이 시장 경제에 '필수적' 이라는 점은 의심할 여지가 없다. 하지만 인간과 자연이라는 사회의 실체와 경제 조직이 보호받지 못한 채 그 '악마의 맷돌' 에 노출된다면, 어떤 사회도 무지막지한 상품 허구의 경제 체제가 몰고 올 결과를 한순간도 견뎌 내지 못할 것이다.　　　　　　　　　　　　　　　　　　　　　── 칼 폴라니, 『거대한 변환』에서

논제 1. (가), (나), (다), (라)를 입장에 따라 2개의 그룹으로 나누고, 그렇게 나눈 이유를 논술하시오.

논제 2. (라)는 우리 삶을 시장경제에만 맡겨둘 경우에 발생하게 될 위험에 대해 경고하고 있다. 이러한 경고가 정당한 것인지, 과도한 것인지 위의 제시문들을 토대로 논술하시오.

논제 3. 위의 논의를 기반으로 기업의 입장에서 '기업하기 좋은 환경' 이란 어떤 것이고 '기업하기 좋은 나라' 는 어떤 나라인지 설명하고, 그러한 나라의 좋은 면과 나쁜 면을 평가하시오.

[문항 1] 해설

■ 논제의 구성 조건 확인

출제자가 요구하고 있는 요구 조건은 다음과 같다.

논제 1
① (가)를 읽고,
② 자연 상태에서 소유권은 어떻게 성립하며,
③ 소유의 한계는 무엇인지,
④ 그리고 사유화에는 어떤 제한이 있는지에 관한
⑤ 저자의 생각을 기술하시오.

결국 이 문제는 요약 문제이다. ②, ③, ④번 항목을 중심으로 제시문 (가)를 정확히 요약하면 되겠다. 논술문의 구성 역시 질문의 순서를 따르면 된다.

논제 2
① (나)에 언급된 정보의 특성들로 인해 (가)에 제시된 재산권 정당화 논의의 조건(들) 가운데 무의미해지는 조건(들)이 있다.
② 그 조건(들)을 들고 그 이유를 설명하시오.

이 문제는 우선, (가)에 제시된 재산권 정당화 논의의 조건(들)을 정확히 파악한 다음, 이를 (나)에 언급된 정보의 특성들과 연결해서 사고할 수 있는 능력을 요구하고 있다.

논제 3
① (가)와 (나)를 토대로,
② (다)의 카피라이트와 카피레프트에 대한 자신의 입장을 밝히고 그 입장을 정당화하시오.

(가)와 (나)를 토대로 하라고 했으므로, 우선 (가)와 (나)의 논지를 요약해야 한다. 이를 토대로 카피라이트와 카피레프트에 대한 자신의 입장을 밝히면 되겠다. '그 입장을 정당화하' 라는 것은 자신의 입장을 뒷받침할 논거를 제시하라는 말이다.

제시문 분석

(가)

대지와 그것에 속하는 모든 것은 자연발생적인 상태에서는 인류에게 공동으로 속한다. 즉 자연 상태에서는 사적인 지배권이 존재하지 않는다. 그러나 자연물을 이용하여 이득을 얻기 위해서는 그것들을 수취할 수 있는 수단은 있어야 한다.

자연물을 수취할 수 있는 수단은 인간의 노동이다. 자연 상태에 소유 주체의 고유한 노동이 부가됨으로써 그것은 배타적 소유권을 가지게 된다.

자연물에 자신의 노동을 부가한 것에 대해 배타적 소유권을 인정해 준다면, 누구든지 다른 사람의 이용권을 침해할 정도로 많은 양을 독점하게 될 것이라는 반론이 있다. 그러나 자연법이 소유권을 제한하기 때문에 그렇지 않다. 자연법은 우리에게 우리가 즐길 수 있는 만큼만 소유하게 한다. 그보다 많은 것은 그의 몫을 넘어서며, 다른 사람의 몫이 된다. 자연은 우리가 이용하기에 충분하기 때문이다. 내가 자연의 일부를 소유한다고 해도 다른 사람이 사용할 수 있을 만큼 자연은 언제나 충분히 남아 있다. 아니 그러한 경우에만 소유권은 인정된다.

(나)

생략

(다)

〈카피라이트〉

지적 재산권을 말한다. 카피라이트 제도 하에서는 저작자, 작곡가, 기타 창작자의 동의 없이는 창작물을 복제하거나 방송할 수 없게 된다.

〈카피레프트〉

카피라이트와는 정반대의 개념으로서, 저작물에 대한 권리를 모든 사람이 공유할 수 있도록 하자는 주장을 말한다

하나의 예시 답안

논제 1

대지와 그것에 속하는 모든 것은 자연 상태에서는 사적인 지배권이 존재하지 않는다. 그러나 사람들은 자연을 이용하여 이득을 얻으려고 한다. 이득을 얻기 위해서는 자연물에 자신의 노동이 부가되어야 한다. 이렇게 자연물에 자신의 고유한 노동을 부가함으로써 배타적 소유권이 성

립한다. 이러한 소유에는 한계가 있다. 그것은 소유의 독과점 가능성이다. 그러나 이 한계는 '자연법' 의 제한을 받기 때문에 성립되지 않는다. 즉 자연법은 우리에게 우리가 즐길 수 있는 만큼만 소유하게 하며 언제나 다른 사람의 몫을 남겨둔다. 그것은 자연이 항상 충분하기 때문이다. 이렇게 자연이 충분히 남아 있는 경우에만 소유권은 성립한다. 이것이 글(가)에 나타난 저자의 생각이다.

논제 2

우선, (가)에 나타난 재산권 정당화 논의의 조건들을 정리해 보자. (가)에 의하면 재산권이 정당화되기 위해서는 1. 그 대상이 자연물이며, 2. 거기에 자신의 고유한 노동이 부가되어야 하며, 3. 다른 사람의 몫을 남겨두어야 한다. 즉 다른 사람의 이용권을 침해할 정도로 많은 양을 독점해서는 안 된다. 이런 조건 하에서 재산에 대한 '독점적' 소유권이 인정된다는 것이다. 그런데 정보는 일단 자연물이 아니라는 점에서 이 조건들을 적용하는 데 무리가 따른다. 자연 상태의 정보란 없다. 정보는 다른 정보와 합치거나 일부를 빼거나 형태를 바꿈으로써 새롭게 창조되는 경우가 많다. 정보는 이렇게 끊임없이 재창조된 결과이지 원조 정보란 극히 드물다. 그런 점에서 보면 두 번째 조건 '고유한 노동' 이 부가되어야 한다는 조건도 무의미해진다. 정보는 수많은 사람들의 경험(노동)이 축적된 결과이기 때문이다. 그리고 정보는 대량 생산이 불필요하며, 즉 무한복제가 가능하며 남에게 판매를 해도 줄어들지 않고 그대로 남는다는 점에서 세 번째 조건도 무의미해진다. 즉 정보는 '독점적' 소유 자체가 아예 불가능한 것이다.

논제 3

'지적 재산권' 을 뜻하는 카피라이트는 창작물 생산자의 권리를 보호해주기 위한 제도이다. 이 제도 하에서는 누군가 창작물을 이용하려면 창작자의 동의를 얻거나 그에 따른 비용을 지불하여야 하지 마음대로 복제하거나 방송할 수 없다. 따라서 이 제도 하에서는 창작자가 자신의 창작물에 대해 배타적 독점적 권리를 행사할 수 있다. 이는 사적 소유권이 분명하게 보장되어 있는 자본주의 사회에서 너무나 당연한 제도처럼 보인다.

그러나 음반이 되었건 책이 되었건 영화가 되었던 그림이 되었건 모든 창작물은 인류 공동의 노력의 결과이자 인류의 문화 자체이다. 창작자에게 그에 합당한 대가를 지불해줘야 하는 것은 당연한 처사이다. 그러나 그러한 대우가 배타적 독점적으로 사용해도 좋다는 것은 아니다. 누구나 다 자유롭게 접근하고 공유하고 사용할 수 있어야 한다. 이것이 배제된다면 창작자의 권리를 악용하여 인류의 지적인 자산인 지식과 정보는 소수의 독점물로 전락하게 된다.

지적 생산물이나 예술 창작물들은 자연이 모든 인간에게 공유하도록 제공해주는 대지와 같은 것이다. 누군가 예술적 역량을 가지고 자신의 창조적 노동으로 창작했다면 그것에 그의 이름이 새겨지고 그에게 대가를 지불하는 것이 곧 인지상정이지만 그 창작물을 인터넷에 올려 모두가 공유하며 자유롭게 즐길 수 없다면 이것 또한 인지상정이 아니다. 아니 인지상정의 차원을 넘어 새로운 창조적 욕구를 제한하게 된다.

카피라이트의 문제를 제대로 인식하려면 현행 저작권법의 모습을 함께 보아야 한다. 저작권 강화 정책은 인터넷에서의 소통과 표현의 자유를 크게 위축시켜 인터넷의 생명력을 말살하는 한편 전 국민을 범죄자로 만들 우려가 있다. 문제는 현행 저작권법이나 그 개정 방향이 이용자의 욕구를 철저히 배제하고 권리자 쪽의 이익만을 옹호하면서 복합적이고 프로슈머적인 문화 창조 공간으로서의 디지털 환경을 낡은 저작권 개념으로 다스리려는 데 있다. 이러한 발상은, 많은 네티즌들이 우려하듯, 문화의 창조적 소통을 가로막고 나아가 인터넷 세계를 죽은 바다로 만들 뿐이다. 디지털 문화는 복제와 전송의 사이사이에 비판·비평이 끼어들면서 네티즌들의 문화적 성숙을 이끌어내고 새로운 창작을 위한 마당을 제공한다는 점을 주목해야 한다.

나는 카피라이트를 강화하려는 태도보다 사회적 공공성에 기반하여 개인들의 자유롭고 창조적인 지적 문화적 활동을 북돋운다는 차원에서 카피레프트의 문제 의식을 확산시켜야 하다고 생각한다. 최초 생산자에 대한 소유권은 인정해 주되, 독점화를 방지하여 모두가 자유롭게 접근하고 향유하고 즐기며 창조할 수 있도록 하기 위해서는 카피레프트가 사회화되어야 한다. 지식과 정보의 경우도 마찬가지다.

[문항 3] 해설

■ 논제의 구성 조건 확인

각 논제에서 요구하는 논제의 구성 조건은 다음과 같다.

논제 1
① (가), (나), (다), (라)를 입장에 따라 2개의 그룹으로 나누고,
② 그렇게 나눈 이유를 논술하시오.

논제 2
① (라)는 우리 삶을 시장경제에만 맡겨둘 경우에 발생하게 될 위험에 대해 경고하고 있다. 이러한 경고가 정당한 것인지, 과도한 것인지 위의 제시문들을 토대로 논술하시오.

논제 3

① 위의 논의를 기반으로

② 기업의 입장에서 '기업하기 좋은 환경'이란 어떤 것이고 '기업하기 좋은 나라'는 어떤 나라인지 설명하고,

③ 그러한 나라의 좋은 면과 나쁜 면을 평가하시오.

모두 논제가 요구하는 순서에 따라 논술하면 되겠다.

■ 제시문 분석과 문제 설정

1. 제시문 요약

(가)

시장이 항상 효율적인 자원 배분을 가져오는 것은 아니기 때문에 정부가 민간 경제 활동에 개입하여 환경 보호를 위한 규제, 공기업을 통한 독점 사업의 운영, 독과점과 불공정거래에 대한 규제 등을 한다. 정부의 시장 규제는 소비자의 권익 보호와 산업의 건전한 발전을 도모한다. 정부는 이런 규제를 통해 국민의 생명과 재산을 보호하고 국민의 복리를 증진시킨다.

(나)

정부에 의한 시장 규제는 부작용을 초래하기도 한다. 기업 경쟁력의 약화, 기업과 정부의 유착, 관료 집단의 이기주의와 부정 부패 등. 1980년대 이후 세계 여러 나라들은 국민 생활과 기업 활동의 자율성을 보장하기 위해 규제 완화를 지속적으로 추진하고 있다.

(다)

모든 개인은 모든 경제 활동에서 사회의 이익에 앞서 자신의 이익을 추구한다. 이렇게 이기적인 의도에 따라 활동하더라도 '보이지 않는 손'에 이끌려 결과적으로는 의도하지 않았던 목적, 즉 사회의 이익을 증진하게 된다.

(라)

인간과 자연 환경의 운명이 시장 메커니즘 하나에 좌우된다면, 결국 사회는 폐허가 될 것이다. 이런 체제 아래에서서는, 인간이 상품화되고 인간들은 문화적 제도의 보호막이 모두 벗겨진 채 쇠락해 간다. 그들은 각종 범죄와 가난을 겪으면서 사회적 혼란의 희생물이 된다. 자연 환경은 훼손된다. 모든 것을 시장 기구의 관리에 맡기게 되면 종국에는 화폐 부족이나 과잉으로 엄청난 재난을 가져올 것이다. 허구적인 상품 경제 체제가 몰고 올 비극을 생각한다면 인간과 자

연이라는 사회의 실체와 경제 조직은 충분히 시장 경제 체제로부터 보호받아야 한다.

2. 제시문 입장의 분류

제시문들을 입장에 따라 분류하면 다음 표와 같다.

	(가)	(나)	(다)	(라)
논지 요점	정부의 시장 개입 긍정 (규제 강화)	정부의 시장 개입 부정 (규제 완화)	자본 활동에서 개인의 이익 추구 중시	인간과 자연의 시장 메커니즘으로부터 사회적 보호 역설
공통입장 1) 사적인 자본 활동 추구		●	●	
공통입장 2) 공공성·사회성 추구	●			●

░ 하나의 예시 답안

논제 1

　제시문 (가) (나) (다) (라)는 논지의 공통된 문제 의식에 따라 두 부류로 나눌 수 있다. (나)/(다)와 (가)/(라)가 그것이다. (나)는 정부의 시장 개입을 부정하면서 민간 기업의 자율적인 경제 활동을 중시하고 있고, (다)는 사회적인 이익에 앞서 개인의 이익을 위한 자본의 활동을 중시하고 있다. 그럼에도 두 글이 공통된 문제 의식으로 묶일 수 있는 것은 개인의 이익이든 민간 기업의 자율적 활동이든 사적인 자본 활동을 추구한다는 점에서이다. 이에 반해 (가)와 (라)는 공공성과 사회성을 추구하는 활동을 중시하고 있다는 점에서 하나로 묶을 수 있다. (가)에서 정부가 시장에 개입하여 규제를 강화하는 것은 자본 시장의 논리가 아니라 공공성의 논리를 중시하기 때문이고, (라)에서 인간과 자연을 시장 메커니즘으로부터 보호해야 한다고 하는 것은 자본으로 환원되지 않는 사회성, 즉 우리 삶을 시장 경제에만 맡겨서는 안 된다는 것을 의미한다.

논제 2

　(라)는 우리 삶을 시장 경제에만 맡겨둘 경우에 발생하게 될 위험에 대해 경고하고 있다. 이러한 경고는 정당하다. 왜냐하면 시장 경제란 결국 자본의 이익에 봉사하는 경제인데, 자본은 본

디 자본 그 자체를 위해 경제 활동을 할 뿐이지 삶을 인간적이고 윤택하게 하려는 목적에는 안 중에도 없기 때문이다. 우리 사회가 자본주의 질서로 돌아가는 것은 주지의 사실이며, 따라서 모든 것이 시장 경제의 논리로 흐를 수밖에 없다. 그러나 그렇다고 해서 시장 원리에만 맡길 경우 독과점의 횡포, 공공재의 부족, 환경 파괴, 사회적 공동선의 상실, 노동의 비인간화 같은 문제들이 극대화될 우려가 매우 크다. 특히 최근의 신자유주의 정책은 인간의 삶과 문화적 종다양성을 파괴하고 있다. 따라서 국가가 개입하여 공공성을 강화하고 노동자들의 권익을 보호해주는 한편 인권·복지·환경 정책 등을 실현하도록 해야 한다. 그러나 국가가 개입한다고 해서 우리의 삶이 시장 경제 즉 자본주의 체제로부터 피폐해지는 것을 방지할 수 있느냐 하면 그것도 아니다. 사실 국가를 총자본이라고도 하지 않는가. 그러나 적어도 국가가 시장 경제에 개입한다고 하는 것은 삶의 가치들을 자본의 가치로 환원시키려는 것을 막고 삶은 삶 그 자체로 가치를 가질 수 있도록 법적·제도적 조치들을 취해야 하는 것을 말한다. 곧 시장 경제의 영역을 제한시켜야 한다는 것이다. 인간과 자연이, 그리고 인간의 육체적, 심리적, 문화적 자산들이 모두 시장 경제에 넘어가면 인간은 그야말로 자본이라는 도마 위에 올려진 죽은 시체일 뿐이다. 시장 경제의 전지구화 및 전영역화가 가속화되고 있는 오늘의 현실에서 시장 경제가 장악하지 못하도록 하는 인간 사회 및 생태 환경 영역을 보호하는 정책이 필요하다.

논제 3

　'기업하기 좋은 환경' 혹은 '기업하기 좋은 나라'란 한마디로 시장 경제가 활성화되어 민간 기업의 자율성이 보장되는 환경 혹은 그 나라이다. 무엇보다도 노동조합의 파업 등 쟁의 행위가 자제되고 노사가 화합하는 분위기가 조성되어야 한다. 그러한 분위기 속에서 정부 규제가 완화되어 민간 기업이 자율적으로 경제 활동을 할 수 있도록 해야 한다. 정부의 규제가 완화되면 기업 경쟁력이 제고되고 기업과 정부의 유착고리가 형성되지 않으며 부정 부패 등이 구조화되지 않아 민간의 능동적인 참여와 자발적인 창의가 실현되어 지속적인 경제 성장이 가능해질 수 있다. 또한 기업하기 좋은 나라가 되려면 정부의 개입이 완화되면서 시장 경제의 형성이 구조화되어야 한다. 다만 독과점화 등의 횡포를 막을 수 있는 제반 조치를 취해야 하고 중소기업이 시장 경제에 자유롭게 진출할 수 있도록 해야 한다. '기업하기 좋은 환경' 혹은 '기업하기 좋은 나라'라 해서 시장 경제의 자유주의적 상황의 창출을 무한대로 허용하자는 것은 아니다. 기업의 사회적·환경적 책임을 통감하고 공공적 태도를 가질 수 있어야 한다. 이렇게 기업 스스로가 기업하기 좋은 환경을 만들어 나가는 것도 중요하다. 이런 면에서는 '기업하기 좋은 나라'가 긍정적으로 작용한다. '기업하기 좋은 나라'는 '좋은 기업'을 전제 조건으로 해야 한다는 것이며 기업 윤리가 존재해야 한다는 것이다. 기업은 사적인 영역이 아니라 공적인 영역으로서 사회적 부를 창출하는 매개로 인식된다면 '기업하기 좋은 나라'의 좋은 면이 될 것이다.

그러나 기업의 이익을 우선시하다보면 노동자들의 노동 조건이나 처우 등에 있어서 권리가 훼손될 우려도 있다. 노동자들이 불이익을 당한다면 좋은 기업이 아니다. 또한 '기업하기 좋은 나라' 라 해서 기업이 시장 경제의 모든 영역을 차지하려 한다면 그 또한 나쁜 면이 될 것이다. '기업하기 좋은 나라' 는 기업이 침투해서는 안 되는 영역도 인정하고 존중할 줄 알아야 한다.

고려대학교 2007학년도 수시1학기 기출 문제 (인문계)

(가)

정의란 무엇인가? 서양철학에서 정의는 아리스토텔레스 이래 평등의 문제를 중심으로 논의되어 왔다. 정의가 무엇인지에 대한 논의가 오랫동안 계속되어 왔음에도 불구하고 이 문제에 대한 합의는 아직도 형식적 수준을 넘어서지 못하고 있다.

'각자에게 그의 몫을 주는 것' 이 정의라는 주장이 일찍부터 폭넓은 공감을 얻어 왔다. 그러나 각자의 몫이 무엇인지 밝히지 않은 채 단지 각자에게 그의 몫을 주라는 요청만으로는 정의의 내용이 구체화될 수 없다. 예컨대 회사 사장의 몫과 같은 회사 경비원의 몫은 각기 무엇인가? 이를 어떤 기준에 의해 구체적으로 판단할 수 있는가?

오늘날 정의에 관한 다양한 견해들은 이런 문제에 대한 입장의 차이에서 비롯된 것이다. 혹자는 힘이 곧 정의라고 주장한다. 그에게 정의란 힘의 지배를 정당화하는 이데올로기에 불과하다. 하지만 정의를 사회질서의 가장 중요한 가치로 믿는 사람들은 정당한 몫의 기준을 다른 시각에서 바라본다. 예를 들면 사회적 효율성의 관점에서 정의를 이해하는 견해가 있는가 하면, 효율성보다 중요한 가치가 있다는 견해도 있다.

(나)

사회제도가 아직 형성되지 않은 가상의 집단이 있다. 이 집단의 구성원들은 자신들의 집단에 적용할 사회제도를 합의를 통해 결정하려고 한다. 선택될 수 있는 사회제도는 ㉠, ㉡, ㉢의 세 가지이다. 어떤 사회제도가 실현되든 각 구성원은 동등한 자유와 공정한 기회를 보장 받지만, 사회 경제적인 면에서 A, B, C라는 서로 다른 계층 중 하나에 속한다. 각 구성원이 사회 경제적인 면에서 갖게 될 '행복' 의 정도는 그가 속한 계층에 따라 결정된다. 이 행복의 정도를 수치로 표현하여 '행복지수' 라고 부르기로 한다. 각 사회제도가 실현될 경우 각 구성원이 얻게 되는 행복지수는 다음 표와 같다.

계층 사회제도	A	B	C
㉠	6	9	12
㉡	1	10	25
㉢	5	5	5

사회제도를 결정하는 과정에서 각 구성원은 행복지수를 가능한 한 가장 크게 하는 것을 목표로 한다. 어떤 사회제도가 선택되기 이전에 각 구성원은 A, B, C의 계층이 가져다 줄 행복지수를 알고 있다. 그러나 각 구성원은 자신이 어떤 능력을 갖고 있는지, 어느 계층에 속하게 될지는 모른다.

(다)

진리가 사상 체계의 으뜸 덕목이라면 정의는 사회제도의 으뜸 덕목이다. 아무리 잘 만든 이론이라도 진리가 아니라면 물리치거나 고쳐야 한다. 그와 마찬가지로 아무리 쓸모 있고 번듯한 제도라도 정의롭지 못하다면 다시 짜거나 버려야 한다. 사회 전체의 복지를 도모한다는 빌미로 정의를 어길 수 없다. 개인은 정의에 의해 온전히 보호되어야 한다. 정의는 다수의 이익을 위해 소수에게 희생을 짊어지우는 것을 용납하지 않는다. 따라서 동등한 시민적 자유가 이미 자리 잡은 사회는 정의롭다고 간주된다. 그 사회에서는 정치적 거래나 사회적인 이해타산이 정의가 수호하는 권리들을 좌우하지 않기 때문이다.

일반적인 정의관에 따르면 불평등한 분배가 모든 사람에게 이익을 가져오지 못한다면 분배는 평등하게 이루어져야 한다. 다시 말해 불평등이 모든 사람의 이익이 된다면 그 불평등은 허용되어야 한다는 것이다. 일반적인 정의관에서 적어도 이론상으로는 사람들이 자유를 어느 정도 포기하는 대신 사회 경제적으로 충분히 보상받는 것이 가능하다고 생각할 수 있다. 그러나 일반적인 정의관은 불평등이 허용될 수 있는 정도와 그 세세한 내용들에 대해 아무런 제한을 두지 않는다. 단지 모든 사람의 이익을 주장할 따름이다. 일반적인 정의관의 문제점은 노예제도마저 찬성하는 극단적인 예에서 선명하게 드러난다. 경제적 이익은 월등한데 정치적 권리 행사가 정책에 미치는 영향력이 보잘것없다고 하여 사람들이 정치적 권리를 포기하는 사태도 있다. 따라서 일반적인 정의관을 고치고 다듬는 방향으로 정의의 원칙을 수립해야 한다. 그 원칙에서는 기본적 자유를 사회 경제적 이익과 교환하는 것을 배제해야 마땅하다.

정의의 원칙은 기본적 자유 다음으로 사회 경제적 분배의 문제를 고려한다. 사회 경제적 분배가 문제일 경우 사회계층들 사이에 현실적으로 존재하는 차이를 도외시하기는 어렵다. 예를 들어 자본주의 국가에서 기업가 계층의 일원으로 출발하는 사람은 미숙련 노동자 계층의 일원으로 출발하는 사람보다 훨씬 나은 미래를 기대할 것이다. 사회에 현존하는 부정의가 모두 말소된 상태가 되더라도 삶의 전망의 차이가 두 계층 사이에 여전히 존재할 것이다. 그렇다면 미래의 삶의 전망에서 나타날 불평등을 정당화하는 것은 무엇인가? 정의의 원칙은 미숙련 노동자와 같이 열악한 처지에 있는 사람이 미래의 삶의 전망에서 이익을 얻을 수 있는 경우에 불평등을 인정한다. 삶의 전망에서 나타나는 불평등은, 그 불평등을 줄일 때 사회적 약자의 처지가 더욱 악화될 경우에만 허용될 수 있다.

(라)

정의는 옳고 그름의 문제이다. 그렇다면 무엇이 옳고 무엇이 그른가? 최대 행복의 원리를 도덕의 기초로 삼는 공리주의에 따르면 모든 행위는 행복의 증진에 기여하는 만큼 옳고, 그 반대에 기여하는 만큼 그르다. 여기서 행복은 고통이 없는 쾌락의 상태를 의미하고 불행은 쾌락이 없는 고통의 상태를 의미한다. 결국 옳음과 그름, 정의로움과 정의롭지 않음을 구별하는 기준은 사람들이 실제로 소망하는 것, 즉 행복뿐이다.

그런데 공리주의는 행위자 자신만의 행복이 아니라 관계된 모든 사람의 행복을 요구한다. 공리주의의 기준도 행위자 자신의 최대 행복이 아니라 전체의 최대 행복이다. 공리주의 도덕은 인간이 다른 사람의 선을 위해 기꺼이 자신의 최대 선까지도 희생할 수 있고 그 희생이야말로 인간이 이룰 수 있는 최고의 덕이라고 생각한다. 다만 희생 그 자체가 선이라고 주장하지는 않는다. 행복의 증대에 기여할 수 없는 희생은 아무런 쓸모가 없기 때문이다.

공리주의가 인정하는 자기 포기는 단 하나뿐이다. 그것은 전체의 행복의 총량을 증대시키기 위해 자기 자신의 행복을 포기하는 것이다. 따라서 공리주의는 사람들에게 가능한 한 덕을 사랑하는 마음을 길러서 사회 전체의 행복을 증진하라고 요구한다. 개인의 욕구는 사회 전체의 행복을 침해하지 않는 한에서 용인된다. 그러나 개인의 행복과 다른 사람들의 행복이 충돌할 경우 공리주의는, 개인에게 마치 불편부당한 제삼자처럼 됨으로써 자신의 행복보다 전체의 행복을 먼저 생각하라고 한다.

이 같은 요구는 다소 가혹해 보일지도 모른다. 그러나 이는 '누구나 한 사람으로 간주되어야 하고, 누구도 한 사람 이상으로 간주되어서는 안 된다.' 는 공리주의의 금언과 개개인이 아니라 전체의 행복의 총량만이 도덕의 기준이라는 전제를 수용한다면 피할 수 없는 결론이다.

(마)

선진국에서 개발되는 신약들은 장기간의 연구와 천문학적인 비용의 투자를 필요로 하고 있다. 임상 실험의 마지막 단계는 비용의 효율적인 절감을 이유로 개발도상국 국민을 대상으로 진행되는 경우가 많은데 이때 위약(僞藥)의 투여나 국제 협약의 무시 등 비도덕적인 행위가 나타나기도 한다. 그러나 이렇게 개발된 신약이 개발도상국에서 판매될 때에는 선진국 수준의 비싼 가격으로 책정되기 때문에 정작 개발도상국 국민들은 실제적인 혜택을 거의 받지 못하고 있다.

세계무역기구의 무역 관련 지적 재산권 협정 제 31조는 국가 비상사태, 극도의 긴급 상황 또는 공공의 비상업적 사용을 전제로 특허권자의 동의 없이 특허 대상의 생산 및 사용을 허용하고 있다. 이 규정에 기초하여 개발도상국 정부 또는 정부의 승인을 받은 제삼자(제약 회사)는 특허에 의해 보호되는 신약을 특허권자의 동의 없이 생산 판매할 수 있다. 그래서 개발도상국에서는 강제실시권을 발동하고 복제 약을 만들어 가난한 사람들이 혜택을 받을 수 있게 하기도 한다. 이때 개발도상국 정부는 자국에서 복제 약을 개발할 수 있는지의 여부와 예상 가격을 알아보고 다국적 기업과 다시 가격 협상을 한 다음에 강제실시권의 발동 여부를 결정할 수도 있다.

다음은 어느 개발도상국에서 전염병이 발생했을 때 그에 대한 대처 상황을 가정해 본 것이다. 전염병은 두 도시 A와 B의 도심에서 동시에 발생하여 모든 방향으로 일정한 속도로 확산되고 있다. A도시는 B도시에 비해 상대적으로 빈곤층이 많고 인구밀도가 높다. 한 다국적 제약 회사에서 개발한 신약을 이용하면 이 전염병 환자의 80%가 치료된다. 하지만 신약의 값이 비싸기 때문에 그 개발도상국에서는 강제실시권을 발동하여 치료율은 30%로 낮지만 가격이 싼 복제 약을 공급하려고 한다. 이를 위해 A와 B도시 사람들의 신약과 복제 약 구매 가능성을 조사해서 다음의 결과를 얻었다.

〈자료 1〉 도시별 환자 집단의 구매력 현황

	신약을 살 수 있는 환자	어느 약도 살 수 없는 환자
A도시	10%	10%
B도시	50%	0%

* 구매력이 있는 경우 신약을 산다.

그런데 다국적 제약 회사는, 복제 약의 가격을 높게 책정하면 신약의 가격을 낮추겠다는 조건으로 협상을 제안하면서 협상안 수용 시 예상되는 상황에 대하여 다음의 자료를 제시하였다.

〈자료 2〉 도시별 환자 집단의 구매력 예상

	신약을 살 수 있는 환자	어느 약도 살 수 없는 환자
A도시	20%	30%
B도시	70%	0%

* 구매력이 있는 경우 신약을 산다.

I. 위 제시문들은 정의와 효율성에 관한 것이다. (다)의 요지를 밝히고(200자 이내), (라)의 관점에서 (다)의 견해를 비판하고, 모든 제시문을 참고하여 정의와 효율성에 관한 자신의 생각을 논술하시오. (60점)

II. (나)에서, 모든 구성원이 A, B, C 각 계층의 구성원 수가 동일할 것이라고 알고 있다면, 구성원들이 (다)의 정의관을 가질 때와 (라)의 정의관을 가질 때 각각 선택하게 될 사회제도가 어느 것일지 밝히고 그 논거를 제시하시오. 또 만일 A, B, C 각 계층을 이루는 구성원 수의 비율이 1:1:2이고 모든 구성원들이 그 비율을 알고 있다면, 그들이 (다)의 정의관에 따라 선택할 사회제도가 어느 것일지 논술하시오. (15점)

III. (마)에서, 개발도상국 정부는 치료되는 환자 수를 기준으로 삼아 협상안 수용 여부를 결정하려고 한다. 정부가 (라)의 관점을 취할 경우 어떤 결론에 이르게 되는가에 대하여 논술하시오. (15점)

IV. 위 제시문들을 활용하여 논제 III에서 나타나는 사회적 불평등을 개선하기 위한 방안을 논술하시오. (10점)

■ 유의 사항

1. 답안에는 자신의 신원을 드러내는 표현을 쓰지 말 것.
2. 논술문의 제목은 쓰지 말 것.
3. 제시문의 문장을 그대로 옮겨 쓰지 말 것.
4. 분량은 띄어쓰기를 포함하여, I은 1400자(±100자), IV는 400자(±50자)가 되게 할 것.

해설

이 해설은 대학측에서 발표한 내용입니다.

주제 분석

2007학년도 고려대학교 수시모집 I의 논술 시험은 '정의와 효율성'이라는 주제를 중심으로 제시문들과 논제들을 구성하였다. 제시문들은 주제와 관련한 개념적인 논의와 이론 모형, 가상적 사례를 담고 있으며 논제들은 정의와 효율성 간의 여러 상관 관계 및 문제 상황에 대해 통합적 사유를 전개할 것을 요구한다.

정의에 대한 논의는 '만인의 평등이 곧 정의' 라는 주장에 가려 그 현실적 본질이 은폐되기 쉽다. 만인이 평등한 것은 누구도 부정할 수 없지만, 이 엄연한 자명성이 각론에서의 여러 차이와 현실적인 문제들을 덮어버리곤 한다. 이런 이유에서 이번 논술은 정의라는 추상적인 주제를 주체적인 문제 상황 안에서 사유할 것을 요구했다. 예를 들어 약자 보호라는 엄연한 당위와 효율적인 행복 추구라는 지극히 현실적인 문제를 비교하게 하였고, 그 비교의 결과들을 가상의 사례에 응용토록 하였다. 통합적인 사유는 관념들의 일관적인 전개를 넘어서 사유 내용의 구체적인 응용까지 포괄한다고 판단했기 때문이다. 제시문 (나)처럼 정의로운 사회 구조를 스스로 선택하는 의사 결정이나 제시문 (마)처럼 약자와 강자가 대립하고 협상하는 과정은 우리가 쉽게 상상하거나 현실에서 얼마든지 부딪힐 수 있는 상황이다. 그리고 이 구체적인 상황 안에서 여러 가능성을 검토함으로써 수립한 새로운 관점으로부터 고유한 결론을 도출하여 문제 해결에 도달하는 것이야말로 통합적인 사유의 본질이다. 그러한 사유 능력의 소유 여부와 소유 정도가 이번 논술 시험을 통해 출제진이 평가하려던 것이다.

■ 제시문 해설

제시문 (가)는 정의에 대한 일반적인 서술이다. 이 제시문은 전체 논제를 포괄하고 있으며, 제시문 (다)와 (라)의 견해차가 발생하게 되는 배경을 간단하게 설명하고 있다. 이 제시문은 구체적인 문제 해결을 위해 필요하다기보다는 다른 제시문들에 쉽게 접근할 수 있도록 하는 도우미 역할을 한다.

제시문 (나)는 제시문 (다)와 (라)를 서로 비교하고 대조할 수 있는 하나의 틀을 제시한다. 이 제시문은, 제도가 아직 마련되지 않은 사회에서 개인들이 합의를 통해 제도를 선택한다는 가상의 상황을 설정한다. 제시문에서 경우로 주어진 제도 ㉠, ㉡, ㉢이 그러한 합의를 통해 실현될 수 있는 제도라고 할 때, 제도마다 서로 다른 정의관이 대응되어 서로 다른 정의의 상태를 구현한다. 그 제도들이 정의를 구현하는 이유는, 제도마다 동등한 자유와 공정한 기회를 보장하고, 구성원들이 자신의 능력이나 자신이 선택한 제도 내에서 속하게 될 계층에 대해 전혀 모르는 상태에서 합의하기 때문이다. 이 제시문은 '행복지수' 로 표현되는 '행복' 의 절대적 크기와 사회 계층 간의 분배에 따라 서로 다른 정의관에 상응하는 제도들을 구별한다.

제시문 (다)는 롤스가 자신의 정의론에 입각하여 정의의 두 원칙을 설명하는 부분이다. 롤스는 사회 제도를 형성할 때 정의를 가장 먼저 고려해야 하며 동등한 시민적 자유가 정의의 기본임을 주장한다('동등한 자유의 원리'). 롤스는 그러한 주장에 이어 사회에서 불평들이 인정되는 경우를 논한다. 일반적인 정의관에 따르면, 자유를 포기하는 대신 사회 경제적인 보상을 받음으로써 전체의 이익이 증가한다면 정의로 인정된다. 그러나 롤스는 기본적인 자유를 사회 경제적 이익과 교환할 수 없다고 주장하면서, 일반적인 정의관을 비판한다.('동등한 자유의 원리의 우선성'). 롤스는 정의의 관점에서 볼 때, 인정될 수 있는 불평등은 사회 경제적인 분배의 축면에 한정되며, 이 불평등은 사회적으로 가장 열악한 처지에 있는 사회 계층의 상황을 개선하는 한에서만 인정될 수 있다고 주장한다('차등의 원리') 이 제시문은 롤스의 『정의론』의 여러 부분에서 발췌하여 출제진의 의도에 맞게 편집한 것이다.

제시문 (라)는 공리주의에 입각하여 정의의 문제를 설명한 글이다. 공리주의에서는 옳고 그름, 정의로움과 정의롭지 않음의 구별 기준은 오로지 행복의 총량이라고 한다. 그러나 본 제시문은 공리주의가 행복 총량의 효율적 증대라는 목적을 위해 개인의 희생을 강요하는 가혹한 도덕관이라는 통념을 넘어, 이 입장이 우선 각 개인에 대해 엄정한 평등을 보장하며, 그리고 그 전제 위에서 전체의 행복을 고려한다는 점에서 매우 도덕적이고, 합리적(효율적)인 정의관이라는 사실을 부각시키고 있다. 이 제시문은 J. S. 밀의 『공리주의』의 여러 부분에서 발췌하여, 출제진의 의도에 맞게 편집한 것이다.

제시문 (마)는 다국적 제약회사에서 개발되는 신약의 혜택을 개발도상국 환자가 받기 위해서 개발도상국 정부가 취할 수 있는 방안에 대해 언급한 다음 개발도상국에 전염병이 발생하여 신약 또는 복제약이 환자들에게 공급되어야 하는 상황을 가정하여 보았다. 이 제시문은 환자들이 병을 낫기 위해 신약이든 복제 약이든 구매해야 하는 상황에서 개발도상국 정부가 도시 간 또는 도시 내 계층 간의 갈등을 고려하여 다국적 제약회사와 협상하는 문제에 대해 정책 결정 상황을 설정하고 있다.

■ 논제 해설

이번 〈수시모집 1〉의 논술 시험에서는 언어와 수리로 나뉘어 있는 종전과 달리 제시문들이 통합적으로 활용되고 있을 뿐만 아니라 논제도 결합되어 있다. 다만 채점의 객관성을 확보하기 위하여 논제를 몇 가지로 구분하였다.

논제 Ⅰ에서는 "위 제시문들은 정의와 효율성에 관한 것이다. (다)의 요지를 밝히고(200자 이내), (라)의 관점에서 (다)의 견해를 비판하고, 모든 제시문을 참고하여 정의와 효율성에 관한 자신의 생각을 논술하시오."라고 요구하고 있다.

이 논제는 제시문들에 대한 이해 능력 및 표현력을 평가하고자 하는 것이다. 그리고 이에 관한 종합적 능력을 측정하기 위해 먼저 하나의 논제를 세 가지로 나누었다.

첫 번째는 글을 읽고 이해하는 정도와 이해한 바를 정리하여 표현하는 능력을 측정하기 위해 (다)의 요지를 밝히도록 하였다. (다)를 읽고 자신이 이해한 바를 정해진 분량에 맞추어 서술하되 제시문에 들어 있는 중요한 대목이나 문장을 그대로 인용해서는 안 된다.

두 번째는 (라)의 관점에서 (다)의 견해를 비판하는 것으로, 먼저 (라)의 요지를 간단하게 밝힌 다음 가능한 한 제시문 밖에서 구체적인 사례를 찾아 들면서 (다)의 견해에 문제가 있음을 지적해야 한다.

세 번째는 자신의 생각을 논술하는 것이다. (다)의 견해에 동의하면 (다)의 입장에, (라)의 견해에 동의하면 (라)의 입장에, 혹 또 다른 견해가 있다면 그 입장에 입각해서 논술하면 된다. 그리고 논제에서 모든 제시문을 참고하라고 하였으니 각 제시문의 관점이나 견해를 적절하게 이용하되 제시문에 포함된 문구와 표현을 그대로 옮겨 적은 일은 피해야 한다.

특정 제시문에서 주장하고 있는 관점을 기초로 다른 입장을 비판하도록 한 것은 각 제시문들의 논지를 정확하게 이해했는지를 평가하기 위함이다. 주제가 익숙하다고 하여 암기한 내용으로 답안을 작성한다면 이 논제가 요구하는 바를 충족시킬 수 없다. 이 논제는 정해진 시간과 분량 내에 제시문을 이해하고 요점을 파악해서 이를 비교 분석하는 능력을 가져야 한다는 점을 분명히 하고 있다.

논제 Ⅱ는 (다)와 (라)에 서술되어 있는 정의관이 (나)에 가정된 사회에서 실현될 제도 형태와 어떻게 서로 대응되며 그 논거는 무엇인지 묻고 있다. 먼저 수치로 표현된 (나)의 상황에서 (다)와 (라)의 정의관이 어떤 수학적 조건으로 표시될 수 있는지 파악하여야 한다. 예를 들어 (다)의 롤스적 정의관에 해당하는 '차등의 원리'가 어떻게 수학적으로 표현되고, 그것이 (나)에서 사회 계층 간에 나타나는 행복지수의 여러 분배 상태를 비교할 때 그 중 어떤 분배 상태에 해당하는가를 논술해야 한다. 다음에는 (나)에 제시된 상황이 여러 조건을 통해 가상적으로 설정된 상황이라는 점에 주목하여, (나)의 가상적 상황에서 제시된 조건들과 (다)와 (라)에 서술된 정의관이 어떻게 연결될 수 있을까를 논술할 수 있어야 한다. 예를 들어 (라)의 공리주의적 정의관의 경우, 선택할 사회 제도가 수치적으로 모든 계층의 행복지수의 총합이 최대가 되는 제도임을 보여야 한다.

논제 Ⅲ은 (라)의 정의관이 신약 개발과 같은 직접적인 현실 상황에선 어떻게 적용될 수 있는지 묻고 있다. 전염병 대처 상황에 처한 한 개발도상국 정부가 다국적 제약회사가 제안한 협상안 수용 여부를 두고 정책 결정을 함에 있어서 공리주의적 정의관이 어떻게 수리적 분석을 통해 실현될 수 있는지 파악해야 한다. (라)의 관점에서 보았을 때 개발도상국 정부가 추구해야 할 목표는 가능한 한 많은 사람들이 치료될 수 있도록 한다는 것이다. 이 논제에 접근하는 첫 단계는 개발도상국 정부가 선택할 수 있는 두 가지 경우 각각에 대해 (라)에서 제시한 공리주의 관점과 (마)에서 주어진 자료로부터 무엇을 어떻게 계산할 것인가를 먼저 분명히 하는 것이다. 두 번째 단계는 계산이 이루어지면 내려야 할 결론이 계산 결과에 따라서 어떻게 될 것인가를 생각해 보는 것이다. 이 두 단계에서 결론이 얻어지면 필요한 양을 계산으로 얻어내기 위해 수식을 세우는데 이때는 변수를 설정하고 각 변수 사이의 관계를 정하는 관계식을 만든다. 실제로 이 계산을 이행함에 있어서는 제시문에 주어지지 않은 요소를 고려해야 할 필요도 있는데 이를 명확히 짚어낼 수 있어야 한다.

고려대학교 2007학년도 논술 모의고사 (인문계)

(가)

생태계의 서비스는 거의 경제적 가치를 갖지 않는 것으로 여겨져 왔다. 이 점은 물과 다이아몬드의 가격을 비교해 보면 잘 알 수 있다. 물이 인류의 생존을 위해 더 핵심적이고 중요하지만, 가격은 수요와 공급에 의해 결정되기에 공급이 수요를 훨씬 초과하는 물은 희소한 다이아몬드와 비교할 때 공짜였다. 그러나 인구 증가와 생태계에 대한 동경이 커지면서 생태계 자산은 물이 갖는 중요성과 더불어 다이아몬드가 갖는 희소성마저 갖기 시작했다. 즉 생태계 자산이 점차 다이아몬드처럼 귀하게 되면서 경제적 측면의 잠재적 가치가 늘어나기 시작한 것이다. 따라서 이제는 생태계가 구체적으로 금전적인 가치를 갖는 자산이라는 가정에서 세계 경제를 바라보는 관점이 필요하고, 이를 위해서는 경제와 사회제도의 대대적인 혁신이 필요하다. 이를 위한 한 가지 방법은 생태계 자산과 서비스에 대한 소유권을 확립하는 것이다. 자연의 재화나 서비스의 소유권이 지정되면 새로운 주인들——이들은 일반 시민들, 공동체, 기업, 이해집단, 혹은 정부가 될 수 있다——은 그 소유권의 가치가 감소되는 위험에 직면할 때에 자산 보호를 위해 투쟁하게 될 것이다. 자연자본과 서비스에 대한 소유권이 확립되면 이를 거래하는 것이 가능해진다. 가장 탁월한 사례가 바로 '탄소권'——이산화탄소를 흡수함으로써 기후를 안정시키는 삼림의 능력에 대한 소유권——이라는 개념이다. 탄소권이 확립되고 이러한 삼림 생태계 서비스를 구매할 수 있는 국제 시장이 발전될 때에 자연 자원은 '시장 가치' 혹은 가격을 지니게 되어 우리의 환경은 보호될 것이다.

(나)

원자력의 평화적인 이용으로 전력 생산이 이루어졌다는 점은 중요하다. 그러나 이것이 결코 값싼 것은 아니다. 충분한 안전을 보장하는 원자력 발전소를 세우기 위해서는 많은 에너지의 투입이 필요하므로, 그 발전소에서 생산되는 에너지는 순이익 면에서 반드시 흑자를 안겨준다고 장담할 수 없다. 프랑스의 리용 대학의 교수들과 공학자들로 이루어진 디오게네스 학파는 프랑스 전체 전력 소비량의 약 60%를 생산하는 핵발전 프로그램에 대해 분석했다. 그들은 발전소와 재처리 설비의 건설 및 작동 비용, 분배 네트워크, 연료, 시설 유지 및 보수, 연구와 교육 기관에 대한 고정 비용 등을 계산했다. 그 결과 향후 20년 동안은 핵발전 프로젝트를 통해 생산되는 에너지보다 핵발전을 위해 투입되는 에너지가 더 많을 것이라는 결론이 나왔다. 핵폐기물 처리는 원자력 발전소의 또 다른 문제를 낳는다. 핵 시대의 초창기에는 핵폐기물의 안전한 처리에 대해 사람들은 별로 걱정하지 않았지만, 이제 우리는 핵폐기물을 적절한 장소에 완벽하게 관리하고 격리하는 방안을 걱정해야 한다. 어디에 핵폐기물을 저장할 것인가? 미국의 에너지성은 일부 지역을 선정했으나 이는 지역의 주민들은 강력하게 반대하고 나섰다. 주민들이 에너지성 관리들에게 시설의 안전 보장에 대해 물었을 때, 관리들은 100년까지는 안전을 보장할 수 있다고 대답했다. 그러나 핵폐기물의 위험성은 십만 년 이상 지속될 것이다. 이런 이유로 미국에서는 1970년대 후반부터 새로운 핵발전소의 건설이 유보되었고 일부 완성된 발전소들의 작동도 인가되지 않았다.

(다)

맬서스 시대 이래 사람들은 재앙이 일어날 것이라고 예견해 왔다. 그러나 재앙은 결코 일어나지 않았다. 인간과 동물들 간의 중요한 차이가 기술이고, 기술은 항상 지구의 포화수준을 확장시켜 왔다. 만약 하나의 자원이 고갈된다면 더 좋은 자원을 발견할 수 있다. 석탄이 부족하면 석유가 대체할 것이다. 석유가 고갈되면 에너지는 핵분열 원자로에 의해 공급될 것이다. 만약 핵분열 원자로가 너무 위험한 것으로 입증된다면, 그때 인간은 안전한 핵분열 과정을 개발할 것이다.

『신과학주의자』의 편집자였던 해밀턴은 합리성이 자연환경을 인조적인 것으로 만들어왔으며, 인간이 더 이상 자연의 제약에 종속되지 않는다고 주장한다. "기술에 충분히 투자한다면, 우리는 실제로 오늘날 무엇이든 성취할 수 있다. 기술은 인간에게 환경에 대한 전례 없는 힘을 부여한다. 그 길에는 기술의 장벽이 거의 없다. 돈과 의지를 가진 사람들에겐 사실상 모든 것이 가능하다. 장벽은 정치적이고 경제적이고 사회적인 것이다."

1967년 미래학자 칸과 비너는 경제개발을 위한 능력, 환경에 대한 통제, 이에 수반되는 기술적 혁신 역량은 그 한계를 알 수 없을 정도로 증가하고 있다고 기술했다. 1972년 매독스는 "우주선 '지구'에서 자원의 절대적인 물리적 고갈 가능성은 분명 매우 작다"고 주장했다. 이런 주장의 근거는 막대한 자원의 발견에 있지 않고, 인간의 필요를 충족시키기 위해 자연을 고쳐 만들 수 있는 능력에 대한 확신이 있다. 베커만은 자연이 소유하고 있는 특성을 자연에게 제공하는 것은 인간 이성이며, 인간 이성이 성장함에 따라 자연은 고갈되지 않고 확장한다고 지적했다.

인간은 합리적 기업 활동을 통해 이전에는 자원이 아니었던 것을 자원으로 바꾼다. 석유는 인간이 그것을 추출하고 에너지 자원으로 변화시킬 때까지 땅 속의 끈적거리는 액체에 지나지 않았다. 베커만은 구리가 3% 이상 함유되지 않아 비경제적이라고 포기한 1880년의 원광에 관한 사례를 제시한다. 지금은 0.3%의 구리 함량을 가진 원광도 경제적으로 정련될 수 있다. 필요할 때면 새로운 자원이 발견되어 왔을 뿐 아니라 이전 자원의 대체물도 개발되어 왔다. 자원이 고갈되면 인간은 합리적으로 대체물을 발견할 것이다.

사이먼은 "천연자원은 정말 무한할 수 있을까?"라는 자신의 질문에 "그렇다"고 크게 대답한다. 풍요를 일구기 위해 지구를 고쳐 만들 수 있다. 클라크는 다음과 같이 말한다.

"최근 카리브해의 심해를 가열하기 위해 핵에너지를 사용하자는 제안이 있었다. 핵에너지에 의한 심해수의 가열은 인 성분을 증가시키고, 이에 따라 플랑크톤 양도 증가한다. 그 결과 카리브해에서 더 많은 물고기를 잡을 수 있을 것이다." 인간이 자연을 정복하기 위해 계속 노력한다면 결핍은 문제가 되지 않는다. 부족한 것은 천연자원이 아니다. 문제가 되는 것은 기술 부족과 퇴행적이고 반합리적인 이데올로기때문에 수세에 처한 합리성이다.

(라)

중국은 1978년 개혁 개방정책 시행 이후 고도의 경제성장과 급격한 사회적 변화를 겪고 있다. 양적 경제성장과 대규모 무역흑자라는 긍정적 현상의 이면에는 화석연료의 과다한 사용과 자연적·인위적 요인에 의한 사막화 등 환경문제가 내재되어 있다. 이러한 환경문제의 심화는 장기적으로 중국의 경제성장을 저해하는 중요한 요인 중의 하나가 되고 있다.

사막화로 인한 황사 등 중국의 환경문제는 자국 내에만 영향을 미치는 것이 아니라 주변 국가 특히 한국과 일본에 막대한 영향을 끼치면서 국제적은 문제로 확대되고 있다. 이러한 문제에 공동으로 대처하기 위해 구성된 한·중·일 환경장관회의에서 지금까지의 다자간 환경 협력과는 다른 매우 구체적이면서 실천적인 방안이 제시되었다. 즉 2002년 2월에는 공동협력 프로그램인 TEMM 프로젝트에 관한 구체적인 9개 사업을 추진한 바 있는데, 조림사업을 포함한 생태 환경 복원사업이 그 대표적인 예라 하겠다. 일차적 과제는 피해예측과 비용계산을 위한 기초 자료의 축적이다.

한 연구소에서 시뮬레이션을 위해 정리한 자료에 따르면, 황사 농도는 몽골과 중국에 걸친 사막지역의 넓이에 비례하여 증가하고 있다. 현재까지 사막지역은 전년도에 비해서 매년 0.1%씩 확대되었으며 앞으로도 그럴 것으로 추정된다. 또한 고도정밀 산업의 발달과 사회발전으로 인하여 미래에는 황사의 농도가 2배 증가할 때마다 황사로 인한 전체 피해규모는 8배씩 증가할 것으로 예측된다.

(마)

온실가스는 지구표면의 복사에너지가 대기의 바깥으로 방출되는 것을 차단 혹은 억제하여 기온을 상승시키고 있다. 온실가스 중에서도 특히 석탄, 석유 및 천연가스를 연소시킬 때 방출되는 이산화탄소가 가장 큰 문제로 지목되고 있다. 산업혁명 이후 이산화탄소의 대기 중 농도는 연평균 0.5%씩 증가함에 따라 지구의 평균온도는 연평균 0.3~0.6도씩 상승하였다.

이러한 현상이 계속되면 2030년경에는 이산화탄소는 대기 중 농도가 산업혁명 이전의 2배 정도에 이르러 지구 평균 기온이 1.5~4.5도 상승하고, 해수면도 0.6m 정도 상승할 것으로 예측된다. 더욱이 세계경제의 지속적 성장에 따른 화석연료 사용의 증가로 인하여 온난화의 진행 속도는 갈수록 빨라지고 있다. 온실가스 감축을 위해서는 각국에서 산업활동의 근간이 되는 화석연료 체제를 전면적으로 개편해야 하는데, 이는 심각한 경제적 파급효과를 초래할 것이라는 측면에서 어려운 과제임에는 이론의 여지가 없다. 지구온난화의 해결을 위해서는 개별국가들의 이해관계를 초월하는 국제사회의 협력이 절대적으로 필요하다.

(바)

화학적 방제를 대체할 수 있는 방안을 찾고자 한다면 그 가능성은 놀라울 정도로 다양하다. 어떤 방안은 이미 시도되어 화려한 성공을 거둔 바 있고, 아직 실험중인 것도 있다. 이미 우리의 선조들은 포식 동물과 기생 곤충을 활용한 생물학적 방제를 사용해 왔다. 그리고 캐나다나 유럽에서는 상당힌 수준의 '삼림위생학'을 발전시켰다. 숲속의 자연 생태계를 강하게 만들어 주는 영구적 해결책을 모색하는 삼림학자들은 다양한 수단을 개발하고 있다. 화학살충제 사용은 기껏해야 임시변통 정도일 뿐 진정한 해결책과는 거리가 멀다. 숲 속 개울가를 헤엄치는 물고기를 죽이고, 모든 곤충에게 심각한 질병을 가져오며, 자연의 기능을 파괴할 뿐이다.

새롭고 상상력 풍부하며 창의적인 접근법은 이 세상이 인간만의 전유물이 아니라 모든 생물과 공유할 것이라는 인식에서 출발한다. 우리가 다루는 것은 살아있는 생물들, 그 생명체들 간의 밀고 밀리는 관계, 즉 전진과 후퇴이다. 생물들이 지닌 힘을 고려하고 그 생명력을 호의적인 방향으로 인도해 갈 때, 곤충과 인간 사이에 납득할 만한 화해가 이루어질 수 있다. 생태계는 한편으로 너무나 연약해 쉽게 파괴되고, 다른 한편으로 믿을 수 없을 정도로 튼튼하고 회복력이 강해서 예상치 못한 방식으로 역습해 온다. 아무런 고결한 목적도 없고 겸손하지도 못한 화학방제 책임자들은 자신들이 다루고 있는 자연의 위대한 능력을 계속 무시해 왔다.

"자연을 통제한다"는 말은 생물학과 철학의 네안데르탈 시대에 생겨난 오만한 표현으로, 자연이 인간의 편의를 위해 존재한다는 잘못된 생각에 기초하고 있다. 화학살충제의 유용성을 강조하는 사고와 실행 방식은 마치 우리가 과학의 석기시대로 거슬러 올라간 듯한 느낌을 준다.

그렇게 원시적인 수준의 과학이 "현대적"이고 가공할만한 무기로 무장되어 있다는 사실, 그리고 곤충을 향해 겨누었다고 생각하는 그 무기가 사실은 이 지구 전체를 향하고 있다는 사실은 인류에게 크나큰 불행이 아닐 수 없다.

Ⅰ. 위 제시문들은 인간과 환경의 관계에 관한 것이다. (다)의 요지를 밝히고(200자 이내), (다)의 관점에서 (나)와 (바)의 견해에 대해 각각 반론을 제기하고, 이에 대한 자신의 생각을 논술하시오.(60점)

Ⅱ. 황사는 이미 『삼국사기』에 '토우'로 기록되어 있고, 조선 태종 때는 그 현상을 관측하였다는 기록도 있듯이 이 현상이 오늘날만의 것은 아니다. (라)에 제시된 자료를 근거로 하여, 각자 과거 일정 시점을 정하고 그 시점에서의 황사 농도가 어느 정도이었을지를 현재 시점의 농도를 기준으로 추정하시오. 또한 현재와 같이 사막화가 진행될 경우 앞으로 황사로 인한 피해 규모를 예측하시오.(15점)

Ⅲ. 생태환경 복원을 위하여 매년 일정한 넓이의 사막에 나무를 심는 조림사업을 (라)의 자료에 기초하여 시행한다. 이 경우 자연발생적인 사막화와 조림사업과의 상관관계를 고려하여 황사의 농도가 어떻게 변할지를 예측하시오. 또한 황사 피해규모를 현재의 절반 이하로 줄이고자 할 때 매년 어느 정도의 일정한 넓이로 조림사업을 시행해야 할 것인지를 추정하시오(15점)

Ⅳ. 위 제시문들을 활용하여 황사로 인한 환경 파괴를 막기 위한 대책에 관해 논술하시오(10점)

■ 유의 사항
1. 답안에는 자신을 드러내는 표현을 나타내지 말 것.
2. 논술문의 제목은 쓰지 말 것.
3. 제시문의 문장을 그대로 옮겨 쓰지 말 것.
4. 분량은 띄어쓰기를 포함하며, Ⅰ은 1400자(±100자), Ⅳ는 400자(±50자)가 되게 할 것.

해설

이 해설은 대학측에서 발표한 내용입니다.

주제와 제시문의 분석

이번 모의시험에서는 고려대학교에서 의도하는 통합논술의 모델을 수험생들에게 공개하여 기존의 논술유형과 달라진 점들을 미리 확인할 수 있도록 하는데 큰 의미를 두었다. 그렇기 때문에 주제와 제시문의 선택에 있어서도 낯설고 난해한 것들보다는 익숙하고 쉬운 것들을 우선적으로 고려하였다. 하지만 제시문들이 담고 있는 주제에 대한 다양한 시각을 정확하게 포착하지 못할 경우에는 좋은 평가를 받기 어려울 것이다.

먼저 이번 모의시험에 출제된 제시문들의 공통주제는 [환경과 인간의 관계]라는 학생들에게 비교적 익숙한 주제였다. 환경문제는 고등학교 교과서들에서도 다양한 과목을 통해 접하게 되는 주제일 뿐만 아니라 문제의 이해와 해결에 있어서도 수학, 사회, 과학 등 다양한 교과목에서 공부한 내용을 응용하여 종합적인 문제이해 및 해결능력을 측정하는 데 적절한 주제라고 할 수 있다. 평소에 다양한 교과목을 통하여 환경문제에 대해서 깊이 이해하고 있었던 학생들은 주제에 쉽게 접근할 수 있었을 것이다.

또한 제시문들도 논지가 뚜렷하여 비교적 쉽게 이해될 수 있는 것들로 구성하였다. 비록 고등학교 교과서에서 직접 제시문을 선택한 것은 아니지만 각 제시문들의 난이도는 고등학교 교과서 수준을 넘지 않도록 하였다. 그러나 이번 모의시험에서 주목해야 할 부분은 주제나 제시문들의 숫자와 길이가 아니라 제시문들이 보여주고 있는 다양한 시각들을 정확하게 포착하고 이를 기초로 답안을 작성해야 한다는 점이다.

제시문 (가)(자연계에는 이 제시문이 빠져 있음)는 환경 보호와 관련하여 생태계의 자산과 서비스에 대하여 소유권을 확립함으로써 경제적 가치를 인정할 경우에 이를 통해서 실효성 있는 환경보호가 가능하게 된다는 주장을 담고 있다. 다시 말해, 자연과 자연이 제공해온 다양한 서비스를 '무료'에서 '유료'로 전환한다면 시장 기제의 작동에 의해 훨씬 효율적으로 환경이 보호될 수 있다는 것이다. 이와 관련하여 국내에 일부 도입되어 있는 오염 물질 배출 총량제 등도 같은 맥락에서 거론될 수 있을 것이다.

제시문 (나)(자연계의 제시문 (가))는 원자력 발전에 대한 반대 논거를 담고 있다. 즉, 원자력 발전소를 건설하기 위한 초기 비용이 너무 크기 때문에 비효율적이라는 점, 그리고 핵폐기물의 위험성을 들어서 원자력 발전소의 건설은 득보다 실이 많다는 점을 강조하고 있다. 이 제시문에서 작자는 기술개발의 비효율성과 기술개발에 따른 환경문제를 지적함으로써 기술중심적 시각 즉 기술만능주의를 비판하고 있다.

제시문 (다)(자연계의 제시문 (나))는 기술중심주의의 입장에서 모든 문제가 기술의 발전을 통해 해결될 수 있다는 낙관론을 펼치고 있다. 이 제시문은 자연의 제약, 예컨대 식량의 부족, 자원의 고갈, 에너지의 한계 및 환경 등의 어떤 문제도 인간의 합리성과 그 구체적인 표현인 과학 – 기술에 의해 해결할 수 있다고 주장하고, 기술의 부족과 기술의 가능성을 회의 내지 부정하는 비합리적인 태도가 문제라고 지적하고 있다. 이러한 주장은 자연의 수용능력을 강조하고 생명 중심적 이념을 강조하는 환경주의자들의 입장과 정면으로 대치된다고 할 수 있다.

제시문 (라)(자연계의 제시문 (다))는 중국의 경제개발에 따른 사막화와 그로 인한 황사 등의 부작용을 예를 들어 환경 문제를 언급하고 있다. 이 제시문에서는 사막지역의 확대 및 황사 농도의 증가에 관한 구체적 자료를 제시하고 있다는 점에 주목할 필요가 있다.

제시문 (마)(자연계의 제시문 (라))는 온실가스로 인한 기상재해의 문제를 과학적으로 설명하면서 지구온난화를 해결하기 위한 국제협력의 중요성을 강조하고 있다.

제시문 (바)(자연계에는 이 제시문이 빠져 있음)는 화학적 방제의 부작용과 생물학적 방제의 효율성을 예로 들면서 인간이 생태계를 파괴할 경우의 문제점들을 경고하고 있다. 즉, 이 제시문은 화학 살충제가 해충들만 사라지게 할 뿐 아니라, 섬세한 생태계의 고리를 따라 다양한 다른 종까지도 죽이고 결국은 자연의 기능을 파괴하여 인류에게 커다란 불행을 가져다줄 것임을 경고하고 자연을 통제하는 과학의 오류와 한계를 지적함으로써 생명의 고리와 자연의 순리를 존중하는 대안적 과학의 역할을 강조하고 있다. 주목해야 할 것은, 이 제시문에서 인간의 기술이 가지고 있는 한계를 강조하고 있다는 점이다.

논제 해설

이번 모의시험에서는 종래의 언어논술, 수리논술이 나누어져 있었던 때와는 달리 제시문들이 통합적으로 활용되고 있을 뿐만 아니라 논제도 결합되어 있다. 다만 채점의 객관성을 확보하기 위하여 논제를 몇 가지로 구분하여 놓고 있다.

논제 Ⅰ에서는 "위 제시문들은 인간과 환경의 관계에 관한 것이다. (다)의 요지를 밝히고(200자 이내), (다)의 관점에 (나)와 (바)의 견해에 대해 각각 반론을 제기하고, 이에 관한 자신의 생각을 논술하시오"라고 요구하고 있다. (자연계 논술에서는 (바)의 견해에 대한 반론과 자신의 생각을 논술하도록 하는 부분이 빠져 있음)

이 문제는 학생들의 텍스트에 대한 이해능력 및 자기표현력을 평가하고자 하는 것이다. 이번 모의시험에서는 공통주제를 분명히 밝혀주었지만, 경우에 따라서는 학생들 스스로가 주제를 찾도록 요구할 수도 있을 것이다. 또한 각 제시문들의 논지를 정확하게 이해했는지를 평가하기 위해서 특정 제시문에서 주장되는 관점을 기초로 다른 입장을 비판하도록 한 것은 수험생들이 익숙한 주제라 할지라도 암기된 내용으로 답안을 작성할 수 없으며, 정해진 시간과 분량 내에 제시문을 이해하고 요점을 파악해서 이를 비교·분석하는 능력을 가져야 한다는 점을 분명히 하고 있는 것이다.

논제 Ⅱ에서는 (라)에 제시된 자료를 기초로 하여 황사농도를 추정하고, 사막화의 진행에 따른 피해규모를 예측하도록 요구하고 있다. 이 문제는 최근에 많이 논의가 되고 있는, 황사 문제의 해결과 관련하여 현실적 조건에 대해 주어진 자료를 이용하여 문제를 해결할 수 있는 추론능력을 평가하고자 하는 것이다. 실생활에서 발생되는 문제들 중에는 기초적인 수열과 급수 그리고 지수·로그의 개념이 활용되는 예가 적지 않다. 이미 고등학교 교과과정에서 배운 지식을 응용하여 사회·경제적 문제를 수리적으로 분석함으로써 과거에 대한 추정 및 미래에 대한 예측을 할 수 있는 능력을 갖추고 있는지를 종합적으로 평가하고자 한 것이다.

논제 Ⅲ에서는 사막화와 조림사업의 상관관계를 고려하여 황사농도의 변화에 대한 예측, 그리고 황사피해규모를 현재의 절반 이하로 줄이고자 할 경우에 조림사업의 규모는 어떠해야 하는지에 대해서 묻고 있다. 비례식, 등비수열의 합 그리고 지수부등식에 관한 기초개념을 토대로 수리적 추론능력과 분석력을 활용하여 사회적·경제적 문제를 해결하기 위해 현시점에서 중, 장기 계획을 올바르게 수립할 수 있는지의 능력을 측정하고자 한 것이라고 할 수 있다.

논제 Ⅳ(인문계 논술에는 이 논제가 빠져 있음)에서는 황사먼지의 총량을 기준으로 한·중·일 삼국의 조림사업에 대한 부담금을 배분할 경우에 가장 합리적인 배분방안을 모색하도록 요구하고 있다. 이미 다른 제시문들을 통해서도 드러나듯이 현실 속에 발생하는 문제들은 국어, 영어, 수학, 사회, 과학 등으로 나누어져 있는 것이 아니라 이 모든 것들이 복잡하게 얽혀서 나타나고 있으며, 이러한 문제의 해결과정에서 여러 교과목의 지식들이 종합적으로 활용되어야 할 필요성은 매우 큰 것이다. 이 문제는 황사문제 해결의 사회적·경제적 조건들과 국제적 협조의 필요성을 합리적으로 해결하기 위하여 제시문에 주어진 황사먼지의 이동속도와 거리의 비, 그래프를 종합적으로 이해하고 분석하고 적분의 기본개념을 활용하여 황사먼지의 양을 측정하여 부담금의 배분 기준을 정하는 능력을 평가하고자 한 것이다.

논제 Ⅴ(인문계 논술의 논제 Ⅳ)는 "위의 제시문들을 활용하여 황사로 인한 환경파괴를 막기 위한 대책에 관해 논술하시오"라고 요구하고 있다. 이 문제는 제시문들의 종합적인 이해에 기초하여 독창적인 사고로써 대안을 제시하는 능력을 평가하고자 하는 것이다. 다만 기준의 객관성을 확보하기 위하여 제시문들을 활용하도록 요구하고 있으며, 제시문들에서 나타나고 있는 대안들, 예컨대 제시문 (가)(자연계 논술에서는 빠져 있음)에서 주장되고 있는 생태계 자산과 서비스에 대한 소유권을 확립하는 방안, 제시문 (다)(자연계 논술의 제시문 (나))의 입장에 따라 기술개발을 통해 문제를 해결하는 방안, 제시문 (마)(자연계 논술의 제시문 (라))의 견해에 따른 국제협력의 필요성 등이 원용될 수 있을 것이다. 하지만 그밖에도 다양한 관점을 제시하는 것이 가능할 것이다.

이화여자대학교 2007학년도 수시 1학기 논술 기출 문제 (인문계)

■ 답안 작성 유의 사항

1. 시험시간은 150분임.

2. 답안은 답안지의 해당 문항 번호에 검은색 펜이나 연필로 작성할 것.

3. 학교명, 성명 등 자신의 신상에 관련된 사항을 답안에는 드러내지 말 것.

4. 연습은 문제지 여백을 이용하고, 답안은 자신의 주장을 논리적으로 서술할 것.

5. 답안지 분량은 띄어쓰기를 포함한 문항별 답안 길이에 맞추어져 있음.

[1-2]는 수리 논술 문제임.

[3-4] 다음 글을 읽고 물음에 답하시오.

[가] 파이드로스야, 문자에는 나쁜 점이 있고 그런 면에서 그림과 비슷하단다. 그림이 그려낸 화상들은 살아 있는 것처럼 보이지. 그러나 네가 그것들에게 무엇을 묻는다면 아마 점잖게 침묵하기만 할 거야. 문자도 그와 똑같아. 넌 문자들이 뭔가 아는 것처럼 네게 말을 건다고 생각하겠지. 그러나 네가 무엇을 정말 배울 요량으로 그것이 말한 것에 대한 질문을 던진다면 틀림없이 그것들은 늘 고정적이고 획일적인 내용만을 줄 뿐이야. 그리고 말은 한번 씌어지고 나면 장소를 불문하고 그 말을 이해할 수 있는 자에게나 그 말이 전혀 어울리지 않은 자에게나 이리저리 마구 돌아다니게 되고, 결국 그 말이 애당초 어떤 상대에게 전달되어야 하는지 어떤지도 알 수 없는 상태가 되지. 그 말은 방임되고 부당하게 욕을 먹기 때문에 언제나 자신을 낳은 아버지의 도

움을 받아야 해. 왜냐하면 글자로 씌어진 말은 스스로를 방어하거나 도울 능력이 없으니까.

[나] 근대에 접어들어 한반도에서도 문자의 독재가 새롭게 시작되었다. 이제 문자를 통하지 않으면 서민의 일상도 어려워진 것이다. 새로운 시작은 농투성이 무지렁이들과 장돌뱅이들, 개 잡고 소가죽 벗기던 이들, 심지어 그 자식들까지도 학교 문 앞을 기웃대고, 그러다 급기야 모든 사람들이 책이란 걸 읽고, 나아가 글줄까지 긁적거릴 줄 알게 된 일종의 개벽이었다. '모든' 사람들이라는 점에서 한편 그 독재는 역설적으로 '민주주의' 이기도 했다. '앎의 민주주의' 말이다.

[다] 구술문화에서는 고도로 예술적이고 인간적 가치를 가진 강력하고 아름다운 언어적 수행이 이루어진다. 그런데 그러한 언어적 수행은 일단 쓰기가 사람들의 마음을 사로잡게 되면 불가능해진다. 그러나 그렇다 하더라도 쓰기가 없다면 인간의 의식은 그 잠재능력을 더 고도로 발휘할 수 없으며, 아름답고 강력한 작품을 낳을 수도 없다. 현재까지 세계에 남아 있는 구술성의 문화 가운데, 구술성이 지닌 그 거대하고 복합적이면서도 영원히 접근하기 어려운 힘을 문자성의 도움 없이 실현할 수 있는 문화는 거의 없다. 따라서 구술성에 뿌리를 내리고 있는 사람들 자신이 그러한 힘을 알아차린다는 것은 더할 나위 없는 고통이다. 왜냐하면 그것을 실현하기 위하여 그들은 열렬하게 문자성, 즉 문자를 읽고 쓰는 힘을 얻고자 하지만, 문자성의 세계로 옮아감으로써 구술성의 세계에 속한 것들, 마음을 들뜨게 하는 그 수많은 것들과 또 깊이 사랑을 받아온 많은 것들을 남겨 놓고 떠나게 된다는 사실도 곧 알게 되기 때문이다. 어느 것이 계속 살기 위해서는 다른 것이 죽지 않으면 안 된다.

3. 제시문 [가]와 [나]에서 공통적으로 드러난 문자의 속성은 무엇이며, 그것이 각각의 제시문에서 어떻게 다르게 이해되고 있는지 설명하시오. [10점]

4. 죠지 랜도우는 "인터넷과 같은 하이퍼미디어는 우리의 시각적이고 청각적인 능력을 문자적 텍스트에 다시 결합시킴으로써 정보 사회에서 구술 문화의 장점을 되살릴 수 있다"고 주장했다. 이를 토대로 제시문 [다]의 논지를 반박하시오. [15점]

[5-8] 다음 글을 읽고 물음에 답하시오.

[가] "갑자기 떠나게 되었습니다. 찾아가서 말로써 오늘 제가 먼저 가는 것을 알리고 싶었습니다만 대화란 항상 의외의 방향으로 나가버리기를 좋아하기 때문에 이렇게 글로써 알리는 것입니다. 간단히 쓰겠습니다. 사랑하고 있습니다. 왜냐하면 당신은 제 자신이기 때문에 적어도 제가 어렴풋이나마 사랑하고 있는 옛날의 저의 모습이기 때문입니다. 저는 옛날의 저를 오늘의

저로 끌어다놓기 위하여 갖은 노력을 다하였듯이 당신을 햇볕 속으로 끌어놓기 위하여 있는 힘을 다할 작정입니다. 저를 믿어주십시오. 그리고 서울에서 준비가 되는 대로 소식 드리면 당신은 무진을 떠나서 제게 와주십시오. 우리는 아마 행복할 수 있을 것입니다." 쓰고 나서 나는 그 편지를 읽어봤다. 또 한 번 읽어봤다. 그리고 찢어버렸다. 덜컹거리며 달리는 버스 속에 앉아서 나는 어디쯤에선가 길가에 세워진 하얀 팻말을 보았다. 거기에는 선명한 검은 글씨로 '당신은 무진읍을 떠나고 있습니다. 안녕히 가십시오' 라고 쓰여 있었다. 나는 심한 부끄러움을 느꼈다.

[나] 1990년대 후반 일본에서는 일본의 침략과 식민지 지배의 책임을 부정하는 역사수정주의 운동이 거세게 일어났다. 교육학자인 후지오카 노부가츠 교수, 독일 문학자인 니시오 간지 교수 등을 리더로, 인기 만화가 고바야시 요시노리를 광고탑으로 삼은 이 운동은 난징대학살과 종군 위안부 문제를 국내외의 반일세력에 의한 '날조' 라고 주장하였다. 그들에 의하면 일본인은 패전에 의해 자국의 근대사를 죄악시하는 '자학사관' 을 내면화시켜왔다. 따라서 지금이야말로 '일본인의 긍지' 를 되돌려야 하고 자민족 중심의 '국민의 역사' 를 회복해야 할 때라고 주장한다. 이 세력은 매스미디어를 교묘히 이용하여 정력적으로 자신들의 주장을 선전하고 있다. 이 때문에 현재 일본에서는 자국의 과거 잘못에 눈을 돌리기를 싫어하고, 주변 민족에 대한 반감을 불러일으키는 등 민족주의적인 풍조가 급격하게 확산되고 있다.

[다] 프로이트로 하여금 '죽음에의 충동' 을 가정하게 했던 인간의 가학 성향들 중에는 자신에 대해 지나치게 엄격한 규범을 적용하는 유형도 있다. 그 결과 양심의 가책, 즉 경고신호가 시도 때도 없이 울려대는 통에 정신건강이 나빠지기도 한다. 자신의 과거 소행에 대해 엄격한 기준을 들이대고 책망하기 때문에 줄곧 후회·자책·속죄 욕구 같은 자학적 감정에 시달리게 된다. 무엇보다 과거의 일은 변경이 원천적으로 불가능하기 때문에 이 '자책 게임' 은 영원히 되풀이된다. 사회심리학에서 말하는 '인상조작' 의 관점에서 보면 이러한 자책 게임은 주변을 향해 자신의 높은 도덕수준을 간접적으로 과시하는 일로 해석된다. 인상조작은 자신을 주변에 어떻게 인지시키는가 하는 목적행동을 말한다. "나는 이렇게 스스로를 책망할 정도로 엄격한 도덕기준을 갖고 있답니다"라고 호소하고 싶은 것이다. 심리학자 애들러에 따르면 자신을 지나치게 책망하는 것은 "자책하고 괴로워하기만 함으로써 적극적으로 살아야 할 의무를 면제받으려는 술책" 으로 해석될 수 있다. 상식을 벗어날 정도로 심한 양심의 가책은 근본을 따져보면 병이거나 비겁함이므로 그리 자랑할 일이 못된다. 결국 양심의 가책은 가끔씩 느껴야 정상이다. 그것이 건전한 초자아를 갖추었다는 증거이고, 자기 인지가 부정확해지지도 않으며, 규범·가치관 면에서도 세상에서 통용되는 범위를 벗어나 극단으로 달리지 않는 길이다.

[라]

죽는 날까지 하늘을 우러러

한 점 부끄럼이 없기를,

잎새에 이는 바람에도

나는 괴로워했다.

별을 노래하는 마음으로

모든 죽어가는 것들을 사랑해야지

그리고 나한테 주어진 길을

걸어가야겠다.

오늘 밤에도 별이 바람에 스치운다.

[마] 진정한 후회는 양심의 가책을 무시하고 자신의 잘못을 합리화하는 게 아니라, 양심에 거리끼는 자신의 행위를 스스로 책망하는 자책의 순간을 갖는 것을 의미한다. 스스로 자기를 책망하는 일은 고통스럽다. 하지만 이런 고통의 순간을 통해서만 사람은 다시 태어날 수 있다. 이렇게 다시 태어나는 일, 즉 인간적 부활은 후회의 감정으로 족하지 않고 자책을 거쳐 참회에 이르러야 가능하다. 후회는 잘못을 뉘우치는 것이지만, 참회는 잘못을 뉘우쳐 마음을 고쳐먹는 단계까지를 의미하기 때문이다. 그러므로 후회는 누구나 다 하지만, 참회는 자기반성의 심한 고통을 스스로 택한 사람만이 할 수 있다.

5. 제시문 [가]의 '나'와 제시문 [나]의 '역사수정주의자'의 차이점을 설명하시오. [10점]

6. 제시문 [다]의 입장에서 제시문 [라]의 화자가 보여주는 한계를 비판하시오. [10점]

7. 다음 글을 토대로 제시문 [마]의 주장을 비판하시오. [10점]

막스 베버는 심정윤리에 반대하여 책임윤리를 주장하였다. 베버가 공격하는 심정윤리는 행위의 옳고 그름을 구체적 행동결과를 고려하지 않고 오로지 도덕적 의무와의 일치 여부에 따라 판단한다. 반면에 책임윤리는 행동에 미칠 결과와 그에 대한 평가에 기초해서 행위의 옳고 그름을 판단한다. 예를 들어 정치가가 오직 고귀한 심정만을 고수할 뿐 그것이 초래하는 사회적 결과를 고려하지 않는다면 책임윤리는 그러한 태도를 용납하지 않는다.

8. 일제시대 군정 직원이었던 김모씨는 자신의 지위를 이용하여 자기 딸이 종군위안부로 끌려가는 것을 막았지만 같은 동네에 살던 많은 처녀들이 잡혀가는 것을 막을 수는 없었다. 이에 대해 지

금도 그는 참회의 눈물을 흘리고 있다. 이러한 김모씨의 반성을 어떻게 평가할 수 있는지 주어진 제시문들을 모두 활용하여 논술하시오. (500자 내외) [20점]

해설

이 해설은 대학측에서 발표한 내용입니다.

[3-4]번 문항

인문계열에만 주어진 언어영역의 첫 번째 문제 세트의 제시문들은 모두 말과 글, 구술 문화와 문자(인쇄) 문화의 상호 관계와 장단점을 다양한 각도에서 분석한 글들이다. 말과 글이 가진 본질, 그리고 그 억압적 혹은 해방적 기능들을 시대적으로 어떻게 달리 파악했는지를 보여주는 다양한 글들을 선택했다. 세 개의 제시문과 문제에 포함된 하나의 인용문은 각기 다른 시대와 문화권에 관한 글에서 발췌되었고 글의 스타일도 대화, 구어적 평론, 격식을 갖춘 산문 등 다양하다. 다양한 시대적 배경과 문체적 특성을 가진 글들 가운데에서 문자에 관한 공통의 아이디어를 파악해낼 수 있는지, 그것들을 하나의 맥락에서 서로 연관지을 수 있는지를 평가하고자 했다.

제시문 (가)는 플라톤의 『대화』편의 한 대목으로서 소크라테스가 문자의 본질에 대해 파이드로스에게 하는 말이다. 여기서는 주로 문자의 폐해에 대해 논의하고 있는데, 기본적으로 소크라테스는 말이 문자화됨으로써 그 본질이 훼손되거나 왜곡된다고 보고 있다. 말은 문자화하면서 그림처럼 가시적인 형태가 되고, 문자라는 기호로 형상화되면서 그것의 가변성과 융통성을 잃고 획일적 내용으로 고정된다. 소크라테스에 의하면 본래 말의 의미를 결정하는 것은 화자인데, 그것이 문자라는 물질적 형태를 획득함으로 해서 화자의 의도와 상관없이 시간, 장소, 독자의 신분을 불문하고 모든 사람들에게 접근할 수 있다는 것이다. 소크라테스는 이러한 말의 문자화를 말의 타락이라고 보았으며, 그 과정에서 말의 생생한 의미가 상실되었다고 생각한다.

제시문 (나)는 문자성의 증가와 독서 대중의 등장을 한국의 근대화와 연관하여 분석한 천정환의 『근대적 글쓰기』에서 발췌된 글이다. 여기에서는 문자성이 전반적으로 높아지고, 문자 사용의 필요성이 일반화되었다는 것을 '문자성의 독재'로 다소 역설적으로 표현하고, 이로 인한 지식의 대중화를 '앎의 민주주의'로 비유하면서 문자의 대중적 사용이 근대화에 기여했음을 주장하고 있다. 이는 문자성의 폐해를 역설하는 (가)와는 상반되는 입장이라고 할 수 있다.

제시문 (다)는 월터 옹의 『구술 문화와 문자 문화』에서 발췌한 것이다. 옹은 이 발췌문에서 문자가 도입되기 이전의 구술 문화에서 더 생생하고 가치 있는 언어 생활이 가능했다는 것, 그럼에도 불구하고 문자 문화의 도입이 불가피했다는 것, 그러나 안타깝게도 문자 문화가 도입되면 구술 문화만이 허용했던 언어 행위의 생생함은 사라질 수밖에 없었다는 것을 주장하고 있다. 문자 문화에 대한 구술 문화의 우월성을 주장했다는 면에서 (가)의 입장과 공통되며, 문자 문화의 계몽성과 불가피성에 대해 주장했다는 면에서는 (나)의 입장과도 일맥상통하는 면이 있다.

[3번 문항]

(가)에서 말이 문자화됨으로써 가지게 되는 광범위하고 무차별적인 유통성이 (나)에서 필자가 주장하는 '문자의 독재'와는 본질적으로는 동일한 문자의 속성이라는 점, 그리고 그것이 (가)에서는 부정적 특성으로 (나)에서는 긍정적인 특성으로 상반되는 평가를 받고 있다는 점을 읽어낼 수 있는지를 알아보기 위한 문제였다.

[4번 문항]

정보 사회의 전자적 매체 환경이 문자 문화의 장점을 잃지 않으면서도 구술 문화의 특성을 되살릴 수 있다고 하는 정보 사회 예찬론자의 입장에서 (다)를 반박해 보라고 요구했다. 이는 학생들이 구술 문화와 문자 문화의 공존 불가능성을 주장하는 (다)의 논지를 올바로 파악하고 있는지, 또 문자의 본질에 관한 주장들을 정보 사회의 새로운 매체적 환경에 관한 논의와 유효하게 연관시킬 수 있는지를 알아보기 위한 것이다.

인문계열과 자연계열에 공통으로 출제된 문제 세트의 제시문들은 모두 부끄러움이나 반성, 책임과 관련된 글들에서 발췌한 것이다. 다양한 장르의 글에 대한 이해력을 평가해야 한다는 언어 논술 고사의 목적에 충실하여 소설과 시, 논설문, 이론서 등에서 다양하게 지문을 선택하였다. 그리고 정규 교육과정을 정상적으로 이수한 학생들이라면 풀 수 있는 문제를 출제한다는 원칙에 준하여 고등학교 문학 교과서에 수록되어 있는 제시문(김승옥의 「무진기행」, 윤동주의 「서시」)을 많이 포함시켰다.

제시문 (가)는 김승옥의 소설 「무진기행」의 결말로서, 고향 무진으로 돌아와 서울에서의 삶에 회의와 반성을 보였던 주인공이 서울로 귀경하면서 자신의 심정을 서술하고 있는 부분이다. 도시에서의 세속적인 삶에서 벗어나고 싶은 욕망과 무진에서 만난 여성인 하인숙에 대한 애정을 억누르고 출세와 명예를 보장해주는 아내가 있는 서울로 돌아가는 주인공이 느끼는 감정은 부끄러움이다. 제시문에서 '나'가 하인숙에게 보내려던 편지를 찢는 것도 그녀에게 보여준 자신의 위선에 대한 환멸때문이다. 결국 이 소설은 물질만능주의나 자본주의화로 인한 자아 상실감과, 이상이 아닌 현실의 축을 선택한 자신의 왜소함에 대한 주인공의 부끄러움을 통해 현대물질문명을 비판하고 있다.

제시문 (나)는 전쟁 책임에 대한 일본의 태도를 문제 삼고 있는 글(다카시다 데츠야 「일본의 전후 책임을 묻는다」)로서, 가해자인 일본이 오히려 자신을 '날조'와 '자학'에 의한 피해자로 규정하면서 자국의 입장을 변호하고 있음에 대해 지적하고 있다. 일본이 자민족중심주의를 토대로 전쟁에 대한 책임을 회피하려 한다는 것이다. 자신들의 잘못을 인정하지 않기에 부끄러움을 느끼지 않는 일본인들의 태도에 대한 필자의 비판을 읽을 수 있다.

제시문 (다)는 지나친 자책이나 부끄러움, 반성이 오히려 병이나 비겁함일 수 있음을 지적하고 있는 글이다. (요치후지 가츠히로, 『현명한 이기주의』) 사회심리학에서 말하는 '인상조작'의 측면에서 볼 때 극단적이고 부정확한 자아비판이나 반성은 오히려 자신의 도덕성을 과시하는 것이거나, 오히려 적극적으로 살아야 할 의무로부터 벗어나게 하는 역기능을 수행한다고 볼 수 있다.

제시문 (라)는 윤동주의 「서시」 전문이다. 식민지 지식인의 고뇌와 현실 극복 의지를 표현하는 시이다. "죽는 날까지 하늘을 우러러 한 점 부끄럼이 없기"를 바라는 화자의 태도를 통해 자신의 부끄러움에 대한 인식과 역사 속의 자신에 대한 반성, 순수한 삶에 대한 소망을 확인할 수 있다.

제시문 (마)는 김용석의 『두 글자의 철학』에서 뽑은 것으로, 자신의 잘못을 단순히 후회하는 것에 머무르는 것이 아니라 마음을 고쳐먹는 참회의 단계로까지 발전해야 진정한 반성이 이루어진 것이라고 강조하고 있다. 후회가 자책을 불러오고, 자책을 통해 참회에 이르는 용기를 통해서만이 다시 태어나는 일이 가능하다고 보기 때문이다.

[5번 문항]

(가)에서 화자에 의해 이루어지는 반성의 성격과 (나)의 역사수정주의자들의 반성에 대한 태도를 제대로 이해하고 있는지, 그리고 그 차이점을 올바로 인식하고 있는지를 평가하기 위한 문제다. (가)의 화자의 반성은 자신이 떠나옴으로써 이루어지는 이별이 잠정적인 것임을 강변하는 자신의 편지가 얼마나 교활한 자기합리화인지, 그에 비해 '당신은 무진읍을 떠나고 있습니다. 안녕히 가십시오.'라는 표지판의 관례적인 인사말이 아이러니하게도 자신에게는 얼마나 진실인지를 불현듯 깨닫는 것으로 이루어진다는 점이 서술되어 있다면 좋은 점수를 줄 수 있고, (나)의 역사수정주의자들의 경우는 다른 일본인들의 정당한 역사적 반성을 '자학사관'이라고 비판하면서 반성의 불필요성 혹은 부당성을 주장한다는 점에서 (가)의 화자와는 대조적이라는 점이 지적되어야 점수를 받을 수 있다.

[6번 문항]

(다)의 내용, 즉 진술한 반성이 언제나 좋은 것만은 아니라는 것, 과도한 반성은 오히려 자기합리화나 자기 과시와 연결될 수 있다는 점을 제대로 이해하고 있는지 알아보고, 그것을 (라)의 화자에 대한 비판으로 연결될 수 있다는 것을 알고 있는지를 확인하는 것이 핵심이다. 보통 드높은 도덕성과 투철한 애국심으로 존경받는 윤동주 시의 화자를 지문에서 설명되는 반성의 심리적 메카니즘을 활용하여 부정적 맥락에서 설명할 수 있는지의 여부는 (다)의 내용에 대한 심

충적인 이해도를 측정할 수 있는 척도가 될 수 있다.

[7번 문항]

문제 7은 문제 안에 인용된 막스 베버의 심정윤리와 책임윤리에 대한 개념을 제대로 이해하는지, 그것을 반성의 문제에 정확하게 적용시킬 수 있는지를 알아보기 위한 것이다. 지문 (마)는 반성에도 여러 가지 단계가 있고 그것들이 진정성에 있어서 일정한 차이를 보여준다고 주장하지만, 막스 베버의 입장에서는 그러한 반성들이 구체적인 결과로 나타나지 않는 한 끝내 심정윤리적 차원을 벗어나지 못한다는 점을 지적하는 것이 답안의 핵심이다.

[8번 문항]

문제 8은 제시문에서 다양하게 나타난 반성의 방식들을 세밀하게 구분하여 이해하고 있는지, 그리고 그것을 문제에 포함된 구체적 사례에 적용시켜서 설명할 수 있는지를 평가한다. 김 씨의 반성은 크게 보아 두 가지 측면을 포함한다. 하나는 자기의 딸을 위해서만 행동하고, 남들은 방치했다는 사실과 관련된 이기성에 대한 개인적인 차원의 반성이다. 그의 반성은 자기 딸을 구했다는 사실보다는 남들을 구하지 않았다는 사실에 집중되었다. 남들을 구하지 않았다는 사실에 대한 반성이 있었다는 점에서는 (가)의 자기 반성과 공통점이 있다. 그러나 그러한 행위가 어버지가 딸을 구하기 위해서였다는 것은 반성의 명분을 상당히 약화시킬 수 있고, 종국적으로는 (나)에서처럼 정당한 자기반성에 대한 비판으로 이어질 소지도 없지 않다. 김모씨의 자기 반성이 (마)에서 분류하는 대로 후회에서 자책으로, 자책에서 참회로 그 정도가 심화될수록 사실상 (다)에서 말하는 과도한 반성으로 인한 교묘한 자기합리화로 귀결될 가능성도 커진다고 할 수 있다. 김모씨의 반성의 또 하나의 내용은 역사적인 차원의 반성이다. 자기 딸이 참여했느냐의 여부와 상관없이 당시에 자신이 종군위안부의 모집 활동에 적극 가담했다는 사실에 대한 반성일 수 있는 것이다. 물론 김모씨가 개인적으로 그러한 활동에 참여한 것에 대해 개인적 차원에서는 무거운 책임감을 느낄 수 있지만, 일제의 지배와 종군위안부 제도에 대한 책임을 김모씨 혼자에게 모두 돌릴 수 있는 것은 전혀 아니다. (나)의 역사수정주의자들이라면 김모씨의 ‘참회’를 ‘자학’으로 볼 수 있는 소지가 있고 반성의 불필요성에 대한 주장으로 나아갈 가능성도 있다. 김모씨가 딸을 구한 것은 용감한 행위였다 하더라도 종군위안부를 모집한다는 사악한 사업에 부역했다는 사실은 분명한 역사적 범죄이기 때문에 (다)의 ‘자책게임’이나 (라)의 완벽한 도덕적 이상이 가져오는 부끄러움과는 거리가 멀다. 김모씨의 개과천선이 (마)에서 얘기하는 가장 높은 단계의 반성으로서의 ‘참회’에 접근하는 것일 수도 있지만, 아무리 그렇다고 하더라도 그 참회의 결과로서 어떤 의미있는 변화가 다가오지 않는다면 막스베버라 말하는 책임윤리의 관점에서 그 유효성을 인정하기는 힘들다.

학생 우수 답안에서 한 수 배우기

문제 1

다음은 최인훈의 소설 『회색인』에서 뽑은 글이다. 이 글로부터 우리 문화와 관련된 문제들을 유추하여 지적하고 그에 대한 자신의 견해를 논술하라.

어느 날 저녁녘에 독고준은 자기 방에서 달이 지난 미국 잡지 『애틀랜틱』을 읽고 있었다. 아프리카 특집인 그 호를 읽으면서 준은 여러 가지 생각을 했다. 거기에는 아프리카 사회의 여러 문제를 다루면서 아프리카의 조각도 소개하고 있었다. 그리고 그곳 작가의 단편도 실려 있었다. 그 중에서도 아프리카 명물인 정글의 짐승들이 점점 수가 줄어간다는 기사는 아주 착잡한 감정을 자아냈다. 다른 글과 모두어서 읽어볼 때, 거기에는 '새아프리카' 가 있었다. 준의 머릿속에 있는 아프리카에서는 대체로 사자와 코끼리가 걸어다니고 흰 수렵모자를 쓴 백인 탐험가가 총을 들고 걸어가는 앞뒤로 활과 창을 가진 토인들이 따르고 있었다. 그러나 잡지에 따르면 백인들은 사냥만 한 것도 아니고 토인들도 맨발 벗고 사냥 안내만 하고 있는 것도 아니었다.

그것은 스탠리와 리빙스턴 그리고 슈바이쳐와 헤밍웨이의 아프리카가 아니고 아프리카인의 아프리카였다. 서구의 문명과 침공을 받고 괴로워하면서, 자기 조종을 하고 있는, 역사 있는 전통사회의 모습이었다. 낡은 것과 새 것, 애착과 결의, 해체되어 가는 가족제도와 도시인의 고독, 전통종교와 기독교의 사이에서 방황하는 사람들의 사회가 있었다. 준은 어떤 부끄러움을 느꼈다. 그의 머릿속에 있는 아프리카상은 서양 사람들의 눈에 비친 것이었다. 영화와 소설과 신문이 제공한 그 이미지들은 그렇게 이해성이 없고 무책임한 것이었다. 그러나 아프리카 작가의 손으로 된 짤막한 단편소설에는 사랑이 있었다. 여행자로서는 결코 지닐 수 없는 그 공간에 발붙인 사랑이 있었다. 그 주인공은 다름 아닌 그, 독고준이었다. 거기에는 대륙과 대륙을 넘어선 공감이 있었다. 아프리카를 다룬 어느 서양 사람의 소설에서도 느끼지 못한 동시대성을 느끼는 것이었다.

여덟 페이지에 실린 아프리카 조각의 사진 곁에는 피카소의 '댄서' 라는 작품을 실어 놓고 놀라운 유사성을 보라고 주를 달고 있다. 피카소가 이 조각을 보았을까? 혹은 우연의 일치일까?

페이지마다 넘기면서 본 그것은 이십 세기 서양 미술의 원형에 틀림없었다. 그는 요먼저 미술사를 읽을 때 그런 대목을 읽은 것 같았다. 준의 머리는 헷갈려졌다. 아프리카의 경우 이것은 정통이다. 서양에서는 같은 내용이 전위가 된다. 그 본문을 읽어 보았다. 거기에 필자는 쓰고 있었다. 피카소, 브라크, 블라맹크, 마티스가 니그로 예술에서 색채와 구성과 환상을 얻었다. 그렇다면 아프리카의 현대 화가는 어떤 그림을 그릴까? 반대로 그들은 다빈치와 루벤스에게서 색채와 원근법과 환상을 받고 있을까? 희극이다. 그러나 약간은 슬픈 희극이다.

그러나 독고준이 더 쓸쓸하게 생각한 것은, 한국사람인 자기가 서양 미술사의 시점에서 이 이방의 미술품에 놀라야 한다는 사실이었다. 마치 서양 사람처럼. 이러한 기묘한 인식의 우회. 그것은 물론 나의 책임이 아니다. 몇 세기 전에 서양 사람들이 무슨 발광이 나서 아프리카에 갔던 길에 그곳의 미술품을 갖다가 박물관에 벌여놓고 그것을 피카소나 누구가 보았다는 것은 내 죄가 아니기 때문이다. 그리고 잡지의 필자에 의하면 이처럼 귀중한 아프리카의 민족예술이 근래에 와서는 씨가 마르게 되어 있다고 한다. 오늘날 이 예술은 구미 각국에서 오는 관객을 위해 만들어지는데, 한결같이 거친 솜씨여서, 살아있는 아름다움을 볼 수가 없다.

이 조각은 무덤에 놓은 것과 종교 의식에 쓰이는 탈 같은 것으로서, 원래 순수한 감상을 위해 제작된 것은 아니라 한다. 구라파의 문명이 들어온 이후로 토착종교와 옛날 관습이 점점 사라져 가는데 따라서 이들 조각의 원래의 쓸 데는 줄어가기 때문에, 공장들은 *수브니르 숍을 위해 제작하지만 그런 작품은 거의 날림이어서 보잘 것이 없다. 구라파식인 유화를 하는 아프리카인에게 전통의 계승을 권고하면, 그들은 모욕을 느낀다.

자연히 기왕에 생산된 작품을 보존하는 것이 급한 일인데 사방에 흩어져 있고 정작 신생 아프리카가 미술관을 차리자면 외국에서 향토의 작품을 사들여야 하는 입장에 놓여 있다.

---

* 수브니르 숍 : 기념품 가게

■ 유의 사항

1. 반드시 구체적 사례를 들 것
2. 글의 길이는 빈칸을 포함하여 1,600자 안팎(150자)이 되게 할 것
 (분량이 지나치게 부족하거나 많은 것은 감점의 요인이 됨).

▪ 논제의 구성 조건 확인

____

____

____

▪ 제시문 분석 및 문제 설정

____

____

____

____

____

____

____

____

아래 우수 답안을 읽으면서 다음 항목들을 검토해 보자.

1. 논제의 구성 조건을 올바로 충족시켰는가?

2. 제시문을 출제자가 의도한 대로 정확히 분석했는가?

3. 논술자의 문제 설정은 올바른가? 상투적인 문제 설정은 아닌가?

4. 문제를 다각도로 깊이 있게 분석했는가?

5. 짜임새 있는 글이 되었는가?

▪ 우수 답안 1

이지은(당시 포항여고 3년, 서울대 사회과학대 진학)

지난 세기 우리는 사람들이 '세계적'인 하나의 공통된 문화를 공유하고 그를 토대로 행동한다면 평화로운 '지구촌'이 형성되고, 더 나아가 문화적 차이에 의한 국가적 분쟁이 종식되리라 기대했다. 문화에 관계없이 사람들이 가지는 보편적 성향은, 하나의 공통된 문화가 형성될 수 있으리라는 믿음을 더해 주었고, 핵 문제나 환경 오염 등은 분명 국가적 차원을 넘어선 문제였던 까닭에 세계적 차원의 해결책이 지속적으로 촉구되었다. 이러한 속에서 세계화는 하나의 숙명적인 과제로 인식되면서 사회의 많은 부분에서는 급속한 세계화를 전개하였다.

그러나 문제는 이 과정에서 전개된 세계화가 각 문화의 특수성을 인정하고 각각의 특수한 시각을 종합하여 보편적 세계 문화를 창출한 것이 아니라, '서구화'를 통한 일방적 시각을 강요한

데 있다. 토착화에 대한 충분한 이해를 동반하지 않은 서구 문화의 급속한 침투는 토착문화를 단지 미개한 문화로 치부한 채 계속적인 세계화를 강요했다. 아프리카의 밀림에 들어가 서양음악을 연주한다고 해서 세계화가 이루어지는 것은 결코 아니다. 그러나 '세계화'를 표방한 서구화는 토착문화를 서구문화의 하위에 둠으로써, 일종의 우월감을 가지고 문화의 '진화'니 토착민들을 위한 '계몽'이니 하는 식으로 서구 문화의 주입을 합리화했다.

그러나 문화를 수용하는 측의 입장에서는 그들 고유의 독특한 시각을 상실하고 서구의 시각을 강요받음으로써 문화적 정체감의 혼란을 가지게 된다. 최인훈의 『회색인』에서 독고준은 '한국 사람인 자기가 서양 미술사의 시점에서 이 이방의 미술품에 놀라야 한다는 사실'을 인식하고 씁쓸해 한다. 독고준이 지금껏 알고 있던 아프리카는 진정한 아프리카인의 아프리카가 아니었다. 영화와 소설과 신문이 제공한 이해성 없고 무책임한 그 이미지들은 '서양 사람들의 눈에 비친 것'이었다. 우리는 개화기 이후 한차례의 문화적 혼란을 겪었다. 그러나 그 혼란을 주체적으로 파악하고 해결하기도 전에 해방과 함께 미국의 문화가 대량 유입되었다. 우리의 문화를 시대착오적인 것으로만 인식한 채 문화적 사대주의의 입장에서 미국 문화를 수용한 결과 우리 문화의 정체성은 심한 혼란을 겪고 주류에서 밀려나게 되었다. 그러나 이러한 수용은 단지 미국식 문화를 차용한 데 지나지 않을 뿐 그것을 우리의 독특한 문화로 소화시킨 것은 아니었다. 따라서 우리는 미국 문화나 토착 문화, 어느 한 편의 위치에 서지 못하고 독고준과 같이 회색의 위치에 서게 된 것이다.

이렇게 문화적 주체성을 상실한 상황에서 우리는 우리 문화에 대한 반성적 사고 과정을 가져야 한다. 그것은 당연한 일이다. 그러나 독고준이 아프리카에 대해 재인식하게 한 매개물은 '미국' 잡지 『애틀랜틱』이다. 서양에서 타문화에 대한 이색적 관심으로 우리의 문화를 조명하고 우리가 잊었던 우리의 것을 되살리는 일이 일어나기 전에 이제는 우리가 먼저 우리 문화의 가치를 찾아나가야 한다.

전지구적인 차원에서 평화로운 '지구촌'을 형성하기 위해서는 문화의 세계화가 필요하다. 그러나 그것만을 중요시한 채 각 문화의 독특한 시각과 입장을 잊어버린다면 역설적이게도 주체성을 상실한 회색인만 가득 찬 세상이 될지도 모른다는 점에 유의해야 할 것이다.

아래 우수 답안을 읽으면서 다음 항목들을 검토해 보자.

1. 논제의 구성 조건을 올바로 충족시켰는가?

2. 제시문을 출제자가 의도한 대로 정확히 분석했는가?

3. 논술자의 문제 설정은 올바른가? 상투적인 문제 설정은 아닌가?

4. 문제를 다각도로 깊이 있게 분석했는가?

5. 짜임새 있는 글이 되었는가?

■ 우수 답안 2

원신연(당시 포항고 3년, 고려대 진학)

한국의 개고기 섭취 자료를 FIFA가 홈페이지에 올림에 따라서 다시 한번 한국의 개고기 문화가 논란이 되고 있다. 과거 한 프랑스 여배우가 한국의 대통령에게 '한국이 계속해서 개고기를 먹을 경우 불매 운동을 벌이겠다.'는 내용의 편지를 보낸 이후, 같은 문제가 다시 한번 뜨거운 감자가 된 셈이다. 한국인의 반응을 살펴보면 대체로 문화상대주의의 입장에서 개고기 문화는 우리의 고유문화이므로 외국이 상관할 바가 아니라는 입장이 대세이다. 그런데 의외로 놀라운 것이 '그래도 세계화 시대이므로 문화인으로서 개고기는 먹지 말도록 하자'며 개고기 문화를 부끄러워하는 생각이 국민들 사이에 상당히 퍼져 있다는 사실이다. 문화상대주의를 말하며 개고기를 먹는 것이 잘못된 것이 아니라고 말하면서 내심 개고기 먹는 것을 부끄러워하는 이 모순되는 태도는 어디서 비롯된 것일까?

레비스트로스는 『슬픈 열대』에서 사회의 유형을 동적이고 경쟁적인 '과열된 사회'와 정적이고 조화적인 '냉각된 사회'로 사회의 유형을 구분하고 있다. 서구 사회가 과열된 사회를 대표한다고 볼 수 있겠는데 과열된 사회는 끊임없는 경쟁을 통해 발전을 추구하였으며 그 결과로 서구 사회에는 과학과 기술의 발전, 물질의 풍요 등을 얻을 수 있었다. 반면 아시아, 아프리카, 남미 등은 냉각된 사회로 볼 수 있는데 이들은 경쟁보다는 조화와 평화 등을 중시한다. 그런데 현대의 물질문명 하에서 과학기술이 발전한 과열된 사회가 냉각된 사회를 지배하게 됨에 따라 과열된 사회의 사람들은 그들의 문화를 냉각된 사회에 강요하게 되었고 결국 과열된 사회의 문화가 보다 우수한 문화로 인식되게 되었다는 것이다. 하지만 사실은 두 사회는 추구하는 방향이 다르므로 어느 것이 우월하다는 평가는 내릴 수 없다는 것이 레비스트로스의 결론이다.

그런데 우리는 과학기술의 위력에 놀란 나머지 이러한 사실을 깨닫지 못한 채 문화마저도 서구의 것을 추종하고 있다. 우리의 전통 음계는 '궁상각치우'의 5음계인데도 어느새 우리는 서양의 7음계로 음악을 파악하게 된 지 오래다. 고급문화를 향유한다는 문화엘리트들조차 여가시간에 가야금 산조를 듣기보다는 나비넥타이를 메고 오페라 하우스를 찾는다. 된장찌개를 비프스테이크와 같은 급에 두지를 않는 것이다. 이런 사실을 보면 최인훈의 '회색인'에서 독고준이 한국 사람인 자기가 서양미술사의 시점에서 아프리카의 미술작품을 바라본다는 것에 놀라는 것도 역시 무리가 아니다. 그는 우수하다고 생각되는 과열된 사회의 문화 코드를 교육받고 거기에 따라 미술 작품을 해석할 뿐이니까 말이다.

하지만 이런 현상은 잘못된 것이다. 두 사회의 기준이 엄연히 다른 데도 어느 한 사회의 문화가 더 우수한 것으로 평가받고 그것이 표준이 되는 것은 분명 문제가 있는 것이다. 과열된 사회의 관점에서 보자면 끓어오르지 않고 차분히 가라앉아 있는 냉각된 사회가 뒤쳐진 것처럼 보일 수도 있다. 하지만 그것은 단지 관점의 차이일 뿐이다. 냉각된 사회에서 보자면 끊임없이 경쟁하고 갈등하는 과열된 사회가 미개한 것처럼 보일 수도 있는 것이다. 중요한 것은 서로 다른 사회를 이해하려 하고 자신이 속한 사회의 문화에 대한 자긍심을 갖는 일이다.

환경에 따라 서로 다양한 문화가 존재한다는 문화상대론이 곧 모든 문화가 옳다는 것을 말하는 것은 아니다. 그러나 우리가 생각해야 할 것은 모든 문화가 옳다는 것을 주장해내는 것이 아니라 어느 문화든지 타당성을 가지고 있으며 그것이 인류 보편적인 가치에 어긋나지 않는 한 존중할 필요가 있다는 것이다. 개고기와 같은 각국의 독특한 식습관을 두고 마빈 해리스가 '혐오하기 때문에 먹지 않는 것이 아니라 먹지 않기 때문에 혐오하는 것이다'라고 말하며 그 다양성을 적극 존중한 것처럼 말이다.

문제 2

다음 제시문에는 삶의 방식에 대한 서로 다른 두 가지 입장이 함께 드러나고 있다. 이 두 가지 입장은 현대를 살아가는 데에 있어서도 끊임없이 부딪치는 문제이다. 이 가운데 한 가지를 골라 1500자 안팎으로 현대 사회의 맥락에서 정당화하시오.

진(陳)나라의 영공(靈公)이 신하의 아내의 속옷을 입고 조정에 나아가 이를 모두에게 자랑해 보이자, 신하인 설야(泄冶)가 간언을 했다가 죽임을 당했다. 1백여 년 후, 이 사건에 대하여 한 제자가 공자에게 질문하였다.

"설야가 바른 말을 하여 죽임을 당한 것은 옛날 주왕(紂王)의 숙부로서 그의 폭정을 비판한 비간(比干)의 죽음과 전혀 다를 바가 없습니다. 이를 인(仁)이라 칭하여 옳은 것인지요."

그러자 공자는 대답하였다.

"아니지. 비간(比干)과 주왕(紂王)과의 관계는 혈연이기도 하고, 또 관직으로는 소사(少師)의 자리에 있었지. 그러므로 자신의 몸을 버리면서까지 세찬 간언을 한 것은 자신이 죽은 후에라도 주왕이 후회하기를 기다렸던 때문이야. 이는 마땅히 인(仁)이라고 해야 하지. 그러나 설야는 영공과 혈육의 관계도 아니고, 또 지위도 일개의 대부(大夫)에 불과하지 않은가? 군주가 올바르지 않고 나라가 올바르지 않으면 깨끗하게 관직에서 물러나야 하는데 자신의 분수도 모르고 구구한 몸으로서 일국의 어지러움을 바르게 하려고 하다니. 이는 스스로 자신의 생명을 함부로 버린 게야. 인(仁)은커녕 한 소동에 불과한 것이라네."

그 제자는 공자의 그 말을 듣고 납득하여 그 자리를 물러났으나, 옆에서 듣고 있던 다른 제자 자로(子路)는 도저히 이해할 수가 없었다. 그는 그 자리에서 물었다.

"인(仁)·불인(不仁)은 둘째치고, 어쨌든 자신의 위험을 무릅쓰고 일국의 문란함을 바르게 하고자 한 것에는 지(智)·부지(不智)를 넘어선 훌륭함이 있다고 할 수는 없는 것일까요? 결과야 어떻든 생명을 헛되이 한 것이라고 잘라 말할 수는 없는 것이 아닐까요?"

"그대는 그러한 소의(小義)속에 있는 훌륭함만을 볼 수 있고 그 이상의 것은 보지 못하는가? 옛 사대부는 나라에 질서가 있으면 충성을 다함으로써 이를 도왔으나, 나라에 도가 없으면 물러남으로써 이를 피하였다네. 자네는 아직 이러한 출처진퇴(出處進退)를 이해하지 못하는 것으로 보이는군. 시경(詩經)에 백성에게 부정한 생각이 횡행하면 스스로 법령을 지키기가 어렵게 된다고 말하고 있다네. 생각건대 설야의 경우에 해당이 되는 듯하구나."

"그러면……." 하고 자로가 상당히 오랜 시간 생각한 끝에 말했다.

"결국 세상에서 가장 중요한 것은 일신의 안전을 꾀하는 것에 있습니까? 몸을 버려 의를 세우는 것에는 없습니까? 한 인간의 출처진퇴가 적합한지 부적합한지의 문제가 천하창생의 안위보다도 더 소중한 것일까요? 왜냐하면 지금의 설야가 만약 목전의 어지러운 윤리를 비난하며 지위에서 물러났다고 하면 그의 일신은 그것으로 좋을지도 모르지요. 하지만 진(陳)나라의 백성에게 그것이 도대체 무슨 도움이 될까요? 그래도 아무 소용이 없다는 것을 알면서도 간언하여 죽는 쪽이 국민의 기풍에 주는 영향으로 말하면 훨씬 의미가 있는 것이 아닐까요?"

"물론 일신의 보전만이 소중하다고는 말하지 않겠네. 그렇다면 비간의 죽음을 인이라고 칭찬하지도 않지. 단지 도(道)를 위하여 버리는 생명도 그 버릴 때와 장소가 있는 법. 그것을 지혜롭게 헤아리는 데는 개인의 이익을 위한 것이 아니라네. 서둘러 죽는 것만이 능사는 아니거든."

▪ 논제의 구성 조건 확인

▪ 제시문 분석 및 문제 설정

아래 우수 답안을 읽으면서 다음 항목들을 검토해 보자.

1. 논제의 구성 조건을 올바로 충족시켰는가?

2. 제시문을 출제자가 의도한 대로 정확히 분석했는가?

3. 논술자의 문제 설정은 올바른가? 상투적인 문제 설정은 아닌가?

4. 문제를 다각도로 깊이 있게 분석했는가?

5. 짜임새 있는 글이 되었는가?

우수 답안 1

원신연(당시 포항고 3년, 고려대 진학)

　'경설'에 보면 거울을 왜 지저분하게 해 다니느냐는 손의 질문에 거사가 '거울은 본래 그대로를 비춰주는 물건인데 못난이는 자신의 못난 모습을 보고 싶어 하지 않으므로 거울이 깨지기 십상입니다. 그래서 깨지기보다는 차라리 잘난 이를 만날 때까지 지저분한 것이 낫지요.'라고 대답하는 재밌있는 부분이 나온다. 난세에는 곧은 이가 희생되기 쉬우므로 굽혀서 시기를 기다린다는 말로 난세를 살았던 이규보의 지혜로운 처세관이 보이는 대목이다.

　그런데 이러한 관점은 제시문에서 보이는 자로에 의해서 끊임없는 비판을 받아왔다. 세상에서 중요한 것은 개인의 출처진퇴가 아니라 사회에 주는 효용성이며, 비록 개인은 죽임을 당하더라도 간언하여 국민의 기풍에 올바른 영향을 주는 것이 더 바람직한 일이라는 자로의 생각은, 개인의 선을 지향하기보다는 다수의 선을 지향한다는 생각 아래 대중의 큰 지지를 받아온 것이다. 이에 반해 제시문의 공자와 같은 관점은 자신만을 생각한다는 이기주의, 혹은 기회주의로 치부되어 왔다. 사실 자로와 같은 관점은 우리의 근·현대사를 바라볼 때 사회가 진보하고 발전하는데 큰 의의가 있는 듯하다. 비록 미완의 혁명으로 남았지만 4·19혁명은 부당한 정치 현실에 대해 침묵하지 않고 목숨을 걸고 일어나 대항한 민중의 힘에 의해 이룩된 것이며, 이 혁명의 덕택으로 우리는 진정한 민주주의를 누리고 있는 것이다.

　그러나 이렇게 큰 의의를 가진 4·19혁명도 그 혁명을 위해 희생된 개인의 인생을 생각해 볼 때 평가가 엇갈리지 않을 수 없다. 물론 그들에게는 역사적 명예가 돌아갔다고 말할 수도 있겠으나 과연 그 이름뿐인 역사적 명예가 그들의 고귀한 생명을, 그 가족의 고통을 보상할 수 있는가? 오히려 그 역사적 명예를 운운하면서 개인의 중요성은 망각한 채, 때를 기다리는 개인에게 성급한 희생을 강요하고 있는 것은 아닐까? 포퍼는 그의 저서에서 우리 사회가 어느 사이 개인주의와 이기주의를 동일시하고 집단주의와 이타주의를 동일시하고 있으며 이에 따라 우리는 다수를 위해 희생되기를 강요받고 있다고 말한 바 있다. 나는 위에서 제시된 '간언하여 죽는 쪽이 국민의 기풍에 더 좋겠지요.'라는 자로의 표현에서 은연중에 개인의 중요성을 무시한 채 사회를 위한 희생을 강요하며, 때를 기다리는 건전한 개인주의를 이기주의로 매도하는 전체주의의 냄새를 맡는다.

물론 공자의 관점에 따라 혼란한 사회를 외면한 채 모두가 때를 기다리게 되면 사회가 정체될 것이고, 한때를 노리는 기회주의자가 양산될 위험성이 있기도 하다. 하지만 우리는 공자의 관점을 '사회 참여의 선택을 개인의 선택으로 남겨두고 개인이 적당한 때라고 판단했으면 적극적으로 현실에 참여한다.' 라는 주장으로 볼 수는 없을까? 공자 역시 비간과 주왕의 사례를 들어 때에 맞는 사회 참여는 오히려 긍정하였으며, 단지 지금 자신이 나서봐야 아무런 영향도 미치지 못하고 어떠한 사회적 동의 또한 이끌어 내지 못하는 행위, 즉 당랑거철과 같은 행위를 부정한 것이었기 때문이다. 그러므로 공자는 오히려 때를 기다려 어떠한 행위가 현실적 효과를 나타낼 수 있는 지혜로운 사회 참여를 주장한 것이었다. 이규보가 적당한 시기를 기다린 것처럼, 4·19 역시 이승만 정권 치하에서 굽혀서 때를 기다리던 민중이 '김주열 사건' 으로 인해 사회적 분위기가 무르익은 적당한 때에 억눌려 왔던 힘을 폭발시킨 것으로 해석할 수도 있다는 점에서 공자의 관점은 자로의 관점보다 한층 더 호소력을 지닌다 하겠다.

아래 우수 답안을 읽으면서 다음 항목들을 검토해 보자.

1. 논제의 구성 조건을 올바로 충족시켰는가?
2. 제시문을 출제자가 의도한 대로 정확히 분석했는가?
3. 논술자의 문제 설정은 올바른가? 상투적인 문제 설정은 아닌가?
4. 문제를 다각도로 깊이 있게 분석했는가?
5. 짜임새 있는 글이 되었는가?

우수 답안 2

이지훈(당시 포항제철고 3년, 서울대 법대 진학)

일반적으로 대의(大義)란 달성해야할 목표, 실질적인 정의 상태를 뜻하고 소의(少義)란 대의를 달성하는 일반적이고 통념적으로 받아들여지는 방법 즉, 즉시적이고 적극적인 투쟁을 말한다. 어느 것을 취해야 하는가라는 문제는 과거부터 있어왔으며 제시문의 공자와 자로의 대화도 같은 맥락에서 이해할 수 있다.

먼저 자로는 대의의 성취가능성 여부를 떠나 소의 자체도 중시하는 입장을 보인다. 반면 공자는 소의 자체를 부정하지는 않지만, 중요한 것은 대의이고 대의 달성을 위해 소의를 행하는 것이 합리적이라고 판단될 때만 의미를 가진다고 말하고 있다.

이는 돌려 생각하면 목적과 수단의 관계라고도 할 수 있다. 그러므로 일반적으로 목적을 달성할 가능성이 있다면 수단은 꼭 그러한 방법이 아니더라도 괜찮을 것이다. 또 수단에만 너무 집착하다보면 오히려 목적을 그르칠 수도 있다. 현대 관료제의 병폐로 지적되는 목적 전치 현상이나, 인간의 삶의 질을 향상시키기 위한 과학 기술이 그 자체로서 중시될 경우, 목적인 인간이 불행에 빠질 수 있다는 점은 그러한 사실을 뒷받침해 준다.

이처럼 대의가 소의보다 중요하다면 과연 왜 자로를 비롯한 과거의 많은 사람이 소의를 택해 가능성이 없음에도 저항을 하였는가 하는 의문이 생긴다. 이에 대한 답은 과거의 사회 구조와 백성들의 지식 수준에서 찾을 수 있을 것이다. 과거 동양의 사회는 전제 군주제와 같이 신분이 엄격했으며 지위에 따라 권력을 가지는 수직적 사회였다. 이러한 사회 구조에서 사회 변혁은 자주 일어나기 힘들었고 지식 수준이 낮은 백성들의 뜻을 모으기도 힘들었다. 그러므로 대의를 위해 미래를 기약한다는 다짐은 그 체제 속에서 지내는 동안 좌절되거나 변질되기 쉬웠을 것이다. 따라서 순수하게 대의를 추구하기 위해 소의를 저버렸지만 결국은 대의도 성취하지 못하고 기회주의자가 되어버릴 가능성이 컸다. 그러므로 지금의 시각에서 보면 다소 과격하고 무지한 방법인 소의를 차선책으로라도 택하는 것이 당시에는 오히려 나을 수도 있었다. 삼국지에 나오는 수많은 용장들, 신라의 화랑들, 조선 시대의 선비들의 행동들도 이러한 맥락에서 본다면 정당성을 가질 수 있다.

하지만 현대 사회는 과거 사회와 사회 구조, 일반 민중들의 지식 수준 등이 과거와 비교할 때 판이하게 다르다. 정보 통신 기술의 발달로 텔레비전, 인터넷과 같은 매체가 있어 어떤 사실을 일반 대중에게 알리기도 훨씬 수월하다. 그러므로 변화된 오늘날의 사회에서는 과거와는 다른 대처 방법이 요구된다. 지금 현재 정의를 실현하지 못하였더라도 사회 분위기, 정권이 바뀌기를 잠시 기다린다거나 정보를 여론을 통해 대중들에게 알려 대중들의 힘으로 정의를 세우는 방법 등 다양한 가능성이 남아 있다. 그러므로 소의에 집착하는 것은 오히려 대의를 멀어지게 하는 본말전도 현상을 초래할 수 있다. 그러나 소의가 무조건 나쁘다는 것만은 아니다. 전태일이 분신 자살을 기도한 후 노동자의 각성으로 말미암아 노동 여건이 점차 개선되어 온 사례가 있기 때문이다. 그러나 그가 현실을 타파하기 위해 노동자들을 업고 그들의 각성을 이끌어내기 위한 도화선의 역할을 했음을 고려하면 그것은 단순히 소의를 위한 행동이었다기보다 대의를 염두에 두고 감행한 가능성 있는 행동으로 보는 것이 타당할 것이다.

대의와 소의는 여러 문제와 맞물려 논쟁의 대상이 되어 왔다. 목적과 수단의 관계임을 염두에 두면 답은 간단하지만 현대와 다른 과거의 상황때문에 소의를 추구하는 것도 나름대로 정당성을 가졌었다. 하지만 대의를 달성할 수 있는 다양한 방법이 있는 현대 사회에서 소의를 무조건적으로 고집하는 것은 본말전도이며 나아갈 때와 물러나 기다릴 때를 구분하여 대의를 추구하는 것이 보다 바람직하다.

문제 3

다음 인용문에 나타난 삶의 태도를 각각 현대적 관점에서 비판적으로 분석하고 이를 바탕으로
자신이 생각하는 행복한 삶의 조건을 제시하라.

(가)

어떤 이가 늙은 뱃사람에게 물었다.

"당신은 늘 배를 타고 있는데 어부로 보자니 낚시가 없고, 장사꾼으로 보자니 물건이 없고, 강
나루에서 행인을 나르는 뱃사공으로 보자니 강물을 왔다갔다하는 것을 보지 못하겠소. 나뭇잎
만한 조각배 하나를 타고 끝이 보이지 않는 물 속에 들어가서 거센 폭풍우와 무서운 풍랑을 만
나면, 돛대도 꺽이고 삿대도 부러져서 죽음이 경각간에 닥치게 되고 정신은 삶과 죽음의 갈림길
을 헤맬 터인데, 이렇게 생활을 중지하고 육지로 올라오지 않으니 그것은 무엇 때문이오?"

그가 대답하였다.

"여보시오! 당신은 생각해 보지 않았소? 인간의 마음이란 간사하기 짝이 없다는 것을 말이오.
사람이란 평탄한 길만 걷다 보면 방자해지고, 위험한 곳에 가면 두려워서 어쩔 줄을 모르는 것
이오. 두려움을 느끼면 경계하는 마음이 생겨 자신의 존재를 튼튼히 하려고 노력하지만, 반대로
편안한 생활 속에 방자한 마음이 생기면 결국에는 생활이 방탕해져서 자신을 망치게 되는 것이
오. 그러므로 나는 차라리 위험한 처지에 있으면서 늘 경계하는 마음을 가질지언정 편안한 생활
에 빠져 스스로를 망치고 싶지 않소. 게다가 나의 이 배는 항상 물위에 떠 있지만 한쪽으로 치우
치게 되면 반드시 기울어져서 전복되기 때문에 왼쪽이든 오른쪽이든 어느 쪽도 더 무겁지도 않
고 더 가볍지도 않게 내가 늘 그 중심에서 균형을 잡아 준다오. 그런 뒤에라야 이 배는 한쪽으로
기울지 않고 평형을 이룬다오. 이렇게 평형을 이루면 아무리 거센 풍랑을 만나도 배가 전복되지
않을 터이니 그 풍랑이 어찌 내 마음의 평정을 흔들 수 있겠소.

한편으로 생각해 보면 인간 세상은 커다란 물결과 같고, 사람의 마음은 큰 바람과 같소이다.
인간의 조그마한 몸은 그 물결과 바람 가운데 끼어 있는 것이오. 그러니 인간의 몸이 만경창파
에 떠 있는 나뭇잎만한 조각배 하나와 무엇이 다르겠소?

내가 배를 타고 물 위에 떠다니며 육지에서 생활하는 이 세상 사람들을 바라보니 그들은 늘
편안한 것만을 생각하고 있소. 자기 앞에 닥쳐올 환난은 염려하지도 않는다는 말이오. 때로는
무모하게 함부로 욕심을 부리다가 마침내는 서로 붙들고 함께 물 속으로 빠져 들어가는 것도 보
았소. 이러하거늘 당신은 어찌하여 이런 것은 두려워하지 않고 도리어 나를 염려하는 것이오?"

말이 끝난 뒤 늙은 뱃사람은 손으로 뱃전을 두드리며 노래하였다.

아득한 강과 바다, 멀기도 하여라.
텅 빈 배 띄워 그 가운데 흘러가네.
저 밝은 달 싣고 홀로 떠다니며
애오라지 한평생을 넉넉하게 살리라.

그리고 그는 뒤도 돌아보지 않고 저 깊은 바다를 향하여 멀리멀리 떠나 버렸다.

— 권근, 「늙은 뱃사람과의 문답(주옹설)」

(나)

모든 비개인적인 관심은 휴식으로서의 중요성을 떠나서라도 여러 가지 다른 이점을 가지고 있다. 우선 비개인적인 관심은 사람들이 균형 감각을 유지하는 데 도움이 된다. 우리들 자신의 목적, 자신의 생활권, 자기가 하는 일에 지나치게 몰두하여, 인간의 전체적 활동에서 볼 때 이것은 얼마나 작은 부분이며 또한 우리가 하는 일로부터 전혀 영향을 받지 않는 일이 이 세상에는 얼마나 많은가 하는 사실을 잊는다는 것은 매우 쉬운 일이다. "그러한 사실을 기억할 필요는 없지 않은가?"라고 당신은 물을 것이다.

이에 대해 몇 가지 대답이 있다. 첫째로, 필요한 활동과 양립할 수 있을 만큼 참된 세계상을 갖는다는 것은 좋은 일이다. 우리들은 누구나 매우 오랫동안 이 세상에 존재하는 것은 아니며 따라서 짧은 일생 동안에 이 이상한 유성과 이 유성의 우주 안에서의 위치에 대해 최대한의 지식을 얻지 않으면 안 된다. 그것이 아무리 불완전한 것이라 하더라도 지식을 얻을 수 있는 기회를 무시한다는 것은 극장에 가서 연극을 구경하지 않는 것과 같다. 세상은 비극적인, 또는 희극적인, 또는 영웅적인 또는 기괴한 또는 놀라운 일로 가득 차 있으며, 세상이 제공하는 이러한 장관에 흥미를 갖지 못하는 사람은 삶이 주는 특권 중의 하나를 포기하는 것이다.

둘째로 균형 감각은 매우 소중하며 때로는 매우 위안이 되는 것이다. 우리들은 모두 지나치게 흥분하고 지나치게 긴장하며 우리가 살고 있는 세계의 작은 구석과 탄생으로부터 죽음에 이르는 짧은 순간이 갖는 의의에 지나치게 감동하는 경향이 있다. 이와 같이 우리들 자신의 중요성에 대해 흥분하고 또 과대 평가하는 것은 조금도 바람직한 일이 아니다. 물론 이와 같이 생각하면 우리는 좀더 열심히 일하게 될지는 모르나 더 잘 일하게 되지는 않는다. 분투노력하는 인생의 사도들은 다르게 생각하는 모양이지만 사실은 좋은 목표를 추구하는 작은 일이 나쁜 목표를 추구하는 거대한 일보다 더 좋은 것이다. 자기 자신이 하는 일을 지나치게 소중히 여기는 사람들은 광신—본질적으로는 한 가지 또는 두 가지 소망스러운 일만을 기억하고 나머지는 모두 망각하며, 이러한 한두 가지 일을 추구하는 데 있어서 우발적으로 다른 종류의 해가 생기더라도 그것은 별로 중요한 문제가 아니라고 생각하는 광신—에 빠질 위험에 항상 직면하고 있다. 이러한 광신적 기질에 대해서는 인간의 삶과 인간의 우주에 있어서의 위치를 광범하게 파악하는 것보다 더 좋은 예방책은 없다. 광신과 관련하여 이러한 문제를 제기하는 것은 너무 거창하다고 생각될지 모르나 이러한 특별한 용도를 떠나서라도 그것은 본질적으로 커다란 가치를 가지고 있는 것이다. [……]

당신은 목전의 활동을 초월해서 요원하고 서서히 전개되는 목적을 갖게 될 것이며, 이러한 목적을 갖는 한 당신은 고립된 개인이 아니라 인류를 문명적 존재로까지 이끌어 온 수많은 사람들 중의 한 사람인 것이다. 당신이 이러한 견해에 도달한다면, 당신의 개인적 운명이 어떠한 것이든 간에 확실하고 깊은 행복이 당신 곁에서 결코 떠나지 않을 것이다. 삶은 모든 시대의 위인들과의 교제가 될 것이며 개인의 죽음은 이미 하찮은 사건에 지나지 않는다.

— 버트란트 러셀, 「행복의 정복」

③

굶주린 여우가 먹을 것을 찾아 헤매다가 잘 익은 포도들이 주렁주렁 매달린 포도 넝쿨을 발견했다. 여우는 군침을 꿀꺽꿀꺽 삼키며 포도 넝쿨로 다가갔다.

"정말 잘 익은 포도로구나!"

그러나 포도송이는 여우 키보다 높은 곳에 매달려 있었다.

"저 포도를 어떻게 따먹는 담."

여우는 한참 동안 포도를 바라보며 궁리를 해 보았다.

햇빛에 반짝이는 포도송이는 여우를 유혹하는 것 같았다. 그러나 여우는 따먹을 재주가 없었다.

발끝을 세워 가며 손을 길게 뻗쳐 보았으나 포도송이를 잡을 수 없었다.

"힘껏 뛰어 보자."

그러나 헛수고였다.

다시 한번 높이 뛰어 보았다. 포도송이에 손끝이 스쳐 갈 뿐, 포도송이는 가지를 휘어잡을 수가 없었다. 여우는 있는 힘을 다해 뛰어 오르고 또 뛰어 올랐다. 그러나 포도송이는 좀처럼 잡히지 않았다.

잘 익은 포도를 보니까 허기진 배가 꾸르륵 꾸르륵 소리를 냈다. 더 배가 고파지는 것이었다.

포도송이 바로 아래서 고개를 90도 각도로 젖히고 선 여우는 껑충 뛰어 올랐으나 포도송이를 따지 못했다.

"다시 한번!"

"좀더 높이."

여우는 거듭 거듭 뛰어 올랐으나 포도송이를 휘어잡지 못했다.

군침만 계속 넘기며 포도를 따려다가 실패한 여우는 마침내 포도 따기를 포기하고 말았다. 잘 익은 포도를 눈앞에 두고도 따먹지 못한 여우는 은근히 화가 났다.

여우는 포도를 향해 큰 소리쳤다.

"잘 익으면 무얼 하니? 너처럼 맛없게 생긴 포도는 그냥 준다고 해도 안 먹어. 너를 누가 먹겠니?"

그러면서 침을 삼키고 어디론가 사라졌다. ——『이솝 우화』

논제의 구성 조건 확인

제시문 분석 및 문제 설정

아래 우수 답안을 읽으면서 다음 항목들을 검토해 보자.

1. 논제의 구성 조건을 올바로 충족시켰는가?

2. 제시문을 출제자가 의도한 대로 정확히 분석했는가?

3. 논술자의 문제 설정은 올바른가? 상투적인 문제 설정은 아닌가?

4. 문제를 다각도로 깊이 있게 분석했는가?

5. 짜임새 있는 글이 되었는가?

우수 답안

이웅희(당시 포항제철고 3년, 서울대 법대 진학)

'C'est la vie.' 라는 프랑스 속담이 있다. '그것이 인생이다.' 라는 뜻이다. 이 말은 표의적으로는 아무런 뜻도 갖고 있지 않다. 하지만 이 말이 프랑스인들 사이에서 생활의 깨우침을 주는 속담으로 통용될 수 있는 것은 그들이 '인생이란 이런 것이다.' 라고 말할 수 있는 공통된 삶의 태도를 지녔기 때문이다. 그러면 이들이 어떤 '삶의 태도'를 공유하는 까닭은 무엇인가? 그것은 그러한 삶의 태도가 인생을 행복하게 사는 지름길이라고 믿기 때문이다. 사람은 어떤 자세로 삶을 대하느냐에 따라 행, 불행이 결정된다. 따라서 프랑스인들뿐만 아니라 동서고금의 많은 인간들이 보다 행복해질 수 있는 삶의 태도를 제시해왔다. 도대체 어떤 삶의 태도를 지녀야 진정한 행복에 이를 수 있을까?

먼저 제시문 (나)에서는 자기 삶을 대상화하여 객관적으로 인식할 수 있는 사람만이 행복해질 수 있다고 주장한다. 협소한 자기만의 세계에서 벗어나 세상사를 음미할 수 있고, 사소한 감정이나 사건에 쉽게 동요하지 않는 균형 감각을 지닌 사람이 행복하다는 논리이다. 하지만 이런 사람에게는 '열정'이 부족하다. 가능, 불가능을 계산하지 않은 채 주어진 일에 매진하고, 때로는 좌절하면서 몸부림치는 모습은 인간만이 가질 수 있는 매력이다. 영화「쇼생크 탈출」에서 주인공이 아름답게 보이는 것은 그가 탈옥에 성공했기 때문이 아니라, 불가능한 탈옥을 가능으로 바꾸려 한 그의 '열정' 때문이다. 행복은 이 '열정'을 지닌 사람이 느낄 수 있다. 따라서 객관적, 관조적 안목을 행복의 기본 요소로 파악하는 러셀의 주장은 행복의 본질을 간과한 것이라고 볼 수 있다.

이 '열정'의 부재는 제시문 (다)의 여우에게서도 발견된다. 여우는 행복을 위해 욕망을 조절한다. 기본적으로 인간은 '만족'에서 '행복'을 느낀다. 이 '만족'은 원하는 것을 획득할 때 얻어지는데, '원하는 것'을 줄임으로써 '만족'의 가능성을 높이고, 동시에 행복을 쉽게 느끼고자 하는 것이다. 이는 현명한 방법인 것 같지만 자칫 패배주의적 인생관으로 이어질 수 있다. 맞부딪친 고난을 극복하려는 소중한 노력을 무시한 채 손쉽게 행복감에 젖으려 하는 것이다. 이 주장 역시 앞의 러셀의 주장처럼 행복의 본질인 '삶에 대한 열정'을 간과했기 때문에 설득력을 가질 수 없다.

이 두 주장과는 달리 제시문 (가)의 노인은 안일보다는 '모험'을 택했다. 현실에 안주하여 권태로운 평안을 추구하는 것을 불행의 시작이라고 보았기 때문이다. 이런 사람은 대기업의 간부보다는 벤처 기업의 사장을 원하는 사람이다. 안이한 행복감에 젖으려 하지 않고 '모험'에 도전하려는 '열정'을 가진 사람이다. 노인이 위험한 물을 떠나지 않는 것은 이 삶에 대한 열정을 잊지 않기 위해서다.

사람들은 누구나 행복한 삶을 추구한다. 그러나 자기 자신과 세계를 객관화된 시각으로 관찰할 수 있었던 철학자들 중 적지 않은 수가 자살로 생을 마감하고, 현대 복지 국가의 대명사로 불리는 스웨덴에서 자살률이 현저히 높은 것은 행복의 본질이 객관적 안목이나 물질에 있는 것이 아님을 보여준다. 하루하루의 생활에 열정을 가지고 임하며, 때때로 찾아오는 고난과 시련에 도전하는 '모험 정신'을 갖는 것, 이것이 행복의 열쇠이다. 삶에 대한 열정과 그에 따른 도전 정신으로만 헤쳐나갈 수 있는, 고난으로 점철되어 있는 것, 바로 그것이 인생이기 때문이다.(1,660자)

문제 4

다음 글은 한편의 우화이다. 이 글은 '늙은 남자'가 보여준 일련의 행위를 통해 현대 사회에서 일어날 수 있는 문제점을 암시하고 있다. 글의 내용에 근거하여 암시되어 있는 문제점을 밝히고, '늙은 남자'의 행위가 보여 주는 의의와 한계에 대해 자신의 견해를 논술하시오.

나는 지금부터 한 늙은 남자에 관해 이야기를 해볼까 한다. 더 이상 한마디의 말도 하려 하지 않고, 아주 지친 얼굴을 한, 너무나 지쳐서 웃지도 못하고, 또 화를 내기에도 너무나 지쳐버린 그런 남자에 관한 이야기이다. 그는 어느 조그만 도시의 거리 끝 모퉁이, 혹은 네거리 근처에 살고 있었다. 그에 관해 묘사한다는 것은 거의 무의미한 일이 될 듯 싶다. 왜냐하면 그에겐 다른 사람들과 구별되는 점이 거의 없기 때문이다. 그는 회색의 모자, 회색의 바지, 회색의 잠바를 걸치고 있었으며, 또 그는 메마르고 쪼글쪼글하게 주름진 가느다란 목을 지니고 있었는데, 하얀 셔츠의 깃은 그에겐 도무지 너무나 커 보였다.

그의 방은 맨 꼭대기 층에 있었는데, 그는 아마도 결혼을 한 적이 있을 것이고 자식들도 있을 것이며, 또 이전에는 어딘가 다른 도시에서 살았을지도 모른다. 물론 그에게도 어린이였던 때가 있었을 테지만, 그것은 아이들이 어른들처럼 옷을 입던 그런 시절이었을 것이다. 우리 할머니들의 사진첩을 보면 그것을 확인할 수 있다. 그의 방에는 의자가 두 개, 책상이 하나, 양탄자와 한 대의 침대, 한 대의 장롱이 있었다. 자그마한 책상 위에는 자명종이 놓여 있었으며, 그 옆에는 낡은 신문쪼가리들과 사진첩이 놓여 있었다. 벽에는 거울과 그림이 한 점 걸려 있었다.

그 늙은 남자는 아침에는 산책을 하고 오후에도 산책을 한다. 그러면서 이웃집 사람들과 몇 마디 말을 나누기도 한다. 그리고 저녁 무렵엔 항상 책상에 앉아 있는다.

이 같은 단조로운 일들은 아무런 변화도 없이 끝없이 되풀이되었으며, 일요일에도 사정은 마찬가지였다. 그리고 책상에 앉아 있으면, 자명종이 째깍거리는 소리가 들려온다. 시계는 언제나 그렇게 째깍거리기만 한다.

그런데 언젠가 한 번은 특별한 날이 있었다. 그날은 해가 말갛게 뜬 날이었는데, 그렇게 덥지도, 또 그렇게 춥지도 않았다. 새들은 지저귀고 사람들은 친절했다. 아이들은 뛰어 놀고 있었다. 그런데 무엇이 특별한가 하면, 그 모든 것이 그 남자에게 갑자기 마음에 들었다는 사실이다. 그는 빙그레 미소를 지었다.

'이제 모든 것이 변화하게 될 거야.' 하고 그는 생각했다. 그는 셔츠의 맨 위쪽 단추를 끌렀다. 모자를 손에 쥐고는 걸음을 재촉했다. 게다가 무릎을 홰홰 내저으면서 걸으니 마음이 여간 흡족한 것이 아니었다. 그는 시내까지 걸어나가서는 아이들에게 고개를 끄덕여 주기도 했다. 그는 다시 집 앞으로 돌아와 계단을 올라가서는 주머니에서 열쇠를 꺼내 문을 열었다.

하지만 방 안에서는 모든 것이 그대로였다. 책상이 하나, 의자가 두 개, 침대가 하나, 그리고 자리에 앉자마자, 그는 다시 시계가 째깍거리는 소리를 들어야 했다. 그러자 모든 기쁨이 일시에 사라져 버렸다. 아무것도 변한 게 없는 것이다! 그러자 엄청난 분노가 그 남자를 엄습해 왔다.

거울을 보니 얼굴이 벌겋게 달아 오르고 있었다. 그는 눈을 꼭 감은 자신의 모습을 보았다. 그는 주먹을 쥐어 높이 들어올렸다. 책상을 '탕' 하고 내려쳤다. 처음에는 단 한 방만, 그리고 또 한 방, 그리고 나서 그는 책상을 마구 두드리면서 거듭거듭 소리를 질렀다.

'변해야 돼, 뭔가가 변해야 된다구!' 그러자 그에게는 자명종 소리가 더 이상 들리지 않게 되었다. 하지만 그의 손은 이내 아파오기 시작했으며, 목소리도 나오지 않았다. 그러자 자명종 소리가 다시 들렸으며, 아무것도 변화하지 않았다.

'언제나 그 책상이 그 책상이구나.' 하고 그 남자는 중얼거렸다. '똑같은 의자들, 똑같은침대, 똑같은 그림. 그리고 책상을 나는 책상이라고 부르지. 그림을 그림이라고 부르고, 침대를 침대라고 부르지. 또 사람들은 의자를 의자라고 한단 말이야. 그런데 왜 그래야 되는거지?'

프랑스 사람들은 침대를 '리' 라고 부르고, 책상을 '따블' 이라고 부르며 그림을 '따블로' 라고, 또 의자를 '셰스' 라고 부른다. 그러면 자기네들끼리는 말이 통한다. 또 중국인들은 자기네들끼리 서로서로 통한다.

'왜 침대를 그림이라고 하면 안 되지?' 그 남자는 이렇게 생각하면서 미소를 지었다. 그리고는 껄껄걸 웃기 시작했다. 옆방 사람이 벽을 두드리며 '거 좀 조용히 합시다.' 하고 외칠 때까지 그는 웃고 또 웃었다.

'자, 이제 뭔가가 변화한다.' 하고 그는 외쳤다. 그러면서 그는 이제부터 침대를 '그림' 이라고 부르기로 했다.

'피곤하군, 이제 그림 속으로 들어가야지.' 하고 그는 말했다. 이날 이후 그는 아침에 눈을 뜨면 한참 동안을 그림 속에 누워서 이제 의자를 무어라 부르면 좋을까 하고 골똘히 생각하는 것이었다. 그는 의자를 '자명종' 이라고 부르기로 했다.

그는 벌떡 일어나서 옷을 입고는 자명종에 앉아서 두 팔을 책상에 괴고 있었다. 하지만 이제 책상을 더 이상 책상이라고 불러서는 안 되었다. 그는 이제 책상을 양탄자라고 불렀다. 그러니까 그 남자는 아침에 그림에서 일어나, 옷을 입고는 양탄자 옆의 자명종에 앉아 무엇을 어떻게 부를까 하고 곰곰이 생각한 것이다.

침대를 그는 그림이라고 불렀다. 책상을 그는 양탄자라고 불렀다. 의자를 그는 자명종이라고 불렀다. 신문을 그는 침대라고 불렀다. 거울을 그는 의자라고 불렀다. 자명종을 그는 사진첩이라고 불렀다. 장롱을 그는 신문이라고 불렀다. 양탄자를 그는 장롱이라고 불렀다. 그림을 그는 책상이라고 불렀다. 그리고 사진첩을 그는 거울이라고 불렀다.

그러니까 결국 다음과 같이 되었다. 아침에 그 늙은 남자는 한참 동안 그림 속에 누워 있었다. 아홉시가 되자 사진첩이 울렸다. 그 남자는 일어나서는, 발이 시렵지 않도록 깔아놓은 장롱 위에 섰다. 그리고 나서 그는 신문에서 옷가지를 꺼내어 그것을 걸쳐 입고는 벽에 걸린 의자를 들여다 보았다. 그런 다음 그는 양탄자 옆의 자명종에 앉아서 거울을 꼼꼼히 뒤적이다가 그 속에서 어머니의 책상을 발견했다.

그 남자는 이 일에 재미를 붙이게 되었다. 그는 하루 종일 연습을 하고 새로운 낱말들을 암기했다. 이제 모든 사물들에 새 이름이 붙여졌다. 그는 이제 더 이상 남자가 아니라 발이었다. 그리고 발은 아침이었고 아침은 남자였다.

[……]

그 늙은 남자는 파란 노트를 사서 거기에다가 새로운 낱말들을 가득 써내려갔다. 그는 이제 할 일이 무척 많아진 셈이다. 사람들은 이제 그를 거리에서는 거의 만나볼 수 없을 정도가 되었다.

그는 이 모든 물건들을 위한 새로운 명칭들을 배웠으며 그러면서 그것들의 진짜 이름을 차츰차츰 잊어버리게 되었다. 그는 이제 오로지 그만이 알고 있는 새로운 언어를 가지게 된 것이다. 이따금씩이긴 하지만, 그는 꿈도 새로운 언어로 꾸게 되었다. 그는 학창 시절에 배운 노래들을 자신의 언어로 번역하여 혼자서 조용히 불러보기도 하였다.

그런데 그 번역 일은 그에게 금세 힘든 일이 되고 말았다. 그는 자기의 옛 언어를 거의 대부분 잊어버리고 만 것이다. 그래서 그는 원래의 진짜 낱말들을 자기의 파란 노트에서 찾아보지 않으면 안 되었다. 그러자 그는 사람들과 이야기하는 것이 두려워졌다. 그는 사람들이 어떤 물건들을 어떻게 부를까 하고 오랫동안 곰곰이 되짚어보아야만 했다. 그의 그림을 사람들은 침대라고 부른다. 그의 양탄자를 사람들은 책상이라고 부른다. ……그의 책상을 사람들은 그림이라고 부른다. 그의 거울을 사람들은 사진첩이라고 부른다.

그리하여 그 남자는 사람들이 이야기하는 것을 들을라치면 웃음이 터져나오는 것을 참을 수가 없었다. 사태는 그런 지경에 까지 이르게 된 것이다.

그는 누군가가 다음과 같이 말하는 것을 듣게 되면, 웃지 않고는 도저히 배길 수가 없었던 것이다. '당신도 아침에 조기 축구를 하십니까?' 혹은 '벌써 두 달째 비가 내리고 있군요.' 혹은 '내게는 미구에 살고 있는 삼촌이 있지요.' 등등.

그는 웃지 않을 수 없었다. 왜냐하면 그는 그 모든 것을 이해할 수 없었기 때문이다. 회색의 망토를 걸친 이 남자는 사람들이 하는 말을 더 이상 이해할 수가 없었다. 그런데 이것은 그리 심각한 문제는 아니었다.

더욱 심각한 문제는, 사람들이 그를 더 이상 이해할 수 없게 되었다는 사실이다. 그리고 그 때문에 그는 더 이상 말을 하지 않았다. 그는 침묵하였다. 그는 단지 혼자서만 이야기했고, 더 이상 사람들에게 인사조차 건네지 않았다.

— 페터 빅셀, 『책상은 책상이다』

■ 논제의 구성 조건 확인

■ 제시문 분석 및 문제 설정

아래 우수 답안을 읽으면서 다음 항목들을 검토해 보자.

1. 논제의 구성 조건을 올바로 충족시켰는가?

2. 제시문을 출제자가 의도한 대로 정확히 분석했는가?

3. 논술자의 문제 설정은 올바른가? 상투적인 문제 설정은 아닌가?

4. 문제를 다각도로 깊이 있게 분석했는가?

5. 짜임새 있는 글이 되었는가?

■ 우수 답안

최혜진(당시 포항여고 3년, 고려대 진학)

'방가'가 '반갑습니다'의 줄임말이라는 것은 기성세대들에게도 꽤 알려져 있는 사실이다. 컴퓨터 통신상에서 청소년들 사이에 이와 같은 은어들이 통용되고 있는 이유는 무엇일까? 청소년들은 '반갑습니다' 대신 '방가'라고 인사할 때 그들만의 세계를 만끽할 수 있다고 입을 모은다. 여기에서 '그들만의 세계'란 정형화된 질서 체계를 거부하고 기존의 고정관념의 틀을 과감히 깨부술 수 있는 '일탈의 세계'이다. 단순한 일상의 반복으로 삶이 무료해지기 쉬운 현대 사회에서 사람들은 누구나 한번 꼭 '일탈'을 꿈꾼다. 창조적인 존재인 인간에게 있어 변하지 않고 반복되는 세상은 견디기 힘든 곳이기 때문이다.

제시문에서 늙은 남자는 단조로운 일상에 대해 무료함을 느끼는데, 급기야 이는 분노로 이어진다. 일반적으로 현대사회를 복잡한 사회로 규정하지만 이는 사회를 구성하고 있는 조직체들이 세분화되어 얽혀 있다는 의미일 뿐이다. 정작 조직을 구성하고 있는 개인의 삶은 단순 반복의 연속인 것이다. 산업혁명 이전에 인류는 농업을 생산 활동의 근간으로 삼았다. 농사 역시 일련의 과정을 따라야 하는 생산 활동이라는 측면에서 단순한 작업이라고 할 수도 있다. 그러나 현대 사회의 단순한 일상과 농업 사회의 그것이 동일한 결과를 초래하는 것은 아니다. 두레와 계가 그랬듯이 농업 사회에서는 단순한 일상 속에서도 인간적인 교류가 삶의 활력소 역할을 한 반면 현대 사회에서 사람들은 인간적인 교류를 거부하고 단순한 일상을 극단적인 '일탈' 행위를 통해 극복하고자 하는 경향이 있기 때문이다. 제시문 속의 늙은 남자가 기존의 사물의 명칭을 바꾸어 부르는 기이한 행동을 통해 희열을 맛보는 것처럼 말이다.

늙은 남자의 '명칭 바꾸어 부르기'는 창조적 발상으로 전환될 가능성을 내포하고 있다는 측면에서는 의의가 있다. 인류의 역사에서 모든 창조물들과 창조적인 생각들은 대체로 기존의 고정 관념이나 가치 체계를 뒤엎는 '튀는 생각'들이 그 출발점이 되었다고 해도 과언이 아니다. 콜럼부스의 '달걀 세우기'가 그랬고, '비디오 아트'라는 독특한 장르를 개척해 세계적인 명성을 얻고 있는 아티스트 백남준 씨의 사례가 그렇다.

그러나 늙은 남자의 행위는 단순한 '일탈 행위'가 아니라, 사회로부터 자신을 고립, 단절시키는 결과를 초래할 수도 있다는 측면에서 한계가 있다. 실제로 제시문에서 늙은 남자는 더 이상 다른 사람들과의 대화가 불가능한 지경에까지 이르게 되지 않았는가? 단순하고 반복되는 일상은 사람들로 하여금 변화를 꿈꾸게 하지만 그 변화는 기존의 질서가 부당하거나 불합리할 때, 또는 변화 가능성을 내포하는 유동적인 성격을 띨 때 그 정당성을 인정받을 수 있다. 늙은 남자는 다른 사람과는 다르게 사물과 명칭을 대응시킴으로써 단순한 일상에서 벗어난 일탈의 기쁨을 맛보는 것처럼 보이지만 결국에는 인간적인 교류가 차단되는 고립을 자초하는 결과를 낳았을 뿐이다. 그의 일탈은 삶의 활력소가 되는 의미 있는 변화가 아닌 것이다.

컴퓨터 통신에서 '방가'라고 인사하면 정형화되어 있는 세상에 대한 일탈감을 맛볼 수 있다고 청소년들은 말하지만, 이후에는 기성 세대 즉 기존 사회와의 단절의 골이 더욱 깊어지는 비극을 감수해야 한다. '방가'가 '반갑습니다'와 동일한 자격의 인사말로 인정받기에는 '우리말의 오염과 보존'이라는 심각한 문제가 개입되기 때문이다. 세상으로부터의 고립과 단절을 감수해야 하는 일탈은 의미가 없다. 일탈은 전체의 큰 틀을 벗어나지 않은 채 일부를 변형시켰을 때 느끼는 생활의 활력소 같은 역할에 머무를 때 그 의미가 있는 것이다.(1,757자)

문제 5

다음의 글은 현대 문명사회에 대한 비판을 담고 있는 글이다. 이글에서 나타나는 '느림의 즐거움'이 무엇이겠는지를 생각하여 문명과 삶의 바람직한 발전 방향에 대해서 자신의 생각을 논술하라.

아내, 베라가 내게 말한다. "50분마다 한 사람씩 프랑스의 도로 위에서 죽어요. 저 사람들 보세요, 주위에서 차를 굴리고 있는 저 미친 사람들. 저들은 거리에서 어떤 할머니가 털리는 걸 보면 지극히 몸사리는 그들이에요. 그런데 어째서 운전석에 앉으면 두려움을 모르게 되는 걸까요?"

뭐라 대답할 수 있을까? 아마도 이렇게. 오토바이 위에 몸을 구부리고 있는 사람은 오직 현재 순간에만 집중할 수 있을 뿐이다. 그는 과거나 미래로부터 단절된 한 조각 시간에 매달린다. 그는 시간의 연속으로부터 빠져나와 있다. 그는 시간의 바깥에 있다. 다시 말해서, 그는 엑스터시 상태에 있다. 그런 상태에서는 자신의 나이, 자신의 아내, 자신의 아이들, 자신의 근심거리 따위를 전혀 알지 못하며, 따라서 그는 두려울 게 없다. 두려움의 원천은 미래에 있고, 미래로부터 해방된 자는 아무 것도 겁날게 없는 까닭이다.

속도는 기술 혁명이 인간에게 선사한 엑스터시의 형태이다. 오토바이 운전자와는 달리, 뛰어가는 삶은 언제나 육체 속에 있으며, 끊임없이 자신의 물집들, 가쁜 호흡을 생각할 수밖에 없다. 뛰고 있을 때 그는 자신의 체중, 자신의 나이를 느끼며, 그 어느 때보다도 더 자신과 자기 인생의 시간을 의식한다. 인간이 기계에 속도의 능력을 위임하고나자 모든 게 변한다. 이때부터, 그의 고유한 육체는 관심 밖에 있게 되고, 그는 비신체적, 비물질적 속도, 순수한 속도 그 자체, 속도 엑스터시에 몰입한다.

[……]

어찌하여 느림의 즐거움은 사라져버렸는가? 아 어디에 있는가, 옛날의 그 한량들은? 민요 속의 그 게으른 주인공들, 이 방앗간 저 방앗간을 어슬렁거리며 총총한 별 아래 잠자던 그 방랑객들은? 시골길, 초원, 숲 속의 빈터, 자연과 더불어 사라져버렸는가?

— 밀란 쿤데라, 「느림」

■ 논제의 구성 조건 확인

◢ 제시문 분석 및 문제 설정

아래 우수 답안을 읽으면서 다음 항목들을 검토해 보자.

1. 논제의 구성 조건을 올바로 충족시켰는가?

2. 제시문을 출제자가 의도한 대로 정확히 분석했는가?

3. 논술자의 문제 설정은 올바른가? 상투적인 문제 설정은 아닌가?

4. 문제를 다각도로 깊이 있게 분석했는가?

5. 짜임새 있는 글이 되었는가?

◢ 우수 답안

최혜찬(당시 포항여고 3년, 고려대 진학)

이효석의 소설 '메밀꽃 필 무렵'의 백미는 메밀꽃이 흐드러지게 핀 산길 주변의 풍경을 실감나게 묘사한 부분이지만, 여기에 운치를 더하는 것은 주인공 허생원, 조선달, 동이가 말을 이끌고 산길을 줄지어 걸어가는 모습이다. '몇 시 몇 분'까지라는 시간을 정해 두지 않고 길을 나섰지만, 가는 길에 분위기에 도취되어 과거의 추억을 되뇌어 보기도 하는 그들의 여유로운 모습은 '느림'의 미학을 상실한 현대인들에게 시사하는 바가 크다.

현대인들은 '느림＝게으름＝사회에서의 도태'라는 등식에 쉽게 공감한다. 여기에는 산업 혁명이 초래한 생활 방식과 가치관의 변화가 큰 원인으로 작용했다. 산업화는 같은 시간 동안 최대한 많은 양의 물건을 생산하는 것을 최고의 미덕으로 여겼고, 그에 따라 사람들은 '속도'라는 개념에 민감해지기 시작했다. 신속하게 일을 수행할 수 있는 능력은 곧 물질적 풍요와 함께 안락한 생활을 보장했기 때문이다. 이는 뒤집어서 말해 빠르지 못하면 사회에서 성공하지 못할 뿐만 아니라 게으른 사람으로 낙인찍힐 수밖에 없다는 뜻이다. 앞에서 언급한 등식이 들어맞는 셈이다.

그런데 위에서 말한 '느림의 등식'은 인간의 삶에 있어 매우 중요한 문제를 간과하고 있다는 점에서 한계가 있다. 쳇바퀴 위에서 열심히 달음박질을 하는 다람쥐가 있다고 하자. 다람쥐가 한 순간도 쉬지 않고 달린다고 가정할 때, 다람쥐는 물리적으로 빠른 속도의 운동을 계속하고 있다고 할 수 있다. 위의 등식에 따른다면 '빠른' 곧 '느리지 않은' 다람쥐는 도태되지 않고 먹이를 더 얻는 등 그들 나름대로의 성공을 거두어야 하지 않을까? 그러나 성공은커녕 다람쥐는 곧 기진맥진하여 쓰러질 것이다. 아무리 빠른 속도로 달리고 또 달려도 제자리에 머물러 있을 수밖에 없는 것이 그들의 운명이니까.

비단 쳇바퀴 위의 다람지만의 문제가 아니다. 반조리 식품을 판매하는 패스트푸드점에서조차 '빨리'를 연발하는 현대인들은 이미 쳇바퀴 위의 다람쥐와 같은 속도의 노예가 된 지 오래다. 목적도 없이 시간에 쫓겨 정신없이 달려온 사람들은 삶을 되돌아 볼 여유도 없이 또다시 속도와의 전쟁을 치르기 위해 떠밀려 나가야 하는 것이다. '삶을 되돌아 볼 여유'가 없다는 것은 삶의 주체성을 상실했다는 뜻이다. 앞에서 말한 '느림의 등식'이 간과하고 있는 중요한 문제는 인간들이 속도의 노예가 되어 정작 삶에 대한 주체 의식을 상실할 수도 있다는 사실이다.

주체성을 상실한 삶은 더 이상 자신의 것이 아니다. 과거의 선인들이 남긴 시조에는 자연의 풍광을 노래하거나 관조하는 여유로움이 묻어나는 것들이 많다. 그들의 삶에는 자신이 주인공이 되어 생활의 템포를 조절할 수 있는, 자신을 되돌아 볼 수 있는 여유가 있었던 것이다.

시대를 불문하고 삶의 가장 바람직한 모습은 한 사람이 자신의 삶의 주인공이 되는 것이다. 빠른 것을 최고의 미덕으로 여기는 현대사회에서 자칫 '나는 누구인가', '어떻게 살아야 하는가?'의 문제를 망각하기 쉽다면 느림의 미학인 삶의 여유가 가져다 주는 즐거움의 의미를 다시 한번 되새겨 볼 필요가 있다. 메밀꽃 흐드러지게 핀 산길을 느릿느릿 걸어가는 허생원 일행의 모습은 그들을 낮게 감싸고 있는 달빛만큼이나 아름답지 않은가.(1,583자)

문제 6

'야만'은 '문명'과 상반된 뜻을 가진 말이다. 아래의 글은 알랭 핀퀼클라우트의 『잃어버린 인간성』이라는 책의 한 부분이다. 이 글을 읽고 '문명사회도 야만일 수 있다'는 점에 대해서 현실 세계와 관련하여 자신의 생각을 논술하라.

아우슈비츠 수용소의 제98반은 화학 분야의 전문가들로 구성된 작업반으로 일명 화학반으로 불렸다. 화학자인 프리모 레비는 그곳에 배속되기 전에 판비츠 박사 앞에 불려나가 심사를 받아야 했다.

무언가를 쓰고 있던 그는 그 일을 마치자, 눈을 들어 나를 응시하였다. 그날 이후로 나는 판비츠 박사에 대하여 여러 가지로 생각해 보았다. 그 남자의 마음 속에서는 어떤 일들이 일어나고 있을까? 화학 작용이나 아리안족의 의식을 벗어나서는 어떤 일을 하며 시간을 보낼까? 특히 내가 다시 자유의 몸이 된다면, 나는 그를 다시 만나보고 싶었다. 그것은 복수를 하기 위해서가 아니라, 인간 영혼에 대한 나의 호기심을 충족시키고 싶어서였다.

왜냐하면 나를 응시하던 그의 눈길은 한 인간이 다른 한 인간에게 보내는 그런 눈길이 아니었다. 그것은 마치 서로 다른 세계 속에 있는 두 존재가 수족관의 유리를 통해 주고받는 그런 눈길과도 같았다. 내가 만일 그 눈길의 성질을 명확하게 설명할 수 있다면, 그것은 나치스 독일이 보여준 거대한 광기의 본질에 대해서도 설명하는 게 될 것이다.

우리가 독일인에 대해 생각하고 이야기하던 모든 것이 그 순간에 어떤 형태를 갖게 되었다. 그 푸른 눈과 깨끗한 손에 명령을 내리는 그의 두뇌는 분명히 이렇게 말하고 있었다. '지금 내 앞에 서 있는 이 물체는 의심할 여지도 없이 제거해버려야 하는 종(種)에 속해 있다. 그러나 지금은 이 물체가 무언가 유용한 요소를 지니고 있지나 않은지 먼저 확인해두는 게 좋겠다.'

— 프리모 레비, 『*Si c'est un homme*』 중에서

판비츠 박사에게는 자신의 사무실로 끌려와 서 있는 그 포로가 겁에 질려 있는 한 불쌍한 인간이 아니었다. 위험한 인간도, 열등한 인간도, 파렴치한 인간도 아니고, 교화해야 할 인간도, 감금해야 할 인간도, 고문해야 할 인간도, 징계해야 할 인간도 아니었다. 사살해버려야 할 인간 조차도 되지 못했다. 그것은 인간이 아니었다.

유태민족이 저지른 온갖 죄상 때문에 시달림을 받은 한 고리대금업자가, "유태인은 눈이 없단 말인가? 유태인은 육체도 없고, 감각도, 욕망도, 감정도 없단 말인가? 유티인은 기독교도와 똑같이 음식을 먹고, 흉기에 다치고, 병에 걸리고, 치료를 받고, 여름과 겨울을 나면서 더워하고 추워하지 않는단 말인가? 당신들이 우리를 칼로 찔러도 우리는 피를 흘리지 않는단 말인가? 당신들이 우리를 간지럽혀도 우리는 웃지 않는단 말인가?" 하고 절규할 수 있었던 시대는 이미 지났다.

프리모 레비는 판비츠 박사의 시선에서, 이제까지 싫든 좋든 이와같이 비열한 샤일록과 고결한 사람들을 연결시켜 왔던, 같은 종으로서의 유대감 같은 운명의 공동체라는 개념이 완전히 소멸되었음을 읽는다. '포로 제 174517번' 이라는 이름을 가진 그는 흐느끼고 피 흘리고 미소짓고 괴로워하고 화학 시험에 붙거나 떨어지거나 할 수 있지만, 수족관의 유리처럼 눈에 보이지 않는 벽이 인간성(humanite)으로부터 그를 철저하게 격리시키고 있다. 배척이라든가, 중상모략, 야유, 박해, 학살 따위는 아주 오래 전부터 있어 왔다. 그러나 이처럼 '무엇인가 호소한다' 는 것이 완전히 불가능해진 상황, 이 세상의 모든 샤일록들이 토해내는 불평이나 하소연, 장광설들이 '침묵의 세계' 속으로 송두리째 빨려들어가고 마는 이러한 상황이 나치스 독일의 거대한 광기를 구성한다.

  그것은 '이성과 반대되는 것'이 전혀 아니기 때문에, 더욱 도가 지나친 광기가 되고, 사람들을 더욱 발광하게 만드는 광기가 된다. 판비츠는 현실과의 접촉을 잃지 않았다. 그의 뇌가 완벽하게 기능한다면, 아리안족의 과학이 유해하다고 판별한 사람들 가운데서 유능하고 유식하며 실력있는 존재를 선별해낼 수 있을 것이다.

  하지만 그같은 적성 검사는 제174517번 포로에게 서로 같은 존재임을 인정하는 기회의 문을 열어주지 않고, 오히려 그의 사물화를 가중시킨다. 그에게는 쓰레기라는 품질 표시에, 경우에 따라서는 이용 가능한 수단이나 재료라는 품질 표시가 임시로 덧붙여진다. 그를 제거하는 작업에 들어가기 전에 우선 그를 생산 활동에 투입할 필요가 있다. 수익성의 보장과 청산, 이 두 경우에 동일한 산업적 처리가 적용된다. 포로의 생산성이 그의 유해성을 부정하지는 않는다. 그 포로는 어떤 식으로도 자신의 생산 능력을 이용하여 인간이라는 종으로 복귀할 수 없을 것이며, 심지어 자신의 생명을 구하는 일조차 할 수 없을 것이다.

  그 포로가 마주하고 있는 인간의 지성은, 사실상 단순하고 가공할 사형 집행 심의기관이다. 왜 그렇게 하는지에 대해서는 전혀 관심이 없는, 철저하게 조직적이고 실무적인 심의기관은 '어떻게'로 시작되는 질문들, 즉 어떻게 이용할 것인가, 어떻게 죽일 것인가, 어떻게 사용할 것인가, 어떻게 처치할 것인가와 같은 질문에 대해 다행히 모두 대답할 수 있는 것만으로도 그 의무를 다한다. 이러한 절대적 기능성에 대하여 '유용성을 논하는 것은 더 이상 아무런 도움이 되지 않는다.' 결국 판비츠 박사의 영혼 속에서 도덕적 요구와 명백한 상식을 이기는 것은 도구적 이성이다. 이 승리가 바로 그의 광기의 실체다.　　　── 알랭 핀킬클라우트, 『잃어버린 인간성』중에서

◾ 논제의 구성 조건 확인

◾ 제시문 분석 및 문제 설정

아래 우수 답안을 읽으면서 다음 항목들을 검토해 보자.

1. 논제의 구성 조건을 올바로 충족시켰는가?

2. 제시문을 출제자가 의도한 대로 정확히 분석했는가?

3. 논술자의 문제 설정은 올바른가? 상투적인 문제 설정은 아닌가?

4. 문제를 다각도로 깊이 있게 분석했는가?

5. 짜임새 있는 글이 되었는가?

우수 답안

이현준(당시 포항제철고 3년, 서울대 진학)

사람들은 동물들의 삶의 양식과 인간의 삶의 양식이 확연히 구분된다고 생각한다. 동물들이 야만적인 삶을 영위하고 있는 반면에 인간은 더욱 진일보된 삶의 형태, 즉 문명적인 삶을 영위하고 있다는 것이다. 이 말에는 인간의 삶의 질이 더 높다는 뜻 외에도 다른 의미가 내포되어 있다. 즉 동물들과 달리 인간은 본능에 휩쓸리지 않고 그것을 절제할 수 있으며 이성적으로 판단해 도덕적 행위를 한다는 것이다. 그러나 주위의 삶을 살펴보면 반드시 그렇지는 않다는 사실을 깨닫게 된다. 인간 사회에서도 야만적인 행위가 자행되고 있는 것이다. 원자 폭탄을 떨어뜨려 수만 명의 인명을 살상하고, 살아있는 인간을 생체 실험 재료로 사용하는 인간들의 모습에서 우리는 문명사회의 야만성을 느낄 수 있다. 그러면 동물보다 더욱 발전된 지능을 지녔고 이성적 판단을 할 수 있는 인간들이 왜 이런 야만성을 드러내는 것일까?

알랭 핑퀼클라우트의 「잃어버린 인간성」에 등장하는 판비츠 박사의 행동 기제는 이 의문점을 해결할 수 있는 결정적인 단서를 제공한다. 그는 아우슈비츠 수용소에서 포로들과 대면한다. 그러나 그는 포로들을 인간으로 바라보지 않는다. 그에게 포로는 척결해야 할 수단이나 재료에 불과한 것이다. 판비츠는 날카로운 이성을 지닌 사람이다. 즉 이성적 판단 하에서 비인간적인 행위가 자행되고 있는 것이다. 결국 그의 야만성은 변질된 이성에서 표출된 행위로 이해될 수 있다. 존엄한 인간마저 수단, 도구로 바라보는 왜곡된 이성이 비인간적 행위를 야기했다는 말이다.

판비츠가 보여주는 도구적 이성은 문명사회가 야만적일 수 있다는 단서를 제시한다. 그런데 여기서 정상적인 이성이 무엇인지 먼저 살펴보자. 흔히 이성을 근대 철학자들의 정의에 근거한 협소한 개념으로 보는 시각이 많은데 나는 이성이란 동물적 본능에서 벗어난 고차원적인 판단력이라고 생각한다. 이런 이성 덕분에 인간은 고도의 문명을 누리고, 도덕적인 삶을 영위할 수 있게 되었던 것이다. 이와 대조적으로 도구적 이성은 정상적인 이성의 범주를 벗어난 것이다. 이것은 목적적 존재를 수단적 존재로 판단하게 한다. 그 결과 비인간적 행위가 도출하게 되는 것이다.

구체적인 예로 마약 조직을 들 수 있다. 세계에는 엄청난 마약 조직이 여러 곳에 분포되어 있다. 그들은 인체에 치명적인 마약을 다양한 루트를 통해 판매한다. 그들이 신경 쓰는 것은 타인의 안위가 아니다. 사람들이 죽는 것보다는 어떻게 하면 더 많은 돈을 벌지 궁리한다. 이런 야만적 행위도 바로 도구적 이성에 의해 야기된 것이다. 타인의 목숨을 재료로 돈을 벌겠다는 왜곡된 이성이 비극적 상황을 양산하고 있다고 하겠다. 다른 예로 히틀러의 선전부장 리벨스같은 이를 생각해 볼 수 있다. 그 역시 당의 목적을 위해 타인들을 수단적 존재로 치부했다. 여론을 조작하여 사람들의 인식을 마비시키고, 죄 없는 유태인을 살상하는 데에 주도적인 역할을 했던 것이다.

이 같은 왜곡된 이성의 문제점을 세계적인 지성인들도 지속적으로 인식해 왔다. 칸트는 인간을 목적으로 여기는 '목적의 왕국'을 건설할 것을 주장했으며, 20세기의 철학자 하버마스 역시 비판적 이성의 중요성을 강조한 바 있다. 이들은 공통적으로 도구적, 계산적 이성의 위험성을 경고하고 있는 것이다. 실제로 현대사회의 모든 문제의 근저에는 왜곡된 이성이 깔려있다고 하겠다. 정도의 차이는 있을지라도 산업사회의 인간 소외, 이데올로기적 갈등 역시 이로부터 파생된 것이다.

이미 인간의 변질된 이성은 동물의 본능에 상응하는 야만성을 표출하고 있다. 앞에서 언급했듯이 현대 사회의 인간 문제의 근원인 이 도구적 이성은 꼭 극복해야 할 대상인 것이다. 비판적 사고와 올바른 이성에 대한 끊임없는 성찰만이 왜곡된 이성을 바로 잡는 유일한 길이 될 것이며 이것이 이루어질 때 진정한 문명사회로 도약할 수 있을 것이다.

문제 7

다음 중 (가)글은 마르쿠제의 『일차원적 인간』의 일부이고, (나)글은 신영복의 『더불어 숲』에서 발췌한 글이다. (가)글은 현대사회의 대중문화에 대해 비판적 관점을 보여주고 있다. 다음 글을 잘 읽고, 첫째, (가)글의 저자가 어떤 점에서 대중문화를 비판하고 있는지 (나)글을 참고하여 서술하고, 둘째, 그러한 비판적 관점에서 제시될 수 있는 대안이 무엇일지 논리적으로 추론하라. 그리고 그에 대한 자신의 견해를 제시하라.

(가) 현대의 새로운 특징은 고급문화의 반항적·이질적·초월적인 요소——고급문화를 현실의 '또 하나의 차원'으로 삼고 있던 요소——를 말살함으로써 문화와 사회적 현실간의 대립 항쟁을 일소한다는 점에 있다.

[……]

사람들은 광고와 정당 강령이 반드시 옳지도 않고 진실이 아니라는 것을 알거나 느끼면서, 그래도 그것을 듣거나 읽고 때로는 그것에 이끌리기도 한다. 이것과 마찬가지로 그들은 전통적 가치를 받아들이고 그것을 자기들의 정신적인 양식의 일부로 삼는다. 매스컴이 예술, 정치, 종교, 철학 등과 상업을 조화스럽게 때로는 의식하지 못할 정도로 함께 뒤섞으면, 매스컴은 이들 문화 영역에서 공통점──즉 상품형태──을 뽑아내는 것이다. 혼의 음악은 판매술의 음악이기도 하다. 중요한 것은 진실의 가치가 아니고 교환가치이다. 현상의 합리성은 이 교환가치에 결집하고 모든 이질의 합리성은 그 지배 아래 놓인다.

자유, 완성 등의 심원한 말들이 선거운동 중인 지도자와 정치가들에 의해 영화나 라디오, 텔레비전에서 발언되면, 그 말은 의미 없는 소리로 변질되고 선전, 상업, 수양, 기분 전환의 문맥으로만 의미를 갖게 된다. 이러한 이상과 현실의 '동화(同化)'는 이상이 불가능한 정도를 증명한다. 이상은 영혼, 정신 또는 내면적 인간의 승화된 영역에서 끌어내려져 조작적인 용어와 문체로 번역된다. 여기에 대중문화의 '진보적' 요소가 있다. 이 도착(倒錯)이 제시하는 것은 선진 산업사회가 이상의 물질화 가능성에 직면하고 있다는 사실을 설명한다. 이 사회의 잠재 능력은 인간의 조건이 표현되고 이상화되고 고발되는 승화된 영역을 점차 감소시키고 있다. 고급문화는 물질문화의 일부가 되고, 이와 같이 변형됨으로써 그 진리의 대부분을 상실한다.

── 마르쿠제 『일차원적 인간』에서

(나) 파리가 예술의 도시라는 명성을 누리게 되는 것은, 이처럼 언제나 기존의 관습과 관성을 일상적으로 뛰어넘고 있다는 사실에서 찾을 수 있을 것입니다. 파리에서 깨닫게 되는 것은, 자유의 반대는 구속이 아니라 타성(惰性)이라는 사실입니다. 타성은 우리가 그것이 억압이나 구속이라는 사실을 깨닫지 못하고 있을 뿐 그것은 견고한 무쇠방입니다. 새로운 사고와 새로운 감성이 갇혀 있는 상태입니다. 나는 그런 의미에서 예술이 복무해야 할 목적이나 예술이 수행하는 기능에 대하여 이야기하기 전에, 예술은 개인과 사회가 가지고 있는 잠재적 에너지를 열어주는 해방적 역할에 주목해야 한다고 생각합니다. 해방이야말로 예술의 속성이라고 생각합니다. 관용과 다양성은 그런 점에서 예술의 전제이며 예술 그 자체라고 할 수 있습니다.

[······]

인간을 예술화하고 사회를 예술화하는 미래적 과제는 무엇보다 먼저 해방입니다. 우리가 갖고 있는 무한한 잠재력을 진부한 틀에서 해방하고 완고한 가치로부터 해방하는 것이 과제입니다. 나는 파리의 패션이나 쇼윈도의 디스플레이를 감히 예술이라고 부르지 못합니다. 뿐만 아니라 미술관에 소중히 전시되고 있는 명작들에 이르러서도 그것이 우리를 어떤 미적 타성에 가두는 것이라면 이미 예술 본연의 모습에서 벗어난 것이라고 해야 할 것입니다. 가장 많은 천재들이 태어난 프랑스의 19세기를 예술의 세기라 하는 까닭도 바로 이 19세기가 해방의 세기였기 때문일 것입니다. 중세 교회의 페트런십에 갇혀 있던 예술혼이 드넓은 광장으로 걸어나온 프랑스

혁명의 세기였기 때문입니다. 미술관의 대명사인 루브르가 곧 혁명의 소산이었다는 사실이 이를 가장 상징적으로 보여줍니다. 혁명은 그 사회의 모든 닫힌 공간을 열어주고 잠긴 목소리를 틔워주는 격변의 경험을 사회에 안겨줍니다. 이것이 파리를 예술과 사상의 도시로 태어나게 한 가장 큰 이유라고 할 수 있습니다.

[……]

오늘의 파리는 비단 예술에 대한 모색뿐만 아니라 서구 자본주의를 끊임없이 반성하는 수많은 담론을 제기하고 있습니다. 이러한 반성과 회의는 그 바탕에 있어서 파리가 갖고 있는 예술혼의 발로라고 생각하지 않을 수 없습니다. 진정한 예술은 결국 인간과 세계 사이의 깊이 있는 관련을 추구하는 것이며, 어떠한 미래와도 연결될 수 있는 '소통 방향'을 준비하는 것이기 때문입니다.

— 신영복, 『더불어 숲』에서

■ 유의 사항

1. 글의 논리적 연결성에 유의할 것.
2. 한편의 독립된 글이 되도록 할 것.
3. 띄어쓰기를 포함하여 1,600자 내외(±200자)로 쓸 것.

논제의 구성 조건 확인

제시문 분석 및 문제 설정

아래 우수 답안을 읽으면서 다음 항목들을 검토해 보자.

1. 논제의 구성 조건을 올바로 충족시켰는가?

2. 제시문을 출제자가 의도한 대로 정확히 분석했는가?

3. 논술자의 문제 설정은 올바른가? 상투적인 문제 설정은 아닌가?

4. 문제를 다각도로 깊이 있게 분석했는가?

5. 짜임새 있는 글이 되었는가?

▪️ 우수 답안

유정화(당시 포항제철고 3년, 서울대 사회과학대 진학)

　　함께 호흡하며 무대 안팎을 뛰어다니는 젊은이들로 상징되는 '락'은 흔히 '저항 음악'으로 불린다. 사회에 대해 반항적이고 비판적인 성격을 띠고, 끊임없이 자유와 저항의 메시지를 던져왔기 때문이다. 그러나 대중 사회로 접어들면서 '락'의 이와 같은 '저항 음악'으로서의 성격이 퇴색되고 있는 듯하다. '락'은 대중음악에 편입되면서 댄스, 발라드 등과 나란히 자리한 장르 이름에 불과하게 되었다.

　　신영복은 '더불어 숲'에서 타성을 뛰어넘는 해방이야말로 문화의 속성이라고 단언한다. 우리가 가지고 있는 무한한 잠재력을 진부한 틀과 완고한 가치로부터 해방시켜 인간과 세계 사이의 깊이 있는 관련을 추구하고 어떠한 미래와도 연결 될 수 있는 '소통 방향'을 준비라는 것이 바로 문화라는 것이다. 현재의 문화가 서구 자본주의에 대한 반성과 회의를 거듭하는 것도 그 대표적인 모습이라 하겠다. 마르쿠제는 '일차원적 인간'을 통해 이러한 문화가 대중문화의 형태를 띠게 됨으로써 제 역할을 다하지 못하고 있음을 비판하고 있다. 사람들은 대중문화를 통해 기존 사회의 틀과 가치에 순응, 안주하게 되며 점차 보수화된다는 것이다. 또한 대중문화의 상업화는 문화를 교환가지로 전락시키고 인간 해방을 추구하는 이상과 진리를 물질화시켜, 결과적인 상실을 가져온다고 말한다.

　　대중문화가 가져온 이와 같은 문제 상황에 대한 대안은 해방을 바탕으로 하는 문화의 본질적 속성에 기초하여 논의되어야 한다. 먼저 인간 해방의 전제가 되는 관용과 다양성을 통하여, 매스컴에 보이는 상품 형태의 문화 이외의 반항적, 이질적, 초월적인 문화가 뿌리내릴 수 있는 풍토가 조성되어야 한다. 언더그라운드 가수들의 공연도 대중에게 쉽게 다가갈 수 있어야 하는 것이다. 그리고 문화는 기존 사회와 계속적으로 대립하면서 문제를 제기하고 비판해야한다. 이상으로의 인간 해방을 추구하는 문화만이 더 나은 사회로의 진보를 위한 디딤돌이 될 수 있기 때문이다. 이와 같은 맥락에서 본다면, 우리는 현재 진행 중인 기존 서구자본주의에 대한 반성과 회의를 상업화된 문화에 대한 문제 제기이자 더 나은 이념의 모색으로 이해할 수 있다.

　　문화의 향유 계층을 대중으로 확대시켰다는 점에서 대중문화가 가지는 의의를 부인할 수는 없다. 이것이 대중문화가 가져온 문제 상황에도 불구하고 그 안에서 대한을 모색해야 하는 이유이다. 대중문화는 여전히 이상을 꿈꾸고 진리를 추구하는 인간 해방의 수단인 것이다. 그 역할이 잠시 물질 논리, 보수 논리에 밀려 흔들렸을 뿐, 그 역할 수행의 당위에는 변함이 없다.

오버 그라운드에 편입되어 변질된 '락'이 기존 사회에 안주하고 있는 지금, 안치환의 '자유' 콘써트가 던지는 사회적 메시지는 의미심장하다. 문화는 인간 해방의 수단이다. 어느새 기존 사회의 틀과 가치 속에 잠들어 버린 인간 의식을 깨우는 일, 그것이 문화의 역할인 것이다. 암흑의 군사 독재 시설, 김지하의 시 '타는 목마름으로'가 얼마나 많은 이들의 가슴을 두드렸던가.

문제 8

(가) 글의 주인공은 어떠한 갈등 상황에서 나름의 선택을 내리고 있다. 주인공의 선택이 가지는 의미를 지적하고, 그러한 선택을 내릴 수밖에 없었던 이유를 (나)글에 나오는 아들의 질문에 대한 '아버지의 대답'에서 찾아 밝힌 후, 그러한 아버지의 대답이 오늘날 우리의 사고와 행동에 어떤 의의가 있을 지에 대해 논술하시오.(1,600자 내외로 쓸 것, ±200자까지 허용)

(가) 전쟁이 터지고, 그는 포로로 잡히고 말았다. 북조선 같은 데서, 적에서 잡혔다가 돌아온 사람의 처지가 어떠하리라는 것을 생각하고, 이명준은 자기한테 돌아온 운명을 한탄했다. 적어도 남만큼 한 충성심을 인정받으면서, 자기가 믿는 바대로 남은 세월을 조용히, 그러나 자기 힘이 미치는 너비에서 옳게 써 나간다는 삶조차도 꾸리지 못하게 될 것이 뻔했다. 제국주의자들의 균을 묻혀 가지고 온 자로서, 일이 있을 적마다 끌려나와 참회해야 할 것이었다. 마치 동네 안에 살면서도 사람은 아닌 문둥이처럼. 그런 처지에서 무슨 일을 해볼 수 있겠는가.

이것이 돌아갈 수 없는 정말 까닭이었다. 그렇다면? 남녘을 택할 것인가? 명준의 눈에는, 남한이란 키에르케고르 선생식으로 말하면, 실존하지 않는 사람들의 광장 아닌 광장인 것이었다. 미친 믿음이 무섭다면, 숫제 믿음조차 없는 것은 허망하다. 다만 좋은 데가 있다면, 그곳에는 타락 할 수 있는 자유와 게으를 수 있는 자유가 있었다. 정말 그곳은 자유 마을이었다. 마르크스가 살던 때에는 그렇게 뚜렷하던 인민의 적이 오늘날에는 원자 탐지기의 바늘도 갈팡질팡할 만큼 아리송하기만 하다.

가난과 악의 왕초들을 찾기 위하여 나누어지고 얽히고 설킨 사회 조직의 미궁 속으로 헤매다가 불쌍한 인민은 그만 팽개쳐 버리고 예대로의 팔자풀이집, 동양 철학관으로 달려가서 한 해 토정비결을 사고 만다. 그래서 자유가 있다. 북녘에는 이 자유가 없었다. 게으를 수 있는 자유까지도 없었다. 그건 제 멋 짓밟기다. 남한의 정치가들은 천재적이었다. 들어찬 술집마다 들어차서 울랴고 내가 왔던가 웃으랴고 왔던가를 가슴 쥐어뜯으며 괴로워하는 대중을 위하여 더 많은 양조장을 차릴 허가를 내준다. 갈보 장사를 못 하게 하는 법률을 만들라는 여성 단체의 부르짖음은 그 날치 신문 기삿거리를 만들어 주는 게 고작이다. 그들의 정치 철학은 의문스럽기 이를 데 없다. 그런 대로 풀리는 힘을 막으면 물줄기가 어디로 터져 나올지를 다 알고 있다. 그러면서 그들은 자신들의 자녀에겐 진심으로 교회에 나가기를 권유하고 외국에 보내서 좋은 가르침을 받게 하고 싶어한다. [……]

"동무, 앉으시오."

명준은 움직이지 않았다.

"동무는 어느 쪽으로 가겠소?" / "중립국."

그들은 서로 쳐다본다. 앉으라고 하던 장교가 윗몸을 테이블 위로 바싹 내밀면서 말한다.

"동무, 중립국도 마찬가지 자본주의 나라요. 굶주림과 범죄가 우글대는 낯선 곳에 가서 어쩌자는 거요?" / "중립국"

"다시 한번 생각하시오. 돌이킬 수 없는 중대한 결정이란 말요. 자랑스러운 권리를 왜 포기하는 거요?" / "중립국."

이번에는, 그 옆에 앉은 장교가 나앉는다.

"동무, 지금 인민 공화국에서는 참전 용사들을 위한 연금 법령을 냈소, 동무는 누구보다도 먼저 일터를 가지게 될 것이며 인민의 영웅으로 존경받을 것이오. 전체 인민은 동무가 돌아오기를 기다리고 있소. 고향의 초목도 동무의 개선을 반길 거요." / "중립국." [……]

"자넨 어디 출신인가?"

"……"

"음, 서울이군."

설득자는, 앞에 놓인 서류를 뒤적이면서,

"중립국이라지만 막연한 얘기요. 제 나라보다 나은 데가 어디 있겠어요. 외국에 가 본 사람들이 한결같이 얘기지만, 밖에 나가 봐야 조국이 소중하다는 걸 안다구 하잖아요? 당신이 지금 가슴에 품은 울분은 나도 압니다. 대한민국이 과도기적인 여러 가지 모순을 가지고 있는 걸 누가 부인합니까? 그러나 대한민국엔 자유가 있습니다. 인간은 무엇보다도 자유가 소중한 것입니다. 당신은 북한 생활과 포로 생활을 통해서 이중으로 그걸 느꼈을 겁니다. 인간은……" / "중립국."

"허허허, 강요하는 것이 아닙니다. 다만 내 나라 내 민족의 한 사람이, 타향 만리 이국 땅에 가겠다고 나서서, 동쪽으로 어찌 한마디 참고되는 이야길 안 할 수 있겠습니까? 우리는 이곳에 남한 2천만 동포의 부탁을 받고 온 것입니다. 한 사람이라도 더 건져서 조국의 품으로 데려오라는……" / "중립국"

"당신은 고등 교육까지 받은 지식인입니다. 조국은 지금 당신을 요구하고 있습니다. 당신은 위기에 처한 조국을 버리고 떠나 버리렵니까?" / "중립국."　　　　　　　　　　　　　　— 최인훈, 『광장』

(나) 그때 나는 아버지를 좀 곯려 주고 싶어 대뜸 어려운 질문을 꺼냈다. 그 질문은 그 즈음 우리들 또래에서 이상한 수수께끼로 나돌아 선생을 골릴 때도 싱거운 아이들이 그 질문을 불쑥 던지고 했던 것이다. 아버지, 이 세상에 처음 달걀이 먼저 났게요, 닭이 먼저 났게요? 나의 당돌한 질문을 받자 아버지의 얼굴에 당황하는 빛이 지나쳤다. 아버지는 입을 꾹 다문 채 한참을 무엇인가 곰곰이 생각하는 듯했다. 그러더니 나를 물끄러미 건너다보며 내가 알아맞춰 볼까 하셨다. 그래요, 맞춰 보셔요. 나는 침을 꼴깍 삼키며 아버지의 꾹 다문 입술만 뚫어지게 바라보았다.

답은 간단하지, 닭이 먼저냐 달걀이 먼저냐 하는 답은 말이야, 아무도 몰라. 이 세상에 어느 누구도 몰라. 나는 아버지의 대답에 실망하고 말았다. 피, 그런 답이 어딨어, 나도 그런 답은 할 수 있어요. 그러자 아버지는 힘주어 말했다. 너도 학교에서 조금은 배웠겠지만 닭과 달걀의 조상을 쭉 따라 올라가면, 몇 억 년을 거슬러 올라가면 암놈 수놈이 한 몸이었을 때가 있었지. 그땐 물론 사람이 생겨나지도 않았을 때니깐 말이야. 그럴 때 과연 어떤 게 먼저 났는지 알 사람은 아무도 없지. 어떤 훌륭한 학자라도 추측조차 할 수가 없어. 그러니깐 그 답은 모른다는 게 옳은 답이야. 나는 풀이 죽어 말했다. 그래도 어디 그럴 수가 있어요? 아니야 넌 답이란 반드시 맞다, 아니면 틀렸다 두 가지 뿐인 줄만 알지? 그래요, 모른다는 건 답도 아니고 아무 것도 아녜요. 모른다는 건 모르기 때문에 모른다고 말하는 거여요. 아냐, 닭과 달걀이 누가 먼저 생겼냐란 질문에는 "모른다"가 답이야. 닭이 먼저 났다는 것도 틀리고 달걀이 먼저 났다는 것도 틀리고, 오직 모른다는 것만이 백점이야. 너도 자라면 차츰 알게 되겠지만, 이 세상은 참 수수께끼란다. 모른다는 것이 맞는 답이 참 많거던. [……]

나는 잠시 아버지 생각에 휘말린다. 아버지는 왜 여태껏 도망만 다녀야 했을까. 빨갱이란 얼마만큼 나쁜 사람들이기에 잡기만 하면 총살을 시킬까. 재작년 밀양의 조선 모직 회사에서 번진 방화 사건, 그때부터 순사들이 눈에 불을 켜고 아버지를 찾기 시작했었지. 사람들은 말했다. 빨갱이짓을 하면 천벌을 받게 된다고, 빨갱이짓을 하려면 숫제 삼팔선을 넘어가서 해야 마음놓고 할 수 있다고. 그런 말을 사람들은 쉬쉬하면서 낮게 소곤소곤 말한다. 그런데 아버지는 왜 그런 짓을 하게 되었을까. 거기에 대해서는 아무도 말해 주지 않는다. 그러나 나도 언젠가는 알게 될 것이다. 달걀이냐, 닭이냐에 대한 질문에서 아버지가 대답한 답을 깨칠 때쯤이면 나도 모든 것을 알게 될 것이다.　　　　　　　　　　　　　　　— 김원일, 『어둠의 혼(魂)』

■ 유의 사항

'아버지의 대답'이 가지는 의미를 남북 분단이라는 정치 · 사회적인 문제에만 국한시키지 말고, 그것이 우리의 사고와 행동에 있어 가지는 보편적인 의의를 논술할 것.

■ 논제의 구성 조건 확인

■ 제시문 분석 및 문제 설정

아래 우수 답안을 읽으면서 다음 항목들을 검토해 보자.

1. 논제의 구성 조건을 올바로 충족시켰는가?

2. 제시문을 출제자가 의도한 대로 정확히 분석했는가?

3. 논술자의 문제 설정은 올바른가? 상투적인 문제 설정은 아닌가?

4. 문제를 다각도로 깊이 있게 분석했는가?

5. 짜임새 있는 글이 되었는가?

■ 우수 답안

유정화(당시 포항제철고 3년, 서울대 사회과학대 진학)

'통일을 주장하는 자는 빨갱이다', '시장 경제를 비판하는 자는 공산주의자이다'와 같은 흑백논리의 사례는 우리 현대사 곳곳에서 흔히 찾아볼 수 있다. 모든 문제를 양자 택일의 형태로 양극화시켜 중간 입장을 허용하지 않는 흑백논리가 남북이 분단된 50여 년 동안 우리의 사고를 지배해 왔던 것이다. 또한 지금도 우리는 우리의 현대사를 황폐화시킨 흑백논리의 굴레로부터 자유롭지 못하다.

최인훈은 '광장'에서 주인공 이명준의 시선을 통해 남한과 북한 모두에 대한 부정적인 관점을 드러낸다. 이명준이 중립국행을 선택한 가장 결정적인 이유는 남한과 북한이 모두 부정적인 상황에 처해 있었기 때문이었다. 이명준은 북한에서 적에게 잡혔다가 돌아온 사람의 처지는 동네 안에 살면서도 사람이 아닌 문둥이와 같을 것이라고 생각한다. 제국주의자의 균을 묻혀 가지고 온 자로서, 일이 있을 적마다 끌려나와 참회해야 하는 것이다. 또한 남한에서 의미 있는 것이란 오직 타락할 수 있는 자유와 게으를 수 있는 자유뿐이며, 남한의 불쌍한 인민들은 정치가들의 위선에 속고 있다고 생각한다. 이명준이 중립국행을 선택한 것은 이러한 맥락에서 보았을 때, 남한과 북한을 모두 선택하지 않는 최선의 방안이었다고 볼 수 있다.

김원일의 '어둠의 혼'에서 닭과 달걀이 누가 먼저 생겼느냐는 아들의 질문에 대한 아버지의 대답을 통해 우리는 이명준의 선택을 뒷받침하는 논리를 찾을 수가 있다. 아버지는 닭이 먼저 났다는 것도 틀리고 달걀이 먼저 났다는 것도 틀리고 오직 모른다는 것만이 백점이라고 한다. 그리고 답이란 반드시 맞다 아니면 틀렸다 두 가지뿐인 것이 아니며 이 세상에는 모른다는 것이 맞는 답인 경우가 참 많다고 덧붙인다. 이명준의 경우도 마찬가지이다. 진정한 '광장'을 꿈꾸는 이명준에게는 남한도 북한도 틀린 답이었던 것이다.

'맞다, 아니면 틀리다'의 양극화 논리에서 벗어나 중간 입장에 대한 허용 가능성을 열어두는 아버지의 대답은 흑백논리로 황폐화된 우리 현대사와 그 연속성에 갇힌 우리 스스로에게 던지는 의의가 매우 크다. 첨예한 사상 대립과 민족상잔의 전쟁을 거치면서 아군이 아니면 적군이라는 흑백논리가 우리의 인간성을 얼마나 파괴했던가. '한국판 마녀사냥'으로 불리는 이른바 '빨갱이'들에 대한 무분별한 폭력 사태가 그 끔찍함을 대변한다. 아버지의 대답을 일차적으로 이러한 비극에서의 해방을 의미하는 것이다. 더 나아가서는 유연성 있는 사고를 가능하게 하고 다양한 선택 가능성을 열어둠으로써, 사회 발전의 밑거름이 된다. 앞으로의 사회는 유연성과 다양성이 바탕이 되는 정보화 사회이기 때문이다.

이승만 정부 시절, '평화 통일론'을 ,주창했던 조봉암 진보당 대통령 후보는 빨갱이로 몰려 끝내 사형을 당했다. '민주주의자 아니면 사회주의자'의 흑백 논리는 그로부터 50년이 지난 지금도 여전히 유효하다. 그러나 한 정당의 국민 경선에서 색깔론이 빛을 바랜 사례나, 사회주의를 표방하는 정당이 대선에서 후보를 출마시킨 사례는 우리 사회의 변화를 엿보게 한다. 유연성과 다양성이 실현되는 사회, 그 실현은 우리 젊은이들의 몫이다.

문제 9

다음 제시문을 읽고 물음에 답하시오.

〈제시문〉

(가) 어떤 새들은 자기의 어린 새끼나 부화중인 알들이 약탈의 위험에 처할 때 매우 중요한 보호적 행동 양식을 보인다. 흔히 자기보다 덩치가 큰 잠재적 약탈자 새들이 다가오면, 크고 날카로운 소리를 내기도 하고, 약탈자 새들에게 달려들거나, 배 속의 음식을 게워서 상대방에게 뿌리기도 하며, 또는 상대방의 발이나 부리, 날개 등을 쪼기도 한다. 이러한 행동은 때론 놀랄만큼 효과적이다. 찌르레기나 타이란, 또는 그 밖의 비교적 작은 새들은 종종 자기들의 둥지로 접근하는 까마귀를 공격한다. 그들은 둥지를 위협하는 까마귀 위로 날아가서는 까마귀를 향해 돌진해 내려간다. 보통은 이런 식으로 까마귀를 쫓아 낼 수 있다. 때로는 빠른 속도의 매에게까지도 공격을 하는데, 보통 무리를 지어 한다. 작은 새들이 한 떼의 무리를 지어 매나 부엉이를 공격할 때는, 그 주위를 시끄럽게 지저귀며 날아다니거나 또는 성가시게 굴어 결국은 물러나게 만든다.

— Donald Griffin, 「*Animal Thinking*」

(나) 누이가 도시로 갔었다. 어머니와 내가 누이를 도시로 보냈었다. 그리고 며칠 전 갑자기, 거진 이 년 만에 이 곳으로 다시 돌아왔었다. 누이가 도시에 가 있던 그 이 년 동안 나는 얼마나 지금 우리 앞에서 지상을 포옹하고 있는 이 자연 현상들에게 누이의 평안을 빌었던가. 그러나 도시에서는 항상 엉뚱한 일이 일어나는 모양이었다. 어떠한 일들이 누이를 할퀴고 지나갔을까, 어떠한 일들이 누이를 빨아먹고 갔을까, 어떠한 일들이 누이를 찢고 갔을까, 어떠한 일들이 누이에게 저런 침묵을 떠맡기고 갔을까. 누이는 도시에서의 이야기를, 나와 어머니의 간절한 요청에도 불구하고 한마디하려 들지 않았었다.

우리는 누이가 지니고 왔던 작은 보따리를 헤쳐 보았다. 그러나 헌 옷 몇 벌과 두어 가지의 화장 도구를 발견할 수 있었을 뿐이었다. 그걸로써는 누이에게 침묵을 만들어 준 이 년의 내용을 측량해 볼 길이 없었다. 누이의 침묵은 무엇엔가의 항거의 표시였다. 우리를 향한 항거였을까, 도시를 향한 항거였을까. 그렇지만 우리를 향한 것이라면 그것은 분명 누이에게 잘못이 있는 것이다. 침묵으로써가 아니라 높은 목소리로 누이는 우리를 질책했어야 하는 것이다. 높은 목소리로 질책하는 방법이 침묵의 질책보다 더 서툴렀다는 것은 결국 도시에서 배워 왔단 말인가?

반대로 도시를 향한 항거라면——아마 틀림없이 이것인 모양이었는데——그렇다면 누이의 저 향수와 고독을 발산하는 눈빛, 사람들이 두고 온 것들에게 보내는 마음의 등불 같은 저 눈빛을 우리는 무엇으로써 설명해야 할 것인가?

— 김승옥, 「누이를 이해하기 위하여」

(다) 개화 정책과 외세의 침략에 대한 반발은, 먼저 유생층(儒生層)에 의하여 위정척사 운동의 형태로 나타났다. 위정척사는, 정학과 정도를 지키고, 사학과 이단을 물리친다는 뜻이다. 성리학을 정통 사상으로 신봉하였던 조선 사회에서, 위정이란 정학인 성리학을 수호하는 것이고, 척사란 성리학 이외의 모든 종교와 사상을 배격하는 것이었다. [······]

위정척사론자들이 외국과의 교역 및 개화 정책에 반대한 주요 이유는, 서양의 공업 생산품과 우리의 농업 생산물을 교역하면 경제적 파멸을 가져온다는 것과, 일단 문호를 개방하면 일본을 비롯한 열강의 계속되는 침략을 막을 수 없게 된다는 것이었다. 그들은 정치적, 경제적인 면에서 강력한 반침략, 반외세의 의지를 가지고 있었다. 그러나 이들 유생층의 위정척사 운동은 반외세적 자주 운동으로만 제시된 것은 아니었다. 그보다는 오히려 조선 왕조의 전제주의적 정치 체제, 지주 중심의 봉건적 경제 체제, 양반 중심의 차별적 신분 사회 체계, 그리고 성리학적 유일 사상 체제를 유지시키려는 데 목적을 두고 있었다. 그리하여 위정 척사 운동은 당시 정부의 개화 정책 추진에 장애물이 되었고, 그만큼 역사의 발전을 가로막는 역기능도 가지고 있었다.

— 국사편찬위원회, 「고등학교 국사 (하)」

논제

위의 제시문은 어떤 주체가 외부 환경에 대응하는 방식을 보여주고 있다. 현대사회에서 개인이 외부 환경과 부딪히는 상황을 각자 구체적으로 제시하고, 이에 대한 바람직한 대응 방식을 제시문과 관련시켜 논술하시오.

■ 작성 요령

1. 본문에는 제목과 성명을 쓰지 말 것.
2. 분량은 띄어쓰기를 포함하여 1,600자 안팎(±100자)이 되게 할 것.

논제의 구성 조건 확인

제시문 분석 및 문제 설정

아래 우수 답안을 읽으면서 다음 항목들을 검토해 보자.

1. 논제의 구성 조건을 올바로 충족시켰는가?

2. 제시문을 출제자가 의도한 대로 정확히 분석했는가?

3. 논술자의 문제 설정은 올바른가? 상투적인 문제 설정은 아닌가?

4. 문제를 다각도로 깊이 있게 분석했는가?

5. 짜임새 있는 글이 되었는가?

우수 답안

권오중(당시 포항제철고 3년, 고려대 진학)

한 사회의 의지는 결국 그 사회를 구성하는 개인들의 의지가 표출된 것으로 보는 것이 일반적 견해이기는 하지만, 항상 그러한 것만은 아니다. 사회는 구성원 대부분이 공통적으로 지니는 의지만을 반영하기 때문에, 사회와 개인은 필연적으로 충돌할 수밖에 없다. 그리고 그러한 충돌은 때로는 개인에게 심각한 피해를 끼치기도 한다. 현대에 들어 자주 나타나는 아노미 현상은, 개인을 둘러싼 외부 환경이 급격하게 변화할 때 개인이 어떤 피해를 입게 되는지 극단적으로 드러내 주는 예이다.

개인이 외부 환경과 충돌하게 되면 개인은 다양한 방식으로 그 상황에 대처하게 된다. 그 가운데 하나가 공격적 성향이다. 재개발로 인해 자신의 터전을 잃은 사람들이 돌연 경찰서 따위를 습격하는 것이 좋은 예이다. 자신을 압박하는 외부 환경을 제거함으로써 자신을 보호하려는 경우이다. 이러한 성향과 비슷하기는 하지만, 외부 환경에 공격적이지는 않은 경우도 있다. 물론 외부 환경에 어느 정도 적대적이기는 하나, 공격적으로 표출되지는 않고, 자신의 영역을 지키는 데 그친다. 개인이 종교적 문제에 부딪힐 때 이러한 성향은 자주 나타난다. 외부에서 타 종교를 강요하더라도, 그에 쉽게 따르는 개인은 찾아보기 힘들다. 오히려 자신의 종교를 유지하려 한다. 이러한 두 성향과는 달리 주위 환경의 압력을 버텨내지 못하는 경우도 있다. 아노미 현상이 그 좋은 예이다. 자신과 다른 외부 환경의 가치관 때문에 결국은 스스로의 가치관마저 잃어버린 채 혼돈에 빠지게 된다.

이러한 대응 방식들이 나름대로의 장점은 있을지 모르나 옳다고만은 볼 수 없다. 개인이나 그를 둘러싼 환경 가운데 어느 한 쪽은 반드시 피해를 입기 때문이다. 공격적인 대응만을 지속한다면 개인과, 그에 반하는 외부 환경과의 절충적 타협은 결코 이루어지지 않는다. 그렇다고 해서 자신의 영역만을 지키는 것이 해결책이 되는 것은 아니다. 결국은 한 개인이, 폐쇄적인 성향으로만 외부와 접촉하게 될 가능성이 크기 때문이다. 외부의 압력에 이겨내지 못하는 경우는 말할 나위도 없다. 자기 자신을 잃어버리는 것과 다름없기 때문이다.

앞서 이야기했듯, 사회는 그 사회를 구성하는 개인들의 공의를 표현한다. 그 공의가 개인에 항상 부합되는 것이 아닌 만큼, 충돌은 당연히 일어난다. 중요한 것은, 어떻게 이러한 충돌을 효과적으로 조정하는가 하는 점이다. 실마리가 되는 것은 현대 사회의 특징이다. 현대 사회는 예전에 비해 훨씬 개방적이기 때문에, 개인의 의견이라 하더라도 상대적으로 영향력이 큰 외부 환경만큼 효과적으로 전달될 수 있다. 지속적인 의견 교환을 통한 해결이 가능해지게 된다. 환경운동가 대니 서의 어릴 적 이야기가 좋은 예이다. 자신이 살고 있던 지역의 개발 사업을 여론 조성을 통해 철회시킨 일은 개인이 외부 환경에 충분히 효과적으로 대응할 수 있다는 증거가 된다.

일반적인 경우 외부 환경과 개인과의 충돌은 외부 환경이 개인을 압박하는 경우로 이어지게 된다. 개인을 둘러싼 환경은 대체로 집단이며, 영향력 또한 개인에 비해 강한 경우가 많기 때문이다. 개인이 그러한 압박에 견디지 못해도, 혹은 공격적으로 그 압력을 제거하려 해도 둘 중 하나는 피해를 입게 된다. 서로의 의견을 합리적으로 조정할 수 있는 방법을 찾아야 한다.

문제 10

아래의 글 (다)는 현대 사회에서 전형적으로 나타나는 합리성이 잘 드러난 예이다. (가)와 (나)를 참조하여 (다)에 나타난 합리성이 갖는 특성을 구체적으로 설명하고, 현대 사회의 합리성에 대하여 비판적으로 논술하시오.

■ 유의 사항
1. 답안에는 자신을 드러내는 표현을 쓰지 말 것.
2. 제목은 쓰지 말 것.

3. 분량은 띄어쓰기를 포함하여 1,600자 안팎(±100자)이 되게 할 것.

(가) 독일의 사회학자 베버는 서구 근대 사회의 진행 과정을 합리화의 과정으로 파악하고 있다. 베버에게서 합리화는 두 가지 차원을 지니고 있다. 하나는 문화적 합리화이다. 이 경우 합리화는 탈마술화, 즉 미신적인 사고에서 벗어나 이성적인 사고가 확대되어 가는 것을 의미한다. 다른 하나는 사회적 합리화이다. 이것은 주어진 목적에 가장 적합한 수단을 선택하는 경향의 확대라는 의미를 지니고 있으며, 자본주의 경제 구조와 관료적 근대 국가가 모두 이 합리화의 결과로 파악되고 있다. 합리화의 결과 근대 사회에서는 자율적인 인간과 인간의 인간에 대한 직접적이고 자의적인 지배로부터 해방된 인간이 출현하게 되지만, 그렇다고 합리화가 항상 긍정적인 측면만을 지니고 있는 것은 아니다.　　　　　　— 고등학교 교과서 『사회·문화』

(나) 우리의 의지는 실제로 소망과 가치에 의해 이미 확정되어 있다. 그것은 오직 수단 선택 및 목표 설정 대안들의 측면에서만 더욱 상세하게 규정될 수 있다. 관건이 되는 것은 자전거 수리이든 아니면 병의 치료이든 간에 오직 적당한 기술과 돈을 마련하는 전략이며, 휴가 계획과 직업 선택을 위한 기획이다. 예를 들면 합리적 선택 이론의 형태가 그것이다. "나는 무엇을 해야 하는가?"의 물음이 실용적 과제들과 관련될 경우에는 효율성의 관점에서 이루어지는 관찰과 연구, 비교와 계산이 적절하다.　　　　　　— 위르겐 하버마스, 『담론윤리의 해명』

(다) 맥도날드는 들어오는 것에서부터 나가는 것에 이르기까지 속도를 높이기 위한 모든 것을 갖추었다. 인접한 곳에 설치된 주차장은 고객이 차를 쉽게 댈 수 있도록 해 준다. 계산대까지는 몇 발자국이 채 안 되며, 가끔 줄을 서기도 하지만 음식은 대체로 빨리 주문되고 전달되고 계산된다. 그리고 매우 제한된 메뉴는 먹는 사람의 선택을 쉽게 하여, 다른 식당에서의 다양한 선택과 대조를 이룬다. 음식을 받으면 식탁까지 몇 걸음 걸어가서는 곧바로 식사를 할 수 있다. 식사를 마치면 머뭇거릴 여지가 없기에 고객은 남은 휴지, 스티로폼, 플라스틱 쓰레기를 모아 가까운 휴지통에 버리고 자동차로 돌아가서는 다음 활동(대개의 경우 맥도날드화된) 장소로 이동한다.
　근래에 패스트푸드점 경영자들은 이 모든 과정에 있어서 운전자용 창구의 설치가 좀더 효율적이라는 것을 발견했다. 맥도날드는 최초의 운전자용 창구를 1975년 오클라호마 시에 설치했고, 4년 만에 전체 점포의 절반 정도에 설치하였다. 주차를 하고, 카운터까지 걸어가서 줄을 서고 주문하고 계산하고, 식탁으로 음식을 가져가서 식사하고, 또 식사 후 쓰레기를 휴지통에 버려야 하는 귀찮고 비효율적인 과정을 거치는 대신, 운전자용 창구에서는 고객이 창구에 차를 세우고(물론 차도 줄을 서야 할 때가 있다) 주문과 계산을 마친 후, 음식을 받는 대로 다음 목적지로 향하면 된다. 보다 효율적이기를 원한다면 운전하면서 먹으면 된다. 운전자용 창구는 패스트푸드점의 입장에서도 효율적이다. 그것을 이용하는 사람들이 늘어나면 늘어날수록 주차 공간,

식탁, 종업원의 필요성이 줄어들기 때문이다. 더욱이 고객이 쓰레기를 가지고 떠나기 때문에 별도의 쓰레기통을 설치하거나 정기적으로 쓰레기통을 비우는 사람을 고용할 필요도 없다.

— 조지 리처, 『맥도날드 그리고 맥도날드화』

■ 논제의 구성 조건 확인

■ 제시문 분석 및 문제 설정

아래 우수 답안을 읽으면서 다음 항목들을 검토해 보자.

1. 논제의 구성 조건을 올바로 충족시켰는가?

2. 제시문을 출제자가 의도한 대로 정확히 분석했는가?

3. 논술자의 문제 설정은 올바른가? 상투적인 문제 설정은 아닌가?

4. 문제를 다각도로 깊이 있게 분석했는가?

5. 짜임새 있는 글이 되었는가?

■ 우수 답안

윤지원(당시 포항제철고 3년, 고려대 진학)

인간과 동물의 가장 큰 차이점은 인간은 합리적으로 사고하고 행동한다는 점에 있을 것이다. 인간 이외의 동물들은 어떠한 자극에 대하여 합리적으로 판단하기보다 즉흥적이고 반사적으로 행동하지만 인간은 자극에 대해 가장 능률적이고 목적에 적합한 행위를 선택한다. 특히 산업 혁명 이후 대량 생산과 소비가 일반화되면서 이러한 합리성은 중시되었다. 합리성의 추구는 곧 효율성과 생산성의 증대와 직결되었기 때문이다. 그러나 지나친 합리성의 추구는 비인간화 등의 여러 부작용을 초래하였고 이는 현대 사회를 살아가는 우리에게 합리성에 대해 제고해야 할 필요성을 일깨워 주었다.

조지 리처의 〈맥도날드 그리고 맥도날드화〉에서는 맥도날드라는 대표적인 패스트푸드점을 통해 현대 사회의 합리성이 단적으로 제시되고 있다. 이 패스트푸드점에서는 제한된 메뉴, 빠른 주문과 계산, 카운터와 식탁과의 가까운 거리 등을 갖추어 최대한 속도를 높이고 있다. 뿐만 아니라 운전자용 창구를 이용해 카운터와 식탁과의 거리, 식탁과 쓰레기통의 거리까지 생략하게 함으로써 생산비 절감을 통한 엄청난 합리성을 추구하고 있는 것이다.

그렇다면 이처럼 현대 사회에서 기업의 생존 전략이 되고 있는 합리성이란 어떤 것일까? 독일의 사회학자 베버는 합리화를 두 가지로 나누고 있는데 문화적 합리화와 사회적 합리화가 그것이다. 이 중 현대 사회에서 중요시되고 있는 것은 후자, 즉 주어진 목적에 가장 적합한 수단을 선택하는 사회적 합리화이다. 이는 위르겐 하버마스가 말한 효율성의 관점에서 이루어지는 관찰과 연구, 비교와 계산을 뜻한다고도 할 수 있다. 즉, 앞서 맥도날드의 예에서도 살펴보았듯이 시간과 공간을 통한 효율성의 극대화는 합리적 선택의 일환인 것이다. 하지만 가시적 이득만을 위한 합리성의 추구는 올바른 사고를 할 시간적 여유를 잃게 한다는 점에서 비판될 수 있다. 짧은 시간 안에 높은 효율성을 추구하기 위해서는 신속함이 중요하다. 이로 인해 패스트푸드점에서 메뉴를 선택하는 작은 일부터 국가의 정책을 결정하는 큰 일까지 심사숙고를 할 만한 충분한 시간이 확보되기는 힘들다. 시화호같은 경우도 충분한 사전 검토없이 근시안적 목적에만 치중하여 추진한 결과 결국 환경 오염이라는 폐해를 가져왔다. 또, 지나친 합리성의 추구는 인간을 기계처럼 정해진 절차에 맞추어 행동하게 하는 비인간화를 낳았다. 이는 근대 사회 발전의 큰 역할을 한 관료제 조직에서도 잘 나타난다. 규약된 업무를 피라미드식의 위계 질서에 따라 처리하는 관료제 조직은 전문적이고 효율적이라는 면에서 긍정적이지만 문서에 의한 간접적 업무 처리로 인해 비인간화를 조장하기도 한다.

현대 사회에서 합리적인 사고가 필요한 것은 부정할 수 없는 사실이다. 그러나 그에 따른 문제점 역시 간과할 수 없다. 이를 극복하기 위해서는 효율성을 추구하면서도 비판적 사고를 할 수 있는 여유를 확보해야 한다. 합리적 생활을 추구하면서 도리어 비판적 사고를 할 수 있는 시간조차 확보되지 않는다면 이야말로 모순일 것이다. 또 인간적인 관계 역시 회복해 나가야 한다. 효율적 업무 처리를 주로 하는 직장 내에서 같은 취미를 가진 사람들끼리 동호회를 만드는 모습은 바람직한 것이다. '머리는 차갑게 가슴은 뜨겁게' 라는 말처럼 합리적 사고는 필요하지만 인간적인 따뜻함 역시 필요하다.

문제 11

다음 네 개의 제시문에 공통되는 주제를 말하고 제시문들 사이의 관계를 밝히시오. 그리고 그 주제에 관한 자신의 생각을 논술하시오.

■ 유의 사항

1. 답안에는 자신을 드러내는 표현을 쓰지 말 것.
2. 답안은 한글로 작성할 것.
3. 논술문의 제목은 쓰지 말 것.
4. 분량은 띄어쓰기를 포함하여, 1,600자±100자가 되게 할 것.

(가)

공도자가 물었다. "다 같은 사람인데 누구는 대인이 되며, 누구는 소인이 되니 어찌하여 그렇습니까?" 맹자가 대답하였다. "마음을 따르면 대인이 되고, 눈과 귀의 욕망을 따르면 소인이 된다."

공도자가 다시 물었다. "다 같은 사람인데 누구는 마음을 따르며, 누구는 눈과 귀의 욕망을 따르니 어찌하여 그렇습니까?" 맹자가 대답하였다. "눈과 귀는 보고 듣기만 할 뿐 스스로 생각하지 못하기 때문에 외물과 접촉하면 쉽게 유혹된다. 그러나 마음은 스스로 생각할 수 있기 때문에 마음을 따르면 깨달음을 얻어 미혹되지 않는다. 마음과 눈과 귀는 모두 하늘이 나에게 부여한 것인데 그 중에서 마음이 가장 중요하다. 따라서 마음을 확고하게 세워 눈과 귀의 욕망에 흔들리지 않는 사람을 대인이라고 할 수 있다."

(나)

인터넷에서의 경험은 시뮬레이션 문화에서 두드러지게 나타난다. 우리는 가상 공간에서 대화를 나눌 수 있고 생각을 교환할 수 있으며 우리가 만든 역할을 맡는다. 스타트렉에서 영감을 받은 쌍방향 컴퓨터 게임에서 수천 명의 플레이어들은 은하계 탐사와 전쟁에 참여하는 데 주당 80시간 가량을 소비한다. 그들은 그 속에서 다양한 캐릭터를 창조한다. 낭만적인 만남을 갖고 일자리와 임금을 구하거나, 의식과 축하연에 참석하고 사랑에 빠져 결혼하기도 한다. 실제 남자였던 한 사람은 그 속에서 여성 역할을 했지만 '이것은 나의 진짜 삶보다 더 진짜 같다.' 라고 말했다. 이 게임에서 자아는 만들어지며, 사회적 상호 작용조차도 새롭게 구성된다. 또 다른 텍스트 게임에서 거의 만 명에 이르는 플레이어들은 각기 다른 성과 정신적, 육체적 특징을 가진 여러 개의 캐릭터를 만든다. 이들 인물은 인간일 필요가 없으며 남자, 여자 이외의 성도 존재한다.

플레이어들은 컴퓨터 세계 자체를 건설하는 과정에 참여하도록 초대된 것이다. 실로 인터넷은 사고 방식과 성의 본질, 그리고 공동체의 형태와 우리 자신의 정체성이 변화하는 새로운 공간으로 수많은 사람들을 연결하고 있다.

(다)

이떤 사람들은 광고가 그 제품을 구입하는 소비자들이 스스로 만족할 수 있도록 도와주기 때문에 효과적이라고 주장한다. 그러나 이는 허울 좋은 주장에 불과하다. 광고 속의 사람처럼 '되고 싶은' 희망에 현혹된 소비자는 우쭐한 마음으로 약간의 만족감을 경험할 수도 있다. 우리는 '되고 싶은' 것을 얻은 직후에는 어떤 낙관적인 상태를 경험하게 되는데, 그러한 느낌은 우리가 원하는 바에 한 발짝 더 가까이 다가갔다는 데서 오는 좋은 감정이다. 그렇다 하더라도 내 경험으로 보면 이런 낙관적인 느낌은 덧없는 것이며, 광고가 보여주는 희망이 맹목적 약속에 지나지 않는다는 사실을 알고 예외없이 실망하게 된다. 이러한 잘못된 희망을 보여주는 한 가지 예로서 당장 사용 가능한 듯이 어지럽게 늘어서 있는 다이어트 보조품들과 크림, 그리고 운동 기구 등을 들 수 있다. 이 제품 광고 속에 등장하는 인물들은 한결같이 젊고 몸매가 좋은데 그것이 바로 소비자들이 희망하는 모습이다. 그리고 이 광고는 이런 물건을 파는 데 효과적이다. 오늘날 건강과 미용 시장은 수십 억 달러의 산업계를 먹여 살린다. 그러나 소비자들은 이러한 광고에 현혹된 결과 결국은 자기 비하와 식습관의 혼란, 과도한 운동과 같은 부작용을 경험하게 되며, 외모와 젊음에 대한 잘못된 편견을 가지게 된다.

(라)

우리는 누가 누구인지 어떻게 알아내는가? 우리는 지금 여기 있는 사람이 어제 여기 있던 그 사람인지에 대한 의문을 어떤 증거들로 해결하는가? 만약 다른 증거들이 정반대의 결론을 지지할 때 우리는 어떻게 해야 하는가? 한 가지 증거는 기억이다: 만약 당신이 어떤 일을 했음을 기억할 수 있거나, 혹은 적어도 기억하고 있는 것처럼 보인다면, 그 일을 한 사람은 아마 당신일 것이다. 또 다른 증거는 물리적인 계속성이다. 만약 그 일을 한 사람이 당신처럼 여겨진다면, 또는 만약 그 사람이 어떤 의미에서 물리적으로, 시공간적으로 당신과 연속하고 있다면 그것은 그 사람이 당신이라는 증거이다. 어느 것이 더 근본적인 것인가? 예를 들어, 기억만으로 증거를 뒷받침할 수 있는가? 아니면 그것은 삼자인, '신체적인' 증거에 반대하여 확인될 수 있는 경우에 한해서만 증거로 간주되는가?

■ 논제의 구성 조건 확인

■ 제시문 분석 및 문제 설정

아래 우수 답안을 읽으면서 다음 항목들을 검토해 보자.

1. 논제의 구성 조건을 올바로 충족시켰는가?

2. 제시문을 출제자가 의도한 대로 정확히 분석했는가?

3. 논술자의 문제 설정은 올바른가? 상투적인 문제 설정은 아닌가?

4. 문제를 다각도로 깊이 있게 분석했는가?

5. 짜임새 있는 글이 되었는가?

■ 우수 답안 1

김태훈

나는 누구인가? 이 물음에 답을 하기 위해 고민해 본 사람이라면 누구나 자신이 진정으로 원하는 '나' 의 모습과 실제의 '나' 의 모습 사이의 괴리를 경험한다. 여기서 전자는 남에게 그렇게 보이고 싶은 사회적 자아, 즉 페르소나를 의미하고 후자는 자신이 가지고 있는 진정한 모습, 즉 페르소나를 만들어가는 주체적 자아를 의미한다. 결국, 이 두 자아 사이의 괴리를 줄이면서 자신이 원하는 '나' 의 모습을 만들어가는 과정이 곧 자아 정체성을 확립하는 과정이며 이는 우리에게 주어진 가장 근본적인 과제이다.

그러나 이러한 과제를 충실히 이행하는 데에는 많은 어려움이 따른다. 특히 제시문 (나)에서처럼 인터넷의 발달은 우리로 하여금 현실이 아닌 가상 세계에서 다양한 페르소나를 창조하게 하여 우리의 자아 정체성 확립에 많은 어려움을 주고 있다. 즉 현실과 가상 세계와의 구분이 모호해지고 그 속에 존재하는 다양한 페르소나 중 어느 것이 진정한 자신의 모습인지 구별하지 못하는 것이다. 이는 특히 정신적으로 미성숙한 청소년에게서 많이 나타난다. 얼마전 인터넷 게임에 중독된 한 아이가 실제에서 게임과 같은 방법으로 사람을 죽인 예는 이를 단적으로 보여주는 사례이다. 그리고 제시문 (다)에서처럼 광고 역시 우리의 정체성 확립을 방해하는 요소이다. 광고 속의 상품을 사용함으로써 광고속의 인물처럼 될 수 있다는 희망을 가지지만 곧 그것이 실제로 이루어지지 않음에 실망한다. 그리고 이러한 실망감은 자아에 대한 비관적 자세를 가지게 할 수 있고 이보다 더 근본적인 문제는 겉으로 보이는 외적인 모습에만 치중하여 그보다 더 중요한 내적 자아에 충실하지 못한다는 것이다. 이는 자아 정체성 확립의 근본인 '자아'의 의미를 변질시킨다는 점에서 매우 큰 문제이다.

한편 제시문 (가)에서는 이러한 문제를 해결하는 데에 필요한 실마리를 제공해준다. 맹자는 눈과 귀는 보고 듣기만 할 뿐 스스로 생각하지 못하기 때문에 외물에 쉽게 유혹되지만 마음은 스스로 생각할 수 있기 때문에 그렇지 않으며, 따라서 마음을 확고히 세워 눈과 귀의 욕망에 흔들리지 않는 사람이 대인이라고 말하고 있다. 여기서 '대인'을 바로 자아 정체성을 확립한 사람으로 보면, 자아 정체성에 있어 중요한 것은 겉으로 보이는 외적인 자아의 모습이 아니라 마음을 따라 내적인 자아를 발현하는 것임을 알 수 있다. 그리고 이는 자아 정체성의 확립에 가장 필요한 구체적인 태도와도 연결되어 제시문 (나)와 같은 혼란으로부터 벗어나게 해 준다. 그리고 이러한 주체적인 태도를 바탕으로 제시문 (라)에서와 같이 자기 자신에 대한 진지한 성찰과 자신을 둘러싸고 있는 것들과의 관계, 즉 여러 페르소나들의 조화를 위해 노력한다면 진정한 자아 정체성을 확립할 수 있다.

이를 통해 우리는 '나는 누구인가?'라는 정답이 없는 질문에 대한 답에 한 걸음 더 다가갈 수 있다. 다양하게 존재하는 페르소나들과 그것을 만들어 가는 주체로서의 자아의 확립, 이는 결코 쉬운 일이 아니지만 자기 자신에 대한 자신감과 주체적인 태도, 그리고 계속적인 자기 성찰이 이루어진다면 결코 불가능한 일은 아닐 것이다.

우수 답안 2

고현우

인간이 살아가면서 궁극적으로 이루어야 하는 것이 바로 자아의 실현이다. 자기의 정체성을 찾는 것이 인간이 추구해야 하는 최고의 가치인 것이다. 그런데 현대 사회에서는 인간이 자신들의 정체성을 잃어가는 추세가 가속화되고 있다. 현대 사회에는 개인의 자아 실현을 방해하는 장애물이 많이 존재하기 때문이다. 이러한 문제점을 해결하고 자아 정체성을 찾기 위해서는 서로 유기적인 관련성을 가진 다음 제시문들을 살펴볼 필요가 있다.

제시문 (나)에서는 가상 현실 속에서 본래의 주체성을 잃어버린 개인들의 모습을 단적으로 제시하고 있다. 컴퓨터 안의 '세계'에서 그들의 욕망에 따라 '주체성'은 바뀐다. 제시문 (다)에서는 우리가 실생활에서 손쉽게 접하는 광고가 우리의 정체성을 잃게 되는 요인임을 제시하고 있다. 제시문 (나)와 (다)는 현대 사회에서 나타나는 자아 정체성 상실의 양상을 보여주는 예시문으로서 서로 동일한 관계에 있다고 할 수 있다.

한편 제시문 (가)에서는 제시문 (나)와 (다)에서처럼 개인이 자아 정체성을 상실하게 되는 원인과 아울러 해결의 실마리를 제시해주고 있다. 맹자는 사람이 눈과 귀의 욕망을 따르면 소인이 된다고 하였다. 눈과 귀는 외물과 접촉하면 쉽게 유혹되기 때문이다. 맹자가 말하는 소인이 곧 욕망에 흔들리는 사람, 자아 정체성을 상실한 사람인 것이다. 그리고 대인, 즉 자아 정체성을 찾은 사람이 되기 위해서는 마음을 따라야 한다고 하였다. 욕망에 흔들리지 않는 확고한 마음을 세우는 것이 자아 정체성 상실의 문제를 해결할 수 있는 실마리인 것이다. 제시문 (라)에서는 자아 정체성을 찾기 위한 구체적인 방안들을 제시해주고 있다. 자신의 삶 속에서 중요한 인간 관계를 살펴보거나, 자신의 경험에 대하여 고찰해 본다거나, 자신이 속한 특정한 공동체의 언어와 문화를 살펴보는 것이 그것이다. 제시문 (라)는 구체적 방안을 제시함으로써 제시문 (가)를 보완해 주고 있다.

대중화되고 신속화된 현대 사회에서 우리는 자아 정체성을 잃어 가고 있으며 그것에 대한 반성적 사고마저 결여되어 있다. 자아 정체성을 상실한 인간은 아무런 인생의 의미도 깨닫지 못한 채 맹목적으로 살아가게 되는 것이다. 개인이 정체성을 찾는다면 망설임 없이 힘차고 보람된 삶을 살아갈 수 있을 것이다.

왜 사냐고 물으면 쉽게 대답을 하지 못하는 사람들이 많다. 그들은 모두 자기의 정체성을 이해하지 못한 자들이다. 나는 누구인가를 고심하며 자기의 정체성을 찾아간 사람들은 그들이 나아가야 할 삶의 방향을 알고 있으며 어떠한 삶의 어려움에도 흔들리지 않는다. 그러므로 자기의 정체성을 찾아 인격을 완성하고 삶의 의미를 찾아야 한다.

앞서 살펴본 바와 같이 자기 정체성을 찾는 것은 개인이 반드시 실현해야 하는 의무이며, 삶의 등불과도 같은 정체성을 깨달음으로써 자기의 개성을 찾고 자신의 길을 걸어갈 수 있게 된다. 그리고 자기 정체성을 깨달은 후에는 마음을 확고하게 세워 그것을 지켜나가려는 노력을 해야 한다. 개인이 자기 정체성을 찾는다면 현대 사회가 바람직한 방향으로 나아갈 수 있을 것이다.

문제 12

다음 [문제 1] ~ [문제 3]에 대해 답하시오.

〈제시문 A〉

지금 우리는 세계 질서가 어디로 가게 될지 확신을 갖지 못하고 있습니다. 그러나 어디로 가야 할지는 분명합니다. 21세기 새로운 국제 질서는 强大國과 弱小國, 그리고 中堅國을 포함한 모든 나라가 공존하며 함께 이익을 누리는 공동 번영의 질서가 되어야 합니다. 이를 위해서는 각종 분쟁과 억압의 근본 원인이 되고 있는 빈곤으로부터의 자유와 차별 해소를 위한 범세계적 프로젝트를 보다 적극적으로 추진해나가야 합니다.

그러나 그에 못지않게 중요한 것이 있습니다. 세계 여러 분야에 남아 있는 帝國主義的 사고와 잔재를 완전히 청산해야 합니다. 그리고 일부에서 다시 나타나고 있는 强大國 中心主義 경향을 경계해야 합니다. 이 점에 관해서는 오늘날 국제 질서를 주도하고 있는 나라들이 먼저 자신들의 과거와 미래에 대한 각별한 성찰과 절제가 있어야 할 것입니다.

아울러 이웃나라에 대한 존중과 국제적인 합의 창출, 그리고 대립 해소를 위한 노력을 한층 강화해야 합니다. 强大國들이 평화와 공동 번영이라는 대의의 국제 질서를 이루려고 노력할 때, '힘'과 '대의' 간의 긴장은 해소될 수 있을 것입니다.

우리는 그 가능성을 유럽연합(EU)에서 찾을 수 있습니다. 이제 유럽은 힘의 논리에 기초한 질서, 반목과 대립의 질서를 극복하고, 평화와 공존, 화해와 협력의 共同體로 자리매김하고 있습니다. 나는 동북아에도 EU와 같은 질서가 실현되기를 바랍니다. 그렇게 된다면, 동북아에는 그야말로 새로운 역사가 열리고 세계 평화와 번영에도 이바지하게 될 것입니다.

— 노무현 대통령 聲明文(제60차 유엔총회 세계정상회의 고위급 본회의)에서 발췌

〈제시문 B〉

성공적인 Doha Round는 농업 및 공업 생산품에 대한 관세 및 기타 장벽들을 감소시키거나 제거할 것입니다. 그것은 불공정한 농업 보조금 지급을 막고 서비스 시장을 개방시킬 것입니다. Doha Round로 모든 국가는 이득을 볼 것이며 그중에서 개발도상국가가 가장 커다란 이득을 보게 될 것입니다. 역사적으로 보면, 通商 開放을 확대한 개도국은 다른 국가들보다 몇 배 더 성장한 바 있습니다. 通商 장벽의 제거는 앞으로 15년에 걸쳐 수억의 사람들을 빈곤으로부터 벗어나게 할 것입니다. 수백만의 빈곤층 세계 시민들의 삶과 미래가 불안한 상태에 있습니다. 따라서 우리는 Doha 通商 協商이 성공적인 결과를 거두도록 노력해야 합니다.

Doha Round는 더 큰 목표를 향한 중요한 진보입니다. 우리는 선진국과 개도국을 가로막는 장벽을 제거해야 하며, 최빈국 국민들이 누구나 함께 세계 시장에 그들의 상품과 재능을 제공할

수 있도록 그들에게 선진국 국민들과 동일한 세계 경제로의 접근을 도와줄 필요가 있습니다. 우리는 개도국 국민들이 그들의 꿈을 추구할 機會와 가족들을 부양할 機會, 그리고 존엄하고 자립적인 삶을 살아갈 機會를 선진국 국민들처럼 가질 수 있도록 할 필요가 있습니다.

그리고 이들 목적을 달성하는 데 가장 큰 장애물은 개도국 국민들을 21세기라는 커다란 機會로부터 격리시키는 관세와 보조금 및 여러 장벽들입니다. 오늘날 나는 지금까지 해온 도전을 반복합니다. 우리는 Doha 協商에서 通商을 왜곡하고 발전을 저해하는 농업 보조금 제도를 철폐해야 하며, 전 세계적으로 농민들을 위한 시장을 개방하기 위해 관세 및 기타 장벽들을 제거하도록 함께 노력해야 합니다. 오늘 나는 다음과 같은 서약을 하면서 도전의 폭을 넓혀가고자 합니다. 미국은 다른 국가들처럼 상품과 서비스의 자유로운 이동을 가로막는 모든 관세와 보조금 및 다른 장벽들을 제거할 준비가 되어 있습니다. 이것이야말로 최빈국의 빈곤을 극복하는 열쇠입니다. 우리가 모든 국가들을 위해 번영을 촉진하고 機會를 증진시킨다는 것은 매우 중요합니다.

— George W. Bush 미국 대통령 聲明文(제60차 유엔총회 세계정상회의 고위급 본회의)에서 발췌

〈제시문 C〉

지구 온난화 주범으로 꼽히는 온실가스 배출량 감축을 위해 세계 141개국이 비준한 교토의정서가 2005년 2월 16일 공식 발효되었다. 교토의정서는 전 세계 이산화탄소 배출량의 55% 이상을 차지하는 국가들이 비준하고 55개국 이상의 지지를 받아야 발효될 수 있는데, 세계 최대의 이산화탄소 배출국인 미국이 협약에서 탈퇴하여 이 기준을 맞출 수가 없었다. 하지만 2004년 11월 세계 3위의 이산화탄소 배출국인 러시아가 비준함으로써 교토의정서는 마침내 빛을 보게 되었다.

전문과 28개 조항으로 구성된 교토의정서는 지구 온난화의 억제 및 방지를 위한 국제협약인 氣候變化協約의 구체적 이행 방안으로 선진국의 온실가스 감축 목표치를 규정하였다. 그러나 의정서가 채택되기까지 온실가스의 감축 목표와 일정 및 개도국의 참여 문제에 대한 선진국과 개도국 간, 그리고 선진국간 의견차이로 인해 심한 갈등을 겪기도 했다.

미국은 온실가스 배출 감축에 따른 부담이 매우 크다고 인식하여 氣候變化 레짐에 시종일관 消極的인 입장을 취해오다가 초기에 협약에 參與는 하였으나 개도국의 감축 의무 결여 및 미국 경제상의 부담 문제 등을 사유로 교토의정서에 대해 反對 입장을 표명하였다. 따라서 미국은 전 세계 이산화탄소의 25%를 배출하는 세계 배출량 순위 1위 국가로서의 책임과 의무를 다하지 못하고 있다는 비난을 신랄하게 받고 있다. 미국의 입장 변화는 교토의정서의 감축 의무 준수가 어렵다는 현실 인식, 미국의 에너지 소비문화, 취약한 에너지 구조, 그리고 부시 정권의 지지기반인 전력업계의 강력한 로비력 등에 근거한 것이라 할 수 있다. 특히 대다수 개도국들이 배출 삭감 의무를 지지 않는다는 것이 미국으로서는 큰 불만이다.

오늘날 地球的 차원에서 발생하고 있는 환경 문제를 해결하고자 하는 경우 개별국가 차원의 해결이 불가능하므로 국가간 협력이 그 어느 때보다 요구된다고 할 수 있다. 그러나 국가간 합

의를 도출해나가는 과정에서 각국간 이해관계의 충돌로 협상이 破局을 맞기도 한다. 특히 미국과 같은 강대국의 리더쉽과 참여 여부는 국제 레짐의 형성과 발전에 미치는 영향이 지대하다고 할 수 있다.

〈제시문 D〉

지구 환경의 변화, 생태 환경의 파괴, 세계화에 따른 사람들의 잦은 이동 등으로 인하여 세계적으로 신종 전염병이 출현하고 있다. 최근 중국에서 발생한 중증급성호흡기증후군(SARS)과 조류독감(Bird Flu) 사례는 疾病退治에 국가간 긴밀한 協助體制가 얼마나 중요한가를 잘 보여준다.

중국 최초의 SARS 환자는 2002년 11월 광둥성(廣東省) 포산(佛山)에서 발생했다. 광둥성 위생청은 2003년 1월 허웬(河源)에서 괴질환자가 발생했다는 사실을 처음으로 보고 받았고, 즉시 전문가를 파견하여 병의 원인과 증상에 관한 역학조사를 실시하였다. 그러나 중국 정부는 3월 초 베이징에서 개막되는 정치협상회의와 전국인민대표회의로 인해 SARS와 관련하여 아무런 문제가 없다고 대외적으로 공표하였다. 춘지에(春節)를 전후하여 괴질에 대한 소문이 광둥성 내에 확산되자, 결국 2003년 2월 광둥성 정부는 2002년 11월부터 2003년 2월까지 305건의 원인 모를 SARS 환자가 중국 남부의 광둥지역 6개 도시에서 발생했다고 처음으로 공개발표를 통해 시인하였고, 세계보건기구(WHO)에 이를 알리게 되었다.

중국은 초기에 SARS라는 疫病을 정치적으로 판단하고 처리하였다. 이러한 사실은 SARS의 확산에 대한 중국 당국의 대응에서 단적으로 확인된다. SARS가 처음 발생했을 때 중국은 이를 인정하고 발표하기보다 은폐하고 축소하려 시도했다. 이는 중국 내에 정치사회적 안정을 유지하고 대외경제 관계를 보호하려는 의도의 발로였다. 중국이 사실을 은폐하고 축소하는 동안 SARS는 중국 안팎으로 급속하게 확산되어갔다. 그러나 이러한 SARS의 확산이 결국 중국의 안정과 발전 및 국가 이미지를 위협하고 나아가 국제 사회에 문제를 야기할 것이라는 판단 하에 중국 정부는 사실을 공표하고 국제사회에 협력을 호소하는 등 새로운 대응책을 채택하게 되었다.

중국 정부는 우선 정확한 감염자와 사망자의 숫자를 공개하고 WHO에 매일 SARS의 발생상황을 보고하였으며, 위생부장과 베이징 시장을 해임하여 국민에 대한 신뢰를 회복하고 국제적으로 개방적인 이미지를 확립하려 하였다. 또한 대외적으로 원자바오(溫家寶) 총리가 동남아국가연합(ASEAN) 국가들과 SARS 퇴치를 위한 수뇌회담을 진행하였고, 우이(吳儀) 부총리는 제네바에서 열린 WHO 총회에서 중국정부의 실수를 인정하고 중국의 疾病退治 노력을 설명함으로써 국제사회의 우려를 불식시키려 노력했다. 이러한 노력의 결과 국제적인 신뢰 구축과 협력을 통해 효과적으로 SARS를 퇴치할 수 있었다. SARS는 중국정부의 초기 늑장 대응에도 불구하고 중국의 상황인식 변화에 따른 국제사회의 협력으로 사태 악화를 막을 수 있었다.

[문제1] 〈제시문 C〉의 사례에서 美國이 취한 입장의 변화를 〈제시문 A〉에 나타난 바람직한 國際秩序의 시각에서 350~400자로 논하시오. (60점)

[문제2] 〈제시문 D〉의 사례에서 中國이 취한 입장의 변화를 〈제시문 B〉에 나타난 바람직한 國際 關係의 시각에서 350~400자로 논하시오. (60점)

[문제3] 〈제시문 B〉에 나타난 21세기 美國의 通商 관련 立場과 〈제시문 C〉의 사례에서 美國이 취한 環境 관련 立場을 比較하여 600~800자로 논하시오. (130점)

▰ 논제의 구성 조건 확인

▰ 제시문 분석 및 문제 설정

아래 우수 답안을 읽으면서 다음 항목들을 검토해 보자.

1. 논제의 구성 조건을 올바로 충족시켰는가?

2. 제시문을 출제자가 의도한 대로 정확히 분석했는가?

3. 논술자의 문제 설정은 올바른가? 상투적인 문제 설정은 아닌가?

4. 문제를 다각도로 깊이 있게 분석했는가?

5. 짜임새 있는 글이 되었는가?

▰ 우수 답안

오영옥(포항세명고 3년)

[문제 1]

온난화의 주범인 이산화탄소의 배출량 감축을 주내용으로 하는 교토의정서가 공식 발효되었다. 의정서의 비준 과정에서 미국은 최대 이산화탄소 배출국임에도 세계의 공익보다는 자국의 이익을 우선으로 두어 협약을 탈퇴했다. 이러한 미국의 입장 변화는 강대국들이 먼저 세계의 공존과 공익을 위한 공동 번영의 국제 질서를 확립하고자 노력해야 한다는 제시문 A의 바람직한 국제 질서의 시각에 어긋나는 행위이다. 미국은 국제사회에서 막강한 영향력을 지니고 있으며 그 영향력에 상응하는 책임감을 지녀야 한다. 헌데 자국의 이익만을 위해서 공익을 저버린다는 것은 미국이 지닌 영향력에 대한 책임감 부족을 스스로 전세계에 드러내는 것이며, 더 나아가 세계 각국의 공존과 공익을 위한 협력을 와해시켜 전세계가 평화와 공존, 화해와 협력의 공동체로 자리매김하는 것을 방해할 수도 있다.

[문제 2]

사스가 중국 내에 퍼지기 시작했을 때 처음 중국 당국은 중국 사회 내의 안정 유지와 대외 경제 관계에 미칠 영향을 고려해 사실을 은폐하려 했다. 하지만 사스가 급속하게 번지면서 중국 정부는 이로 인해 중국의 안정이 위협받고 국제사회에 문제를 야기하는 것을 막기 위해 사실을 공표하고 국제사회에 협력을 호소했다. 이런 중국의 입장 변화는 사스의 확산을 은폐하려 들거나 자국의 힘으로만 해결하는 것을 그만두고 중국이라는 장벽을 넘어 국제사회에 도움을 요청하고 국제적 차원에서 문제 해결을 강구한 데서, 제시문 B에 나타난 국가 간 장벽을 허문 개방적이고 협력적인 국제 관계 시각과 부합한다고 볼 수 있다. 중국의 이러한 개방적 대응은 국가 간의 장벽을 허무는 것이 국제 관계의 공익을 추구할 수 있고 문제가 발생했을 때 신속한 해결과 사태 악화를 막을 수 있다는 좋은 예가 되었다.

[문제 3]

제시문 B에서 미국은 무역 관계의 장벽들을 제거한다면 전세계의 이익을 추구할 수 있을 것이라고 주장했다. 또 개도국은 물론 최빈국까지 더 많은 경제 발전의 기회를 가지게 되므로 장벽의 제거가 빈곤 극복의 열쇠가 될 것이라는 주장도 덧붙였다. 하지만 이러한 주장과 상반되게 미국은 제시문 C에서 보듯 자국의 이익을 위해 전세계의 공익을 추구하는 교토의정서를 탈퇴하는 다소 폐쇄적이기까지 한 행동을 했다. 이러한 미국의 행동은 미국이 주장한 통상 관련 입장 역시 미국의 이익을 위한 주장이 아니었나 하는 의문을 품게 한다. 실제로 장벽들이 사라지고 전세계가 무한 경쟁 체제로 들어서게 되면 가장 이득을 보는 것은 미국을 비롯한 선진국일 것이다. 아무리 개도국과 최빈국이 기회를 가진다 한들 선진국의 앞선 기술과 막강한 자본력을 이기기란 쉬운 일이 아니기 때문이다.

부록

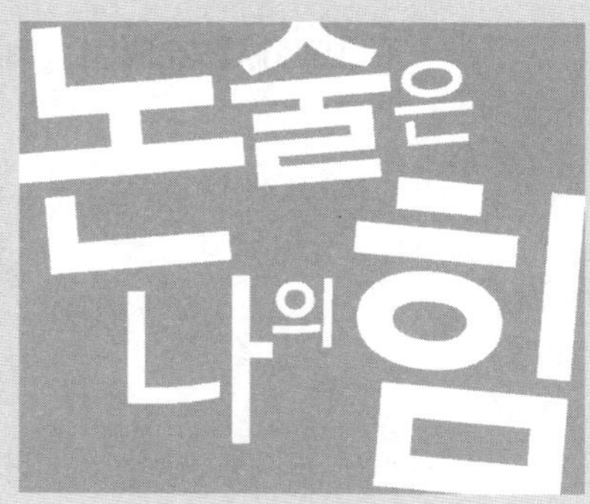

1. 2008학년도 서울대학교 논술 예시 문항 2차 (인문계)

다음 제시문을 읽고 논제에 답하시오.

【문항 1】

〈제시문〉

(가)

모 전자회사는 일 년 전에 2년 동안 6억원의 예산을 투입하여 새로운 모델의 냉장고를 개발하기 시작했다. 그 시점에서는 이 제품이 완성되었을 때, 투자한 금액의 15%~20%의 수익이 15년 동안 매년 발생할 것으로 예상하였다. 그러나 1년 동안 2억원을 사용한 후에 다시 살펴보았더니, 개발 초기에 예상치 못한 환경 관련 비용의 증가로 인해 개발비용이 총 7억원으로 늘어나게 되었다. 또한 경쟁사가 동일한 신제품을 개발하여 연간 예상수익률도 2년차 예산의 8%로 낮아졌고, 더구나 10년 후에는 이 제품의 경쟁력이 사라질 것으로 평가되었다.

(나)

어느 나라의 국방부가 레이더에 걸리지 않는 비행기를 개발하기로 하였다. 이를 위해 먼저 총 1,000억 원을 투자하여 레이더의 추적을 피할 수 있는 핵심부품을 만들기로 하였는데, 현재까지 900억 원을 사용하였다. 그런데 다른 나라의 회사가 이와 동일한 기능을 갖고 있으면서도 더 쉽게 장착할 수 있는 부품을 제작하여 판매하기 시작하였다.

(다) 새만금 간척사업

〈농림부와 농어촌진흥공사의 연구 결과〉

1. 새만금 간척사업으로 여의도 땅의 140배에 해당하는 국토가 생기면 21세기의 새로운 산업용지를 만들 수 있다.
2. 농어촌 용수, 생활용수, 공업용수 등으로 한 해 10억 톤의 물 자원을 확보할 수 있다.

3. 국제 휴양 관광단지를 개발하는 데 최상의 조건을 가진 곳이며, 관광자원 및 자연학습공간을 제공하게 된다.

4. 첨단 농업시범단지를 만들어 국제경쟁력을 키울 수 있다.

5. 간척 사업은 교통이 불편한 해안 지역을 방조제로 연결하여 지역 주민과 국민 생활에 많은 편리함과 이로움을 제공할 것이다.

따라서 새만금 간척사업으로 얻을 수 있는 사회 · 경제적 효과가 크므로 간척 사업을 추진해야 한다.

〈환경부의 연구 결과〉

충남 홍보지구, 전북 군장지구, 경기도 대부도 남리, 영종도 지구 등 4대 갯벌 지역을 보전했을 때의 생산성 연구결과 (1에이커 당)

1. 갯벌에서 생산되는 김, 조개 등 수산물: 365만 3,000원 매립하여 농경지를 조성했을 때에 예상되는 농산물의 생산성 247만원에 비해 48%나 많음

2. 인근 연안 해역의 어류 서식지로서의 가치: 283만 4,000원

3. 갯벌의 자연정화능력: 152만 2,000원 (정화시설 설치비용)

4. 습지의 심미적 기능: 생태적 다양성과 흥미에 따른 생물 실험실, 오락지, 생태교육장 등으로 활용 → 16만원

5. 4대 지역 갯벌을 그대로 보전했을 때의 생산성은 816만 9,000원 → 농경지로 사용했을 때에 예상되는 생산성보다 3.25배 높음

갯벌은 영구적인 재화와 서비스를 제공하지만, 개발에 따른 상업적 이용 가치는 한계가 있다. 따라서 갯벌의 개발에 따른 이익이 매우 크지 않다면 갯벌을 보전해야 한다.

―― 고등학교 『사회 · 문화』 교과서

(라) 영월 다목적댐 (동강댐) 건설

〈찬성론〉

1. 홍수 조절: 수도권 및 남한강 지역 홍수피해를 경감하는데 충주댐 하나로는 부족함

2. 물 부족 사태 해결: 2011년 11억 톤의 물 부족이 예상됨

3. 외국에서도 석회암 지대에 54개의 댐이 있듯이 안전한 댐 건설이 가능함

4. 진도 6.6의 지진을 견딜 수 있는 댐 건설이 가능함

5. 서식처의 변화를 통해 희귀종의 멸종을 방지함

6. 댐 건설 후 새로운 생태계의 형성으로 생물종의 다양성이 증가함

7. 댐 건설로 새로운 비경이 형성되며 유명 동굴은 원형을 보존할 수 있음

〈반대론〉

1. 석회암 지대에다 지진 다발지역이므로 사면이 붕괴할 수 있음

2. 동굴로 인한 지하누수 가능성이 있음

3. 멸종 위기의 천연기념물 등 희귀 동식물이 수몰되어 생태계가 파괴됨

4. 물 부족 해소는 물 절약 캠페인을 통해 해결하거나 대안을 강구해야 함

5. 홍수 방지는 기존 댐으로 충분함

6. 동강 상류에 소형 댐을 건설하는 것이 더 효율적임

7. 탄광수의 유입 및 물의 정체로 수질이 악화됨

— 고등학교 『사회』, 『사회·문화』 교과서

논제 1. 제시문 (가)와 (나)에서 학생이 회사의 사장 혹은 국방부의 정책 결정자라고 했을 때, 진행 중인 사업을 계속할지 여부에 대하여 판단하고 그 근거를 제시하시오.

논제 2. 제시문 (다)와 (라)에서 두 사업에 대한 논란이 생겼을 때, 과거 수년 전부터 진행된 새만금 사업에는 이미 막대한 비용이 투자되었고, 영월 다목적댐 건설 사업은 아직 시작되지 않았었다. 결국 새만금 사업은 계속 진행하기로 하였고, 영월 다목적댐은 취소되었다. 이미 투자된 비용을 논외로 했을 때, 이와 같은 결정을 내리게 된 이유를 논술하시오.

【문항 2】

〈제시문〉

(가)

매화 또한 초목의 일종이나 가장 그려내기 어렵다. 대개 그 가지와 줄기가 굴곡져 용과 뱀이 뒤엉킨 모습처럼 된 것은 매화의 참 모습이 아니다. 풍기는 분위기가 왕성하고 향기롭게 흘러넘침이 마치 달빛이 밝게 비치고 눈발이 흩날리는 것 같음을 헤아려 깨닫고 마음으로 터득하는 것이 매화의 참 모습이므로 가지나 잎의 처리는 논할 게 못 된다.

옛날에 내 친구 이자야(李子野)가 등불 아래 벽에 비치어 나타난 매화 그림자를 그린 적이 있는데, 그 형상이 부은 듯 부풀어 오르고 울퉁불퉁한 모습이어서 매화인 줄 알지 못하겠으나, 풍기는 분위기만은 제법 옮겨내었으므로 매화가 범상치 않은 화훼임을 알았다. 내가 손뼉을 치면서 껄껄 웃자, 자야가 달가워하지 않으며 말하기를 "이것이 소동파(蘇東坡)가 등불을 마주하고 말의 그림자를 그린 것보다 낫지 아니한가? 내가 아무런 생각 없이 펼쳐내어 자연스런 분위기가 그대로 드러나 있다"라 하였다. 나는 말하기를, "그렇겠다. 나는 그림 그릴 줄 모르니 매화의 운치[趣]를 어찌 알겠는가? 운치도 알지 못하거늘 매화의 본성[神]을 어찌 알겠는가?"라 하였다.

본질적인 특성[神]은 매화에 있는 것이지만 운치를 느끼는 것은 나에게 달려 있는 것이다. 단순히 대상물로서 대상을 바라본다면, 매화와 나는 아닌 게 아니라 과연 서로 다르다. 그러나 상리(常理)로서 대상을 바라본다면 나와 매화는 같지 않은 것도 아니다. 나는 그것을 논리적으로 이해할 줄만 알았지, 그 운치 있는 분위기를 파악하지 못했던 것이다. 그러나 내가 온통 티끌과 먼지로 뒤덮인 세상에서 그 마음속은 더럽혀지지 않도록 한다면, 상쾌한 정신과 빼어난 맑음으로 충만한 매화에게서 나의 운치를 북돋울 수 있을 것이다. 그리고 그 운치를 이미 터득했다면 그것은 본질적 이해에 도달했다고 할 수 있다. 본질적 이해에 도달한 자는 매화에 대해서 붓을 잡는 일을 기다리지 아니하고도 바로 해 낼 수 있는 것이거늘, 하물며 그 가지와 잎을 따지겠는가?

— 권헌權憲, '묵매기墨梅記'

(나)

소동파의 시에 "그림을 그리되 겉모습만 같게 하면 된다고 하니, 이런 소견들은 어린 아이와 다를 것이 없다. 시를 짓는 데 앞에 보이는 경치만 읊는 것도, 시의 본뜻을 알고 짓는 이가 아니다"라고 하였다. 후세에 화가들이 이 시를 종지(宗旨)로 삼고 진하지 않은 먹물로 그림을 거칠게 그리니, 이는 물체의 본질과 어긋나게 된 것이다.

지금 만약 "그림을 그리되 겉모습은 같지 않게 해도 되고, 시를 짓되 앞에 보이는 경치를 읊지 않아도 된다"고 한다면, 이치에 맞는 말이라 할 수 있겠는가? 우리 집에 동파가 그린 묵죽이 한 폭이 있는데, 가지와 잎이 모두 산 대나무와 꼭 같으니, 이것이 소위 틀림없는 사진(寫眞)이란 것이다. 정신이란 모습 속에 있는 것인데, 모습이 이미 같게 되지 않는다면 정신을 제대로 전해낼 수 있겠는가?

동파가 이렇게 시를 읊은 것은 대개 "겉모습은 비슷하게 되어도 정신이 나타나지 않으면 비록 이 물체가 있다 할지라도 광채가 없다"는 것을 말한 것이다. 나도 말하기를 "그림이란 정신이 나타나야 하는데, 겉모습부터 같지 않게 되었다면 어찌 같다 할 수 있겠으며 또 광채가 있어야 하는데 딴 물건처럼 되었다면 어찌 이 물건이라 할 수 있겠는가?"라고 한다.

— 이익李翼, '논화형사論畫形似', '성호사설星湖僿說' 권5

논제 1. 제시문 (가)와 (나)는 조선시대 문인들의 그림에 대한 견해를 보여주고 있다. 그들이 그림을 창작하고 감상하는 데 있어서 중요하게 생각했던 요소가 무엇인지 서술하시오.

논제 2. 다음 두 산수화(그림1, 2)는 안견(安堅)의 〈몽유도원도(夢遊桃源圖)〉와, 정선(鄭敾)의 〈인왕제색도(仁王霽色圖)〉이다. 논제 1의 논의를 바탕으로 두 그림을 비교 감상하시오.

그림 1. 안견, 〈몽유도원도〉, 1447년

그림 2. 정선, 〈인왕제색도〉, 1751년

【문항 3】

〈제시문〉

(가)

주어진 자료는 김정호가 1857년에 그린 「동여도」의 일부이다. 노란색 원은 조선시대 군현의 중심지(읍치 : 邑治)이다. 청색 선은 정선부터 서울까지 이어지는 남한강으로 조선시대 강원도와 충청북도 지역의 화물을 수송했던 주요 교통로이다. 붉은 색은 서울에서 강릉을 거쳐 평해까지 이어지는 관동로(제3로)와 서울에서 부산까지 이어지는 제4로의 일부를 그린 것이다. 진한 회색은 경부 철도의 일부로서 조선시대 교통로와 비교하기 위해 「동여도」 위에 개략적으로 그려 넣었다.

(나)

조선 후기에 들어 포구가 새로운 상업 중심지가 되었다. 포구의 상거래는 장시보다 규모가 훨씬 컸다. 종래의 포구는 세곡이나 소작료를 운송하는 기지의 역할을 했으나, 18세기에 이르러 상업의 중심지로 성장하였다. 포구를 거점으로 선상, 객주, 여각 등이 활발한 상행위를 하였다. 선상은 선박을 이용해서 각 지방의 물품을 구입해 와 포구에서 처분하였는데 운송업에 종사하다가 거상으로 성장한 경강 상인이 대표적인 선상이었다. 그들은 한강을 근거지로 하여 미곡, 소금, 어물 등을 거래하였다. 한편, 객주나 여각은 각 지방의 선상이 물화를 싣고 포구에 들어오면 그 상품의 매매를 중계하고, 부수적으로 운송, 보관, 숙박, 금융 등의 영업도 하였다. 객주와 여각은 지방의 큰 장시에도 있었다. — 고등학교 「국사」 교과서

(다)

일본은 대륙 침략을 위해 우리나라의 남북을 연결할 철도 부설에 주력하여, 결국 서울과 부산, 서울과 의주, 서울과 인천을 잇는 철도부설권을 모두 확보하였다. 이 가운데 특히 경부선은 우리의 근대사에서 중요한 의미를 갖는다. 일본 자본가들은 '경부철도주식회사'를 설립하여 1898년 「경부철도합동」을 체결하고 1905년 경부선을 개통시켰다. 경부선의 시발점과 종점은 한강–낙동강 수로와 동일하다. 혹자는 경부선과 한강–낙동강 수로의 경유지가 다르기 때문에 경부선이 남한강 수운에 치명적인 타격을 주지 않았다고 생각할 수도 있다. 그러나 경부선이 개통되면서 한강–낙동강 수로의 좌측 배후지가 잠식당하게 되었다.

더구나 일제는 경부선을 주축으로 하여 한강–낙동강 수로 방향으로 분기하는 동서횡단철도를 잇달아 건설하였다. 예를 들어 1925년 천안에서 안성까지 철도를 부설하고, 뒤이어 이 철도를 청미천 유역 곡창지대의 중심지인 장호원까지 연장시켰다. 1928년에는 조치원과 충주사이에 철도를 놓아 남한강 유역 중심도시인 충주를 경부선과 직접 연결시켰다. 또한 1930~31년 수

원-이천-여주를 잇는 수려선이 개통되어 경기 내륙 최대 곡창이 경부선과 직결되었으며, 1939~41 년 청량리-양평-원주를 잇는 중앙선이 완공되었다. 이에 따라 우리나라 내륙 수로의 기능은 마 비되었다.

(라)

철도의 개통은 한반도에서 근대적 공간 구조를 형성하는 계기가 되었다. 이전에는 원거리 대 량 운송이 수운에만 의존하였지만, 철도가 개통됨으로써 원거리 대량 운송이 수운과 철도 운송 이라는 두 부분으로 나뉘게 된 것이다. 특히 철도가 한반도 내륙을 관통하게 됨으로써 원거리 대량 운송이 수운을 따라 돌아가던 단점을 극복하게 되었고 그 결과 화물 수송에 일대 변혁이 일어났다. 예를 들어 한강 상류지역은 경부선이 개통됨으로써 경상도 북부 지역과의 교환관계 를 상실하였는데, 그로 인해 한강 상류 수운은 순전히 지역 물자의 교환이라는 역할로 축소되었 다. 한강 중류 지역은 경부선이 경기도 서쪽으로 치우쳐 개통되었기 때문에 이들 지역보다는 영 향을 덜 받았다. 하지만 한강 중류지역도 경부선의 영향을 받지 않은 것은 아니다. 경부선이 서 해안 해운의 상당 부분을 대체하였기 때문에 서해안 해운 지역과 남한강 수운 지역의 경계선이 경부선과 남한강 수운 지역의 경계선으로 바뀌었다. 이런 이유로 기존에 남한강 수운에 속했던 지역 중 일부가 경부선의 영향권으로 편입되었을 것이다.

논제 1. 위 제시문과 지도를 바탕으로 철도가 경부선과 남한강 주변에 살던 사람들의 구체적인 삶을 어떻게 변화시켰을지 역사적 상상력을 발휘하여 서술하시오.

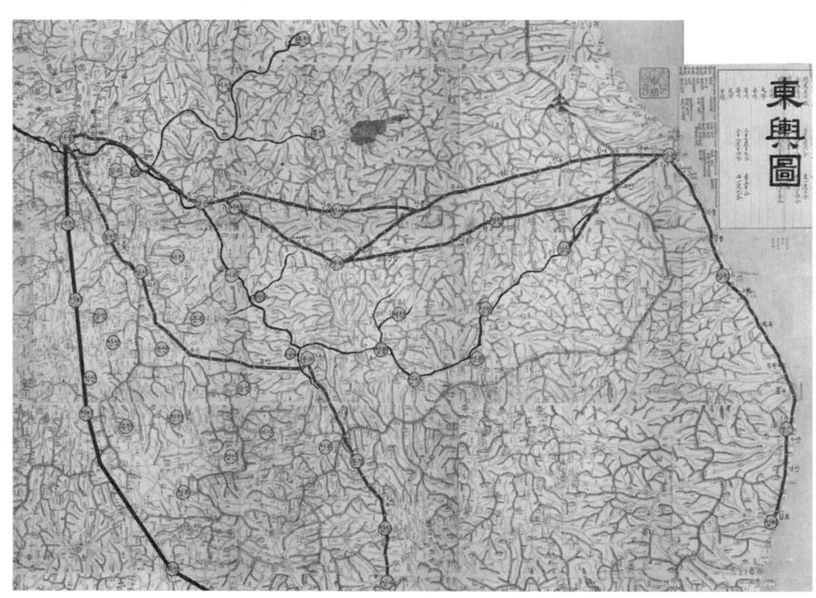

【문항 4】

〈제시문〉

(가)

새와 짐승도 슬피 울고 바다와 산도 찡그리네.　　鳥獸哀鳴海岳嚬

무궁화 세계는 이미 사라지고 말았구나.　　　　槿花世界已沈淪

가을 등불 아래 책 덮고 천고(千古)를 생각하니,　秋燈掩券懷千古

인간 세상에 글 아는 사람 노릇하기 어렵기만 하구나.　難作人間識字人

— 황현, 절명시(絕命詩), 고등학교 『문학』

(나)

나는 이모가 나를 흔들어 깨워서 눈을 떴다. 늦은 아침이었다. 이모는 전보 한 통을 내게 건네 주었다. 엎드려 누운 채 나는 전보를 펴 보았다. '27일회의참석필요. 급상경바람 영.' '27' 일은 모레였고 '영'은 아내였다. 나는 아프도록 쑤시는 이마를 베개에 대었다. 나는 숨을 거칠게 쉬고 있었다. 나는 내 호흡을 진정시키려고 했다. 아내의 전보가 무진에 와서 내가 한 모든 행동과 사고(思考)를 내게 점점 명료하게 드러내 보여 주었다. 모든 것이 선입관 때문이었다. 결국 아내의 전보는 그렇게 얘기하고 있었다. 나는 아니라고 고개를 저었다. 모든 것이, 흔히 여행자에게 주어지는 그 자유 때문이라고 아내의 전보는 말하고 있었다. 나는 아니라고 고개를 저었다. 모든 것이 세월에 의하여 내 마음속에서 잊혀질 수 있다고 전보는 말하고 있었다. 그러나 상처가 남는다고, 나는 고개를 저었다. 오랫동안 우리는 다투었다. 그래서 전보와 나는 타협안을 만들었다. 한 번만, 마지막으로 한 번만 이 무진을, 안개를, 외롭게 미쳐 가는 것을, 유행가를, 술집 여자의 자살을, 배반을, 무책임을 긍정하기로 하자. 마지막으로 한 번 만이다. 꼭 한 번만. 그리고 나는 내게 주어진 한정된 책임 속에서만 살기로 약속한다. 전보여, 새끼손가락을 내밀어라. 나는 거기에 내 새끼손가락을 걸어서 약속한다. 우리는 약속했다.

그러나 나는 돌아서서 전보의 눈을 피하여 편지를 썼다. "갑자기 떠나게 되었습니다. 찾아가서 말로써 오늘 제가 먼저 가는 것을 알리고 싶었습니다만 대화란 항상 의외의 방향으로 나가 버리기를 좋아하기 때문에 이렇게 글로써 알리는 바입니다. 간단히 쓰겠습니다. 사랑하고 있습니다. 왜냐하면 당신은 제 자신이기 때문에 적어도 제가 어렴풋이나마 사랑하고 있는 옛날의 저의 모습이기 때문입니다. 저는 옛날의 저를 오늘의 저로 끌어다 놓기 위하여 있는 힘을 다할 작정입니다. 저를 믿어 주십시오. 그리고 서울에서 준비가 되는 대로 소식 드리면 당신은 무진을 떠나서 제게 와 주십시오. 우리는 아마 행복할 수 있을 것입니다." 쓰고 나서 다시 나는 그 편지를 읽어 봤다. 또 한 번 읽어 봤다. 그리고 찢어 버렸다.　— 김승옥, 「무진기행」, 고등학교 『문학』

(다)
노란 숲 속으로 길이 두 갈래로 났었습니다.
나는 두 길을 다 가지 못하는 것을 안타깝게 생각하면서,
한동안 서서 한 길이 굽어 꺾여 내려간 데까지.
바라다 볼 수 있는 데까지 멀리 바라다 보았습니다.

그리고 똑같이 아름다운 다른 길을 택했습니다.
그 길에는 풀이 더 있고 사람이 걸은 자취가 적어,
아마 더 걸어야 될 길이라고 나는 생각했던 게지요.
그 길을 걸으므로, 그 길도 거의 같아질 것이지만.

그 날 아침 두 길에는
낙엽을 밟은 자취는 없었습니다.
아, 나는 다음 날을 위하여 한 길을 남겨두었습니다.
길은 길에 연하여 끝없으므로
내가 다시 돌아올 것을 의심하면서…….

훗날에 훗날에 나는 어디선가
한숨을 쉬며 이야기할 것입니다.
숲 속에 두 갈래 길이 있었다고,
나는 사람이 적게 간 길을 택하였다고,
그리고 그것 때문에 모든 것이 달라졌다고.

—— 프로스트, [가지 않은 길], 고등학교 '문학'

논제 1. 제시문 (가)와 (나)에는 고민하는 인간의 모습이 나타나 있다. 글쓴이가 고민하고 있는 상황을 비교하여 설명하시오.

논제 2. 학생이 제시문 (가)와 (나)중 한 상황에서 제시문 (다)와 같은 선택을 해야 한다고 할 때, 그 선택은 어떤 것인지 구체적으로 밝히고, 그렇게 선택한 이유를 논술하시오.

【문항 5】

〈제시문〉

과학이 무신론이고 윤리와는 거리가 멀다는 견해는 스페인의 철학자 오르테가 이 가세트가 말하는 '문화인' 들 사이에서 과학에 대한 반감을 더욱 부채질하곤 했다. 이 두 가지 반감의 원인이 타당한 것인지는 좀더 살펴볼 필요가 있다. 사실 과학자도 신의 존재를 믿을 수 있고, 더 나아가 신의 존재에 대한 과학적 증거를 찾으려 할 수도 있다. 무신론자들에게는 이것이 지루한 과학과 극단적 기독교의 만남 정도로 보일지도 모른다. 그러나 어느 누구도 제임스 클러크 맥스웰 같이 저명한 과학자가 분자구조를 이용해서 신의 존재를 증명하려 했던 것을 비웃을 수는 없다.

물론 과학자들 중에는 무신론자도 많이 있다. 동물학자인 도킨스는, 모든 종교는 무한히 복제되는 정신적 바이러스일지도 모른다는 의심을 갖고 있었다. 그러나 확고한 유신론자들의 관점에서는 이 모든 과학적 발견 역시 신에 의해 계획된 것을 발견한 것이므로 종교적 지식이라고 할 수도 있다. 따라서 과학의 본질을 무조건 비종교적이라고 간주할 수는 없을 것이다.

오히려 과학자나 종교학자가 모두 진리를 찾으려고 한다는 점에서 과학과 신학은 동일한 목적을 추구한다고도 할 수 있다. 과학이 물리적 우주에 관한 진리를 찾는 것이라면, 신학은 신에 관한 진리를 찾는 것이다. 그러나 신학자들이나 혹은 어느 정도 신학적인 관점을 가진 사람들은 신이 우주를 창조했다고 믿고 우주를 통해 신과 만날 수 있다고 믿기 때문에 신과 우주가 근본적으로는 뚜렷이 구분되는 대상이 절대 아니라고 생각한다.

사실 많은 과학자들이 과학과 종교는 서로 대립되는 개념이라고 주장하기도 한다. 신경심리학자인 리처드 그레고리는 '과학이 전통적인 믿음을 받아들이기보다는 모든 것에 질문을 던지기 때문에 과학과 종교는 근본적으로 다른 반대의 자세를 가지고 있다' 고 주장한 바가 있다. 그러나 이것은 종교가 가지고 있는 변화의 능력을 과소평가한 것이다. 유럽에서 일어난 모든 종교개혁운동은 전통적 믿음을 받아들이지 않으려는 시도였다.

과학은 증거에 의존하는 반면 종교는 계시된 사실에 의존한다는 점에서 이들 간에 극복할 수 없는 차이점이 존재한다는 반론을 제기할 수도 있다. 그러나 종교인들에게는 계시된 사실이 바로 증거이다. 지속적으로 신에 관한 증거들에 대해 회의하고 재해석하려고 한다는 점에서 신학을 과학이라고 간주하더라도 결코 모순은 아니다. 사실 그것을 신학이라고 부르기 때문에 신의 존재를 전제로 하고 있는 것처럼 보인다. 그러나 우리가 본 바와 같이 과학적 연구가 몇몇 과학자를 신에게 인도했던 것처럼, 신학연구가 그 신학자를 무신론자로 만들지 않을 이유는 없다.

과학의 정반대에 서 있는 것은 신학이 아니라 오히려 정치이다. 과학은 지식의 범주에 있지만, 정치는 견해의 범주에 속한다. 정치는 좋아하느냐 마느냐를 문제 삼는 분야로, 단지 말잔치를 통해 진리의 위치로 상승하기 위해 안간힘을 쓴다. 정치는 인물과 웅변술에 의존하고, 사회계층과 인종, 그리고 민족을 핵심적인 요소로 하고 있다. 이런 모든 것들은 과학과 아무런 관계가 없다. 그리고 정치는 갈등을 기반으로 존재하고 적대세력을 가지고 있어야 한다. 이러한 대립구도가 와해된다면 정치는 더 이상 존재할 수가 없다. 즉 완벽한 의견일치를 보이는 세상에서는 정치가 존재할 수 없다.

반면에 과학은 대립이 아닌 상호 협조의 운명을 지니고 있다. 물론 과학사는 지독한 논쟁과 고뇌, 그리고 반대이론의 파괴로 점철되어 있다. 하지만 의견일치에 도달하면 과학은 붕괴되는 것이 아니라 오히려 발전한다. 또 다른 핵심적인 차이로 정치는 인간을 구속하려 든다는 점이다. 정치의 주된 관심은 권력의 집행에 있다. 이러한 점 때문에 정치는 그 목적을 달성하기 위해 폭력(전쟁, 학살, 테러 등)을 사용할 수도 있으며, 가끔 실제로 사용하기도 한다. 그러나 과학은 전혀 그렇지 않다. 열역학 제2법칙과 같은 진리를 규명하기 위해 전쟁을 한다면 얼마나 우스운 일이겠는가?

물론 위에서 말한 것처럼 정치로부터 완전히 자유롭고 정반대 의미의 과학이 존재하는 이상적인 상태가 실제 세상에서는 있을 수 없다. 실제로는 다른 모든 것처럼 과학도 정치에 의해 유린되고 왜곡되는 것이 기정사실이 되고 있다. 그러나 과학이 호전적이고 파괴적인 도구로 사용되는 상황에 놓이게 된 것은 본질적으로 과학과 아무런 관련이 없다.

이는 정치의 책임이다. 우리는 이러한 과학의 비정치성을 강조할 필요가 있는데, 이는 과학이 초윤리적(超倫理的)이라는 비난을 극복하는 데 도움이 되기 때문이다. 이러한 관점에서, 우리는 과학의 초윤리성을 과학의 문제점이 아니라 오히려 강점과 순수성으로 인식해야 한다. 한편, 정치는 윤리로부터 절대 분리될 수 없다. 정치는 창자 속의 촌충처럼 윤리성 혹은 개념의 선악을 규정함으로써 발전해간다. 따라서 과학이 초윤리적이지 않고는 정치로부터 자유로워질 수 없는 것이다.

윤리적인 용어로 냉정하고 논리적이며 비인간적인 인생의 접근방식을 종종 '과학적'이라고 표현하는데, 이는 과학적 방법을 윤리적 관점으로 단순히 연결시키는 오해에서 비롯된 것이다. 과학은 그것이 냉정한 것이든 아니든 윤리적 관점과의 연결을 결코 용인하지 않는다. 사람에 따라서는 동일한 과학적 명제들이 매우 상반되는 윤리적 평가를 불러일으킬 수도 있다. 가령 인간을 원숭이와 관련짓는 다윈의 진화론은 인간을 격하시키는 것처럼 비추어졌고 지금도 어느 정도는 그렇지만, 브루스 프레데릭 커밍스는 이 진화론을 기쁘게 받아들이고 있다.

나로서는 내가 다른 동물들과 가까운 친족관계라는 것이 자랑스럽다. 나는 나의 유인원 조상들을 선망하며, 그들이 자랑스럽다. 내가 한때는 숲 속에 사는 무수히 많은 털을 가진 유인원이었으며, 바다의 한천류로부터 활유어, 물고기, 공룡, 그리고 원숭이를 거치는 지질학적 시간대를 통해 지금의 내 틀이 완성되었다는 생각은 언제나 나를 즐겁게 한다. 누가 이런 생각을 에덴동산에서 어슬렁대는 한 쌍의 남녀와 바꾸려 들까?

과학자 개개인은 연구를 추구하는 윤리적 혹은 초윤리적 이유를 가지고 있을 수도 있다. 그러나 이러한 이유들이 그들의 발견에 어떠한 흔적도 남기지 않으며, 그 발견이 발견자의 동기와는 전혀 무관하게 옳은 것이 될 수도 혹은 그렇지 않을 수도 있다. 데이비드 보다니스처럼 파스퇴르의 대중을 혐오하는 성향과 그가 밝혀낸 질병과 박테리아 사이에 어떤 관련성을 찾으려고 시도할 수도 있다. 그러나 파스퇴르가 밝혀낸 사실의 과학적 신뢰성은 인간을 불신하는 그의 성향으로 인해 강화되지도 혹은 약화되지도 않는다.

이처럼 과학이 윤리나 종교적 문제에 대한 해답을 가지고 있지 않다면, 왜 독자들이 구태여 과학을 알아야 하는 것일까? 이 질문에 대한 가장 좋은 답은 과학이 우리가 알고 있는 것(지식)이기 때문이라는 것이다. 이에 대한 반대는 무지일 뿐이다. 콜리지는 이러한 점을 명확히 알고 있었다.

최초의 과학자는 관찰대상이 그에게 식량이나 피신처, 무기, 도구, 장신구, 또는 장난감을 제공할 수 있어서가 아니라, 단지 안다는 것의 희열을 찾기 위해 사물을 관찰하는 사람이었다.

과학이 발달함에 따라 필연적으로 과학에 대해 알지 못하는 사람들이 가지게 된 무지의 크기도 커졌다. 문학이나 예술분야에서만 교육 받아온 사람들에게는 20세기 후반의 현대적 지식 대부분에서 몽매한 암흑의 영역이 크게 확대되었다. 무지의 추방을 목적으로 하는 교육의 역사상 처음으로 새로운 형태의 무지한 지식층이 생겨난 것이다. 이러한 지식층 중에서 그래도 나은 사람들은 자신의 무지를 통렬히 후회하는 사람들이다. 20세기 미국의 뛰어난 문학비평가로 중요한 역할을 했던 라이오넬 트릴링은 "근대사의 특징적 성취라고 불리는 상상적 형태로부터 배제됨으로써 지적 자기만족에 큰 상처를 입게 되었다"고 탄식했다.

그러나 좀더 최근에는 과학에 대한 무지가 어느 정도의 정치적 정당성을 부여받기도 했는데, 과학을 지구 오염의 주범으로 몰아세운 녹색운동이 이러한 부분에 기여하였다. 또한 과학을 남성중심적 권력의지의 발현으로 몰아세우는 페미니즘도 마찬가지이다. 이러한 비난을 제기하는 것 자체는 정당하다고 하더라도, 그것이 과학을 포기해야 하는 정당한 이유를 제시할 수 있는 것은 아니다. 오히려 그 반대일 것이다. 과학이 정치에 의해 잘못 사용되어졌기 때문에 발생한 공해문제의 해결은 과학적 수단을 통해서만 해결이 가능하다. 가장 기본적 레벨에서조차 위험에 처한 식물이나 동물을 조사하고 보호하며 보존하는 일은 필연적으로 과학적 노력에 의해서 달성될 수밖에 없는 것이다.

과학이 남성의 목적이나 태도에 의해 지배된다고 불평하는 페미니스트들도 여성의 과학에 대한 무지와 배타적 성향을 정당화할 수는 없다. 오히려 과학교육과 연구 분야에 여성의 참여를 확대하는 것이 더욱 시급한 일일 것이다. 이러한 관점은 가장 강경한 여권운동가 중 한 사람인 에블린 팍스 켈러의 저서 『성과 과학에 관한 고찰』에서도 잘 드러나 있다. 그녀는 수리생체물리학자였고, 노벨상을 수상한 유전학자인 바버라 맥클린톡의 자서전을 집필하기도 했다. 켈러는 과학적 지식이 '남성적 발현의 결과'라는 식의 파괴적인 표현을 쓰기 보다는 오히려 이상적인 '공동의 목적'으로 인식하고 있다.

페미니스트 등 과학에 비판적인 사람들에게 힘을 더해준 책은 토마스 쿤의 『과학혁명의 구조』이다. 이 책으로 인해 이성적이어야 할 과학자들이 실제로는 이성적인 사람들이 아니며 문화적 조류에 따라 흔들리고 객관적 진리와는 전혀 관계없는 이유에 의해 한 패러다임에서 다른 패러다임으로 생각을 바꾸는 사람들이라는 생각이 유행하게 되었다. 그러나 어떤 개념이 확신을 얻게 되는 과정에 관한 쿤의 설명은 그 개념에 대한 진위 여부를 규명하려는 노력이 충분히 검토되지 않았다는 점에서 과학자들의 비판을 받기도 한다.

과학을 평가절하하는 이러한 다양한 움직임들은 무지를 정당화하고 나아가 미화하기까지 하는 효과를 가져왔다. 영국의 대학교수들은 대부분의 문학이나 예술계 학생들이 그들의 학창시절에 배운 미미한 과학적 지식마저도 쉽사리 잊어버린다는 것을 알고 있을 것이다. 최근 옥스퍼드 대학의 한 문학 세미나에서 나는 존 던의 시 한 구절을 인용하였는데, 그가 이 시를 쓴 1612년에는 아무도 피가 어떻게 심실에서 다른 심실로 이동하는지 모른다는 내용이었다. 나는 이 세미나에서 학생들이게 실제로 피가 어떻게 이동하는지 아느냐고 물어보았다. 그곳에는 학위과정의 막바지에 와 있는 30여명의 매우 지적인 학생들이 앉아 있었지만, 어느 누구도 바른 대답을 하지 못했다. 한 학생만이 머뭇거리며 일어나 삼투현상 때문일 것 같다고 대답했다. 그들은 피가 몸속을 돈다는 사실조차도 모르는 것 같았다.

매년 영국의 대학에서 문예 분야의 강좌를 듣기 위해 몰려드는 엄청난 수의 수강신청자에 비해 미미한 숫자의 과학계 강의 수강신청자들을 보면서 젊은이들 사이에서 과학을 포기하는 경향이 있음을 알 수 있다. 대부분의 학자들이 이러한 점은 고쳐져야 한다고 말하고 있지만, 문예 분야가 쉽기 때문에 더 인기가 있으며 문예계열의 학생들은 과학계 강좌에서 요구하는 지적 수준을 충족시킬 필요가 없다는 생각이 더 일반적이다. 우리는 이러한 견해에 대해 반대하는 피터 메더워 경의 생각을 한번 돌이켜볼 필요가 있다. 메더워는 1953년 크릭, 윌킨스, 프랭클린과 함께 DNA의 분자구조를 발견하여 노벨상을 수상한 미국의 유명한 젊은 과학자 제임스 D. 왓슨의 경력을 언급하면서 다음과 같이 말하고 있다.

영국에서는 왓슨과 같은 재능 있고 천재성을 가진 학생들이 문예계열의 연구에 치중되어 있었던 것같다. 분자생물학의 첫 세대가 활동하던 1950년대에 영국의 옥스퍼드나 케임브리지 대학의 영문학부에서는 뛰어난 능력을 가진 졸업생들을 배출하였다. 그들은 왓슨 수준에 버금가는 젊은 과학자들보다 훨씬 더 총명하고 창조적이며 똑똑하고 논리적이었다. 그러나 왓슨은 그들이 가지지 못한 뛰어난 장점을 가지고 있었는데, 그는 매우 똑똑하면서도 어떤 대상에 관심을 가질 것인가를 아는 현명함을 갖추고 있었다. 이러한 점은 지식을 탐구하는 대부분의 사람들이 가지지 못한 과학자들만의 장점이며, 그들은 이러한 장점을 능력에 관계없이 향유하고 있다.

똑똑하다는 것이 최고의 과학자가 되기 위한 필요조건은 아니다. 또한 이것이 최고의 과학자가 되기 위한 충분조건은 더더욱 아니다. 과학적 연구에 의해 일어난 위대한 사회적 혁명 중의 하나는 배움의 민주화였다. 어느 누구나 통상의 상식과 보통수준의 상상력을 복합시킬 수만 있으면 창조적인 과학자가 될 수 있다. 또한 사람이 가진 능력의 한계를 넓힐 수 있느냐에 따라 그 사람의 행복이 결정된다면, 그는 적어도 행복한 과학자가 될 수 있을 것이다.

메더워의 주장, 특히 과학자들은 현명한 어떤 것을 가지고 있는 데 반해 문예계열의 학생들은 그렇지 않다는 주장은 상당한 논란을 불러일으켰다. 당연히 셰익스피어나 톨스토이가 전혀 현명한 사람이 아니라고 주장하는 것이냐는 항의를 들어야만 했다. 한편 과학이 천재들뿐만 아니라 보통의 능력을 가진 사람들에게도 행복을 가져다줄 수 있다는 그의 주장은 별로 관심을 끌지 못했다. 그렇지만 그의 핵심적 메시지는 바로 이 부분이다. 영국이 경제난국에 처하지 않기 위해 과학을 계속하여야 한다는 식의 얘기는 젊은이들을 과학 분야로 끌어들이는 데 별로 도움이 되지 않는다. 그러나 과학자들의 글을 통해 메더워가 말하는 기쁨과 자기만족이 사실이라는 점을 보여준다면, 많은 젊은이들이 과학계통의 일에 종사하게 될 것이다.

만약 독자들이 문학교수인 내가 무슨 생각으로 각종 지식 원전들을 한데 모으게 되었냐고 묻는다면, 기쁨과 자기만족을 위해, 그리고 콜리지의 말처럼 '알게 된다는 것의 희열'을 느끼기 위해 만들었다고 대답할 것이다.　　　　　　　　　　　　　　　── 존 캐리, 『지식의 원전』

논제 1. 위 제시문을 300자 이내로 요약하시오.

논제 2. 인문과학을 공부하는 학생에게도 자연과학의 지식이 필요한가에 대해 그 이유를 들어 논술하시오.

2. 2008학년도 연세대학교 논술 예시 문항

논술 I 시험 예시문

다음 제시문을 읽고 아래 문제에 대해 논술하시오.
(150분, 답안지 본문에 본인을 알릴 수 있는 어떠한 표기도 하지 마시오.)

(가) 평면 위의 두 점을 잇는 선분이 있다. 이 선분 위에 놓여 있는 한 점 O의 고유 좌표를 정의하려 한다. 점 O가 주어진 선분을 m : n의 비로 내분하는 위치에 있을 때 점 O의 고유좌표를 $\left(\dfrac{m}{m+n}, \dfrac{n}{m+n}\right)$으로 정의할 수 있다. 그리고 선분의 중점은 (1/2, 1/2)의 좌표 값을 갖는다. 이 개념을 확장하면 면적의 비를 이용하여 삼각형 내의 무게 중심 O의 좌표도 설정할 수 있다.

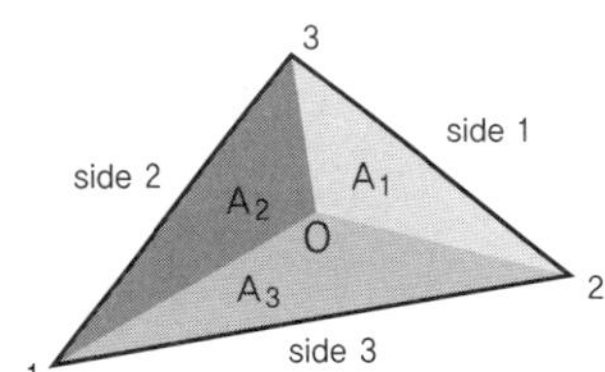

(나) 아래 도표는 소득 분배와 관련된 지니(Gini) 계수와 소득배분위의 추이를 보여주고 있다.

〈도표 1〉 지니계수의 추이

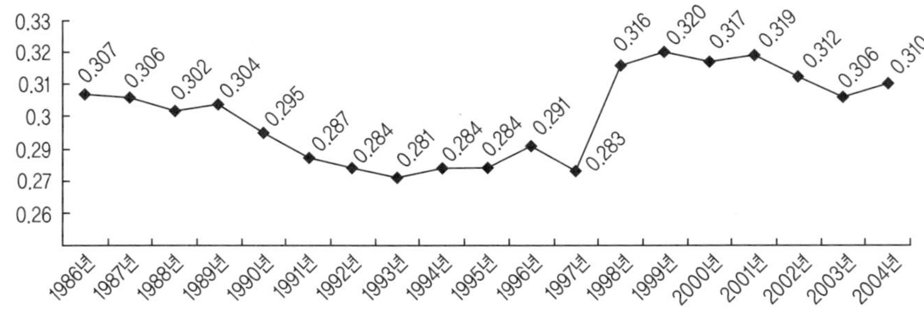

(지니계수 0= 완전 평등/모두가 동일한 소득, 지니계수 1= 완전불평등/한 개인이 모든 소득을 독차지함)

〈도표 2〉 소득 5분위 배율

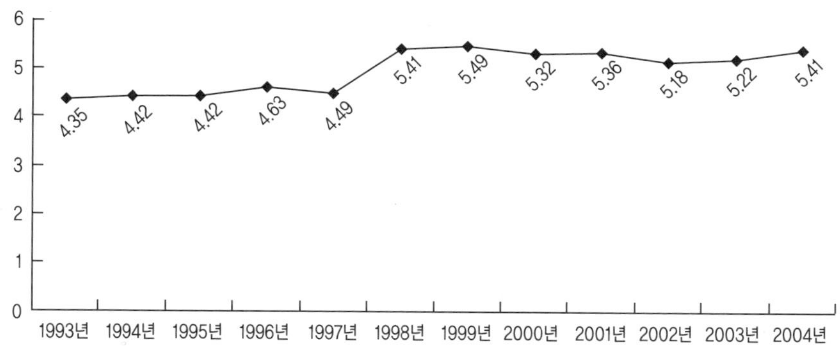

(전체 조사 가구를 소득 순으로 5등분하여 소득 수준이 가장 높은 5분위 평균 소득을 가장 낮은 1분위의 평균 소득으로 나눈 값)

(다) 비록 인류가 완전한 평등에 도달하지 못하였다 하더라도 이미 내가 설명한 바와 같이 대부분의 정치 체제는 항상 정의와 비례적 평등에 대한 인식을 하고 있었다는 사실을 논의의 출발로 해야 한다. 가령 빈민정체론자들은 모든 사람들이 모든 점에서 평등하다고 하는 생각, 즉 인간은 똑같이 자유롭기 때문에 절대적으로 평등할 것을 요구할 수 있다는 생각에 기초한다. 반면 과두정치 옹호론자들은 인간이 한 가지 면에서라도 동등하지 않다면 모든 점에서 평등할 수 없다고 하는 관념을 기초로 형성된 것으로, 예컨대 인간의 속성들이 동등하지 않다면 그들은 절대적으로 평등할 수 없다고 생각한다. [······]

여기에 평등에는 두 가지 종류가 있으니 하나는 수량적인 평등이고, 다른 하나는 비례적인 평등이다. 전자는 수 또는 크기에 있어서의 동일 또는 균등을 의미하며, 후자는 비율에 있어서의 균등을 의미한다. [······] 앞서도 말한 바와 같이 사람들은 관념적으로 사회정의란 비례의 문제라는 데에는 동의한다. 그러나 어떤 사람은 그들이 어느 한 면에서 동등하다면 모든 사람이 절대적으로 동등하다고 생각하며, 또 어떤 사람은 어느 속성이 동등하지 않다면 동등해서는 안 된다고 생각한다는 점에서 서로 의견이 다른 것이다. 그러므로 빈민정치와 과두정치라고 하는 두 개의 주요한 정치 형태가 존재하는데, 가문이 좋고 덕이 있는 사람의 수는 드물지만, 경제적으로 부유한 사람이라든가 빈민들은 그보다는 흔하기 때문이다. 어느 도시에서 우리는 가문 좋고 덕 있는 사람들을 매우 드물게 찾아볼 수 있을 것이지만 부자들은 그보다 많이 발견될 수 있다. 단적으로 말해, 어느 한 속성에 의해 평등이 조직되어야만 하는 국가가 있다면 그것은 좋은 국가가 아니며 그와 같은 정치 형태는 오래 갈 수 없다. 그런 국가는 근본적으로 오류에 입각하고 있는 것이며, 궁극적으로도 나쁜 결과를 낳을 수밖에 없다.

(그렇기 때문에) 두 가지 종류의 평등, 즉 어느 경우에 있어서는 숫자적인 평등을 또 어느 경우에 있어서 비례적인 평등을 채택하지 않으면 안 된다는 것이다. 빈민정치는 과두정치보다는

견고하고, 변혁이 발생할 가능성이 희박할 것이다. 왜냐하면 과두정치에 있어서는 과두적 집정가들 상호간의 갈등뿐만 아니라 민중들과의 분쟁이라고 하는 이중적인 위험성이 존재하지만, 빈민정치에 있어서는 과두적 지배자들과의 싸움이라는 위험성밖에 없기 때문이다. 민중 상호간에 일어나는 알력은 그다지 문제될 만한 것이 없다. 그리고 또 한걸음 나아가서 중간계급으로 구성되어 있는 정체는 과두정치보다는 빈민정치에 훨씬 더 가깝지만, 정치 형태들 중에서는 가장 안정적이라고 할 수 있을 것이다.　　　　　　　　　　　— 아리스토텔레스, 『정치학』에서

(라) 대저 온 천하 사람에게 모두 농사를 짓도록 하는 일은 본디 내가 하고자 한 바이지만, 그 온 천하 사람이 모두 다 농사만을 짓지 않는다 해도 또한 이를 허가할 뿐이다. 농사를 짓는 사람에게는 전지(田地)를 얻도록 하고 농사를 짓지 않는 사람에게는 전지를 얻지 못하도록 한다면 이는 옳은 일이다.

[……]

이제 농사를 짓는 사람에게는 전지를 얻도록 하고, 농사를 짓지 않는 사람에게는 전지를 얻지 못하도록 한다면, 여전(閭田)의 법을 시행하여야만이 나의 뜻을 이룰 수 있을 것이다.

무엇을 여전이라 하는가. 산골짜기와 천원(川原)의 형세를 가지고 경계[界]를 그어 만들고는, 그 경계의 안을 여(閭)라 이름하고, 여 셋을 이(里)라 하며, 이(里) 다섯을 방(坊)이라 하고, 방 다섯을 읍(邑)이라고 한다. 여에는 여장(閭長)을 두고 무릇 1려(閭)의 전지는 1려의 사람들로 하여금 다 함께 그 전지의 일을 다스리되, 피차의 강계(疆界)가 없이 하고 오직 여장(閭長)의 명령만을 따르도록 한다.

매양 하루하루 일할 때마다 여장은 그 일수를 장부에 기록하여 둔다. 그래서 추수 때에는 그 오곡(五穀)의 곡물을 모두 여장의 당(堂)에 운반하여 그 양곡(糧穀)을 나누는데, 먼저 공가(公家)의 세를 바치고, 그 다음은 여장의 녹봉을 바치고, 그 나머지를 가지고 날마다 일한 내용대로 장부에 의해 분배한다. 가령 곡식을 수확한 것이 천곡(千斛)일 경우, 그 장부에 기록된 역사한 일수가 2만 일이면 매양 하루당 양곡 5승(升)을 분배하게 된다.

어떤 사람의 경우, 그 부부와 아들과 며느리의 장부에 기록된 역사 일수가 모두 8백 일이면 그 분배된 양곡은 40곡(斛)이 되고, 또 어떤 사람의 경우, 그 장부에 기록된 역사 일수가 10일면 그 분배된 양곡은 4두(斗)뿐인 것이다.

노력을 많이 한 사람은 양곡을 많이 얻게 되고 노력이 많지 않은 사람은 양곡을 적게 얻게 되니, 그 힘을 다하여 많은 양곡을 타려고 하지 않을 사람이 있겠는가. 사람들이 모두 그 힘을 다함으로써 토지에서도 그 이익을 다 얻게 될 것이다. 토지의 이익이 일어나면 백성의 재산이 풍부해지고, 백성의 재산이 풍부해지면 풍속이 순후해지고 효제가 행해지게 될 것이니, 이것이 전지를 다스리는 가장 좋은 방법이다.　　　　　　　　　　　— 정약용, 『전론(田論)』에서

문제

1. 주어진 삼각형 T의 무게 중심 점 O의 좌표를 정의하고, 점 O가 삼각형 T의 하나의 꼭지점으로 이동한다면 이 좌표는 어떤 값에 접근하는지 설명하시오.(25점)

2. 〈문제 1〉의 삼각형 T의 각 꼭지점을 사회의 여러 집단으로 가정하고, 제시문 (나)에 나타난 사회 현상을 해소하기 위한 다양한 대안을 제시문 (다), (라)와 〈문제 1〉의 삼각형 무게 중심 O의 이동을 참조하여 논술하시오(1,500자 안팎, 75점)

논술 Ⅱ 시험 예시문

다음 제시문을 읽고 아래 문제를 논술하시오.
(150분. 답안지 본문에 본인을 알릴 수 있는 어떠한 표기도 하지 마시오.)

(가) 향후 우리나라는 출산율 저하 및 사망률 감소 등으로 인하여 노령인구의 급속한 증가가 예상된다. 아래에 제시된 도표들은 통계청에서 발표한 국내 인구 변화에 관련된 자료들이다. 〈도표 1〉은 2004년까지의 총 출생아 수 및 합계출산율 자료이며 합계출산율은 한 여자가 가임기간(15~49)세 동안 평균 몇 명의 자녀를 낳는가를 나타내는 지표이다. 〈도표 2〉는 연령층별 인구비율에 대한 전망을 담고 있다. 예를 들면 2010년도에 0~14세인 유년인구는 총인구의 16.3%, 15~64세인 생산가능 인구는 72.8%, 65세 이상의 노령인구는 10.9%를 차지할 것으로 예상하고 있다.

〈도표 1〉 총 출생아수 및 합계출산율 추이

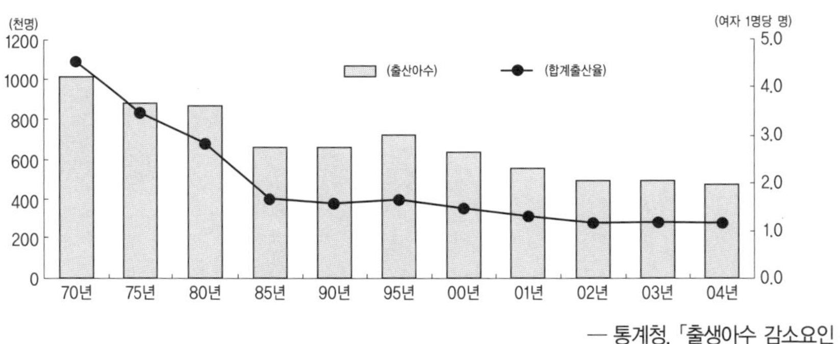

— 통계청, 「출생아수 감소요인 분석」

연령층 년도	0~14세	15~64세	65세 이상
1970	42.5	54.4	3.1
1980	34.0	62.2	3.8
1990	25.6	69.2	5.1
2000	21.1	71.7	7.2
2010	16.3	72.8	10.9
2020	12.6	71.7	15.7
2030	11.2	64.7	24.1
2040	10.1	57.9	32.0
2050	9.0	53.7	37.3

〈도표 1〉 총 출생아수 및 합계출산율 추이

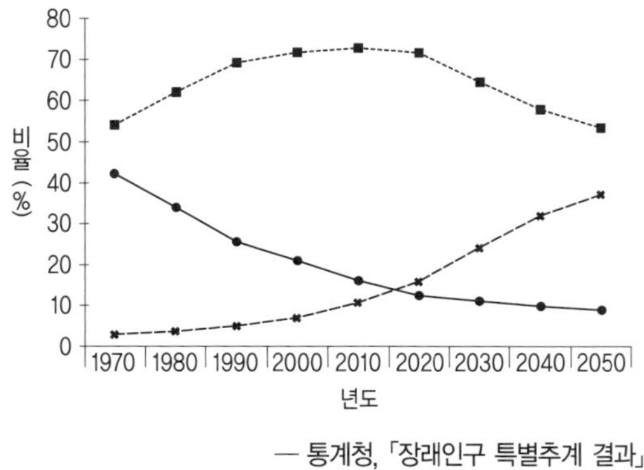

— 통계청, 「장래인구 특별추계 결과」

(나) 출생과 사망 사이의 균형 변화는 자연선택(natural selection) 기회에 또 다른 영향을 미치기도 했다. 현대인은 과거와는 달리 아이 낳는 일에 거의 집착하지 않는다. 북미의 루터파 교도는 종교적 이유 때문에 가급적 많은 식구를 갖고자 하지만, 그들조차도 건강 보장이 잘된 사회에서 10명 이상의 아기를 낳는 일은 거의 없다. 인류 역사의 대부분의 기간 동안 사람들은 생물학적으로 가능한 많은 아이를 낳았던 것 같다. 단지 최근에 들어서 그 수가 감소하기 시작한 것이다.

사람이 자기의 수명이 다할 때까지 산 것은 지금부터 몇 년 전의 일에 불과하다. 서구 사회에서는 지난 한 세기를 지나면서 평균 예상 수명이 거의 두 배로 증가했다. 역사상 처음으로 대부분의 사람들이 노화로 사망했는데, 이들은 생물학적으로 생존 가능한 연령까지 산 셈이다. 1900년 47세였던 사람의 예상 수명은 75세까지 증가했다. 그러나 이제는 적어도 일부 사회 계층에서는 더 이상 예상 수명이 증가되지 않는다. 1979년에 65세 된 미국의 백인 여성은 그 후로 18년 반을 더 살 것으로 예상되었고, 1991년에 이르러서도 그 예상 수치는 정확하게 같다. 모든 전염병과 사고로 인한 죽음이 없어진다 해도, 서구 사회의 평균 예상 수명은 단지 2년 정도밖에 증가하지 않는다. 하지만 평균 수명이 증가할 여지가 남아 있기는 하다. 건강과 관련하여 사회 계층 간의 차이가 있기 때문이다. 영국에서 미숙련공의 아기는 전문 직종을 가진 사람의 아기보다 예상 수명이 8년 더 짧다. 국가의 수치스런 일이기는 하지만 이런 차이는 실제로 증가하고 있다. 그러나 인간 수명의 극적인 증가는 기대하기 어렵다. [……]

이것은 미래에 일어날 진화에서 중요한 요소가 된다. 노인 수의 증가는 그 이전 시대에 비해 더 많은 사람들이 유전적인 이유로 죽는다는 것을 의미한다. 싸움이나 질병 감염으로 죽는 사람이 많지 않기 때문이다. 역설적으로 이것은 자연선택이 더 약해짐을 의미한다. 이제는 암과 심장병처럼 인생의 후반부에 발생하는 질병의 유전자가 인간의 사망과 더 관련이 있게 되었다. 이는 이미 아이를 낳아 그 치명적 유전자를 후세에 전달한 이후에 사망한다는 것이다. 유전자 보유자가 아이를 낳기 전에 생존 기회가 달라지는 경우에 비해 이런 유전자에 작용하는 자연선택력은 훨씬 약해진 것이다.

인간은 전에 비해 더 적은 수의 아이를 낳지만, 대부분은 자신의 생물학적 시계가 멈출 때까지 생존하는 새로운 삶의 양상을 보이고 있다. 인간이 지구에 출현한 이후로 지금까지 6,000세대를 거쳤다면, 이런 현상은 인간이 단지 20세기를 거치며 나타난 것이다. 이것은 자연선택이 그 작용 방식을 바꾸었음을 의미한다. 이제는 생존보다는 생식력에 의해 자연선택이 이루어지는 것이다.

사람들이 산아 제한을 통해 자연선택의 영향을 받는 일이 이제는 보편화되었지만, 각 가족들이 갖는 아이 수에는 아직 차이가 있다. 상위 계층은 하위 집단에 비해 산아 제한에 대한 생각을 잘 받아들였다. 프랑스 귀족이 제일 먼저 이를 받아들여서, 단지 100년 사이에 한 번의 결혼으로 낳는 아이 수가 여섯 명에서 두 명으로 감소했다. [……] 산아 제한이 널리 퍼진 이후로 가족들 간의 아이 수의 차이는 감소해 왔지만, 아직 아이 수의 차이에 의한 자연선택은 생존자 수에 작용하는 자연선택에 비해 더 크게 나타나고 있다. 이것은 인류가 살아온 과정에서 자연선택은 생존 기회보다는 우리가 낳은 아이 수에 달려 있다는 것을 의미한다.

자연선택을 일으키는 요인으로 지금까지 가장 잘 알려져 온 질병, 기후, 기아 등은 생식보다는 생존에 영향을 미쳤다. 생존과 생식 사이의 균형이 한쪽 방향으로 치우침에 따라 앞으로의 진화는 새로워질 것이고 예상하기도 어렵게 되었다. 일찍 성숙하면 좀더 많은 아이를 낳을 수 있기 때문에 아마도 생식 가능 연령이 중요한 요인이 될 것이다. 소녀들은 과거보다 어린 나이에 성적으로 성숙하다. 이런 경향과 상반되게 서구의 여성들은 반세기 전에 비해 5년 정도 늦게 결혼을 한다. 일찍 결혼하거나 늦게 결혼하는 경향(또는 아이를 낳기를 제한하는 경향)과 관련된 유전적 요소가 있다면, 이것은 진화를 일으키는 강력한 요인이 될 것이다.

—— 스티브 존스, 『유전자 언어(*The language of genes*)』에서

문제

1. 제시문 (가)의 〈도표2〉를 이용하여 우리나라 전체 인구의 평균 연령 변화를 구하고자 한다. 이 자료를 분석하는 수리적인 과정을 설명하고, 이를 근거로 우리나라 전체 인구의 평균연령이 어떻게 변화하는지 설명하시오. (30점)

2. '조출생률(粗出生率)'은 특정 인구 집단의 출산 수준을 나타내는 기본적인 지표로서 '1년간 인구 1,000명당 당해년도 출생아 수'를 말한다. 2000년도 조출생률은 제시문 (가)의 〈도표 1〉로부터 근사적으로 구할 수 있다(단, 2000년도 전체 인구는 약 4,600만이라 함). 제시문 (가)의 〈도표 1〉로부터 구한 이 값을 〈도표 2〉로부터 추론하여 구한 값과 비교하여 설명하고 조출생률이 향후 40여 년간 어떻게 변화할 것인지 예측해 보시오. (45점)

3. 제시문 (나)에 근거하여 〈문제 1〉과 〈문제 2〉에서 예측한 우리나라의 인구 변화가 우리 미래 사회에 미칠 영향에 대해 논술하시오. (800자 안팎, 25점)

논술 I 문제 해설

1. 출제 의도

본 문제는 수리적 사고와 비판적 분석력, 사고력과 적응력을 종합적으로 측정해 보기 위한 다면적 사고형 논술 문제이다. 수험생들에게 단순하게 수학 문제를 풀게 하기보다는 수리적 연상을 논리적으로 접근하고, 얼마만큼 이를 사회 현상의 분석에 창의적이고 유연하게 적용할 수 있는가를 알아보기 위한 것이다.

본 문제는 한 가지 모범 답안이 있다기보다는 문제를 해결하는 학생들의 다양하고 창의적인, 틀에 박히지 않은 사고를 알아보는데 중점을 두고 있다. 또한 이러한 다양한 수리적 해법을 우리의 정치, 문화, 경제, 교육 등에서 발생하고 있는 여러 불균형 현상들에 적용하여 학생들로 하여금 기본에 충실한 문제 해결 관점을 제시해 보도록 유도할 수 있으리라 본다.

본 제시문의 균형과 질서는 평등 혹은 불평등 문제와도 연관되어 있다. 지금 우리 사회 최대의 화두 가운데 하나가 양극화 해소, 즉 불균형의 해소라고 할 수 있다. 이에 대한 다양한 대안을 논리적으로 서술하는 문제이다.

2. 제시문 설명

제시문 (가)

주어진 삼각형 T의 내부의 한 점 O와 삼각형 T의 각 꼭지점을 연결하면 O를 꼭지점으로 하는 새로운 삼각형 3개를 만들 수 있다. 무게중심 점 O의 고유좌표는 삼각형 T의 면적(A)과 새로이 생성된 각 삼각형의 면적(A_i) 비, 혹은 삼각형 T의 면적(A)에 대한 각 꼭지점을 포함하는 부분 삼각형의 면적의 합의 비로 활용하여 정의할 수 있다. 또한 이 무게 중심 점 O가 삼각형의 어느 한 꼭지점으로 이동하는 경우 그 고유좌표가 변하여 특정 값으로 접근하게 된다.

제시문 (나)

〈도표 1〉의 지니계수는 높을수록 소득불평등도가 높아지고, 또한 〈도표 2〉의 소득 5분위 배율은 전체 조사가구를 소득 순으로 5등분하여 소득 수준이 가장 높은 5분위의 평균소득을 가장 낮은 1분위의 평균소득으로 나눈 값으로, 그 수치가 높아질수록 소득 분배의 불평등도가 높아진다. 1988년 외환 위기 이후 이런 불평등이 점차 심화되고 있음을 볼 수 있다.

제시문 (다) (라)

제시문 (다), (라)는 평등의 원칙과 자원의 재분배에 대해 논의하고 있다. (다) 아리스토텔레스의 『정치학』에서 의미하는 수량적 평등과 비례적 평등, 그리고 이를 구현하는 정치체계를, (라) 정약용의 여전제에서는 공동체에서의 공동 경작과 국가에 대한 세금을 제외한 노동량에 따른 배분 등을 논의하고 있다. 여기에서 지적하는 평등은 무조건적이고 기계적인 자원 배분을 통한 평등이 아니라, 능력과 재능, 노동력의 투입 여부에 따른 차등적 배분을 통해 이루어지는 공정한 (불)평등을 이룩하는 것이라고 해석할 수 있다. 수험생들은 제시문 (다), (라)의 전반에 걸쳐 평등과 재분배, 그리고 질서와 균형의 문제가 관통하고 있음을 파악할 수 있을 것이다.

논술 Ⅱ 문제 해설

1. 출제 의도

이 문제는 학생들이 단순한 암기식 공부에서 벗어나 주어진 자료를 이해하고 분석할 수 있는 능력을 키우고 나아가 적절한 가정을 통해 미래의 상황을 예측할 수 있는 능력 배양을 유도하기 위해 출제되었으며 학생들의 논리적 사고력, 비판적 분석력과 적응력을 종합적으로 측정해 보기 위한 다면사고형의 문제이다.

이 문제는 정확한 하나의 풀이와 답을 요구하기보다는 문제를 해결하는 학생들의 다양하고 창의적인, 틀에 박히지 않은 사고를 알아보는 데 중점을 두고 있다. 또한 이러한 다양한 수리적 해법을 우리의 사회 및 자연 등에서 발생하고 있는 여러 현상들에 접목하여 학생들로 하여금 다양한 문제에 대한 접근 관점을 넓히고 문제를 논리적으로 분석할 수 있는 능력을 평가하고자 한다.

〈문제 1〉과 〈문제 2〉에서는 국내 인구분포의 변화에 대한 자료를 통해 수험생들에게 사회 및 자연 현상에서 발생하는 문제를 수리적으로 분석하고 해결할 수 있는 논리적인 사고를 요구한다. 따라서 엄밀한 계산보다는 주어진 자료의 수리적인 분석 능력을 평가한다. 이런 분석을 바탕으로 〈문제 3〉에서는 주어진 제시문의 논리적 해석 및 이를 응용한 문제 해결 능력을 평가한다.

2. 제시문 설명

제시문 (가)

향후 우리나라는 출산율 저하 및 사망률 감소 등으로 인하여 노령인구의 급속한 증가가 예상된다. 위에 제시된 도표들은 통계청에서 발표한 국내인구 변화에 관련된 자료들이다. 〈도표 1〉은 2004년까지의 총 출생아 수 및 합계출산율자료이며, 합계출산율은 한 여자가 가임기간(15~49세)동안 평균 몇 명의 자녀를 낳는가를 나타내는 지표이다. 〈도표 2〉는 연령층별 인구비율에 대한 전망을 담고 있다. 예를 들면 2010년도에 0~14세인 유년인구는 총인구의 16.3%, 15~64세인 생산가능 인구는 72.8%, 65세 이상의 노령인구는 10.9%를 차지할 것으로 예상하고 있다.

제시문 (나)

의학 발달 등에 힘입어 인간의 평균 수명이 크게 증가하여 많은 국가에서 대다수 사람들이 자신의 생물학적 수명을 완전히 채우는 새로운 삶의 양상이 나타나고 있다. 스티브 존스의 『유전자 언어 (The language of genes)』에서 발췌한 이 제시문은 평균수명 연장과 저출산으로 인해서 지구상에 인간이 출현한 이후로 인간의 진화에 크게 작용했던 생존을 통한 자연선택력은 크게 약화된 반면, 생식력에 의한 자연선택이 미래에 일어날 인류의 진화에 중요한 요소가 되었다고 지적하고 있다. 이 제시문에 담겨있는 핵심 내용은 다음과 같다.

① 많은 국가에서(우리나라 포함) 인간의 평균 수명은 더 이상 크게 증가하지 않을 것이다.
② 대부분의 사람들이 생식 기능 이후까지 생존함으로써 치명적 유전자가 다음 세대로 전달되는 확률이 상대적으로 증가할 것이다.
③ 저출산 현상이 전국가적 문제이기는 하지만, 출산율에는 상당한 개인차가 있다. 여기에 생존에 비해서 생식이 훨씬 중요한 자연선택으로 작용한다는 점을 고려하면 저출산으로 인한 인구 감소라는 양적인 문제뿐만 아니라 해당국가 국민의 유전학적 형질 변화라는 질적인 문제도 예지할 수 있다.

3. 2008학년도 경북대학교 논술 예시 문항

인문사회계 논술고사 예시문 1

오늘날 유행하고 있는 '웰빙문화'에 대한 한 편의 논술문을 작성하시오. 단, 논의 과정에서 아래의 세 가지 물음에 대한 답변을 반드시 포함시키시오. (분량은 띄어쓰기 포함하여 1,400~1,600자)

(1). 아래 예시문 (가)를 통하여 '웰빙'의 문제점과 참된 웰빙의 의미를 제시하고, 예시문 (나), (다), (라)를 통하여 오늘날 웰빙 문화가 유행하는 주된 원인을 구체적으로 제시하라.

(2). 예시문 (마)에서 제시하고 있는 노동계급의 몸과 지배계급의 몸의 차이를 설명하고, 이것에 개입되어 있는 상징가치가 오늘날 웰빙문화에 미치는 영향에 대해서 분석하라.

(3). 예시문 (바), (사)를 통하여 웰빙문화의 바람직한 조건 및 오늘의 웰빙문화의 문제점을 극복할 수 있는 방법에 대해서 논하시오.

■ 유의 사항
1. 답안에는 자신의 신원을 드러내는 표현을 쓰지 말 것.
2. 논술문의 제목은 쓰지 말 것.
3. 제시문의 내용을 그대로 옮겨 쓰지 말 것.

(가) 요즘 우리 사회에 거칠 줄 모르는 '웰빙(well-being)'의 열풍이 불고 있다. 웰빙은 단어 자체로만 본다면 '건강한 삶'이라는 뜻으로 해석될 수 있다. 웰빙을 위한 다양한 방안들이 제시되고 있으며, 가전, 의류, 식단, 주택에 이르기까지 많은 웰빙 상품들이 쏟아지고 있다. 더욱이 이들 웰빙 상품들은 첨단 과학기술과 결합되면서 소비자들의 인기를 얻고 있다.

웰빙 가전의 대표 상품으로 공기청정기를 들 수 있다. 최근 시중에 판매되는 공기청정기에는 대부분 헤파(HEPA)필터가 장착되어 있어 미세 먼지와 박테리아 등을 99.9% 걸러내고 있다. 살균항균력이 뛰어난 은과 나노기술을 이용한 은나노 세탁기를 이용하면 세탁 후에도 항균기능이 한 달 정도 지속된다고 한다. 웰빙 기능성 섬유나 의류는 우리 생활 깊이 파고들고 있다. 피부병을 유발하는 병원균을 제거할 목적으로 화학물질이나 항균성 섬유 등으로 처리한 의류, 신발, 침대의 생산과 소비가 갈수록 증가하는 추세이다. 또한 건축 자재나 페인트에서 나오는 휘발성 유기화합물이나 포름알데히드 때문에 두통, 알레르기, 피로, 천식 등을 일으키는 '새집 증후군(Sick House Syndrome)'을 막을 수 있는 친환경적인 건축자재와 기술이 나오고 있다. 게다가 값비싼 유기농 재배 농산물이 웰빙 식단의 해법인 것처럼 인식되고 있다.

그런데, 가전제품이나 의류를 지나치게 살균 물질로 처리하는 것은 피해야 한다는 연구결과가 나오고 있다. 전문가들은 화학물질이 막아내는 균들은 실제로 인체에 그리 위험하지 않을 뿐더러, 오히려 박테리아와 균들이 인간의 면역 기능 강화에 도움을 준다고 주장한다. 즉, 지나친 항균성 화학물질의 사용은 인체의 면역력을 떨어뜨리는 결과를 낳을 수 있다는 것이다. 새집 증후군에 사용되는 친환경 자재나 기술은 아직 과학적으로 증명되지 않은 것이 많다. 살균이나 새집 증후군을 해결하기 위해서는 오히려 자연을 이용한 통풍, 환기, 세탁과 건조 등으로 청결을 유지하는 것이 더 효과적이라고 한다. 또한 건강은 음식만으로 유지되는 것이 아니라 적절한 운동과 마음의 안정이 필수적이다.

최근의 웰빙 열풍은 자칫 잘못하면 본래의 의미를 잃어버린 채, 첨단 기능과 편의성이 주로 부각되면서 상업적·물질적으로 흐를 수 있으며 소비계층의 위화감이 조장될 수도 있다.

— 최경희, 『한겨레 신문』, 2004년 6월 13일

(나) 노동과 여가가 분리된 근대적인 인위적 생활리듬이 정착됨으로써 여가문화에서 일어나는 중요한 변화가 있다. 그것은 한편으로는 여가가 노동 경험과 관계없이 그 스스로의 운동 논리를 가지는 시대가 개막된 것이고, 다른 한편으로는 여가시간만을 겨냥하는 새로운 산업, 즉 대규모의 레저 산업을 탄생시킨 것이다. 이것은 여가의 상업화 경향과 맞물리면서 말초적인 흥미 위주의 오락물이 범람할 수 있는 시대를 열어 가게 된다. 또한 전문적인 유희집단이 대규모로 형성되고, 그 집단의 구성원들은 대중 스타로 부상함으로써 지속적인 담론거리를 제공해 준다. 여기서 형성되는 보편적 호기심의 시장은 빠른 속도로 대중여가 시장을 확장해 가면서 저연령층으로 파고든다.

이에 따라 근대사회에서는 여가의 개인화(privatization) 및 개별화(individuation) 현상이 보편화될 수 있는 소지가 마련된다. 여가의 개인화란, 말 그대로 여가가 한 개인의 사사로운 일로 됨으로써 타인과의 직접적인 정서적 교류가 결여된다는 의미를 내포하고 있다. 여기에 해당되는 가장 대표적인 여가 형태가 혼자 탐정소설이나 추리소설에 탐닉하는 것이다. 이것이 오늘날에는 집에서 텔레비전을 홀로 시청하는 형태로 나타난다. 그리고 여가의 개별화는 개개인의 여가가 공적으로 타인의 그것과는 분리·구분되어, 어떤 특정한 형태의 경계가 지워진다는 의미를 내포하고 있다.　　　　　　　　　　　　　— 박재한·김문겸, 『근대사회의 여가문화』

(다) 육체를 둘러싼 위생관념 및 영양, 그리고 의료의 숭배, 젊음, 우아함, 남자다움, 여자다움 등에 대한 강박관념, 미용 그리고 날씬해지기 위한 식이요법, …… 그리고 육체에 따라 다니는 쾌락의 신화—이것들 모두는 오늘날 육체가 구원의 대상(objet de salut)이 되었다는 것을 증명한다. 구원(救援)이라고 하는 도덕적, 이데올로기적 기능에서 육체는 문자 그대로 영혼을 대신하였다.

집요한 프로파간다가, 인간은 육체를 하나밖에 가지고 있지 않기 때문에 이 육체를 구원해야 한다는 것을 우리들에게 상기시키고 있다. 수세기 동안 당신들은 육체를 갖고 있지 않다고 설득시켜온 사람들(그렇지만 그들은 결코 진정으로 설득되지 않았다)이 이번에는 철두철미하게 여러분은 멋진 육체를 갖고 있다고 설득시키고 있다. 이상한 일이다. 육체의 존재는 완전히 자명한 것이 아닐까? 그렇지 않은 것 같다. 육체가 어떤 지위를 차지하고 있는가는 하나의 문화적 사실이다. 인간과 육체의 관계를 결정하는 양식은 그 어떤 문화에서도 인간과 사물의 관계 및 사회적 관계를 결정하는 방식을 반영한다. 자본주의 사회에서는 육체 그 자체와 육체를 이용한 사회적 활동 및 정신적 표상은 사유재산 일반과 똑같은 지위를 부여받고 있다. 전통적인 사회질서(가령 농민의 경우)에서는 자기육체의 나르시시즘적인 열중도, 구경거리로서의 취급도 없었으며, 노동과정 및 자연과의 관계에서 발생한 주술적이고 도구적인 육체관이 있었다.

우리가 보여주고 싶은 것은 현재의 생산/소비의 구조가 사람들의 마음속에 자신의 육체로부터 분리된(그렇지만 깊은 곳에서는 연결되어 있는) 표상과 결합된 이중(二重)의 취급을 이끌어내는 것, 즉 자본으로, 물신(物神)(또는 소비대상)으로 육체를 취급하는 것이다. 그 어느 경우에도 육체는 부정되거나 배척되기는 커녕 오히려 의도적으로 (경제적 의미에서) 투자되고 동시에 (심리적인 의미에서) 물신숭배되고 있다는 것이 중요하다.　　　　　— 보드리야르, 『소비의 사회』

(라) 채취의 학습은 주로 농경사회에서 이루어졌고, 생산의 학습은 산업사회에서 진행된다. 그리고 소비의 학습은 ‘서비스 사회’로의 이행을 뜻한다. 이것은 갈수록 많은 사람들이 서비스 분야에서 일하게 된다는 것을 뜻한다. 레저, 관광, 문화 센터, 교육, 보험, 은행, 국제 원조, 공공 매체, 법률, 교육 및 예술 상담 등은 그 어느 때보다 많은 인력을 요구한다. 이런 종류의 서비스 제공은 생산을 강조하는 산업사회처럼 ‘무엇’에 관심을 두기보다는 ‘어떻게’에 관심을 두고 있다. ‘돈을 어떻게 쓸 것인가’, ‘아이를 어떻게 기를 것인가’, ‘여가를 어떻게 보낼 것인가’에 관심이 쏠린다. 채취 시대에는 ‘좋은 신분’(welstand)이, 생산 시대에는 ‘(돈을) 잘 버는 것’(welvaart)이 중요했지만 이제는 ‘잘 사는 것’(welzijn, 복지)이 중요하게 되었다. 다른 사람들

과 어떻게 보내는 것이 가장 좋을까? 이와 같은 접근은 기능적 접근이다.

— 반 퍼슨, 「급변하는 흐름 속의 문화」

(마) 부르디외는 각 사회계급의 성원들이 자신들의 신분을 분명히 증명할 수 있는 몸 관리 방식을 취함으로써 서로 다른 몸의 형태를 생산한다고 주장한다. 그에 의하면, 몸의 형태는 각기 다르게 평가되며 개인들이 생산하는 육체자본의 양과 질의 사회적 불평등을 만드는 데 핵심이 된다. 노동자 계급은 생계에 대한 불안에 계속적으로 시달리기 때문에 그들의 몸과 도구적 관계를 맺는 경향이 있다. 그들에게 몸이 목적 달성의 수단이라는 점은 몸과 질병 및 치료의 관계에서 잘 드러난다. 특별한 질병의 징후가 나타나지 않으면 병원에 가지 않는 것이 좋은 예다. 게다가, 하루 종일 심한 육체노동에 자신의 몸을 사용한 노동자들이, 그들의 눈에 겉치레로 보이는, 조깅이나 헬스 및 육체미 관리에 시간을 할애하기란 매우 어렵다. 만약 운동을 한다면, 노동계급은 역도나 근력지향 활동과 같은 그들의 육체적 우수성을 부각시킬 수 있는 영역에 신경을 쓴다. 즉, 일반적으로 노동 계급은 '그럭저럭 살아가야 한다'는 당면한 요구들과 이 요구들로부터의 일시적인 '해방' 양식들에 의해서 특징지어지는 몸을 발달시킨다. 이런 점에서 노동자들의 몸은 고장 없이 잘 작동하기 위해서 의료 전문가들의 서비스 대상이 될 수 있는 제한적인 프로젝트일 뿐이다. 이와 대조적으로, 지배계급들은 몸을 다양한 유형의 프로젝트로 취급할 수 있는 시간과 자원을 가지고 있다. 그들은 크고 건장한 몸보다는 '자아표현에 의해서 실리적 행위가 이루어지는 세계에 더 적합한' 날씬한 몸을 만드는 일에 상당히 신경을 쓰는 경향이 있다. 그들은 노동계급과는 대조적으로, 적절한 '생활양식'을 선택함으로써 자신의 건강을 스스로 더 많이 통제할 수 있다고 믿고 있다. 이러한 통찰은 결과적으로 특정한 몸의 형태에 부여된 상징가치에는 상당한 불평등이 존재함을 잘 보여준다. 실제로 국가가 경제자본의 공식적 전달을 방해하거나 금하면 금할수록, 육체자본의 은밀한 순환에 따른 효과가 사회구조의 재생산에 영향을 미칠 가능성은 더욱 더 커진다고 부르디외는 언급한다.

— http://sociallib.snu.ac.kr/NetBBS/Bbs.dll/cosoc0012/opn/zka/B2-kB2Bn/qqatt/^

(바) 참된 문화란 어떤 형식의 놀이 요소 없이는 존재할 수 없다. 문화란 자제와 극기를 전제로 하는 것이기 때문이다. 그것은 자신의 목적과 의지를 지상 최고의 것으로 혼동하지 않는 능력이며, 문화란 자발적으로 승인된 일정의 한계 속에서 성립되는 것임을 이해할 줄 아는 능력이다. 문화란 어떤 의미에서는 일정한 규칙에 따라 언제나 놀이되는 것이며 진정한 문화란 언제나 페어플레이를 요구하게 된다. 페어플레이란 놀이의 개념 속에서 표현된 상식이다. 따라서 놀이의 파괴는 문화 자체를 파괴하는 것이다. 건전한 문화의 창조력을 지니기 위해서는 이 놀이 요소가 순수해야만 한다. 그것은 이성과 인간성에 의해 또는 종교에 의해 규정된 규범을 은폐하거나 그 규범에 위배되어서는 안 된다. 진정한 놀이 형식을 빌려 거짓된 모습으로 정치적 목적이

라는 가면을 써서는 안 된다. 진정한 놀이는 일체의 프로파간다를 거부한다. 놀이의 목적은 놀이 자체에 있고 그것의 정신은 행복한 인스피레이션이다.   ── 호이징하, 「놀이하는 인간」

(사) 경제적, 행정적 체계의 명령들은 오늘날 생활세계가 이제 더 이상 포기할 수 없는 영역들에까지 개입한다. 상호 이해지향적 행위로부터 이탈해 돈과 권력 매체로 조정되는 상호작용으로 전환될 경우 어딘가 훼손되어버리는 영역들이 있다. 그런데 오늘날 돈과 권력이 지배하는 경제 및 행정의 명령들이 바로 이런 영역에 침투하고 있다.

현대 사회는 질서통제에 대한 자신의 수요를 충족시킬 수 있는 세 가지 자원을 보유하고 있다. 돈, 권력과 연대성이 그것이다. 이들이 영향을 미칠 수 있는 영역들 간의 균형은 새로이 조정되어야 한다. 내가 말하고자 하는 점은 연대성의 사회통합력은 다른 두 조종자원, 즉 돈과 행정력의 "위력"에 맞서 자기주장을 할 수 있어야만 한다. 전통 가치와 문화적 지식을 전수하고 집단들을 통합하며 성장하는 후세대들을 사회화하는 일을 전문으로 하는 생활 영역들은 예로부터 항상 이 연대성에 의존해왔다. 그러나 의사소통적 구조를 가진 이 생활영역들뿐만 아니라 국가 및 경제에도 영향력을 행사해야 할 정치적 의사결정 역시 같은 곳에서 힘을 얻어야만 한다.

── 하버마스, 「새로운 불투명성」

인문사회계 논술고사 예시문 2

다음 제시문을 읽고 아래 문제에 답하시오.

(가) 인간이 행복하게 살기 위한 조건은 무엇인가? 인간 생활의 풍요와 만족은 물질적인 측면과 정신적인 측면이 고루 갖추어져 있을 때에 가능하다. 행복한 인간의 생활을 생각할 때, 물질적 측면인 경제 문제만을 따로 떼어 놓을 수가 없다. 자연으로부터 무엇을 얻어내고, 그것을 어떻게 생산하여 공급하는 것이 효과적이냐의 문제는 과학적 지식과 기술이 해결해 준다. 반면에 생산하여 공급된 것을 어떻게 분배하고 소비해야 하느냐의 문제는 사회 윤리와 사회 정의의 원칙에 따라 해결되어야 한다. 공정한 배분과 관련된 주요한 쟁점으로는 "무엇을 배분할 것인가?"의 문제와 "어떠한 기준에 따라 배분할 것인가?"의 문제로 나누어 고찰해 볼 수 있다. (중략) 이러한 대상들을 어떠한 기준에 의해 분배할 때 공정한 결과를 가져올 수 있는가에 대한 논의는 정의론의 핵심적 문제이다.　　　　　　　　　　　　　　　　　— 고등학교 교과서 「윤리와 사상」

(나) 대지와 모든 열등한 피조물은 만인의 공유물이지만, 모든 사람은 자신의 신체에 대해서는 소유권을 갖고 있다. 신체와 관련해서는 자기 자신을 제외한 어느 누구도 권리를 갖고 있지 않다. 그의 신체의 노동과 손의 작업은 당연히 그의 것이라고 말할 수 있다. 따라서 자연이 제공한 것에 자신의 노동을 섞음으로써 거기에 무엇인가 자신의 것을 첨가한다면 그것은 그의 소유물이 된다. 그에 의해 그 물건은 자연이 제공한 공유의 상태에서 벗어나 그의 노동이 부가한 무언가를 갖게 되며, 그 부가된 것으로 인해 그것에 대한 타인의 공통 권리가 배제된다. 왜냐하면 그 노동은 노동을 한 사람의 소유물임이 분명하므로, 타인이 아닌 오직 그 사람만이, 적어도 그것 이외에도 다른 사람들의 공유물들이 충분히 남아 있는 한, 자신의 노동이 첨가된 것에 대한 권리를 가질 수 있기 때문이다. 그래서 그 소유물들은 그의 사적인 권리가 된다.　　　　　　　　　　　　　　　　　— 로크, 「시민정부론」

(다) 공산주의 사회의 낮은 단계에서 통용되는 동등한 권리는 여전히 부르주아적 권리의 한계를 벗어나지 못하고 있다. 여기서 생산자들의 권리는 그가 제공하는 노동에 비례한다. 그런데 어떤 사람은 다른 사람보다 육체적 또는 정신적으로 뛰어나서, 같은 시간 안에 더 많은 노동을 제공하거나 아니면 더 오랫동안 노동을 할 수 있다. 따라서 동등한 권리는 불평등한 노동에 대해서는 불평등한 권리가 된다. 이 권리는 어떠한 계급적 차이도 인정하지 않는다. 왜냐하면 모두가 다 같이 노동자에 지나지 않기 때문이다. 그러나 그것은 암암리에 불평등한 개인적 소질을, 따라서 노동자들의 불평등한 노동 능력을 자연적 특권으로 인정하고 있다. 그러므로 그것은 그 내용상 불평등한 권리인 것이다. (중략) 공산주의 사회의 더 높은 단계가 되면, 즉 개인이 노

예처럼 분업에 예속되는 상태가 사라지고 이와 함께 정신노동과 육체노동 사이의 대립도 사라지고 나면, 노동이 생활을 위한 수단일 뿐만 아니라 그 자체가 삶의 제1차적인 욕구가 되고 나면, 개인들의 전면적 발전과 더불어 생산력도 성장하여 집단적인 부의 모든 원천이 흘러넘치고 나면, 그때에야 비로소 부르주아적 권리의 좁은 한계가 완전히 극복되고 사회는 자신의 깃발에다 다음과 같이 쓸 수 있게 된다. 능력에 따라 일하고, 필요에 따라 분배를!

— 마르크스, 「고타강령비판」

(라) 나의 목적은 로크, 루소, 칸트 등이 주장한 사회계약론을 고도로 추상화함으로써 일반화된 정의관을 제시하는 것이다. 공정으로서 정의관에 있어서 평등한 원초적 입장(original position)이라는 것은 전통적인 사회계약론에 있어서 자연 상태에 해당된다. 이 원초적 입장은 역사에 실재했던 상태로 생각되어서는 안 되며 더욱이 문화적 원시 상태로 생각되어서도 안 된다. 그것은 일정한 정의관에 이르게 하도록 규정된 순수한 가상적 상황으로 이해된다. 이러한 상황이 갖는 본질적 특성 중에는 아무도 자신의 사회적 지위나 계층상의 위치를 모르며 누구도 자기가 어떠한 소질이나 능력, 지능, 체력 등을 천부적으로 타고났는지 모른다는 점이다. 심지어 당사자들은 자신의 가치관이나 특수한 심리적 성향까지도 모른다고 가정된다. 정의의 원칙들은 무지의 베일(veil of ignorance) 속에서 선택된다. 그럼으로써 보장되는 것은 원칙들을 선택함에 있어서 아무도 타고난 우연의 결과나 사회적 여건의 우연성으로 인해 유리하거나 불리해지지 않는다는 점이다. 모든 사람이 유사한 상황 속에 처하게 되어 아무도 자신의 특정 조건에 유리한 원칙들을 구상할 수 없는 까닭에 정의의 원칙들은 공정한 합의나 약정의 결과가 된다.

— 롤즈, 「정의론」

(마) 왜 소유 상태는 부분적으로 자연적 재능에 의존해서는 안 되는가? 이에 대한 롤즈의 대답은 이러한 천부의 재능과 자산은 응분의 것이 아니므로 '도덕적 관점에서 보면 자의적' 이라는 것이다. 롤즈에 따르면, 모든 사람들은 자신의 천부적 자질에 대해 개별적 권리를 행사할 수 있는 것이 아니라, 모든 사람들이 (일종의 합동 자금과 같이) 자연적 자산 전체에 대해 어떤 소유권을 갖는다는 것이다. 자연적 능력들은 '공유 자산' 으로 간주되어야 한다는 것이다. (중략) 그러나 왜 롤즈의 주장처럼 천부적 자질에 대한 인식이 원초적 입장에서 배제되어야 하는가? 내가 생각하기에 원초적 입장에 있는 개인들은 자신들이 지니고 있는 속성의 일부는 알아야만 한다. 이성적 능력 등등이 도덕적으로 자의적이라는 사실로부터 이들 특성에 대한 인식을 원초적 입장에서 배제하는 것은 타당하지 않다. 공동체에서 재능을 소유하지 않은 사람들은 뛰어난 재능을 소유한 사람들이 있음으로 해서 오히려 이익을 얻으며 이들이 다른 곳이 아니라 바로 그곳에 있기 때문에 그들은 더 잘 살 수 있다. 우리의 삶은, 장기적 안목에서 볼 때 더 뛰어난 능력이나 노력 때문에 일부 사람이 더 많은 것을 얻게 되면 다른 사람들은 그만큼 잃게 되는 제로섬(총

액 불변) 게임이 아니다. 자유로운 사회에서 개인들의 재능은 자신들뿐만 아니라 타인들에게도 이익이 된다.

— 노직, 「아나키, 국가, 유토피아」

(바) 한 나라 안에서 재분배의 문제는 무엇인가? 만약 우리가 의사나 교수에게 많은 돈을 지불하지 않으면 그들은 그 직업에 필요한 공부를 하지 않을 것이라는 대중적인 믿음이 있다. 그렇지만 나는 이러한 가정을 지지하는 어떤 증거도 보지 못했기에 그것을 매우 의심스럽게 생각한다. 만약 대학 교수인 나의 월급이 청소부의 월급과 같다고 해도, 나는 여전히 그와 나의 자리를 바꾸기를 원하지 않는다. 나는 교수가 되기 위해 오랫동안 공부를 해야만 했지만, 나의 삶을 되돌아보면 학창시절에 공부하던 때가 내 생애에서 가장 행복했던 시절 중 하나였다. (중략) 급료가 능력보다는 필요에 따라 지급되어야 한다는 주장에는 하나의 제한조건이 첨가되어야 한다. 돈을 많이 벌 수 있을 것이라는 전망이 때때로 사람들에게 자신이 가진 능력을 더 많이 발휘하게끔 노력하도록 만들고 이러한 노력이 환자나 소비자, 학생 등 전체 대중에게 이익이 될 수 있다는 점이다. 그러므로 노력에 대해 보상할 필요가, 다시 말해 그들의 능력이 어떠하든 간에 그들의 능력의 상한선까지 일하려고 노력하는 사람들에게 더 많은 돈을 지불할 필요가 있을 것이다. 그렇지만 이것은 사람들이 우연히 갖게 된, 자신들로서는 어찌할 수 없는 능력의 수준에 따라 급료를 지불하는 것과는 완전히 다르다. 타고난 능력보다는 노력에 따른 지불의 원칙이 더 광범위하게 수용되도록 하는 것이 현실적으로 타당하다.

— 싱어, 「실천윤리학」

아래의 세 가지 물음에 대한 답변을 중심으로 제시문 (가)의 밑줄 친 주제에 대해 한 편의 논술문을 작성하시오.(분량은 띄어쓰기 포함하여 1,400~1,600자)

(물음 1) 제시문 (라)와 (마)의 핵심 논쟁점을 기준으로 제시문 (나)~(바)의 입장을 크게 두 그룹으로 나누고 그 이유를 설명하시오.

(물음 2) 만약 제시문 (다)와 (마)의 입장을 비판한다면 각각 어떤 문제점들을 지적할 수 있는가?

(물음 3) 앞의 물음2에서 지적한 문제점들을 해결하는 데 제시문 (바)의 입장이 어떤 장단점을 갖고 있는가?

■ 유의 사항

1. 답안에는 자신의 신원을 드러내는 표현을 쓰지 말 것.

2. 논술문의 제목은 쓰지 말 것.

3. 제시문의 내용을 그대로 옮겨 쓰지 말 것.

인문사회계 논술고사 예시문 3

다음의 제시문을 읽고 아래 문제에 답하시오.

(가) 자연의 힘은 다양성 속에 있다. 자연 속에는 선한 자, 악한 자, 미치광이, 절망에 빠진 자, 팔팔한 자, 병자, 곱추, 언청이, 어리석은 자, 이기주의자, 큰 것, 작은 것, 까만 것, 노란 것 등등 이 다 있어야 한다. 갖가지 종교, 갖가지 철학, 갖가지 광신, 갖가지 지혜를 가진 자들이 다 있어야 한다.

어떤 밭에 옥수수가 있는데 그 옥수수들을 가장 좋은 이삭의 수꽃술로만 인공 수분을 시키면, 아주 하찮은 전염병이 돌아도 다 죽어버린다. 그에 반해서 옥수수 한 그루 한 그루가 저마다의 특성과 약점을 지니고 있는 야생의 옥수수 밭에서는 전염병이 돌 때마다 그것에 저항할 수 있는 수단을 옥수수들 스스로 찾아낸다.

이처럼 자연은 획일성을 싫어하고 다양성을 좋아한다. 자연은 바로 그 다양성 속에서 본래의 능력을 발휘하는 것으로 보인다.   — 베르나르 베르베르, 『개미』

(나) 파레르곤(parergon 작품의 틀)은 에르곤(ergon 작품)에 반대되며, 옆에 있으며, 동시에 부착되어 있지만, 어느 한쪽으로 완전히 기울어지지 않는 상태에서, 어느 정도 떨어져 작품 구성에 관여하고 작품의 구성요소로 작용한다. 바깥도 아니고 안도 아닌 것, 경계의 변두리에서 맞대어 있을 때는 아주 유용한 나무로 된 장식품 같은 것, 이것은 무엇보다도 경계(가장자리)다. 따라서 파레르가(parerga) 즉, 부수적인 것들은 단순히 작품의 외재적 요소로 잉여분이 아니라, 에르곤, 즉 작품 본체 안에 있는 공(空)과 연결되어 그 공을 메워주면서 구조적으로 연결된다. 그리고 바로 이러한 결핍 혹은 공 없이는 작품은 파레르곤을 필요로 하지 않을 것이다. 에르곤의 결핍은 파레르곤의 결핍이지만, 그럼에도 불구하고 옷이나 기둥은 작품의 부수적 요소로 간주되어 왔다. …… 파레르곤은 전통적으로 규정한 것처럼, 파레르곤이 에르곤에서부터 떨어져 나올 수 있는 것이 아니라, 스스로 사라지면서, 자신을 묻어버리고 삭제하며 사라지는 그 순간, 가장 엄청난 에너지를 가지고 조직적으로 행동을 전개한다. 어떤 경우에서든, 틀은 콘텍스트나 작품이 배경을 형성하듯, 그런 식으로 배경을 만들지 않으며, 또한 두껍고 그러나 다른 것으로 변형되는 이 가장자리는 형체나 형식이 아니다. 오로지 자신의 뜻에 따라 이루어지는 틀이다.   — 데리다, 『회화에서의 진리』

(다) 지방자치단체가 자신들의 업무를 수행하는 데 필요한 돈을 조달하는 창구는 크게 두 가지로 나눌 수 있다. 하나는 중앙정부로부터 국세로 거둔 재원 중 일부를 자치단체의 재정자립도·인구수·추진사업 등을 참조하여 교부금·보조금 등의 명목으로 배분받는 것이고, 다른 하

나는 지방세처럼 지방자치단체가 자신이 활동하는 데 필요한 자금을 스스로 마련하는 유형이다. 흔히 앞의 유형을 "의존재원"이라 하고, 뒤의 유형을 "자주재원"이라고 한다.

아래의 표는 최근 행정자치부가 공개한 지방자치단체별 재정자립도에 관한 자료이다. 지방자치단체의 재정자립도라 함은 자치단체의 재정수입을 자체능력으로 충당할 수 있는 정도를 수치화한 것으로 지방자치단체의 한 회계연도에 있어서의 총수입(일반회계세입) 중 지방자치단체가 지방세로 거둔 수입과 같은 자주재원이 차지하는 비율을 계산하여 산출해 낸다.

(단위: %)

구분	특별시	광역시	시·도	시	군	자치구
평균	93.9	66.4	36.1	39.4	16.1	40.5
최고 (단체명)	93.3 서울 본청	70.6 대구 본청	68.8 경기도 본청	72.4 경기 성남시	50.5 울산 울주군	90.4 서울 서초구
최저 (단체명)	—	54.1 광주 본청	13.6 전남 본청	11.3 전북 남원시	7.8 전남 강진군	15.6 대전 동구

— 최고 93.3%(서울본청)
— 최저 7.8%(전남 강진군)

* 표참조: 행정자치부 홈페이지(www.mogaha.go.kr)

(라) 새로운 민주국가는 이상적이고 게다가 개방적인 어떤 것이다. (중략) 무엇보다도 모든 개혁은 고유의 복잡성을 수반한다. 이를테면 탈중앙화와 권력 이양은 매력적인 외침이다. 지방, 도시, 이웃에게 권력을 반환하라! 모든 민주화 과정이 그러하듯이, 권력 이양의 혜택은 수반되는 부대조건들과 함께 얻을 수 있다. 권력의 지방 이양은 만일 '위로의' 권력 이양과 균형을 이루지 않는다면 권력이 조각조각 갈라질 수 있다. 권력의 지방 이양은 본질적으로 민주화라기보다는, 그렇게 되도록 만들어져야 하는 것이다. 비평가들이 지적하듯이 권력의 지방 이양은 기존의 정치적 중앙에 있는 관료 권력층에다가 지방의 관료 권력층을 덧붙이는 결과를 낳을 수 있다. 흔히 영국의 '가난하고 슬픈 도시들'이 훌륭한 자치를 통해 회생될 수 있었다고 이야기해 왔고, 그것은 틀림없는 사실이다. 그러나 명백한 위험 가운데는, 몇몇 도시나 지역들이 그렇게 다른 도시나 지방을 제치고 앞서 나감으로써 이미 영국에 존재하는 두드러진 지역적 불평등을 더 심화시킨다는 측면도 있다는 것이다. —— 기든스, 『제3의 길』

(마) 우리나라의 지방자치단체는 대체적으로 재정상태가 좋지 못한 형편이다. 즉, 하고자 하는 사업에 필요한 충분한 돈을 지방자치단체가 보유하지 못하고 있다는 것이다. 이러한 지방자치단체의 재정상태를 개선하기 위한 방안으로는 크게 두 가지가 있을 수 있다. 한 개는 좀 더 많은 재원을 중앙정부가 지방자치단체에 적절히 배분해 주도록 하는 방안이고, 다른 한 개는 지방세를 신설하는 방안이다. 앞의 방법에 의하면 종래 중앙정부가 사용하던 재원의 일부를 지방자치단체에 일정한 기준에 따라 배분해 주는 것을 의미하고, 뒤의 방법은 예컨대, 대구광역시가

추가적인 재원을 필요로 하는 경우에는 국회가 만들어준 지방세법이라는 큰 틀 아래에서 대구광역시 스스로 별도의 세금을 부과 징수하여 자신들이 원하는 용도대로 주민들과 지역을 위해 사용할 수 있게 해 주는 것이다.

 * 위의 제시문을 참조하여 지방자치제도에 대한 한 편의 완결된 논술문을 작성하시오. 단, 아래 물음에 대한 답이 반드시 포함되도록 하시오. (분량은 띄어쓰기 포함하여 1,400~1,600자)

 (물음 1). 제시문 (가), (나)를 참조하여 지방자치제도의 의의와 장점을 생각해 보고, 중앙정부와 지방정부의 바람직한 관계에 대해 설명해 보시오.

 (물음 2). 제시문 (다)에 있는 표를 나름대로 분석하여(최소 분석관점이 2개 이상 되어야 함) 설명하고, 이것을 기초로 하여 제시문(라)를 읽고 지방자치제도의 일반적 단점이 무엇인지를 생각해 보고, 그 단점이 우리사회에서는 어떻게 나타나고 있는지, 그리고 그러한 현상이 나타나는 정치적 · 경제적 · 사회적 원인은 무엇인지에 대한 나름대로의 견해를 정리해 보시오.

 (물음 3). 제시문 (마)에 제시된 재정적인 측면에서 지방 자치 제도 활성화를 위한 두 가지 방안이 가지고 있는 각각의 장점과 단점에 대해 생각해 보고, 두 가지 방안 중 현실적으로 우리나라에서는 어떠한 방안을 선택하는 것이 가장 바람직할 것인지에 대한 자신의 견해를 정리해 보시오.

자연계 논술고사 예시문

다음 지문 1, 2를 읽고 아래 물음에 답하라

지문 1

근대 및 현대 과학의 발전은 많은 과학자들의 노력에 의하여 지속적으로 발전을 하여왔으며 과학의 발전은 19세기 이래 경제적으로 풍요로운 사회를 이루는데 중요한 기여를 하였다. 위대한 과학자들은 비범한 호기심과 열정을 가지고 엄청난 노력을 바쳐서 자연 현상을 관찰하고 그로부터 법칙들을 발견하였다. 그들의 위대한 업적은 스스로 노력 이외에 남들이 이룬 업적들을 지속적으로 공부하고 이해하며 최대한 이용하여 이루어졌다.

태양계에 있는 행성의 운동에 관한 법칙이 발견되기까지 큰 공헌을 한 사람들 중의 3명은 티고브라헤, 케플러 및 뉴턴인데, 이들은 과학자들을 분류하는 전형적인 세 가지 유형의 인물이다. 티코브라헤는 평생에 걸쳐 망원경을 비롯한 천체 관측 장비들을 이용하여 별들의 운동을 관측하였고, 행성의 운동에 대한 자료를 정리하였다. 케플러는 스승이었던 티고브라헤의 자료와 자신이 직접 관측하였던 측정 자료를 통하여 케플러의 행성 운동법칙을 발견하였는데, 그의 제1법칙은 모든 행성은 태양을 중심으로 하는 타원 궤도를 그린다는 것이다. 뉴턴이 발견한 운동법칙 중 제2법칙은 물체의 운동 상태(속도의 크기 및 방향)의 변화는 그 물체에 가해지는 힘에 비례하고 질량에 반비례한다는 것이다. 이 법칙에 따르면 운동하는 물체에 어떤 힘도 가해지지 않으면 그 물체는 항상 일정한 속력으로 방향의 바뀜이 없이 운동한다. 뉴턴은 케플러의 행성 운동법칙이 성립하기 위한 자연의 운동법칙인 만유인력의 법칙을 발견하였는 바, 그 동기는 그의 운동 제2법칙과 케플러의 행성운동 1법칙으로부터 추론되었다고 한다.

지문 2

갈릴레오는 수학이 급속히 발달하는 시기에 살았다. 데카르트의 좌표기하, 페르마의 원추곡선, 갈릴레오의 낙하운동에 관한 이론이 거의 같은 시기에 독립적으로 완성되었다. 불행하게도 갈릴레오는 데카르트나 페르마의 대수 또는 해석기하를 활용하지 않았는데, 이는 그 이론들이 워낙 새로운 것이어서 그가 몰랐을 것으로 추측된다. 그 대신 갈릴리오는 이천년 묵은 아폴로뉴스의 해석기하와 언어로 표현된 대수를 사용하였다. 그래서 그는 자신이 밝혀낸 바의 "낙하하는 물체의 속도는 시간에 비례한다."라는 사실을 공식적으로 기술할 줄 몰랐고 대신에 "정지 상태에서 자유낙하 시킨 물체의 서로 다른 시간 구간에서의 속도의 비는 물체가 이동한 시간의 비와 같다."라고 표현하였다.

갈릴레오는 자유낙하하는 물체의 운동을 관찰하여 다음과 같은 사실을 발견하였다. 자유낙하하는 물체가 어떤 일정한 시간동안 얼마간의 거리를 떨어졌다면, 그 다음 동일 시간 동안에는 첫 낙하 거리의 3배, 그 다음 동일 시간 동안에는 첫 낙하 거리의 5배, 그 다음 동일 시간 동안에는 첫 낙하 거리의 7배 떨어지고, 그 다음 동일 시간 동안에도 같은 방식으로 낙하 거리가 결정되어, 일반적으로 n번째 시간 구간 동안의 낙하거리는 첫 낙하거리의 2n−1배가 된다.

갈릴레오는 포탄의 운동을 두 개의 성분으로 구성된 것으로 생각하였는데, 하나는 발사에 의하여 생기는 대포가 겨냥한 방향으로 향하는 것이고, 다른 하나는 중력에 의하여 생기는 아래로 향하는 것이다. 이와 같은 생각의 바탕 위에서 그는 앞서 언급한 자유낙하 운동에 관한 그의 관찰을 이용하여 포탄이 날아간 궤적은 포물선임을 발견하였다.

문제 1 과학 역사학자들의 견해에 의하면 케플러가 연구하던 시대에 만일 로그가 발견되지 않았더라면 케플러의 운동법칙의 발견은 거의 불가능하였으리라 한다. 행성의 운동법칙을 발견하기까지에는 엄청나게 많은 곱셈과 나눗셈의 연산이 필요하기 때문이다. 로그표를 이용하여 어떻게 곱셈과 나눗셈을 할 것인지 원리 및 과정을 자세하게 설명을 하라.

문제 2 뉴턴의 운동 2법칙과 케플러의 행성 운동 1법칙으로부터 만유인력의 법칙을 추론하는 논리를 전개하라.

문제 3 만약 포탄이 어느 높은 지점에서 수평으로 발사되었다고 하자. 다음 그림과 같이 좌표 축을 정하고, 발사된 t초 후의 포탄의 위치의 좌표를 (x, y)라 할 때, 다음 물음에 차례로 답하라.

(1) 뉴턴의 운동 제2법칙에 준거하여 x를 t에 관한 식으로 나타내어라. 단, 공기저항 등 포탄의 운동에 영향을 주는 어떤 다른 요인도 없다고 가정한다.
(2) 지문 2의 갈릴레오의 관찰에 준거하여 y를 t에 관한 식으로 나타내어라.
(3) 이 포탄의 궤적은 포물선이 됨을 설명하라.

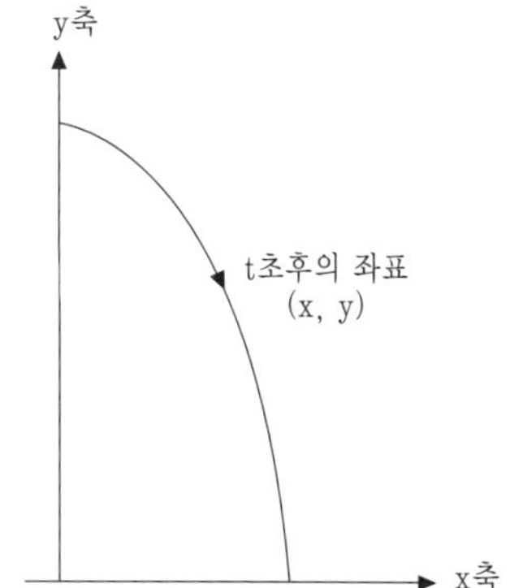

4. 2007학년도 부산대학교 논술 모의고사 문제

제1회 모의 논술고사 문제와 해설

문제

다음 글 (가), (나)는 공통적으로 '쓸모없음의 쓸모'를 말하고 있다. 그러면서도 '쓸모없음의 쓸모'에 대해서는 조금 다른 견해를 펴고 있다. 자신의 입장에서 (가), (나) 글의 논지를 종합하여 '쓸모없음의 쓸모'를 터득한 사람이란 어떤 사람인지 말하고, 현대 사회가 직면한 문제를 해결하는 데 그런 사람이 어떤 기여를 할 수 있을 것인가에 대해서 논술하시오. 1,300자 내외(±100자)

(가)

세상을 이해하는 데 필요한 지식을 갖추기는 참으로 힘들다. 그런 지식에 대해 생각해보면 생각해볼수록 그것을 얻는 것이 힘들다는 사실은 점점 가파른 절벽으로 솟는다. 그것은 당연히 방대해서 누구도 쉽게 얻을 수 없다. 사람들이 힘들게 지식을 얻는 길 대신 돈오(頓悟)를 겨냥한 수련이나 신비주의(神秘主義)에 기우는 것은 이상하지 않다.

아울러 그런 지식은 균형을 이루어야 한다. 그러나 한 사람의 핵심적 지식은 그가 전공한 한두 분야에, 많아도 서너 분야에 몰리게 되어 어쩔 수 없이 치우치게 된다. 만일 그가 지식의 습득과 이용에 관한 방법론에 관심을 둔다면, 한 분야의 깊은 지식에서 얻은 통찰은 다른 분야들을 살피는 데도 큰 도움이 되므로 사정은 생각보다는 상당히 낫다고 할 수 있다. 그래도 이 세상을 제대로 이해하려면 많은 분야들에 관해서 상당한 지식을 갖추는 것이 필수적이다.

그러나 많은 분야들의 지식을 얻기는 점점 어려워지고 있다. 과학의 발전으로 지식들은 점점 많이 생산되므로 전공 분야를 넘어서는 지식을 얻기는 점점 어려워진다. 게다가 전공 분야 자체가 점점 좁아지고 있다. 설령 전공의 울타리를 벗어난다 하더라도 너른 지식을 찾는 이들은 머지않아 자연과학과 인문과학, 자연과학과 사회과학 사이에 놓은 심연을 만나게 된다. 과학의 분화로 말미암아 생긴 그 심연은 하도 넓고 깊어서 과학혁명 뒤로 그것을 건너뛴 사람들은 드물었다.

그러나 과학의 분화만으로 너른 분야들을 잘 아는 석학들이 드물다는 사실을 모두 설명할 수는 없다. 여러 분야의 지식들을 고루 갖추어 세상을 개관할 수 있는 사람들보다는 아주 좁은 전공 분야의 지식을 상대적으로 깊이 가진 사람들을, 이른바 전문가들을 훨씬 높이는 풍조도 큰 몫을 했기 때문이다. 과학의 분화가 진행될수록 그런 풍조도 따라서 깊어지고, 존경받는 과학자의 이미지는 아주 좁은 분야에 관해서 깊은 지식을 쌓았지만 그것에서 조금만 벗어나도 아는 것이 없는 사람이다. 그런 현상이 우리 시대에서만 나온 것도 아니다.

기원전 3세기 헬레니즘이 융성했을 때, 알렉산드리아의 박물관은 엄청난 양의 지식이 모인 곳이었을 뿐 아니라 가장 뛰어난 지식인들이 모인 곳이기도 했다. 그 뛰어난 지식인들 가운데 한 사람은 에라토스테네스(Eratosthenes, 기원전 273경~기원전 192경)였다. 그는 참으로 뛰어난 학자였다. 그는 지리학에서 큰 업적을 남겼으니 구형 지구의 수리지리학(數理地理學)을 확립했고 해의 남중을 이용해서 지구의 크기를 놀라울 만큼 정확하게 쟀다. 수학 분야에선 정입방체의 배가(倍加) 문제를 다루었고 소수(素數)를 찾아내는 '에라토스테네스의 체'를 생각해낸 것으로도 유명하다. 그는 훌륭한 언어학자이기도 해서 고대 희랍의 희극에 대한 그의 연구는 후대 사람들이 많이 이용했다. 그리고 과학사의 선구적 업적들인 철학사와 지리학사를 썼다.

한 사람이 그렇게 여러 분야에서 뛰어난 업적을 남겼다는 것은 놀랍다. 그러나 그는 바로 그 사실 때문에 동료들로부터 경멸을 받았다. 그에게 붙여진 별명들인 'beta'와 'penthathlos'가 그 점을 잘 말해준다. 'beta'는 '제2인자'나 '2류'를 뜻했다. 'penthathlos'는 원래 5종 경기(penthathlon)에서 뛰어난 성적을 올린 사람들을 가리켰는데, 차츰 여러 것들에 손을 대서 많은 것들을 잘하지만 한 가지 일에도 전문가가 못 되는 팔방미인을 뜻하기도 했다. 여러 분야에서 실질적이고 뛰어난 업적을 쌓은 에라토스테네스에게, 단지 그가 여러 분야들에 관심을 가졌다는 이유만으로 그런 별명들이 붙여졌다는 사실은 2300년 전 과학의 분화가 상당히 진행된 헬레니즘 문명에서 너른 분야들을 섭렵하려는 동료들을 얕보는 풍조가 학자들 사이에서 깊어지고 있었다는 사실을 보여준다.

너른 분야들에 관한 지식을 갖춘 사람들이 그렇게 푸대접을 받는 사정은 물론 복잡할 것이다. 그러나 좁은 전공 분야를 벗어난 지식은 일상생활에서 쓸모가 거의 없다는 생각이 한몫을 하는 것은 분명하다. 좁은 전공 분야에 관한 지식이나 기술을 충분히 갖추었으나 전공 분야를 조금 벗어나면 아무것도 모를 뿐 아니라 모르는 것을 전혀 부끄러워하지 않는 과학자나 기술자를 만나는 일은 그리 드물지 않다. 그들은 자신들의 전공 분야 밖의 지식이나 기술이 자신들에게 무슨 가치를 지니리라고 생각하지 않으며 실은 그런 지식들을 얻는 것이 전공에 방해만 된다고 여긴다. 어떤 뜻에선 그들의 생각이 옳다. 전문화가 크게 진행된 사회에선 지식의 생산과 소비도 매우 전문화되어서 어렵게 얻은 비전공 분야의 지식을 실제적 일에 쓰는 것은 아주 드물고 힘들다. 그런 뜻에서 그런 지식은 쓸모없는 지식이다.

이렇게 보면, 세상을 이해하는 데 필요한 지식들은 대부분 쓸모없는 지식들인 셈이다. 아마도 그래서 조지 오웰이 좀 슬프게 말했으리라. 지식인의 가장 두드러진 특질은 쓸모없는 지식들을 사랑하는 것이라고.

---

* 돈오 : 단번에 깨달음.

** 수리지리학 : 지구의 크기, 위치, 형상, 내부의 상태, 구성 따위를 연구하는 학문. 천문학에 기반을 둔 지리학의 한 분야이다. 천문 지리학.

(나)

『장자(莊子)』에는 미치광이 접여(接輿)가 공자(孔子)를 보고 부른 노래가 나온다. 한 대목을 보면, "산 나무는 스스로를 자르고, 등불은 스스로를 태운다. 계수나무는 먹을 수 있어 잘리고 옻나무는 쓸모 있어 베인다. 사람들은 모두 '쓸모 있음의 쓸모'는 알고 있어도, '쓸모없음의 쓸모(無用之用)'는 모르고 있구나."라고 했다.

'쓸모없음의 쓸모' 같은 것은 물론 『논어(論語)』나 유가(儒家)와 별로 상관없는 생각이다. 공자와 그 제자들은 모두 세상에서 '쓸모 있기' 위해서 자신을 훈련하였고, 세상에서 '쓸모 있는 그릇'으로 쓰이기 위해서 천하를 돌아다니며 군주들에게 자기들의 쓸모를 알렸다. 이런 공자에게 미치광이 접여가 쓸모 있으려 애쓰지 말라고 권고한 것이다.

어느 주석가는 이 접여의 이야기를 통해 장자가 자신의 자화상을 그린 것이라고 했다. 장자든 누구든 정신적인 영웅은 일단 '인습(因襲)'을 등진 사람이다. 그래서 인습대로 사는 사람에게 정신적 영웅은 어쩔 수 없이 바보처럼, 미친 사람처럼, 우스운 사람처럼 보이게 마련이다.

장자는 세상을 살아가는 지혜를 이야기 한다. 얼핏 그 논지가 세속적으로 보아서 유용하면 위험하니 무슨 일이 있든 유용하게 될 생각은 꿈에도 하지 말라는 것을 가르친 것쯤이라고 생각할 수도 있다. 그러나 가만히 들여다보면, 무조건 유용하지 말라는 것이 아니라 자질구레한 데 유용하겠다고 설치거나 자신의 영광을 위해서 유용해야 한다고 애를 쓰면 정말로 유용해야 할 때 유용할 수 없으니 그러지 말라는 것이다. 유용함 자체를 배격하는 것은 아니다. 큰 나무(그늘)가 소를 가려 주고, 사당의 상수리나무가 사당에 유용한 것처럼 유용의 용도와 스케일이 다름을 말했다고 보아야 할 것이다.

작은 나무가 제 유용성만 생각하고 하루라도 빨리 유용하게 쓰라고 주장하면서 제 몸을 아궁이에 던졌다고 하자. 이럴 경우 더 기다렸다가 거목이 되면, 아궁이에서 잠깐 동안 열을 공급하는 유용성과 비교할 수 없이 더 큰 유용성, 이전과 차원이 다른 유용성을 발휘할 수 있을 것이다.

『장자』에서 말하는 '쓸모없음의 쓸모'란 이런 의미에서 '유용성의 극대화'를 말한 셈이다. 궁극적으로는 지인(至人)의 경지에 이르기 이전의 모든 유용성은 진정한 유용성이 아니다. 따라서 진정으로 크게 유용하기 위해서는 먼저 진정으로 내면적 준비를 갖추는 것이 중요함을 말한 것이다. 세상에서 떠받드는 자질구레한 유용성이나 실용성에 정신을 팔지 말고 무엇보다도 먼저 '마음 비우고 마음을 굶기는' 수행을 해야 한다.

---

* 지인 : 궁극적인 경지에 도달한 사람. 더 없이 덕(德)이 높은 사람.

출제 방향

이번 모의논술고사 문제는 기본적인 독해력, 비판적인 이해 능력, 현대 사회의 문제에 대한 관심과 이해 정도, 논지 전개 능력을 평가할 수 있도록 출제하였다.

제시문의 내용을 이해하여 자신의 입장을 수립하고, 수립한 자신의 입장을 토대로 하여 진전된 논의를 펼 것을 요구하였다. 두 편의 지문을 제시하였는데, '쓸모없음의 쓸모' 라는 키워드는 공유하면서도 논지 방향은 다르다고 할 수 있다. 공유하고 있는 키워드의 내용을 구체화하여 이해한 다음, 자신의 키워드로 활용하는 능력을 보일 것을 기대한다.

논술이 지나치게 추상적인 방향으로 흐르지 않도록 하기 위해서 구체적인 문제를 거론하도록 요구하였다. '쓸모없음의 쓸모' 가 진정 '쓸모' 있는 영역이 어떤 영역인지 생각해서 논의할 것을 기대한다. 아울러 한 개인이 '쓸모없음의 쓸모' 를 가지기 위해서는 어떠해야 하는지 논의하는 과정에서 제시문을 비판적으로 활용할 것도 기대한다.

출제 의도와 평가 기준

제시문 (가)와 (나)의 논지를 종합하도록 한 것은 기본적인 이해력과 종합적 사고 능력을 평가하고자 함이다. 지문 (가)와 (나)는 키워드 '쓸모없음의 쓸모' 를 공유하고 있으면서, '쓸모없음의 쓸모' 가 왜 필요하고, 진정한 '쓸모' 는 무엇이며, 진정한 '쓸모' 가 있는 사람이 되기 위해서는 어떤 실천이 필요한지를 각각 다른 관점에서 논의하고 있다. 직설적으로 드러나 있기도 하고 암시적으로 표현되어 있기도 한 글의 논지를 찾아내서 스스로 종합한 다음, 글쓰기에 활용한다면 좋은 평가를 받을 수 있을 것이다.

현대 사회가 직면한 문제에 대해서 생각해 보도록 한 것은 (가)와 (나)의 논지를 비판적으로 검토하게 하기 위함이다. (가)와 (나)의 논지를 종합하는 과정에서 팔방미인에 지나지 않는 '지식인' 이나 세상사에 무심한 '지인(至人)' 에 머무르지 않기 위해서는 어떠해야 하는 논의를 갖춘다면 출제자의 의도에 아주 잘 부합하는 글이 될 것이다.

쓸모없어 보이지만 세상사를 전체적으로 이해하기 위해서 필요한 너른 지식, 작은 유용성에 안주하지 않고 큰 쓸모를 위해 자신을 가꾸어가는 삶의 자세, 현실에서 일탈하지 않고 현실의 커다란 문제를 자기 문제로 삼는 태도 등에 대해서 생각해 보고, 구체적인 현실 문제를 거론하면서 자기 생각을 서술한다면 좋은 평가를 받을 수 있을 것이다.

제2회 모의 논술고사 문제와 해설

문제

다음 글 (가)~(마) 중 하나의 관점을 수용하여, 오늘날 우리나라에서 갈등하고 있는 사회적 쟁점 가운데 하나를 선택하고 그에 대한 자신의 견해를 1,300자 내외로 논술하라. 단, 글 (가)~(마) 중 자신이 수용하지 않은 관점(들)에서 자신의 견해를 비판하는 데 대한 반박의 내용을 반드시 포함시킬 것.

(가)

낯선 것과 친숙한 것 사이의 갈등 상황에서 신뢰를 회복하기 위한 열쇠는 바로 다른 사람의 시각을 받아들이려고 하는 관점의 변화이다. 다른 것에 비추어, 자신의 관점을 변화시키는 것은 서로 간의 차이를 인정하게 하고 안정된 자아의 정체성을 형성하게 할 뿐만 아니라, 사회 통합에도 기여한다. 이러한 관점의 변화 과정에서 필수적으로 요구되는 덕목은 관용이다.

관용은 인간 이성의 완전성을 전제로 하는 것이 아니라, 누구나 불완전하고 상황이 불리하게 전개될 수 있음을 전제로 하여 성립하는 덕목이다. "자기 자신이 완전하지 않다."라는 전제는 바로 자신도 다른 사람과 마찬가지로 잘못이나 실수를 저지를 수 있음을 인정하는 것이다.

자기중심적인 관점에서 상대방을 너그럽게 받아들이는 관용의 정신을 발휘할 때 자기 자신의 생활 방식 혹은 문화와 양립할 수 없는 것처럼 보이는 것도 너그럽게 받아들이게 된다.

— 『고등학교 시민 윤리』에서

(나)

제1 조 모든 사람은 태어날 때부터 자유롭고, 존엄성과 권리에 있어서 평등하다. 사람은 이성과 양심을 부여받았으며 서로에게 형제의 정신으로 대하여야 한다.

제2 조 모든 사람은 인종, 피부색, 성, 언어, 종교, 정치적 또는 그 밖의 견해, 민족적 또는 사회적 출신, 재산, 출생, 기타의 지위 등에 따른 어떠한 종류의 구별도 없이, 이 선언에 제시된 모든 권리와 자유를 누릴 자격이 있다.

제 3조 모든 사람은 생명권과 신체의 자유와 안전을 누릴 권리가 있다.

제22조 모든 사람은 사회의 일원으로서 사회보장제도에 관한 권리를 가지며, 국가적 노력과 국제적 협력을 통하여 그리고 각국의 조직과 자원에 따라 자신의 존엄성과 인격의 자유로운 발전을 위하여 불가결한 경제적, 사회적 및 문화적 권리의 실현에 관한 권리를 가진다.

제25조 1. 모든 사람은 식량, 의복, 주택, 의료, 필수적인 사회역무를 포함하여 자신과 가족의 건강과 안녕에 적합한 생활수준을 누릴 권리를 가지며, 실업, 질병, 불구, 배우자와의 사별, 노

령, 그 밖의 자신이 통제할 수 없는 상황에서의 다른 생계 결핍의 경우 사회보장을 누릴 권리를 가진다.

제29조 1. 모든 사람은 그 안에서만 자신의 인격을 자유롭고 완전하게 발전시킬 수 있는 공동체에 대하여 의무를 부담한다.

2. 모든 사람은 자신의 권리와 자유를 행사함에 있어서, 타인의 권리와 자유에 대한 적절한 인정과 존중을 보장하고, 민주사회에서의 도덕심, 공공질서, 일반의 복지를 위하여 정당한 필요를 충족시키기 위한 목적에서만 법률에 규정된 제한을 받는다.

— 「UN인권선언문」에서

(다)

양심(conscience)은 천 명의 증인과 같다. 사람들이 자신의 의견에 애착을 가지고 완강하게 그것을 유지하려고 할 때, 이 의견을 변경하거나 반대하는 것은 불법처럼 보이고 자신들의 의견에 양심이라는 명칭을 부여한다. 의견에 불과한 것을 마치 진리를 알고 있는 것처럼 위장한다.

— 토마스 홉스, 「리바이어던」에서

(라)

동족에 대한 특별한 연대를 강조하는 민족 공동체 의식에 문제는 없는가? 일단 동족에게 특별한 헌신을 해야 한다는 것은 모든 사람들을 동등하게 대우하라는 도덕률과 모순이 되는 것처럼 보일 수 있다. 그러나 모든 사람들에게 동등한 관심과 배려를 보여야 할 도덕적 의미는 동족에 대한 민족애로 표현되는 특별한 사랑과 관심을 통하여 구체적으로 충족될 수 있다. 인류를 사랑한다고 공언하면서 자기와 가까운 곳에 있는 이웃과 동족의 처지를 외면한다면 위선이 아니겠는가? 우리는 민족 공동체 구성원과 비구성원을 차별 대우해서는 곤란하지만, 동족에 대하여 더 많은 배려를 해야 할 도덕적 의무를 가지고 있다. 그것은 가족 공동체에서 한 집안의 가장이 다른 아이들보다 자기 자녀를 먼저 보살펴야 하는 도덕적 의무를 가지는 것과 유사하다. 따라서 동족이 아닌 사람들에 대해서도 적절한 배려를 기울인다면 동족에 대한 특별한 배려의 의무는 정당화될 수 있다.

— 「고등학교 시민 윤리」에서

(마)

시장 경제 체제는 경쟁을 바탕으로 한다. 각 가계나 기업은 자신의 이익을 극대화하기 위하여 경쟁에서 승리하고자 한다. 경쟁에서 승리하기 위해 경제 주체들은 끊임없는 노력을 기울여야 한다. 새로운 기술 개발, 아이디어 등은 경쟁에서 승리하기 위한 요소들이다.

경제 주체들은 경쟁의 과정에서 효율성을 증진하게 된다. 왜냐하면 효율적인 가계만이 합리적인 소비를 통하여 부를 증진하고 삶의 질을 향상시킬 수 있고, 효율적인 기업만이 합리적인 생산을 하여 경쟁에서 앞서 나갈 수 있으며, 효율적인 정부(국가)만이 국제 경쟁에서 앞서 나갈 수 있기 때문이다.

이처럼 시장 경제 체제는 경쟁을 통하여 뛰어난 효율성을 달성할 수 있는 것이다. 경쟁에서 단련되지 않은 경제 주체는 시장에서 살아남을 수 없다. 보호 무역의 틀에 안주하여 품질 향상에 노력하지 않는 기업, 독과점적 지위에 안주하여 경쟁력 향상에 노력하지 않는 기업 등은 모두 시장 경제 체제에 걸맞지 않은 기업들이다.　　　　　　　　　　　　　　 —「고등학교 경제」에서

출제 방향

논술고사에서 무엇보다 중요한 것은 논제를 파악하는 능력이다. 이번 모의 논술고사는 참여 학생들로 하여금 이 능력을 좀 더 향상시키는 데 초점을 맞추어 출제하였다. 동일한 문제라 하더라도 문제에 접근하는 시각이나 관점에 따라 문제에 대한 이해는 물론 문제를 해결하는 방향이나 방안이 다를 수 있다. 논술 능력은 논제 이해 능력, 논거 확보 및 조직 능력, 논지 전개 능력, 정확한 표현 능력뿐 아니라, 나의 시각과 관점, 그에 따른 나의 생각을 다른 사람에게 강요하거나 강제하는 것이 아니라 나와 다른 시각과 관점을 가진 사람들의 생각도 깊이 이해하고 가급적 포용할 수 있는 능력까지를 포괄한다. 따라서 이번 모의 논술고사는 이 모든 능력을 종합적으로 측정하고 평가할 수 있도록 문제를 출제하였다.

출제 의도와 평가 기준

오늘날 우리는 다수결의 원칙에 기초하는 대의 민주제를 민주제의 근간으로 받아들이고 있다. 그런 까닭에 소수자 혹은 소수집단의 목소리가 국가 정책에 반영되는 통로는 매우 제한되어 있다. 특히 현실적으로 정당이나 사회단체를 조직하고 구성할 만큼의 현실적 여건을 갖추지 못한 소수자나 소수집단이 자신의 의사를 충분히 표현하거나 정책에 반영할 수 있는 통로는 극히 제한되어 있다. 하지만 소수자나 소수 집단에 대한 다수자 혹은 다수집단의 배려는 국가 사회의 유지에 매우 중요한 요건이라 할 수 있다. 그런데 소수자나 소수집단에 대한 배려가 다수자나 다수집단에 대한 배려에 언제나 우선하는 것으로 다룰 수도 없다. 국가 사회의 경쟁력을 지속적으로 키워나가는 데 걸림돌이 될 수도 있고 자칫하면 국가 사회의 근간이 동요될 수도 있기 때문이다. 그런 까닭에 오늘날 우리 사회에서는 소수자 혹은 소수집단의 목소리를 어떻게 받아들이느냐를 두고 논쟁을 벌이고 있다.

노동과 결혼을 매개로 하여 점진적으로 증가하고 있는 외국인들에 대한 처우 문제나 신앙에 기초하든 하지 않든지, 전쟁을 반대하고 평화를 추구하는 사람들의 '양심적 병역 거부' 문제 등은 비교적 최근에 두드러지고 있는 논쟁거리이지만, 노동자 처우 문제, 여성에 대한 인식과 대

우 문제, 노인 복지 문제 등 우리 사회는 일찍부터 소수자나 소수 집단의 목소리를 어떻게 수용하느냐를 두고 논쟁을 벌여오고 있다. 그리고 이러한 논쟁들은 고등학교 교과과정 및 교육과정에 수용되어 논술교실에 참여하는 학생이면 누구나 제반 쟁점들에 대한 다양한 견해들과 그 견해들을 뒷받침하는 논거들을 인지하고 있을 것이다. 이번 모의 논술고사는 그러한 쟁점들 가운데 하나를 선택하여 그에 대해 학생들이 다각적이고도 심도 깊게 사고하고 사고한 내용을 논리적으로 서술할 것을 요구한 것이다.

제시문은 부산대학교 논술고사의 출제 방침에 따라 일부는 고등학교 교과서에서 일부는 그와 비슷한 수준의 고전과 글 자료에서 발췌하였다. 따라서 제시문을 읽고 이해하는 데에는 큰 어려움이 없을 것이다. 그에 비해 두 개 이상의 제시문을 가지고 하나의 구체적인 논제를 설정하는 것과 그 안에 서로 다른 시각이나 관점을 내포하고 있는 두 개의 제시문을 선택하는 것은 쉽지 않을지 모르겠다. 하지만 이러한 일을 스스로 충분히 감당할 수 있어야 논술 능력을 실질적으로 향상시킬 수 있을 것이다.

제시문 (가)는 자기중심적으로 사고하되 타자의 자기중심적 사고까지 수용할 수 있는 관용의 태도를 강조한 글이고, (나)는 그러한 태도에 기초에 국제연합에서 ‘규약’으로 정한 인권선언문의 일부를 발췌한 것이며, (라)는 (가)의 태도를 일정하게 수용한 민족주의를 설명한 글이다. 이들 글은 소수자나 소수집단에 대한 배려와 관용을 주장하는 근거로 활용할 수 있다. 그에 비해 (다)와 (마)는 (가), (나), (라)와는 근본적으로 다른 시각을 함축하고 있는 글로서, (다)는 소수자나 소수 집단의 ‘양심’을 내세우는 목소리를 비판하는 근거로 활용할 수 있으며 (마)는 소수자나 소수 집단에 대한 배려나 관용이 국가 사회의 발전을 저해할 수 있다는 주장의 근거로 활용할 수 있다. 수험자는 (가), (나), (라)의 시각에 동의할 수도 있고 (다), (마)의 시각에 동의할 수도 있다. 어느 시각에 동의하든지 다른 시각에 따른 주장을 반박할 수 있는 근거를 마련하는 일이 중요하다. 그리고 부산대학교 논술고사는 ‘민주시민으로서의 건전한 교양’을 중요한 평가 기준으로 활용하고 있는 만큼 가급적 (가), (나), (라)의 시각에서 (다), (마)의 시각에 따른 비판을 반박하는 쪽을 선택하는 것이 좋다. 그것이 좀 더 포괄적이고 포용적인 시각에서 문제를 이해하고 해결하는 방향이 될 것이다.

이번 모의 논술고사의 평가는 앞서 출제 방향에서 언급한 논술 능력들을 측정할 것이지만 내용 평가에서는 다음 세 가지 기준에 따라 평가할 것이다.

첫째, (가), (나), (라)와 (다), (마)에서 각각 1개 이상의 제시문을 선택하여 각각의 제시문에 함축된 시각을 정확하게 파악하였는가?

둘째, 선택한 각각의 대립된 시각을 적용하여 논의하기에 적절한 사회적 쟁점을 가져왔는가?

셋째, 자신의 시각과 다른 논의와 논거를 포함하고 있으며 그에 대한 반박은 적절한가?

(둘째, 셋째 기준은 쟁점에 대한 이해 정도를 측정하는 기준이기도 하다.)

제3회 모의 논술고사 문제와 해설

문제

무언가를 가진다는 것은 어떤 의미일까? 사적 소유가 미덕이 되어 있는 현대 자본주의사회에서 소유에 대한 반성적 성찰은 더 나은 삶을 고민하는 첫걸음일 수 있다. 주어진 글 세 편을 소유에 대한 반성적 성찰 차원에서 읽은 뒤, 글을 분석하고 비교하여, 소유에 대한 자신의 견해를 1300자(±100자)로 논술하시오.

조건

⑴ 글(가), 글(나), 글(다)의 내용 이해가 반드시 들어가야 함.

(가)

고아원에 도착하던 날이었다. 나를 환영하는 기도회가 500명의 고아 아이들 모두가 참석한 자리에서 열렸다. 그때 아체 의 고아들이 시를 낭송하고 노래를 불렀다. '엄마 아빠, 어디에 계신가요? 보고 싶고 울고 싶고 안기고 싶어요' 하는 그 내용 때문에 나도 모르게 그만 눈물을 보이고 말았는데, 그 바람에 아이들의 조용한 흐느낌이 일어나고 말았다. 그 뒤에 내가 인사말을 해야 하는 순서가 왔다.

"많이 힘들고 슬프죠? 나도 여러분처럼 어려서 아빠를 잃고 가난하게 자랐어요. 그래서 여러분의 아픔을 조금이라도 나누고 싶어 먼 코리아에서 이렇게 달려 왔어요…. 하지만 나는 지금까지 여러분을 찾아온 다른 분들처럼 훌륭한 사람은 아니에요. 그래서 미안한 마음입니다."

이 고아원에는 최근 인도네시아 대통령을 비롯한 여러 나라의 쟁쟁한 인사들이 자주 다녀갔다고 한다.

"나는 가난과 슬픔이 무언지를 알기에, 훌륭한 사람이 되기보다는 나처럼 가난하고 슬픈 사람들과 함께 잘 나누고 서로 위하면서 사는 사람이 되어야겠다고 생각했어요. 코리아도 힘센 일본의 식민지를 겪었습니다. 또 군인들의 독재도 겪었어요. 군인들의 독재에 맞서 자유를 달라고, 평등을 달라고 하다가 저는 고문도 당하고 감옥살이도 했답니다."

아이들의 젖은 눈이 초롱초롱 빛나기 시작했다. 그러나 앞에 앉은 고아원 관계자들은 긴장된 표정이 역력했다.

"여러분이 지금 겪고 있는 말 못할 슬픔과 아픔을 코코넛처럼 깨끗이 떨쳐낼 수 있다면 얼마나 좋을까요? 하지만 그 슬픔과 아픔은 여러분의 힘이 될 거예요. 저는 세상에서 가장 큰 힘은 '슬픔의 힘' 과 '가난의 힘' 이라고 생각해요. 그 힘은 우리를 하나로 이어줍니다. 하느님도 그 속에 계시고, 먼저 가신 부모님도 여러분께 그 힘을 선물로 남겨주신 거라고 생각해요. …우리 많이 울도록 해요. 눈물이 우리를 서로 이어줄 거예요. 그리고 많이 아파해요. 고통이 서로를 어루만져 줄 거예요. 그래서 우리가 서로를 따뜻이 껴안을 수 있게 되었을 때, 엄마와 아빠, 그리고 하느님도 몰래 우리 곁에 와서 우리를 꼭 안아 주실 거예요."

숨죽여 듣고 이던 아이들이 하나둘 울기 시작하더니 이내 소리 없는 울음바다를 이루고 말았다. 그때까지 잘 참고 견디던 아이들의 울음보를 내가 그만 터뜨려버린 것이다.

---

* 아체 : 인도네시아의 도시 이름. 2004년 쓰나미로 폐허가 되었다.

—— 박노해, 『아체는 너무 오래 울고 있다』에서

(나)

김석손(金석孫)은 자가 백승(伯升)이다. 매화를 좋아하는 벽(癖)이 있어 매화 수십 그루를 심어 놓고 그 사이에서 휘파람을 불며 시를 읊조렸다. 당대의 뛰어난 시인들에게 매화시를 구하였는데, 여기에 응해 주는 이가 수천 명이 되었다. 무릇 시로써 이름난 이가 있으면 신분의 높고 낮음과 귀하고 천함을 묻지도 않은 채 그 집을 찾아갔고, 늘 허둥지둥 급히 서둘렀다. 가로로 된 두루마리에 시를 적은 것이 황소의 허리보다 더 굵었으며, 비단으로 꾸미고 옥으로 축(軸)을 만들어 집에 간직하였다. 사람들은 매화시에 미쳤다고들 말했다.　　—— 조희룡, 『호산외기』에서

(다)

나는 지난 해 여름까지 이름 있는 난초 두 분(盆)을 정성스레 정말 정성을 다해 길렀다. 3년 전 거처를 지금의 다래헌(茶來軒)으로 옮겨 왔을 때, 어떤 스님이 우리방으로 보내 준 것이다. 혼자 사는 거처라 살아 있는 생물이라고는 나하고 그 애들뿐이었다. 그 애들을 위해 관계 서적을 구해다 읽었고, 그 애들의 건강을 위해 하이포넥슨가 하는 비료를, 바다 건너가는 친지들에게 부탁하여 구해오기도 했었다, 여름철이면 서늘한 그늘을 찾아 자리를 옮겨 주어야 했고, 겨울에는 필요 이상으로 실내 온도를 높이곤 했었다.

이런 정성을 일찍이 부모에게 바쳤더라면 아마 효자 소리를 듣고도 남았을 것이다. 이렇듯 애지중지 가꾼 보람으로 이른 봄이면 은은한 향기와 함께 연둣빛 꽃을 피워 나를 설레게 했고, 잎은 초승달처럼 항시 청청했었다. 우리 다래헌을 찾아온 사람마다 싱싱한 난을 보고 한결같이 좋아라 했다.

지난 해 여름 장마가 갠 어느 날 봉선사로 운허 노사를 뵈러 간 일이 있었다. 한낮이 되자 장마에 갇혔던 햇볕이 눈부시게 쏟아져 내리고 앞개울 물소리에 어울려 숲 속에서는 매미들이 있는 대로 목청을 돋우었다.

아차! 이 때에야 문득 생각이 난 것이다. 난초를 뜰에 내놓은 채 온 것이다. 모처럼 보인 찬란한 햇볕이 돌연 원망스러워졌다. 뜨거운 햇볕에 늘어져 있을 난초잎이 눈에 아른거려 더 지체할

수 없었다. 허둥지둥 그 길로 돌아왔다. 아니나다를까. 잎은 축 늘어져 있었다. 안타까워 안타까워하며 샘물을 길어다 축여 주고 했더니 겨우 고개를 들었다. 하지만 어딘지 생생한 기운이 빠져 버린 것 같았다. 나는 이 때 온몸으로, 그리고 마음속으로 절절히 느끼게 되었다. 집착이 괴로움인 것을.

— 고등학교 『독서』에서

출제 방향

'무엇을 가진다는 것', 즉 소유(所有)는 인류가 태어나 사회를 구성한 이래로 늘 있어왔던 삶의 방식이었다. 그러나 소유의 방식은 시대마다 달라졌고, 특히 자본주의는 사적 소유를 미덕으로 권장해왔으며, 그것을 가장 중요한 기반으로 스스로를 구성하였다. 따라서 자본주의 사회가 노정하는 다양한 갈등과 현상을 이해하고 해결하기 위해서 '소유'에 대한 반성적 성찰은 필수적으로 요청된다. 특히 '소유'는 사물(유형, 무형이든)에 대한 집착을 낳고, 그것은 다양한 병리적 현상을 야기하기 때문이다.

제시문은 소유에 대한 상이한 방식들에 대한 모습을 보여주고 있다. (나)는 조선시대 '매화'를 너무 좋아한 나머지 '미칠' 정도로 탐닉했던 사례를 들고 있고, (다)는 우연히 얻은 '난'을 두고 집착한 자신을 반성한다는 내용을 담고 있으며, (가)는 기억과 경험을 함께 소유(공유)하는 과정을 통하여 한 단계 더 나은 공동체를 지향한다는 취지를 말하고 있다.

이번 모의고사도 역시 부산대학교 논술고사 출제원칙 안에서, 고등학교 교과(『독서』)에서 얻은 지식을 바탕으로 사회현상을 마주하여, 그것을 이해하고 해결하기 위한 근원적 사색을 추동하는 방향으로 출제하였다.

출제 의도와 평가 기준

1. 출제의도

논술고사에서 특정한 현상에 대해 뚜렷하게 대조적인 서술을 두고 가부 판단을 묻고 바람직한 태도 및 견해를 묻는 방식은 지나치게 윤리적인 태도를 요구할 우려가 있어 지양될 필요가 있다고 생각했다. 현상 해석이나 대처방식 보다는 그 현상이 발생한 근원에 대한 성찰을 묻고 싶었다. 그래서 다소 추상적이지만, 가장 현실적이면서도 근원적인 '소유'의 문제를 던졌던 것이다.

오늘날 '소유'는 일상이 되었고, 그것의 사적인 방식은 당연하게 받아들여진다. 그러나 그 덕분에 그것이 물질적 차원에 그치지 않고 정신적 차원의 병리까지 야기하고 있으며, 그로인해 사회적 문제가 더욱 심각해져 가고 있지 않은지 되돌아 볼 필요가 있다. 제시문들은 보는 각도에 따라서는 '흠'이 되기보다는 모두 '아름다운 마음'으로 읽힐 수 있다. 그래서 논제에 '소유에 대한 반성적 성찰 차원'으로 읽을 것을 주문하여, 제시문을 읽는 범위 및 시야를 한정하고, 논제의 취지에 맞게 이해하도록 하였다.

제시문 (나)는 '매화'를 너무도 좋아하여 광적인 사람에 대한 이야기이다. 매화를 좋아하는 것을 '반성적 차원'에서 읽는다면 매화에 대한 집착으로 읽을 수 있다. 이에 비해 제시문 (다)는 '난'에 대한 집착을 반성하고 괴로워하는 사람의 이야기를 통하여, '소유'가 물질적, 정신적 집착으로 변한 것을 성찰한다는 논지를 전하고 있다. 이처럼 (나)와 (다)가 사적인 소유를 두고 즐거워하거나 괴로워하는 문제를 다루고 있다면, 제시문 (가)는 상처와 기억을 '함께' 소유하고, 그것을 털어버림으로써(넘어, 극복) 새로운 마음과 공동체를 구성한다는 이야기를 담고 있다. 소유의 방식을 사적인데서 공적인 것으로 전환하여 한 차원 다른 모습의 사회를 구성할 수 있다는 희망의 예를 제시한 것이다. 따라서 (가)는 다른 두 개의 제시문과 달리 대안적 성격을 띠고 있다고 하겠다.

2. 평가기준

이번 모의논술은 다음과 같은 것이 중요한 평가항목이 될 것이다.

첫째, 제시문 (가)·(나)·(다)를 '소유에 대한 반성적 성찰'이란 차원에서 이해하고 있는가의 여부.

둘째, 조건에서 밝힌 바와 같이 제시문 (가)·(나)·(다)에 대한 이해가 '모두' 제시되어 있는가의 여부.

둘째, (나)와 (다) 사이의 차이. 그리고 (나)·(다)와 (가) 사이의 차이를 분명하게 제시하고 있는가의 여부.

넷째, '소유하느냐? 않느냐?'의 문제를 넘어서 '소유를 어떻게 할 것인가'에 대한 고민을 담고 있는가의 여부.

위 항목을 통하여 논제 파악 능력, 제시문 분석 능력, 논리적인 서술 능력 등을 평가할 것이다.

제4회 모의 논술고사 문제와 해설

문제

제시문 〈가〉에서 화자의 욕망은 제시문 〈나〉와 연결되어 있다. 이와 같은 욕망이 이룩한 오늘날 문명을 비판하고 이를, 제시문 〈다〉의 시각에서 실마리를 찾아 바람직한 문명의 모습에 대해 논술하시오. 1300자(±100자)

(가)

차가 남대문에 닿았다. 아직 다 어둡지는 아니하였으나 사방에 반짝반짝 전기등이 켜졌다. 전차 소리, 인력거 소리, 이 모든 소리를 합한 도회의 소리와 넓은 플랫폼에 울리는 나막신 소리가 합하여 지금까지 고요한 자연 속에 있던 사람의 귀에는 퍽 소요하게 들린다.

도회의 소리? 그러나 그것은 문명의 소리이다. 그 소리가 요란할수록 그 나라가 잘 된다. 수레바퀴 소리, 증기와 전기기관 소리, 쇠마차 소리……. 이러한 모든 소리가 합하여서 비로소 찬란한 문명을 낳는다.

실로 현대의 문명은 소리의 문명이다. 서울도 아직 소리가 부족하다. 종로나 남대문통에 서서 서로의 말소리가 아니 들리리만큼 문명의 소리가 요란하여야 할 것이다. [……]

저 플랫폼에 분주히 왔다갔다 하는 사람들 중에 몇 사람이나 이 분주한 뜻을 아는지. 왜 전등이 저렇게 많이 켜지며, 왜 저 전보 기계와 전화 기계가 저렇게 불분주야하고 때깍거리며, 왜 저 흉물스러운 기차와 전차가 주야로 달려야 하는지……. 이 뜻을 아는 사람이 몇몇이나 되는가.

(나)

런던 만국박람회의 회장(會場)이 된 것은 조원가(造園家) 조셉 팩스턴(Joseph Paxton, 1801~1865)이 설계한 거대한 철과 유리의 건축물 '크리스털 팰리스(Crystal Palace : 水晶宮)'이다. 3,800톤의 주철과 700톤의 연철, 30만장의 유리, 60만 입방 피트의 목재를 사용, 프리패브(prefab) 공법으로 불과 6개월 정도에 완성시킨 이 건물은 영국의 엄청난 공업력을 과시하는 동시에 새로운 건축 공간의 모습을 예언적으로 보여주는 건물이었다. ―중 략―

그런데 '크리스털 팰리스'라는 이름은 런던 만국박람회의 추최자들에 의해 붙여진 이름이 아니다. 당시, 발행 부수를 늘여 가고 있던 풍자만화가 실린 잡지 「펀치」가 만든 별명이다. 하지만 이 이름은 19세기 부르주아가 새롭게 등장한 눈부신 빛의 공간과 이에 어깨를 나란히 한 사물을 향한 욕망의 질을 날카롭게 포착하여, 런던 만국박람회의 대명사로 오랫동안 사용된다. 사람들은 가령 그 출처가 무엇이든 단순한 온실이건 역사이건 공장이건 결정적으로 색다른 뭔가를 이 공간에서 느낀 것이다. 그리고 곧이어 이렇게 받아들인 '크리스털' 공간은 수많은 박람회와 백화점, 그리고 쇼핑몰, 심지어는 잡지의 그라비어(gravure : 인쇄의 사진 요판)와 텔레비전의 브라운관을 통해 도시 구석구석으로 퍼져갔던 것이다. 하지만 여기서는 너무 앞서 논의를 서두를 필요가 없다. 우선 여기서는 빅토리아 시대 사람들이 이 '크리스털 팰리스'를 멀리서 바라보기를 즐겼다는 사실을 지적하는 것만으로도 충분하다. 멀리서 바라보면, 크리스털 팰리스는 주위의 풍경을 반사하여 공중에 떠 있는 것 같았다. 그것은 동시대 영국인들에게는 정든 소중한 물건을 장식해 두는 소형 유리케이스와도 매우 흡사했다. 상품(商品)은 유리케이스로 장식함으로써 시각에 의한 신비화 작용을 얻는다. '크리스털 팰리스'란 거대한 규모로 확대한, 근대의 상품 세계 유리케이스에 다름 아니었다.

[……]

한마디로 런던 만국박람회는 근대산업이 낳은 다양한 상품으로 가득찬 세계의 모습을, 그 압도적인 양으로 보여준 것이다. 수정궁은 몇 천을 헤아리는 공업제품을 한 지붕 아래 배열하고 끝없는 상품의 우주를 창조해 갔다. 그것은 '일과 여가, 자연과 문화를 단일한 종합공간 안에 합체시키고, 그 표면상의 무질서와는 달리 상업과 상호작용하는 세련된 공간을 창조'하였던 것이다. 여기에서 공업제품은 근대를 찬양하는 기호로서 신화화되었으며, 쏟아지는 빛을 듬뿍 받으면서 사용가치를 뛰어넘는 세계를 만들어내었다. 이 미증유의 스펙터클은 비일상적인 것으로 인해 일상적인 것의, 커다란 것으로 작은 것의, 비현실적인 것으로 현실적인 것의 가치를 높였다. 런던 만국박람회는 상품이 기능적인 것의 가치를 훨씬 뛰어넘는 존재임을 넘치는 대중에게 보여주었던 것이다.

(다)

저는 앞에서 살아있다는 것 자체가 생명에 대한 폭력이라고 밝힌 바가 있습니다. 또한 죽음 없이 재생이란 불가능하며 재생없는 죽음이란 존재하지 않는다는 고대인의 믿음에 대해 말씀드린 바 있습니다. 희생은 이러한 죽음과 재생의 거스를 수 없는 순환을 돕기 위한 것으로서, 그 또한 폭력의 일종입니다. 같은 폭력으로 우리는 성스러움에 이를 수도 있고 죄악에 떨어질 수도 있습니다. 그것은 메두사의 두 방울의 피와 같습니다. 독과 약, 즉 피의 두 속성인 죄와 신성함이 바로 그것입니다. 재생없는 살생과 재생을 위한 희생이라는 딜레마는 매순간 인간을 혼란과 의문 속으로 몰아넣고 있습니다. 다만 우리가 그것을 자각하고 있지 못할 뿐이지요. 생명에 대한 무관심과 엄청난 환경파괴에 의해 생명 박탈에까지 이른 우리는 오늘날 전 생물종에 걸친 대학살극에 직면해 있습니다. 직접 거기에 연루되어 있건 그렇지 않건 간에 우리는 재생이란 아예 불가능한 죽음의 가공할 독을 만드는 공장에서 함께 작업을 하고 있는 것입니다. 우리는 독과 약을 섞어버렸고, 그 둘은 마찬가지로 하나의 독이 되고 말았습니다. 이제 그 독은 불임의 돌을 잉태한 채 회생력 잃은 대지의 심장으로 퍼져 들어가고 있으며, 우리는 우리가 저지른 극악한 죄를 망연자실 바라보고만 있을 따름입니다. 장차 누가 이 죽음의 독을 신생(新生)의 약으로 바꿔놓을 수 있을까요? 누가 부활없는 이 처참한 죽음의 대열을 해산시키고 생물과 무생물 전체를 아우르는 금기와 근신과 제의적 규율을 심어놓을 수 있을까요? 또다시 우리가 모순 덩어리인 생의 조건을 깨닫고 먹히는 자와 먹는 자가 하나라는 진실을 받아들일 때, 그때 비로소 우리는 우리가 당면해 있는 재난의 참모습을 응시할 수 있게 될 테지만, 그때까지는 그 누구도 성급하게 해답을 찾으려 해서는 안 될 것입니다. 다만 우리는 고대인들이 그들의 신화를 통해 들려주는 귀한 전언(傳言)에 귀를 기울이며 미궁을 밝히는 한 줄기 빛을 더듬어 볼 따름입니다. 이제는 흙이 된 아주 오래 된 음성으로 그들은 우리의 영혼 속에서 이렇게 속삭이고 있습니다.–

'지금 너희가 먹고 있는 곡식과 고기는 성체이다. 그렇지 않은가? 너희의 식사는 매 끼니가 성찬례이고 너희의 식탁은 성스러운 사원이지 않은가?

출제 의도

이번 모의논술에서는 문명과 인간 욕망과의 관계를 생각할 수 있는 문제를 출제했다. 제시문들은 학생들이 대개 한번 쯤 접해 보았을 내용으로 선정하고자 했다. 제시문 〈가〉는 이광수의 『무정』의 한 장면이고, 제시문 〈나〉는 요시미 순야의 『박람회–근대의 시선』에서, 제시문 〈다〉는 김영래의 『숲의 왕』에서 발췌하였다.

제시문 〈가〉와 〈나〉는 기본적으로 비슷한 시각을 드러내고 있다. 〈가〉의 입장이 문명을 달성하여야 한다는 욕망을 드러낸 것이라면, 〈나〉의 경우 근대의 산업 문명이 지닌 상품성을 박람회라는 사건을 통하여 구체적으로 드러내고 있다. 이에 비해 제시문 〈다〉는 오늘날의 산업문명이 초래한 위기를 반성적으로 되돌아보게 하는 글이다.

그렇기 때문에 이 문제를 단순히 생태학적 입장으로 접근하거나 환경문제로 생각한다면 출제자의 의도를 놓치기 쉽다는 점을 잊어서는 안 된다. 이 문제에서 제기하는 것은 보다 근본적이다. 인간의 욕망과 연결된 근대의 문명이 오늘날 어떤 모습을 하고 있으며, 여기에서 보여주는 위기 또는 문제점을 극복하기 위해서는 어떻게 해야 하는지를 묻고 있기 때문이다. 쉬운 제시문을 통해서 근본적이고 본질적인 사유를 유도하고자 하는 것이 이 문제의 기본 의도이기 때문이다.

5. 1998~2007학년도 주요대학 논술 개념 흐름도

1. 서울대학교

1998학년도(정시) : 조지오웰의 [동물농장]에 암시된 인간 사회의 문제 지적, 복서의 죽음에 대한 의견 쓰기

1998학년도(수시) : 억압적 정치 상황에서 자기 성찰이 갖는 의의와 한계

1999학년도(정시) : 혈족 보존을 향한 동물의 행동에 관한 설명을 고려하여, '대아(大我)'를 강조하는 신채호의 견해가 갖는 의의와 한계

2000학년도(정시) : 도덕성을 갖춘 이성적 인간은 어떻게 형성되는가

2001학년도(정시 · 인문) : 휴머니즘의 실천이 현대 사회에서 갖는 의미

2001학년도(정시 · 자연) : 인간과 동물의 지적 능력에 대한 견해

2004년도 논술모의고사 : 기계의 발전이 인간의 ①사회적 관계와 ②문화적 양식을 어떻게 변화시켜 왔으며, 이러한 변화가 지니는 의미는 무엇인가

2005학년도 논술 예시문항1 : 현대에서 외래 문물을 수용하는 일에 대한 의견 쓰기

2005학년도 논술 예시문항2 : 앎에 대한 서양의 태도와 동양의 태도가 어떻게 조화될 수 있는가?

2005학년도 논술 예시문항2 : 천재는 사회적 소산인가?

2005학년도(수시) : 한국의 지식인이 가져야 할 바람직한 탐구 자세

2005학년도(정시) : 사물에 대한 올바른 인식에 어떻게 도달할 수 있는가

2006학년도(수시) : 현대를 사는 한국인들은 행복해졌는가?

2006학년도(정시) : 경쟁의 공정성과 경쟁 결과의 정당성

2008학년도 1차 예시문제(인문) :

　1. 소유권 이론과 정보의 특성에 근거하여 카피라이트와 카피레프트에 대한 의견 쓰기

　2. 국가의 시장 개입 여부 문제와 관련시켜, 기업의 입장에서 '기업하기 좋은 환경'이란 어떤 것이고 '기업하기 좋은 나라'는 어떤 나라인지 설명하고, 그러한 나라의 좋은 면과 나쁜 면을 평가하기.

　3. 올바른 이혼율 산정 방식은?

2008학년도 2차 예시문제 :

　1. 기술투자에도 불구하고 경쟁력이 없을 것으로 예상되는 사업의 지속 여부에 대한 견해

　2. 새만금 간척 사업과 동강댐 건설 사업에서 각각 지속과 중단이라는 서로 다른 결론을 내린 이유

　3. 그림에 대한 고전적 견해를 바탕으로 두 그림을 비교 감상하기

　4. 철도가 경부선과 남한강 주변에 살던 사람들의 구체적인 삶을 어떻게 변화시켰을지 역사적 상상력을 발휘하여 서술하기

5. 선택의 기로에서 어느 쪽을 선택할 것인가, 그리고 그 이유는?
6. 인문과학을 공부하는 학생에게도 자연과학의 지식이 필요한 이유

2. 연세대학교

1998학년도(모의) :
  1. 두 글의 공통점과 차이점 요약하기
  2. 현대사회에서 바람직한 삶의 방식
1998학년도(정시, 인문) :
  1. 두 사람의 대화에서 공통 논지와 차이점 찾기
  2. 경제 발전을 위한 사회문화적 요소의 필요성
1998학년도(정시, 자연)
  1. 개체주의과 구조주의의 관점에서 범죄 발생의 빈도와 도시화의 정도 사이의 상관 관계 설명하기
  2. 피그말리온 신화가 현대 사회에서 시사하는 바를 분석하고, 이에 대한 자신의 생각을 서술하기
1999년도(경시대회 문제) : 한말의 국가 위기 상황에서 배금주의에 물든 세태를 비판한 신문 사설을 요약
         하고 오늘의 관점에서 분석 · 비판하기
1999학년도(정시, 인문) : 희생양의 사회적 기능과 의미
1999학년도(정시, 자연) : 이성적 · 합리적 사고방식이 20세기 한국인과 한국 사회에 미친 영향과 한계
2000학년도(정시, 인문) : 강자(지배자, 권력자, 남성)와 약자(피지배자, 소시민, 여성)와의 관계 비판하기
2000학년도(정시, 자연) : 현대 문명이 빚어낸 인간 소외의 원인과 해결 방안
2001학년도(정시, 인문) : 사회 유지를 위한 개인 · 집단적 동의의 유형과 우리 현실
2001학년도(정시, 자연) : 선언문의 순기능과 역기능을 바탕으로 국민교육헌장 분석하기
2002학년도(정시, 인문) : 언어의 불완전성과 영웅중심의 사관을 바탕으로, 같은 역사적 사건에 대한 서로
         다른 해석이 갖는 사회 · 문화적 의미 분석
2002학년도(정시, 자연) : 지식과 문화가 특정한 개인이나 집단에 귀속되는 현상이 오늘의 현실에 어떻게
         작용하는지 구체적 사례를 들어 논술하기
2003학년도(정시, 인문) : 이미지와 현실과의 관계
2003학년도(정시, 자연) : 개인적, 사회적 관점에서 시간의 의미와 기능 논술하기
2004학년도(정시, 인문) : 웃음의 유형과 사회적 기능
2004학년도(정시, 자연) : 데이터스모그 현상에 대한 비판과 대안 제시
2005학년도(정시, 인문) : '세월이 흘러감'에 대한 생각을 '욕망'과 연관시켜 분석하기
2006학년도(정시, 인문) : 불안의 생산성, 항존성이 어떻게 사회문화의 역동성으로 작동하는가?
2008학년도 예시 문항
  1. 소득 불평등 현상을 극복하기 위한 대안 제시
  2. 인구 변화가 미래 사회에 미칠 영향

3. 고려대학교

1998학년도(정시) : 국가들간의 관계를 국제적으로 규제하는 것은 필요하고 정당한가?

1999학년도(정시) : 과학적 진리가 행복을 증진시킬 수 있는가?

2000년도(경시대회 문제) : 현대사회에서 개인이 외부 환경에 대응하는 바람직한 방식

2001학년도(수시) :

   1. 두 글의 공통점과 차이점 요약하기

   2. 보편성(세계성)'과 '개별성(지역성)'의 관계

2001학년도(정시) : 제도는 인간의 잠재력과 자유를 억압하는가, 불완전한 인간을 보호해 주는가?

2002학년도(수시1) : 과학기술문명은 인간의 삶에 어떤 영향을 미치는가?

2002학년도(수시2) : 언어와 인간의 관계

2002학년도(정시) : 현대 사회의 합리성에 대한 비판

2003학년도(수시1) : 소비 현상에 영향을 미치는 요인, 현대사회의 소비의 특성

2003학년도(수시2) : 정보 사회에서 정보의 체계적 종합의 중요성

2003학년도(정시) : 앎(지식)의 유형, 현대사회에서 중요한 앎(지식)

2004학년도(수시1) : 불평등의 양상과 평등 사회를 위한 대안

2004학년도(수시2) : 자기 정체성의 위기와 해결 방안

2004학년도(정시) : 사실과 해석의 관계

2005학년도(수시1) : 갈등의 여러 양상과 사회적 기능

2005학년도(수시2) : 문화적 다양성과 문화들 사이의 관계

2005학년도(정시) : 작은 것과 큰 것의 관계

2006학년도(수시1) : 소통의 필요성과 바람직한 소통의 조건

2006학년도(수시2) : 모순과 딜레마 상황의 여러 양상과 그 극복 방안

2007학년도(모의고사, 인문·자연 공통) : 환경 파괴 문제를 해결하기 위한, 환경과 인간의 바람직한 관계

2007학년도(수시1, 인문·자연 공통) : 정의와 효율성의 이론에 근거한, 사회적 불평등의 해결 방안

4. 성균관대학교

1998학년도(정시) : 현대 사회의 문제를 해결하기 위한 고전전 덕목의 필요성

1999학년도(정시) : 정의롭게 사는 것은 항상 옳은가?

2000학년도(모의) : 쾌락주의에 대한 공리주의적 입장에 대한 비판

2000학년도(정시) : 과학기술의 발달이 인간의 삶에 미친 영향

2001학년도(경시) : 일본의 교과서 왜곡과 역사를 바라보는 올바른 시각

2001학년도(모의) : 유전자 조작 기술의 발달에 따라 인간이 '진화 과정을 스스로 조정·통제할 수 있는
               가능성'에 대한 견해 제시

2001학년도(정시) : 청소년 문화의 다양한 현상들에 대한 견해 제시

2002학년도(수시1) : 생명공학이 시장 경제와 결합하면서 야기할 수 있는 여러 문제에 대한 견해

2002학년도(수시2) : 경쟁력 확보와 고용안정 중 선택

2002학년도(정시) : 자본주의 경제에 기여하는 문화 · 사회적 조건

2003학년도(수시1, 인문) : 과학 기술의 발전과 인간의 삶

2003학년도(수시2, 인문) : 양심적 병역거부자의 경우, 자율성을 확보하려는 개인의 욕구와 사회의 관습 · 제도가 서로 상충하는 경우에 해당한다. 이 문제를 어떻게 해결해야 하는가?

2003학년도(정시) : 세계 시민 사회의 건설이라는 인류의 이상에 비추어, 영어조기교육 열풍과, 사형 제도 폐지 논란에 대한 견해 제시하기

2004학년도(수시1) : 여론에 의한 합리적 의사결정의 가능성과 한계

2004학년도(수시2) : 앙시앙레짐에 대한 다양한 입장과 그에 대한 견해

2004학년도(정시) : '자아 정체성'에 대한 올바른 인식과 정립

2005학년도(수시1) : 행복의 조건을 결정하는 요인

2005학년도(수시2) : 페미니즘에 대한 상반된 입장에 대한 견해

2005학년도(정시) : 대중음악과 크로스오버 음악에 대한 견해

2006학년도(수시2) : 인간의 정체성에 대한 상반되는 입장을 바탕으로 자살의 문제에 대해 논술하기

2006학년도(정시) : '거짓 합치 효과'와 '목초지의 비극' 이론을 바탕으로, 모조품 소비 현상의 원인과 문화적 함의 분석하기

2007학년도(수시1) : 대중의 성격에 대한 상반되는 견해를 바탕으로, 우리 사회가 안고 있는 문제에 대한 해결 방안 모색

5. 서강대학교

1998학년도(정시) : 시인과 역사가의 역할에 대한 견해

1999학년도(정시) : 인간이 지향해야 할 역사적 존재로서의 진실한 삶

2000학년도(정시) : 역경에 대처하는 방식

2001학년도(정시) : 인간이 죽음에 대해 가져야 할 태도

2002학년도(정시) : '쾌락'의 의미

2003학년도(정시) : 정보화 사회에서의 노동의 의미

2004학년도(정시) : 인간의 자유의 한계에 관한 이론을 바탕으로, 가상공간과 문학작품에서의 자유의 문제

2005학년도(정시) : 개인의 실존과 대중(군중)의 익명성에 관한 관점을 바탕으로, 오늘날 한국 사회의 문제점을 구체적 사례를 들어 비판적 관점에서 논술하기

2006학년도(수시2, 인문 · 사회)
  1. 국가주의의 문제점과 이로 인한 국가간 충돌이 일어나는 이유
  2. 고구려사 기술에 대한 국가주의적 관점과 내재적 관점 비교 평가

2006학년도(수시2, 경제 · 경영)
  1. 인문 · 사회 문제와 같음

2. 복지주의자와 시장주의자의 갈등

2006학년도(정시, 인문 · 사회) : 인터넷, 의료기술과 같은 과학 기술의 발달에 따른 인간의 실존적 조건의 변화

1. 안전한 길을 선택한 사람보다는 위험한 길을 선택한 사람들에 의해 문명이 진보한다는 논지의 의미

2. 고정관념을 타파하고 새로운 인식을 보여준 사례가 인류의 역사와 문화의 발전에 어떻게 기여했는가.

3. 전근대-근대-탈근대사회의 특징적인 자아의 모습과 상호 비판

2006학년도(정시, 경제 · 경영)

1. 경영 활동에서의 혁신 사례 분석하기

2. 가격기구의 기능에 근거하여, 이산화황의 배출 허용량을 거래할 수 있도록 하는 프로그램에 대한 기대 효과

3. 인문 · 사회 문제와 동일

₆. 한양대학교

1998학년도(정시, 인문) : '아날로그 형'과 '디지털 형'의 특성. '디지털 형' 문화의 긍정적인 면과 부정적인 면

1998학년도(정시, 자연) : 가치 척도가 시장 경제의 원리로 일원화되는 현상 비판

1999학년도(정시, 인문) : 탈산업사회에서 삶의 양식의 변화와 그에 대응하는 방식 비판

1999학년도(정시, 자연) : 귀납적 추론에 의한 과학적 탐구 방식을 연역적 추론이 아니라는 이유로 비판하는 것은 정당한가.

2000학년도(정시) : 환경 문제의 원인과 해결 방식

2001학년도(정시 : 기술문명사회에서 인간 소외 현상의 문제점과 극복 방안

2002학년도(정시) : 식민지 경험으로 내면화된 우리 안의 오리엔탈리즘 비판

2003학년도(정시) : 정보화 사회에서 시스템의 단일화, 중앙집중화로 인한 문제점 비판 및 대처 방안

2004학년도(정시) : 자살의 사회적 원인과 공동체 구성원들의 관심과 사랑으로 이를 해결하고자 하는 방식 비판

2005학년도(정시) : 대중문화(욘사마 현상)에 나타난 신화적 성격 분석

2006학년도(수시1) : 과학과 인문학의 분리 현상과 한국 교육문화의 문제점과 그 원인 및 개선 방안

2006학년도(수시2-1, 인문) : 한국인의 행복지수를 높일 수 있는 사회적, 개인적 차원의 방안

2006학년도(수시2-2, 인문) : 예술의 파격과 사회적 일탈의 공통점과 차이점

2006학년도(정시) : 컴봇과 휴머노이드와 같은 과학 기술의 발달로 인해 미래 사회에서 새롭게 설정될 인간의 정체성 및 인간과 기계의 상호 관계

2006학년도(정시) : 과학 이론의 발전 과정

2007학년도(수시1, 인문) : 산업사회의 고독한 군중과 정보화 사회의 다중적인 누리꾼들이 새로운 공동체 문화를 형성할 수 있는 방안(건강한 공체적 놀이 문화의 회복과 관련)

7. 이화여자대학교

1998학년도(정시, 자연) : 과학적 탐구활동에서 차지하는 수학의 역할
1998학년도(정시, 인문) : 이웃과 사회에 대한 실천적 사랑의 모습과 그 실현 방안
1999학년도(정시, 인문) : 법과 제도의 필요성
1999학년도(정시, 자연) : 현대 자연 과학의 발달이 전통적 인간관에 미치는 영향
2000학년도(정시, 인문·자연 공통) : 현대사회에서 돈이 지니는 의미
2001학년도(정시, 인문·자연 공통) : 현대적 의미의 바람직한 리더십
2002학년도(정시, 인문·자연 공통) : 인간과 동물의 바람직한 관계
2003학년도(정시) : 타인의 시선이 개인의 행동에 미치는 영향
2004학년도(정시) : 인간적 가치의 지향이 현대 소비 사회와 갈등을 빚는 이유와 양상, 갈등 해소 방안
2005학년도(정시) : 현대 사회 안에서 환상, 신화, 축제와 같은 비일상성이나 비현실성이 지니는 기능
2006학년도(수시1, 공통)
  1. 인터넷의 발달로 인한 전문가와 일반 대중 사이의 격차 축소
  2. 정보 이용률의 세대간 차이에 따른 정보 소외의 문제
  3. 전쟁에 대한 다양한 입장을 바탕으로 전쟁에 대한 의견 쓰기
2006학년도(수시2, 공통)
  1. 한국 사회에서 민족 개념의 성격 변화
  2. 인간이 천국에 갈 수 있는 방안
2006학년도(정시) : 언어가 사회 공동체에 영향을 미치는 방식
2007학년도(수시1)
  1. 구술문화와 문자문화
  2. 자기 성찰(반성)의 윤리성과 한계

8. 한국외국어대학교

1998학년도(정시) : 모순과 부조리로 인한 삶의 무의미함을 극복할 수 있는 방안
1999학년도(정시) : 개인과 사회의 관련성에 근거하여 '현시적 소비 현상' 비판
2002학년도(정시) : 디지털 문명 시대에서의 세계화와 문화에 대한 의견
2003학년도(정시) : 백이숙제의 삶에 대한 사마천 시각 논박
2004학년도(수시1) : '문화간 거리(cultural distance)' 개념을 적용하여, 글로벌 시대의 다종다양한 문화
                   현상의 이해
2004학년도(수시2) : 진보와 보수에 대한 견해
2004학년도(정시) : 문화의 형성과 교류에 대한 통시적 관점에서의 이해와 견해
2005학년도(수시1) : 명분과 실리의 측면에서 한국군 이라크 추가 파병에 대한 견해
2005학년도(정시) : 도덕의 기원과 관련하여 익명기부자의 행위 동기 분석

2006학년도(수시1) : 글로벌 리더십에 대한 견해
2006학년도(수시2) : 통상과 환경에 관한 각국의 입장과 국제 질서
2006학년도(정시) : 사회 발전을 위한 '이기심' 과 '서로 사랑하는 마음' 의 역할과 한계
2007학년도(수시1, 인문) : 정보의 양면성을 바탕으로, 급격한 정보화와 정보 격차 현상이 초래할 문제점
　　　　　　　　　　과 대응 방안

9. 경희대학교

1998학년도(정시, 인문) : 물신주의와 환경 파괴 문제의 해결 방안
1998학년도(정시, 자연) : 과학적 세계관과 종교적 세계관의 대립
1999학년도(정시) : 진보주의의 입장에서 본 개량주의의 한계
2000학년도(수시) : 학문하는 사람이 지녀야 할 태도
2000학년도(정시) : 소설 '송아지' 전문 읽고, 나름대로 논제 찾아 논술하기
2001학년도(정시) : '개인' 과 '사회' 의 관계
2002학년도(수시2, 인문) : 도시 유형별 경제, 사회, 문화에 대한 문제점과 제반 발전 방향
2002학년도(수시2, 자연) : 과학적 반응의 생성된 물질들이 지구 생태계에 끼치는 영향
2002학년도(정시, 인문) : 여러 자녀가 부모를 모시는 공리주의적 해결 방안
2002학년도(정시 자연) : 정보사회의 윤리 문제
2003학년도(수시1, 인문) : 민족주의의 관점에서 본 월드컵, 민족/문화, 세계평화의 관계
2003학년도(수시2, 인문) : 의리(사적 윤리)가 우리 사회에 미치는 긍정적, 부정적 측면
2003학년도(정시, 인문) : 환경 문제의 해결 방안
2003학년도(정시, 자연) : 유전자변형 유기체에 대한 견해
2004학년도(수시1, 인문) : 세계화가 문화산업에 미치는 영향을 스크린쿼터제를 예로 들어 논술하기
2004학년도(수시1, 자연) : 미래의 실생활에 활용될 수 있는 융합기술
2004학년도(수시2, 인문) : 사회적 갈등의 원인과 해결 방안
2004학년도(수시2, 자연) : 'DNA 염기서열이 그 개체의 모든 성질을 결정한다' 는 주장에 대한 견해
2004학년도(정시) : 민주주의 사회에서 '공동선' 을 추구해야 할 필요성
2005학년도(수시1, 인문) : 공기업의 민영화 여부에 대한 의견
2005학년도(수시2, 인문) : 한국 사회가 겪고 있는 개인 혹은 집단들 사이의 갈등에 대한 견해
2005학년도(정시) : 인류 문명의 역사를 결정하는 요소는 문화적 조건인가, 자연적 조건인가?
2006학년도(수시1, 인문) : 현대를 살아가는 이상적인 인간형
2006학년도(수시2, 인문) : 이기주의와 이타주의 중 현대인의 바람직한 삶의 방식
2006학년도(수시2, 인문) : 환원론이 현대과학의 발전에 기여한 측면
2006학년도(정시) : 바람직한 한국인 상(像)
2007학년도(수시1, 인문) : 인문학 위기의 해결 방안
2007학년도(수시1, 자연) : 에너지 문제와 관련하여 미래사회에서 해결해야 할 문제

10. 중앙대학교

1999학년도(정시, 인문) : 잘못된 사회적 관습을 거부하고 이상을 선택한 행위가 지닌 의의

1999학년도(정시, 자연) : 고전물리학과 현대물리학에 대한 이해

2000학년도(정시) : 정보 사회의 진전과 함께 나타나는 언어의 축약, 어휘의 폐기 · 축소와 조작 · 왜곡 현
　　　　　　　　　상에 대한 견해

2001학년도(정시) : 삶의 행복을 위한 욕망의 절제

2002학년도(수시1, 인문) :

　1. 신자유주의 시대에서의 정부의 역할

　2. 인구 변화의 예측과 그로 인한 사회 문제의 정책적 해결 방안

　3. 글을 잘 쓰는 것이 목수 노릇 잘하는 것보다 더 높은 능력을 가진 것이라는 지능 검사의 전제는 타당
　　한가?

2002학년도(수시1, 자연) :

　1. 인문 3번 문제와 동일

2002학년도(수시2, 인문) :

　1. 정부가 국가 경쟁력과 성장 우선 정책을 추진하고자 할 때 걸림돌로 작용할 수 있는 악조건

　2. 대상을 관찰하고 설명할 때 그 대상이 속한 전체적인 틀(paradigm)을 이해해야 하는 이유

2002학년도(수시2, 자연) : 학문이 나아가야 할 올바른 방향

2003학년도(수시1, 인문) : 과거로부터 과학 문명이 발달한 현대까지 '미신' 이 확산되어 가는 원인과 과정

2003학년도(수시1, 자연) : 전자정보기술의 부정적인 면

2003학년도(수시2, 인문) : 제시문에 나타난 논리적 오류 찾기

2003학년도(수시2, 자연) : 과학과 예술의 차이점

2004학년도(수시1, 인문) : 지문에 나타난 문제의 근본적인 원인과 현상적 원인 찾기

2004학년도(수시1, 자연) : 20세기 초반과는 달리 20세기 후반에 영웅적인 과학자들이 나타나지 않는 이유

2004학년도(수시2, 인문) : 민족주의의 폐단을 불식하는 방안

2004학년도(수시2, 자연) : 인간의 정신 현상에 대한 올바른 이해를 위하여 생물학적 연구가 필요한 이유

2005학년도(수시1, 인문) : 반기업 정서와 경제만능주의의 문제점

2005학년도(수시1, 자연) : 과학지상주의의 오류 극복

2005학년도(수시2, 인문) :

　1. 고대 중국인과 고대 그리스인의 사고 방식의 차이

　2. 인주의와 지역주의가 팽배해 있는 우리 사회가 고대 중국인으로부터 배워야 할 점

2005학년도(수시2, 자연) : 공존과 조화 그리고 상생의 필요성

2006학년도(수시1, 인문) : 역사 기술의 이데올로기적 특성 이해와 비판적 적용

2006학년도(수시1, 자연) : 고령사회에서 발생할 수 있는 문제점과 그 해결 방안

2006학년도(수시2, 인문) : 사물의 다양성과 상대성의 관점에서 '사이버 문화에 대한 비판' 에 대한 의견
　　　　　　　　　　　　쓰기

2006학년도(수시2, 자연) :

　1. 실증주의적 태도 비판

　2. 데카르트의 육체와 정신의 이분법적 논리 비판

2006학년도(정시) : 아시아적 가치의 유용성 비판과 대안
2007학년도(수시1, 인문) : 다양한 평등의 개념 중에서 우리 사회가 가장 비중 있게 추구해야 할 평등
2007학년도(수시1, 자연) : 정책수립자의 입장에서, 삶의 질이 객관적 지표가 아니라, 주관적 요소에 의해 결정된다는 자료의 해석과 활용 방안

11. 동국대학교

1998학년도(정시, 인문) : 오로지 자신의 능력만으로 사회적 지위를 획득하게 하는 정책의 타당성 여부
1998학년도(정시, 자연) : 컴퓨터 통신의 사용이 새로운 인간 관계를 형성시키는가, 아니면 인간 관계의 형성이 컴퓨터 통신의 사용을 촉진시키는가
1999학년도(정시, 인문) : 학교 교육의 위기가 초래된 이유
1999학년도(정시, 자연) : 신제품을 개발할 때 요구되는 표준화와 다양화의 필요성
2000학년도(정시) : 개인의 합리적 행위 선택과 사회적 규제 장치의 관계
2001학년도(정시) : 연고적 결사가 '건강한 공동체 문화 형성'에 긍정적으로 기여할 수 있는 방안
2002학년도(정시) : 20세기 과학사의 맥락에서 과학과 신비주의의 상관 관계
2003학년도(정시) : 기계적 세계관의 한계와 그 대안으로서 유기적 세계관의 가능성
2004학년도(수시1, 인문) : 무임승차, 공유지의 비극, 수인의 딜레마 등을 고려하여, '개인의 합리성'과 '사회의 합리성' 간의 갈등 해결 방안 찾기
2004학년도(수시1, 자연) : 과학에서 단위의 중요성
2004학년도(수시2, 인문) : '구명선 윤리'의 한계를 바탕으로, 전체론적 환경 윤리가 나아가야 할 방향 제시
2004학년도(수시2, 자연) : 산업화가 진행되면서 발생한 환경 악화 현상의 해결 방안
2004학년도(정시) : 경제 성장의 목적을 바탕으로, '대동(大同) 사회'의 이상을 실현하기 위한 정부의 역할
2005학년도(수시1, 인문) : 존 롤스(John Rawls)가 제시한 '평등의 원리'와 '차등의 원리'를 바탕으로 한, 시민 사회가 지향해야 할 사회의 모습과 구현 방안
2005학년도(수시1, 자연) : 정밀도와 정확도의 차이를 바탕으로 불확실도를 줄일 수 있는 방안 제시하기
2005학년도(수시2, 인문) : 최치원이 제시한 '풍류도(風流道)'가 '세계 윤리'의 세계관 확립 및 전 지구적 문제 해결에 어떻게 기여할 수 있는가의 여부
2005학년도(수시2, 자연) : 과학적 진리의 절대성, 객관성과 상대성, 주관성에 대한 견해
2005학년도(정시) : 현재와 미래 사회를 이끌어 갈 주체적이면서도 보편적인 '문화의 힘'에 대한 견해
2006학년도(수시1, 인문) : 컴퓨터를 거부하며 아내의 타자에 의존하는 작가의 글과 페미니즘의 관점에서 이를 비판한 독자의 글에 대한 의견
2006학년도(수시1, 자연) : 포디즘, 슬로아니즘이 인간의 삶에 미치는 영향
2006학년도(수시2, 인문) :
 1. 세계화 정보화 시대에 우리말과 글의 정체성을 확보하기 위한 노력과 실천 방향
 2. '제3의 길'이 복지 제도의 한계를 극복할 수 있는지의 여부

3. 접속의 시대에 나타날 수 있는 긍정적 또는 부정적 측면의 인간 관계

2006학년도(수시2, 자연) :

1. 불확정성 원리에 따라 확정적일 수 없다는 데는 모두가 동의하면서도, 고속도로에서 과속으로 달리다가 속도측정기로 단속에 걸릴 경우 아무도 불확정성의 원리를 내세워 적발된 속도가 확정적이지 않다고 주장하지는 않는다. 그 이유

2. 현재와 같이 모든 기린의 목이 일률적으로 다 같이 길게 진화된 과정을 라마르크의 용불용설과 다윈의 자연선택설의 입장에서 각각 설명하고, 두 이론의 근본적인 차이를 설명

3. 유전자 조작으로 생산된 식물을 자연 환경에 심을 경우 발생할 수 있는 문제점

2006학년도(정시) :

1. 영어공용어화론과 이를 언어제국주의적 관점에서 비판한 시각에 대한 찬반 의견

2. "서구의 가치는 보편성을 담보하고 있다"라고 하는 주장에 대한 자신의 입장

3. 바람직한 세계화의 방향

2007학년도(수시1, 인문) :

1. 정치 현상의 여러 단위와 그 구체적 사례 제시하기

2. 우리 사회의 사법 현실 비판

3. '형평성과 효율성'을 동시에 추구하고자 할 때, 추진해야 할 중점 과제와 방안

4. '정치적 올바름'의 정신을 바탕으로 구체적 사례 평가하기

2007학년도(수시1, 자연) :

1. 빗방울과 쇠구슬을 진공 하에서 초기 정지 상태로부터 동시에 낙하시켰을 경우, 두 물체가 지면에 도착했을 때의 낙하 속도와 지면에 가하는 힘을 각각 비교 · 설명

2. 지능에 대한 유전적 또는 환경적 영향 연구를 위해, 서로 분리되어 다른 환경에서 양육된 일란성쌍생아들에 대한 연구가 관심을 끄는 이유

3. 생태계에서 에너지의 흐름과 탄소의 순환 과정과 두 과정의 차이점 설명하기

12. 건국대학교

1998학년도(정시, 인문) : '아이를 땅에 묻으려 한 행위'와 '딸의 눈에 청강수를 넣는 행위'의 정당성 여부

1998학년도(정시, 자연) : 서로 다른 두 과학자의 태도가 인류의 삶에 미칠 수 있는 영향

1999학년도(정시) : 소유양식의 사랑과 존재양식의 사랑에 대한 이해를 바탕으로, 바람직한 가족 관계를 위해 취해야 할 태도 쓰기

2000학년도(정시) : 도전적 이상 추구형과 적극적 현실 적응형 삶의 비교 분석

2001학년도(정시) : 현대 산업사회 체제의 문제점을 극복하기 위한 대안적 삶의 방식 모색

2002학년도(정시) : 평강공주와 코딜리아의 행위에 나타난 가치관적 특성 분석 및 평가

2003학년도(정시) : 딜레마 상황에 처한 주인공들의 선택 평가

2004학년도(정시) : 바람직한 가족관의 정립

2005학년도(정시) : '추첨'이 '선거'의 문제점을 극복할 대안이 될 수 있는지의 여부

2006학년도(수시1) : 폭력적인 권력에 동조하는 방식의 차이 분석 및 평가
2006학년도(수시2) : 분노에 대한 대응 방식
2006학년도(정시) : 두 가지 삶의 방식 비교 분석 및 각각의 방식이 갖는 의의 또는 문제점(현실 속에서 적
극적으로 뜻을 펼치는 삶의 방식과 현실 밖에서 내적 초월을 추구하는 삶의 방식)
2007학년도(수시1) : 인간의 본성과 관련된 서로 다른 관점을 근거로 바람직한 교육에 대한 견해 제시

13. 숙명여자대학교

2004학년도(정시, 인문) : 중용론의 관점에서 본 대중문화의 수용 자세
2004학년도(정시, 자연) : '인간의 생명'에 대한 개념의 확장과 그에 따른 전통적 생명 윤리에 대한 견해
2006학년도(수시1, 인문) : 폴리스와 오이코스의 개념을 활용하여, 가부장적 가족 제도와 개인의 자율성
사이에서 갈등하는 한국인의 사고 방식 비판
2006학년도(수시1, 자연) : 상류층에 대한 불신과 증오심으로 가득찬 주인공의 생각과 행동을 계층적 관
점에서 해석하고 비판하기
2006학년도(수시2, 인문) :
1. '의사사건(擬似事件, pseudo-event)'의 특징과 사례 제시
2. 현대 사회에서 지식과 정보에 대한 바람직한 태도
3. 과거와 현재의 '책'에 대한 생각 및 태도의 차이점
2006학년도(수시2, 자연) : 1,2번은 인문계 문제와 동일
2006학년도(정시, 인문) :
1. 성비 불균형 현상의 원인과 해소 방안
2. 편협한 민족주의 비판
2006학년도(정시, 자연) :
1. 인문계 문제와 동일
2. 과학 연구의 방향 설정에 영향을 끼치는 사회적 요인
2007학년도(수시1, 인문) :
1. 물신주의의 팽배로 인한 인간적 가치의 상실과 그 해결 방안
2. 익숙한 기존의 문화를 거부하고 새로운 문화를 추구할 때 가해지는 억압과 징벌에 대한 견해
2007학년도(수시1, 자연) :
1. 인문계 문제와 동일
2. 갈릴레이의 과학적 방법론을 이용한 과학 탐구의 사례

14. 경북대학교

1998학년도(정시) : 영어 조기 교육에 대한 찬반
1999학년도(정시) : 현재 좌절하고 있는 사람들에게 희망과 용기를 주는 논설문을 작성
2000학년도(정시) : 파괴와 유신의 논지를 바탕으로, 역사의 중요한 갈림길에 서 있는 현시점에서 우리가
　　　　　　　　　할 일
2001학년도(정시) : 사회적 소외자들에 대해 우리가 취해야할 바람직한 자세와 지향해야 할 바
2002학년도(정시) : 전쟁과 폭력의 부당성과 그 극복 방안
2003학년도(정시) : 의리주의와 정의(正義)주의의 문제점과 극복 방안
2008학년도 예시문항1 : 몸의 이데올로기적 의미에 기초한 웰빙 문화에 대한 의견
2008학년도 예시문항2 : 정의의 원칙과 소유권 이론에 근거한 바람직한 배분의 기준
2008학년도 예시문항3 : 다양성과 파레르곤 이론에 근거한 지방자치제도에 대한 의견
　(파레르곤이란 보이지는 않지만 보이는 것들의 의미를 통제하는 작용을 하는 경계로서의 액자이다. 데
리다)

15. 부산대학교

2000학년도(정시) : 속도 문명의 문제점과 느림의 문화 회복
2001학년도(정시) : 현대인의 자기중심적 무관심으로 인한 비인간화의 문제점과 대안
2002학년도(정시) : 세계화로 인한 대립·갈등 관계를 지양하기 위한 다원주의적 태도의 의의
2005학년도(정시) : 대중 사회의 '소비 주체' 들이 지녀야 할 바람직한 태도
2006학년도(정시) : 삶의 의미와 세계의 원리 등에 대한 깨달음의 명시적 전수 가능성
2007학년도(모의고사1) : 현대사회의 문제를 해결하기 위한 '쓸모없음의 쓸모' 의 터득
2007학년도(모의고사2) : 민주사회에서 소수자에 대한 배려의 기준과 의의
2007학년도(모의고사3) : 현대자본주의 사회에서 소유에 대한 바람직한 인식
2007학년도(모의고사4) : 문명과 인간 욕망과의 관계

6. 예제 및 도전 문제 출전

제3장 질문 유형별 짧은 논술 쓰기 훈련

1. 글의 논리 구조 분석하기
예제 및 연습 문제 : 조성민 · 정선심, 『논리와 가치 탐구』(서울 : 철학과 현실사, 1994.)

2. 요약하기
예제 : 2006학년도 동국대학교 정시 논술 지문에서
연습 문제 1 : 1996학년도 서울대학교 논술 문제 지문에서
연습 문제 2 : 2000년 서울대학교 주최 논술 경시대회 문제 지문에서
연습 문제 3 : 2000학년도 성균관대학교 논술 모의고사 지문에서
연습 문제 4 : 1999학년도 성균관대학교 논술 문제 지문에서
연습 문제 5 : 1995학년도 경북대학교 논술 문제 지문에서
연습 문제 6 : 1996학년도 한양대학교 논술모의고사 지문에서
연습 문제 7 : 1995학년도 연세대학교 논술 문제 지문에서

3. 비교 · 대조하기
예제 : 2003학년도 서강대학교 논술 예시 문항 지문에서
연습 문제 1 : 2001학년도 서강대학교 정시 논술 문제 응용
연습 문제 2 : 2000학년도 서강대학교 정시 논술 문제 응용
연습 문제 3 : 2004학년도 숙명여자대학교 정시 논술 문제 응용
연습 문제 4 : 2006학년도 건국대학교 수시 2학기 논술 예시 문항 응용
연습 문제 5 : 2002학년도 서강대학교 정시 논술 문제 응용

4. 공통 논지 파악하기
예제 : 1998학년도 한국외국어대학교 정시 논술 문제 응용
연습 문제 1 : 2000학년도 연세대학교 논술 문제 응용
연습 문제 2 : 2000학년도 성균관대학교 논술 문제 응용
연습 문제 3 : 2000학년도 이화여자대학교 논술 문제 응용

연습 문제 4 : 2003학년도 한양대학교 논술 문제 응용
연습 문제 5 : 2001학년도 서울대학교 논술 문제 응용

5. 이론을 현실에 적용하기

예제 : 2005학년도 한국외국어대학교 논술 문제 응용
연습 문제 1 : 2004학년도 한양대학교 논술 문제 응용
연습 문제 2 : 2002학년도 경희대학교 논술 문제 응용
연습 문제 3 : 1999학년도 건국대학교 논술 문제 응용
연습 문제 4 : 1999학년도 한국외국어대학교 논술 문제 응용
연습 문제 5 : 2007학년도 동국대학교 수시 1학기 논술 문제

6. 이야기에서 삶의 문제 유추하기

예제 : 2001학년도 이화여대학교 논술 모의고사 문제 응용
연습 문제 1 : 2000학년도 중앙대학교 정시 논술 문제 응용
연습 문제 2 : 1999학년도 서강대학교 정시 논술 문제 응용
연습 문제 3 : 1999학년도 이화여자대학교 정시 논술 문제 응용
연습 문제 4 : 1998학년도 연세대학교 논술 문제 응용
연습 문제 5 : 2003학년도 건국대학교 논술 문제 응용

7. A의 관점에서 B의 관점 비판하기

예제 : 2007학년도 서강대학교 수시 1학기 논술 문제
연습 문제 1 : 2000학년도 서강대학교 논술 예시 문항
연습 문제 2 : 2006학년도 중앙대학교 수시 2학기 논술 문제

8. 쟁점 찾기

예제 : 2000학년도 고려대학교 논술 문제 응용
연습 문제 1 : 1999학년도 경희대학교 논술 문제 응용
연습 문제 2 : 1999학년도 고려대학교 논술 문제 응용
연습 문제 3 : 1998학년도 고려대학교 논술 문제 응용
연습 문제 4 : 1998학년도 서강대학교 논술 문제 응용
연습 문제 5 : 1998학년도 경희대학교 논술 문제 응용

9. 글 조각 맞추기

예제 : 2006학년도 고려대학교 논술 문제
연습 문제 1 : 2006학년도 고려대학교 수시 1학기 논술 문제 응용
연습 문제 2 : 2006학년도 고려대학교 수시 2학기 논술 문제 응용
연습 문제 3 : 2005학년도 고려대학교 수시 2학기 논술 문제 응용
연습 문제 4 : 2005학년도 고려대학교 수시 1학기 논술 문제 응용

제4장 주제 유형별 실전 논술 쓰기 훈련

1. 근대-탈근대의 반성과 모색
예제 : 1997학년도 경희대학교 논술 모의고사
도전 문제 1 : 1999학년도 한양대학교 논술
도전 문제 2 : 2004학년도 이화여자대학교 논술
도전 문제 3 : 2007학년도 숙명여자대학교 수시 1학기 논술
도전 문제 4 : 2006학년도 서강대학교 수시 2학기 논술

2. 세계화 · 정보화 사회의 진단과 모색
예제 : 2007학년도 한국외국어대학교 수시 1학기 논술
도전 문제 1 : 2007학년도 서강대학교 수시1학기 논술
도전 문제 2 : 2004학년도 연세대학교 정시 논술
도전 문제 3 : 2006학년도 동국대학교 수시 2학기 논술
도전 문제 4 : 2005학년도 서울대학교 논술 예시 문항
도전 문제 5 : 2006학년도 서강대학교 정시 논술 예시 문항
도전 문제 6 : 2007학년도 서강대학교 수시 1학기 논술 예시 문항
도전 문제 7 : 2007학년도 서강대학교 수시 1학기 논술

3. 자유민주주의의 현실과 지향
예제 : 2004학년도 경희대학교 정시 논술
도전 문제 1 : 2006학년도 서울대학교 정시 논술
도전 문제 2 : 2006학년도 동국대학교 수시 2학기 논술
도전 문제 3 : 2006학년도 건국대학교 정시 논술
도전 문제 4 : 2000학년도 서울대학교 수시 논술

4. 대중사회 · 대중문화 속에서 주체성 찾기
예제 : 2005학년도 서강대학교 정시 논술
도전 문제 1 : 2007학년도 성균관대학교 수시 1학기 논술
도전 문제 2 : 2006학년도 성균관대학교 정시 논술
도전 문제 3 : 2005학년도 성균관대학교 정시 논술
도전 문제 4 : 2005학년도 부산대학교 정시 논술

5. 언어 · 문화 · 예술의 본질 탐구
예제 : 2006학년도 이화여자대학교 정시 논술
도전 문제 1 : 2006학년도 서강대학교 수시 2학기 논술
도전 문제 2 : 2005학년도 이화여자대학교 정시 논술

도전 문제 3 : 2006학년도 부산대학교 정시 논술
도전 문제 4 : 1998학년도 인천대학교 정시 논술

6. 학문 · 지식인 · 삶의 태도
예제 : 2005학년도 서울대학교 수시 2학기 논술
도전 문제 1 : 2005학년도 서울대학교 논술 예시 문항
도전 문제 2 : 2007학년도 경희대학교 수시 1학기 논술
도전 문제 3 : 2006학년도 건국대학교 정시 논술
도전 문제 4 : 2006학년도 경희대학교 정시 논술
도전 문제 5 : 2007학년도 서강대학교 수시 1학기 논술

7. 인간과 삶에 대한 다양한 성찰
예제 : 2005학년도 서울대학교 정시 논술
도전 문제 1 : 2006학년도 연세대학교 정시 논술
도전 문제 2 : 2006학년도 성균관대학교 수시 1학기 논술
도전 문제 3 : 2004학년도 성균관대학교 정시 논술
도전 문제 4 : 2006학년도 한양대학교 정시 논술
도전 문제 5 : 2006학년도 서강대학교 정시 논술
도전 문제 6 : 2005학년도 연세대학교 정시 논술
도전 문제 7 : 2006학년도 중앙대학교 정시 논술
도전 문제 8 : 2006학년도 서강대학교 정시 논술 예시 문항
도전 문제 9 : 2003학년도 연세대학교 정시 논술

우수 답안에서 한 수 배우기
문제 2 : 1998학년도 연세대학교 논술 모의고사
문제 9 : 2000년 고려대학교 주최 학력경시대회 문제
문제 10 : 2002학년도 고려대학교 정시 논술
문제 11 : 2004학년도 고려대학교 수시 2학기 논술
문제 12 : 2006학년도 한국외국어대학교 수시 2학기 논술

1판 1쇄 인쇄일 _ 2006년 11월 15일
1판 1쇄 발행일 _ 2006년 11월 20일

지은이 _ 장봉환 · 고길섶
펴낸이 _ 정인숙
펴낸곳 _ J&J미디어

등록번호 _ 제503-2006-0005호
주소 _ 포항시 남구 이동 652-5
전화 _ 054-274-3544
팩스 _ 054-274-3544

ⓒ 2006, J&J미디어

ISBN 89-958821-1-5 53710

일원화 공급처 **나무의 꿈**
주소 (121-842) 서울시 마포구 서교동 482-38
전화 02) 332-4037~8 팩스 02)332-4031
이메일 hlee1885@hanmail.net

해설 · 예시 답안

J&J 미디어

해 설 및 예 시 답 안

해 설 및 예 시 답 안

1. 요약을 위한 기초 연습 — 글의 논리 구조 분석하기

연습 문제 1 · 해설

ⓑ와 ⓒ로부터 '과정 또는 절차를 무시하는 일방적 지식 전달 교육을 하게 되면 학생들은 반민주적인 행동을 하게 된다.'를 이끌어 낼 수 있다. 이를 바꿔서 표현하면 '학생들이 민주적인 행동을 하도록 하려면 과정 또는 절차를 중요시해야 한다'가 된다. 이는 ⓐ 또는 ⓓ와 같은 표현이다.

따라서 이 글의 논리 구조를 도식화하면 다음과 같이 된다.

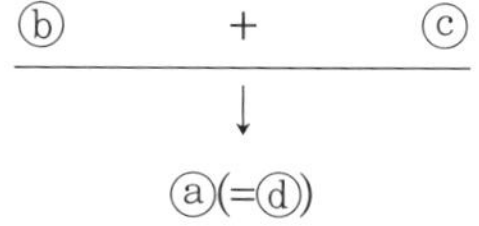

이런 논리 구조에 따라 이 글을 재구성하면 다음과 같다.

건전한 민주시민을 기르기 위해서는 지식을 맹목적으로 암기시키기보다는 합리적인 문제 해결의 절차를 직접 경험하게 해야 한다. 그 이유는 무비판적인 암기식 교육만 받게 되면 흑백논리적 사고를 하기 쉽고 그로 인해 타인의 생각을 무조건 배척하고 자기 생각만 고집하는 반민주적인 행동을 하게 되기 때문이다.

이 글은 교육의 목적을 '건전한 민주시민'을 기르는 것으로 전제하고, 그 방법으로 '어떤 문제를 합리적으로 풀어나가는 절차 또는 과정을 중시하는 교육'을 들고 있다. 그 반대 개념은 '맹목적, 무비판적 암기 교육'이다. 이 핵심 개념들이 요약문에 적절히 활용되어야 할 것이다.

연습 문제 2 · 해설

ⓐ가 주장이고 ⓑ와 ⓒ가 논거에 해당한다. 도식화하면 다음과 같이 된다.

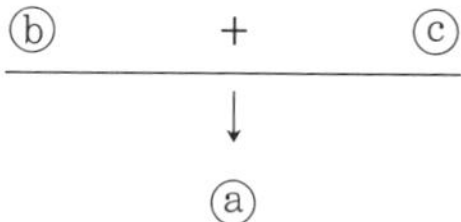

이런 논리 구조에 따라 이 글을 재구성하면 다음과 같다.

어떤 의견이든 그것을 발표하지 못하게 하면 인류에게 손실이다. 그것은 그 의견이 옳을 경우 진리를 놓치게 되는 결과를 초래하며, 옳지 않을 경우에도 진리와 오류 사이의 긴장을 통해 진리를 명확히 인식할 수 있는 기회를 잃어버리기 때문이다. (그런데, 어떤 의견은 옳거나 또는 옳지 않거나 둘 중 하나이기 때문에 어떤 경우에도 인류에게 손실이 되는 것이다.)

이 글에는 '어떤 의견은 옳거나 또는 옳지 않다' 는 전제가 생략되어 있다.

연습 문제 3 · 해설

ⓒ와 ⓓ는 ⓑ의 논거가 되고, ⓑ는 ⓐ의 논거가 된다.

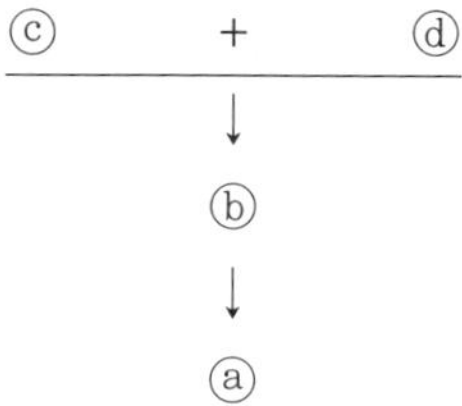

이런 논리 구조에 따라 이 글을 재구성하면 다음과 같다.

일본은 첨단 기술의 발전에 힘을 쏟은 결과 괄목할 만한 과학의 발달을 이룩해 냈다. 이런 사례를 볼 때, 과학이 발달하면 그에 따라 기술도 발달할 것이라는 가설은 잘못된 것임을 알 수 있다.

ⓐ에서 언급한 '산업의 발달' 운운은 요약문에서 제외했다. 왜냐하면 ⓐ의 논거가 되는 ⓑ와 ⓒ에서 산업의 발달에 관한 언급이 없기 때문이다. 결국 이 글의 쟁점은 '과학과 기술 중 무엇을 우선시

할 것인가' 로 집약된다.

연습 문제 4 · 해설

이 글은 'A이면 B이다. B이면 C이다. C이면 D이다. 그런데 D가 아니다. 따라서 A가 아니다.' 라는 논리 구조를 가지고 있다.

(선비와 달리 인민들의 경우) 항산이 없으면 항심이 없다 → 항심이 없으면 온갖 죄를 짓는다 → 온갖 죄를 지으면 임금은 그들을 잡아 처벌해야 하는데, 이는 마치 그들을 그물 쳐서 잡는 것과 같다 그런데 임금이 인민들을 그물 쳐서 잡는 것은 옳지 못하다 → (따라서 임금은 인민들이 항산을 갖도록 해야 한다.)

여기서 마지막 결론은 생략되어 있다. 생략된 결론을 ⓕ라고 할 경우, 논리 구조를 도식화하면 다음과 같다.

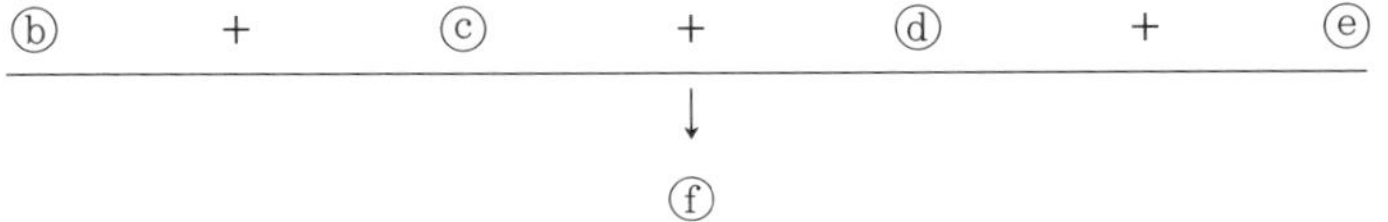

이런 논리 구조에 따라 이 글을 요약하면 다음과 같다.

만약 인민들에게 항산이 없다면 그들은 온갖 죄를 지을 것이다. 그러면 그들을 잡아 처벌해야 하는데, 이는 마치 인민들을 그물 쳐서 잡는 것과 같다. 인민들을 그물 쳐서 잡는 것은 임금의 도리가 아니다. 따라서 임금은 인민들이 항산을 갖도록 해야 한다.

연습 문제 5 · 해설

ⓒ과 ⓓ로부터 ⓑ를 이끌어낼 수 있다. ⓑ는 '~기 때문이다' 라고 되어 있어, 자칫 ⓐ의 논거가 된다고 보기 쉽지만 실제로는 ⓐ에서 언급한 '난점' 이 바로 ⓑ의 내용이기 때문이다. 논리 구조를 도식화하면 다음과 같다.

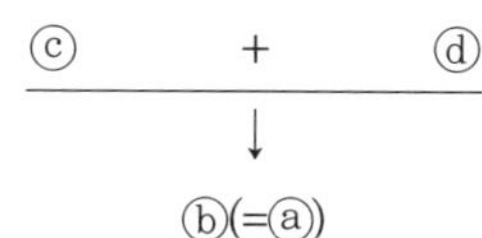

이런 논리 구조에 따라 이 글을 재구성하면 다음과 같다.

자연 상태에서 모든 인간은 이기적이라는 전제에서 출발한 홉스적인 절대국가는 성립될 수 없다. 만약 홉스의 이론대로 주권자가 절대 권력을 가지게 되면 강력한 통치 기구를 필요로 하는데, 이 통치 기구 역시 자연 상태에서 이기적으로 행동할 것이기 때문에 주권자와 통치 기구는 충돌할 수밖에 없고, 결국 통치 기구는 와해된다. 이런 이유로 홉스적인 절대국가는 성립할 수 없는 것이다.

연습 문제 6 · 해설

ⓐ와 ⓑ는 결국 같은 내용이다. 그러므로 ⓑ의 '따라서' 라는 접속어는 '즉' 이나 '다시 말하면' 등으로 바꿔야 한다. 이 글의 핵심 문장(주장)은 ⓒ이며 ⓓ와 ⓔ는 그 논거가 된다. ⓕ와 ⓖ는 ⓔ의 내용을 뒷받침해 준다.

이를 도식화하면 다음과 같이 될 것이다.

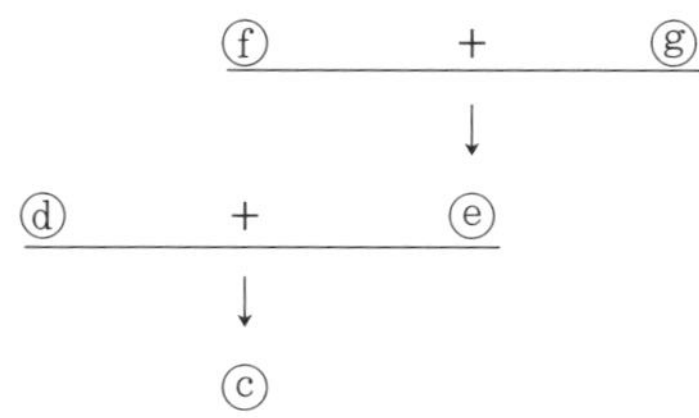

이런 논리 구조에 따라 이 글을 재구성하면 다음과 같다.

대중매체 중에서도 방송은 특히 수용자와 밀접한 관계에 있다. 그것은 방송이 다른 매체에 비해 국민들의 일상에 광범위한 영향을 미칠 뿐 아니라, 송 · 수신자와의 관계가 일방적인 관계가 아니라 상호 전달 관계로 인식되고 있기 때문에 더욱 그렇다.

연습 문제 7 · 해설

첫 문장은 이 글의 도입 문장에 해당한다. 핵심 문장은 ⓐ인데, ⓔ에서 다시 한번 강조되고 있다. ⓐ의 핵심 논거는 ⓑ이며, ⓑ는 ⓒ에 의해, ⓒ는 ⓓ를 통해 뒷받침되고 있다.

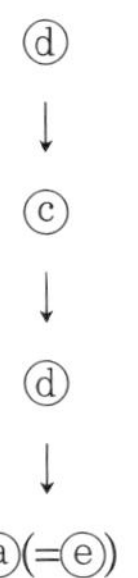

$$ⓓ$$
$$\downarrow$$
$$ⓒ$$
$$\downarrow$$
$$ⓓ$$
$$\downarrow$$
$$ⓐ(=ⓔ)$$

이런 논리 구조에 따라 이 글을 재구성하면 다음과 같다.

> 모든 윤리적 문제들은 개인적 측면과 사회적 측면을 동시에 가지고 있다. 흔히 미혼 남녀의 애정 관계는 개인적인 문제로 치부되기 쉬우나 그것 역시 사회 상황과 여건의 영향을 현저하게 받는다. 농업사회와 산업사회에서의 남녀 관계가 서로 다르다는 점이 이를 뒷받침해 준다. 따라서 개인 윤리와 사회 윤리를 구별하려는 입장은 타당성이 별로 없다.

2. 요약하기

연습 문제 1 · 해설

제시문은 모두 네 단락으로 되어 있다. 각 단락의 요지를 정리하면 다음과 같다.(번호는 단락 순서임)

① 선과 악에 대한 인간의 가치 관념은 성장기에 일방적으로 주입되어 일생 동안 거의 수정되지 않고 가치 판단의 기준으로 작용한다.

② 선과 악이라는 이분법적 가치 관념은 유년기에 특히 효과적으로 작용하며, 성장기에 다소 주체적인 반성의 과정을 거치기는 하지만 큰 수정 없이 일생을 지배한다.

③ '우리 편'과 '상대 편'을 구분하는 집단 구획 의식은 선과 악의 가치 관념보다 더 깊숙이 의식 속에 자리 잡고 있으며, 기본적으로 인간의 본능에 기반하고 있다. 그리고 이것이 집단의 생존

을 위해 유용한 기능을 해 왔으나 현대에 와서는 제국주의의 팽창이나 민족간 갈등의 심화와 같은 역기능을 나타내기도 한다.

④ '우리 편'과 '상대 편'을 나누는 집단 구획 의식(편가르기 의식)은 선과 악의 관념과 결합하여 '좋은 편'과 '나쁜 편'을 구분하는 사회 의식으로 발전하여 일생 동안 인간의 사고 및 행위 양식을 지배한다. 이것이 집단간–민족간–국가간의 대립과 갈등을 빚어낸다고 볼 수 있다.

이 글에서 중심이 되는 단락은 ④번 단락이다. ②번 단락은 ①번 단락에 대한 부연 설명이며, ①번 단락과 ③번 단락은 대등 관계에 있다. 즉 ①번 단락에서는 '선과 악이라는 이분법적 가치 관념'에 대해, ③번 단락은 '집단 구획 의식'에 대해 이야기하고 있으며, ④번 단락에서 이 둘이 종합되고 있다.

결국 이 글은 집단 간 갈등이 왜 끊이지 않고 일어나는지에 대해 필자 나름의 견해를 제시하고 있다. 유년기에 형성된 이분법적 가치 관념과 본능적으로 타고난 편가르기 의식이 결합되어 이것이 일생 동안 행위의 지침으로 작용한다. 집단 간 갈등은 바로 여기에서 비롯되며 따라서 해결이 어렵다는 것이다.

예시 답안

선과 악이라는 이분법적 가치 관념은 유년기에 일방적으로 주입되어 일생 동안 행위의 지침이 된다. 이에 비해 집단 구획 의식은 인간의 본능에 기반하고 있다. 이 둘이 결합하여 '좋은 편과 나쁜 편'을 구분하는 사회 의식으로 발전하며, 이것이 여러 집단 간의 대립과 갈등을 빚어내기도 한다.(띄어쓰기 포함 160자)

연습 문제 2 · 해설

이 글은 모두 다섯 개의 단락으로 구성되었다. 각 단락의 요지를 정리해 보면 다음과 같다.

① 아직도 많은 사람들이 개인주의를 이기주의와, 이타주의를 집단주의와 동일시한다.

② 그러나 이런 생각은 잘못된 것이다. 이런 생각이 개인의 중요성을 간과하고 있기 때문이다. 그럼에도 불구하고 우리는 흔히 역사적 명예라는 보상을 위해 개인은 희생되어야 한다고 강요당한다.

③ 이런 생각이 잘못된 이유는 또 있다. 그것은 정의와 평등주의라는 도덕률에 위배되기 때문이다. 집단을 위해 희생한 극소수의 사람들만 역사적 명성을 차지하고 나머지 무수한 사람들은 잊혀지게 된다는 점에서 그렇다.

④ 희생은 명성을 위해서가 아니라, 익명으로 이루어졌을 때 더 소중하다.

⑤ 우리의 정당성은 우리 차체에서 찾아야 한다. 허구적인 역사의 의미에서 찾으려고 해서는 안 된다.

이 글은 흔히 논란이 되고 있는 개인이 우선이냐, 사회(집단)가 우선이냐 하는 문제를 다루고 있는 것이 아니다. 이 글은 개인주의가 이기주의로 오해되어 비난받고 집단주의가 이타주의라는 미명 아래 권장되고 있는 사태를 비판하고 건전한 개인주의적 삶을 옹호하는, 다소 복선적이고 입체적인 문제를 다루고 있다.

이와 같은 분석에 따라 요약문을 작성해 보면 다음과 같다.

예시 답안 1

흔히 개인주의는 이기주의로, 이타주의는 집단주의로 오해되어 왔다. 이같은 오해로 인해 지난 날 이타주의의 미명 아래 개인을 희생, 역사적 사명에 투신하라는 집단주의 윤리가 강요되었고, 개성 발양을 위한 개인주의는 이기주의로 격하 비판되었다. 새로운 시대에는 소수 정치적 귀족을 위한 집단주의적 윤리가 지양되고, 개개인의 삶이 사회의 중추를 이루는 개인주의적 도덕률이 선양되어야 한다.

예시 답안 2

개인주의와 이기주의, 이타주의와 집단주의는 명확히 구별되어야 한다. 집단적인 목적을 위해 개개인의 일을 희생하도록 요구하는 집단주의적 윤리는 정의와 평등을 지향하는 사회의 도덕률이 될 수 없다. 개개인의 행위의 보상을 '역사적 의미' 에서 찾는 것이 아니라, 개개인의 일 자체에서 찾는 개인주의적 윤리가 새 시대에는 확립되어야 한다.

예시 답안 3

이타주의의 이름 아래 집단주의적 사고가 은연중에 강요될 수 있다. '역사적 사명' 을 논하는 것도, 후대에 올 어떤 보상을 위해 희생하라는 윤리도 극소수 엘리트의 도덕률이 횡행하던 시대의 유물이다. 이것은 평등주의와 정의에 배치된다. 새 시대에 필요한 것은 자기 행위에 대한 어떤 보상을 바라서가 아니라 진정으로 자신의 가치를 드러내는 일이기에 이를 추구하는 개인주의 윤리다.

예시 답안 4

과거는 '역사적 사명' 이란 미명 아래 평범한 사람들을 오도하여 그들의 희생을 강요하던 귀족들의 도덕률이 지배했다. 그러나 이것은 집단주의적인 것이요, 정의와 평등주의에 어긋나는 것이다. 우이 예시 답안들은 2000년 제1회 서울대 주최 논술경시대회에서 출제 교수가 직접 제시한 모범 답안들입니다.

연습 문제 3 · 해설

이 글은 모두 네 단락으로 되어 있다. 우선 각 단락의 요지를 정리하면 다음과 같다.

① 공리주의의 원리는 최대 행복의 원리를 도덕의 기초로 받아들이는 것이다. 즉, 행복을 촉진시키는 행위는 도덕적이며, 그렇지 못한 행위는 비도덕적이다. 그런데 행복은 쾌락의 추구에서 온다. 이런 공리주의의 입장에 대해 돼지에게나 어울리는 천한 학설이라고 비난하는 사람들이 있다.

② 그러나 이러한 비난은 잘못된 것이다. 그 이유는 동물과 달리 인간은 단순한 감각적 쾌락 이상의 차원 높은 쾌락을 추구하는 존재이기 때문이다. 지성의 쾌락, 상상력의 쾌락, 도덕적 감성의 쾌락 등이 그것이다.

③ 이렇게 쾌락에는 질적 차이가 있다. 사람들은 보다 질 높은 쾌락을 선택한다.

④ 인간은 존엄한 존재이기 때문에 더 차원 높은 쾌락을 추구한다. 그런데, 더 차원 높은 쾌락을 추구하는 사람은 늘 행복의 불완전성을 느낀다. 그러나 만족한 돼지보다는 불만을 가지는 인간으로 있는 것이 낫다.

이 글은 결국 '최대 행복의 원리는 쾌락의 추구에 있다'는, 도덕의 기초에 관한 공리주의의 입장을 내세우고, 이에 대한 반론을 재반박하고 있다. 재반박 논리의 핵심은 '인간은 동물과 달리 더 높은 차원의 쾌락을 추구하는 존재'라는 것이다. 이에 따라 이 글을 요약해 보면 다음과 같다.

예시 답안 1

공리주의의 입장은 최대 행복의 원리를 받아들이는 것이 도덕의 기초가 된다는 것이다. 즉 행복하게 해 주는 것이 도덕적이라는 것이다. 그런데 행복은 쾌락의 추구에서 온다. 이런 입장에 대해 천한 학설이라고 비난하는 사람들이 있지만, 그들의 생각은 잘못된 것이다. 왜냐하면 인간은 감각적 쾌락에 만족하지 않고 끊임없이 더 높은 차원의 쾌락을 추구하는 존재이기 때문이다.(204자)

예시 답안 2

공리주의에서는 쾌락의 추구가 진정한 행복을 가져다 준다고 믿는다. 이런 입장을 천한 학설이라고 비난하는 것은 잘못이다. 인간은 감각적 쾌락 이상의 차원 높은 쾌락을 추구하는 존재이기 때문이다.(107자)

연습 문제 4 · 해설

제시문은 번역문이라 편하게 읽히는 글은 아니다. 몇 차례고 반복하여 읽어보면서 제시문의 논지를 파악하도록 한다. 제시문에서는 소크라테스의 생각이 직접적으로 나타나 있지 않다. 따라서 화자의 주장을 통해 소크라테스의 생각을 추론할 수밖에 없는데, 이 문제에서는 제시문을 분석하면서 화자의 논지를 읽어내면 되겠다.

〈화자의 논지〉
우선 화자는 '올바른 것'에 관해 소크라테스가 무지함을 비판한다.(첫 단락)
화자가 규정하는 '올바른 것'의 정의는 다음에서 표현된다."올바름과 올바른 것이란 실은 '남에게 좋은 것', 즉 더 강한 자와 통치자에게 편익인 것이지만 복종하며 섬기는 자에게는 '자신에게 해가 되는 것'인 반면에, '올바르지 못함'은 그 반대의 것입니다. 그래서 사실은, 다스림을 받는 사람들은 강한 자에게 편익인 것을 행하여 그를 섬기며 행복하게 만들지언정 결코 자신들을 행복하게 만들지는 못합니다." 이 발언은 화자가 제시문에서 말하고자 하는 논지의 핵심을 이룬다. 따라서 이 발언을 어떻게 이해하느냐가 관건이다.

화자는 '올바른 것'이란 더 강한 자와 통치자에게 편익이 된다는 것이다. 그렇다면 더 강한 자와 통치자가 '올바른 것'을 주창하는 이유는 결국 그들 기득권 집단이 자신들의 편익을 위해 '올바른 것'을 이데올로기화했다는 의미로 해석할 수 있겠다. 기득권 집단이 자신들의 편익을 위해 '올바른 것'을 주창한다는 것은 결국 그들이 말하는 '올바른 것'이란 사실은 '올바르지 않을 수도 있는 것'이라는 역설이 가능하다. 가령 1980년대 전두환 대통령은 '정의 사회 구현'('올바름')을 통치 슬로건으로 내세웠지만 실제로는 전혀 정의롭지 못한 과정(쿠테타 및 광주 시민 학살, '올바르지 못함')을 통해 집권했다는 점을 주의해보자. 이런 해석에서 보면 '올바른 것'은 복종하고 섬기는 자에게는 자신에게는 해가 되는 것이다. 따라서 당연히 '올바르지 못한 것'은 그 반대의 것이 된다.

이런 맥락에서 화자의 진술 "올바른 이는 올바르지 못한 자보다 어떤 경우에나 '덜 가진다'고 생각하셔야만 합니다"라는 말의 의미를 알아차릴 수 있다. 여기서 '올바른 이'는 '올바른' 행위를 하는 사람이 아니다. 복종하며 섬기는 자이다. (참으로) 올바른 이는 자신에게 해가 되는 일로 올바른 행위를 하게 되므로 '덜 가진다'. 계약 관계를 해지할 때나, 세금을 낼 때, 그리고 어떤 관직을 맡고 있을 때 올바른 이가 항상 손해를 본다.(두 번째 단락) 화자는 계속 주창한다. "올바르지 못한 사람의 경우에는 … 남들보다 크게 '더 많이 차지할 ' 수 있는 사람입니다." 여기서 '올바르지 못한 사람' 은 더 강한 자이다. 올바르지 못한 사람이 올바르지 못한 짓을 전면적으로 '단번에 깡그리' 하게 되면 오히려 축복받은 사람이라 불린다.(세 번째 단락)

화자는 결론을 내린다."올바른 것은 더 강한 자의 편익이지만 올바르지 못한 것은 자신을 위한 이득이며 편익입니다."(마지막 단락)

예시 답안 1

제시문에서 화자는 '올바른 것' 에 관해 소크라테스의 무지함을 비판하면서, "올바른 것은 더 강한 자의 편익이지만 올바르지 못한 것은 자신을 위한 이득이며 편익입니다."라는 논지의 주장을 편다. 즉 '올바른 것' 은 더 강한 자와 통치자에게 편익이 되는 이데올로기일 뿐이며, 복종하고 섬기는 자에게는 해가 된다는 주장이다. 이 논지에 따르면, 기득권 집단이 자신들의 편익을 위해 '올바른 것' 을 주창한다는 것은 결국 그들이 말하는 '올바른 것' 이란 사실은 '올바르지 않을 수도 있는 것' 이라는 역설이 가능하다. 이런 맥락에서 화자는 참으로 올바른 이는 계약 관계를 해지할 때나, 세금을 낼 때, 그리고 관직에 있을 때도 올바른 이가 항상 올바르지 못한 이보다 '덜 가지게' 된다는 것이다. 반면에 참으로 올바르지 못한 사람의 경우에는 남들보다 크게 더 많이 차지할 수 있는 사람이며, 무슨 짓을 해도 '단번에 깡그리' 한다. 그럼에도 (불의를 전면적으로 저지르는데도) 그들은 축복받은 사람이라 불린다.(502자)

예시 답안 2

제시문에서 화자는 '올바른 것' 에 관해 소크라테스의 무지함을 비판하면서, '올바른 것은 더 강한 자의 편익이지만 올바르지 못한 것은 자신을 위한 이득이며 편익' 이라고 주장한다. 즉 '올바른 것' 은 더 강한 자와 통치자에게 편익이 되는 이데올로기일 뿐이며, 복종하고 섬기는 자에게는 해가 된다는 주장이다. 계약 관계를 해지할 때나, 세금을 낼 때, 그리고 관직에 있을 때도 올바른 이가 항상 올바르지 못한 이보다 '덜 가지게' 되는 반면, 올바르지 못한 사람의 경우에 때로는 올바르지 못한 짓을 '단번에 깡그리' 함으로써 오히려 축복받은 사람이라 불린다.(308자)

예시 답안 3

제시문에서 화자는 '올바른 것은 더 강한 자의 편익이지만 올바르지 못한 것은 자신을 위한 이득이며 편익' 이라고 주장한다. 계약 관계를 해지할 때나, 세금을 낼 때, 그리고 관직에 있을 때도 올바른 이가 항상 올바르지 못한 이보다 '덜 가지게' 되는 반면, 올바르지 못한 사람의 경우에 때로는 올바르지 못한 짓을 '단번에 깡그리' 함으로써 오히려 축복받은 사람이라 불린다.(206자)

연습 문제 5 · 해설

이 글은 모두 여섯 개의 단락으로 되어 있다. 먼저 각 단락의 요지를 정리해 보면 다음과 같다.

① 우리의 윤리적 현실은 권위나 연고에 의지하는 수준에 머물러 있다. 그것은 삼강오륜과 같은 유교의 윤리가 상급자에 대한 하급자의 일방적인 의무로 변질됨으로써 권위주의적 가족주의가 싹텄고 우리가 부지불식간에 거기에 길들여 온 결과이다.

② 유교의 기본 덕목인 인(仁)과 의(義)가 원래는 보편적 · 개방적 성격의 것이었으나, 실천 과정에서 '수신 제가 치국 평천하' 라는 단계를 설정함으로써 사랑의 실천이 각 단계에서 정지할 경우 이기주의적 배타성, 가족주의적 배타성, 민족주의 · 국가주의적 배타성으로 왜곡될 가능성이 있다.

③ 우리에게는 '줄서기' 의식(평등 의식과 공정한 정신)이 부족하다. 그것은 줄을 서는 사람, 즉 성실하고 정직한 사람이 배신당해 온 기억들이 대부분이기 때문이다.

④ 그에 비해 우리는 '줄타기' 의 명수다. 계층 상승을 위해서 개인의 노력이 아니라 우연적이고 운명적인 '줄' 에 의존하고 있다.

⑤ 이렇게 우리 사회의 윤리적 기강이 무너진 것을 부정적으로만 받아들일 필요는 없다. 윤리적 위기가 오히려 새로운, 이성에 의한 자율적 도덕에로 나아가는 과도적인 전기(轉機)일 수도 있기 때문이다.

⑥ 이러한 위기를 극복하기 위해서는 서구를 참고할 필요가 있다. 그런데 서구가 중세적 윤리 체계를 극복하고 세운 시민사회의 윤리 체계는 인간의 진정한 해방과 참다운 자기 실현을 가져다 주지 못했다. 따라서 지금 시점에서 우리의 과제는 중세적 봉건 질서를 극복하고, 동시에 근세적 시민 질서의 허상을 자각하는 일이다. 이 이중의 과제가 우리를 기다리고 있다.

결국 이 글은 권위와 연고에 의존하는 중세적 봉건 질서를 극복하고 서구를 타산지석으로 삼아 새로운 시민사회의 질서를 구축해야 하지만, 서구시민사회의 허상 또한 자각해야 한다는 것이다. 이러한 분석에 따라 이 글을 요약해 보면 다음과 같다.

예시 답안 1

우리의 윤리적 현실은 권위와 연고를 중시한다. 권위는 가부장적인 봉건 질서에 바탕을 두고 있으며, 연고는 가족주의적 도덕에 근거하고 있다.

전통 유교 윤리의 仁義는 보편적, 개방적, 자유적 성격을 띤 것이나. 그 기본 정신이 왜곡되어 가족적, 국가적 이기주의로 변질하여 타집단에 대해서는 배타성이 나타나고 권위적 성격을 띠게 되었다. 또 우리는 연고를 중시하는 사회에 살아왔기 때문에 줄타기에 명수가 되었다. 목적 달성을 위한 연고를 통한 줄타기 실력은 진정한 실력과 달리 우연적 운명적 성격이 강하다. 오늘날 한국 사회에 윤리 기강이 무너졌다는 지적이 있는데 그 윤리가 권위와 연고에 의한 것이 때 윤리가 무너지는 혼란기는 오히려 이성에 의한 자율적 도덕을 세울 수 있는 전환기가 될 수 있다.

이러한 전환기에 우리들은 중세적 봉건 질서의 권위주의를 극복하고 서구적 근대 시민 질서의 허상을 자각하는 이중의 과제를 해결하고 현대 사회에 적합한 새로운 도덕적 가치관을 정립해야 한다.(496자)

예시 답안 2

우리는 권위와 연고에 의한 윤리가 잔존하는 현실에서 새로운 가치와 윤리를 정립하기 위해, 중세 봉건 질서를 극복하고 근세 시민 질서의 허상을 파악하는 이중의 과제를 해결해야 한다.(100자)

연습 문제 6 · 해설

이 문제에서는 출제자의 질문이 두 가지이며, 제시문에 등장하는 특정 개념을 예시의 방법으로 설명할 것을 요구하고 있다. 요약하기의 변형 문제라고 할 수 있다.

제시문은 모두 네 개의 단락으로 되어 있다. 각 단락의 요지를 정리하면 다음과 같다.

① 순수 예술 분야에서 창조는 상상력이 가장 순수하게 발휘된 결과이다. 뿐만 아니라, 상상력은 이미 존재하고 있는 진실을 찾아내는 데에서도 중요하다.
② 창조의 원천인 상상력은 천재들만의 전유물은 아니다. 산업의 역사를 보면 상상력이 천재성이 아닌 평범성을 바탕으로 하고 있음을 많이 발견할 수 있다.
③ 상상력이 풍부한 사람에게는 열의와 몰두, 독립심과 성취감 등의 특징이 발견된다. 단, 상상력이 창조로 연결되는 과정에는 '이연연상'이라는 신비한 요소가 개입된다. 이연연상이란 서로 관계가 없던 두 경험이 어느 순간 관계를 맺게 되는 현상이다.
④ 이연연상은 열의와 몰입과 같은 자세와 의지의 산물이지 천재성의 결과는 아니다. 분명한 목표 의식과 줄기찬 노력이 계속되는 곳에서 상상력은 창조로 연결된다.

결국 이 글은 '① 상상력은 창조의 원천이다. ②상상력은 천재성이 아닌 평범성을 바탕으로 한다. ③상상력이 창조로 연결되기 위해서는 이연연상의 과정이 필요하다. ④이연연상은 분명한 목표 의식과 줄기찬 노력이 계속되는 곳에서 불현듯 나타난다.'라는 네 개의 명제를 바탕으로 하고 있다. 이와 같은 분석에 따라 출제자의 질문에 답해 보자. 질문은 두 가지이다.

1. 다음 글에 나타난 창조와 상상력과의 관계에 대한 글쓴이의 생각을 정리하고,
2. '이연연상(二連聯想)'의 개념을 예시의 방법으로 설명하시오.

예시 답안

제시문에서 필자는 창조는 상상력의 결과이며, 상상력은 창조의 원천임을 밝히고 있다. 아름다운 예술 작품들은 상상력을 종횡무진으로 발휘한 결과라는 것이다. 예술 분야에서뿐만 아니라, 과학에서도 상상력은 중요하고 말한다. 즉, 상상력은 이미 존재하고 있는 진실을 발견하는 데에서도 발휘된다는 것이다. 그런데, 상상력이 창조로 연결되는 과정에는 이연연상(二連聯想)이라는 신비한 요소가 개입한다고 한다.

이연연상이란 어떤 문제에 부딪쳐 열정을 쏟아부으며 몰두하고 있을 때, 서로 관계가 없었던 경험과 경험이 불현듯 서로 관계를 맺게 되는 현상이다. 이연연상의 과정을 거쳐 비로소 새로운 창조가 일어나는 것이다. 아르키메데스의 원리를 발견하는 과정에서도 이연연상이 작용했다. 그는 왕관이 순금으로 되어 있는지 여부를 알아내라는 왕의 명령을 받고 머리를 앓다가 어느 날 욕조에 들어가면서 몸이 물 속에 잠긴 부피만큼 물이 흘러넘치는 것을 보고 아르키메데스의 원리를 발견한 것이다. 이 원리를 이용하여 왕관의 순금 여부를 가려낼 수 있었다. (523자)

연습 문제 7 · 해설

이 글은 모두 일곱 개의 단락으로 되어 있다. 일단 각 단락의 요지를 정리해 보자.

① 송강의 '장진주사'에는 자연의 움직임을 받아들이고 그 생동감에 동참하는 분방함이 잘 드러나 있다.

② 그러나 '장신주사'에서 '원숭이 휘파람'이라는 표현은 못마땅하다. 원숭이는 동시대인들이 본 적도 없는 이국의 짐승이기 때문이다.

③ 여기에서 나는 당시 지식인들이 자기 정서를 믿지 못하고 뭔가 유식하게 표현하고자 하는 자신감 상실증을 본다.

④ 이런 현상은 우리 시대의 문학 · 예술에서도 발견된다. 지적 열등감 때문에 잘 알지도 못하는 모더니즘을 흉내낸 것이 그러하다.

⑤ 그러나 문화에는 기복이 있다. 어느 나라의 역사에서나 침체, 모색, 창조, 혼란의 과정을 반복해 왔다. 우리나라도 마찬가지였다.

⑥ 신라 진평왕과 선덕여왕 시절에는 우리 문화에 대한 자신감으로 가득했다. 외국 유학을 필수로 생각하지 않게 된 1980년대와 1890년대의 우리 사회도 마찬가지다. 자국의 현실 속에서 자신의 삶과 학문을 실천적으로 구현하는 것이 올바른 길이다.

⑦ 아무리 그래도 나는 송강의 '원숭이 정서'만은 받아들일 수 없다.

이 글은 결국, 문화에는 기복이 있다는 것을 전제로, 송강 시대의 우리 문화에 대한 열등감과 자신감 상실을 비판하면서, 우리 문화에 대해 자신감을 갖고 구체적인 우리의 현실 속에서 삶과 학문을 구현하는 것이 올바른 길임을 밝히고 있다. '원숭이 정서' 는 바로 우리 문화에 대한 열등감, 자신감 상실로 인해 뭔가 유식해 보이는 허상을 좇는 것을 의미한다. 이런 분석에 따라 '원숭이 정서' 에 초점을 맞추어 제시문을 요약하면 다음과 같다.

예시 답안

> 송강의 '장진주사' 에는 '원숭이 휘파람 불 때' 라는 표현이 등장한다. 원숭이는 당대 사람들이 경험하지 못한 것이다. 그런데도 송강이 이 표현을 사용한 것은 자기 정서를 믿지 못하고 뭔가 유식하게 보이는 허상을 좇은 결과다. 이것은 우리 문화에 대한 열등감과 자신감의 상실, 즉 '원숭이 정서' 에서 비롯된 것이다.
>
> 물론 문화에는 기복이 있다. 문화는 '침체-모색-창조-혼란' 의 과정을 반복한다. 우리 역사 속에도 열등감이 깊었던 시기도 있었고 문화적 자신감을 가지고 찬란한 창조를 이룩하던 시기도 있었다. 8,90년대를 거치면서 이제 우리 사회도 문화적으로 성숙했다. '원숭이 정서' 를 극복하고 우리의 현실 속에서 우리의 삶과 학문을 실천적으로 구현하는 것, 그것이 지금 우리가 선택해야 할 올바른 길이다.(399자)

3. 비교-대조하기

연습 문제 1 · 해설

논제는 제시문 (가), (나), (다)를 비교 · 분석하여 죽음에 대한 서로 다른 태도의 차이를 설명하라고 요구하고 있다.

1. 제시문 분석

(가)

(가)는 소크라테스가 사약을 받고 죽기 직전에 죽음에 대한 태도를 보여주고 있다. "육체의 쇠사슬로부터 영혼이 해탈하는 것이 아니고 무엇이겠는가?" "육체로부터 영혼이 분리되고 해방되는 것을 죽음이라고 하는 것이 아닌가?" 이런 발언에서 소크라테스의 죽음에 대한 긍정적 태도를 잘 볼 수 있다. 그에 있어서 죽음이란 영혼이 육체로부터 분리, 정화, 해방되는 계기일 뿐이다. 죽음으로써 참다운 영혼의 삶이 시작된다.

(나)

(나)에서는 노자, 장자, 자래의 죽음에 대한 태도가 드러나 있다. 세 사람 모두 죽음이란 자연의 도리를 따라가는 것이라며 담담한 태도를 취하고 있다.

"그가 어쩌다 이 세상을 떠난 것도 죽을 운명을 따랐을 뿐이야. 그 때를 편안히 여기고 자연의 도리를 따라간다면 기쁨이나 슬픔 따위 감정이 끼여들 여지가 없을 걸세."(노자)

"그러나 그 태어나기 이전의 근원을 살펴보면 본래 삶이란 없었던 거요. 그저 삶이란 없었을 뿐만 아니라 본래 형체도 없었소. 비단 형체가 없었을 뿐만 아니라 본시 기(氣)도 없었소. 그저 흐릿하고 어두운 속에 섞여 있다가 변해서 기가 생기고, 기가 변해서 형체가 생기며, 형체가 변해서 삶을 갖추게 된 거요. 이제 다시 변해서 죽어가는 거요. 이는 춘하추동이 되풀이하여 운행함과 같소."(장자)

"자연은 내게 형체를 주었지. 그리고 삶으로 나를 수고롭게 하고, 늙음으로 나를 편하게 하며, 죽음으로 나를 쉬게 해 주네. 그러므로 삶과 죽음이란 이렇듯 하나로 이어진 것이니,"(자래)

세 사람 모두 죽음이란 기(氣)가 이합집산(離合集散)되는 자연의 순환 과정임을 보여주고 있다. 따라서 기쁘고 슬픈 감정의 개입이 불필요하다는 것이다.

(다)

(다)에는 죽음에 대한 일반적인 태도가 드러나 있다. 죽음은 삶의 종말이며 돌이킬 수 없는 끔찍한 사건이다. "목청껏 아들의 이름을 부르면서 통곡하면 소리와 함께 고통이 발산되면서 곧 환장을 하거나 무당 같은 게 되어서 죽은 영혼과 교감할 수 있을 것 같은 예감에 사로잡히곤 했다." "걔는 또 앞으로 할 일이 많은 젊은 의사였습니다. 그 아이를 데려가시다니요. 하느님 당신도 실수를 하는군요. 그럼 하느님도 아니지요." "창창한 나이에 죽임을 당하는 건 가장 잔인한 최악의 벌이거늘 그애가 무슨 죄가 있다고 그런 벌을 받는단 말인가." 이렇게 그는 생사를 주관하는 절대자까지 부정함으로써 죽음의 비극은 극대화되고 있다.

2. 죽음에 대한 태도의 차이 분석

(가)는 죽음을 '영혼의 육체로부터 해방·해탈 과정'이라고 규정하고 있다. 죽음에 초연해하는 철학자들도 막상 죽음 앞에서는 흔들리곤 하는데, 죽음이란 새로운 영혼의 삶이 시작되는 계기이므로 슬퍼할 이유가 없을 뿐 아니라 오히려 기뻐해야 한다는 것이다.

(나)는 죽음을 자연의 순환이고 도리라 생각하므로 죽음에 대해 슬퍼하는 감정의 표현이 불필요하다는 것인데, 실제 담담한 태도를 취하고 있다.

(다)는 젊은 나이인 아들의 죽음에 대해 매우 슬퍼하며 하느님을 원망하고 있다. 죽음에 대한 부정적 태도를 극한적으로 보여주고 있다.

(가)와 (나)는 죽음에 대해 긍정적 태도를 취한다는 공통점이 있으면서도 (가)는 죽음이 육체에 갇혀 있던 영혼이 비로소 해방되어 새로운 삶이 시작되는 계기라는 적극적 의미를 부여하고 있는 반면 (나)는 삶과 죽음이 자연의 도리이자 순환이라는 관점에서 죽음에 순응하고 있다. 이에 반해 (다)는

죽음을 극단적으로 부정하는 태도를 보여주고 있다. (가)와 (나)가 인간의 죽음을 허무하게 바라보지 않는 비범한 자들의 생각이라면, (다)는 주변에서 흔히 볼 수 있는 일상인들의 죽음에 대한 태도라는 점에서 차이가 있다.

예시 답안

(가)에서 죽음은, 영혼이 육체로부터 해방되는 계기다. 육체 속에 갇혀 있던 영혼이 비로소 자유를 얻게 되는 계기가 바로 죽음이다. 그러기에 그는 즐거운 마음으로 죽음을 맞는다. (나)에서 삶과 죽음은 다른 것이 아니다. 삶과 죽음은 기(氣)가 이합집산하는 과정일 뿐이다. 죽음은 자연의 도리를 따르는 일이다. 따라서 죽음에 대해 크게 슬퍼할 필요가 없다. 이런 (나)의 태도는 죽음을 슬프고 부정적인 사건으로 보지 않는다는 점에서 (가)와 비슷하다. 그러나 전체로서의 자연의 삶에 순응하는 사건으로 보는 (나)의 죽음관은, 영혼의 삶이 시작되는 사건으로 보는 (가)와 구별된다. 또 죽음에 특별한 의미를 두지 않는 (나)의 생각은, 죽음에 각별한 의미를 부여하는 (가)와는 다르다. 아들을 잃은 고통을 여실하게 보여준 (다)는 죽음에 대한 일상적 태도의 단면이다. 여기서 죽음은 낯설고 끔찍한 사건이다. 그 슬픔은 생사를 주관하는 신의 뜻을 이해할 수도 동의할 수도 없기에 더욱 극대화된다.(499자)

연습 문제 2 · 해설

논제는 제시문에 나타난 세 인물(기자 랑베르, 신부 파늘루, 의사 리유)이 상황에 대처하는 방식의 차이를 설명하라고 요구하고 있다.

제시문 분석

제시문의 주요 내용을 추출하여 해석해 보면 다음과 같다.

(A) 전보에는 〈페스트 사태를 선포하고 도시를 폐쇄하라.〉라고 적혀 있었다. …… 그때부터 페스트는 우리들 전체의 문제가 되었다. …… 오랑 시의 문들이 폐쇄되자 그들은 한 독 안에든 쥐가 되었으며 거기에 그냥 적응하지 않을 수 없게 되었다. 그래서 가령 사랑하는 사람과의 이별 같은 개인적인 감정도 처음 몇 주일부터 당장 모든 사람들 전체의 감정이 되었고, 공포심이 가세하면서 저 오랜 귀양살이 시절의 주된 고통거리가 되었다.

➡ 페스트 상황은 그 인명 피해 규모가 커지면서 한 도시를 죽음의 공포로 몰아가고 있다. 아무렇지도 않아 보이던 페스트 상황이 점점 악화되면서 불안감과 공포감이 사람들의 일상 영역에서 집단적으로 형성되고 있음을 의미하고 있다.

(가) 오랑 시민이 아닌 외지인 기자 랑베르는 페스트 전염 상황이 도래하자 파리에 있는 아내를 만나기 위해 오랑시로부터 퇴거 허가를 받기 위해 시 비서실장을 찾아 갔으나 비서실장은 '포고' '법률' 에 따라 어떠한 결정도 내릴 수 없다는 말을 듣는다. 이 상황에서 랑베르는 이별할 수 없는 아내와의 사랑이라는 감정의 문제와 그 감정을 인정한다 해도 공적인 일이라는 이유를 댄다. 랑베르는 주장한다. 공공복지도 개인의 행복으로부터 시작한다고……

➡ 시에 위기 상황이 닥쳤을 때 공무원이 공적인 일을 우선시하느냐 아니면 사적인 감정을 중시하여 포고를 무시하고 예외를 인정하느냐 하는 쟁점을 제시한다. 위기 상황에서 공적인 일과 사적인 일 사이의 갈등을 통해 공공윤리의 실천적 의미를 제기하고 있다.

(나) 성직자의 대응 방식을 묘사하고 있다. 오랑 시의 고위 성직자 측에서는 집단 기도 주간을 설정함으로써 그들 특유의 방법으로 페스트와 싸우기로 결정했다. 대중 신앙심의 표시가 담긴 이 행사는 일요일에 페스트에 걸렸던 성(聖) 루가에게 드리는 장엄한 미사로 끝맺기로 되어 있었다. 미사는 하나님이 내린 재앙이므로 결국 인간의 회개를 일깨우고 하나님의 사랑의 방식을 일깨우는 내용으로 되어 있다. 재앙도 결국 인간의 잘못에서 비롯된다는 것이다. 하느님은 '악을 선으로 변화' 시키기 위해서 우리에게 재앙을 내렸다는 것이다.

➡ 도시에 재앙이 도래하자 이에 대해 성직자 파늘루는 기독교적 방식의 해결 방안을 제시한다. 재앙은 인간이 하나님에 대한 사랑을 제대로 수행하지 못했기 때문에, '악을 선으로 변화' 시키기 위해 신이 내린 것이므로 회개와 반성이 필요하다는 것이다. 기독교뿐만 아니라 대개 종교는 현실적인 문제 앞에서 원론적인 교리를 반복한다. 이는 현대사회에서도 마찬가지다.

(다) 무신론자이자 의사인 리유는 일단 신부 파늘루의 종교적 해결 방식에 반발하고 있다. 리유는 페스트가 (기독교적으로) 사람의 눈을 뜨게 하는 긍정적 측면을 부정한다. 그는 당장에 환자들이 있으니 그들을 치료해야 한다고 말한다. 반성은 그 뒤의 일이다. 그는 세계의 질서는 죽음에 의해 좌우되는 것이니만큼, 하늘만을 쳐다보며 기도할 것이 아니라 있는 힘을 다해서 죽음과 싸워주기를 바라는 것이 신의 뜻일지도 모른다고 말한다.

➡ 무신론자 의사의 현실적 태도를 보여주고 있다. 현실적 태도란 눈앞에 벌어지고 있는 고통과 죽음으로부터 도피하지 말고 그것과 직접 맞닥뜨려 싸워야 한다는 것이다.

예시 답안

제시문에서 주어진 상황은 이렇다. 도시 전체가 페스트 발병으로 사태가 악화되자 오랑 시는 도시를 폐쇄하는 조치를 취하게 된다. 이 상황에서 세 사람은 각자 다른 방식으로 대처한다. 오랑 시민이 아닌 기자 랑베르는 도시가 폐쇄되자 기자로서의 현장 취재 기회를 버리고 파리에 있는 아내를 만나기 위해 오랑시로부터 퇴거 허가를 받으려 한다. 랑베르는 개인적 감정에 더 얽매여 자신이 처한 기자 신분이나 시의 공공 규칙을 망각하고 개인의 행복을 더 갈구한다. 신부 파늘루는 도시에 재앙이 도래하자 종교적 믿음을 통해 문제를 해결하려 한다. 재앙은 인간이 하나님에 대한 사랑을 제대로 수행하지 못했기 때문에 '악을 선으로' 변화시키기 위해 내린 벌이므로 회개와 반성을 통해 극복해야 한다는 것이다. 그리고 무신론자이자 의사인 리유는 종교적 해결책에 반발하며 당장에 환자들이 있으니 그들을 치료해야 한다고 말한다. 반성은 그 뒤의 일이라는 것이다. 그는 하늘만을 쳐다보며 기도만 할 것이 아니라 있는 힘을 다해서 죽음과 싸워 주기를 희망한다. 요컨대 그들은 각각 '개인의 행복 중시(랑베르)', '종교적 믿음에 호소(파늘루)', '현실주의적 대응(리유)' 이라는 서로 다른 대처 방식을 보여주고 있다.(609자)

연습 문제 3 · 해설

논제는 제시문 (가)와 (나)에 나타난 '인간의 생명' 에 대한 태도를 비교 · 대조하여 설명하라고 요구하고 있다.

제시문 분석

제시문 (가)는 사람보다 더 사람 같은 지능형 로봇과 뇌를 제외한 온몸이 기계로 대체된 사이보그를 화제로 삼아, 이들도 과연 생명이라고 할 수 있는가 하고 문제를 제기하고 있다. 필자는 시간이 갈수록 생명과 무생물의 경계가 모호해지고 있다며, '생명' 의 범위를 다시 규정해야 할 필요성을 제기하고 있다. 즉 '탄소 화합물로 이루어져 있고, 탄생과 성장과 죽음을 거치며, 생식을 통해 후손을 남기고, 대사 활동을 하는 것들만을 생명' 이라고 불러온 기존의 생명에 대한 규정을 재고해야 한다는 것이다. 즉 필자는 지능형 로봇과 사이보그의 경우도 새로운 생명체의 한 형태로 인정할 수 있는 가능성을 시사하고 있다.

제시문 (나)는 아버지 없이 태어난 단성생물인 복제양 돌리를 화제로 삼아, 학문의 발전은 멈출 수 없으므로 앞으로 유전자 조작을 통해 이러한 단성생식이 인간에게도 적용될 것임을 배제하지 않고 있다. 즉 머지않아 복제 인간이 탄생되리라는 것이다. 원래 인간과 복제 인간이 나란히 살아가게 될 이런 상황에서 기존의 도덕 관념을 대체할 새로운 생명 윤리학이 정립되어야 한다고 필자는 주장하고 있다.

예시 답안

두 글은 공통적으로 '인간의 생명' 에 대한 개념 확장의 필요성을 인정하고 있다. 과학 기술의 발달로 나타난 지능형 로봇이나 사이보그, 그리고 머지않아 나타나게 될 복제 인간으로 인해 기존의 생명에 대한 규정을 재고해야 한다는 것이다. 그러나 제시문 (가)에서는 그러한 가능성만을 시사하고 있는데 비해, 제시문 (나)에서는 그로 인한 도덕적 혼란과 불안감을 해소하기 위해 생명 윤리학을 재정립해야 할 필요성을 강조하고 있다는 점에서 두 사람의 태도는 다소 차이를 보인다.(262자)

연습 문제 4 · 해설

논제는 두 글에 제시된 삶의 방식을 비교 · 대조하여 설명하라고 요구하고 있다.

제시문 분석
예시 답안으로 대체

예시 답안

두 글은 현대 산업사회 또는 자본주의 체제에서 발생한 사회 · 경제적 상황을 배경으로 삼아 대안적 삶의 방식을 제시하고 있다. 한국의 경제 위기 상황을 배경으로 삼은 (가)는 마음(소유욕)을 다스리는 것을 문제에 대한 대처 방안으로 제시하고 있다. 개개인이 어떠한 마음가짐을 가지는가 하는 데 따라 세상이 바뀔 수 있다는 시각이다. 그 대신 이 글에서는 사회 · 경제적 체제 자체에 대해서는 특별히 문제삼고 있지는 않다. 이에 비하여 미국의 경제 대공황을 배경으로 삼은 글(나)에서는 자본주의적인 이윤 추구 및 잉여자본에서 문제의 원인을 찾으면서 다분히 자본주의 체제에 반하는 삶의 방식을 대안으로서 내걸고 있다. 특히, 단순한 방안 제시에 그치지 않고 직접적 실천을 통해 그 현실적 가능성을 확인해 나가고 있다는 것이 주목되는 점이다. 이와 같은 차이점과 함께 두 글은 현대의 사회 · 경제적 상황에 대하여 현대인의 지나친 욕망——특히 부(富)에 대한——을 경계하면서 근검과 절제의 삶을 지향한다는 점에서 기본적인 공통점을 나타내 보이고 있다.

연습 문제 5 · 해설

논제는 다음 제시문에서 다루고 있는 문제 의식은 무엇인지 밝히고, 각 제시문의 견해를 비교 · 대조하며 설명하라고 요구하고 있다.

제시문 분석

[가]

대상(쾌락의 객체)과 지각자(쾌락의 주체)가 모두 최선의 상태에 있을 때 쾌락이 생긴다. "누구나 살기를 희구하는 까닭에 또한 쾌락을 욕구한다고 말할 수 있을 것이다. 산다는 것은 활동이요 또 사람마다 자기가 가장 사랑하는 것에 관해서 자기가 가장 사랑하는 능력을 가지고 활동한다. … 그런데 쾌락은 이러한 활동들을 완전케 하며, 따라서 사람들이 욕구하는 삶도 완전케 한다. 그러므로 사람들이 쾌락을 찾는 것도 당연한 일이다. … 사실 활동이 없으면 쾌락이 생기지 않으며, 또 모든 활동은 거기에 따르는 쾌락으로 말미암아 완전하게 되는 것이다." 그러나 사람은 계속적으로 활동할 수 없다. "그러므로 쾌락 역시 계속적일 수 없다. 쾌락은 활동에 수반하는 것이니 말이다. 어떤 일들이 새로운 것일 때 우리를 즐겁게 해주지만, 얼마 있으면 처음만큼 즐겁게 해주지 않는 것도 같은 이유에서다. … 이런 까닭에 또한 쾌락도 힘을 잃게 되는 것이다."

요컨대 [가]는 인간의 왕성한 활동과 관련하여 쾌락이 생성된다는 입장이며, 이런 맥락에서 인간의 활동이 약화될 때 쾌락도 힘을 잃게 됨을 지적하고 있다.

[나]

"쾌락은 능동성의 충족과는 무관한 욕망의 충족이라고 정의되기가 더 쉬울 것이다. 흥분의 절정, 만족의 절정, 환각적, 광란적 상태의 절정일 등 이런 상태에 도달하도록 하는 것은 열정이다. 그러나 이 열정은 인간적인 것이긴 하지만, 그것이 본질적으로 인간 조건의 적절한 해결을 향하지 않는 한 병적인 것이다. 그러한 열정은 더욱 위대한 인간의 성장이나 힘을 낳는 것이 아니라 오히려 인간을 불구로 만든다. 여러 형태의 쾌락은 정도가 서로 다른 '흥분'을 일으키지만 '기쁨'을 가져다 주지는 못한다. 실상 기쁨이 없기 때문에 항상 새롭고 한층 더 자극적인 쾌락을 추구하게 되는 것이다. 기쁨은 생산 행위에 따른 부수물이다. 그것은 본질적인 능력의 생산적 표현을 동반하는 지속적 감정 상태이다. 기쁨은 순간적인 몰아(沒我)의 불꽃이 아니다. 기쁨은 존재와 함께 오는 빛이다. 쾌락과 스릴은 소위 절정에 도달하고 난 후에는 슬픔을 낳는다. 그의 내부에 아무런 변화도 일어나지 않았기 때문이다."

요컨대 [나]는 쾌락은 능동적 충족(생산적)과는 무관한 욕망의 충족(비생산적)이라는 문제 의식에서 접근하고 있으며, 따라서 쾌락이 인간을 병적으로 만들 수 있음을 지적한다. 또한 쾌락은 인간의 내부에 아무런 변화도 동반되지 않기 때문에 슬픔을 낳는다는 것이다.

[다]

[다]는 쾌락이란 모두에게 유용한 게 아니라 그것을 즐기는 사람에게만 유용하고 쾌락의 대상이 되는 사람은 비참해진다는 의미를 함축하고 있다. 소설가가 모든 행복은 쾌락에 있다고 단언하지만 그것은 모두 거짓이라는 것이다. 사람은 누구나 자기의 쾌락만을 위해 살기 때문이다. 그리고 제시문의 내용은 남자는 거짓으로 자기만의 쾌락을 즐기고 있고 그 파트너인 여자는 육체적 쾌락의 도구일 뿐임을 함축하고 있다. 그럼에도 따분한 일상으로 인해 다시 또 그러한 방탕은 반복된다.

[라]

"우리 시대에 야릇한 부흥을 보이고 있는 가혹하고 꼴사나운 청교도주의(淸敎徒主義)로부터 인생을 구할 새로운 '쾌락주의'가 일어나야만 한다. 그것은 틀림없이 지성(知性)에도 도움을 주어야만 한다. 하지만 그것은 어떠한 형태의 것일지라도 정열적인 체험을 희생으로 하는 이론이나 체계를 결코 받아들여서는 안 된다. 실제로, 쾌락주의의 목적은 체험 그 자체여야 하는 것이지, 체험이 달든 쓰든 간에 그 결과여서는 안 된다. 관능을 죽이는 금욕주의에 대해서는, 역시 관능을 무디게 하는 저속한 방탕에 대해서와 마찬가지로, 새로운 쾌락주의가 전혀 관여할 바가 아니다. 하지만 쾌락주의는 그 자체가 순간에 불과한 인생의 모든 순간에 자기를 집중하게 하는 것을 인간에게 가르쳐야만 한다.”

요컨대 [라]는 청교도주의에 의해서 쾌락의 의미가 왜곡되었다고 비판하면서 인생을 구할 새로운 쾌락주의를 발흥해야 한다고 주장한다. 그러나 새로운 쾌락주의는 이론이 아니라 체험 그 자체로서 목적을 가져야 한다고 본다.

예시 답안

각 제시문들은 공통적으로 쾌락의 문제를 다루고 있다. 우리는 대체로 쾌락을 부정적인 것으로 생각하고 있다. 생산적인 활동을 방해하고 방탕에 빠져들게 하는 것이 쾌락이라는 인식 때문이다. 그럼에도 쾌락에 대한 탐구는 오래된 역사를 가지고 있으며, 긍정적으로 보는 견해도 있었으며 부정적으로 보는 견해도 있어 왔다. [다]는 전형적으로 자기만의 쾌락에 빠져드는 남성적 쾌락의 도구로 이용당하며 그 악순환의 굴레에서 벗어나지 못하는 하류층 여성의 이야기를 통해, 쾌락의 문제를 부정적 차원에서 제기하고 있다. [나] 역시 같은 맥락에서 쾌락은 인간을 불구로 만드는 병적인 것이며 인간 내부에 아무런 변화도 일으키지 못하므로 슬픔을 낳고 만다는 입장을 보여준다. 이에 반해 [가]는 인간의 왕성한 활동과 관련하여 쾌락이 생성된다는 입장이며, 이런 맥락에서 인간의 활동이 약화될 때 쾌락도 힘을 잃게 됨을 지적하고 있다. 그럼에도 이러한 쾌락의 힘은 가령 청교도주의에 의해 비난받아 왔으며, 이제 체험 그 자체로서 목적을 가지는 새로운 쾌락주의가 발흥되어야 한다고 [라]는 주창한다.(545자)

---

4. 공통 논지 추출하기

연습 문제 1 · 해설

논제는 각 제시문을 요약하고 공통적으로 드러난 문제의식이 무엇인지 설명하라고 요구하고 있다.

1. 제시문 분석

(가)

요약을 위해 먼저 주요 내용을 추출해 보면 다음과 같다.

“몇 년 전, 패스트푸드 체인 맥도날드는 “우리는 당신을 위해 모든 일을 해드립니다”라는 슬로건을 들고 나왔다. 하지만 실제로 맥도날드에서는 우리가 그들을 위해 모든 일을 한다.”

“샐러드바는 소비자를 부려먹는 전형적인 사례이다”

“이러한 모든 것은 패스트푸드점과 슈퍼마켓의 입장에서는 아주 효율적인데, 여러 진열칸에 음식이 떨어지지 않도록 신경쓰는 종업원 한둘만 있으면 되기 때문이다.”

“이렇듯 패스트푸드점은 고객들을 부려먹음으로써 효율성을 제고해 왔다.”

➡ 결국 글(가)는 맥도날드가 겉으로는 ‘우리는 당신을 위해 모든 일을 해 드립니다.’ 라는 슬로건을 내세우지만, 사실은 거꾸로 우리 소비자들이 그들을 위해 모든 일을 하도록 시스템화되어 있다는 것이다. 그것은 효율성을 제고하기 위한 합리화의 결과이며 그 속에서 소비자–인간은 소외되고 있다는 점을 보여준다.

(나)

요약을 위해 먼저 주요 내용을 추출해 보면 다음과 같다.

“만화영화는 합리주의에 대항하는 상상력의 대변자 역할을 한 적이 있었다.”

“그러나 오늘날의 만화영화는 다만 ‘진리에 대한 기술적 이성의 승리’ 를 확인시켜 주고 있을 따름이다.”

“그러나 이제 시간의 연관 구조는 달라졌다. 첫 장면부터 모티프가 주어지고, 그것은 이야기가 진행되는 동안 내내 파괴적 장면의 근거로 작용한다. 따라서 주인공은 그 이야기를 좇아가는 관객과 함께 무자비한 폭력의 제물이 된다.”

“만화영화에 우리의 감각을 새로운 템포에 익숙하게 하는 것 이상의 역할이 있다면, 그것은 끊임없는 갈등을 희석시키고 모든 개인적 저항을 좌절시키는 것이 이 사회의 삶의 조건이라는 해묵은 교훈을 모든 사람들의 머리에 주입시키는 것이다.”

“관객들은 아무리 눈이 피로해도 전문가가 자극제로 고안해낸 것을 하나라도 놓쳐서는 안 되며, 교묘한 속임수 장치들 앞에서 한 순간도 멍청한 모습을 보여서는 안 된다. 관객들은 장면들을 하나하나 따라가면서 영화가 보여주고 권장하는 그럴듯한 반응들을 재빨리 연출하기까지 해야 한다.”

“이런 점이 문화산업 스스로가 그토록 떠들며 자랑하는 긴장과 이완의 기능을 제대로 수행하고 있는지 의문을 제기하게 한다.”

“잔뜩 비대해진 이 쾌락기구는 인간이 인간답게 사는 데 별로 보탬이 안 된다.”

➡ 다소 어려운 지문이다. 쉽게 설명하자면 결국 글 (나)는 폭력성, 선정성, 속도감 있는 사건 전개 등을 특징으로 하는 현대의 만화영화는 관객들이 연출자가 의도한 대로 화면에 몰입하여 기계적으로 반응하게 한다는 것이다. 그래서 상상력을 키워주기는커녕, 저항적·비판적 사고를 마비시켜 순응적인 인간을 만든다는 것이다. 현대의 만화영화는 인간이 인간답게 사는 데 도움이 안 된다는 것이 이 글의 핵심이다.

(다)

요약을 위해 먼저 주요 내용을 추출해 보면 다음과 같다.

“우리 문화의 대부분은 개인 생활과 사회 생활의 모든 기본적 문제에 대해서 … 그 쟁점을 흐리게 연막치는 기능을 수행한다.”

“연막 중의 하나는 그러한 문제들이 너무나 복잡해서 평범한 개인은 파악할 수 없다는 주장이다.

이와 반대로 개인생활과 사회생활의 기본적 문제들은 대부분 너무나 단순하여 누구라도 쉽게 이해할 수 있다고 여겨지기도 한다. 그런데 그런 문제들은 대단히 복잡해서 오직 '전문가'만이, 그것도 그 자신의 제한된 영역에서만 이해할 수 있는 것처럼 제시된다."

"이러한 현상은 실제로, 때로는 의도적으로, 사람들로 하여금 정말 중요한 문제들에 대해서 자기 자신이 스스로 생각할 수 있는 능력이 있다는 것을 불신하게 만드는 경향이 있다."

"비판적 사고 능력을 마비시키는 또 다른 방식은 모든 형태의 체계적 세계상을 파괴하는 것이다."

"삶은 무수한 단편(斷片)들로 이루어진 것인데, 각각의 단편들은 서로 분리되어 전체로서의 의미를 갖지 못한다."

➡ 정리해 보자면, 글 (다)는 현대 문화가 삶의 쟁점들을 흐리게 함으로써 비판적 사고 능력을 마비시킨다는 것이다. 삶의 문제들은 매우 복잡해서 개인들은 알 수가 없고 오직 전문가만이 제한적으로 알 수 있는 것처럼 제시됨으로써 개인들로 하여금 전체를 보지 못하고 단편들 속에 매몰되게 한다는 것이다.

2. 제시문의 문제 의식

각 제시문에 나타난 문제 의식을 정리해 보자.

(가) 거대화, 표준화되고 있는 현대의 시장에서 소비자들이 돈벌이 수단으로 이용되고 있는 문제

(나) 현대의 만화 영화가 교묘한 수법으로 상상력을 제한하고 비판적 사고를 마비시켜 순응적인 인간으로 만드는 문제

(다) 현대의 문화가 개인들의 비판적 사고 능력을 미비시킴으로써, 삶의 문제를 제대로 보지 못하고 단편들 속에 매몰되어 버린 현대인의 문제

➡ 결국 세 글의 공통적인 문제 의식은 현대 문명이 효율성을 위해 인간을 도구화하고 있으며, 비판적 사고를 마비시켜 삶의 문제를 주체적으로 보지 못하는 수동적 존재로 전락시켰다는 것이다. 현대 문명 속에서 인간은 설 자리를 잃고 소외되어 있는 것이다.

예시 답안

위의 제시문 분석을 바탕으로 각자가 직접 작성해 보자.

연습 문제 2 · 해설

논제는 제시문들에 공통적으로 나타난 문제의식을 설명하라고 요구하고 있다.

제시문 분석

각 제시문의 주요 문장을 추출해 본 다음, 이를 바탕으로 제시문을 요약해 보자.

(1)

"철도는 한편으로 이제까지 마음대로 할 수 없었던 새로운 공간을 열어 놓았지만, 다른 한편으로 그 사이의 공간-전경-을 없앴다는 점이다."

"산업화 이전 시대에 시각적 인식에 존재하던 초점심도(焦點深度)는 속도로 인해 가까이 놓여 있는 대상들이 사라져가면서 완전히 상실되어버렸다. 이는 전경(前景)의 종말, 즉 산업화 이전 시기에 여행의 본질적인 경험을 이루던 공간 차원의 종말을 의미한다."

➡ 글 (1)의 핵심은 철도의 등장으로 인해 자유로운 여행이 가능해졌지만, 눈앞의 풍광을 천천히 음미할 수 있는 여유를 상실하게 되었다는 것이다. 속도 문화의 부정적인 측면을 다루고 있다.

(2)

"백만에 달하는 사람들이 매일 한 건물(가정)에서 다른 건물(사무실)로 무리지어 옮겨다니고, 저녁마다 이 과정을 거꾸로 되풀이했다는 사실이 50년 후에는 신기하게 여겨질 것이다."

➡ 글 (2)는 디지털 혁명이 완성될 50년 후를 예측하고 있다. 그때가 되면 정해진 출퇴근 시간이 없어지고 가정과 사무실이라는 공간의 의미도 달라질 것이다. 재택 근무가 가능해지기 때문이다.

(3)

"우리는 이러한 시간구조의 재편성이 사회에 미치는 영향을 이제야 겨우 느끼기 시작하고 있다. … 시간 패턴의 개별화가 촉진되면 노동의 지루함이 감소할 수도 있지만 동시에 고독감과 사회적 고립이 증대할 수도 있다. … 서로가 얼굴을 마주하는 사회적 접촉은 더 어렵게 될 것이다."

➡ 이 글 역시 (2)와 마찬가지로 디지털 혁명의 결과를 예측하고 있다. 디지털 혁명이 가속화되면 시간 패턴의 개별화가 촉진된다는 것이다. 재택 근무가 가능해짐으로써 개인마다 근무 시간표가 달라지게 된다는 의미이다. 그렇게 되면 일의 능률은 오를 수도 있지만 대면접촉의 기회가 줄어듦으로써 사회적 고립감이 증대될 것이라고 예측하고 있다.

(4)

"속도는 기술 혁명이 인간에게 선사한 엑스터시의 형태이다."

"인간이 기계에 속도의 능력을 위임하고 나자 모든 것이 변한다. 이때부터 그의 고유한 육체는 관심 밖에 있게 되고, 그는 비신체적·비물질적 속도, 순수한 속도, 속도 그 자체, 속도 엑스터시에 몰입한다."

"어찌하여 느림의 즐거움은 사라져버렸는가?"

➡ 글 (4)는 현대의 속도 문화를 비판하고 있다. 속도에 몰입하게 되면 비물질적인 속도 그 자체에 몰입함으로써 고유한 실존적 자아는 관심밖에 있게 된다는 것이다. 우리는 속도 문화로 인해 느림의 여유 속에서 삶을 관조하며 맛보았던 행복을 잃어버렸다.

(5)

"그러나 유한한 육체를 지닌 존재에게 그러한 무한성은 비물리적인 이차적 영역 속에 우리를 감금하는 감옥과 같다."

"가상현실(virtual reality) 시스템은 물리적 공간을 표상할 뿐만 아니라 우리로 하여금 화성이나 깊은 바다의 광경 속으로 빠져들어가 원격현전(遠隔現前:telepresence)을 느낄 수 있도록 사이버 스페이스를 사용하기도 한다. 그러나 사이버 세계의 자료를 구축하는 일은 본래의 신체를 움직이고 있는 내적 생체에너지로부터 사용자를 멀리 떼어놓는다."

➡ 이 역시 디지털 기술의 발달로 인한 부정적인 변화를 주로 다루고 있다. 가상현실 시스템을 통해 비현실적 가상 체험이 가능하기도 하지만, 우리를 '본래의 신체를 움직이고 있는 내적 생체 에너지'로부터 멀리 떼어 놓고 비물리적인 가상 영역에 감금할 것이라고 경고하고 있다.

제시문들은 모두 공통적으로 산업화 · 정보화 과정에서 과학 기술이 인간의 삶의 양식을 바꾸어 놓았으며 그 때문에 전통적인 삶의 방식이 파괴되고 있음을 보여 주고 있다. 철도가 눈앞의 풍광을 즐길 여유를 앗아 갔으며(1), 디지털 혁명의 가속화는 출퇴근 시간과 가정과 사무실이라는 장소의 의미를 바꾸어 놓을 것이다(2). 또한 과학 기술의 발달은 인간의 사회적 고립을 증대시켰으며(3), 여유를 빼앗고(4), 생체 에너지와 자신을 분리시켜 가상 공간 속에 우리를 가두어놓고 있다(5).

예시 답안

위의 제시문 분석 내용을 바탕으로 각자 작성해 보자.

연습 문제 3 · 해설

논제는 제시문 (가)(나)(다)를 요약하고 세글에 나타난 공통된 문제 의식은 무엇인지 설명하라고 요구하고 있다.

제시문 분석

1. 요약

(가)

제시문의 주요 대목을 추출해 보면 다음과 같다.

"시골뜨기 선장이, 전직 교사에서 선원으로 변신한 나를 굴욕스럽게 혹사하고 괴롭힌다 해도, 나는 선원일의 대가로 돈을 지불받기 때문에 만족해 한다. 승객일 경우 돈을 내야 하는데 오히려 나는 지불받는다. 이 차이는 매우 크다. 돈은 지상의 모든 악의 근원이지만 돈을 받아가며 그 파멸에 동참하는 것은 즐거운 일이다."

→ (가)는 돈이란 모든 악의 근원이지만, 처지의 전락(교사에서 선원으로)을 긍정적으로 보며 굴욕적인 일을 하면서까지 그 대가로 돈을 지불받는 것은 즐거운 일임을 말하고 있다.

(나)

제시문의 주요 대목을 추출해 보면 다음과 같다.

"가난은 일정한 화폐 경제 단계에서만 특수한 형태로 나타난다. 아직 화폐 경제가 지배하지 않는 자연적인 조건 하에서 그리고 농업 생산물이 상품으로 등장하지 않는 경우에는 개인의 절대적인 궁핍이란 거의 없다. 사람들은 화폐에 의존하지 않고서도 최소한의 필수품을 쉽게 얻을 수 있었기 때문이다. 가난은 적극적인 소유물이었다. 돈과 마찬가지로 가난은 실제적인 일련의 가치가 흘러들어가고 다시 풍성하게 되어 흘러나오는 저수지였다. 돈을 포기하는 사람은 모든 것을 상실하는 것이 아니라 오히려 가난 속에서 모든 사물 중에 가장 순수하고 정묘한 것을 소유하게 되는 것이다."

→ (나)는 가난이란 화폐 경제라는 특정한 사회 조건에서만 존재하는 것임을, 그리고 가난은 모든 것을 잃는 게 아니라 모든 것을 소유하게 됨을 말하고 있다. (화폐 경제란 화폐를 매개로 하여 생산물을 상품화하여 교환하는 사회적 경제 제도를 말한다. 이와는 달리 화폐의 매개없이 물품끼리 교환하는 물물교환경제 등을 생각해볼 수 있겠다.)

(다)

제시문의 주요 대목을 추출해 보면 다음과 같다.

"부유해질수록 그만큼 행복해진다. 부는 많은 소비재를 구매할 능력을 부여하지만, 오히려 더 중요한 사실은 사람들에게 하고자 하는 일을 할 수 있는 능력을 제공해 준다는 점이다. 부유한 사람은 주위의 물적·인적 환경을 통제할 수 있다. 개인의 사회적 서열을 매기는 중요한 척도 중 하나였던 부는 시간이 흐르면서 개인의 가치를 재는 거의 유일한 척도가 되었다. 부는 자신의 패기를 입증하고 싶어하는 사람이 달려들 만한 유일한 게임이다. 부는 치열한 경합장이다."

→ (다)는 부는 소비재를 구매하는 능력의 차원을 넘어 물질적인 환경을 통제하는 등 하고자 하는 일을 할 수 있는 능력을 제공해준다는 점, 개인의 가치를 재는 거의 유일한 척도가 되었다는 점 때문에 치열한 경합장이 되었음을 말한다.

2. 공통된 문제 의식 도출하기

제시문 전체는 돈-가난-부에 대한 문제 의식을 담고 있다. 돈이란 먹고 살기 위해서 노예처럼 일해야 벌 수 있는 것이지만 처해진 상황에 대해 긍정적 태도를 보임으로써 삶의 즐거움을 갖는 것도 한 방법일 수 있을 것이다. 오늘날 돈에 의해서 좌우되는 부란 인간 자신의 능력을 보여주고 가치를 높여주는 것이기에 치열한 경합장이 된 것도 사실이지만 또다른 차원에서 보면 부의 대립물인 가난은 돈을 매개로 하는 사회 조건에서만 특수하게 형성된 것이다. 제시문 전체를 하나의 문제 의식으로 통합해 보자면, 부와 가난이 주는 삶의 지표는 초역사적으로 영원한 것이 아니라 사회 제도를 어떻게 형성해나가느냐에 따라 달라질 수 있는 역사적 가변물임을 시사해주고 있다.

예시 답안

(가)는 돈이란 모든 악의 근원이지만, 처지의 전락(교사에서 선원으로)을 긍정적으로 보며 굴욕적인 일을 하면서까지 그 대가로 돈을 지불받는 것은 즐거운 일임을 말하고 있다. (나)는 가난이란 화폐 경제라는 특정한 사회 조건에서만 존재하는 것임을, 그리고 가난은 모든 것을 잃는 게 아니라 모든 것을 소유하게 됨을 말하고 있다. (다)는 부는 소비재를 구매하는 능력의 차원을 넘어 물질적인 환경을 통제하는 등 하고자 하는 일을 할 수 있는 능력을 제공해준다는 점, 개인의 가치를 재는 거의 유일한 척도가 되었다는 점 때문에 치열한 경합장이 되었음을 말한다.

제시문 전체는 돈-가난-부에 대한 문제 의식을 담고 있다. 돈이란 먹고살기 위해서 노예처럼 일해야 벌 수 있는 것이지만 처해진 상황에 대해 긍정적 태도를 보임으로써 삶의 즐거움을 갖는 것도 한 방법일 수 있을 것이다. 오늘날 돈에 의해서 좌우되는 부란 인간 자신의 능력을 보여주고 가치를 높여주는 것이기에 치열한 경합장이 된 것도 사실이지만 또다른 차원에서 보면 부의 대립물인 가난은 돈을 매개로 하는 사회 조건에서만 특수하게 형성된 것이다. 제시문 전체를 하나의 문제 의식으로 통합해보자면, 부와 가난이 주는 삶의 지표는 초역사적으로 영원한 것이 아니라 사회 제도를 어떻게 형성해나가느냐에 따라 달라질 수 있는 역사적 가변물임을 시사해주고 있다.(672자)

연습 문제 4 · 해설

논제는 제시문 (가)와 (나)에 암시된 정보화 사회에서 발생할 수 있는 문제를 밝히라고 요구하고 있다.

제시문 분석

(가) 지문은 감자와 잡초의 위기 대처 능력을 대조시켜 효율설의 추구가 예상하지 못했던 상황에서는 극단적 사태로 이어질 수 있음을 보여준다. 1840년 아일랜드에서 감자 돌림병이 퍼지자 한 가지로 획일화 되어 있던 감자는 끔찍한 피해를 입게된다. 그에 비해 잡초는 크기, 무게, 형질이 획일적이 않아서 어떤 환경의 변화에도 대응할 수 있다고 한다. 게다가 잡초는 향부자의 예에서 볼 수 있듯이 환경의 급격한 변화를 오히려 전화위복을 계기로 삼기도 한다. 그러므로 (가) 지문은 정상적인 조건에 대해 최대한 효율적으로 만든 감자는 그 균일성 때문에 위기 상황(돌림병)에 취약한 반면, 다양한 조건에 대한 적응력을 갖춘 잡초는 그 다양성 덕택에 위기 상황(절단기)을 오히려 영역 확장의 계기로 삼을 수 있음을 예시한다.

➡ 지문(가)는 결국 생산성 향상이라는 효율성을 극대화하기 위해 감자의 품종을 단일화함으로써 일어난 비극을 보여주고 있다. 반면 잡초의 경우는 다양성으로 인해 위기 상황에도 오히려 영역을 확장하고 있다는 점에서 감자와는 극명하게 대비된다.

(나) 지문은 1996년 찌는 듯한 여름 덴버에서 일어났던 정전 사태를 소개한다. 전기 공급회사 간의 일사불란한 상호의존성은 매우 민감해서 시스템의 어느 지점에서 전기 사용의 약간의 변동만 일어나도 그것에 대처할 수 있었다. 그러나 이런 전기 공급회사 간의 상호 연결 네트워크는 1996년 여름과 같은 비정상적 위기 상황에는 취약점을 드러낸다. 왜냐하면 상호 연결 네트워크의 특성상 한 곳에서의 정전사태가 도미노 현상으로 이와 연결된 다른 모든 지역의 정전 사태로 귀결되기 때문이다.

→ 지문(나) 역시 효율성을 높이기 위해서 전기 회사 간 일사불란한 단일 네트워크를 형성한 결과 일어난 비극을 보여주고 있다.

그러므로 (나)에서 예시된 1996년 덴버의 정전 사태는 (가)의 감자의 경우처럼 일상적 상황에서의 효율성을 추구하다 보면 큰 규모의 위기에 적절히 대처하지 못해서 전면적인 파국상황을 가져올 수도 있음을 잘 보여준다.

두 제시문은 공통적으로 효율성을 극대화하기 위해 품종이나 네트워크를 단일화함으로써 일어난 비극을 보여준다. 정보화 사회에서도 이와 비슷한 문제가 발생할 수 있다. 통신 네트워크를 단일화함으로써 상호의존도를 높이고 그에 따라 효율성은 높아지겠지만, 비극이 전면적으로 확대될 가능성 또한 높아지고 있는 것이다.

예시 답안

지문(가)는 결국 생산성 향상이라는 효율성을 극대화하기 위해 감자의 품종을 단일화함으로써 일어난 비극을 보여주고 있다. 반면 잡초의 경우는 다양성으로 인해 위기 상황에도 오히려 영역을 확장하고 있다는 점에서 감자와는 극명하게 대비된다. 지문(나) 역시 효율성을 높이기 위해서 전기 회사 간 일사불란한 단일 네트워크를 형성한 결과 일어난 비극을 보여주고 있다. 두 제시문은 공통적으로 효율성을 극대화하기 위해 품종이나 네트워크를 단일화함으로써 일어난 비극을 보여준다. 정보화 사회에서도 이와 비슷한 문제가 발생할 수 있다. 통신 네트워크를 단일화함으로써 상호의존도를 높이고 그에 따라 효율성은 높아지겠지만, 비극이 전면적으로 확대될 가능성 또한 높아지고 있는 것이다. 최근 한 은행의 전산망이 몇 시간 이상 불통되어서 고객과 은행 모두 큰 불편을 겪었던 일이 있었다. 이 경우도 평소에는 우리에게 인터넷 뱅킹 등으로 편리함을 주었던 시스템이 그 상호의존성으로 말미암아 한 번 사고가 나면 매우 큰 위기로 발전했던 것이다. 특정 바이러스가 전체 시스템을 마비시키는 것도 이러한 사례에 해당한다.(554자)

연습 문제 5 · 해설

논제는 제시문 (가)와 (나)에서 공통적으로 다루고 있는 문제 의식을 설명하라고 요구하고 있다.

제시문 분석

(가)

(가)의 화자는 아주 사소한 사건에서 타자를 매우 세심하게 배려하는 인력거꾼에게서 잊지 못할 마음의 깨달음을 얻고, 알량하게 인력거꾼에게 호의를 베풀었던 자신을 부끄러워한다. 그 사건에서 화자는 용기와 희망을 얻곤 한다. (가)는 세상의 일이란 대사를 운운할 때만이 의미 있는 것이 아니라 일상 생활에서 타자를 배려할 줄 아는 섬세함이 의미 있는 행동임을 보여주고 있다.

(나)

(나)의 문제 의식은 다음 표현들에서 읽어볼 수 있다.

"인간의 마음 속에 있는 이상적인 의욕 중에서 공적(公的)으로 나타나는 행동은 언제나 매우 작은 부분에 불과하다. 나머지 모든 부분은 눈에 띄지 않는 가운데 다양하게 실현되어, 실제로 사람들의 주목을 끄는 것보다 수천 배 이상의 가치를 나타낸다. [……] 비록 보잘것없는 일에서도, 우리는 도움을 필요로 하는 사람들을 인격체로 대하지 않으면 안 된다. 여기에서 우리는 진정한 인간이 되는 것이다. [……] 어떠한 환경에 처하여 있더라도 모두가 인간을 진정한 인간성으로 대하려고 노력하는 것, 바로 여기에 인류의 장래가 달려 있다. [……] 인간의 마음 속에 갇혀 있거나 간신히 해방되어 있는 이상적인 의욕은 세상에 나타나 보이는 것보다 훨씬 더 많은 것이다. 이처럼 인간의 마음 속에 갇혀 있는 이상적인 의욕을 해방시키는 일, 땅 속 깊이 있는 물을 표면으로 끌어내는 일, 이 일을 해낼 수 있는 사람을 인류는 갈망하고 있다."

➡ 요컨대 (나)는 대상이 하찮아 보이더라도 진정하게 대할 수 있는 인간성, 어떠한 류의 인간이든 그들 모두에게 진정성으로 대하는 태도가 인류의 장래를 결정한다는 문제 의식이 담겨져 있다.

공통적인 문제 의식

두 글은, 우리가 흔히 그 중요성을 망각할 수 있는, 하찮은 사람들을 '의미없는 사람'으로 간주하는 태도를 벗어버리고 일상 속의 타자들을 진정하게 대하고 세심하게 배려하는 삶의 자세가 필요함을 제기하고 있다. 그리고 사회적으로 성공한 사람에게서만 어떤 가치를 배우려는 태도가 아니라 일상의 삶을 살아가는 모두의 얼굴들에서 진지한 가치를 발견할 수 있어야 한다는 것이다. 이러한 문제 의식은 오늘날 우리 사회에서 소수자들을 사회의 정당한 주체로 인정하는 변화와 관련되어 있다.

예시 답안

(가)의 화자는 아주 사소한 사건에서 타자를 매우 세심하게 배려하는 인력거꾼에게서 잊지 못할 마음의 깨달음을 얻고 알량하게 인력거꾼에게 호의를 베풀었던 자신을 부끄러워 한다. 그 사건으로 인해 화자는 용기와 희망을 갖게 되었다는 것이다. (가)는 세상의 일이란 대사를 운운할 때만이 의미 있는 게 아니라 일상의 생활에서 타자를 배려할 줄 아는 섬세함이 의미 있는 행동임을 보여주고 있다. (나)에는 대상이 하찮아 보이더라도 진정하게 대할 수 있는 인간성, 어떠한 류의 인간이든 그들 모두에게 진정성으로 대하는 태도가 인류의 장래를 결정한다는 문제 의식이 담겨 있다. 두 글은, 우리가 흔히 그 중요성을 망각하기 쉬운, 하찮은 사람들을 '의미 없는 사람'으로 간주하는 태도를 벗어버리고 일상 속의 타자들을 진정하게 대하고 세심하게 배려하는 삶의 자세가 필요함을 제기하고 있다. 그리고 사회적으로 성공한 사람에게서만 어떤 가치를 배우려는 태도가 아니라 일상의 삶을 살아가는 모두의 얼굴들에서 진지한 가치를 발견하는 자세가 중요하다는 것이다. 이러한 문제 의식은 오늘날 우리 사회에서 소수자들을 사회의 정당한 주체로 인정하는 변화와 관련되어 있다.(582자)

5. 이론을 현실에 적용하기

연습 문제 1 · 해설

논제는 최근의 사회 문제와 관련하여 지문 (나)의 관점에 따라 지문 (가)에 제시된 사례들의 원인을 분석하고 요구하고 있다.

제시문 분석

우선 제시문 (나)의 요지를 정리해 보자.

뒤르켐은 자살의 외부적 요인을 중시한다. 개인은 사회를 구성하는 한 요소라는 점에서, 그리고 사회 조직과 구조의 제약을 받는 존재라는 점에서 자살 역시 사회적 사실이라는 것이다. 이런 관점에서 그는 자살의 유형을 세 가지로 나눈다. 자기중심적 자살, 아노미적 자살, 이타적 자살이 그것이다.

자기중심적 자살은 개인적 자아가 사회적 자아와 맞서서 자신을 희생하면서까지 과도하게 자기를 고집하는 상태에서 발생한다. 이런 자살은 사회적 통합의 정도에 반비례한다. 즉, 통합의 정도가 강하면 자살률이 감소하며 통합의 정도가 느슨하면 자살률은 증가한다. 아노미적 자살은 도덕적 해이 상태나 아노미적 상태에서 발생한다. 이타적 자살은 강력한 집합적 가치에 의존할 때 발생하며, 특정한 상황 하에서, 자살을 해야 하는 의무 때문에 스스로 목숨을 끊는 의무적인 자살과 명예와 위신을 중시하여 발생하는 부가적 자살로 나뉜다.

한편 제시문 (가)에는 제 가지 자살의 사례가 소개되어 있다.

사례 1. 여대생 2명의 자살 : 인터넷 자살 사이트를 통해 알게 된 이들은 죽기 전날 밤 처음 만나 민박집에서 극약을 탄 소주를 함께 마시고 자살했다.

사례 2. 한 가장의 자살 : 카드빚 등으로 생활고에 시달리자 가족을 동반하고 자살했다.

사례 3. 한 회사원의 자살 : 회사 공금 수억 원을 빼돌려 도박으로 모두 잃고 극약을 마시고 자살했다.

사례 4. 한 농민 운동가의 자살 : WTO 협상을 반대하며 시위 도중 자신의 왼쪽 가슴을 흉기로 찔렀다.

사례 1의 경우는 자기중심적 자살, 사례2의 경우는 아노미적 자살, 사례 4는 이타적 자살 중 의무적 자살의 전형이다. 사례3의 경우는 해석하기 나름이겠으나 명예와 위신을 중시하는 강력한 사회 규범으로 인한 자살로 해석할 수 있다는 점에서 이타적 자살 중 부가적 자살에 해당한다고 볼 수 있다.

예시 답안

뒤르켐은 자살의 외부적 요인을 중시한다. 개인은 사회를 구성하는 한 요소라는 점에서, 그리고 사회 조직과 구조의 제약을 받는 존재라는 점에서 자살 역시 사회적 사실이라는 것이다. 이런 관점에서 그는 자살의 유형을 세 가지로 나눈다. 자기중심적 자살, 아노미적 자살, 이타적 자살이 그것이다.

자살 사이트에서 만나 극약을 먹은 경우는 '이기적 자살'의 대표적 예이다. 이는 사회 집단의 통합 정도나 사회적 결속력이 약해졌을 때 나타난다. 신자유주의의 원리가 한국인의 일상마저 지배하면서 가족이나 학교 같은 공동체의 결속력과 연대감은 급격히 약화하였다. 이런 조건 속에서 많은 이들이 온갖 시련과 도전에 지친 자신을 기댈 언덕도, 대화할 상대도 잃고선 극도의 소외감과 절망감으로 삶을 마감하고 있는 것이다.

아노미적 자살은 경제 성장기든 침체기든 사회가 급격히 변동하여 사회 규범이 느슨해질 때 많이 발생한다. 중산층의 행복을 만끽하던 가장의 자살은 아노미적 자살의 양상을 띠고 있다. 그는 환경이 갑자기 바뀌자 '아노미' 상태에 이르러 자신의 자식마저 데리고 동반자살을 강행하였다.

한 농민 운동가의 죽음은 이타적 자살의 전형을 보여준다. 집단의 결속력이 과도하게 강할 때 몇몇 사람들은 자신의 목숨을 던져 집단의 가치를 지키려고 한다. 이런 죽음은 대의를 위한 죽음이기에 숭고해 보이지만, 개인의 자유를 조직의 규범에 종속시키는 양상을 띤다. 한편, 한 회사원의 죽음은 명예와 위신을 중시하는 강력한 사회 규범으로 인해 발생한 자살로 해석할 수 있다는 점에서 이타적 자살 중 부가적 자살에 해당한다고 볼 수 있다.(797자)

연습 문제 2 · 해설

문제 1은 제시문에서 다루고 있는 쟁점은 무엇인지 밝히고, 필자의 주장과 논거를 요약하라고 요구하고 있다.

제시문 분석

1. 제시문 분석: 쟁점 도출

제시문의 쟁점은 다음에 함축되어 있다.

"어떻게 하면 사람들이 원하는 것을 공정하게 나누어 가질 수 있을까? 부부가 이혼할 경우, 이들이 함께 살던 집은 누가 가져야 할까? 대도시의 환경 오염을 분담해서 책임질 경우, 누가 얼마나 부담해야 하는가? 공해에 위치한 대륙붕에서 광물 자원이 발견된다면, 어느 나라가 개발 권리를 주장할 수 있을까? 매우 다른 듯이 보여도 이들은 모두 공정한 분배 · 분담 원칙이 있어야 해결이 가능한 문제이다."

제시문은 공정한 분배 · 분담의 원칙에 대한 사회적 필요성을 제기하고, 그 구체적인 모델을 어떻게 모색할 것인가를 쟁점으로 하고 있다.

2. 필자의 주장과 논거

필자는 공정한 분배 · 분담의 원칙을 적용한 두 가지 구체적인 모델을 소개한다. 하나는 케이크 자르기 모델이다. 케이크 자르기 모델은 쌍방간 만족할 수 있는 분배 규칙을 제공하지만 네 명 이상일 경우 적용하기가 불가능하다고 한다. 다른 하나는 경매 모델이다. 필자는 이 모델을 더 적합한 모델로 판단하고 있다. 그것은 다음 문장에서 확인된다.

"경매 모델은 당사자 모두가 스스로 가치를 부여하도록 함으로써 각자의 선호와 욕구가 분배 · 분담에 반영될 수 있도록 하며, 동시에 모두에게 대등한 기회를 부여함으로써 절차상 제기될 수 있는 분쟁의 소지를 제거한다. 경매 모델은, 충분히 개발할 경우, 재산분배문제에서 환경오염에 대한 비용분담문제에 이르기까지 다양한 경우에 적용할 수 있을 것이다."

예시 답안

제시문은 제시문은 공정한 분배 · 분담의 원칙에 대한 사회적 필요성을 제기하고, 그 구체적인 모델을 어떻게 모색할 것인가를 쟁점으로 하고 있다. 필자는 공정한 분배 · 분담의 원칙을 적용한 두 가지 구체적인 모델을 소개하고 있다. 하나는 케이크 자르기 모델이다. 이 모델은 쌍방간 만족할 수 있는 분배 규칙을 제공하지만 네 명 이상일 경우 적용하기가 불가능하다고 한다. 다른 하나는 경매 모델이다. 필자가 보다 더 적합하다고 판단하는 방식도 이것이다. 경매 모델은 당사자 모두가 스스로 가치를 부여하여 각자의 선호와 욕구에 따라 분배 · 분담할 수 있도록 하고 참여자 모두에게 대등한 기회를 제공함으로써 절차와 관련한 분쟁의 소지를 없앤다는 것이다. 또한 경매 모델은 재산 분배 문제에서부터 환경 오염에 대한 비용 분담 문제 등 다양한 경우에도 적용할 수 있다는 것이다.

문제 2는 제시문의 이론을 토대로, 자녀가 여럿 있을 경우 누가 부모를 모셔야 하는가에 대한 해결 방안을 제시하라고 요구하고 있다.

문제 해결의 방안

이 문제는 부모의 마음을 제외하고라도 상당히 복잡한 경우의 수를 생각할 수 있다.

첫째는, 아무도 부모를 모시려고 하지 않을 경우의 방안이다.

둘째는, 모두가 다같이 부모를 모시려고 하는 경우이다.

셋째는, 부모를 모시려고 하는 자녀도 있고 모시려고 하지 않는 자녀도 있는 경우이다.

넷째는, 아들·딸을 구별하는 경우이다.

다섯째는, 아들·딸을 구별하지 않는 경우이다.

여섯째는, 장남의 전통적 위상을 고려하는 경우이다.

일곱째는, 장남의 전통적 위상을 고려하지 않는 경우이다.

여덟째는, 자녀들의 가정 경제가 모두 비슷한 경우이다.

아홉째는, 자녀들의 가정 경제가 편차가 심한 경우이다.

이밖에도 손자·손녀의 유무 등 고려해야 할 경우의 수는 많다.

이러한 복잡한 경우의 수를 무시하고 추상적으로 해결 방안을 제시할 경우 솔로몬의 지혜처럼 현실 생활에 적용할 수 없다. 그럼에도 이 경우의 수를 무시하고 경매 모델에 따른 하나의 방안을 제시하자면 다음과 같다. 자녀들 누구든 부모를 모시고 싶지는 않다. 그러나 누군가 한 자녀는 부모를 모시기로 합의를 봤다. 그리고 부모를 모시지 않는 다른 자녀들은 매달 일정한 비용을 공동 분담하기로 했다고 하자. 그 원칙 하에서 부모를 모시지 않을 경우에 각 자녀 가족이 낼 수 있는 분담액을 적어내기로 한다. 그렇게 해서 그 분담액의 평균치에 가장 가까운 분담금을 제시한 자녀가 부모를 모시기로 하고 다른 가족들은 그 적어낸 분담금을 내면 된다.

예시 답안

제시문에서 필자가 선호하는 보다 더 공정한 분배·분담의 원칙은 경매 모델이다. 그렇다면 이 경매 모델에 따라 자녀가 여럿인 부모를 누가 모실 것인가의 문제를 해결해 보도록 하자. 이 문제는 복잡한 경우의 수들 중 몇 가지 경우의 수를 전제로 하여 선택해야 하는 어려움이 있다. 부모의 마음을 제외하고라도 첫째는, 부모를 모실 의지의 유무, 둘째는, 전통적인 관습에 따라 아들·딸의 구별 유무 및 장남의 위상을 고려할 것인가의 여부 등이다. 셋째는, 각 자녀들의 경제적 편차이다. 이러한 복잡한 경우의 수를 무시하고 추상적으로 해결 방안을 제시할 경우 솔로몬의 지혜처럼 현실 생활에 적용할 수 없다. 그럼에도 이 경우의 수를 무시하고 경매 모델에 따른 하나의 방안을 제시하자면 다음과 같다. 자녀들 누구든 부모를 모시고 싶지는 않다. 그러나 누군가 한 자녀는 부모를 모시기로 합의를 봤다. 그리고 부모를 모시지 않는 다른 자녀들은 매달 일정한 비용을 공동 분담하기로 했다고 하자. 그 원칙 하에서 부모를 모시지 않을 경우에 각 자녀 가족이 낼 수 있는 분담액(상하한선 지정)을 적어내기로 한다. 그렇게 해서 그 분담액의 평균치에 가장 가까운 분담금을 제시한 자녀가 부모를 모시기로 하고 다른 가족들은 그 적어낸 분담금을 내면 된다. 부모를 모시는 자녀 가족은 분담금이 없도록 한다. 이 방식의 경우 분담금은 각 자녀들의 자율적인 의사가 반영되므로 이의를 제기할 여지가 없다. 단, 영구히 부모를 모시는 게 아니라 1–2년씩 정례화하여 선정하는 방법으로 결정한다.(762자)

연습 문제 3 · 해설

논제는 제시문 (가)의 논지를 요약하고, 이를 바탕으로 (나)에 나타난 세 인물의 행동 양상을 비판하라고 요구하고 있다.

제시문 분석

1. (가)의 논지 요약

사랑을 '소유' 양식으로 볼 것이냐 아니면 '존재' 양식으로 볼 것이냐에 따라 그 의미는 달라진다. 소유 양식의 사랑은 사랑하는 대상을 구속하고 감금하고 지배하고자 하는 사랑이다. 결국 사랑이라는 이름으로 생명을 질식시켜 죽여버리게 된다. 이것은 진정한 사랑이 아니다. 한편 존재 양식의 사랑은 생산적인 능동성과 관련된다. 그것은 사랑의 대상을 존중하고 알며, 대상에게 생명을 주는 것을 의미한다. 그것은 자신을 갱신하고 자신을 증대시키는 하나의 과정이기도 하다.

2. (나) 세 인물의 행동 양상 분석

(나)에서는 맏아들–남편–아내라는 세 인물이 등장한다.

〈맏아들〉

맏아들은 미술 대학을 가겠다고 하지만 안정된 생활을 위해 상대에 가야 한다는 아버지의 강요에 결국 아버지의 뜻을 따른다. 맏아들은 자신의 예술적 욕망을 포기하고 현실을 받아들여 현실적 욕망을 수용하고, 아버지의 권위에 순응하는 행동 양상을 보인다.

〈남편〉

남편은 맏아들에게 사회 생활에서 가장 현실적인 것을 선택하도록 강요한다. 자신의 현실에 비추어 생활의 안정이 보장되는 방향으로 진로를 선택해야 한다는 것이다. 남편은 아들의 선택을 존중하지 않고 자신의 편견을 강요하고 있다는 점에서 가부장적 권위를 행사하는 행동 양상도 가지고 있음을 알 수 있다.

〈아내〉

아내는 남편의 행동 양상에 내재해 있는 문제점을 꿰뚫고 있다. 맏아들에 대한 남편의 강요는 단순히 강요의 문제가 아니라 가부장적 태도에서 비롯되고 있음을 직시하고 있는 것이다. 그러나 아내 역시 가부장제 논리에 순응하게끔 길들여져 있는지라 직접적인 저항은 하지 못하고, 아버지를 닮아가는 아들이어서는 안 된다("일찍 들어와서 따뜻한 아랫목에 누워 연속극을 보면서 조청을 맛있게 먹는 게 남편인 건 어쩔 수 없다손 치더라도 그게 장차의 내 아들인 것은 도저히 참을수 없는 일로 여겨졌다.")는 반란이 마음 속에서만 일어나고 있는 내성적 성격의 소유자다.

3. 문제의 쟁점

먼저, 문제는 남편에게서 나타난다. 남편은 자식에 대한 사랑을 '소유' 개념으로 보지 '존재' 개념으로 보지 않는다는 것이다. 그렇기 때문에 아들의 판단을 존중하지 못하고 자신의 판단으로 결정해 버린다. 아내에 대해서도 마찬가지다. 남편에게 있어서 아내는 상호 존중해야 할 관계가 아니라 가부장적 소유물일 뿐이다. 그에 반해 아내는 남편-자신-아들이라는 가족의 구성에서 서로 존재적 관계를 갈망하며 소유적 관계가 아들에게서 재생산되기를 바라지 않는다. 아들은 아버지를 닮아가는 모양새이다. 아버지의 강요를 묵묵히 수용하고 있다.

예시 답안

(가)의 논지는 다음과 같이 요약된다. 사랑을 '소유' 양식으로 볼 것이냐 아니면 '존재' 양식으로 볼 것이냐에 따라 그 의미는 달라진다. 소유 양식의 사랑은 대상을 구속하고 감금하고 지배하는 사랑이다. 그것은 진정한 사랑이 아니다. 반면 존재 양식의 사랑은 대상을 존중하고, 대상에게 생명을 주는 사랑이다. 그것은 자신을 갱신하고 자신을 증대시키는 하나의 과정이기도 하다. 이러한 관점을 바탕으로 (나)의 세 인물의 행동 양상을 비판하면 다음과 같다. 먼저, 문제는 남편에게서 나타난다. 남편은 자식에 대한 사랑을 '소유' 개념으로 보지 '존재' 개념으로 보지 않는다. 그렇기 때문에 아들의 판단을 존중하지 못하고 자신의 판단으로 결정해버린다. 아내에 대해서도 마찬가지다. 남편에게 있어서 아내란 상호 존중해야 존재가 아니라 가부장적 소유물일 뿐이다. 그에 반해 아내는 남편-자신-아들이라는 가족의 구성에서 서로 존재적 관계이기를 갈망하며 소유적 관계가 아들에게서 재생산되기를 바라지 않는다. 그러나 아내는 행동으로 직접 '반란' 하지는 못하고 마음 속으로만 반란의 꿈을 키운다. 아들은 아버지를 닮아가는 모양새이다. 아버지의 강요를 묵묵히 수용하고 있는 것이다. 적극적으로 자신의 꿈에 대해 말하지 못하고 순응하는 행동 양상을 보여주고 있다. 아들 역시 아버지와 마찬가지로 소유 양식의 삶을 살아가게 될 것 같다.(680자)

연습 문제 4 · 해설

논제는 〈제시문 1〉의 논지를 바탕으로 〈제시문 2〉에 나타난 현상의 원인을 설명하라고 요구하고 있다.

제시문 분석

1. 제시문 요약
〈제시문 1〉의 논지
어려운 글이다. 제시문의 내용을 다음과 같이 재구성해 보았다.

우리의 자아는 어떻게 구성되는가? 마음의 심층에는 개인적 자아가 자리잡고 있으며 마음의 표층에 다른 사람들과 연결된 사회적 자아가 존재한다. 이는 수생식물이 물속의 뿌리와 수면 위의 잎들로 구성된 것과 같다. 그리고 개인적 자아는 고유성을 특징으로 하며, 사회적 자아는 다른 사람과의 동질성, 의존성을 특징으로 한다.

우리의 삶은 늘 불안정속에 놓여있다. 충동, 변덕스러움, 후회 등으로 우리의 삶은 언제나 흔들린다. 이러한 불안정을 극복하고 안정을 찾기 위해서는 어떻게 해야 하는가? 방법은 두 가지이다. 첫째는 마음의 심층에 존재하는 개인적 자아에 몰입함으로써 안정을 얻을 수 있다. 그러나 이 방법은 매우 어려워서 소수의 예외자만이 할 수 있다. 예를 들면 수도자 같은 사람 말이다. 그래서 사람들은 흔히 두 번째 방법을 선택한다. 그것은 사회적 자아에 매달리는 방법이다. 즉 다른 사람들과의 연대를 통해서 안정을 찾으려고 한다. 연대성의 정도가 견고할수록 더욱 안정감을 느낀다.

그러나 진정한 사회적 연대성은 사회적 자아가 개인적 자아와 분리되지 않고 통합되어 있을 때 존재한다. 수생식물은 안정을 유지하기 위해 다른 잎들과 연대하기도 하지만 동시에 뿌리와도 굳건히 연결되어 있다. 이것이 진정한 안정이다.

핵심을 다시 정리해 보자.

자아의 심층에는 개인적 자아가, 표층에는 사회적 자아가 자리잡고 있으며 이 둘은 연결되어 있다.
삶은 불안정성을 특징으로 한다. 사람들은 이를 극복하기 위해 개인적 자아보다는 사회적 자아에 매달린다. 다른 사람들과의 동질성을 확인하고 그들과 연대하며 그들에게 의존함으로써 안정을 추구한다.
그러나 진정한 사회적 연대란 사회적 자아가 개인적 자아와 통합되어 있을 때만 존재한다.

〈제시문 2〉에 나타난 현상
〈제시문 2〉는 현시적 소비에 대해 설명하고 있다. 현시적 소비란 남에게 보이기 위한 소비다. 값비싼 유명 상표는 보란듯이 바깥쪽에 표시되어 있다. 유명 상표의 옷을 입은 사람은 자신이 부자라는 사실을 은연중 과시하고 있다. 미국의 어느 고급 주택가 사람들은 값비싼 벤츠를 가지고 있다. 그보다 싼 차는 그들에게 수치요 모욕이 된다. 모두 자기과시적 소비이다.

〈제시문 1〉의 논지를 바탕으로 〈제시문 2〉에 나타난 현상의 원인 분석하기

〈제시문 1〉에 의하면, 사람들이 삶의 불안정성을 극복하고 안정을 유지하기 위해 개인적 자아보다는 사회적 자아에 매달린다고 한다. 다른 사람들과의 동질성을 확인하고 그들과 연대하며 그들에게 의존함으로써 안정을 추구한다는 것이다. 그러나 그것은 진정한 사회적 연대는 아니라고 한다. 개인적 자아와 분리된 반쪽짜리 연대이기 때문이다.

〈제시문 2〉에 나타난 현시적 소비 역시 상류층끼리의 동질감 확인과 연대 또는 상호 의존을 통해서 '충동, 변덕스러움, 후회 같은 삶의 불안정성을 극복하고자 하는 무의식적 행위이라고 볼 수 있다. 즉 그들은 개인적 자아의 독립성, 고유성에 대한 욕구보다는 사회적 자아에 매달림으로써 삶의 안정을 추구하고 있는 것이다.

그들 세계에 이질적인 것이 들어오면 그들의 잠정적 안정은 깨지고 잠시 혼란이 발생한다. 그 이질적인 것을 제거해야만 혼란을 잠재우고 다시 안정을 찾을 수 있다. 고급차만 소유한 고급주택가에 그보다 못한 차가 주차된 것을 보고 신경질적 반응을 보이는 태도에서 이를 확인할 수 있다. 그러나 자기들이 소유한 차보다 더욱 고가의 차가 들어온다고 해도 마찬가지 반응을 보였을 것이다. 그것 역시 이질성이며, 그들만의 동질성을 파괴하기 때문이다. 그들이 고급 옷의 상표를 보란듯이 내놓고 다니는 것은 바로 이런 동질성을 끊임없이 확인하기 위해서다.

그러나 그들이 맛보는 연대와 안정은 진정한 것이 아니다. 그들의 자아는 분리되어 있기 때문이다. 그들이 매달리고 있는 사회적 자아는 개인적 자아와 분리되어 있다. 마치 뿌리없는 수생식물과 같다. 뿌리없는 수생식물은 바람이 불면 또 흔들린다. 그럴수록 잎들은 더욱 강하게 밀착하려고 할 것이다. 상류층의 현시적 소비 역시 이와 같은 것이다.

예시 답안

위의 분석을 토대로 각자가 작성해 보자.

연습 문제 5 · 해설

논제는 [가]에 제시된 '정치적 올바름'의 정신을 바탕으로 제시문 [나], [다], [라]의 사례를 각각 평가하라고 요구하고 있다.

제시문 분석

〈제시문 가〉에 나타난 정치적 올바름이란?

〈제시문 가〉에서 말하는 '정치적 올바름(Political Correctness)' 이란 '정치적으로 올바르고 타당한' 언어나 용어를 쓰자는 일종의 정치, 사회, 문화적 운동이다. 즉 특정 인종이나 장애인을 비하하는 표현, 성과 피부색에 따른 차별적인 용어, 특정 직업을 낮추어 보는 말 등등 사회적으로 소외되거나 불리한 처지에 처해진 사람들의 감정을 상하게 할 수 있는 표현이나 행동을 삼가는 것이다.

〈제시문 나, 다, 라〉에 나타난 사례 분석

제시문 〈나〉는 전통적으로 반복되고 있는 유대인에 대한 반인종적인 혐오 사례이다.

제시문 〈다〉는 지나친 '정치적 올바름' 의 적용으로 인하여 미국 초, 중등학교에서 발생하고 있는 하나의 부정적인 사건을 다루고 있다.

제시문 〈라〉는 문화적 차이와 상호 이해 부족에서 발생할 수도 있는 '정치적으로' 부적절한 말과 행동을 다루고 있다.

예시 답안

'정치적 올바름(Political Correctness)' 은 '정치적으로 올바르고 타당한' 언어나 용어를 쓰자는 일종의 정치, 사회, 문화적 운동이다. 즉 특정 인종이나 장애인을 비하하는 표현, 성과 피부색에 따른 차별적인 용어, 특정 직업을 낮추어 보는 말 등등 사회적으로 소외되거나 불리한 처지에 놓인 사람들의 감정을 상하게 할 수 있는 표현이나 행동을 삼가는 것이다.

제시문 [나]는 전통적으로 반복되고 있는 유대인에 대한 반 인종적 혐오 사례에 대한 것이다. 현재 중동에서 벌어지고 있는 이스라엘의 도발에 대한 멜 깁슨의 발언은 일면 이해가 가는 면도 있으나, 특정 인종이라는 이유로 한 인종을 폄하하고 비난한다는 것은 정치적, 도덕적, 인격적으로 볼 때 부적절한 반 인종적 표현에 지나지 않는다는 점을 유의해야 할 것이다.

제시문 [다]는 지나친 정치적 올바름의 적용으로 인하여 미국 초, 중등학교에서 발생하고 있는 하나의 부정적인 현상을 다루고 있는데 아무리 좋은 제도라 하더라도 너무 지나치거나 적용에 경직되어 있으면 부정적인 결과를 가져올 수 있음을 이 사례는 보여주고 있다.

제시문 [라]는 문화적 차이와 상호이해의 부족에서 발생할 수도 있는 '정치적으로' 부적절한 말과 행동을 다루고 있다. 양성 평등 또는 정치적 올바름에 대한 이해 부족으로 인하여 (또는 지나친 정치적 올바름의 고집스런 적용이나 아량 없음으로 인하여) 발생되었다고 보는데 상호 이해와 교육, 그리고 포용성을 통하여 이 같은 문화와 관념의 차이를 극복할 수 있을 것으로 생각한다. (773자)

이 예시 답안은 대학측에서 발표한 모범 답안의 일부입니다.

6. 이야기에서 삶의 문제 유추하기

연습 문제 1 · 해설

논제는 제시문에 나타난 문제 의식은 무엇인지, 오늘날 우리 사회와 관련지어 설명하라고 요구하고 있다.

제시문 분석

제시문에 표현된 다음 내용들 속에서 필자의 문제 의식을 읽을 수 있다.

"말을 없앤다는 건 멋있는 일이야. 물론 버려야 할 말은 동사와 형용사에 많지만 명사도 수백 어(語)는 되지. 없애는 건 동의어뿐 아니지. 반대어도 있어. 도대체 단어란 게 단순히 다른 말의 반대어라면 무슨 의미가 있겠는가? 한 낱말에는 그 자체 내에 반대어를 포함하고 있네. … 결국 좋다는 것과 나쁘다는 것에 대한 모든 개념은 다만 여섯 개의 낱말로, 실제로는 단 하나의 말로 표현되는 거지. 멋있지 않나. 윈스턴? 물론 이건 애초에 대형의 아이디어야"

➔ 여러 개의 낱말로 표현할 수 있는 것을 단 하나로 바꾸어간다는 것은 문화적 다양성을 하나로 통일하여 단일화한다는 것이다. 결국 다양성의 전제가 되는 사고의 자유를 포기하도록 종용하고 있는 모습이다. 언어적 표현의 자유가 다양하게 열리는 것은 인간의 삶을 자유롭도록 허용한다는 것인데, 이를 거부하며 유일 체제로 나아가고자 한다.

"신어의 목적이 사고의 폭을 줄이는 것이란 걸 알고 있나? 결국 우리는 '사상죄(思想罪)'도 문자 그대로 불가능하게 만들 거야. 왜냐하면 그걸 표현할 말이 없어질 테니까? 필요한 개념은 단 한 마디 말로 표현되며 그 말은 정확히 정의되어 다른 곁뜻은 없어져 버리고 말지. … 한 해 한 해 어휘는 줄어들고 그럴수록 의식의 한계도 좁아지겠지. 물론 지금에도 사상죄에 대한 이유나 구실이 있을 수 없지. … 혁명은 언어가 완성될 때 완성돼."

➔ 언어 통제 전략은 결국 사고의 폭을 줄이고 사상의 자유를 억압하려는 목적임이 드러나고 있다.

"2050년까지는, 아마 그 전이 되겠지만, 구어(舊語)에 대한 지식은 모두 사라질 걸세. 모든 과거의 문학도 없어지고 초서, 셰익스피어, 밀턴, 바이런, 이들은 다만 신어역(新語譯)으로만 남을 거네. 그것도 다른 말로 바뀐다는 정도를 지나 원래의 의미와 반대되는 것으로 변할 거야. 당의 문학까지 변할 거야. 슬로건까지 변할 거야. 자유의 개념이 없어졌는데 '자유는 예속' 이란 슬로건이 있을 수 있겠나? 모든 사상적 분위기도 변할 걸세. 실상, 우리가 이해하고 있는 것 같은 생각이란 없어져 버릴 걸세. 정통주의는 생각하는 것, 생각을 필요로 하는 것이 아니야. 무의식 바로 그거야"

➔ 말들을 없애나가는 것만이 아니라 기존의 사고 체계까지 없앰으로써 궁극적으로 생각이란 것 자체를 없애버리려 한다. 인간을 생각이 필요없는 무의식적인 존재로 만들려고 한다.

문제 의식

제시문은 언어 통제 전략을 통해 인간의 사상·사고를 통제하려는 사회에 대한 문제 의식을 보여주고 있다. 작가인 조지오웰은 공산주의 사회의 언어 통제 정책을 비판하고자 한 의도로 썼겠지만, 꼭 거기에 매달릴 필요는 없다. 어느 사회에나 언어 통제 전략은 존재하기 때문이다. 우리나라의 표준어 제도도 그 하나로 볼 수 있다. 지역어(사투리)를 공식 언어로 인정하지 않는 것은, 물론 효율성을 위한 측면도 있지만 사고의 다양성과 문화의 다양성을 제약하고 통제하는 의미도 있는 것이다.

하나의 예시답안

여러 개의 낱말로 표현할 수 있는 것을 단 하나로 바꾸어간다고 하는 것은 문화적 다양성을 하나로 통일하여 단일화한다는 것이다. 결국 다양성의 전제가 되는 사고의 자유를 포기하도록 종용하는 모습이다. 언어적 표현의 자유가 다양하게 열리는 것은 인간의 삶을 자유롭도록 허용한다는 것인데, 독재자 대형(大兄, Big Brother)은 이를 거부하며 유일 체제로 나아가고자 한다. 언어 통제 전략은 결국 사고의 폭을 줄이고 사상의 자유를 억압하려는 목적임이 드러나고 있다. 또한 말만 없애는 것이 아니라 기존의 사고 체계까지 없앰으로써 궁극적으로 생각이란 것 자체를 없애버리려 한다. 생각이 필요없는 '무의식적 존재'로서 인간을 조작하려 한다.

제시문은 언어 통제 전략을 통해 인간의 사상·사고를 통제하려는 사회에 대한 문제 의식을 보여주고 있다. 작가인 조지 오웰은 공산주의 사회의 언어 통제 정책을 비판하고자 한 의도로 썼겠지만, 꼭 거기에 매달릴 필요는 없다. 어느 사회에나 언어 통제 전략은 존재하기 때문이다. 우리나라의 표준어 제도도 그 하나로 볼 수 있다. 지역어(사투리)를 공식 언어로 인정하지 않는 것은, 물론 효율성을 위한 측면도 있지만 사고의 다양성과 문화의 다양성을 제약하고 통제하는 의미도 있는 것이다. 인터넷 공간에서 새롭게 생성되고 있는 다양한 언어 표현을 공식 언어의 잣대로 통제하려는 태도도 마찬가지가 아닐까.(689자)

연습 문제 2 · 해설

논제는 제시문의 주인공의 사고와 행동에서 드러나는 모순을 설명하라고 요구하고 있다.

제시문 분석

제시문은 (가) (나) (다) 세 부분으로 나뉘어져 있다. 이 세 부분을 각각 분석하여 모순 관계를 설정하도록 한다.

1. 제시문의 분석

《(가)에 나타난 아Q의 사고와 행동의 특이성》

아Q는 좀 모자란 사람인지 마을 사람들에게서 놀림을 당하면서 산다. 스스로는 '자기 경멸의 일인자'라고 생각하고 있다. 그러나 자신에게 '정신적인 승리법'이 있었고 마을 사람들도 그것을 거의 다 알고 있다. 마을 사람들이 놀리면 놀리는 대로 행위를 하고서도 의기양양해 했다. 그는 노름판에서도 항상 돈을 잃었다. 딱 한번 이긴 적이 있으나 누군지도 모르는 이에게 폭행당하여 다 빼앗겨버렸다. 비로소 그는 '실패의 고통'을 조금 느꼈다. 그러나 그는 다시 자기 뺨을 때림으로써 승리로 바꾸어놓고 의기양양해 했다.《(나)에 나타난 아Q의 사고와 행동의 특이성》

아Q는 혁명당이라는 것을 알게 되었다. 어디서 들었는지는 몰라도 혁명당은 반역이라 하여 처음에는 깊은 증오심을 가졌으나, 백리사방에 명성 있는 거인 어른을 겁먹게 하자 아Q는 자기도 모르게 혁명당을 '동경'하였으며, 더구나 마을 사람들이 당황해하자 그는 더욱 유쾌해졌다. 아Q는 가증스러운 놈들을 혁명해버리자며 혁명의 노래를 부르고 고함을 치며 마을을 활보했다. 부자나 아Q보다 돈이 더 많다고 생각하는 사람들은 대책을 마련하기 시작했다.

《(다)에 나타나는 아Q의 사고와 행동의 특이성》

아Q는 혁명할 기세에 의기충천해 있다. 살려달라고 애걸하는 사람들을 모두 쳐죽이고 맘에 드는 여자를 고르려는 상황을 상상하면서 들떠 있다. 그러나 자기가 혁명하려고 했던 작자들이 이미 혁명했다는 소식을 비구니로부터 전해들은 아Q는 대경실색하고 만다.

2. 모순 관계의 설정

제시문은 크게 (가)와 (나)/(다)로 묶을 수 있다. 앞뒤에 나타난 아Q의 사고와 행동은 단절되어 있다. (가)는 혁명당 활동 이전 바보처럼 살아가되 '정신적인 승리법'을 터득하여 항상 마을 사람들로부터 놀림당하면서도 의기양양해 하며 지혜롭게 살아가는 아Q의 사고와 행동이 나타난다. 그에 반해 (나)/(다)는 인근에서 혁명당이 활동하면서 가진 자들을 반역으로 규정하여 혁명하는 상황에서, 혁명당에 투항하여 기세등등하게 자기를 놀렸던 마을 사람들을 죽이고 권력자가 되는 상상에 들떠 있는 아Q의 사고와 행동이 나타난다.

이 단절된 흐름에서 아Q의 사고와 행동에 있어서의 모순점은 무엇인가. 아Q는 혁명당 이전에는 마을에서도 놀림 받는 약자였다. 가장 약자인 처지에서 살아갈 수 있는 생존법이라곤 '정신적인 승리법'의 터득이며 그에 따라 의기양양한 태도를 보이는 것 외 달리 저항할 힘도 방도도 없다. 동시에 그는 '자기 경멸의 일인자'로 유쾌하게 자인하고 속으로는 마을 사람들을 비웃는다. 여기서 아Q는 자기를 경멸하면서도 의기양양해하는 모순된 삶의 방식으로 세상을 살아간다. 혁명당 이후 아Q는 변신한다. 가장 약자였던 그는 세상이 뒤집혀지면서 이제 가장 강자로 군림할 수 있게 되었다. 그에게는 복수심과 살기로 기세가 등등해 있다. 그러나 그가 타도하고자 했던 작자들이 혁명을 이미 했다는 소식을 접하고 만다. 여기서 아Q는 소문에만 들떠 상상하며 과잉반응하는 태도를 보이지만 실제 마을의 정황에 대한 정보에는 깜깜무소식이라는 모순된 인지 태도를 보인다.

예시 답안

제시문은 크게 (가)와 (나)/(다)의 단절된 흐름으로 분석할 수 있다. (가)는 혁명당 활동 이전 바보처럼 살아가되 '정신적인 승리법'을 터득하여 항상 마을 사람들로부터 놀림당하면서도 의기양양해 하며 지혜롭게 살아가는 아Q의 사고와 행동이 나타난다. 그에 반해 (나)/(다)는 인근에서 혁명당이 활동하면서 가진자들을 반역으로 규정하여 혁명하는 상황에서, 혁명당에 투항하여 기세등등하게 자기를 놀렸던 마을사람들을 죽이고 권력자가 되는 상상에 들떠 있는 아Q의 사고와 행동이 나타난다. 아Q는 혁명당 이전에는 마을에서 놀림받는 약자였다. 가장 약자인 처지에서 살아갈 수 있는 생존법이라곤 '정신적인 승리법'의 터득이며 그에 따라 의기양양한 태도를 보이는 것 외 달리 저항할 힘도 방도도 없다. 동시에 그는 '자기 경멸의 일인자'로 유쾌하게 자인하고 속으로는 마을 사람들을 비웃는다. 이때 아Q는 자기를 경멸하면서도 의기양양해하는 모순된 삶의 방식으로 세상을 살아간다. 혁명당 이후 아Q는 변신한다. 가장 약자였던 그는 세상이 뒤집혀지면서 이제 가장 강자로 군림할 수도 있게 되었다. 그에게는 복수심과 살기로 기세가 등등해 있다. 그러나 그가 타도하고자 했던 작자들이 혁명을 이미 했다는 소식을 접하고 만다. 여기서 아Q는 소문에만 들떠 상상하며 과잉반응하는 태도를 보이되 실제 마을의 정황에 대한 정보에는 깜깜무소식이라는 모순된 인지 태도를 보인다. 이 삶의 모순점들을 해결해 나가는 방식이 그에 있어서는 '정신적인 승리법'이다. (743자)

연습 문제 3 · 해설

논제는 제시문에 근거하여, 제시문에서 제시된 부족의 삶이 초래 하는 문제점이 무엇인지 지적하고, 이러한 문제가 초래된 원인을 분석하라고 요구하고 있다.

제시문 분석

트로글로다이트 부족은 아주 사악하고 잔인하다. 왕도 있었고 통치기구도 있어봤지만 전혀 소용이 없었고 어떠한 통제 장치도 거부하였다. 그들은 만장일치로 각자 어느 누구의 말도 듣지 않고 자신의 이해(利害)만 따를 뿐 타자에 대해서는 상관하지 않기로 했다. 그러다보니 농사를 지을 때나 자연 재해가 닥치거나 범죄 행위가 저질러지거나 질병이 창궐하거나 해도 어떠한 조치를 취할 수 있는 사회적 장치가 전혀 마련되지 않다.

이러한 트로글로다이트 부족의 삶의 문제점에 대해서는 제시문의 마지막 단락 의사의 말에 집약되어 있다.

"당신들은 정의롭지 못합니다. 당신들의 영혼 안에는 당신들이 치유받고자 하는 병보다 더한 독이 있습니다. 당신들에게는 아무런 인간성도 없고 공정한 규칙도 없기 때문에 이 세상에 살 자격이 없습니다. 당신들을 벌하고 있는 신의 정당한 분노를 어기고 당신들을 치료한다면 나는 신을 거역하는 일을 하게 될 것입니다."

이러한 문제가 초래된 원인 분석

인간은 사회적 동물이다. 이 명제는 사회 구성원들은 사회적 합의를 통해 사회적 보호를 받고 또한 소속된 사회에 대해 의무를 다하면서 살아감을 말한다. 이것은 공동의 운명체인 사회 구성체를 운용하기 위한 각종 유무형의 사회 제도(법, 질서, 도덕, 문화적 관행 등)나 사회 기구들을 설치하고 대표자나 행정관을 두어 사회 생활을 영위함을 뜻한다. 그러나 트로글로다이트 부족은 이를 모두 거부하는 것으로 만장일치로 합의를 보았다. 그렇다면 그 또한 그들의 선택이며 그들의 운명이므로 그들의 결정을 존중할 필요가 있다. 그러나 그러한 선택은 각자의 삶만을 중시하지 사회적 삶은 전혀 무시하는 것이므로 생활의 기초인 농사나 시장의 형성 등에 있어서 협력 관계나 교환 기준이 마련되어 있지 않아 서로 매우 불편할 수밖에 없다. 나아가 자연 재해가 발생하거나 질병이 창궐할 때 아무런 대책이 없다. 더구나 그 부족은 사악하고 잔인했다. 결국 그들은 사회적 동물되기 즉 '사회적인 것'을 포기함으로써 모든 문제가 초래될 수밖에 없었다.

예시 답안

위의 분석을 토대로 각자 작성해 보자.

연습 문제 4 · 해설

논제는 현대인의 삶에 비추어 볼 때 피그말리온 신화가 현대 사회에서 시사하는 바를 분석하라고 요구하고 있다.

제시문 분석

1. 피그말리온 이야기 요약

여성을 혐오해 평생 혼자 살기로 한 조각가 피그말리온은 매우 아름답고 살아 있는 듯한 여인상을 조각하게 되자 그 여인 조각상에 매료되어 마치 자기 아내인 것처럼 대했다. 그러던 중 제전이 거행되던 날 신들에게 그 여인 조각상과 같은 아내를 점지해달라고 간청하자 아프로디테가 그의 뜻을 알아듣고 소원을 들어주었다. 과연 그 조각상은 살아 있는 여성으로 변해 있었고 둘은 축복을 받으며 파포스라는 아들을 낳았는데, 도시 이름 파포스는 여기에서 유래한다.

2. 현대 사회에서 시사하는 바를 분석하기

피그말리온 이야기는 현대 사회에서 일어날 수 있는, 또는 일어나고 있는 다양한 문제를 시사해준다.

이미지에 의한 성 정체성의 전복 : 여성을 혐오해 평생을 혼자 살겠다고 한 조각가가 자신이 조각한 여인상을 보고 매혹되었다고 하는 것은 이미지에 의해 성 정체성이 전복되기도 하는 현대 사회의 일상성을 상징한다. 여성을 혐오한 것은 여성의 외적 이미지에서가 아니라 여성의 내재적 정체성 때문일 것이다. 그러나 자신이 조각한 여인상을 보고 아름다움에 매료되었다는 것은 외적 이미지에 매료되었음을 의미한다. 현대 사회는 텔레비전이나 인터넷 등의 대중 매체가 급속도로 발달하면서 여성의 상품화를 촉진시켰고 그에 따라 여성의 이미지에 의해서 여성의 성적 정체성을 결정하는 문화적 현상이 증대되기도 한다.

'나'의 실재를 숨기는 사이버 아바타 인간의 탄생 : 인터넷 시대에 접어들면서 인간은 아바타를 통해 제2의 자아를 조작해낼 수 있다. 마치 피그말리온이 아름다운 여인상을 조각한 것처럼 네티즌들은 원래 자신의 모습이 아니라 자신이 연출하여 제2의 자아를 창조해낸다. 인터넷에서 '나'의 실재는 숨겨지고 아바타 인간으로 존재한다. 많은 젊은 네티즌들은 인터넷 상에서 아름다운 아바타 인간을 창조해내 그것을 자기 자신과 동일시하기도 한다. 현대 사회는 우리에게 '연기하는 자아'를 요구한다.

현실적 인간형을 부정하고 이상적 인간형을 갈구하는 사랑의 판타지 : 사랑은 항상 이상형을 좇으면서 시작된다. 이것은 어쩌면 현대 사회에 와서 텔레비전이나 영화와 같은 대중 매체들을 통해 이상적 인간형을 상상할 수 있었기 때문이 아닌가 한다. 남자든 여자든 내 앞에 존재하는 이성들보다 이상적인 남성 또는 여성을 상상한다. 피그말리온 이야기는 이와 꼭 닮아있다. 피그말리온이 여성을 혐오한 것은 현실적 인간형을 부정한 것이고 자신이 조각한 여인상에 매혹된 것은 이상적 인간에의 열망임을 상징한다.

예시 답안

위의 분석을 토대로 각자가 작성해 보자.

연습 문제 5 · 해설

논제는 두 제시문에서 석저와 자베르가 처한 공통적인 문제 상황을 분석하라고 요구하고 있다.

제시문 분석

제시문 〈가〉는 법(法)과 효(孝)가 맞부딪치는 딜레마적 상황을 극적으로 보여주고 있다. 여기서 효(孝)라는 가치는 부모 자식의 개인적 관계라는 사적(私的) 측면과 천륜(天倫)이라고 하는 인간적 측면, 당대 최고의 윤리적 덕목이라는 공적(公的) 측면을 함께 갖추고 있다. 이 중 어디에 초점을 맞추는가에 따라 문제를 풀어 나가는 방식이 달라질 것이다. 주목할 것은 주인공 석저가 문제를 해결하는 방식이다. 그는 자신의 희생을 통해 소중한 두 가치를 동시에 지키는 결단을 내린다. 특히 '공개적 처벌'의 형식을 취함으로써 자신이 지키지 못한 법(法)의 권위를 되살리고 있다. 개아(個我)의 희생을 통해 사회적?인륜적 가치를 실현하는 대응 방식이다. 이는 찬탄을 불러일으킬 만한 것이지만, 한편으로 '죄 없는 생명의 희생'이라는 모순적 결과를 가져왔다는 점에서, 그리고 그 죽음이 더 큰 불효가 될 수 있다는 점에서 시빗거리를 포함하고 있기도 하다.

제시문 〈나〉에서 자베르가 처한 문제 상황은 석저의 경우와 질적으로 통하는 점이 있다. 그는 법(法)이라는 가치와 양심(良心)이라는 인간적 가치 사이에서 고민하고 있다. 그 양심이란 자기가 입은 은혜의 보답이라는 사적(私的) 요소처럼 보이지만, 제시문 후반부에 나타나는 것처럼 법으로 재단할 수 없는 근원적인 도덕적 가치라는 측면이 더 중요하다(작가는 이를 '신의 정의'라고 표현하고 있다). 똑같지는 않지만, 석저의 효(孝)와 통하는 가치이다. 다만 석저는 그 가치에 대해 확신을 나타내는 데 대해 자베르는 그것을 새로 발견하면서 가치관의 혼란을 겪는다는 차이가 있다. 그리고 석저와 달리 남 모르는 죽음을 택함으로써 문제의 정면적 해결을 피했다는 점에서 논란의 소지가 있다. 양심에 따른 결단이라는 의의를 부여할 수 있지만, 문제를 헤쳐 나가는 더 나은 방법이 없었을까 하는 의문을 남기는 것이다.

제시문 속의 석저와 자베르는 공통적으로 소중한 두 가치가 부딪치며 선택을 강요하는 상황 속에서의 고민을 잘 보여주고 있다. 사람들은 살아가면서 수많은 선택에 직면하게 된다. 옳고 그름이 뚜렷하거나 선후가 분명한 경우는 큰 문제가 되지 않지만, 어느 한쪽도 포기하기 힘든 경우에 심각하게 고민하지 않을 수 없다. 제시문 속의 두 인물은 이러한 딜레마 상황에서 우리가 어떻게 고민하고 선택할 것인가 하는 문제를 제기해 주고 있다.

위의 제시문 분석 내용은 대학측에서 발표한 모범 답안을 바탕으로 작성되었다.

예시 답안
위의 분석을 토대로 각자가 작성해 보자.

7. A의 관점에서 B의 관점 비판하기

연습 문제 1 · 해설

논제는 글 (가)와 (나)의 관점을 요약하고, (나)의 관점에 서서 글 (가)의 관점을 비판적으로 논술하라고 요구하고 있다.

제시문 분석
제시문 (가)에서 헤겔은 아프리카 흑인들의 문화에 대해 매우 부정적이고 편향된 시각으로 기술하고 있다. 그는 아프리카의 흑인들의 식인 풍습, 가족관계, 전쟁에 임하는 자세, 그리고 국가조직 등에 대해서 기술하면서, 그들의 문화는 서구인들의 문화와는 달리 모두 감정에 치우친 것이므로 미숙하다고 강변한다. 헤겔은 흑인들의 그러한 문화적 행태와는 달리 유럽인들은 생명과 가족을 중시 여기기 때문에 흑인들에 비해 우월하다는 견해를 피력하고 있다.

그러나, 제시문 (나)에서 레비스트로스는 헤겔과 같이 열등한 문화와 우등한 문화, 문명과 야만을 구분하려는 시도 자체가 매우 미숙한 자세라는 점을 강조하고 있다. 그에 의하면, 각 사회는 그 나름대로의 합리적인 문화와 제도를 가지고 있다. 우리가 일반적으로 '야만인'이라고 부르는 사람들도 자신들이 가지고 있는 관점에 의해서 판단할 때에는 우리를 야만인이라고 간주할 수도 있다는 것이다.

(나)의 관점에서 (가)의 관점 비판

레비스트로스의 관점은 우리가 타문화권을 관찰하고 판단하는데 있어서 어떠한 자세를 가져야 하는지에 대해 시사하는 바가 크다. 그에 의하면, 우리가 야만스러운 것으로 간주하는 식인 풍습도 그 풍습을 행하는 사람들에게는 진지하고 의미 있는 것일 수 있다. 인육을 먹는 사람들은 여러 가지의 숭고한 의미를 되새길 수 있고, 식인을 당하는 사람도 그것을 기꺼이 받아들일 수도 있다. 숭고하게 식인 풍습을 행하는 오지인들에게는 인체나 시체를 실험용이나 해부용으로 사용하는 서구인들이 야만스럽게 보일 수도 있다. 또한 소위 말하는 '문명인'들은 반사회적 행위를 한 사람을 처벌할 때 그를 감옥이나 유배지로 보내 격리시키는 방법을 택하지만, 어떤 인디언 부족은 처벌에서 그칠 뿐만 아니라 동시에 그 범죄자에게 재기의 기회를 준다. 어쩌면 그 인디언들의 처벌방식이 우리가 자부하는 형벌제도보다 더 합리적인 것일 수도 있다. 이러한 관점에 의거한다면, 제시문 (가)에 나타난 다른 문화권을 보는 헤겔의 관점은 편향되었을 뿐만 아니라 오만하기까지 하다. 단지 자신이 속한 문화권과는 다른 사고방식을 가졌다는 이유로 타문화권의 그것을 열등한 것으로 간주하는 시각은 객관적으로 타문화권을 관찰하는데 있어서 심각한 저해 요소가 될 뿐만 아니라, 인종주의적인 편견으로 이어질 수 있다.

문화란 상대적인 성격을 지닌다. 각자의 사회는 그 나름대로 자신들의 문화를 합리적인 것이라 여긴다. 따라서 다른 문화를 관찰하고 판단하는 사람은 문화적 편견, 특히 그 자신이 속한 문화권의 관점에 의거하는 위험을 피해야만 한다. 다른 사회의 문화가 자신이 속한 사회의 문화와 심각하게 배치되는 성향을 지녔다고 할지라도 그들 나름대로의 합리성을 이해하기 위해 노력해야 할 것이다. '문명권'과 '비문명권', 그리고 '야만'과 '문명'을 이분하려는 시도 자체가 미숙하고 불합리한 시도라는 점을 상기해야 할 것이다.

위의 제시문 분석 내용은 대학측에서 발표한 예시 답안에 따른 것이다.

예시 답안

위의 분석을 토대로 각자가 작성해 보자.

연습 문제 2 · 해설

논제는 (가)의 관점에서, (나)의 견해를 반박하라고 요구하고 있다.

제시문 분석

제시문 〈가〉

대립자에 대한 동양인들의 사고 방식을 설명하고 있다. 동양인들은 서로 대립적인 것이 양극적인 것이 아니라, 상호의존적인 것이라고 본다. 동전의 양면과 같다. 대립자는 서로 투쟁하며 갈등하는 관계가 아니라는 것이다.

제시문 〈나〉

실증주의적 입장을 설명하고 있다. 실증주의는 사물의 본질과 같은 절대적 · 초월적 · 추상적인 것이 아니라, 상대적 · 현실적 · 구체적인 사실의 세계를 탐구한다. 불확실한 것이 아니라 확실한 세계를 추구한다는 것이다. 이는 절대적–상대적, 초월적–현실적, 추상적–구체적인 대립자 가운데 전자를 무시하고 후자를 추구한다는 것이다.

예시 답안 1

실증주의는 사물이나 현상을 추상적인 것, 신학적인 것, 절대적인 것 등과 대립시키고, 그 중 사물이나 현상만을 경험적으로 탐구하고자 하는 사조라고 볼 수 있다. 이는 대립되는 개념들의 상호작용을 무시한 균형을 잃은 견해라 할 수 있다.(131자)

예시 답안 2

(가)는 서로 대립하는 양극의 것을 동일한 현상의 다른 면으로 보고, 항상 양자 간의 상호의존적인 특징을 잊지 말라고 강조하고 있다. 그러나 (나)의 실증정신은 형이상학이나 신학의 추상적이고 절대적인 진리를 부정한다. 이는 확실하고 현실적이고 구체적인 것만을 진리로 간주함으로써, 서로 다른 양극단의 상호의존성과 역동적인 균형을 외면한다는 한계를 보인다.(198자)

이 예시 답안은 대학측에서 발표한 모범 답안에 따른 것이다.

8. 쟁점 찾기

연습 문제 1 · 해설

논제는 제시문의 논점(쟁점)을 찾고, (가)와 (나) 두 사람의 주장과 논거를 요약하라고 요구하고 있다.

제시문 분석

두 사람의 주장이 나타난 핵심 문장을 추출해 보면 다음과 같다.

가 :

"당신의 견해에 따르면, 옛것을 변화시키려는 시도는 잘못된 것입니다. … 상대성 이론이나 양자 이론은 철저하게도 이전의 모든 것을 단절하고 있는데요."

"당신은 어째서 그렇게까지 옛 형식에 집착하는 겁니까? 옛 형식들이 이미 새 시대에는 적합하지 않은데도 불구하고 … 어째서 그러한 것을 제거해서는 안 된다는 말입니까? 예를 들면 교수들이 여전히 중세적인 가운을 걸치고 대학의식 전에 나타나는 … 그러한 구습은 없애버려야 하는 무용지물에 불과합니다."

→ '가'는 상대성이론과 양자이론을 예로 들면서 옛 형식들에 집착하지 말고 그러한 것을 제거해야 한다고 주장한다. 옛것을 근본적으로, 전체적으로 변화시켜야 한다는 입장이다. '가'가 아직도 중세적 가운을 입고 있는 교수들을 예로 들고 있는 것으로 보아, '가'의 주장이 과학 이론에 국한된 것이 아님을 알 수 있다.

나 :

"플랑크의 양자이론을 생각해 봅시다. … 그는 다만 극히 제한된 특정한 문제 해결에 집착했던 것입니다. … 그 후 계속된 플랑크의 가설 추구는 물리학 전체를 근본적으로 개조하기에 이르렀던 것입니다."

"과학에서는 사람들이 가능한 한 적게 변화시키려고 노력할 때, 즉 우선 좁고 윤곽이 확실한 문제의 해결에만 한정시킬 때, 그때에만 결실 있는 혁명이 일어날 수 있습니다."

"지금까지의 모든 것을 포기하고 자기 마음대로 변화시키려는 시도는 터무니없는 짓입니다. … 역사적으로 보더라도 성공적인 혁명은 다만 좁고 범위가 한정된 문제를 해결하고, 되도록 적게 변화시키려고 노력해야 가능한 것이라고 생각합니다."

"2,000년 전의 저 위대한 혁명을 생각해 봅시다. 그 혁명을 일으킨 그리스도는 "나는 율법을 폐하러 온 것이 아니라 율법을 완성하러 왔노라"고 말했습니다. 다시 한번 강조한다면, 하나의 중요한 목표에만 한정시키고 가능한 한 작은 범위에서 변화시키려는 노력이 매우 중요하다고 생각합니다."

"내가 보기에는 형식보다 내용이 중요합니다."

→ '나'는 형식보다 내용이 중요하다는 입장에서, 양자이론을 구축한 플랑크를 예로 들면서 옛것을 변화시킬 때는 극히 제한된 범위에서 점진적, 부분적으로 접근해야 한다는 것이다. 그럴 때에만 근본적인 변화가 가능하다는 것이다. 그리스도의 혁명을 예로 들고 있는 것으로 보아 '나'의 견해 역시 과학 이론에 국한된 문제가 아님을 알 수 있다.

두 사람의 대화는 '옛것을 어떻게 변화시킬 것인가'를 쟁점으로 하고 있다. 과학 이론을 주로 예로 들고 있지만 꼭 거기에만 국한된 문제는 아니다. 이 쟁점에 대해서 '가'는 옛것을 전체적, 근본적으로 변화시켜야 한다는 입장이다. 옛 형식에 집착해서는 안 되며 그것을 과감히 제거해야 한다는 것이다. 이에 비해 '나'는 옛것을 변화시킬 때는 점진적, 부분적으로 접근해야 함을 강조하고 있다. 그래야만 근본적 변화에까지 이를 수 있으며 성공적인 혁명도 가능하다는 것이다. 두 사람은 옛것의 근본적인 변화의 필요성에는 공감하고 있다. 그러나 그 과정에서 옛것을 과감히 버리고 전체적으로 변화시킬 것이냐, 부분적인 접근을 통해 근본적 변화를 이끌어낼 것인가 하는 점에서 의견을 달리하고 있다.

예시 답안

위의 분석을 토대로 각자 작성해 보자.

연습 문제 2 · 해설

논제는 제시문의 화자들(갈릴레이와 사제)의 쟁점이 무엇인지 밝히고, 두 사람의 주장과 논거를 요약하라고 요구하고 있다.

제시문 분석

1. 사제와 갈릴레이의 주장과 그 근거 요약

제시문의 대화 내용을 분석하면서 사제와 갈릴레이의 주장을 명확히 해보자.

사제는 책으로 읽어 온 교황청의 법령(천동설)과 자신이 새롭게 발견한 지식(지동설)을 어떻게 조화시켜야 할지 혼란스러워 하면서 갈릴레이를 찾았다.

이때 '책으로 읽어 온'이라는 표현은 교리(천동설의 세계)에 담겨져 있다는 뜻이며, '자신의 눈으로 본'이라는 표현은 사실 관계(지동설의 세계)를 나타낸다는 뜻임을 염두에 두자. 사제가 혼란스러워 하는 맥락이 여기에 존재한다. 결국 교황청의 법령은 사실 관계를 은폐하는 '엄청난 권력 수단'임을 사제는 갈릴레이에게 고백한다. 갈릴레이 역시 그에 동조하여 교황청의 교리를 '고문기구'라고 표현한다.

그러나 사제는 한 천문학자가 특정한 이론을 확장하는 일에서 등을 돌리게 만든 동기에 대해 다른 이유를 든다. 사제 고향의 농부들은 가난하지만 하나님을 믿으며, 즉 교황청의 교리를 믿으며 확신을 가지고 힘을 얻어 살아간다. 이 사실에서 사제는 교황청의 법령에서 일종의 어머니같은 위대한 자비심을 읽어낸 연유임을 설명한다.

이 대목에서 사제는, 하나님이 우주의 중심인 지구의 인간 세계를 굽어 보살핀다는 당시의 통념과 교황청의 가르침이 평범한 사람들에게는 삶의 안식으로 다가왔음을 말하고 있는 것이고, 자신이 관찰한 바 목성에 위성이 존재한다는 것, 즉 교리와는 달리 우주가 지구를 중심으로 돌지 않는다는, 반기독교적인 지식을 거부하고자 한다. 사제는 천문학자의 길을 포기하고 성직자의 길을 가려 한다.

그러나 갈릴레이는 진주가 형성되어가는 동안 거의 죽어가는 진주조개보다 건강한 굴조개를 선택하겠다고 한다. 즉 침묵이 아니라 진리(과학의 발견)를 향한 발언을 선택하겠다는 것이다. 그는 황폐한 밭에서 나오는 미덕을 사양하겠다는 것이다. 새로운 양수기가 농부들에 있어서 더 많은 기적을 만들어낼 수 있다는 것이다. 갈릴레이는 농부들이 짜낸 포도주를 교황청으로부터 받아먹기 위해 천박한 침묵 따위는 하지 않을 것이라고 단호하게 말한다.

사제는 자신은 성직자라고 덧붙이자 갈릴레이는 과학자이기도 하다는 점을 각인시킨다.

2. 쟁점의 도출

성직자이자 과학자이기도 한 사제는 교황청의 법령에 정면 위배되는 과학적 발견(지동설) 앞에서 진리 앞에서 갈등한다. 사제가 우려하는 것은 '엄청난 권력 수단' 인 교황청과의 인식론적 대립각에서가 아니라 지구중심설의 위기에 따라 대두될 평범한 농부들의 기독교적 삶의 파탄이다. 결국 사제는 '침묵을 강요하는 숭고한 동기' 즉 '불행한 자들의 영혼' 을 존중하며 과학자의 길을 포기하고 성직자의 길을 가겠다고 밝히는 것이고, 갈릴레이는 사제에 대해 농부들이 죽어가는 진주조개보다 건강한 굴조개를 선택할 수 있도록 해야한다고 반박한다. 성직자이며 과학자이기도 함을 잊지 말라는 것이다. 결국 평범한 농부들의 행복한 삶을 위해 성직자로서 침묵을 강요당할 것이냐 교황청 법령에 위배되더라도 과학적 진리로 새로운 세계관을 추구해나갈 것이냐가 이 글의 쟁점이다.

이 제시문에서 쟁점의 도출에서 주의할 점은 쉽사리 '엄청난 권력수단' 과의 갈등의 문제로 부각해서는안된다는 것이다. 대화의 내용을 주의깊게 몇 번이고 읽어보도록 하자.

예시 답안

성직자이자 과학자이기도 한 사제는 교황청의 법령에 정면 위배되는 과학적 발견(지동설) 앞에서 갈등한다. 사제가 우려하는 것은 '엄청난 권력 수단' 인 교황청과의 인식론적 대립각에서가 아니라 지구중심설의 위기에 따라 대두될 평범한 농부들의 기독교적 삶의 파탄이다. 사제 고향의 농부들은 복된 삶을 누리지는 못하지만 작은 교회와 성경말씀이 있으며 배려하고 보살피는 하나님의 시선이

머리 위에 있다는 믿음으로 삶의 힘을 얻어 살아간다. 그게 바로 사제가 교황청의 법령에서 일종의 어머니같은 위대한 자비심을 읽어낸 연유임을 설명한다. 결국 사제는 '침묵을 강요하는 숭고한 동기' 즉 '불행한 자들의 영혼'을 존중하며 과학자의 길을 포기하고 성직자의 길을 가겠다고 밝히는 것이고, 갈릴레이는 사제에 대해 황폐한 밭에서 나오는 미덕을 거부해야 할 뿐만 아니라 농부들이 진주가 형성되는 동안 죽어가는 진주조개보다 건강한 굴조개를 선택할 수 있도록 해야한다고 반박한다. 그들에게는 포도원도 있고 밀밭도 있다는 것이다. 갈릴레이는 '문제는 별이 아니라 캄파냐의 농부들'임을 강조한다. 성직자이며 과학자이기도 함을 잊지 말라는 것이다. 결국 평범한 농부들의 행복한 삶을 위해, 성직자로서 침묵을 강요당할 것이냐 교황청 법령에 위배되더라도 과학적 진리로 새로운 세계관을 추구해나갈 것이냐가 이 글의 쟁점이다.(664자)

연습 문제 3 · 해설

논제는 두 제시문의 공통적인 쟁점(문제 의식)이 무엇인지 밝히고, 두 사람의 주장을 비교 · 대조하며 요약하라고 요구하고 있다.

제시문 분석

1. 공통 쟁점
두 글은 개인 및 만인의 활동에 있어서 국가의 개입 문제를 공통된 쟁점으로 설정하고 있다.
두 글의 공통쟁점과 차이를 분석하면 다음 표와 같다.

	글 (가)	글 (나)
공통쟁점	국가의 개입 문제	
	국가의 개입 불필요	국가의 개입 필요
해당 주체	개인의 자본 투자, 생산 활동	시민(만인)의 사회적 삶
주장의 비교	▶ 각 개인이 각자 알아서 경제 활동을 한다고 해도 결과적으로는 사회 전체의 이익을 가져올 것이다. 개인이 자기 이익만 추구해도 '보이지 않는 손'이 작용하여 공익을 증진시킨다. 그것은 국가가 개입하여 의도적으로 공익을 증진시키고자 할 때보다 더 효과적이다. ▶ 자본 투자와 관련한 생산 활동에서 당사자 개인은 정치인(국회의원)의 판단보다 우월하다. 정치인이 생산 활동을 조정하고 감독하려 하는 행위는 더 위험하다. ▶ 자본을 투자하고 운영하는 일에 국가가 지시하고 감독하는 것은 해로운 '규제'일 뿐이다.	▶ 국가가 개입하지 않으면 만인에 대한 만인의 전쟁 상태가 되어 사회적 붕괴의 위기에 처해지고 인간은 비참하게 된다. ▶ 국가의 구속 · 제약 · 통제 아래 살게 되는 동기는 개인의 생명을 보존하고 만족스러운 삶을 누리려는 인간 자신의 통찰력에 있다. ▶ 만인에 대한 만인의 계약으로 구성된 단일한 권력체인 국가에서 만인의 진정한 통일이 이루어진다. ▶ 국가에 대해 불평이 있을지라도 국가의 개입이 없어 초래되는 재난에 비하면 아무 것도 아니다.

예시 답안

제시문 (가)와 (나)는 사회적 주체들에 대한 국가의 개입 여부를 쟁점으로 하고 있다. (가)는 국가의 개입은 불필요하다는 입장이고, (나)는 필요하다는 입장이다. 공통 쟁점에 대한 두 글의 차이를 비교·대조해보면 다음과 같다.

(가)는 각 개인이 자신의 이익을 위해 각자 알아서 자본을 투자·운영하여 생산 활동을 하더라도 사회 전체의 이익(공익)을 증진시킬 것이라고 주장한다. 이는 국가가 개입하여 공익 증진을 의도적인 목표로 삼을 때보다 '보이지 않는 손'이 작용하여 더 효과적으로 사회 전체의 이익을 도모한다는 것이다. 따라서 자본을 투자하고 운영하는 일에 정치인이 조정하고 감독하려 하는 행위는 더 위험하고 국가가 지시·감독하는 행위도 해로운 '규제'일 뿐이라는 것이다.

반면에, (나)는 국가가 개입하지 않으면 만인에 대한 만인의 전쟁 상태가 되어 사회적 붕괴의 위기에 처해지고 인간은 비참하게 된다고 주장한다. 국가에 대해 불평이 있을지라도 국가의 개입이 없어 초래되는 재난에 비하면 아무 것도 아니라는 것이다. 인간이 국가의 구속·제약·통제 아래 살게 되는 동기는 개인의 생명을 보존하고 만족스러운 삶을 누리려하는 인간 자신의 통찰력에 있으며, 만인에 대한 만인의 계약으로 구성된 단일한 권력체인 국가에서 만인의 진정한 통일이 이루어진다고 주장한다.(649자)

연습 문제 4 · 해설

논제는 제시문의 두 화자의 대화의 쟁점이 무엇인지 밝히고 두 사람의 주장과 논거를 요약하라고 요구하고 있다.

제시문 분석

제시문에서 대화의 쟁점을 밝히기가 그리 쉽지는 않다. 제시문을 꼼꼼히 읽어봐야 한다. 쟁점을 요약하자면 사건의 발생, 용서의 주체 문제, 기도문의 해석과 관련되는 내용들을 중심으로 정리할 필요가 있다.

사건의 발생: 개에게 돌팔매질한 죄로 한 아이를 어머니가 보는 앞에서 폭군이 사냥개들을 풀어 갈기갈기 찢어죽이도록 함. 아이-폭군-어머니의 세 주체가 존재함.

폭군에 대한 용서의 문제: 그렇다면 어머니는 폭군을 용서할 것인가. 이에 대해 이반은 주장한다. 어머니는 폭군과 포옹하며 "주여! 당신의 말씀은 옳았나이다"고 외칠 때 참다운 깨달음이 이루어질 수 있으나 여기에는 장애가 있어 허용할 수가 없다는 것이다. 이반은 어머니가 폭군을 용서해줄 권리가 없다고 한다. 그나마 있다면 어머니로서의 겪은 고통을 용서해주는 일이지 갈기갈기 찢긴 아이의 고통을 용서해줄 권리가 없다는 것이다. 여기서 이반은 이 세상에 용서해줄 자격이 있는 사람이 있느냐고 반문한다. 차라리 보상받을 수 없는 고뇌와 풀릴 길 없는 분노를 품은 채 남아 있겠노라고 한다.

그러자 알료사가 반문한다. "형님은 아까 '용서할 수 있는 권리를 가진 사람이 이 세상에 있겠느냐'고 물었지요? 그렇지만 그런 분이 분명히 존재합니다. 그 분은 모든 일에 대해서 모든 인간을 용서할 수 있습니다. 왜냐하면 그 분은 모든 사람을 대신하여 스스로 자기의 무고한 피를 흘리셨으니까요. 형님은 그런 분이 존재한다는 걸 잊고 계셨군요. 바로 그 분을 토대로 하여 그 탑은 세워져 있는 것입니다. 그리고 바로 그 분을 향하여 우리는 '주여! 당신의 말씀은 옳았나이다. 이는 당신의 길이 열려 있기 때문이옵니다'라고 외칠 수 있는 것입니다."

대화에 나타난 쟁점

이반과 알료사의 대화 쟁점은 용서할 수 있는 주체의 문제와 그 종교적 해석에 있다. 이반은 폭군을 용서할 권리를 가진 주체 문제에 있어 그 당사자 아이는 이미 죽임을 당해버린 처지이고 결국 폭군을 용서해줄 사람이 이 세상에는 없다는 것이며, 알료사는 모든 사람을 위해 무고한 피를 흘린 '그 분'이야말로 모든 일에 대해 모든 인간을 용서해줄 수 있다는 것이다. 그리하여 결국 "주여! 당신의 말씀은 옳았나이다."라고 외칠 수 있다는 것이다.

예시 답안

제시문에 나타난 이반과 알료사의 쟁점은 용서할 수 있는 주체의 문제와 그 종교적 해석에 있다. 이반은 폭군을 용서할 권리를 가진 주체 문제에 있어 그 당사자 아이는 이미 죽임을 당해버린 처지이고 결국 폭군을 용서해줄 사람이 이 세상에는 없다는 것이며, 알료사는 모든 사람을 위해 무고한 피를 흘린 '그 분'이야말로 모든 일에 대해 모든 인간을 용서해줄 수 있다는 것이다. 그리하여 결국 "주여! 당신의 말씀은 옳았나이다."라고 외칠 수 있다는 것이다.

이반은 주장한다. 어머니는 폭군과 포옹하며 "주여! 당신의 말씀은 옳았나이다"고 외칠 때 참다운 깨달음이 이루어질 수 있으나 여기에는 장애가 있어 허용할 수가 없다는 것이다. 이반은 어머니가 폭군을 용서해줄 권리가 없다고 한다. 그나마 있다면 어머니로서의 겪은 고통을 용서해주는 일이지 갈기갈기 찢긴 아이의 고통을 용서해줄 권리가 없다는 것이다. 여기서 이반은 이 세상에 용서해줄 자격이 있는 사람이 있느냐고 반문한다. 차라리 보상받을 수 없는 고뇌와 풀릴 길 없는 분노를 품은 채 남아 있겠노라고 한다. 그러자 알료사가 반문한다. 용서할 수 있는 권리를 가진 사람이 이 세상에 있겠느냐는 이반의 질문에 대해 그는 그런 분이 분명히 존재한다고 말한다. 그 분은 모든 사람을 대신하여 자기의 무고한 피를 흘렸으니 그 분은 모든 일에 대해서 모든 인간을 용서할 수 있다는 것이다. 그리고 바로 그 분을 향하여 우리는 '주여! 당신의 말씀은 옳았나이다. 이는 당신의 길이 열려 있기 때문이옵니다'라고 외칠 수 있다는 것이다. (766자)

연습 문제 5 · 해설

논제는 제시문의 두 화자의 대화의 쟁점이 무엇인지 밝히고 두 사람의 주장과 논거를 요약하라고 요구하고 있다.

제시문 분석

다음 각 대화 내용에 근거하여 대화의 쟁점을 도출하도록 한다.

A : 한때 모든 종류의 물리 현상을 설명하는 데 신을 끌어들인 시기가 있었지. 바람, 비, 행성의 운동 그 모두가 신이 일으키는 현상이라고 생각한 거야. 그러나 과학이 발달하자 자연 현상을 설명하는데 더 이상 초자연적인 요인들이 필요하지 않다는 것이 밝혀졌어. 그런데도 불구하고 자네가 빅뱅(우주의 대폭발)을 설명하는 데 신에게 도움을 청하는 이유는 무엇인가?

➡ A는 과학이 발달하면서 자연 현상을 설명하는 데 더 이상 신의 등장은 불필요해지고 있다고 말하면서 B가 빅뱅을 설명하면서 신에게 의존하는 이유를 묻는다. 과학적 설명을 하면서 신의 존재를 긍정하는 입장에 대한 문제 제기이다.

B : 그것은 자네가 신봉하는 과학으로는 모든 것을 설명할 수 없기 때문이네. 이 세계는 신비로 가득 차 있어. … 물론 자네는 신이 우주 만물을 창조했다는 것을 증명할 과학적 증거가 없다고 주장하겠지만, 그렇지 않다는 증거도 없다고 보네.

➡ B는 신의 존재를 끌어들일 수밖에 없는 것은 과학으로 모든 것을 설명할 수 없기 때문이라고 밝힌다. 이 세계는 신비로 가득차 있기 때문이다. 여기서 B는 신이 우주만물을 창조했다는 것을 부정할 증거도 없다고 화두를 발전시킨다.

A : 물론 과학이 모든 것을 설명할 수 있다는 것은 아니네. … 그렇지만 과학의 발달은 신이 설 자리를 점차 앗아가고 있는 것이 사실이네. 자네도 이제 '과학의 빈 자리를 메워주는 신' 이라는 고리타분한 생각이 기껏해야 불확실한 가설에 불과하다는 교훈을 배워야 하네.

➡ A는 과학이 모든 것을 설명할 수는 없지만 점점 신의 입지를 좁히고 있다고 주장한다.

B : 이해할 수 없는 것으로 말하자면 나도 마찬가지야. … 한 번 더 양보해서 자네의 말처럼 제1원인으로서의 신의 존재를 증명하는 것이 과학적으로는 불가능하다고 가정하세. 그렇다고 해도 그것은 신의 존재를 부정할 수 있는 결정적 증거가 될 수 없네. 신의 존재를 과학적으로 설명할 수 없는 것은 어찌 보면 당연한 것일세. 신의 존재를 설명하는 것과 이미 존재하는 자연 현상을 설명하는 것은 전혀 다른 차원이 아닌가? … 우리가 탐구해야 하는 것은 신의 존재 여부가 아니라 과연 신은 어떤 존재일까 하는 것뿐이네.

➡ B는 제1원인으로서의 신의 존재를 증명하는 것이 과학적으로 불가능하다 하여 그 주장이 신의 존재를 부정할 수 있는 결정적 증거는 될 수 없다고 주장한다. 또한 B는 신에 대한 질문 방식을 바꾸어야 한다고 주장한다. 신의 존재 여부가 문제가 아니라 신은 어떤 존재인가를 질문해야 한다는 것이다.

A : 자네는 지금 신은 존재할 수밖에 없기 때문에 존재한다고 주장하고 있네. 그러나 신 자체를 떠

나 신의 존재를 믿을 어떤 다른 이유도 없다면, '신이 우주를 창조했다'고 부르짖는 것은 설득력을 가질 수 없네. 그것은 아무 것도 설명하지 못하기 때문이네. … 자네는 신의 존재를 가정함으로써 자연 과학이 설명할 수 없는 그 무엇을 과연 설명할 수 있다고 생각하나? 아무 것도 없을 것이네.

→ A는 신은 존재할 수밖에 없기 때문에 존재한다고 하는 것은 설득력이 없다고 말한다. 신의 존재가 설득력을 가지려면 과학이 설명할 수 없는 그 무엇을 설명할 수 있어야 하는데 그렇지 못하다고 한다.

B : 자네 말은 마치 우주의 기원에 대한 종교적 설명이 공허한 것이 아니냐고 묻는 것처럼 들리는구만. 그러나 그와 같은 관점에서 보자면 과학자들의 설명도 순환적이고 공허하기는 마찬가지 아닌가? … 자네가 말하는 과학적 설명이란 기껏해야 한 가지 기술을 다른 기술로, 점차 정교하고 심층적인 것처럼 보이지만 그 성격에 있어서는 결국 순환적일 수밖에 없는 기술로 대체시키는 것에 불과하네. 그럼에도 불구하고 과학적 설명이 믿을 만한 것이라고 주장한다면 우주의 원인에 대한 종교적 설명도 그에 못지 않은 신뢰성을 가질 수 있을 게 아닌가?

→ B는 A의 주장이 결국 우주의 기원에 대한 종교적 설명이 공허하지 않느냐는 것인데, 그것은 과학적 설명이 순환적이고 공허한 것과 마찬가지라고 반박한다. 따라서 과학적 설명이 믿을 만한 것이라면 종교적 설명도 신뢰성을 가질 수 있다는 것이다.

A와 B 두 사람의 주장과 근거

제시문에서 나타나는 두 사람의 주장과 근거를 요약하면 다음과 같다.

A: 자연 과학을 설명하는데 더 이상 신의 존재는 불필요하며 과학적으로 설명되어야 한다(주장).

과학이 발달하면서 자연 현상을 설명하는 데 더 이상 신의 등장은 불필요해지고 있다. 과학이 모든 것을 설명할 수는 없지만 점점 신의 입지를 좁히고 있다. 신은 존재할 수밖에 없기 때문에 존재한다고 하는 것은 설득력이 없다. 신의 존재가 설득력을 가지려면 과학이 설명할 수 없는 그 무엇을 설명할 수 있어야 하는데 그렇지 못하다.(근거)

B: 이 세계는 과학으로 모든 것을 설명할 수 없는 신비로 가득차 있으며 그에 대해서는 신의 존재로 설명되어야 한다.(주장)

신의 존재를 끌어들일 수밖에 없는 것은 과학으로 모든 것을 설명할 수 없기 때문이다. 이 세계는 신비로 가득차 있다. 신이 우주만물을 창조했다는 것을 부정할 증거도 없다. 제1원인으로서의 신의 존재를 증명하는 것이 과학적으로 불가능하다 하여 그 주장이 신의 존재를 부정할 수 있는 결정적 증거는 될 수 없다. 또한 신에 대한 질문 방식을 바꾸어야 한다. 신의 존재 여부가 문제가 아니라 신은 어떤 존재인가를 질문해야 한다는 것이다. 결국 우주의 기원에 대한 종교적 설명이 공허하다면, 그것은 과학적 설명이 순환적이고 공허한 것과 마찬가지다. 따라서 과학적 설명이 믿을 만한 것이라면 종교적 설명도 신뢰성을 가질 수 있다.(근거)

쟁점 도출

두 사람의 대화는 자연 과학을 설명하는 데 있어서 오로지 과학적으로만 해야 하느냐(A) 아니면 과학적 설명도 인정은 하되 최종적으로 종교적 설명에 의존해야 하느냐(B)를 쟁점으로 한다.

하나의 예시 답안

제시문에 나타난 두 사람의 대화는 자연 과학을 설명하는 데 있어서 오로지 과학적으로만 해야 하느냐(A) 아니면 과학적 설명도 인정은 하되 최종적으로 신의 존재를 인정하는 종교적 설명에 의존해야 하느냐(B)를 쟁점으로 한다.

A는 자연 과학을 설명하는데 더 이상 신의 존재는 불필요하며 과학적으로 설명되어야 한다고 주장한다. 과학이 발달하면서 자연 현상을 설명하는 데 더 이상 신의 등장은 불필요해지고 있고, 과학이 모든 것을 설명할 수는 없지만 점점 신의 입지를 좁히고 있다는 것이다. 신은 존재할 수밖에 없기 때문에 존재한다고 하는 것은 설득력이 없다며, 신의 존재가 설득력을 가지려면 과학이 설명할 수 없는 그 무엇을 설명할 수 있어야 하는데 그렇지 못하다는 것이다. 반면 B는 이 세계는 과학으로 모든 것을 설명할 수 없는 신비로 가득차 있으며 그에 대해서는 신의 존재로 설명되어야 한다고 반박한다. 이 세계는 신비로 가득차 있어 신의 존재를 끌어들일 수밖에 없다는 것이다. 제1원인으로서의 신의 존재를 증명하는 것이 과학적으로 불가능하다 하여 그 주장이 신의 존재를 부정할 수 있는 결정적 증거는 될 수 없다는 것이다. 결국 우주의 기원에 대한 종교적 설명이 공허하다면, 그것은 과학적 설명이 순환적이고 공허한 것과 마찬가지라며, 과학적 설명이 믿을 만한 것이라면 종교적 설명도 신뢰성을 가질 수 있다고 주장한다.(683자)

9. 글 조각 맞추기

연습 문제 1 · 해설

논제는 네 개의 제시문을 연관시킬 수 있는 하나의 주제를 찾아내어 설명하고, 제시문들 사이의 관계를 밝히라고 요구하고 있다.

제시문 분석

각 제시문의 요지와 의미를 분석해 보면 다음과 같다.

제시문 (1)

이 글은 18세기 초 런던의 커피하우스가 자유로운 토론의 공간으로 자리 잡은 사례를 통해 새로운 의사소통 질서의 출현을 보여준다. 국가 권력을 벗어난 시민사회의 공론 영역은 그러한 질서로부터 구축된다.

제시문 (2)

이 글은 국가가 직면한 문제를 해결할 수 있는 바른 정치를 위해, 왕과 신하들 사이에 언로가 원활하게 소통되기를 요청하는 내용이다. 조선사회는 민심과 국사에 관한 신하들의 의견이 왕에게 온전하게 전달될 수 있도록 하기 위해 직언을 본연의 임무로 하는 대간 제도를 마련해 두고 있었다. 제시문은 대간이라는 유효한 제도를 가지고 있음에도 불구하고 왕의 의사나 태도에 의해 그것이 유명무실해질 수 있음을 보여주고 있다.

제시문 (3)

이 글은 합리적인 의사소통에 필수적으로 요구되는 규범적 조건들을 제시하고 있다.

제시문 (4)

이 글은 미국이 '테러리즘' 이란 용법을 자의적으로 해석하고 있다는 사례를 통하여 국가 간의 의사소통이 결국 권력 관계에 의해 왜곡된다는 내용이다.

공통 주제 파악하기

네 개의 제시문이 공통적으로 함축하는 주제는 '의사소통의 현실과 이상' 이다. 의사소통을 통해 인간은 서로의 뜻을 나누고 화합하며 사회를 이루어 더불어 살아간다. 따라서 이상적인 의사소통을 통해 이상적인 사회를 소망해 볼 수 있다. 그럼에도 불구하고 현실의 의사소통은 권력, 자본, 성, 국제적 힘의 관계 등 여러 요소들에 의하여 단절되거나 왜곡된다. 현실에서 벌어지는 의사소통의 단절과 왜곡의 사례를 통해 바람직한 의사소통의 조건들을 모색해 보자는 것이 이 논제의 주제이다.

제시문들의 연관 관계 파악하기

먼저, 제시문 (3)에서는 이상적인 의사소통의 모형을 제시하고 있다. 제시문 (1)은 이에 대한 역사적 사례로서 상관 관계를 가진다. 즉 합리적인 의사소통의 실현에 근접하기 위한 구체적이고 역사적인 상황을 보여준다. 한편 제시문 (2)와 (4)는 제시문 (3)에서 제시된 추상적이고 규범적인 조건들이 실현되지 않는 구체적인 현실의 상황들을 표현하고 있다. 제시문 (4)는 제시문 (3)에서 제기된 이상적이고 합리적 의사소통의 틀이 실제에 있어 얼마나 쉽게 취약해질 수 있는가를 보여준다. 또한 제시문 (2)와 함께 공적 의사소통이 권력 관계에 의해 일방적이 되기 쉬운 경우에 해당한다.

이 문제에 대한 분석은 대학측에서 발표한 해설을 참고하여 작성되었습니다.

예시 답안

위의 분석을 바탕으로 각자 작성해 보자.

연습 문제 2 · 해설

논제는 제시문 전체(1~5)의 공통 주제를 찾아 설명하고 제시문 간의 연관 관계를 서술하라고 요구하고 있다.

제시문 분석

각 제시문의 요지와 의미를 분석해 보면 다음과 같다.

제시문 (1)은 평민까지도 등용하고자 실시되었던 과거 제도가 현실적인 운용에서는 그렇지 못했던 문제가 오늘날의 학력 사회에도 유사하게 남아있는 경우를 보여주고 있다. 어떤 집단이 본질적이고 원칙적인 면에서는 포함되지만 실제적인 면에서는 배제되는 모순이 드러난 경우이다.

제시문 (2)는 쓸모가 없다는 이유로 나무는 살리고 거위는 죽이는 것을 본 장자(莊子)가 고민하고 있는 경우이다. 두 사태에 대하여 일관된 하나의 기준으로 선택했을 때 겪게 되는 딜레마를 보여주고 있다.

제시문 (3)은 직무상으로는 죄인인 장발장을 체포해야 하지만 죄인으로부터 은혜를 입었기 때문에 개인적으로는 그럴 수 없는 자베르 경감의 경우를 보여주고 있다. 개인적인 감정과 공무상의 책무 사이에서 발생되는 딜레마를 나타내고 있다.

제시문 (4)는 인간이 동물과 신뢰 관계를 가짐에도 불구하고 동물을 도살하거나 학대하게 되는 경우이다. 같은 대상에 대한 사랑과 학대라는 모순된 상황을 보여주고 있다

제시문 (5)는 모친의 상중에 있던 유인석이 거의(擧義)에 나서야 하는 사실로 고민하는 경우이다. 충(忠)과 효(孝)가 동시에 중요시되던 사회에서 어느 한 쪽을 선택해야 하는 딜레마가 드러나고 있다.

공통 주제 파악하기

다섯 개의 제시문은 모두 모순과 딜레마 상황에서 갈등하고 있는 모습을 보여주고 있다. 두 가지의 판단이나 사태 따위가 양립하지 못하고 서로 배척하는 상태를 말하는 모순은 우리 사회 속에서 흔히 발견할 수 있는 것들이다. 딜레마는 선택해야 할 길은 두 가지 중 하나로 정해져 있는데 그 어느 쪽을 선택해도 바람직하지 않은 결과가 나오게 되는 곤란한 상황을 말하는 것으로서 사람들이 살아가는 가운데에서 적지 않게 직면할 수 있는 것이다. 위와 같은 상황에서 개인이나 집단 사이의 목표나 이해관계가 달라 서로 적대시하거나 불화를 일으키게 되면서 갈등이 생기게 된다.

제시문 간의 연관 관계 파악하기

제시문들에는 모두 모순과 딜레마 상황에서 갈등하고 있는 모습을 보여주지만, 기준에 따라 다음과 같이 여러 가지로 분류해 볼 수 있다. 즉 모순(1, 4)과 딜레마(2, 3, 5), 사회적 차원의 갈등(1, 4)과 개인적 차원의 갈등(2, 3, 5), 또는 공사(公私) 간의 갈등(3, 5)과 제도적 차원의 갈등(1)과 인식적 차원의 갈등(2, 4) 등이 그것이다.

이 문제에 대한 분석은 대학측에서 발표한 해설을 참고하여 작성되었다.

예시 답안

위의 분석을 바탕으로 각자가 작성해 보자.

연습 문제 3 · 해설

논제는 세 개의 제시문을 연관시킬 수 있는 하나의 주제를 찾아내어 설명하고 제시문들 사이의 연관 관계를 밝히리고 요구하고 있다.

제시문 분석

각 제시문의 요지와 의미를 분석해 보면 다음과 같다.

제시문 (가)

이 글은 브라질 정부가 원주민들을 소위 '문명 생활'에 통합시키기 위해 펼쳤던 정책의 실패와 이후 원주민 사회에서 진행된 독특한 문화의 창조 과정을 보여주는 사례이다. 이 글은 한편으로 문화적 다양성을 말살하려던 정부 정책의 실패와 다른 한편으로 원주민들이 전통을 유지한 가운데 타문화를 부분적으로 수용하여 재창조하는 과정을 기술하고 있다.

제시문 (나)

이 글은 19세기 중엽 감자의 단종 재배 때문에 아일랜드에서 발생했던 대기근에 대한 사례를 통해 유전적 다양성의 중요성을 강조하고 있다. 이 사례는 생물학적 다양성을 보여주고, 더 나아가 문화적 다양성의 중요성을 시사하고 있다.

제시문 (다)

이 글은 문화적 동화에 대해 설명하고, 그것이 문화적 다원주의에 대해 가지는 함의를 밝히는 글이다. 필자는 소수집단이 자신들의 문화적 정체성을 포기하고 주류 문화에 동화되는 데는 정당한 이유가 있을 수 있으며, 소수집단이 자신의 이익을 위해 동화를 선택함으로써 그들의 고유한 문화적 속성들이 사라진다고 하더라도 그것을 비난할 수는 없다고 주장하고 있다.

세 글은 각각 고유 문화에 대한 말살 정책의 실패와 외부 문화의 창조적 수용, 다양성의 중요성, 그리고 문화적 동화(同化)의 의미 등에 대해 설명하고 있다.

공통 주제 파악하기

제시문들은 공통적으로 '문화적 다양성과 문화들 사이의 관계' 문제를 다루고 있다. 현대는 다양한 문화들이 서로 만나고, 충돌하며, 갈등을 벌이는 시대이다. 한편에서는 문화적 다양성의 중요성을 강조하는 주장이 있는가 하면, 다른 한편에서는 문화적 획일화가 진행되기도 한다. 이런 사회적 상황 속에서 '문화적 다양성'이라는 주제는 매우 중요한 화두가 되고 있다.

제시문 간의 연관 관계 파악하기

세상에는 다양한 문화들이 공존하고 있다. 다양한 문화들이 각자의 고유성을 유지하면서 조화롭게 공존하기도 하지만 문화들 사이에는 배척과 동화가 일어나기도 한다. 이 제시문들은 문화의 획일화를 거부하고 다양성을 강조하는 (나)를 중심으로, 문화들끼리 서로 배척하는 경우(가)와 서로 동화되는 경우(다)로 상호 관련되어 있다.

이 논제에 대한 분석은 대학측에서 발표한 해설을 참고로 작성되었다.

예시 답안

위의 분석을 토대로 각자가 작성해 보자.

연습 문제 4 · 해설

논제는 제시문들의 공통된 주제를 설명하고, 각 제시문의 관계를 밝히라고 요구하고 있다.

제시문 분석

각 제시문의 요지와 의미를 분석하면 다음과 같다.

제시문 (1)

이 글은 조선 중기 이후의 지배적 정치 형태였던 붕당에 관해 기술하고 있다. 제시문은 "붕당 정치가 사화와 같은 폐해를 낳은 것은 사실이지만, 이를 다르게 볼 수는 없을까"라고 묻고 있다. 필자는 붕당 정치가 왕권의 전횡을 막고, 양반 계급 간에 희소한 가치를 둘러싸고 발생하는 갈등의 해결 방법으로서 나름대로 의미가 있다고 주장한다.

제시문 (2)

이 글은 인종 집단 및 종족 간 갈등에 대해서 설명하고 있다. 서로 다른 종족들로 구성된 국가에서는 국민적 정체성의 확보가 어려운 과제라는 점을 지적하며, 남아프리카 공화국을 예로 들어 이를 설명하고 있다.

제시문 (3)

이 글은 신흥 종교 집단과 같은 소수 집단의 가치관이 주류 사회의 그것과 다를 때 발생하는 갈등적 상황에 대해 이야기하고 있다. 구체적으로는 미국에서 유래된 신흥 종교 집단인 크리스천 사이언스가 현대 의학의 진료 방법을 거부하는 사례를 언급하며, 상충되는 가치관과 원리에 의해 파생되는 갈등을 설명한다.

제시문 (4)

이 글은 갈등의 가장 극단적 유형인 전쟁에 대해 기술하고 있다. 제시문은 전쟁의 예기치 않은 긍정적 결과에 대해 설명하고 있다. 즉, 역사적으로 근대 사회 이전에 발생했던 마을, 부족, 그리고 제후들 간의 전쟁이 국가를 만들어냈으며, 국가는 사회·문화적 발전을 추동하고 사적 차원의 갈등을 규제하는 주체가 되었다는 점을 지적한다. 어떤 의미에서는 전쟁이 국가 형성을 통해 심각한 사회 갈등을 감소시킨 것으로 볼 수 있다는 것이다.

공통 주제 파악하기

각각의 제시문은 붕당, 인종 갈등, 신흥 종교 집단의 갈등, 그리고 전쟁에 대해 기술하고 있으며, 이를 통해 공통된 주제가 '갈등'이라는 것을 어렵지 않게 파악할 수 있을 것이다.

제시문 간의 상관 관계 파악하기

여러 기준으로 제시문들 간의 관계를 설명할 수 있다. 우선, 제시문 각각은 갈등의 다른 사례로서 붕당, 인종 갈등, 종교적 갈등, 전쟁 등을 열거하고 있다. 둘째, 제시문 (1)과 (4)는 갈등의 긍정적 기능을 함축하고 있는 반면 제시문 (2)와 (3)은 부정적 측면에 초점을 맞추고 있다는 점에서 서로 구별된다. 사실 이 두 번째가 제일 쉽게 그리고 의미 있게 드러나는 관계이다. 세 번째로, 제시문 (2)와 (3)은 그러나 약간의 차이를 보인다. 즉, 제시문 (2)는 인종이라는 생득적 변수에 의해 발생한 갈등인 반면 제시문 (3)은 가치관 혹은 종교적 신념의 차이라는 문화적 변수에 의해 나타난 갈등이다. 넷째로 붕당은 조선의 특정 시기에 있었던 매우 특수한 형태의 갈등이라면, 전쟁은 보다 보편적인 갈등이라고 할 수 있다.

예시 답안

위의 분석을 토대로 각자가 작성해 보자.

1. 근대–탈근대 사회의 반성과 모색

도전 문제 1 · 해설

논제의 구성 조건 확인
① (가)와 (나)는 현대인의 삶의 양식의 어떤 측면들을 보여주는 글이다.
② 이 두 글의 공통적인 논지를 파악하고,
③ 그에 근거하여 (다)의 시의 화자가 희구하는 삶의 방식을 설명하고
④ 이러한 삶의 방식에 대해 자신의 견해를 논술하시오.

조건 ①은 전제에 해당한다. ②에서 두 글의 공통적인 논지를 파악할 때는 두 글이 '현대인의 삶의 양식의 어떤 측면'에 관한 글임을 염두에 두어야 한다. 논술문의 구성은 출제자가 묻는 순서대로 하면 되겠다.

제시문 분석과 문제 설정
먼저 하나의 주제(공통주제)를 도출하기 위해서 각 글의 문제 설정을 분석해 보자.

1. 제시문 분석
(가)

탈산업사회가 시작되면서 우리는 혁명적인 변화를 경험하고 있다. 이러한 변화는 사람들의 습관, 신조, 생활 양식 등에 폭넓은 영향을 주고 있다. 이 변화에는 생활 양식의 가속화도 포함되어 생활의 페이스가 급속화되는 시스템으로 진화되고 있으며, 템포가 느린 생활 방식은 견디지 못할 정도가 되었다. 많은 사람들은 이런 변화에 편승하거나 적응해 가고 있다. 히피족이 이런 사회에서 뛰쳐나와 다른 생활 양식을 추구하는 것은 기술 문명에 대한 혐오감 말고도 탈산업사회의 빠른 생활의 페이스가 견딜 수 없기 때문이다.

(나)

산업사회의 개막 이래 인간은 물질적 풍요에 기반하여 최대 다수의 최대 행복을 가져다 줄 것으로 믿었으며, 무한생산과 무한소비의 길을 열며 기술은 인간을 전지전능의 존재로 만들게 될 것이라고 믿게 되었다. 그러나 산업시대는 이 위대한 약속을 이행하는데 실패했다. 사람들은 모든 욕망의 무한대 충족은 최대의 안녕 · 행복 · 쾌락으로 이어지지 못한다는 사실을 깨달았다. 오히려 인간은 대중매체에 의해 조종되고 관료적 기계 장치의 톱니바퀴가 되어 주체성을 상실하고 있다. 산업사회의 진행 결과 인간은 존재 양식에는 무관심하며, 소유 양식을 가장 당연한 생존 양식으로 받아들이기에 이르렀다.

하나의 예시 답안

탈산업 사회가 도래하고 있으나 우리의 삶은 여전히 고도로 발달된 산업사회의 정점에서 사람들의 습관, 신조, 생활 양식 등 전반적인 영역에 걸쳐 혁명적인 변화가 가속화되고 있다. 산업사회에 접어들면서 기술의 발달과 물질적 풍요 속에서 최대다수의 최대 행복을 누릴 것으로 믿었으나 이 믿음은 깨졌다. 인간은 비로소 모든 욕망의 무한 충족이 행복으로 이어지지도 못한다는 사실을 깨달았으며, 산업사회를 추동해낸 인간 자신이 결국 대중 매체에 의해 조종되고 관료적 기계 장치의 톱니바퀴가 되어 주체성을 상실하기에 이르고 있음을 깨달았다. 산업사회의 진행 결과 인간은 존재 양식에는 무관심하며, 소유 양식을 가장 당연한 생존 양식으로 받아들이기에 이르렀다. 그런 성찰의 순간에도 생활 양식의 변화는 가속화되어 느린 생활 방식을 견디지 못할 정도가 되었다. 어쩌면 히피족은 그 일탈의 한 사례일 것이다. 그들이 한가로우며 다른 생활을 찾는 것은 기술 문명에 대한 혐오감과 함께 빠른 생활 페이스가 견딜 수 없기 때문이다.

이러한 경향은 특히 현대 도시 공간을 중심으로 일어난다. 상대적으로 시골의 농경적 삶은 대안적 삶의 공간으로 비추어지고 있다. 시 (다)의 화자는 그런 태도를 확연히 나타내고 있다. 산속에 파묻혀 살고 싶다고 해서 산업 사회로부터의 '회피' 라고 볼 수는 없다. 산속에서의 농경적 삶은 도시적 삶의 회피처가 아니라 삶의 독자적인 공간을 이루는 장소이다. 시적 화자는 자연적이고 생태적이며 농경적인 삶의 방식을 욕망하고 있다. 그리고 자연을 지배하는 방식이 아니라 그 속에서 호흡하며 살겠다는 의지도 강렬해 보인다. 그것은 "산이 날 에워싸고 … 살아라 한다."의 표현에 잘 나타나 있다. 이것은 인간이 자연을 품는 것이 아니라 자연이 자연이 인간을 품고 살아가는 세계관으로 이해될 수 있다. 더구나 산속의 농경적 삶은 현대 도시에서 강요하는 속도전하고는 또다른 시간표를 그린다. 쑥대밭처럼, 구름처럼 산다는 것은 시간의 인위적 가공이 아니라 자연의 흐름 그대로의 시간을 갖겠다는 것일 게다.

물론 이러한 삶의 지향이 얼마나 현실성이 있겠는가 하는 반론이 제기될 수 있다. 농경적 삶이 탈산업 사회의 숨막히는 속도전 속에서 자신을 상실하고 허우적대고 있는 현대인들에게 얼마나 실현 가능성 있는 대안이 될 수 있을까. 실제 많은 도시인들이 전원에서의 삶을 동경하고 있지만 막상 실행으로 옮기는 사람은 매우 드물다. 그것은 의지의 부족에서가 아니라 현대사회의 구조가 강요하는 질곡에서 기인한다는 점에서 이러한 반론은 일면 타당하다. 그렇다고 해서 마냥 방치할 수만은 없다. 누군가 대안적 삶을 끊임없이 모색하고 실험하고 확산시켜야 한다. (다) 시의 화자처럼 말이다.(1,325자)

도전 문제 2 · 해설

논제의 구성 조건 확인

① 다음 (가)의 글은 현대 소비사회의 특성을 묘사하고 있다.

② ①오늘날 (나)와 (다)의 삶의 방식이 (가)의 소비사회와 갈등을 빚는 이유와 양상을 서술하고,

③ 그 갈등을 해소할 수 있는 방법을 자신의 관점에서 논술하시오.

①에서 이 논술문 전체의 주제를 제시해 주고 있다. 이 문제는 '현대 소비 사회'와 관련된 문제에 대해 논술하는 것이다. 학생들은 출제자가 제시한 이 큰 주제를 잊고 제시문에만 매몰되어 옆길로 빠지는 경우가 많다. 이 점을 유의하자.

②를 해결하기 위해서는 우선 (가)에 나타난 소비 사회의 특성을 간단히 요약해야 한다. 그리고 (나)와 (다)에 나타난 삶의 방식도 요약해야 하는데, 여기 나타난 삶의 방식은 소비사회와 갈등을 빚고 있다고 출제자가 이미 알려주고 있으므로 이를 고려해야 할 것이다. 마지막으로 소비사회의 특성과 (나)(다)에 나타난 삶의 방식이 갈등을 빚는 이유 및 양상을 서술한다.

③ 그 갈등을 해소할 수 있는 방법을 자신의 관점에서 논술하시오.: 소비사회와 (나) (다)의 삶의 방식 사이에 갈등을 해소할 수 있는 방법을 자신의 관점에서 논술한다.

제시문 분석과 문제 설정

1. (가)에 묘사된 소비 사회의 특성 요약

(가)의 논지는 대략 다음 첫단락에 나타나 있다.

"소비의 시대인 오늘날에는 상품의 논리가 일반화되어 노동 과정이나 물질적 생산품뿐만 아니라 문화, 섹슈얼리티, 인간 관계, 심지어 환상과 개인적 욕망까지도 지배하고 있다. 모든 것이 이 논리에 종속되어 있는데, 그것은 단순히 모든 기능과 욕구가 이윤에 의해 대상화되고 조작된다고 하는 의미에서뿐만 아니라 모든 것이 진열되어 구경거리가 된다는, 즉 이미지, 기호, 소비 가능한 모델로 환기되고 유발되고 편성된다는 보다 깊은 의미에서이다."

여기에 육체가 소비의 가장 아름다운 대상임을 묘사하는 세 번째 단락도 주목한다.

2. (나) (다)의 삶의 방식

(나)

(나)의 필자는 강물로부터 배우고 강물의 언어에 귀를 기울이고 강물과의 소통을 통해 강물을 이

해하려한다. 이런 점에서 볼 때 필자의 삶의 방식은 자연주의적 태도임이 드러난다.

(다)

(다)의 필자는 돈과 거리를 두는 삶의 방식을 보여주고 있다. 그렇게 살아갈 때 탐욕으로부터 멀어지고 마음을 가다듬고 성찰하는 삶을 살아갈 수 있다는 것이다.

3. 갈등의 이유와 양상 분석

(나), (다)의 필자들의 삶의 방식은 자연주의적이며 돈과 거리를 두는 생활 태도를 취하고 있다. 그런 점에서 소비사회의 욕구와 근본적으로 갈등하지 않을 수 없다. 소비사회는 상품(돈)의 논리가 지배하며 심지어는 인간의 욕망마저 침탈하기 때문이다. 소비사회는 심지어 농촌 산골에서 소비사회의 논리를 반대하며 자연주의적이고 생태문화적인 삶을 살아가려는 사람들의 욕망마저도 잠식해가려는 무서운 존재다. 어떤 점에서 그럴 수밖에 없는 이유는 귀농의 삶을 살아가는 사람들도 문화와 소비 자체를 거부하며 살아갈 수 없기 때문이다.

4. 갈등 해소의 방법

자연주의적이고 생태문화적인 삶을 살아가려는 사람들의 생활 방식과 소비사회의 논리가 부딪치는 갈등의 장에서 과연 그것을 해소할 방법이 존재할까? 갈등을 해소한다고 하는 것은 양자가 공히 양보를 통해서 문제 해결을 해나가는 과정을 함축한다. 그러나 자연주의적이고 생태문화적인 삶의 가치와 소비사회의 논리는 양보불가능한 대립물이 아닐까? 어쩌면 모순일지도 모른다. 삶의 모순. 자연주의적이고 생태문화적인 삶은 생활 양식 전체에 걸친 생활 혁명의 차원으로 이해된다. 그들의 삶이 명시적으로 자본주의를 반대하거나 소비사회에 저항하거나 그러지는 않는다고 해도 이미 그러한 삶의 물결이 넘실거린다. 소비사회의 논리를 그러한 삶의 방식을 위협하거나 때로는 '웰빙'이라는 소비기호를 내세워 침탈해나가며 위장된 모습을 보여준다. 갈등의 해소는 오로지 삶의 선택에 있을 뿐이다.

하나의 예시 답안

제시문 (나)의 필자는 강물로부터 배우고 강물의 언어에 귀를 기울이고 강물과의 소통을 통해 강물을 이해하려한다. 이런 점에서 볼 때 필자의 삶의 방식은 자연주의적 태도임을 알 수 있다. 그리고 제시문 (다)의 필자는 돈과 거리를 두는 삶의 방식을 보여주고 있다. 그렇게 살아갈 때 탐욕으로부터 멀어지고 마음을 가다듬고 성찰하는 삶을 살아갈 수 있다는 것이다. 요컨대 (나) (다)의 필자들의 삶의 방식은 자연주의적이며 돈과 거리를 두는 생태문화적 생활 태도를 취하고 있다.

그런 점에서 (나) (다) 두 필자의 삶의 방식하고 소비사회의 논리와는 근본적으로 갈등하지 않을 수 없다. 소비사회는 모든 것을 상품(돈)의 논리로 지배하며 심지어는 인간의 욕망마저 침탈하기 때문이다. 소비사회는 심지어 농촌 산골에서 소비사회의 논리를 반대하며 자연주의적이고 생태문화적인 삶을 살아가려는 사람들의 욕망마저도 잠식해가려는 무서운 이데올로기이자 현실이다. 어떤 점에서 그럴 수밖에 없는 이유는 가령 귀농의 삶을 살아가는 사람들마저도 문화와 소비 자체를 거부하며 살아갈 수 없기 때문이다.

그러나 분명 갈등의 지점은 존재한다. 가령 보통은 도시에서 소비사회의 소비자로 살아가던 사람들이 어느 날 산골로 이주해 농사를 지으며 살아간다고 할 때 구체적인 삶의 과정에서 여러 가지 문제에 부딪치게 된다. 이미 생활 환경이 도시 농촌할 것 없이 온통 산업사회 및 소비사회의 논리로 무장해버렸다. '농촌공동체' 라는 것은 하나이 관념일 뿐 이미 산골 농촌도 철저하게 소비사회의 논리에 쩌들어 있다. 배추 한 포기도 돈 주고 사먹어야 한다. 그뿐 아니라 온갖 사람이 다니는 길목마다 모두 콘크리트로 포장한 것은 산업화 논리라 해도 그 포장도로의 효과는 농산물의 편리하고 합리적인 이동 즉 소비사회로 길들여진 포장이라는 것이다. 자연주의적이고 생태문화적인 과거의 삶은 잊혀진 지 오래다. 이 모든 것들과 부딪치며 귀농자들은 산골 농촌에서도 하나의 고립된 섬으로의 존재해야 한다.

자연주의적이고 생태문화적인 삶을 살아가려는 사람들의 생활 방식과 소비사회의 논리가 부딪치는 갈등의 장에서 과연 갈등 해소의 방법이 존재할까? 갈등을 해소한다 함은 양자가 공히 양보를 통해서 문제해결을 해나가는 과정을 함축한다. 그러나 자연주의적이고 생태문화주의적인 삶의 가치와 소비사회의 논리는 양보불가능한 대립물이 아닐까? 어쩌면 모순일지도 모른다. 삶의 모순. 자연주의적이고 생태문화적인 삶은 생활 양식 전체에 걸친 생활 혁명의 차원으로 이해된다. 그들의 삶이 명시적으로 자본주의를 반대하거나 소비사회에 저항하거나 그러지는 않는다고 해도 이미 그러한 삶의 물결이 넘실거린다. 소비사회의 논리는 그러한 삶의 방식을 위협하거나 때로는 '웰빙' 이라는 소비 기호를 내세워 침탈해나가며 위장된 모습을 보여준다. 갈등의 해소는 오로지 삶의 선택에 달려있을 뿐이다.(1,401자)

도전 논제 3 · 해설

논제의 구성 조건 확인

① (가)와 (나)는 현대 사회의 흐름을 진단한 글이다.

② (가)와 (나)에 공통적으로 나타난 현대 사회의 문제점을 찾아 요약하고,

③그 해결 방안을 구체적인 예를 들어 논술하시오.

①에 유의하면서 ②와 ③을 만족시키는 논술문을 작성하도록 한다.

제시문 분석과 문제 설정

1. 제시문 분석(논지 요약)

(가)

사회의 진보는 현대인을 황폐하게 했다. 경제적 생산성은 증대되었지만 경제 권력은 더 커졌으며 대중은 무기력해지고 조종된다. 인간 정신이 문화상품화될수록 정신은 천박해진다. 지나치게 상세한 정보와 유치한 오락의 범람은 인간을 계몽하면서 바보로 만든다.

(나)

인사동은 재개발의 명분 아래 그 본래적 의미의 문화 환경이 파괴되었다. 사람들이 몰리면서 개발에 더 열을 올리게 되었고 인사동의 옛 자태는 허물어지고 있다. 실핏줄처럼 연결되어 있는 골목길, 푸근한 느낌을 주는 낡은 한옥, 펑퍼짐한 식당 아주머니, 전통적인 고서점 때문에 발길을 인사동으로 옮긴 것이지 카페 등 번듯한 것들 때문이 아니었다. 문화적인 정취가 발빠른 잇속에 허물어지고 있다.

2. (가)와 (나)에 나타난 현대사회의 문제점

➡ 현대사회가 발달하면서 사회가 진보되고 있으나 다른 한편으로 인간은 더욱 소외되고 인간적인 문화가 상실되고 있음을 말하고 있다. 결국 이 두 글에서 나타나고 있는 현대사회의 문제점은 물질문명의 과잉 속에서의 인간 주체성의 상실이라는 측면으로 요약할 수 있을 것이다

3. 현대사회의 문제점 해결 방안

➡ 물신주의의 속도전에 빠져들지 않는 인간의 능동적인 주체성 활성화

'느리게 사는 것' 의 미학, 문화 사회로의 전환(전주 한옥마을의 경우) 등

하나의 예시 답안

제시문 (가)와 (나)는 현대사회가 발달하면서 사회가 진보되고 있으나 다른 한편으로 인간은 물신주의에 물들어 더욱 소외되고 인간적인 문화가 상실되고 있음을 공통적으로 비판하고 있다. (가)는 현대사회가 경제적 생산성은 증가했지만 그에 비례해서 경제 권력 역시 증대되며 그것이 사회의 폭력으로 나타나기도 한다. 그에 반해 대중은 무기력해지고 조종될 가능성이 커지는가 하면 인간 정신이 황폐해지고 천박해지고 있다. 지나친 정보와 오락의 범람으로 인간은 계몽되면서도 바보가 된다는 것이다. (나)는 서울의 도심 이면에 존재해온 인사동 골목길 문화의 정취가 속도의 필연성 즉 재개발이라는 과정을 거치면서 사라져가고 있음을 안타까워하고 있다. 그나마 피맛골이 이러한 공식 문화의 이면 풍경을 보여주고 있음을 말하고 있다.

결국 이 두 글에서 나타나고 있는 현대사회의 문제점은 물질 문명의 과잉 속에서 인간이 주체성을 상실하고 있다는 것이다. 첫째는 물질 문명의 발달과 대중 문화의 과잉으로 인간은 그 능동적인 주

체가 되지 못하고 오히려 소외감을 느껴야 하는 비극에 처해 있다. 둘째는 속도화된 개발주의의 문명 앞에서 공간 문화의 전통적·역사적 흔적들조차 삶에서 보듬어내지 못하고 사라지게 하는 흔적의 주체성 상실이다. 흔적은 인간 주체성의 얼굴이고 역사이다.

이러한 문제를 해결하는 방안은 근원적으로는 자본과 돈이 지배하는 사회의 논리 자체를 극복하는 길을 찾는 데 있다. 그러나 이러한 해결 방안은 현실적이지 못하다. 물신주의는 더욱 가속화되고 있기 때문이다. 그럼에도 우리는 끊임없이 인간적 삶의 가치와 그 흔적들을 상품으로 환원시키지 않는 능동적인 주체성을 활성화시켜야 한다. '느리게 사는 것'의 미학도 그 하나의 방법일 것이고, 물신주의의 속도전에 빠져드는 근대 산업 사회를 넘어 문화적 삶에 가치를 두는 문화사회를 지향하는 정책적 전환도 그 방법일 것이다. 예를 들어 인사동의 경우는 실패하였지만 전주시 한옥마을의 경우는 어설프게 재개발의 역풍에 휘말리지 않고 철저히 전통적 문화 공간들을 보존하여 그 옛 흔적들이 우리의 삶의 숨결 속에 살아 있음을 볼 수 있다. 문제는 자본의 논리 앞에서 인간과 문화의 논리를 지켜내고자 우리의 의지이다.(1,086자)

도전 문제 4 · 해설

논제의 구성 조건 확인

〈문항 1〉 [A]와 [B]의 공통된 문제 의식을 논술하라는 요구이다.

〈문항 2〉 [A]와 [C]를 비교하여 글을 쓰되 첫째, 아래 문장에 이어서 쓰고 둘째, 아래 제시어들 가운데 세 단어 이상을 사용하도록 하여 논술하라는 요구이다.

제시문 분석

[A]의 논지

〈국사〉는 민족 대단결 혹은 민족에 대한 무조건적인 충성과 복종(애국심이나 민족주의 선동)을 강요하기 위하여 '현실의 적'을 '절대 악'으로 초역사화('상상된 적')한 뒤 '민족절멸의 공포'를 조작하는 서사기법을 애용한다. '상상 속의 적'은 일본제국주의이다. 그러나 이런 방식은 역사 과정의 모든 부정성을 모조리 일제 탓으로 돌리는 방식이므로 자가당착적인 역사 인식을 초래할 수 있다.

[B]의 논지

영화 「라이언일병 구하기」는 미국의 국가주의에 대항하는 것처럼 보이지만 미국의 국민주의를 칭송하고 있다. 그것은 수많은 죽음과 공유가능한 집단적인 기억에서 배제된 사건을 망각하고 부인함으로써 가능하게 되었다. 영화에서 미국 때문에 흘린 타자(베트남 등)의 피에 대해서는 이야기하지 않는다. 이는 미국의 내셔널리즘적 언설과 궤를 같이 한다. 영화의 마지막 장면에서 피에 젖어 나부끼는 성조기는 미국인을 위해 미국인이 흘린 피를 상징할 따름이다.

[C]의 논지

역사공동체를 구성하는 가장 중요한 요소는 동류 의식과 역사 의식을 공유하는 것이다. 고구려가 중국의 일부였는지 한국의 일부였는지 가늠할 수 있는 명확한 기준은 당시의 고구려인이 중국인이나 한국인과 동류 의식을 가지고 있었는지를 보아야한다. 그러나 고구려인이 중국인과 동류 의식을 가졌다는 증거는 발견되지 않는다. 고구려인은 요동사적 역사 의식을 형성하였으며, 중국인이나 한국인과 동류의식을 갖지 않았고 생활 공간, 문화 양식, 언어, 역사적 경험 등을 함께 하지 않았다. 단지 고구려가 평양으로 천도한 이후 한국인과 부분적으로 공유했으며, 결국 고구려는 요동과 한국을 지배한 통합국가였다는 작업 가설을 역사적 사실로 확립시킬 수 있다.

하나의 예시 답안

〈문항 1〉

제시문 [A]와 [B]는 역사를 기억하는 방식에 대해 비판하는 공통된 문제 의식을 짚어내고 있다. [A]는 현실의 역사 공간에서 존재했던 '적'(일본 제국주의)을 초역사화해서 '상상된 적'으로 이끌어내면서 그 적으로 하여금 '민족절멸의 공포'로 기억하게 하여 맹목적 애국주의를 집단화하도록 하는 자가당착적인 역사 의식을 비판한다. [B]는, 영화 〈라이언일병 구하기〉는 미국의 국가주의에 대항하는 것처럼 보이지만 미국의 국민주의를 칭송하는 역사의 희화화된 기억 방식을 비판한다. 영화는 수많은 타자의 죽음을 이야기하지 않으며 공유 가능한 집단적인 기억에서 배제된 사건을 망각하고 부인하며, 결국 국가주의를 무의식화하고 있음을 비판하고 있다. 그러나 이러한 공통된 문제 의식의 이면에는 '희생자'와 '가해자'라는 역사적 위치 속에서 다른 방식의 역사 기억의 이미지를 생산해낸다. 즉 [A]가 비판하는 대상(맹목적 애국주의)은 타자(적)를 절대악으로 규정하면서 전면 부정하고 있다면, [B]가 비판하는 대상(국민주의)은 자기 안의 휴머니즘으로 타협(위장)하고 있다. 그럼에도 양자는 역사 기억의 조작이라는 자기 임무를 다한다.

〈문항 2〉

(제시문 [A]는 역사를 기술하는 특정한 관점을 비판하고 있다. 그러나 그러한 비판을 피할 수 있는 어떤 새로운 역사 기술의 방법을 구체적으로 보여주고 있지는 않다. 이런 점에서 볼 때, 제시문 [C]의 접근법은 제시문 [A]의 필자가 주장하는 『국사』기술의 문제점을 극복할 수 있는 하나의 대안이라고 생각한다. 제시문 [A]와 비교해 볼 때, 제시문 [C]는 다음과 같은 특성과 의미를 가지고 있는 것으로 보인다.)

제시문 [A]는 무엇보다도 역사 연구에서 역사를 가공하지 않고 역사적 실재를 토대로 해서 접근한다는 점이다. 역사공동체에 있어서 동류의식과 역사의식을 가장 중요한 요소로 고려하고는 있으나 그것을 [A]에서 언급한 바와 같이 초역사화하는 이데올로기로 신화화하지는 않으며 실증적 자료들을 토대로 역사를 재구성하려는 관점에 서 있다. 이는 역사를 왜곡하지 않고 객관적으로 성찰하려는 태도라 할 수 있다. 실재적인 역사적 경험의 공유를 중시하는 것이다. 하나의 역사공동체로 상상될 때 그것은 문화, 언어, 생활 공간, 역사의식 및 동류의식 등의 공유가 매우 중요하다. 특히 고구려사와 같은 논란이 있는 역사에 대해 필자가 고구려의 국가사 즉 요동사적 흔적의 추적을 통해 역사적 공유의 관점에서 과거의 통념을 수정하려는 노력은 돋보인다. 이러한 시도는 한국사의 줄기를 재구성하는 차원을 넘어 동아시아 역사 바로잡기 차원에서도 매우 중요한 작업이다.

2. 세계화·정보화 사회의 진단과 모색

도전 문제 1 · 해설

〈문항 1〉

논제의 구성 조건 확인

아래 두 편의 글, ① [가]와 [나]의 상관성을 통해 드러나는 ② 현대사회의 문제를 요약하라.

① [가]와 [나]의 상관성: [가]와 [나]의 논지의 상관성을 분석한다.
② 현대사회의 문제를 요약: ① 을 통해 드러나는 현대사회의 문제를 요약한다. 여기서 '요약'이란 제시문을 요약하라는 게 아니라, 두 제시문의 상관된 문제 의식을 압축적으로 설명하라는 것이다.

논제의 요구 조건에 따라 논술문의 흐름은 제시문 [가]와 [나]의 상관된 문제설정을 도출하여 쟁점을 요약하도록 한다.

제시문 분석과 문제 설정

1. [가]와 [나]의 논지 요약
제시문 [가]: 구치소의 운동 공간은 일망 감시 시설로 되어 있어 허튼짓하는 것처럼 보이는 감시자로 하여금 수인들의 일거수일투족을 감시할 수 있게끔 고안되었다.
제시문 [나]: 우리 사회는 더 이상 개인의 프라이버시가 존재하지 않는다. 약간의 편리함을 위해 성명, 주소, 핸드폰 번호 등 개인의 신상 정보를 다 내준다.

2. [가]와 [나]의 상관성
[가]는 수인들의 동태를 일거수일투족 감시할 수 있는 구치소 시설에 대해 언급하고 있으며, [나]는

개인의 신상 정보를 수집할 수 있는 체제로 되어 있어 프라이버시가 더 이상 존재하지 않는 우리 사회에 대해 언급하고 있다. 결국 개개인들의 모든 것은 노출되고 감시되고 정보화된다는 점에 두 글의 상관성이 있다고 볼 수 있다.

3. 현대 사회의 문제

제시문 [가]와 [나]의 두 글을 통해 쟁점화될 수 있는 현대사회의 문제는 과학기술이 발달되고 현대 사회가 더 진행될수록 사회 감시 장치가 치밀하게 시스템화된다는 점이다. 감시 장치는 감옥에만 설치되어 있는 게 아니라 사회적 공간들이나 개인 신상 정보 시스템에 장착되어가고 있다. 공장, 학교 등에도 이미 감시 장치가 작동되어 왔다. 그러나 전자 정보 장치의 발명이나 곳곳에 몰래카메라, CCTV 등의 설치로 인해 사회 전반에 걸쳐 감시 체제가 완성돼 가고 있는 것이다. 인간의 자유를 위해 노력해온 현대 인간의 역사는 오히려 스스로가 감시 대상이 되어가는 아이러니한 문제를 야기시키고 있다.

하나의 예시 답안

제시문 [가]는 수인들의 동태를 일거수일투족 감시할 수 있는 구치소 시설에 대해 언급하고 있으며, [나]는 개인의 신상 정보를 수집할 수 있는 체제로 되어 있어 프라이버시가 더 이상 존재하지 않는 우리 사회에 대해 언급하고 있다. 결국 개개인들의 모든 것은 노출되고 감시되고 정보화되는 문제를 제기하고 있다는 점에서 두 글은 상관성을 가진다. 제시문 [가]와 [나]의 두 글을 통해 쟁점화될 수 있는 현대사회의 문제는 과학 기술이 발달하고 현대사회가 더 진행될수록 사회 감시 장치가 치밀하게 시스템화된다는 점이다. 감시 장치는 감옥에만 설치되어 있는 게 아니라 사회적 공간들이나 개인 신상 정보 시스템에 장착되어가고 있다. 공장, 학교 등에도 이미 감시 장치가 작동되어 왔다. 거래명세서, 몰래카메라, CCTV 등의 설치로 인해 사회 전반에 걸쳐 개인 정보의 노출 및 감시 체제가 완성돼 가고 있는 것이다. 개인의 프라이버시와 인간의 자유를 위해 노력해온 현대 인간의 역사는 오히려 스스로가 개인 정보를 노출하고 감시 대상이 되어가는 아이러니한 문제를 야기시키고 있다.(543자)

〈문항 2〉

논제의 구성 조건 확인

① 제시문 [라]에서 예견된 "지적 재앙"이란 말이 어떤 함축을 담을 수 있는지 ➡ [라]에서 예견된 "지적 재앙"의 함축성을 분석하여 논한다.

② 제시문 [다]를 참고하여 논하라. ➡ ①을 분석하되 제시문 [다]를 참고한다.

제시문 분석

1. 제시문 [다]의 논지 정리

인간이 농업을 본격화하고 대규모 농지에 대한 작물 재배를 선호하면서부터 곤충 문제가 발생했다. 특히 단일 작물 경작 방식은 자연이 선사한 자연의 다양성을 파괴하며 생태적 균형 체계를 흩트린다.

2. 제시문 [라]의 "지적 재앙"의 함축성

제시문 [라]에서 말하는 "지적 재앙"은 영어에 의해 지배되는 세계의 단일 언어화로 인해 다양한 인종과 민족들의 수천 종에 달하는 언어들의 상실을 두고 한 말이다. 제시문 [다]를 참조하더라도 지구상의모든 것들은 단일화가 될 때 위기에 처해짐을 알 수 있다. 이는 작물 재배에 있어서만이 아니라 언어와같은 문화계, 그리고 자연 생태계에 있어서도 마찬가지다. 생물학적 종다양성이나 문화적 종다양성을 파괴하고 단일화하려는 의도는 결국 총체적인 지구의 위기를 초래하는 "지적 재앙"으로 빠져들 것이다. 문제는 "지적 재앙"을 초래하는 주체는 자본의 논리라는 점인데, 많은 사람들은 인류 문명의 문제로 지나치게 추상화하는 경향도 있다는 것이다. 자본의 논리를 통제하는 사회적 시스템을 통해 "지적 재앙"으로 지구를 파멸로 몰고가는 일을 막아야 한다. "지적 재앙"의 함축성은 바로 여기까지 이어져야 한다.

하나의 예시 답안

제시문 [라]에서 말하는 "지적 재앙"은 영어에 의해 지배되는 세계의 단일 언어화로 인해 다양한 인종과 민족들의 수천 종에 달하는 언어들의 상실을 두고 한 말이다. 제시문 [다]를 참조하더라도 지구상의 모든 것들은 단일화가 될 때 위기에 처해짐을 알 수 있다. 이는 작물 재배의 경우에서만이 아니라 언어와 같은 문화계, 그리고 자연 생태계에 있어서도 마찬가지다. 생물학적 종다양성이나 문화적 종다양성을 파괴하고 단일화하려는 의도는 결국 총체적인 지구의 위기를 초래하는 "지적 재앙"으로 빠져들 것이다. 문제는 "지적 재앙"을 초래하는 주체는 자본의 논리라는 점인데, 많은 사람들은 인류 문명의 문제로 지나치게 추상화하는 경향도 있다는 것이다. 오늘날 신자유주의 자본주의 시스템은 자본의 이익 창출에 부합될 수 있게끔 종자, 언어, 문화, 사회, 제도 등을 획일화하는 방식으로 단일화하려 하고 있다. 이에 우리는 자본의 논리를 통제하는 사회적 시스템을 통해 "지적 재앙"으로 지구를 파멸로 몰고가는 일을 막아야 한다. "지적 재앙"의 함축성은 바로 여기까지 이어져야 한다.(543자)

〈문항 3〉

논제의 구성 조건 확인

다음 세 편의 글, [마], [바], [사]를 동일한 사람의 글로 보고,

① 그 필자가 문제 삼고 있는 대상(현실)은 무엇이며,

② 필자는 어떠한 시각과 전망에서 그러한 대상을 분석하고 있는지를 쓰되,

③ 위와 같은 전망에 동조할 경우 위에 제시된 대안적 가능성 외에 또 어떤 다른 구체적인 가능성이 제시될 수 있는지를 논하라.

①과 ②에서는 제시문 분석력을 묻고 있다. ③의 요구에 답하기 위해서는 논술자의 적용 능력이 요구된다.

제시문 분석과 문제 설정

1. 필자가 문제 삼고 있는 대상(현실) 분석

[마]

근대 서구 과학이 형성되는 시초부터 과학은 이미 적어도 두 가지 문제를 안고 시작하였다. 첫번째는 과학을 남성적 세계관으로 확립하고 남성의 시대를 여는 것, 그리하여 자연을 정복의 대상이자 객체(관찰대상)와 주체(관찰자)로 분리하여 이분법적으로 접근하는 방법론을 확립한 것이다. 두번째는 당연히 과학에서 여성적 세계관은 배제되었고, 그 과정에서 우리의 느낌, 보살핌, 수용성, 협력, 직관이 무시되어 '과학의 여성적 얼굴'이 배제되었다. 1983년에 노벨상을 받은 바바라 맥클린톡의 경우가 대표적이다. 그녀는 환경이 유전인자를 변화시킨다는 사실을 증명했는데, 유전자가 유기체를 절대적으로 결정한다는 유전학의 핵심 교리로 인하여 고립된 상태로 연구하였다. 그녀는 과학을 주체와 객체로 분리하는 방법론에 바탕을 둔 게 아니라 일종의 사랑의 방법에 바탕을 두어 관찰 대상이나 관찰자가 하나의 세계 내로 소통하도록 했다. 바바라 맥클린톡의 방법은 남성적 방법론의 한계를 극복하는 하나의 대안이 될 수 있겠다.

[바]

필자는, 오늘날 속도 이데올로기는 전지구적 지배 구조와 획일화를 꾀하는 최대 파시스트 권력인 다국적 기업의 이데올로기이며, 성적 권력의 언어로 이미지화되고 있음을 문제 삼고 있다. 속도는 시간의 순결한 처녀막이라도 뚫는 것처럼 이미지화되고, 음속의 단위는 위협적인 남성다움(macho)의 상징인 마하로 표시되고 있다.

[사]

근대 국가의 정부들은 전통적인 농업을 파괴하고 그 지위를 약화시키며 자본 집약적인 대규모 기

업농으로 바꾸는, 즉 중심화의 개발 방식을 선택해왔다. 그러나 탈중심화된 개발 방식은 적어도 두 가지 장점을 가진다. 하나는 지역적 적합성을 살려 소규모 농업에 막대한 이익을 주며 줄 것이며, 살충제와 화학비료의 사용이라는 파괴적인 관행농이 아니라 생태적으로 더 건전한 유기농으로의 전환이 촉구될 것이다. 다른 하나는 여성의 지위를 강화하며 남성적 가치와 여성적 가치 사이의 균형을 회복시킬 것이다. 근대 산업 문화에서 권력은 거의 배타적으로 남자들에게 특권화되어 왔는데, 농사에 있어서도 농업의 기계화로 전반적으로 여자들은 주변인으로 전락하였다. 그러나 탈중심화된 경제로 전환한다면 여성들은 의사 결정의 주체로서 경제 활동의 중심으로 이동하게 될 것이다.

2. 필자의 시각과 전망 쟁점화

제시문 [마] [바] [사]를 통한 필자의 문제 의식은 근대 과학 및 근대 산업 사회에 있어서 여성적 세계관 및 이미지의 배제와 여성의 주변화를 통한 남성 권력의 지배 구조 확립을 비판하고 있다. 그런데 놀랍게도 남성 권력의 지배 구조화는 상당 부분 근대 사회에 있어서 성적 중립을 위장하는 형태로 즉 다양한 영역 그 자체의 독자성으로 교묘히 침투해 들어갔다는 점을 폭로하고 있다. 근대 과학의 형성에 있어서 주체/객체의 분리라는 이분법적 방법론, 속도 이데올로기, 자본 집약적 대규모 기업농화가 바로 그 대표적 사례이다. 그 사례들에서 '여성적 얼굴' 혹은 여성적 시선은 사라진다. 그러나 필자는 여성주의적 시각에서 과학이나 농업에 있어서 여성을 주체화하고 '여성적 얼굴'을 중심화하는 대안적 가능성들을 전망하고 있다.

여성이라는 성적 소수자, 그것은 1차적으로는 여성적 정체성 및 주체성을 복구해내는 과제와 관련되는 것이지만, 더 근원적으로는 여성이냐 남성이냐의 성차 차원을 넘어 이 다양한 세계들을 바라보는 세계관의 문제이자 이 세계들을 지속가능한 사회로 만들어나가기 위한 생활 양식의 전환 문제이다. 요컨대 모든 사람들은 여성이 되어야 한다는 것이다.

3. 논술자의 또다른 구체적인 대안 가능성 제시

이 부분은 논술자의 판단에 따라 취사선택할 수 있다. 필자의 시각과 전망에 동조하지 않는다면 앞 ①②에서 분석적으로 마무리하면서 그에 따른 자기 의견을 제시하면 되고, 동조한다면 ③을 더 논술한다. 여기서는 후자를 선택하겠다.

제시문에서 필자는 과학, 속도 이데올로기, 농업에 있어서 남성 편향성을 분석하였고 여성적 대안 가능성을 전망하였다. 논제에서 요구하는 것은 다른 영역의 사례를 들어 분석하며 여성적 대안 가능성을 제시하라는 것이다. 그렇다면 또다른 사례는 어떤 것이 있을까? 사실 남성 편향성은 거의 모든 영역에 걸쳐 무의식화되어 있기 때문에 매우 광범하게 지배되고 있다. 결국 논제는 이 무의식화된 다른 영역들을 발견하고 문제 삼아 보라는 의도를 가지고 있는 셈이다. 여기서 논술자들의 풍부한 배경 지식과 세심한 관찰력이 요구된다. 생각나는 대로 나열해보자. 단, 대안적 가능성이 함께 고려되어야 한다.

1) 공간의 배치와 구성에 있어서 남성중심적 시각에 따른 배치를 분석하고 여성주의 시각의 배치 가능성을 제시한다.

2) 언어의 표준화에 있어서 남성 중심적 논리를 분석하고 여성주의 언어 감각을 제시한다.

3) 가족 이데올로기의 가부장제 논리를 분석하고 여성주의 시각의 대안 가능성을 제시한다.

4) 9시 뉴스의 앵커 배치에 있어서 남성중심적 논리를 분석하고 여성주의 시각의 대안 가능성을 제시한다.

5) 공식 행사에 있어서 남성 중심적 방식을 분석하고 여성주의 시각의 대안 가능성을 제시한다.

6) 이름에 있어서 성차에 따른 작명법을 분석하고 여성주의 시각의 대안 가능성을 제시한다.

7) 사회 활동의 남성 중심적 시각 또는 성차에 따른 차별의 논리를 분석하고 여성주의 시각의 대안 가능성을 제시한다.

8) 뒤풀이 문화의 남성 중심적 취향을 분석하고 여성주의 시각의 대안 가능성을 제시한다.

9) 연애에 있어서 남성 중심적 방식을 분석하고 여성주의 시각의 대안 가능성을 제시한다.

10) 인터넷 댓글 달기에 있어서 남성 중심적 글쓰기를 분석하고 여성주의 시각의 대안 가능성을 제시한다.

등등 사례들이 많을 것이다.

하나의 예시 답안

제시문 [마], [바], [사]를 통한 필자의 문제 의식은 근대 과학 및 근대 산업 사회에서의 여성적 세계관 및 이미지의 배제와 여성의 주변화를 통한 남성 권력의 지배 구조 확립을 비판하고 있다. 그런데 놀랍게도 남성 권력의 지배 구조화는 상당 부분 근대 사회에 있어서 성적 중립을 위장하는 형태로, 즉 다양한 영역 그 자체의 독자성으로 교묘히 침투해 들어갔다는 점을 폭로하고 있다. 근대 과학의 형성에 있어서 주체/객체의 분리라는 이분법적 방법론, 속도 이데올로기, 자본 집약적 대규모 기업 농화가 바로 그 대표적 사례이다. 그 사례들에서 '여성적 얼굴' 혹은 여성적 시선은 사라진다.

[마]는 근대 서구 과학이 형성되는 시초부터 과학은 남성적 세계관이 지배하게 되었다. 자연을 정복의 대상이자 객체(관찰대상)와 주체(관찰자)로 분리하여 이분법적으로 접근하는 방법론을 확립함으로써 여성적 세계관은 배제되었고, 그 과정에서 '과학의 여성적 얼굴'이 배제되었다. [바]는 오늘날 속도 이데올로기는 전지구적 지배 구조와 획일화를 꾀하는 최대 파시스트 권력인 다국적 기업의 이데올로기이며, 성적 권력의 언어로 이미지화되고 있음을 문제삼고 있다. [사]는 근대 국가의 정부들은 전통적인 농업을 파괴하고 그 지위를 약화시키며 자본집약적인 대규모 기업농으로 중심화하는 개발 방식을 선택해왔음을 문제삼는다. 농사에 있어서도 농업 기계화와 함께 전반적으로 여자들은 주변인으로 전락하였음도 제기한다.

필자의 이러한 분석은 비판적 분석에 그치는 것이 아니라, 여성주의적 시각에서 과학이나 농업에 있어서 여성을 주체화하고 '여성적 얼굴'로 중심화하는 대안적 가능성들을 전망하고 있다. 사실 남성중심적 편향성은 특히 근대 사회 이후 전세계적으로 거의 모든 영역에 걸쳐 무의식화되어 있기 때문에 매우 광범하게 지배되고 있다. 그 하나의 사례를 들자면, 최근 생활화된 인터넷 댓글 달기를 들 수 있다. 댓글은 상당히 언어 폭력적인 경우가 많은데, 그것은 남성 중심의 폭력적 지배 구조의 무의식적 반영이며 남성 중심으로 이루어져온 의사 소통 공동체의 한 단면을 보여준다. 그러나 댓글 달기에서 여성적 감수성이 표현되는 새로운 글쓰기 성향은 우리의 또다른 언어 및 세계가 있어 왔음을 증명해주고 그것의 대안적 가능성을 시사해주고 있다.

여성이라는 성적 소수자, 그것은 1차적으로는 여성의 정체성 및 주체성을 복구해내는 과제와 관련되는 바이지만, 더 근원적으로는 여성이냐 남성이냐의 성차 차원을 넘어 이 다양한 세계들을 바라보고 만들어가는 세계관의 문제이자 이 세계들을 지속가능한 사회로 창출하기 위한 생활 양식의 전환 문제이다. 요컨대 모든 사람들은 여성이 되어야 한다는 것이다.(1,313자)

도전 문제 2 · 해설

논제의 구성 조건 확인

① 제시문 (가)에 나타난 사회 현상을 제시문 (나)와 (다)의 관점에서 비판하고
② 대안을 논하시오.

제시문 분석과 문제 설정

1. 제시문 (나) (다)의 관점 정리

(나)

(나)는 침묵함으로써 더 잘 이해할 수 있고 더 잘 말하고 있다는 관점을 논하고 있다.

(다)

(다)는 이익을 위해 나라를 다스리기보다 인의를 베풀어 나라를 다스리라는 관점이다.

2. 제시문 (가)에 나타난 사회 현상 요약

(가)는 데이터 스모그에 대해 논하고 있다. 엄청난 양의 데이터들이 다양한 시공간적에서 우리의 삶을 지배하고 있다. 현대사회는 엄청난 데이터 자극의 포화, 감각의 과부하, 도시 스트레스 등으로 넘치는 이른바 '메시지 과밀 사회' 이다. 데이터스모그 및 메시지 과밀 사회라는 신종 사회 현상 앞에서 우리는 무엇을 할 수 있는가. "실제로 깨어 있는 모든 순간에 우리의 감각을 사로잡는 끊임없는 자극의 폭격이 어떤 점에서 해로운가? 이 문제에 대한 완전한 대답을 제공하는 것이야말로 메시지 과밀 사회에서 우리가 할 수 있는 가장 중요한 일들 중 하나이다."

3. 대안 제시

대안을 논하라고 하는 것은 결국 데이터 스모그 및 메시지 과밀 사회를 극복할 수 있는 대안을 말하라는 것인 바, (나) (다)에서 제시하는 철학적 사유에서 도움을 얻을 수도 있겠다.

데이터 스모그 및 메시지 과밀 사회는 언어의 과밀과 동의어이기도 하다. 때로는 침묵함으로써 더 많은 말을 하게 되는데 언어가 과밀됨으로 인해 인간은 감각의 과부하와 스트레스에 시달리게 된다. 그렇다면 왜 인간 사회는 이런 사회로 치닫게 되었는가. 그것은 결국 우리 인간이 인의를 위한 사회보다 이익을 위한 사회를 추구한 결과라 할 수 있다. 자본주의의 필연적 과정 및 결과는 자본의 이익이며, 자본의 이익을 위해 치닫는 사회는 생산성이 아무리 뛰어나고 그 속에서 물질적 풍요를 구사한다 하더라도 스모그와 과밀 속의 빈곤은 둘째치고 그 자체가 사회적 비극을 초래할 뿐이다. 대안은 탈자본주의 사회를 추구하면서 이익의 극대화 논리에 종지부를 찍는 사회적 합의를 통해서 그 가능성을 찾을 수 있다. 이익의 논리는 그 사회에 부도 의미도 더 이상 가져다주지 않을 것이며, 오로지 파멸만 가져다줄 것이다.

하나의 예시 답안

제시문 (나)는 침묵함으로써 더 잘 이해할 수 있고 더 잘 말할 수 있다는 관점을 논하고 있다. 언어의 과잉만이 능사는 아니라는 것이다. 제시문 (다)는 이익을 위해 나라를 다스리기보다 인의를 베풀어 나라를 다스리라는 관점을 제공하고 있다. 이 두 가지 관점은 서로 어떤 관련을 가지는 바는 아니다. 그러나 제시문 (가)의 사회 현상을 매개로 하여 서로 맞물리고 있다.

(가)는 데이터 스모그에 대해 논하고 있다. 엄청난 양의 데이터들이 다양한 시공간적 속에서 다양한 형식으로 우리의 삶을 지배하고 있다. 현대 사회는 엄청난 데이터 자극의 포화, 감각의 과부하, 도시 스트레스 등으로 시달리는 이른바 '메시지 과밀 사회'이다. 데이터스모그 및 메시지 과밀 사회라는 신종 사회 현상 앞에서 우리는 과연 풍요로운가.

데이터 스모그 및 메시지 과밀 사회는 언어의 과밀과 동의어이기도 하다. 때로는 침묵함으로써 더 많은 말을 하게 되는데 언어가 과밀됨으로 인해 인간은 감각의 과부하와 스트레스에 시달리게 된다. 그렇다면 왜 인간 사회는 이런 사회로 치닫게 되었는가. 그것은 인간이 '인의'를 위한 사회보다 '이익'을 위한 사회를 추구한 결과라 할 수 있다. 자본의 이익을 위해 치닫는 사회는 생산성이 아무리 뛰어나고 그 속에서 물질적 풍요를 구사한다 하더라도 스모그와 과밀 속의 빈곤은 둘째치고 그 자체가 사회적 비극을 초래할 뿐이다.

최근 자본주의는 정보 사회를 창출해냈으며, 그 정보 사회가 데이터 스모그 및 메시지 과밀 사회로 이끌어내고 있다. 말하자면 정보 사회에서 필요악으로서 존재하는 게 데이터 스모그인 것이다. 이는 소비 사회의 극대화에서도 비롯된다. 오늘날 소비 사회는 사물 즉 생산물의 소비만을 지칭하지 않는다. 자본의 이익을 위한 유무형의 온갖 형태들에 대한 소비의 논리는 데이터의 제공과 메시지의 과밀한 이미지들을 낳고 그 산 너머 산속에서 소비자들로 하여금 포식자가 되게 한다. 욕망을 소비하게 하는 소비 사회, 그 욕망의 대상들을 언어의 과잉과 메시지의 과밀로 제공하는 정보 사회, 이 모두가 넘어야 할 산 너머 산이다.

대안은 탈자본주의사회를 추구하며 이익의 극대화 논리에 종지부를 찍는 사회적 합의를 통해 마련할 수 있다. 이익의 논리는 그 사회에 부도 의미도 더 이상 가져다주지 않을 것이며, 오로지 파멸만 가져다줄 것이다. 자본주의 사회를 뛰어넘는 새로운 사회를 사회주의—공산주의 사회라고 부르기도 했으며 역사적으로 20세기에 그 실험이 있기도 했다. 하지만 그 실험도 실패했으며 어떤 점에서는 자본주의를 닮아가기도 했다. 그렇다고 해서 자본주의 안에 갇혀서는 이 문제가 해결되지 않는다. 탈자본주의를 향한 또다른 시도들과 그 대안적 실천이 요구된다.

최근 우리 사회에서도 화두가 되어 온 느리게 사는 것의 미학, 생태문화적 사회의 추구, 유기농적 공동체의 창출, 지역 화폐 등이 의식적이건 무의식적이건 탈자본주의 사회를 욕망하는 몸부림이다. 문제는 무의식 세계로 침잠해 있는 우리의 삶의 욕망을 바꾸어내는 것이 필요하다. 자본주의적 욕망에 따라 정보 사회—소비 사회로 치달으면서 데이터 스모그 및 메시지 과밀을 배출해내는 게 아니라, 새로운 사회적 욕망의 구성을 위한 자그마한 실천들이 연대됨으로써 대안이 모색되어야 한다. 사회는 '이익'을 좇는 욕망이 아니라 '인의'를 좇는 욕망으로 나아가야 한다. '인의' 역시 인간중심주의적 발상이 아니라 생태주의적 문화 마인드에서 출발해야 한다. 그러한 전환 속에서 직접적으로 데이터 스모그 및 메시지 과밀을 배출하는 과학 기술의 문제도 제고할 수 있을 것이다.(1,750자)

도전 문제 3 · 해설

논제의 구성 조건 확인
① 제시문 [가]와 [나]를 읽고,
② 접속의 시대에 나타날 수 있는 긍정적 또는 부정적 측면의 인간 관계 중에서 하나를 선택하여,
③ 구체적 사례를 들어 논증하시오.

제시문 분석
(가)
다음 문장 속에 핵심이 담겨 있다.

"과학이 점점 발달하면서 그 대상물을 소유하지 않고도 접속할 수 있는 기술이 발달했다. 이제 '소유의 종말'의 시대가 서서히 도래하고 있는 것이다. … 이러한 과학의 발전은 아예 실존하지 않아도 접속만을 통해 대리 만족을 얻을 수 있게 되었다."

요컨대, 소유하지 않고 접속으로만 만족과 효용을 추구하는 '접속의 시대'가 도래하고 있다는 것이다.

(나)
핵심 문장들을 찾아 보면 다음과 같다.

"접속의 시대는 상거래와 정치 참여의 방식은 물론 의식의 가장 깊은 차원에서 우리가 스스로를 바라보는 관점에도 변화를 가져올 것이다."

"네트워크에 기반을 둔 경제는 연결의 속도를 높이고, 지속 시간을 줄이고, 효율성을 향상시키고, 상상할 수 있는 모든 것을 서비스화함으로써 생활을 더욱 편리하게 만든다. 그러나 … 삶이라는 것

이 한낱 계약과 금전적 도구에 의해서 결합된 상업적 거래의 연속에 불과한 것으로 변질될 때, 애정, 사랑, 헌신에서 비롯되는 인간의 전통적 상호 관계는 어떻게 되는 것일까?"

"접속의 시대는 새로운 유형의 인간을 몰고 온다. … 그들에게 익숙한 세계는 이념적 세계가 아니라 연극적 세계이다. 그들의 의식은 노동 정신보다는 유희 정신에 기울어 있다. … 재산도 중요하지만 연결된다는 것이 훨씬 더 중요하다. … 그들이 생각하는 개인적 자유의 의미는 소유권이라든지 남들의 간섭에서 벗어나는 능력과는 점점 거리가 멀어질 것이다. 대신 상호 관계의 그물망에 포함될 수 있는 권리로서의 의미가 점점 부각될 것이다. 그들은 접속의 시대를 살아가는 첫 번째 세대이다."

요약해 보자.

접속의 시대는 효율성을 향상시키고 생활을 편리하게 만드는 이점이 있지만, 삶이 상업적 거래의 연속에 불과한 것으로 변질됨으로써 전통적인 인간 관계는 소멸된다. 접속의 세대는 상호 관계의 그물만에 포함될 수 권리만이 중시된다.

하나의 예시 답안

다음은 대학측에서 발표한 답안 작성을 위한 자료이다.

부정적인 측면의 논증

〈서론〉

(*서론은 없어도 됨. 만일 서론을 쓴다 하더라도 제한된 글자수가 있으므로 2-3줄이 넘지 않도록 한다.)

정보화 사회를 대표하는 문명의 이기는 컴퓨터와 컴퓨터가 만들어낸 인터넷일 것이다. 인터넷은 우리의 생활에 보편화되었다기보다는 오히려 삶 그 자체라고 말해도 과언이 아니다. 이렇게 마음만 먹으면 언제 무엇하고도 접속이 안 되는 것이 없는데도 우리 사회에는 지금도 없어져야 할 것이 없어지지 않고, 엄연히 있어야 할 가치 있는 것은 모습을 감춰버려 어디에서도 우리는 접속할 수가 없다.

왜 그럴까? 디지털 시스템이란 것이 사람의 능력 중 일부만 연장해 줄 뿐 인간의 영혼과 심성의 역할은 못해주기 때문이 아닐까?

사람이 살아가는 삶의 방법이 소유에서 접속으로 넘어가면서 불안과 초조는 가속적으로 늘어나지 않았나 싶다. 손쉽고 편리한 이점보다 불안감이 몰고 온 불편이 더욱 늘어나 그만큼 걱정의 한도가 증폭되었다고 할 수 있겠다.

이러한 정보화 시대에 인간 관계에 나타나는 부정적 측면을 들어보면 다음과 같다.

〈본론〉

첫째, 익명성으로 인한 인간 관계의 피폐를 들 수 있다.

접속의 시대는 익명성으로 인해 자신의 신분이나 지위와 같은 사회적 규제에서 벗어난다. 정보 공간에서는 자신의 지위나 신분 등 사회적 맥락이 드러나지 않기 때문에 감정의 절제가 약해지고, 언어가 거칠어지며, 상대방에 대한 비판이 심해지고, 적대적이 되는 경향이 있다. 또한 정보 공간에서 제공하는 개인 정보에 대하여 불신하는 경향에 따라 사회적 심리 현상이 불신 풍조가 재연될 수도 있다.

둘째, 정보성의 무비판적 수용으로 인한 수동적 인간형 양산이다.

정보화 시대는, 다양한 의사 소통 창구를 통해 수많은 정보들을 제시해 줄 수 있지만, 그것들 중 어느 것이 진실이고 어느 것이 허구인지 가려내지 못하고 정보 속에서 갈 길을 잃고 만다. 정보 속에서 무게 중심을 잃게 되면 자신의 생각이나 비판은 없어지고 다른 사람의 의견이 나의 의견이 되어버리는 경우도 생길 것이다. 사이버 공간에서 유입되는 정보를 무비판적으로 수용하게 되면 정보화 시대는 우리에게 유토피아라기보다 수동적 인간형을 양산하는 공간이 될 우려가 있다.

셋째, 접속의 시대는 모든 인간 경험의 상품화가 가속화될 수 있다.

인간의 삶에 의미를 주는 공동의 경험은 미디어 시장으로 끌려 들어가서 상업적으로 개조되고, 공동체가 공유해온 문화가 네트워크 경제에서 자꾸만 파편화된 유료 경험으로 쪼개지면서 접속에의 권리도 자연히 상업적 영역의 품으로 이동하게 된다. 소위 문화적 상업주의의 승리로서, 이러한 태도는 새로운 정보 통신 기술로부터 소외되고 그늘진 집단에서 두드러지게 나타날 수 있다. 그래서 자신의 정체성을 확보하려는 욕구는 종교의 권위, 카리스마적인 민족적 지도자의 요청으로 이어질 수 있고 전체주의는 그것과 정반대되는 근대적이거나 전근대적 요소들과 결합하면서 자유로운 연대를 위협하는 세력으로 등장할 수 있다.

넷째, 청소년들의 인간성 상실, 인간적 교류가 거부된 소외감을 초래할 수 있다.

컴퓨터 오락, 컴퓨터 통신이나 컴퓨터 자체에 대한 해킹에 지나치게 탐닉함으로써 정서적으로 메마른 사람이 되기 쉽고, 성적이 떨어지며, 일반 사회의 예절이 무시되어, 더욱 컴퓨터에만 몰두하게 되는 악순환을 초래할 수 있다. 이렇게 사이버 세계에서만 의사 소통하고 현실 세계와 정상적인 의사 소통을 하지 못하는 사람들이 등장하는가 하면 현실과 환상을 구분하지 못하는 사람들도 등장하게 된다.

또한 컴퓨터 오락이나 통신을 통해서 쉽게 폭력물이나 음란물에 노출될 수 있다. 특히 최근에는 인터넷을 통해서 외국의 음란물들을 아무런 규제 없이 가져오는 경우가 늘어나고 있어서 누구나 마음만 먹으면 이러한 것들을 쉽게 얻을 수 있는 상황이 되고 말았다.

다섯째, 정보 사회가 진전됨에 따라 개인의 프라이버시의 침해를 입을 수 있다

백화점에 설치하여 문제가 되었던 몰래카메라와 정치인들에 대한 도청과 감청 등 사생활 침해의 소지가 많은 전자적인 감시가 도처에서 행해지고 있는 실정이다.

〈결론〉

(*굳이 없어도 됨)

오늘날 우리는 제러미 리프킨의 말처럼 '접속의 시대', '닷컴'이라고 일컬어지는 사회에 살고 있다. 그러나 분명한 것은 정보화 시대를 이루는 것은 기계가 아니라 인간이다. 정보화 시대가 도래하여 모든 기계가 인간의 일을 대체한다고 해도 결국 정보화 시대의 주인은 우리인 것이다. 하루 속히 인터넷상에서의 보이지 않는 인격과 건전한 문화가 자리 잡혀야 한다. 인터넷은 인간성을 찾아볼 수

없는 쓰레기의 바다로 전락시키느냐 인터넷을 자유가 함축되어 있는 건강한 정보의 바다로 만드느냐는 우리의 손에 달려 있다.

긍정적인 측면

첫째, 정보화는 기술적 혁신을 통해 우리 생활을 편리하게 변화시켰다.

전자상거래를 통한 상품의 구입, 원격교육 실시, 전자우편을 통한 의사 소통, 다양한 교육 프로그램 개발, 정보 검색 등, 우리의 삶과 학습에 많은 변화를 줄 수 있다.

둘째, 전에 알지 못했던 사람들과 자유롭게 인간 관계를 형성한다. 컴퓨터 통신의 대화방, 토론방, 게시판 등에서 인류가 경험해 보지 못했던 새로운 만남의 장을 형성한다. 이로 인해 솔직한 자신의 감정과 의견을 교환할 수 있게 되었고, 누구나 어떠한 사안에 대해 자유롭게 의견을 개진하고 토론할 수 있게 된 것이다. 이는 진정한 의미에서의 여론이 존재할 수 있게 해 주며, 아울러 국가간 교류가 활발해지면서 문화적 통합화가 더욱 가속화될 수 있다.

셋째, 하이퍼 텍스트로 구현되는 다량의 정보를 손쉽게 얻을 수 있다. 우리는 과거보다 더 많은 정보로 더 많은 사회적 활동과 더 정확하고 다양한 판단을 가질 수 있다. 예를 들어 자신의 개성에 맞는 홈페이지를 만들어 정보를 공유하거나 자신을 알릴 수 있으며, 지방 선거의 많은 후보들이 자신의 홈페이지를 활용하여 선거에 활용할 수도 있다.

넷째, 익명성이 주는 긍정적 측면을 생각할 수 있다.

익명성은 일상 생활의 사회적 규제에서 사람들을 자유스럽게 하고, 대등한 관계에서 상호 작용이 일어날 수 있도록 한다. 이런 이유로 사람들은 자기를 더 적극적으로 표현하며, 자신의 감정을 숨기지 않고 솔직하게 표시하고, 대면 관계의 경우보다 한층 더 수평적인 인간 관계를 형성할 수 있다.

〈결론〉

(*굳이 없어도 됨)

우리는 '정보화'가 우리가 사는 세상을 유토피아로 만들어 주리라는 기대를 한다. 그러나 이런 기대는 정보화라는 정보 기술 산업의 발전과 아울러 우리의 윤리, 문화와 적절히 조화를 이룰 때 가능하다. 사이버 공간에서 유입되는 정보를 무비판적 수용하게 되면 정보화 시대는 우리에게 유토피아라기보다 거대한 무사고 인간을 양산하는 공간이 된다. 정보화 사회에서 우리가 얻을 수 있는 다양한 이점을 잘 살려 폭넓고 다양한 인간 관계를 이루어야 할 것이다.

도전 논제 4 · 해설

논제의 구성 조건 확인

(1)

① 甲의 대화문 [　①　] 부분에 '중국어의 공용어화'에 대한 적합한 내용으로 200자 원고지

② 400자 정도의 문장들을 작성하되,

③ 자신이 甲이 되었다고 가정하고서 자연스러운 대화문이 될 수 있도록 하시오.

(2)

① 甲이나 乙 가운데 한 인물을 옹호하는 입장에서

② 현대에서 외래문물을 수용하는 일에 대하여 논술하는 글을 작성하되,

③ 적절한 제목을 달고

④ 2,000자 내외로 완성된 한 편의 글이 되도록 하시오.

제시문 분석과 문제 설정

1. 제시문 분석

〈대화의 흐름 및 요지〉

갑: 북학이 뭔가?

을: 맹자 왈, 중화의 문화 덕에 오랑캐가 변화했지 그 반대는 아니다.

갑: 압록강 넘어가 공부를 많이 할 필요는 있으나 중화와 오랑캐 이야기는 받아들이기 어렵다. 오랑캐에게 멸망한 명나라를 대신하여 조선만이 중화의 도를 실현할 수 있다는, 조선 문화가 세상 제일이라는 소중화에 반대하나?

을: 소중화는 우물안 개구리이다. 세계의 새로운 지식들을 배워야 한다.

갑: 사대부들은 중국 사람들을 모방하려는 바. 동방의 본색을 지켜야 한다. 사치풍조의 일단을 고칠 수도 없으니 근심이다.

을: 지금은 중국을 배우려 하지 않는다. 오랑캐를 물리치려거든 누가 오랑캐인지 분간해야 한다. 먼저 중국을 배워야 한다.

갑: 선비들은 북벌은 개짖는 소리로 취급되고 압록강 북쪽 학문을 배워야한다는 목소리만 높다. 차라리 조선을 떠나 그곳으로 가야 할 것이다.

을: 조선은 청나라를 망하게 할만큼 힘이 없다. 새로운 학문을 익혀야한다. 북벌과 북학은 만날 수 있다. 연암은 젊은 시절 북벌을 주장했고 지금은 북학을 주장한다. 조선을 부강하게 하려면 우리말을 버리고 중국어를 받아들일 수 있어야 한다.

갑: [①]

을: 중국어는 문자의 근본이다. 지역적으로 중국과 가깝고 성음이 대략 같으니 우리말을 버려도 좋다. 그리하여 오랑캐라는 말을 면할 것이다. 동쪽 수천리 땅이 스스로 하나의 주―한―당―송의 풍속으로 되니 크게 통쾌할 일이다.

〈대화의 쟁점〉

대화는 조선시대 임금(갑)과 신하(을) 사이에 나누는 대화로서 중국의 명나라가 망하고 오랑캐나

라인 청나라가 건국된 상황에서 대응책에 대해 논쟁을 벌이고 있다. 갑은 소중화론의 입장에서 북벌론에 입각하고 있으며, 을은 북벌 이전에 청의 북학을 배워야 한다고 주장한다.

2. 문제 설정

⑴ 그런 대화의 흐름에서 을이 조선을 부강하게 하려면 조선말도 버리고 중국어를 사용할 수 있어야 한다고 주장하고 있고, 그 을의 주장에 대해 갑이 대응한다. 그 내용을 상상하여 채워넣으라는 것이 [①]이다. [①]의 내용은 그 뒤 을의 대화 내용도 고려하여 채우도록 한다. 즉 을이 [①]의 입장에 대응하여 주장하는 바를 고려한다. 을은 중국어의 문제를 자세히 언급하고 있는 것으로 봐서 갑은 중국어의 공용어화 문제와 관련하여 조선어와 중국어의 차이에 대해 말하고 있는 듯하다. 문장은 임금의 말로 자연스럽게 표현하도록 한다.

⑵ 갑 또는 을의 한 입장을 선택하여 그 입장에서, 현대의 시점에서 외래 문물의 수용에 대해 자기 견해를 밝히도록 한다. 오늘날은 서구 문화가 지배하는 상황이며, 그에 대한 입장 정리는 다음과 같이 할 수 있다.

① 갑의 입장: 서구문물에 빠져드는 사대주의를 경계하고 우리의 문화를 중시해야 한다.

② 을의 입장: 서구문물을 배우고 받아들여 강한 나라로 만들어야 하며 영어를 공용어로 수용한다.

하나의 예시 답안

⑴

우리말을 버리고 중국어를 공용어로 수용하자는 말인가? 도대체 그게 말이나 될법한가. 우리말은 동방의 문화와 자존심을 지켜왔거늘 북학을 배우기 위해 중국어를 공용어로 하자는 것은 아예 중국인이 되자는 발상 아닌가. 우리가 중국을 섬겨왔어도 엄연히 중국어와 조선어는 다르지 않은가. 중국어와 조선어는 사물을 표현하는 방식 자체가 다르도다. 우리는 변방의 오랑캐가 아닐지라도 소중화로 자처해왔으되 중국과는 다른 문화를 지켜왔고, 조선만이 중화의 도를 실현할 수 있기에 그것은 곧 우리말을 통해서렷다. 과인은 그대가 오랑캐가 중국을 지배하고 있는 현실에서 우리말을 버리고 중국어를 공용어로 사용하자고 하니 결국 오랑캐에 복속되어버리지 않을까 심히 우려스럽도다. 더구나 온 나라의 백성들에게 지금까지 편하게 써온 우리말을 버리고 중국어를 쓰라고 함은 난리가 날 걸세. 과연 중국어를 쓰는 백성이 몇 명이나 된단 말인가. 우리말로 우리는 더 우월한 시문을 만들 수 있지 않은가.

⑵ 갑의 입장에서

제목: 오늘날 외래 문물 수용의 조건 – 甲의 입장에서

오늘날은 흔히 세계화의 시대라고 한다. 지구는 하나의 지구촌을 형성하여 지식 · 정보 · 통신 · 문

화가 실시간으로 통합되고 있다. 어느 나라 어느 문화라도 항상 세계의 사람들과 마주치고 세계의 문화와 함께 한다. 이는 거스를 수 없는 대세이며 서로 필요의 조건이자 공존의 환경이다. 어떤 점에서 보면 지구촌 사람들은 문물과 문화의 차이가 현저하다 하더라도 하나의 지구공동체라는 현대적 의미를 부여안고 살아갈 수밖에 없다. 그렇지 않으면 낙오되고 문화적으로 퇴화할 처지이다. 그러나 오늘날 세계화의 시대에 이르기까지 현대 사회는 너무나 많은 문제들을 낳아 왔으며 그러한 문제들이 해결되기는커녕 끊임없이 다른 문제들과 얽혀져 왔다. 이 문제들을 인식하면서 우리는 외래 문물에 대해 올바로 대응해야 할 것이다.

먼저, 오늘날에 있어서 세계화란 무엇인가를 논해야 한다. 세계화는 서구 강대국의 논리이다. 미국이나 영국이 부르짖어온 논리이다. 강대국이 세계의 약소국들을 향해 세계화를 주창해온 이유가 뭘까. 세계화는 사실 주창하지 않고서도 이미 오래전부터 진행되어 왔다. 이미 오래전부터 철도가 생겨 여러 나라로 쉽게 이어지고 있고 비행기가 생겨 더욱 빠른 속도로 날아다닐 수도 있으며, 영화나 텔레비전, 신문 등의 대중매체는 세계 통신의 주역으로 자리잡아왔다. 그냥 내버려둬도 세계화는 더 급속도로 진척이 될 수밖에 없다. 그럼에도 미국이나 영국 등 영어권 나라들이 중심되어 세계화를 주창하는 것은 자국의 이익을 위해 교역 환경을 수월하게 만들기 위해서이다. 타국의 수입 개방이나 공기업의 민영화 등을 통해서 더욱 쉽게 투자하거나 접근할 수 있다. 물론 경제적 부분만이 아니라 문화적 부분까지 세계화의 논리로 지배하고 있고 그러한 조건들 속에서 정치적인 문제들을 야기해왔다.

오늘날 외래 문물의 수용은 이런 정치 경제적인 상황속에서 전개된다. 자칫 외래 문물의 자유로운 수용을 이야기하는 듯하지만 실상은 세계화의 논리 즉 서구 강대국의 세계 지배의 논리에 동조하라는 말과도 같다. 오늘날 신자유주의 세계화는 거의 파시즘적인 논리로 세계의 다양한 문화적 정체성들을 파괴하고 획일화된 문화코드로 단일화하려고 시도한다. 효율성과 합리성을 근거로 내세우지만 그것은 지배하고 교역하고 통제하게 쉽도록 하기 위한 장치일 뿐이다. 우리의 전통적인 농작물의 종자도 그대로 보존되는 것을 허용하지 않고 다국적 자본이 진화시킨 종자로 코드화한다. 그렇게 해서 그들은 지적 재산권을 행사한다. 멀지 않은 미래에 우리는 우리의 고유 음식인 김치조차도 지적 재산권을 지불하면서 담가먹어야 할지 모른다. 국제적으로 상품 특허권을 장악당할 경우 그럴 수 있다. 이게 바로 세계화의 논리다. 이것이 무서운 것은 생물학적, 문화적 종다양성을 파괴한다는 점에 있다. 미국이 강요하는 지적재산권도 하나의 외래 문물이다. 지적 소유권자에게 그 재산권이 있다는 것은 보편적인 논리로 들릴 수 있으나 세계 상품화의 권리를 배타적으로 독점하겠다는 발상인 것이다.

외래 문물이란 단순히 문물 그 자체의 문제가 아니다. 법, 제도 등의 문제가 불가피하게 작용한다. 외래 문물을 수용한다고 하는 것은 그에 따르는 법적, 제도적 장치들을 수용하거나 국내 시장에 대해 여러 조치들을 취하는 것이 뒤따른다. 따라서 세계화 시대에 있어서 외래 문물의 수용 문제는 단순한 문제가 아니다. 단순히 국수주의냐 세계주의냐의 이분법적 논리로 해결될 일도 아니다. 자본의 세계 지배라는 정치 경제학적 역학 관계를 잘 읽어야한다. 원론적으로야 외래 문물을 수용하고 자유롭게 교통하면서 문화적 다양성을 살찌우게 해야할 일이다. 그렇게 해서 우리나라를 강대국으로 만들고 세계 일류의 문화 저수지가 될 수 있도록 해야 할 것이다. 그러나 국제적 역학 관계의 고려없이는 우리는 쉽게 무너질 수 있다.

지금 한미FTA 문제로 나라가 시끄럽다. 정부는 강행하려 하지만 국민의 절반 이상이 반대하고 있다. 국민들이 그 본질을 알기 때문이다. 미국의 문물 수용을 미국적 코드에 의해 좌우한다고 하는 것은 미국이 경제적 주도권을 장악함은 물론 생활 양식마저 미국화함을 의미하게 된다. 그런 우려가 큰 마당에 이미 영어 공용어론까지 주창된 바 있으니 심히 우려된다. 우리는 외래 문물을 수용하더라도 우리의 본분(정체성)을 지키는 것을 더 우선해야 한다. 세계 문화의 주도적 역할은 바로 그런 정신에서 나온다.

도전 문제 5 · 해설

논제의 구성 조건 확인
① 제시문 〔가〕, 〔나〕, 〔다〕에 나타난 각각의 주장이
② '나'의 일상 생활에 직접적으로 연계되어 있음을
③ 구체적인 사례를 들어 논하시오.

제시문 분석과 문제 설정

1. 제시문 분석
〔가〕
사회 모든 분야의 모든 사람들이 디지털 시대에 적응하고 익숙해지는 디지털 세대이자 디지털 신인류이다. 그리고 디지털 시대를 이끌고 진화시켜나가는 원동력은 기술이 아닌 사람이며, 바로 그 사람이 디지털 신인류로 대표되는 것이다.

〔나〕
현대인들은 또다른 종류의 선택을 할 수 있는 자유가 있는 바, 그것은 바로 정체성이다. 과거에 정체성은 선택의 여지가 적었지만 현대 사회는 정체성을 선택할 수 있고 또한 다수의 정체성을 갖고 있다. 이러한 개인의 정체성에 대한 선택의 변화는 우리를 해방시킨다는 점에서 좋은 소식이고 선택의 책임을 부과한다는 점에서 나쁜 소식이다.

〔다〕
1960년대 미국에서는 거대 기업의 급속한 성장으로 '다국적 기업' 등이 논란거리였다. 어떤 학자는 다국적 기업 등이 전지구의 경제 발전을 가속화시킬 것이라고 주장했고, 다른 학자는 강력한 기업은 제국주의를 팽창시키는 수단에 불과하다고 보며 다국적 기업의 존재를 부정했다. 모든 기업은 국적이나 활동 범위에 관계없이 다른 모든 기업과 동일하게 행동한다.

2. 문제 설정

각 제시문의 위 주장들이 일생 상황들과 연계되어 있음을 사례를 들어 논한다.

하나의 예시 답안

제시문 [가]는 사회 모든 분야의 모든 사람들이 디지털 시대의 디지털 세대이자 디지털 신인류임을 주장한다. 그리고 디지털 시대를 주도하는 원동력은 기술이 아닌 사람이며, 바로 그 사람이 디지털 신인류로 대표된다고 말한다. 이는 우리가 인터넷 생활에서 하루라도 자유롭지 못하다는 점에서도 입증된다. 우리가 인터넷을 필수적으로 이용하지만 그 주인은 인터넷 기술이 아니라 네티즌의 선호도이다.

제시문 [나]는 현대인들은 또다른 선택을 할 수 있는 자유가 있는 바, 바로 정체성임을 주장한다. 과거에 정체성은 선택의 여지가 적었지만 현대인은 정체성을 선택할 수 있고 또한 복수의 정체성을 갖고 있다. 나는 종교인으로 살아갈 수도 있고 아닐 수도 있다. 동시에 '나'는 여성이기도 하고 연예인이기도 하고 소비자이기도 하며 시민이기도 한 복수의 정체성을 가진다. 이것은 가령 성 정체성에서 성 전환을 했을 경우 성 해방이라는 좋은 측면도 있으나 그에 따른 또다른 책임을 져야 한다는 점에서 나쁜 측면이다. 각자의 취향에 따라 정체성을 선택한다든지 다양한 정체성들을 경험한다든지 하는 것들은 이미 우리 일상 생활을 지배하고 있다.

제시문 [다]는 기업은 국적의 문제와 무관함을 주장한다. 1960년대 미국에서는 거대 기업의 급속한 성장으로 '다국적 기업' 등이 논란거리였다. 어떤 학자는 다국적 기업 등이 전지구의 경제 발전을 가속화시킬 것이라고 주장했고, 다른 학자는 강력한 기업은 제국주의를 팽창시키는 수단에 불과하다고 보며 다국적 기업의 존재를 부정했다. 모든 기업은 국적이나 활동 범위에 관계없이 다른 모든 기업과 동일하게 행동한다. 우리가 일상 생활에서 접하는 맥도날드의 경우를 보면 실제로는 국적의 경계를 자유롭게 넘나드는 무국적한 기업이다. 다국적 기업이라기보다 무국적 기업인 것이다. 이 또한 우리가 그들의 상품을 소비한다는 점에서 일상 생활과 밀접히 연계되어 있다.

도전 문제 6 · 해설

〈문항 1, 2〉

논제의 구성 조건 확인

〈문항 1〉

① 제시문 [A]와 제시문 [B]는 오늘날 기업이 직면하고 있는 어떤 공통된 경영 활동의 주제를 다루고 있다.

② 제시문 [B]의 사례에 나타난 맥도날드사가 90년대 초반까지 지속적으로 발전할 수 있었던 성공 요인이 무엇이었는지 제시문 [A]에 기초하여 구체적으로 서술하시오.

〈문항 2〉
① 제시문 [B]의 사례에 나타난 맥도날드사가 현재 직면하고 있는 문제는 다른 산업분야에서도 동일하게 나타날 수 있음을 고려할 때,
② '한국의 영화 산업'은 이 문제를 어떻게 해결할 수 있을지 구체적인 방안을 제시하시오.

제시문 분석과 문제 설정

1. 제시문 분석

[A]

글로벌화 시대에 있어서 글로벌화(표준화, 세계화)에 대항하는 현지화(지역화)의 중요성을 역설하고 있다. 글로벌화는 국가간 장벽이 철폐되고 시장 개방이 가속화되면서 각국의 소비자 기호가 유사해지므로 세계 시장이 단일한 시장으로 표준화를 촉진시키는 세계화를 말한다. 글로벌화는 세계 소비자들의 취향과 요구가 동질화된다. 따라서 글로벌화 전략은 규모의 경제와 비용 절감이라는 합리성을 내세운다. 그러나 세계 여러 나라들의 문화는 그 나라가 처한 환경, 정치, 문화, 경제 발전, 제품의 사용 등에 있어서 차이점이 존재하고 시장과 소비자의 이질성이 존재하므로 표준화되는 세계화를 반대하고 현지화를 주장하는 목소리도 높다.

[B]

전 세계적으로 매장을 갖춘 맥도날드는 1965년부터 1991년까지 25.2%의 연간 평균 자본 수익률과 24.1%의 연간 평균 이익 신장률을 창출함으로써 전설적인 운영 시스템으로 대성공을 거두었다. 맥도날드는 전 세계의 모든 매장을 동일한 품질의 음식과 동일한 서비스로 동일하고 일관성 있게 유지하는 운영 시스템을 고집해왔다. 이것이 대성공의 요인이었다. 그러나 1991년 이후 매출액이 떨어지면서 기존의 운영 시스템이 새로운 환경 속에서 적절한지 의구심을 갖게 되었다.

2. 문제 설정

➡ 제시문은 글로벌화냐 현지화냐 하는 쟁점을 제시하고 있다. 맥도날드는 글로벌화의 전략을 수립하였으며 그에 따라 1990년까지는 엄청난 대성공을 이루었으나 이제 본격적인 글로벌화 시대에 접어들어 오히려 그 전략은 실패의 요인이 되고 있다. 아이러니한 부분이긴 하나 이러한 문제 의식을 가지고 논술을 하도록 하자.

➡ 두 제시문의 논지를 분석하여 맥도날드의 성공 요인을 밝힌다. 맥도날드 성공의 핵심 요인은 전 세계의 모든 매장을 동일한 품질의 음식과 동일한 서비스로 동일하고 일관성 있게 유지하는 운영 시스템에 있었다.

→ 맥도날드가 현재 직면하고 있는 문제를 분석하여 한국의 영화 산업의 문제를 해결할 수 있는 방안을 제시한다. 맥도날드가 현재 직면하고 있는 문제는 모든 매장을 동일한 품질의 음식과 동일한 서비스를 제공하는 운영 시스템이었는데, 그러나 이제 그것이 더 이상 먹혀들지 않고 각국의 현지 정서에 따른 차별화 전략이 필요한 시점에서 한국의 영화 산업도 표준화된 허리우드식 영화 제작이 아니라 한국의 독창적 정서를 보여줄 수 있되 세계 관객들에게 보편적 정서로 다다갈 수 있도록 제작하는 전략이 있어야 한다.

하나의 예시 답안

〈문항 1〉

전 세계적으로 매장을 갖춘 맥도날드는 1965년부터 1991년까지 25.2%의 연간 평균 자본 수익률과 24.1%의 연간 평균 이익 신장률을 창출함으로써 대성공을 거두었다. 맥도날드는 전 세계의 모든 매장을 동일한 품질의 음식과 동일한 서비스로 동일하고 일관성 있게 유지하는 운영 시스템을 고집해왔다. 이것이 대성공의 요인이었다. 맥도날드의 운영 지침은 모든 음식에 대한 재료, 조리 시간, 온도, 비율 등을 모두 동일하도록 했다. 전 세계 소비자들의 맛 취향을 동일하게 표준화시켜버린 것이다. 이러한 전략은 먹혀들었다. 그렇다면 이러한 전략이 성공할 수 있었던 배경은 무엇일까. 아마도 16세기경부터 전지구촌을 서구화 시스템으로 길들여온 글로벌화의 역사에서 찾아볼 수 있지 않을까 한다. 오래된 식민지 글로벌화의 역사는 교통과 통신의 급격한 발달로 세계가 지구촌화되고 그에 따라 전 세계 소비자의 취향과 욕망이 동일화되도록 자극했으며, 어떤 점에서 소비자들은 스스로가 서구화된 동일성의 소비를 욕망하도록 길들여졌을 것이다. 이러한 소비 기호의 코드를 정확히 읽어낸 것이 바로 맥도날드의 운영시스템이었고, 그것은 성공의 요인이었다.(577자)

〈문항 2〉

맥도날드는 전세계의 매장들이 판박이하듯 어느 하나의 오차도 허용하지 않는 동일한 음식 서비스를 소비자들에게 제공하였고, 그것은 대성공을 거두었다. 서구화된 동일성의 소비 취향을 욕망하도록 세계 소비자들은 길들여졌고 맥도날드는 그 코드를 정확히 예측한 것이다. 그것은 이미 오래전부터 시작된 글로벌화의 역사와 맞물린다. 그러나 글로벌화가 본격화된 오늘날 아이러니하게도 맥도날드는 더 이상 성공 사례가 되지 못하고 있다. 동일한 음식맛의 취향을 세계 소비자들이 거부하기 시작한 것이다. 맥도날드는 새로운 환경에서 새로운 문제에 직면해 있다. 이 문제가 다른 산업 분야에서도 유사하게 나타난다고 전제할 때 한국의 영화 산업은 이 문제를 어떻게 해결해 나갈 수 있을까. 무엇보다도 미국의 전형화된 허리우드 영화판을 닮아가지 말아야 한다. 미국의 허리우드 영화가 세계를 제패한 요인도 맥도날드적 속성과 무관하지 않았고 세계 영화 관객들은 허리우드 영화로 감정 구조가 표준화되어 길들여졌다. 여전히 그 현실은 존속한다. 그러나 이제 글로벌화가 주창되는 또다른 반대 시각 즉 현지화(지역화)의 목소리도 높다는 점을 감안할 때 각국의 고유한 언어와 문화 색깔을 담아내고 현지 정서에 따른 차별화전략이 필요하며, 그에 따라 한국의 영화 산업도 표준화된 허리우드식 영화가 아니라 한국의 독창적 정서를 보여줄 수 있되 세계 관객들에게 보편적 정서로 다가갈 수 있도록 세계 영화 시장을 공략하는 전략이 있어야 한다. 블록버스터로 표준화된 대형 영화의 제작이 아니라 차이의 정체성을 담아내는 다양한 영화가 필요하고, 그게 뒷받침되기 위해서는 관객들의 영화 문화도 다양해져야 할 것이다.(818자)

〈문항 3〉

논제의 구성 조건 확인
① 다음 두 편의 글 [C]와 [D]를 토대로
② 언어의 단일화가 초래할 위험성이 어떤 것인지
③ 우리의 생활에서 쉽게 경험할 수 있는 사례를 예시로 들어 구체적으로 논하라.

제시문 분석과 문제 설정

1. 제시문 분석
[C]
한 문화의 멸망과 한 언어의 사멸이 밀접한 연관성을 가진다. 한 언어가 피지배적인 언어로 전락할 때 지배적인 언어에 의해 그 형태가 해체되고 그 사회적 기능들도 사라져간다. 그리고 그 언어의 소멸과 함께 그 언어에 담긴 독특한 문화구조도 사멸한다.

[D]
동인도제도의 일부에서는 꽉찬 달을 '작은 돼지달' '큰 돼지달' 이라고 부르며, 시베리아 북부 지방의 한 부족은 어떤 달은 '잎이 진 벌거숭이 나무' 또는 '도보 여행' 이라 부른다. 세계의 부족들은 그 달의 이름을 듣고도 그 지역의 고유한 풍경을 짐작할 수 있다.

2. 문제 설정
논제는 언어의 단일화가 초래할 위험성이 어떤 것인지에 대해 논술하라는 것이다. 그렇다면 위 제시문들에서도 어느 정도 시사받고 있다고 볼 수 있다. 나머지는 국어에서 구체적인 사례를 들어 언어 단일화의 위험성을 찾아내도록 한다.

〈제시문에서의 시사점〉
[C]에서는, 언어의 단일화는 하나의 언어만 남고 다른 언어는 사라지게 하는데, 그랬을 때 다른 언어 그 자체의 사회적 기능이나 문화 구조 등도 함께 사멸됨을 시사한다. 즉 인종적, 민족적 언어 문

화의 다양성은 소멸하게 된다. 그렇게 되었을 때 그 고유한 언어 구조를 통해 이해되던 문화도 역사적으로 사라지게 된다.

[D]에서는, 하나의 사물을 놓고도 지역마다 민족마다 다양하게 표현하는 것을 통해 그 지역과 민족의 고유한 풍경들을 짐작할 수 있는데, 언어가 단일화되게 되면 문화적, 감성적 고유한 차이가 소멸되고 어느 하나의 감정 구조로 획일화되는 위험성을 말하고 있다. 제각기 다른 독특한 언어 문화 혹은 문화의 소멸이라는 위험성이 있다.

〈국어에서의 사례〉

국어에서는 무엇보다도 지역마다 다양했던 언어들을 '사투리'로 취급하여 소멸하게 했던 언어 정책(표준어 제도)의 위험성을 사례로 들 수 있다. 또한 표준어 정책은 미세한 표현의 차이로 인하여 다른 뉘앙스가 풍기는데도 하나의 표준어로 단일화함으로써 그 문화적 감정의 차이나 표현의 차이에서 오는 뉘앙스의 차이를 느끼지 못하도록 한다는 점에서도 단일화의 사례로 적합하다.

국어에서 현재 표현의 차이가 있어 공존하고 있으나 규범어로 지정된 경우와 그렇지 않으나 현실어로 쓰이는 경우의 사례를 들면 다음과 같다.(규=규범어, 현=현실어)

곰살궂다(규) / 곰살맞다(현)

성미가 부드럽고 정이 많음을 나타내는 말로, 두 단어는 서로 의미상의 차이를 발견하기 어렵다. 예전부터 "잔재미가 있는 곰살궂은 성미를 가졌다." (이기영 두만강)와 같이 '곰살궂다'가 쓰여 왔으나 근래에 들어 "촐랑대는 모습이 곰살맞아 보였다."(윤종혁 캠브리지에서)와 같이 '곰살맞다'도 세력을 상당히 얻고 있다.

복사뼈(규) / 복숭아뼈(현)

'복사'는 '복숭아'의 준말인데도, 기이하게 '복숭아뼈'는 그동안 규범언어로 인정되지 않았다. 더구나 '복사'는 현대 국어에서 자립적인 말로는 거의 쓰이지 못하고 합성어로나 겨우 쓰이고 있다. 따라서 사람들이 '복사뼈'보다 '복숭아뼈'를 더 친숙하게 느끼는 것은 매우 자연스러운 일이다.

섬뜩하다(규) / 섬쯔하다(현)

갑자기 소름이 끼치도록 무서움을 느낄 때 쓰는 말로, 이 두 단어는 의미가 거의 비슷하지만 아주 미세하게 다른 뉘앙스를 풍기기도 한다. 칼날이 목덜미에 닿았을 때는 섬쯔하기보다는 섬뜩한 것 같은 느낌도 든다. 그런가 하면 '섬쯔 놀라다'는 가능해 보이는데 '섬뜩 놀라다'는 어색하게 느껴진다.

엉큼하다(규) / 응큼하다(현)

둘 다 음흉한 속셈이 있음을 가리키는 말이나, '엉큼하다'보다 '응큼하다'가 더 음흉스럽게 느껴진다. 그래서인지 '엉큼한 남자'라고 했을 때보다 '응큼한 남자'라고 했을 때 비난의 강도가 더 센 것 같다.

떨어뜨리다(규) / 떨구다(현)

의미상의 차이를 발견하기는 어렵고, 호응하는 말이 다소 차이가 있을 법하다. 일반적으로는 '떨어뜨리다'가 폭넓게 쓰이나 '고개'나 '눈물' 등과의 호응에서는 '떨구다'가 좀더 많이 쓰이는 듯하다.

굽실거리다(규) / 굽신거리다(현)

남의 비위를 맞추면서 지나치게 저자세를 보이는 것을 가리키는 말로, 둘 사이에 의미상의 차이는 없다. 근래에는 '굽신거리다' 가 '굽실거리다' 보다 좀 더 사용 빈도가 많아지고 있는 것 같다.

소곤소곤(규) / 소근소근(현)

비밀스럽게 뭔가 속삭이는 모양을 가리키는 말로, 둘 사이에 의미상의 차이는 없다. 아직은 모음조화에 따른 '소곤소곤' 이 다소 우세해 보이나 '소근소근' 도 널리 쓰이고 있다.

*출처: 안상순, 『새국어생활』, 2004년 봄호.

하나의 예시답안

오늘날 세계는 언어의 위기를 맞이하고 있다. 이는 어쩌면 어제오늘만의 일이 아니라, 이미 16세기경부터 시작된 서구 중심의 식민지 개척을 통한 글로벌화 시대가 열리면서 세계의 언어들은 위기를 맞기 시작했다. 지구상에 존재했던 언어들은 수천 종에 달한다. 그 수천 종의 언어들도 지금까지 무수하게 소멸되었다. 이러한 위기 상황은 언어의 단일화 과정과 불가피하게 관련된다. 중세 유럽에서는 라틴어가 중요한 몫을 담당했으나 현대 지구촌 사회가 형성되면서 세계는 영어가 언어의 단일 시장을 구축해오고 있다. 영어의 세계 지배는 정치 경제적 역학 관계에 따른 것이며, 현재도 미국 중심의 세계 질서가 재생산됨으로 인해 영어의 세계적 위상은 더욱 높아져가는 듯하다. 몇 년 전에 한국에서도 영어공용화론이 제기되어 논란에 휩싸인 적도 있다. 세계적으로 다양한 인종과 민족의 언어들은 특히 인터넷 보급 등으로 인해 영어권으로의 단일화가 가속화되고 있으며 자국의 언어들이 사멸할 위험에 처해있다.

제시문들에서 시사하는 언어 단일화의 위험성은 우선 두 가지로 요약할 수 있다. 첫째는 제시문 [C]가 시사하는 내용이다. 이 글은 언어의 단일화는 하나의 언어만 남고 다른 언어는 사라지게 하는데, 그랬을 때 다른 언어 그 자체에 내재된 사회적 기능이나 문화 구조 등도 함께 사멸됨을 시사한다. 즉 인종적, 민족적 언어 문화의 다양성은 소멸하게 된다. 그렇게 되었을 때 특정한 언어 공동체를 고유한 언어 구조를 통해 이해되던 문화도 역사적으로 사라지게 된다. 다음으로 제시문 [D]가 시사하는 내용이다. 하나의 사물을 놓고도 지역마다 민족마다 다양하게 표현하는 것을 통해 그 지역과 민족의 고유한 풍경들을 짐작할 수 있는데, 언어가 단일화되게 되면 문화적, 감성적 고유한 차이가 소멸되고 어느 하나의 감정 구조로 획일화되는 위험성을 시사하고 있다. 제각기 다른 독특한 언어 문화 혹은 문화의 소멸이라는 위험성을 제기한다.

이상은 언어 단일화의 위험성에 대해 논했는데, 엄밀히 말하자면 그것은 민족의 다양성과 관련된다. 이제 국어의 수준에서 언어 단일화의 위험성을 말해보고자 한다. 국어는 '올바른 국어의 사용' 이라는 이데올로기의 지배 하에서 언어의 단일화를 숙명적인 과제인 것처럼 이야기해 왔다. 국어는 항상 '올바른' 이라는 이데올로기에서 벗어나기 힘들었고 따라서, 사투리 등 다양한 표현들이 국어로서 자리잡기 매우 어려운 조건을 가져왔다. 우리가 쉽게 접할 수 있는 예로 '엉큼하다' 와 응큼하다' 를 들 수 있다. 둘 다 음흉한 속셈이 있음을 가리키는 말이나, '엉큼하다' 보다 '응큼하다' 가 더 음흉스럽게 느껴진다. 그래서인지 '엉큼한 남자' 라고 했을 때보다 '응큼한 남자' 라고 했을 때 비아냥의 강도가 더 세게 느껴진다. 그러나 국어로서의 규범어는 '엉큼하다' 로 되어있지 '응큼하다' 는 아니다. 같은 민족일지라도 어떤 표현을 쓰느냐에 따라 그 뉘앙스의 차이가 크다. 그러나 언어의 단일화 즉 표준어 제도는 이러한 차이들을 무시해버린다. 이는 인간의 원초적 욕망이나 감정의 표현들을 무시하는 처사이며 나아가 인류의 다양한 문화적 자산들을 소홀히 하는 태도이다.

오늘날 언어의 위기 시대에 있어서 다양한 민족들의 언어들이 소멸되지 않게끔 노력하는 것도 필요하거니와 같은 민족 내에서의 표현의 다양성을 보장해야 한다. 그게 바로 자국어를 지켜냄과 동시에 언어적 경쟁력을 가지면서 언어의 위기를 극복하는 방안일 터이다.(1,673자)

도전 문제 7 · 해설

논제의 구성 조건 확인
① 다음 제시문 [나]는 오늘날 기업이 직면하고 있는 어떤 공통된 경영 활동의 주제를 다루고 있다.
② 제시문 [나]를 근거로 하여
③ 제시문 [가]가 담고 있는 의미를 구체적으로 서술하라.

③에서 '제시문 [가]가 담고 있는 의미를 구체적으로 서술하라' 는 것은 좀더 확대된 해석이나 또다른 관계로 확장하라는 것이다.

제시문 분석과 문제 설정

1. 제시문 분석(논지 요약)
[가]
스타벅스는 커피와 문화를 결합하여 커피에 관한 경험을 재창조한 회사이다. 그 회사는 매장 점원과의 교감을 바탕으로 하는 새로운 문화를 경험할 수 있도록 직원들의 의견도 존중하고 고객의 새로운 요구에도 부합하는 새로운 상품을 적시에 선보였다. 그 결과 회사는 성공하였다. 델은 창업과 함께 제조업체가 제작한 컴퓨터를 최종 소비자에게 직접 판매하는 다이렉트 판매 방식을 도입하고 고객과의 직접적인 커뮤니케이션을 통한 맞춤형 PC를 판매하는 모델을 개발했다. 그 역시 성공했다.
[나]
새로운 용도를 찾아내고 그것에 경제적 가치를 부여하기 전까지 '자원' 이라 할 수 있는 것은 아무것도 없다. 돌덩어리도 자원화되어야 광석이 된다. 아무것도 아닌 것에 기존 자원이 갖고 있는 잠재력을 높여 더많은 부를 창출하도록 하는 활동을 혁신이라 할 수 있다. 혁신은 '자원의 생산성을 높이는 활동' 이다. 이는 공급 측면에서도 정의할 수 있고 수요 측면에서도 정의할 수 있다.

2. [나]에 근거

제시문 [나]에 근거한다는 것은 새로운 물질이나 기존 물질의 자원화, 나아가 기존 자원의 생산성을 높이는 혁신 활동에 주안점을 두라는 이야기이다.

3. [가]의 의미

스타벅스나 델이 성공할 수 있었던 것은 커피 판매점이나 컴퓨터 판매업에 있어서 각각 기존의 판매 방식에 의존하지 않고 새로운 판매 방식을 개발했기 때문이다. 이는 판매 수익을 올리기 위해 판매 방식의 혁신을 꾀한 데서 비롯된다. 달리 말하면 두 사례는 '판매 방식'을 새롭게 자원화하는 혁신을 감행했고 그 효과가 소비자들에게 먹혀들었던 것이다. 새롭게 자원화했다는 것은 그 마인드를 바꿔냈음을 의미한다. 스타벅스는 단순히 최고급 커피원두를 파는 가게에서 '커피에 관한 경험'을 재창조하는 문화적 소비 경험의 장으로 혁신하였고 그 결과로 성공을 거둘 수 있었다. 그리고 델은 고객과의 직접적인 커뮤니케이션을 통한 맞춤형 PC를 판매하는 모델을 자원화함으로써 성공할 수 있었던 것이다. 이 두 성공사례가 의미하는 바는 현대 사회 소비자들의 욕구의 변화를 자원화했다는 점인데, 문화적 욕망의 장과 획일화되지 않는 상품의 맞춤형 소비가 바로 그 초점이라 할 수 있겠다. 예를 들어 스타벅스와 델의 성공과는 달리 전 세계의 모든 매장을 동일한 판매시스템으로 구축한 맥도날드는 1990년대 이후 하향세를 보여왔음은 그 역설적 교훈이다.

하나의 예시 답안

스타벅스나 델이 성공할 수 있었던 것은 커피 판매점이나 컴퓨터 판매업에 있어서 각각 기존의 판매 방식에 의존하지 않고 새로운 판매 방식을 개발했기 때문이다. 이는 판매 수익을 올리기 위해 판매 방식의 '혁신'을 꾀한 데서 비롯된다. 달리 말하면 두 사례는 '판매 방식'을 '새롭게' '자원화'하는 혁신을 감행했고 그 효과가 소비자들에게 먹혀들었던 것이다. 새롭게 자원화했다는 것은 그 마인드를 바꿔냈음을 의미한다. 스타벅스는 단순히 최고급 커피원두를 파는 가게에서 '커피에 관한 경험'을 재창조하는 문화적 소비 경험의 장으로 혁신하였고 그 결과로 성공을 거둘 수 있었다. 그리고 델은 고객과의 직접적인 커뮤니케이션을 통한 맞춤형 PC를 판매하는 모델을 자원화함으로써 성공할 수 있었던 것이다. 이 두 성공 사례가 의미하는 바는 현대사회 소비자들의 욕구의 변화를 자원화했다는 점인데, 문화적 욕망의 장과 획일화되지 않는 상품의 맞춤형 소비가 바로 그 초점이라 할 수 있겠다. 예를 들어 스타벅스와 델의 성공과는 달리 전 세계의 모든 매장을 동일한 판매 시스템으로 구축한 맥도날드가 1990년대 이후 하향세를 보여왔음은 그 역설적 교훈이다.(580자)

3. 자유민주주의의 현실과 지향

도전 문제 1 · 해설

논제의 구성 조건 확인

① 사례 〈A〉, 〈B〉, 〈C〉는 현실 사회에서 문제가 되는 경쟁의 양상을 비유적으로 보여준다.

② 이 세 가지 경쟁의 성격을 설명하고,

③ 이를 바탕으로 경쟁의 공정성과 경쟁 결과의 정당성에 대해서 논술하시오.

④ (제시문 〈1〉 ~ 〈7〉을 참고할 것)

①에서는 전체적인 논술의 방향을 제시하고 있다.

③에서 제시문을 참고하라는 것은 반드시 직접적으로 거론하지 않아도 된다는 것이다. 제시문에서 거론되고 있는 내용들만을 중심으로 논술할 경우 창의성이 없어진다. 참고하라고 하는 것은 글 내용을 활용해서 자기 방식대로 개념화하여 논술해도 좋다는 뜻이다. 〈1〉~〈7〉의 사례들은 논술자에게 상상력을 제공해준다. 논술자 자신이 쓰고자 하는 논지에 따라 선별하여 활용하도록 한다.

제시문 분석과 문제 설정

1. 세 가지 경쟁의 성격 분석하기

〈사례 A〉

이 사례는 부도덕한 방식으로 경쟁에 임하는 태도를 보여준다. 그러나 부도덕한 방식으로 경쟁에 임했어도 아무런 문제없이 승리하는 결과를 차지했다는 점에도 문제가 있다.

〈사례 B〉

이 사례는 조건에 따라 규칙을 새롭게 수정하는 융통성을 보여준다. 이 사례에 있어서 경쟁은 조건에 따라 규칙을 수정하는 조정자 및 그 조정된 내용에 따라 엄밀하게 경쟁이 진행되는지를 감시하는 감시자로서 제3자(심판)가 개입하고 있다.

〈사례 C〉

이 사례는 약자들에게도 기회를 평등하게 제공해주는 정의로운 경쟁의 성격을 보여준다. 이 사례에 있어서 경쟁은 정의로운 제3자의 지원이 요청되는 경쟁이다.

2. 제시문 참조

〈제시문1〉

제시문1은 공식적인 경쟁의 원리에 대한 사례는 아니다. 마을의 공유지가 있고 가축을 자유롭게 방목하도록 되어 있는데, 이 방목하는 가축의 수를 각 개인 가족이 '경쟁적으로' 늘리다가 결국 황무지로 만들어버렸다는 교훈을 주고 있다. 경쟁해서 안될 공유지에서 서로 간 규칙(공동체 윤리)을 합의하지 않으면 결과가 좋지 못하다는 교훈이다.

〈제시문2〉

어떠한 종류의 인간일지라도 그 본성에는 연민과 동정이 있다.

〈제시문3〉

자본주의 사회에서 기업 간 경쟁이란 사활을 건 경쟁이며, 독점 역시 경쟁이 진행되는 것이고, 따라서 독점 이윤은 정당하다.

〈제시문4〉

사회적―분배적 정의는 자생적 질서에서는 의미가 없고 인위적 질서에서만 의미가 있다, 자유의 제한으로 손실되는 것이 인식되지 않는다고 해서 자유를 제한하는 것이 정당화될 수는 없다.

〈제시문5〉

사회 제도의 제1덕목으로서 정의는 다수의 이익을 위해 소수의 희생을 강요하지 않는다, 법이나 제도가 아무리 효율적이라 해도 정당하지 못하면 폐기되거나 개혁되어야 한다.

〈제시문6〉

경제가 시장의 원리에만 의존하면 시장이 붕괴될 수 있으므로 국가가 개입하여 경쟁 정책을 수립해야 하되 경쟁이 그릇된 방향으로 흐르지 않게 보호할 수 있는 경쟁의 원칙을 세워 운용해야 한다.

〈제시문7〉

'경쟁'이라는 말은 '함께 추구한다'의 의미가 있으며, 기술의 진보 및 생산성의 향상 그리고 정치 등에서 긍정적인 효과를 발휘한 것도 사실이나, 오늘날 경쟁 논리가 지배하는 사회에서는 승자와 패자가 확연히 구분되며 특히 경제의 측면에서는 상대의 이익을 빼앗는 논리로까지 확산되고 있다.

3. 문제 설정: 경쟁의 공정성과 경쟁 결과의 정당성

예시 답안 참조

하나의 예시 답안

오늘날 현대사회는 경쟁없이 살아갈 수 없으며, 그 경쟁의 양상 또한 다양하다. 〈사례 A〉의 경우는 부도덕한 방식으로 경쟁에 임하는 태도를 보여주고 있으며, 또한 부도덕한 방식으로 경쟁에 임했어도 아무런 문제없이 승리하는 결과를 차지할 수 있음을 보여준다. 〈사례 B〉는 조건에 따라 규칙을 새롭게 수정하는 경쟁 방식의 융통성을 보여주는데, 이 사례에서 경쟁은 조건에 따라 규칙을 수정하는 조정자 및 그 조정된 내용에 따라 엄밀하게 경쟁이 진행되는지를 감시하는 감시자로서 제3자(심판)가 개입하고 있음을 보여준다. 그리고 〈사례 C〉는 약자들에게도 기회를 평등하게 제공해주는 정의로운 경쟁의 양상을 보여준다.

이처럼 경쟁의 양상은 부정적인 측면도 있고 긍정적인 측면도 있다. 사실 경쟁이란 게 '선의의 경쟁'이라는 표현이 역설적으로 시사해주듯이 부정적인 측면을 강하게 가지고 있으나, 무엇보다도 현대사회의 사회 원리로 작동되고 있다는 사실에 주목할 필요가 있다. 어떻게 보면 삶 자체가 경쟁하는 게임으로 볼 수도 있으나 우리 전통 사회의 두레와 같은 사례에서 보는 것처럼 함께 살아가는 공동체로서의 비경쟁적 삶의 양식도 존재했거나 존재하고 있다. '경쟁'이라는 말은 어원적으로 '함께 추구한다'는 뜻을 내포하고 있음도 그런 맥락일 것이다. 그러나 현대 사회에 있어서는 공동체적 원리는 점차 해체되고 사적 소유의 양식이 지배하는 사회가 됨에 따라 '공유'가 아니라 '소유'를 정당화하는 법이나 제도 등의 장치가 마련되고 그것이 사람들의 무의식으로 자리잡게 되었을 뿐만 아니라 '더 많은 소유'의 개념이 경쟁의 원리로 되었다. 더 많은 소유를 위한 경쟁은 법적 위반이 아닌 이상 자연스러운 행위 양식이 되어버렸다.

경쟁의 공정성 및 정당성을 이야기하려면 먼저, 어떤 특정 상황에 있어서 경쟁의 원리를 도입하는 것이 바람직한가를 검토해보아야 한다. 가령 〈제시문 1〉의 사례에서는 마을 사람들에게 경쟁의 원리가 암묵적으로 스며들어 파멸하게 되었는데, 마을 공동의 목초지일 경우 경쟁의 원리가 스며들지 않도록 규칙을 세웠어야 한다. 경쟁의 원리는 합리적일 수 있으나 그것이 갖는 경쟁적 성격 때문에 공동체를 파멸시키는 경우가 허다하다. 이런 사태가 예견될 경우 경쟁의 원리가 도입되지 않도록 공동의 윤리가 마련되어야 한다. 특히 경쟁 논리가 사활을 건 싸움으로 표출되고 상대의 이익을 빼앗는 논리로 비약하게 될 경우 인간 스스로 불우한 운명을 초래할 것이며 결국 공멸해 버릴 것이다. 오늘날 우리가 경험하는 자본주의 사회가 그런 꼴이며, 특히 입시 교육은 학생들을 경쟁의 희생물로 전락시키고 있다.

다음으로 경쟁의 원리를 도입하게 되었을 경우 최대한도로 경쟁의 공정성이 보장되어야 하고 경쟁의 결과에도 승복할 수 있는 정당성이 뒷받침되어야 한다. 경쟁을 위한 규칙은 경쟁자들의 조건에 따라 가변적으로 수정할 수 있어야 하며, 경쟁자의 조건이 장애인 등 소수자일 경우 연민과 동정에 따른 방침이 아니라 소수자들의 인권과 권리를 존중해주는 차원에서 모색되어야 한다. 우리가 살아가고 있는 우리 사회는 너무나 험한 세상이라 사실상 경쟁 자체가 혹독한 생존의 몸부림이 되어버렸다. 이런 현실에서 경쟁의 윤리 운운하는 것은 어리석은 짓일 수도 있다. 그러나 경쟁의 원리가 이미 사회적 원리로 지배하고 있고, 또 그것을 폐기하여 경쟁 없는 새로운 사회로 바꾸어나가지 않는 이상 적어도 경쟁의 공정성 및 정당성을 확보할 수 있는 경쟁 윤리의 수호는 사회적, 국가적 책임이다. 오늘날 공동체적 삶이 해체되고 개인주의적 원리가 지배를 하는 현실에서 경쟁 윤리는 '인간의 얼굴을 한' 약속이어야 할 것이다.(1,780자)

도전 문제 2 · 해설

논제의 구성 조건 확인

[문제 1]

① 제시문 [가]와 [나]에서 주장하는 바의 차이점을 서술하시오.

[문제 2]

① 제시문 [다]에서 강조하는 바가, [가]와 [나]에서 제시한 문제점의 해결 방안이 될 수 있는지에 대해서

② 자신의 입장을 밝히고, 그 근거를 논술하시오.

제시문 분석 및 문제 설정

[문제 1]

19세기 말부터 서구 산업국가들은 경제적 빈곤층을 보호하기 위한 사회보장제도(복지제도)를 마련하기 시작했다. 이후 국가의 적극적인 사회보장제도 실시를 둘러싸고 대립되는 입장이 개진되어 왔는데, 복지제도의 찬성과 반대 입장이 수혜자들을 정상적인 사회인으로 회복시키고 사회의 발전에 기여하는지에 대해서 비교적 뚜렷한 차이를 나타내고 있다.

제시문[가]는 경제적 빈민층(사회적 약자)을 구제하기 위해서는 민간의 자선으로는 한계가 있으며, 국가가 세금으로 복지제도를 적극적으로 추진해야 한다는 점을 역설하고 있다. 경제적 빈곤층이 결코 무능력하지 않으며, 국가의 복지혜택(구제)을 받으면 정상적인 사회인이 될 수 있음을 강조하고 있다.

제시문[나]는 사회적 약자들이 복지에 의존하게 된 경제적 상황이나 원인을 고려하기보다는 사회보장제도가 수혜자들의 노동 의지를 약화시키고 파괴해 버림으로써 복지의존자로 전락시키고 만다고 주장하고 있다. 이 견해는 사회적 약자의 경제적 빈곤보다 더욱 심각한 것이 도덕적 타락이라고 보고 있는 것이며, 결국 복지의존자들의 도덕적 타락이 사회 전체의 이익에 파괴적 기능을 하고 있다는 점에서 제시문[가]와 차이를 나타내고 있다.

본 문제는 수험생이 [가]와 [나]로 대비되는 제시문을 통해, 복지제도가 수혜자들을 정상적인 사회인으로 회복시키고 사회 발전에 기여하는지 여부를 둘러싸고 개진된 뚜렷한 차이를 적절하게 파악할 수 있는 분석력의 평가가 목적이다.

[문제 2]

제시문[다]는 앤서니 기든슨의 '제3의 길'을 요약한 것이다. 제1의 길은 최대 정부에 의한 무한 복지를 통한 경제적 평등이 실현되는 사회 민주주의를 지향하였고, 제2의 길은 최소 정부에 의하여 경제적 경쟁을 중시한 반면 경제적 평등을 축소시킨 신자유주의를 추구하였다. 제3의 길은 형평과 효율의 조화를 추구하면서 생산적 복지(welfare to work)와 포용적 평등을 선호한다. 구체적으로는 국가가 수혜자에 대한 무조건적인 지원보다는 일자리를 적극적으로 창출하거나, 재훈련제도를 중심으로 한 복지정책을 추진하여 고용을 확대화함으로써, 국가의 경제 경쟁력을 높일 수 있다. 그리고 고용률 향상이 국가의 세입을 증대시켜 복지를 확대하고, 복지확대가 또 고용창출로 이어져 경제 경쟁력이 높아지는 선순환 구조가 구축될 수 있다는 논리를 전개하고 있다.

본 문제는 이러한 제시문을 통해 내용을 파악할 수 있는 분석력을 평가하고, 제3의 길이 [가]와 [나]가 제시하는 문제점을 해결할 수 있다는 주장에 대해 근거를 제시해 자신의 입장을 밝히게 함으로써, 이론에 대한 비판적 평가 능력을 알아보기 위한 것이다.

하나의 예시 답안

[문제2]

국가의 사회보장제도가 수혜자를 정상인으로 회복시키고 사회 발전에 기여하는지에 대한 찬성과 반대 입장이다. [가]는 경제적 빈곤층이 무능력하지 않으며, 국가의 복지혜택을 받으면 정상인이 될 수 있음을 강조하고 있는 반면, [나]는 사회보장제도가 수혜자들의 노동의지를 약화시켜 복지의존자로 전락시키는 도덕적 타락을 초래한다고 주장하고 있다.

[문제3]

1. 반드시 제시문 [다]의 주된 주장이 [가]와 [나]의 문제해결 방안이 될 수 있는지에 대한 자신의 입장 밝히고, 그 근거를 논리적으로 서술해야 한다.
2. 아래에 제시되어진 것들 중 3가지 정도를 제시하고 논술하면 된다.

[해결될 수 있다는 입장]

제3의 길은 국가의 복지문제에서 사회적 약자를 위한 평등성과 경제적 성장을 위한 효율성의 조화를 추구하는 생산적(적극적) 복지정책을 강조한다. 평등성과 경쟁성을 동시에 추구한다는 점에서 수혜자에 대한 복지를 확대시킬 수 있고 동시에 도덕적 타락의 폐단을 줄일 수 있다고 생각한다. 그 근거는 수혜자에 대한 무조건적인 지원보다는 국가가 일자리를 적극적으로 창출하거나, 재훈련제도를 중심으로 한 지원책을 추진하여 고용을 확대함으로써, 국가의 경제 경쟁력을 높일 수 있다. 그리고 고용률 향상이 국가의 세입을 증대시켜 복지를 확대하고, 복지확대가 또 고용창출로 이어져 경제 경쟁력이 높아지는 선순환 구조가 구축되기 때문이다.

[해결될 수 없다는 입장]

1) 제3의 길은 복지 문제에서 사회적 약자를 위한 평등성과 경제적 성장을 위한 효율성의 조화를 추구하는 생산적(적극적) 복지정책을 주장하지만 사회적 약자에 대한 복지 확대에는 한계가 있다. 제3의 길은 복지 정책이 고용 확대를 중심으로 추진되면 고용률이 증가하여 경제가 효율적으로 성장하며, 국가의 세원이 증대하여 복지제도가 더욱 확대된다는 선순환구조를 가정하고 있다. 하지만 최근 고용 없는 성장이나 비정규직 중심의 고용이 확대되어 고용률이 증가하지 않고 있다. 이로 인해 실질적으로 국가의 세원이 늘어나지 않아 복지 확대가 어려워지거나, 복지 확대를 위해서는 소득이 증가하지 않음에도 불구하고 세금을 늘릴 수밖에 없게 된다.

2) 제3의 길은 복지 문제에서 사회적 약자를 위한 평등성과 경제적 성장을 위한 효율성의 조화를 추구하는 생산적(적극적) 복지정책을 주장하지만, 복지의존자의 도덕적 타락을 없애는 데 한계가 있다. 제3의 길은 복지정책이 고용확대를 중심으로 추진되면 고용률이 증가하고 경제가 효율적으로 성장하며, 국가의 세원이 증대하여 복지제도가 더욱 확대된다는 선순환구조를 가정하고 있다. 그러나 최근 한국에서는 3D직종 기피 경향으로 인해 노동력 부족 현상이 심각한 반면, 고학력 실업률도 높다. 국가 고용정책으로는 고학력 실업자가 선호하는 직업을 창출하기 어려우며, 국가는 일할 자리가 있으나 실업을 선택한 사람에게 지원을 할 수밖에 없다.

이 해설은 대학측에서 발표한 자료를 바탕으로 작성되었다.

도전 문제 3 · 해설

논제의 구성 조건 확인

① 지문 〈가〉에 제시된 '선거'의 양상을 살펴보고,
② 지문 〈나〉에 제시된 '추첨'이 대안이 될 수 있는가에 대하여
③ 자신의 견해를 논술하시오.

이하 아래의 해설은 대학측에서 발표한 출제 의도 및 예시 답안으로 대신한다.

우리는 여러 가지 사회적 관습이나 제도에 별다른 심사숙고 없이 그것을 당연한 것으로 받아들이는 경우가 많다. '선거'만 하더라도 그것이 민주주의의 이념을 실현하는 최선의 방법이라고 여기곤 한다. 이번 문제에서는 이러한 고정관념에 대하여 도전적인 문제 제기를 한 지문을 제시하여 수험생들로 하여금 통념적 사고의 틀에서 벗어나 사회 제도 및 현상을 새로운 각도에서 살펴보고 창의적인 대안을 모색해 보도록 하였다. 인간과 사회에 대한 통찰력 및 유효한 문제해결 능력을 점검하는 데 출제의 주안점을 두었다.

문제는 지문 〈가〉에 묘사된 선거의 양상을 고려하여 지문 〈나〉에 제시된 '추첨'의 대안적 가능성 여부를 논하라고 요구하고 있다. 두 지문 가운데 〈나〉에 초점이 놓이는 셈이다. 〈나〉의 내용은 고대 아테네에서 시행됐던 추첨 제도의 요목을 집약적으로 정리한 것으로서 면밀히 숙고할 필요가 있다. 특히 뒷부분에 나와 있는 '미숙하거나 무능력한 행정관의 선출을 방지하는 제도적 장치'에 관한 사항은 '추첨'을 엉뚱하거나 초보적인 제도로 논단할 수 없도록 하고 있다. 추첨의 유효성을 부정하는 견해를 제시하고자 할 때 치밀한 반박 논리가 필요한 상황이다. 이와 함께 지문 첫머리에는 오늘날 배심원 선출에 있어 추첨을 적용하는 사례가 제시되어 있어 그것이 현대에도 하나의 대안이 될 수 있음을 시사하고 있다. 이는 추첨을 한낱 지난날의 제도일 뿐이라고 몰아붙일 수 없게 하는 한편, 오늘날 추첨을 적용한다면 어느 분야에 어떤 방식으로 적용할 수 있을까(또는 없을까)를 고민하도록 하

는 조건이 된다. 추첨의 대안적 가능성을 인정하든 그렇지 않든간에 자료에 대한 정확한 이해와 그에 따른 논리적 판단이 필요한 것이다.

지문 〈가〉는 지문 〈나〉에 대한 보조 자료에 해당하는 것으로서, 그 내용이 별로 어렵지 않다. 하지만 이 지문 속에도 몇 가지 신중히 고려할 사항들이 담겨 있다. 전체적으로 선거의 혼탁상과 난맥상이 묘사되어 있지만, 글 뒷부분에 '처음으로 겪는 선거'라는 사실과 함께 앞으로 나아질 수 있다는 전망이 제시되어 있어 선거 자체를 부정하고 있지는 않다. 수험생들은 선거의 난맥상이 여전하며 본질적이라고 하는 쪽으로도, 또한 그것이 부수적인 것이며 개선될 수 있다고 하는 쪽으로도 논지를 전개할 수가 있다. 이때 어떠한 문제가 어떻게 이어질 수밖에 없다거나 또는 어떻게 개선 가능하다거나 하는 데 대한 판단을 할 것이 요청된다. 지문의 내용 가운데 선거에 있어서의 '돈의 힘'[금권]이나 '공약(空約)', '비방 및 인신공격' 등이 중요한 화두가 될 터인바, 이러한 요소를 잘 짚어내 논리정연하게 주장을 풀어나가면 좋은 답안이 될 것이다.

예시 답안 1

오늘날 민주주의라고 하면 누구나 선거를 생각하고 민주주의와 선거를 동일시한다. 그러나 선거와 관련된 여러 가지 역사적 사실을 살펴보거나 선거를 한 번이라도 경험해 본 사람들은 선거가 과연 민주적인 것이고 민주주의를 제대로 구현하는 제도인지 의심하게 된다.

선거란 국민이 자신의 대표자를 선출하는 과정에 참여해서 각자 1표를 행사하여 대표자를 선출하여 나라의 일을 처리하도록 맡기는 것이다. 그러나 지문 〈가〉에 보이는 것처럼 선거에는 금력, 권력이 가지는 엄청난 영향력을 비롯하여 지연, 혈연, 학연 등의 요소와 선동, 대중적 인기, 호기심, 무관심과 냉소 등의 상황적?비합리적 요소가 크게 작용하고 있다. 또한 선거 과정에서의 고비용과 인력 동원, 공약(空約) 남발은 과연 그것이 훌륭한 대표자를 뽑는 적절한 절차인가 회의하게 만들고 있다. 이러한 부정적 요소를 방지하기 위해 번거롭고 복잡한 보완장치를 마련하고 있으나 문제가 쉽게 해결되지 않고 있는 실정이다.

국민의 대표자나 어떤 조직 또는 기관의 대표자를 선출하는 방식에는 선거와 추천, 임명, 시험 선발, 추첨 등 여러 가지 방식이 있을 수 있다. 이러한 방식들 가운데 부작용이 가장 적고 민주적인 방식은 어떤 것일까? 물론 그것은 대표자가 맡은 역할이나 기능에 따라 다를 수 있다. 예컨대 전문성이 필요한 분야는 그에 맞는 지식과 자격을 갖추어야 한다고 할 수도 있다. 그러나 일반적으로 대표자가 가지고 있는 기능에는 전문성보다는 건전한 상식과 합리성이 더 필요한 면이 있다. 사법절차의 진행에 있어 법관이 아닌 일반 시민이 배심원이 되어 유무죄의 결정을 훌륭히 내리고 있는 것이 좋은 사례가 된다.

이렇게 본다면 지문 〈나〉에 제시된 추첨 방식이 좋은 대안이 될 수 있다고 본다. 어떻게 요행에 기대어 국민의 대표자를 선출할 수 있겠는가 반문할 수도 있을 것이다. 그러나 선거의 필요악적 요소로 인한 사회 전체의 자원 낭비를 고려한다면 추첨의 방식이 더 간명하고 효율적일 수 있다. 능력과 성품의 문제가 제기될 수 있겠지만 자격 요건에 대한 적절한 심사(납세의무 이행, 범죄전력 여부, 병역의무의 이행 등)를 거침으로써, 또한 그 책임과 의무를 명확히 하고 직무에 대한 평가를 엄격히 수행함으로써 문제의 해결이 가능할 것이다. 오히려 이 제도를 통해 소명의식을 지닌 건전한 시민의 폭넓은 참여를 통한 민주주의 정신의 구현이 가능하다는 측면이 커 보인다. 추첨 제도의 적용에 대한 전향적인 연구 검토가 이루어져야 할 것이다.

예시 답안 2

국가권력은 크게 입법부?사법부?행정부로 구분되며, 이를 조직하고 구성하는 원리는 작은 단위에서 큰 단위에 이르기까지, 하부구조에서 상부구조에 이르기까지 복잡 다양하다. 일반적으로 입법부를 구성하는 의원의 선출에 있어서는 선거가, 사법부와 행정부를 구성하는 공직자 선발에 있어서는 시험제도가 활용되지만 이밖에도 여러 방법이 병행되고 있다.

글 〈가〉는 입법부를 구성하는 의원을 선발하는 선거와 관련하여 금권선거, 비방선거 등 선거제도의 부정적인 양상을 보여주고 있다. 글 〈나〉에서는 아테네의 행정관의 선발 방법으로 사용되었던 추첨 제도를 소개하면서 오늘날에 있어서의 민주적 사용 가능성을 제기하고 있다.

추첨이 대안이 될 수 있는 제도인가를 보기 위해서는 아테네의 행정관 선출방법이 과연 오늘날의 상황에 적용 가능한가의 문제를 살펴야 한다. 아테네에 있어서 추첨에 의한 대표자 선발은 아직 충분한 사회적 분화가 이루어지기 이전의 소규모 도시국가라는 배경에서 한정된 공직에 적용되었다는 점에서, 국제화 · 전문화 · 분업화를 특징으로 하는 현대사회에 적용하기에는 많은 난점이 있다고 본다. 적어도 이 추첨 제도는 입법 · 사법 · 행정 각 분야에 폭넓게 적용될 수 있는 제도가 아님은 분명하다. 각 분야의 성격과 규모에 따라 그에 적합한 선발 방법을 다양하게 적용하는 것이 타당하다. 만약, 아테네에서 행정관 추첨 제도가 사후 직무평가와 같은 제도적 장치를 통하여 효율적으로 운영되었다면, 오늘날 그러한 적용이 가능한 분야가 무엇일지 잘 살펴볼 필요가 있다. 한 예로 최근 사법제도 개혁에 있어서 논의되는 배심원의 구성과 관련하여 그 활용을 고려해 볼 수 있을 것이다.

지문 〈가〉에서 문제가 되고 있는 국회의원 선거의 경우 금권이나 관권 선거 등의 부작용을 근거로 선거 자체의 합리성을 부정하기는 어렵다고 본다. 선거의 문제점은 사회가 성숙과 함께 점차 개선돼 왔으며, 앞으로 더욱 개선해 나갈 수 있는 가능성이 있다. 무엇보다 그 제도를 통해 민주적 대의정치의 원만하고 안정적인 운용이 이루어져 왔다는 사실을 가볍게 볼 일이 아니다. 만약 그것을 하루아침에 추첨과 같은 다른 제도로 대신한다면 오히려 더 큰 혼란과 부작용이 생길 것이 자명하다. 앞서 언급한 배심원 구성 등 일부 영역에서의 조심스러운 적용이라면 몰라도, 그 이상의 폭넓은 적용에는 극히 신중을 기해야 할 것이다. 우리가 힘을 기울여야 할 것은 위험을 무릅쓰고 불필요한 모험을 추구하는 일이 아니라 안정의 바탕 위에서 제도의 점진적 개선을 추구하는 일이라고 하는 것이 나의 생각이다.

예시 답안 3

현대 사회의 주류 정치제도인 대의 민주주의에는 한 사회의 대표를 선출하는 제도가 수반되어야 한다. 그 가운데 오늘날 가장 보편화되어 있는 것이 선거 제도라 할 수 있다. 많은 이들이 선거 제도를 인류가 개발한 가장 민주적이고 효율적인 대표 선출 방법이라고 믿고 있다.

하지만 오늘날 선거의 실상을 살펴보면 그 양상이 간단치 않음을 확인할 수 있다. 지문 〈가〉에는 선거의 여러 부정적인 모습들이 잘 묘사돼 있는데, 이를 한때의 혼란으로 치부할 일이 아니다. 인신공격과 선심성 공약, 엄청난 선거 비용 등이 여전히 큰 문제가 되고 있다. 더욱 본질적인 문제는 선거가 재력과 학맥 등을 갖춘 일부 기득권층의 권력을 재생산하고 합리화하는 수단이 되고 있다는 사실이다. 대다수 일반 시민은 대표자가 될 기회를 얻지 못한 채 정치현실에 등을 돌리고 있다.

이러한 상황에서 지문 〈나〉에 제시된 고대 아테네의 추첨 제도는 우리에게 좋은 대안을 시사하고 있다. 그것은 일반의 우려와 달리 미숙자나 무능력자의 선출을 방지하는 안전 장치를 지니고 있는 효율적인 선발 제도였다. 공직에 나설 의사를 가진 시민들에게 폭넓은 기회를 주는 한편으로, 대표자의 업무 수행과 관련하여 시민들의 상시적 견제와 평가가 가능했던, 민주주의 정신에 충실했던 대의 제도였던 것이다.

하지만 이 제도를 현대사회에 그대로 적용할 수 있을 것은 아니다. 고대사회와는 크게 다른 현대의 사회정치적 상황을 고려한 보완적 적용이 필요하다. 그 보완책은 여러 맥락에서 신중하게 마련되어야 할 것이다. 예컨대 다음과 같은 보완책을 구상해 볼 수 있다. 첫째, 복잡해진 현대사회의 특성을 고려해 전문성을 향상시키는 방안을 강구한다. 직무에 맞추어 추첨 대상자의 자격 요건을 특화하는 것이 한 방법이 될 것이다. 둘째, 업무의 연속성을 고려한 임기 조정이 이루어져야 한다. 직무 성격에 따른 다양화가 필요하다고 본다. 셋째, 여성이나 장애인 등 사회 소수자들의 폭넓은 참여를 유도하는 제도적 장치의 마련을 적극 고려하는 것도 좋을 것이다.

어떤 사회제도든 머물러 있으면 썩기 마련이다. 하루가 다르게 변화하는 역사의 흐름에 맞추기 위해서는 끝없는 발상의 전환이 필요하다. 정치·사회적 제도 또한 예외가 아니다. 선거에 고비용·비효율의 요소가 있고 비민주적 요소가 있는 것이 사실이라면 대안을 마련하는 것이 마땅하다. 추첨 제도는 그 좋은 대안이 되어줄 것이다.

도전 문제 4 · 해설

논제의 구성 조건 확인

① 제시문 ⑴, ⑵가 공통적으로 다루고 있는 쟁점과 서로 다른 주장이 무엇인지 서술하고

② 제시문 ⑶의 '나'가 '옹졸'한 이유를 제시문⑴, ⑵의 논지에 근거하여 두 가지 측면에서 설명한 후

③ '나는 얼마큼 적으냐'라는 자기 성찰이 갖는 의의와 그 한계에 대하여 논술하라.

위 논제의 요구 조건대로 순서에 따라 논술문을 구성하면 되겠다.

제시문 분석과 문제 설정

1. 제시문 분석(논지 요약)

(1)

부당한 권력은 저항하지 않는 개인들의 소극적이고 이기적인 태도 때문에 유지된다. 끊임없는 자기 성찰, 공공적 관심, 시민적 참여만이 부당한 권력을 약화시킨다.

(2)

윤리 의식의 부족에서가 아니라, 구성원들의 자유로운 의사 소통과 자율적 행동이 보장되지 못한 억압적인 정치 상황, 비민주적 환경이 부당한 권력에 저항하지 못하게 하고 개인을 나약하게 만든다.

(3)

거대 권력 혹은 권력 있는 자에는 저항하지 못하고 힘도 없는 자들에게 사사로운 일에만 분개하는 자신을 자책한다.

2. 문제 설정

(가) 제시문 1과 2의 공통 쟁점과 차이

제시문 (1)과 (2)는 부당한 권력에 저항하지 않는 개인들의 문제를 분석하는 것을 공통 쟁점으로 하고 있다. 그러나 (1)은 그 이유를 개인의 몫으로 돌리지만 (2)는 억압적인 정치 상황 및 비민주적 환경 탓으로 돌린다. (1)은 부당한 권력에 맞서기를 꺼리는 소극성, 이기주의, 기회주의, 사사로운 욕망과 안락함 따위들이 지성적 판단력과 윤리적 책임 의식을 약하게 하여 인간을 나약하게 만들므로 저항 의식이 부재한다고 지적한다. 반면에 (2)는 저항 의지가 없도록 하고 인간을 나약하게 만드는 이유는 개개인의 윤리 의식이 부족해서가 아니라 그들을 타율적으로 만드는 환경—억압적인 정치 상황 및 비민주적 환경—에 있다고 주장한다. 결국 쟁점은 무저항의 이유가 개인적 의식에 있느냐 사회적 환경에 있느냐에 집중되고 있다.

(나) 제시문 (3)의 '나'가 '옹졸한' 이유

(3)에서 화자 '나'는 거대 권력이나 권력자에게는 한마디 저항도 못하고 힘없는 자들에게만 사사로이 반발하고 트집잡는 자신을 책망하며 스스로를 옹졸하다고 한다. 따라서 첫째는 부당한 권력이나 힘있는 자에 저항하지 못하는 나약함으로 옹졸하고 둘째는, 자기보다 힘없는 자들에게 욕하는 것이 옹졸하다.

(다) '나는 얼마큼 적으냐'의 자기 성찰 의의와 한계

사회적 권력 집단의 부당함에는 아무 소리 못하고 힘없는 자들에게 사사로운 감정으로 욕하고 빈정대는 자신을 '나는 얼마큼 적으냐'고 하자는 자책하고 있다. 착실한 소시민으로서도 아닌, 비겁한 소시민으로서 살아가는 자기 자신에 대해 성찰을 하고 있다. 화자의 자기 성찰의 의미는 행동하지는 못하지만 사회적 부조리에 대해서는 깊게 공유하고 있음을 나타낸다는 점에 있다. 그러나 사회 정의를 위해 아무런 행동도 하지 못하고 그 스트레스를 사사로이 개개인들에게 화풀이하듯이 하는 습관은 문제이다.

현대 사회는 끊임없이 성찰하도록 만든다. 민주사회를 표방하면서도 사회 정의가 부재하고 권력자나 힘 있는 자들의 부당함이 판치고 있기 때문이다. 그나마 화자는 국가 권력과 같은 거대 권력에 대해서만 비민주주의적 문제 의식을 느끼는 것이 아니라 시민들의 생활 공간에서 벌어지는 비민주적 관계들(땅주인, 구청직원)에 대해서도 문제 의식을 느끼고 있다.

그러나 사회 정의를 위해 아무런 직접 행동도 하지 못하고 그 스트레스를 사사로이 개개인들에게 화풀이하듯이 하는 습관은 문제가 있다. 더구나 화자가 살아가는 또다른 생활 공간(설렁탕집, 이발소)에서는 스스로를 '손님은 왕'으로 대접받으려 하는 비겁한 소시민이라는 점에서 민주적 부채 의식의 한계를 안고 있다. 민주적 부채 의식이라 함은 정의로운 민주 사회를 위해 직접 행동에 참여하지 못하는 안타까움에서 형성된다. 그런데 그런 부채 의식을 가지고 있음에도 스스로가 자신보다 약자인 타자들 위에 군림하려는 태도는 진정한 마음에서 우러나오는 부채 의식이 아니다.

하나의 예시 답안

제시문 (1)과 (2)는 부당한 권력에 저항하지 않는 개인들의 문제를 분석하는 것을 공통 쟁점으로 하고 있다. 그러나 (1)은 그 이유를 개인의 몫으로 돌리지만 (2)는 억압적인 정치 상황 및 비민주적 환경 탓으로 돌린다. (1)은 부당한 권력에 맞서기를 꺼리는 소극성, 이기주의, 기회주의, 사사로운 욕망과 안락함 따위들이 지성적 판단력과 윤리적 책임의식을 약하게 하여 인간을 나약하게 만들므로 저항 의식이 부재한다고 지적한다. 반면에 (2)는 저항 의지을 억압하여 인간을 나약하게 만드는 이유는 개개인의 윤리 의식이 부족해서가 아니라 그들을 타율적으로 만드는 환경—억압적인 정치 상황 및 비민주적 환경—에 있다고 주장한다. 결국 쟁점은 무저항의 이유가 개인적 의식에 있느냐 사회적 환경에 있느냐에 집중되고 있다.

그런데 제시문 (3)에서의 화자는 저항하지 못하는 자신을 책망하며 스스로를 옹졸하다고 표현한다. 아마도 화자는 자신의 저항적 분출의 부재가 개인의 윤리 의식의 부재에 따른 것은 아니라고 생각하는 듯하다. 왜냐하면 분명 저항이나 시민적 참여 행동이 필요하다고 느끼긴 하나 막상 행동하지 못하는 자신을 책망하기 때문이다. 아니 그저 소시민적 활동을 하는 정도도 아니고 화자의 상황은 더 악화된다. 거대 권력이나 권력자에게는 한마디 저항도 못하고 힘없는 자들에게만 사사로이 반발하고 트집잡는 자신을 책망하며 스스로를 옹졸하다고 한다. 따라서 첫째는 부당한 권력이나 힘 있는 자에 저항하지 못하는 나약함으로 옹졸하고 둘째는, 자기보다 힘없는 자들에게 욕하는 것이 옹졸하다고 자책하고 있다.

화자는 비겁한 소시민인 것이다. 그래서 그는 '나는 얼마큼 적으냐'고 자기를 성찰한다. 그렇다면 이렇게 자기 성찰을 하는 의의와 한계는 무엇일까. 화자는 착실한 소시민으로서도 아닌 비겁한 소시민으로서 살아가는 자기자신에 대해 성찰을 하고 있다. 화자의 이런 자기 성찰의 의의는 직접 행동하지는 못하지만 권력 집단의 부당한 횡포나 사회적 부조리에 대해서는 깊게 공유하고 있음을 나타낸다는 점에 있다. 현대 사회는 끊임없이 성찰하도록 만든다. 민주 사회를 표방하면서도 사회 정의가 부재하고 권력자나 힘 있는 자들의 부당함을 흔히 볼 수 있기 때문이다. 그나마 화자는 국가 권력과 같은 거대 권력에 대해서만 비민주주의적 문제의식을 느끼는 것이 아니라 시민들의 생활 공간에서 벌어지는 비민주적 관계들(땅주인, 구청직원)에 대해서도 문제 의식을 느끼고 있다.

그러나 사회 정의를 위해 아무런 직접 행동도 하지 못하고 그 스트레스를 사사로이 개개인들에게 화풀이하듯이 하는 습관은 문제가 있다. 더구나 화자가 살아가는 또다른 생활 공간(설렁탕집, 이발소)에서는 스스로를 '손님은 왕'으로 대접받으려 하는 비겁한 소시민이라는 점에서 민주적 부채 의식의 한계를 안고 있다. 민주적 부채 의식이라 함은 정의로운 민주사회를 위해 직접 행동에 참여하지 못하는 안타까움에서 형성된다. 그런데 그런 부채 의식을 가지고 있음에도 스스로가 자신보다 약자인 타자들 위에 군림하려는 태도는 진정한 마음에서 우러나오는 부채 의식이 아니다.

사회에서 권력은 국가나 자본과 같은 거대 권력으로서만 존재하는 것도 아니고 일상 생활에서의 타자들과의 관계들에서도 행사되며 존재한다. 그 권력 관계에서는 약자가 하나의 강자로 등장하기도 한다. 따라서 문제는 권력 행사란 그물망처럼 펼쳐진 사회적 관계들에 현실적으로 존재하고 있음을 각인하고 이에 따른 변화의 모습을 찾아나서는 것이 필요하다. 그럴 때 화자처럼 소시민으로 존재할지언정 비겁한 소시민으로 더 이상 존재하지 않을 것이다. (1,755자)

---

4. 대중사회 · 대중문화 속에서 주체성 찾기

도전 문제 1 · 해설

논의의 구성 조건 확인

〈I번 문제〉

① 〈제시문 1 · 2〉와 〈제시문 3 · 4〉는 대중의 속성에 관한 상반된 두 견해를 담고 있다.

② 그 두 견해의 내용을 각각 요약하시오.

내용 요약이므로 각각의 글들의 논지가 무엇인지 먼저 파악한다. 특히 제시문 1과 2, 제시문 3과 4는 서로 독립된 글이므로 연결하여 공통의 논지를 파악하도록 하고, '상반된 두 견해'라 했으므로 논지가 서로 대립되고 있음에 초점을 맞춘다.

〈II번 문제〉

① 아래 〈도표 1〉 · 〈도표 2〉는 위의 〈제시문〉들이 담고 있는 두 견해 중 하나를 지지하고, 〈도표 3〉 · 〈도표 4〉는 다른 하나를 지지한다고 볼 수 있다.

② 그 이유를 상세하게 설명하시오.

각각의 도표들을 분석하여 제시문들의 두 견해와 연계하며 상세하게 설명한다. 여기서 '설명하라'는 것은 도표들이 각각의 견해를 어떻게 지지하는지 도표를 분석하여 설명하라는 것이다.

〈III번 문제〉

① 아래 〈사례 1〉과 〈사례 2〉를 위의 〈제시문〉들이 담고 있는 두 견해와 연결시켜 설명하시오.

두 사례를 분석하여 두 견해와 연결하여 설명한다.

〈IV번 문제〉

① 위의 〈제시문〉들이 담고 있는 두 견해 중 하나를 선택하여,

② 현재 우리 사회가 안고 있는 한 문제와 연결시켜 논제로 삼아 그 해결방안을 논술하시오

③ 단 〈사례 1〉과 〈사례 2〉는 활용하지 말 것.

*논제 I~IV에 대한 논술은 각각 독립된 형태로 논술해야 하면서도 일관된 흐름을 가질 수 있도록 전체의 기조를 유지하는 게 필요하다.

제시문 분석과 문제 설정

1. 제시문 분석(논지 요약)

〈제시문 1〉

개인들은 운집하면 군중으로 나타난다. 군중은 개인의 성질을 억누르는 공통된 성질을 획득하며 집단의지에 복종한다. 개인의 지적인 창의력, 자유 의지, 분별 있는 성찰력과 통찰력 등의 자질은 군중 앞에서는 무력해진다.

〈제시문 2〉

참주정체란 민주정체에서 나오는 것인 바, 극단적인 자유에서 가장 심하고 야만스런 예속이 조성되어 나온다. 대중은 언제나 어떤 한 사람을 내세워 보살피고 키워주는 버릇이 있는데, 참주는 '대중'에 뿌리를 두고 성장한다.

〈제시문 3〉

보이지 않는 손이라는 것이 있어서 개인은 공공의 이익을 의도하지 않고 자기 자신의 이익을 추구하더라도 오히려 더 효과적으로 사회 공공의 이익을 증진시킨다.

〈제시문 4〉

(A) 사람을 제대로 알고 쓰는 데 있어서는, 다른 사람들이 보고 들은 것을 따라 널리 찾고 널리 검증하고 시험하여 취하고 버린다면 그 인품과 맡길 직책을 알 것이다.

(B) 온 나라 사람의 공론을 중시하여야 한다. 그렇게 하여 어느 하나를 죽이더라도 한 사람의 사사로운 이유에서 나온 것이 아니라 공론에서 나왔기 때문에 임금이 죽인 것이 아니라 온 나라 사람이

죽인 것이 된다. 그리하면 임금은 진정한 백성의 부모가 될 수 있다.

2. 제시문의 공통 논지 파악

〈제시문 1 · 2〉

두 글은, 군중 혹은 대중이라는 집단 의지는 개인의 자질을 소멸시켜 어떤 복종의 힘을 가지게 되는 바, 참주의 출현도 이에 기반하여 야만적인 예속을 조성한다는 문제 의식을 보여주고 있다. 다시 말해 개개인들의 힘에 의해 어떤 강력한 실천의 효과를 조성하는 게 아니라, 개인들이 집단화될 때 개인의 창조적 능력들은 소멸되고 군중/대중이라는 또다른 성질의 힘이 형성된다는 논지이다. 그 군중/대중의 힘이 오늘날 파시즘 형성의 원천이 될 수도 있는 것이다.

〈제시문 3 · 4〉

두 글은, 사회적으로 군중/대중의 추상화된 힘이 아니라, 개개인들의 사사로운 활동들의 집합적 효과로 사회 공공의 의미가 더 증진되거나 개개인들의 전체 의견을 공론화할 때 지도자의 행위가 정당화될 수 있다는 점을 말하고 있다. 즉 군중/대중이라는 추상적 힘이 아니라, 사회구성원 개개인들의 활동과 의견들이 공익과 공론 형성에 더 중요함을 말하고 있다.

3. 도표 분석

〈도표 1〉과 〈도표 2〉는 주식 투자에서 투자 전문가가 일반투자자(개미군단, 군중/대중)에 비해 월등히 수익을 많이 올리고 있음을 보여주고 있다. 즉, 일반 투자자들이 내다판(순매도) 종목은 수익률이 높고, 사들인(순매수) 종목은 오히려 수익률이 떨어졌음을 알 수 있다. 이는 일반 투자자들의 판단력이 전문 투자자에 비해 합리적이지 못함을 보여준다.

〈도표 3〉과 〈도표 4〉는 여러 사람의 판단이 더 합리적임을 보여준다. 〈도표 3〉의 구슬 수 예측 실험에서 예측자 수가 많을수록 정확도가 높아지며, 〈도표 4〉의 미로 찾기에서 개별 결정일 경우보다 집단 결정일 경우가 훨씬 합리적임을 볼 수 있다.

따라서 〈도표 1 · 2〉는 군중/대중 속에서 개인의 창조성, 판단력이 소멸된다는 점에서 〈제시문 1 · 2〉를 지지할 것이고, 〈도표 3 · 4〉는 개인들의 판단이 모여 집단적으로 판단할 때 더 합리적이라는 점에서 〈제시문 3 · 4〉를 지지할 것이다.

4. 사례 분석

〈사례 1〉

사례 1의 경우, 차량 요일제는 시 정부의 일방적인 것이었으므로 참여도가 낮았을 것이고, 혼잡 통행료는 운전자의 선택 의지가 개입하였으므로 참여도가 높았을 것이다. 이런 맥락에서 두 견해와 연결시킨다. 개개인들의 참여성에 더 중점을 둔 제시문 3 · 4의 견해와 더 가까운 사례가 아닌가 한다.

〈사례 2〉

사례 2의 경우, 정상적인 도로 교통 상황에서 어느 한 개인이 속도 흐름을 해쳤을 때 교통 문제가 연달아 일어나고 있음을 말해주고 있다. 이런 경우 교통 흐름을 사회적 공통 정서로 잡아줄 수 있는 운전 윤리가 필요함을 느끼게 될 것이다.

5. 사회 문제와 연계

➡ 제시문 1 · 2의 입장을 선택하거나 제시문 3 · 4의 입장을 선택한다.

➡ **제시문 1 · 2의 입장** : 개인의 정체성은 사라지고 군중/대중이라는 힘으로 집단 의지가 형성되어 나타나는 사회문 제들을 다룬다. 개인의 창조적 자질은 무력해지고 군중의 힘만이 우선한다. 그랬을 때 문제는 전체주의의 형성 가능성이다.

➡ **제시문 3 · 4의 입장** : 군중/대중의 추상적인 힘이 아니라 개개인들의 창조적 활동과 그 네트워크에 의한 사회의 공공적, 공론적 힘이 더 크다. 사회 전체를 위해서도 개개인들을 중시한다. 그러나 개인주의에 빠질 위험성이 존재하고, 거시적 관점은 무시되고 미시적 관점만 중시될 수 있다.

하나의 예시 답안

⟨I⟩

⟨제시문 1 · 2⟩는, 군중 혹은 대중이라는 집단 의지는 개인의 자질을 소멸시켜 어떤 복종의 힘을 가지게 되는 바, 참주의 출현도 이에 기반하여 야만적인 예속을 조성한다는 문제 의식을 보여주고 있다. 다시 말해 개개인들의 힘에 의해 어떤 강력한 실천의 효과를 조성하는 게 아니라, 개인들이 집단화될 때 개인의 창조적 능력들은 소멸되고 군중/대중이라는 또다른 성질의 힘이 형성된다는 논지이다. 이에 반해 ⟨제시문 3 · 4⟩는, 사회적으로 군중/대중의 추상화된 힘이 아니라, 개개인들의 사사로운 활동들의 집합적 효과로 사회 공공의 의미가 더 증진되거나 개개인들의 전체 의견을 공론화할 때 지도자의 행위가 정당화될 수 있다는 점을 말하고 있다. 즉 군중/대중이라는 추상적 힘이 아니라, 사회구성원 개개인들의 활동과 의견들이 공익과 공론 형성에 더 중요함을 말하고 있다.

⟨II⟩

⟨도표 1⟩과 ⟨도표 2⟩는 주식 투자에서 투자 전문가가 일반투자자(개미군단, 군중/대중)에 비해 월등히 수익을 많이 올리고 있음을 보여주고 있다. 즉, 일반 투자자들이 내다판(순매도) 종목은 수익률이 높고, 사들인(순매수) 종목은 오히려 수익률이 떨어졌음을 알 수 있다. 이는 일반 투자자들의 판단력이 전문 투자자에 비해 합리적이지 못함을 보여준다. 한편, ⟨도표 3⟩과 ⟨도표 4⟩는 여러 사람의 판단이 더 합리적임을 보여준다. ⟨도표 3⟩의 구슬 수 예측 실험에서 예측자 수가 많을수록 정확도가 높아지며, ⟨도표 4⟩의 미로 찾기에서 개별 결정일 경우보다 집단 결정일 경우가 훨씬 합리적임을 볼 수 있다. 따라서 ⟨도표 1 · 2⟩는 군중/대중 속에서 개인의 창조성, 판단력이 소멸된다는 점에서 ⟨제시문 1 · 2⟩를 지지할 것이고, ⟨도표 3 · 4⟩는 개인들의 판단이 모여 집단적으로 판단할 때 더 합리적이

라는 점에서 〈제시문 3 · 4〉를 지지할 것이다.

〈Ⅲ〉

　〈사례 1〉에서 예시한 차량 요일제는 시 정부가 일방적으로 도입한 제도였으므로 참여도가 낮았을 것이고, 혼잡 통행료제는 비용 부담이 있다 하더라도 운전자의 선택 의지가 개입하므로 참여도가 높았을 것이다. 이 사례는 개개인들의 참여성과 사회 공론장 형성에 더 중점을 둔 〈제시문 3 · 4〉의 견해와 더 가까운 사례가 아닌가 한다. 오늘날에 있어서 시민사회의 성숙은 개인적 활동을 위해서 스스로 선택한 제도에 대해서 일정 정도의 비용을 부담할 수 있는 정도가 되었다. 그러므로 시 정부가 일방적으로 정책을 강행하려 하지 말고 시민 사회의 공론의 장을 통해 결정해나가는 태도가 좋을 것이다. 그러나 문제는 있다. 차량 요일제일 경우 차량 운전에 제한이 있고 혼잡 통행료제는 차량 운전에 제한은 없다. 그렇다면 결국 대다수 시민들이 혼잡 통행료를 지불하고 이 제도를 선택한다면 교통 문제 해결에는 아무런 도움이 안 된다. 결국 개개인들의 편의 쪽을 선택했다는 것이다. 또한 혼잡 통행료제를 도입할 때는 도입 여부에 대해 시민들의 의사를 물었는지는 나타나 있지 않다.

　〈사례 2〉는 정상적인 도로 교통 상황에서 어느 한 개인이 속도 흐름을 해쳤을 때 교통 문제가 연달아 일어나고 있음을 말해주고 있다. 이 사례는 어느 개인 하나가 튀는 행동을 하지 아니하고 사회 전체의 흐름과 같이 가는 경우가 더 많은 자유와 더 많은 합리성을 획득함을 알 수 있다. 이런 점에서 〈제시문 1 · 2〉의 견해가 더 설득력 있을 수 있다. 그러나 이 경우는 어떤 전체주의를 강요하는 게 아니라 구성원들의 동조 체제에 의한 조화로운 삶을 가능할 수 있도록 한다. 개인의 욕망을 희생시키는 대중적 동조는 때에 따라서는 사회 전체에 훨씬 긍정적일 수 있다. 교통 흐름을 사회적 공통 정서로 잡아줄 수 있는 운전 윤리가 필요하다.

〈Ⅳ〉

　나는 일단 〈제시문 3 · 4〉의 견해를 선택하겠다. 〈제시문 3 · 4〉의 견해는 요컨대 군중/대중이라는 추상적인 집단 의지의 힘이 아니라, 사회구성원 개개인들의 활동과 의견들이 공익과 공론 형성에 더 중요함을 말하고 있다. 여기서의 쟁점은 집단 의지의 힘이냐 아니면 개인들의 활성화된 네트워크냐의 문제에 있다.

　한국사회의 역사적 흐름을 추적해보면, 1980년대의 경우는 사회의 민주적 변혁에 대한 집단 의지의 힘이 강렬하게 작용을 한 바 있고 거기에 투신하는 개인들도 그 집단의지에 종속된 결과였다. 대중적 저항의 미학은 집단화된 '대동단결'의 힘에 있었던 것이다. 그러나 1990년대 이후는 사회 운동의 새로운 경향으로서 개인적 주체성과 자율성이 상당히 중시되었다. 개인들의 시민사회적 네트워크가 창의적으로 사회를 바꾸어 나갈 수 있다는 믿음이 형성된 것이다.

　그러나 현실은 그렇게 녹녹치 않다. 사회구성원 개개인들의 창조적 활동과 공론장의 형성이 중요하면서도 집단 의지의 힘 역시 배제할 수는 없다. 여전히 우리 사회를 지배하는 거대 권력이 존재하기 때문이고 사회 정의의 문제도 새롭게 제기되고 있기 때문이다. 1990년대 이후 우리 사회는 민주화되었다고 하지만 정부의 행태들을 보노라면 비민주주의적인 결정이나 집행들이 너무 많다. 최근 이라크 전쟁 파병문제만 해도 그렇고 한미FTA 강행 처리만 보더라도 그렇다. 국민들의 의사를 묻지 않고 단순히 '국익'이라는 추상적인 이데올로기에만 의지하다보니 사회 민주주의는 죽어가고 있다. 이는 집단 의지도 아닐 뿐더러 차라리 권력 의지라고 해야 옳다.

이는 결국 대의민주주의제의 횡포라 할 수 있다. 대의민주주제의 횡포는 전체주의 횡포의 또다른 얼굴이다. 대의민주주의는 사회구성원 개개인들의 의사 결집력은 무시한 채 선거에 의해 선출된 자들의 의지로 대표화되어 버리기 때문에 선출직 수장들의 독점 권력의 형성이 가능해지고 있다. 아이러니하게도 더 많은 사람들이 지지할수록 그의 힘은 더 독재화되어간다.

이에 대해 나는 직접민주주의제의 부활을 제시하고자한다. 사회구성원 개개인들의 활동과 의견들에 의한 공익과 공론의 형성을 중시하는 것에는 사실 직접민주제에 대한 욕망이 존재한다. 직접민주제란 선출된 대표에게 모든 권한을 위임하는 게 아니라 투표권을 가진 시민들의 자기결정권을 중시하는 제도이다. 오늘날 환경 문제 등이 불거지면서 삶의 대안을 찾고자 하는 권리는 지역공동체 주민들의 구체적이고 직접적인 욕망으로 다가가고 있다. 요컨대 사회구성원 개개인들의 활동과 의견들에 의한 공익과 공론의 형성을 대의민주주의 방식으로 해결하려 하지 말고 직접민주주의 방식으로 해결하라는 것이다.

도전 문제 2 · 해설

논제의 구성 조건 확인

Ⅰ번 문제

① 〈제시문 1〉과 〈제시문 2〉의 논지를 각각 밝히고,

② 이 두 논지 모두를 근거로

③ 모조품 소비 현상이 발생하게 된 원인을 분석하여 설명하시오.

Ⅱ번 문제

① 〈제시문 3〉과 〈제시문 4〉를 고려하여

② 모조품 소비 현상의 문화적 함의를 논술하시오.

Ⅱ번 문제 ②에서 '문화적 함의'를 논술하라는 것은 모조품 소비 현상을 문화적 의미로 읽어내라는 뜻이다. '함의'란 함축된 의미이다.

제시문 분석과 문제 설정

1. 제시문 분석(논지 요약)

〈제시문 1〉

사람들은 자신에 대해서 좋은 이미지를 유지하고 싶어 하기 때문에 자기가 생각하고 행동하는 방식대로 다른 사람들도 생각하고 행동한다고 믿는다. 결국 다른 사람들이 어떻게 생각하는지 헤아리는 것은 실제로는 우리 자신이 어떻게 생각하는지 스스로 확인하는 것이라고 할 수 있다.

〈제시문 2〉

자동차를 사용하는 사람들 개개인 모두가 온실 효과에 대해서 책임이 있지만, 너무 많은 사람들이 이 문제에 연루되어있기 때문에 개인의 잘못이나 책임은 종종 간과된다. '목초지의 비극'이라는 용어는 이러한 사회적 딜레마 상황을 표현한다.

〈제시문 3〉

오늘날 우리 사회는 '짝퉁의 시대'다. 그러나 이 짝퉁의 시대는 원본과 복사를 전혀 구별할 수 없게 되어 있고 그 복제물들은 원본의 살아 있는 숨결 대신에 죽은 흔적만 휘감고 있다.

〈제시문 4〉

최근 한국 사회는 '짝퉁'과 '패러디'가 범람하고 있는데, 이는 브랜드 권력을 조롱하며 새로운 대항적 이미지를 창출하고 있다. 한국 사회의 패러디 문화에는 사회적 경락을 찌르는 비판 정신이 담겨 있다.

2. 논제 Ⅰ : 제시문 1·2의 논지를 근거로 한 모조품 소비 현상이 발생하게 된 원인을 분석 · 설명하기

　-제시문 1에 근거 : 사람들이 서로 따라하고 싶어한다는 검증되지 않은 무언(無言)의 믿음에 동조하는 무의식이 모조품 소비 현상을 부추긴다.

　-제시문 2에 근거 : 모조품 소비 현상이 소비자 속이기 등 사회 문제를 야기할 수 있음에도 이 문제는 모조품을 구매하는 대중적 소비 성향이 존재하는 한 해결하기 어려워보인다. 소비자 개인들도 사회 전체에 책임을 떠넘기지 개인 자신의 문제로 돌리지 않는다. 그러므로 모조품 소비 현상이 발생하게 된다.

　3. 논제 Ⅱ : 〈제시문 3·4〉를 고려한 모조품 소비 현상의 문화적 함의
　-대량 복제의 시대, '짝퉁' 시대의 모조품 소비 현상 고려
　-'짝퉁'과 패러디 문화의 대항적, 비판적 행위 고려
　-디지털 대량 복제 시대에 짝퉁과 패러디가 갖는 '차이의 반복'(동일한 물건의 복제가 아니라 차이를 형성하면서 복제함)이 갖는 긍정성에 주목한다.

하나의 예시 답안

〈논제 Ⅰ〉

　〈제시문 1〉의 논지는, 사람들은 자기가 생각하고 행동하는 방식대로 다른 사람들도 그렇게 한다고 믿는다는 가설을 주장하고 있다. 이 가설에 따르면, 다른 사람들이 어떻게 생각하는지 알려는 것은 사실 우리 자신이 어떻게 생각하는지 스스로 확인하는 것이라는 것이다. 그리고 〈제시문 2〉의 논지는, 어떤 사회적인 문제가 발생할 경우 너무 많은 사람들이 그 문제에 연루되어 있기 때문에 개인의 잘못이나 책임은 종종 간과된다는 것이다. '목초지의 비극'이라는 용어는 이러한 사회적 딜레마 상황을 표현한다.

　이 두 제시문의 논지를 근거로 하여 모조품 소비 현상이 발생하게 된 원인을 분석·설명하자면 다음과 같다. 〈제시문 1〉에 근거해서는 사람들이 서로 따라 하고 싶어 한다는 검증되지 않은 무언(無言)의 믿음에 동조하는 무의식이 모조품 소비 현상을 부추긴다고 말할 수 있다. 또한 〈제시문 2〉에 근거하자면, 모조품 소비 현상이 소비자 속이기 등 사회 문제를 야기할 수 있음에도 이 문제는 모조품을 구매하는 대중적 소비 성향이 존재하는 한 해결하기 어려워보인다. 왜냐면 소비자 개인들도 사회 전체에 책임을 떠넘기지 개인 자신의 문제로 돌리지 않기 때문이고, 바로 그러한 점에서 모조품 소비 현상이 발생하게 된다. 결국 대중들에게는 무의식적 수준에서 집단적 동조적 현상이 존재하고 있고 이 동조 현상은 거기에 참여한 개인 자신들의 책임 문제를 전가시켜 버리는 효과도 있다.

〈논제 II〉

주지하다시피 오늘날의 디지털 기술 시대(컴퓨터-인터넷시대)는 아날로그 시대(종이 인쇄 시대)와는 또다른 의미에서 대량 복제 시대이기도 하다. 아날로그 시대가 동일한 이미지들을 무한히 찍어낼 수 있다면, 그러나 디지털 시대는 동일한 이미지를 무한대로 찍어낼 수 있는 것은 물론이고 끊임없이 수정을 하며 원본을 닮았으되 차이를 지닌 복제물들을 무한히 생산해낼 수 있다.

그래서 발터 벤야민이 말하는 바처럼 복제물들은 더이상 '환영'으로서만 떠도는 게 아니라, 새로운 '숨결'마저 복제할 수 있게 되었다. 차이의 생산은 그 자체로 '숨결'의 차이를 가져온다. 모조품 즉 '짝퉁'이나 '패러디 문화'가 범람하는 것도 그 차이의 이미지를 소비하는 것이 용인되기 때문이다. 과거에는 '짝퉁'이 짝퉁이 아닌 것처럼 행세했지만 이제는 내놓고 행세를 하며 소비자들도 이를 인정하고 짝퉁만이 갖는 새로운 의미를 설정한다.

그 의미의 하나는 조롱하고 저항하는 대항 이미지의 소비 자체를 즐긴다는 것에 있다. 더 긍정적으로 밀고 나가자면 소비도 즐기고 저항도 즐기는 이중 전략이라고도 볼 수 있다. 특히 패러디는 소비 사회의 논리로 환원되지 않는 순수 문화적 차원이 있고, 그래서 그런지 원본의 기호 자체와 의미를 뒤집어버리는 전복의 예술적 생산성이 존재한다. 소비자를 우롱하는 짝퉁업자도 존재하는 것은 사실이지만 그러한 업자들을 무시한다면, '짝퉁'이나 패러디는 어떤 점에서는 소비자들의 유쾌한 반란성을 꼬드기는 '좋은' 문화일 수 있다. 그래서 드러내놓는 모조품은 죄가 되지 않는다.

도전 문제 3 · 해설

논제의 구성 조건 확인

〈논제 1〉

① 제시문 1은 한 학자가 문화와 관련하여 음악에 대해 쓴 글이다. 이 글의 논지를 요약하시오.

〈논제 2〉

① 제시문 2는 다른 학자가 문화와 관련하여 음악에 대해 쓴 글이다. 이 글의 논지를 요약하시오.

〈논제 3〉

① 아래 표는 어떤 국가에서 지난 일년 동안 고전음악과 대중음악 연주회에 참석한 사람들의 특성을 비교한 자료이다.

② 위의 제시문 1과 제시문 2의 입장 중 하나를 선택하여 이 자료를 해석하시오.

(표에 나타난 특성 중 논의 전개에 적합한 일부만을 사용해도 무방함)

〈논제 4〉

① 아래 제시문 3은 근래에 음악계에서 일고 있는 현상을 보고한 글이다. 이 현상이 문화 발전에 대해 시사하는 바를 위의 표 해석을 바탕으로 논술하시오.

제시문 분석과 문제 설정

〈제시문 1〉과 〈제시문 2〉의 논지 요약은 예시 답안으로 대체한다.

요약할 때는 다음에 특히 유의해야겠다.

〈제시문 1〉: 문화 산업의 본질적 특성과 관련하여 대중 음악과 순수 음악을 대비하여 요약하며 후기 자본주의 하에서의 역할에도 주목한다. 대중 음악(문화산업)에 대해 부정적이다.

〈제시문 2〉: 하위 문화 집단에 있어서 대중 음악의 긍정적 의미를 요약한다.

〈표〉의 해석

대중 음악에 대해 부정적일 경우(제시문 1)와 긍정적일 경우(제시문 2)를 선택하여 표 자료를 해석한다.

표 자료는 연령대에서 청소년·청년층이 대중 음악을 선호하는 반면 중장년층은 고전 음악을 선호한다. 교육 수준에서는 고학력 수준의 인구는 고전 음악을 선호한다. 거주 지역으로 보면 도시가 고전 음악을 선호하고 농촌이 대중 음악을 선호한다. 성별로 보면 남성은 대중 음악을, 여성은 고전 음악을 선호한다. 그러나 이러한 차이들은 그다지 크지 않아 큰 의미를 갖는 것은 아닌 듯하다.

〈논제 4〉의 경우, 〈제시문 3〉의 논지를 먼저 요약해야 한다.

제시문 3의 논지는 20세기 후반 이후 클래식과 대중음악의 경계선이 무너지는 '크로스오버 음악' 현상이 나타났으며, 그것은 클로드 볼랑이나 테너 플라치도 도밍고의 성공 사례를 통해 크로스오버 음악이 확고한 지위를 차지하기 시작했다는 것이다. 이 현상을 표 자료의 해석에 바탕하여 문화 발전에 시사하는 바를 논술하도록 한다.

〈표〉는 고전 음악과 대중 음악에서 약간의 차이를 가지고는 있지만 큰 의미를 갖는 것은 아닌 듯하다. 그런 의미에서 크로스오버 음악의 성공은 사람들의 취향 자체가 문화적으로 어느 한 고유 영역에만 갇히려 하기보다 음악 문화의 다양한 코드를 느끼려 하거나 가로지르기의 취향을 갖는다고 볼 수 있다.

하나의 예시 답안

〈논제 1〉

문화 산업의 본질적 특성은 반복이다. 고전 음악의 경우 '구체적 전체성'에 따라 어느 하나만 빠져도 모든 것을 잃는 데 반해, 대중 음악의 경우 표준화되어 있어 부분적인 것들끼리 대체가 가능하다. 이는 후기 자본주의 문화 산업의 특성으로서 문화 상품의 표준화와 청중의 표준화마저 낳는다. 자발성을 박탈당하는 대중 문화와 청중은 후기 자본주의에서 급격히 의미를 상실한다.

〈논제 2〉

상업적 대중 음악은 십대들에게 정서적인 감정 구조에서 가치 있는 원천이 된다. 이는 하위 문화 연구의 성과인 바, 특정한 형식의 대중 음악이 모문화에 대한 저항의 문화적 거점으로 청소년들에게 이용된다는 것이다. 특정한 대중 음악은 청소년들의 정체성을 확인하고 활동적인 삶을 나타내는 정력적인 리듬이다.

〈논제 3〉

제시문 1은 표준화된 청중을 생산하는 표준화된 대중 음악의 부정적 측면, 나아가 청중 및 대중문화의 자발성을 박탈하는 문화 산업에 대한 비판적 문제 의식을 제기하고 있는 반면, 제시문 2는 대중 음악을 청소년들의 저항적, 활동적 정체성의 삶을 나타내주는 지표로 봄으로써 대중 음악에 대해 긍정적인 입장을 취하고 있다. 나는 제시문 2의 입장을 취해 대중 음악의 긍정성을 보고자 한다. 〈표〉를 분석하면, 중장년층에 비해 청소년층이, 고등학력자에 비해 비고등학력자가, 도시에 비해 농촌 지역이, 여성에 비해 남성이 대중 음악을 더 선호하고 있음을 알 수 있다. 이런 점은 대체로 (여성의 경우를 제외하고) 비주류, 하위 문화에 속하는 사람들이 대중 문화를 더 선호함을 알 수 있는데, 이는 그들이 교양이 부족해서 그렇다던가 클래식을 즐길 만한 시간적, 금전적 여유가 없어서라기보다도 주류문화에 대하여 자기 나름의 문화적 거점을 대중 문화에서 찾고 있다고 해석할 수 있겠다. 그러나 〈표〉에 나타난 고전음악과 대중음악의 선호도 차이는 그다지 크지 않아 큰 의미를 갖지는 않는 듯하다.

〈논제 4〉

제시문 3의 논지는 20세기 후반 이후 클래식과 대중 음악의 경계선이 무너지는 '크로스오버 음악' 현상이 나타났으며, 그것은 클로드 볼랑이나 테너 플라치도 도밍고의 성공 사례를 통해 크로스오버 음악이 확고한 지위를 차지하기 시작했다는 것이다. 그리고 〈표〉는 고전 음악과 대중 음악의 선호도에서 연령별, 성별, 지역별, 교육 수준별로 약간의 차이를 가지고는 있지만 큰 의미를 갖는 것은 아닌 듯하다. 그런 의미에서 크로스오버 음악의 성공은 사람들의 취향 자체가 문화적으로 어느 한 고유 영역에만 갇히려 하기보다 음악 문화의 다양한 코드를 느끼려 하거나 가로지르기의 취향을 갖는다고 볼 수 있다. 크로스오버 음악의 성공이 시사하는 의미는 전통 문화 일색으로 될 수도 없거니와 그렇다고 전통 문화를 내팽개치고 새로운 문화만으로 나아갈 수 없고 전통 문화와 현대 문화의 접합을 통한 문화 발전을 이루어야 함을 말하고 있다. 그렇다고 당위성으로 그러자는 것이 아니라, 실제적 필요에 의해 즉 사람들의 취향이 다양한 문화 코드 혹은 복합적 문화 코드를 욕망하고 있음을 읽어낼 필요가 있다는 것이다.

도전 논제 4 · 해설

논제의 구성 조건 확인
① 다음 글에 나타난 사회 현상을 분석하고,
② 우리 현실에서 볼 수 있는 유사한 사례를 들어
③ 대중 사회의 '소비 주체'들이 어떤 태도를 지녀야 하는지 논술하시오.

제시문 분석 및 문제 설정

1. 제시문에 나타난 사회 현상 분석
　1630년대 네덜란드에서는 매우 특이하게도 튤립 투기 현상이 나타났다. 튤립 재배가 교양인의 기준이 되다시피하며 급속도로 확산되었다. 튤립 시가는 상상을 초월할 정도로 폭등했다. 황소 830마리 가격에 해당되는 튤립의 수는 40뿌리였다. 네덜란드인만이 아니라 유럽 사람들마저 달려들어 투기하였다. 그러나 튤립 호황은 계속되지 않았고 가격이 떨어졌다. 튤립 공황이 도래한 것이다. 네덜란드 상업이 큰 타격을 받았다. 떼돈 번 사람도 많았지만 파산자도 많았다.

　➡ 네덜란드에서 1630년대 튤립 투기 현상이 사회적으로 급속히 확산된 것은 문화 현상으로부터 유발된 것으로 보인다. 튤립 재배라는 독특한 문화적 취향이 사회적으로 대유행된 것이다. 그러나 이 취향의 대유행은 튤립 자체가 풍기는 어떤 아우라 때문이 아니라 튤립에 대한 사회적 담론이 부추긴 측면이 크다. 제시문의 내용에 따르면, 튤립 재배는 '교양인'의 자격 조건이 되어버렸고 심지어 어느 시인은 찬양하기에 급급했다. 이른바 '튤립 열풍'은 문화적 취향으로 그친 것이 아니라 상상을 초월하는 상승가를 노린 거래와 투기의 광풍이 되어버렸다. 그리고 그 결과는 네덜란드 상업과 경제의 대혼란을 야기했다는 것이다. 문화적 취향이 광적인 투기 대상으로 되어버린 독특한 사례다.

2. 우리 사회에서의 유사 사례를 들어 대중 사회의 소비 주체들이 지녀야할 태도 논술
〈유사 사례〉
　대표적인 유사 사례는 아파트 투기이다. 아파트는 삶의 공간이라는 본래의 목적을 위한 것이 아니라 투기해서 큰 이득을 얻어내고자 하는 투기 대상이 되어버린 것이다.

하나의 예시 답안

　유의 사항에 주의하여 답안을 작성한다. 특히 유의 사항 중 서론 · 본론 · 결론을 갖춘 한 편의 글을 완성할 것, 문제나 제시문을 그대로 옮겨 적지 말 것 등에 주의한다.
　다음은 예시 답안이다.

　1630년대 네덜란드에서 튤립 투기 현상이 사회적으로 급속히 확산된 것은 문화 현상으로부터 유발된 것으로 보인다. 튤립 재배라는 독특한 문화적 취향이 사회적으로 대유행된 것이다. 그러나 이 취향의 대유행은 튤립 자체가 풍기는 어떤 아우라 때문이 아니라 튤립에 대한 사회적 담론이 부추긴 측면이 크다. 제시문의 내용에 따르면, 튤립 재배는 '교양인'의 자격 조건이 되어버렸고 심지어 어느 시인은 튤립을 찬양하기에 이른다. 이른바 '튤립 열풍'은 문화적 취향으로 그친 것이 아니라 상상을 초월하는 상승가를 노린 거래와 투기의 광풍이 되어버렸다. 그리고 그 결과는 네덜란드의 사람들, 상업, 경제의 대혼란을 야기했다. 문화적 취향이 광적인 투기 대상으로 되어버린 독특한 사례다.

　네덜란드가 자본주의가 막 발흥하는 시대에 이미 투기왕국을 경험해버렸다면, 시대를 초월하여 소비자본주의 사회가 만연한 우리나라에서 유사하게 볼 수 있는 대표적인 사례는 아파트 투기이다. 아파트는 삶의 공간이라는 본래의 목적을 위한 것이 아니라 투기해서 큰 이득을 얻어내고자 하는 투기 대상이 되어버린 것이다. 무주택 서민들의 입장에서 보면, 얼마 전 국세청이 밝힌 주택 투기꾼들의 면모는 분노를 불러일으킬 만하다. 기존 아파트들과 특히 재건축에 예상되는 아파트들의 가격이 폭등하는 것은 투기에서 비롯되는 현상이라고 말할 수밖에 없다.

　소비사회는 특히 우리나라에서 투기 사회로 나타나고 있다. 집 없는 서민들은 소득의 상당 부분을 전월세 비용으로 지출하느라 허리를 휘는데 반해 다량의 주택을 소유한 자들이나 아파트 투기를 일삼는 자들은 엄청난 불로소득을 올리고 있다. 소비 주체의 극소수가 투기 주체가 될 때 사회는 정의롭지 못하고 다수의 소비 주체들도 그 논리를 용인해버리며 자신들도 그 불로소득의 주체가 될 꿈을 꾸게 되는 현실이기도 하다. 아파트의 이전을 통한 이른바 '재테크'의 창출이라는 것이 만연된 우리 사회다.

　투기 사회로 가지 않는다 하더라도 대중 사회의 주체들이 소비 주체로 전락할 때는 삶의 위기 및 파괴로 이어질 수 있다. 소비 주체란 돈이 있어야 가능한 사회이다. 돈이 없으면 소비자는 더 이상 소비자가 아니라 앵벌이가 되어버린다. 대량 해고가 일상화되어 있고 청년 실업난이 가중되는 것도 그 징표이다. 소비 사회는 '경제적 공포'를 동반하는 사회이며 누구나 다 그 경제적 공포의 희생물이 되어 평생을 일자리를 찾아 거리를 헤매야 하는 신세로 전락할 수 있다.

　따라서 오늘날 대중사회의 사회적 주체들은 돈 놓고 돈 먹는 소비 주체로 길들이려는 소비 사회적 시스템에 반발할 수 있어야 한다. 우리 사회의 소비 주체들은, 물론 사회적 생산자가 아닌 상품의 소비자로서의 한계가 분명히 존재하지만, 소비 사회나 투기 사회에 길들여지지 않는 사회 정의를 생각하는 주체가 될 수 있도록 노력해야 할 것이다.

5. 언어 · 문화 · 예술의 본질 탐구

도전 문제 1 · 해설

논제의 구성 조건 확인
〈문항 1〉

① 제시문 [A-1]과 [A-2]를 참고하여

② 제시문 [B]에서의 견해에 대하여 논술하시오.

〈문항 2〉

① 어느 광역시의 시의회에서 멀티플렉스 영화관 등 대중 예술 공연장을 지을 것인지, 오페라하우스 등 고급 예술 공연장을 지을 것인지에 대하여 토론을 벌이고 있다.

② 만약 당신이 그 시의회의 일원이라면 어느 쪽 의견을 지지하겠는가?

③ 제시문 [A-1] · [A-2]와 [B]를 참고하여

④ 근거를 제시하면서 자신의 주장을 논리적으로 펴시오.

이 문제의 핵심은 시에 대중 예술 공연장을 지을 것인지, 오페라하우스를 지을 것인지 선택하라는 것이다. 주장의 근거는 [A-1] · [A-2]와 [B]를 참고하여 제시하면 되겠다.

〈문항 3〉

① 제시문 [B]에 이어지는 제시문 [C]를 완성하려고 한다.

② 알맞은 내용을 쓰되,

③ 반드시 다음 제시어 중 네 단어 이상을 사용하여 글을 완성하시오.

전통문화(傳統文化), 상층문화(上層文化), 주체(主體), 맥락(脈絡), 계승(繼承), 수용(受容), 융합(融合), 복원(復原)

제시문 분석과 문제 설정
[A-1]

이 글은 '민중 예술' '대중 예술' 그리고 '고급 예술'에 대해 논하고 있다. 민중 예술은 민중 계층의 예술로서 그것을 향유하고 보존하는 사람들은 바로 그 예술의 수용 주체이자 창조적인 참여자이며 집단적인 성격을 갖는다. '대중 예술'은 어느 정도 교육을 받은 대중들의 요구에 의해 만들어진다. 민중 예술이 생산자와 소비자가 거의 구별되지 않는 데 비해, 대중 예술은 비창조적이며 수동적인 대중과 예술품을 전문적으로 생산하는 사람들로 엄격히 구분된다. 이 두 양식 사이의 중요한 차이는 그 예술을 향수하는 계급의 각기 다른 특성에 있다. 그리고 '고급 예술'은 교육받은 자, 전문가,

감식가들의 예술이다.

　[A-2]

　이 글은 '고급문화'와 '대중문화', 그리고 '심미적 기준'에 대해 논하고 있다. '고급문화'는 창자자의 의도만이 결정적인 것이고 수용자의 가치는 거의 관계없다고 보는 창작자 지향성의 문화이다. '대중 예술'은 수용자의 가치와 욕구를 만족시키는 수용자 지향성을 갖는 문화이다. 대중문화 비판론은 오직 고급문화의 이익에만 편중한 주장이다. 모든 인간은 심미적 충동을 가지고 있다. 복잡한 사회일수록 여러 심미적 기준들이 있어 사람들에게 스스로 선택할 기회가 공평하게 주어져 있다.

　[B]

　이 글에서 필자는 우리나라에서 상층 문화의 부재를 안타까워하고 있다. 형식에 충실하고 규범적인 '상층 문화'와 자유분방하고 비격식적인 '기층 문화'(민중문화)가 적절히 병존해야 문화는 건강해진다. 우리 사회는 상층 문화의 전통이 있었음에도 오늘날은 단절이 되어 있다.

　[C]

　제시문 [C]는 제시문 [B]와 같은 맥락에서 또다른 문제를 제기하고 있다. 상층 문화의 전통이 단절된 것도 문제인데, 또하나의 문제는 서양 문화의 도전이라는 것이다. 상층 문화는 단절되었고 서양 문화는 물밀듯 들어오고 있으나 소화해내지 못하고 있다. 어떻게 해야 하나?

하나의 예시 답안

〈문항 1〉

　제시문 [B]는 우리 문화의 가장 큰 문제는 상층 문화의 부재임을 지적한다. 과거 우리에게 상층 문화가 존재했음에도 불구하고 오늘날은 기층 문화만 활발해졌고 상층 문화가 단절되었다는 것이다. 형식에 충실하고 규범적인 '상층 문화'와 자유분방하고 비격식적인 '기층문화'(민중문화)가 적절히 병존해야 문화는 건강해진다는 것이다. 그러나 이러한 태도는 대단히 잘못된 것이다. 상층 문화/기층 문화의 이분법은 사회 문화의 계급적 구분이 현저할 때 그에 따라 필연적으로 발생하는 문화이다. 그런데 오늘날 우리 사회는 그런 구분이 허물어져 있으며 역동적인 사회 문화를 만들어나가고 있다. 197-80년대 우리 사회도 '민중문화'가 상당히 팽배해 있기도 하였으나 지금은 '고급문화'와 '대중문화'와의 경계선이 모두 허물어지고 있는 상태다. 문화 예술의 계급화된 이분법이 중요한 게 아니라 당대의 문화 예술이 얼마만큼 삶의 현실을 고민하면서 대중들에게 다가가고 있는지가 중요하고, 한편으로는 수용자 중심의 관점에서 문화 예술의 향유가 가능하도록 해야할 것이며, 다른 한편으로는 순수 예술 분야의 적극적 지원도 고려해야 할 것이다.

〈문항 2〉

대중 예술 공연장도 있어야 하고 고급 예술 공연장도 있어야 한다. 그럼에도 우리 광역시의 경우 어느 하나도 없다는 것은 대단히 잘못된 일이다. 오늘날 우리 시대는 문화의 시대이다. 광역시에서도 문화 예술 정책에 눈을 돌려야한다. 현재로서는 예산 관계로 어느 하나를 선택해야 한다면 시민들이 가장 필요로 하는 공연장을 만드는 것이 올바른 선택이라 할 수 있다. 최근 여론 조사를 보면 시민들은 대중 예술 공연장을 더 원하고 있다고 판단한다. 고급문화 예술은 창작자 지향성이 강하며 특권적인 성격이 있음을 부인할 수 없다. 반면에 대중문화 예술은 수용자 지향성이 강하며 시민적 · 보편적인 성격이 있다. 이제 우리 광역시의 시민들은 수준 높은 심미적 문화 예술을 향유하도록 하면서도 문화로서의 예술 활동에 접근하도록 해야 한다. 대중 예술 공연장은 그저 향락적으로 즐기자는 것이 아니라 시민들의 문화적 해방구로서 문화 예술 공연에 능동적으로 접근하도록 하자는 것이다. 또다른 문화적 취향의 장으로서 고급 예술 공연장도 차후 과제로 삼아야할 것이다.

〈문항 3〉

그러나 어떤 특정한 문화란 게 자연스럽게 형성되어야 하는 것이지 정책적으로 주입되어서 형성되는 모양새는 그다지 바람직스럽지 못하다. 오늘날 상층 문화가 단절된 것은 안타까운 현실이지만 사회적 변화와 대중들의 문화적 욕망의 코드 변화도 함께 고려해야 한다. 이런 점을 감안할 때, 과거의 것이 되어버린 상층 문화를 기억하고 새로운 흐름으로 복원하여 현재화하기 위해서는 새로운 장치가 필요하다. 가령 '상층 문화 박물관'을 만들어 전통 문화를 이미지만으로라도 기억하도록 함으로써 자연스럽게 그 계승의 코드를 재발견하도록 하는 정책은 어떨까. 예전의 순수한 상층 문화를 복원할 수는 없다. 더구나 서양 문화가 판을 치고 있는 오늘의 시점에서 전통 문화와 서양 문화가 주체적으로 융합될 수 있는 재발견의 분위기가 형성되어야 하고, 그랬을 때 우리의 것은 자연스럽게 계승될 것이며 서양 문화는 우리의 주체적 변용으로 수용될 수 있을 것이다.

도전 문제 2 · 해설

논제의 구성 조건 확인

① (가), (나), (다)는 환상, 신화, 축제와 같은 비일상적인 것들의 의미를 기술하고 있다.

② 제시문 (라)에 대한 찬반의 입장을 정하여

③ 현대사회 안에서 비일상성이나 비현실성이 지니는 기능을 논하시오.

제시문 분석 및 문제 설정

1. 제시문 (라)의 논지 요약하기

제시문 (라)에 대한 찬반 입장을 정하라고 했으므로 먼저 (라)의 논지를 명확히 정리한다.

(라)의 논지는 소설의 세 가지 의혹된 바를 비판하는데, 헛된 것을 쓰는 작가, 그것을 고쳐시키는 논평가, 그리고 시간을 소비하는 독자가 바로 그것이다. 헛된 것을 지어내는 소설을 부정적으로 보는 입장이다.

2. 문제 설정의 경우의 수

논제를 요약하면 헛된 것을 지어내는 소설에 대해 긍정/ 부정 여부에 따라 현대사회 안에서 비일상성이나 비현실성이 지니는 기능을 논해야 하므로 문제 설정의 경우의 수는 크게 다음과 같이 6가지 경우수로 설정할 수 있다. 헛된 것 지어내는 소설에 대해 긍정한다고 해서 현대사회의 비일상성이나 비현실성의 기능을 반드시 긍정하는 것은 아니므로 다음과 같은 경우의 수가 나올 수 있다.

		현대사회 안에서 비일상성 · 비현실성의 기능		
		긍정적 기능	부정적 기능	긍정–부정 동시기능
헛된 것 지어내는 소설에 대해	긍정: (라) 입장 반대	(1)	(2)	(3)
	부정: (라) 입장 찬성	(4)	(5)	(6)

(1)의 논술 경로: 헛된 것을 지어내는 소설에 대해 긍정하는 입장이면서 현대사회 안에서 비일상성이나 비현실성이 지니는 기능을 긍정하는 입장에서 논술한다.

(2)의 논술 경로: 헛된 것을 지어내는 소설에 대해 긍정하는 입장이면서 현대사회 안에서 비일상성이나 비현실성이 지니는 기능을 부정하는 입장에서 논술한다.

(3)의 논술 경로: 헛된 것을 지어내는 소설에 대해 긍정하는 입장이면서 현대사회 안에서 비일상성이나 비현실성이 지니는 기능을 긍정도 하고 부정도 하는 동시적 입장에서 논술한다.

(4)의 논술 경로: 헛된 것을 지어내는 소설에 대해 부정하는 입장이면서 현대사회 안에서 비일상성이나 비현실성이 지니는 기능을 긍정하는 입장에서 논술한다.

(5)의 논술 경로: 헛된 것을 지어내는 소설에 대해 부정하는 입장이면서 현대사회 안에서 비일상성이나 비현실성이 지니는 기능을 부정하는 입장에서 논술한다.

(6)의 논술 경로: 헛된 것을 지어내는 소설에 대해 부정하는 입장이면서 현대사회 안에서 비일상성이나 비현실성이 지니는 기능을 긍정도 하고 부정도 하는 동시적 입장에서 논술한다.

3. 경우의 수의 선택

위 여섯 가지 경우의 수 중에서 자신과 가장 가깝다고 판단되는 경우의 수를 선택하여 구체적 내용을 논리적으로 구성한다. 여기서는 (3)의 입장을 택하겠다.

(3)의 입장

앞에서도 정리한 것처럼 제시문 (라)의 논지는 소설의 세 가지 의혹된 바를 비판하는데, 헛된 것을 쓰는 작가, 그것을 고취시키는 논평가, 그리고 시간을 소비하는 독자가 바로 그것이다. 헛된 것을 지어내는 소설을 부정적으로 보는 입장이다. 그러나 (3)의 입장은 헛된 것을 지어내는 소설에 대해 긍정하는 경우이므로 (라)의 입장과 반대된다. 요컨대 헛된 것(소설 자체가 허구적인 것이지만 특히 판타지 등)을 지어내는 소설의 작가나 평자, 그리고 독자들을 옹호하는 입장에서 현대사회 안에서 비일상성·비현실성이 지니는 기능을 긍정적 차원과 부정적 차원에서 분석해본다.

〈헛된 것을 지어내는 소설을 긍정하는 이유〉

소설이란 애시당초 꾸며내는 이야기 즉 허구적인 속성을 가진다. 그러므로 판타지와 같은 비현실적인 이야기가 진행된다 해도 그것을 부정할 이유는 없다. 헛된 것들일지언정 소설은 작가의 상상력 속에서 독자들은 또다른 즐거움을 찾는다.

〈현대사회 안에서 비일상성·비현실성의 긍정적 기능〉

현대사회는 과학기술의 발달과 대중문화의 폭발적 팽창 등으로 인하여 비일상적이거나 비현실적인 것들이 동시다발적으로 혹은 연쇄적으로 나타난다. 현대사회의 대중들은 이러한 현상들(비현실성)을 거부할 수도 없거니와 비일상적이고 비현실적인 것들 자체를 복잡한 삶의 현장으로 경험한다. 현실적인 것이냐 판타지적인 것이냐의 이분법적 구분은 그다지 의미가 없어 보인다. 헛된 것들 혹은 비현실적인 것들은 때로는 공포스럽기도 하며 때로는 전율스럽기도 하며 때로는 극대화되는 쾌감을 맛보게 하거나 어떤 감동을 주기도 한다. 비현실적인 것들은 삶을 다양하게 하고 상상력의 즐거움을 준다. 그리고 그것들은 현실과 동떨어진 허구로서가 아니라 이미 현실적인 것들과 경계를 이루며 인간의 삶에 다가온다.

〈현대사회 안에서 비일상성·비현실성의 부정적 기능〉

비현실적인 것들이 현실적인 삶의 경계에 있다고 하더라도, 달리 말하여 현실적 삶의 부분으로 들어와 있다 하더라도 모두 긍정적인 기능만 하는 것은 아니다. 비현실성은 현실적인 삶의 부분으로 이어진다 해도 또다른 부분에 있어서는 현실성과는 거리가 먼 부류이다. 비현실성이 갖는 부정적 기능은 무엇보다도 현실성으로 착각하게 만드는 오인 효과에 있다. 비현실적인 것들을 현실적인 것으로 동일시하거나 착각하게 되면 현실의 실제 관계와 무관한 판단을 하거나 행위를 하게 되므로 책임질 수 없는 사태를 초래하기도 한다. 특히 집단 자살하는 종교 집단의 경우가 대표적이다. 신앙을 갖고 믿음을 가지며 현실적인 삶을 충실하게 하는 것은 좋으나 집단적 죽음을 통해 천국에 갈 수 있다는 환상성을 갖는 것은 위험하다.

4. (가) (나) (다)의 사례 분석

(라)를 논의하면서 참조할 수 있도록 제시문 (가) (나) (다)를 간단히 요약해보자. 제시문들은 비현실성의 기능을 각 영역별로 분석하고 있다. 여기서 요약의 초점은 비일상적·비현실적 영역들(환상문학/신화/중세의 축제)이 갖는 기능에 중점을 둔다.

(가) 환상문학은 지금까지 말해지지 않은 부분, 보이지 않는 것, 즉 지금까지 침묵을 강요당하고 가려져 왔으며 은폐되고 부재하는 것으로 취급되어온 것들을 추적한다. 다시 말해 환상문학은 꺾이지 않는 욕망, 즉 이미 존재하거나 실제로 보일 수 있도록 허용된 것들과는 대립되는, 아직 존재하지 않거나 또는 존재하도록 허용된 적이 없는 것, 들어보지 못한 것, 보이지 않는 것, 상상적인 것에 관한 열망에 대해 말한다. 나아가 환상문학은 거부나 전복을 통해 급진적인 문화적 변형의 가능성을 확립하려 한다.

(나) 신화가 없다면 모든 문화는 건강하고 창조적인 자연적 능력을 잃게 된다. 신화는 모든 문화의 원형이다. 상상력과 아폴로적 꿈의 모든 힘들은 신화를 통해서야 비로소 정처없는 방랑에서 구제된다. 신화의 형상들은 보이지 않게 어디에나 존재하는 마적(魔的)인 파수꾼이어야 한다. 이 파수꾼의 비호를 받으며 젊은 영혼은 자라나게 되고, 어른은 자기 삶과 투쟁을 그 표식에 비추어 해석한다.

(다) 중세의 축제는 중세의 엄숙성을 일탈하며 축제의 광장과 주연(酒宴)의 식탁에서 그 가면이 벗겨지면 웃음, 바보스러움, 무례함, 욕설, 패러디, 풍자를 통해서 다른 진실이 드러났다. 모든 두려움과 거짓은 세속적이고 육체적인 축제의 원리 앞에서 스러졌다.

실제 논술문 작성에서는 (가) (나) (다)의 글 내용을 그대로 베껴쓰지는 말고 환상문학이나, 신화, 축제를 사례로 하여 분석 내용을 참조하여 활용할 수는 있다.

하나의 예시 답안

유의 사항에 주의하여 답안을 작성한다. 다음은 예시 답안이다.

제시문 (라)는 소설의 세 가지 의혹된 바를 비판하는데, 헛된 것을 쓰는 작가, 그것을 고취시키는 논평가, 그리고 시간을 소비하는 독자가 바로 그것이다. 소설을 부정적으로 보는 입장이다. 그러나 나는 이 입장에 대해 반대하는 의견을 갖는다. 왜냐하면 소설이란 애시당초 꾸며내는 이야기 즉 허구적인 속성을 가지기 때문이다. 판타지와 같은 비현실적인 이야기가 진행된다 해도 그것을 부정할 이유는 없다. 헛된 것들일지언정 소설은 작가의 상상력 속에서 독자들을 매료하며 독자들은 그 속에서 또다른 즐거움을 찾는다.

그렇다면 판타지류의 소설을 옹호하는 입장에서 볼 때 현대사회 안에서의 비일상성이나 비현실성이 지니는 기능에 대해 어떻게 분석하고 평가할 수 있을까. 나로서는 긍정적 요소와 부정적 요소가 동시에 작동한다고 본다.

현대사회는 과학기술의 발달과 대중문화의 폭발적 팽창 등으로 인하여 비일상적이거나 비현실적인 것들이 동시다발적으로 혹은 연쇄적으로 나타난다. 현대사회의 대중들은 이러한 현상들(비현실성)을 거부할 수도 없거니와 비일상적이고 비현실적인 것들 자체를 복잡한 삶의 현장으로 경험한다. 현실적인 것이냐 판타지적인 것이냐의 이분법적 구분은 그다지 의미가 없어 보인다. 헛된 것들 혹은 비현실적인 것들은 때로는 공포스럽기도 하며 때로는 전율스럽기도 하며 때로는 극대화되는 쾌감을 맛보게 하거나 어떤 감동을 주기도 한다.

　제시문에서 언급되고 있는 것처럼, 비현실성의 부류라 할 수 있는 환상문학의 경우는 말해지지 않은 것, 침묵을 강요당한 것, 은폐되고 부재하는 것으로 취급되어온 것들을 추적하는 기능을 한다. 신화는 건강하고 창조적인 자연의 능력을 인간의 능력과 결합시킨다. 비일상적인 것으로서의 축제는 웃음, 패러디, 풍자 등을 통해 전복적인 이미지를 창출한다. 이처럼 비일상적이거나 비현실적인 것들은 삶을 뒤집기도 하고 다양하게 하기도 하며 상상력의 즐거움을 준다. 그리고 그것들은 현실과 동떨어진 허구로서가 아니라 이미 현실적인 것들과 경계를 이루며 혹은 현실적인 것들에 간섭을 하며 인간의 삶에 다가온다.

　비현실적인 것들이 현실적인 삶의 경계에 있다고 하더라도, 달리 말하여 현실적 삶의 부분으로 들어와 있다 하더라도 모두 긍정적인 기능만 하는 것은 아니다. 가령 집단 자살하는 종교 집단의 경우가 대표적이다. 신앙을 갖고 믿음을 가지며 현실적인 삶을 충실하게 하는 것은 좋으나 집단적 죽음을 통해 천국에 갈 수 있다는 메시지는 비현실적 주술일 뿐인데 이를 현실성으로 받아들이는 것은 위험하다. 비현실성은 현실적인 삶의 부분으로 이어진다 해도 또다른 부분에 있어서는 현실성과는 거리가 먼 부류이다. 비현실성이 갖는 부정적 기능은 무엇보다도 현실성으로 착각하게 만드는 오인 효과에 있다. 비현실적인 것들을 현실적인 것으로 동일시하거나 착각하게 되면 현실의 실제 관계와 무관한 판단을 하거나 행위를 하게 되므로 책임질 수 없는 사태를 초래하기도 한다.

　현대사회의 인간은 비현실성으로부터 탈피하는 게 아니라 오히려 더 현실성과 비현실성의 경계를 넘나드는 주술사의 마법에 걸려들고 있다. 그것은 과학의 힘으로도 해결할 수 없다. 어쩌면 인간의 운명이자 역사일지 모르겠다.

도전 문제 3 · 해설

논제의 구성 조건 확인

① 다음 글 (가)와 (나)에 비유적으로 표현된 내용을 해석하여 제시하고,

② 이를 바탕으로 (다)의 '윤편'의 주장에 대한 반론을 논리적으로 서술하시오.

제시문 분석 및 문제 설정

1. 제시문의 의미 분석

　(가)는 손가락과 달의 관계로 비유되는 깨달음에 대해 이야기하고 있다. 올바르게 깨달으려거든 손가락을 보지 말고 손가락이 가리키는 달을 보아야 한다는 것이다. 이 세계는 온갖 현상들로 가득하

지만 그 현상들 속에 파묻힌 사물의 본질을 볼 수 있어야 한다는 논지다. 본질은 쉽게 드러나지 않으므로 곧잘 놓치곤 한다. 또는 어떤 언설로 표현되는 진리의 참뜻을 잘 포착할 수 있어야지 그 언설 자체를 진리로 인식해버리는 오류에 빠져서는 안 됨을 의미하기도 한다.

(나)는 한번도 경험해보지 못한 세계를 마치 빠삭하게 경험한 것처럼 잘 알고 있는 사람들에 관해 이야기한다. 그것은 직감 및 감각 능력이 뛰어나 다른 세계와의 구별을 잘 해내기 때문이기도 하다. 이는 사물의 본질을 궤뚫는 것과는 또다른 감각이다. 세계의 현상 자체에 대한 직감적 포착 능력은 풍부한 상상력과 관련이 깊다.

(다) 윤편의 주장은 '암묵적 지식' 은 '명시적 지식' 으로 설명되어지지 않는 어떤 노하우이기 때문에 언어를 통해 그대로 전수받기가 어렵다는 것을 말하고 있으며 그것을 적어놓은 책은 옛사람들의 찌꺼기일 뿐이라는 것이다. 지식은 '명시적 지식' 과 '암묵적 지식' 으로 구분할 수 있다. 예를 들어 도자기를 굽는 기술의 경우 그 공정 과정을 자세하게 언어로 표현할 수 있는 부분은 '명시적 지식' 이라 할 수 있지만 도자기 기술은 그 명시적 지식만으로 전수되지 않는다. 장인 정신이나 언어로 표현될 수 없는 기술 등은 '암묵적 지식' 이다. 윤편은 이 암묵적 지식의 간접적 전수의 불가능성을 이야기하고 있는 것이다.

2. 세 글의 관계 설정

논제에서 요구하는 바가 글 (가)(나)의 의미를 바탕으로 하여 (다) 윤편의 주장에 대해 반론하라는 것이므로 세 글의 관계를 '(가)(나)와 (다) 윤편' 의 대립적 관계로 설정할 필요가 있다. 결국 윤편의 주장은 암묵적 지식이란 타자들이 전수불가능한 것이라 설정하므로 이에 대한 반론을 논술하면 되는데, 사물의 세계를 직접 경험하지 않고서도 본질(핵심)을 포착할 수 있고 그 본질이 명시적 지식으로 언어화되면 얼마든지 전수가능하다는 논리를 펼치면 되겠다.

3. 쟁점의 정리

쟁점: 어떤 기술에 대한 지식은 세대를 거쳐 전수되며 인류의 자산으로 축적된다. 직접 전수가 불가능하더라도 해당 세계의 본질(핵심)을 알게 되면 그 본질로서 전수가 가능해지지 않겠는가.

하나의 예시 답안

(가)는 손가락과 달의 관계로 비유되는 깨달음에 대해 이야기 하고 있다. 올바르게 깨달으려거든 손가락을 보지 말고 손가락이 가리키는 달을 보아야 한다는 것이다. 이 세계는 온갖 현상들로 가득하지만 그 현상들 속에 파묻힌 사물의 본질을 볼 수 있어야 한다는 논지다. 본질은 쉽게 드러나지 않으므로 곧잘 놓치곤 한다. 또는 어떤 언설로 표현되는 진리의 참뜻을 잘 포착할 수 있어야지 그 언설 자체를 진리로 인식해버리는 오류에 빠져서는 안 됨을 의미하기도 한다.

(나)는 한번도 경험해보지 못한 세계를 마치 경험한 것처럼 잘 알고 있는 사람들에 대한 이야기이다. 그것은 직감 및 감각 능력이 뛰어나 다른 세계와의 구별을 잘 해내기 때문이기도 하다. 이는 사

물의 본질을 궤뚫는 것과는 또다른 감각이다. 세계의 현상 자체에 대한 직감적 포착 능력은 풍부한 상상력과 관련이 깊다.

한편, (다)에서 윤편의 주장을 현대적인 개념으로 말하면 '암묵적 지식'은 전수 불가능하다는 것이다. 지식은 '명시적 지식'과 '암묵적 지식'으로 구분할 수 있다. 예를 들어 도자기를 굽는 기술의 경우 그 공정과정을 자세하게 언어로 표현할 수 있는 부분은 '명시적 지식'이라 할 수 있지만 도자기 기술은 그 명시적 지식만으로 전수되지 않는다. 장인 정신이나 공정 하나하나에 대한 언어로 표현될 수 없는 기술 등은 '암묵적 지식'이다. '암묵적 지식'은 '명시적 지식'으로 설명되지 않는 어떤 노하우이기 때문에 언어를 통해 그대로 전수받기가 어렵다. 따라서 그것을 적어놓은 책은 옛사람들의 찌꺼기일 뿐이라는 것이 윤편의 주장이다. 윤편은 이 암묵적 지식의 간접적 전수의 불가능성을 이야기하고 있는 것이다.

그러나 글 (가) (나)가 함축하는 의미에 따르면, 윤편의 주장은 성립하기 어렵다. 왜냐하면 사물의 세계를 직접 경험하지 않고서도 본질(핵심)을 포착할 수 있고 그 본질이 명시적 지식으로 언어화되면 얼마든지 전수 가능하기 때문이다. 어떤 기술에 대한 지식은 세대를 거쳐 전수되며 인류의 자산으로 축적된다. 직접 전수가 불가능하더라도 해당 세계의 본질(핵심)을 알게 되면 그 본질로서 전수가 가능해지지 않겠는가.

오늘날 인간의 문명은 과학기술의 발달과 대량복제기술이 가능해졌으며 속도전으로 극대화되고 있다. 이런 현실에서 도자기나 공예품 만들기에 있어서 인간의 오랜 지혜와 몸의 직감 등에 의한 수작업의 장인정신은 찾아보기 힘들다. 도자기나 각종 공예품들이 대량생산되고 있다. 시골에서 농사 짓는 법, 지게 만드는 일, 연 만들기 등의 기술들은 거의 잊혀져버렸다. 불행한 것은 그 기술들 자체가 아니라 몸의 기억과 전통적 삶의 양식마저 함께 상실해버린다는 것이다. 이제라도 그 기억들을 더듬어 하나의 명시적 지식으로 전수하면서 우리의 삶을 복구해나가도록 해야 할 것이다.

도전 문제 4 · 해설

1. 논술의 방향 확인하기

먼저 해결할 것 ; 정체성의 개념

'정체성'이라는 용어가 낯설어 보이는 학생들이 많을 것이다. 일상적으로는 그다지 자주 쓰는 말은 아니기 때문이다. 90년대 폭넓게 쓰이기 시작한 말이다. 그러나 신문이나 방송 같은 데에서 간혹 한번씩 튀어나오는 말이기도 하다. 그러나 아직도 여러분들은 낯설어 보이기도 할 것이다. 설화의 내용이나 논제가 그다지 어려운 것은 아닌데 이 용어의 '낯설음' 때문에 논술하기가 괜히 어려워 보일 수도 있을 것이다. 더군다나 정체성이라는 용어에 대해 간략하게나마 설명해 주는 제시문도 없다. 곤혹스럽지만 이 용어가 낯선 학생들은 유추할 수밖에 없다. 논술의 방향을 잡기에 앞서 이 용어에 대한 나름대로의 정리가 먼저 있어야 한다. 그래야 정확한 논술 방향을 잡는데 도움이 되기 때문이다.

그러면 어떻게 유추할까? 몇 가지 방법이 있다.

① 설문 중 "최근 전세계적으로 급속하게 진행되고 있는 세계화·정보화의 과정 속에서 자아 및 문화적 정체성(正體性 : identity)의 확립이 중요한 시대적 과제로 떠오르고 있다."라는 문장에서 유추한다. 이 문장에서는 '확립'이라는 술어에서 힌트를 얻을 수도 있겠다. 즉 '자아 정체성'이나 '문화 정체성'의 '확립'을 말하고 있으므로 이로부터 정체성의 개념을 상상해 볼 수 있을 것이다. 여기서는 '주체성'이라는 개념과 가까운 사이로 볼 수도 있겠다.

② 문자 그대로 어원적으로 유추를 할 수 있겠다. 정체성의 한자 '正體性'이나 영어 'identity'에서 유추해 보자. 한자에서는 '國體'나 '政體' 따위들에서 연상할 수도 있겠고 '너의 정체(正體)가 무엇이냐?' 하는 말에서 유추할 수도 있겠다. 후자의 말에서 유추하는 것이 빠를 것도 같다. 이것은 곧 '무엇임'이라는 확실한 신원을 드러내는 것을 요구하며, 이로부터 정체성이란 '무엇임을 드러내는 어떤 것'이라는 정의가 가능해질 수 있겠다. 영어 'identity'도 이런 뜻을 내포하고 있다. 그러나 사전을 아무리 찾아봐도 '정체성'으로 번역하고 있지는 않다. 90년대의 신번역어이기 때문이다. 영한사전에서는 '동일함, 일치, 동일성, 동일한 사람임, 본인임, 정체, 신원, 본질, 독자성, 주체성' 등으로 번역하고 있다.

③ 다음 선택 항목이 표현되는 방식에서 유추할 수 있다.

1. 되살아난 사람은 용인 사람의 몸이므로 용인 사람이다.

2. 되살아난 사람은 진천 사람의 혼이 들어갔으므로 진천 사람이다.

3. 되살아난 사람은 용인 사람도 진천 사람도 아닌 전혀 새로운 사람이다.

이 항목들은 되살아난 사람에 대한 판단 방식들을 보여주고 있다. 여기서는 '자기 증명'(자기 동일성) 혹은 '자기임이 되는 그 무엇의 성향' 정도로 정체성의 개념을 설정해 볼 수 있겠다.

④ 위 세 가지 유추를 종합하여 유추한다. 이 방법이 가장 적절할 성싶다. 그러나 무엇보다도 어정쩡하게 유추해서는 안되고 자기 나름대로의 확신을 가지고 자신 있게 정체성의 개념을 정리하도록 하라. 논술에서 중요한 것은 자기 방식대로 개념을 정의하는 것이다. 그렇다고 자의적으로 아무렇게나 해도 된다는 것은 아니고 나름대로의 판단 근거를 가지고 정의하라는 것이다. 이제 여러분 스스로 정의해 보도록 하자.

그 다음에 확인할 사항들

이 논제에서는 논술의 방향(논제의 구성 조건)을 확인하는 데 있어서 다음 네 군데에 유의해야 한다.

① 설문에서

최근 전세계적으로 급속하게 진행되고 있는 세계화·정보화의 과정 속에서 자아 및 문화적 정체성(正體性 : identity)의 확립이 중요한 시대적 과제로 떠오르고 있다. 정체성과 관련하여, 다음 설화를 읽고 아래 세 가지 추론 중 하나를 골라, 그 논거를 제시하고 타당성을 논술하시오.(단, 원님의 판결은 고려 대상에서 제외)

② 선택 사항에서

1. 되살아난 사람은 용인 사람의 몸1)이므로 용인 사람이다.

2. 되살아난 사람은 진천 사람의 혼2)이 들어갔으므로 진천 사람이다.

3. 되살아난 사람은 용인 사람도 진천 사람도 아닌 전혀 새로운 사람이다.

③ 확대 해석에서

1) 몸은 물질, 외형, 可視的 세계로도 볼 수 있음.

2) 혼은 정신, 내적, 不可視的 세계로도 볼 수 있음.

먼저 '② 선택 항목'의 세 가지 경우의 수 중 하나를 선택하도록 한다. 그러나 '③ 확대 해석'을 일부러 제공해 주고 있다는 점에 착안하도록 한다. 즉 '몸'과 '혼'의 의미를 좁은 의미에서만이 아니라 넓은 의미로서, 정체성의 개념과 관련하여 폭넓게 사용하도록 배려하고 있다는 것에 주목하자는 것이다. 이 확대 해석은 '① 설문'과도 직접적으로 관련된다. '② 선택 항목'에서 제시된 선택적 판단과 논거 제시, 그리고 타당성에만 한정시키지 말고 논의를 더 확장하여 '① 설문'에서 미리 전제하고 있는 "최근 전세계적으로 급속하게 진행되고 있는 세계화 · 정보화의 과정 속에서 자아 및 문화적 정체성(正體性 : identity)의 확립이 중요한 시대적 과제로 떠오르고 있다."는 진술과 직접적으로 연결시켜 정체성의 문제를 논하도록 하는 게 좋겠다.

2. 문제 설정하기

이 논제에서는 문제 설정을 다음 세 가지 요소를 중심으로 하도록 하자.

① 정체성 개념 설정하기

② 선택 항목에서 선택하기

③ 현재 사회 문화 정세와 연결하기

이를 다시 자세히 정리해 보자.

정체성 개념 설정하기

앞에서 제시한 것을 참조하여 정체성 개념을 정리하도록 한다. 먼저 앞에서 유추해 본 것들을 정리해 보자. '무엇임을 드러내는 혹은 자기됨을 드러내는 어떤 성향이나 의미 체계'로 정리하는 것은 어떨까? 사실 어떤 개념이든지 유일한 정답을 가지는 것은 아니다. 개념이란 어떤 시각과 관점을 가지고 파악하느냐에 따라, 또는 개념 자체의 시대적, 정서적 변화에 따라 달라지기 때문이다. 또한 새로운 논의를 위해서는 개념의 새로운 정의가 필요하다. 논술 자체가 사실은 자기 개념을 정리하는 과정이다. 교과서적 개념 혹은 국어사전 뜻풀이에 전적으로 의존하지 말자. 창조적 사고는 창조적 개념으로부터 비롯된다는 점을 다시 한번 기억하자.

그렇다면 '무엇임' 혹은 '자기됨'을 드러낸다는 것은 어떤 의미일까? 그것은 자기 정체성을 가진다는 것을 말한다. 여러분 각자는 다른 친구들과 취미나 노는 방식 혹은 취향들이 서로 유사해 보이면서도 상당히 다른 차이점들을 발견해 낼 것이다. 노래방에 가길 좋아하는 친구도 있고, 책을 많이 읽는 친구도 읽고, 영화를 좋아하는 친구도 있는가 하면, 컴퓨터 게임에 푹빠진 친구도 있을 것이다. 이것은 바로 여러분들 각자가 서로 다른 정체성을 가지고 있기 때문이다. 책을 많이 읽는 두 친구다 할지라도 한 명은 소설을 좋아하고 다른 한 명은 에세이를 좋아한다면, 둘은 서로 성향이 다르기 때문이다. 이처럼 한편으로는 '일정한 자기 성향을 갖는 체계'를 정체성이라 할 수 있다. 이처럼 자기 성향 체계 속에서 일정한 무엇임이나 자기됨을 구성하거나 표현할 수가 있다. 이것이 곧 '자아 정체성' 혹은 '자기 정체성'이다. 가령 공부를 열심히 하는 학생은 공부 속에서 현재의 자기를 확인하고 미래의 자기를 구상하는 그런 정체성을 가진 학생이다. 반면 학교 공부는 싫고 책 읽고 토론하는 것 좋아하고 글쓰기나 논술하는 것 좋아하는 학생은 그런 성향의 정체성을 구성하는 학생이다.

그렇다면 현대 사회에서 정체성을 중시하는 이유는 무엇인가? 전통적인 농경 사회에서는 사람들의 유동이 심하지 않고 비교적 안정적인 향토 사회에서 거주하고 일생을 마친다. 그러나 현대 사회는 도시 문명과 과학기술이 발달하고 산업이 매우 복잡하게 발전하고 있어서 많은 사람들은 어느 한 곳에 머물지 않고 심한 유동 생활을 하게 된다. 뿐만 아니라 다양하고 복합적인 문화들을 접하고 혼란스러운 사태들 속에서 살아간다. 이런 상황에서 사람들은 자기 중심을 잃고 수동적이거나 쫓기는 듯한 생활을 하게 된다. 다시 말해 '자아란 무엇인가'라는 철학적 질문에 처하게 되는데, 이런 철학은 현대 철학의 핵심적 주제이기도 하다. 혹은 자기 개성을 살리지 못하고 획일화된 문화의 홍수 속에서 기계적으로 살아가게 되는 불행을 겪게 된다. 또는 점점 더 발달하는 기술 문화 속에서 인간성을 왜곡하고 기술에 의해 지배당하게 되는 인간 소외의 현상을 빚어 오기도 하였다. 속된 말로 '정신 못 차리는 게' 현대인간의 정확한 표상일 성싶다. 이런 현실에서 자기 중심을 가지면서 자기 스스로의 자기 삶을 구성하는 자기 정체성을 확립하는 것이 중요한 것이 되고 있다.

그런데 정체성이란 유동과 혼란의 복잡함 속에서 자기 중심을 찾는다는 점에서 중요하기도 하지만, 또하나 중요한 것은 남들에 의해서 자기 정체성을 파괴당해 온 것이 현대 사회의 핵심적인 모순이기도 하다는 점이다. 대표적으로 획일화되어 온 자본주의 문화는 다양한 민족문화들의 정체성을 말살하는 결과를 초래하였다. 또 남성 문화는 여성 문화의 정체성을 억압하거나 박탈해 왔다. 가족에서 잘 드러나듯이 항상 남성적인 가치판단이 우월한 것으로 여겨지는 것도 여성적 정체성이 남성적 정체성에 의해 파괴당하는 경우이다. 이런 경우 다양한 문화들이 배제되거나 식민화되고 어느 하나의 문화만이 지배적인 문화로 관철된다. 90년대 신세대 문화가 각광을 받게 된 것도 이전에는 기성세대의 문화에 짓눌렸기 때문이다. 다시 말해 신세대의 정체성이 중요하게 부각되었고 자기 권리를 찾게 된 계기가 된 것이다. 이처럼 정체성이란 억압당하거나 식민화된 구조로부터 자기 해방을 꿈꾸는 저항의 과정에서 새롭게 형성되는 측면이 상당히 크다. 요컨대 자기 의미를 갖는 것, 의식하지 못했던 자기 존재를 되찾고 자기 삶의 의미나 가치에 따라 자기 세계를 구축하는 것이 정체성의 확립에서 중요한 과정이다.

정체성이란 태도, 행동, 사고방식, 판단, 감수성 따위들로 표현된다. 그런데 여기서 정체성이란 고정된 어떤 것인가 아니면 변화되는 과정인가를 정리하는 것이 이번 논제에서 전제되어야 할 사항이다. 자, 지금까지의 논의 속에서 정체성의 개념을 나름대로 정리하고 있을 것이다. 그렇다면 정체성이란 고정된 것일까, 변화되는 것일까? 여러분은 전자의 입장인가, 후자의 입장인가? 판단이 애매한 경우에는 여러분 개인의 성장 과정을 기억해 보자. 만일, 어릴 적부터 지금까지 여러분 개인의 모습은 태도나 행동 방식, 사고방식, 혹은 감수성의 표현에서 전혀 변하지 않고 그대로라면 정체성이란 고정된 것이라고 판단해도 무방하다. 그러나 만일, 자기 성장 과정이 우여곡절의 흐름 속에서 변화된 양상을 보여 왔다면 정체성이란 고정된 게 아니라 변화되는 과정에서 끊임없이 재형성되는 어떤 것으로 정의할 수 있을 것이다. 나는 후자의 입장에 따른다. 그러나 변화되는 과정 속에서 정체성이 구성되고 표현되는 것이라 할지라도 지속되는 그 무엇이나 자기 일관성이 존재한다는 것도 인정해야 하지 않을까 한다. 사실은 정체성에 있어서 이것이 중요한 측면이기도 하지. 끊임없이 변화가 모색되면서도 자기 일관성을 갖는 정체성 말이다.

그리고 정체성은 또한 개인에 한해서만 형성되는 것이 아니라 집단적인 형성을 한다. 여성의 정체성이나 남성의 정체성 혹은 10대의 정체성, 고등학생들의 정체성, 가족적 정체성 등등이 바로 그러하다. 우리 사회가 IMF 경제 위기를 맞이하면서 가족적 정체성의 위기도 상당히 심각해지고 있다는 것은 이미 잘 알려지고 있다. 이혼이 늘어난 점, 아버지가 가출하거나 자살하는 행위 등에서 말이다. 그러고 보면 정체성이란 내면적 세계에서 형성되는 것이 아니라 경제적, 정치적, 문화적 현실 속에서 그것들의 규정을 받으면서 위협당하거나 형성되는 것임을 알 수 있겠다. 우리 나라의 경제 위기는 사회적, 국가적 정체성마저 뒤흔들어 놓고 있다. 그러나 바로 앞에서 말했듯이 정체성이란 고정되어 있지 않고 상황 속에서 변화되는 것이라고 본다면 현재 경제 위기에서 초래되는 정체성의 위기는 단순히 파괴되는 것이 아니라 새로운 정체성의 형성을 위한 계기로서 이용하는 것이 더 긍정적일 성싶다. '위기에서 기회로' 라는 말이 있듯이 말이다. 정체성에 대해 어느 정도 이해하게 되었으리라 믿는다.

선택 항목에서 선택하기

그러면 이제 논제의 직접적 대상인 선택 항목 중에서 자기 생각과 일치되거나 근접하는 항목을 선택해 보도록 하자. 우선 선택 항목을 다시 보자.

1. 되살아난 사람은 용인 사람의 몸1)이므로 용인 사람이다.
2. 되살아난 사람은 진천 사람의 혼2)이 들어갔으므로 진천 사람이다.
3. 되살아난 사람은 용인 사람도 진천 사람도 아닌 전혀 새로운 사람이다.

1) 몸은 물질, 외형, 可視的 세계로도 볼 수 있음.
2) 혼은 정신, 내적, 不可視的 세계로도 볼 수 있음.

여기서 선택은 정체성에 대해서 어떻게 생각하느냐에 달려 있다. 정체성을 고정된 개념으로 생각한다면 1과 2중 하나를 선택하면 된다. 그런데 '몸' 을 우선시할 것이냐, '혼' 을 우선시할 것이냐에 따라 1, 2의 선택이 갈라지게 된다. 특히 몸을 '물질, 외형, 가시적 세계' 로, 혼을 '정신, 내적, 불가시적 세계'로 확장하여 볼 수 있음에 착안하여 논의의 폭을 넓히는 것이 더 나을 것 같다. 그리고 정체성을 고정된 것이 아니라 변화 과정에서 새롭게 형성되는 것으로 정의하는 사람이라면 3을 선택하면 되겠다. 이제 '되살아난 사람'은 과거의 그 누구도 아니고 전혀 새로운 사람, 전혀 새로운 자기 정체성을 형성하게 된다. 다시 말해 전혀 새로운 환경 속에서는 과거의 요소들이 존재한다 하더라도 전혀 다른 상황의 정체성을 형성하게 된다는 것이다. 3의 선택은 1과 2에서 드러나는 이분법적 사고를 뛰어넘는다. 과거의 형식에만 얽매이지 않고 새로운 세계와 사유를 할 수 있는 힘으로 말이다. 문제는 자기 구성의 원리를 어떻게 설정할 것이냐, 그리고 자기 의미를 어떻게 가질 것이냐에 달려 있다.

이 예는 새로 출현한 사이보그를 둘러싸고 인간이냐 기계냐 아니면 전혀 새로운 창조물이냐라는 논쟁과 유사하다. 다음 표로 대비해 보자.

되살아난 사람	사이보그
용인 사람 몸=용인 사람	기계의 몸=기계
진천 사람 혼=진천 사람	인간의 지능=인간
전혀 새로운 사람	전혀 새로운 창조물

현재 사회 문화 정세와 연결하기

앞의 선택 항목을 정체성의 문제와 관련하여 최근의 사회 문화 정세와 직접 연결시켜 논의하도록 하자. 특히 설문에서 '전세계적으로 급속하게 확산되고 있는 세계화·정보화의 과정 속에서의 자아 및 문화적 정체성'과 관련하여 논하도록 한다. 사실은 이 부분과 관련시켜 논하는 것이 출제진이 요구하는 논술 방향이다. 그렇다면 이제 문제는 더 복잡해진다. 현실 사회의 흐름에 대한 어느 정도의 기본 지식과 그에 대한 인식력이 뒷받침되어야 하기 때문이다.

하나의 예시 답안

제시된 설화에서 문제는 '되살아난 사람'의 정체성이 무엇이냐가 문제이다. 나는, 그는 이제 용인 사람도 아니고 진천 사람도 아니라고 생각한다. 왜냐하면 그는 '용인 사람의 몸'과 '진천 사람의 혼'이 혼합된 상태이기 때문이다. 몸 혹은 외양을 중시하는 사람은 그가 용인 사람이라고 할 수도 있고, 반대로 혼 또는 정신세계를 중시하는 사람은 그가 진천 사람이라고 주장할 수도 있을 것이다. 그러나 이러한 주장들은 어떤 개체의 정체성에 대한 판단을 이분법적 논리(몸이냐 혼이냐 하는)로 정의한다는 점에서 동일하다. 즉 변화된 양상이나 새로운 혼합성에 의한 새로운 정체성의 특성을 보려 하지 않고 과거의 성분에 얽매여 정의한다는 것이다.

사실 이런 상황은 단순한 설화에 불과한 것이 아니라 복잡하고 유동적인 현대 사회의 상황에서 늘 일어나는 일이다. 특히 우리는 '나는 누구인가'라는 존재론적 질문을 하곤 한다. 이 질문은 곧 정체성, 자아 정체성에 대한 것이다. 그런데 여기서 우리의 인식은 정체성을 어떻게 개념화하느냐에 따라 자아 정체성을 크게 두 가지로 정의할 수 있다. 하나는 '고정된 자아' 로 보는 것이고, 다른 하나는 '변화되는 자아' 로 보는 것이다. 고정된 자아라고 하는 것은 자아를 구성하는 성분들이 변해도 여전히 자아 정체성은 고정된 본질을 가지고 있다는 것이고, 변화되는 자아라고 하는 것은 고정된 본질이란 존재하지 않고 자아를 구성하는 성분들의 변화에 따라 그 정체성도 끊임없이 변화된다는 것이다.

　나는 후자의 입장이 옳다고 본다. 요컨대 자아 정체성이란 '자기됨의 형성 과정' 으로 볼 수 있다는 것이다. 그런데 여기서 중요한 것은 이렇게 인식할 때의 인식 효과이다. 새로운 상황을 과거의 잣대로 판단하느냐 아니면 전혀 새로운 잣대로 새롭게 판단하느냐의 문제가 달린 것이다. 이것은 인간 주체만의 문제가 아니라 사회적, 문화적 환경의 변화와도 직접적으로 관련된다. 가령 최근 우리 사회에서나 세계적으로 '정보화' , '세계화' 가 지배적 정세로 되고 있는데, 이때 우리의 자아 정체성이나 문화적 정체성의 새로운 형성에 대해 어떤 태도를 보일 것이냐가 중요해진다. 내 생각으로는 과거의 잣대에 얽매이는 것보다 새로운 잣대로 정체성의 새로운 형성을 긍정화하는 태도가 필요하다고 본다. '되살아난 사람' 을 '용인 사람' 도 '진천 사람' 도 아닌 전혀 새로운 사람이라고 보는 것도 바로 이러한 이유에서이다.

6. 학문 · 지식인 · 삶의 태도

도전 문제 1 · 해설

논제의 구성 조건 확인

다음 (라)는 글 (가)에 제기된 문제에 대한 현대 과학 철학의 어떤 견해를 제시한 것이다.

(라) 현대의 과학 철학에서는 서로 다른 과학 이론이 대립할 때 어느 것이 맞고 어느 것이 틀렸는지, 또는 어느 것이 낫고 어느 것이 그렇지 못한지를 판단할 수 없다는 견해가 있다. 이러한 관점에서는 과학 이론도 하나의 신념 체계로 이해될 수 있다. 즉, 과학적인 지식이 시간이나 공간을 초월하여 적용될 수 있는 불변의 진리가 아니고, 믿음으로 해석될 수 있다는 것이다.

①글 (라)의 이러한 견해가

②글 (나)에 소개된 '앎'에 대한 이해와 어떻게 조화를 이룰 수 있는지에 대해

③제목을 달고 2,000자 내외의 논술문을 작성하라.

(i) 글 (나)에 제시된 '무지(無知)'와 글 (다)에 언급된 '무지(無知)'가 어떻게 같고 다른지에 대한 논의가 논술문의 본론에 포함되도록 하시오.

(ii) 글 (가)의 서론 다음에 제시된 사례 또는 이와 유사한 사례를 논지 전개를 위한 근거 또는 예증을 위한 실례로 활용하시오.

제시문 분석과 문제 설정

1. 제시문 분석(논지 요약)

(가)

일반적으로 과학적 지식은 완전히 검증된 것이라고 믿으며 과학자의 견해를 신뢰하지만 어떤 예측이 과학적으로 검증되었다 하여 모두 믿을 수 있는 것은 아니다. 과학자마다 서로 다를 수 있다.

(나)

우리의 상식으로는 미와 추, 현(賢)과 우(愚), 선과 악은 엄밀히 구별되는 것으로 생각하지만 노자의 경우 생각이 다르다. 노자는 자기가 안다고 할 때 그 안다는 것이 도대체 무엇이냐고 질문한다. 안다는 것은 동시에 알지 못한다는 것이다. 공자는 박학을 주장하지만 노자는 박학의 지를 부정한다.

(다)

학문은 질문의 제기로부터 시작된다. 호기심과 관심에서 출발하여 학문은 새로운 것에 대한 질문을 통해 우리 앞의 세계를 밝힌다. 남이 만들어준 답을 배우는 것이 아니라 스스로 끊임없이 질문하고 답을 찾는 것이 학문의 과정이다.

(라)

현대 과학철학에서는 과학적 지식이 불변의 진리가 아니라 믿음으로 해석되는 신념 체계라고 한다.

2. 쟁점

(가) : 과학적 지식이란 무엇인가. 그것은 과학자들마다 다르게 구성될 수 있다.

(나) : 앎의 문제란 무엇인가. 안다는 것은 아는 것이 아니라 알지 못함을 말한다.

(다) : 학문이란. 끊임없이 질문하고 답을 찾는 과정이다.

(라) : 과학적 지식이란 무엇인가. 과학자들의 신념 체계이다.

3. 문제 설정

➡ '과학적 지식은 신념 체계' (라)라는 견해가 '안다고 하는 것은 알지 못한다는 것' 라는 견해와 어떻게 조화될 수 있는가.

➡ 과학적 지식이 신념 체계에 의해서 구성된다고 하는 것은 과학의 세계에 대한 인식의 패러다임의 차이에서 비롯되는 부분이다. 그것은 달리 말하여 어떠한 태도로서 과학의 세계를 알 것이냐의 문제와 관련되고, 또 그러한 태도는 알아도 알지 못하는 즉 새로운 인식틀을 위한 끊임없이 새롭게 알아가는 과정에서 비롯되기 때문이다.

➡ (나)에서 언급하는 '무지' 와 (다)에서 언급하는 '무지' 는 동일한 의미를 갖는다. 왜냐하면 (나)나 (나)의 무지 모두가 앎을 위한 과정으로서의 무지이기 때문이다.

➡ 사례 활용하여 논지를 전개한다. (가)에서 제시한 사례를 사용하거나 다른 유사한 사례를 사용한다.

하나의 예시 답안

제목: 신념 체계로서의 과학적 지식과 앎의 문제

현대의 과학철학은 과학적 지식에 대해 새로운 문제를 제기하고 있다. 그 새로운 문제란 과학적 지식이 완전히 검증된 진리 즉 보편성을 획득하는 진리가 아니라 과학자의 하나의 신념 체계로서 존재한다는 것이다(제시문 라). 달리 말하자면, 과학자의 신념 체계에 따라 과학적 지식이 상이한 패러다임으로 구성될 수 있다는 것이다. 이 견해에 따르자면, 과학적 지식은 보편적·객관적 세계를 반영하는 것으로 구성되는 것이 아니라 과학의 세계를 특정한 방식으로 구성한다. 따라서 우리가 진리라고 믿어왔던 것들도 어느 순간 더 이상 진리가 아닌 것이 되곤 한다. 어떤 점에서는 과학적 지식이 과학에 대한 앎으로서 그치는 게 아니라 일상적인 생활 양식의 흐름도 지배하기 때문에 때로는 이데올로기로서 작용하기도 한다. 가령 뉴턴의 기계론적 우주관은 근대 세계인들의 과학적 지식이자 근대 전반을 이끌어온 강력한 이데올로기로 작용해왔다.

그런데 '하나의 신념 체계' 로서의 과학적 지식이 '안다고 해도 아는 것이 아니다' 는 앎의 문제(제시문 나)와 어떻게 조화를 이룰 수 있을까. (나)에서 말하는 앎의 문제는 노자의 사상에 기반한다. 노자는 아는 것은 아는 것이고 모르는 것은 모르는 것이라는 공자의 가르침과는 반대로 "알고 있다고 하는 것이 동시에 알지 못하는 것이고 알지 못한다고 하는 것이 동시에 알고 있는 것"이라는 부지지 지(不知之知)를 주창한다. 다시 말해 노자는 앎의 문제를 두 가지 차원에서 접근한다. 하나는 안다고 하는 것은 더 많은 것을 알아가는 과정이라는 점이다. 다른 하나는 어떤 것에 대해 알았을 때 알게 된 그 어떤 것의 세계는 더 많이 모르는 것들을 포함하고 있다는 것으로서의 앎이다. 이것은 어떤 것에 대해 공부를 하면 할수록 더 많은 세계가 펼쳐지고 그것들에 대해서는 무지한 상태를 말한다. 이런 맥락에서 (나)에서 언급하는 '무지'와 (다)에서 언급하는 '무지'는 동일한 의미를 갖는다. 왜냐하면 (나)나 (다)의 무지 모두가 앎을 위한 과정으로서의 무지이기 때문이다.

이렇게 볼 때 하나의 신념 체계로서의 과학적 지식과 제시문 (나)의 앎의 문제와는 좀 상이하다 할 수 있다. 신념체계로서의 과학적 지식은 문제 상황을 바라보는 인식틀 자체의 차이에서 비롯되는 것이고, 제시문 (나)의 앎의 문제는 인식틀 자체라기보다 앎의 정도나 인식의 불확정성(부지지지)과 관련되기 때문이다. 뉴턴의 기계론적 우주관 역시 뉴턴의 확고한 신념 체계이지만 인식의 불확정성과는 무관하다. 문제를 바라보는 틀이 좀 상이하다보니 인식의 방법도 다르다. 신념 체계로서의 과학적 지식은 가령 A라는 사태에 대해 어떤 방식으로 알 것이냐로 질문하지만, 앎의 불확정한 태도에서는 사태 A에 대해 얼마나 아느냐 또 얼마나 모르냐로 질문한다. 다시 말해 질문의 방식이 전혀 다르다는 것이다. 여기서 신념 체계란 '하나의 신념 체계'임을, 즉 복수의 신념 체계들로 경합될 수 있는 과학적 지식임에 유의할 필요가 있다. 신념이 확고하냐 그렇지 못하느냐로서의 의미가 아니라 다양한 신념 체계가 있다는 것을 전제하고 있다는 것이다.

그러나 그렇다고 해서 신념 체계로서의 과학적 지식하고 인식의 불확정성으로서의 앎의 문제하고 서로 대립된 것은 아니다. 양자는 서로 상호 작용 속에서 상호 변화의 조건이 될 수도 있다. 과학자의 신념 체계는 인식의 불확정성 속에서 새로운 신념 체계로의 전환을 꾀할 수도 있고, 인식의 불확정성은 하나의 신념 체계를 통하여 좀더 확고해지는 방향으로 선회할 수도 있다. 가령 제시문 (가)에서 분석한 지구 기온 상승 문제를 예로 들어보자. 어떤 과학자들은 이산화탄소의 방출로 지구 기온이 크게 올라 대재앙이 예고된다고 경고하고 있다. 어떤 과학자는 이번 세기 중 섭씨 5.5도가 상승할 거라고 했다. 반면에 다른 과학자는 섭씨 1.9도 밖에 오르지 않을 것이라고 반박했다. 이런 차이를 보이는 것은 지구의 온도 상승에 대한 상황 인식의 차이, 즉 신념 체계의 차이에서 비롯되는 것이고 그 차이는 상승 온도를 예측하는 수단을 상이하게 적용하기 때문이다. 이런 차이에 따라 결국 과학적 지식도 불확정성의 원리를 따르게 된다. 앎의 불확정성이나 과정으로서의 앎의 문제는 신념 체계로서의 과학적 지식에 대한 태도가 결정짓기도 한다. 얼마나 아느냐가 아니라 어떻게 아느냐가 중요하다.

도전 문제 2 · 해설

논제의 구성 조건 확인

① 제시문 [가] ~ [마]는 인문학에 관련된 글들을 모아 놓은 것이다.

② 제시문 [가] ~ [라]에서 취하고 있는 입장을 나름대로 구분한 후,

③ 이를 모두 활용하여

④ 제시문 [마]에서 제기된 문제의 해결을 위한 자신의 견해를 논술하시오.

①에서 논술의 방향을 제시하고 있다. '인문학'의 문제로 주제를 한정하고 있는 것이다.

③에서 각 제시문의 입장을 활용하라고 하는 것은 입장에 따라 동조하거나 반박하거나 또는 부분적으로 이용하거나 등을 말한다. '모두' 활용하라는 요구에 주의하도록 어떤 방식으로든 제시문의 내용을 활용토록 한다.

제시문 분석과 문제 설정

1. 제시문 분석(논지 요약)

[가]

[가]는 인문학의 정의, 역사에 대해서 언급하면서 인문학의 핵심은 항상 "인간적 삶을 영위할 수 있는 가치, 인간적인 삶이 구가되는 사회를 추구하고 만들어 나간다고 하는 반성적인 사고, 비판정신"에 있다고 주장한다.

[나]

서구 학문에서 변화를 거부하는 전통 수호자들은 인문학 및 문학의 위기를 부르짖으나 이러한 수구적인 태도를 반대하는 논지를 주창하고 있다. 문학과 학문은 순수와 전통의 틀에 얽매이거나 현실과 괴리되지 않고 세속적이어야 한다는 것이다.

[다]

가상공동체가 형성되고 새로운 매체가 출현하면서 인문학의 위기가 거론되는 바, 그것은 사실 인문학의 인프라의 위기를 말한다는 것, 다시 말해 인문학이란 생의 의미와 가치의 정립을 불변의 목적으로 삼기 때문에 새로운 환경이 조성될지라도 인문학의 본래적 가치는 사라지지 않을 것이라는 논지를 펴고 있다.

[라] (1)

인문학의 범위를 확장해야 한다는 주장으로, 대중문화 연구까지 포괄하는 '문화 연구' 방법론을 소개하고 있다.

[라](2)

고문서 번역과 연구는 문화의 원형을 디지털화하는 문화 콘텐츠 개발을 통해 엄청난 부가가치를 창출하고 있음을 보도하고 있다..

2. 제시문 [마]의 문제 제기

➡ 제시문 [마]는, 오늘날 한국 사회의 정체성과 문화를 위해 필요한 길은 교육의 다원화에 의한 인문학의 재정립과 발전이라는 대안을 내놓으면서도, 인문학 위기라는 열악한 상황에서 국가나 대학은 아무런 대책도 없고, 있다면 오직 하나 '대학도 이제 하나의 시장이다' 라는 시장의 논리에 대학 혹은 인문학의 장래를 맡기려는 태도에 대해 문제를 제기하고 있다. 요컨대 한국사회에서 인문학은 위기 상황에 처해 있으며 재정립이 필요한 현실인 바, 그렇다고 시장의 논리에 대학 및 학문의 진로를 내맡기는 것은 문제가 있지 않느냐고 문제를 제기하고 있다.

따라서 수험생들은 한국사회에서의 인문학의 위기에 대한 대안적 논의(문제의 해결 방안 제시)와 함께 시장의 논리로 대학을 구조 개혁하는 것이 옳은 방법인지 짚어보는 정도의 논술문을 작성하도록 한다.

➡ 수험생들이 이 논제의 핵심 쟁점인 인문학의 위기를 논하기 위해서는 '인문학' 에 대해 먼저 정리해야 한다. 인문학에 대한 개념은 제시문 [가]에 소개하고 있다. 수험생으로서는 [가]에 제시해 놓은 개념을 통해 인문학에 대해 나름대로 정리하고 상상력을 발휘하는 수밖에 없다. 따라서 먼저 제시문 [가]의 설명에 주의하고 또한 다른 제시문들도 참조하여 인문학의 개념을 수험생 자신의 방식대로 설정할 수 있어야 자신감 있게 논술문을 작성할 수 있다. 그리고 주어진 제시문들을 '모두' 활용하라 했으므로 상당 정도의 내용을 제시문들 속에서 발췌하되 자기 입장으로 재구성한다.

3. 논술문 작성을 위한 개념 및 문제 설정의 흐름도

인문학이란,

"인간적 삶을 영위할 수 있는 가치, 인간적인 삶이 구가되는 사회를 추구하고 만들어 나간다고 하는 반성적인 사고, 비판정신"으로서의 인문학[가]

인문학의 위기란,

1) 인문학 본래 정신의 위기? 인간적 삶의 가치 지향과 비판 정신은 더 이상 불필요한가?

2) 새로운 매체의 출현에 따른 위기 의식. 가상공동체 · 정보화사회에 있어서의 인문학 위기. 인문학 자체의 위기라기보다 인문학의 인프라의 위기[다].

3) 변화를 거부하는 수구적인 태도들에 의한 인문학의 위기 '론' 대두[나].

인문학 위기에 대한 대안 모색

1) 인문학 인프라의 다양화: 고문서 번역 등에 의한 문화 원형 콘텐츠화(새로운 환경 변화의 수용 및 인문학의 실용주의적 태도로의 전환 필요)

2) 인문학 영역의 다양화: 문화 연구 등

3) 대학 · 학문의 구조 개혁에 있어서 시장 논리는 정당한가

4. 논술문 구성

제시문 분석과 논제의 요구에 따라 논술문을 구성하면 다음과 같다.

1단락: 제시문 [가]–[라]의 입장들 변별하여 논지 요약

2-1단락: 인문학 및 인문학 위기에 대한 개념/문제 설정

2-2단락: 제시문 [마]의 문제제기 요약

3-1단락: 시장논리에 대한 대응

3-2단락: 문제의 해결을 위한 자신의 견해 개진

하나의 예시 답안

인문학 또는 인문학의 위기와 관련된 각 제시문의 논지를 요약하여 구별하면 다음과 같다. [가]는 인문학의 변화를 이야기하면서도 항상 인간적 삶의 가치와 사회를 추구하는 반성적인 사고 및 그 비판 정신으로서 인문학이 존재함을 원론적인 차원에서 주장하고 있다. [나]와 [다]는 인문학의 위기에 대해 비평한다. [나]는 인문학의 위기란 현실과 괴리된 학문적 태도를 취하는 수구적 입장이 변화를 거부하는 가운데 주창한 허구적인 것임을 주장하고, [다]는 인문학의 위기란 인문학의 인프라의 위기임을 지적한다. 이에 비해 [라]의 두 글은 문화 연구 프로그램과 고문서 연구에 따른 인문학 영역의 확대를 보여주고 있다.

이미 오래전부터 등장해온 포스트모더니즘이 시사해주고 있는 것처럼 오늘날 세상은 엄청나게 변화되고 있고 그에 따라 우리는 인문학이란 무엇인지, 인문학은 어떠한 방식으로 우리에게 위기로 다가오고 있는지를 성찰하지 않을 수 없다. 왜냐하면 엄청난 세상의 변화 속에서 인간은 그 자신의 윤리적 존재론적 위기에 처해왔고, 인문학은 인간 자신의 위기를 인간적 삶의 가치와 사회를 추구하고자 하는 인간 자신의 문제로 성찰하는 비판 정신을 그 근본으로 하기 때문이다. 제시문 [마]는 이러한 맥락에서 한국사회의 자기 정체성 확립 및 문화 창달을 위한 인문학의 재정립과 발전을 유일한 길로 제시하고 있다.

그러나 [마]는 인문학의 위기에 대해 시장 논리로 가는 방안에 대해서는 회의적인 입장을 보인다. 기초학문이든 응용학문이든 패러다임의 전환도 구조 개혁의 방안도 아님을 시사하고 있다. [마]가 제시하는 방안은 시장 논리가 아니라 교육의 다원화에 의한 인문학의 재정립이다. 이러한 주장은 틀리지 않아 보인다. 인문학이 인간적 가치와 삶을 위한 비판 정신으로 나아가야 하는 것과 달리 시장 논리는 그 정반대의 방향을 조준하고 있어 인간을 파괴하고 있기 때문이다.

따라서 오히려 더 많은 인문학 정신이 요구되는 시대이다. 정보화사회·환경 파괴·위험 사회·소비사회 등 현대사회의 특성들 속에서 인간은 존재론적으로 위기에 처해 있기 때문이다. 그러자면 당연히 인문학은 현실적인 삶의 문제들과 연계해야 하며, 그런 점에서 대중문화나 새로운 매체 환경 등에 천착하는 문화 연구도 새로운 인문학으로서 자리잡아가야 마땅하다. 한국사회에 있어서 문화 연구는 시장 논리를 비판하는 대안적 인문학이자 문화콘텐츠의 연구 등 다양한 경로와 방법들을 통해 인문학적 인프라를 창발할 수 있을 것이다.

도전 논제 3 · 해설

논제의 구성 조건 확인
① 아래 두 지문에 제시된 삶의 방식을 견주어 분석하고
② 그 의의 또는 문제점에 대하여
③ 자신의 견해를 논술하시오.

제시문 분석 및 문제 설정

1. 두 제시문에 제시된 삶의 방식 비교 분석
〈가〉는 벼슬길이 끊어지거나 죄인의 처지가 된다해도 멀리 도망가 산골에 처박혀 무지랭이가 되어 살지 말고 항상 서울 가까이 살면서 문화(文華)의 안목을 잃지 않도록 하고 견문을 넓혀 벼슬길에 있는 사람들과 같이 살기를 권하고 있다. 천리는 돌고 도는 것이니 한번 넘어졌다 해도 다시 기회는 오는 법이니 세상을 구제할 일을 게을리 하지 말라는 것이다.

〈나〉는 숲속 움막집을 다시 찾은 어느 중년의 회고 이야기이다. 세월의 흐름도, 살인도, 고통도 없이 모든 시간과 생활이 멈춰 있고 영원한 것처럼 보이는 그 움막에 어느 요가 수도자가 수도를 하고 있었다. 속세와 연이 끊어진 이곳, 청년 시절에 평화와 만족과 고향 같은 안락감을 줬던 이곳에서 중년은 다시 찾은 기쁨에 감사해하고 있다.

두 제시문에 제시된 인물들의 삶의 방식은 상반되고 있다. 〈가〉의 인물은 죄인의 처지가 될지라도 무지랭이로 처박혀 살지 말고 서울에서 항상 안목과 견문을 넓히며 기회를 준비해야 하는 적극적인 삶의 방식인데 반해, 〈나〉의 인물은 속세의 어지러움을 잊고 평화로움을 주는 자연 속 수도원같은 움막을 찾아 탈세속적 삶의 공간에서 기쁨을 찾고 있다.

2. 두 제시문에 제시된 삶의 방식의 의의 또는 문제점
〈가〉 인물의 삶의 방식의 의의는 어려움이 처해진다 해도 시류의 흐름을 놓치지 않고 실력을 쌓고 인간 관계를 꾸준히 넓힘으로써 후세를 준비하는 긍정적 태도에 있다. 그러나 이 삶의 태도에는 갖은 비난과 멸시도 감수할 수 있을 정도의 인내력이 있어야 한다. 옳고 그름을 떠나 죄인의 처지가 된다 함은 항상 구설수에 오르내리기 일쑤이고 다른 사람의 지탄으로부터 자유롭지 못하기 때문이다. 차라리 마음 편하게 은둔하며 살아갈 수도 있다. 반드시 벼슬길에 올라 출세해야만 성공적인 삶이라고 볼 수도 없고 자기 아니면 나라를 구제할 수 없다고 생각하는 것도 어리석은 생각이기 때문이다.

〈나〉 인물의 삶의 방식의 의의는 속세의 희노애락, 비애, 살기(殺氣) 따위의 번뇌를 잊어버리고 무위자연으로 묻혀 사는 삶의 즐거움에 있다. 인간은 반드시 속세라는 사회 속에서 살아야 하는 법은 없다. 자연 속에서 자연의 생태 환경과 대화하며 도인처럼 살아가는 것도 현명한 방법일 수 있다. 오늘날 도시인들은 휴가나 여행이라는 명목을 이용하여 그런 경험을 하고자 한다. 하지만 여행지는 또 다른 속세의 정글이 우글거리는 장소이기도 하다. 어느날 갑자기 댐을 만든다거나 길을 뚫는다거나

쓰레기 처리장을 만든다거나 하는 문명의 그늘로부터 습격당할 위기에 항상 처해져 있기 때문이다.

3. 자신의 견해 밝히기 : 쟁점의 정리

자신의 처지가 어찌됐든 세상의 흐름과 항상 긴장하며 살아가야 하는 삶의 태도와 세상을 등지고 무위자연하며 살아가는 삶의 태도 중, 만일 그 하나를 택해야 한다면 어느 쪽을 택할 수 있을까. 제시문에서 이야기하는 것처럼 죄인이 되지 않고서는 죄인의 삶과 선택을 이해하기 어렵다. 무지랭이가 될지언정 차라리 모든 것을 잊어버리고 무위자연하며 살아가고 싶은 욕망이 강렬할 수 있다. 그렇다고 그가 반드시 무지랭이라고 할 수 있는 것은 아니다. 왜냐면 속세의 안목과 거리가 멀어지는 측면은 있지만 그가 더 이상 속세와 연을 쌓고 싶지 않다면 굳이 어지러운 속세에 관심을 가질 필요는 없다. 자연의 생태적 삶을 아는 것 역시 엄청난 안목이자 지식이다. 오늘날 환경에 대한 중요성이 더 커지는 상황에서는 오히려 그게 더 중요해질 수 있다. 그리고 세상을 등지고 자연에 파묻혀 농사만 짓고 살겠다는 것도 순진한 발상이다. 사실 오늘날은 어느 오지에 묻혀 도인처럼 살아가려 해도 그게 쉽지가 않다. 항상 지역 사회는, 그 지역이 오지일지라도 어느날 갑자기 위기에 처해질 수 있는 게 오늘날 우리 사회의 현실이다. 어느날 갑자기 댐을 만든다거나 길을 뚫는다거나 쓰레기 처리장을 만든다거나 하는 문명의 그늘로부터 습격당할 위기에 항상 처해져 있기 때문이다. 자연적 삶을 살아가려 한다 해도 사회는 더 이상 그런 삶을 내버려두지 않는다. 어떤 방식으로든 속세적 사회와 연결되어 있다. 속세의 한 가운데에서 살아도 시골의 오지에서 살아도 세상 돌아가는 처지는 알아야 한다. 그게 출세하여 성공하기 위해서가 아닐지라도. 자기가 살아가는 지역적 공간의 위기는 언제든지 찾아올 수 있으므로, 오히려 자신이나 그 가족의 행복한 삶을 지키기 위해서 말이다. 각 개인들이 선택해야 하는 삶의 방식은 점점 더 복잡한 세상의 미로들과 함께 한다.

하나의 예시 답안

두 제시문에 제시된 인물들의 삶의 방식은 상반되고 있다. 〈가〉의 인물은 죄인의 처지가 될지라도 무지랭이로 처박혀 살지 말고 서울에서 항상 안목과 견문을 넓히며 기회를 준비해야 하는 적극적인 삶의 방식인데 반해, 〈나〉의 인물은 속세의 어지러움을 잊고 평화로움을 주는 자연 속 수도원 같은 움막을 찾아 탈세속적 삶의 공간에서 기쁨을 찾고 있다.

〈가〉의 인물과 같이 살아가려면 갖은 비난과 멸시도 감수할 수 있을 정도의 인내력이 있어야 한다. 옳고 그름을 떠나 죄인의 처지가 된다 함은 항상 구설수에 오르내리기 일쑤이고 다른 사람의 지탄으로부터 자유롭지 못하기 때문이다. 차라리 마음 편하게 은둔하며 살아갈 수도 있다. 반드시 벼슬길에 올라 출세해야만 성공적인 삶이라고 볼 수도 없고 자기 아니면 나라를 구제할 수 없다고 생각하는 것도 어리석은 생각이기 때문이다.

인간은 반드시 속세라는 사회 속에서 살아야 하는 법은 없다. 자연 속에서 자연의 생태 환경과 대화하며 도인처럼 살아가는 것도 현명한 방법일 수 있다. 오늘날 도시인들은 휴가나 여행이라는 명목을 이용하여 그런 경험을 하고자 한다. 하지만 여행지는 또다른 속세의 정글이 우글거리는 장소이기도 하다. 어느날 갑자기 댐을 만든다거나 길을 뚫는다거나 쓰레기 처리장을 만든다거나 하는 문명의 그늘로부터 습격당할 위기에 항상 처해져 있기 때문이다.

자신의 처지가 어찌됐든 세상의 흐름과 항상 긴장하며 살아가야 하는 삶의 태도와 세상을 등지고 무위자연하며 살아가는 삶의 태도 중, 만일 그 하나를 택해야 한다면 어느 쪽을 택할 수 있을까. 무지랭이가 될지언정 차라리 모든 것을 잊어버리고 무위자연하며 살아가고 싶은 욕망이 강렬할 수 있다. 그렇다고 그가 반드시 무지랭이라고 할 수 있는 것은 아니다. 자연의 생태적 삶을 아는 것 역시 엄청난 안목이자 지식이다.

사람들이 탈세속화하여 자연적 삶을 살아가려 한다 해도 사회는 더 이상 그런 삶을 내버려두지 않는다. 어떤 방식으로든 세속적 사회와 연결되어 있다. 속세의 한 가운데에서 살아도 시골의 오지에서 살아도 세상 돌아가는 처지는 알아야 한다. 그게 출세하여 성공하기 위해서가 아닐지라도, 자기가 살아가는 지역적 공간에 위기는 언제든지 찾아올 수 있으므로, 오히려 자신이나 그 가족의 행복한 삶을 지키기 위해서 말이다. 각 개인들이 선택해야 하는 삶의 방식은 점점 더 복잡한 세상의 미로들과 함께 한다.

도전 논제 4 · 해설

논술의 구성 조건 확인

① 다음 제시문 [가]~[마]는 17세기에서부터 20세기 초까지 서양인이 한국과 한국인에 관해 쓴 글이다. 이 글을 통해 한국인에 대한 당시 서양인의 관점과 인식을 엿볼 수 있다.

② 제시문의 내용을 현재 우리의 모습과 비교하여 분석하고

③ 자신이 생각하는 바람직한 한국인 상(像)을 제시하시오

제시문 분석 및 문제 설정

비교-분석을 위해 각 제시문의 논점을 요약해보자.

[가] 한마디로 요약하기 어려운 글이다. 조선인은 거짓말하고 속이는 경향이 있으며 남에게 해를 끼치고 부끄럽게 여기지 않는다. 그러면서도 조선인은 착하고 남의 말을 곧이듣기 잘하며 낯선 사람에게 호감을 갖는다.

[나] 민족적 관점에서 볼 때 조선인은 중국인이나 일본인과 거의 닮지 않고 북방으로부터 이주해 온 여러 민족들의 합성체일 것이다.

[다] 코리아는 철저하게 외국인들에게 배타적인 민족이며, 혼자 잘 버티어 왔다.

[라] 한국과 한국인에 대해 잘못 알려졌다. 한국인들은 매우 호의적이며 예의가 바르되 지나치게 친밀감을 드러내지는 않고 상대방을 배려한다.

[마] 한국인은 본래 선량하고 협조적이며 손님에게 후대하며 부모 자식에 대해 자상하고 지적이다.

그러나 오랫동안의 실정(失政)이 게으르고 무감각하게 만들었다. 사회 정의가 부재하여 양민들이 착취당했으며 양반에 굴종했다. 관습에 대한 완강한 집착은 유교의 폐해이다. 그러나 한국인은 현재 정체 상태로부터 탈피해나갈 희망이 있다.

제시문들은 17세기에서 20세기초 외국인들의 눈에 비친 한국인의 이미지들이다. 이 이미지들이 당시의 대표적인 관점이라고 말할 수는 없어도 한국인들의 일정한 성향을 드러낸다고는 할 수 있다. 이에 대해 현재 한국인의 모습과 비교—분석한다. 한국인(조선인)을 관찰한 외국인의 관점과 인식이 주관적일 수 있듯이 '현재 한국인'을 바라보는 논술자의 시각도 주관적일 수밖에 없다는 점을 염두에 두고 각자의 시각으로 정리해보자. 여기서는 필자의 시각이 들어간다.

특히 17세기에서 20세기초라는 역사적 시점의 특성은 우리나라에 근대가 형성되기 직전이거나 그 시작인 시점 즉 전근대적 상황임을 알 수 있다. 민족적 정체성은 어떤 시대적 상황이냐에 따라 크게 달라질 수 있으므로 시대적 특성을 염두에 두는 것도 필요하다. 전근대적이던 당시 조선의 상황은 사회가 역동적이지 못한 데 비해 근대적 상황이 지속되는 오늘날은 더구나 포스트모던한 시대를 맞이하면서 매우 역동화되고 있고, 그에 따라 한국인의 정체성도 역동적으로 변화하고 있다.

우선 각 제시문 요약에 대해 오늘날의 시각으로 비교—분석하면 다음과 같다.

[가] 조선인은 거짓말하고 속이는 경향이 있으며 남에게 해를 끼치고 부끄럽게 여기지 않는다. 그러면서도 조선인은 착하고 남의 말을 곧이듣기 잘하며 낯선 사람에게 호감을 갖는다.

이 부분은 여전히 마찬가지가 아닌가 한다. 특히 지역이나 사람에 따라 다 다르기 때문에 하나의 정체성으로 말하기는 어렵다.

[나] 민족적 관점에서 볼 때 조선인은 중국인이나 일본인과 거의 닮지 않고 북방으로부터 이주해 온 여러 민족들의 합성체일 것이다.

민족의 이동이나 접촉이 있으면서 불가피하게 합성적일 수 있을 것이나 오늘날 한국인은 '단일 민족'으로 민족적 정체성을 형성해왔다고 대단한 자부심을 가져온 것도 사실이다. 그러나 실제로 순수하게 단일 민족일 수는 없으며, 오히려 하나의 이데올로기로 지배해왔고, 따라서 다양한 문화적 정체성을 억압시켜왔다.

[다] 코리아는 철저하게 외국인들에게 배타적인 민족이며, 혼자 잘 버티어 왔다.

[가]의 논지와는 다른 관점을 가지고 있다. 어쨌든 오늘날의 시점에서 보더라도 한국인이 외국인들에게 배타적인 민족인 것은 아니다. 오히려 매우 개방적인 태도를 가진다고 볼 수 있다. 세계화를 수용해가는 과정이나 국제 대회 등을 국내에 유치하려는 열띤 경쟁 등을 볼 때 배타적인 민족성을 찾아볼 수 없다. 그러나 애국주의는 강하게 나타나고 있다. 월드컵에서의 환호, 황우석 사태 때의 애국주의 등이 그 사례들이다. 그리고 북한의 경우 '주체 사상'이라는 것을 내세워 혼자서도 잘 버텨오기로 잘 알려졌으나 남한은 그렇지 못하다. 바로 인접 국가인 일본이나 중국에 대해서도 단호한 대처를 하지 못하고 특히 2006년도의 한미FTA(자유무역협정) 협상 과정은 미국에 굴종적이다.

[라] 한국과 한국인에 대해 잘못 알려졌다. 한국인들은 매우 호의적이며 예의가 바르되 지나치게 친밀감을 드러내지 않고 서양인에 대해서는 상대방을 배려한다.

사람들에 따라 다소 다를 수 있으나 오늘날의 시각에서 보더라도 맞는 것 같다. 시골의 시내버스에서 결혼하면서 한국으로 이주해온 외국인 여성들과 마주칠 때 대하는 태도를 보면 상당히 친절하려 한다. 배타적이지 않다는 것이다. 그러나 한국인들은 서로 알지 못하는 내국 사람들끼리는 매우 무뚝뚝하거나 신경질적이고 냉소적이며 심지어는 적대적으로 경계하기까지 한다. 지하철에서의 모습만 봐도 그렇다. 특히 성추행과 아이들 유괴가 사회 문제로 불거지면서 그 경계심은 타인들에 대한 관계의 문제를 매우 낯설게 한다. 이는 한국인의 성향이라는 것이 사회적 이슈에 따라 상당히 좌우되고 있음을 말해주기도 한다.

[마] 한국인은 본래 선량하고 협조적이며 손님에게 후대하며 부모자식에 대해 자상하고 지적이다. 그러나 오랫동안의 실정(失政)이 게으르고 무감각하게 만들었다. 사회 정의가 부재하여 양민들이 착취당했으며 양반에 굴종했다. 관습에 대한 완강한 집착은 유교의 폐해이다. 그러나 한국인은 현재 정체 상태로부터 탈피해 나갈 희망이 있다.

이 관찰은 사회적 정의에 따라 달라지는 한국인의 양상을 잘 관찰하고 있는 듯하다. 사회 정의가 부재하면 굴종적이거나 저항적이다. 그에 따라 민(民)-민(民)간의 갈등과 반목이 심화되기도 한다. 오늘날은 제시문과는 다른 양상으로 나타나고 있다. 실정이 뒤따라도 게으르거나 무감각하지는 않다. 오히려 더 역동적이었다. 1980년대의 국민적 저항이나 이라크 한국군 부대 파병 등 최근의 상황들을 보더라도 의견들을 강력하게 제시하거나 역동적인 행동을 취한다. 그러나 다른 한편으로 정치적으로 무감각해지는 경우도 있다. 냉소주의와 회의주의가 팽배하기도 하다. 유교적 관습으로부터도 이미 오래전에 탈피했다. 사회는 성적으로나 문화적으로 개방되어 있고 포스트모던한 사회로 이행하고 있다. 한국인의 정체성이 매우 역동적으로 움직인다. 희망은 그 역동성 속에서 찾아볼 수 있으나 그 미래는 어떻게 될지 아무도 모른다.

바람직한 한국인상 제시

바람직한 한국인상 제시는 논술자의 시각에서 제시하면 된다. 특히 이 논제의 경우 논술자의 주관적인 판단이 개입될 수밖에 없는데, 그럼에도 객관적인 지표들을 기준으로 삼아 써야할 것이다. 그리고 바람직한 한국인상 제시는 앞 단계에서 비교-분석한 내용과 연관하여 쓰도록 하되 그 비교-분석한 내용의 흐름을 범주화하여 기술하면 논술문이 좀더 탄탄해질 것이다. 다음의 범주화를 참조해 보자.

첫째, 한국인들끼리 접촉할 경우에 나타나는 특성

둘째, 외국인을 접촉하는 경우에 나타나는 특성

셋째, 한국, 한국인의 민족적 정체성의 특성(민족 형성의 경로 부분도 포함)

넷째, 사회 정의 및 사회적 이슈에 따르는 한국인 정체성의 역동적 특성

바람직한 한국인상을 기술한다고 하여 지나치게 당위론적인 주장을 펼칠 게 아니라 역동적인 조건 속에서 새로운 한국인의 정체성을 형성해나갈 수 있는 차원에서 좀더 분석적으로 접근해볼 필요가 있다. 왜냐하면 바람직한 한국인상이라는 게 단일하게 전망할 수 있는 게 아니라 문화적 차이나 다양성, 그리고 현실적 역동성이나 이슈에 따라 성찰적으로 나타나는 성향일 수 있기 때문이다. 이

런 맥락에서 다음에 제시하는 실제 예시 답안을 참조해보자.

하나의 예시 답안

제시문 [가]–[마]는 17세기에서부터 20세기 초에 쓰여졌다. 따라서 제시문들의 각 내용은 근대가 시작되기 이전이거나 그 시작되는 시점을 대상으로 하여 외국인에 비추어진 한국인(조선인)의 이미지를 기술하고 있다. 그리고 제시문 각각의 글들은 관찰한 외국인 각각에 따라 시각이나 접근 방식이 다르게 설정되고 있다. 이를 감안하여 현재 우리의 모습과 비교하여 분석하면 다음과 같다.

첫째, [가] 글은 조선인은 거짓말이나 속이기에 익숙하고 남에게 해를 끼쳐도 아무렇지도 않는 부정적인 성향을 보여주면서도 착하고 남의 말을 잘 들으며 낯선 사람에게 호감을 갖는 긍정적인 성향을 보여준다고 적고 있다. [라] 글도 후자 쪽의 인식을 보여주다. 사람들에 따라 다소 다를 수 있으나 오늘날의 시각에서 보더라도 맞는 것 같다.

둘째, [나] 글은 조선인은 중국인이나 일본인과 달리 여러 민족들의 합성체일 것이라고 주장한다. 그러나 오늘날 한국인은 '단일 민족'으로 민족적 정체성을 형성해왔다고 대단한 자부심을 가져왔다.

셋째, [다] 글은 한국은 철저하게 외국인들에게 배타적인 민족이라고 지적하고 있다. 오늘날의 시점에서 보면 한국인이 외국인들에게 배타적인 민족인 것은 아니다. 오히려 세계화 수용 과정을 볼 때 알 수 있듯이 매우 개방적인 태도를 가졌다.

넷째, [마] 글은 한국인은 본래 선량하고 협조적이지만 실정(失政) 및 사회 정의의 부재에 따라 게으르고 무감각하며 굴종하게 되었다고 기술한다. 이 관찰은 사회 정의의 유무에 따라 달라지는 한국인의 양상을 잘 관찰하고 있는 듯하다. 이는 오늘날에도 마찬가지이고 특히 상황에 따라 역동적이며 포스트모던한 성향으로까지 나타난다.

그렇다면 이제 앞으로의 바람직한 한국인상을 어떻게 정립할 수 있을까? 사실 현대사회와 같이 복잡한 시대에 어느 하나의 이미지로 특성화한다는 것은 쉽지 않다. 그럼에도 한국인으로서의 대표성을 갖는 이미지는 세계화의 흐름 속에서 한국인으로서의 정체성과 깊게 관련이 되기 때문에 공통 감각을 찾고 공유해내가는 일이 필요하다.

바람직한 한국인상은 한국인 내부에 존재하는 문화적 차이나 다양성, 그리고 현실적 역동성이나 이슈에 따라 성찰적으로 나타나는 성향들을 인정하고 공유하는 가운데 정립되어야 한다. 특히, 사회 정의의 정당성 및 사회적 이슈에 따르는 정체성의 역동적인 특성이 한국인상으로 나타난다는 점도 고려하지 않을 수 없다.

도전 문제 5 · 해설

논제의 구성 조건 확인
① 다음 두 제시문의 공통된 논지를 추출하고,
② 그 의미에 대해 논술하라.(500-600자)

제시문 분석 및 문제 설정

1. 제시문 분석(논지 요약)
[가] 열대 지역에서 북방으로 이주한 한 야만족은 추위가 시작되자 일부는 고향으로 돌아가 야만 상태를 면하지 못하며 지냈고, 잔류자 대다수는 멸망했으며 나머지 소수만 살아 남았다. 그 소수는 의식적으로 발명을 하며 적응할 수 있었던 것이다. 이들은 문명을 향한 진보의 발걸음을 내딛었다. 이것이 진보 발전의 패러독스이다. 편리한 데로 찾아가려는 것보다 역경에서 이겨내며 살아가려는 결의로서의 고집은 발명의 아버지이다.
[나]
1990년대의 디지털 혁명은 두 방향으로 진행되었다. 하나는 기존 전자 제품이 디지털 제품을 구현한 제품으로 대체되었고, 다른 하나는 인터넷 · 소프트웨어 · 통신 · 전자 · 컴퓨터 등의 기술적 융합에 기반하여 전혀새로운 제품이 출현되었다. 디지털 기술의 등장은 후발주자가 선발주자를 추격할 수 있는 기회를 제공한다(기술 비약). 패러다임 전환기에 선도 기업을 추격하고자 하는 기업은 위험을 감수해야한다. 가령 한국에서의 CDMA 기술은 기술 비약의 사례로서, 외국의 TDMA 방식을 좇아가는 것에 안주하지 않고 CDMA라는 위험한 길을 선택했고 결국 성공을 거두었다.

2. 공통 논지 추출
두 제시문은 위험한 길을 선택하고 그 상황을 돌파하기 위해 새로운 발명을 해나감으로써 성공하거나 문명적 진보를 이루어낸다는 논지의 글이다. 현실에 안주하기보다 새로운 상황으로 나아가려는 고집스러움은 성공과 진보라는 결과를 안겨준다는 취지이다.

3. 공통 논지의 의미
두 제시문의 공통된 논지는 위험을 감수하고서도 도전을 하게 되면 성공할 수 있고 사회적 진보도 이루어낼 수 있음을 의미한다. 오늘날은 세계가 하나 되는 지구촌 사회를 구가하고 있으나 다른 한편으로는 경쟁에서 이기지 못하면 낙오하는 냉혹한 현실에 직면해 있다. 따라서 가령 인터넷과 같은 새로운 삶의 환경을 두려워하기보다 그 환경속에서 새로운 가능성을 창출하려는 도전 정신이 필요하다. 그러나 위험상황에 대한 도전이 반드시 성공을 보장하지는 않을뿐더러 성공한다 치더라도 다수는 항상 밀려나게 된다. 창발적인 도전 정신과 발명은 필요하되 때로는 무모할 수도 있음을 제시문들은 간과하고 있다.

하나의 예시 답안

두 제시문은 위험한 길을 선택하고 그 상황에서의 돌파를 위해 새로운 도전과 발명을 해나감으로써 성공하거나 문명적 진보를 이루어낸다는 논지를 공통적으로 제시하고 있다. 현실에 안주하기보다 새로운 상황으로 나아가려는 고집스러움은 성공과 진보라는 결과를 안겨준다는 것이다. 오늘날은 세계가 하나되는 지구촌 사회를 형성하고 있으나 다른 한편으로는 세계적 차원의 경쟁에서 이기지 못하면 낙오하는 냉혹한 현실에 직면해 있기도 하다. 따라서 새로운 삶의 환경을 두려워하기보다 그 낯선 환경에서 새로운 가능성을 창출하려는 도전 정신이 필요하며, 미래를 내다보는 선견지명이 있어야 성공과 진보를 이루어낼 수 있음을, 두 글은 의미한다. 예를 들어 정부가 강행을 하며 국민적으로 논란이 되고 있는 한미자유무역협정(한미FTA) 사안도 그 하나가 된다. 그러나 새롭거나 위험한 상황에 대한 도전이 반드시 정당성을 보증하거나 성공을 보장하지는 않을뿐더러 성공한다 치더라도 다수는 항상 희생되거나 밀려나게 된다. 창발적인 도전 정신과 발명은 필요하되 때로는 무모할 수도 있음을 제시문들은 간과하고 있다.

7. 인간과 삶에 대한 다양한 성찰

도전 문제 1 · 해설

논제의 구성 조건 확인
① 아래 제시문의 공통된 주제를 찾아
② 각 제시문을 분석하면서
③ 사회 문화 현상에 적용하여 논술하시오.

이 논제는 논술의 방향이 주어지지 않은 것이 특징이다. 결국 논술의 방향을 논술자 스스로 설정해내야 하고 그것을 설정하기 위해서는 제시문들을 분석하면서 쟁점을 도출해내도록 한다. 쟁점 도출을 창의적으로 하라는 요구이다. 일반적인 논제처럼 "~에 대해" 논술하라는 요구가 없으므로 애매할 수 있으나 좀더 개방적인 요구라 할 수 있다. 무엇에 대해 논술할 것인지는 즉 쟁점을 어떻게 형성할 것인지는 논술자가 스스로 결정해야 한다.

제시문 분석 및 문제 설정

1. 공통된 주제 찾기
4개의 제시문들에서 하나의 공통된 주제를 찾는 것은 그리 어려운 일이 아니다. 문제는, 공통된 주제를 찾되 공통된 주제에 따른 각 제시문의 핵심 내용(취지)이 무엇을 의미하는지 분석해낼 수 있어야 한다는 데 있다. 그래야 사회 문화 현상에 적용하여 논술할 수 있다.

먼저 공통된 주제를 찾아보자.

(가)는 〈주역〉의 규(睽)괘에 대해 논하고 있다. 규괘는 서로의 의견이 어긋나서 반목이 일어나고 '같으면서도 다름'이 있으므로 이 도리를 터득하면 인간만사에 통용되어 큰 허물을 범하지 않으리라고 논한다. 이에 성인은 어긋남은 곧 쓰임이 달라질 수 있음도 말한다.

(나)는 태초의 하나님 말씀을 소개한다. 인간을 자연속에 안식하게 하면 하나님 대신 하나님이 지은 자연을 숭배할 것이니 다른 축복은 누리나 목마른 불안에 젖을 것이다. 인간은 풍요롭되 피로에 시달리게 하라는 말씀이다.

(다)는 어린아이들의 불안에 대해 논하고 있다. 어린아이들에게 나타나는 불안의 현상은 아이가 좋아하고 갈망하는 누군가가 없다는 느낌에 사로잡힐 때 즉 대상 상실의 상황에서 나타난다. 아이가 위험으로 느끼되 스스로는 아무것도 해결하지 못하는 위험 상황이 되풀이되면서 불안으로 나타난다. 불안은 엄마를 부르게 되는 과정을 유도한다.

(라)는 17세기 후반 혜성의 출현에 대해 불안해했던 사람들의 반응에 대해 논하고 있다. 위대한 발견은 생각들이 서로 부딪치고 경계가 허물어지면서 생겨난다. 17세기 후반 혜성이 자주 출현하면서 유럽인들을 불안하게 했는데, 그 상황에서 뉴턴은 혜성의 움직임을 이론적으로 설명해 내었고 그 결과 만유인력 법칙을 주장하며 우주의 조화와 균형이 깨질 수도 있다고 암시하면서 지구의 멸망을 우려하기도 했다.

이렇게 요지를 정리해볼 때 공통의 주제는 '불안'임을 알 수 있다. (가)의 경우 "서로의 의견이 어긋나서 반목이 일어나"서로 싸우고 배반하며 불안해질 수 있다. 따라서 (가)도 불안의 문제를 해석하고 있으나 결국 규(睽)괘의 원리를 잘 파악하면 큰 허물없이 극복할 수 있음을 시사하고 있다.

2. 공통된 주제 — 각 제시문 분석 — 사회 문화 현상에 적용 — 쟁점의 도출

논제가 요구하는 것처럼, 공통된 주제를 찾아 각 제시문을 분석하면서 사회 문화 현상에 적용하여 쟁점을 도출해내면 다음과 같다.

공통주제		제시문 분석	사회 문화 현상 적용	쟁점 도출
불안	(가)	−의견의 차이(반목/충돌) −같으면서도 다름 −다름은 쓰임의 차이를 말함	−차이의 정체성 −차이의 문화	사회 문화적 불안이 형성될 때는 그 불안의 요인에 대한 부정적 반응이 있을 때 가중되는 바, 불안의 요인을 긍정적으로 인식 전환함으로써 불안해 보이는 사회문화적 현상들을 창조적인 동력으로 볼 수 있지 않을까?
	(나)	−불안의 형성(자연의 숭배) −풍요롭되 피로에 시달리게	−풍요롭되 가난해야 과잉하지 않고 사회 에너지를 낭비하지 않음 −풍요 속의 빈곤의 심화	
	(다)	−욕구 충족(자)의 부재시, 스스로 해결못할 때, 위험 상황의 반복으로 불안 가중	−욕망의 억압 반복시 사회적 위기 가중	
	(라)	−새로운 힘의 출현에 의해 조화/균형이 깨지며 불안이 형성됨은 또다른 규칙의 발견을 가능하게 함	−사회 문화적 카오스는 새로운 질서를 위한 징후	

3. 쟁점의 도출

이 논제에서 중요한 것은 결국 쟁점을 도출해내는 일이다. 도출된 쟁점을 다시 환기하면 다음과 같다.

사회 문화적 불안이 형성될 때는 그 불안의 요인에 대한 부정적 반응이 있을 때 가중되는 바, 불안의 요인을 긍정적으로 인식을 전환함으로써 불안해 보이는 사회 문화적 현상들을 창조적인 동력으로 볼 수 있지 않을까?

그렇다면 기존의 인식과 달리 사회문화적 불안의 요인들을 긍정적으로 인식 전환할 수 있는 것들은 무엇일까? 그것들은 이미 제시문의 분석을 통해 확인할 수 있다.

(가)는 같으면서도 다름을 이야기하고 있다. 다르기 때문에 싸우고 대립하는 원인이기도 하다. 하지만 이는 다름 자체를 인정하지 못하는 발상에서 비롯된다. 차이의 문화를 인정하게 된다면 그 차이들이 문화적 다양성과 창조적 생성 효과를 가져다준다는 소중한 인식을 할 수 있게 된다. 예를 들어 우리 사회에서 언어의 동질성을 강조해왔다. 그러다보니 (지역적, 세대적, 성별적, 계층적) 언어 차이들을 무시하게 되고 언어의 획일화를 요구하게 된다. 그러다 보면 인터넷 사투리라든가 표준 언어와는 다른 언어를 사용하는 사람들더러 국어를 파괴한다고 비난하게 된다. 하지만 인터넷 사투리는 국어의 새로운 발전 가능성을 보여주는 긍정적 측면도 있고 오히려 언어의 다양한 발전의 동력이 되기도 한다.

(나)는 풍요는 가난과 함께 해야 함을 시사하고 있다. 어쩌면 그것은 불안의 요소이기도 하지만 가난을 긍정적으로 생각해보면 그렇지도 않게 된다. 가난하지 않으면 사회 문화적 물자들을 낭비하게 된다. 또한 가난하지 않으면 삶을 성찰하며 살아가지 않는다. 가난은 새로움을 창조하는 돌파구이기도 하다. 물론 사람들을 빈곤하게 만드는 사회 구조적 모순들은 지양해야 한다. 특히 현대사회에 와서 풍요로움 속에서 빈곤의 심화가 더 커지고 있다. 빈곤의 심화를 통해 사회 문화적 소외감은 더 커진다. 가난하게 살아가려는 마음과 사회 구조가 빈곤층을 더 확대시키는 것은 구별되어야 한다.

(다)는 욕망의 문제로 풀 수 있다. 욕망은 1990년대 이후 한국 사회의 문화적 키워드이다. 욕망이

란 부정적인 게 아니다. 사회적 생산의 흐름이고 사람들이 살아가고자 하는 문화적 상상력이기도 하다. 그런 욕망을 억압하는 사회는 욕망하는 사회적 주체들이 반발하거나 비뚤어지게 되어 사회 불안의 요소가 된다. 영화를 보고 싶은데 영화를 못보게 하고 공부만 하라고 할 때 그 아이는 잘못될 수 있다. 청소년의 일탈과 자살은 그 대표적인 사회 문화 현상이다. 욕망으로 하여금 행위하게 하고 말하게 하는 것이 인간의 자유로움과 해방을 촉발시키며 사회적 책임도 더 지게 된다. 청소년들의 문화를 욕망의 문제로 풀어볼 수 있다.

(라)는 카오스적 사회 문화 현상이 기존의 질서를 깨며 불안을 야기한다고 할 수 있으나 그것은 어디까지나 기득권 세대의 논리에 불과하다. 1990년대 이후 한국 사회는 신세대라는 용어가 출현하여 신세대의 '반란'이 예고되기도 했다. 그러나 그것은 낡은 사회 문화적 권위 의식을 버리고 새로운 세대들의 욕망의 문화를 발언하는 것이었고, 사람들은 사회 문화의 역동성으로 볼 수 있었다. 사회 문화는 더 이상 고정된 질서에 의해서 지배되는 게 아니라 카오스적 역동성을 통해 새로운 규칙들을 창조하면서 구성된다.

물론 사회 문화적으로 위기 상황에 처해지고 혼란스러움에 빠지면 불안해질 수 있다. 문제는 그 위기 상황을 돌파할 수 있는 지혜에 있다. 위기 상황에 대한 문제 의식은 정확히 가지되 위기를 긍정하는 어떤 힘이 사회적으로 소통된다면, 그것이 곧 불안을 극복하는 지혜가 아닐까.

하나의 예시 답안

먼저, 네 개의 제시문은 모두 '불안'이라는 공통된 주제어를 통해 다양한 견해들을 제시하고 있다. 불안은 인간이 기피해야 할 종류의 것이되 그러나 태초의 인류가 존재하던 때부터 과학 문명이 첨예하게 발전한 오늘에 이르기까지 인간의 존재론적 속성으로 자리잡아 왔다. 자연적 공포와 불안으로부터 벗어나고자 종교적 신앙을 가져보기도 하고 과학에 절대적으로 의존해 보기도 했다. 그러나 불안은 사라지지 않고 있으며 오히려 새로운 종류의 불안이 생겨난다. 불안은 지진 해일과 같은 자연적인 것에서 기인하는 공포도 있지만 에이즈와 같은 인간이 만들어내는 사회 문화적 불안도 있다. 어쩌면 인간은 불안을 항구적으로 안고 살아갈 수밖에 없는 나약한 존재이기도 하다. 불안은 항구적인 문제 덩어리인가?

제시문들에서 불안과 관련된 논의들은 대체적으로 불안을 바라보는 인식의 전환이 필요함을 함축하고 있다. (가)는 같으면서도 다름을 이야기하고 있다. 다르기 때문에 싸우고 대립하는 원인이기도 하여 사회 문화적 불안의 요소로 인식되기도 한다. 하지만 이는 다름 자체를 인정하지 못하는 발상에서 비롯된다. 차이의 문화를 인정하게 된다면 차이에서 비롯되는 불안의 심리도 제거되고 그 차이들이 문화적 다양성과 창조적 생성 효과를 가져다 준다는 소중한 인식을 할 수 있게 된다.

(나)는 풍요는 가난과 함께 해야 함을 시사하고 있다. 어쩌면 그것은 불안의 요소이기도 하지만 가난을 긍정적으로 생각해보면 그렇지도 않게 된다. 가난하지 않으면 사회 문화적 물자들을 낭비하게 된다. 또한 가난하지 않으면 삶을 성찰하며 살아가지 않는다. 가난은 새로움을 창조하는 돌파구이기도 하다. 물론 사람들을 빈곤하게 만드는 사회 구조적 모순들은 지양해야 한다. 특히 현대사회에 와

서 풍요로움 속에서 빈곤은 더 심화되고 있다. 빈곤의 심화를 통해 사회 문화적 소외감은 더 커진다. 가난하게 살아가려는 마음과 사회 구조가 빈곤층을 더 확대시키는 것은 구별되어야 한다. 빈곤의 심화 때문에 나타나는 빈곤층의 사회적 저항은 사회 구조를 개선시키기 위한 사회적 소수자의 권리로서 존중되어야지 사회 위기를 부풀리는 불안의 요소로 간주할 수는 없을 것이다.

(다)는 욕망의 문제로 풀 수 있다. 욕망은 1990년대 이후 한국사회의 문화적 키워드이다. 욕망이란 부정적인 게 아니다. 사회적 생산의 흐름이고 사람들이 살아가고자 하는 문화적 상상력이기도 하다. 그런 욕망을 억압하는 사회는 욕망하는 사회적 주체들이 반발하거나 비뚤어지게 되어 사회 불안의 요소가 된다. 청소년의 일탈과 자살은 욕망의 억압으로 인해 나타나는 대표적인 사회 문화 현상이다. 욕망으로 하여금 행위하게 하고 말하게 하는 것이 인간의 자유로움과 해방을 촉발시키며 사회적 책임도 더 지게 된다. 청소년들의 문화를 욕망의 문제로 풀어볼 수 있다. 불안해하지 말고 자기 결정할 수 있는 청소년들의 주체적이고 긍정적인 힘으로 말이다.

(라)의 자연과학적 설명은 인문사회 현상으로 확대하여 적용할 수 있겠다. 카오스적 사회 문화 현상이 기존의 질서를 깨며 불안을 야기한다고 할 수 있으나 그것은 어디까지나 기득권 세대의 논리에 불과하다. 1990년대 이후 한국사회는 신세대라는 용어가 출현하여 신세대의 '반란' 이 예고되기도 했다. 그러나 그것은 낡은 사회의 문화적 권위 의식에 대항한, 새로운 세대들의 새로운 욕망의 출현이었고 사회 문화적 역동성으로 이해할 수 있었다. 사회 문화는 더 이상 고정된 질서에 의해서 지배되는 게 아니라 카오스적 역동성을 통해 새로운 규칙들을 창조하면서 구성된다. 새로운 규칙과 문화를 두려워하기보다 오히려 즐거워할 수 있는 인식의 전환, 몸과 욕망의 전환이 필요하다.

오늘날의 사회 문화는 전지구적 공간속에서 하나의 흐름을 만들어 나가지만 그 흐름들 속에는 무수한 역동성이 출렁이며 때로는 그것이 불안의 요소가 되기도 한다. 아마 획일화되는 문화에 얽매여 있는 근대적 발상이 여전히 남아 있다면 그 불안은 더 커질 수도 있다. 그러나 욕망, 카오스, 차이, 그리고 가난이라는 것들 속에서 어떤 긍정의 힘을 발견할 수 있다면 불안은 더 이상 제거해야 할 대상으로만 치부되는 게 아니라 새로운 삶의 상상력을 키워주는 사회문화적 역동성이 되지 않을까 한다. 문제는 의외로 단순하다. 부정적으로 봐서 불안해하던 것을 긍정적으로 보게 되면 유쾌해진다. 쉬운 예로 남자들도 밥을 할 수 있다는 점을 인정하게 되면 밥상은 즐거워지지만 아들이 밥하는 꼴을 못 보면 시어머니는 며느리와 늘 갈등하며 불안한 가정을 만들게 된다.

도전 문제 2 · 해설

논제의 구성 조건 확인

Ⅰ번 문항

① 〈제시문 1〉과 〈제시문 2〉 각각의 핵심 내용을 설명하시오.

II번 문항

① 〈제시문 1〉의 입장에서 〈제시문 2〉의 입장을 비판하고,

② 〈제시문 2〉의 입장에서 〈제시문 1〉의 입장을 비판하시오.

III번 문항

① 〈제시문 1〉과 〈제시문 2〉중 하나를 선택하고,

② 아래 [표 · 그림 1]과 [표 · 그림 2] 중 그와 연관성이 높다고 판단되는 것을 찾아

③ 그 이유를 설명한 후,

④ 그 표 · 그림이 시사하는 내용을 해석하시오.

IV번 문항

① [표 · 그림 1] 과 [표 · 그림 2] 에서 공통적으로 지적된 사회적 병리 현상을 치유할 수 있는 방안에 대해서

② III번 문항에서 선택한 제시문의 입장에 근거하여 자신의 견해를 논술하시오.

제시문 분석과 문제 설정

1. 제시문 분석

〈제시문 1〉

인간을 '인간' 으로 되게 하는 것, 이에 대해 그리스인들은 '이성' , 즉 정신에서 찾았다. 정신은 충동적인 '지능' 으로부터 해방되어 있으며, 따라서 '정신적' 존재는 충동과 환경의 구속을 받지 않는다. 곧 '세계가 열려져 있는 것' 이다. 인간은 동물과 달리 '자기 자신에 의한 정신적 활동 중심의 의식' 또는 자기 의식을 가지고 있다. 인간은 집중, 자기 의식, 근원적 충동 저항을 대상화할 수 있는 능력을 가진다. 즉 동물은 듣고 보지만 자기가 듣고 보는 것을 알지 못한다는 것이다. 인간만이 자기가 듣고 보는 것을 대상화하여 알 수 있다. 그것은 이성, 즉 정신이 있기 때문이다.

〈제시문 2〉

어려운 글이다. 그러나 논제 II를 보면, 제시문 1의 입장과 제시문 2의 입장이 대립되고 있음을 알 수 있다. 이점을 참고하여 분석하면 그리 어렵지 않게 이해할 수 있을 것이다. 또 아래의 표/그림이 암시하는 바를 고려하면서 독해하자.

제시문 2의 논지 : 생리학과 진화에 관심 있는 생물학자는 자의식은 뇌의 시상하부와 대뇌변연계에 있는 정서중추에 의해 제어되고 형성된다는 것을 알고 있다. 이 중추들은 우리의 의식을 모든 감정으로 채우고 있다. 시상하부와 대뇌변연계는 자연선택에 의해 진화되어 왔다. 자연 선택의 과정에서 어떤 유전자들을 다음 세대에 더 높은 비율로 물려줄 수 있는 장치가 생긴다면 그 종으로 하여금 어떤 특징을 갖도록 해줄 것이다. ··· 다윈주의에서 볼 때 생물의 주요 기능은 다른 생물을 재생산하

는 게 아니고 단지 유전자를 재생산하는 것이다. … 사람과 같이 고도로 사회성이 있는 종의 시상하부-대뇌변연 복합체는 그에 잠재해 있는 유전자들이 개체의 생존, 번식, 그리고 이타성을 능률적으로 발현시키는 행동 반응들로 편성될 때 최대로 번식할 수 있다는 것을 알거나 행동하도록 프로그램화되어 있다.

2. 문제 설정

제시문 1과 제시문 2는 대립적 입장으로 파악할 수 있다. 제시문 1은 인간을 인간으로 되게 하는 것은 충동과 환경으로부터 구속받지 않는 정신이고 열린 세계로서의 자기 의식임을 말하고 있다. 반면에 제시문 2는 인간의 자의식은 자연 선택으로 진화된 뇌의 정서중추에 의해서 형성된다는 사회생물학적 관점에 서 있다. 즉 제시문 1에서의 자의식은 관념론에 기반한 정신의 활동이라면, 제시문 2에서의 자의식은 사회생물학에 기반한 뇌(정서중추)의 활동인 것이다. 이렇게 파악하면 문제가 좀더 선명해질 것이다.

3. 표/그림 분석

〈표/그림 1〉

표/그림 1은 한국의 1996년-2002년 사이 자살률 및 평균 수명을 나타낸 것이다. 이 자료에 따르면, 자살률은 점점 증가 상태이다. 그런데 1998년과 2002년에 자살률이 비정상적으로 높아진 상태인데, 이는 아마도 1998년도는 경제 위기에 따른 파산 결과일 것이다. 2002년도 잠시 안정이 되었다가 빈곤의 심화 등 다시 악화되는 현실을 반영한 것이지 않나 생각된다. 이를 가설화한다면, 한국에서의 최근 자살률은 경제 위기와 관련된다. 반면 평균 수명은 변수없이 꾸준이 높아가고 있다.

〈표/그림 2〉

표/그림 2는 미국의 1995년-2002년 사이의 자살률 및 실업률을 나타낸 것이다. 자살률은 우리나라와 달리 점점 낮아지다가 2001년부터 다시 높아지고 있다. 실업률도 낮아지다가 다시 높아지고 있다. 재미있는 것은 자살률과 실업률의 변동 지표가 유사하다는 것이다.

하나의 예시 답안

〈I〉

제시문 1의 핵심 내용은 다음과 같다. 인간을 '인간' 으로 되게 하는 것, 그것은 정신이다. 정신은 충동적인 '지능' 으로부터 해방되어 있으며, 따라서 '정신적' 존재는 충동과 환경의 구속을 받지 않는다. 인간은 동물과 달리 '자기 자신에 의한 정신적 활동 중심의 의식' 또는 자기 의식을 가지고 있다. 제시문 2의 핵심 내용은 다음과 같다. 인간의 자의식은 자연 선택에 의해 진화되어 온 뇌의 시상하부와 대뇌변연계에 있는 정서중추에 의해 제어되고 형성된다. 이 중추들은 우리의 의식을 모든 감정으로 채우고 있다.

〈Ⅱ〉

　제시문 1과 제시문 2는 대립적 입장으로 파악할 수 있다. 제시문 1은 인간을 인간으로 되게 하는 것은 충동과 환경으로부터 구속받지 않는 정신이고 열린 세계로서의 자기 의식임을 말하고 있다. 반면에 제시문 2는 인간의 자의식은 자연 선택으로 진화된 뇌의 정서중추에 의해서 형성된다는 사회생물학적 관점에 서 있다. 즉 제시문 1에서의 자의식은 관념론에 기반한 정신의 활동이라면, 제시문 2에서의 자의식은 사회생물학에 기반한 뇌(정서중추)의 활동인 것이다. 따라서 제시문 1의 입장에서는 인간의 자기의식이 정신 활동으로부터 형성되는 것인데 뇌의 정서중추로부터 형성된다고 하는 제시문 2의 입장을 비판할 수 있겠다. 반대로 제시문 2의 입장에서는 인간의 자의식이 뇌의 정서중추로부터 형성되는 것인데 뇌의 정서중추와 무관한 정신 활동으로부터 형성된다고 하는 제시문 1을 비판할 수 있겠다.

〈Ⅲ〉

제시문 1의 선택

　나는 제시문 1의 입장을 선택하고 그와 연관성이 높다고 보는 것으로서 표/그림 2를 들겠다. 제시문 1은 자기 활동의 중심을 자기 의식에서 찾고 있는 바, 표/그림 2의 결과는 바로 그 자기 의식의 파괴에서 비롯되는 것으로 해석되기 때문이다. 표/그림 2는 미국의 1995년–2002년 사이의 자살률 및 실업률을 나타낸 것이다. 자살률은 우리나라와 달리 점점 낮아지다가 2001년부터 다시 높아지고 있다. 실업률도 낮아지다가 다시 높아지고 있다. 그런데 재미있는 것은 자살률과 실업률의 변동지표가 유사하다는 것이다. 즉 실업률이 낮아지다 높아지면서 자살률도 동시에 낮아지다 높아지는 것은 경제적으로 스스로의 삶을 책임질 수 없는 극한 상황에서 자기 의식의 종말은 자살이라는 출구로 다가서고 있는 것이다.

〈Ⅳ〉

　제시문 1과 제시문 2는 각각 사회 병리 현상을 치유할 수 있는 방안들에 대해 함축하고 있다. 제시문 1의 경우 인간이 동물과 달리 반성적이며 대상화할 수 있는 자기 의식을 가지고 있다는 것이며, 이는 충동적이지도 몰아적이지도 않으며 자기를 제어할 수 있는 자기 의식의 소유와 관련된다. 그리고 제시문 2는 자의식이 정서중추에 의해 제어되고 형성된다는 것인데, 이는 유전자를 조작하거나 하여 인간의 자의식을 자연 선택할 수 있다는 점을 시사한다. 두 제시문 모두 이러한 각각의 방식들에 의해 사회 병리현상을 치유할 수 있는 근거를 마련할 수 있다. 물론 어느 것이 더 정당화될지는 모른다. 물론 제시문 2의 사회생물학적인 방식은 자살류와 같은 사회 병리 현상을 바라보는 관점을 새롭게 제기하고 있기는 하나 과연 사회적 환경의 문제를 무시하고 중추복합체의 조작으로 가능할 수 있을지는 의문스럽다. 내가 〈Ⅲ〉에서 제시문 1을 선택한 것은 제시문 1도 비판적인 측면이 있으나 제시문 2의 사회생물학적 입장만큼 위험하지는 않기 때문이다. 사회 병리 현상이란 복합적인 원인을 갖는다. 그런데 사회생물학의 입장에서는 사회 병리 현상을 일으키는 요인이 유전자적(혈연적) 코드에 있다고 보기 때문에 심지어는 인종차별주의적 위험성을 안고 있다. 실제 미국에서 흑인들의 폭동에 대해 사회생물학은 사회구조적 모순에서 원인을 찾기보다 흑인들의 유전자적 폭력성에서 찾으려 했다. 그렇다고 제시문 1이 정확한 입장인 것은 아니다. 제시문 1도 자기 의식의 관점에 서 있으되 사회구조와 같은 복합적 요인을 고려하여 사회 병리 현상을 보려는 태도는 아닌 듯하다. 표/그림 2에서 실업률과 자살률의 변동지표가 유사한 것은 자살이라는 사회 병리 현상은 실업이라는 사회구조적 모순과 직결됨을 시사하고 있다. 어떤 철학적 사유나 과학적 방법이 사회 병리 현상을 치유하기 위해 내놓는 방안은 때로는 자신의 방법론을 정당화하기 위한 이데올로기일 수 있다.

도전 문제 3 · 해설

논제의 구성 조건 확인

① (가)의 내용을 정리하여 논술문의 도입부로 삼고,
② (나)와 (다)의 견해가 어떻게 다른지 설명한 후 자신의 입장을 밝히고,
③ (라)의 내용에 대해 (가)의 주제와 연관시켜 자신의 견해를 논술하시오.

출제자는 논제에서 이미 논술문의 구성 방향까지 친절하게 안내해 주고 있다. ③을 결론으로 삼으면 될 것이다.

제시문 분석과 문제 설정

1. (가)의 논지 요약

(가)는 어느 특정인의 정체성을 어떻게 확인할 수 있고 그 증거는 어떻게 검증될 수 있는지에 대해 논의하고 있다. 이 사람이 어제 그 사람이라는 것에 대해 의문을 품는 증거는 무엇인가? 증거 두 가지를 말해보자. 기억이라는 증거와 물리적인 계속성이라는 증거. 그렇다면 어느 것이 더 근본적인 것인가? 또는 '신체적인' 증거를 들이댈 수 있는가?

2. (나)와 (다)의 견해차를 설명하고 자신의 입장 밝히기

(나)는 모든 동물은 본능적으로 행동하는 데 반해, 정신적 존재이자 윤리적 존재인 인간은 의식적, 정신적 행위를 하며 스스로 가치를 추구한다고 말하고 있다. 그런 점에서 (나)는 동물과는 다른 종으로서의인간을 말하고 있다. 그에 반해 (다)는 도시에 거주하는 인간은 동물과 다른 행태를 보이는 것 같지만 동물 역시 우리 안에 갇히면 도시 인간과 별 다를 바 없다는 것이다. 다시 말해 도시 거주자는 도시라는 울타리에 갇혀 있는 것이므로, 야생 동물과 비교할 게 아니라 우리에 갇힌 동물과 비교

해야 한다는 것이다. 이에 대한 논술자의 견해를 밝힌다.

3. (라)의 논지에 대해 (가)의 주제와 연관시켜 자신의 견해 논술하기

(라)는 인류 자신의 진화에 개입하는 인간의 의지와 함께 '멋진 신세계'의 전망을 소개하고 있다. '멋진 신세계'의 전망은 한편으로는 인간의 후세들을 더 우월한 방향으로 유전자를 조작하고, 다른 한편으로는 유전병 따위들을 제거해나가는 조작을 해나간다. 인간의 정체성을 일정한 방향으로 미리 조작해낼 수 있는 가능성이 상상된다.

이런 논지에 (가)의 주제를 연결해보자. (가)의 주제는 인간의 정체성의 증거에 대한 논의이다. 기억, 물리적 계속성, 신체성이라는 키워드를 통해 새롭게 진화된 인간을 인간 자신의 역사 속에서 정당화시킬 수 있는가? 진화된 어느 미래 시간에 인간은 과거 자신의 전신을 원숭이류로 취급하지 않을까? 원숭이는 인간의 기억물이고 물리적 계속성과 신체성을 담아내고 있는가? 인간이 인간 자신의 개입에 의해 진화된다고 하더라도 어쩌면 인간은 자신의 역사를 잃어버릴지 모른다. 아니 '유치했던' 과거의 인간과는 유전자 조작으로 완전히 단절될지도 모른다. 그렇게 되면 인간은 죽음의 시간을 맞이하게 될 것이다. 기억도 지우고 물리적 계속성과 신체성도 다 지우면서 말이다. 너무나 먼 미래에 대한 너무나 말도 안 되는 상상인가?

하나의 예시 답안

(가)는 어느 특정인의 정체성을 어떻게 확인할 수 있고 그 증거는 어떻게 검증될 수 있는지에 대해 논의하고 있다. 이 사람이 어제 그 사람이라는 것에 대해 의문을 품는 증거는 무엇인가? 증거 두 가지를 들라면, 기억이라는 증거와 물리적 계속성이라는 증거를 들 수 있다. 그렇다면 어느 것이 더 근본적인 것인가? 또는 '신체적인' 증거를 들이댈 수 있는가?

논의를 바꿔보자. (나)는 모든 동물은 본능적으로 행동하는 데 반해, 정신적 존재이자 윤리적 존재인 인간은 의식적, 정신적 행위를 하며 스스로 가치를 추구한다고 말하고 있다. 그런 점에서 (나)는 동물과는 다른 종으로서의 인간을 말하고 있다. 그에 반해 (다)는 도시에 거주하는 인간은 동물과 다른 행태를 보이는 것 같지만, 동물 역시 우리 안에 갇히면 도시 인간과 유사한 행위들을 할 것이라는 것이다. 다시 말해 도시 거주자는 도시라는 울타리에 갇혀 있는 것이므로, 야생 동물과 비교할 게 아니라 우리에 갇힌 동물과 비교해야 한다는 것이다.

하기야 (다)와 같은 가설이 맞을지도 모른다. 인간은 도시라는 울타리에 갇혀 살므로 도시라는 생활 환경이 인간의 생태를 규정해버리고 마는 것이다. 등산을 할 경우에는 마음이 산처럼 너그러워지는 인간이 도심의 한 가운데에서는 약육강식의 살벌한 풍경들을 자주 볼 수 있다는 점에서 그러하다. 도시라는 감옥에 갇히면 인간이든 동물이든 '비정상적' 행위를 드러낼 수 있다. 그것은 곧 어떤 행위로 노출되어야만이 아니라 일종의 정신병류의 질병에 노출될 수 있다. 철근 우리에 갇힌 개들을 보라. 병걸린 동물로 보이지 않는가.

다시 각설하고, (라)는 인류 자신의 진화에 개입하는 인간의 의지와 함께 '멋진 신세계'의 전망을 소개하고 있다. '멋진 신세계'의 전망은 유전자 조작을 통해 한편으로는 인간의 후세들을 더 우월한 방향으로 진화하도록 하고, 다른 한편으로는 유전병 따위들을 제거해나간다. 인간의 정체성을 인간의 의지를 통해 일정한 방향으로 미리 조작해낼 수 있는 가능성을 말하고 있다.

이런 논지에 〈가〉의 주제를 연결해보자. 〈가〉의 주제는 인간의 정체성의 증거에 대한 논의이다. 기억, 물리적 계속성, 신체성이라는 키워드를 통해 새롭게 진화된 인간을 인간 자신의 역사 속에서 정당화시킬 수 있는가? 진화된 어느 미래 시간에 인간은 과거 자신의 전신을 원숭이류로 취급하지 않을까? 원숭이는 인간의 기억물이고 물리적 계속성과 신체성을 담아내고 있는가? 인간이 인간 자신의 개입에 의해 진화된다고 하더라도 어쩌면 인간은 자신의 역사를 잃어버릴지 모른다. 아니 유전자 조작에 의해 탄생된 신인류는 '유치했던' 과거의 인간과는 완전히 단절될지도 모른다. 그렇게 되면 인간은 죽음의 시간을 맞이하게 될 것이다. 기억도 지우고 물리적 계속성과 신체성도 다 지우면서 말이다. 너무나 먼 미래에 대한 너무나 말도 안 되는 상상인가?

도전 문제 4 · 해설

논제의 구성 조건 확인

① 〈가〉의 그림과 설명이 의미하는 바를 요약하고,

② 이를 바탕으로 〈나〉에 제시된 데카르트의 논지를 구체적으로 비판한 후,

③ 〈가〉와 〈다〉를 참고하여 미래 사회에서 새롭게 설정될 인간의 정체성 및 인간과 기계의 상호 관계에 대하여 논술하시오.

제시문 분석 및 문제 설정

〈가〉의 의미 요약

〈가〉의 그림은 각각 현단계 한국에서 개발한 초기 단계의 컴봇(그림1)과 미래 사회의 고도로 진화된 휴머노이드라는 컴봇(그림2)이다. 현단계의 컴봇은 사람처럼 일을 할 수 있는 몸을 가진 존재에 불과하나 점점 더 인간과 비슷한 수준의 사고 능력을 가지게 되고, 더 나아가 외양, 행동, 사고에 있어서 인간과 구별하기도 힘들 정도로 고도로 진화할 수 있다. 이런 상상은 이미 영화나 만화 등을 통해 수없이 접해온 가상의 이미지들이다.

(그림 2)에 대한 설명에서, 필자는 다음과 같이 질문한다.

"미래 우리 삶에 중요한 문제는 우리가 휴머노이드를 어떻게 바라보게 될 것인가와 인간은 무엇인가에 대한 궁극적 물음이다. 우리가 과연 휴머노이드를 존중해야 할 독립적인 사회적 존재로 생각하게 될 것인가? 또는 휴머노이드가 인간처럼 그들만의 사적인 세계를 갖게 될지, 내면적이고 주관적인 의식 상태를 즐기게 될 것인지에 대해서도 끊임없는 성찰이 필요할 것이다."

이 질문들이 갖는 의미는 무엇인가. 먼저 각각이 따져보자.

"미래 우리 삶에서 중요한 문제는 우리가 휴머노이드를 어떻게 바라보게 될 것인가와 인간은 무엇인가에 대한 궁극적 물음이다"

우리는 왜 휴머노이드를 어떻게 바라보게 될 것인가를 고민하게 되는가. 그것은 휴머노이드가 인간의 타자이기 때문이다. 인간과 매우 닮아가지만 그것이 기계인 한 인간과 동일시될 수는 없으나 인간의 타자로서 인간에 대해 실존적 질문을 하게 만든다. '인간의 타자' 란 그 타자를 바라보면서 인간의 실존적 정체성을 성찰하게 됨을 의미한다. 지금까지 인간의 타자는 '신' 이나 혹은 귀신, 또는 인간보다는 하위로 말해지는 동물이었다. 하지만 휴머노이드는 인간을 닮은 새로운 종류의 인간의 타자이다. 그런 면에서 인간 자신을 규정하기 위해서 휴머노이드에 대한 질문이 형성된다. 결국 휴머노이드에 대한 질문은 인간 자신에 대한 질문으로 귀결된다. 그러나 그 답은 막연한 상상으로서만 주어질 것 같다. 휴머노이드는 아직 먼 미래의 상상물이기 때문이다.

"우리가 과연 휴머노이드를 존중해야 할 독립적인 사회적 존재로 생각하게 될 것인가?"

고대 철학자 아리스토텔레스는 인간은 사회적 동물이라 했다. 사회라는 구성체를 통해 인간은 존재한다는 것이다. 휴머노이드를 사회적 존재로 생각하는 것도 휴머노이드가 사회 구성원의 일부로 활동함을 의미한다. 더 나아가 '독립적인' 사회적 존재라 함은 스스로 생각하고 판단하고 결정하며 사회에 참여하는 집단을 의미한다. 휴머노이드가 독립적인 사회적 존재로 존재하게 될 때 인간은 사회의 유일한 지배자로 군림할 수 없게 되며 휴머노이드와 상생하거나 대립될 수 있다. 그렇게 되면 인간에 의한 인간의 지배로부터 벗어나기 위한 평화와 인간 존엄성은 다시 휴머노이드로부터 위협받게 된다. 어쩌면 인간 사회 자체가 위기에 처해질지 모른다.

"휴머노이드가 인간처럼 그들만의 사적인 세계를 갖게 될지, 내면적이고 주관적인 의식 상태를 즐기게 될 것인지."

휴머노이드가 사적이고 내면적인 세계를 갖게 될지는 아무도 모른다. 사적이고 내면적인 세계를 갖는다는 것은 욕망하는 존재가 된다는 것이다. 사랑하고 절망하고 고독하고 탐닉하거나 자아의 세계에 빠지거나 심지어는 자살도 할 수 있는 상태가 된다. 인간과는 매우 유사하지만 인간과는 또다른, 아니면 인간 이후의 인간이 될 수 있을지도 모르는 존재가 휴머노이드이다.

요컨대 〈가〉의 그림과 설명은 다가올 미래 세계와 관련, 인간이 아닌 기계(컴봇)이지만 인간과 다를 바 없는 존재로서의 휴머노이드 및 그 타자로서의 인간에 대한 의미를 성찰하는 질문을 하고 있다. 결국 인간의 (사회적) 존재에 대한 동시적인 성찰을 하도록 요구하고 있다.

데카르트 논지 비판

〈나〉의 요지에 따르면, 데카르트는 인간과 기계를 구별했고, 기계가 인간이 아니라는 것을 알 수 있는 확실한 방법 두 가지는 다음과 같다. 첫째는, 기계는 자신의 생각을 나타내기 위해 말이나 신호를 사용할 수 없다. 특히 기계는 인간처럼 상황에 맞게 말을 바꾸지는 못한다. 둘째는, 기계는 인간처럼 이성에 의해 움직이지 않고 내부 장치의 배치에 따라 움직인다.

그러나 데카르트의 이러한 견해는 다음과 같이 비판될 수 있다. 컴봇, 특히 사고와 행동이 인간과 구별하기 힘들 정도의 수준으로 진화되는 휴머노이드는 인간처럼 상황에 따라 말을 바꿀 수도 있으며 내부장치의 기계적 배치 자체가 이성적 힘과 동일시될 수도 있다. 이에 대하여는 어느 누구도 장담하여 말할 수 없다. 사고 능력과 몸은 유기적인 연관성을 가지며 직감적인 역동성으로 인간이라는 한 공간을 형성하는데 휴머노이드가 그런 수준에 가까워진다면 상황에 따라 사고도 달라질 수 있으며 따라서 상황에 따라 언어도 달라질 수 있다. 또한 그렇게 된다면 휴머노이드는 더 이상 기계적 배치로서가 아니라 '이성'의 힘으로 자율화될 수 있을 것이다. 예를 들어, 체스 시합 중 게임 규칙이 바뀌어도 그에 유연하게 대처한다.

휴머노이드가 임신하고 출생할 수도 있느냐는 질문도 가능하겠다(인간의 재생산!). 이 역시 인간의 기계적 진화로부터 설명되어야 한다. 지금의 인간도 출산의 고통에서 해방되려 한다. 그 징후의 하나는 체외수정(성숙한 난자를 난소에서 채취하여 정자와 체외에 수정시킨 후 그 수정란을 배양하여 다시 자궁 속에 이식하는 방법)이다. 체외수정이 체내수정의 불가능 때문에 불가피하게 선택될 수 있는 상황이지만 이것은 차차 인간의 고통을 삭감시키는 방식으로 선택-진화될 수 있을 것이다. 그런 과정들을 통해 인간은 임신과 출산까지 기계적 과정으로 진화되면서 인간의 재생산에 있어서도 인간-기계의 메커니즘으로 작동된다.

미래의 인간 정체성 및 인간과 기계와의 상호 관계 논술

그러나 문제는 인간을 대체해나가는 컴봇의 존재가 과연 우리 인간의 삶과 정체성에 어떻게 개입하고 있으며, 인간과의 관계는 무엇이냐라는 근본적인 질문에서 우리 인간은 어떻게 답변할 수 있느냐이다. 또한 휴머노이드를 독립적인 사회적 존재 또는 개인적인 존재로 보아야 하느냐에 대한 질문도 있다. 자연의 창조물도 아니고 인간이 필요에 의해 스스로 창조해 놓고도 그 '정체'에 대해 답을 찾아야 하는 딜레마에 빠져 있다. 특히 영화적 상상물들을 보자면 그 컴봇들은 사랑의 감정을 가지며 인간을 배신하기까지 한다. 어쩌면 인간 이후의 지구를 지배하는 괴이한 '생명체'(?)로 등장할 수도 있다.

그런데 생각 한번 해보자. 휴머노이드 한 명을 만드는데 비용이 얼마나 들까. 이 예산 문제를 따져 본 사례는 들어본 적이 없다. 무슨 이야기냐면 휴머노이드 자체에 대한 막연한 상상이지 그 생산의 대중화에 대해서는 별로 고려해보지 않았다는 이야기이다. 지구 인구는 60억여 명이다. 휴머노이드는 지구 인구에 비해 몇 명이나 만들어질까. 수천? 수억? 수십억? 그 자금은? 휴머노이드는 자본없이 만들어지지 않는다. 다시 말해 그 수량도 상당히 제한적일 수밖에 없다는 것이다. 휴머노이드들이 스스로 번식하여 재생산하지 않는 이상 말이다.

이런 문제 제기를 하는 것은 실제 휴머노이드 시대가 온다 하더라도 지금 상상하는 것하고는 전혀 다른 양상의 세계가 펼쳐질 것이기 때문에 지금부터 그들의 문제를 현실적으로 숙고할 필요가 없다는 것이며, 지금은 그저 상상일 뿐이라는 것이다. 그렇다고 무해하다는 것은 아니다. 우리는 이미 상상의 세계에서 휴머노이드와 함께 하고 있다. 그 상상의 세계에서 우리는 인간의 삶과 정체성, 인간과의 관계, 사회적 존재성 여부 등의 질문을 하게 된다. 그것은 결국 극소수에 불과할 수량일 텐데도 불구하고 인간은 이미 어떤 불안감을 상상하기 시작했음을 의미한다. 휴머노이드의 존재를 통해 드러나는 인간 존재의 정체성에 대한 불안감 말이다.

그러나 이런 불안감에도 불구하고 인간이 만들어낸 컴봇의 휴머노이드적 진화는 계속될 것이다. 그때쯤 되면 이성의 개념 자체가 진화될 수 있다. 다시 말해 기존 인간주의 철학에서의 이성이 아니라 기계적 배치로서의 이성이 기계만이 아니라 인간을 움직이게 하는 동력이 될 수 있다. 기계가 휴머노이드 수준으로 진화되면 인간 역시 진화하고 이성의 개념 및 작동 방식도 진화한다. 인간은 멈추어 있고 컴봇(휴머노이드)만 진화하는 게 아니라 상호 진화한다. 이것이 바로 공진화(共進化)이다. 공진화란 어느 일방의 진화가 아니라 연계된 것들이 함께 진화하는 것을 말한다.

공진화의 속도와 맞물려 인간 자체도 기계적으로 진화된다. 동물적 육신에서 기계적 육신으로, 동물적 감각에서 기계적 감각으로, 인간적 언어와 사고에서 기계적 언어와 사고로, 인간적 이성에서 기계적 이성으로 공진화한다. 이런 관점에서는 기계가 인간을 일방적으로 닮아가는 게 아니라 인간 역시 기계에 닮아간다. 이런 점에서 인간과 기계는 더 이상 구별하기 힘들어진다. 휴머노이드란 바로 그것의 집합체일 것이다. 인간과 기계의 상호 관계는 양자의 분리된 형태에서가 아니라 공진화되는 복합 생명체이자 사회적 주체라는 관점으로 예견할 수 있으며, 이런 맥락에서 미래 인간의 정체성이란 인간주의적 순수성이 지속되는 것으로서가 아니라 기계화되는 인간으로서 존재하게 될 것이다.

그렇다 하더라도 문제는, 인간으로부터 시작된 기계화되는 인간의 진화와 컴봇으로부터 시작된 인간화되는 기계의 진화 사이에는 하나의 인간-기계 또는 기계-인간으로 통합될 수 있을까, 아니면 그 양자는 서로 생체학적 차별성으로 인해 차이와 반목이 계속될 수밖에 없을까, 라는 지점이다. 전자는 인간과 기계를 구별한 데카르트의 철학이 비판되는 지점이고 후자는 데카르트의 철학이 우세한 지점이다.

하나의 예시 답안

제시문 〈가〉의 그림과 설명은 현 단계의 컴봇과 미래사회에 고도로 진화된 휴머노이드라는 컴봇에 대한 이야기이다. 영화에서 많이 접할 수 있는 것처럼, 휴머노이드는 점점 더 인간과 비슷한 수준의 사고능력을 가지게 되고, 더 나아가 외양, 행동, 사고에 있어서 인간과 구별하기도 힘들 정도로 고도로 진화할 수 있다. 그렇게 될수록, 아니 이미 오래전부터 인간은 인간사회에서 휴머노이드의 역할, 정체성, 인간과의 관계, 사회적 존재성, 그 내적 세계에 대해, 그리고 휴머노이드라는 기계적 타자에 대비한 인간의 실존성과 정체성에 대해 상상하고 질문하기 시작했다. 그것은 휴머노이드라는 하나의 존재 자체가 문제가 아니라 그로 인해 인간이라는 지구적 존재의 새로운 위기와도 결부되기 때문이다.

이런 맥락에서 근대철학의 문을 연 데카르트의 인간과 기계의 구별이 정당한지 짚어보자. 제시문 〈나〉에서 데카르트는 인간과 기계를 구별했고, 기계가 인간이 아니라는 것을 알 수 있는 확실한 방법 두 가지에 대해 다음과 같이 지적했다. 첫째, 기계는 자신의 생각을 나타내기 위해 말이나 신호를 사용할 수 없다. 특히 기계는 인간처럼 상황에 맞게 말을 바꾸지는 못한다. 둘째, 기계는 인간처럼 이성에 의해 움직이지 않고 내부 장치의 배치에 따라 움직인다.

그러나 데카르트의 이러한 견해는 다음과 같이 비판될 수 있다. 컴봇, 특히 휴머노이드는 인간처럼 상황에 따라 말을 바꿀 수도 있으며 내부 장치의 기계적 배치 자체가 이성적 힘과 동일시될 수도 있다. 이에 대하여는 어느 누구도 장담하여 말할 수 없다. 사고 능력과 몸은 유기적인 연관성을 가지며 직감적인 역동성으로 인간이라는 한 공간을 형성하는데 휴머노이드가 그런 수준에 가까워진다면, 상황에 따라 사고도 달라질 수 있으며, 마찬가지로 상황에 따라 언어도 달라질 수 있다. 또한 그렇게 된다면 휴머노이드는 더 이상 기계적 배치로서가 아니라 '이성'의 힘으로 자율화될 수 있을 것이다. 예를 들어, 체스 시합 중 게임 규칙이 바뀌어도 그에 유연하게 대처할 수 있는 것처럼, 지각 능력과 인지 능력과 수행 능력 등은 복합적으로 휴머노이드적 신체적 흐름을 형성한다는 것이다.

그때쯤 되면 이성의 개념 자체가 진화될 수 있다. 다시 말해 기존 인간주의 철학에서의 이성이 아니라 기계적 배치로서의 이성이 기계만이 아니라 인간을 움직이게 하는 동력이 될 수도 있다. 기계가 휴머노이드 수준으로 진화되면 인간 역시 진화하고 이성의 개념 및 작동 방식도 진화한다. 인간은 멈추어 있고 컴봇(휴머노이드)만 진화하는 게 아니라 상호 진화한다. 이것이 바로 공진화(共進化)이다. 공진화의 속도와 맞물려 인간 자체도 기계적으로 진화된다. 이런 관점에서는 기계가 인간을 일방적으로 닮아가는 게 아니라 인간 역시 진화되는 기계에 닮아간다. 휴머노이드란 바로 그것의 집합체일 것이다.

미래에서 휴머노이드는 인간의 강력한 타자가 되면서 인간의 실존적 정체성을 뒤흔들 것이다. 그러나 제시문 〈다〉의 한 장면처럼, 인간-기계(휴머노이드)는 서로 불가분의 요소로 엮어져 하나의 유기적 전체를 형성하여, 인간과 기계의 상호 관계에 있어 양자의 분리된 형태에서가 아니라 공진화되는 복합 생명체이자 사회적 주체라는 관점으로 예견할 수 있다. 미래 인간의 정체성이란 인간주의적 순수성이 지속되는 것으로서가 아니라 기계화되는 인간으로서 존재하게 될 것이다. 우리가 너무 인간중심적 상상에 빠져있는 건 아닌가?

도전 문제 5 · 해설

[문항 01]

논제의 구성 조건 확인

① 과학 기술의 발달에 따라 인간의 실존적 상황이 달라질 수 있다. 이와 관련한 현대 사회의 특징적인 두 단면을 제시문 [다], [라]는 보여준다.

② 제시문 [가], [나]의 논지를 요약한 후,

③ 이를 구체적 논거로 활용하여

④ [다], [라]가 시사하는 문제점 중 공통점을 중심으로 논술하라.

①에서는 "과학기술의 발달에 따라 인간의 실존적 상황이 달라질 수 있다"는 명제를 제시하고 있다. 이것은 논술의 방향을 예고하는 것이므로 적극 참조하는 것이 좋다. 그리고 이와 관련하여 '현대

사회의 특징적인 두 단면'을 [다] [라]가 보여주고 있다고 제시하는 것에 주목하라.

　②[가] [나]의 논지를 요약한다. 논지 요약은 ①에서 제시하는 논술의 방향과 관련하여 요약하도록 한다. 즉 '과학기술의 발달에 따라 인간의 실존적 상황이 달라질 수 있는데, 그와 관련된 현대사회의 특징적인 단면들'이라는 흐름과 연관되는 논지로 요약한다.

　④는 ③의 논거에 의거, [다] [라]가 시사하는 문제점 중 공통점을 중심으로 논술하라는 뜻이다. 즉, [다] [라]는 독자적인 글들이므로 각각의 문제점들을 함축할 수 있다. 그 각각의 문제점들을 다 논술하라는 게 아니라, 그 각각의 문제점들 중 공통적인 문제점을 찾아 논술하라는 것이다.

　여기서 주의할 것은 "[다] [라]가 시사하는 문제점 중 공통점을 중심으로 논술하라"고 했는데, 수험생들은 뭘 써야할지 막연할 수 있다는 점이다. 그러나 막연하게 생각할 필요 없다. 공통된 문제점을 쟁점화하여 자신의 견해를 밝히면 된다. 다시 말해 쟁점 자체를 수험생 자신이 제시하는 것이다.

　요컨대, 문항 01의 요지는, [가] [나]의 논지를 요약하고, 그것을 근거로 활용하되, 과학기술의 발달에 따라 인간의 실존적 상황이 달라질 수 있는데, 그와 관련된 현대사회의 특징적인 단면들을 염두에 두어, [다] [라]에서 시사하는 문제점들을 중심으로 논술하라는 것이다.

제시문 분석 및 문제 설정

논지 요약하기

　논지 요약은 '요약'에 방점을 찍는 게 아니라 '논지'에 방점을 찍는다는 점에 주의하라. 다시 말해 국어시간에 배우듯 줄거리를 요약하지 말고 제시문의 논지(문제 설정)를 정확히 파악하여 요약해야 한다는 것이다. 그리고 논지를 정확히 요약해야 하므로 추상적으로 하지 말고 구체적으로 하도록 한다.

　[가] [나]의 논지를 요약하면 다음과 같다.

　[가] 인간이란 유한성과 무한성, 시간성과 영원성, 자유와 필연의 종합이며, 이 양자 사이의 종합인데, 그러나 이것만으로 인간은 아직 아무런 자기가 아니며, 관계가 그 자신에 대해 관계하는 적극적인 제삼자로서의 존재일 때, 이것이 자기이다. 인간이란 자기로서 종합적으로 정립된 관계이며, 여기서 자기는 또한 자기 자신과 관계하는 것이요 동시에 타자와 관계하는 관계이다.

　[나] '나'는 그 자체로서 존재할 수 없고 '나-너' 그리고 '나-그것'이라는 이중성으로서 존재하며, '그것'의 세계에만 속박되는 게 아니라 '그것'의 세계와 마주치며 변화시키는 힘으로서 존재한다. 따라서 '그것'의 세계는 '나'와 '너'의 관계의 세계이며, 그 세계 속에서 사람은 '너'의 현존을 알고 결단하는 능력을 가지고 있으며, 그 결단을 실행하는 사람만이 자유롭고 '너'와 접촉하며 현실에 관여한다. 존재에 대한 관여가 없는 곳에는 현실도 없다.

[다] [라]가 시사하는 공통된 문제점 찾기

1. 제시문 분석

여기서 '문제점'이라는 개념에 대해 이해를 해보자. 문제란 단순히 어떤 부정적인 것의 문제만을 이야기하는 것이 아니다. 긍정적인 것을 도출하는 것으로서의 문제를 생각해보자. 다시 말해 문제화란 어떤 상황을 분석하고 쟁점화하는 것이다. 따라서 문제화 혹은 쟁점화하기 위해서는 주어진 상황 내에서의 문제들을 발견할 수 있는 능력이 선행되어야 한다.

문항에서 요구하는 두 제시문의 공통된 문제점은 각각의 제시문들에 함축된 문제들을 발견하고 비교하여 찾아내면 된다. 우선 [다] [라] 각각의 제시문에 함축된 문제점들을 찾아보자.

[다] 글 [다]는 인터넷이라는 새로운 통신 수단이 제공하는 새로운 통신 조건(전자우편)에 대해 언급하고 있다. 과거 아날로그 생활에서는 (대개의 경우) 발신자나 수신자의 위치가 노출되었다. 그러나 인터넷이라는 디지털 세계에서의 전자우편은 발신자나 수신자의 위치 즉 장소는 아무런 의미가 없다. 구체적인 어느 장소에서 보내느냐 또는 구체적인 어느 장소에서 받느냐 하는 것은 통신의 조건이 되지 못한다. 다만 누가 누구에게 보내느냐 하는 인명적 사태만 남는다. 다시 말해 탈장소화로 특징되는 통신 조건이 등장되고 있는 세상에 우리는 살고 있는 것이다. 통신이란 전통적으로 누구에게서 왔느냐도 중요하지만 어디에서 왔느냐 하는 것도 중요한 관건이었다. 그러나 변화된 인터넷 세계에서의 통신 조건은 탈장소화(이동성 제공)라는 문제를 제기하도록 한다.

[라] 글 [라]는 세계 최초로 안면 이식 수술에 성공한 프랑스 의료 사례를 논란거리와 함께 소개하고 있다. 신원이 비공개된 한 여성은 뇌사 상태 여성으로부터 기증받은 피부 조직, 근육, 동맥, 정맥을 이식하는 대수술을 성공적으로 받을 수 있었다. 이는 화상 등으로 얼굴이 망가진 사람들에게 희망의 빛을 던져 준 것이지만, 다른 한편으로는 다른 사람의 얼굴을 할 수 있게 되므로 가족이나 주변 사람들에게 충격을 안겨줄 수도 있는 논란의 문제를 안고 있다. 글 [라]는 불가피하게 얼굴이 변신된 당사자를 보는 그 가족이나 지인들의 충격 문제를 제기하고 있다.

2. 두 글의 공통된 문제점 도출하기 : 논리의 구성

이미 우리는 주어진 문항에서 논술의 방향을 예고받을 수 있었다. 그에 기초하여 두 글이 보여주는 특징적인 단면들을 도표화하면 다음과 같다.

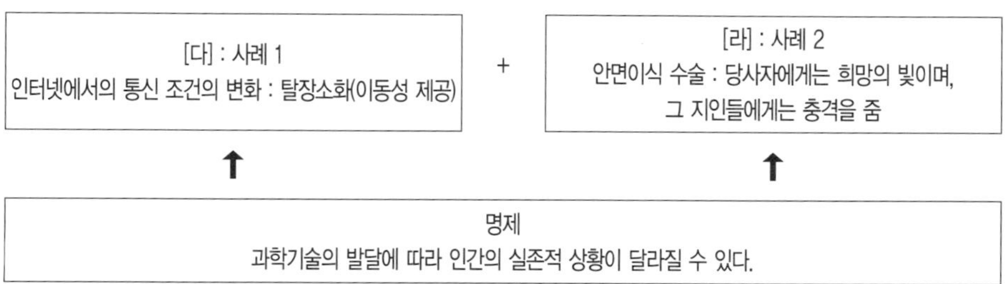

그런데, [다]와 [라]의 문제점 중 공통점을 직접 찾는다는 것은 어려워보인다. 자, 보자. 인터넷 기술에 의해 통신 조건이 탈장소화되는 단면과 의료 기술 발달로 안면 이식 수술이 성공하는 단면의 공

통점은 도대체 무엇이라 말할 수 있는가. 그렇다면 이 문제를 어떻게 해결할 것인가.

　이 문제를 해결하기 위하여 문항에서 제시하고 있는 '매개'와 연결해보자. 문항은 [다] [라]의 공통된 문제점을 논술하라고 하였으되 [가] [나]의 논지를 구체적 논거로 활용하라고 했다. [가] [나]의 논지가 매개가 된다. 이때 [가] [나]의 논지를 어떻게 정리할 수 있느냐가 관건이 된다. [가] [나]의 논지는 앞에서 이미 정리했다. 이를 토대로 하여 공통된 문제점을 도출해나가는 도식은 아래 그림과 같다.

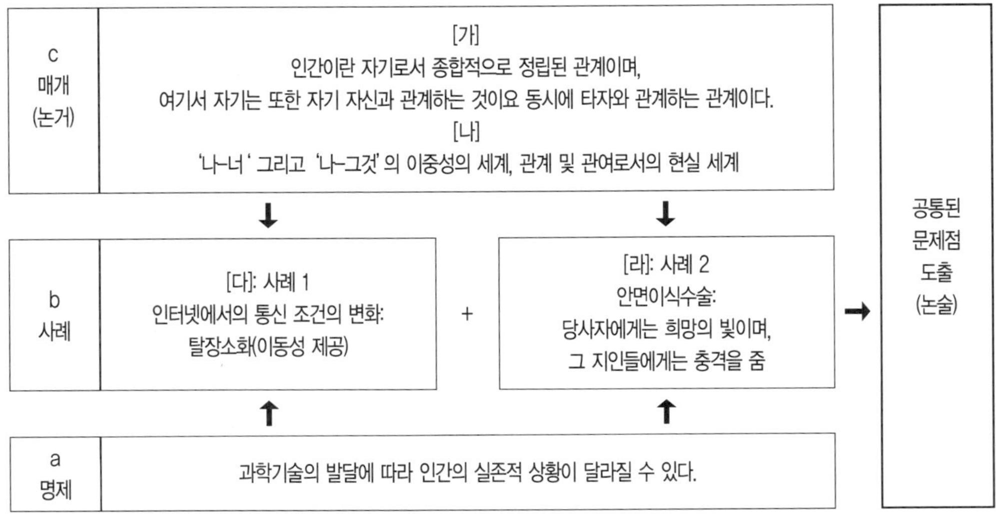

　이제 공통된 문제점을 구체적으로 도출해내는 일만 남았다. 그런데 a 명제는 과학기술이 발달된 사회에서 나타나는 상태라면, 매개 c는 과학기술의 발달과는 무관하게 일반적 사회에서 나타나는 현실 세계의 상태이다. 그렇다면 매개 c는 과학기술 사회에서는 어떤 방식으로 나타날 것인가. 그것의 사례들이 사례 b의 단면들이다. 그래서 결국 공통된 문제점은 사례 b의 단면들을 c의 매개를 통해 어떻게 쟁점화할 수 있을 것이냐로 귀결된다.

3. 두 글의 공통된 문제점 도출하기 : 실제의 구성

　800~900자로 작성하라고 했으므로 두 가지 경우의 수를 가정하여, 세 단락으로 구성, 도식화하면 다음과 같다.

[가] [나] 논지 요약
이에 대해서는 이미 앞에서 정리했다.

[다] [라]의 공통된 문제점 분석 및 쟁점화
제시문 [다] [라]는 과학기술의 발달에 따라 인간의 실존적 상황이 달라지는 두 단면을 각각 보여주고 있다. 이에 대해서도 앞에서 논의하였지만 다시 정리해보자.

[다]는 과학기술 발달로 인한 인터넷이라는 뉴미디어 세계 혹은 새로운 통신 수단의 등장으로 인간의 실존적 상황에 변화가 오고 있음을 시사하고 있다. 그렇다면 어떻게 변화되고 있는가. 인터넷에서의 새로운 통신 수단은 발신자나 수신자 모두 통신물(전자우편)이 '어디서' 보내고 '어디로' 가는지 즉 장소가 전혀 고려되지 않는다. 다시 말해 탈장소화가 일어나고 있는 것이 인터넷 통신 조건이 되고 있는 것이다.

[라] 역시 의료기술의 발달로 안면 이식 수술이 성공하면서 인간의 실존적 상황에 변화가 오고 있음을 예시하고 있다. 그렇다면 어떻게 변화되고 있는가. 우선 안면 이식 수술로 인한 얼굴 형상의 변화를 어떻게 받아들일 수 있는가가 관건 중 하나이다. 이는 특히 당사자에게는 희망의 빛이 되지만 가족이나 그 지인들에게는 대면 상황에서의 낯섦의 문제일 것이다.

[다]와 [라]의 두 경우에 있어서 직접적으로 공통된 문제점을 도출하기는 쉽지 않다. 그러나 과학기술의 발달에 따라 인간의 실존적 상황이 달라지는 두 단면을 보여주는 것은 사실이다. 여기서 '실존적 상황이 달라진다' 는 것은 단순히 새로운 현상 정도를 말하는 게 아니라 근본적인 변화가 나타난다는 것이다. 이 근본적인 변화를 매개하는 것이 [가] [나]에서 주장하는 논지의 핵심인 바 바로 '관계(맺음)' 의 문제이다.

전통적으로 통신은 '장소-인명' 즉 '어디에서-누가' 및 '어디로-누구에게' 로 이루어져 왔다. 인간이란 자기가 자기 자신과 관계하는 것이요 동시에 타자와 관계하는 '나-너 '의 이중성을 가장 구체적으로 실현하는 것 가운데 하나가 통신이다. 그런데 전자우편은 '장소-인명' 의 과정을 통한 관계맺음의 방식이 탈장소화하며 인명적 사태로 변이되고 있다. 즉 인터넷이라는 사이버공간을 통해 인명적 사태만으로도 충분히 통신을 통한 자아 및 타자와 관계하는 '나-너 '의 관계가 형성되고 있다는 것이다. 더구나 이 인명적 사태도 실명보다도 익명(아이디라는 새로운 자아의 분신들)적 측면이 더 활성화되고 되고 있다. 발신자로서의 '나' 라는 인간도 부모님이 지어준 본명 즉 실명보다도 '나' 스스로 명명한 익명의 아이디를 통해 관계를 맺어간다.

인터넷 전자우편에서의 탈장소화된 익명적 사태는 아이디들 사이의 '자아-타자' 혹은 '나-너 '의 사이버적 통신 관계로 나타나는, 고정화된 장소도 얼굴도 없이 떠도는 인간의 새로운 실존적 상황을 보여주고 있다. 바꿔 말하자면 자아이면서도 타자인 듯하고 타자이면서도 자아인 듯한 정체성의 변신이라는 새로운 관계, 새로운 실존성을 보여주고 있다는 것이다.

안면 이식 수술은 대표적으로 얼굴성을 바꾸는, 상당 부분 실존성의 변신이자 정체성의 변신을 징후한다. 이는 과학 기술에 의존하여 타자의 신체를 자아의 신체로 이식하는 것이고 그 자체가 이미 부분적이나마 '나-너 '의 신체적 합일 관계임을 적극 드러낸다. 인간은 전통적으로 문신 행위 등에 의해 자신 신체를 자연적인 대화 과정으로 이끌어냈지만, 안면 이식 수술은 한 사람의 고유성을 대표하는 얼굴성을 타자의 얼굴성으로부터 이식해온다는 근본적 차이를 가지고 있다. 여기서는 타자가 자아가 되는 새로운 얼굴–정체성의 관계를 통해 인간의 실존성이 근본적으로 달라질 수 있다. 그러나 이 실존성은 충격적이어서 매우 낯설 수 있으며 때로는 두려움마저 안고 있는 실존성이다. 따라서 이 실존성은 얼굴–정체성을 바꾼 당사자의 자기 보기와 그와의 안면 있는 지인들과의 충격이라는 새로운 양상을 띠고 있다.

요컨대 [다] [라]의 사례는 과학기술의 발달에 따라 인간의 실존적 상황이 변화되면서 '자아–타자' 혹은 '나–너 ' 사이의 관계맺음의 방식이 근본적으로 달라지고 있는 공통된 문제점을 시사하고 있다. 따라서 과학기술이 발달되는 현대사회에서의 관계론은 새로운 관계론적 철학으로 쟁점화되지 않을 수 없다. 특히 인간의 실존적 상황이 변화되고 있는 지점에서 '자아–타자' 혹은 '나–너 ' 사이의 관계맺음의 방식은 윤리적 성찰의 문제까지도 내포될 수 있다.

공통된 문제점에 대한 자기 의견

이 논술문에서는 논술(논제)의 요구 조건에 따르자면 굳이 공통된 문제점' 에 대한 자기 의견' 을 논의하지는 않아도 된다. 다만 '공통된 문제점' 을 좀더 충실하게 분석해야 한다(글 B의 경우의 수). 그리고 자기 의견을 내놓는 것도 한 방법이다(글 A의 경우의 수). 그러나 이 논제가 앞으로 미래의 인간의 존재론적–관계론적 기반과 관련하여 상당히 철학적 성찰과 깊이 있는 사고를 요구하는 것이므로 어떤 확정적인 주장보다도 조심스러운 진단을 하는 것이 효과적일 것이다.

공통된 문제점을 도출해내는 것은 객관적 분석의 능력을 보여주는 것이다. 반면에 그에 대한 자기 의견을 말하는 것은 객관적 분석을 토대로 한 주관적 의견의 진술 능력을 보여주는 것이다. 그렇다고 해서 이렇게 해야 한다라거나 저렇게 해야 한다는 식의 당위론적 진술이 아니라 의미론적 분석 방법을 취하는 것이 좋겠다. 여기서 '의미론적 분석 방법' 이란 변화되는 인간의 새로운 실존적 상황(사례들)에 대한 의미의 문제를 분석하는 진술 방법이다.

하나의 예시 답안

글 [가]는 인간이란 자기로서 종합적으로 정립된 관계이며, 여기서 자기는 자기 자신과 관계하는 것이요 동시에 타자와 관계하는 관계임을 논하고 있다. 글 [나]는 '나' 는 '나–너 ' 그리고 '나–그것' 이라는 이중성으로서 존재하되 '그것' 의 세계와 마주치며 변화시키는 관계의 힘으로서 존재하므로, 그 세계 속에서 결단을 실행하는 사람만이 자유롭고 '너 '와 접촉하며 현실에 관여하는 바, 그것이 바로 현실임을 논하고 있다. 요컨대 두 글은 '자아–타자–그것' 의 역동적 관계로서 세계에 관여하고 변화시키는 실천이 현실임을 공유한다.

과학기술의 발달은 인간의 실존적 상황마저 변화시키고 있는데, 그 사례로서 글 [다] [라]는 '자아–타자–그것' 의 관계맺는 방식의 변화라는 공통된 문제점을 부각시킨다.

인터넷 전자우편은 '장소–인명' 의 과정을 통한 전통적 관계맺음에서 탈장소화되며, 이마저도 대부분 실명이 숨어드는 아이디들 사이의 '자아-타자-그것' 의 사이버적 통신 관계로 나타나 고정화된 장소도 얼굴도 없이 새로운 인간 관계가 형성된다. 안면 이식 수술 역시 과학기술에 의존하여 말 없는 타자의 '희생' 을 딛되 그 타자의 안면을 빌어오는 당사자의 새로운 얼굴-정체성의 변신으로 인한 자아 실존성은 충격적이어서 자기 자신에 대해 매우 낯설 수 있으며 또한 대면 관계에서 두려움마저 줄 수도 있다. 어쨌거나 안면 이식 수술은 타자가 곧 자아가 되는 신체적 정체성 내지는 관계성에 혼란을 야기한다.

문제는 '자아-타자' 의 관계성이 과학기술의 발달에 따른 새로운 '그것' 의 세계와 어떻게 접촉하고 어떻게 조우해나가며 새로운 현실을 어떻게 진화시켜나갈 것이냐에 있지 않을까? 이는 현대철학의 새로운 존재론적-관계론적 쟁점이자 인간의 실존적 상황이 변화되고 있는 시점에서 '자아-타자-그것' 의 관계맺음의 방식에 따른 윤리적 성찰의 문제까지도 내포되고 있다.

[문항 02]

논제의 구성 조건 확인
① 제시문 [가], [나]의 논거를 구체적으로 활용하여,
② 제시문 [마]에서 원장이 깨달은 바의 핵심 내용을 추론하라

제시문 분석 및 문제 설정

논지 정리하기
제시문 [가] [나]의 논지를 다시 한번 요약하면 다음과 같다.

[가] 인간이란 유한성과 무한성, 시간성과 영원성, 자유와 필연의 종합이며, 이 양자 사이의 종합인데, 그러나 이것만으로 인간은 아직 아무런 자기가 아니며, 관계가 그 자신에 대해 관계하는 적극적인 제삼자로서의 존재일 때, 이것이 자기이다. 인간이란 자기로서 종합적으로 정립된 관계이며, 여기서 자기는 또한 자기 자신과 관계하는 것이요 동시에 타자와 관계하는 관계이다.

[나] '나' 는 그 자체로서 존재할 수 없고 '나-너' 그리고 '나-그것' 이라는 이중성으로서 존재하며, '그것' 의 세계에만 속박되는 게 아니라 '그것' 의 세계와 마주치며 변화시키는 힘으로서 존재한다. 따라서 '그것' 의 세계는 '나' 와 '너' 의 관계의 세계이며, 그 세계 속에서 사람은 '너' 의 현존을 알고 결단하는 능력을 가지고 있으며, 그 결단을 실행하는 사람만이 자유롭고 '너' 와 접촉하며 현실에 관여한다. 존재에 대한 관여가 없는 곳에는 현실도 없다.

결국 두 글에서는 '나' 는 '나' 그 자체로 존재하지 않으며 자기 자신과 관계하는 것이요 동시에 타자와 관계하는 것으로서 존재함을 이야기한다. 그리고 '나-너' 는 "'그것' 의 세계에만 속박되는 게 아니라 '그것' 의 세계와 마주치며 변화시키는 힘으로서 존재한다. 따라서 '그것' 의 세계는 '나' 와 '너' 의 관계의 세계이며, 그 세계 속에서 사람은 '너' 의 현존을 알고 결단하는 능력을 가지고 있으며,

그 결단을 실행하는 사람만이 자유롭고 '너'와 접촉하며 현실에 관여한다. 존재에 대한 관여가 없는 곳에는 현실도 없다." 이 논지를 따라 다음 단계로 넘어가보자.

　　원장의 깨달은 바 핵심 내용 추론하기
　　이제는 다시 화두를 돌려, 제시문 [마]로 가보자.
　　[마]는 한 낙도에 전국의 한센병 환자들을 모두 강제 수용하여 통제하고 관리하려 했으나 실패하고 만다는 이야기를 전해주고 있다. 환자들은 섬을 탈출하기를 끊이지 않았고, 그러자 새로 부임한 원장은 절대적 통치권으로 섬을 지배해 나가지만 여전히 환자들의 탈출 사고가 빈번하였다. 이에 원장은 인식 전환을 하여, 섬을 한센병 환자들의 낙원으로 만들어 나가지만, 그러나 탈출극은 계속된다. 그리하여 원장은 마침내 깨달은 바가 있는데…….
　　자, 원장이 깨달은 바가 무엇인지 추론하기 위하여 제시문 [가] [나]의 논지를 환기해보자. [가] [나]는 자아와 타자의 관계를 통해, 그리고 세계와 접촉하고 관여하는 실천을 통해 현실이 구성됨을 말하고 있다. 이에 따르면, 한센병 환자들을 섬에 격리시켜 관리한다고 해서 문제가 해결되는 것이 아니라, 자아와 타자 사이의 소통 관계를 형성함으로써 즉 한센병 환자들로 하여금 일반인들과 소통 관계를 형성하게 함으로써 문제를 해결해나가야 함을 시사하고 있다. 절대적 통제권으로도 섬 탈출이 멈추지 않으며, 그 반대로 지상 낙원으로 만들어줘도 섬 탈출이 멈추지 않는 것, 그것은 곧 한센병 환자들이 섬에 고립되지 않고 자신들의 삶을 능동적으로 만들어나가기 위해 타자들을 필요로 했던 것임을 말해준다. 타자의 존재, 이것은 정상인에 대한 타자의 존재로서만이 아니라 한센병 환자들과 같은 비정상인들에게도 정상인 타자들과 관계를 형성하는 삶이 필요했던 것이다. 그렇게 하여 한센병 환자들도 세계를 능동적으로 개척하며 살아갈 수 있는 세계-내-존재가 되어가는 것이다. 이것이 바로 원장이 깨달은 바의 핵심이 아닐까.
　　이러한 문제 설정과 추론으로 논술문을 작성하면 되겠다.

하나의 예시 답안

　　제시문 [가] [나]에 따르면, 인간은 그 자체로서 존재하는 게 아니라 타자와의 관계를 통해 주체로 형성된다. 또한 주어진 세계에 그대로 속박되어 존재하는 것도 아니고 주어진 세계와 마주치며 결단하고 실행하고 관여하여 자유로워지는 현실을 창조한다. 이는 정상인으로서만이 아니라 한센병 환자와 같은 '비정상인'에게도 해당된다. 한센병 환자들을 낙도에 격리시켜 관리하는 것이 환자 치유나 사회적 문제 해결의 방법이라 생각할지 모르지만, 제시문 [마]의 사례는 전혀 그렇지 않음을 입증하고 있다. 절대적 통치권으로 강압 통제를 해도, 또는 그 반대로 지상 낙원을 만들어주며 자유롭게 관리를 해도 환자들은 끊임없이 섬을 탈출하려는 시도를 포기하지 않았다. 원장은 아마도 한센병 환자들을 통제하고 관리해야 할 '대상'으로 간주했을 것이다. 그러나 그것이 먹혀들지 않은 것은 그들에게 '고립한 자아'를 강요했기 때문이다. 즉 인권-복지의 논리가 아니라 타자와의 관계 맺음을 통해 능동적으로 삶의 현실에 참여하고 창조하려는 인간의 가장 원초적인 욕망이 그들로 하여금 섬을 탈출하게 만든 것이다. 한센병 환자들은 치료, 보호, 보살핌의 '대상'이 아니라 타자들과의 관계를 욕망한 사회적 '주체'였던 것이고, 결국 원장도 뒤늦게나마 이를 깨달았을 것이다.

도전 문제 6 · 해설

논제의 구성 조건 확인
① 다음 제시문에 담긴 '세월이 흘러감'에 대한 생각을
② '욕망'과 연관시켜 분석하고
③ 자신의 의견을 논술하시오.
④ 첫머리에 자신의 주장을 반영한 제목을 달 것.

제시문 분석 및 문제 설정
논제가 수험생들에게 좀 막연해보일 수 있는 주제이다. '세월이 흘러감'을 '욕망'의 문제로 접근한다는 것은 편하게 생각하면 떠오르는 대로 쓰면 될 일이지만 논술이란 게 수필을 쓰는 것도 아니고 쟁점을 형성하여 논리적으로 써야 하기 때문에 그럴 수는 없는 일이다. 더구나 '욕망'이라는 주제로 쟁점화한다는 것은 낯선 요구이기도 할 것이다. 막연해 보일 수 있는 주제이지만 이는 오히려 논술자 자신의 창의적인 개념 설정과 분석을 통해 자신의 의견을 정확히 개진할 수 있는 기회로 삼을 수 있을 것이다. 논제가 다소 막연해 보일지라도 그 막연해 보이는 논제의 안개속을 뚫고 나가기 위해서는 논술자 스스로가 쟁점을 명확히 정리해내야 한다. 따라서 이 논제를 해결하기 위해서는 우선 다음의 과정이 필요하다. 실제 논술문 구성도 이에 따르면 되겠다.

① '욕망'이라는 개념의 설정
② '세월이 흘러감'을 '욕망'과 연관시켜 제시문 분석하기
③ 자신의 의견 논술하기

1. '욕망'이라는 개념의 설정
논술문 작성에서 자기 의견을 개진한다고 하는 것은 결국 제시된 용어/논제에 대한 자기 자신의 개념을 창출한다는 것이기도 하다. 독창적이고 창의적인 논술문을 작성하려면 자기 개념을 창출해야 한다. 그렇다고 자의적으로 아무렇게나 하라는 게 아니다. 자기 개념을 창출한다는 것은 관점을 어떻게 잡아나갈 것이냐의 관건이기도 하고 쟁점을 형성해 나가는 일이기도 하며, 요컨대 문제 설정을 정확히 해나간다는 의미이기도 하다.

논제의 주제가 '욕망'이다. 그렇다면 논술자 스스로 욕망에 대해 자기 개념을 창출할 수 있어야 한다. '욕망'이란 무엇인가. 이에 대해 논술자 스스로가 답변을 내놓는 것이 자기 개념을 창출하는 일이다. 이것을 하지 못한다면 논술에 실패한다. 다음 문제 설정을 참조해보자.

욕망이라는 문제 설정 : 부정에서 긍정으로

욕망이란 무엇인가? 먼저 오해되고 있는 것 세 가지를 말해보자. 첫째, 욕망이 개인적이라는 것이다. 그것은 흔히 개인의 비밀스러운, 미지의 세계에 자리잡고 있는 것처럼 인식되어 왔다. 그러므로 그것은 사랑의 기호처럼 당초 까발려지지 않고 은밀하게 속삭인다. 그리고 두 번째로는, 그 은밀하게 속삭이는 욕망이라는 것은 그러나 기묘하게도 인간에 보편적–본성적으로 변하지 않는 어떤 것으로 인식되어 왔다. 그리고 그것은 또한 사랑의 기호처럼 거짓말쟁이이다. 세 번째로, 그래서 그 보편적–본성적인 속성은 부정적인 이미지로 보여왔다. 욕망이란 결국 나쁜 사욕이라는 것이다. 인류는 기구하게도 이런 인간적 속성을 본성적으로 타고나고 있으며, 절대적으로 유전된다는 믿음을 사람들은 가지고 있다. 성선설이 간혹 위기를 맞는 것은 이런 이유 때문이다. 이미 오래전에 공자, 예수, 석가모니, 맑스와 같은 인류의 현자들이 '인간적 삶'을 호소하였지만 실패로 거듭되는 것은 사욕의 본성을 입증해주는 것일지도 모른다.

따라서 욕망이란 사회적으로는 억압해야 하는 어떤 것으로 인식되어 왔으며, 그 억압을 위해 제도적인 각종 장치와 이데올로기들을 고안해내고 있는 것은 '사회적 정의'를 위해 매우 당연하고 바람직스러운 일로 비춰진다. 욕망이란 지극히 개인적인 타락한 부르주아적 세계관이라고 비난하였다. 그래서 욕망은 곧 금기였다. 그러나 사실 이러한 금기조차 욕망의 무조건적인 억압이 아니라 욕망의 코드를 정치적–사회적으로 배치해온 전략의 구사였다. 자본주의에서는 화폐와 상품화로서의 욕망으로, 사회주의에서는 계급 투쟁으로서의 욕망으로, 그리고 양자 공히 그것들이 가장 인간적 본성인 욕망의 기호인 것으로. 그리고 자본주의건 사회주의건 인간의 본질은 노동에 있다고 하는 것으로. 어쨌거나 이런 것들은 욕망을 억압한 것이 아니라 대중들의 욕망의 흐름을 일정한 방향으로 흐르도록 하는 포획의 정치로 볼 수 있다는 것이다.

욕망은 이제 더 이상 개인적이고 사욕적이고 부정적인 것이라고 말할 수 없다. 아니 더 정확히 말하여, 지배적 역사의 틈바구니에서 접혀진 욕망의 역사와 욕망 이론의 역사를 새롭게 발견할 수 있게 되었다. 욕망은 생성적이고 긍정적이고 사회적이다. 개인을 주체화하는 것이면서도 욕망은 사회적으로 움직인다. 그런 욕망이 개인의 소유물로 가까워지면 개인화/개인주의화로 기울고 사회적 논리로 극단적으로 체제화되면 파시즘이 된다. 개인주의화란 욕망의 개인적 유출을 비사회적으로 착복하려는 태도이자 타자들의 욕망에 냉소적인 태도이다. 파시즘화란 욕망을 사회적 논리로 추상화하면서 지배적, 억압적, 권력적 그물망으로 포획하는 태도이다. 이런 욕망의 파시즘화는 국가사회 혹은 민족사회라는 거대영토에서만 존재하는 것이 아니라 우리들 자신의 작은 영토들 혹은 바로 이웃에 존재한다. 동아리, 가족, 조직, 인간관계 등등. 심지어는 진보주의자나 진보 집단에도 그것은 광범위하게 퍼져 있다. 푸코는 이것을 미시영역에의 권력의 산재라고 분석하였으며, 들뢰즈와 가따리는 미시파시즘이라고 규정한다.

위 참조문의 핵심 중 필요한 내용을 정리하여 개념화하면, 욕망이란 결핍된 것이나 부정적인 것이 아니라 생성적이고 긍정적인 것이라는 것이다. 또한 욕망을 갖는다는 것은 나쁜 것이 아니라 나 자신의 살아 있음의 표현이고 그것을 적극화하는 힘이라는 것이다. 즉 욕망은 생성적인 힘이다. 그런 점에서 욕망은 긍정적인 것이다. 욕망의 개념을 이렇게 정리하여 두 번째 과정으로 넘어가보자.

'세월이 흘러감'을 '욕망'과 연관시켜 제시문 분석하기

각 제시문별로 좀더 구체적으로 분석해 보자.

(가)는 나이를 먹어가면 서글픈 마음을 갖게 되고 세월의 흐름을 탄식하게 된다는 이야기를 하고 있다. 이는 욕망과 도대체 어떻게 연관시킬 수 있을까. 욕망을 생성적인 힘이라고 했을 때, 늙어감은 더 이상 그런 생성적인, 뭔가 끊임없이 하고 싶은 욕망을 가질 수 없음의 표상이므로 서글퍼지게 된다. 인간은 욕망을 더 이상 가질 수 없을 때 인생을 포기하거나 죽어가게 된다. 젊었을 때는 혈기왕성하므로 한두 가지 일에 실패하더라도 또다시 재기를 노리며 삶의 활력을 되찾으려 한다. 그러나 늙어감 자체는 그것을 지연시킬 수는 있어도 그 자체를 막을 수는 없다. 그러나 늙어가는 상태에서도 인간은 얼마든지 욕망을 가질 수 있고 또 그러할 때 남은 여생을 더 즐겁게 살아갈 수 있다. 이른바 한때 우리 사회에 유행하던 '황혼 이혼'도 욕망없이 늙어버린 현실에 대한 한탄이면서도 남은 여생이라도 좀더 즐겁게 살아갈 수 있는 욕망의 시대를 맛보고자 한 몸부림 아니었을까.

(나)는 일생에 이루어놓은 수고를 후손에게 물려주는 것에 대한 괴로운 마음을 표현하고 있다. 일생에 이루어놓은 수고란 개인적 욕망의 축적물이다. 그 욕망의 축적물을 후손에게 넘겨준다는 것에 대한 괴로움을 말하고 있는데, 욕망의 열정은 인생에 있어서 긍정적이나 그것이 집착으로 갈 때는 스스로 비참해질 수도 있다. 욕망은 사회적이긴 해도 개인의 생애를 통해 표현되고 실현되는 것이므로 생애사적 한계를 갖는다. 그 생애사적 한계를 가짐에 대하여 아쉬움을 가질 수는 있어도 그 자연사적 상황을 무시하고 영원해지고 싶은 것은 욕망을 넘어 집착이 된다. 자신의 생애에 걸친 욕망의 흔적 혹은 그 유산은 후손들의 평가나 가치 판단에 따라 인류의 문화 자산으로 이어질 수 있는 것이다.

(다)는 노년기의 삶의 태도를 비겁하고 인식이 모호하고 편견이 많고 인색하고 차갑다고 말한다. 그러면서도 살아갈 날이 얼마남지 않았으므로 삶을 사랑한다고 말한다. 그렇다면 노년기는 삶을 사랑하되 올바르지 않은 사랑이 될 수 있음을 말하는 건가. 삶에 대한 적극적인 욕망을 가지되 그 욕망은 이미 편견에 휩싸여버린 노년기의 발산이라면 생성하는 힘으로서의 욕망이 아니라 어리석게 쇠퇴하는 고집스러운 욕망인 것이다.

(라)는 티치아노의 '인간의 세 시기'라는 그림이다. 아이, 청년 시절, 노년기의 세 장면이 혼성된 하나의 그림에서 우리는 무엇을 상상할 수 있을까. 인간은 태어나면서부터 어떤 욕망의 덩어리로 태어난다. 그래서 그 욕망이 결핍되면 엄마를 찾게 되고 사물들 속에서 어떤 상징들을 이미지화한다. 그리고 그 욕망들이 성장하여 가장 왕성해지는 청년기는 남녀의 사랑 등으로 표현된다. 사랑의 욕망 표현은 가장 절실한 것일 수도 있다. 그러나 어느덧 늙어가며 인생을 마감하는 시기에 닥치면 욕망은 증발해버린다. 삶도 도망쳐버린다. 욕망은 해골이 되어 인간의 마지막 생애를 장식한다.

(마)는 왕성하게 젊을 때는 보이지 않던 것들이 나중에 늙어서야 나타남에 대한 비애를 표현하고 있다. 욕망은 다시 치솟지만 그 욕망을 실현할 수 있는 조건은 이미 상실해버렸다. 늙어버렸기 때문이다. 늙어버림은 욕망은 솟아나도 그것을 실현시킬 수 없는 가장 비극적인 상황이다. 늙어가면서 아

마도 누구나 다 경험하는 바일 터이다. 그래서 일이란 때가 있는 법인 모양이다. 욕망이란 아무 때고 실현시킬 수 있는 게 아니고 일생의 흐름 속에서 그때그때 형성되는 것이기도 하지만 때로는 이미 지나가버린 시기에 느닷없이 솟구쳐오는 힘이기도 하다. 그러나 안타깝게도 그것을 해낼 수 있는 나이는 이미 지나가버렸다.

자신의 의견 논술하기
자신의 견해 부분은 예시 답안을 참조하라.

하나의 예시 답안

제목 : '세월이 흘러감' 과 욕망의 죽음

욕망이란, 보통 알려진 것처럼, 결핍된 것이나 부정적인 것이 아니라 생성적이고 긍정적인 힘이다. 욕망은 뭔가를 하고자 하는 생성적인 힘이며, 그런 점에서 욕망은 긍정적인 것이다. 그러므로 욕망을 갖는다는 것은 나쁘게 지탄받아야 할 게 아니라 나 자신의 살아 있음의 표현이고 그것을 적극화하는 힘이다. 욕망에 대한 이러한 문제 설정 속에서 각 제시문에서 언급하고 있는 '세월이 흘러감' 에 대한 문제와 욕망의 문제를 연관시켜 분석해보면 다음과 같다.

(가)는 나이를 먹어가면 서글픈 마음을 갖게 되고 세월의 흐름을 탄식하게 된다는 이야기를 하고 있다. 욕망을 생성적인 힘이라고 했을 때, 늙어감은 더 이상 그런 생성적인, 뭔가 끊임없이 하고 싶은 욕망을 가질 수 없음의 표상이므로 서글퍼지게 된다. 늙어가는 상태에서도 인간은 얼마든지 욕망을 가질 수 있고 또 그러할 때 여생을 더 즐겁게 살아갈 수 있다. 이른바 한때 우리 사회에 유행하던 '황혼 이혼' 도 욕망없이 늙어버린 현실에 대한 한탄이면서도 여생이라도 좀더 즐겁게 살아가고자 하는 욕망의 시대를 맛보고자 한 몸부림이 아니었을까.

(나)는 일생 동안 이루어놓은 수고를 후손에게 물려주는 것에 대한 괴로운 마음을 표현하고 있다. 욕망은 사회적이긴 해도 개인의 생애를 통해 표현되고 실현되는 것이므로 생애사적 한계를 갖는다. 그 생애사적 한계를 가짐에 대하여 아쉬움을 가질 수는 있어도 그 자연사적 상황을 무시하고 영원해지고 싶은 것은 욕망을 넘어 집착이 된다.

(다)는 노년기의 삶의 태도에 대해 비겁하고 인식이 모호하고 편견적이고 인색하고 차갑다고 말한다. 그러면서도 살아갈 날이 얼마남지 않았으므로 삶을 사랑한다고 말한다. 그렇다면 노년기는 삶을 사랑하되 그 사랑이 올바르지 않은 사랑이 될 수 있음을 말하는 건가. 삶에 대한 적극적인 욕망을 가지되 그 욕망은 이미 편견에 휩싸여버린 노년기의 발산이라면 생성하는 힘으로서의 욕망이 아니라 어리석게 쇠퇴하는 고집스러운 욕망인 것이다.

(라)는 티치아노의 '인간의 세 시기' 라는 그림이다. 아이, 청년시절, 노년기의 세 장면이 혼성된 하나의 그림에서 우리는 무엇을 상상할 수 있을까. 인간은 태어나면서부터 어떤 욕망의 덩어리로 태어난다. 그래서 그 욕망이 결핍되면 엄마를 찾게 되고 사물들 속에서 어떤 상징들을 이미지화한다. 그

리고 그 욕망들이 성장하여 가장 왕성해지는 청년기는 남녀의 사랑 등으로 표현된다. 사랑의 욕망 표현은 가장 절실한 것일 수도 있다. 그러나 어느덧 늙어가며 인생을 마감하는 시기에 닥치면 욕망은 증발해버린다. 삶도 도망쳐버린다. 욕망은 해골이 되어 인간의 마지막 생애를 장식한다.

(마)는 왕성하게 젊을 때는 보이지 않던 것들이 나중에 늙어서야 나타남에 대한 비애를 표현하고 있다. 욕망은 다시 치솟지만 그 욕망을 실현할 수 있는 조건은 이미 상실해 버렸다. 늙어버렸기 때문이다. 늙어버림은 욕망은 솟아나도 그것을 실현시킬 수 없는 가장 비극적인 상황이다. 욕망이란 아무 때고 실현시킬 수 있는 게 아니고 일생의 흐름 속에서 그때그때 형성되는 것이기도 하지만 때로는 이미 지나가버린 시기에 느닷없이 솟구쳐오는 힘이기도 하다. 그러나 안타깝게도 그것을 해낼 수 있는 나이는 이미 지나가버렸다.

욕망은 생성하고자 하는 힘인데, '세월이 흘러감'은 그 반대의 길로 빠져든다. '세월이 흘러감'은 죽음이 다가옴에 대한 두려움보다도 아무것도 할 수 없음에 대한 비애를 느끼게 해준다. 다시 말해 욕망의 죽음에 대한 조문인 것이다. 그러나 늙어감은 아무것도 할 수 없음을 표상하도록 하는 게 아니라 생애의 또다른 시기에 또다른 무엇을 할 수 있는 삶의 즐거움을 찾도록 해야 할 것이다. 아직 스무살도 안 된 우리 젊은 수험생들에게 이런 류의 논제를 주는 것은 청년기의 욕망을 건강하게 펼치도록 하라는 어떤 자극이기도 할 테지만 나이 먹었을 때는 어떠한 류의 욕망을 꿈꿀 수 있을 것인가에 대해 미리 상상해보라는 요구가 아닌가 한다. 나이 먹는다고 비애감에만 젖을 일은 아니므로.

도전 논제 7 · 해설

〈문제 I〉

논제의 구성 조건 확인

① 글 나)에 있는 자료에 기초하여

② 글 가)의 논지를 평가하시오.

②의 평가 요구에 대해 논술자는 가)의 논지에 대해 동의할 수도 있고 반대할 수도 있다. 그러나 여기서 주의할 점은 글 나)에 있는 자료에 기초해 평가해야 한다는 것이므로 논술자가 임의의 관점으로 평가해서는 안 되며 나)의 자료를 분석하여 그 내용에 따라 가)를 평가해야 한다는 것이다. 따라서 무엇보다도 나)의 자료를 어떻게 분석할 것이냐가 관건이다.

제시문 분석 및 문제 설정

1. 글 가)의 논지 요약

동아시아사회는 서구사회는 사회와 국가에 대한 개념이 근본적으로 다르다. 동아시아 사회에서는 개인이 가족 속에 존재하며, 따라서 개인이 필요로 하는 것은 가족이 잘 제공할 것이므로 국가는 개인에 대해 노력할 필요가 없다. 이것이 바로 수신제가치국평천하의 유교적 이념이다.

2. 글 나)의 자료 분석

나)의 자료는 중국과 한국에서 공무원들을 대상으로 조사한 설문 결과이며, "핵가족화가 심화되고 있으나 전통적인 가족의 가치는 지켜야한다"는 진술에 대한 의견 결과이다. 이 조사 결과에 따르면, 전통적인 가족의 가치를 수호함에 있어서 한국 청년과 중국 청년의 의견이 전혀 다르게 나타났으며, 한국사회에서도 장년층과 청년층의 의견이 상당히 차이가 있음을 보여주고 있다.

3. 글 가) 평가하기

평가는 예시 답안을 참조 바란다.

하나의 예시 답안

글 나)의 조사 자료에 따르면, "전통적인 가족의 가치를 지켜야 한다"는 설문조사의 답변 결과에서 한국청년과 중국청년의 의견이 상당히 다름을 알 수 있다. "정말 그렇다" 항목에서도 한국청년은 30.9%가 답변한 반면, 중국청년은 5.9%에 그쳤다. 뿐만 아니라 한국사회 내부에서도 장년과 청년이 다르게 답변함을 알 수 있다. 이 자료에 기초하자면, 글 가)에서 말하는 논지가 반드시 맞는 게 아님을 알 수 있다. 즉 가)는 동아시아사회는 서구사회는 사회와 국가에 대한 개념이 근본적으로 다르다고 설명하면서 이는 수신제가치국평천하의 유교적 이념에 바탕한다고 했다. 이제 동아시아 사회에서도 나라와 세대마다 차이가 형성되고 있다. 그러나 이 차이의 형성은 서구사회의 개념이 이미 길들여놓은 효과가 아닌가 싶다.

〈문제 2〉

논제의 구성 조건 확인

① 글 가)의 화자(話者)와 글 다)의 화자가 만났다고 가정하자.
② 글 가) 화자의 논지에 대하여
③ 글 다) 화자의 입장을 대변하고
④ 이에 대한 대안을 제시하는 글을 서술하시오.

제시문 분석 및 문제 설정

1. 글 가) 화자의 논지 요약
〈문제1〉 해설 참조

2. 글 다) 화자의 입장 정리

다)의 화자가 처한 상황은 우리 사회에서 종종 목격할 수 있는 일이다. 아내는 소설가로서의 꿈도 포기하고 영화 감독 공부하는 남편을 뒷바라지 해주었고 그 결과 남편은 성공하였다. 대신 자신은 가정주부로 전락하고 말았다. 화자는 남편으로부터 소외를 당하며 '하숙집 아줌마'가 되다시피 하며 늙어간다. 어느 날 남편은 자기 개발을 하지 않는다며 화자와 같은 처지를 혐오스러워 한다. 화자는 멍청이가 되어버린 자신을 뒤늦게 돌아보며 배신감을 느낀다.

3. 대안의 제시 : 쟁점의 정리

논제는 가)화자의 논지에 대하여 다)화자의 입장을 대변하고 대안을 제시하라고 했다. 가)화자는 수신제가치국평천하라는 유교적 이념에 충실한 사람이다. 다)화자 역시 결혼 후 결국 그런 논리에 따르게 되었다. 그러나 그 결과는? 다)의 화자는 가부장적 사회에서 피해자로 남겨졌을 뿐이다. 함께 공부하던 남성과 여성이 결혼을 하게 되자 가부장사회의 논리로 흡수되어 여성은 공부를 포기하게 되고 남성의 성공을 위해 뒷바라지를 해준다. 그러다 결국 남편으로부터 아내는 배신감을 느낀다. 이에 대한 대안은? 근원적으로는 가부장사회의 논리를 타파해야 할 것이다. 서구사회의 문화가 개인주의적이라 하지만 동아시아사회의 유교적 이념인 수신제가치국평천하는 개별 주체들의 욕망이 가족에게 몰수당하도록 한다. 정확히 가족에게 몰수당하는 것도 아니고 남편에게 몰수당한다. 여성/아내의 욕망은 결코 남편이 대신해주거나 대변할 수 없다. 욕망이란 애시당초 누가 누구를 대신할 수 없는 가장 평등한 것이다. 욕망이 타자에게 몰수당하지 않는 사회를 위한 새로운 문화가 정착되어야 한다.

하나의 예시 답안

가)화자는 수신제가치국평천하라는 유교적 이념에 충실한 사람이다. 다)화자 역시 결혼 후 결국 그런 논리에 따르게 되었다. 그러나 그 결과는 비극으로 귀결된다. 즉 다)의 화자는 가부장적 사회의 피해자로 남겨졌을 뿐이다. 함께 공부하던 남성과 여성이 결혼을 하게 되자 가부장사회의 논리로 흡수되어 여성은 가정주부가 되어 공부를 포기하게 되고 남성의 성공을 위해 뒷바라지를 해준다. 그러다 결국 남편으로부터 아내는 배신감을 느낀다. 이런 문제를 해결하기 위해서는 근원적으로는 가부장사회의 논리를 타파해야 한다. 가부장사회의 유교적 이념인 수신제가치국평천하는 아내의 욕망이 가족에게 몰수당하도록 한다. 정확히 가족에게 몰수당하는 것도 아니고 남편에게 몰수당한다. 여성/아내의 욕망은 결코 남편이 대신해주거나 대변할 수 없다. 욕망이 타자에게 몰수당하지 않는 사회를 위한 새로운 문화가 정착되어야 한다.

〈문제 Ⅱ〉

하나의 예시 답안

〈문제 3〉

> 아파트에 CCTV 설치를 반대하는 대책 모임에 자발적으로 참여한 김과장은 대책 모임의 행동에도 공동책임을 져야 한다. 반대 시위에 회사일로 참여하지 못했다면 다른 방식으로라도 동참의 의미를 보여주어야 한다. 시위 불참자들에게 벌금을 받기로 결의한 시위 참여자들의 방침에 따라 김과장에게 벌금을 부과하는 것은 동참의 의미로 보아야 하기 때문에 정당하다.

〈문제 4〉

> 아파트에 CCTV 설치를 반대하는 대책 모임에 자발적으로 참여한 김과장은 대책 모임의 행동에도 공동책임을 져야 한다. 반대시위에 회사일로 참여하지 못했다면 다른 방식으로라도 동참의 의미를 보여주어야 한다. 그러나 시위 불참자들에게 벌금을 받기로 결의한 시위 참여자들의 방침에 따라 김과장에게 벌금을 부과하는 것은 동참의 의미를 돈으로 계산하는 결과를 초래하므로 부당하다.

도전 문제 8 · 해설

논제의 구성 조건 확인
① 위의 글들은 일반적인 믿음이나 논리에 의한 예측이 현실에서는 다른 결과로 나타날 수 있음을 구체적인 사례를 통해 보여주고 있다.
② 이러한 '기대와 결과의 불일치(不一致)'나 일상적으로 통용되는 '논리의 오류'가 나타나게 되는 근본적인 원인을
③ 제시문 〔A〕, 〔B〕, 〔C〕에 대한 분석적 비판을 기초로 논하시오

제시문 분석과 문제 설정

1. 제시문 분석
〔A〕
〔A〕는 1966년 루마니아의 차우셰스쿠의 장엄한 낙태 금지 정책에 대해 논하고 있다. '태아는 사회 전체의 재산'이라는 기치 하에 인구를 늘리고 국력을 급격히 신장시키려는 목표를 가진 정책이었다. 그러나 차우셰스쿠 정권은 권력 횡포를 저지르는 정권이었고 정부 관료들은 '월경경찰'이라는 비난

이 있을 정도로 여성들의 임산 여부를 검사하고 다녔다. 어쨌거나 낙태 금지 정책으로 1년만에 출산율이 두배로 급증하였으나 낙태 금지 정책 시기에 태어난 아이들은 모든 분야에 뒤처졌다.

[B]

[B]는 음식물 쓰레기 배출량에 대한 통계의 허구를 지적하고 있다. 환경부가 발표한 음식물 쓰레기 배출량과 그 가치에 대한 비교들은 공허한 숫자놀음에 불과하다. 왜냐면 음식물 쓰레기는 불가피하게 발생할 수밖에 없는데, 음식물 쓰레기 '제로'를 가정한 금액을 가지고 월드컵 경기장을 수십 개를 더 지을 수 있다고 하는 것은 잘못된 논리라는 것이다.

[C]

[C]는 어린이의 키 성장 예측에 대한 기사의 문제를 지적하고 있다. 이 기사가 제공한 키 성장 예측 도표는 대규모로 실시한 측정 자료들을 토대로 얻은 평균값이기 때문에 임의의 100명의 장래 평균키를 정확히 추정하는 것은 어렵지 않다. 그런데 문제는 각 가정의 부모들이 자기 자녀에 해당하는 예상치를 이 도표를 통해 측정하는 것은 쓸모없는 일이다. 구체적인 아이에 대한 예상치는 그 부모나 조부모의 키 자료를 통해 측정하는 것이 더 정확할 것이다.

2. 문제 설정

제시문 [A]는 낙태 금지 정책에 대한 '기대와 결과의 불일치' 문제를 제기하고 있다. [B]와 [C]는 각각 음식물 쓰레기 배출량과 어린이의 키 성장 예상 측정을 둘러싸고 '일상적으로 통용되는 논리의 오류' 문제를 제기하고 있다. [A]에서 '기대와 결과의 불일치'가 나타나게 된 근본 원인은 자발적인 낙태 지양이 아니라 강제적이며 정부의 부도덕한 권력 비리에 있었다고 볼 수 있다. [B]에서 드러난 '논리의 오류'는 음식물 쓰레기 배출량에 대한 가치 산출을 할 때 일반적으로 배출할 수밖에 없는 양을 제하고 해야하나 그러지 못하고 액면 그대로 과장된 양으로 산출한 데서 발생했다. 이의 근본 원인은 정책 목표의 달성만을 위해 과도하게 포장하는 통계 적용의 부당성에 있다. [C]에서 드러난 '논리의 오류'는 대규모로 측정한 통계치의 키 성장도를 특정한 한 아이의 키 성장도에 적용한 일반화의 오류에 있다. 이의 근본 원인은 일반적 측정치와 개별적 측정치의 성장도가 다르다는 점을 인식하지 못한 착오에 있다.

하나의 예시 답안

제시문 [A]는 1960년대 루마니아 차우셰스쿠 정권의 낙태 금지 정책에 대한 '기대와 결과의 불일치' 문제를 제기하고 있다. [B]와 [C]는 각각 2002년 한국의 음식물 쓰레기 배출량과 1952년 외국 한 잡지의 어린이의 키 성장 예상 측정을 둘러싸고 '일상적으로 통용되는 논리의 오류' 문제를 제기하고 있다. [A]에서 낙태 금지 정책에 대한 '기대와 결과의 불일치'가 나타나게 된 근본 원인은 여성들의 자발적인 낙태 지양이 아니라 강제적이며 국민들로부터 동의 받지 않은 정부의 부도덕한 권력 비리에 있었다고 볼 수 있다. [B]에서 드러난 '논리의 오류'는 음식물 쓰레기 배출량에 대한 가치 산출을 할 때 일반적으로 배출할 수밖에 없는 양을 제하고 해야 하나 그러지 못하고 액면 그대로 과장된 양으로 산출한데서 발생했다. 이의 근본 원인은 정책 목표의 달성만을 위해 과도하게 포장하는 통계 적용의 부당성에 있다. [C]에서 드러난 '논리의 오류'는 대규모로 측정한 통계치의 키 성장도를 특정한 한 아이의 키 성장도에 적용한 일반화의 오류에 있다. 이의 근본 원인은 일반적 측정치와 개별적 측정치의 성장도가 다르다는 점을 인식하지 못한 착오에 있다.

도전 문제 9 · 해설

논제의 구성 조건 확인

① 아래 제시문에 나타난 여러 측면의 시간 인식을 적용하여
② 개인적, 사회적 관점에서 시간의 의미와 기능을 논술하시오

논제는 제시문에 나타난 시간 인식을 적용하여 개인적, 사회적 관점에서 시간의 의미와 기능을 논술하라는 요구이다. 제시문의 시간 인식을 적용하는 것이 필요하므로 제시문에 나타난 시간에 대한 인식들을 차별화하여 잘 이해하는 것이 이 논술의 관건이다. 제시문은 상당히 어렵다.

제시문 분석과 문제 설정

1. 제시문 분석

(가)

(가)에 나타난 시간에 대한 인식은 동일한 물리적 시간에 대하여 상대방이 누구냐에 따라 마음의 시간의 길이가 다르게 측정됨을 보여주고 있다. 어쩌면 시간은 고무줄 같은 것이다. 이는 누구나 다 경험하는 마음의 시간일 것이다. 시간은 이렇게 물리적인 작용이긴 하나 개인적 맥락에 따라 시간의 의미와 기능이 달라질 수 있다. 시간은 사람의 마음의 흐름에 따라 다르게 측정되고 의미 작용 역시 다르게 일어날 수 있다. 이것은 사람에 따라 시간의 흐름을 다르게 구성하고 다르게 받아들인다는 의미를 가진다. 2006년 8월 15일은 누구에게나 다같이 24시간이 주어진다. 그러나 서울의 사무실에서 일하는 사람의 24시간, 농촌의 모정에서 막걸리 마시는 사람의 24시간, 기차를 운전하는 기관사의 24시간은 모두 다르다. 시간을 서로 다르게 운용하는 것이다. (가)는 시간에 대한 이러한 인식을 잘 보여주고 있다.

(나)

(나)에 나타난 시간에 대한 인식은 다음과 같이 정리할 수 있다.

➡ 시간을 측정하는 기준들: 사회적으로 다른 시간의 측정들
 * 천체를 고려한 측정: 해와 달과 별들의 상대적 위치에 따라 시간을 측정.
 * 천체를 고려하지 않는 측정: 간격으로 시간을 측정
 – 물의 흐름으로 시간 측정(고대 바빌로니아, 이집트, 중국)

– 모래시계로 시간을 측정(중세)
– 향으로 시간을 측정(동아시아, 중국, 일본)

➡ 성 아우구스티누스의 문제 의식: 시간에 대한 철학적 인식, 측정할 수 없는 시간
 * "우리는 시간을 측정할 수 있지만, 그렇다고 해서 시간이 무엇이며 시간을 계량적으로 재는 것
   이 과연 타당한가를 제대로 이해하고 있다고 단언할 수는 없다."
 * 영원한 현재는 시간이 아니라 영원성이다.
 * 측정가능한 단위로 시간을 매기려는 시도는 모두 실패로 끝난다.
 * 시간은 영혼의 연장이나 확장이다.(천체의 운행과 결부되는 것 부정)

➡ 시간과 사회: 문화에 따라 상이한 시간의 개념들
 * 시간을 체계화하면 시간을 통제하고 있다는 의식을 갖게 되고, 그리하여 일상 생활과 사회의 중
   요한 부분을 통제한다는 느낌을 가질 수 있다.
 * (시간의 사회 문화적 공간으로서) 달력의 개혁은 엄청나게 큰 사건이다.
 * 이누이트족 언어에는 시간을 가리키는 말이 없다. 서구산업사회와 같이 조직되는 의미의 시간
   에 해당되는 말이 없다는 것이다. 서양의 시간이 이누이트족의 일상을 지배하고 있다. 그러나 전
   래의 시간 개념은 새로운(서구 산업사회의) 시간 개념과 함께 끈질기게 남아 있다.

2. 문제 설정

보통 시간에 대한 인식은 물리적인 길이로서 인식하며 하루 24시간을 동등하게 취급한다. 인간은
그 물리적으로 주어진 시간의 흐름 내에서 활동한다고 생각하기 때문에 시간의 흐름을 거역할 수 없
게 된다. 시간은 이미 주어진 것, 그러므로 주어진 시간을 어떻게 활용하느냐가 대다수 사람들의 관
심사다. 그러나 시간은 물리적인 길이로서만이 아니라 어떤 개인적, 사회 문화적 의미를 두고 능동
적으로 접근하게 되면 그 기능과 의미는 달라질 수 있다. 시간은 사회나 문화에 따라 개념이나 관념
조차 다르다. 현대 자본주의 사회는 시간의 혁명자이다. 시간을 둘러싼 피나는 싸움이 존재해왔다.
하루에 10시간을 일하느냐 8시간을 일하느냐, 심지어는 출근 시간에서 1분1초를 늦느냐 그렇지 않으
냐는 매우 중요한 잣대이기도 했다. 어제 뉴스를 보니 고3학생이 학교에 5분 늦었다 해서 몽둥이로
200대를 맞았다고 한다. 불행한 일이다. 논술자들은 시간에 대한 다양한 인식을 할 수 있는 기회가
없었을 것이다. 오로지 대학입시를 향한 시간만이 존재했을 테니 말이다. 그러니 주어진 제시문을 나
름대로 해석하면서 시간에 대한 자기 관점을 정리하여 논술할 수밖에 없다. 더구나 1800자 내외로
써야 하니 여러모로 생각을 많이 해야겠다.

하나의 예시 답안

우리는 보통 시간을 물리적인 길이로 인식하며 하루 24시간을 동등하게 취급한다. 인간은 그 물리적으로 주어진 시간의 흐름 내에서 활동한다고 생각하기 때문에 시간의 흐름을 거역할 수 없게 된다. 시간은 이미 주어진 것, 그러므로 주어진 시간을 어떻게 활용하느냐가 대다수 사람들의 관심사다. 그러나 시간은 물리적인 길이로서만이 아니라 어떤 개인적, 사회 문화적 의미를 두고 능동적으로 접근하게 되면 그 기능과 의미는 달라질 수 있다.

시간은 사회나 문화에 따라 개념이나 기능조차 다르다. 제시문에서 보여주는 사례처럼 이누이트족은 시간이란 인식 자체가 없었다. 반면 현대 자본주의사회는 시간의 혁명자이다. 시간을 둘러싼 피나는 싸움이 존재해왔다. 하루에 10시간을 일하느냐 8시간을 일하느냐, 심지어는 출근 시간에 1분 1초를 늦느냐 그렇지 않느냐는 매우 중요한 잣대이기도 하다. 언젠가 뉴스에서는 고3학생이 학교에 5분 늦었다 해서 200대를 맞았다고 한다. 불행한 일이다. 우리 같은 수험생들은 시간에 대한 다양한 인식을 할 수 있는 기회가 없었다. 오로지 대학 입시를 향한 시간만이 존재했다.

제시문 (가)는 시간에 대한 개인적 의미를 묘사하고 있다. (가)는 동일한 물리적 시간에 대하여 상대방이 누구냐에 따라 마음의 시간의 길이가 다르게 측정됨을 보여주고 있다. 어쩌면 시간은 고무줄 같은 것이다. 이는 누구나 다 경험하는 마음의 시간일 것이다. 2006년 12월 24일은 누구에게나 다같이 24시간이 주어진다. 그러나 서울의 사무실에서 일하는 사람의 24시간, 농촌의 모정에서 막걸리 마시는 사람의 24시간, 기차를 운전하는 기관사의 24시간은 모두 다르다. 시간은 이렇게 물리적인 작용이긴 하나 개인적 맥락에 따라 시간의 의미와 기능이 달라질 수 있다. 이것은 사람에 따라 시간의 흐름을 다르게 구성하고 다르게 받아들인다는 의미를 가진다.

제시문 (나)는 주로 시간의 사회적 의미와 기능에 대해 분석하고 있다. 첫째는, 무엇보다도 인류 문명의 역사에서 볼 때 시간을 측정하는 기준들이 문명에 따라 다 달랐음을 보여주고 있다. 대체적으로 천체를 고려하여 해와 달과 별들 사이의 상대적 위치에 따라 시간을 측정했다. 그러나 어떤 곳은 물의 흐름으로, 어떤 곳은 모래시계로, 어떤 곳은 향으로 시간을 측정햇다. 시간의 측정 단위는 역사적이면서도 사회 문화적 친숙함과도 관련 있을 것이다.

둘째는, 사회 문화에 따라 상이한 시간의 개념들이 존재했다는 것이다. 지구 역사는 하나의 시간으로만 진행되어온 게 아니라 복수의 시간들로 진행되어 왔다. 서구 사람들은 전통적으로 양력과 서기를 써 왔지만 우리는 음력과 단기를 써 왔다. 이 모두가 서로 다른 시간들의 역사를 가져왔음을 의미한다. 서로 다른 시간들을 가져왔다고 하는 것은 공동체마다 차별화된 일상 생활의 배치, 문화 풍속도, 사회적 제도들, 관습들 및 생활 양식들을 창조해왔다는 의미이다. 시간은 물리적으로 배치되는 것이 아니라 사회적으로 배치된다. 오늘날 시간의 배치는 사회적 생산성의 배치 문제와도 관련이 깊다. 자본주의 사회는 하루 24시간을 정확하게 분과 초 단위로 분할하여 지배하고 체계화해왔다. 자본주의 사회의 시간이 여타의 비자본주의 사회의 문명들이 갖는 시간들을 파괴하여 시간을 자본의 시간으로 획일화하였다. 그렇게 조작되는 시간은 우리의 일상 생활과 사회를 통제한다.

시간은 개인적으로나 사회적으로 고유한 생애사 및 문화사들을 만들어나간다. 시간은 그런 점에서 '고유동사'라 할만 하다. 시간에 대한 상이한 인식에 따라 감각 활동이나 행위, 언어, 삶의 좌표가 달라진다. 그 좌표의 물결들은 결코 동일하게 반복되는 일 없이 다르게 즉 고유하게 흘러간다. 그 고유한 시간성 속에서 개인적으로나 사회적인 삶의 시간들이 공간적으로 창조되는 게 아닐까. 성 아우구스티누스식으로 말하자면 영혼의 연장이나 확장으로서의 시간 말이다.